I0896600

Wolfgang Kozielski
Der Versicherungszwang zur Krankenversicherung seit 1883

Juristische Zeitgeschichte
Abteilung 9, Band 2

Juristische Zeitgeschichte
Hrsg. von Prof. Dr. Dr. Dr. h.c. Thomas Vormbaum
(FernUniversität in Hagen, Institut für Juristische Zeitgeschichte)

Abteilung 9:
Beiträge zur modernen Verfassungsgeschichte
Hrsg. von Prof. Dr. Dr. Dr. h.c. Thomas Vormbaum
Mithrsg. von Prof. Dr. Andreas Haratsch
(FernUniversität in Hagen)

Band 2

Redaktion: Natalie Brandes

De Gruyter

Wolfgang Kozielski

Der Versicherungszwang zur Krankenversicherung seit 1883

Die Vorgeschichte und die Gründe für seine sukzessive Ausweitung

De Gruyter

Die Arbeit wurde von der Rechtswissenschaftlichen Fakultät der FernUniversität in Hagen als Dissertation angenommen.

ISBN 978-3-11-143472-8
e-ISBN (PDF) 978-3-11-143483-4
e-ISBN (EPUB) 978-3-11-143495-7

Library of Congress Control Number: 2024933097

Bibliografische Information der Deutschen Nationalbibliothek

Die Deutsche Nationalbibliothek verzeichnet diese Publikation in der Deutschen Nationalbibliografie; detaillierte bibliografische Daten sind im Internet über http://dnb.dnb.de abrufbar.

© 2024 Walter de Gruyter GmbH, Berlin/Boston

Druck und Bindung: CPI books GmbH, Leck

www.degruyter.com

Für meine Söhne

Robert und Georg

Vorwort

Die vorliegende Arbeit wurde im Jahre 2023 von der FernUniversität in Hagen als Dissertation angenommen.

Als langjähriger Mitarbeiter in der gesetzlichen Krankenversicherung stand ich des Öfteren vor dem Problem, die Genese von gesetzlichen Normen zur Krankenversicherungspflicht nicht eindeutig feststellen zu können. Dies beruhte darauf, dass es bisher keine zeitlich übergreifende Darstellung des Versicherungszwangs von einzelnen Personengruppen gab. Daraus erwuchs schon lange der Wunsch, diese Lücke zu schließen. Den letzten Anstoß gab letztlich die Einführung einer gesetzlichen Krankenversicherung in den USA durch Präsident Barack Obama. Der dort auftretende Widerstand legte die Frage nahe, welche Hürden die KV bei ihrer Einführung in Deutschland 1883 überwinden musste und wie sie sich nachfolgend entwickelte. Das ist Gegenstand dieser Arbeit.

Hier gilt mein besonderer Dank Professor Dr. Andreas Haratsch, der es mir ermöglichte, die Dissertation mit meinem Wunschthema zu erstellen und mich während des Promotionsverfahrens betreute und auch das Erstgutachten erstellte.

Mein Dank gilt auch Professor Dr. Norman Weiß für die zeitnahe Erstellung des Zweitgutachtens.

Danken möchte ich auch meiner Familie, die mich in meinem Vorhaben unterstützte. Insbesondere meiner Ehefrau Marianne danke ich, die als kompetente Lektorin meine Arbeit korrigiert hat.

Calw, im November 2023 Wolfgang Kozielski

Inhaltsverzeichnis

A) Einleitung

Als im Jahre 2010 in den Vereinigten Staaten von Amerika unter Präsident Barack Obama eine allgemeine Krankenversicherungspflicht durch „Obamacare“[1] eingeführt wurde, geschah dies gegen erheblichen politischen Widerstand, der bis heute anhält. Der Versicherungszwang verstößt nach Ansicht vieler US-Bürger gegen die politische Kultur, die auf Individualismus und Eigenverantwortung aufgebaut ist[2]. Aus deutscher Sicht wurden diese Auseinandersetzungen mit einem gewissen Unverständnis begleitet. Schließlich sind in Deutschland fast alle Einwohner krankenversichert. Kaum jemand zweifelt hier offen an der Notwendigkeit und Sinnhaftigkeit einer obligatorischen Krankenversicherung oder stellt diese gar in Frage. Im Hinblick auf die Widerstände in den USA ist jedoch zu fragen, ob hierzulande diese positive Einstellung immer so vorhanden war oder ob sie sich erst im Laufe der Zeit so ausgebildet hat. Hieraus entstand der Wunsch, die Entwicklung der deutschen Krankenversicherung mit ihrem obligatorischen Versicherungszwang näher zu untersuchen und darzustellen. Hierzu muss bis ins Jahr 1883 zurückgegangen werden. Das war der Zeitpunkt, an dem erstmalig für ganz Deutschland ein Krankenversicherungszwang[3] durch das Krankenversicherungsgesetz (KVG) eingeführt wurde[4].

Bei einem solchen Rückblick zeigt sich, dass die Einführung der Krankenversicherung auch in Deutschland nicht als selbstverständlich angesehen wurde. Sie wurde auch hierzulande von politischen Auseinandersetzungen begleitet. Dabei konnte der Krankenversicherungszwang anfangs nur für einzelne Arbeiterkreise durchgesetzt werden. Im Laufe der Zeit wurden immer weitere Personenkreise in den Versicherungszwang einbezogen. Diese Entwicklung fand ihren vorläufigen Abschluss im Jahre 2007 durch das GKV-WSG[5]. Mit diesem

---

1 Im Sprachgebrauch wird der „Patient Protection and Affordable Care Act“ als „Obamacare“ bezeichnet.

2 *Roth*, Obamacare, S. 14.

3 Das KVG 1883 verwendet noch die Bezeichnung „Versicherungszwang“, während die Reichsversicherungsordnung 1911 und das heutige Sozialgesetzbuch den Begriff „Versicherungspflicht“ enthalten. In dieser Arbeit werden beide Bezeichnungen synonym verwendet.

4 RGBl. 1883 S. 73, „Gesetz, betreffend die Krankenversicherung der Arbeiter“ vom 15.6.1883.

5 BGBl. 2007 I S. 378, „Gesetz zur Stärkung des Wettbewerbs in der gesetzlichen Krankenversicherung“ vom 26.3.2007.

Gesetz wurde ein umfassender Versicherungszwang für alle Personen eingeführt, die keine sonstige Absicherung für den Krankheitsfall hatten. Dabei erstreckt sich der Versicherungszwang nun auch auf Personen, die zwar von der gesetzlichen Krankenversicherung befreit sind, die jedoch zu einer privaten Krankenversicherung verpflichtet werden. Diese Gesetzgebung kann nur als vorläufig abschließend bezeichnet werden. Der Grund dafür liegt in den politischen Bestrebungen, die nebeneinander bestehenden Versorgungssysteme aufzulösen und in einer „Bürgerversicherung" zu verschmelzen[6]. Es kann heute nicht ausgeschlossen werden, dass es in Zukunft zu einer „Bürgerversicherung" kommen wird, auch wenn ein solches System verfassungsrechtlich umstritten ist[7].

Bisher gibt es keine zusammenfassende Darstellung darüber, was den Gesetzgeber 1883 bewogen hat, die Versicherungspflicht nur für bestimmte Personengruppen einzuführen, aber gleichzeitig große Bevölkerungsgruppen ohne Schutz zu lassen. Es fehlt auch eine alle Zeiträume übergreifende Darstellung und Zusammenfassung der Änderungen im Umfang der Versicherungspflicht. Deshalb ist es heute nicht mehr ersichtlich, warum der Gesetzgeber für bestimmte Personen zu bestimmten Zeitpunkten die Versicherungspflicht einführte. Aufgabe dieser Arbeit wird es deshalb sein, die Erkenntnislücken zu schließen und die jeweiligen Motive des Gesetzgebers aufzuzeigen.

---

6 SPD-Pressemitteilung Nr. 233/16 vom 30.10.2016 – Beschluss des SPD-Parteipräsidiums, Ziffer 6; Antrag DIE LINKE vom 28.3.2017, BT-Drucksache Nr. 18/11722; Antrag BÜNDNIS 90/DIE GRÜNEN vom 28.6.2017, BT-Drucksache Nr. 18/12951; vgl. auch die Wahlprogramme zur BT-Wahl 2021: DIE LINKE, S. 33, BÜNDNIS 90/DIE GRÜNEN, S. 123, SPD, S. 18.

7 *Kirchhof*, NZS 1/2004, S. 1 ff.; *Axer*, S. 1 ff.

B) Gegenstand der Forschung

Hauptgegenstand dieser Forschungsarbeit ist der seit 1883 eingeführte Krankenversicherungszwang durch das KVG und seine weitere Entwicklung bis heute. Diese Arbeit kann sich aber nicht darauf beschränken, die Entwicklung erst ab 1883 aufzuzeigen, da das KVG selbst schon das Ergebnis eines vorhergehenden Entwicklungsprozesses ist. Zum Verständnis wird es somit notwendig sein, zeitlich weiter zurückzugehen. Es wird darzustellen sein, weshalb die Menschen zu allen Zeiten ein Bedürfnis hatten, sich gegen die Folgen einer Erkrankung abzusichern. Dabei sind die vor 1883 bestehenden Sicherungssysteme und ihre Entwicklungsstufen darzustellen.

Die mit der Einführung der Sozialgesetzgebung verbundenen allgemeinen gesellschaftlichen, politischen, ökonomischen und soziologischen Zusammenhänge sind nicht Gegenstand dieser Arbeit. Solche großen Zusammenhänge wurden bereits oft dargestellt und werden hier nur im Kontext angeführt. Das Hauptaugenmerk liegt auf den Details des Versicherungszwangs in seinem historischen Ablauf. Aus diesem Grunde werden als Hauptquelle die parlamentarischen Protokolle ausgewertet. Es wird dabei erwartet, dass sich aus dem Verlauf der Beratungen in den Parlamenten aussagekräftige Rückschlüsse über die Hintergründe des sich ständig ausweitenden Versicherungszwangs ziehen lassen. Sonstige Quellen werden dann herangezogen, wenn sich im Einzelfall die Motive für eine gesetzliche Regelung nicht aus den Gesetzesmaterialien entnehmen lassen.

Für die Zeit von 1883 bis 1911 wird sich die Darstellung nicht nur auf die Krankenversicherung beschränken, sondern auch die anderen Sozialversicherungszweige in ihrem Kern einschließen. Dies wird für erforderlich gehalten, da sich oftmals nur aus dem Kontext der gesamten Sozialgesetzgebung die Bestimmungen der Krankenversicherung erschließen. Da Gegenstand dieser Arbeit die Versicherungspflicht ist, werden die Leistungen, die Finanzierung und die Organisation der Krankenversicherung grundsätzlich nicht erläutert. Dies wird nur dort der Fall sein, wo diese Bereiche in enger Verbindung zur Versicherungspflicht stehen oder dies zum besseren Verständnis erforderlich erscheint.

C) Die Vorgeschichte des Krankenversicherungszwangs

Die Einführung der Krankenversicherung mit ihrem Versicherungszwang im Jahre 1883 kann nicht als isolierte, plötzliche Entscheidung des Gesetzgebers betrachtet werden. Sie ist vielmehr als das Resultat einer vorangehenden politischen und gesellschaftlichen Entwicklung anzusehen. Diese ist gekennzeichnet durch den technischen Fortschritt und die damit verbundenen gesellschaftlichen Veränderungen. Zum besseren Verständnis erscheint es angebracht, die früheren Verhältnisse zu beleuchten. Voranzustellen ist dabei die grundsätzliche Erörterung, weshalb zu allen Zeiten das Bedürfnis der Menschen für eine Absicherung gegen die Krankheitsfolgen bestand. Daran anschließend ist festzustellen, durch welche Maßnahmen und Einrichtungen die Bedürfnisse der gesellschaftlichen Gruppen nach Absicherung befriedigt wurden.

I. Die Krankheit als Existenzbedrohung

Eine Krankheit[1] bedeutete zu allen Zeiten eine Bedrohung der wirtschaftlichen Existenz. Diese Bedrohung wird dabei von zwei Faktoren verursacht. Zum einen stellen die Aufwendungen für die Krankenbehandlung wie Arzt-, Krankenhaus- und Arzneimittelkosten etc. ein Existenzrisiko dar. Zum anderen besteht dieses Risiko darin, dass bei einer mit der Krankheit verbundenen Arbeitsunfähigkeit das laufende Einkommen wegfällt. Beides ist geeignet, die wirtschaftliche Existenz zu vernichten und den Betroffenen und seine Familie verarmen zu lassen. Hieraus resultiert das Bedürfnis, eine Absicherung gegen die Krankheitsfolgen zu haben. Ob dabei beide Faktoren gleichgewichtig eine Bedrohung darstellen und deshalb gleichermaßen abzusichern sind, kann nicht eindeutig beantwortet werden. Es kommt dabei auf die Verhältnisse an, ob Krankheitskosten oder Einkommensverlust die größere Bedrohung darstellen und deshalb vorrangig abzusichern sind.

---

1 Von einer Definition des Begriffs der „Krankheit“ wird im Rahmen dieser Arbeit abgesehen. Dies gilt insbesondere deshalb, da der Krankheitsbegriff dem sozialen Wandel unterlag und immer noch unterliegt. Hinzu kommt, dass er juristisch, naturwissenschaftlich und soziologisch unterschiedlich definiert wird. Insoweit kann auf die Ausführungen von *Schaefer*, Sozialmedizin, S. 16 ff. verwiesen werden.

1. Die medizinischen Kosten als Existenzbedrohung

Aus unserer heutigen Sicht ist evident, dass Medizinkosten eine Existenzgefährdung darstellen. Die bei Erkrankungen fälligen Kosten für Krankenhaus, Arzt und Arzneimittel erscheinen als ein so hohes Risiko, dass deren Absicherung durch eine Krankenversicherung vorrangig erscheint. Dies gilt insbesondere mit dem Wissen, dass allein für Operationen im Krankenhaus oftmals das Mehrfache eines monatlichen Durchschnittsverdienstes an Kosten anfällt. Die hohen Kosten ohne eine Krankenversicherung aufzufangen, dürfte nur einer Minderheit möglich sein. Daraus ergibt sich heute für die meisten Menschen die Notwendigkeit einer Krankenversicherung, die die medizinischen Leistungen abdeckt.

Aus Sicht der Menschen des 19. Jahrhunderts ergab sich eine andere Betrachtungsweise. Zu Beginn des 19. Jhd. war die medizinische Behandlung beschränkt, da die Medizin den meisten Krankheiten hilflos gegenüberstand, die oft nicht einmal diagnostiziert werden konnten[2]. Es gab nur eine kleine Gruppe von gelehrten Ärzten in den Städten, die sich auf die Behandlung zahlungskräftiger Klientel konzentrierte. Ihre Behandlung beschränkte sich nach dem damaligen medizinischen Wissensstand darauf, „innere Leiden" festzustellen und durch Verabreichung von Medikamenten zu heilen[3]. Die „schmutzigen Krankheiten", d.h. die äußeren Verletzungen, überließ man dem Berufsstand der Wundärzte bzw. Chirurgen, die aus den Barbierstuben hervorgegangen und zunftmäßig organisiert waren[4]. Diesen Stand betrachtete die gelehrte Ärzteschaft als Handwerker und behandelte sie entsprechend geringschätzig[5]. Von der ärztlichen Behandlung war keine Existenzbedrohung zu erwarten, da der Arzt nach der Leistungsfähigkeit des Patienten zu bezahlen war. Zum damaligen Zeitpunkt war das „Honorar" im wörtlichen Sinne als Ehrengabe und nicht als Bezahlung verstanden worden[6]. Hinzu kam, dass die geringe Arztdichte auf dem Lande und die fehlende Mobilität die Inanspruchnahme eines Arztes schwierig machten. Üblich war es, Laienheiler in Anspruch zu nehmen, die mit ihrer „Volksmedizin" oftmals für große Bevölkerungsteile die einzige verfügbare medizinische Behandlung bedeuteten[7]. Es kann deshalb davon ausgegan-

2 *Huerkamp*, S. 22.

3 *Huerkamp*, S. 22 f.; *Frevert*, S. 40 f.

4 *Heischkel-Artelt*, S. 2; *Frevert*, S. 40 f.

5 *Heischkel-Artelt*, S. 2.

6 *Heischkel-Artelt*, S. 13.

7 *Huerkamp*, S. 36; *Spree*, HZ Band 260, S.75 (84); *Groß*, S. 40 f.

gen werden, dass allein wegen der Arztkosten keine Notwendigkeit für eine Krankenversicherung gesehen wurde[8].

Auch die Krankenhauskosten werden die Menschen des 19. Jhd. nicht als Existenzbedrohung angesehen haben. Es gab zu Beginn des 19. Jhd. nur wenige Hospitäler. Das frühere Hospital war Versorgungsanstalt für Arme, Alte, Hinfällige und Kranke, die keinen anderen Ort hatten, in dem sie aufgefangen wurden[9]. Die Entwicklung vom Hospital zum Krankenhaus mit medizinischer Betreuung setzte langsam ein[10]. Dies ist dadurch charakterisiert, dass nicht mehr die Aufbewahrungs- und Versorgungsfunktion im Vordergrund stand, sondern die Heilung von Erkrankungen[11]. Dieses „moderne" Krankenhaus wurde aber lange nicht von der Bevölkerung angenommen, da dem Krankenhaus anfangs immer noch der „Ruch einer Armenanstalt mit Zwangscharakter anhaftete"[12]. Die klinische Behandlung, insbesondere bei Operationen, setzte sich erst im späten 19. Jhd. gegenüber den Hausbehandlungen durch[13]. In ein Krankenhaus ging deshalb nur, wer alleinstehend war und keine Familie für die Pflege sorgte[14]. Die finanzielle Leistungsfähigkeit der Patienten wurde bereits zu Beginn des 19. Jhd. durch Pflegeklassen für Arme und Reiche berücksichtigt[15]. Dabei wurde differenziert nach der Art der Verpflegung und der Unterbringung in Einzelzimmern und Krankensälen. Aus alledem kann geschlossen werden, dass eine damalige Krankenhausbehandlung noch nicht als eine solch große Existenzgefährdung angesehen werden konnte, die unbedingt eine Krankenversicherung erforderte.

2. Der Einkommensverlust bei Krankheit als Existenzbedrohung

Für die Bewertung der Medizinkosten als Risikofaktor für die wirtschaftliche Existenz gibt es, wie gezeigt, eine unterschiedliche Wertung zwischen früherer und heutiger Zeit. Während früher dieses Risiko als gering eingeschätzt wurde,

8 *Frevert*, S. 273, verweist dagegen auf zeitgenössische Arztberichte, wonach die Inanspruchnahme von ärztlicher Behandlung und Arzneimitteln für die ländliche Bevölkerung finanziell unerschwinglich gewesen sei.

9 *Paul*, S. 97; *Murken*, S. 82.

10 *Jütte*, S. 33; *Frevert*, S. 75.

11 *Spree*, HZ Band 260, S. 75.

12 *Labisch / Spree*, S. 14; *Adelmann*, S. 72 f., benennt als weiteren Grund für die Ablehnung auch die Angst in der Anatomie zu enden: …„auf dem anatomischen Theater unter die Hände des Zergliederers zu fallen".

13 *Heischkel-Artelt*, S. 11; *Spree*, HZ Band 260, S. 75 (84).

14 *Frevert*, S. 75 f., 265 f., 291 f.; *Spree*, HZ Band 260, S. 75 (97 f.).

15 *Stollberg*, S. 377 f.

wird es heute sehr hoch eingeschätzt. Fraglich ist, ob dies auch für den zweiten Risikofaktor, den Einkommensverlust bei Arbeitsunfähigkeit[16] infolge Krankheit zutrifft. In den heutigen Gesellschaften der Industriestaaten ist die häufigste und oft einzige Einnahmequelle zur Bestreitung des Lebensunterhalts das Entgelt aus einer unselbständigen Beschäftigung. Für die Mehrheit der Selbständigen dürfte dies im Hinblick auf ihre selbständige Tätigkeit entsprechend zutreffen. Nur der kleinste Teil der Bevölkerung im erwerbstätigen Alter dürfte seinen Lebensunterhalt aus Vermögenserträgnissen finanzieren. Fällt das laufende Einkommen aus der Erwerbstätigkeit im Krankheitsfalle fort, bedeutet dies für den überwiegenden Teil der Erwerbstätigen eine Bedrohung der wirtschaftlichen Existenz. Ohne eine Absicherung für den Fall einer längeren Erkrankung wäre man gezwungen, Vermögen aufzubrauchen und würde letztlich verarmen.

Diese Beschreibung trifft auch für die Gesellschaft des 19. Jhd. zu. Insbesondere die Industriearbeiter lebten in prekären sozialen Verhältnissen, die es ihnen kaum ermöglichte, neben ihrem laufenden Lebensunterhalt noch Vorsorge für den Krankheitsfall zu treffen. Verloren diese Personen bei Krankheit ihr laufendes Einkommen, dann verfielen sie schnell der Armut. Für diesen Personenkreis war es besonders wichtig, dass ihnen im Krankheitsfall der Einkommensausfall ersetzt wurde.

Zusammenfassend lässt sich feststellen, dass früher wie heute die Absicherung des Einkommensausfalls einen hohen Stellwert hat. Auf die Absicherung der Medizinkosten wird heute besonders Wert gelegt, während dies früher von untergeordneter Bedeutung war. Dies lässt sich dadurch belegen, dass selbst das Krankenversicherungsgesetz von 1883[17] noch auf den Versicherungszwang verzichtete, wenn der Arbeitnehmer einen Anspruch auf Lohnfortzahlung hatte (§ 3 KVG). Offenbar hielt man es für zumutbar, dass die Arbeitnehmer in diesen Fällen ohne Versicherungsschutz blieben und die medizini-

---

16 Im KVG 1883 wird für die „Arbeitsunfähigkeit“ noch der Terminus „Erwerbsunfähigkeit“ als Voraussetzung des Krankengeldanspruches verwendet (§ 6 KVG). Erst mit der Reichsversicherungsordnung 1911 wurde der Begriff „Arbeitsunfähigkeit“ für die Krankenversicherung eingeführt. Dies erleichterte auch die Abgrenzung zu den Begriffen der „Erwerbsunfähigkeit“ in der Unfallversicherung und der „Invalidität“ in der Invaliden- und Hinterbliebenenversicherung. Zum heutigen Begriff der Arbeitsunfähigkeit, vgl. *Bley*, S. 145: „Arbeitsunfähigkeit liegt vor, wenn der Versicherte infolge Krankheit entweder überhaupt nicht oder nur unter der Gefahr, seinen Krankheitszustand in absehbarer Zeit zu verschlimmern, fähig ist, seiner bisher ausgeübten Erwerbstätigkeit nachzugehen“, mit Nachweis der BSG-Rechtsprechung.

17 RGBl. 1883 S. 73, „Gesetz, betreffend die Krankenversicherung der Arbeiter“ vom 15.6.1883.

schen Kosten aus ihrem laufenden Einkommen bestritten. Daraus kann gefolgert werden, dass zu diesem Zeitpunkt die Behandlungskosten noch nicht als existenzbedrohend angesehen wurden.

II. Das Schutzsystem gegen Krankheitsfolgen vor 1883

In früheren Agrargesellschaften lebten die Menschen zumeist noch in großen Familienverbänden und in Dorfgemeinschaften zusammen. Bei Krankheiten unterstützten sich die Mitglieder dieser Gemeinschaften gegenseitig. Das Armutsrisiko durch Krankheiten war in solchen Gemeinschaften begrenzt. Das änderte sich mit der Entstehung der städtischen Gesellschaft, die von einer zunehmenden Arbeitsteilung gekennzeichnet war. Der Einzelne war nun bei einer Erkrankung oftmals ohne Unterstützung. Ihm drohte bei längerer Krankheit ohne Einkommen die Armut. Dieses Armutsrisiko war den davon Betroffenen bewusst. Es bildeten sich deshalb unterschiedliche Sicherungssysteme, die das Armutsrisiko mindern sollten. So entstanden kollektive Einrichtungen von Berufsgruppen zur Absicherung von Krankheitsrisiken, freiwillige Hilfsvereine und in Einzelfällen bereits gesetzliche Zwangsversicherungen. Diese Einrichtungen sollen nachfolgend skizziert werden, um einen Überblick über vorhandene Absicherungen vor Einführung eines allgemeinen Versicherungszwangs zu erhalten.

1. Die Einrichtungen des Handwerks

Bereits seit dem Mittelalter hatte sich die gegenseitige Hilfe der selbständigen Handwerksmeister bei Krankheit etabliert. Sie waren in beruflichen Zusammenschlüssen, den Zünften, getrennt nach Gewerken, organisiert. Diese Zünfte hatten je nach Stadt oder Region unterschiedliche Bezeichnungen wie Gilde, Amt, Innung, Einung, Brüderschaft, Gaffel oder Zeche[18]. Jede Zunft hatte ihre eigene Zunftkasse, die auch als Zunftbüchse oder Zunftlade bezeichnet wurde. Aus dieser Zunftkasse wurden die erkrankten Meister bei Bedürftigkeit unterstützt. Die Zunftkasse wurde durch Beiträge, Strafgelder und Eintrittsgelder gespeist[19]. Obwohl die Zahlungen in die Zunftkasse aufgrund des Zunftzwangs verpflichtend waren, entstand auf die Leistungen kein Rechtsanspruch in heutigem Sinne. Es bestand auch keine Zweckgebundenheit der Zunftmittel, da sie insgesamt für die vielfältigen Zunftaufgaben verwendet wurden. Die Leistungen wurden nur auf Bitte des bedürftigen Meisters und meist als Darlehen

---

18 *Maurenbrecher*, S. 821 f.; *Fröhlich*, S. 16.

19 *Fröhlich*, S. 40 f.

gewährt[20]. Eine Umwandlung bei dauernder Verarmung in Almosen war möglich[21]. Anfänglich waren Leistungen auch an Gesellen vorgesehen, wenn diese auch Beitragszahlungen leisteten[22]. Im Übrigen ist für das frühe Zunftwesen davon auszugehen, dass die Gesellen und Lehrlinge noch im Haushalt des Meisters lebten und deshalb bei Krankheit die Pflege von diesem zu leisten war[23].

Unabhängig davon lösten sich nach und nach die Gesellen aus unterschiedlichen Gründen[24] von den Zünften und gründeten eigene Brüderschaften, die auch gegenseitige Hilfe in Krankheitsfällen vorsah. Dies verstärkte sich im 15. und 16. Jhd. als sich Auseinandersetzungen zwischen Gesellen und Meistern häuften. Anlass waren oft diskriminierende Behandlung und der eingeführte Wanderzwang[25]. Die Gesellen emanzipierten sich durch Bildung eigener Gesellenverbände mit Gesellenkassen (Gesellenbüchsen, Gesellenladen), aus denen u.a. Leistungen bei Krankheit gewährt wurden[26]. Die wachsende Macht der interterritorial tätigen Gesellenverbände war verbunden mit Auswüchsen und Missbräuchen, die „stellenweise den Charakter offenen Aufruhrs und Landfriedenbruchs annahmen“[27]. Dies führte dazu, dass sich die Obrigkeit veranlasst sah, das Zunftwesen zu reformieren und die Einflüsse der Gesellenverbände zu beschneiden[28]. Mit der Reichszunftordnung von 1731[29] wurden die Rechte der Zünfte eingeschränkt, die Macht der Gesellenverbände beschnitten und die behördlichen Zuständigkeiten erweitert[30]. Die Gesellenverbände durften nun nur noch in den Bereichen Arbeitsvermittlung, Herberge und Krankenpflege unter staatlicher Aufsicht tätig sein[31]. Die Kassen der Gesellen konnten nach wie vor kranke Gesellen unterstützen, mussten nun aber vom Obermeister verwaltet werden[32]. Die Reichszunftordnung wurde in den

20 *Wagner-Braun*, S. 29.

21 *Fröhlich*, S. 84.

22 *Fröhlich*, S. 113.

23 *Frevert*, S. 246.

24 *Reininghaus*, Gesellengilden, S. 177 ff., untersucht die Prozesse der Lösung der Gesellengilden von den Zünften aus konjunkturellen und strukturellen Gründen.

25 *Schanz*, S. 25 f.; *Korge*, S. 120; *Fröhlich*, S. 28.

26 *Wagner-Braun*, S. 31.

27 *Hoffmann*, S. 17.

28 *Meyer*, preußische Handwerkspolitik, S. 34 ff.; *Brand*, Arbeitsgerichtsbarkeit I, S. 65 f.

29 *Proesler*, Anlage 25, S. 54 ff., Abdruck des Reichsgutachtens wegen der Handwerkermissbräuche vom 14.8.1731.

30 *Proesler*, S. 62; *Frevert*, S. 247; *Stier-Somlo*, S. 45.

31 *Fröhlich*, S. 37.

32 *Meyer*, preußische Handwerkspolitik, S. 84; *Stier-Somlo*, S. 45.

Ländern in der Folgezeit nicht oder nur unzureichend umgesetzt, so dass sich Kaiser Joseph II. veranlasst sah, mit Reichsedikt von 1772 die Abstellung der handwerklichen Missstände zu fordern[33].

a) Die Entwicklung in Preußen

In Preußen wurden bereits durch die preußische Handwerksordnung von 1733[34] die Gesellenladen beschlagnahmt[35] und die Gesellenverbände aufgelöst[36]. Die vorhandenen Mittel wurden in besondere Kassen überführt, um damit die bisherige Aufgabe der Unterstützung erkrankter Gesellen weiterzuführen. Andere Länder folgten diesem Beispiel[37]. Die Zahlung der Kur- und Verpflegungskosten für erkrankte auswärtige, unvermögende Gesellen aus der Gesellenkasse (Gesellenlade) war in Preußen seit 1794 durch ALR II 8 § 353 verpflichtend. Bestand eine Gesellenlade nicht, dann mussten die Kosten aus der Gewerkkasse (Zunftkasse) bestritten werden. Nach ALR II 8 § 399 war es den Gesellen erlaubt, eigene Unterstützungskassen zu errichten und durch einen gewählten Altgesellen verwalten zu lassen.

Im Zuge der Reformpolitik Hardenbergs verloren ab 1810 die Zünfte in Preußen ihre öffentlich-rechtliche Struktur und somit ihre Exklusivrechte[38]. Die Zünfte wurden durch die Gesetze zur Einführung der Gewerbefreiheit[39] zu reinen Gewerbsvereinen herabgestuft[40]. Von einer Auflösung der Zünfte sah man ab, da man Bedenken wegen des mangelnden Ersatzes für die mildtätigen Kassen hatte. Bei einer etwaigen Auflösung wollte man den Mitgliedern der Kasse eine gemeinsame Verwaltung geben und, wo es geraten erscheint, einen Beitrittszwang einführen[41]. Damit hatten die Zunftkassen nur noch einen rei-

---

33 *Hoffmann*, Anlage II, mit Abdruck des Reichsedikts von 1772.

34 *Meyer*, preußische Handwerkspolitik, Abdruck der Preußischen Handwerksordnung vom 10.6.1733, S. 329 ff.

35 Art. XXX der Preußischen Handwerksordnung von 1733, abgedruckt bei *Meyer*, S. 343.

36 *Rohrscheidt*, S. 139.

37 *Fröhlich*, S. 37.

38 *Brand*, ALR, S. 150; *Roehl*, S. 164; *Rönne*, Band I, S. 252.

39 G.S. 1810, S. 25 ff., „Edikt über die Finanzen des Staates und die neuen Einrichtungen wegen der Abgaben usw." vom 27.10.1810; G.S. 1810, S. 79 ff.; „Edikt über die Einführung einer allgemeinen Gewerbesteuer" vom 2.11.1810; G.S. 1811, S. 263 ff., „Gesetz über die polizeilichen Verhältnisse der Gewerbe, in Bezug auf das Edikt vom 2.11.1810" vom 7.9.1811.

40 *Maurenbrecher*, S. 827; *Brand*, ALR, S. 150.

41 *Roehl*, S. 115; *Frevert*, Arbeiterkrankenkassen, S. 295 f., beschreibt einen Versuch des Magistrats von Bielefeld im Jahre 1821 einen Kassenzwang einzuführen, der von der

nen privaten Vereinscharakter. Diese Entwicklung betraf selbst in Preußen nur einen Teil des preußischen Territoriums. In den 1815 zu Preußen hinzukommenden früheren preußischen Besitzungen und den neuen Territorien galt die alte Zunftverfassung weiter. In den vordem unter französischer, bergischer oder westfälischer Herrschaft stehenden Ländern galt eine weitergehende Gewerbefreiheit ohne Zunftzwang, der jedoch von restaurativen Kräften in einzelnen Ländern wieder eingeführt wurde[42]. In den neuen preußischen Staaten und den übrigen deutschen Territorien wurde die Gewerbefreiheit erst später in den 1860er Jahren eingeführt[43], so dass die Zunftkassen noch in ihrer alten Form weiterbestanden. Mit § 104 der Preußischen Gewerbeordnung (Pr.GewO) vom 17. Januar 1845[44] wurde als Innungszweck die Einrichtung von Krankenkassen anerkannt. Außerdem wurde nach §§ 144, 145 Pr.GewO den Gesellen, Gehilfen und Fabrikarbeitern gestattet, die bestehenden Unterstützungskassen beizubehalten und neue Kassen zu gründen. Personen, die nicht in zünftigen Betrieben arbeiteten, wurde ein Beitrittsrecht eingeräumt. Gleichzeitig wurde durch § 169 Pr.GewO den Gemeinden die Möglichkeit eröffnet, durch Ortsstatut eine Verpflichtung der Gesellen und Gehilfen zum Kassenbeitritt festzulegen[45]. Mit der Änderung der Preußischen Gewerbeordnung vom 9. Februar 1849[46] wurde in § 56 Pr.GewO die Verpflichtung zum Beitritt zur Innungskrankenkasse auch auf die selbständigen Handwerker erstreckt. Gleichzeitig wurde durch § 58 Pr.GewO die Beitrittspflicht durch Ortsstatut auf die Fabrikarbeiter ausgeweitet. Die selbständigen Gewerbetreibenden und die Fabrikinhaber konnten zur Beitragszahlung herangezogen werden. Dabei konnte der Arbeitgeberbeitrag bis zur Hälfte des Arbeitnehmerbeitrags festgesetzt werden (§§ 57, 58 Pr.GewO)[47]. Gleichzeitig wurde der zwangsweise Beitragseinzug durch Verwaltungsverfahren normiert (§ 59 Pr.GewO). Die Regelungen wurden mit dem Unterstützungskassengesetz

---

Regierung abgelehnt wurde. Daraufhin wurde versucht, dieses Ziel durch eine Vereinbarung mit den Handwerksmeistern zu erreichen. Danach sollten auswärtige Handwerksgesellen nur noch nach erklärtem Beitritt zu der Zunftkasse beschäftigt werden.

42 *Rönne*, Band I, S. 253 f.; *Roehl*, S. 173 ff.; *Brand*, Arbeitsgerichtsbarkeit II, S. 23 f.

43 *Brand*, Arbeitsgerichtsbarkeit II, S. 26, Fn. 28, gibt eine Übersicht darüber, wann in den einzelnen deutschen Staaten die Gewerbefreiheit eingeführt wurde.

44 G.S. 1845, Nr. 2541, S. 41 ff.

45 *Stier-Somlo*, S. 45, sieht hierin den Ursprung des Versicherungszwanges.

46 G.S. 1849, Nr. 3102, S. 93 ff., „Verordnung, betreffend die Errichtung von Gewerberäten und verschiedene Abänderungen der allgemeinen Gewerbeordnung“ vom 9.2.1849.

47 *Born / Henning / Tennstedt*, Quellensammlung 1867–1914, I. Abt, 5. Band, Einleitung, S. XXII.

vom 3. April 1854[48] dahingehend erweitert, dass dort, wo es keine Krankenkassen gab, für die Gesellen, Gehilfen und Fabrikarbeiter eine Verpflichtung zur Bildung und zum Beitritt zu solchen Einrichtungen festgesetzt werden konnte (§ 1 Preuß. Unterstützungskassengesetz). Erstmals war es möglich, durch Ortsstatut auch Lehrlinge, die Lohn erhielten, in den Kassenzwang einzubeziehen (§ 1 Abs. 2). Diese Verpflichtung konnte durch Ortsstatut auch auf selbständige Gewerbetreibende ausgedehnt werden, für die am Ort keine Innung bestand (§ 2 Preuß. Unterstützungskassengesetz). Die Möglichkeit zur Einführung von Ortsstatuten durch die Kommunen nach der Gewerbeordnung von 1845 und 1849 wurde nach Ansicht der preußischen Regierung nicht ausreichend genutzt, obwohl ein Bedürfnis bestand[49]. Deshalb wurde im Jahre 1854 durch § 3 des Preuß. Unterstützungskassengesetzes der Regierung (Bezirksregierung) die Befugnis zum Erlass von Ortsstatuten eingeräumt[50]. Mit dem Unterstützungskassengesetz erhielten in Preußen die Krankenkassen den Status juristischer Personen und unterstanden der Aufsicht der Kommunalbehörden (§§ 4, 5). Die Ausdehnung der Versicherungspflicht auf selbständige Gewerbetreibende in Preußen durch die Gewerbegesetzgebung der Jahre 1845, 1849 und 1854 wurde durch § 140 der Gewerbeordnung des Norddeutschen Bundes 1869[51] aufgehoben.

b) Die Entwicklung in Sachsen

Wie in Preußen verlief auch in Sachsen eine ähnliche Entwicklung der handwerklichen Selbsthilfeeinrichtungen. Auch hier war aufgrund der Missstände im Gesellenwesen durch Mandate in den Jahren 1764, 1772 und 1780 versucht worden, die Missstände zu beheben und die alten Gesellenläden zu verbieten[52]. Diese Mandate scheinen hier ebenfalls nicht befolgt worden zu sein, so dass mit einem erneuten Mandat vom 7. Dezember 1810 die Gesellenläden aufgelöst und die Gelder der Obhut der Innungen unterstellt wurden[53]. Gleichzeitig wurde für die Unterstützung bei Krankheit der Gesellen die Einrichtung von

---

48 G.S. 1854, Nr. 3973, S. 138 ff., „Gesetz, betreffend die gewerblichen Unterstützungskassen“ vom 3.4.1854.

49 *Asmuth*, S. 18; *Volkmann*, S. 63 ff.; *Born / Henning / Tennstedt*, Quellensammlung, 1867–1914, I. Abteilung, 5. Band, Einleitung, S. XXIII.

50 *Volkmann*, S. 76, bemerkt hierzu, dass sich als Folge dieses Gesetzes und die „energische Handhabung durch das Handelsministerium“ schon 1854 die Zahl der Ortsstatute in Preußen von 226 auf 380 erhöhte.

51 BGBl. des Norddeutschen Bundes 1869 S. 245–282.

52 *Schirbel*, S. 253 f.; *Peters*, S. 41.

53 *Schirbel*, S. 253 ff.; *Peters*, S. 41.

Verpflegungskassen angeordnet. Die Beiträge zu diesen Verpflegungskassen hatten die Meister von ihren Gesellen vom Lohn abzuziehen und abzuführen. Durch die Innungen erfolgte die Verwaltung der Kassen. Diese Verpflegungskassen als Vorläufer der Krankenkassen bestanden bis zur Neuregelung durch die sächsische Gewerbegesetzgebung im Jahre 1861. Bei den inzwischen entstandenen zahlreichen Fabrikunternehmen drängte die Regierung zur Bildung von Fabrikkassen[54]. Mit §§ 97–100 des sächsischen Gewerbegesetzes vom 15. Oktober 1861[55] und der hierzu ergangenen Ausführungsverordnung[56] wurde es möglich, Gewerbegehilfen und Fabrikarbeiter allgemein zu verpflichten, Beiträge in die entsprechende Gesellenverpflegungskasse der Innung oder in die Fabrikkasse zu zahlen. Der Regierung wurde das Recht eingeräumt, Arbeiterverpflegungskassen zu bilden oder die Gemeinde hierzu zu veranlassen, wenn für den Personenkreis noch keine Kasse bestand. Vom Kassenzwang waren solche Personen befreit, die einer anderen gesetzlich bestätigten Krankenkasse angehörten, die Krankenpflege und die Begräbniskosten gewährte (§ 73 Abs. 3 der Ausführungsverordnung)[57]. Gemeinden, in denen keine Kassenorganisation zustande kam, konnten gezwungen werden durch Ortsstatut von den nicht bei einer Krankenkasse versicherten Gehilfen und Fabrikarbeitern regelmäßige Beiträge für ein örtliches Krankenhaus zu erheben (§ 99 Gewerbegesetz i.V.m. § 73 Abs. 2 der Ausführungsverordnung). Damit war im Krankheitsfalle zumindest die Pflege in diesem Krankenhaus abgedeckt[58]. Trotz dieser Gewerbegesetzgebung erfolgte nicht in allen Gebieten Sachsens deren Umsetzung[59], so dass erst mit der Novellierung des Gewerbegesetzes vom 23. Juni 1868[60] sämtliche Gehilfen und Fabrikarbeiter zu einer Kasse beitragspflichtig wurden, wobei die Wahl der Kasse freigestellt war (§ 16 Ziffer 3 des Änderungsgesetzes). Ein verpflichtender Beitrag der Arbeitgeber zu den Kassen war nicht vorgesehen. Nach § 76 der Verordnung vom 15. Oktober 1861 waren die Arbeitgeber jedoch zu freiwilligen Beiträgen aufzufordern.

---

54 *Schirbel*, S. 259; *Peters*, S. 41.

55 Gesetz- und Verordnungsblatt für das Königreich Sachsen 1861, 10. Stück, Nr. 94, S. 187 ff., „Gewerbegesetz" vom 15.10.1861.

56 Gesetz- und Verordnungsblatt für das Königreich Sachsen 1861, 11. Stück, Nr. 98, S. 225 ff. „Verordnung zu Ausführung des Gewerbegesetzes" vom 15.10.1861.

57 *Schirbel*, S. 259.

58 *Schirbel*, S. 260.

59 *Schirbel*, S. 261.

60 Gesetz- und Verordnungsblatt für das Königreich Sachsen 1868, Nr. 91, S. 335 ff., „Gesetz zur Abänderung mehrerer Bestimmungen des Gewerbegesetzes vom 15.10.1861" vom 23.6.1868.

c) Die Entwicklung in anderen deutschen Ländern

In den anderen deutschen Ländern bestanden die alten handwerklichen Selbsthilfeeinrichtungen in unterschiedlicher Ausprägung weiter. Die Erörterung der Details für die einzelnen Länder muss hier unterblieben, da es den Rahmen dieses Abschnitts überschreiten würde. Dies ist auch nicht erforderlich, da die meisten deutschen Staaten das preußische Hilfskassenwesen bei der Schaffung eigener Systeme zum Vorbild nahmen[61]. Wichtig war es, in diesem Abschnitt exemplarisch anhand von Preußen und Sachsen aufzuzeigen, wie die Entwicklung im Handwerk als Vorläufer einer reichsgesetzlichen Krankenversicherung verlief.

d) Zusammenfassung der früheren Handwerker-Krankenversorgung

Zusammenfassend lässt sich für die früheren Zünfte und Gesellenverbände feststellen, dass sie durchweg Solidarkassen zur gegenseitigen Hilfe im Krankheitsfalle hatten. Diese Kassen waren faktisch Zwangseinrichtungen. Aufseiten der Meister konnte sich keiner dem Zunftzwang entziehen. Das galt auch seitens der Gesellen für die Mitgliedschaft in den Gesellenverbänden. Die Kassen des Handwerks können nur bedingt als Vorläufer der gesetzlichen Krankenversicherung von 1883 angesehen werden. Dies ergibt sich daraus, dass die eingezahlten Mittel nicht zweckgebunden waren und kein durchsetzbarer Anspruch auf Leistungen bei Krankheit bestand. Der für eine Versicherung erforderliche Zusammenhang von Leistung und Gegenleistung war bei den alten Handwerkerkassen nicht gegeben. Erst als diese Einrichtungen im Laufe des 19. Jhd. die Mittel getrennt und zweckgebunden für Krankheit und Bestattungskosten mit staatlich genehmigten Statuten verwalteten, kann von einer Krankenversicherung im eigentlichen Sinne ausgegangen werden.

Die Entwicklung des 19. Jhd. zeigt auch, dass nun nicht mehr allein die Krankenversicherung von Handwerkergesellen Gegenstand staatlicher Regulierung war, sondern zunehmend auch die Fabrikarbeiter einbezogen wurden. Hier zeigte sich die gesellschaftliche Entwicklung vom kleinen Handwerksbetrieb zum größeren Industriebetrieb, wobei die Grenzen oft fließend waren. Diese Entwicklung führte dazu, dass außer den rein handwerklichen Kassen zunehmend Fabrikkassen für Industriebetriebe entstanden.

61 *Wagner-Braun*, S. 48.

2. Die Einrichtungen des Bergbaus

Der Zusammenhalt der Bergleute untereinander ist von alters her bekannt und dokumentiert. Dies gilt auch für die solidarische Unterstützung der Kranken, Invaliden und Hinterbliebenen. Aus der Entwicklung des Bergbaus und seiner Besonderheiten ist dies verständlich. Ursprünglich waren Bergleute selbständige Eigenlehner, die im Auftrag der Regalherren Bodenschätze gewannen[62]. Als solche hatten sie meist einen besonderen Status mit bestimmten Privilegien. Die Art der Arbeit mit ihren allgegenwärtigen Gefahren und Unglücksfällen unter Tage führte zu einem besonderen Zusammenhalt der Bergleute untereinander[63].

Der ursprüngliche, typische Zusammenschluss der selbständigen Bergleute zum gemeinsamen Abbau von Bodenschätzen wurde als „Gewerkschaft" bezeichnet[64]. Bei der zunehmenden Größe der Betriebe erfolgte nach und nach die Umwandlung in Kapitalgesellschaften, so dass die Bergleute nunmehr Lohnarbeit verrichteten[65]. Die ursprüngliche Solidarität blieb jedoch erhalten, nicht zuletzt sicherlich durch die weiterhin gefährliche gemeinsame Arbeit. Die Bergleute organisierten sich in Knappschaften, Bruderschaften oder Bruderladen. Innerhalb dieser Knappschaften entstanden Solidarkassen zur Unterstützung bedürftiger Bergleute. In diese Kassen, meist als „Büchsenkassen" bezeichnet, zahlten die Bergleute den Büchsenpfennig ein. Zur Finanzierung der Büchsenkasse dienten oft auch besondere, von den Gewerken zugestandene Einkünfte aus besonderen Schürfrechten bzw. Privilegien[66]. Die sich im Laufe der Zeit herausgebildeten Besonderheiten im Bergbau entwickelten sich zu einem Gewohnheitsrecht der Bergleute. Das fand seit dem 15. Jhd. in gesetzlich normierten Bergordnungen seinen Niederschlag[67]. Mit den Bergordnungen wurde das sogenannte Direktionsprinzip eingeführt, das die Bergwerke unter staatliche Aufsicht und Lenkung stellte[68]. In diesen Bergordnungen wur-

---

62 *Thielmann*, S. 12.

63 *Tenfelde*, S. 90 f.; *Boldt*, S. 543; *Peters*, S. 22.

64 *Thielmann*, S. 13.

65 *Peters*, S. 21 f.

66 *Thielmann*, S. 17, weist für Goslar auf das Knappschaftsrecht zur Sammlung des von den Karren herabfallenden Erzes hin; weiterhin S. 27, auf das Recht der Aufbereitung von Haldenerzen und Freikuxen.

67 *Thielmann*, S. 11; *Müller-Erzbach*, S. 58; *Boldt*, S. 5; *Peters*. S. 22.

68 *Boldt*, S. 7; *Kroker*, S. 15; *Peters*, S. 22.

den auch die Regeln über die Knappschaft aufgenommen[69]. Als Gewohnheitsrecht, das in die Bergordnungen aufgenommen wurde, ist die Kostenträgerschaft des Betriebes bei Schädigungen oder Tod durch die Grubenarbeit anzusehen, so dass die Knappschaft hiervon entlastet war[70]. Hierzu gehörten die begrenzte Lohnfortzahlung[71] und die Übernahme der Behandlungskosten durch den Betrieb[72]. Diese Leistungen waren auch im Allgemeinen Landrecht für Preußen von 1794 (ALR) vorgesehen[73]. Da das ALR subsidiär gegenüber den partikularen Rechten galt, ersetzte es nicht die Regelungen der alten Bergordnungen, die weiterhin in Kraft blieben, während das ALR die Bergleute erfasste, für die keine Bergordnung galt[74].

Bei anderen Krankheiten hatte die Knappschaftskasse Kur und Verpflegung sowie Krankenlohn entsprechend der Knappschaftsordnung bzw. den Bestimmungen des jeweiligen Bergamtes zu leisten[75]. Die Knappschaftsordnung war die von der Aufsichtsbehörde genehmigte Satzung des Knappschaftsvereins[76]. Nach den meisten Knappschaftsordnungen hatten die Bergleute verpflichtend den Büchsenpfennig zu entrichten und zusätzlich Freischichten bzw. die Zahlung von Freischichtgeld zur Finanzierung der Knappschaftskassen zu leisten[77].

Das Knappschaftswesen war ausgeprägt in den unter staatlicher Direktion stehenden Bergwerken, bei denen die Knappschaftskassen ursprünglich von den Bergbaubehörden verwaltet wurden[78]. In den sonstigen Bergwerken waren durch Initiative der Arbeiter oder der Bergwerkseigentümer ebenfalls Einrichtungen entstanden, die zwar ähnliche Vorteile boten, jedoch als freiwillige Vereinigungen ohne Beitrittspflicht anzusehen waren[79]. Hinzu kam, dass nur in die Knappschaftsrolle eingeschriebene Bergleute erster Klasse als „ständige“

---

69 *Willecke*, S. 63, der auf die entsprechenden Regelungen in der Joachimsthaler Bergordnung von 1548 hinweist und die er als Markstein für die zukünftige deutsche Berggesetzgebung betrachtet (S. 60).

70 *Thielmann*, S. 22 f.

71 *Hake*, S. 458 ff., mit Abdruck der Bergordnung des kurfürstlichen Herzogtums Baiern vom 6.5.1784, die in Art. 54 eine Lohnzahlung von 8 Wochen, bei unergiebigen Zechen von 4 Wochen mit halbem Lohn vorsah.

72 *Thielmann*, S. 24 f.

73 ALR II 16 §§ 214 ff.

74 *Willecke*, S. 76 f.; *Müller-Erzbach*, S. 68; *Peters*, S.31.

75 *Hake*, S. 185, § 247.

76 *Thielmann*, S. 39.

77 *Thielmann*, S. 32, 38; *Hake*, S. 186, § 247.

78 *Boldt*, S. 543.

79 *Huyssen*, S. 1.

Mitglieder die vollen Leistungen der Knappschaft erhielten. „Unständige“ Bergleute zweiter Klasse, die den Nachwuchs der Bergerarbeiter darstellten und bereits in der Revierliste eingetragen waren, erhielten geringere Knappschaftsleistungen. Die dritte Klasse der Arbeiter, die als Tagelöhner auf einer Grube arbeiteten, galten nicht als Bergarbeiter[80]. Sie standen mit der Knappschaft entweder in keiner Verbindung oder hatten als „minder begünstige Klassen“ zwar Knappschaftsbeiträge zu zahlen, erhielten aber als solche geringere Knappschaftsleistungen[81]. Da somit nicht alle Bergleute Mitglied einer Knappschaft waren, kamen auch nicht alle Bergleute in den Genuss von Krankenhilfeleistungen der Knappschaftskassen. In Preußen wurde mit Gesetz vom 10. April 1854[82] und der dazu ergangenen Instruktion vom 3. April 1855[83] die Bildung von Knappschaftsvereinen nicht nur für den Bergbau, sondern auch für Hüttenwerke und Aufbereitungsanlagen verpflichtend und damit zu einer allgemeinen Einrichtung[84]. Es bestand ein Mitgliedszwang der Beschäftigten in diesen Vereinen. Verbunden war mit dieser gesetzlichen Regelung, dass nun ein Rechtsanspruch der Mitglieder auf die Leistungen der Knappschaftskasse entstand[85]. Die Regelungen des preußischen Gesetzes vom 10. April 1854 über die Knappschaften wurden in das Allgemeine Berggesetz für die Preußischen Staaten vom 24. Juni 1865[86], in Titel 7, §§ 165–186 übernommen[87]. Die Regelungen dieses Gesetzes wurden von den meisten deutschen Staaten mit geringfügigen Abweichungen in den folgenden Jahren in eigenen Berggesetzen rezipiert[88].

Zusammenfassend lässt sich für die soziale Absicherung im Krankheitsfall für die Beschäftigten im Bergbau feststellen, dass diese bereits vor 1883 eine Absicherung hatten, die eine Lohnfortzahlung, die Krankenkosten und das

80 *Gladen*, S. 29 f.

81 *Huyssen*, S. 5; *Tenfelde*, S. 92; *Kroker*, S. 14 f.; *Gladen*, S. 29 f.

82 G.S. 1854, Nr. 3974, S. 139 ff., „Gesetz, betreffend die Vereinigung der Berg-, Hütten-, Salinen- und Aufbereitungsarbeiter in Knappschaften, für den ganzen Umfang der Monarchie“ vom 10.4.1854.

83 Instruktion des preußischen Handelsministeriums vom 3.4.1855 zur Ausführung des Gesetzes vom 10.4.1854, abgedruckt in der Zeitschrift für das Berg-, Hütten- und Salinenwesen, 3. Band, Berlin 1856.

84 *Willecke*, S. 85; *Volkmann*, S. 77.

85 *Thielmann*, S. 45.

86 G.S. 1865, Nr. 6125, S. 705 ff.

87 *Vogel*, S. 20.

88 *Thielmann*, S. 53 f., mit einer Übersicht der entsprechenden Berggesetze in den deutschen Staaten und der abweichenden Entwicklung in Sachsen; ebenso *Peters*, S. 43, der zusätzlich darauf hinweist, dass es in Baden kein Knappschaftsrecht gab und die Bergarbeiter dort als Industriearbeiter angesehen wurden.

Krankengeld umfasste. Hier kann schon von einem Versicherungszwang zur Knappschaftskasse und einem durchsetzbaren Leistungsanspruch ausgegangen werden. Die Arbeitgeber finanzierten bereits mit einem Zuschuss die Einrichtungen der Bergleute. Diese Entwicklung wird vielfach als Vorbild für die spätere gesetzliche Sozialversicherung bezeichnet[89].

3. Seeleute

Durch die Besonderheit der Arbeitsbedingungen von Seeleuten entwickelten sich schon früh besondere Regelungen für erkrankte Seeleute. Dies ist verständlich, wenn bedacht wird, dass Seeleute oft Monate oder sogar Jahre ihren Dienst auf Handelsschiffen verrichteten und dabei den besonderen Naturgewalten auf See, seeräuberischen Angriffen, Ernährungsdefiziten und besonderen Krankheiten in fremden Ländern ausgesetzt waren[90]. Es waren deshalb Regelungen über die Rechte des Seemannes in folgenden Fällen erforderlich: Die Entschädigungszahlung, wenn der Seemann bei Verteidigung der Schiffsladung gegen Piraten verletzt wurde; Erkrankungen an Bord oder Verletzungen bei der Arbeit; Erkrankungen vor Antritt der Reise, aber nach Abschluss des Heuervertrages; Erkrankung im Ausland unter Zurücklassung des Seemannes, Rückführungsrechte bei Erkrankungen und dergleichen.

Schon früh hatten sich gewohnheitsrechtliche Regelungen herausgebildet wie die „Usancen der See", die „ausgemachten Seerechte" oder die „hiesigen praktikablen Seerechte", ohne dass diese besonders gesetzlich geregelt waren[91]. Die Rechte der Seeleute wurden später in besonderen Normen, wie der Hansischen Seeordnung von 1591 oder im Hamburger Stadtrecht von 1603 festgelegt[92]. Dort waren bereits die Fürsorgepflichten des Schiffers bei Erkrankungen oder Verletzungen bei Verteidigung des Schiffes normiert[93].

Bei der Kodifizierung des Allgemeinen Landrechts für Preußen im Jahre 1794 wurde auch das Seerecht im Zweiten Teil, Achter Titel in den §§ 1389–1933 aufgenommen. Das Verhältnis des Schiffers (Kapitäns) zu dem Schiffsvolk (Schiffsmannschaft) wurde in ALR II 8 §§ 1534–1619 geregelt. In ALR II 8 § 1534 wurde dabei bestimmt, dass der Seemann zu dem Kapitän in einem Verhältnis steht, wie dasjenige des Gesindes zu seiner Dienstherrschaft (ALR II 5). Bei unverschuldeter Krankheit vor Antritt der Reise war nach ALR II 8 § 1554

89 *Boldt*, S. 544; *Tenfelde*, S. 91.

90 *Decken von der*, S. 15; *Ebel*, S. 85.

91 *Ebel*, S. 84 (85).

92 *Decken von der*, S.151.

93 *Decken von der*, S. 153, 189.

ein Viertel der Heuer an den Seemann zu zahlen. Bei Erkrankungen während der Reise hatte der Kapitän die Verpflegungs-, Heilungs- und Retourkosten zu zahlen (ALR II 8 § 1555). War die Erkrankung nicht durch den Schiffsdienst bedingt, brauchte nur die halbe Heuer gezahlt zu werden. Bei arbeitsbedingten Körperschäden hatte der Kapitän den Seemann auf Kosten des Reeders heilen und pflegen zu lassen (ALR II 8 § 1557). Handelte es sich um eine selbstverschuldete Erkrankung, musste der Kapitän ebenfalls für den Seemann sorgen, bis er ihn an einem bewohnten Land aussetzten konnte. In diesem Falle konnten die Auslagen von der ausstehenden Heuer abgezogen werden (ALR II 8, §§ 1558, 1559). Das ALR war aufgrund Ziffer III des Publikationspatents vom 5. Februar 1794[94] subsidiär gegenüber den bereits bestehenden partikularen Seerechten, so dass diese weiter bestanden.

Durch die Ausweitung des Handels, insbesondere auch des Seehandels im 19. Jhd.[95] erkannten die deutschen Staaten die Notwendigkeit eines einheitlichen gemeinsamen Handelsrechts mit einem darin enthaltenen Seerecht an[96]. Bereits 1836 und 1846 wurde von Württemberg angeregt, in den Zollvereinsstaaten ein einheitliches Handelsrecht einzuführen[97]. Nachdem 1848 die Beratungen eines einheitlichen deutschen Handelsrechts gescheitert waren, wurde 1857 auf der Grundlage eines preußischen Gesetzentwurfes[98] das ADHGB in den Gremien des Deutschen Bundes beraten und mit dem darin enthaltenen Seerecht am 31. Mai 1861 verabschiedet. Die einzelnen deutschen Staaten haben das ADHGB ratifiziert, wobei Österreich die Ratifizierung ohne das Seerecht vornahm[99]. Diese Regelungen beruhten trotz der preußischen Gesetzesvorlage nicht ausschließlich auf dem ALR, sondern im Wesentlichen auf den entsprechenden Regelungen der hamburgischen Verordnung vom 27. Dezember 1849 über die Stellung der Mannschaft auf Seeschiffen[100]. Die Regelungen des ADHGB wurden nach Auflösung des Deutschen Bundes vom Norddeutschen Bund 1869 als Bundesgesetz für das

94 *Hattenhauer*, S. 48 ff.: Abdruck des „Patents wegen Publication des neuen Allgemeinen Landrechts für die Preußischen Staaten“ vom 5.2.1794.

95 *Stier-Somlo*, S. 26, § 5, zur Vermehrung der Reedereien und Schiffstonnage im 19. Jhd.

96 *Schulz*, S. 22; Entwurf Preuß. HGB, Vorbemerkungen Ziffer VII, S. IX.

97 *Makower*, Einleitung, S. IX.

98 *Makower*, Einleitung, S. XI, XII.

99 *Schulz*, S. 203.

100 Entwurf des Preuß. HGB, Motive zu Art. 439 des Entwurfs (Art. 528 des ADHGB); *Schulz*, S. 164.

ganze Bundesgebiet übernommen[101]. Nach dem Beitritt der süddeutschen Staaten und der Reichsgründung 1871 galten nach § 2 des „Gesetzes, betreffend die Verfassung des Deutschen Reiches“ vom 16. April 1871 die bisherigen Gesetze des Norddeutschen Bundes als Reichsgesetze weiter[102], somit auch das ADHGB.

Das Seerecht war in Teil V, in Art. 432–911 ADHGB geregelt, während die Rechte des Schiffers (Kapitäns) in Art. 478–527 ADHGB und diejenigen der Schiffsmannschaft in Art. 528–556 ADHGB enthalten waren. Nach Art. 523 ADHGB hatte der Kapitän, der während der Reise erkrankte, einen Anspruch gegen den Reeder auf Verpflegung und Heilung, bis er die Reise auf seinem Schiff im Heimathafen beendete. Bei Beendigung der Reise in einem anderen Hafen, waren die Leistungen bis zu sechs Monate nach diesem Zeitpunkt zu gewähren. Musste der Kapitän an Land zurückgelassen werden, standen ihm Leistungen bis zu sechs Monaten nach Weiterreise des Schiffes zu. Die Heuer stand dem Kapitän bis zum Verlassen des Schiffes zu.

Für die Schiffsmannschaft enthielt Art. 448–550 ADHGB vergleichbare Regelungen. Abweichend zu den Regelungen für den Kapitän standen der Schiffsmannschaft die Ansprüche auch zu, wenn die Erkrankung bereits vor Antritt der Reise eintrat und die Reise deshalb nicht angetreten werden konnte[103]. Für die Zahlung der Heuer bei Krankheit galt Art. 548 ADHGB. Danach war bei Erkrankungen vor der Reise die Heuer bis zur Diensteinstellung, sonst bis zur Rückreise oder dem Zeitpunkt des vorzeitigen Verlassens des Schiffes zu zahlen. War eine Schädigung bei der Verteidigung des Schiffes eingetreten, stand dem Seemann nach Art. 549 ADHGB zusätzlich eine gesonderte Entschädigung zu. In den Fällen, in denen der Seemann sich die Krankheit schuldhaft zugezogen hatte, bestand aufgrund des Art. 550 ADHGB keiner der vorgenannten Ansprüche.

Nach der Reichsgründung wurde am 9. Mai 1872 dem Reichstag der Entwurf einer Seemannsordnung vorgelegt[104]. Grund hierfür war, dass Art. 54 der

101 BGBl. des Norddeutschen Bundes 1869 S. 379–381, „Gesetz, betreffend die Einführung der Allgemeinen Deutschen Wechsel-Ordnung, der Nürnberger Wechsel-Novellen und des Allgemeinen Deutschen Handelsgesetzbuches als Bundesgesetze“ vom 5.6.1869.

102 BGBl. des deutschen Bundes 1871 S. 63; Anmerkung: Das „BGBl. Des Norddeutschen Bundes wurde 1871 ab S. 7–94 als BGBl. Des Deutschen Bundes geführt und ab S. 95 in Reichsgesetzblatt umbenannt.

103 *Makower*, S. 316, Anm. 79 zu Art. 523, der auf die gegenüber der Schiffsmannschaft modifizierte Regelung für den Kapitän hinweist.

104 SB RT 1. LP/III. Session 1872, 3. Band, Anlage Nr. 65, S. 283.

Reichsverfassung bestimmte, dass die Kauffahrteischiffe aller Bundesstaaten eine einheitliche Handelsmarine bildeten[105]. Hinzu kam, dass die Regelungen des ADHGB in erster Linie nur privatrechtlichen Inhalts waren. In einer Seemannsordnung sollten jedoch diese Bestimmungen mit öffentlich-rechtlichen Regelungen, insbesondere polizeilichen und strafrechtlichen Bestimmungen, zusammengefasst werden[106]. Zu diesem Zweck sollten die Regelungen über die Schiffsmannschaft in Art. 528–556 ADHGB dort herausgenommen werden und möglichst unverändert in die neue Seemannsordnung eingefügt werden[107]. Die eingesetzte Kommission folgte in Bezug auf die Leistungen bei Krankheit weitgehend dem Entwurf und nahm nur marginale Änderungen vor. So waren die Kosten der Verpflegung und Heilung nicht mehr bis drei Monate nach Rückkehr in den Heimathafen, sondern nur noch drei Monate nach Rückkehr in einen deutschen Hafen, vom Reeder zu zahlen[108]. Die Seemannsordnung wurde am 27. Dezember 1872 verabschiedet[109] und trat nach § 110 Seemannsordnung am 1. März 1873 in Kraft, während gleichzeitig der vierte Teil des fünften Buches des ADHGB außer Kraft trat. Damit traten die Bestimmungen der §§ 48–50 der Seemannsordnung über die Leistungen an erkrankte Seeleute an die Stelle der Art. 548–550 des ADHGB. Gleichzeitig blieben die Regelungen für die Leistungen an den erkrankten Kapitän im ADHGB bestehen.

Aus diesen Ausführungen ist ersichtlich, dass die Seeleute schon lange Zeit vor der Einführung des Krankenversicherungsgesetzes im Jahre 1883 eine zeitlich begrenzte Absicherung gegen die Folgen einer Erkrankung mit Verpflegung, Heilungskosten und Lohnfortzahlung hatten. Festzuhalten ist, dass auch durch die Seemannsordnung 1872 nicht alle Seeleute den Schutz genossen, da nach § 109 Seemannsordnung die Leistungen der §§ 48–50 Seemannsordnung bei kleineren Fahrzeugen (Küstenfahrern) durch Landesverordnung ausgeschlossen werden konnten.

4. Handlungsgehilfen

Als Handlungsgehilfen werden heute nach § 59 HGB die in einem Handelsgewerbe zur Leistung von kaufmännischen Diensten gegen Entgelt beschäftigten Angestellten bezeichnet. Das ADHGB 1869 ging ebenfalls von einer Beschäftigung in einem Handelsgewerbe aus und benennt als Handlungsgehilfen die

105 RGBl. 1871 S. 63–85.

106 SB RT 1. LP/III. Session 1872, 3. Band, Anlage Nr. 65, S. 292.

107 Ebenda.

108 SB RT 1. LP/III. Session 1872, 3. Band, Anlage Nr. 182, S. 671.

109 RGBl. 1872 S. 409–432.

Handlungsdiener und Handlungslehrlinge. Jedoch waren nach Art. 57 ADHGB noch nicht ausdrücklich kaufmännische Dienstleistungen festgelegt. Nach den Motiven im preußischen Gesetzentwurf gehörten Handlungsgehilfen weder zum Gesinde noch zu den Hausoffizianten im Sinne des ALR II 5 §§ 177ff[110]. Der Unterschied wurde in der Art der in beiden Bereichen obliegenden Arbeiten gesehen. Da eine genaue Abgrenzung wegen der unterschiedlichen örtlichen Verhältnisse nicht möglich war, verzichtete man darauf und verwies auf den Ortsgebrauch. Vor dem Inkrafttreten des ADHGB waren Handlungsgehilfen durchweg zum Gesinde gerechnet worden, da sie meist im Haushalt des Prinzipals wohnten und am Tisch des Kaufmanns aßen, so dass schon rein äußerlich eine klare Trennung nicht möglich war[111]. Als solchen hatte ihnen der Prinzipal bei Erkrankungen die Kur und Verpflegung aufgrund der Gesindeordnungen zu gewähren. Diese Ansprüche wurden nun in Art. 60 ADHGB für den Kreis der neu definierten Handlungsgehilfen übernommen. Danach hatten die Handlungsgehilfen, die an ihrem Dienst durch ein unverschuldetes Unglück verhindert waren, einen Anspruch auf Fortzahlung von Gehalt und Unterhalt für die Dauer von sechs Wochen. Sofern Personen bei dem Betrieb des Handelsgewerbes Gesindedienste verrichteten, verblieb es bei den Bestimmungen der Gesindeordnung (Art. 65 ADHGB). Durch die besonderen Regelungen im ADHGB wurde der Stand der Handlungsdiener besonders hervorgehoben. Sie hatten sich schon vorher durch ihre kaufmännische Tätigkeit als Kontoristen und Ladendiener durch eine höhere Bildung, ihre Kleidung und ein höheres Einkommen abgehoben[112]. Diese Sonderstellung durch das ADHGB für die Handlungsgehilfen kann für die spätere sozialversicherungsrechtliche Trennung von Arbeitern und Angestellten als richtungsweisend angesehen werden[113].

5. Dienstboten (Gesinde)

Schon in einzelnen alten Landrechten war die Fürsorge für das erkrankte Gesinde der Herrschaft auferlegt[114]. Seit dem 18. Jhd. war das Recht der Dienstboten in den deutschen Ländern in unterschiedlicher Weise in Gesindeordnungen geregelt[115]. Die meisten dieser Gesindeordnungen sahen vor, dass bei einer

---

110 Entwurf Preuß. HGB 1857, Motive S. 33 zu Art.52, 53.

111 *Hromadka*, NZS 1992, S. 7 (9); *Engelsing*, S. 56.

112 *Hromadka*, NZS 1992, S. 7 (9).

113 *Hromadka*, NZS1992, S. 7 (10).

114 *Könnecke*, S. 693 ff.

115 *Kähler*, S. 107 ff., gibt eine Übersicht über die in Deutschland im 19. Jhd. geltenden Gesindeordnungen.

Krankheit, die sich der Dienstbote durch seinen Dienst oder bei dessen Gelegenheit zugezogen hatte, die „Herrschaft" die Kurkosten und Verpflegung zu tragen hatte und den Lohn weiterzahlen musste, wie beispielsweise nach §§ 86, 87 der Preußischen Gesindeordnung von 1810. Bei anderen Krankheiten hatte die Herrschaft einzutreten, wenn unterhaltspflichtige Verwandte in der Nähe nicht die Betreuung übernehmen konnten. In diesen Fällen war für die aufgewendeten Kurkosten ein Lohnabzug möglich (§§ 88, 92 Preuß. Gesindeordnung von 1810). Andere Gesindeordnungen enthielten gleichlautende oder entsprechende Regelungen[116]. Einige der Gesindeordnungen enthalten allerdings keine rechtlich normierte Verpflichtung, sondern nur eine moralische Verbindlichkeit, aufgrund der die Herrschaften aus allgemeiner Menschenliebe für ihr Gesinde sorgen sollten[117]. Ob diese Mildtätigkeit zu einer ständigen betrieblichen Übung führte und sich im Konfliktfall ein Rechtsanspruch ableiten ließ, lässt sich heute nicht mehr bestimmen[118]. Zusammenfassend lässt sich für das 18. Jhd. und für das frühe 19. Jhd. allerdings feststellen, dass das Gesinde in den deutschen Ländern wohl mehrheitlich Ansprüche auf Kur und Verpflegung bzw. Lohnfortzahlung gehabt haben dürfte.

6. Die Krankenhausversicherungen deutscher Städte

In einzelnen deutschen Städten entwickelte sich eine besondere Art der Krankenversicherung, die Krankenhausversicherung. Sie entstand vorrangig im Zuge von Krankenhausneubauten. Die Krankenhausneubauten zum Ende des 18. Jhd. und dem Beginn des 19. Jhd. waren in erster Linie Einrichtungen des Armenwesens[119]. In diesen Krankenhäusern wurden Kranke untergebracht, deren Heilung im häuslichen Umfeld nicht möglich erschien. Mit den Kosten wurden meist die Armenkassen belastet. Zur Entlastung der Armenfürsorge kam man vornehmlich in süddeutschen Städten dazu, eine Art der Pflichtversicherung für den Fall des erforderlichen Krankenhausaufenthaltes einzuführen. Diese Versicherung, auch als Krankeninstitut bezeichnet, erfolgte erstmalig in Würzburg 1786 mit dem Kranken-Gesellen-Institut und 1801 mit dem Dienstboten-Institut[120]. Der Einzug der Beiträge von den Gesellen und Lehrlingen für das Kranken-Gesellen-Institut erfolgte durch die Handwerksmeister. Bei dem Dienstboten-Institut wurde der Beitrag ursprünglich von den Dienstherrschaften getragen, seit 1817 jedoch von

116 *Kähler*, S. 159 f., mit Hinweisen auf entsprechende Regelungen in anderen Gesindeordnungen.

117 *Kähler*, S. 158 f.

118 *Schröder*, Gesinderecht, S. 100.

119 *Brinkschulte*, S. 202; *Labisch*, S. 260 ff.

120 *Spree*, HZ Band 260, S. 75 (96 f.).

den Dienstboten selbst. Im Gegensatz zum Kranken-Gesellen-Institut gab es bei den Dienstboten keine Selbstverwaltung der Dienstherren. Vielmehr war dieses Institut direkt der Polizeibehörde unterstellt[121].

Merkmal beider Institute war, dass der Beitritt ursprünglich auf Freiwilligkeit beruhte. War der Beitritt eines Gewerbes einmal erfolgt, konnte nicht mehr ausgetreten werden. Bei dem Dienstboten-Institut war der Beitritt jeweils auf drei Jahre befristet[122]. Der Zwang zum Beitritt wurde dadurch erreicht, dass bei der Verweigerung des Beitritts die Leistungen der Armenfürsorge ausgeschlossen werden konnten. In Bamberg wurde das Würzburger Modell bereits 1787 übernommen[123]. Im Jahre 1811 folgte Augsburg dem Beispiel Würzburgs und führte für die meisten abhängig Beschäftigten eine kollektive Zwangsversicherung für den Krankenhausaufenthalt ein[124]. Es folgte 1813 München mit der ersten Münchener Krankenhausversicherung zur Finanzierung des neuen Allgemeinen Krankenhauses[125]. Der Beitritt war freiwillig und erfolgte über ein Abonnement[126]. Wurde ein Abonnement oder eine Armenkarte nicht nachgewiesen, konnte die Krankenhausaufnahme verweigert werden[127].

In Württemberg wurde die flächendeckende Verbreitung von Krankenanstalten jeweils durch eine verbundene Krankenversicherungsanstalt finanziert. Zur Finanzierung des neuen Katharinenhospitals wurde 1828 in Stuttgart eine Krankenhaus-Versicherungskasse (KKVK)[128] als Zwangskasse eingeführt[129]. Versichert wurden die abhängig arbeitenden Unterschichten, die den Beitrag selbst tragen mussten. Die Zwangsmitgliedschaft durch Ortsstatut erfolgte bei Eintritt in einen Dienst im Stadtgebiet oder bei Auswärtigen mit der polizeilichen Anmeldung[130]. Ausgenommen waren die Personen, die den Beitrag nicht selbst aufbringen konnten, wie „Heim-, Manufaktur- und landwirtschaftliche Arbeiter, Tagelöhner sowie Lehrlinge“[131]. Der Beitrag wurde von den Zünften eingezogen. Bei den nicht einer Zunft zugehörigen Beschäftigen und Dienst-

---

121 *Brinkschulte*, S. 195.

122 *Brinkschulte*, S. 195 f.

123 *Brinkschulte*, S. 196.

124 *Langefeld*, S. 152.

125 *Steiner*, S. 72.

126 *Steiner*, S. 73; *Spree*, HZ Band 260, S. 75 (88 f.).

127 *Steiner*, S. 73.

128 *Riecke*, S. 35 ff., mit Abdruck der Statuten der KKVK für das Katharinenhospital Stuttgart.

129 *Lehmann*, S. 184; *Spree*, HZ Band 260, S. 75 (99); *Camerer*, S. 130 f.

130 *Lehmann*, S. 183.

131 Ebenda.

boten erfolgte der Einzug durch die Polizeibehörde[132]. Durch einen Ministererlass vom 25. April 1828 wurde die Stuttgarter Regelung Vorlage für entsprechende Regelungen in ganz Württemberg[133].

Auch wenn die aufgeführten Krankenhausversicherungen überwiegend in süddeutschen Städten eingerichtet wurden, gab es vereinzelt auch in anderen Ländern entsprechende Einrichtungen z.B. für Bremen 1858[134] und für Osnabrück 1821[135]. In Sachsen konnten die Kommunen bei fehlender Krankenversicherung durch Ortsstatut die regelmäßige Beitragszahlung an das örtliche Krankenhaus festlegen. Keine speziellen Krankenhaus-Versicherungen, wie sie in Süddeutschland üblich waren, gab es in Preußen[136].

7. Krankenversicherungen im Rahmen der Armenfürsorge

Im 19. Jahrhundert war die Armenpflege eine staatliche Armenunterstützung, die wie die heutige Sozialhilfe subsidiär gewährt wurde, wenn jede andere Möglichkeit zur Bestreitung des Unterhalts ausgeschlossen war. Nur dann, wenn die eigenen Mittel erschöpft waren und weder Ansprüche aus einer Versicherung noch aus einem Arbeitsverhältnis bestanden und auch keine unterstützungspflichtigen Familienangehörigen vorhanden waren, wurde die Armenpflege gewährt (ALR II 19 § 1). Auf den ersten Blick ergibt sich kein Zusammenhang der Armenfürsorge mit der Krankenversicherung. Erst bei einer näheren Betrachtung der Geschichte der Armenfürsorge erschließt sich der unmittelbare Zusammenhang mit der späteren Arbeiterversicherung. Armut und Krankheit werden oft als Synonym verwendet. Beide bedingten sich häufig wechselseitig, so dass Armut eine Folge von Krankheit und Armut ein Grund von Krankheiten ist[137]. Die staatliche Armenfürsorge war gefordert, wenn durch Krankheit Armut drohte bzw. eingetreten war. Dabei fanden einige Länder im Rahmen der Armenpflege Lösungen, die Ähnlichkeiten mit Krankenversicherungen hatten und ebenfalls als Vorläufer der späteren Arbeiterversicherung angesehen werden können.

---

132 Ebenda.

133 Erlass des Ministers des Inneren vom 25.4.1828, Aufnahme und Verpflegung kranker Handwerksgesellen in öffentlichen Krankenanstalten betreffend, abgedruckt in: *Riecke*, S. 354 ff.

134 *Leidinger*, S. 275 ff.

135 *Berger*, S. 211.

136 *Spree*, S. 72; *Labisch*, S. 264.

137 *Collinet*, S. 167; *Frevert*, S. 100 ff.

Der Pauperismus als Massenarmut[138] des frühen 19. Jhd. verstärkte sich durch die einsetzende Wanderungsbewegung in Richtung der neu entstehenden Industriezentren und der damit einhergehenden Proletarisierung der Industriearbeiter. Damit verbunden war ein stark gestiegener Aufwand der Armenunterstützung der besonders betroffenen Gemeinden[139],die diese „an den Rand des finanziellen Ruins brachten“[140]. Zur Senkung der Armenlasten suchten die Länder neue Formen der Unterstützung und neue Finanzierungsquellen. Es ging darum, durch eine „Art indirekte Reform der Armenpflege“ eine Entlastung von den Armenkosten zu erreichen[141]. Diese Entwicklung mündete letztlich in der reichsweiten gesetzlichen Krankenversicherung des Jahres 1883. Es besteht somit ein Zusammenhang zwischen der gestiegenen Armenlast der Gemeinden und dem späteren Krankenversicherungszwang. Dieser Zusammenhang wurde zwar nie bestritten, jedoch bleibt in geschichtlichen Darstellungen dieser Grund meist unerwähnt, obwohl er aus parlamentarischen Unterlagen zu entnehmen ist. So enthält der Entwurf der Gewerbeordnung des Norddeutschen Bundes von 1869 Ausführungen über die Unterstützungskassen. Es ging dabei darum, ob die bisherige preußische Regelung zu den Unterstützungskassen auch für den Norddeutschen Bund Sinn machte und übernommen werden sollte. Zur Aufrechterhaltung und Sinnhaftigkeit der bestehenden Unterstützungskassen wurde in den Motiven ausgeführt:

> „Unter gewissen Voraussetzungen bilden solche Kassen eine unentbehrliche Ergänzung zur lokalen Armenpflege, in den sehr zahlreichen Fällen nämlich, wo die industrielle Entwicklung der Gemeinde eine so überwiegende Zahl Besitzloser zuführt, dass sie allein der gesetzlichen Pflicht der Armenpflege nicht gewachsen sein würde.“[142]

Deutlicher kann man den Zusammenhang zwischen Armenpflege und einer Versicherungspflicht nicht darstellen. Dies ist der Grund, die Krankenpflege durch die Armenfürsorge in den Ländern nachfolgend zu skizzieren.

Im Mittelalter und in der frühen Neuzeit wurden die Armen durch kirchliche Einrichtungen mit Almosen unterstützt. Diese Almosen wurden gespeist durch Stiftungen und Vermächtnisse gläubiger Spender, die sich dadurch eine Verbesserung ihres Seelenheils versprachen und auf „himmlischen Lohn“ hofften[143]. Die Motivation lag somit nicht vordergründig in der optimalen und

---

138 *Schaffer*, S. 39; *Frevert*, S. 116 f.

139 *Volkmann*, S. 80; *Florschütz*, S. 88.

140 *Reulecke*, S. 74.

141 *Scarpa*, S. 245.

142 SB RT des Norddeutschen Bundes, 1. LP /Session 1869, 3. Band, Anlage 13, S. 125.

143 *Sachße / Tennstedt*, Armenfürsorge, S. 29.

bedarfsgerechten Unterstützung der Armen, sondern oft im Selbstzweck für den Geber[144], so dass der Arme „zum Objekt christlichen Tuns" wurde[145]. Die Verteilung der Almosen richtete sich oft nicht nach den individuellen Notlagen, sondern nach der „Reihenfolge und Bedeutung kirchlicher Feiertage"[146]. Schon früh wurde anerkannt, dass es obrigkeitlicher Regeln bedurfte, um die unkoordinierte und unkontrollierte Gabe von Almosen zu verhindern. Mit dem Reichsabschied zu Lindau von 1497 wurde die Grundlage der öffentlichen Armenpflege dadurch gelegt, dass das Betteln[147] von arbeitsfähigen Gesunden verboten wurde[148]. Die Konkretisierung des Reichsabschieds erfolgte durch die Reichspolizeiordnung (RPO) von 1530 und deren Umarbeitungen von 1548 und 1577[149]. In der RPO wurde die kommunale Zuständigkeit der Gemeinden für die Armenpflege festgelegt[150]. Diese Regelung war auch Legitimation für die in den Territorien anschließend erlassenen Armen- und Bettelordnungen[151]. Jede Gemeinde war danach für „ihre" Armen verantwortlich. Diese Zuständigkeit der Gemeinde wurde allgemein als „Heimatrecht" oder „Heimatprinzip" bezeichnet[152]. Das Heimatrecht bestand in der Regel am Geburtsort, konnte aber auch durch das Bürgerschaftsrecht erworben werden. Das Heimatrecht war in den Zeiten unproblematisch, in denen keine Wanderung stattfand und die Bevölkerung lebenslang an ihrem Geburtsort bzw. in dessen Nähe verblieb. Dies änderte sich in Zeiten des Krieges in Folge von Missernten und von Seuchen. Hierbei entstand eine verarmte Bevölkerung aus entlassenen Soldaten, Witwen, Waisen und arbeitslosen Handwerkern, die in der Heimat keine Nahrung mehr fanden und sich deshalb auf Wanderschaft begaben. Sie konnten oft nur mit Betteln überleben[153]. Die zunehmende Bettlerschar wurde für die Gemeinden und Städte zu einer Belastung. Sie suchten nach Wegen, die Bettlerschar abzuwehren. Es entstanden Armen- und Bettelordnungen, die Fremden das Betteln untersagten. Die in einzelnen Ländern eingeführten Kriminalstrafen gegen das Betteln waren drakonisch wie die Brandmarkung und bei mehr-

144 *Schädler*, S. 7.

145 *Baumann*, S. 8.

146 *Sachße / Tennstedt*, Armenfürsorge, S. 29.

147 *Schmauß / Senckenberg*, Reichsabschiede: § 20 des Reichsabschieds 1497.

148 *Strohm*, S. 17 (33), Anm. 39.

149 *Weber*, S. 129 ff., Abdruck der Reichspolizeiordnungen von 1530, 1548 und 1577.

150 RPO 1530, Artikel 34; RPO 1548, Artikel 26, RPO 1577, Artikel 27.

151 *Strohm*, S. 17 (33), Anm. 39; *Weber*, S. 39.

152 *Sachße / Tennstedt*, Armenfürsorge, S. 110.

153 *Sachße / Tennstedt*, Armenfürsorge, S. 101.

maligem Verstoß die Todesstrafe für ausländische Bettler[154]. Im 18. Jhd. wurde die Zwangsarbeit durch die Einweisung von arbeitsfähigen Bettlern ins Zucht- oder Arbeitshaus üblich, die im Wiederholungsfall auf Lebenszeit erfolgen konnte[155]. Eine andere Abwehrpraxis war, die fremden Bettler von Zeit zu Zeit polizeilich einzusammeln und in sogenannten „Bettelschüben" über die Grenze zu verbringen[156]. Bekannt ist auch die Verbringung von Krüppeln oder kranken Bettlern zur nächsten Ortschaft, die die Bettler wiederum auflud und zum nächsten Ort verbrachte, so dass sich der „Bettelzug" von Ort zu Ort bewegte[157]. Die Abschiebepraxis bestand noch bis ins 19. Jhd.[158]. So enthält die badische Verordnung vom 16. Februar 1838[159] noch in § 8 folgende Formulierung:

> „Die Weiterbringung der Kranken von Ort zu Ort durch sogenannte Bettelfuhren ist unstatthaft."

Dies ist ein Hinweis dafür, dass diese Praktik noch bis zu diesem Zeitpunkt tatsächlich ausgeübt worden war.

Das Heimatprinzip setzte sich allgemein durch und wurde auch in den Kodifikationen des 18. und 19. Jhd. in den deutschen Territorien bestätigt. So war beispielsweise in Preußen in ALR II 19 § 10 die Zuständigkeit der Stadt- und Dorfgemeinden für ihre verarmten Mitglieder festlegt. Schon das ALR sah eine Aufweichung des Heimatprinzips vor. So war auch die Gemeinde zur Unterstützung verpflichtet, die zwar nicht die Heimatgemeinde des Verarmten war, zu deren gemeinen Lasten der Verarmte aber beigetragen hatte (ALR II 19 § 12).

Im Laufe des 19. Jhd. lebten immer mehr Menschen nicht in ihrer ursprünglichen Heimatgemeinde, sondern dort, wo sie Arbeit fanden. Das waren nicht nur die Arbeiter, die in die Industriestädte strömten, sondern auch die Dienstboten, die in städtischen Haushalten Dienste leisteten. Die Aufrechterhaltung des Heimatprinzips bedeutete für diesen Personenkreis, dass sie bei Verarmung durch Krankheit an ihre Heimatgemeinde verwiesen werden konnten, auch wenn sie sich bereits seit Jahren oder Jahrzenten nicht mehr dort aufge-

---

154 Nach *Emminghaus / Makowiczka*, Abschnitt XVL S. 347, wurden in Bayern durch den Kriminalkodex von 1751 die Bettler gebrandmarkt und bei wiederholter Betretung Bayerns die Männer durch den Strang und die Frauen durch das Schwert hingerichtet.

155 *Sachße / Tennstedt*, Armenfürsorge, S. 109, 113.

156 Sachße / *Tennstedt*, S. 111; *Schädler*, S. 79.

157 *Sachße / Tennstedt*, Armenfürsorge, S. 110.

158 *Sachße / Tennstedt*, S. 111.

159 Großherzogliches Badisches Staats- und Regierungs-Blatt 1838, S. 86–90, „Verordnung, die Behandlung armer Dienstboten, Handwerker und anderer armer Reisenden im Falle ihrer Erkrankung außerhalb ihres Heimatortes betreffend" vom 16.2.1838.

halten hatten[160]. Für Dienstboten war die Situation insoweit abgemildert, als sie meistens aufgrund des Landrechts und später aufgrund der Gesindeordnungen einen zeitlich begrenzten Unterstützungsanspruch gegenüber ihrer Dienstherrschaft hatten[161].

Mit der Einführung der Gewerbefreiheit und der Freizügigkeit in Preußen und anderen deutschen Staaten war das Heimatprinzip nicht mehr aufrechtzuerhalten. Die öffentliche Unterstützung der Heimatgemeinden wurde als Hindernis für die Freizügigkeit der Arbeitskräfte angesehen, da man sie als attraktive Alternative für die industrielle Lohnarbeit betrachtete[162]. Mit der Doppelgesetzgebung von 1842 in Preußen wurde das Heimatprinzip durch das Prinzip des Unterstützungswohnsitzes abgelöst[163]. Nunmehr waren die Gemeinden zuständig, wenn die Verarmten einen Wohnsitz in der Gemeinde genommen hatten oder sich vor der Armut mindesten drei Jahre dort aufgehalten hatten (§ 1 Nr. 1 und 2 des Preußischen Armenpflegegesetzes 1842). Diese Regelungen führten in den preußischen Städten zu einem Anstieg der städtischen Armenlasten[164]. Da bei Dienstboten, Handwerksgesellen und Fabrikarbeitern allein durch das Dienstverhältnis ein Wohnort nicht begründet wurde (§ 2), bestimmte § 32, dass die Gemeinde des Dienstortes bei Erkrankungen dieser Personen die Verpflegungskosten zu tragen hatte. Ab 1855 war nicht mehr der Zeitpunkt der Begründung des Wohnsitzes für den Anspruch auf Armenfürsorge maßgebend. Dieser entstand nun erst nach einem Jahr seit der Wohnsitzbegründung[165]. Dies bedeutete eine Entlastung der Zuzugsstädte und Belastung der Abzugsgemeinden bei den Armenkosten[166]. Die Absicht, die Armenlast der Städte zu verringern, dürfte auch ein Grund dafür gewesen sein, dass in Preußen durch die Änderung der Gewerbeordnung 1845, 1849 und 1854 der Versicherungszwang für Gesellen und Fabrikarbeiter eingeführt wurde[167]. In den

160 *Schaffer*, S. 42.

161 *Spree*, HZ Band 260, S. 75 (100) weist darauf hin, dass in Preußen an vielen Orten die Dienstherrschaften Vereine bildeten, die diese Verpflichtungen gegenüber den Dienstboten übernahmen.

162 *Sachße / Tennstedt*, Armenfürsorge, S. 15.

163 G.S. 1843 S. 5–7, Nr. 2317, „Gesetz über die Aufnahme neu anziehender Personen" vom 31.12.1842; G.S. 1843 S. 8–14, Nr. 2318, „Gesetz über die Verpflichtung zur Armenpflege" vom 31.12.1842.

164 *Schaffer*, S. 45; *Küster*, S. 134, Anm. 85; *Volkmann*, S. 81 f.

165 G.S. 1855 S. 311–315, Nr. 4224, „Gesetz zur Ergänzung der Gesetze vom 31. Dezember 1842 über die Verpflichtung zur Armenpflege und die Aufnahme neu anziehender Personen" vom 21.5.1855.

166 *Sachße / Tennstedt*, S. 203; *Volkmann*, S. 80 ff.

167 *Scarpa*, S. 245; *Frevert*, S. 162 f.

anderen Ländern behielt man vorerst das Heimatprinzip bei. Die Regelungen wurden allerdings in den meisten anderen Staaten bis 1871 verändert, so dass sich eine Annäherung an das Prinzip des Unterstützungswohnsitzes ergab[168].

In Bayern sollten aufgrund einer Verordnung von 1770 die Ehepaare von dem Ort ernährt werden, an dem sie geheiratet hatten. Zudem konnte man sein Domizil ersitzen, wenn man 10 Jahre an dem gleichen Ort gearbeitet hatte[169]. Diese Gesetzgebung führte zu Abwehrreaktionen der Gemeinden, die versuchten, die Eheschließung armer Leute zu verhindern, indem sie den trauenden Pfarrern mit Strafen drohten[170]. Eine Neuregelung des Heimatrechts erfolgte 1825[171], wonach das Heimatrecht erst durch die Erlaubnis der Obrigkeit zur Heirat in der Gemeinde erworben wurde (§ 1 Nr. 3). Bereits vorher war durch die Verordnung vom 17. November 1816[172] in Artikel 8 den ortsfremden Armen, die einer „augenblicklichen dringenden Hilfe" bedürfen, eine „ausnahmsweise" Unterstützung durch die Gemeinde des Aufenthaltsortes zugestanden worden. Diese Hilfe war durch Artikel 2 des Gesetzes vom 25. Juli 1850 auf „alle Fälle augenblicklichen Bedürfnisses" erweitert worden[173]. Nach dem Armengesetz von 1869[174] erhielten die in der Gemeinde arbeitenden Dienstboten, Lehrlinge, Gewerbegehilfen und Fabrikarbeiter, auch wenn sie in einem anderen Ort wohnten, Unterstützung im Krankheitsfalle[175]. Für diesen Personenkreis konnte die Gemeinde einen angemessenen Unterstützungs- oder Krankenverpflegungsbeitrag bis zu drei Kreuzern wöchentlich erheben. Für die Zahlung dieses Beitrages haftete der Dienstherr (Art. 20 Bay. Armengesetz). Zu dem Beitrag konnten auch Personen herangezogen werden, wenn sie zwar ein Heimatrecht hatten, jedoch weder einen eigenen Haushalt hatten noch bei ihren Eltern lebten. Die Beiträge flossen in den Armenhaushalt. Die einzelne Gemeinde konnte jedoch wählen, ob die Beiträge in eine gesonderte Krankenhauskasse gezahlt wurden, die dann zur Leistung verpflichtet war. Industrielle Arbeitgeber konnten nach Art. 21 Bay. Armengesetz dazu verpflichtet werden,

168 *Sachße / Tennstedt*, S. 202.

169 *Baumann*, S. 88 f.

170 *Baumann*, S. 89.

171 Gesetzblatt für das Königreich Baiern 1825 S. 103–110, „Gesetz über die Heimath" vom 11.9.1825.

172 Königlich-Baierisches Regierungsblatt 1816 S. 779–816, „Allgemeine Verordnung das Armenwesen betreffend" vom 17.11.1816.

173 Gesetzblatt für das Königreich Bayern 1850, Nr. 28, „Gesetz über die Unterstützung und Verpflegung hilfsbedürftiger und erkrankter Personen vom 25.7.1850.

174 Gesetzblatt für das Königreich Bayern 1869 S. 1093–1126, „Gesetz die öffentliche Armen- und Kranken-Pflege betreffend" vom 29.4.1869.

175 *Emminghaus / Makowiczka*, S. 351; *Spree*, HZ Band 260, S. 75 (99 f.).

die Krankenhilfe für ihre Arbeiter selbst zu tragen oder hierfür eine eigene Unterstützungskasse zu gründen, bei der die Arbeiter den Beitrag zu zahlen hatten. Sofern die Gemeinde sich für eine Krankenhauskasse entschied oder ein Arbeitgeber eine arbeitnehmerfinanzierte Unterstützungskasse einrichtete, kann man von der Existenz einer Krankenversicherung ausgehen. Im anderen Falle fehlte es an einem direkten Zusammenhang von Leistung und Gegenleistung, da eine getrennte Mittelverwaltung nicht ersichtlich ist und die Beiträge in den Armenfonds flossen. Es ist aber erkennbar, dass sich im Rahmen der Armenfürsorge Entwicklungen abzeichneten, die den Boden für den späteren allgemeinen Versicherungszwang vorbereiteten.

In Großherzogtum Baden galt durch die Verordnung vom 28. Mai 1810[176] das Heimatrecht. Mit der Verordnung vom 16. Februar 1838[177] wurde in Baden festgelegt, dass bei nicht nur vorübergehenden Erkrankungen[178] von Dienstboten und Handwerkern an dem Dienst- oder Arbeitsort, der nicht ihr Heimatort war, die Polizeibehörde die Kosten für Arzt und Arzneien zu tragen hatte (§ 1 der Verordnung). Diese Verpflichtung der Polizeibehörde galt bis zu dem Zeitpunkt, ab dem der Erkrankte ohne gesundheitlichen Nachteil in seine Heimat transportiert werden konnte. War ein Transport vor Ablauf von vier Wochen möglich, bestand trotzdem die Kostenverpflichtung der Behörde bis zum Ablauf dieses Zeitraums (§ 2). Die Kosten waren unter anderem aus den zu diesen Zwecken von den Dienstboten und Gesellen gesammelten Beiträgen zu decken (§ 3). Von diesem Personenkreis waren somit regelmäßig Beiträge zur Deckung dieser Erkrankungsfälle zu zahlen[179]. Auch hier kann noch nicht von einer eigentlichen Krankenversicherung gesprochen werden, da der direkte Zusammenhang zwischen Leistung und Gegenleistung nicht gegeben war[180]. Mit dem Gesetz vom 5. Mai 1870[181], wurde in Baden das Heimatprinzip durch

176 Großherzogliches Badisches Regierungsblatt 1810, Nr. XXII vom 2.6.1810, S. 169, „Verordnung gegen die im Land bestehende Ungleichheit der Gesetzgebung gegen Bettel und Müßiggang“ vom 28.5.1810.

177 Großherzogliches Badisches Staats- und Regierungsblatt vom 20.2.1838, S. 86, „Verordnung, die Behandlung armer Dienstboten, Handwerker und anderer armer Reisenden im Falle ihrer Erkrankung außerhalb ihres Heimatortes betreffend“ vom 16.2.1838.

178 Großherzogliches Badisches Regierungsblatt Nr. XIX, S. 185, Gesindeordnung vom 13.5.1809; Nach § 35 der Gesindeordnung hatte bei vorübergehenden Erkrankungen die Dienstherrschaft die Krankheitskosten zu tragen.

179 *Emminghaus / Emminghaus* S. 399; *Spree*, HZ Band 260, S. 75 (69, 104).

180 *Spree*, HZ Band 260, S. 75 (96), bezeichnet dies dagegen als „faktische Zwangsmitgliedschaft in einer gemeindlich organisierten Krankenversicherung für ortsfremde Arbeiter“.

181 Gesetz- und Verordnungsblatt für das Großherzogtum Baden vom 13.5.1870, Nr. XXXII, S.387, „Gesetz, die öffentliche Armenpflege betreffend“ vom 5.5.1870.

den Unterstützungswohnsitz abgelöst. Gleichzeitig wurde der Umfang der Beitragspflicht für Dienstboten, Fabrik- und Handarbeiter, Gewerbegehilfen und Lehrlinge erweitert. Dieser Personenkreis konnte auf Antrag der örtlichen Armenbehörde dazu verpflichtet werden, zur Deckung des Verpflegungsaufwandes in bestimmten Anstalten Beiträge bis zum wöchentlichen Beitrag von drei Kreuzern zu entrichten (§ 34). Hintergrund war, dass viele dieser Personen nicht im Familienverband lebten und bei Erkrankung in einer Krankenanstalt untergebracht werden mussten. Dementsprechend galt die Regelung nicht nur für Auswärtige, sondern auch für diejenigen, die den Unterstützungswohnsitz oder das Bürgerrecht in der Gemeinde hatten. Die Beitragspflicht trat nicht ein, wenn der Nachweis erbracht wurde, dass die Verpflegung im Krankheitsfall in anderer Weise sichergestellt war. Die Entrichtung der Beiträge berechtigte zu freier Verpflegung für die Dauer von acht Wochen (§ 34 Abs. 2). Bei dieser Regelung kann von einer Krankenversicherung oder genauer einer Krankenhauskostenversicherung ausgegangen werden. Dies ist aus dem unmittelbaren Zusammenhang zwischen Beitragszahlung und dem Rechtsanspruch auf eine spezielle Leistung im Krankheitsfall zu folgern, die sich aus dem Gesetz ergibt.

In Württemberg wurde das Heimatrecht mit einer Polizeiverordnung vom 11. September 1807[182] geregelt, nach der die Armenunterstützung von der Gemeinde zu gewähren war, in der jemand als Bürger oder Beisitzer aufgenommen oder fünf Jahre geduldet war (§ 16). Durch das Bürgerrechtsgesetz vom 15. April 1828 (revidiert am 4. Dezember 1833) wurde jeder württembergische Staatsangehörige einer Gemeinde zugeordnet, in der er das Beisitz- und Heimatrecht hat[183]. Auch in Württemberg lebte ein großer Anteil der Bevölkerung außerhalb seiner Heimatgemeinde. Im Jahre 1867 waren es 18 Prozent der Bevölkerung, wobei der Anteil der Ortsfremden in den Städten überproportional war wie in Ludwigsburg mit 73 Prozent und Stuttgart mit 63 Prozent[184]. Hier war der Verweis auf das Heimatrecht bei Erkrankungen besonders gravierend. Dies wurde jedoch abgemildert durch die Krankenanstalten für Dienstboten, Gewerbegehilfen und Arbeiter. Diese Krankenanstalten wurden finanziert durch eine für diesen Zweck errichtete Krankenversicherungsanstalt, an die der

---

182 Königlich-Württembergisches Staats- und Regierungsblatt Nr. 84 vom 29.9.1807, Beilage S. 445–456, „Generalverordnung, Die Polizei-Anstalten gegen Vaganten und andere der öffentlichen Sicherheit gefährliche Personen" vom 11.9.1807.

183 Regierungsblatt für das Königreich Württemberg 1828 S. 197, „Gesetz über das Gemeinde-, Bürger- und Beisitzrecht" vom 15.4.1828; Regierungsblatt für das Königreich Württemberg 1833 S. 509, „Revidiertes Gesetz über das Gemeinde-, Bürger- und Beisitzrecht" vom 4.12.1833.

184 *Emminghaus / Bitzer*, S. 376.

genannte Personenkreis Pflichtbeiträge zahlen musste[185]. Die Verpflichtung zur Beitragszahlung erfolgte aufgrund örtlicher Statuten. Durch die Teilnahme entstand ein Anspruch auf unentgeltliche Verpflegung in diesen Anstalten bis zur Dauer von sechs Wochen[186]. Im Jahre 1867 bestanden in 48 württembergischen Gemeinden solche Krankenversicherungsanstalten[187]. Auch wenn diese Einrichtungen im Hinblick auf das mit dem Armenrecht verbundene Heimatrecht und den daraus resultierenden Nachteilen für die betroffenen Personen eingeführt wurden, kann man hier von einer echten Krankenversicherung mit Leistung und Gegenleistung sprechen.

Zusammenfassend lässt sich Folgendes zum Zusammenhang der Armenfürsorge des frühen 19. Jhd. und der späteren Krankenversicherung des Jahres 1883 feststellen. Die Armenfürsorge war von der jeweiligen Heimatgemeinde zu gewähren, was unproblematisch war, solange der Heimatort mit dem Arbeits- oder Aufenthaltsort identisch war. Im 19. Jhd. setzte die Industrialisierung ein. Sie führte zu einer Masseneinwanderung in die deutschen Industriestädte. Das weiter bestehende Heimatprinzip führte dazu, dass bei Notlagen die Menschen von der städtischen Armenhilfe ausgeschlossen waren. Sie wurden an ihre Heimatorte verwiesen, auch wenn sie sich seit Jahren dort nicht mehr aufgehalten hatten. In Preußen wurde 1842 das Heimatprinzip durch den Unterstützungswohnsitz abgelöst. Nunmehr sahen sich die Städte mit einer höheren Armenlast konfrontiert. Zur Verringerung der Armenlast wurde den Gemeinden mit den Änderungen der Gewerbeordnung von 1845, 1849 und 1854 die Möglichkeit eingeräumt, durch Ortsstatut für Gesellen, Gehilfen, Lehrlinge und Fabrikarbeiter Zwangskassen zur Abdeckung der Krankheitskosten einzurichten. Hierdurch sollte der Verarmung durch das temporäre Risiko von Krankheiten entgegengewirkt werden[188]. In den anderen deutschen Staaten behielt man vorerst das Heimatprinzip bei. Es wurde jedoch als Mangel erkannt, dass man erkrankte Personen an ihre Heimatorte verweisen musste, um dort Unterstützung zu erhalten, wenn sie am Arbeitsort keine Pflegemöglichkeit hatten. Die Konsequenz der Auflösung von Dienstverhältnissen bei vorübergehenden Erkrankungen versuchte man dadurch zu vermeiden, indem man die Verpflegung in Krankenanstalten aufgrund einer Pflichtversicherung durch Ortsstatut sicherstellte. Hier lässt sich ein Bezug zur Krankenversicherung des Jahres 1883 herstellen[189]. Dort findet sich die Regelung wieder, statt

185 *Emminghaus / Bitzer*, S. 376.

186 *Emminghaus / Bitzer*, S. 376.

187 *Emminghaus / Bitzer*, S. 376.

188 *Sachße / Tennstedt*, S. 262.

189 *Stier-Somlo*, S. 60.

ambulanter Pflege und Krankengeld alternativ die Krankenhausbehandlung zu gewähren (§ 7 KVG). Das Heimatprinzip wurde schließlich durch den Unterstützungswohnsitz mit Gesetz des Norddeutschen Bundes vom 6. Juni 1870[190] mit Wirkung zum 1. Juli 1871 für das Reichsgebiet abgelöst[191], während für Württemberg und Baden diese Regelungen ab 1. Januar 1873 eingeführt wurden[192]. In Bayern wurde dieses Gesetz aufgrund des Schlussprotokolls zum „Vertrag, betreffend den Beitritt Bayerns zur Verfassung des Deutschen Bundes, nebst Schlussprotokoll“ vom 23. November 1870[193] nicht eingeführt. Bayern hatte sich dort vorbehalten, dass das Gesetzgebungsrecht des Bundes bezüglich der Heimat- und Niederlassungsverhältnisse sich nicht auf Bayern erstreckt.

190 BGBl. des Norddeutschen Bundes 1870 S. 360, „Gesetz über den Unterstützungswohnsitz“ vom 6.6.1870.

191 Das noch vom Norddeutschen Bund erlassene Gesetz, das dort am 1.7.1871 in Kraft treten sollte, trat zum vorgesehenen Zeitpunkt über Art. 80 der Bundesverfassung im gesamten Reichsgebiet in Kraft.

192 RGBl. 1871 S. 391, „Gesetz, betreffend die Einführung des Gesetzes des Norddeutschen Bundes vom 6.6.1870 über den Unterstützungswohnsitz in Württemberg und Baden“ vom 8.11.1871.

193 RGBl. 1871 S. 9.

D) Die Stationen auf dem Weg zur reichsgesetzlichen Krankenversicherung

I. Die Gewerbeordnung des Norddeutschen Bundes 1869

Im Jahre 1866 kam es zum Deutschen Krieg zwischen Preußen einerseits und dem Deutschen Bund mit Österreich andererseits. Der Sieg Preußens führte zur Auflösung des Deutschen Bundes und der Gründung des Norddeutschen Bundes unter Führung Preußens im Jahre 1867. Die Gründung des Norddeutschen Bundes hatte ein gemeinsames Indigenat und Freizügigkeit innerhalb des Bundes gebracht. Hierzu war es erforderlich, dass auch das Gewerberecht vereinheitlicht wurde. Als Vorlage diente dabei die bisherige Preußische Gewerbeordnung, in der auch die Bildung von Unterstützungskassen und der Versicherungszwang für Gesellen, Gehilfen, Fabrikarbeiter, Lehrlinge und für selbständige Gewerbetreibende durch Ortsstatut oder Regierungsanordnung vorgesehen waren. Für den Reichstag des Norddeutschen Bundes stellte sich die Frage, ob diese Regelungen auch in der Gewerbeordnung des Norddeutschen Bundes Aufnahme finden und so der Versicherungszwang für alle Bundesstaaten Geltung erhalten sollte.

Im Gesetzentwurf der Gewerbeordnung für den Norddeutschen Bund, der von Bundeskanzler Bismarck am 4. März 1869[1] dem Norddeutschen Reichstag vorgelegt wurde[2], waren die Regelungen der Preußischen Gewerbeordnung hinsichtlich der Unterstützungskassen und dem Versicherungszwang übernommen worden. Zudem war in § 154 des Entwurfs vorgesehen, die für Fabrikarbeiter geltenden Regelungen auch für die Beschäftigten von Bergwerken einzuführen, die nicht bereits aufgrund landesrechtlicher Berggesetze versichert waren. Gleichzeitig sollte der Versicherungszwang für selbständige Gewerbetreibende aufgehoben werden (§ 146 GewO-Entwurf). In den Motiven zum Gesetzentwurf vom 4. März 1869 wird hierzu bei Titel VIII. ohne weitere Begründung festgestellt:

---

1 Ein erster Gesetzentwurf wurde bereits am 7.4.1868 eingebracht, wurde aber in der Session 1868 nicht mehr verabschiedet; SB RT Norddeutscher Bund, 1. LP/Session 1868, 2. Band, Anlage Nr. 43, S. 111 ff.

2 SB RT Norddeutscher Bund, 1. LP/Session 1869, 3. Band, Anlage Nr. 13, S. 94 ff.

„Bei Hilfskassen für selbständige Gewerbetreibende einen Zwangsbeitritt aufrecht zu erhalten, liegt keine Veranlassung vor, deshalb der § 146 des Gesetzentwurfs (Anm.: § 140 des Gesetzes) die betreffende aufhebende Bestimmung enthält.“[3]

Der Versicherungszwang für selbständige Gewerbetreibende wurde schließlich durch § 140 GewO abgeschafft[4].

Gegen die Übernahme der preußischen Regelungen, die einen Versicherungszwang in den durch Ortsstatut angeordneten Unterstützungskassen vorsah, gab es hingegen parlamentarischen Widerstand[5]. Aus liberaler Sicht war ein Versicherungszwang nicht mit der Freizügigkeit vereinbar, so dass sie alleinig auf eine freie Kassenwahl ohne Zwang nach englischem Vorbild setzten[6]. Der Gesetzentwurf war hinsichtlich des VIII. Titels der GewO „Gewerbliche Hülfskassen“ einer Kommission zur Beratung überwiesen worden[7]. Es wurde die Befürchtung geäußert, dass sich durch eine solche gesonderte Beratung des Hilfskassenkomplexes, die Verabschiedung der Gewerbeordnung unangemessen verzögert. Deshalb stellte der Abgeordnete Lasker den Antrag, der Kommission die Beratung des VIII. Titels der GewO zu entziehen und ihn stattdessen unmittelbar im Parlament zu beraten. Dieser Antrag wurde mit Mehrheit angenommen[8]. Im Reichstag fand die Vorlage in ihrer Fassung kaum Befürworter[9]. In der Debatte gaben die Liberalen mit ihrer Abneigung gegen den Versicherungszwang den Ton an. Ausgerechnet der saarländische Hüttenwerksbesitzer Stumm (Freikonservative Vereinigung) verteidigte die Zwangskassen aufgrund seiner Erfahrungen mit dem Knappschaftswesen[10]. Es zeigte sich, dass dem Gesetzesentwurf auch die nachhaltige Unterstützung des vorlegenden Bundeskanzleramtes fehlte, das lediglich die Entlastung der Armenpflege als einziges Motiv für den Gesetzentwurf genannt hatte. Es wurde ver-

---

3 SB RT Norddeutscher Bund, 1. LP/Session 1869, 3. Band, Anlage Nr. 13, S. 125.

4 BGBl. des Norddeutschen Bundes 1869 S. 245–282, „Gewerbeordnung für den Norddeutschen Bund“ vom 21.6.1869.

5 SB RT Norddeutscher Bund, 1. LP/ Session 1869, 3. Band, Verbesserungsvorschlag des Abgeordneten Stumm, Anlage Nr. 132, S. 461 f.; Ebenda, Abänderungsantrag des Abgeordneten Lasker, Anlage Nr. 144, S. 471; Ebenda, Abänderungsvorschläge der Abgeordneten, Schulze (-Delitzsch), Richter, Hirsch, Anlage Nr. 147, S. 477.

6 *Schirbel*, 1. Band, S. 400; *Frevert*, S. 175 f.

7 SB RT Norddeutscher Bund, 1. LP/Session 1869, 1. Band, S. 150.

8 SB RT Norddeutscher Bund, 1. LP/Session 1869, 1. Band, S.579 f.

9 *Volkmann*, S. 192.

10 *Stier-Somlo*, S. 62, Fn. 7; *Schirbel*, 1. Band, S. 403 f.; *Frevert*, S. 176; *Weyl*, S. 61, Fn. 2; *Volkmann*, S. 192 f.

säumt, dem Parlament sonstige aussagekräftige Unterlagen zukommen zu lassen, die die Vorlage hätten unterstützen können[11].

Der von den Abgeordneten der Deutschen Fortschrittspartei Schulze (Delitzsch), Richter und Hirsch gestellte Antrag[12] sah vor, dass der Versicherungszwang im Norddeutschen Bund entsprechend der bisherigen preußischen Regelung eingeführt werden sollte. Jedoch sollte die Beitrittspflicht für diejenigen aufgehoben werden, die nachwiesen, dass sie einer anderen Kranken-, Hilfs- oder Sterbekasse angehörten. Dieser Vorschlag wurde mehrheitlich im Reichstag abgelehnt[13]. Der Abgeordnete Lasker (Nationalliberale Partei) stellte den Antrag[14], den Versicherungszwang im Norddeutschen Bund nicht einzuführen, sondern nur die bestehenden Landesgesetze bis zu dem Erlass eines späteren Bundesgesetzes weiter gelten zu lassen. Gleichzeitig sollte der Bundeskanzler aufgefordert werden, für die folgende Session einen Entwurf mit Normativbestimmungen für die Errichtung von Krankenkassen vorzulegen. Erweitert wurde dieser Antrag von dem Abgeordneten von Henning (Nationalliberale Partei), der forderte, dass auch bei Weitergeltung der Landesgesetze ein Zwang zum Kassenbeitritt zukünftig nicht mehr bestehen sollte[15]. Der Erweiterungsantrag wurde abgelehnt. Laskers Antrag fand dagegen die Mehrheit des Parlaments, so dass der Umfang des Versicherungszwangs unverändert blieb. Dies war der Stand nach der 2. Lesung. Vor der entscheidenden 3. Lesung hatten die Abgeordneten der liberalen Fortschrittspartei um Schulze (Delitzsch), die vorher mit ihrem Antrag gescheitert waren, einen neuen Änderungsantrag eingebracht[16], der vorsah, dass der durch den Reichstagsbeschluss weiterbestehende Versicherungszwang aufgrund der Landesgesetze so geändert wird, dass eine Befreiung bei anderweitigem Versicherungsschutz ermöglicht wird. Hintergrund war, dass die linksliberalen Hirsch und Duncker ihren neugegründeten Gewerkvereinen Hilfskassen angliedern wollten und sich für diese gleiche Entwicklungschancen gegenüber den staatlichen Zwangskassen sichern wollten[17]. Hier stimmten ihre Interessen mit denen der Sozialisten überein, die das Gleiche für ihre

11 *Asmuth*, S. 20 f.; *Schirbel*, 1. Band, S. 399 f.; SB RT Norddeutscher Bund, 1. LP/Session 1869, 2. Band, Stellungnahmen der Abgeordneten Duncker, S. 722 ff., *Stumm*, S. 725 ff., *Lasker*, S. 727 f., *Stumm*, S. 729 ff.

12 SB RT Norddeutscher Bund, 1. LP/Session 1869, 3. Band, Anlage Nr. 147, S. 477.

13 SB RT Norddeutscher Bund, 1. LP/Session 1869, 2. Band, S. 734.

14 SB RT Norddeutscher Bund, 1. LP/Session 1869, 3. Band, Anlage Nr. 144, S. 471.

15 SB RT Norddeutscher Bund, 1. LP Session 1869, 2. Band, S. 732 f.

16 SB RT Norddeutscher Bund, 1. LP/Session 1869, 3. Band, Anlage Nr. 222, Ziff. III, S. 690 f.

17 *Volkmann*, S. 194.

neugegründeten Gewerkschaften beabsichtigten[18] und staatliche Zwangskassen als Ausfluss polizeilicher Bevormundung ansahen[19]. Der Änderungsantrag fand in der 3. Lesung des Reichstages die Mehrheit[20]. Die Gewerbeordnung des Norddeutschen Bundes vom 21. Juni 1869 sah nun in seiner endgültigen Fassung in § 141 GewO vor, dass die Landesgesetze über die Kranken-, Hilfs- und Sterbekassen für Gesellen, Gehilfen und Fabrikarbeiter bis zum Erlass eines Bundesgesetzes in Kraft blieben. Diese Regelung hatte somit den Charakter einer Kompromiss- und Übergangslösung[21], die den Status quo beibehielt und den Versicherungszwang vorerst nicht auf das gesamte Bundesgebiet erweiterte. Gleichzeitig erhielten die Arbeitnehmer ein Befreiungsrecht von der Zwangskasse bei Nachweis eines Versicherungsschutzes in einer anderen Kranken-, Hilfs- oder Sterbekasse. Für die spätere Kassengliederung kann man diese Regelung als Weichenstellung betrachten.

In der Folgezeit zeigten sich jedoch die Mängel der als Kompromiss- und provisorischen Übergangslösung gedachten Regelung des § 141 GewO des Jahres 1869[22]. Zum einen bestätigte sich, dass Provisorien eine lange Lebensdauer haben. So erfolgte erst im Jahre 1876 durch das Hilfskassengesetz eine Ablösung dieser Übergangsbestimmung. Zum anderen stellte sich in der Folgezeit heraus, dass die Gegner der Zwangskassen mit der gefundenen Lösung nicht zufrieden sein konnten. Ihre Hoffnung, mit der Befreiungsmöglichkeit nach § 141 GewO, einen Schlüssel zum verstärkten Eintritt in die „anderen“ freien Kassen zu erhalten, erwies sich vielerorts als unerfüllbar. Insbesondere was als „andere“ Kranken-, Hilfs- oder Sterbekasse galt, wurde bei Streitigkeiten mit den Zwangskassen unterschiedlich ausgelegt[23]. Hier zeigte sich der Mangel des Fehlens von Normativbestimmungen zur Kassenbildung und eines einheitlichen, verpflichtenden Leistungskatalogs der Krankenkassen. Jede Kasse hatte ihr eigenes Leistungsspektrum. So bestanden die freien Hilfskassen oftmals als wohlfahrtsorientierte Anhängsel an „Schützengilden, Turn-, Bildungs-, Konsum-, Militär-, Geselligkeitsvereine und Treubünden“[24] zur

18 *Volkmann*, S. 194; *Tennstedt*, ZSR 1983, S. 297 (299).

19 *Volkmann*, S. 193 f., Anm. 21.

20 SB RT Norddeutscher Bund, 1. LP/Session 1869, 2. Band, S. 1109.

21 *Asmuth*, S. 21; *Volkmann*, S. 195; Diese Ansicht wird durch die Motive des späteren Entwurfs zur Abänderung der Gewerbeordnung 1875 bestätigt. Dort ist die Regelung des § 141 GewO als vorläufige Bestimmung bezeichnet, SB RT, 2. LP/III. Session 1875/1876, Anlage Nr. 15, S 46.

22 *Frevert*, S. 177.

23 *Oppenheim*, S. 42; *Schirbel*, 1. Band, S. 405; *Tennstedt*, ZSR 1983, S. 297 (299).

24 *Schirbel*, 1. Band, S. 404.

Auszahlung von Kranken- und Sterbegeld. Die mit der Befreiungsregel von den Initiatoren beabsichtigte Förderung der den Hirsch-Dunckerschen Gewerkvereinen angegliederten freien Kassen war dagegen erst in der Entstehung, während andere Gewerkschaftskassen noch nicht existierten[25]. Der § 141 Abs. 2 GewO erwies sich zudem als Fessel für die Bildung freier Kassen, da diese dem Ermessen der Behörden überlassen war[26]. Aber auch die Befürworter der Zwangskassen konnten nicht zufrieden sein, da die Entscheidung auch oft gegen die Zwangskassen getroffen wurde und durch die neu geschaffene Konkurrenz ihre Leistungsfähigkeit geschwächt wurde[27].

II. Die Reichsgründung 1871

Das Deutsche Reich entstand im Jahre 1871 durch die Umwandlung des Norddeutschen Bundes. Im November 1870 traten die süddeutschen Staaten, die Großherzogtümer Hessen und Baden sowie die Königreiche Bayern und Württemberg dem Norddeutschen Bund mit dem Ziel bei, einen gemeinsamen föderativen Bundesstaat zu gründen. Die Gründung des neuen Bundesstaates erfolgte unter der Dominanz Preußens, ohne Österreich. Als Verfassung des neuen Bundesstaates wurde die bestehende Verfassung des Norddeutschen Bundes als Vorlage verwendet. Nach § 2 des „Gesetzes, betreffend die Verfassung des Deutschen Reiches" vom 16. April 1871[28] galten die bisherigen Gesetze des Norddeutschen Bundes als Reichsgesetze weiter. Dies galt jedoch nur für die Gesetze, die in den Übergangsbestimmungen des Artikels 80 der Verfassung aufgeführt waren. Hierzu gehörte nicht die Gewerbeordnung von 1869, obwohl das Reich durch Artikel 4 der Verfassung die Gesetzgebungskompetenz über das Gewerbe, einschließlich des Versicherungswesens, erhalten hatte. Die Gewerbeordnung 1869 wurde für Württemberg und Baden erst durch das Gesetz vom 10. November 1871[29] mit Wirkung ab dem 1. Januar 1872 und in Bayern durch Gesetz vom 12. Juni 1872[30] mit Wirkung ab dem 1. Januar 1873 eingeführt. Für Hessen war dies bereits durch Artikel 80 Ziffer III der Verfassung mit Wirkung zum 1. Januar 1872 festgelegt worden. In diesen Ländern galt zu den genannten Zeitpunkten die Gewerbeordnung. Damit erhielt auch dort der § 141 GewO Gültigkeit. Das bedeutete,

25 Ebenda.

26 *Schirbel*, 1. Band, S. 406; *Frevert*, S. 177.

27 *Oppenheim*, S. 40, 47.

28 BGBl. des Deutschen Bundes 1871 S. 63.

29 RGBl. 1871 S. 392.

30 RGBl. 1872 S. 170.

dass landesrechtliche Regelungen über Zwangskassen zwar weiterbestanden, aber gleichzeitig ein Befreiungsrecht bei einer anderweitigen freien Hilfskassenmitgliedschaft eingeräumt wurde. Die Forderung des Norddeutschen Reichstages an Bundeskanzler Bismarck (ab 1871 Reichskanzler), Normativbestimmungen zu den Hilfskassen vorzulegen, blieb weiter unbeantwortet. Erst Jahre später benannte Bundeskommissar Michaelis in der Reichstagssitzung vom 5. Mai 1873 offen die Gründe dafür, weshalb kein sofortiger Gesetzentwurf vorgelegt wurde. Danach wurde im Bundeskanzleramt zwar ein Entwurf ausgearbeitet, der jedoch aufgrund des Krieges 1870 liegen blieb, weil die Gesetzgebung und Verwaltung mit anderen Aufgaben beschäftigt war. Nach dem Friedensschluss hätte die Arbeit, nunmehr nicht nur für den Norddeutschen Bund, sondern für das ganze Deutsche Reich, wieder aufgenommen werden müssen. Hiervon hatte man jedoch abgesehen, da die Verhältnisse zwischen Arbeitern und Arbeitgebern umfassend in Bewegung geraten seien. Es sei nicht abzusehen gewesen, wie sich die Situation weiterentwickeln und, ob sich die öffentliche Meinung wandeln würde. In einem „solchen Gärungszustand sowohl in den Verhältnissen, als in der öffentlichen Meinung… tut die Gesetzgebung nicht wohl, mit Gesetzentwürfen voranzugehen“[31]. Das Problem der sozialen Absicherung dürfte in der öffentlichen Wahrnehmung auch dadurch in den Hintergrund getreten sein, dass die Gründerjahre, befeuert durch französische Reparationen, zu einer guten Arbeitsmarktlage führten. Die Probleme traten erst wieder in der Gründerkrise deutlich hervor[32].

III. Das Reichshaftpflichtgesetz 1871

Als weitere Station auf dem Weg zu einer reichseinheitlichen Krankenversicherung kann das Reichshaftpflichtgesetz (RHG)[33] von 1871 angesehen werden. Vor dem RHG war die Haftpflicht bei Verletzung und Tod durch die partikularen Ländergesetze unzureichend geregelt. Die Haftpflichtansprüche bestanden nur gegenüber dem unmittelbar schuldigen Verursacher. Bei Arbeitsunfällen führte das oft dazu, dass sich die Ansprüche gegen Arbeitskollegen richteten, die zum Schadensersatz finanziell nicht in der Lage waren. Ein Rückgriff auf den Eisenbahn-, Bergwerk- oder Fabrikbetreiber war nur möglich, wenn dieser den Unfall selbst verschuldet hatte oder ihn bei der Auswahl

31 SB RT, 1. LP/IV. Session 1873, 1. Band, S. 503.

32 *Schirbel*, 1. Band, S. 406.

33 RGBl. 1871 S. 207, „Gesetz, betreffend die Verbindlichkeit zum Schadenersatz für die beim Betrieb von Eisenbahnen, Bergwerken etc. herbeigeführten Tödtungen und Körperverletzungen“ vom 7.6.1871.

seiner Beauftragten ein Verschulden traf. Ausnahmen bestand nur in linksrheinischen Gebieten, in denen der französische Code civil (Rheinisches Recht) weiterbestand und im badischen Landrecht von 1810, das den Code civil rezipiert hatte[34]. Nach Artikel 1384 Code civil bestand die Haftpflicht nicht nur für eigenes schuldhaftes Handeln, sondern auch für ein Verschulden der beauftragten Bediensteten.

Dieser unbefriedigende Zustand, bei dem oftmals die Geschädigten keinen Schadenersatz realisieren konnten, veranlasste 1868 eine Gruppe um den nationalliberalen Leipziger Abgeordneten Karl Biedermann, an den Bundesrat und den Norddeutschen Reichstag eine Petition einzureichen[35]. Diese als „Leipziger Petition"[36] bezeichnete Eingabe wurde vom Norddeutschen Reichstag am 24. April 1868 beraten und an den Bundeskanzler weitergeleitet[37]. Die vom Bundeskanzler zur Stellungnahme aufgeforderten Länder bestätigten, dass auch dort die Notwendigkeit einer reichsweiten Haftpflichtregelung gesehen wurde. Der Bundesrat beschloss am 9. Dezember 1869, den Bundeskanzler zu ersuchen, einen entsprechenden Gesetzentwurf vorzulegen[38]. Ein solcher Gesetzentwurf wurde nach der Reichsgründung im Jahre 1871 dem neuen Deutschen Reichstag am 28. März 1871 vorgelegt[39]. Die Motive des Gesetzentwurfs bestätigten die Notwendigkeit einer reichsweiten Regelung der Haftpflicht, da das partikulare Zivilrecht nicht ausreichend Schadenersatz gewährte. Dies wurde besonders im Hinblick auf die industriellen Fortschritte konstatiert[40]. Damit war auch eine Beschränkung auf industrielle Anlagen ausgesprochen, von denen eine besondere Gefährlichkeit ausging. Man wollte diese Haftpflicht in ein Spezialgesetz fassen, während die allgemeine Haftpflicht dem noch zu regelnden Obligationenrecht vorbehalten war. Als solche industriellen Anlagen wurden vornehmlich Eisenbahnen, Bergwerke und Fabriken angesehen. Der noch in der Biedermannschen Petition enthaltene Bereich der Dampf- und Segelschiffe, die auch von Maschinen oder Naturkräften angetrieben wurden, war nicht mehr im Gesetzentwurf enthalten. Hierzu wurde in den

34 Großherzogliches Regierungsblatt vom 27.12.1809, S. 495: Der Code Napoléon trat in deutscher Übersetzung ab 1.1.1810 als badisches Landrecht und verbindliches Zivilgesetzbuch für das Großherzogtum Baden in Kraft.

35 SB RT Norddeutscher Bund, 1. LP/Session 1868, 2.Band, Anlage Nr. 56, S. 188.

36 *Schirbel*, 1. Band, S. 408.

37 SB RT Norddeutscher Bund, 1. LP /Session 1868, 1. Band, S. 167.

38 *Schirbel*, 1. Band, S. 410; Protokoll Norddeutscher Bundesrat, Session 1869, Sitzung vom 9.12.1869, Beschluss unter § 354.

39 SB RT, 1. LP/I. Session 1871, 3. Band, Anlage Nr. 16, S. 68.

40 SB RT, 1. LP/I. Session 1871, 3. Band, Anlage Nr. 16, Motive, S. 69.

Motiven darauf hingewiesen, dass dieser Bereich durch das nunmehr als Reichsgesetz geltende ADHGB in den Artikeln 451, 478, 479 geregelt sei. Dort war vorgesehen, dass der Reeder sowohl für eigenes als auch für ein Verschulden der Schiffsmannschaft gegenüber Dritten haftete[41].

Das verabschiedete RHG sah in § 1 die Gefährdungshaftung für Tod und Körperschaden beim Betrieb einer Eisenbahn vor. Ausgeschlossen wurden dabei Unfälle, die durch höhere Gewalt oder durch eigenes Verschulden des Verletzten eintraten. Der Personenkreis, der so abgesichert war, umfasste alle Personen, die im Betriebsbereich einer Eisenbahn verletzt wurden. Damit hatten sowohl Passagiere als auch die Mitarbeiter der Bahn selbst Haftpflichtansprüche[42]. In § 2 RHG wurde die Haftpflicht beim Betrieb eines Bergwerks, eines Steinbruchs, einer Grube oder einer Fabrik geregelt. Voraussetzung der Haftpflicht war hier, dass ein Verschulden des Bevollmächtigten, Repräsentanten oder einer sonstigen Aufsichtsperson zu dem Unfall geführt hatte.

Nach § 4 RHG waren die Leistungen einer Krankenversicherung auf die Entschädigungsleistung des Unternehmers anzurechnen, wenn er Beiträge zu dieser Krankenversicherung in Höhe von mindestens einem Drittel des Gesamtbeitrags gezahlt hatte. Eine solche Anrechnung war im Gesetzentwurf der Regierung nicht vorgesehen. Erst durch den Antrag Laskers[43] wurde die Anrechnung der Krankenkassenleistungen auf die Entschädigungsleistungen im Reichstag thematisiert. Dabei wollte Lasker ursprünglich die Leistungen generell anrechnen lassen, wenn der Haftpflichtige sich an den Beiträgen beteiligt hatte, ohne dass eine Höhe des Beitrags festgelegt war. Damit wäre die Anrechnung auch bei niedrigerem Anteil möglich gewesen[44]. Weiterhin wollte er den Krankenversicherungen, zu denen der Geschädigte alleine den Beitrag zahlte, ein selbständiges Rückgriffrecht in Höhe der Entschädigungsleistung

41 SB RT, 1. LP/I. Session 1871, 3. Band, Anlage Nr. 16, Motive, S. 70.

42 Das ADHGB 1869 sah in § 421 i.V.m. §§ 395, 400, 401 bereits eine verschuldensunabhängige Haftpflicht der Eisenbahnen vor. Diese galt nur für den Frachtverkehr, nicht jedoch für den Personenverkehr, so dass hier weiterhin die Haftpflicht nach allgemeinem Recht galt. In Preußen galt das Preußische Eisenbahngesetz von 1838, das bereits in § 25 auch die verschuldensunabhängige Haftpflicht von Personenschäden regelte, G.S. 1838, S. 505, „Gesetz über die Eisenbahn-Unternehmungen" vom 3.11.1838.

43 SB RT, 1. LP/I. Session 1871, 3. Band, Anlage Nr. 65, Ziffer 5, S. 177.

44 Lasker hatte seinen ursprünglichen Antrag, (vorstehend, Anlage Nr. 65), mit der Maßgabe abgeändert, dass nunmehr ein Drittel Arbeitgeberanteil für die Anrechnung der Kassenleistung auf die Haftpflichtleistung erforderlich war, SB RT, 1. LP/I. Session 1871, 3. Band, Anlage Nr. 81, S. 18. Der Abgeordnete Biedermann forderte mit seinem Änderungsantrag eine Arbeitgeberquote von 50 Prozent, SB RT, 1. LP/I. Session 1871, 3. Band, Anlage Nr. 71, III, Ziffer 2, S. 184.

einräumen. Bundeskommissar Achenbach bewertete die Initiative der Abgeordnetengruppe um Lasker als positive Verbesserung des vorgelegten Gesetzes[45]. Hierdurch würden die Krankenkassen gefördert und gesichert. Die Arbeitgeber würden angespornt, die Entwicklung solcher Kassen weiterzuentwickeln. Bei der Abstimmung wurde in der zweiten Beratung[46] der Antrag Laskers angenommen. Trotz dieses Beschlusses stand der § 4 auch in der dritten Beratung weiterhin im Fokus der parlamentarischen Auseinandersetzung[47]. So argumentierte der Abgeordnete Schulze, dass durch die Regelung der §§ 1, 2 RHG die Haftpflicht für Betriebe eingeführt, durch § 4 jedoch wieder durch eine Hintertür herausgebracht würde[48]. Der Abgeordnete Duncker bezeichnete diese Freistellung der Betriebe aufgrund des Änderungsantrags von Lasker gar als „Taschenspielerei“[49]. Lasker bemerkte hierzu, dass die Agitation Dunckers gegen § 4 RHG darauf beruhe, dass er die hierdurch geförderten gemeinsamen Krankenkassen von Arbeitgebern und Arbeitnehmern verhindern wolle. Sinngemäß warf er Duncker vor, dass er diese gemeinsamen Kassen verhindern wolle, um die von ihm vertretenen Gewerkvereinskassen zu schützen, die allein von Arbeitnehmern verwaltet würden. Er deutete damit an, dass die Förderung von gemeinsamen Kassen der Arbeitnehmer und Arbeitgeber durch das vorliegende Gesetz nicht im Interesse der Gewerkvereinskassen liege und Duncker diese Konkurrenz verhindern wolle[50].

Der § 4 RHG sollte nach den Gesetzesmotiven zu einer vermehrten Bildung von kooperativen Kassen von Arbeitnehmern und Arbeitgebern führen. Diese Erwartungen zeigten sich auch in den parlamentarischen Debatten. In den meisten zeitgenössischen Kommentaren zu § 4 des RHG wird auf diese Absicht des Gesetzgebers Bezug genommen[51]. Es gibt allerdings keine eindeutigen Anhaltspunkte dafür, dass sich die Erwartungen in der Folgezeit erfüllten und sich durch § 4 RHG nun vermehrt gemeinsame Kassen von Arbeitgeber und Arbeitnehmer bildeten. Vorhandene Aussagen hierzu sind widersprüchlich und weisen sogar auf eine entgegengesetzte Entwicklung hin. So weist Bebel bei den Beratungen der Hilfskassengesetzgebung 1875 darauf hin, dass die Arbeitgeber die Regelung ausgenutzt und sofort eine Umgestaltung der Bei-

---

45 SB RT, 1. LP/I. Session 1871, 1. Band, S. 489.

46 SB RT, 1. LP/I. Session 1871, 1. Band, S. 496.

47 SB RT, 1. LP/I. Session 1871, 1. Band, S. 571.

48 SB RT, 1. LP/I. Session 1871, 1. Band, S. 576.

49 SB RT, 1. LP/I. Session 1871, 1. Band, S. 607.

50 SB RT, 1. LP/I. Session 1871, 1. Band, S. 608.

51 *Eger*, S. 434 f., 469; *Reindl*, S. 168; *Kah*, S. 96 ff.; *Endemann / Westerkamp*, Handelsrecht, § 387, S. 693.

tragspflicht zu Ungunsten der Arbeiter herbeigeführt hätten. Er verwies dabei auf die Klagen von Arbeitern vornehmlich aus Sachsen[52]. Gegen die Erwartungen, dass durch das Gesetz neue kooperative Kassen gebildet würden, spricht der begrenzte Leistungsumfang der Hilfskassen. Bei den meisten schweren Arbeitsunfällen werden die vollen Kosten durch die Kassen nicht gedeckt gewesen sein, so dass sich die Arbeitgeber weitergehender Ansprüche der Verletzten ausgesetzt sahen. Es ist auch nicht einzusehen, weshalb die Arbeitgeber nun ein Drittel der Krankenkassenbeiträge freiwillig zahlen und damit gleichzeitig unfallfremde Erkrankungen mitfinanzieren sollten. Die Entwicklung weist vielmehr darauf hin, dass Arbeitgeber dazu übergingen, kollektive Haftpflichtversicherungen abzuschließen[53]. Dies ist schlüssig, da damit die vollen berechtigten Ersatzansprüche abgedeckt waren. Zudem erhielten die Arbeitgeber durch eine solche Versicherung einen passiven Rechtsschutz gegen unberechtigte Ansprüche, so dass sie auch von dem Prozessrisiko entlastet wurden.

Durch die Beratung des Reichshaftpflichtgesetzes geriet auch die Notwendigkeit einer Regulierung des Kassenwesens wieder in das Blickfeld der Öffentlichkeit. Dies nahm der Abgeordnete Lasker im Zusammenhang mit der Verabschiedung des Reichshaftpflichtgesetzes zum Anlass, eine Resolution vorzulegen. Danach sollte der Reichstag den Reichskanzler auffordern, „jedenfalls in der nächsten Session, unter Mitteilung des bis dahin zu beschaffenden statistischen Materials, den Entwurf eines Gesetzes vorzulegen, welches Normativ-Bedingungen für die Errichtung von Kranken-, Hilfs- und Sterbekassen für Gesellen, Gehilfen und Fabrikarbeiter anordnet und die Beitragspflicht der selbständigen Arbeitnehmer und der Arbeitgeber regelt“[54]. Die Resolution wurde vom Reichstag in seiner Sitzung am 12. Mai 1871 angenommen, nachdem Lasker zuvor seinen Antrag noch im Wortlaut geändert und erläutert hatte[55].

IV. Die Hilfskassengesetzgebung 1876

1. Doppelgesetzgebung von Gewerbeordnung und Hilfskassengesetz

Im Jahre 1876 wurden die Vorschriften zu den Hilfskassen in zwei Gesetzen geregelt. Die Doppelgesetzgebung umfasste sowohl die Änderung des Ti-

---

52 *Bebel* in der Reichstagssitzung vom 5.11.1875, SB RT, 2. LP/III. Session 1875/1876, 1. Band, S. 8.

53 *Schirbel*, 1. Band, S. 416; *Vogel*, S. 23 f, 47.

54 SB RT, 1. LP/I. Session 1871, 3. Band, Anlage Nr. 76, S. 186.

55 SB RT, 1. LP/I. Session 1871, 1. Band, S. 653 f.

tels VIII der Gewerbeordnung als auch das neue Hilfskassengesetz (HKG). Beide Gesetzentwürfe wurden zeitgleich eingebracht, beraten und zeitlich zusammenhängend verabschiedet[56]. In der Gewerbeordnung sollten wie bisher die Grenzen bestimmt werden, in denen eine Pflicht der Arbeiter zur Versicherung bei einer Hilfskasse bestand. Im Hilfskassengesetz waren dagegen die Anforderungen enthalten, die die Verfassung der Krankenkassen und ihre Leistungen betrafen. Letzteres hielt man nicht für eine Aufgabe der Gewerbeordnung, da „vom Standpunkt der gewerblichen Interessen an die Hilfskassen eigentümliche Anforderungen nicht zu erheben sind“[57].

Auf die Hilfskassengesetzgebung war seit 1869 gewartet worden. Abgeordnete des Reichstages hatten seit der provisorischen Regelung in der Norddeutschen Gewerbeordnung von 1869 immer wieder auf eine endgültige Regelung gedrängt. Dies zeigte sich in der von Lasker eingebrachten und vom Reichstag am 12. Mai 1871 beschlossenen Resolution[58], dem Antrag von Schulze-Delitzsch und Lesse vom 30. April 1873[59], den zahlreichen im Petitionsbericht der Petitionskommission vom 20. März 1874[60] angeführten Eingaben, der Interpellation an den Reichskanzler von Schulze-Delitzsch und Genossen vom 20. April 1874[61] und deren wiederholte Interpellation vom 25. November 1874[62]. Die Regierungsvertreter bemerkten hierzu wiederholt, dass ein solcher Gesetzentwurf für die nächste Session vorgesehen sei. In der Petitionskommission wurde dies von dem Regierungskommissar Nieberding[63] und im Reichstag am 22. April 1874 von dem Präsidenten des Reichskanzleramtes, Delbrück[64] bestätigt. Die Vorlage der Gesetzentwürfe erfolgte erst am 27. Oktober 1875[65].

---

56 RGBl. 1876 S. 134, „Gesetz, betreffend die Abänderung des Titels VIII. der Gewerbeordnung“ vom 8.4.1876; RGBl. 1876 S. 125, „Gesetz über die eingeschriebenen Hilfskassen“ vom 7.4.1876.

57 SB RT, 2. LP/III. Session 1875/1876, 3. Band, Anlage Nr. 15, S. 46.

58 SB RT, 1. LP/I. Session 1871, 1. Band, S. 653 f.

59 SB RT, 1. LP/IV. Session 1873, 3. Band, Anlage Nr. 76, S. 402; 1. Band, S. 497.

60 SB RT, 2. LP/I. Session 1874, 3. Band, Anlage Nr. 104, S. 320, 322 f.

61 SB RT, 2. LP/I. Session 1874, 3. Band, Anlage Nr. 166, S. 473.

62 SB RT, 2. LP/II. Session 1874, 3. Band, S. 798.

63 SB RT, 2. LP/I. Session 1874, 3. Band, Anlage Nr. 104, S. 325.

64 SB RT, 2. LP/I. Session 1874, 2. Band, S. 1022.

65 SB RT, 2. LP/III. Session 1875/1876, 3. Band, Anlage Nr. 15, S. 45.

2. Die Änderung des VIII. Titels der Gewerbeordnung 1876

a) Definition der Hilfskassen

Die Gewerbeordnung von 1869 hatte eine vorläufige Regelung enthalten, nach der Arbeiter von der Zwangskasse befreit waren, wenn sie die Mitgliedschaft in einer anderen Hilfskasse nachwiesen. Mit dieser Regelung hatten die Interessenvertreter der freien Hilfskassen, namentlich der Gewerkvereinskassen, erreicht, dass die Existenz ihrer Hilfskassen neben den Zwangskassen gesichert war. Es erwies sich jedoch als problematisch, dass das Gesetz keine Definition der „anderen Hilfskasse" enthielt. Insbesondere in Preußen war streitig, ob es für den Status einer „anderen Hilfskasse" einer staatlichen Genehmigung bedurfte. Die preußischen Behörden gingen in jedem Falle von einer Genehmigungspflicht aus. Sie beriefen sich auf ALR II 20 § 250 in Verbindung mit ALR I 11 § 651. Diese Vorschriften beinhalteten zwar nur die Genehmigungspflicht für Aussteuer-, Witwen- und Sterbekassen, jedoch sei durch § 1 des Gesetzes vom 17. Mai 1853[66] die Genehmigungspflicht auf Versicherungsanstalten aller Art, somit auch auf Krankenversicherungen, ausgedehnt worden. Ein Verstoß hiergegen war nach § 340 Nr. 6 preußisches Strafgesetzbuch 1851[67] und nach § 360 Nr. 9 des neuen Strafgesetzbuches[68] strafbewehrt. Die freien Hilfskassen beriefen sich dagegen auf eine Entscheidung des preußischen Obertribunals vom 11. September 1856[69], das einen Angeklagten von einem solchen Verstoß freisprach[70]. Einzelne Gerichte folgten dieser Entscheidung[71]. Unter den Behörden entstand eine Unsicherheit über das Anerkennungsverfahren, die aus den weiterbestehenden Anweisungen der übergeordneten Behörden resultierte. Diese verboten eine Anerkennung von „anderen Hilfskassen" und damit auch eine Befreiung[72]. Der preußische Handelsminister Achenbach wies in seinem Erlass vom 23. Februar 1874 darauf-

66 G.S. 1853, Nr. 3765, S. 293, „Gesetz, betreffend den Geschäftsverkehr der Versicherungsanstalten" vom 17.5.1853.

67 G.S. 1851, S. 101, Nr. 3375, „Strafgesetzbuch für die Preußischen Staaten" vom 14.4.1851.

68 BGBl. des Norddeutschen Bundes 1870 S. 197, „Strafgesetzbuch für den Norddeutschen Bund" vom 31.5.1870.

69 Urteil des Obertribunals vom 11.9.1856, (Nr. 231 II), in: Archiv für Preuß. Strafrecht 1856, 4. Band, S. 853 ff.

70 Preuß. Handelsministerium 1876, Hülfskassen, Anlage II, Nr. 9, Erlass vom 23.2.1874, S. 268 und Anlage II, Nr. 10, Anlage zum Erlass vom 23.2.1874, S. 269.

71 Ebenda.

72 *Stier-Somlo*, S. 46 f., sah den Grund für die Verbote darin, dass die Errichtung von freien Hilfskassen durch sozialdemokratische und liberale Hirsch-Dunckersche Gewerkschaften mit politischen Tendenzen verquickt waren.

hin, dass er den Justizminister ersucht hatte, eine höchstrichterliche Entscheidung durch das Obertribunal herbeizuführen und dass die Oberstaatsanwälte bereits entsprechende Anweisung erhalten hätten[73]. Bis dahin sollte eine zwangsweise Abführung der Beiträge an die Zwangskassen erfolgen und das Strafverfahren nach § 360 Nr. 9 StGB veranlasst werden. Mit Rücksichtnahme darauf, dass die Vorlage der Entwürfe zum Hilfskassengesetz unmittelbar bevorstand, wurde der obige Erlass durch einen Erlass des preußischen Handelsministeriums vom 8. Mai 1874[74] ergänzt. Dieser enthielt ein Moratorium, das zwar den Bestand der freien Hilfskassen einstweilen bis zur Verabschiedung des Gesetzes sicherte, jedoch den Übertritt von weiteren Mitgliedern der Zwangskasse zu einer freien Kasse bis dahin untersagte. Bis zu diesem Zeitpunkt waren dem Reichskanzleramt die Auseinandersetzungen in Preußen hinsichtlich der freien Hilfskassen nicht bekannt. Es wurde erst durch die Interpellationen an den Reichskanzler darauf aufmerksam[75].

Mit einer Änderung der Gewerbeordnung im Jahre 1869 war von Seiten der Regierung versucht worden, die preußische Regelung für das ganze (norddeutsche) Reich einzuführen. Das Vorhaben war gescheitert, so dass die partikularen Landesgesetze weiter galten. Als Übergangs- und Kompromisslösung wurde den Arbeitern zugestanden, sich von der Zwangskasse zu befreien, wenn die Mitgliedschaft zu einer „anderen Kasse" nachgewiesen wurde. Mit der Änderung der Gewerbeordnung im Jahre 1876 wurde nun erneut der Versuch unternommen, die Bildung von Zwangskassen durch Ortsstatut für das ganze Reich zu ermöglichen und für Gesellen, Gehilfen, Lehrlinge und Fabrikarbeiter den Versicherungszwang einzuführen. Gleichzeitig sollte eine Befreiung bei Zugehörigkeit zu einer anderen Kasse ermöglicht werden. Hierzu waren einheitliche Normativbestimmungen für alle Kassen erforderlich. Der einheitliche Terminus sowohl für die durch Ortsstatut errichteten Zwangskassen als auch für die freien Kassen war nach dem Gesetzentwurf „gegenseitige Hilfskassen". Die endgültige Fassung im Gesetz enthielt den einheitlichen Terminus „eingeschriebene Hilfskassen" für alle Kassen. Damit sollte deutlich gemacht werden, dass alle Kassen ein einheitliches Zulassungsverfahren zu

73 Preuß. Handelsministerium 1876, Hülfskassen, Anlage II, Nr. 9, Erlass vom 23.2.1874, S. 268; Bereits der vormalige Handelsminister von Itzenplitz hatte mit seinem Schreiben vom 8.7.1871 eine entsprechende Aufforderung an Justiz- und Innenminister gesandt, vgl. *Born / Henning / Tennstedt*, Quellensammlung, 1867–1914, I. Abteilung, 5. Band, Anlage Nr. 64, S. 164.

74 Preuß. Handelsministerium 1876, Hülfskassen, Anlage II, Nr. 8, Erlass vom 8.5.1874, S. 268.

75 *Born / Henning / Tennstedt*, Quellensammlung, 1867–1914, I. Abteilung, 5. Band, Anlage Nr. 101, S. 264.

durchlaufen hatten. Nur die Mitglieder „freier eingeschriebener Hilfskassen“ konnten sich von der „eingeschriebenen (Zwangs-) Hilfskasse“ befreien lassen. Andere Kassen ohne Zulassung galten zukünftig nicht als Hilfskassen im Sinne der Gewerbeordnung.

b) Bildung von Hilfskassen durch Ortsstatute der Gemeinden

Nach dem neugefassten § 141 GewO 1876 erhielten die Gemeinden das Recht, für ihren Bereich die Bildung von Hilfskassen anzuordnen. Dieses Recht war nach dem Gesetzentwurf in § 141d GewO 1876 auch den höheren Verwaltungsbehörden zugestanden worden, wenn dem Bedürfnis für eine Hilfskasse durch die Gemeinde nicht entsprochen wurde. Hiermit wurde versucht, die bisherige preußische Regelung als Reichsgesetz zu übernehmen. Eine solche Einmischung der Verwaltungsbehörden in die Rechte der Gemeinden wollte man nicht zulassen, so dass bereits die eingesetzte Kommission sich gegen diese Regelung aussprach[76]. Gleichzeitig sah man die Notwendigkeit zur Bildung von überörtlichen Hilfskassen im Einzelfall. Der Reichstag beschloss deshalb, dass eine überörtliche Bildung von Hilfskassen nur durch die verfassungsmäßige Selbstverwaltung des Kommunalverbandes möglich war (§ 141e GewO 1876). Weder die Bildung von Hilfskassen durch die Gemeinde noch diejenige durch den Kommunalverband war verpflichtend vorgeschrieben. Es stand ihnen frei, ob sie eine Hilfskasse anordneten oder nicht. Somit war es weiterhin nicht gewährleistet, dass nun tatsächlich flächendeckend Hilfskassen gegründet wurden.

c) Der Umfang des Versicherungszwangs durch Ortsstatute

Nach dem Gesetzentwurf konnte durch Ortsstatut der Gemeinden oder durch die Verwaltungsbehörden den Gesellen, Gehilfen, Lehrlingen und Fabrikarbeitern nach vollendetem 16. Lebensjahr die Beteiligung an einer bestimmten Hilfskasse zur Pflicht gemacht werden (§§ 141a, 141d GewO-Entwurf).

Der noch im Gesetzentwurf enthalte Versicherungszwang für Lehrlinge wurde nicht in das Gesetz übernommen. Die Gesetzesinitiatoren waren noch davon ausgegangen, dass ältere Lehrlinge schon einen Lohn in Höhe des Gesellenlohns erhalten würden. Der Bundesratskommissar hielt es in den Kommissionsberatungen noch für „zweckmäßig, die Arbeiter möglichst frühzeitig auf die Pflicht, sich für den Erkrankungsfall zu versichern, hinzuweisen“[77]. Dieser

76 SB RT, 2. LP/III. Session 1875/1876, 3. Band, Anlage Nr. 161, S. 618;

77 SB RT, 2. LP/III. Session 1875/1876, 3. Band, Anlage Nr. 161, S. 614.

Auffassung wurde von mehreren Kommissionsmitgliedern widersprochen, da es sich hier um Ausnahmen handelte und Lehrlinge den lernenden und nicht den verdienenden Arbeitern zuzurechnen seien.

Zu dem für Gesellen, Gehilfen und Fabrikarbeiter im Gesetzentwurf vorgesehenen Versicherungszwang ab dem 16. Lebensjahr, wurde in den Kommissionsberatungen der Antrag gestellt, die Altersgrenze auf das 18. Lebensjahr zu erhöhen. Als Begründung wurde § 106 GewO 1869 angeführt, wonach die unter 18-Jährigen durch Ortsstatut zum Besuch einer Fortbildungsschule angehalten werden konnten. Diese Begründung wurde als unzutreffend verworfen. Die Altersgrenze im Gesetzentwurf sei gewählt worden, weil nach der Gewerbeordnung „der Arbeiter mit dem 16. Lebensjahr aus dem Kreis der jugendlichen Arbeiter in den der selbständigen Arbeiter übertrete und es müsse daher dieser Zeitpunkt als der geeignete angesehen werden“[78]. Gemeint war hier wohl § 128 GewO 1869, wonach für jugendliche Arbeiter ab dem 16. Lebensjahr die Begrenzung der täglichen Arbeitszeit auf 10 Stunden wegfiel und sie wie die erwachsenen Arbeiter behandelt wurden.

d) Beitragszuschüsse der Arbeitgeber zu den Hilfskassen durch Ortsstatute

Wie bereits bei der versuchten Änderung der Gewerbeordnung 1869 wurde nun erneut ein Vorstoß unternommen, die Arbeitgeber durch Ortsstatut zur Zahlung des hälftigen Beitrags zu verpflichten (§ 141b GewO-Entwurf). Auch dieses Mal regte sich gegen eine solche Regelung Widerstand. Insbesondere hielt man die vielen kleinen selbständigen Handwerker durch die Beitragspflicht für überfordert[79]. Der Einwand von industriellen Fabrikanten, durch die Beitragspflicht würde ihre Konkurrenzfähigkeit im Ausland beeinträchtigt werden, wurde nicht akzeptiert[80]. Letztlich einigte man sich darauf, dass nur die Fabrikbesitzer bis zur Hälfte des Hilfskassenbeitrags herangezogen werden konnten (§ 141c Nr. 2 GewO 1876). Allerdings war auch dies nicht zwingend, da es den Gemeinden überlassen war, ob sie durch Ortsstatut einen solchen Beitrag einführten oder nicht. Es wurde zutreffend darauf hingewiesen, dass oftmals die Gemeindevertretungen von einflussreichen Selbständigen dominiert seien, so dass eine solche Regelung kaum eingeführt würde[81]. Bebel beschreibt es mit den Worten:

---

78 SB RT, 2. LP/III. Session 1875/1876, Anlage Nr. 161, S. 614 f.

79 Ebenda, S. 617.

80 Ebenda.

81 Preußsches Handelsministerium, Hülfskassen, 1876, Einleitung, S. I.

> „Es ist die Unternehmerklasse, die ihren Einfluss ausübt. Es sind ihre Schwäger, Verwandten und Klassengenossen, die in der Gemeindeverwaltung sitzen, und die Interessen dieser Klasse häufig ausschließlich berücksichtigen.“[82]

Gegen einen Arbeitgeberzuschuss, der mit dem Einfluss der Arbeitgeber in den Kassen verbunden war, sprachen sich nicht nur Liberale, sondern auch sozialdemokratische Abgeordnete aus. Sie befürchteten, dass die Arbeitgeber Einfluss auf die bisher ausschließlich durch Arbeiter selbstverwalteten Hilfskassen Einfluss nehmen würden. Ein solcher Einfluss würde den Arbeitgebern bei ihrer Beitragszahlung aufgrund des vorliegenden Entwurfs des Hilfskassengesetzes in Vorstand und Generalversammlung gesetzlich eingeräumt werden (§§ 16, 21 Entwurf-Hilfskassengesetz 1876)[83]. Letztlich wurde durch § 141c Nr. 2 GewO 1876 eine Beitragspflicht für Fabrikinhaber aufgrund entsprechender Ortsstatute ermöglicht.

e) Befreiung von der eingeschriebenen (Zwangs)-Hilfskasse

Mit der Änderung der Gewerbeordnung sollte eine generelle Befreiungsmöglichkeit von der ortsstatutarisch angeordneten Zugehörigkeit zu einer Zwangskasse geschaffen werden. Die bisherige provisorische Übergangslösung des § 141 Gewerbeordnung 1869 sollte abgelöst und der Status der freien Hilfskasse auf eine rechtlich sichere Grundlage gestellt werden. Diese Befreiungsmöglichkeit wurde mit § 141a GewO 1876 geschaffen. Danach konnte sich derjenige von der durch Ortsstatut angeordneten eingeschriebenen (Zwangs-) Hilfskasse befreien lassen, der die Beteiligung zu einer anderen eingeschriebenen Hilfskasse nachwies. Damit war die langjährige Forderung der Vertreter der freien Hilfskassen erfüllt, die eine Ausbreitung dieser Kasse im gesamten Reichsgebiet ermöglichte. Das Befreiungsrecht wurde allerdings durch zwei Regelungen eingeschränkt.

aa) Einschränkung durch § 141f GewO 1876

Nach § 141f GewO 1876 unterlagen nunmehr Arbeiter und Arbeitgeber in Bergwerken, Aufbereitungsanstalten, Brüchen und Gruben den Bestimmungen der §§ 141 bis 141e GewO 1876, wenn für sie keine sonstige gesetzliche Verpflichtung zur Bildung von Hilfskassen und zur Beteiligung an denselben bestand. Das bedeutete, dass diese Personen sich ebenfalls nach § 141a GewO 1876 von einer ortsstatutarischen Zwangskasse befreien lassen konnten, wenn sie die Beteiligung an einer freien Hilfskasse nachwiesen. Im Umkehr-

82 SB RT, 2. LP/III. Session 1875/1876, 1. Band, S. 81.

83 SB RT, 2. LP/III. Session 1875/1876, 1. Band, S. 80.

schluss hatten das Befreiungsrecht solche Personen nicht, die bereits aufgrund sonstiger gesetzlicher Verpflichtungen an Hilfskassen beteiligt waren. Damit waren die Personen vom Befreiungsrecht ausgeschlossen, die aufgrund landesrechtlicher (berggesetzlicher) Vorschriften an Knappschaftskassen beteiligt waren. Hierdurch wollte man vermeiden, in die bewährten Verhältnisse der Knappschaftskassen einzugreifen.

bb) Einschränkung durch § 141b GewO 1876

Eine weitere Einschränkung der Befreiungsmöglichkeit enthielt § 141b GewO 1876:

> „Für Gesellen, Gehülfen und Fabrikarbeiter, welche nach Maßgabe der Landesgesetzes aufgrund einer Anordnung der Gemeindeverwaltung regelmäßige Beiträge zum Zwecke der Krankenunterstützung entrichten, kann durch Ortsstatut die Verpflichtung zur Beteiligung an einer eingeschriebenen Hülfskasse nicht begründet werden."

Diese Vorschrift führte dazu, dass die Hilfskassengesetzgebung für die süddeutschen Länder Bayern, Württemberg und Baden keine Geltung erhielt und ein Beitritt zu einer freien Hilfskasse nicht möglich war. Eine solche Ausnahmeregelung war im Gesetzentwurf noch nicht enthalten und wurde nur in den Motiven zur Übergangsbestimmung des Art. 2 angedeutet[84], mit dem die bisherigen landesgesetzlichen Bestimmungen durch die neuen Regelungen des Art. 1 ersetzt werden sollten. Es sollte nur für die Länder gelten, die die Versicherung der Arbeiter unmittelbar über den Weg der Kassenbildung erstrebten. Die Landesgesetze in den anderen Ländern, insbesondere in Bayern, Württemberg und Baden sollten vom Gesetzentwurf unberührt bleiben, da sich in diesen Ländern die Krankenversorgung nicht über Krankenkassen, sondern über die Armen- und Gemeindegesetzgebung durchgesetzt hatte.

Diese süddeutschen Regelungen passten nicht zu der beabsichtigten generellen Befreiungsmöglichkeit bei Zugehörigkeit zu einer freien Hilfskasse. In Norddeutschland standen sich Zwangskassen und freie Hilfskassen gegenüber. Das Gesetz regelte die Bedingungen für die Befreiung von der Zwangskasse. In Süddeutschland standen sich einerseits Armen- und Gemeindegesetzgebung und andererseits die freien Hilfskassen gegenüber. Hier war der Übertritt zu einer Hilfskasse nur bei Änderung der landesgesetzlichen Regelungen möglich.

Eine solche Änderung wurde durch Kommissionsbeschluss dem Reichstag vorgeschlagen. Die Kommission sah einen § 141aa GewO vor, wonach die landesgesetzlichen Verpflichtungen für die Gesellen, Gehilfen und Fabrikar-

84 SB RT, 2. LP/III. Session 1875/1876, 3. Band, Anlage Nr. 15, S. 51.

beiter aufgehoben werden, die einer eingeschriebenen Hilfskasse angehören[85]. Eine solche Regelung war für die verbündeten Regierungen unannehmbar. Insbesondere die Vertreter Bayerns wiesen darauf hin, dass eine solche Regelung in die bayerische Armengesetzgebung eingreife, für die das Reich nach dem Schlussprotokoll des Versailler Vertrages[86] keine Gesetzgebungskompetenz habe. Hinsichtlich der anderen süddeutschen Länder wurde die Eingriffskompetenz ebenfalls bestritten. Eine Erhebung der gemeindlichen Beiträge für die Krankenunterstützung sei ein Ausfluss des gemeindlichen Besteuerungsrechts, welches von der Gewerbeordnung nicht berührt werden dürfe[87].

Der Kommissionsvorschlag wurde auch in der Reichstagssitzung vom 1. Februar 1876 kontrovers diskutiert[88]. Dem Kommissionsvorschlag stand ein Antrag des Abgeordneten Völk (Nationalliberale Partei) und Genossen gegenüber, der vorsah, dass für die durch die süddeutschen Landesgesetze betroffenen Gesellen, Gehilfen und Fabrikarbeiter durch Ortsstatut eine Beteiligung an einer (Zwangs-) Hilfskasse nicht begründet werden kann. Dieser Vorschlag fand die Mehrheit des Reichstages und wurde schließlich als § 141b GewO 1876 verabschiedet. Da ein Versicherungszwang durch Ortsstatut ausgeschlossen war, konnte auch kein befreiender Beitritt zu einer freien Hilfskasse erfolgen. Damit war in Süddeutschland die Ausbreitung der freien Hilfskassen behindert, was dadurch relativiert wurde, dass die süddeutschen Landesgesetze ihrerseits bereits befreiende Regelungen enthielten. So war in Bayern nach Artikel 21 des Kranken- und Armenpflegegesetzes von 1869[89] die Befreiung von den gemeindlichen Beiträgen möglich, wenn Unternehmer für ihre Arbeiter Unterstützungskassen bildeten und für diese die Beiträge erhoben. In Baden konnten nach § 34 des Armenpflegegesetzes[90] die Personen von den Beiträgen befreit werden, die eine anderweitige Absicherung in Krankheitsfällen nachweisen konnten. Zusammenfassend ist festzustellen, dass das Ziel eines einheitlichen Kassenrechts nicht erreicht wurde[91]. Der Geltungsbereich der Hilfskassengesetzgebung war durch die Ausnahmeregel des § 141b GewO 1876 faktisch auf den norddeutschen Raum beschränkt[92].

85 SB RT, 2. LP/III. Session 1875/1876, 3. Band, Anlage Nr. 161, S. 615.

86 RGBl. 1871 S. 9.

87 SB RT, 2. LP/III. Session 1875/1875, 3. Band, Anlage Nr. 161, S. 616.

88 SB RT, 2. LP/III. Session 1875/1876, 2. Band, S. 1063 ff.

89 Gesetzblatt für das Königreich Bayern 1869 S. 1093.

90 Gesetz- und Verordnungsblatt für das Großherzogtum Baden 1870 S. 387.

91 *Born / Henning / Tennstedt*, Quellensammlung, 1867–1914, I. Abteilung, 5. Band, Einleitung, S. XLIX.

92 Ebenda.

3. Das Gesetz über die eingeschriebenen Hilfskassen 1876

Der Titel VIII der Gewerbeordnung regelte den Umfang des Versicherungszwangs, den rechtlichen Rahmen für die Bildung von Zwangs-Hilfskassen und das Recht der Befreiung von diesen Hilfskassen. Was als eingeschriebene Hilfskasse im Sinne der Gewerbeordnung galt, wurde im gleichzeitig verabschiedeten Hilfskassengesetz festgelegt, das nicht nach Zwangskassen oder freien Hilfskassen unterschied. Es bezeichnete alle Kassen einheitlich als „eingeschriebene Hilfskassen", die mit eigener Rechtspersönlichkeit ausgestattet wurden und legte die Voraussetzungen fest, die für eine Zulassung als eingeschriebene Hilfskasse erforderlich waren. Neu war die ausschließliche Festlegung der Hilfskassen auf die Unterstützungsleistungen bei Krankheit als einzigem Versicherungszweck. Unter Krankheit wurde jede „Alteration des Gesundheitszustandes", insbesondere auch von Verletzungen durch Unfälle, verstanden[93]. Eine Sterbegeldunterstützung war als untergeordnete Leistung im Hinblick auf die historische Entwicklung zugelassen[94]. Mit der Begrenzung auf den Zweck der Krankenunterstützung wollte man eine Trennung der vielfach noch vorhandenen Vermischung der Kassenbestände und die Verwendung für die Invaliden-, Alters-, Witwen- und Waisenunterstützung oder andere Vereinszwecke erreichen. Dies war auch ein Grund dafür, dass man die Knappschaftskassen vom Gesetz ausgenommen hatte (§ 141f GewO 1876). Nach den Ausführungen des Bundesratsbevollmächtigten Achenbach hatte sich das gesetzliche geregelte Nebeneinander von Kranken-, Invaliden-, Witwen- und Waisenunterstützung in einer Knappschaftskasse bewährt, so dass man ein Herausbrechen der Krankenunterstützung aus diesem Bereich für schädlich hielt[95].

Der Rahmen für den Beitritt und Austritt der Mitglieder, die Höhe der Beiträge und die Unterstützungsleistungen von eingeschriebenen Hilfskassen war weit gefasst. Es waren lediglich Mindestleistungen vorgeschrieben. Die Beiträge konnten von den Kassen aufgrund des Geschlechts, des Gesundheitszustandes und des Lebensalters unterschiedlich bemessen werden. Die Einrichtung von Mitgliederklassen mit verschiedenen Beitrags- und Unterstützungssätzen war zulässig (§ 8 HKG). Daraus kann entnommen werden, dass eine einheitliche Gestaltung der eingeschriebenen Kassen nicht Ziel des Gesetzes war. Ungelöst blieben auch die Probleme, die durch den erzwungenen Austritt aus der Hilfskasse bei Orts- bzw. Arbeitgeberwechsel eintraten. Die erworbenen Anrechte

93 SB RT, 2. LP/III. Session 1875/1876, 3. Band, Anlage Nr. 15, Motive zu § 1 Hilfskassengesetz, S. 57.

94 Ebenda.

95 SB RT, 2. LP/III. Session 1875/1876, 2. Band, S. 1087.

bei der alten Kasse gingen verloren und konnten nicht auf die neue übertragen werden. In der neuen Kasse musste daher eine neue Karenzzeit für den Leistungsanspruch und ggfls. erneut ein Eintrittsgeld gezahlt werden. Abgeschwächt wurden diese Probleme nur bei den überörtlichen freien eingeschriebenen Hilfskassen, die auch beim Wohnortwechsel weiterhin zuständig blieben. Fabrikarbeiter, die sich für eine solche Kasse statt der (Zwangs-) Hilfskasse entschieden, mussten dabei jedoch auf den Arbeitgeberbeitrag verzichten, sofern ein solcher durch Ortsstatut vorgesehen war.

Umstritten war die Regelung des § 6 Abs. 2 HKG-Entwurfs. Danach durfte den Kassenmitgliedern die Beteiligung an anderen Gesellschaften oder Vereinen nicht zur Bedingung für den Kassenbeitritt gestellt werden. Zudem durften sie nicht zu Handlungen oder Unterlassungen verpflichtet werden, welche mit dem Kassenzweck in keiner Verbindung standen. Mit dieser Regelung wollte man vermeiden, dass Vereine, die aus politischen, religiösen oder wirtschaftlichen Gründen gegen den Staat eingestellt waren, durch die Hilfskassen eine starke Organisation zur Bekämpfung der staatlichen Ordnung erhielten[96]. Im Verlauf der parlamentarischen Verhandlungen setzten sich die Interessenvertreter der Vereinskassen mit ihrer gegensätzlichen Auffassung durch. Hierbei stimmten sogar die Auffassungen der Vertreter der liberalen Hirsch-Dunckerschen Gewerkvereine mit denen der Sozialdemokraten als Unterstützer der Gewerkschaftskassen überein. Hierzu stellte Bebel im Reichstag hinsichtlich der Mitgliedschaft eines Arbeiters in einer gewerkschaftlichen Hilfskasse fest:

> „Es ist sein freier Wille, ob er einem solchen Verein angehört oder nicht."

Wenn er „seine Verpflichtungen gegen die Krankenkasse erfüllt, aber nicht seine Verpflichtung, wenn es sich um Arbeitseinstellungen oder sonstige gewerkschaftliche Zwecke handelt...wird er aus der Gewerkschaft ausgeschlossen" (und damit auch aus der Hilfskasse)[97].

Die endgültige Gesetzesfassung sah schließlich in § 6 Abs. 2 HKG vor, dass ein Beitritt von der Beteiligung an anderen Gesellschaften oder Vereinen abhängig gemacht werden konnte, wenn eine Beteiligung für sämtliche Mitglieder bereits bei Errichtung der Kasse durch das Statut vorgesehen war. Wurde der Beitritt zur Hilfskasse von einer derartigen Bedingung abhängig gemacht, dann musste auch geregelt werden, ob und wie die weitere Mitgliedschaft in der Hilfskasse bestand, wenn das Hilfskassenmitglied später aus dem Verein austrat oder ausgeschlossen wurde. Die letztlich als Kompromiss gefundene

---

96 SB RT, 2. LP/III. Session 1875/1876, 3. Band, Anlage Nr. 15, Motive zu § 6 Hilfskassengesetz, S. 59.

97 SB RT, 2. LP/III. Session 1875/1876, 1. Band, S. 83.

Lösung fand in § 15 HKG seine gesetzliche Festlegung. Danach konnte ein Ausschluss nur erfolgen, wenn das Mitglied der Kasse noch keine zwei Jahre angehört hatte. In diesen Fällen bestand ein Anspruch auf Ersatz des bezahlten Eintrittsgeldes.

4. Das System der Krankenkassen als Folge der Hilfskassengesetzgebung

Durch die Hilfskassengesetzgebung ergab sich ein neues System an Krankenkassen. Die Vorschriften der geänderten Gewerbeordnung 1876 galten erst einmal nur für eingeschriebene Hilfskassen. Hierbei handelte es sich um die nach Inkrafttreten der Gewerbeordnung neu gegründeten eingeschriebenen Hilfskassen. Das waren zum einen die aufgrund eines Ortsstatuts errichteten (Zwangs-) Hilfskassen, zum anderen auch die neu gegründeten freien Hilfskassen, die alle das Zulassungsverfahren nach dem Hilfskassengesetz durchlaufen hatten und das Recht einer eingeschriebenen Hilfskasse erworben hatten.

Daneben bestanden noch die Krankenkassen nach früherem Recht fort, die aufgrund der Übergangsvorschrift des Artikels 2 des Änderungsgesetzes zur Gewerbeordnung 1876 den neuen eingeschriebenen Hilfskassen gleichgestellt wurden. Hierbei handelte es sich wiederum um verschiedene Kassen. Das waren zum einen die alten Zwangskassen nach Landesrecht und zum anderen die alten freien Hilfskassen, die aufgrund einer landesrechtlichen Genehmigung den Status einer juristischen Person erhalten hatten. Alle diese Hilfskassen hatten acht Jahre bis zum 31. Dezember 1884 Zeit, die Zulassung als eingeschriebene Hilfskasse zu erwirken. Im Gesetzentwurf hatte man noch auf die Festlegung einer Übergangsfrist verzichtet, da man eine bestimmte Frist für bedenklich und unausführbar hielt. Die Entscheidung für eine so lange Übergangsfrist fiel schließlich im Reichstag, da man einsah, dass die Reorganisation der bisherigen Kassen Zeit benötigte, was insbesondere für die Kassen galt, die noch andere Unterstützungszwecke wie die Zahlung von Witwengehalt oder Invalidenpension vorsahen. Die Lösung von diesen Aufgaben sollte nur allmählich und schonend angebahnt werden[98]. Außer den neuen eingeschriebenen Hilfskassen und den übergangsweise gleichgestellten Hilfskassen bestanden noch die nach § 141f GewO 1876 ausgenommenen Knappschaftskassen weiter. Zudem bestanden die besonderen Regelungen der Armengesetzgebung in Süddeutschland für die Länder, Bayern, Württemberg und Baden aufgrund des § 141b GewO 1876 weiter.

98 SB RT, 2. LP/III. Session 1875/1876, 3. Band, Anlage Nr. 15, Motive, S. 46.

Nicht zu vergessen sind die vielen kleinen freien Kassen, die neben den obigen Kassen weiterbestanden und die die Voraussetzungen für die Zulassung entweder nicht erfüllten oder aber bewusst ohne staatlich kontrolliertes Statut weiter bestehen wollten. Der Bestand solcher Kassen muss außerhalb der Betrachtung im Rahmen dieser Arbeit bleiben. Sofern ihre Mitglieder zum Personenkreis gehörten, der dem Versicherungszwang unterlag, hatten sie keine Befreiungsmöglichkeit.

5. Der Leistungskatalog des Hilfskassengesetzes

Die vorliegende Arbeit befasst sich mit dem Umfang des Versicherungszwangs und versucht, dessen Hintergründe aufzuzeigen. Eine Darstellung des Leistungskatalogs in den einzelnen Phasen der geschichtlichen Entwicklung der Krankenversicherung ist dabei grundsätzlich nicht vorgesehen. Dies erscheint nur dann angebracht, wenn die Relation der Leistungen zu den Gründen des Versicherungszwangs relevant erscheinen. Für die Hilfskassengesetzgebung wird eine Relevanz angenommen. Der Versicherungszwang für Gesellen, Gehilfen und Fabrikarbeiter wurde eingeführt, um im Krankheitsfall zu verhindern, dass die Betroffenen durch das ausfallende Einkommen nicht mehr in der Lage waren, den Lebensunterhalt für sich und ihre Familien zu bestreiten und dadurch verarmten. Die Verhinderung der Armut war erklärtes Ziel der Hilfskassengesetzgebung. Schaut man sich unter Berücksichtigung dieses Ziels die garantierten Mindestleistungen der eingeschriebenen Hilfskassen an, dann ist zweifelhaft, ob dieses Ziel durch das Hilfskassengesetz überhaupt zu erreichen war.

Nach § 11 HKG mussten die Leistungen bei Arbeitsunfähigkeit mindestens für dreizehn Wochen gewährt werden. Als Barleistung war dabei für Männer mindestens die Hälfte des Ortslohnes zu zahlen. Für Frauen war sogar diese Mindestgrenze noch auf ein Drittel des Ortslohnes herabgesetzt. Sofern die Hilfskasse Sachleistungen für ärztliche Behandlung und Arznei vorsah, durften die Kosten hierfür auf die obige Barleistung bis zu zwei Dritteln angerechnet werden. Bei Kostenübernahme der Krankenhausbehandlung war sogar der vollständige Wegfall der Barleistungen möglich. Die an sich schon geringen Mindestleistungen konnten noch zusätzlich durch die Statuten eingeschränkt werden. So war es möglich, beim Beitritt eine Karenzzeit bis zu dreizehn Wochen vorzusehen, innerhalb der kein Leistungsanspruch für Erkrankungen bestand. Außerhalb der Karenzzeit war noch zusätzlich der Leistungsausschluss für die erste Woche einer Erkrankung erlaubt. Eine Übernahme der ärztlichen Behandlung für die Familienangehörigen war als Regelleistung nicht vorgesehen. Allerdings war durch die Statuten auch eine Erhöhung der Mindestbarleistungen bis zum fünffachen Betrag sowie die Ausdehnung der ärztlichen Behandlung auf Familienangehörige zulässig. Zudem konnte für Hinterbliebene verstorbener Mitglieder eine Beihilfe (Sterbegeld) bis zum Zehnfachen der wöchentlichen Unterstützung gewährt werden.

Die Betrachtung des Verhältnisses der Barleistungen zu den Sachleistungen im Hilfskassengesetz ergibt, dass der Schwerpunkt der Leistungen auf den Barleistungen lag. Damit wird deutlich, dass man die Gefahr einer Verarmung nicht von der Höhe der Krankheitskosten ausgehen sah, sondern von dem bei Krankheit wegfallenden Einkommen. Solange ein Einkommen vorhanden war, mutete man dem Erkrankten zu, die Krankheitskosten aus dem laufenden Einkommen zu bestreiten. Geht man von den vorgesehenen Mindestleistungen aus, war kaum zu erwarten, dass hiermit die Armut wirksam bekämpft wurde. Es scheint hierdurch nur ein kurzfristiger Aufschub der Armut bei längerer Erkrankung möglich gewesen zu sein. Damit erscheinen die Leistungen der neuen Hilfskassen auch als das, was sie bereits nach der alten Gesetzgebung in den Ländern gewesen waren, nämlich nur eine Entlastung der örtlichen Armenpflege. Trotzdem dürfte die Wirkung dieser Gesetzgebung im Hinblick auf die zukünftige Entwicklung nicht zu unterschätzen sein. Auch wenn im Jahre 1876 politisch ein weitergehender Leistungsumfang noch nicht durchsetzbar war, so ist das Hilfskassengesetz doch als Durchbruch und Wegbereiter der späteren Sozialgesetzgebung als nicht zu gering einzuschätzen.

6. Zusammenfassende Wertung der Hilfskassengesetzgebung

Mit der Hilfskassengesetzgebung 1876 wurde grundsätzlich eine flächendeckende Einführung des Versicherungszwangs für Gesellen, Gehilfen und Fabrikarbeiter ermöglicht, die entweder durch eingeschriebene (Zwangs-) Hilfskassen oder ersatzweise durch freie eingeschriebene Hilfskassen durchzuführen war. Die mit dem Gesetz verbundene Erwartung, dass sich nunmehr der Versicherungszwang in der Fläche durchsetzen würde, erfüllte sich nicht, wie Jahre später die Begründung zum Entwurf des Krankenversicherungsgesetzes 1883 bestätigt[99]. Bis zum Jahre 1880 hatten in Preußen 559 Krankenkassen den Status einer eingeschriebenen (Zwangs-) Hilfskasse erlangt, wovon allerdings nur 112 neu errichtet worden waren. In den anderen Ländern gab es zusammen 321 solcher Kassen, von denen nur 120 neu waren[100]. Hieran zeigte sich die Untätigkeit der Gemeinden und Kommunalverbände. Es kann vermutetet werden, dass die Gemeindeorgane „zu sehr unter dem Einfluss von Leu-

99 SB RT, 5. LP/II. Session 1882/1883, 5. Band, Anlage Nr. 14, S. 140 f.; *Ritter*, Sozialversicherung, S. 31; *Vogel*, S. 22 f.

100 *Schirbel*, 1. Band, S. 434.

ten standen, die den Versicherungszwang ablehnen, weil sie dabei zu Zahlungen herangezogen würden“[101].

V. Das Sozialistengesetz 1878

Am 20. Mai 1878 legte Bismarck dem Reichstag den Entwurf eines Gesetzes vor, mit dem er durch Verbote sozialdemokratischer Druckschriften und Vereine die Ausbreitung sozialdemokratischer Ausschreitungen eindämmen wollte[102]. Begründet wurde dies mit dem vorhergehenden Attentat auf Kaiser Wilhelm I. am 11. Mai 1878. Der Reichstag lehnte dieses Gesetz am 24. Mai 1878 mit einer Mehrheit von 251 zu 57 Stimmen ab[103]. Nach einem erneuten Attentat auf den Kaiser am 2. Juni 1878 wurde am 9. September ein verschärfter Entwurf des „Gesetzes gegen die gemeingefährlichen Bestrebungen der Sozialdemokratie“ eingebracht[104]. Den zu verbietenden sozialdemokratischen, sozialistischen und kommunistischen Vereinen wurden nun auch alle mit diesen zusammenhängenden Einrichtungen gleichgestellt, was insbesondere für die genossenschaftlichen Kassen (§ 1 Abs. 2 des Gesetzentwurfs) galt. Damit waren nun auch die eingeschriebenen Hilfskassen von einem solchen Verbot bedroht. Begründet wurde dies damit, dass solche Krankenkassen zur sozialdemokratischen Agitation benutzt werden könnten und somit die Absicht des Gesetzes vereiteln würden[105]. Man berief sich dabei auch auf einen Artikel des „Vorwärts“ vom 5. Juni 1878, in dem ausgeführt wurde:

> „Wir gründen Kassen, wo es nötig und förderlich ist, für Kranken- und Sterbefälle, beseelt von dem Gedanken, dass jede neue Form der Organisation neue Lebenslust in die Agitation bringen muss. Sollte das Hilfskassengesetz nicht auch für uns da sein?“[106]

Die eingesetzte Kommission beschloss eine differenzierte Behandlung von Vereinen, Genossenschaften, Kassenvereinen und eingeschriebenen Hilfskassen. Für die eingeschriebenen Hilfskassen wurde dabei die Möglichkeit der Schließung nach den Vorschriften des Hilfskassengesetzes von 1876 vorgesehen. Den Kommissionsvorschlägen folgte der Reichstag und beschloss das

101 *Schirbel*, 1. Band, S. 434.

102 SB RT, 3. LP/II. Session 1878, 4. Band, Anlage Nr. 274, S. 1591: „Gesetzentwurf zur Abwehr sozialdemokratischer Ausschreitungen“.

103 SB RT, 3. LP/II. Session 1878, 2. Band, S. 1554.

104 SB RT, 4. LP/I. Session 1878, 1. Band, Anlage Nr. 4, S. 1.

105 Ebenda, S. 6.

106 Vorwärts, Ausgabe Nr. 65 vom 5.6.1878, Artikel: „Ein Kapitel über Agitation“.

Sozialistengesetz[107]. Die Hilfskassen standen nun unter ständiger Kontrolle der Polizei. Diese konnte den Sitzungen beiwohnen, Versammlungen selbst einberufen und leiten und war befugt, alle Unterlagen einzusehen (§ 4 Sozialistengesetz). Die Beobachtungen der Polizei zu den Hilfskassen waren nun regelmäßig Gegenstand der Polizeiberichte[108]. In der Folgezeit wurden nicht wenige Hilfskassen als politische Vereine erklärt und aufgelöst[109]. Andere Kassen lösten sich freiwillig auf oder wandelten sich in einfache Unterstützungskassen um, um der Beschlagnahme ihres Vermögens zu entgehen[110].

Das Sozialistengesetz war darauf gerichtet, der Sozialdemokratie ihre wichtigsten Agitationsmittel zu nehmen und ihre Organisation zu zerstören[111]. Gleichzeitig wurde erkannt, dass es mit diesen repressiven Maßnahmen allein nicht gelingen würde, die sozialdemokratische Bewegung zu beseitigen[112]. Diese Maßnahmen würden nicht die „Heilung des Übels" bringen, sondern seien nur Vorbedingung für die Heilung[113]. Es bedürfe weiterer wirtschaftlicher Reformen, um die Wurzeln des Übels zu beseitigen[114]. Hierin ist schon die Begründung für die zukünftige Sozialgesetzgebung zu erkennen, die schließlich im Jahre 1881 eingeleitet wurde. Das Sozialistengesetz ist somit die repressive Seite einer Medaille, die auf der anderen Seite mit den sozialen Wohltaten einer Sozialversicherung versehen ist. Beide dienten nach Ansicht ihrer Initiatoren dem gleichen Zweck, nämlich die Arbeiterschaft der Sozialdemokratie zu entfremden. Die Verbindung von Sozialistengesetz und der Sozialgesetzgebung war auch der Grund dafür, dass es den sozialdemokratischen Abgeordneten in den folgenden Jahren schwerfiel, den von der Regierung eingebrachten Sozialgesetzen zuzustimmen. Sie wurden hierdurch „geradezu in die Rolle des Nein-Sagers gedrängt"[115]. Gleichwohl beschloss der SAPD-Kongress 1883 in Kopenhagen eine differenzierende Resolution zur Haltung der Sozialdemokratie zu der bismarckschen Sozialgesetzgebung.

---

107 RGBl. 1878 S. 351, „Gesetz gegen die gemeingefährlichen Bestrebungen der Sozialdemokratie (Sozialistengesetz)" vom 21.10.1878.

108 *Falk / Materna*, Berliner Polizeiberichte, S. 46, 70, 94 ff., 114, 161, 178.

109 *Schirbel*, Band 1, S. 435; *Rieber*, S. 201 f., 207; *Schröder*, Sozialpolitik, S. 132; *Ullmann*, HZ Band 229, S. 574 (579); *Benöhr*, ZRG Germ. 1981, S. 95 (126); *Born / Henning / Tennstedt*, Quellensammlung 1867–1914, I. Abt, 5. Band, Einleitung, S. XLIX.

110 *Schirbel*, Band 1, S. 435; *Schröder*, Sozialpolitik, S. 136.

111 SB RT, 4. LP/I. Session 1878, 1. Band, Anlage Nr. 4, S. 5.

112 Ebenda.

113 Ebenda.

114 Ebenda.

115 *Benöhr*, ZRG Germ. 1981, S. 95 (150).

In dieser wurde an der „ehrlichen Absicht" gezweifelt und angenommen, dass die Sozialreform nur als „taktisches Mittel" benützt werde, um die Arbeiter „vom richtigen Wege abzulenken"[116]. Gleichwohl sah der Kongress die Pflicht ihrer parlamentarischen Vertreter darin, alle Vorschläge im Interesse der Arbeiter zu prüfen, egal von welchen Motiven sie getragen wurden[117].

VI. Die Zulassung neuer Innungskrankenkassen 1881

Durch die Änderung der Gewerbeordnung 1881[118] wurde das Spektrum der Krankenkassen um eine neue Kassenart, die Innungskrankenkasse (IKK), erweitert. Sie nahm eine Zwischenstellung zwischen eingeschriebenen (Zwangs-) Hilfskassen und den freien eingeschriebenen Hilfskassen ein. Der Hintergrund für die Änderung der Gewerbeordnung war, dass das Innungswesen auf eine neue rechtliche Grundlage gestellt werden sollte. Im Rahmen der Einführung der Gewerbefreiheit war in der ersten Hälfte des 19. Jahrhunderts die Macht der alten Innungen, die jahrhundertelang das Wirtschaftsgeschehen, insbesondere in den Städten, restriktiv bestimmt hatten, gebrochen worden. Es gab keine Zwangsinnungen mehr, sondern nur noch Innungen auf der Basis freiwilliger Mitgliedschaften. Deren Aufgaben waren auf die Förderung der gemeinsamen gewerblichen Interessen beschränkt. Für den Verfall des Innungswesens wurde die Lockerung der Gesellen- und Lehrverhältnisse, die Konkurrenz durch Großbetriebe und das ungeregelte Pfuschertum verantwortlich gemacht[119]. Es bestand bei den Handwerkern die Befürchtung, dass immer mehr Bereiche handwerklicher Fertigung durch die industrielle Produktion verdrängt würden. Durch die ökonomische Stärke der Industrie könnte diese ihre Rohstoffe in großen Mengen günstig einkaufen, besser absetzen, ihre Mitarbeiter besser ausbilden und so schneller den technischen Fortschritt umsetzen. Erforderlich war es deshalb, diese Vorteile auch dem Handwerk zukommen zu lassen, durch gemeinsamen Geschäftsbetrieb, insbesondere gemeinsame Beschaffung der Rohstoffe, gemeinsame Beschaffung und Nutzung von Maschinen und gemeinsame Verkaufsstellen. Zudem war die Errichtung von Fachschulen für die gewerbliche und fachliche Ausbildung von Meistern und Gesellen zu ermöglichen[120]. Der Handwerkerstand drängte deshalb darauf,

116 *Mehring*, Sozialdemokratie, S. 575.

117 *Mehring*, Sozialdemokratie, S. 575; *Benöhr*, ZRG Germ. 1981, S. 95 (142).

118 RGBl. 1881 S. 233, „Gesetz, betreffend die Abänderung der Gewerbeordnung" vom 18.7.1881.

119 SB RT, 4. LP/IV. Session 1881, 3. Band, Anlage Nr. 49, Motive, S. 259.

120 Ebenda, S. 261.

das Handwerk zu stärken und ihm wieder die Aufgaben zuzuweisen, die es als eigene Angelegenheiten ansah und die bisher von staatlichen Stellen wahrgenommen wurden. Diese Aufgabenverlagerung erfolgte mit § 97a GewO 1881. Danach waren die Innungen nun auch zuständig für die Errichtung und Leitung von Fachschulen für Lehrlinge, Gesellen- und Meisterprüfungen und die Ausstellung von Prüfungszeugnissen, die Einrichtung gemeinschaftlicher Geschäftsbetriebe und die Einrichtung von Schiedsgerichten zur Beilegung von Streitigkeiten zwischen Innungsmitgliedern und deren Gesellen.

Als weitere Aufgabe wurden nach § 97a Nr. 4 GewO 1881 den Innungen die Einrichtung von Kassen in Fällen der Krankheit, des Todes und der Arbeitsunfähigkeit für die Innungsmitglieder, ihre Angehörigen, Gesellen und Lehrlinge zugewiesen. Die Regelungen über eine solche Innungskrankenkasse mussten außerhalb des Innungsstatus, in einem Nebenstatut (§ 98c GewO 1881), getroffen werden. Das Statut musste von der höheren Verwaltungsbehörde genehmigt werden, nachdem vorher die Ortsbehörde des Innungssitzes gehört worden war. Bei den neuen Innungskrankenkassen handelte es sich formell nicht um eingeschriebene Hilfskassen im Sinne der Hilfskassengesetzgebung von 1876. Ihre Statuten mussten zwar ebenfalls von der Aufsichtsbehörde genehmigt werden, waren aber nicht an die Normativbestimmungen des Hilfskassengesetzes angebunden. So lag die Kassenverwaltung in den Händen der Meister und nicht in denen der versicherten Gesellen, die lediglich daran zu beteiligen waren (§ 100a GewO 1881), was sich aus der Besonderheit ergab, dass in der Kasse nicht nur die Gesellen, sondern auch ihre selbständigen Meister und deren Angehörige versichert waren.

Die Innungskrankenkassen mussten rechtlich nach zwei Seiten abgegrenzt werden. Das galt zum einen gegenüber den eingeschriebenen (Zwangs-) Hilfskassen und zum anderen gegenüber den eingeschriebenen freien Hilfskassen. Es war deshalb notwendig, weil es sich bei den Gesellen um den Personenkreis handelte, der auch dem Versicherungszwang nach § 141a GewO unterlag, wenn für den Innungssitz ein Ortsstatut erlassen war. Von dem Versicherungszwang nach § 141a GewO waren die Gesellen befreit, „solange" sie der Innungskrankenkasse angehörten (§ 100c Nr. 3 GewO 1881). Die Befreiung wurde wirksam, wenn die Innungskrankenkasse im Krankheitsfalle eine Unterstützung gewährte, die den Vorschriften des Hilfskassengesetzes vom 7. April 1876 entsprach. Die Versicherung in der Innungskrankenkasse erfolgte durch den Zwang aufgrund des Innungsstatuts, der kein absoluter war, wie aus der Formulierung „solange" des § 100c Nr. GewO 1881 geschlossen werden kann. Dem Gesellen war es danach auch möglich, sich gegen die Versicherung bei der Innungskrankenkasse zu entscheiden. Ein Austritt aus der Innungskrankenkasse führte zum Verlust der Befreiung von der eingeschriebenen (Zwangs-) Hilfskasse, bei der er nach dem Austritt anzumelden war. Die Abgrenzung zu den eingeschriebenen freien Hilfskassen ergab sich aus § 100c Nr. 4 GewO 1881. Danach konnten Gesellen, die bereits einer eingeschriebenen Hilfskasse angehörten, nicht zum Eintritt in eine Innungskrankenkasse gezwungen werden.

VII. Der erste Entwurf des Unfallversicherungsgesetzes 1881

Am 8. März 1881 wurde dem Reichstag von Bismarck der Entwurf eines Gesetzes zur Unfallversicherung (UVG) der Arbeiter vorgelegt[121]. Er hatte seine Grundlagen in dem Entwurf Lohmanns aus dem Handelsministerium und in dem von Industriellen unter der Regie des Bochumer Handelskammerpräsidenten Baare erstellten und bei Bismarck eingereichten Entwurf[122]. Der Gesetzentwurf betraf nur die Unfallversicherung und nicht die Krankenversicherung. Im Verlauf der parlamentarischen Beratungen stellte sich allerdings heraus, dass ohne die vorherige oder parallele Regelung der Krankenversicherung die Unfallversicherung nicht zu verwirklichen war. Insbesondere galt dies im Hinblick auf die Leistungen beider Versicherungssysteme, die aufeinander abzustimmen waren.

Der Entwurf des UVG sah eine Versicherungspflicht für die in bestimmten Betrieben beschäftigten Arbeiter gegen die Folgen von Arbeitsunfällen vor. Hiermit sollten die Unzulänglichkeiten beseitigt werden, die durch das zehn Jahre zuvor verabschiedete Reichshaftpflichtgesetz von 1871 erkennbar geworden waren. Dies betraf den Personenkreis des § 2 RHG, somit in erster Linie die Bergleute und Fabrikarbeiter. Es hatte sich herausgestellt, dass die dem verletzten Arbeiter obliegende Beweispflicht eines Verschuldens des Arbeitgebers bzw. dessen Beauftragten oft nicht geführt werden konnte, so dass der Geschädigte bzw. seine Hinterbliebenen häufig leer ausgingen. Bei den durch Elementarkräfte hervorgerufenen Unfällen war der Verschuldensnachweis noch schwieriger zu führen, da mangelhafte Betriebseinrichtungen oft zerstört wurden und der Schuldbeweis illusorisch wurde. Für die Beseitigung der Unzulänglichkeiten des RHG bot es sich an, das Haftpflichtgesetz in § 2 RHG dahingehend zu ändern, dass man wie bei den Eisenbahnunfällen

121 SB RT, 4. LP/IV. Session 1881, Anlage Nr. 41, S. 222.

122 Baare hatte im April 1880 im Handelsministerium eine Promemoria zur betrieblichen Unfallversicherung eingereicht. Das nahm Bismarck zum Anlass, Baare im September 1880 aufzufordern, einen Gesetzentwurf für die Unfallversicherung zu erarbeiten, vgl. *Breger*, S. 26, 48 ff.; *Ullmann*, HZ, Band 229, S. 574 (597); *Ritter*, Sozialversicherung, S. 44 f.; *Vogel*, S. 39 ff.; *Quandt*, S. 12.

in § 1 RHG den Ersatzanspruch unabhängig von einem Verschulden zubilligte. In diese Richtung ging auch der von Abgeordneten der Fortschrittspartei als Alternative zu einem Unfallversicherungsgesetz gestellte Antrag zur Änderung des Reichshaftpflichtgesetzes[123].

Sowohl die Regierung als auch die eingesetzte Kommission hielten mehrheitlich einen reinen Ausbau des Haftpflichtgesetzes nicht für ausreichend. Insbesondere bei Massenunfällen durch „höhere Gewalt" würde eine Entschädigung aufgrund einer Haftpflicht nicht zu erreichen sein[124]. Sie sprachen sich für den Weg über den Versicherungszwang innerhalb einer allgemeinen gesetzlichen Unfallversicherung bis zum Jahresverdienst von 2000 Mark aus. Danach sollten die in Bergwerken, Salinen, Aufbereitungsanlagen, Brüchen und Gruben, auf Werften, in Anlagen für Bauarbeiten (Bauhöfen), in Fabriken und Hüttenwerken beschäftigen Arbeiter und Betriebsbeamte gegen Arbeitsunfälle, unabhängig von einem Verschulden, versichert werden. Den genannten Betrieben sollten andere gefährliche, unfallträchtige Betriebe gleichgestellt werden. Eine Gefährlichkeit sah man in den Betrieben, in denen Dampfkessel oder durch elementare Kraft bewegte Triebwerke Anwendung fanden.

Verwaltet werden sollte die Unfallversicherung durch eine vom Reich errichtete Reichsversicherungsanstalt. Je nach Einkommen der Arbeiter war die Finanzierung der Unfallversicherung unterschiedlich geregelt. Bei Jahresverdiensten bis 750 Mark sollten die Prämien zu zwei Dritteln von den Arbeitgebern und zu einem Drittel vom Reich aufzubringen sein. Finanzieren wollte Bismarck den Reichszuschuss durch die Einführung eines Tabakmonopols, dessen Erträge er als „Patrimonium des Arbeiters und des Armen am Staate" bezeichnete[125]. Bei Jahresverdiensten von 750 bis 1000 Mark sollten die Betriebe ebenfalls zwei Drittel, die Arbeiter ein Drittel zahlen. Bei Jahresverdiensten über 1000 Mark war ein hälftiger Beitrag von Betrieb und Arbeiter vorgesehen.

Der vorgesehene Reichszuschuss zur Finanzierung der Unfallversicherung bei geringen Jahreseinkünften wurde von der Kommission verworfen. Die Regierung hielt den Reichszuschuss dagegen für notwendig und unabdingbar, wie der Bundesratsbevollmächtigte von Boetticher in der zweiten Lesung im Reichstag noch einmal bekräftigte[126]. Er sollte als Ausgleich für die Entlastung

---

123 SB RT, 4. LP/IV. Session, 1881, 4. Band, Anlage Nr. 191, S. 968.

124 SB RT, 4. LP/IV. Session, 4. Band, Anlage Nr. 159, Kommissionsbericht, S. 830.

125 Bismarck in einem Votum an das preußische Staatsministerium am 22.8.1881, abgedruckt in: *Born / Henning / Tennstedt*, Quellensammlung 1867–1914, I. Abt., Band 1, Anlage 192, S. 634; vgl. *Ritter*, Bismarck, S. 790.

126 SB RT, 4. LP/IV. Session 1881, 2. Band, S. 1537.

der Armenpflege durch die zukünftigen Leistungen der Unfallversicherung gezahlt werden[127]. Durch die bei Arbeitsunfällen eintretende Leistungspflicht würden viel weniger Personen verarmen und auf eine Armenunterstützung angewiesen sein. Dies gelte insbesondere auch für die Witwen und Waisen, die durch einen Arbeitsunfall ihren Ernährer verloren hatten und nun eine Rentenleistung aus der Unfallversicherung erhielten. Der Abgeordnete Bamberger (Nationalliberale Partei) warf der Regierung vor, sich mit dem Gesetz „auf den Boden der sozialistischen Theorie" zu stellen[128], während der Abgeordnete Richter (Fortschrittspartei) das Gesetz sogar als „kommunistisch" bezeichnete[129]. Hierzu war von der Regierung bereits in den Motiven darauf hingewiesen worden, dass ihr bewusst sei, durch die Gesetzgebung ein „sozialistisches Element" einzuführen, was jedoch nicht davon abhielte, diesen Weg zu begehen. Im Übrigen sei dies auch nichts wirklich Neues, sondern nur eine „Weiterentwicklung der aus der christlichen Gesittung erwachsenen modernen Staatsidee"[130]. Bebel (SAPD) sprach sich gegen den vorgesehenen Reichszuschuss aus, da dieser letztlich nur die Unternehmen von den sonst von ihnen allein zu tragenden Kosten entlaste[131]. Die gleichlautenden Anträge von sozialdemokratischen Abgeordneten und der Fortschrittspartei, den Beitrag allein den Betrieben aufzuerlegen, fand keine Mehrheit[132]. Die Fraktion des Zentrums lehnte ebenfalls den Reichszuschuss ab, da hierdurch die Unfallentschädigung den Charakter einer Armenunterstützung erhalte[133]. Der Reichstag folgte schließlich mehrheitlich dem Kommissionsvorschlag und verwarf den im Gesetzentwurf vorgesehenen Reichszuschuss und damit auch die differenzierte Prämienberechnung nach dem Jahresverdienst. In dem beschlossenen Unfallversicherungsgesetz war nun in § 15 vorgesehen, dass der Betriebsunternehmer zwei Drittel und der Versicherte ein Drittel der Versicherungsprämie zu zahlen hatten.

Außer dem Reichszuschuss war die beabsichtigte zentrale Reichsversicherungsanstalt, mit vorgesehenem Sitz in Berlin, Stein des Anstoßes im Reichstag. Bereits im Bundesrat war die zentrale Lösung umstritten[134]. Nach Ansicht der

127 SB RT, 4. LP/IV. Session 1881, 3. Band, Anlage Nr. 41, Gesetzesbegründung, S. 233.

128 SB RT, 4. LP/IV. Session 1881, 1. Band, S. 678.

129 SB RT, 4. LP/IV. Session 1881, 1. Band, S. 709.

130 SB RT, 4. LP/IV. Session 1881, 3. Band, Anlage Nr. 41, S. 228.

131 SB RT, 4. LP/IV. Session 1881, 1. Band, S.749.

132 SB RT, 4. LP/IV Session 1881, 4. Band, Anlage Nr. 189, S. 960; Anlage Nr. 201, S. 1050, 2. Band, S. 1550.

133 *Wattler*, S. 91.

134 *Poschinger*, S. 333 f.

Regierung war eine einheitliche zentrale Institution für die Unfallversicherung erforderlich. Dies ergebe sich daraus, dass nur die Verteilung des Risikos auf eine große Zahl versicherter Risiken einen Risikoausgleich gewährleistet könne, so die Ausführungen des Bundesratsbevollmächtigten von Boetticher[135]. Bei einer regionalen Gliederung sei dies nicht gewährleistet. Die von dem Reichstag eingesetzte XIII. Kommission ließ dies mehrheitlich jedoch nicht gelten. Sie beschloss, statt einer zentralen Reichsversicherungsanstalt die Einrichtung von Landesversicherungsanstalten durch jeden Bundesstaat vorzusehen, wobei auch mehrere Bundesstaaten eine gemeinsame Anstalt errichten konnten. Den Beschlüssen der Kommission folgte auch die Mehrheit des Reichstages in dritter Lesung in der letzten Sitzung der IV. Session am 15. Juni 1881, als sie das Unfallversicherungsgesetz verabschiedete[136].

Ursächlich für die Ablehnung einer zentralen Reichsanstalt dürften wohl auch Befürchtungen gewesen sein, dass durch eine Ansammlung und Verfügung über erhebliche Kapitalmittel ein zentraler Machtzuwachs der Regierung verbunden gewesen wäre, der sich zudem einer parlamentarischen Kontrolle entzog[137]. So war in § 5 des Entwurfs vorgesehen, dass die Bildung des Reservefonds durch den Kaiser und den Bundesrat erfolgen sollten. Hier verlangte die Kommission, dass die Bestimmungen über die Bildung des Reservefonds durch Reichsgesetz, also unter Beteiligung des Reichstages, erfolgen sollten[138]. Einer Reichsanstalt, die der parlamentarischen Kontrolle entzogen war, konnten leicht auch andere zentrale Aufgaben übertragen werden. So deutete Bismarck bereits an, dass eine spätere Erweiterung des versicherten Personenkreises durch eine Organisation kooperativer Genossenschaften möglich werden könnte[139]. Bereits die Einrichtung eines Volkswirtschaftsrates in Preußen, der ein vorparlamentarisches Sachverständigen- und Interessengremium zur Vorberatung wirtschaftsrelevanter Gesetze sein sollte[140], bestärkte wohl das vorhandene Misstrauen des Reichstages. Dies galt vor allem deshalb, da der Gesetzentwurf zum Unfallversicherungsgesetz dem Volkswirtschaftsrat zur Stellungnahme noch vor der Einbringung im Reichstag vorgelegt worden war. Die Befürchtung, als Reichstag zukünftig übergangen zu werden, konnte aus entsprechenden Äußerungen von Reichstagsabgeordneten geschlossen werden[141]. Dass diese

135 SB RT, 4. LP/IV. Session 1881, 2. Band, S. 1477.

136 SB RT, 4. LP/IV. Session 1881, 2. Band, S. 1745, 4. Band, Anlage Nr. 260, S. 1157.

137 *Wattler*. S. 91 f.

138 SB RT, 4. LP/IV. Session 1881, 4. Band, Anlage Nr. 159, S.835.

139 SB RT, 4. LP/IV. Session 1881, 1. Band, S.713.

140 *Tennstedt*, ZSR 1981, S. 663 (669).

141 SB RT, 4. LP/IV. Session 1881, 1. Band, S. 711.

Befürchtungen nicht unbegründet waren, zeigen Bismarcks spätere Äußerungen gegenüber Lohmann anlässlich des dritten Entwurfs einer Unfallversicherung im Jahre 1883. Danach war Bismarck die Unfallversicherung nebensächlich, während es ihm wichtig erschien, bei dieser Gelegenheit zu korporativen Genossenschaften zu gelangen, um „eine Grundlage für eine zukünftige Volksvertretung zu gewinnen, welche anstatt oder neben dem Reichstag ein wesentlich mitbestimmender Faktor der Gesetzgebung werde, wenn auch äußerstenfalls durch das Mittel eines Staatsstreiches“[142].

Nach § 7 des Gesetzentwurfs war Gegenstand der Unfallversicherung der Ersatz des Schadens, der durch eine Körperverletzung oder der durch Tötung entstand. Bei Körperschäden war ein Ersatz nur vorgesehen, wenn eine völlige oder teilweise Erwerbsunfähigkeit von mehr als vier Wochen damit verbunden war. Somit wären nur die Heilbehandlungskosten ab der fünften Woche bzw. die Zahlung einer Rente ab diesem Zeitpunkt durch die gesetzliche Unfallversicherung abgedeckt gewesen. Als Begründung für diese Einschränkung wurde darauf hingewiesen, dass die Mehrzahl der Arbeitsunfälle eine Erwerbsunfähigkeit von weniger als vier Wochen verursache. Es sei beabsichtigt, die Verwaltung der Reichsanstalt nicht mit den vielen geringfügigen Unfällen zu belasten, deren Kosten in keinem Verhältnis zu dem damit zu erreichenden Erfolg stehen würden. Das würde man den Krankenkassen überlassen, die aufgrund ihrer lokalen Organisation besser in der Lage seien, „der Gefahr der Simulation, welche bei den Fällen der Erwerbsunfähigkeit von kurzer Dauer besonders groß ist, entgegenzutreten“[143]. Es wurde darauf hingewiesen, dass es solche Hilfskassen nicht zwingend überall gebe, da sie nur fakultativ durch Ortsstatut errichtet würden. Wo vorhanden, gebe es Unterschiede im versicherten Personenkreis und im Leistungsumfang. Die Gesetzesbegründung enthielt hierzu die Aussage, dass durch eine Revision des Hilfskassenwesens sicherzustellen sei, dass allen Unfallversicherten für die ersten vier Wochen die Kosten des Heilverfahrens gezahlt würden[144].

Mit dieser Aussage in der Gesetzesbegründung zur Unfallversicherung war der Umfang des zukünftigen obligatorischen Versicherungszwangs in der Krankenversicherung abgesteckt. Damit war in Zukunft eine lediglich fakultative Krankenversicherungspflicht durch Ortsstatut für den Personenkreis der Unfallversicherten ausgeschlossen. Es kam nur ein gesetzlich festgelegter Rahmen sowohl im Umfang des Versicherungszwangs als auch im Leistungsum-

---

142 *Rothfels*, S. 64; *Ritter*, S. 44; *Hentschel*, AfS 18, S. 314; *Quandt*, S.94.

143 SB RT, 4. LP/IV. Session 1881, 3. Band, Anlage Nr. 41, S.238.

144 Ebenda; vgl. *Hentschel*, AfS 18, S. 315.

fang für diese Personen in Frage. Der Umfang des unfallversicherten Personenkreises war auch Gegenstand der Beratungen im Reichstag. Es bestanden Forderungen, die Seeschifffahrt, das Transportwesen, die Beschäftigten in der Land- und Forstwirtschaft sowie das Handwerk in die Unfallversicherung einzubeziehen. Bereits der Volkswirtschaftsrat hatte empfohlen, die Landwirtschaft einzubeziehen, was jedoch vom Bundesrat abgelehnt worden war[145]. Jede Änderung des Personenkreises hätte auch Auswirkungen auf den Umfang eines zukünftigen obligatorischen Krankenversicherungszwangs gehabt, wenn die Aussagen der Regierung im Entwurf als verbindlich anzusehen waren. Allein hierauf wollte sich die Kommission nicht verlassen, obwohl ihr Regierungskommissar Lohmann bestätigte, dass bereits an einer Revision der Hilfskassengesetzgebung gearbeitet werde[146]. Dem nächsten Reichstag sollte danach ein entsprechendes Gesetz vorgelegt werden, das die vorhandene Lücke schließen sollte. Hiermit gab sich die Kommission nicht zufrieden, so dass sie nach Abschluss ihrer Gesetzesberatungen eine Resolution mit Mehrheit annahm, wonach durch Änderung der Hilfskassengesetzgebung die Lücke der Karenzzeit in der Unfallversicherung geschlossen werden solle[147]. Die Änderung des Hilfskassengesetzes sollte gleichzeitig mit dem Unfallversicherungsgesetz in Kraft treten[148]. Der Resolution hatte der Reichstag schließlich bei der Verabschiedung des Gesetzes zugestimmt[149], was so gedeutet werden kann, dass Kommission und Reichstag die Sorge hatten, dass bei einem zukünftig neu zusammengesetzten Reichstag die gewünschten Anpassungen nicht wie erhofft erfolgen würden.

Unabhängig von der in Aussicht gestellten Schließung der Versorgungslücke durch ein Hilfskassengesetz, war die im Unfallversicherungsgesetz vorgesehene vierwöchige Karenzzeit von Anfang an umstritten. In der Kommission einigte man sich auf eine Karenzzeit von zwei Wochen. Im Reichstag war auch die, gegenüber dem Gesetzentwurf verkürzte Karenzzeit noch umstritten. Mehrere Anträge wurden dahingehend gestellt, die Karenzzeit ganz wegfallen zu lassen[150]. Begründet wurde dies damit, dass eine Karenzzeit für den Leistungsbeginn eine Verschlechterung gegenüber der bisherigen Rechtslage bedeutete. Nach dem Reichshaftpflichtgesetz hatte ein Verletzter einen sofortigen

145 *Poschinger*, S. 334.

146 SB RT, 4. LP/IV Session 1881, 4. Band, Anlage Nr. 159, S. 837.

147 SB RT, 4. LP/IV. Session 1881, 4. Band, Anlage Nr. 159, S. 837.

148 Ebenda.

149 SB RT, 4. LP/IV. Session 1881, 2. Band, S. 1784.

150 SB RT, 4. LP/IV. Session 1881, 4. Band, Anlage Nr. 189, S. 961, Anlage Nr. 201, S. 1051.

vollständigen Anspruch auf Ersatz der Heilbehandlungskosten, während er nun für die erste Zeit nach dem Unfall die Kosten selber tragen musste, sofern keine Hilfskasse dafür aufkam. Hier wurde eingewandt, dass die Karenzzeit auch ein Ausgleich dafür sei, dass nunmehr auch bei fehlendem Verschulden geleistet würde und die Entschädigung von Unfällen aufgrund „höherer Gewalt" eingeschlossen sei. Der Reichstag beschloss schließlich die von der Kommission vorgeschlagene Karenzzeit von zwei Wochen.

Das Unfallversicherungsgesetz wurde vom Reichstag am 15. Juni 1881 beschlossen und verabschiedet[151]. Der Bundesrat lehnte in seiner Sitzung vom 25. Juni 1881 das vom Reichstag beschlossene Gesetz ab. Dieser ablehnende Beschluss kam mehrheitlich deshalb zustande, weil Bismarck gegen die Annahme geredet hatte. Er hatte bemängelt, dass durch den Wegfall des Reichszuschusses eine Mehrbelastung der ärmeren Arbeiter eintreten würde[152]. Der Bundesrat hätte mit seiner Mehrheit gegen Bismarck und damit gegen Preußen stimmen können, zumal man in Teilen ebenfalls gegen die Staatszuschüsse war. Ein Gesetz gegen den Willen Bismarcks und damit gegen Preußen hielt man jedoch nicht für durchführbar, zumal man Preußen nicht überstimmen wollte[153]. Damit war der erste Versuch, zu einer einheitlichen gesetzlichen Unfallversicherung zu kommen, gescheitert.

VIII. Die Kaiserliche Botschaft vom 17. November 1881

Zur Eröffnung einer jeden Sitzungsperiode des Reichstages wurde vom Kaiser die Thronrede verlesen, die nicht aus seiner Feder kam, sondern in den Ministerien verfasst und von Bismarck redigiert worden war[154]. An der Eröffnungssitzung am 17. November 1881 konnte der Kaiser aus gesundheitlichen Gründen nicht teilnehmen, so dass an diesem Tage Reichskanzler Bismarck im Auftrag des Kaisers die Thronrede hielt. Dabei begrüßte Bismarck den Reichstag mit den Worten, dass er vom Kaiser beauftragt sei, „eine Allerhöchste Botschaft" mitzuteilen. Diese Botschaft lautete auszugsweise:

> „Schon im Februar dieses Jahres haben Wir Unsere Überzeugung aussprechen lassen, dass die Heilung der sozialen Schäden nicht ausschließlich im Wege der Repression sozialdemokratischer Ausschreitungen, sondern gleichmäßig auf dem der positiven Förderung des Wohles der Arbeiter zu suchen sein werde. Wir halten es für Unsere Kaiserliche Pflicht, dem Reichstage diese Aufgabe von neuem ans Herz

---

151 SB RT, 4. LP/IV. Session 1881, 2. Band, S. 1746 ff., 4. Band, Anlage Nr. 260, S. 1157.

152 *Poschinger*, S. 336.

153 *Kieseritzky*, S. 218.

154 *Ritter*, Bismarck, S. 809; *Reidegeld*, Schöpfermythen, S. 266.

zu legen, und würden Wir mit umso größerer Befriedigung auf alle Erfolge, mit denen Gott Unsere Regierung sichtlich gesegnet hat, zurückblicken, wenn es uns gelänge, dereinst das Bewusstsein mitzunehmen, dem Vaterlande neue und dauernde Bürgschaften seines inneren Friedens und den Hilfsbedürftigen größere Sicherheit und Ergiebigkeit des Beistandes, auf den sie Anspruch haben, zu hinterlassen. In unseren darauf gerichteten Bestrebungen sind Wir der Zustimmung aller verbündeten Regierungen gewiss und vertrauen auf die Unterstützung des Reichstages ohne Unterschied der Parteistellungen.

In diesem Sinne wird zunächst der von den verbündeten Regierungen in der vorigen Session vorgelegte Entwurf eines Gesetzes über die Versicherung der Arbeiter gegen Betriebsunfälle mit Rücksicht auf die im Reichstag stattgehabten Verhandlungen über denselben einer Umarbeitung unterzogen, um die erneute Beratung desselben vorzubereiten. Ergänzend wird ihm eine Vorlage zur Seite treten, welche sich eine gleichmäßige Organisation des gewerblichen Krankenkassenwesens zur Aufgabe stellt. Aber auch diejenigen, welche durch Alter oder Invalidität erwerbsunfähig werden, haben der Gesamtheit gegenüber, einen begründeten Anspruch auf ein höheres Maß staatlicher Fürsorge, als ihnen bisher hat zu Teil werden können.

Für diese Fürsorge die rechten Mittel und Wege zu finden, ist eine schwierige, aber auch eine der höchsten Aufgaben jedes Gemeinwesens, welches auf den sittlichen Fundamenten des christlichen Volkslebens steht. Der engere Anschluss an die realen Kräfte dieses Volkslebens und das Zusammenfassen der letzteren in der Form korporativer Genossenschaften unter staatlichem Schutz und staatlicher Förderung werden, wie wir hoffen, die Lösung auch von den Aufgaben möglich machen, denen die Staatsgewalt allein in gleichem Umfange nicht gewachsen sein würde. Immerhin aber wird auch auf diesem Wege das Ziel nicht ohne die Aufwendung erheblicher Mittel zu erreichen sein.“[155]

Die wörtliche Wiedergabe der kaiserlichen Rede ist hier angebracht, da sie seither mit Pathos als „Magna Charta“ der Sozialpolitik[156] bezeichnet wurde, obwohl sie „gerade keine Charta, kein Gesetz war“ und mit ihr keinerlei sachliche Gemeinsamkeiten aufwies[157]. Die Einschätzung als „Magna Charta“ impliziert, dass mit der Botschaft ein Wendepunkt, ein grundlegender Wandel, eingetreten sei[158]. Worin dieser Wandel, das Neue, liegen soll, ist jedoch nicht

155 SB RT, 5. LP/I. Session 1881/1882, 1. Band, S. 2.

156 *Weyl*, S. 63; *Wenck*, S. 62; *Witowski*, S. 16; *Peters*, S. 50; *Sodan*, in: Sodan, KV, § 1 Rn. 5; *Zahn*, S. 16; *Hockerts*, HZ Band 237 (1983), S. 364; *Schäffle*, S. 1, glaubte hier ein politisches Testament des Kaisers heraus zu hören; *Wagner*, Preuß. Jahrbücher, 38. Band, S. 8, bezeichnet die Botschaft als „soziales Evangelium“ und „sozialpolitisches Testament“ des Kaisers.

157 *Tennstedt*, ZSR 1881, S. 663.

158 *Lass*, S. 5, verweist darauf, dass der Vergleich der „Magna Charta“ mit der „Allerhöchsten Botschaft“ nur insoweit berechtigt ist, als sie die grundlegende Bedeutung beider Ereignisse für die zukünftige Entwicklung hervorhebt. Das sei einerseits die Entwicklung der englischen Gesetzgebung und andererseits die Entwicklung der deutschen sozialpolitischen Gesetzgebung gewesen. Darüber hinaus sei der Vergleich unbe-

eindeutig. Bereits vor diesem Zeitpunkt gab es eine Sozialgesetzgebung[159]. Selbst die Botschaft als solche war nicht neu, da sie inhaltlich der Thronrede vom 15. Februar 1881 entsprach. Die angekündigte gesetzliche Unfallversicherung war ebenfalls nicht neu, da sie in der vorhergehenden Session schon Gegenstand der parlamentarischen Beratungen gewesen war. Neu war, dass die „gleichmäßige Organisation des gewerblichen Krankenkassenwesens“[160] und die Notwendigkeit einer staatlichen Fürsorge für Alter und Erwerbsunfähigkeit erstmalig anerkannt wurde.

Es ist zu fragen woher die hervorgehobene Wertung der kaiserlichen Rede vom 17. November 1881 im Verhältnis zur fast inhaltsgleichen Rede vom 15. Februar 1881 herrührt. Sie ergibt sich offenbar aus dem Attribut der Rede als „Allerhöchste Botschaft“ des Kaisers. Die Bezeichnung scheint aus politischem Kalkül durch Bismarck gewählt worden zu sein, der auch die Thronrede des Kaisers entscheidend mit formuliert hatte[161]. Aufgrund der Niederlage in der Reichstagswahl vom 27. Oktober 1881, die auch mit sozialpolitischen Themen geführt worden war[162], wollte Bismarck klarstellen, dass er seine politische Linie mit gesetzlicher Unfall-, Kranken-, und Altersversicherung weiter betreiben würde. Es sollte wohl verhindert werden, dass zukünftige Sozialgesetze das gleiche Schicksal wie die des Unfallversicherungsgesetzes in der vorhergehenden Session erleiden würden. Eine Ablehnung zukünftiger Sozialgesetze sollte von liberaler Seite nicht mehr mit dem staatssozialistischen Kurs Bismarcks abgelehnt werden können. Hinter den Sozialgesetzen stand nun die Autorität des Kaisers. Eine Ablehnung bedeutete nunmehr, „nicht treu zu Kaiser und Reich zu stehen“, da der „Kaiser das Programm des Reichskanzlers zu dem seinigen und damit des ganzen Reiches gemacht habe“[163]. Die Datierung des Beginns der Sozialgesetzgebung und die Urheberschaft durch Kaiser Wilhelm I. mit seiner Botschaft, ziehen sich seither wie ein roter Faden durch die Sozialgeschichte. Gelegentlich wird diese Urheberschaft des Kaisers als Mythos bezeichnet[164]. Mit dem heutigen großen zeitlichen

rechtigt, da die Magna Charta Verfassungs- und Freiheitsrechte enthält, während die kaiserliche Botschaft nur Verheißungen verspricht.

159 *Tampke*, S. 80, bestreitet gar, dass das Pflichtversicherungssystem der 1880er Jahre ein entscheidender Durchbruch der Sozialpolitik gewesen sei. Seiner Ansicht nach war dies kein Novum, sondern lediglich eine Fortsetzung der bereits bestehenden preußischen Tradition.

160 *Tennstedt*, ZSR 1981, S. 663 (702).

161 *Tennstedt*, ZSR 1981, S. 663 (691 f.).

162 *Tennstedt*, ZSR 1981, S. 663 (687).

163 *Kieseritzky*, S. 239.

164 *Reidegeld*, Schöpfermythen, S. 266.

Abstand und den inzwischen gewonnen Erkenntnissen kann man die „Kaiserliche Botschaft" nicht als Wendepunkt und Beginn der Sozialgesetzgebung anerkennen, da sie schon zu einem früheren Zeitpunkt eingesetzt hatte.

IX. Die anfängliche Haltung der gesellschaftlichen Gruppen zur Arbeiterkrankenversicherung

Die Arbeiterfrage und die damit verbundene soziale Absicherung durch eine Arbeiterkrankenversicherung mit Versicherungszwang war schon vor der kaiserlichen Botschaft viele Jahre Gegenstand der gesellschaftlichen Diskussion gewesen. So war bereits 1844 der „Centralverein für das Wohl der arbeitenden Klassen" als Reaktion auf den schlesischen Weberaufstand gegründet worden[165]. Den lokalen Vereinen des Centralvereins wurde dabei die Aufgabe zugewiesen, sich u.a. für die Gründung von Krankenkassen einzusetzen. Auf diesem Feld gab es in der Folgezeit eine Vielzahl von Akteuren mit unterschiedlichen Vorstellungen und Interessen, die Anregungen lieferten und in vielfältiger Weise den Entscheidungsprozess beeinflussten[166]. So waren die Linksliberalen gegen jede staatliche Regelung[167]. Sie setzten auf die Selbsthilfe statt staatlichen Eingriff[168]. Von den Nationalliberalen wurden dagegen staatliche Regelungen und der Versicherungszwang befürwortet[169]. Ebenso waren die Konservativen für staatliche Regelungen und sahen den Staat als Träger der Wohlfahrt in seiner christlich geprägten Verantwortung gefordert[170]. Hingegen sah die katholische Zentrumsfraktion mehrheitlich den staatlichen Sozial- und Fürsorgestaat kritisch[171]. Von ihr wurde aber auch die ungebundene liberale

165 *Volkmann*, S. 25; *Schneider*, S. 19 ff.; *Reuland*, Sozialreform, S. 27 ff.

166 *Ullmann*, HZ, Band 229, S. 574 (582).

167 Ein Beispiel hierfür ist der von Buhl und anderen Liberalen am 10.1.1882 eingebrachte Gesetzentwurf zur Haftpflichtversicherung. Mit diesem Antrag wurde versucht, dem 2. UVG-Entwurf zuvorzukommen und die gesetzliche UV zu vermeiden. Die Liberalen setzten dabei auf eine Erweiterung der Haftpflicht unter Einbeziehung von Privatversicherungsanstalten, SB RT, 5. LP/I. Session 1881/1882, 2. Band, Anlage Nr. 66, S. 299; vgl. *Lass*, S. 3, Fn. 2.

168 *Kieseritzky*, S. 202 ff.; *Erli*, S. 221 f.; *Seeber / Fesser*, S. 105 f.; *Tober*, S. 52 ff.; *Müller*, Liberale Parteien, S.29 ff.

169 *Kieseritzky*, S. 181 ff.; *Erli* S. 219; *Tober*, S. 46 ff.; *Quandt*, S. 45 f.; *Müller*, Liberale Parteien, S. 32.

170 *Erli*, S. 216 f.; *Stock*, S. 96 ff.

171 *Vogel*, S. 61 f.; *Ritter*, Sozialversicherung, S. 48, weist auf die unterschiedlichen Auffassungen innerhalb der Zentrumsfraktion hin. Während Windthorst und von Hertling jeglichen Staatseingriff ablehnten, sahen Hitze, Frh. zu Franckenstein und Reichensperger die subsidiäre Zuweisung von Wohlfahrtsaufgaben an den Staat als

Wirtschaftspolitik abgelehnt, die von Graf von Galen als Wurzel der Notlage ganzer Volksschichten angesehen wurde und der eine Rückbesinnung auf die Werte des Christentums verlangte[172]. Das Zentrum sah vorrangig die Fürsorgepflicht bei Familie, Kommune und (kirchlichen) Korporationen angesiedelt[173]. In dieser Angelegenheit war sie sich mit den konservativen Befürwortern des Staatssozialismus darüber einig, dass eine Trägerschaft privater Versicherungsgesellschaften nicht in Frage kam[174]. Die Sozialdemokraten, seit 1878 durch das Sozialistengesetz in ihrer politischen Tätigkeit eingeschränkt, waren für einen Versicherungszwang, aber gegen staatlich kontrollierte Zwangskassen[175]. Sie waren sich „einig über das Was, nicht aber das Wie“[176]. Sie setzten auf die von den Arbeitern selbst verwalteten (Gewerkschafts-) Kassen[177]. Den Kassenzwang befürworteten sie, lehnten jedoch die Zwangskassen ab, wie der Abgeordnete Kräcker im Reichstag kundtat[178]. Die Haltung der Sozialdemokratie ergab das „Bild eines gewissen Schwankens“ zwischen Anerkennung und Misstrauen[179]. Sie sah die Krankenversicherung nicht als wirkliche Sozialreform, sondern nur als Fortführung der staatlichen Armenpflege[180].

Neben diesen primär politischen Kräften gab es noch eine Vielzahl von gesellschaftlichen Kräften, die sich ebenfalls mit der Arbeiterversicherung auseinandersetzten und dazu ihre Vorschläge abgaben. Sie waren dabei mehr oder weniger mit den im Reichstag vertretenden Parteien verflochten. So gab es

zulässig an; so auch *Sellier*, S. 99 ff.; ebenso *Heidemann*, S. 71 ff., zu den gegensätzlichen Auffassungen von Hertling und Hitze; *Quandt*, S. 50.

172 Von Galen bei der Begründung des Antrags im Reichstag mit der er eine Einschränkung der Sonntags-, Kinder- und Frauenarbeit forderte, SB RT, 3.LP/I. Session 1877, 1. Band, S. 501; SB RT 3. LP/I. Session 1877, 3. Band, Anlage Nr 74, S. 274; vgl. *Wattler*, S. 32 ff.; *Pölzl*, S. 147 ff.; *Ritter*, Sozialversicherung, S. 48.

173 *Erli*, S. 212 f.; *Pölzl*, S. 145 f., 159f; *Sellier*, S. 107.

174 *Erli*, S. 214.

175 *Erli*, S. 226.

176 *Benöhr*, ZRG Germ. 1981, S. 95 (149).

177 *Bebel*, KVG 1883; *Seeber / Fesser*, S. 101 f.

178 In der 10. Sitzung des RT am 15.5.1882, SB RT, 5. LP/II. Session 1882/1883, 1. Band, S. 214; Mit dieser Forderung standen die Sozialdemokraten nicht allein. *Schäffle*, S. 36, bemerkt hierzu, dass die Parole: „Kassenzwang! Keine Zwangskassen!“ bereits bei der Beratung des Hilfskassengesetzes 1876 eine unzulässige Verquickung von Versicherungszwang und Privatversicherung bedeutete. Diese Verquickung fände sich nun in einem Antrag des Abgeordneten Buhl und anderer Nationalliberaler Abgeordneter wieder (gemeint war der (Gesetzes-) Antrag vom 10.1.1882), SB RT, 5. LP/I. Session 1881/1882, 2. Band, Anlage Nr. 66, S. 299.

179 *Wolff*, S. 24.

180 *Wolff*, S. 13.

innerhalb der katholischen und evangelischen Kirche zahlreiche soziale Gruppen und Vereine, die sich mit dem Arbeiterwohl beschäftigten. Mit der Arbeiterfrage in Kirchenkreisen sind die Namen von Personen verbunden, wie Adolf Kolping und der Mainzer Arbeiterbischof Wilhelm Emmanuel von Ketteler auf katholischer Seite und Johann Heinrich Wichern und Adolf Stoecker auf protestantischer Seite[181].

Die Industrie stand mehrheitlich der Arbeiterversicherung misstrauisch oder ablehnend gegenüber[182]. Insbesondere die exportorientierte Industrie sah durch die entstehenden Kosten ihre Wettbewerbsfähigkeit gefährdet[183]. Die einflussreiche Schwer- und Großindustrie, die eine Minderheit der Industriellen vertrat, stand dagegen der Arbeiterversicherung anfangs positiv gegenüber[184]. Seit den erlassenen Schutzzollregelungen, die sie begünstigt hatten, stand sie in enger Verbindung mit Bismarck[185]. Es galt für sie, die enge Verbindung zu erhalten und zu festigen. Sie unterstützte deshalb Bismarcks Sozialgesetzgebung und versuchte dabei, ihre Vorstellungen durchzusetzen[186]. Hintergrund der Zustimmung zu einer Arbeiterversicherung dürfte hier auch gewesen sein, dass dadurch weitergehende betriebliche Eingriffe durch eine Arbeiterschutzgesetzgebung[187] verhindert werden konnten, deren Durchsetzung von Bismarck blockiert wurde[188].

Ebenso versuchten die Kreise der Landwirtschaft, Einfluss zu nehmen, da ihre Interessen durch die Sozialgesetzgebung tangiert waren. Einerseits wollten sie keine Sondergesetze, die einseitig die Industriearbeiter begünstigten und die landwirtschaftlichen Arbeiter unberücksichtigt ließen, so dass eine verstärkte

---

181 *Vogel*, S. 58.

182 *Ullmann*, HZ, Band 229, S. 574 (609); *Ritter*, Sozialversicherung, S. 44; anders: *Breger*, S. 40, die dagegen eine höhere Zahl von industriellen Befürwortern für die Sozialgesetzgebung annimmt.

183 *Ullmann*, Deutsche Unternehmer, S. 149.

184 *Ullmann*, HZ, Band 229, S. 574 (590 f.); *Frevert*, S. 180 f.

185 *Vogel*, S. 34; *Ullmann*, Deutsche Unternehmer, S. 151.

186 *Ullmann*, HZ, Band 229, S. 574 (591).

187 Unter Arbeiterschutzgesetzen in diesem Sinne sind u.a. die Regelungen zur Begrenzung der Arbeitszeit, Schutzbestimmungen für Kinder, Jugendliche und Frauen sowie Unfallverhütungsvorschriften gemeint. Diese wurden zum damaligen Zeitpunkt noch unter der Bezeichnung „Reform der Fabrikgesetzgebung“ eingeordnet; vgl. *Born / Henning / Tennstedt*, Quellensammlung 1867–1914, I. Abt., 3. Band, Einleitung S. XIX.

188 *Ritter*, Sozialversicherung, S. 45; *Ritter*, Bismarck, S. 792; *Ullmann*, Deutsche Unternehmer, S. 154.

Landflucht zu befürchten war[189]. Andererseits befürchteten die Gutsbesitzer durch eine Krankenversicherung hohe finanzielle Belastungen und die Auflösung der ländlichen gesellschaftlichen Verhältnisse. Private Versicherungsgesellschaften sahen durch die Sozialgesetzgebung ihr Überleben als gefährdet an, insbesondere da Bismarck ein erklärter Gegner privater Versicherungsgesellschaften war[190]. Erneut sahen die genossenschaftlich organisierten freien Hilfskassen ihren Bestand durch eine umfassende Krankenversicherung mit Versicherungszwang als bedroht an[191].

Auch die Wissenschaft hatte sich schon vorher mit der Arbeiterfrage befasst. Der Volkswirtschaftliche Kongress vertrat die Laissez-faire-Auffassung der Manchesterschule[192]. In Abgrenzung hierzu hatten sich seit 1872 im „Verein für Sozialpolitik" Wissenschaftler zusammengefunden, die eine Lösung der Arbeiterfrage nur durch eine aktive Mitwirkung des Staates gewährleistet sahen[193]. Der Verein sollte eine Plattform für die wissenschaftlich begründete Suche nach einem Weg zwischen Wirtschaftsliberalismus und Sozialismus bieten[194]. Er sollte eine Sammlungsbewegung der verschiedensten politischen und wissenschaftlichen Kreise sein[195]. Das Ziel war die Erarbeitung wissenschaftlicher Grundlagen für eine Politik der Sozialreform und eine konkrete Einwirkung auf öffentliche Meinung, Beamtenschaft und Gesetzgebung[196]. Aufgrund ihrer Vorstellungen wurden sie von ihren Gegnern als „Kathedersozialisten" verspottet, eine Bezeichnung, die sie später als Ehrenbezeichnung betrachteten[197]. In ihren Vertretern Gustav Schmoller, Lujo Brentano und

189 *Vogel*, S. 45; Der Deutsche Landwirtschaftsrat hatte bereits in seiner Denkschrift vom 30.1.1881 zur Unfallversicherung darauf hingewiesen, dass die Landwirtschaft einen Teil ihrer Arbeiter an die Industrie verlieren würde, wenn ihre Arbeiter von der Sozialgesetzgebung ausgeschlossen würden, Quelle: Archiv Dt. Landwirtschaftsrat 1881, Heft Nr. 7, S. 164 c.

190 *Vogel*, S. 47 ff., 138 f.; *Quandt*, S. 22, 38; *Ritter*, Bismarck, S. 805.

191 *Hirsch*, Arbeiterfrage und Gewerkvereine, S. 78.

192 *Ritter*, Sozialversicherung, S. 24.

193 *Vogel*, S. 71 f.; *Erli*, S. 126; *Philippovich*, S. 47 ff.; *vom Bruch*, S. 74 f.

194 *Erli*, S. 126.

195 *Boese*, S. 6 f.; *Frevert*, S. 179.

196 *Boese*, S. 6 f.; *Ritter*, Sozialversicherung, S. 24.

197 Die ursprünglich als bösartig gemeinte Bezeichnung „Kathedersozialisten" ging auf einen Artikel von Oppenheim am 17.12.1871 in der Nationalzeitung zurück, vgl. *Boese*, S. 25; *Erli*, S. 126; Anm. 539; Abdruck des Artikels in: Henning / Tennstedt, Quellensammlung 1867–1914, I. Abt, 8. Band, Anlage 31, S. 225, Nachdruck des Artikels in: Oppenheim, Katheder-Sozialismus; *Zitt*, S. 223.

Adolph Wagner spiegelten sich die unterschiedlichen konservativen, liberalen und staatssozialistischen Einstellungen wider[198].

Alle diese Gruppen versuchten, Einfluss auf die Arbeitergesetzgebung zu nehmen und ihre Interessen zu vertreten bzw. ihre Vorstellungen durchzusetzen. Dies geschah in unterschiedlicher Weise, angefangen bei der Beeinflussung des Kaisers, des Reichskanzlers, der federführenden Ministerialbeamten[199] und der Abgeordneten des Reichstages. Es setzte sich fort in einer umfangreichen Pressearbeit in den jeweils mit den Gruppen verbundenen Zeitschriften sowie in Vorträgen, Versammlungen, Resolutionen und Petitionen. So entstand ein gegenseitiger Informations- und Meinungsstrom zwischen den Staatsorganen und Regierten[200]. Die Gesamtheit der vielfältigen politischen und gesellschaftlichen Strömungen und Einflussnahmen sind nicht Gegenstand dieser Arbeit. Sie konzentriert sich auf die Gesetzesvorlagen und ihre Beratungen im Parlament und in den Kommissionen. Hier fielen schließlich die Entscheidungen und hier mussten die agierenden Personen sich zu ihren Standpunkten bekennen[201]. Sofern die Beratungen Anhalt für Einflussnahmen erkennen lassen, wird es dargestellt und die Motivation hinterfragt werden. Ziel der Arbeit ist die detaillierte Betrachtung der Regelungen des Versicherungszwangs mit ihren Einschränkungen und Erweiterungen. Es wird versucht, die dahinterstehenden Motive zu ergründen und offenzulegen.

---

198 *Ritter*, Sozialversicherung, S. 24; *Erli*, S. 126.

199 *Ritter*, Sozialversicherung, S. 47, bemerkt hierzu: „Es wäre jedoch verfehlt, die vielfach von den Kathedersozialisten beeinflusste Beamtenschaft…als eigentliche Trägerin der sozialen Gesetzgebung anzusehen“.

200 *Benöhr*, ZRG Germ. 1980, S. 94 (123 f.).

201 *Ritter*, Sozialversicherung, S. 47 f., hierzu: „Wichtiger für das Resultat des Gesetzgebungsprozesses war die Rolle des Reichstages“ (im Verhältnis zum Anteil der Beamten am Ergebnis).

E) Das Krankenversicherungsgesetz von 1883

I. Das Krankenversicherungsgesetz als Vorschaltgesetz des UVG

Im Jahre 1881 war das vom Reichstag verabschiedete Unfallversicherungsgesetz am Veto des Bundesrates gescheitert. Schon bei der Beratung dieses ersten UVG bestand Einigkeit darüber, dass die Regelung einer gesetzlichen Unfallversicherung notwendigerweise auch eine Neuregelung des gesetzlichen Krankenversicherungsschutzes erforderte. Insbesondere aus der im UVG vorgesehenen Karenzzeit für die Krankenhilfeleistungen ergab sich dieses[1]. Das bedeutete, dass die Leistungen der UV nicht vom Tage des Eintritts des Betriebsunfalles, sondern erst nach einer Wartezeit eintreten sollten. Die Wartezeit betrug nach dem ersten UVG-Entwurf vier Wochen, wurde vom Reichstag jedoch auf zwei Wochen verkürzt[2]. Für die Dauer der Karenzzeit sollte die gesetzliche Krankenversicherung die Krankenhilfekosten tragen. Das Problem hierbei war, dass nicht alle der gesetzlichen Unfallversicherung unterstellten Arbeiter auch in einer Hilfskasse versichert waren. Trotz der Hilfskassengesetzgebung von 1876 bestand im Jahre 1881 immer noch kein flächendeckendes Hilfskassennetz. Die Bildung von Hilfskassen war 1876 den Gemeinden überlassen worden, jedoch ohne ihnen einen Zwang hierfür aufzuerlegen. Änderte man diesen Zustand nicht, dann hatten viele Unfallversicherte für die ersten Wochen nach einem Arbeitsunfall überhaupt keine Leistungsansprüche, was oftmals eine Verschlechterung der Stellung der verletzten Arbeiter bedeutete, da sie bisher bei einem Verschulden des Arbeitgebers Haftpflichtansprüche geltend machen konnten. Durch das UVG wurden diese Ansprüche ausgeschlossen. Gleichzeitig wurde die Karenzzeit in der UV eingeführt und für die Karenzzeit auf die Leistungen der (oftmals tatsächlich nicht vorhandenen) Krankenversicherung verwiesen.

Um den beschriebenen Missstand zu beseitigen, wurde bereits bei der Verabschiedung des ersten UVG am 15. Juni 1881 vom Reichstag eine Resolution der Kommission angenommen. Danach sollte allen Unfallverletzten während

1 Auf diesen Zusammenhang wies auch Lohmann mit seiner Denkschrift zur Revision des Hilfskassengesetzes vom 3.9.1881 hin, in: Henning / Tennstedt, Quellensammlung 1867–1914, II. Abt, 5. Band, Anlage Nr. 1.

2 SB RT, 4. LP/IV. Session 1881, Anlage Nr. 41, § 7 UVG des ersten Entwurfs vom 8.3.1881, S. 222; Reichstagsbeschluss vom 15.6.1881 zu § 8 UVG, in: SB RT, 4. LP/IV. Session, 4. Band, Anlage Nr. 260, S. 1158.

der Karenzzeit eine Unterstützung der Krankenversicherung gewährt werden. Die Neuregelung des Hilfskassengesetzes sollte deshalb gleichzeitig mit dem UVG in Kraft treten[3]. Dadurch erhielt die Revision der Krankenversicherung den Charakter eines Vorschaltgesetzes zum Unfallversicherungsgesetz[4]. Den Vorgaben des Reichstages folgend legte das Reichskanzleramt am 29. April 1882 den Entwurf eines Krankenversicherungsgesetzes (KVG)[5] und am 8. Mai 1882 den zweiten Entwurf des Unfallversicherungsgesetzes vor[6]. Beide Entwürfe waren inhaltlich hinsichtlich des Personenkreises und der Leistungen aufeinander abgestimmt. Damit konnten die parlamentarischen Beratungen beider Gesetzentwürfe parallel verlaufen[7]. In Abweichung zum ersten UV-Entwurf war nun eine auf dreizehn Wochen verlängerte Karenzzeit in der Unfallversicherung vorgesehen. Hierdurch trat verstärkt die Notwendigkeit einer obligatorischen Krankenversicherung in den Vordergrund. Diese Verlängerung der Karenzzeit war von Lohmann als zuständigem Referenten gegen die ausdrücklichen Vorgaben von Bismarck eingefügt worden. Bismarck wollte dagegen die im ersten UV-Entwurf enthaltene Frist von vier Wochen auf zwei Wochen verkürzen[8]. Die Eigenmächtigkeit von Lohmann dürfte neben den unterschiedlichen Auffassungen zur Ausgestaltung der Unfallversicherung einer der Gründe gewesen sein, aus denen Bismarck das Vertrauen zu Lohmann verlor und es zum Bruch zwischen beiden kam[9].

Es sollte sich zeigen, dass das Krankenversicherungsgesetz, das ursprünglich nur als Annex zur Unfallversicherung gesehen wurde, aus dessen Schatten trat. In der öffentlichen Wahrnehmung erhielt es eine eigenständige Bedeutung. Für Bismarck stand die Vorrangigkeit der Unfallversicherung vor der Krankenversicherung fest. Er war deshalb „höchst erstaunt über die Wertschätzung der

---

3 SB RT, 4. LP/IV. Session 1881, 2. Band, S. 1784; SB RT, 4. LP/IV. Session 1881, 4. Band, Anlage Nr. 238, S. 1134.

4 *Kieseritzky*, S. 253; *Ritter*, Bismarck, S. 813.

5 SB RT, 5. LP/II. Session 1882/1883, 5. Band, Anlage Nr. 14, S. 124 ff.

6 SB RT, 5. LP/II. Session 1882/1883, 5. Band, Anlage Nr. 19, S. 173 ff.

7 Der Entwurf zum KVG und die zweite UVG-Vorlage waren von Lohmann ausgearbeitet worden. Er wies darauf hin, dass wegen der geänderten UV-Karenzzeiten die KV unbedingt notwendig sei. Er erreichte, dass Bismarck diesen Entwurf duldete. Im Gesetzgebungsverfahren gelang es ihm schließlich die KVG-Vorlage vor dem UVG vorrangig behandeln zu lassen, vgl. *Henning / Tennstedt*, Quellensammlung 1867–1914, II. Abteilung, 5. Band, Einleitung S. XVI.

8 *Born / Henning / Tennstedt*, Quellensammlung 1867–1914, II. Abt, 2. Band, 1. Teilband, Einleitung S. XXVII; Zitt, S. 202.

9 *Zitt*, S. 204 ff.

Krankenversicherung in der Öffentlichkeit“ und betrachtete die Krankenversicherung „geradezu als untergeschobenes Kind“[10].

Die erste Beratung beider Gesetzentwürfe erfolgte gemeinsam in den Reichstagssitzungen vom 15. Mai 1882 und 16. Mai 1882. Durch Beschluss des Reichstages wurden beide Entwürfe zur gemeinsamen Beratung einer 28-köpfigen Kommission überwiesen. Schon vor der Überweisung zur gemeinsamen Beratung in der Kommission hatte der Abgeordnete Lasker (Liberale Vereinigung) die Bitte an Kommission und Regierung gerichtet, die Krankenversicherung eigenständig zu regeln. Die Kommission kam bei ihren Beratungen zu dem Schluss, beide Gesetzentwürfe zu trennen. Von der Kommission wurde das Krankenversicherungsgesetz aufgrund von Kommissionsbeschlüssen schließlich ohne die vorher enthaltenen Verbindungen zur Unfallversicherung dem Reichstag zur Beratung vorgelegt[11]. Der geänderte Entwurf war nun so gefasst, dass eine Beratung und Beschlussfassung unabhängig von der Unfallversicherung möglich wurden. Das Krankenversicherungsgesetz wurde schließlich am 15. Mai 1883 vom Reichstag verabschiedet[12].

II. Die Neuordnung des Krankenkassensystems

Die Hilfskassengesetzgebung des Jahres 1876 hatte die Vorschriften über den Versicherungszwang noch als Teil des Gewerberechts im Titel VIII der Gewerbeordnung geregelt. Die organisatorischen Regelungen der Hilfskassen waren dabei in einem besonderen Hilfskassengesetz festgelegt. Diese Trennung wurde mit dem KVG 1883 aufgehoben. Es gab nun ein vom Gewerberecht losgelöstes eigenständiges Recht der Krankenversicherung. Das KVG enthielt nun sowohl die Regelungen über den Versicherungszwang als auch diejenigen über die Organisation und die Zuständigkeit der Krankenkassen. Die bisherigen Regelungen im Titel VIII der Gewerbeordnung wurden aufgehoben, während das Hilfskassengesetz nur noch auf die freien eingeschriebenen Hilfskassen Anwendung fand (§ 87 KVG). Nunmehr wurden die dem Versicherungszwang unterliegenden Personen in Ortskrankenkassen (§ 16 KVG), Betriebs- (Fabrik-) Krankenkassen (§ 59 KVG), Baukrankenkassen (§ 69 KVG), Innungskrankenkassen (§ 73 KVG), Knappschaftskassen (§ 74

10 *Rothfels*, S. 55, mit Bezug auf den Brief Lohmanns vom 22.6.1882 an den Schuldirektor Ernst Wyneken, abgedruckt in: Henning / Tennstedt, Quellensammlung 1867–1914, II. Abt., 5. Band, Nr. 19, S. 92.

11 *Peters*, S. 54.

12 RGBl. 1883 S. 73, „Gesetz, betreffend die Krankenversicherung der Arbeiter“ vom 15.6.1883.

KVG) oder in der Gemeinde-Krankenversicherung (§ 4 KVG) versichert. Daneben gab es noch die bisherigen eingeschriebenen Hilfskassen und die aufgrund landesrechtlicher Vorschriften errichteten Hilfskassen, für die bisher keine Beitrittspflicht bestanden hatte. Für die Versicherten dieser Kassen bestand weiterhin keine Verpflichtung zum Beitritt zu einer der obengenannten Zwangskassen, wenn ihnen mindestens Leistungen gewährt wurden, die denjenigen der Gemeinde-Krankenversicherung entsprachen (§ 75 KVG).

Bei der Kassenorganisation durch das KVG handelte es sich nicht um eine völlige Neugestaltung des Krankenkassenwesens. Die Organisation konnte auf den bisher vorhandenen Krankenkassen aufbauen. Nur dort, wo die Krankenhilfe bisher als Teil der Armenfürsorge gewährt wurde und es deshalb keine eingeschriebenen Hilfskassen gab, mussten Kassen neu errichtet werden. Die Differenzierung nach verschiedenen Kassenarten spiegelte die vorhandene berufsständische Gliederung der bisherigen Hilfskassen wider. So wurden aus den bisherigen nach Berufsgenossen organisierten Hilfskassen die Ortskrankenkassen, was dazu führte, dass in einzelnen Orten nicht nur eine Kasse, sondern gleichzeitig mehrere Ortskrankenkassen bestanden[13]. Für die Versicherungspflichtigen des Handwerks bestanden die Innungskrankenkassen weiter, während die Betriebs- (Fabrik-) Krankenkassen die Kassen waren, die für alle Berufstätigen eines größeren Betriebes errichtet wurden. Neu war die Gemeinde-Krankenversicherung, die als Auffangeinrichtung für alle anderen Versicherungspflichtigen diente. Es handelte sich dabei nicht um eine eigenständige Krankenkasse, sondern um eine gemeindliche Aufgabe mit getrennter Vermögensverwaltung. Ebenso neu war die Möglichkeit der Errichtung von Baukrankenkassen. Versichert wurden darin nicht die Beschäftigten von Bauhandwerkern, die bereits als Handwerksgesellen der Innungs- oder Ortskrankenkasse zugeordnet waren, sondern die Beschäftigten von Eisenbahn-, Kanal, Wege-, Strom-, Deich- und Festungsbauten (§ 69 KVG). Mit einer solchen Baukrankenkasse konnte man die Besonderheit berücksichtigten, dass an einem Ort vorübergehend viele der Versicherungspflicht unterliegende Beschäftigte aus unterschiedlichen Gewerken tätig waren. Diese konnten meist nicht einer einzelnen berufsständischen Kasse zugeordnet werden und wurden oft nach Abschluss der Bauvorhaben wieder entlassen. Bei Aufnahme in die Gemeinde-Krankenversicherung befürchtete man unkalkulierbare Risiken für

13 *Henning / Tennstedt*, Quellensammlung 1867–1914, II. Abt, 5. Band, Einleitung, S. XXVI: Dort wird die Zahl der Ortskrankenkassen für die Großstädte Berlin mit 62, Breslau mit 53, und für die Großstädte Hamburg, Köln und Stuttgart mit jeweils 19 Ortskrankenkassen angegeben.

kleinere Gemeinden[14]. Hinzu kam, dass zahlreiche Baumaßnahmen nicht ortsgebunden waren, sondern sich ständig fortbewegten wie beim Eisenbahn- und Wegebau. Damit wäre ständig eine andere Gemeinde-Versicherung zuständig gewesen. Aus diesem Grunde schuf man die Möglichkeit, den Bauherrn durch Anordnung der höheren Verwaltungsbehörde zur Errichtung einer Baukrankenkasse zu verpflichten.

III. Angleichung der Krankenkassenstatuten

Das vor 1883 geltende Hilfskassensystem sah nur eine fakultative Bildung von Hilfskassen durch Ortsstatute der Gemeinden vor. Hierdurch war nicht sichergestellt, dass die einzelne Gemeinde überhaupt eine Hilfskasse einrichtete. Es war auch möglich, eine Hilfskasse nur für bestimmte Personengruppen zu errichten, so dass nur ein Teil der nach der Hilfskassengesetzgebung vorgesehenen Personenkreise versichert wurde.

Auch der Leistungskatalog der Hilfskassen war nicht einheitlich geregelt. So sah § 11 des Hilfskassengesetzes von 1876 vor, die Unterstützung bei Arbeitsunfähigkeit für mindestens dreizehn Wochen zu gewähren. Vorrangig war nur die Zahlung eines Krankengeldes vorgesehen. Die Gewährung von ärztlicher Behandlung und Arznei war nicht zwingend vorgeschrieben. Bei Kostenübernahme dieser Krankenhilfe war eine Anrechnung auf das Krankengeld zulässig. Bei neu eingetretenen Mitgliedern war eine statutarische Karenzzeit bis zu dreizehn Wochen zulässig, vor deren Ablauf überhaupt kein Krankenhilfeanspruch bestand (§ 7 Abs. 1 HKG). War die Karenzzeit nach dem Eintritt verstrichen, bedeutete dies nicht, dass nunmehr ein sofortiger Leistungsanspruch entstand. Vielmehr konnte bei jeder Erkrankung eine Karenzzeit von einer Woche vorgesehen werden, in der der Leistungsanspruch ausgeschlossen war (§ 7 Abs. 3 HKG). Zudem bestand die Möglichkeit, den Beitritt zu einer Hilfskasse von der Entrichtung eines Eintrittsgeldes abhängig zu machen (§ 15 HKG).

Es gab somit kein einheitliches aufeinander abgestimmtes Kassensystem hinsichtlich des versicherten Personenkreises und des Leistungsspektrums. Eine Anrechnung von Mitgliedszeiten der Hilfskassen untereinander gab es nicht. Jeder Orts- und Berufswechsel führte meist zu einem Ausscheiden aus der bisherigen Versicherung. Daher war es unsicher, ob an dem neuen Ort oder in dem neuen Arbeitsverhältnis ein Versicherungsschutz bestand[15]. Jeder Arbeits-

---

14 SB RT, 5. LP/II. Session 1882/1883, 5. Band, Anlage Nr. 14, Gesetzesbegründung, S. 144.

15 SB RT, 5. LP/II. Session 1882/1883, 5. Band, Anlage Nr. 14, S. 141.

platzwechsel konnte dazu führen, dass eine andere Hilfskasse zuständig wurde. Verbunden war hiermit immer eine erneute Wartezeit zum Erwerb eines Leistungsanspruches. Auch das bei der alten Hilfskasse gezahlte Eintrittsgeld war verloren und es musste ggfls. ein neues Eintrittsgeld gezahlt werden. Der geschilderte Zustand war nicht verträglich mit der gewährten Freizügigkeit und der Gewerbefreiheit. Das Hilfskassensystem war geeignet, Arbeitnehmer von einem neuen Arbeitsplatz in einer anderen Gemeinde abzuhalten, da sie hierdurch ihre erworbenen Ansprüche bei der alten Hilfskasse verloren.

Ein solches Kassensystem war auf Dauer nicht aufrechtzuerhalten, insbesondere im Hinblick darauf, dass die zukünftigen Krankenkassen die Leistungslücken der beabsichtigten gesetzlichen Unfallversicherung flächendeckend zu schließen hatten. Sollten die Krankenkassen dieser Aufgabe gerecht werden, mussten sie zukünftig allen vom Beginn einer Krankheit an Leistungen gewähren. Damit waren Wartezeiten bei Eintritt in eine neue Krankenkasse aufgrund eines Arbeitsplatz- oder Ortswechsels nicht mehr vereinbar. Die Leistungen mussten sowohl den ausgefallenen Lohn ersetzen als auch verpflichtend die Übernahme der medizinischen Leistungen wie ärztliche Behandlung und Arznei vorsehen. Mindestens für die in der Unfallversicherung vorgesehene Karenzzeit mussten die Leistungen gesichert werden. Im Vorgriff auf die im zweiten Gesetzentwurf für die Unfallversicherung 1882 vorgesehene Karenzzeit von dreizehn Wochen wurde schließlich auch im KVG diese Leistungsdauer festgelegt[16]. Im Rahmen dessen war für die Gemeinde-Krankenversicherung diese Leistungsdauer als Höchstleistungsdauer (§ 6 Abs. 2 KVG) und für die anderen Krankenkassen als Mindestdauer festgelegt (§§ 20, 64, 72, 73, 74, KVG). Für die freien eingeschriebenen Hilfskassen galt die Höchstleistungsdauer der Gemeinde-Krankenversicherung mit der Abweichung, dass ärztliche Behandlung und Arznei durch ein höheres Krankengeld abgegolten werden konnten (§ 75 KVG).

IV. Der versicherte Personenkreis des KVG 1883

1. Allgemeines

Mit dem KVG 1883 wurde erstmalig ein obligatorischer flächendeckender Versicherungszwang für Arbeiter im gesamten Deutschen Reich eingeführt, der sich allerdings nur auf einen Teil der Arbeiter und Gehilfen erstreckte,

16 Im ersten Entwurf des UVG vom 8.3.1881 war in § 7 eine Karenzzeit von lediglich vier Wochen vorgesehen, die in dem vom Reichstag beschlossenen UVG vom 15.6.1881 in § 8 auf zwei Wochen verkürzt worden war.

während der größere Teil nicht diesem Zwang unterstellt wurde[17]. Hier ist nach den Gründen zu suchen, die eine solche unterschiedliche Behandlung der einzelnen Personengruppen rechtfertigten. Nach Berufsgruppen ist getrennt zu untersuchen, weshalb im Einzelfall eine Berufsgruppe in den Versicherungszwang einbezogen, die andere aber ausgeschlossen wurde.

Als Grund für die gesetzliche Krankenversicherung war in der kaiserlichen Botschaft angeführt worden, dass man die Arbeiterschaft hierdurch der Sozialdemokratie entfremden wollte. Damit sollte die Gefahr eines zukünftigen revolutionären Umsturzes verhindert werden. Die Sozialgesetzgebung hatte somit den Erhalt der bestehenden Herrschaftsverhältnisse zum Ziel und nur vordergründig die Hilfe für bedürftige Schichten und Klassen[18]. Sie dürfte darüber hinaus auch als Teil der inneren Reichsgründung zu betrachten sein, die das Kaiserreich auch allgemein im Inneren stabilisieren sollte. Durch die Sozialgesetzgebung revolutionäre Bestrebungen abzuwenden, wird in geschichtlichen Darstellungen meist als einziger und ausschließlicher Grund für die Arbeiterversicherung genannt. Hierbei wird unberücksichtigt gelassen, dass die industrielle Entwicklung und die damit einhergehenden erhöhten Gesundheitsrisiken verstärkt das Bedürfnis einer Absicherung für den Krankheitsfall gebracht hatten. Die genannte Entwicklung dürfte deshalb ebenfalls einer der wesentlichen Gründe für eine Krankenversicherung gewesen sein[19]. Die Krankenversicherung sollte die Arbeiter vor Armut bewahren, die ihnen bei längerer Erkrankung drohte. Durch die geringen Löhne waren sie kaum in der Lage, für den Krankheitsfall zu sparen und Rücklagen zu bilden[20]. Damit standen Arbeiter mit ihren Familien potenziell als Empfänger von Armenhilfe fest. Mit einer staatlich verordneten Krankenversicherung half sich der Staat somit auch selbst, da er sich von den Kosten der Armenpflege entlasten konnte. Dieser Zusammenhang war noch bei der Vorlage der Gewerbeordnung 1869 offen mit einer „unentbehrlichen Ergänzung der lokalen Armenpflege“ durch den Versi-

17 Im Jahre 1885 waren von den 9,8 Mill. Arbeitern und Gehilfen nur 4,6 Mill. Personen in einer Krankenkasse (einschl. Hilfskassen) versichert. Die Versichertenzahl enthält dabei auch die nicht zu den Arbeitern gehörenden freiwillig Krankenversicherten, Quellen: Statistik des Deutschen Reiches 1885, Neue Folge, Band 2, Bevölkerungsstatistik und Band 24, Krankenversicherung der Arbeiter.

18 *Hentschel*, AfS 18, S. 311.

19 *Peters*, S. 49, ist der Ansicht, dass Auslöser der staatlichen Gesetzgebung nicht soziale Erwägungen, sondern vielmehr Gründe der Landesverteidigung und Erhaltung der Wehrhaftigkeit maßgebend waren. Er spielt dabei offensichtlich auf die vorhergehende preußische Kinderschutzgesetzgebung an, die zur Erhaltung der Wehrfähigkeit junger Männer erlassen wurde, die durch überlange Arbeitszeiten von Kindern und Jugendlichen gefährdet war, vgl. *Peters*, S. 33.

20 *Frevert*, S. 97; *Schulz*, Arbeitersparen, S. 493.

cherungszwang zu den Unterstützungskassen deklariert worden[21]. Die Motive des KVG sprachen nun abgeschwächt davon, dass die Krankenversicherung zur „Verbesserung der wirtschaftlichen Lage der Arbeiter und einer Erleichterung der öffentlichen Armenlast" dringend geboten sei[22]. Dies ist ein Beleg dafür, dass auch die Entlastung der Armenfürsorge ein wesentlicher Grund für die Einführung der Krankenversicherung war[23]. Den Eindruck eines Zusammenhangs zwischen Krankenversicherung und Armenhilfe versuchte man zu vermeiden. So legte man in § 77 KVG ausdrücklich fest, dass die Leistungen des KVG nicht als öffentliche Armenunterstützungen galten, was im Zusammenhang damit zu sehen ist, dass die Armenpflege den Charakter eines herabwürdigenden Almosens hatte und ihr Bezug die bürgerlichen Ehrenrechte schmälerte[24].

Das Bedürfnis einer Krankenversicherung mit Versicherungszwang ergab sich auch aus der bisherigen Entwicklung. Es hatte sich gezeigt, dass der betroffene Personenkreis nicht bereit oder in der Lage war, selbst für den Krankheitsfall vorzusorgen[25]. Auch die bisherigen Versuche, durch gemeindliche Ortsstatute flächendeckend einen Krankenschutz für Arbeiter einzuführen, waren nicht erfolgreich[26]. Diese in der Gesetzesbegründung angeführte negative Entwicklung der Hilfskassengesetzgebung ist allerdings umstritten, da insbesondere die gewerkschaftlichen Hilfskassen einen starken Mitgliederzuwachs verzeichnen konnten, der unerwähnt blieb[27]. Wenn ein Bedürfnis des Versicherungsschutzes der Grund für den Versicherungszwang war, musste dieser Zwang seine Grenze dort haben, wo ein Bedürfnis nicht bestand. Ein Bedürfnis konnte ausgeschlossen werden für Personen, die durch Vermögen, sonstige Einkünfte oder einen hohen Lohn in der Lage waren, Rücklagen zu bilden und somit

21 SB RT, Norddeutscher Bund, Session 1869, 3. Band, Anlage Nr. 13, Motive S. 125.

22 SB RT, 5. LP/II. Session 1882/1883, 5. Band, Anlage Nr. 14, Motive, S. 140.

23 *Ritter*, Sozialversicherung, S. 32f.

24 *Zahn*, S. 4; Der Bezug von Armenunterstützung war auch dadurch diskriminierend, da er zugleich den Verlust des Wahlrechts zum Reichstag aufgrund des § 3 Nr. 3 des Wahlgesetzes von 1869 bedeutete, vgl. RGBl. 1869 S. 145, „Wahlgesetz für den Reichstag des Norddeutschen Bundes" vom 31.5.1869.

25 *Stier-Somlo*, S. 73, bemerkt hierzu, dass die Zwangsversicherung keine zufällige, sondern eine aus innerer Notwendigkeit heraus historisch erwachsene geschichtliche Entwicklung war.

26 SB RT, 5. LP/II. Session 1882/1883, Anlage 14, S. 140 f.

27 *Born / Henning / Tennstedt*, Quellensammlung 1867–1914, I. Abt, 5. Band, Einleitung, S. LI; *Stier-Somlo*, S. 61, bestätigt ebenfalls einen solchen Aufschwung der freien Hilfskassen, sieht ihn allerdings durch das Sozialistengesetz 1878 als vorläufig beendet an.

Krankheitsphasen zu überstehen, ohne zu verarmen[28]. Ebenso waren Personen nicht als bedürftig anzusehen, denen während der Erkrankung Lohn oder Gehalt weitergezahlt wurde.

Der Versicherungszwang musste auch dort seine Grenze haben, wo trotz angenommenen Bedürfnisses eines Krankenschutzes die Möglichkeiten der Durchführung einer Krankenversicherung nicht vorhanden waren. Es handelte sich hier um Hindernisse, die aufgrund des administrativen Entwicklungsstandes des 19. Jahrhunderts einen allgemeinen Versicherungszwang für bestimmte Personenkreise ausschloss. Dies galt beispielsweise für Tagelöhner, bei denen man die täglichen An- und Abmeldungen des jeweiligen Arbeitgebers nicht für durchführbar hielt. Für einzelne Personenkreise, bei denen man zwar ein örtliches Bedürfnis, jedoch (noch) kein reichsweites Bedürfnis für die Krankenversicherung sah, schaffte man die Möglichkeit der Einführung des ortsstatutarischen Versicherungszwangs durch die Gemeinden.

2. Die allgemeinen Tatbestände des § 1 KVG

a) Personenkreis

Nach § 1 KVG waren alle Personen unterschiedslos krankenversichert, die gegen Gehalt oder Lohn beschäftigt waren. Das bedeutete, dass weder das Geschlecht, das Alter noch die Staatsangehörigkeit bei der Versicherungspflicht eine Rolle spielten. Das fehlende Mindestalter war eine Abkehr von der noch in § 141a GewO 1876 enthaltenen Altersgrenze von sechzehn Jahren. Dort war die Altersgrenze damit begründet worden, dass „jüngere Arbeiter noch in der Familie stehen“ und ihr Arbeitsverdienst unbedeutend sei[29]. Eine Versicherungspflicht trat nun auch dann ein, wenn die Beschäftigung gegen ein gesetzliches Beschäftigungsverbot verstieß[30], wie beispielsweise das Verbot der Kinderarbeit nach § 135 GewO 1878[31]. Der von sozialdemokratischen Abgeordneten eingebrachte

---

28 *Schäffle*, S. 61 f., geht den umgekehrten Weg, indem er feststellt, welche Bevölkerungsgruppen nicht bedürftig sind. Dabei kommt er bei seiner Auflistung zu dem Schluss, dass „die überwiegende Zahl der Bevölkerung niemals hilfskassenpflichtig gemacht zu werden braucht“.

29 SB RT, 2. LP/III. Session 1875/1876, 3. Band, Anlage Nr. 15, S. 49.

30 Dies war umstritten: *Weyl*, S. 107, Fn. 1, schließt ein „Beschäftigungsverhältnis“ und somit die Versicherungspflicht von Kindern aus; anders dagegen, *Hahn*, S.26, Anm. 1 c, der die Versicherungspflicht von Kindern mit der Einschränkung bejaht, dass ein Entgeltanspruch besteht; dem zustimmend Stier-Somlo, S. 142, mit dem Hinweis, dass man ansonsten den zu Unrecht beschäftigten Kindern die „Wohltaten der Krankenversicherung“ vorenthält.

31 RGBl. 1878 S. 199, „Gesetz, betreffend die Abänderung der Gewerbeordnung“ vom 17.7.1878.

Antrag, die Versicherungspflicht erst ab Vollendung des 15. Lebensjahres vorzusehen und auf alle Angehörigen des Deutschen Reiches mit eigenem Einkommen auszudehnen, fand im Reichstag keine Mehrheit[32].

Die geschlechtsneutrale Form „Personen" wurde erst durch die beratende Kommission eingeführt. Im Gesetzentwurf der Regierung waren noch die maskulinen Formen der „Arbeiter, Betriebsbeamten, Gesellen und Gehilfen" bei den einzelnen Gruppen von Versicherungspflichtigen aufgeführt[33]. Bei der Umformulierung in „Personen" hatte die Kommission keine geschlechtsneutrale Formulierung oder gar gendergerechte Sprache beabsichtigt. Ein solcher Gedanke lag zu jener Zeit aufgrund der gesellschaftlichen Strukturen außerhalb der Betrachtung. Der Grund lag einfach darin, dass es der Kommission wünschenswert erschien, die Formulierung „im Interesse größerer Kürzung" zu wählen[34]. Dies beruhte darauf, dass die im Entwurf vorgesehene Gliederung in mehrere Absätze weggefallen war, die noch eine besondere Nennung des jeweiligen Personenkreises erforderlich gemacht hatte. Beabsichtigt war durch die Formulierung „Personen" auch keine Ausdehnung des Personenkreises über den der gewerblichen Arbeiter hinaus, wie die Beibehaltung der „Arbeiter" in der Gesetzesbezeichnung belegt[35].

b) Arbeiter – Angestellte – Betriebsbeamte

Das KVG 1883 wurde als „Gesetz, betreffend die Krankenversicherung der Arbeiter" verabschiedet. Nach der aufgezeigten Entwicklungsgeschichte war es Ziel des Gesetzes, die besonders von Armut bedrohten Fabrikarbeiter und Handwerker dem Krankenversicherungsschutz zu unterstellen. Im Gesetzentwurf erfolgte noch eine Aufteilung nach Arbeitern, Gesellen, Gehilfen und Lehrlingen. Diese Differenzierung enthielt die endgültige Fassung des KVG nicht mehr. Das bedeutete keine Änderung des im Gesetzentwurf vorgesehenen Personenkreises. Nach den Erläuterungen der Kommission wurden an Stelle der verschiedenen Bezeichnungen „dieselben" Versicherungspflichtigen nun einheitlich als „Personen" bezeichnet[36]. Das bedeutete, dass sich der Versicherungszwang nur auf Arbeiter, Gesellen, Gehilfen und Lehrlinge bezog, ohne dass diese Begrenzung aus dem Gesetzestext entnommen werden konnte.

32 SB RT, 5. LP/II. Session 1882/1883, 6. Band, Anlage Nr. 251, S. 950.

33 SB RT, 5. LP/II. Session 1882/1883, 5. Band, Anlage Nr. 14, S. 124.

34 SB RT, 5. LP/II. Session 1882/1883, 6. Band, Anlage Nr. 211, S. 771.

35 RG-Entsch. Zivilrecht, 17. Band, 1887, S. 87 f., Entscheidung vom 21.3.1887 – AZ.: Rep. IIIa 404/86.

36 SB RT, 5. LP/II. Session 1822/1883, 6. Band, Anlage Nr. 211, S. 769.

Der Begriff des Arbeiters war gesetzlich nicht definiert. Als Arbeiter im Sinne des KVG wurden „beschäftigte Personen" verstanden, „sofern sie nicht durch ein besonderes Merkmal ihrer Stellung eigentümlich charakterisiert wurden"[37]. Dabei kam der Arbeiterbegriff dem sozialen Begriff der „Arbeiterfrage" am nächsten, ohne sich jedoch mit ihm zu decken[38]. Fraglich war, ob unter „beschäftigte Personen" nach § 1 KVG auch Angestellte nach heutigem Verständnis erfasst waren.

Die Angestellten waren im KVG nicht namentlich erwähnt, weil sich zum damaligen Zeitpunkt die Angestellten noch nicht als eigenständige Arbeitnehmergruppe herausgebildet hatten[39]. Angestellte mit einer sozial und beruflich höheren Stellung wurden im 19. Jhd. noch als Beamte oder Privatbeamte bezeichnet[40]. Andere Angestellte wurden zu den Gehilfen gerechnet (Handlungsgehilfen, Bürogehilfen, Apothekergehilfen etc.). Die Eigenständigkeit der Angestellten als Arbeitnehmergruppe und die Bildung von Standesorganisationen erfolgte erst im weiteren Verlauf des 19. Jahrhunderts[41]. Sie entwickelte sich aus den größer werdenden Industriebetrieben und den sich daraus bildenden Hierarchiestufen[42]. Eine fehlende Differenzierung zwischen Arbeitern und Angestellten wirft die Frage auf, ob und welche Gruppen, die nach heutigem Verständnis als Angestellte anzusehen wären, der Versicherungspflicht des KVG 1883 unterlagen.

Eine Versicherungspflicht von Personen, die nach der Art ihrer Tätigkeit und ihrem sozialen Status weder dem Sprachgebrauch nach noch aufgrund ihrer wirtschaftlichen Stellung als Arbeiter zu betrachten waren, entsprach nicht dem Willen des Gesetzgebers[43]. Es war nicht seine Absicht, Personen mit einem höheren beruflichen Status, die eine wissenschaftliche oder künstlerische Tätigkeit ausübten, der Versicherungspflicht zu unterstellen[44]. Fraglich war, ob auch die vielen im Büro Beschäftigten hierunter einzuordnen waren,

---

37 *Rosin*, S. 145.

38 *Rosin*, S. 145.

39 *Neundörfer*, S. 1.

40 *Kocka*, Angestellte, S. 121 ff.; *Kocka*, Unternehmensverwaltung, S. 148.

41 *Bichler*, S. 43 f.

42 *Hromadka*, NZS 1992, S. 7 (9); *Neundörfer*, S. 4.

43 *Rosin*, S. 146.

44 RGZ, 17. Band, 1887, S. 86 ff., Entscheidung vom 21.3.1887, wonach Schauspieler und Orchestermitglieder in einem stehenden Gewerbebetrieb nicht nach § 1 KVG versicherungspflichtig sind und auch nicht zur Kategorie der Betriebsbeamten gehören.

da sie nach heutigem Verständnis zu den Angestellten gehören[45]. Jedoch wurde diese Gruppe zu den Gehilfen gerechnet und stand den Arbeitern gleich, so dass sie versicherungspflichtig waren[46]. Es galt allerdings nur insoweit, als sie nicht Handlungsgehilfen im Sinne des ADHGB waren. In diesem Falle war die Versicherungspflicht nach § 1 KVG ausgeschlossen und konnte nur aufgrund eines Statuts nach § 2 Abs. 1 Nr. 2 KVG eingeführt werden.

Eine weitere Gruppe von Arbeitnehmern ist die der Betriebsbeamten, die nach heutigem Verständnis ebenfalls zu den Angestellten gehören würden. Die Versicherungspflicht dieses Personenkreises ergab sich aus § 1 Abs. 2 KVG mit der Maßgabe, dass ein Einkommen in Höhe von arbeitstäglich sechszweidrittel Mark nicht überschritten wurde. Der Begriff des „Betriebsbeamten" wurde durch das KVG neu eingeführt, ohne dass er definiert wurde[47]. Er musste deshalb erst in den Folgejahren durch Schrifttum und Rechtsprechung ausgelegt werden. Als Betriebsbeamte wurden demnach solche Beschäftigte angesehen, die sich nach ihrer Stellung und Funktion im Betrieb von anderen Beschäftigten abhoben[48] und nicht mit der unmittelbaren Handarbeit beschäftigt waren[49]. Dabei war es gleichgültig, ob sie im Betrieb „als Beamte, Werkführer, Aufseher, Kassen- und Rechnungsführer, Ingenieure oder Bürobedienstete bezeichnet wurden"[50]. Betriebsbeamte waren folglich Arbeitnehmer, die die Leitung und Beaufsichtigung des Betriebes hatten, den Betriebsinhaber repräsentierten und deren Stellung somit die Tätigkeit gewöhnlicher Arbeiter überstieg[51]. Die Abgrenzungskriterien von Arbeitern zu den Betriebsbeamten waren nicht eindeutig bestimmt. Bereits in der Begründung des Gesetzentwurfs zum UVG 1881 wurde konstatiert, dass die bestehenden „Zwischenstufen zwischen gewöhnlichen Arbeitern und wirklichen Betriebsbeamten einer nähe-

45 Selbst das Versicherungsgesetz für Angestellte von 1911 (RGBl. 1911 S. 989) betrachtete die Büroheschäftigten noch nicht als Angestellte, wenn sie nur mit niederen oder lediglich mechanischen Dienstleistungen beschäftigt waren (§ 1 Abs. 1 Nr. 2 VGfA).

46 *Bosse / Woedtke*, IAVG 1889, S. 173 f.

47 *Engelmann*, S. 358; In der Gewerbeordnung wurde die Bezeichnung „Betriebsbeamter" erst später durch die Novelle der Gewerbeordnung von 1891 in § 133a GewO aufgenommen, um hiermit eine Gruppe betriebsleitender Personen (neben Werkmeister und anderen Angestellten) zu kennzeichnen, vgl. RGBl. 1891 S. 261, „Gesetz betreffend Abänderung der Gewerbeordnung" vom 1.6.1891.

48 *Rosin*, S. 159 f.; *Stier-Somlo*, S. 124.

49 *Schicker*, Reichsgesetze, Anm. 13 zu § 1 KVG, S. 4.

50 *Schicker*, Reichsgesetze, Anm. 13 zu § 1 KVG, S. 4.

51 *Hahn*, S. 54; Hdb. der UV, S. 19, Anm. 25 zu § 1 UVG; *Woedtke*, KVG 1893, S. 31 f., Anm. 20, 21 zu § 1 KVG; *Rosin*, S. 159 f.

ren Bestimmung“ bedarf[52]. Das Abgrenzungsproblem erstreckte sich seit 1884 auch auf die UV, da dort ebenfalls eine Befreiung der Betriebsbeamten vorgesehen war (§ 1 Abs. 1 UVG 1884). Das nun für die UV zuständige Reichsversicherungsamt war gezwungen, bei jedem Streitfall zu entscheiden, ob ein Arbeitnehmer als Betriebsbeamter anzusehen war, wenn der Jahresarbeitsverdienst über 2000 Mark lag[53]. Für die Krankenversicherung befasste sich die Verwaltungsgerichtsbarkeit in den nachfolgenden Jahren wiederholt mit der Abgrenzungsfrage[54]. Zusammenfassend lässt sich zur Abgrenzung von Arbeitern und Betriebsbeamten feststellen, dass Betriebsbeamte dem Status der Arbeiter noch nahe standen, sich jedoch durch ihre höherwertige Arbeit von diesen unterschieden. Durch den höheren Status, verbunden mit einem höheren Einkommen, hielt man Betriebsbeamte für nicht mehr bedürftig und sah sie als fähig an, selbst für den Fall der Krankheit vorzusorgen.

Eine derartige Abgrenzung der Betriebsbeamten zu den Arbeitern bedeutete keine gleichzeitige von den Arbeitern zu den Angestellten. Betriebsbeamte wären nach heutigem Verständnis als Angestellte anzusehen, jedoch umfasste der Begriff des Betriebsbeamten nur den Teil der Angestellten, der aufgrund ihrer Tätigkeit noch eine Nähe zu den körperlich tätigen Arbeitern hatten. Die Bezeichnung „Betriebs-“ Beamte weist zudem darauf hin, dass die Tätigkeit im Betrieb erfolgen musste. Als Betrieb wurde dabei nicht schlechthin jede Tätigkeit innerhalb einer Fabrik angesehen, sondern nur der technische Betrieb[55]. Im Einzelfall wurden auch Kassen- und Rechnungsführer sowie Bürobeamte als Betriebsbeamte angesehen[56].

Zusammenfassend lässt sich feststellen, dass trotz der Gesetzesbezeichnung als Krankenversicherung für „Arbeiter“ auch ein Teil der heute als Angestellte anzusehenden Personen der Versicherungspflicht unterlag. Mangels eines eigenständigen Angestelltenbegriffs wurden die Angestellten den „Gehilfen“ oder bei höherwertigen Tätigkeiten den Betriebsbeamten zugeordnet und unterlagen deshalb der Versicherungspflicht.

---

52 SB RT, 4. LP/IV. Session 1881, 3. Band, Anlage Nr. 41, S. 237.

53 *Hromadka*, S. 11.

54 Arb.-Vers. 11, S. 543 ff.; *Reger* 14, S. 361, Entsch. bad. VGH vom 8.3.1894; *Reger*, 28, S. 395 ff., Entsch. bayer. VGH vom 16.12.1907.

55 *Woedtke*, KVG 1886, Anm. Nr. 5 zu § 1 Ausdehnungsgesetz, S. 282; AN 1893 S. 212, RVA-Rekurs-Entscheidung Nr. 1254.

56 *Woedtke*, KVG 1883, Anm. 20 zu § 1 KVG.

c) Einkommensgrenze für Betriebsbeamte

Weder die Lohnhöhe, sonstiges Einkommen noch vorhandenes Vermögen waren entscheidend für den Eintritt der Versicherungspflicht. Eine solche Regelung widersprach der Gesetzesintention, wonach durch die KV die Gefahr der Verarmung bei Krankheit vermieden werden sollte. Bei vermögenden Arbeitnehmern und denjenigen, die sonstiges hohes Einkommen hatten, war eine Verarmungsgefahr oft nicht gegeben. Deshalb hätte es nahe gelegen, solche Personen von der Versicherungspflicht auszunehmen. Die Problematik wurde auch in der Kommission gesehen und beraten. Ein Kommissionsmitglied erhob die Forderung, von der Versicherungspflicht Personen auszunehmen, die ein regelmäßiges Einkommen aus Grund-, Haus oder Kapitalbesitz, Renten oder Pensionen in Höhe der Mindestunterstützung des § 6 KVG hatten[57], doch fand diese allgemeine Forderung keinen Eingang in das Gesetz. Nur für Betriebsbeamte wurde schließlich die Höhe des Verdienstes aus Gehalt oder Lohn als Kriterium für die Versicherungspflicht in § 1 KVG eingeführt. Demzufolge unterlagen Betriebsbeamte nur der Versicherungspflicht, wenn ihr Arbeitsverdienst sechszweidrittel Mark für den Arbeitstag nicht überstieg[58]. Die Einkommensgrenze im Gesetz entsprach derjenigen, die bereits der Gesetzentwurf enthielt. Eine von der Kommission erwogene Herabsetzung auf einen Betrag von fünf Mark Tagesverdienst wurde verworfen, weil hierdurch ein Ausschluss vieler „technisch geschulter Betriebsbeamter“ befürchtet wurde. Dies hätte einen Personenkreis betroffen, dessen sozialen und wirtschaftlichen Verhältnisse sich nicht wesentlich von denen der Arbeiter unterschied[59].

3. Personenkreis des § 1 Abs. 1 Nr. 1 KVG

Nach § 1 Abs. 1 Nr. 1 KVG waren versicherungspflichtig die beschäftigten Personen:

> „In Bergwerken, Salinen, Aufbereitungsanstalten, Brüchen und Gruben, in Fabriken und Hüttenwerken, beim Eisenbahn- und Binnendampfschifffahrtsbetrieb, auf Werften und bei Bauten.“

Vergleicht man diese Regelung mit den bisherigen Vorschriften der Hilfskassengesetzgebung von 1876, dann fällt auf, dass nicht mehr die Eigenschaft als

---

57 SB RT, 5. LP/II. Session 1882/1883, 6. Band, Anlage Nr. 211, Kommissionsbericht, S. 775.

58 Der arbeitstägliche Betrag entsprach dabei einem Jahresverdienst von 2000 Mark, so SB RT, 5. LP/II. Session 1882/1883, 6. Band, Anlage Nr. 211, Kommissionsbericht, S. 769.

59 SB RT, 5. LP/II. Session 1882/1883, 6.Band, Anlage Nr. 211, S. 772.

Geselle, Gehilfe oder Fabrikarbeiter im Vordergrund stand, sondern die Art des Betriebes[60], in der die Beschäftigung ausgeübt wurde. Die Aufzählung ist weitgehend deckungsgleich mit den Betrieben, für die in den beiden UV-Entwürfen von 1881 und 1882 ein Unfallversicherungsschutz vorgesehen war. Hintergrund hierfür war, dass ursprünglich die UV vorrangig eingeführt werden sollte, während die KV nur zur Leistungsergänzung der UV, d.h. zur Abdeckung der UV-Karenzzeit, einspringen sollte. Die aufgeführten Betriebsarten entsprachen auch weitgehend denjenigen, für die das RHG 1871 die Haftpflicht eingeführt hatte. Das nun vorgesehene UVG sollte diese Haftpflicht für Arbeitsunfälle ablösen und auf eine neue Basis stellen.

Das ursprüngliche Vorhaben, die UV vor der KV einzuführen, war gescheitert. Trotzdem war bei Verabschiedung des KVG 1883 das Ziel zu berücksichtigen, dass Personenkreis und Leistungsumfang der KV im Hinblick auf die zukünftige UV abgestimmt waren. Deshalb war es geboten, den Personenkreis, der voraussichtlich sowohl unfall- als auch krankenversicherungspflichtig war, besonders und getrennt von den sonstigen krankenversicherungspflichtigen Personen aufzuführen. Hieraus ist erklärlich, weshalb § 1 Abs. 1 Nr. 1 KVG weitgehend mit dem Personenkreis der beiden UV-Entwürfe übereinstimmt. Neben der vorgesehenen Abdeckung der Leistungslücke der UV durch die KV gab es ursprünglich noch einen weiteren Grund, den versicherten Personenkreis in der KV gesondert aufzuführen, nämlich den Arbeitgeberbeitrag an den Krankenversicherungsbeiträgen. Ein solcher Beitrag sollte nur von den besonders in § 1 Nr. 1 KVG aufgeführten Betrieben, nicht jedoch von Handwerksbetrieben bzw. anderen Gewerbebetrieben erhoben werden (§ 47 KVG-Entwurf). Durch die Beitragszahlung sollte ein Ausgleich dafür geschaffen werden, dass die Betriebe durch die UV von der bisherigen Haftpflicht des RHG entlastet wurden und die KV einen Teil dieser Kosten zu tragen hatte. Doch folgte der Reichstag der ursprünglichen Intention der Regierung nicht. Es wurde schließlich die Arbeitgeberbeteiligung in Höhe von einem Drittel des Gesamtbeitrages für alle Betriebe festgelegt. Die im Gesetzentwurf enthaltene Einteilung der versicherungspflichtigen Personenkreise behielt man allerdings bei, obwohl hierfür eigentlich kein Grund mehr vorlag, da weder eine unterschiedliche

60 *Stier-Somlo*, S. 94, definiert den „Betrieb" im Sinn des KVG annähernd folgendermaßen: „Ein Betrieb ist ein Inbegriff erlaubter wirtschaftlicher – auf Erwerb, d.h. Erzeugung oder Beschaffung, ferner auf Sammlung, Verwendung oder Umsatz von Sachgütern gerichteter Tätigkeiten, bestimmt zur Vorbereitung, Durchführung oder zum Abschluss eines Unternehmens"; vgl. Hdb. der UV 1901, Ziffer 22: „Im sprachlichen Sinne versteht man unter „Betrieb" den Inbegriff fortdauernder wirtschaftlicher Tätigkeit".

Beitragsregelung noch abweichende Leistungsansprüche bei Arbeitsunfällen eingeführt wurde[61].

a) Eisenbahn- und Binnendampfschifffahrtsbetriebe

Das KVG nennt die Eisenbahnbetriebe[62], während diese in der Unfallversicherung nicht aufgeführt sind, da für sie die Haftpflicht aus Sicht des Gesetzgebers bereits zufriedenstellend in § 1 RHG geregelt war. Eine Änderung der Haftpflicht durch das UVG hielt man nur für die Betriebe des § 2 RHG für geboten. Damit Beschäftigte der Eisenbahnbetriebe auch bei allgemeinen Erkrankungen abgesichert waren, mussten die Eisenbahnbetriebe im KVG, abweichend vom UVG, zusätzlich aufgeführt werden. Eine weitere Abweichung ergab sich bei den Binnendampfschifffahrtsbetrieben, die in die KV, nicht aber in die UV einbezogen wurden. Hinsichtlich der KV hielt man diese Beschäftigten für schutzbedürftig. Durch die Zuordnung zu § 1 Nr. 1 KVG wollte man auch für sie die Zahlung eines Arbeitgeberbeitrages erreichen.

Die in den Krankenversicherungsschutz einbezogenen Eisenbahnbetriebe und die Binnendampfschifffahrtsbetriebe unterschieden sich durch ihre nicht in festen Betriebsstätten arbeitenden, sondern einem beständigen Ortswechsel unterworfenen Arbeitnehmern. Da ein solcher Ortswechsel aus Sicht des Gesetzgebers eine wirksame Kontrolle über die Erfüllung der Versicherungspflicht unmöglich machte[63], wäre dies ein Kriterium gewesen, diese Betriebe von dem Versicherungszwang auszunehmen. Man machte jedoch bei den genannten Bereichen eine Ausnahme. Grund hierfür war, dass es sich in der Regel um größere Betriebe handelte, für die eine eigene Krankenkasse (Be-

---

61 Nach § 6 KVG-Entwurf sollte bei Arbeitsunfällen die Krankenunterstützung sofort einsetzten, statt vom 4. Tag an, wenn die Erwerbsunfähigkeit länger als drei Tage dauerte. Dieser privilegierte Anspruch bei Arbeitsunfällen wurde nicht in das KVG übernommen. Gleichzeitig wurde für alle Versicherten die Mindestleistungsdauer der Leistungen, unabhängig von der Ursache, auf 13 Wochen festgelegt.

62 RGZ 1, S. 247 ff., Entscheidung des Reichsgerichts vom 17.3.1880, Rep. I. 23/80 zur Definition der Eisenbahn i.S.d. Reichshaftpflichtgesetzes: „Eisenbahnen in diesem Sinne sind Unternehmungen zur Beförderung von Personen und Sachen auf metallener Grundlage (Schienen). Dabei ist es unerheblich, ob dies mit Dampf, Elektrizität, tierischer oder menschlicher Muskelkraft und auf geneigter Ebene auch durch Schwerkraft geschieht." Für die gleiche Auslegung des Eisenbahnbegriffs i.S.d. KVG sind: *Hahn*, Anm. 2 c zu § 1 KVG, S. 32; *Stier-Somlo*, S. 96 ff.; *Köhne*, S.7, subsumiert abweichend hiervon unter dem Eisenbahnbegriff auch Bahnen, die auf nicht-metallenen Schienen fahren; AN 1904, S. 622 f., RVA-Bescheid Nr. 2073 vom 8.10.1904, verneint die Eisenbahneigenschaft von elektrisch betriebenen Kraftwagen mit Oberleitung ohne Gleise.

63 SB RT, 5. LP/II. Session 1882/1883, 5. Band, Anlage Nr. 14, S. 142.

triebskrankenkasse) gebildet werden konnte. Andere Transportbereiche blieben dagegen ausgenommen und konnten nur fakultativ über Ortsstatute nach § 2 Nr. 3 KVG einbezogen werden.

b) Bauten

Das KVG unterstellte alle Beschäftigten bei Bauten dem Versicherungszwang, ohne zu erläutern, was unter Bauten zu verstehen war. Die Erstreckung erfolgte im Hinblick auf die vorgesehene Versicherungspflicht in der UV. Zum Verständnis muss auf die Materialien zu den Beratungen des UVG zurückgegriffen werden. Dort war unbestritten, dass Bauarbeiten allgemein als gefährliche Arbeiten anzusehen waren. Sie sollten dem Schutz der gesetzlichen Unfallversicherung unterstellt werden, auch wenn sie bisher nicht durch das Haftpflichtgesetz von 1871 abgesichert waren. Man erkannte, dass Bauarbeiten vielfältigster Natur sein können und sowohl von Gewerbebetrieben, der öffentlichen Hand als auch von Privatpersonen betrieben werden konnten. Die Schwierigkeit bestand darin festzulegen, welche Bauten letztlich dem Versicherungsschutz zu unterstellen waren. Bei den Beschlüssen zum ersten UV-Entwurf entschied sich der Reichstag dafür, nur Bauten in Anlagen (Bauhöfen), dem UV-Schutz zu unterstellen. Andere Baubetriebe sollten indessen nur im Einzelfalle durch Bundesratsbeschluss in die Versicherungspflicht einbezogen werden. Bekanntlich ist der Gesetzesbeschluss des Reichstages vom 15. Juni 1881 durch das Veto des Bundesrates nicht Gesetz geworden. In der Vorlage des zweiten UVG-Entwurfs 1882 war vorgesehen, die von Gewerbetreibenden betriebenen Bauten und die als Regiearbeiten durch den Bauherrn betriebenen Bauten dem UV-Schutz zu unterstellen. Dieser Entwurf wurde von der Kommission verworfen und gelangte in der laufenden Session nicht mehr in den Reichstag[64].

Ein dritter Entwurf zum UVG wurde von der Regierung am 6. März 1884 vorgelegt[65]. In dieser Vorlage waren nur Bauhöfe aufgeführt, während die Baubetriebe völlig fehlten. Begründet wurde dies damit, dass es am dringlichsten erschien, vorrangig den Schutz der im RHG genannten Personen durch eine gesetzliche UV sicherzustellen. Die Ausdehnung auf andere Betriebe sollte einer späteren Gesetzgebung vorbehalten bleiben[66]. Die VII. Kommission, die die Vorlage beriet, beschloss, die Baubetriebe wieder in den UV-Schutz einzubeziehen. Sie konkretisierte jedoch den Personenkreis dahinge-

64 SB RT, 5. LP/II. Session 1882/1883, 6. Band, Anlage Nr. 372, S. 1423.

65 SB RT, 5. LP/IV. Session 1884, 3. Band, Anlage Nr. 4, S. 50.

66 SB RT, 5. LP/IV. Session 1884, 3. Band, Anlage Nr. 4, S. 65.

hend, dass nur Beschäftigte von Gewerbetreibenden, deren Gewerbebetrieb sich auf die Ausführung von Maurer-, Zimmer-, Dachdecker-, Steinhauer- und Brunnenarbeiten erstreckt, der UV-Versicherungspflicht unterliegen. Diese Fassung wurde auch in § 1 Abs. 2 UVG übernommen[67]. Bei der Beratung des KVG 1883 war diese Entwicklung noch nicht vorherzusehen. Für den parallelen Versicherungsschutz in KV und UV konnte nur der jeweilige Stand berücksichtigt werden. Das war hier der zweite UV-Entwurf vom 8. Mai 1882, der sowohl die Bauarbeiten von Gewerbebetrieben als auch diejenigen im Regiebetrieb dem Versicherungsschutz unterstellen wollte. Deshalb wurde der Krankenversicherungsschutz auch auf diese Bereiche erstreckt. Damit war der gewerbsmäßige Bau keine Voraussetzung des Versicherungsschutzes[68].

c) Fabriken

Die Aufführung der „Fabriken" in § 1 Nr. 1 KVG erfolgte im Hinblick auf die im UVG vorgesehene Regelung. Im UVG sollte die Haftpflicht des § 2 RHG für diesen Bereich abgelöst werden. Bei der Beratung des RHG 1871 hatte man es noch abgelehnt, eine Legaldefinition der „Fabrik" in das Gesetz einzufügen. Man wollte eine Präjudizierung vermeiden, da eine Definition aufgrund der raschen technischen Entwicklung schnell veralten würde. Insbesondere die englische Lösung, den Begriff der „Fabrik" von der Anzahl der Arbeitnehmer abhängig zu machen, wurde zum damaligen Zeitpunkt abgelehnt[69]. Genau eine solche Begrenzung enthielt der dritte Gesetzentwurf zur Unfallversicherung vom 6. März 1884, wonach als Fabrik nur galt, wenn mindestens zehn Arbeiter regelmäßig beschäftigt wurden. Eine solche Regelung wurde schließlich auch in § 1 Abs. 4 UVG 1884 übernommen, wobei sie durch eine Öffnungsklausel in § 1 Abs. 5 UVG ergänzt wurde. Demnach konnte das mit dem UVG neu geschaffene Reichsversicherungsamt (RVA) darüber entscheiden, welche Betriebe außerdem als Fabrik im Sinne der UV anzusehen waren. Mit dem Inkrafttreten des UVG 1884 hatte die dort enthaltene Definition der „Fabrik" für die Krankenversicherung keine unmittelbare Wirkung[70]. Die besondere Zuordnung der Fabrikarbeiter in § 1 Abs. 1 Nr. 1 KVG beruhte auf der ursprünglich vorgesehenen besonderen KV-Beitragspflicht der Fabrikbesitzer, die schließlich aber für alle Arbeitgeber eingeführt wurde. In der KV war deshalb die Entscheidung darüber, ob eine Versicherungspflicht nach § 1

67 RGBl. 1884, S. 69, „Unfallversicherungsgesetz" vom 6.7.1884.

68 *Hahn*, S. 33; OVG-Entsch. Band 19, S. 351 (354), OVG-Endurteil vom 28.4.1890, Rep. III. C. 105/89; Arb.-Vers. 21, S. 320, Entscheidung preuß. OVG vom 3.3.1904.

69 SB RT, I. LP/I. Session 1871, 3. Band, Anlage Nr. 16, S.72.

70 *Hahn*, S. 31 f.

Abs. 1 Nr. 1 KVG als Fabrikarbeiter oder nach § 1 Abs. 1 Nr. 2 KVG als Beschäftigter im Handwerk oder in einem sonstigen stehenden Gewerbebetrieb vorlag, ohne Bedeutung. Allerdings führte in der UV diese Regelung zu Abgrenzungsschwierigkeiten[71].

4. Personenkreis des § 1 Abs. 1 Nr. 2 KVG

Die Versicherungspflicht erstreckte sich nach § 1 Abs. 1 Nr. 2 KVG auf Personen „im Handwerk und in sonstigen stehenden Gewerbebetrieben".

a) Gewerbebetriebe

Die Beschäftigung musste in einem Gewerbebetrieb erfolgen. In § 1 Abs. 1 Nr. 2 KVG ist das Handwerk als Gewerbe besonders aufgeführt, während andere Betriebe als „sonstige" Gewerbebetriebe bezeichnet werden. Was als Gewerbe zu gelten hatte, war nicht geregelt. Es fehlte an einer gesetzlichen Definition, so dass „nach dem Sprachgebrauch und der allgemeinen Auffassung im Verkehr" zu beurteilen war[72]. In Einzelfällen konnte auf die Gewerbeordnung verwiesen werden, die einzelne Arten der Gewerbe regelte. Der Ausschluss von bestimmten Betrieben aus der GewO genügte jedoch nicht, um diese auch aus dem Kreis der Gewerbebetriebe im Sinne des KVG auszuschließen[73]. Andererseits führten die Regelungen in der Gewerbeordnung über die Genehmigungspflicht bestimmter Berufe, wie die von Ärzten in § 29 GewO[74], nicht dazu, die Praxen als Gewerbebetrieb anzusehen[75]. Im Sprachgebrauch wurde der Begriff des Gewerbes auf die selbständige Tätigkeit in Industrie, Handel und die Leistung persönlicher Dienste „niederer Art" beschränkt[76]. Künstlerische und wissenschaftliche Tätigkeiten waren nur dann als

71 Arb.-Vers. 10, S. 142, Urteil des RG I. Strafsenat vom 12.3.1891; Arb.-Vers. 24, S. 418; RGZ, 67. Band, 1908, Entsch. vom 16.12.1907 – AZ Rep. VI. 106/07; Arb.-Vers. 25, S. 519 f.; *Reger*, 28, S. 431 f.

72 *Hahn*, S. 35; *Stier-Somlo*, S. 101: „Gewerbebetrieb ist der Inbegriff der zu einem einheitlichen wirtschaftlichen Zwecke entfalteten Gewerbetätigkeiten".

73 *Hahn*, S. 35

74 RGBl. 1884 S. 177, „Bekanntmachung, betreffend die Redaktion der Gewerbeordnung für das Deutsche Reich" vom 1.7.1883.

75 OVG-Entscheidungen, Band 24, S. 32, Endurteil preuß. OVG vom 5.1.1893, Rep. III. C. 49/92, Arb.-Vers. 10, 1893, S. 383 ff.; RVA-Entscheidung Nr. 1301, AN 1907, S. 429; ebenso *Stier-Somlo*, S. 103, der die ärztliche und zahnärztliche Tätigkeit nicht als Gewerbebetrieb ansieht. Dies gelte nur, wenn Ärzte Privatkrankenanstalten betreiben oder Zahnärzte Gebisse verkaufen.

76 RVA-Entscheidung Nr. 1301, AN 1907, S. 429; *Hahn*, S. 35; *Stier-Somlo*, S. 101, weist darauf hin, dass es sich um eine gesetzlich erlaubte gewerbliche Tätigkeit handeln

gewerblich anzusehen, wenn an den Darbietungen kein höheres Interesse der Kunst oder Wissenschaft obwaltete"[77].

Eine Beschäftigung musste „im" Handwerk oder in sonstigen Gewerbebetrieben erfolgen. Das schloss eine Versicherungspflicht für Personen aus, die zwar von Gewerbetreibenden beschäftigt wurden, aber ihre Arbeit als häusliches Gesinde im Haushalt verrichteten[78]. Bei Mischarbeitsverhältnissen, bei denen sowohl Arbeiten im Gewerbebetrieb als auch im Haushalt verrichtet wurden, war für die Versicherungspflicht entscheidend, dass es sich um eine ständige Arbeit im Gewerbebetrieb handelte, unabhängig von der zeitlichen Inanspruchnahme[79]. Als Beschäftigte des Handwerks waren in erster Linie die Gesellen, Gehilfen und Lehrlinge anzusehen. Lehrlinge unterlagen nur der Versicherungspflicht, wenn sie auch ein Entgelt für ihre Tätigkeit erhielten. Das konnten auch Sachbezüge sein, wenn diese für den Lehrling „wirtschaftlich von wesentlicher Bedeutung" waren[80]. Die Gewährung von Unterhalt war nur insoweit als Entgelt anzusehen, als der Unterhalt nicht bereits durch das (vom Lehrling zu zahlende) Lehrgeld abgegolten war[81]. Abzugrenzen war die gewerbliche Beschäftigung im Handwerk auch vom Handel. Für viele Handwerksbetriebe war es notwendiger Bestandteil ihrer Tätigkeit, ihre hergestellten Produkte in eigenen Geschäften zu verkaufen, wie in Bäckereien und Metzgereien. Das warf die Frage auf, ob es sich bei dem Verkauf um eine Tätigkeit im Handwerk oder in einen Handelsbetrieb handelte, da die Zuordnung entscheidend für die Versicherungspflicht nach § 1 Nr. 2 KVG war. Sofern die Verkäuferinnen als Handlungsgehilfinnen galten, konnten sie nur

---

musste. Er verneinte deshalb den Gewerbebetrieb bei Tätigkeiten von Prostituierten, Bettlern, Hehlern, Glücksspielern und Kupplern.

77 *Stier-Somlo*, S. 102; *Hahn*, Anm.3c zu § 1 KVG, S. 36.

78 Das Kammergericht ging in seiner Entscheidung vom 15.1.1900 davon aus, dass „ein Mädchen für alles" nicht zu den Dienstboten gehört, wenn es bei einer gewerblichen Zimmervermietung beschäftigt ist und deshalb Krankenversicherungspflicht bestand, vgl. *Reger*, 20, S. 439. War die Zimmervermietung dagegen strafbar (bordellmäßige Vermietung), wurde das Bestehen eines Gewerbebetriebes mit der Folge verneint, dass die Beschäftigten nicht versicherungspflichtig wurden, vgl. die Entscheidung des sächsischen Min. d. Inneren vom 7.11.1900, in: *Reger*, 21, S. 42 f.

79 *Stier-Somlo*, S. 160, S. 100, Fn. 27, S.102, Fn. 42; Arb.-Vers. 13, S. 466; *Reger*, 19, S. 203 f.

80 *Hahn*, S. 28; *Stier-Somlo*, S. 141.

81 RVA-Bescheid Nr. 1215, AN 1893, S. 160; *Reger*, 16, S. 373 f.; Entsch. bad. VGH vom 19.9.1895; *Reger*, 17, S. 170, Entsch. bad. VGH vom 11.2.1896; *Reger*, 22, S. 440, Entsch. preuß. OVG vom 5.12.1901; Arb-Vers. 6, S. 581; Entsch. LG Koblenz vom 24.4.1889; Arb.-Vers. 15, S. 628, Entsch. kgl. Württ. Regierung vom 14.5.1898; RVA-Entscheidung Nr. 884, AN 1901, S. 202.

fakultativ über ein Ortsstatut nach § 2 Nr. 2 KVG der Versicherungspflicht unterstellt werden. Eine Zuordnung zum Handel erfolgte nur für solche Betriebe, die über den Umfang eines Handwerksbetriebes hinausgingen (Art. 10 ADHGB 1869).

b) Stehende Gewerbebetriebe

Die Versicherungspflicht trat nur bei Personen ein, die in einem „stehenden" Gewerbe beschäftigt waren. Hier folgte die Abgrenzung den entsprechenden Vorschriften der Gewerbeordnung zu den stehenden Gewerbebetrieben in Titel II, § 14ff. GewO und dem „Gewerbebetrieb im Umherziehen" nach Titel III §§ 55ff. GewO. Der Grund, die Beschäftigten der umherziehenden Gewerbe auszuschließen, lag darin, dass man bei diesen Personen die Durchführbarkeit der Krankenversicherung und die Kontrolle nicht als gesichert ansah. Hier traute man diesen Gewerbetreibenden nicht zu, ihren Verpflichtungen, die aus der Versicherungspflicht erwuchsen, nachkommen zu können[82]. Merkmal des umherziehenden Gewerbes war das Fehlen einer festen Niederlassung. Das unterschied diese Betriebe von denjenigen, die zwar einen Betriebssitz hatten, deren Beschäftigte aber gleichfalls an wechselnden Arbeitsstellen ihre Tätigkeit ausübten, wie beispielsweise im Transportgewerbe. Diese galten als stehende Gewerbe, jedoch war für sie nur eine fakultative Versicherungspflicht in § 2 KVG vorgesehen, sofern sie nicht bereits als Eisenbahnbetrieb oder Binnendampfschifffahrtsbetrieb unter § 1 Nr. 1 KVG fielen. Die Betriebe im „Umherziehen" wurden auch nicht zu stehenden Gewerbebetrieben, wenn sie sich länger an einem Ort aufhielten[83]. Zu den stehenden Gewerbebetrieben gehörte auch die Fischerei, wobei diese die Binnen- (Fluss-) Küsten- und Hochseefischerei umfasste[84].

5. Personenkreis des § 1 Abs. 1 Nr. 3 KVG

Die Versicherungspflicht erstreckte sich nach § 1 Abs. 1 Nr. 3 KVG auf Personen „in Betrieben, in denen Dampfkessel oder durch elementare Kraft (Wind, Wasser, Dampf, Gas, heiße Luft etc.) bewegte Triebwerke zur Verwendung kommen, sofern diese Verwendung nicht ausschließlich in vorübergehender Benutzung einer nicht zur Betriebsanlage gehörenden Kraftmaschine besteht".

82 SB RT, 5. LP/II. Session 1882/1883, 5. Band, Anlage Nr. 14, Motive, S. 141.

83 Arb.-Vers. 25, S. 486, Entsch. bad. VGH vom 10.3.1908 – Längeres Verweilen eines Wanderzirkus am gleichen Ort; *Reger*, 28, S. 40, Urteil Kammergericht, I. Strafsenat vom 2.7.1906 – Marktstand in einer Markthalle ist kein stehendes Gewerbe.

84 *Woedtke*, KVG 1886, Anm. 14 zu § 1 KVG, S. 32.

Weshalb die Betriebe unter der Nr. 3 besonders aufgeführt sind, ist nicht aus dem Kontext abzuleiten. Auch bei diesem Personenkreis liegt es nahe, einen direkten Zusammenhang mit der Unfallversicherung anzunehmen, was insbesondere gilt, weil die beiden Entwürfe zur Unfallversicherung von 1881 und 1882 in ihrem § 1 genau diese Betriebe den übrigen unfallversicherten Betrieben gleichstellten. Dagegen waren die genannten Betriebe im Gesetzentwurf des KVG vom 29. April 1882 noch nicht bei den versicherungspflichtigen Betrieben aufgeführt, sondern wurden erst aufgrund der Beschlüsse der VIII. Kommission in § 1 KVG eingefügt. Bereits bei den Beratungen zur UV war erkannt worden, dass von Dampfkesseln und von den durch elementare Kraft angetriebenen Triebwerken eine erhöhte Unfallgefahr ausging, die oftmals von der Handlung des einzelnen Arbeiters unabhängig war[85]. Da aufgrund der technischen Entwicklung inzwischen Elementarkräfte umfangreich eingesetzt wurden, sollte der UV-Schutz auf alle Anwendungsbereiche erstreckt werden, somit auch auf Bereiche, die ansonsten nicht in die UV einbezogen werden sollten. In der KV führte das nun dazu, dass der Versicherungszwang auf die Beschäftigten solcher Betriebe erweitert wurde, die Kraftmaschinen einsetzten, obwohl sie nicht zu den gewerbsmäßig geführten Betrieben gehörten. Hierzu zählten die Beschäftigten von staatlichen Betrieben, Korporationen oder Privaten, die Elementarkräfte zu nicht gewerblichen Zwecken im Rahmen eines Betriebes nutzten. Abzugrenzen war dabei der Betrieb einer Anlage von reinen technischen Einrichtungen, wie Heizanlagen in einem Privathaus[86]. Hierbei war zu berücksichtigen, dass zu den elementarkraftbewegten Triebwerken auch die sich gegen Ende des 19. Jhd. verbreitenden Automobile gehörten. Damit gehörten auch die Chauffeure der Betriebsfahrzeuge zu dem Personenkreis des § 1 Abs. 1 Nr. 3 KVG, sofern sie nicht bereits unter Nr. 1 und 2 versichert waren[87]. Die Nutzung von elementarkraftbewegten Triebwerken erfolgte auch bereits in der Land- und Forstwirtschaft, dem Transportwesen und in Handelsbetrieben. Für diese und die anderen in § 2 Abs. 1 Nr. 2 bis 6 KVG genannten Bereiche, für die eine fakultative Versicherungspflicht durch

---

85 SB RT, 4. LP/IV Session 1881, 3. Band, Anlage Nr. 41, S. 236.

86 *Rosin*, S. 209 f.; *Hahn*, S. 39, mit Beispielen: motorbetriebene Hauswasserleitungen, Heizungs- und Beleuchtungsanlagen, Fahrstühle in Krankenhäusern; Hdb. der UV, Anm. 77, 78 zu § 1 UVG, S. 82; Arb.-Vers. 23, 680 ff., Entsch. Kgl. Kammergericht Berlin vom 1.5.1906, das die Dampfheizung einer Kirche als Betrieb i.S. des § 1 Abs. 1 Nr. 3 KVG ansah; Arb.-Vers. 23, S. 867 f., bejaht die Versicherungspflicht von Beschäftigten in Küche und Waschhaus einer Anstalt, die durch eine zentrale Dampfkesselanlage betrieben wurde.

87 Nach Arb.-Vers. 23, S. 144, wurde der Chauffeur eines einzelnen Privatautomobils nicht als Beschäftigter eines Betriebes nach § 1 Nr. 3 KVG angesehen.

Ortsstatut ermöglicht wurde, war die Versicherungspflicht nach § 1 KVG ausdrücklich ausgeschlossen.

6. Fakultative Versicherungspflicht durch Ortsstatut nach § 2 KVG

Neben der Versicherungspflicht nach § 1 KVG, die unmittelbar auf dem Reichsgesetz beruhte, war in § 2 KVG eine fakultative Versicherungspflicht durch Gemeindestatut vorgesehen, die für die Personen gedacht war, bei denen man (noch) keine Notwendigkeit eines reichsgesetzlichen Versicherungszwangs sah. War ein örtlicher Bedarf gegeben, sollten die Kommunen mit § 2 KVG in die Lage versetzt werden, die Versicherungspflicht einzuführen. Die fakultative Versicherungspflicht nach § 2 KVG galt auch für Personen, die im Grunde schon nach § 1 KVG versicherungspflichtig waren. Das galt insbesondere für die Beschäftigten des Handels- und Transportgewerbes. Die Abgrenzung dieser Personenkreise erfolgte derart, dass der „möglichen" Versicherungspflicht durch Ortsstatut nach § 2 KVG der Vorrang eingeräumt wurde. Damit waren diese Personen von der Versicherungspflicht nach § 1 KVG ausgeschlossen, auch wenn tatsächlich keine Versicherungspflicht durch Ortsstatut nach § 2 KVG bestand.

a) Kurzfristig Beschäftigte – Tagelöhner nach § 2 Abs. 1 Nr. 1 KVG

Nach § 1 KVG waren die Personen von der Krankenversicherungspflicht ausgeschlossen, deren Beschäftigung ihrer Natur nach vorübergehend oder durch Arbeitsvertrag im Voraus auf einen Zeitraum auf weniger als eine Woche beschränkt war. Die Versicherungspflicht trat nur ein, wenn die Beschäftigung mindestens eine volle Kalenderwoche umfasste[88]. Dabei reichten sechs zusammenhängende Arbeitstage unter Hinzurechnung des Sonntags aus[89]. Nach der Gesetzesvorlage sollte der Ausschluss nur für die Arbeiter gelten, die lediglich mit einzelnen vorübergehenden Dienstleistungen beschäftigt wurden (§ 1 Abs. 2 Nr. 2 KVG-Entwurf)[90], ohne dass hierfür eine zeitliche Grenze

---

88 Arb.-Vers. 18, S. 395 f.; *Reger*, 21, S. 38 ff., – Entscheidung des preuß. OVG vom 4.7.1900.

89 *Hahn*, S. 40; *Stier-Somlo*, S. 137 ff.; Arb.-Vers. 20, S. 103 f.: In der Entscheidung. des preuß. OVG vom 20.11.1902 wird festgestellt, dass eine regelmäßige Beschäftigung an drei Wochentagen zur Versicherungspflicht führte; Zur Abgrenzung von vorübergehenden zu kurzfristigen Beschäftigungen, s. Entscheidung des preuß. OVG vom 21.1.1897, in: *Reger*, 17, S. 277 ff.

90 SB RT, 5. LP/II. Session 1882/1883, 5. Band, Anlage Nr. 14, S. 124

vorgesehen war. Die Gesetzesbegründung ließ erkennen, dass damit auch Arbeiter gemeint waren, die keinen bestimmten Arbeitgeber hatten und „bald für diesen, bald für jenen tage- oder stundenweise einzelne Arbeiten gegen Lohn verrichten“[91]. Damit wurden Tagelöhner vom Versicherungsschutz ausgeschlossen, die keine feste Arbeitsstelle hatten und sich täglich von neuem um Arbeit bemühen mussten. Dieser Personenkreis dürfte stärker von Armut bedroht gewesen sein als die Arbeiter, die eine feste Arbeitsstelle und damit ein regelmäßiges Einkommen hatten. Im Gesetzentwurf war der Ausschluss noch auf die Arbeiter in „sonstigen stehenden Gewerbebetrieben“ beschränkt worden[92]. Die Kommission hielt die Beschränkung des Ausschlusses auf „einzelne vorübergehende Dienstleistungen“ wie es der Gesetzentwurf vorsah, für zu eng. Deshalb weitete man den Ausschluss auf alle vorübergehenden Beschäftigungen aus, die eine Woche nicht überschritten[93]. Man sah es nicht als gesichert an, dass für diesen Personenkreis die Krankenversicherung ordnungsgemäß durchgeführt werden konnte. Insbesondere hielt man die Pflichten zur An- und Abmeldung, gepaart mit der Verpflichtung des Arbeitgebers zur vorschussweisen Beitragszahlung, (§§ 44–48 KVG-Entwurf) für nicht anwendbar[94]. Es wurde auch davon ausgegangen, dass solche Tagelöhner nicht im ganzen Reich gleich vorhanden seien, sondern sich auf bestimmte Gebiete und Branchen beschränkten. Deshalb beschloss man, mit § 2 Abs. 1 Nr. 1 KVG den Kommunen die Möglichkeit zu geben, durch Ortsstatut im Bedarfsfall eine solche Versicherungspflicht einzuführen[95]. Der Ausschluss der Tagelöhner von der Versicherungspflicht wurde auch im Reichstag thematisiert. So wies der Abgeordnete Hirsch (Fortschrittspartei) auf die vielen weiblichen Tagelöhnerinnen hin, die als Wäscherinnen und Näherinnen ihren Lebensunterhalt bestreiten mussten[96]. Der Reichstag beschloss letztlich den Ausschluss der Tagelöhner und entschied sich für eine lediglich fakultative Versicherungspflicht, so wie die Kommission es vorgeschlagen hatte. Man war sich darüber bewusst, dass dann immer noch eine Anzahl von Arbeitern ohne Versicherung

---

91 Ebenda, S. 141.

92 SB RT, 5. LP/II. Session 1882/1883, 6. Band, Anlage Nr. 211, S. 770.

93 SB RT, 5. LP/II. Session 1882/1883, 6. Band, Anlage Nr. 211, S. 771.

94 Ebenda.

95 *Lindemann*, S. 252, verweist darauf, dass von den größeren Städten (ab 50.000 Einwohner) nur München, Frankfurt a. M., Altona, Mannheim; Kassel, Posen, Wiesbaden und Duisburg die Versicherungspflicht durch Statut für kurzfristige Beschäftigungen eingeführt hatten. In Mannheim wurde dieser Versicherungszwang 1897 wieder beseitigt, weil die ständigen An- und Abmeldungen und Beitragszahlungen für die unständig Beschäftigten mit erheblichen Schwierigkeiten verbunden waren.

96 SB RT, 5. LP/II. Session 1882/1883, 3. Band, S. 169 f., 2021 f.

war, „deren Versicherung nach der Tendenz des Gesetzes erwünscht sein würde“[97]. Hier hielt es die Kommission für ausreichend, diesen Personen nach §§ 4 Abs. 2, 19 Abs. 3 KVG eine freiwillige Versicherung zu ermöglichen.

Für den Ausschluss kurzfristiger Beschäftigungen im KVG von 1883 waren erkennbar praktische Schwierigkeiten der Durchführung der Krankenversicherung maßgebend. Zum damaligen Zeitpunkt verhinderte dies noch die Auseinandersetzung mit der Vielgestaltigkeit von prekären Arbeitsverhältnissen, die als kurzfristige, gering entlohnte oder saisonale Beschäftigungsverhältnisse ausgeübt wurden. Sie verstellten auch den Blick darauf, ob die Beschäftigungen als ausschließliche Quelle des Lebensunterhalts dienten, oder ob sie neben anderen Hauptbeschäftigungen oder selbständigen Tätigkeiten ausgeübt wurden[98]. Auch die Frage, ob diese Beschäftigungen von ansonsten nicht erwerbstätigen oder nicht mehr im Erwerbsleben stehenden Personen, wie Schülern, Studenten, Hausfrauen[99], Rentnern bzw. Pensionären ausgeübt wurden, war nicht Gegenstand der einstigen Überlegungen. Der Ausschluss der Krankenversicherungspflicht erfolgte nur für kurzzeitige Beschäftigungen. Nicht erörtert wurde ein Ausschluss von geringfügig entlohnten Beschäftigungen. Jede längerfristige Beschäftigung wurde, unabhängig von der Höhe des gezahlten Entgelts, der Versicherungspflicht unterstellt, auch wenn sie nur stundenweise oder an einzelnen Wochentagen erfolgte[100]. Erst die nachfolgende Entwicklung führte zu differenzierten Regelungen für kurzfristige und geringfügig entlohnte Beschäftigungen.

b) Handlungsgehilfen und Lehrlinge nach § 2 Abs. 1 Nr. 2, 1. Alt. KVG

Die Beschäftigten in Gewerbebetrieben, zu denen auch die Handelsbetriebe im Sinne des ADHGB gehörten, waren nach § 1 Abs. 1 Nr. 1–3 KVG versicherungspflichtig. Durch die Regelung des § 2 Abs. 1 Nr. 2, 1. Alt. KVG i.V.m. § 1 KVG wurde ein Teil dieser Beschäftigten, die Handlungsgehilfen und Handlungslehrlinge im Sinne des Art. 57 ADHGB, von der Versicherungspflicht ausgenommen. Durch Ortsstatut konnten sie jedoch der Versicherungspflicht unterstellt werden. Der Grund für die Ausnahme von der Versiche-

97 SB RT, 5. LP/II. Session 1882/1883, 6. Band, Anlage Nr. 211, S. 771.

98 So war auch oftmals die Abgrenzung von unselbständiger Beschäftigung und selbständiger Tätigkeit (Scheinselbständigkeit) noch ungeklärt. Nach der Entscheidung des Sächs. OVG vom 29.4.1903 wurden Zeitungsausträgerinnen noch als Selbständige angesehen und waren deshalb nicht versicherungspflichtig, vgl. Arb.-Vers. 20, S. 558 ff.

99 Die Anführung von Hausmännern im 19. Jhd. dürfte sich erübrigen.

100 *Stier-Somlo*, S. 138 ff.

rungspflicht lag in ihrer angenommenen guten wirtschaftlichen Lage[101]. Durch die Art ihrer Tätigkeit und durch ihre berufliche Bildung ging man davon aus, dass sie selbst in der Lage seien, für ihren Krankenversicherungsschutz zu sorgen. Dafür dürften die den Handlungsgehilfen gezahlten höheren Gehälter als auch ihre Berufsperspektiven maßgeblich gewesen sein[102]. Ziel der Handlungsgehilfen war im 19. Jhd. noch überwiegend die Selbständigkeit durch die Führung eines eigenen Handelsgeschäfts[103]. Hinzu kam, dass ihnen nach Art. 60 ADHGB ein gesetzlicher Anspruch auf Fortzahlung der Bezüge im Krankheitsfall zustand. Bezüglich der Ausnahmeregelung für die Handlungsgehilfen war man sich auch bewusst, dass die Gründe für die Ausnahme nicht auf alle Personen zutreffen würden. Eine Trennung der Handlungsgehilfen in versicherungspflichtige und nicht versicherungspflichtige Handlungsgehilfen hielt man jedoch für nicht durchführbar[104]. Durch die fakultative Versicherungspflicht nach § 2 Abs. 1 Nr. 2, 1. Alt. KVG eröffnete man deshalb den Gemeinden die Möglichkeit einer bedürfnisgerechten Regelung.

c) Gehilfen und Lehrlinge in Apotheken nach § 2 Abs. 1 Nr. 2, 2. Alt. KVG

Ebenso wie die Handlungsgehilfen waren die Apothekergehilfen und Apothekerlehrlinge von der Versicherungspflicht ausgeschlossen, konnten jedoch auch durch Ortsstatut der Gemeinden fakultativ der Versicherungspflicht unterstellt werden. Aus dem Gesetz ist nicht ersichtlich, weshalb die Apothekergehilfen im Kontext mit den Handlungsgehilfen als eigenständige Berufsgruppe überhaupt im Gesetz genannt wurden. Lediglich die Motive im Gesetzentwurf weisen darauf hin, dass der Versicherungszwang für sie aufgrund „ihrer ganzen wirtschaftlichen Lage nicht gerechtfertigt erscheint“[105]. Genau diese Begründung wurde auch für die Ausnahmeregelung der Handlungsgehilfen gegeben. Eine besondere Erwähnung der Apothekergehilfen wäre nicht erforderlich gewesen, wenn der Betrieb einer Apotheke ein Handelsgewerbe im Sinne des Art. 4 ADHGB war und die Apothekergehilfen somit auch Handlungsgehilfen waren. Die Zuordnung der Apotheken zum Handelsgewerbe war allerdings damals umstritten[106]. Wären die Apothekergehilfen nicht besonders

101 SB RT, 5. LP/II. Session 1882/1883, 5. Band, Anlage Nr. 14, Motive, S.141 f.

102 *Hromadka*, NZS 1992, S. 7 (8).

103 *Hromadka*, NZS 1992, S. 7 (8); Neundörfer, S. 27.

104 SB RT, 5. LP/II. Session 1882/1883, 5. Band, Anlage Nr. 14, Motive, S. 142.

105 Ebenda.

106 *Brauer*, Archiv für deutsches Handelsrecht 1864, Band 4, S. 251ff, Nachtrag Band 7, S. 1 ff.

aufgeführt worden, hätte sich der Streit im Handelsrecht auch auf das Krankenversicherungsrecht ausgewirkt. Damit scheint die besondere Nennung der Apothekergehilfen auch der Klarstellung gedient zu haben. Vermutlich wird auch die hervorgehobene berufliche Stellung der Apothekergehilfen ein Grund für die Ausnahmeregelung gewesen sein, ohne dass sich dies in den Gesetzesmaterialien niedergeschlagen hat. Im Gegensatz zu Gewerbegehilfen und Handlungsgehilfen hatten die Apothekergehilfen durchweg eine wissenschaftliche Vorbildung. Bis 1875 wurden sowohl die bereits examinierten Apotheker als auch die noch vor dem Examen stehenden Apotheker als „Apothekergehilfen" bezeichnet[107]. Als Apotheker konnte sich nur der konzessionierte Apothekeninhaber bezeichnen. Erst mit der Prüfungsordnung für Apotheker von 1875 war die Bezeichnung „Gehilfe" für Pharmazeuten vor dem Schlussexamen vorbehalten, während die geprüften Apotheker als „Approbierte" bezeichnet wurden[108]. Die Einbeziehung der Apothekergehilfen in den Kreis der ortsstatutarischen Versicherungspflicht erfolgte trotz der eingereichten Petitionen, was „Der Pharmaceut", das Organ der Deutschen Apothekergehilfen, 1884 in seiner Erstausgabe bedauernd feststellte[109]. Er bemerkte hierzu, dass die Gehilfen den Arbeitern gleichgestellt werden und sie „in eine unwürdige Stellung heruntergedrückt" würden[110]. Dabei wird deutlich, dass die Herausgabe der Zeitschrift „Der Pharmaceut" eine direkte Folge des Krankenversicherungsgesetzes war. Mit ihr sollte die Gründung eines „Deutschen Apotheker-Gehilfen-Vereins" in die Wege geleitet werden, der wiederum die Gründung einer Gehilfen-Altersversorgungs- und Krankenkasse vorbereiten sollte[111]. Hier wird erkennbar, dass die Apothekergehilfen vorbereitet sein wollten, wenn ihre Versicherungspflicht durch Ortsstatute eingeführt würde. In diesem Falle konnten sie die Versicherungspflicht durch die Mitgliedschaft in einer eigenen Hilfskasse umgehen.

d) Beschäftigte in anderen Transportgewerben nach § 2 Abs. 1 Nr. 3 KVG

Beschäftigte in Transportunternehmen, die nicht in § 1 KVG genannt wurden, waren von der Versicherungspflicht ausgeschlossen. Für sie kam nur eine fakultative Versicherungspflicht aufgrund eines gemeindlichen Ortsstatus nach

107 *Klenk*, S. 347.

108 *Klenk*, S. 347.

109 Der Pharmaceut, Erstausgabe vom 3.1.1884.

110 Der Pharmaceut, Erstausgabe vom 3.1.1884; *Ahlheim*, S. 314; *Klenk*, S. 173

111 Der Pharmaceut, Erstausgabe vom 3.1.1884.

§ 2 Abs. 1 Nr. 3 KVG in Frage. In § 1 KVG waren als Transportunternehmen ausdrücklich nur die Eisenbahnbetriebe und die Binnendampfschifffahrtsbetriebe genannt. Als Grund für den Ausschluss, insbesondere für die Beschäftigten der Seeschifffahrt, wurde auf die Begründung im 1. UV-Gesetzentwurf von 1881 verwiesen[112]. Dort hatte man die Unfall-Versicherungspflicht der Schifffahrtsbetriebe generell aus Gründen der praktischen Durchführbarkeit ausgeschlossen. Da es meist keine feste Betriebsstätte gab, sah man die „für die Aufrechterhaltung und Abwicklung des Versicherungsgeschäfts unentbehrliche fortlaufende Beziehung zwischen Unternehmen und Versicherung" als nicht gesichert an. Dies gelte namentlich für die Seeschifffahrt[113]. Zudem verwies man auf die bereits bestehende Absicherung der Seeleute. Gemeint waren hier die Regelungen des Art. 523 ADHGB für den Schiffsführer und die §§ 48–50 der Seemannsordnung für die Schiffsmannschaft, die eine Absicherung bei Unfall und Krankheit vorsahen. Der Ausschlussgrund bei den Seeleuten in der UV wurde auch für ihren Ausschluss in der KV angeführt. Das Argument der Undurchführbarkeit der Versicherung wegen wechselnder Arbeitsorte war auch bei den Eisenbahnbetrieben und Binnendampfschifffahrtsbetrieben in der Gesetzesbegründung untersucht worden[114]. Dort hatte man es dadurch entkräftet, dass man auf die Größe der Betriebe verwies, die eine Durchführung der Krankenversicherung durch eine eigene Betriebskrankenkasse ermöglichen würde[115]. Deshalb hatte man bei diesen Betrieben die Einbeziehung in die Versicherungspflicht beschlossen, während man dieses Argument für die Seeschifffahrtsbetriebe nicht gelten ließ.

Ausgeschlossen von der Versicherungspflicht waren außer den Seeleuten auch alle Beschäftigten in „anderen" Transportbetrieben. Als Transport wurde dabei die Beförderung von Menschen oder Sachen zu Land oder Wasser verstanden[116]. Es spielte keine Rolle, ob der Transport mittels menschlicher oder tierischer Kraft, Maschinenkraft oder durch Naturkräfte erfolgte. Damit gehörten zu den Transportbetrieben u.a. die Fuhrwerksbetriebe, Binnenschifffahrts-, Flößerei-, Prahm- und Fährbetriebe sowie das damals noch verbreitete Schiffsziehen (Treidelei). Bereits im Jahre 1885 wurde durch das

112 SB RT, 5. LP/II. Session 1882/1883, 5. Band, Anlage Nr. 14, S. 142.

113 SB RT, 4. LP/IV. Session 1881, 3. Band, Anlage Nr. 41, S. 236.

114 SB RT, 5. LP/II. Session 1882/1883, 5. Band, Anlage Nr. 14, S. 142.

115 Ebenda.

116 Der Transportbegriff umfasste 1883 noch nicht den Lufttransport, da dies noch nicht dem Stand der Technik entsprach.

Ausdehnungsgesetz[117] ein großer Teil der Transportunternehmen in die KV-Pflicht einbezogen. Bei der Erläuterung dieser Gesetzesänderung wird der erweiterte versicherungspflichtige Personenkreis dargestellt werden.

e) Beschäftigte außerhalb von Betriebsstätten nach § 2 Abs. 1 Nr. 4 KVG

Nach § 2 Abs. 1 Nr. 4 KVG i.V.m. § 1 KVG war die Versicherungspflicht von solchen Personen ausgeschlossen, die von Gewerbetreibenden außerhalb ihrer Betriebsstätte beschäftigt wurden. Dies deutete auf die vielfach noch vorhandene dezentrale Produktion in Form des Verlages hin. Bei dieser stellte der selbständige Unternehmer die Rohstoffe zur Verfügung, wobei die Produktion in den Werkstätten der Hausgewerbetreibenden bzw. den Wohnungen der Heimarbeiter (Hausindustrie) erfolgte. Die fertigen Produkte nahm der Unternehmer ab und vermarktete sie[118]. Verbreitet war dies in vielen Branchen[119], wobei insbesondere die Textil- und Kleineisenindustrie einen hohen Anteil an der angegebenen Produktionsform aufwiesen[120]. Als Grund für die Herausnahme aus der Versicherungspflicht wurde im Gesetzentwurf die Art der Arbeitsverhältnisse angeführt, die örtlich sehr verschieden und „häufig so gestaltet seien, dass der genannte Personenkreis gleichzeitig für mehrere Unternehmer arbeite“[121]. Daraus ergäbe sich die Schwierigkeit, einen bestimmten Arbeitgeber für die Erfüllung der Versicherungspflicht verantwortlich zu machen. Hinzu käme noch, dass die Durchführbarkeit davon abhänge, ob sich örtlich ausreichende „Kontroll- und Zwangsmaßregeln“ treffen lassen. Man tendierte somit dazu, auf die Einbeziehung bedürftiger Arbeitnehmergruppen in die KV-Pflicht zu verzichteten, wenn Kontrollen und Zwangsmaßnahmen nicht durchführbar erschienen.

Die Begründung im Gesetzentwurf weist auf einen Personenkreis mit mehreren Beschäftigungsverhältnissen bei unterschiedlichen Arbeitgebern hin. Im Wortlaut des Gesetzes fand sich das nicht wieder. In § 2 Abs. 1 Nr. 4 KVG wurden lediglich Personen angeführt, welche von Gewerbetreibenden „außerhalb ihrer Betriebsstätte“ beschäftigt wurden. Bei wörtlicher Auslegung wären

117 RGBl. 1885, S. 159, „Gesetz über die Ausdehnung der Unfall- und Krankenversicherung“ vom 28.5.1885.

118 *Brand*, Arbeitnehmerbegriff, S. 244 f.; *Sachße / Tennstedt*, Armenfürsorge, S. 92.

119 *Bittmann*, S. I–IV, benennt allein für Baden 94 verschiedene Berufe, die in der Hausindustrie ausgeübt wurden.

120 *Brand*, Arbeitsgerichtsbarkeit II, S. 20 f.

121 SB RT, 5. LP/II. Session 1882/1883, 5. Band, Anlage Nr. 14, Gesetzesbegründung, S. 142.

alle Beschäftigten des Handwerks, die außerhalb einer Werkstatt Arbeiten durchführten, nur aufgrund eines Ortsstatuts versicherungspflichtig geworden. Das hätte vornehmlich Bauhandwerker wie Maurer, Zimmerleute etc. betroffen, die Bauten errichteten oder lediglich mit Reparaturarbeiten beauftragt waren. Es bestand jedoch Übereinstimmung darüber, dass eine solche Auslegung nicht beabsichtigt war. So sollte die Betriebsstätte dort sein, wo der Arbeitgeber dauernd oder vorübergehend sein Gewerbe ausübte. Damit war auch ein Bauplatz als Betriebsstätte anzusehen[122]. Es wurde die Ansicht vertreten, dass nach der Stellung der Vorschrift und dem Sinn des Gesetzes unter § 2 Abs. 1 Nr. 4 KVG nur Personen fallen, die in der Hausindustrie außerhalb der Betriebsstätte typischerweise oftmals für verschiedene Arbeitgeber arbeiteten. Es handele sich daher um eine Abgrenzungsregelung von unselbständigen Arbeitern der Hausindustrie (Heimarbeiter) zu den selbständigen Hausgewerbetreibenden[123]. Somit waren nur die Heimarbeiter unter die Vorschrift des § 2 Abs. 1 Nr. 4 einzuordnen. Die Arbeiter, die in der Betriebsstätte von Hausindustriellen arbeiteten, fielen dabei nicht unter § 2 KVG, sondern waren bereits nach § 1 Abs. 1 Nr. 2 KVG versicherungspflichtig[124].

f) Selbständige Hausgewerbetreibende nach § 2 Abs. 1 Nr. 5 KVG

In § 2 Abs. 1 Nr. 5 KVG wurde erstmalig ein Personenkreis von Selbständigen benannt, der fakultativ der Versicherungspflicht unterstellt werden konnte. Der Grund hierfür lag darin, dass in der Hausindustrie die Grenze zwischen unselbständigen Arbeitern und selbständigen Gewerbetreibenden oftmals fließend war und sich beide Personenkreise von ihrer wirtschaftlichen Lage her kaum unterschieden[125]. Hausgewerbetreibende waren selbständige Gewerbetreibende, die in eigener Betriebsstätte im Auftrag und für Rechnung anderer Gewerbetreibender mit der Herstellung und Bearbeitung gewerblicher Erzeugnisse beschäftigt waren. Sie arbeiteten ebenso wie die Heimarbeiter meist allein und wurden oft nur von mitarbeitenden Familienangehörigen unterstützt. Zudem waren sie bei Auftragsschwankungen gezwungen, ihren Lebensunterhalt als Lohnarbeiter für andere Gewerbetreibende sicherzustellen.

---

122 *Schicker*, Reichsgesetze, zu § 2 KVG, S. 7; *Rosin*, S. 227, Anm. 6; Arb.-Vers. 3, S. 425: Ein kaiserliches Schöffengericht hatte festgestellt, dass sich bei Bauarbeiten (Gipser) die Betriebsstätte immer dort befindet, wo die Bauarbeiten ausgeführt werden.

123 *Rosin*, S. 226 f.

124 *Schicker*, Reichsgesetze, Anm. 10 zu § 2 KVG.

125 SB RT, 5. LP/II. Session 1882/1883, Anlage Nr. 14, S. 142.

Obwohl sich die Hausgewerbetreibenden in einer mit den Arbeitern vergleichbaren wirtschaftlichen Situation befanden, verzichtete man auf eine reichsgesetzliche Versicherungspflicht nach § 1 KVG. Man überließ es den Gemeinden, durch Ortsstatut nach § 2 Abs. 1 Nr. 5 KVG die Versicherungspflicht einzuführen. Als Grund hierfür wurde angeführt, dass die Hausindustrie „nach Bezirken und Industriezweigen so mannigfaltig“[126] sei, dass der Zwang nicht auf Reichsebene erfolgen sollte, sondern nach dem örtlichen Bedarf. Die Möglichkeit einer besonderen Regelung für die Hausindustriellen weist auf eine hohe ökonomische und gesellschaftliche Bedeutung dieser Art der industriellen Fertigung hin[127]. Die bereits bei der Verabschiedung des KVG 1883 erkannte Notwendigkeit, für die Besonderheiten der Hausindustrie eigene versicherungsrechtliche Regelungen zu schaffen, setzte sich auch bei der nachfolgenden Sozialgesetzgebung fort.

g) Arbeiter der Land- und Forstwirtschaft nach § 2 Abs. 1 Nr. 6 KVG

Der Gesetzentwurf zur Krankenversicherung vom 29. April 1882 sah keine Versicherungspflicht für die Arbeiter der Land- und Forstwirtschaft vor, obwohl es sich hierbei um eine zahlenmäßig große Personengruppe handelte[128]. Es war in § 2 Abs. 1 Nr. 5 KVG-Entwurf lediglich eine Versicherungspflicht aufgrund statutarischer Bestimmung einer Gemeinde vorgesehen[129]. Begründet wurde dies damit, dass das Bedürfnis nach einer Krankenversicherung „noch nicht so dringend sei“ wie diejenige für gewerbliche Arbeiter[130]. Bei den land- und forstwirtschaftlichen Arbeitern würde in höherem

126 SB RT, 5. LP/II. Session 1882/1883, Anlage Nr. 14, S. 142.

127 Das Statistische Jahrbuch für das Deutsche Reich 1887, S. 41 f., weist nach der Berufsstatistik für 1882 eine Beschäftigtenzahl für die Hausindustrie von 479.534 Personen aus. Dabei dominiert die Textilindustrie mit einem Anteil von 60 v.H. aller Hausarbeiter.

128 Das Statistisches Jahrbuch des Deutschen Reiches 1885, S. 5, weist für die Land- und Forstwirtschaft für 1882 eine Gesamterwerbstätigenzahl von insgesamt 8,2 Millionen aus, wobei die Lohnarbeiter ca. 5 Millionen Personen ausmachten. Die Personenzahl, die von einer evtl. Versicherungspflicht betroffen wurde, war im Reichstag umstritten. So glaubte der Abgeordnete Buhl, von 9 Millionen und der Abgeordnete von Wedell-Malchow nur von 5,5 Millionen landwirtschaftlichen Arbeitern ausgehen zu können, SB RT, 5. LP/II. Session 1882/1883, 3 Band, S. 1981, 1983, 1985.

129 Die ursprüngliche Regierungsvorlage für den Volkswirtschaftsrat vom 28.2.1882 hatte die landwirtschaftlichen Arbeiter überhaupt nicht berücksichtigt. Die statutarische Versicherungspflicht für diesen Personenkreis wurde erst durch den Volkswirtschaftsrat am 23.3.1882 eingefügt, vgl. *Henning / Tennstedt*, Quellensammlung 1867–1914, II. Abt., 5. Band, Anlage 4, S. 9.

130 SB RT, 5. LP/II. Session 1882/1883, Anlage, Nr. 14, S. 142.

Maße der Familienzusammenhalt bestehen und deshalb in erster Linie die Familienhilfe bei Krankheit eingreifen. Außerdem habe in der Landwirtschaft die Nachbarschaftshilfe eine größere Bedeutung als in den Städten und Bezirken mit industrieller Bevölkerung[131]. Die Nachbarschaftshilfe und die von landwirtschaftlichen Arbeitgebern in Krankheitsfällen gewährte Unterstützung würde meist in Form von Dienstleistungen und Naturalien gewährt werden. Mit einer Krankenversicherung, die auf dem System der Geldwirtschaft basiert, würde die bestehende Naturalwirtschaft verdrängt werden. Eine solche Verdrängung wäre im Interesse „möglicher Erhaltung der ländlichen Verhältnisse“ nicht erwünscht[132]. Die Ablösung der „den ländlichen Verhältnissen am meisten entsprechenden Naturalwirtschaft“ sei wegen ihrer „moralischen Wirkungen nicht unbedenklich“[133].

Weiterhin wurde für den Ausschluss der land- und forstwirtschaftlichen Arbeiter aus der reichsgesetzlichen Versicherungspflicht die Undurchführbarkeit des Versicherungszwangs angeführt. Es handele sich hier um einen heterogenen Personenkreis, der durch Definitionen nur schwer abzugrenzen sei. So gebe es nicht nur die bei einem einzigen Betrieb beschäftigten Lohnarbeiter. Vielmehr gebe es landwirtschaftliche Arbeiter, „die bald hier, bald dort vorübergehend beschäftigt“ seien[134], für die kein einzelner Arbeitgeber für Erfüllung der Versicherungspflicht verantwortlich gemacht werden könne. Bei der Durchführung einer Krankenversicherung sei es zudem nicht zweckmäßig, große Bezirke zu bilden. Entsprechendes sei aber dann notwendig, wenn in einem flächenmäßig großen Gebiet nur wenige landwirtschaftliche Arbeiter zu versichern seien. In diesem Falle könnten die Voraussetzungen für die Krankenunterstützung und ihre Fortdauer nicht ortsnah beurteilt und kontrolliert werden. Es könne nur durch Organe geschehen, die Kenntnisse der örtlichen Verhältnisse hätten[135]. Aus diesem Grunde komme auch nur eine fakultative Versiche-

131 Ebenda.

132 Ebenda

133 SB RT, 5. LP/II. Session 1882/1883, Anlage, Nr. 14, S.142; Archiv Dt. Landwirtschaftsrat 1883, Denkschrift, S. 543 (555 f.): Der Landwirtschaftsrat verweist darauf, dass die Naturalwirtschaft nur noch in geringen Teilen im Osten, Nordosten und Norden des Reiches anzutreffen sei. In Gebieten, in denen Industrie und Landwirtschaft als Konkurrenten um Arbeitskräfte auftreten, sei die die Naturalwirtschaft dagegen längst verschwunden.

134 SB RT, 5. LP/II. Session 1882/1883, Anlage Nr. 14, S. 142.

135 Ebenda, S. 142 f.

rungspflicht in Frage, die aufgrund der jeweiligen örtlichen Verhältnisse eingeführt werden könne[136].

Bereits bei der ersten Beratung des KVG wurde von dem Abgeordneten Kräcker (SAPD) Unverständnis über die Nichtberücksichtigung der ländlichen Arbeiter geäußert. Er wies darauf hin, dass die als Grund hierfür genannte Nachbarschaftshilfe oft nicht vorhanden sei, „denn wer nichts hat, kann seinem Nachbarn nichts geben“[137]. Der Abgeordnete von Maltzahn-Gültz (Deutsch-Konservative Partei) stellte fest, dass für ihn die Aufnahme der landwirtschaftlichen Arbeiter in die Krankenversicherung „gegenwärtig“ nicht in Frage komme[138]. Seine Meinung hatte sich bis zur dritten Lesung geändert. Nun überwogen seine Bedenken, wenn die landwirtschaftlichen Arbeiter ausgeschlossen würden[139].

Die VIII. Kommission legte nach den Beratungen ihren Bericht zum KVG-Entwurf vor[140]. Daraus ergab sich, dass die Kommission entgegen der Regierungsvorlage beschlossen hatte, die Arbeiter der Land- und Forstwirtschaft, mit Ausnahme des Gesindes, in die Versicherungspflicht einzubeziehen. Die Versicherungspflicht war nun nicht mehr von dem fakultativen Ortsstatut einer Gemeinde abhängig. Der durch die Kommission neu eingeführte § 1a KVG sah die allgemeine Versicherungspflicht vor, die allerdings durch den Beschluss einer Gemeinde für ihren Bereich ausgeschlossen werden konnte. Damit waren die Bedingungen für die Versicherungspflicht der landwirtschaftlichen Arbeiter gewissermaßen umgekehrt worden. Der Eintritt der Versicherungspflicht war nicht mehr von einem positiven Beschluss der Gemeinde abhängig. Sie musste nunmehr negativ beschließen, dass die Versicherungspflicht für ihren Bereich ausgeschlossen war. Zusätzlich musste für einen solchen Beschluss die in § 1a KVG eingefügte Hürde der Genehmigung durch die höhere Verwaltungsbehörde überwunden werden. Der Beschluss der Kommission, mit § 1a KVG die Versicherungspflicht für landwirtschaftliche Arbeiter einzuführen, war innerhalb der Kommission stark umstritten[141]. Insbesondere wurde von den Gegnern der Einbeziehung angeführt, dass es sich hier um ein Gesetz handelte, das auf die Verhältnisse der Industrie und der Städte ausgerichtet sei und nicht „auf das platte Land und die Landwirtschaft

---

136 Ebenda, S. 142.

137 SB RT, 5. LP/II. Session 1882/1883, 1. Band, S. 215.

138 SB RT, 5. LP/II. Session 1882/1883, 1. Band, S. 226.

139 SB RT, 5. LP/II. Session, 1882/1883, 3. Band, S. 2476.

140 SB RT, 5. LP/II. Session 1882/1883, 6. Band, Anlage Nr. 211, S. 767.

141 SB RT, 5. LP/II. Session 1882/1883, 6. Band, Anlage Nr. 211, S. 772.

passte“[142]. Es wurde die Befürchtung geäußert, dass das Gesetz „die materielle Stellung der Arbeiter vielfach schädige, statt fördernd zu wirken“[143]. Dagegen argumentierten die Befürworter, dass man bei einem für die arbeitende Bevölkerung als segensreich angesehenen Gesetz nicht eine große Zahl von Lohnarbeitern ausschließen könne. Man verwies dabei auf Äußerungen in Arbeiterkreisen, wonach man wieder im Begriff sei, ein Klassengesetz zu erlassen. Diesen Vorwurf solle man dadurch entkräften, dass die land- und forstwirtschaftlichen Arbeiter einbezogen werden[144].

In der zweiten Beratung des KVG im Reichstag trafen die gegensätzlichen Ansichten der einzelnen Abgeordneten zur Versicherungspflicht der landwirtschaftlichen Arbeiter offen zu Tage, die bisher dahin nur indirekt aus dem Kommissionsbericht zu entnehmen waren. Einzelne Liberale der Deutschen Fortschrittspartei hielten das gesamte Gesetz für einen sozialistischen Sündenfall und lehnten die Versicherungspflicht überhaupt ab, wie der Abgeordnete Hirsch[145]. Im Übrigen gab es ein widersprüchliches Meinungsbild zur Versicherungspflicht landwirtschaftlicher Arbeiter, das sich quer durch alle politischen Lager zog. So sprachen sich für die Versicherungspflicht die Abgeordneten Buhl (Nationalliberale Partei)[146] und Wedell-Malchow (Deutsch-Konservative Partei) aus[147]. Sie beriefen sich bei ihrem Votum auf die Denkschrift des deutschen Landwirtschaftsrats[148], der eine Versicherungspflicht gefordert hatte. Für eine Versicherungspflicht waren ebenso die Abgeordneten Grillenberger (SAPD)[149], Lohren (Deutsche Reichspartei)[150] und Gutfleisch (Liberale Vereinigung)[151]. Gegen eine Versicherungspflicht der landwirtschaftlichen Arbeiter sprach sich der Abgeordnete von Hertling (Zentrum)[152] aus, der mit seinem Antrag[153] die ursprüngliche Regierungsvorlage mit der fakultativen Versicherungspflicht wieder herstellen wollte. Gegen den § 1a KVG war genauso der Abgeordnete Uhden (Deutsch-

142 Ebenda.

143 Ebenda.

144 Ebenda.

145 SB RT, 5. LP/II. Session 1882/1883, 3. Band, S. 2017 ff.

146 Ebenda, S. 1981 f.

147 Ebenda, S. 1983 f.

148 Archiv Dt. Landwirtschaftsrat 1883, Denkschrift S. 543 ff.

149 SB RT, 5. LP/II. Session 1882/1883, 3. Band, S. 1997 f.

150 Ebenda, S. 2001–2003.

151 Ebenda, S. 2009 f.

152 Ebenda, S. 1977 f.

153 SB RT, 5. LP/II. Session 1882/1883, 6. Band, Anlage Nr. 228, S. 908.

Konservative Partei)[154]. Der Bevollmächtigte des Bundesrates, Lohmann, ließ in der zweiten Lesung durchblicken, dass bei einer Verabschiedung des § 1a KVG durch den Reichstag eine Annahme durch die verbündeten Regierungen zweifelhaft wäre. Trotzdem nahm der Reichstag mit Mehrheit den § 1a KVG in seiner Sitzung vom 21. April 1883 an[155].

In der dritten Lesung empfahl der Bevollmächtigte des Bundesrates, Staats- und Finanzminister von Scholz, dem Reichstag dringend, den § 1a KVG abzulehnen[156]. Lohmann konkretisierte seine Ansicht, dass bei Verabschiedung des § 1a KVG durch den Reichstag, das Gesetz keine Aussicht habe, vom Bundesrat angenommen zu werden[157]. Die bekannten Argumente für und wider die Versicherungspflicht der landwirtschaftlichen Arbeiter wurden in dieser dritten Lesung erneut ausgetauscht. Als Vertreter des Zentrums sprachen sich die Abgeordneten von Hertling und Windthorst für die fakultative Versicherungspflicht aus[158]. Die Abgeordneten der Fortschrittspartei, Dirichlet und Hirsch forderten die Abgeordneten auf, dem § 1a KVG zuzustimmen[159], obwohl sie sich vorher als Gegner des Gesetzes bekannt hatten. Es war ein durchsichtiger Versuch, das ganze Gesetz scheitern zu lassen, da die Wahrscheinlichkeit hoch war, dass der Bundesrat das Gesetz mit einem § 1a KVG ablehnen würde. Der Bevollmächtigten des Bundesrates, von Scholz, deutete das ebenso[160].

Parallel wurde vom Abgeordneten Dirichlet eine Verzögerungstaktik über einen Geschäftsordnungsantrag verfolgt. Obwohl es sich um die abschließende dritte Lesung mit vorgesehenen nachfolgenden Beschlüssen handelte, stellte er den Antrag, alle zu §§ 1, 1a, 2 und 3 KVG gestellten Änderungsanträge an eine Kommission zur Berichterstattung zu verweisen[161]. Dieser Antrag wurde mehrheitlich vom Reichstag abgelehnt. Nachdem in der Reichstagssitzung vom 23. Mai 1883 der § 1 KVG mehrheitlich angenommen wurde, stellte man bei der Abstimmung zu § 1a KVG fest, dass der Reichstag nicht (mehr) beschlussfähig war[162]. Bei der namentlichen Abstimmung zu § 1a KVG in der RT-Sitzung vom 25. Mai 1883 wurde dieser mehrheitlich verworfen. Damit

154 SB RT, 5. LP/II. Session 1882/1883, 3. Band, S. 2025 f.

155 Ebenda, S. 2038.

156 SB RT, 5. LP/II. Session 1882/1883, 4. Band, S. 2474.

157 Ebenda, S. 2502.

158 Ebenda, S. 2482 ff., 2495 f.

159 Ebenda, S. 2492 ff., 2495 ff.

160 Ebenda, S. 2514.

161 Ebenda, S. 2505.

162 Ebenda, S. 2510.

fand der Antrag von Hertling (Zentrum) eine Mehrheit. Das führte zu einer Rückkehr zum ursprünglichen Regierungsentwurf mit der fakultativen Versicherungspflicht der land- und forstwirtschaftlichen Arbeiter nach § 2 Abs. 1 Nr. 6 KVG. In dieser Fassung wurde das KVG letztlich verabschiedet.

V. Befreiung von der Versicherungspflicht auf Antrag nach § 3 Abs. 2 KVG

Nach § 3 Abs. 2 KVG konnten sich Personen auf Antrag von der Versicherungspflicht befreien lassen. Voraussetzung hierfür war, dass sie im Krankheitsfalle einen Anspruch von mindestens dreizehn Wochen auf Verpflegung in der Familie des Arbeitgebers hatten. Das gleiche Befreiungsrecht galt, wenn ein Anspruch auf Fortzahlung des Gehalts oder Lohnes für diesen Zeitraum bestand. Im Gesetzentwurf der Regierung war eine solche Befreiungsmöglichkeit nicht vorgesehen, sondern wurde erst durch die Kommission eingebracht. In der Kommission war eine weitergehende Regelung beantragt worden. Danach sollte ein genereller Ausschluss der Versicherungspflicht erfolgen, wenn die entsprechenden Voraussetzungen vorlagen. Der Ausschluss war nicht nur bei der Gewährung der Krankenverpflegung durch den Arbeitgeber und bei einer Lohnfortzahlung vorgesehen, sondern auch dann, wenn Personen ein dauerndes Einkommen aus Grund-, Haus- oder Kapitalbesitz, Pensionen oder Renten hatten. Dieser weitergehende Ausschluss von der Versicherungspflicht wurde innerhalb der Kommission verworfen[163]. Die Regelung einer Befreiung bei Krankenverpflegung in der Familie des Arbeitgebers wurde auf diejenigen Personen begrenzt, die einen „herkömmlichen" Anspruch auf diese Leistungen hatten. Bei der zweiten Lesung des Reichstages fand die von der Kommission vorgeschlagene Fassung des § 3 Abs. 2 KVG keine Mehrheit. Sie wurde mit einem Patt von 102 zu 102 Stimmen abgelehnt[164].

Mit einem Antrag des Abgeordneten Hirsch (Deutsche Fortschrittspartei) wurde der zuvor abgelehnte § 3 Abs. 2 KVG erneut mit gleichlautendem Text in die dritte Lesung eingebracht[165]. Ergänzt wurde dieser Antrag durch den Antrag des Abgeordneten Maltzahn-Gültz, der anstelle des Wortes „herkömmlich" die Worte „auf Grund des Arbeitsvertrages" setzen wollte[166]. Der Abgeordnete Hammacher wollte das Wort „herkömmlich" durch „nachweislich" ersetzen

163 SB RT, 5. LP/II. Session 1882/1883, 6. Band, Anlage Nr. 211, S. 775.

164 SB RT, 5. LP/II. Session 1882/1883, 3. Band, S. 2038.

165 SB RT, 5. LP/II. Session 1882/1883, 6. Band, Anlage Nr. 306, S. 1240.

166 SB RT, 5. LP/II. Session 1882/1883, 6. Band, Anlage Nr. 309, S. 1242.

lassen und zugleich die bis dahin nur für Lohnempfänger vorgesehene Befreiung auch auf Gehaltsempfänger ausdehnen[167]. Nach der Aussprache im Reichstag wurde die Verwendung des Adjektivs „herkömmlich“ in § 3 Abs. 2 KVG übereinstimmend abgelehnt. Dieser Begriff sei zu unbestimmt und führe in vielen Fällen zu Streit, da „ein Gewohnheitsrecht in den Gesetzgebungen der Partikularstaaten nicht anerkannt“ werde[168]. Auch die Formulierung „auf Grund eines Arbeitsvertrages“ wurde verworfen, da die Arbeitgeberfürsorge bei Krankheit für 13 Wochen oftmals nicht durch einen speziellen Arbeitsvertrag, sondern in vielen Fällen durch eine sittliche Verpflichtung geleistet würde[169]. Die Einfügung des Wortes „nachweislich“ in § 3 Abs. 2 KVG wurde als überflüssig abgelehnt. Es sei selbstverständlich, dass bei Berufung auf eine Ausnahmevorschrift der Antragsteller die Voraussetzungen nachweisen müsse, auch wenn Form und Art des Nachweises nicht besonders im Gesetz vorgeschrieben seien. Unklarheit bestanden im Reichstag darüber, wie die Worte „Verpflegung in der Familie“ in § 3 Abs. 2 KVG auszulegen seien. Insbesondere ginge nicht klar daraus hervor, ob unter „Verpflegung“ auch die Kosten der ärztlichen Behandlung und die Versorgung mit Medikamenten davon erfasst seien. Hierzu erklärte der Antragsteller Hirsch auf Nachfrage des Abgeordneten Hammacher, dass unter den Worten „Verpflegung in der Familie des Arbeitgebers“ auch die „Gewährung der ärztlichen Hilfe und der Arzneien verstanden werde[170].

Der Antrag auf Befreiung von der Versicherungspflicht nach § 3 Abs. 2 KVG konnte nur von dem Versicherungspflichtigen gestellt werden. Dass sich hieraus Probleme ergeben konnten, wurde weder in der Kommission noch im Reichstag thematisiert. Es kann davon ausgegangen werden, dass solche Probleme nicht erkannt wurden. So war die Frage ungeklärt, wie der Befreite seine Ansprüche durchsetzen konnte, wenn der Arbeitgeber seine Verpflichtungen im Krankheitsfalle nicht erfüllte oder im Falle der Insolvenz nicht erfüllen konnte. Den Arbeitnehmern verblieb nur die Möglichkeit, ihre Ansprüche zivilrechtlich gegenüber dem Arbeitgeber zu verfolgen. Ansprüche gegen die Krankenversicherung bestanden aufgrund der Befreiung nicht. Auch war es nicht vorgesehen, dass die einmal ausgesprochene Befreiung rückwirkend aufgehoben wurde oder für die Zukunft beseitigt wurde. Diese Problematik wurde erst in der praktischen Umsetzung des KVG evident, als die Regelung

---

167 SB RT, 5. LP/II. Session 1882/1883, 6. Band, Anlage Nr. 308, S. 1241.

168 SB RT, 5. LP/II. Session 1882/1883, 4. Band, S. 2526.

169 SB RT, 5. LP/II. Session 1882/1883, 4. Band, S. 2527.

170 Ebenda, S. 2528.

zu „zahlreichen Missbräuchen" führte[171], so dass mit dem Ausdehnungsgesetz 1892 eine Korrektur erfolgte. Dies wird bei Erörterung dieser Gesetzesänderung Gegenstand der Untersuchung sein.

VI. Beamte

Nach § 3 Abs. 1 KVG fanden auf Beamte in Betriebsverwaltungen des Reichs, eines Bundesstaates oder eines Kommunalverbandes die Bestimmungen der §§ 1, 2 KVG keine Anwendung, wenn sie mit festem Gehalt angestellt waren. Damit war dieser Personenkreis von der Versicherungspflicht nach §§ 1, 2 KVG freigestellt. Für die Befreiung war nur das feste Gehalt, nicht jedoch die feste Anstellung maßgebend[172]. Eine Gehaltsfortzahlung im Krankheitsfall, wie sie für die Befreiung anderer Personen nach § 3 Abs. 2 KVG erforderlich war, wurde für die Freistellung der Beamten im Gesetz nicht gefordert. Aus der Gesetzesbegründung lässt sich jedoch entnehmen, dass eine solche Gehaltsfortzahlung vorausgesetzt wurde[173]. Der Begriff des „festen Gehalts" im Sinne des § 3 Abs. 1 KVG schließt ein, dass der „Fortbezug auf einen dreizehnwöchentlichen Zeitraum gesichert ist"[174].

Aus § 3 KVG ließ sich nicht entnehmen, welcher Personenkreis als Beamte in diesem Sinne anzusehen war. Es war deshalb nicht eindeutig, da das Gesetz in § 1 KVG den Begriff des Betriebsbeamten verwendete und die Angestellten in der Privatwirtschaft vielfach noch ebenfalls als Beamte bzw. Privatbeamte bezeichnet wurden. Offen war deshalb, ob für die Beamten des Reichs, der Bundesstaaten oder der Kommunalverbände ein besonderer Status erforderlich war, was weder aus dem Gesetzentwurf, dem Kommissionsbericht noch aus den parlamentarischen Beratungen zu entnehmen ist. Während die zeitgenössischen Kommentatoren durchweg die Frage ausklammern, begrenzt Schicker den Beamtenbegriff des § 3 KVG allgemein auf die Beamten im Sinne der Beamtengesetze[175]. Dabei sei es gleichgültig, ob sie auch Betriebsbeamte oder Arbeiter im Sinne des KVG seien[176]. Das war unbestimmt, da es im Reich und den Bundesstaaten keine einheitlichen Regelungen des Beamtenrechts gab. Für das Reich

171 *Woedtke*, KVG 1893, S. 103.

172 *Woedtke*, KVG 1886, Anm. 4 zu § 3 KVG, S. 51.

173 SB RT, 5. LP/II. Session 1882/1883, 5. Band, Anlage Nr. 14, S. 145.

174 OVG-Entscheidungen, Band 15, S. 391 ff., OVG-Entsch. vom 15.9.1887 – Rep. III C 26/87.

175 *Schicker*, Reichsgesetze, S. 9.

176 *Schicker*, Reichsgesetze, S. 9.

galt ab 1873 das Reichsbeamtengesetz (RBG)[177], das eine Definition des Beamten enthielt[178]. In den Bundesstaaten existierten abweichende Gesetze, die erst sukzessiv an die reichsgesetzlichen Regelungen angepasst wurden[179]. Zum Beamtenbegriff im Sinne des KVG bemerkt Stier-Somlo, dass „lediglich die dienstpragmatischen Vorschriften", nicht jedoch das „allgemeine Staatsrecht" als maßgebend anzusehen ist[180]. Er bezieht sich dabei auch auf die Rechtsprechung des RVA zum Invaliden- und Altersversicherungsgesetz[181]. Dort ist für die „Beurteilung der Beamteneigenschaft einer Person das öffentliche Recht desjenigen Staates maßgebend, in dessen Dienste sie steht"[182]. Jedoch sollen bei den Staaten, in welchem es an „allgemeinen, für sämtliche Ressorts gleichmäßig geltenden festen Merkmalen fehlt," die „dienstpragmatischen Vorschriften" Bedeutung erhalten[183]. Das sollten die von den „zuständigen Stellen für die einzelnen Zweige der Staatsverwaltung ausdrücklich festgesetzten Normen" sein[184]. Für die Versicherungsfreiheit in der Krankenversicherung war lediglich entscheidend, ob diese Beamten ein festes Gehalt bezogen, das ihnen im Krankheitsfalle weitergezahlt wurde[185]. Ein Pensionsanspruch, wie er

177 RGBl. 1873 S. 61, „Gesetz, betreffend die Rechtsverhältnisse der Reichsbeamten" vom 31.3.1873.

178 § 1 RBG 1873: „Reichsbeamter im Sinne dieses Gesetzes ist jeder Beamte, welcher entweder vom Kaiser angestellt oder nach Vorschrift der Reichsverfassung den Anordnungen des Kaisers Folge zu leisten hat".

179 *Summer*, S.31; *Fessler*, S. 26 f.

180 *Stier-Somlo*, S. 158 f.; ebenso *Rosin*, 2. Band, S. 125.

181 RVA-Rev.-Entsch. Nr. 50 vom 12.6.1891, AN-IAV 1891, S. 159 f., *Reger*, 11, S. 127 ff. Die Entscheidung betraf den Kanzleischreiber eines Preuß. Amtsgerichts. Da es zu dieser Zeit an generellen Normen zur Beamteneigenschaft in der preuß. Staatsverwaltung fehlte, wurden die Vorschriften zugrunde gelegt, die der preuß. Justizminister für die Justizbehörden erlassen hatte; ebenso RVA-Rev.-Entsch. Nr. 62 vom 29.9.1891 – Gefangenenaufseher/Nachtwächter im preuß. Justizdienst, AN-IAV 1891, S. 168 f.; Für den Bereich des preuß. Ministers der geistlichen, Unterrichts- und Medizinal-Angelegenheiten: RVA-Rev.-Entsch. Nr. 99 vom 16.3.1891 – Schuldiener, AN-IAV 1892, S. 15; Für den Bereich des Reichspostamtes: RVA-Rev.-Entsch. Nr. 238 vom 12.12.1892 – Postagenten, AN-IAV 1893, S. 85f, ebenso RVA-Rev.-Entsch. Nr. 413 vom 19.2.1895 – Posthilfsbote, AN-IAV 1895, S. 109; Für das Reichsland Elsass-Lothringen, RVA-Rev.-Entsch. Nr. 131 vom 4.4.1892 – elsass-lothringischer Steuerbote, AN-IAV 1892, S. 44 f.

182 RVA-Rev.-Entsch. Nr. 50 vom 12.6.1891, AN-IAV 1891, S. 159 f.

183 Ebenda.

184 Ebenda.

185 Da die Regelung des § 3 KVG 1883 zu „manchen Zweifeln Anlass gab", wer als „Beamter" vom Versicherungszwang befreit war, verzichtete man bei der Novelle 1892 ganz auf den Beamtenbegriff für den Bereich der Krankenversicherung und verwendete bei der Befreiungsregelung der Staatsbediensteten nur noch den allgemeinen Begriff

in § 4 UVG für die Unfallversicherung gefordert wurde, war keine Voraussetzung nach § 3 KVG. In der UV war die Pensionsberechtigung als zusätzliche Befreiungsvoraussetzung nur eingeführt worden, weil bei längerer Erwerbsunfähigkeit die UV-Leistungen (Unfall-Renten) nicht mit den Pensionsregelungen der Bundesländer in Einklang zu bringen waren[186].

VII. Versicherungsberechtigte

Das Gesetz sah in § 4 Abs. 2 KVG vor, dass Personen der in §§ 1 bis 3 KVG bezeichneten Art, die nicht der Krankenversicherungspflicht unterliegen, der Gemeinde-Krankenversicherung beitreten konnten. Das galt nach § 19 Abs. 3 KVG auch für die Ortskrankenkassen. Ihnen wurde nach § 26 Abs. 4 Nr. 5 KVG zusätzlich ermöglicht, durch Kassenstatut auch andere als die in §§ 1–3 KVG genannten Personen aufzunehmen. Auch den Betriebskrankenkassen (§ 63 Abs. 2, § 64 KVG) und den Baukrankenkassen (§ 72 Abs. 3 KVG) wurde diese Möglichkeit eingeräumt. Für die Innungskrankenkassen bestand die Besonderheit, dass nicht die Regelungen über das Kassenstatut des KVG galten, sondern aufgrund des § 73 Abs. 2 KVG weiterhin die bisherigen Regelungen des VI. Titels der Gewerbeordnung. Nach Artikel 97a Nr. 5 GewO 1881 konnten die Innungskrankenkassen wie bisher schon, als Mitglieder nicht nur die Gesellen und Lehrlinge aufnehmen, sondern auch die Innungsmitglieder (selbständige Handwerksmeister) und deren Angehörige. Sonderregelungen galten auch für die Knappschaften. Nach § 75 Abs. 5 KVG blieben die landesgesetzlichen Vorschriften über die Knappschaftskassen unberührt. So galt beispielsweise in Preußen § 168 des preußischen Berggesetzes von 1865[187] weiter, der vorsah, dass nach näherer Bestimmung des Statuts alle Arbeiter beitrittsberechtigt und beitrittsverpflichtet waren. Dieses Beitrittsrecht war dort auch bereits für die Werksbeamten und Verwaltungsbeamten der Knappschaftsvereine vorgesehen.

Außer den Regelungen über die Versicherungsberechtigung eröffnete das KVG den Kassenmitgliedern, die aus einer Beschäftigung ausschieden, die Möglichkeit, freiwilliges Mitglied der bisherigen Krankenkasse zu bleiben (§§11, 27, 64, 72, 73 KVG).

der „Personen"; Siehe hierzu die Begründung zur KVG-Novelle 1892, SB RT 8. LP/I. Session 1890/1891, Band, Anlage Nr. 151, S. 898.

186 SB RT, 5. LP/II. Session 1882/1883, 5. Band, Anlage Nr. 19, S. 202.

187 G.S. 1865, Nr. 6125, S. 705 ff.

Eine Versicherungsberechtigung war im Gesetzentwurf noch nicht vorgesehen. Erst in den Beratungen der Kommission erkannte man die Notwendigkeit, den von der Versicherungspflicht ausgeschlossenen Personen einen Versicherungsschutz auf freiwilliger Entscheidung zu bieten. Dabei sollte allen nicht versicherungspflichtigen Personen diejenige Krankenkasse offenstehen, die für den Betrieb errichtet wurde, in dem sie beschäftigt waren.

1. Versicherungsberechtigte nach § 4 Abs. 2 KVG

Aufgrund des § 4 Abs. 2 KVG hatten Personen ein Beitrittsrecht, die in §§ 1 bis 3 KVG bezeichnet wurden, aber der Versicherungspflicht nach diesen Vorschriften nicht unterlagen. Selbständige waren von der Versicherungsberechtigung ausgeschlossen, da sie in diesen Vorschriften (mit Ausnahme der Hausindustriellen in § 2 Abs.1 Nr. 5 KVG) nicht genannt waren. Es konnte sich somit bei den in § 4 Abs. 2 KVG genannten Versicherungsberechtigten nur um solche Personen handeln, die aufgrund einzelner Tatbestandsmerkmale nicht der Versicherungspflicht unterlagen. Das waren die Personen, die ohne Lohn oder Gehalt beschäftigt waren. Hierunter dürften Lehrlinge einzuordnen sein, die zu jener Zeit oft noch ohne Entgelt beschäftigt wurden und sogar noch Lehrgeld zahlen mussten. Auch Betriebsbeamten, die wegen der Höhe ihres Arbeitsverdienstes nicht versicherungspflichtig waren, stand das Versicherungsrecht zu. Weiterhin gehörten alle Personenkreise des § 2 KVG dazu, die bisher nicht oder noch nicht durch ein Ortsstatut der Versicherungspflicht unterworfen waren[188]. Im Verlauf der parlamentarischen Beratungen zur Freistellung der Beamten von der Versicherungspflicht nach § 3 KVG wurde das Erfordernis gesehen, auch diesem Personenkreis ein Beitrittsrecht einzuräumen. Ein entsprechender Antrag des Abgeordneten Hammacher und anderer Abgeordneter[189] wurde in der dritten Lesung angenommen[190].

2. Dienstboten (Gesinde)

Um eine Versicherungsberechtigung der Dienstboten einzuführen, mussten sie in § 4 Abs. 2 KVG besonders aufgeführt werden, da sie zu keiner der in §§ 1 bis 3 KVG genannten Personengruppen gehörten. Das traf auch für das ländliche Gesinde zu, das nicht als Teil der landwirtschaftlichen Arbeiter im Sinne des § 2 Abs. 1 Nr. 6 KVG galt. Im ursprünglichen Gesetzentwurf tauchten die Dienstboten überhaupt nicht auf, so dass für sie weder eine Versicherungs-

188 SB RT, 5. LP/II. Session 1882/1883, 6. Band, Anlage Nr. 211, S. 776.

189 SB RT, 5. LP/II. Session 1882/1883, 6. Band, Anlage Nr. 305c, S. 1239.

190 SB RT, 5. LP/II. Session 1882/1883, 4. Band, S. 2532.

pflicht noch eine Versicherungsberechtigung vorgesehen war. Aus heutiger Sicht könnte geschlossen werden, dass es sich um einen relativ kleinen Personenkreis handelte, der keiner besonderen Regelung bedurfte und deshalb zu vernachlässigen war. Dies scheint berechtigt zu sein, da es heute nur noch wenige Arbeitnehmer gibt, auf die die Berufsbezeichnung „Dienstbote" zutrifft. Dagegen hatte im 19. Jhd. der Personenkreis der Dienstboten noch eine erhebliche ökonomische und gesellschaftliche Bedeutung, mit einer hohen Zahl erwerbstätiger Personen[191].

Das KVG enthält keinen Hinweis darauf, welche Merkmale einen Dienstboten ausmachen und, welcher Personenkreis von diesem Begriff erfasst wird. Als Reichsgesetz konnte das KVG auf keinen reichsweit geltenden einheitlichen Begriff zurückgreifen, da in jedem Land ein anderer Dienstbotenbegriff galt[192]. Im 19. Jhd. wurden die Begriffe Dienstboten und Gesinde synonym verwendet[193]. Das Recht des Gesindes war dabei in besonderen Gesindeordnungen geregelt. Zum Ende des 19. Jhd. gab es in den Ländern und Städten 59 unterschiedliche Gesindeordnungen, die zum größten Teil noch aus der 1. Hälfte des 19. Jhd. stammten[194]. Jede Gesindeordnung enthielt ihre eigene Regelung darüber, welche Personen zum Gesinde gehörten. Die Regelungen enthielten zwar große Gemeinsamkeiten, zeigten allerdings im Detail erhebliche Abweichungen auf. Ein Teil der Gesindeordnungen lehnte sich an die Preußische Gesindeordnung von 1810 an[195], die wiederum auf den früheren Regelungen des Allgemeinen Preußischen Landrechts von 1794 (ALR), Zweiter Teil, Fünfter Titel, „Von den Rechten und Pflichten der Herrschaften und des Gesindes" §§ 1–208 beruhte.

Eine Gemeinsamkeit der Gesindeordnungen bestand in der Verpflichtung des Gesindes zur Leistung häuslicher oder landwirtschaftlicher Dienste für eine bestimmte Zeit[196]. Der Vertragspartner wird in den Gesindeordnungen nicht als Arbeitgeber, sondern als die „Herrschaft" bezeichnet, ein Hinweis auf die herrschende Ständegesellschaft des 19. Jhd. Als „Herrschaft" kam der Adel, das städtische Bürgertum und die ländliche Gutsherrschaft in Frage. Die Beschäftigung von Gesinde war eine Frage der „standesgemäßen" Lebensführung.

191 Nach dem Statistischen Jahrbuch für das Deutsche Reich von 1885, S. 5, waren im Jahre 1882 noch 1,3 Millionen häusliche Dienstboten beschäftigt.

192 *Stier-Somlo*, S. 17 f., Fn. 1.

193 *Demmer*, S. 3.

194 *Kähler*, S. 123.

195 *Kähler*, S. 115.

196 *Kähler*, S. 135.

Weder das ALR noch die Preußische Gesindeordnung von 1810[197] enthielten eine Aufzählung der Berufe, die unter den Begriff des Gesindes fallen. Aus dem ALR sind nur die unterschiedlichen vertraglichen Regelungen für städtisches und ländliches Gesinde zu entnehmen (ALR II 5 §§ 42, 43). In Preußen hatte die frühere Gesindeordnung von 1746 für die Residenzstädte als Gesinde solche Personen bezeichnet, die bei „vornehmen oder sonst distinguierten Herrschaften" in Lohn und Brot stehen und zum „standesgemäßen Wohlstand, Bequemlichkeit und anderen vorkommenden Arbeiten" gebraucht werden[198]. Dort waren die Berufsgruppen noch im Einzelnen aufgeführt[199]. Während die preußischen Regelungen von 1794 und 1810 keine Aufzählung mehr enthielten, waren in anderen Gesindeordnungen noch vielfach solche Aufzählungen zu finden[200]. Ein Vergleich dieser Gesindeordnungen zeigt, dass der Begriff des Gesindes in den Ländern unterschiedlich verwendet wurde. Dienstboten, denen bestimmte festgelegte Aufgaben übertragen waren, wurden in Preußen als Hausoffizianten bezeichnet. Sie hatten als solche die gleichen Rechte und Pflichten des übrigen Gesindes (ALR II 5 § 177ff). Es gab abweichende Regelungen für das Dienstpersonal mit bestimmten höherwertigen Arbeiten, wie beispielsweise die Tätigkeiten von Privatsekretären, Kaplänen, Musiklehren oder Hauslehrern. In Preußen gehörte dieser Personenkreis nicht zum Gesinde bzw. den Hausoffizianten (ALR II 5 § 187). Weitere Abgrenzungsfragen ergaben sich im Bereich der landwirtschaftlichen Tätigkeiten zwischen Gesinde und den landwirtschaftlichen Lohnarbeitern. Abzugrenzen war auch die Stellung von Gehilfen in Gewerbebetrieben, wenn sich die Tätigkeiten nicht nur auf den gewerblichen Betrieb beschränkten, sondern sich ebenso auf den Haushalt erstreckten.

Das 19. Jhd. war in Deutschland geprägt von einer ständischen Gesellschaft. Es gehörte zum standesgemäßen Leben, dass die Herrschaften des Hauses sogenannte niedrige Arbeiten nicht selbst verrichteten. Sie beschäftigten hierfür Dienstboten, die durchweg aus den sogenannten „niedrigeren Ständen" rekrutiert wurden. Es handelte sich überwiegend um junge Menschen bis zum Alter von 30 Jahren[201]. Junge Frauen waren hier überrepräsen-

---

197 G.S. 1810, S.101 ff.

198 *Mylius*, CCM 1746, Cont. III, 5. Teil, 3. Abt. Nr. 1: „Königlich Preußische und Chur-Brandenburgische neu-verbesserte Gesinde-Ordnung, vor die Königlichen Residenz-Städte" vom 2. Januar 1746.

199 Vgl. Titel I § 1 der Gesindeordnung vom 2.1.1746.

200 *Kähler*, S. 128 ff., gibt einen Überblick zu den einzelnen Gesindeordnungen und den darunterfallenden Berufsgruppen.

201 *Kähler*, S.41, nimmt Bezug auf die Berufszählung 1882, wonach über 80 Prozent der häuslichen Dienstboten unter 30 Jahre alt waren.

tiert[202]. Es ist erklärlich aus der nicht üblichen Erlernung eines Berufes für Mädchen in den herrschenden patriarchalischen Verhältnissen. Die Ausübung einer häuslichen Dienstleistung bei einer Herrschaft galt als beste Vorbereitung auf die spätere Führung des eigenen Haushalts[203]. Daran ist auch erkennbar, weshalb die überwiegende Zahl der Dienstboten nicht nur jung, sondern auch ledig war und in den Haushalt der Herrschaft aufgenommen wurde[204]. Verständlicherweise gab es nur wenige männliche Dienstboten, da männliche Jugendliche leichter in anderen Bereichen einen besseren Verdienst fanden[205]. Zudem konnten sich den höheren finanziellen Aufwand für männliche Dienstboten nur wenige leisten[206].

Gemeinsames Merkmal von städtischem und ländlichem Gesinde war ihre befristete Anstellung[207], wodurch die „Häuser" einen ständigen Bedarf an neuen Dienstboten hatten. Den Bestand an Dienstboten in der ersten Hälfte des 19. Jhd. für Deutschland insgesamt zu quantifizieren und ins Verhältnis zur Gesamtbeschäftigung zu setzen, erweist sich als schwierig, da vor der Reichsgründung 1871 keine reichsweite Statistik geführt wurde[208]. Im Jahre 1882 gehörten 6,4 Prozent der Bevölkerung zum Gesinde[209]. Bei Betrachtung des Anteils der Dienstboten im Verhältnis zur Gesamtbeschäftigtenzahl hätte es nahe gelegen, auch diesen Personenkreis dem Versicherungszwang zu unterwerfen. Eine obligatorische Versicherungspflicht hielt man jedoch nicht für erforderlich, da die meisten Dienstboten aufgrund der Gesindeordnungen bei Krankheit durch die „Herrschaften" abgesichert waren. Erst durch die VIII. Kommission wurde mit § 4 Abs. 2 KVG eine Versicherungsberechtigung für die Dienstboten vorgesehen, da offenbar nicht alle Dienstboten aufgrund von Gesindeordnungen abgesichert waren[210]. Der Abgeordnete Uhden hatte hierzu noch beantragt, das Wort „Dienstboten" durch die Bezeichnung „Gesinde" zu ersetzen und die „Dienstboten" dahinter lediglich in Parenthese

202 *Kähler*, S. 39, gibt das Verhältnis der häuslichen Dienstboten mit 96,8% Frauen zu 3,2% Männer an, somit ein Verhältnis von 30:1.

203 *Kähler*, S. 41.

204 *Kähler*, S. 43, weist darauf hin, dass 95% der häuslichen Dienstboten unverheiratet waren.

205 *Kähler*, S. 41.

206 Ebenda.

207 Z.B. für Preußen: ALR II 5 § 1.

208 *Engelsing*, S. 235.

209 *Kähler*, S. 39, 60, Bevölkerungsanteil des Gesindes: 2,9% häusliches und 3,5% landwirtschaftliches Gesinde.

210 SB RT, 5. LP/II. Session 1882/1883, 6. Band, Anlage Nr. 211, S. 767.

aufzuführen[211], da nach seinen Beobachtungen die beiden Begriffe „Dienstbote“ und „Gesinde“ in verschiedenen Gegenden Deutschlands nicht deckungsgleich seien[212]. Dieser Antrag wurde jedoch zurückgezogen[213] und § 4 Absatz 2 KVG in der Fassung des Kommissionsvorschlages verabschiedet. Damit wurde den Dienstboten lediglich ein Beitrittsrecht zur Gemeinde-Krankenversicherung zugebilligt. Das Beitrittsrecht bedeutete ein schwächeres Recht als eine Versicherungspflicht, da die Dienstboten allein zur Beitragszahlung herangezogen wurden. Sie hatten im Gegensatz zu anderen versicherungspflichtigen Arbeitnehmern keinen Anspruch auf einen Arbeitgeberanteil.

Zusammenfassend lässt sich feststellen, dass für Dienstboten die Notwendigkeit einer obligatorischen Krankenversicherung noch nicht gesehen wurde. Der Grund hierfür lag in den Ansprüchen gegen die „Herrschaft“, die bei Krankheit aufgrund der Gesindeordnungen den Lohn weiterzuzahlen und die Pflegekosten zu tragen hatte, was eine Bedürftigkeit der Dienstboten und somit auch die Notwendigkeit eines Versicherungszwanges ausschloss. Mit dieser Begründung war zuvor auch vom Landwirtschaftsrat die Einbeziehung des ländlichen Gesindes in die Krankenversicherung abgelehnt worden[214].

VIII. Gesetzeskonkurrenz von Reichsgesetz und Landesgesetzen

Im KVG als Reichsgesetz war der Versicherungszwang für zwei Personenkreise nach unterschiedlichen Rechtsgrundlagen geregelt. Das war einerseits der unbedingt dem Versicherungszwang unterliegende Personenkreis des § 1 KVG und andererseits der fakultativ durch Ortsstatut der Gemeinden bestimmte Personenkreis des § 2 KVG. Hinzu kam noch ein dritter Personenkreis, für den man (noch) keinen Versicherungszwang vorsah, dem man aber die Möglichkeit der freiwilligen Versicherung bot (z.B. nach §§ 4 Absatz 2, 19 Abs. 2, 63 Abs. 2, 72 KVG). Fraglich ist, ob in diesem System noch Raum für landesgesetzliche Regelungen war, wenn ein Bundesstaat zusätzlich den Versicherungszwang für besondere Personenkreise einführen wollte. Nach Art. 4 Nr. 1 der Reichsverfassung[215] lag die Kompetenz des Versicherungswesens beim Deutschen Reich. Eine Gesetzgebungskompetenz der Länder war auf diesem

---

211 SB RT, 5. LP/II. Session 1882/1883, 6. Band, Anlage Nr. 308, S. 1241.

212 SB RT, 5. LP /II Session 1882/1883, 4. Band, S. 2529 f.

213 SB RT, 5. LP /II Session 1882/1883, 4. Band, S. 2532.

214 Archiv Dt. Landwirtschaftsrat 1883, Denkschrift, S. 543 (558 f.).

215 BGBl. Norddeutscher Bund 1870 S. 627.

Gebiet dann ausgeschlossen, wenn die Reichsgesetzgebung die Materie abschließend regelte, „gleichviel, ob sie dieses Ziel tatsächlich in befriedigender Weise erreicht hat oder nicht“[216]. Es wurde bezweifelt, ob das KVG „eine ausschließliche Herrschaft über die Materie der Krankenversicherung“ beansprucht“[217]. Damit konnte die Landesgesetzgebung eigene Normen im Bereich der Krankenversicherung erlassen. Es bestand Übereinstimmung darin, dass die Länderkompetenz dort nicht bestand, wo das Reichsgesetz bereits Regelungen getroffen hatte, wie in § 1 KVG und der fakultativen Versicherungspflicht durch die Gemeinden in § 2 KVG[218]. Für diejenigen Personen, denen durch Reichsgesetz eine Versicherungsberechtigung zustand, wie für die Dienstboten in § 4 Abs. 2 KVG, durfte diese Berechtigung nicht durch Landesgesetz abgeschnitten werden. Ausgeschlossen war auch, den Versicherungszwang von Dienstboten durch Ortsstatut nach § 2 KVG einzuführen[219]. Das musste von den Ländern beachtet werden, die bisher schon eine besondere Dienstbotenversicherung hatten oder neu einführen wollten. In Württemberg wurde es beispielsweise im Ausführungsgesetz zum KVG gelöst. Hier konnte man für Dienstboten einen Versicherungszwang durch Bezirksstatut einführen, wenn der einzelne Dienstbote von seinem Beitrittsrecht nach § 4 Abs. 2 KVG keinen Gebrauch machte. In Abgrenzung zur reichsgesetzlichen Krankenversicherung wurde genannte Absicherung deshalb auch nicht als Krankenversicherung, sondern ausdrücklich als „Krankenpflegeversicherung“ bezeichnet[220].

216 *Rosin*, S. 77.

217 *Köhne*, S. 2.

218 *Woedtke*, KVG 1886, S. 24; *Hahn*, S. 11.

219 *Stier-Somlo*, S. 23.

220 Württ. Reg.-Blatt 1884 S. 109 ff., „Ausführungsgesetz zum Reichsgesetz vom 15.6.1883, betreffend die Krankenversicherung der Arbeiter“ vom 20.5.1884; Württ. Amtsblatt 1884 S. 222 ff., Erlass des Württ. Innenministeriums zum Vollzug des Ausführungsgesetzes vom 27.5.1884.

F) Der Versicherungszwang in der Gesetzgebung der Jahre 1884–1910

I. Die Novelle des Hilfskassengesetzes 1884

Die Hilfskassengesetzgebung des Jahres 1876 bestand aus zwei unterschiedlichen Gesetzen. Das war einmal der Titel VIII der Gewerbeordnung, der die Bildung von Hilfskassen und die Pflicht zur Teilnahme an diesen Hilfskassen durch Ortsstatut vorsah (§§ 141–141 f. GewO 1876). Zum anderen waren die für Hilfskassen erforderlichen Inhalte der Kassenstatute im Hilfskassengesetz vorgesehen, wie beispielsweise die Beitragsregelungen und die zu gewährenden Mindestleistungen. Während die Regelungen in der Gewerbeordnung nur für die (Zwangs-) Hilfskassen Anwendung fanden, galt das Hilfskassengesetz gleichermaßen für die eingeschriebenen (Zwangs-) Hilfskassen als auch für die eingeschriebenen freien Hilfskassen.

Mit dem KVG 1883 wurden die Regelungen für die neuen Zwangskrankenkassen in einem einzigen Gesetz zusammengefasst. Bisherige Bestimmungen in Titel VIII der Gewerbeordnung wurden aufgehoben. Weiterbestehende Regelungen des Hilfskassengesetzes fanden für die neuen Pflichtkrankenkassen keine Anwendung mehr (§ 87 KVG 1883). Das Hilfskassengesetz sollte zukünftig nur noch für die freien eingeschriebenen Hilfskassen Anwendung finden. Wie bisher sollte diesen Hilfskassen ihr Status einer befreienden Hilfskasse erhalten bleiben. Eine entsprechende Regelung wurde nun in § 75 KVG aufgenommen. Danach bestand für Mitglieder solcher Hilfskassen eine Beitrittspflicht zu einer Pflichtkrankenkasse nicht, wenn die Hilfskasse mindestens die Leistungen der Pflichtkasse gewährte. Die Änderungen des KVG mit ihren Auswirkungen auf die freien Hilfskassen erforderten auch die Anpassung des Hilfskassengesetzes an die die neuen Regelungen.

Die Novelle zum Hilfskassengesetz wurde am 1. Juni 1884 verabschiedet[1]. Sie enthielt im Wesentlichen folgende Änderungen: Alle Regelungen zu den bisherigen eingeschriebenen (Zwangs-) Hilfskassen wurden entfernt, da sie wegen entsprechender Regelungen im KVG überflüssig geworden waren. Nach § 4 Abs. 4 des HKG musste die höhere Verwaltungsbehörde bei der Zulassung der Hilfskasse zugleich bescheinigen, dass die Voraussetzungen für die Be-

1 RGBl. 1884 S. 54, „Gesetz, betreffend die Abänderung des Gesetzes über die eingeschriebenen Hilfskassen“ vom 1.6.1884.

freiung nach § 75 KVG vorlagen. In § 15 Satz 3 HKG wurde festgelegt, dass wegen der Überschreitung einer Altersgrenze und der Veränderung des Gesundheitszustandes ein nachträglicher Kassenausschluss nicht erfolgen durfte. Dies war gewissermaßen eine Schutzvorschrift zu Gunsten der Pflichtkassen. Hierdurch sollte vermieden werden, dass alte und kranke Versicherte zurück in die Pflichtkassen entlassen wurden und diese übermäßig belasteten. Unabhängig davon waren die Hilfskassen bei der Aufnahme „neuer" Mitglieder dadurch privilegiert, weil sie die Mitgliedschaft von einer Altersgrenze und dem Gesundheitszustand abhängig machen konnten und ein Kontrahierungszwang für sie nicht bestand.

Die Regelung zur Mindestunterstützung in § 11 Hilfskassengesetz 1876 wurde aufgehoben. Nun war in § 75 KVG festgelegt, dass für die Befreiung von der Pflichtkasse mindestens die in § 6 KVG vorgesehen Leistungen zu gewähren waren. Die Regelung des § 75 KVG privilegierte die Hilfskassen, da sie bei den Mindestleistungen nicht auf das Sachleistungsprinzip der Pflichtkassen festgelegt wurden. Statt der in § 6 KVG vorgesehenen ärztlichen Behandlung und Arznei konnten die Hilfskassen ihre Verpflichtung durch eine Erhöhung des Krankengeldes von 50 Prozent auf 75 Prozent des ortsüblichen Tageslohnes erfüllen. Mit dem Wegfall der Mindestunterstützung im Hilfskassengesetz wurde von dem Gesetzgeber noch ein anderer Zweck verfolgt, denn die neue Regelung sollte auch anderen Hilfskassen, die wegen geringerer Leistungen bisher die Voraussetzungen einer eingeschriebenen Hilfskasse nicht erfüllten, eine zukünftige Zulassung ermöglichen. Im Blick hatte man hier die Kassen, „deren Mitglieder Kreisen angehörten, auf welche das KVG keine Anwendung fand (kleine Handwerker, untere Angestellte im Staats-, Kommunal- und Privatdienste)" und die bisher einer rechtlichen Grundlage entbehrten[2].

II. Das Unfallversicherungsgesetz 1884

Die Beratung des zweiten Entwurfs zur Unfallversicherung vom 8. Mai 1882 wurde von den Parteien bis in das Jahr 1883 verzögert[3]. Daher sah sich Bismarck genötigt, ein „Druckmittel" zur Beschleunigung anzuwenden[4]. Er veranlasste den Kaiser, eine „Allerhöchste Botschaft" an den Reichstag zu richten, die am 14. April 1883 von Staats- und Finanzminister von Scholz im Reichstag

2 SB RT, 5. LP/IV. Session 1884, 3. Band, Anlage Nr. 13, S. 176.

3 *Quandt*, S. 91; *Zitt*, S. 203.

4 Ebenda.

verkündet wurde[5]. Darin legte der Kaiser dem Reichstag „die baldige Erledigung der hierin bezeichneten wichtigen Vorlagen dringend ans Herz“[6]. Die eingesetzte Kommission legte am 12. Juni 1883 dem Reichstag ihren Bericht vor[7]. Darin empfahl sie dem Reichstag, den Gesetzentwurf zur Unfallversicherung insgesamt abzulehnen und den Reichskanzler aufzufordern, einen neuen Entwurf vorzulegen. Darin sollten die von der Kommission erhobenen Forderungen (z.B. Fortfall des Reichszuschusses) berücksichtigt werden. Die Resolution der Kommission war als mündlicher Bericht abgefasst, konnte aber nicht mehr vorgetragen werden, da am gleichen Tag (12. Juni 1883) die Reichstagssession endete[8]. Damit war auch die zweite UV-Vorlage gescheitert.

Ein neuer, dritter Entwurf wurde am 6. März 1884 vom Reichskanzler im Reichstag eingebracht[9]. Am 27. Juni 1884 beschloss der Reichstag das UVG, das am 9. Juli 1884 veröffentlicht wurde[10]. Der UVG- Entwurf enthielt sowohl Einschränkungen als auch Erweiterungen des unfallversicherten Personenkreises im Verhältnis zu den beiden vorherigen Entwürfen. So waren nicht mehr alle am Bau beschäftigten Arbeiter versichert, sondern nur noch diejenigen, deren Arbeiten als besonders gefährlich angesehen wurden und von denen deshalb ein höheres Unfallrisiko ausging wie bei Maurer-, Zimmerer-, Dachdecker-, Steinhauer- und Brunnenarbeiten sowie beim Schornsteinfegergewerbe (§ 1 Abs. 2 UVG). Von der gleichzeitig nach § 1 Abs. 8 UVG geschaffenen Möglichkeit durch Bundesratsbeschluss, den Kreis der versicherten Bauarbeiten zu erweitern, wurde in den Jahren 1885–1886[11] Gebrauch gemacht[12].

---

5 SB RT, 5. LP/II. Session 1882/1883, 3. Band, S. 1956.

6 Ebenda.

7 SB RT, 5. LP/II. Session 1882/1883, 6. Band, Anlage Nr. 372, S. 1423.

8 *Henning / Tennstedt*, Quellensammlung 1867–1914, II. Abt., 2. Band, 1. Teilband, Nr. 94, S. 313 f., Anm. 3.

9 SB RT, 5. LP/IV. Session 1884, 3. Band, Anlage Nr. 4, S. 50.

10 RGBl. 1884 S. 69, „Unfallversicherungsgesetz“ vom 6.7.1884.

11 Die Norm des § 1 Abs. 8 UVG verlor durch das Bau-UVG 1887 seine Bedeutung, so dass von diesem Zeitpunkt an keine diesbezüglichen Bundesratsbeschlüsse mehr gefasst wurden; hierzu auch: SB RT, 7. LP/I. Session 1887, 4. Band, Anlage Nr. 123, S. 988.

12 RGBl. 1885 S. 13, Bundesratsbeschluss vom 22.1.1885 – Erweiterung der Versicherungspflicht auf Beschäftigte von Gewerbebetrieben, die Tüncher-, Verputzer- (Weißbinder-), Gipser-, Stuckateur-, Maler- (Anstreicher-), Glaser-, Klempner- und Lackierarbeiten bei Bauten ausführen, sowie die Anbringung, Abnahme, Verlegung und Reparatur von Blitzableitern; RGBl. 1886 S. 190, Bundesratsbeschluss vom 27.5.1886 – Erweiterung der Versicherungspflicht auf Beschäftigte von Gewerbebetrieben, die Schreiner-, (Tischler-), Einsetzer-, Schlosser- oder Anschlägerarbeiten bei Bauten ausführen.

Das UVG enthielt nun erstmalig auch eine Definition der „Fabrik“. Nach § 1 Abs. 4 UVG galten als „Fabrik“ im Sinne des UVG diejenigen Betriebe, in denen die Bearbeitung oder Verarbeitung von Gegenständen gewerbsmäßig ausgeführt wurde und zu diesem Zweck mindestens zehn Arbeiter regelmäßig beschäftigt wurden. Als Fabrik wurden weiterhin die Betriebe angesehen, die Explosivstoffe oder explodierende Gegenstände gewerbsmäßig erzeugten. Dem durch das UVG neu geschaffenen Reichsversicherungsamt (RVA) als oberste Spruch- und Beschlussinstanz für die Unfallversicherung wurde es überlassen, die Fabrikeigenschaft auch auf andere Betriebe auszudehnen (§ 1 Abs. 5 UVG).

Nach der ursprünglichen Intention des Gesetzes sollten alle unfallversicherten Personen auch gegen Krankheit versichert sein, so dass er unfallversicherte Personenkreis nicht größer sein durfte als der krankenversicherte. Der umgekehrte Fall, dass in der Krankenversicherung ein größerer Personenkreis versichert war, wurde dadurch nicht ausgeschlossen. Dies war sogar von Anfang an beabsichtigt, da auch die in der UV nicht versicherten Handwerksbetriebe und sonstigen stehenden Gewerbebetriebe der Krankenversicherungspflicht unterworfen wurden.

Das angestrebte Ziel, dass jeder gegen Unfall Versicherte auch krankenversichert war, wurde in dieser Reinheit nicht durchgesetzt. So waren in der UV auch vorübergehende und kurzfristige Beschäftigungen versichert, die in der KV ausgeschlossen waren. Außerdem war in der UV die Entgeltzahlung keine Voraussetzung für den Versicherungsschutz, so dass auch Personen ohne Entgelt (z.B. Lehrlinge) versichert waren. Hinzu kam die mögliche abweichende Auslegung gleichlautender Begriffe in UV und KV durch die unterschiedlichen Rechtswege[13].

Für den Personenkreis, der zwar unfall- aber nicht krankenversichert war, konnte die Leistungsabgrenzung zwischen Unfall- und Krankenversicherung nicht greifen. Im Normalfall war vorgesehen, dass die Krankenversicherung bei Arbeitsunfällen sofort mit ihren Leistungen eintrat, während die Unfallversicherung erst nach einer Karenzzeit von dreizehn Wochen ihre Leistungen erbrachte. Damit wären die nicht in einer Krankenkasse versicherten Unfallverletzten für die ersten dreizehn Wochen ohne jegliche Versorgung geblieben. In den Kommissionsberatungen wurde diese Versorgungslücke

13 Ein Beispiel hierfür ist die Auslegung des Begriffs „Dampfkessel“ i.S. von § 1 Abs. 1 Ziffer 3 KVG, § 1 Abs. 3 UVG, den das Kammergericht für die Krankenversicherung abweichend von der Handhabung in der Unfallversicherung auslegte, vgl. Arb.-Vers, 23 (1906), S. 680ff, Entscheidung des Kgl. Kammergerichts vom 1.6.1906; *Friedel*, Arb.-Vers. 24 (1907), S.48 f.

erkannt. Die Kommission beschloss deshalb, dass der Betriebsunternehmer in solchen Fällen die Leistungen nach §§ 6, 7 KVG aus eigenen Mitteln zu leisten hatte[14]. Diese Bestimmung wurde schließlich in § 5 Abs. 10 UVG übernommen.

III. Das Ausdehnungsgesetz 1885

Bereits bei den Beratungen zum Unfallversicherungsgesetz 1884 waren Forderungen erhoben worden, den Kreis der Unfallversicherten auf weitere Personenkreise auszudehnen. Insbesondere sollten Personen versichert werden, die ebenfalls in gefährlichen und damit unfallträchtigen Berufen arbeiteten und die bisher ohne jegliche Versorgung bei Unfällen waren. Die Regierung kam dieser Aufforderung mit ihrem „Entwurf eines Gesetzes über die Ausdehnung der Unfall- und Krankenversicherung" am 17. Dezember 1884 nach[15]. Das Gesetz wurde in einer Kommission beraten und nach den parlamentarischen Verhandlungen am 6. Mai 1885 vom Reichstag beschlossen und bekanntgegeben[16].

Nach § 1 Ausdehnungsgesetz fand das UVG 1884 nunmehr zusätzlich auf folgende Bereiche Anwendung:

- den gesamten Betrieb der Post-, Telegraphen- und Eisenbahnverwaltungen sowie sämtliche Betriebe der Marine- und Heeresverwaltung und zwar einschließlich der Bauten, welche von diesen Verwaltungen für eigene Rechnung ausgeführt werden,
- den Baggereibetrieb,
- den gewerbsmäßigen Fuhrwerks-, Binnenschifffahrts-, Flößerei-, Prahm- und Fährbetrieb sowie den Gewerbebetrieb des Schiffsziehens (Treidelei),
- den gewerbsmäßigen Speditions-, Speicher- und Kellereibetrieb,
- den Gewerbebetrieb der Güterpacker, Güterlader, Schaffer, Bracker, Wäger, Messer, Schauer und Stauer.

Nach § 15 Ausdehnungsgesetz wurde die Versicherungspflicht der vorgenannten Personenkreise auch auf die Krankenversicherung übertragen. Der § 1 KVG 1883 sollte für die genannten Betriebe in gleicher Weise Anwendung finden. Da man bei dieser Erweiterung im Ausdehnungsgesetz lediglich auf UVG und KVG verwies, ohne gleichzeitig diese Gesetze zu ändern, waren die Regelungen zur Versicherungspflicht nun auf zwei Gesetze verteilt.

---

14 SB RT, 5. LP/IV. Session 1884, 4. Band, Anlage Nr. 115, S. 864.

15 SB RT, 6. LP/I. Session 1884/1885, 5. Band, Anlage Nr. 77, S. 249.

16 RGBl. 1885 S. 159, „Gesetz über die Ausdehnung der Unfall- und Krankenversicherung" vom 28.5.1885.

Der durch das Ausdehnungsgesetz versicherte Personenkreis bedeutete nur für die Unfallversicherung eine vollumfängliche Ausdehnung. In der Krankenversicherung unterlagen dagegen schon bisher einige der in § 1 Ausdehnungsgesetz genannten Personenkreise der Versicherungspflicht. So waren bereits die Beschäftigten der Eisenbahnverwaltungen nach § 1 Abs. 1 Nr. 1 KVG versichert. Das galt auch für die in der UV nun versicherten Beschäftigten bei Regiebauten, da in der KV bisher schon unterschiedslos alle bei „Bauten" Beschäftigten versichert waren. Die in Nr. 2 aufgeführten Baggereibetriebe waren in der KV bisher schon insoweit versichert, als es sich um „stehende Gewerbebetriebe" im Sinne des § 1 Abs. 1 Nr. 2 KVG handelte (z.B. Kiesgruben), nicht jedoch Betriebe ohne feste Arbeitsstätte (z.B. Fluss-Bagger). Bei den nach Nr. 3 versicherten Betrieben war bisher nur ein Teil der Binnenschifffahrtsbetriebe, und zwar die Binnendampfschifffahrt in der KV versichert, während die anderen dort genannten Betriebe als Transportgewerbe von der Krankenversicherung nach § 1 KVG i.V.m. § 2 Abs. 2 Nr. 3 KVG ausgeschlossen waren. Die in § 1 Nr. 4 und 5 Ausdehnungsgesetz genannten Betriebe waren durchweg schon bisher als stehende Gewerbe nach § 1 Abs. 1 Nr. 2 KVG krankenversichert.

Nach § 1 Nr. 1 Ausdehnungsgesetz umfasste die Unfallversicherungspflicht den „gesamten Betrieb" der Post-, Telegraphen- und Eisenbahnverwaltungen und „sämtliche Betriebe" der Marine und Heeresverwaltung. Im Reichstag wies der Abgeordnete Schrader darauf hin, dass schon in der Kommission bei dieser Formulierung Zweifel darüber bestanden, ob „alle von diesen Verwaltungen beschäftigten Personen unter die Versicherung fallen" oder nur solche, „die einer besonderen Gefahr ausgesetzt seien"[17]. Hierzu gab der Bevollmächtigte des Bundesrates, Staatsminister Boetticher die Erklärung ab, dass nicht alle Beschäftigten vom Versicherungsschutz erfasst sein sollen. Beim Postdienst seien das beispielsweise nur die im „Beförderungs- und Bestellungsdienst" Beschäftigten, nicht jedoch diejenigen, die „lediglich in den Büros der Postanstalten fungieren". Das gleiche gelte auch für den „Eisenbahnbetrieb", da dieser Begriff ein feststehender sei und Zweifel nicht entstehen könnten[18]. Durch die Erklärung des Bundesratsbevollmächtigten wurde klargestellt, dass sich der durch das Ausdehnungsgesetz zusätzlich versicherte Personenkreis auf Arbeiter und Betriebsbeamte beschränkte, ohne die Bürobediensteten einzubeziehen. Durch den direkten Verweis des § 15 auf § 1 Ausdehnungsgesetz galt die Einschränkung auch für den krankversicherungspflichtigen Personenkreis.

17 SB RT, 6. LP/I. Session 1884/1885, 4. Band, S. 2466.

18 Ebenda.

Das Transportgewerbe wurde nun nach § 1 Nr. 3 und § 15 Ausdehnungsgesetz in den Versicherungsschutz der Unfall- und Krankenversicherung einbezogen. Die Bedenken, die noch bei den Beratungen des KVG 1883 hinsichtlich der ordnungsgemäßen Erfüllung der Meldepflichten und der Kontrolle erkrankter Versicherter im Transportgewerbe eine Rolle gespielt hatten, wurden nicht mehr thematisiert. Zur Lösung wurde nach § 15 Abs. 3 Ausdehnungsgesetz als Beschäftigungsort im Zweifel der Sitz des Gewerbebetriebes festgelegt, in welchem die Beschäftigung stattfand. Auf der Leistungsseite bestimmte man in § 16 Ausdehnungsgesetz, dass bei Erkrankungen außerhalb des Kassenbezirks die Gemeinde des Aufenthaltsortes die Leistungen vorschussweise auf Kosten der zuständigen Kasse gewährte. Bei Erkrankungen im Ausland hatte der Unternehmer die Leistungen vorschussweise zu gewähren.

Mit der Einbeziehung des Transportgewerbes in die KV war eine Anpassung der KVG-Vorschriften erforderlich, da dort bisher nur eine fakultative Versicherungspflicht nach § 2 Abs. 1 Nr. 3 KVG für das Transportgewerbe vorgesehen war. Deshalb sah § 15 Abs. 2 Ausdehnungsgesetz vor, dass diese Vorschrift außer Kraft trat, „soweit“ die Versicherungspflicht auf Personen des Transportgewerbes ausgedehnt wurde. Damit verblieb für § 2 Abs. 1 Nr. 3 KVG noch ein Regelungsbereich, der nicht durch § 1 Nr. 3 i.V.m. § 15 Ausdehnungsgesetz abgedeckt war. Hierzu gehörte auch der große Bereich der Seeschifffahrt. Das galt zudem für den Bereich derjenigen gewerbsmäßigen Fuhrunternehmer, die nicht von § 1 Nr. 3 Ausdehnungsgesetz erfasst waren. So waren nach der Entscheidung des RVA Transportunternehmungen, die ohne Nutzung tierischer Zugkraft, unter ausschließlicher Verwendung von Handkarren arbeiteten, keine Fuhrwerksbetriebe im Sinne des § 1 Nr. 3 des Ausdehnungsgesetzes[19]. Ebenso waren Unternehmer, die Gepäckträger an Bahnhöfen beschäftigten, nicht als solche Fuhrunternehmer anzusehen[20]. Sie konnten auch nicht als gewerbsmäßige Güterpacker- oder Güterladebetriebe im Sinne des § 1 Nr. 5 Ausdehnungsgesetz angesehen werden[21]. In der Krankenversicherung waren die Beschäftigten solcher Dienstleister nur dann versicherungspflichtig, wenn es sich um stehende Gewerbebetriebe im Sinne des § 1 Nr. Abs. 1 Nr. 2 KVG handelte.

Das Ausdehnungsgesetz, das neben dem UVG 1884 und dem KVG 1883 die Versicherungspflicht für einen bestimmten, abgegrenzten Personenkreis in der UV und KV regelte, enthielt auch eigene Befreiungsregeln. Diese Befreiungs-

19 AN 1890, S. 106, RVA-Bescheid Nr. 779.

20 AN 1890, S. 120, RVA-Bescheid Nr. 781.

21 Ebenda.

regeln waren auf den besonderen Personenkreis abgestimmt und enthielten teilweise andere Tatbestandsmerkmale als diejenigen in UVG und KVG. Da die Versicherungspflicht die Betriebe der Marine- und Heeresverwaltung umfasste, musste klargestellt werden, dass Soldaten nicht als Arbeiter im Sinne des Gesetzes galten[22] und deshalb nicht der Versicherungspflicht unterlagen. Für die Unfallversicherung wurde dies in § 4 und für die Krankenversicherung in § 15 Abs. 2 Ausdehnungsgesetz geregelt, wonach Personen des Soldatenstandes von der Versicherungspflicht ausgeschlossen waren.

Nach § 3 KVG waren nur Beamte des Reichs, eines Bundesstaates oder eines Kommunalverbandes von der Versicherungspflicht in der Krankenversicherung befreit, wenn sie mit festem Gehalt angestellt waren. In § 15 Abs. 2 Ausdehnungsgesetz fehlte die personelle Einschränkung. Danach waren „Personen", die in Reichs- oder Staatsbetrieben beschäftigt waren, von der Versicherungspflicht befreit, wenn sie Anspruch auf Fortzahlung des Gehalts oder Lohns hatten oder für dreizehn Wochen eine Unterstützung beanspruchen konnten, die den Leistungen des § 6 KVG entsprach.

IV. Die land- und forstwirtschaftliche Unfallversicherung 1886

Bereits in den Beratungen zum KVG 1883 und zum UVG 1884 war von verschiedener Seite die Forderung erhoben worden, die landwirtschaftlichen[23] Arbeiter in den Schutz der Unfallversicherung und der Krankenversicherung einzubeziehen. Insbesondere der Deutsche Landwirtschaftsrat hatte sich mit seiner 1883 an den Bundesrat und Reichstag gerichteten Denkschrift hierfür ausgesprochen[24]. Die Einbeziehung der Landwirtschaft war seinerzeit im Reichstag beraten worden, wurde aber verworfen, da die Vielfältigkeit der Verhältnisse in der Landwirtschaft zu dieser Zeit eine Regelung unmöglich erscheinen ließ. Am 3. Januar 1885 legte schließlich der Reichskanzler dem Reichstag einen Gesetzentwurf zur Versicherung der in land- und forstwirtschaftlichen Betrieben beschäftigten Personen vor[25], der allerdings nur auf die Regelung der Unfallversicherung der landwirtschaftlichen Beschäftigten ausgerichtet war, während die Krankenversicherung derselben ausgeklammert blieb. In der Begründung des Entwurfes wurde darauf verwiesen,

22 *Woedtke*, KVG 1886, Anm. Nr. 4 zu § 15 Abs. 2 Ausdehnungsgesetz, S. 288.

23 Wenn sich nachfolgend die Ausführungen nur auf die Landwirtschaft beziehen, ist immer auch die Forstwirtschaft mit einbezogen.

24 Archiv Dt. Landwirtschaftsrat 1883, Denkschrift, S.543 ff.

25 SB RT, 6. LP/I. Session 1884/1885, 5. Band, Anlage Nr. 81, S. 281.

dass die Absicherung der Landwirtschaft durch eine Unfallversicherung dringender sei, als die vorgängige Einführung einer obligatorischen Krankenversicherung. Eine solche Krankenversicherung könne bereits durch Gemeindestatut nach § 2 Abs. 1 Nr. 6 KVG eingeführt werden[26]. Der Gesetzentwurf wurde in erster Lesung im Reichstag beraten. Dabei wies der Abgeordnete von Ow auf die Notwendigkeit einer vorherigen Einführung der Krankenversicherung hin. Die Möglichkeit einer statutarischen Krankenversicherung sei bisher nur vereinzelt verwirklicht worden[27]. So seien in Württemberg bisher nur zwei Statute für land- und forstwirtschaftliche Arbeiter und vier weitere nur für forstwirtschaftliche Arbeiter erlassen worden[28].

Der Gesetzentwurf wurde an eine Kommission zur Beratung überwiesen, die ihre Arbeit bis zum Ende der Session nicht mehr beenden konnte. Daher wurde am 7. Januar 1886 ein erneuter Gesetzesentwurf im Reichstag eingebracht[29], der nun als „Gesetz, betreffend die Unfall- und Krankenversicherung der in land- und forstwirtschaftlichen Betrieben beschäftigten Personen" (LUVG) bezeichnet wurde. Aufgrund der Gesetzesbezeichnung könnte gefolgert werden, dass durch dieses Gesetz nunmehr auch die Krankenversicherung auf die in der Landwirtschaft Beschäftigten erweitert werden sollte, was jedoch nicht der Fall war. Die Bezeichnung der Krankenversicherung sollte nur darauf hindeuten, dass bei einer bereits bestehenden statutarischen Krankenversicherung die besonderen Normen des neuen Gesetzes für die landwirtschaftlichen Beschäftigten zu beachten waren. Eine Ausdehnung des Krankenversicherungsschutzes durch das neue Gesetz selbst war nicht vorgesehen. So war weiterhin eine Krankenversicherungspflicht für die in der Landwirtschaft Beschäftigten nur durch ein Statut der Gemeinde oder des Kommunalverbandes nach § 2 Abs. 1 Nr. 6 KVG möglich. Das Gesetz verwies in § 133 LUVG zusätzlich auf die Möglichkeit der Krankenversicherungspflicht durch Landesgesetz hin. Dies war bisher umstritten gewesen, da den Ländern keine Gesetzeskompetenz zugestanden worden war, wenn das Reich einen Gegenstand bereits geregelt hatte. Eine solche Regelung für die Landwirtschaft enthielt aber bereits § 2 Abs. 1 Nr. 6 KVG. Fraglich war deshalb, ob das neue Gesetz die Kompetenz der Länder in diesem Bereich erweitern sollte, was jedoch nicht vorgesehen war, wie sowohl im Kommissionsbericht[30] als auch im Reichstag durch den Bundesratsbevollmächtigten von Boetticher festgestellt

26 SB RT, 6. LP/I. Session 1884/1885, 5. Band, Anlage Nr. 81, S. 296.

27 SB RT, 6. LP/I. Session 1884/1885, 2. Band, S. 992.

28 Ebenda.

29 SB RT, 6. LP/II. Session 1885/1886, 4. Band, Anlage Nr. 75, S. 367.

30 SB RT, 6. LP/II. Session 1885/1886, 6. Band, Drucksache Nr. 252, S.1207.

wurde. Es wurde vielmehr klargestellt, dass die Länder diese Kompetenz bereits durch das KVG hatten und durch § 2 KVG nicht beschränkt seien. Allerdings könnten sie nicht die Einführung der Krankenversicherung für landwirtschaftliche Arbeiter durch Gemeindestatut versagen oder behindern. „Eine solche Disposition würde mit Rücksicht auf die reichsgesetzliche Vorschrift unzulässig sein.“[31]

Das Gesetz wurde am 9. April 1886 vom Reichstag beschlossen[32]. Es brachte einen Unfallversicherungsschutz für die in land- und forstwirtschaftlichen Betrieben beschäftigten Personen. Ebenso wie beim Ausdehnungsgesetz 1885 ging man nicht den Weg der Novellierung des bestehenden UVG. Man beschloss vielmehr für den Bereich der Landwirtschaft ein eigenes Gesetz, das die besonderen Verhältnisse dieses Bereiches berücksichtigte. Eine der Besonderheiten der Landwirtschaft waren die oftmals kleinen Familienbetriebe, in denen meist alle Familienmitglieder mitarbeiteten und die Grenzen von Haus- und Landwirtschaft fließend waren. Der Entwurf sah in § 1 Abs. 3 LUVG vor, dass der Versicherungsschutz sich nicht auf Familienangehörige bezieht, die nicht gegen Lohn oder Gehalt beschäftigt sind. Man hielt die Familienangehörigen, die ohne Entgelt arbeiteten, für ausreichend durch die Alimentationspflicht innerhalb der Familie versorgt. Dies sah die Kommission anders, so dass sie diese Familienangehörigen in den Versicherungsschutz einbezog. Gleichzeitig wollte man es dem Landesgesetzgeber überlassen, durch eine eigene Regelung die Familienangehörigen wieder auszuschließen. Eine entgegengesetzte Regelung sah man für die landwirtschaftlichen Unternehmer vor. Sie waren vom Versicherungsschutz ausgeschlossen, konnten aber durch Landesgesetz einbezogen werden. Zudem wurde es diesen Unternehmern ermöglicht bei geringem Einkommen (2000 Mark Jahreseinkommen), der Unfallversicherung freiwillig beizutreten. Die Vorstellungen der Kommission fanden schließlich auch ihre Festlegung im Gesetz (§ 1 Abs. 3, § 2 Abs. 1 LUVG). Für Betriebsbeamte wurde die Regelung des UVG übernommen, wonach der Unfallversicherungsschutz nur bis zu einem Einkommen von 2000 Mark jährlich bestand (§ 1 Abs. 1 LUVG). Durch Statut konnte die Versicherungspflicht auch auf höherverdienende Betriebsbeamte und Unternehmer ausgedehnt werden (§ 2 Abs. 2 LUVG). Auf Reichs-, Staats und Kommunalbeamte war das Gesetz nicht

31 SB RT, 6. LP/II. Session 1885/1886, 3. Band, S. 1947.

32 RGBl. 1886 S. 132, „Gesetz, betreffend die Unfall- und Krankenversicherung der in land- und forstwirtschaftlichen Betrieben beschäftigten Personen“ vom 5.5.1886.

anzuwenden, wenn sie Anspruch auf Fürsorge nach dem Gesetz vom 15. März 1886 über die Unfallfürsorge für Beamte hatten (§ 4 LUVG)[33].

Eine detaillierte Darstellung des in der landwirtschaftlichen Unfallversicherung versicherten Personenkreises erfolgt hier im Hinblick auf die besonderen Bestimmungen für die Krankenversicherung dieser Personen in den §§ 133–142 LUVG. Die Vorschriften waren nur anzuwenden, wenn die unfallversicherte Person auch gleichzeitig versicherungspflichtig in der Krankenversicherung war. Eine solche Versicherungspflicht konnte nur durch Landesgesetz oder ein Statut nach § 2 Abs. 1 Nr. 6 KVG festgelegt werden. Fraglich war, ob die Gemeinden beim Erlass von Statuten oder die Landesgesetzgeber an den unfallversicherten Personenkreis gebunden waren. Unter dem Grundgedanken, dass der Unfallverletzte für die ersten dreizehn Wochen nach einem Betriebsunfall keine Versorgungslücke haben sollte, lag eine Bindung nahe. Da es den Ländern und den Kommunen aber freigestellt war, überhaupt eine Krankenversicherung für landwirtschaftliche Arbeiter einzuführen, mussten sie auch frei darin sein, den Personenkreis der krankenversicherten Personen selbst zu bestimmen. Aus dieser Sicht ist es zweifelhaft, ob die nach § 1 LUVG getroffenen Regelungen zwingend für die Krankenversicherung waren. So war es beispielsweise nach § 1 Abs. 4 LUVG den statutarischen Bestimmungen der Berufsgenossenschaft überlassen, welche Personen als Betriebsbeamte im Sinne des Gesetzes anzusehen war. Wurde ein Arbeiter als Betriebsbeamter im Sinne des LUVG angesehen, war ungewiss, ob für ihn eine statutarische Krankenversicherung in Frage kam, da sich die Ermächtigung des § 2 Abs. 1 Nr. 6 KVG auf „Arbeiter" beschränkte[34]. Andererseits war auch eine nur teilweise Ausschöpfung der Ermächtigungsnorm möglich, so dass ein Teil der Arbeiter ohne Krankenversicherung blieb. Die genannten Abweichungen führten dazu, dass bei fehlender Krankenversicherung die Beschäftigungsgemeinde aufgrund des § 10 LUVG für die ersten dreizehn Wochen nach einem Unfall die Kosten zu tragen hatte. Um diese Belastungen abzuwenden, lag es somit im Interesse der Gemeinden, ihre Statuten möglichst dem von der Berufsgenossenschaft bestimmten Personenkreis anzupassen[35]. Die Landesgesetzgebung war bei der Einführung des Versicherungs-

33 RGBl. 1886 S. 53, „Gesetz, betreffend die Fürsorge für Beamte und Personen des Soldatenstandes in Folge von Betriebsunfällen" vom 15.3.1886.

34 Diese Zweifel des § 2 Abs. 1 Nr. 6 KVG 1883 wurden erst 1892 beseitigt, als nunmehr die Betriebsbeamten in § 2 Abs. 1 Nr. 6 KVG 1892 ausdrücklich einbezogen wurden.

35 Diese Ansicht vertrat auch Erdmann Graf von Pückler in seinem Referat für das preußische Landesökonomiegremium vom 31.10.1886. Er bemerkte dazu, dass trotzdem bis-

zwangs für die landwirtschaftlichen Arbeiter dagegen nicht an die ortsstatutarischen Einschränkungen des § 2 Abs. 1 Nr. 6 KVG gebunden, so dass hier eine Versicherungspflicht auch für das Gesinde ermöglicht wurde[36].

Ein Novum für die Krankenversicherung stellte § 142 Abs. 1 LUVG dar. Hier konnte durch Statut eine Versicherungspflicht auch für die Zeit begründet werden, in der der Arbeitnehmer zwischenzeitlich nicht in einem Beschäftigungsverhältnis stand. Diese Vorschrift resultiert aus der Besonderheit der landwirtschaftlichen Beschäftigungsverhältnisse. So arbeiteten üblicherweise landwirtschaftliche Arbeiter heute hier und morgen dort, jeweils in einem anderen Betrieb oder sogar zwischenzeitlich in der eigenen Landwirtschaft. Solche Beschäftigungsverhältnisse waren geprägt einerseits durch die wechselnden Beschäftigungen mit zwischenzeitlichen Perioden der Nichtbeschäftigung und andererseits infolge der Ausübung von Beschäftigungen außerhalb der eigenen Wohngemeinde. Bei derartigen Beschäftigungen sah man es als zweckmäßig an, dass nur eine einzige Gemeindekrankenversicherung oder Ortskrankenkasse zuständig war. Hierdurch sollte der Verwaltungsaufwand durch die ständigen An- und Abmeldungen eingeschränkt werden. Gleichzeitig stellte man so den Versicherungsschutz auch für die Zeit der Nichtbeschäftigung sicher.

In § 136 LUVG war eine Befreiung von der Versicherungspflicht in der Krankenversicherung vorgesehen. Danach konnte auf „Antrag des Arbeitgebers" von der Versicherungspflicht befreit werden, wer „erweislich" einen „Rechtsanspruch" gegen den Arbeitgeber auf eine nach § 6 KVG entsprechende oder gleichwertige Unterstützung im Krankheitsfall für mindestens dreizehn Wochen hatte. Hierin ist eine Abkehr der für gewerbliche Arbeiter nach § 3 Abs. 2 KVG geltenden Regelung zu sehen. Dort war der Antrag nicht vom Arbeitgeber, sondern vom Versicherten selbst zu stellen. Dies führte dort zu Missständen, wo der Arbeitgeber im Krankheitsfalle nicht zahlte oder nicht zahlen konnte und der befreite Arbeitnehmer letztlich auf die Armenfürsorge angewiesen war. Der Befreiungsantrag des Arbeitgebers für landwirtschaftliche

---

her in Preußen nur 11% der landwirtschaftlichen Arbeiter durch Kommunalstatute versichert seien. Er forderte deshalb alsbald ein Landesgesetz, vgl. *Henning / Tennstedt*, Quellensammlung 1867–1914, II. Abt., 5 Band, Anlage Nr. 113, S.534 ff.

36 Von der Befugnis zum Erlass von Landesgesetzen zur Kranken-Versicherungspflicht der landwirtschaftlichen Arbeiter haben nach der Verabschiedung des LUVG die Länder Schwarzburg-Sondershausen, Schwarzburg-Rudolstadt, Sachsen, Württemberg, Bayern, Baden, Hessen, Sachsen-Weimar, Sachsen-Altenburg, Braunschweig, Bremen, Reuß jüngere Linie und Sachsen-Meinigen Gebrauch gemacht, vgl. *Lindemann*, S. 251; *Stier-Somlo*, S. 120.

Arbeiter war deshalb als Reaktion auf die beschriebenen Missstände[37] folgerichtig an gewisse Garantien gebunden. So musste die Leistungsfähigkeit des Arbeitgebers genügend gesichert sein. Eine Befreiung konnte aufgehoben werden, wenn die Leistungsfähigkeit des Arbeitgebers nicht mehr gesichert war oder der Arbeitgeber selbst die befreite Person zur Krankenversicherung anmeldete. Um einen Missbrauch des Anmelderechts zu vermeiden, sah § 136 Abs. 4 Nr. 2 LUVG die Unwirksamkeit einer Anmeldung bei bestehenden Erkrankungen vor. Zur Absicherung der landwirtschaftlichen Arbeiter wurde festgelegt, dass die Krankenkasse trotz Befreiung die Leistungen zu gewähren hatte, wenn der Arbeitgeber die Unterstützung nicht leistete. Hierfür wurde der Krankenkasse ein Rückgriffrecht gegenüber dem Arbeitgeber eingeräumt. In Abweichung von § 3 Abs. 2 KVG wurde nun auch festgelegt, dass für die Befreiung ein Anspruch nicht genügte, sondern ein „Rechtsanspruch“ gegenüber dem Arbeitgeber bestehen musste. Hinsichtlich des Inhalts eines solchen Rechtsanspruches wurde nicht mehr eine Entgeltfortzahlung oder die Verpflegung in der Familie gefordert, sondern entsprechende oder gleichwertige Leistungen im Sinne des § 6 KVG.

Das Gesetz selbst gab keine Gewähr dafür, dass nunmehr die landwirtschaftlichen Arbeiter vermehrt einen Krankenversicherungsschutz erhielten. Wie bisher lag es in der Entscheidungshoheit der Länder, Gemeinden und Kommunalverbände, ob sie einen solchen Schutz einführten. Bisher hatten sie von ihrer Kompetenz nur vereinzelt Gebrauch gemacht. Mit dem neuen Gesetz wurde allerdings die Erwartung verbunden, es würde ein gewisser Druck für die Einführung der Versicherungspflicht entstehen. Es wurde damit begründet, dass die Beschäftigungsgemeinden nunmehr verpflichtend für die ersten dreizehn Wochen eines Betriebsunfalles die Kosten zu tragen hatten, wenn keine entsprechende Krankenversicherung bestand[38]. Die Erwartungen erfüllten sich in der Tat. Bis zum Jahre 1890 hatten bereits neun Bundesstaaten durch besondere Landesgesetze die landwirtschaftlichen Arbeiter in die Krankenversicherung einbezogen[39]. Dies wurde als Grund für die steigende Zahl der krankenversicherten Personen gesehen, die im Jahre 1888 um 13,9 Prozent und 1889 um 10,1 Prozent gegenüber dem Vorjahr angestiegen war[40].

37 SB RT, 6. LP/II. Session 1885/1886, 4. Band, S. 416.

38 SB RT, 6. LP/I. Session 1884/1885, 5. Band, Anlage Nr. 18, S. 302.

39 Statistik des Deutschen Reiches 1892, Statistik der Krankenversicherung, Neue Folge, Band 72, Vorbemerkung S. VIII.

40 Statistik des Deutschen Reiches 1894, Statistik der Krankenversicherung, Neue Folge, Band 84, Vorbemerkung, S. XIV.

V. Die Bau-Unfallversicherung 1887

In der Krankenversicherung waren seit 1883 generell alle bei Bauten beschäftigten Arbeitnehmer versichert, sofern sie Lohn oder Gehalt erhielten. Erfasst waren gewerbliche Bauten, Regiebauten der öffentlichen Hand und Privatbauten. In der Unfallversicherung war bisher nur ein Teil der Bauarbeiter versichert. Hier war der Kreis der versicherten Bauarbeiter sukzessive durch verschiedene Gesetze erweitert worden. Anfang des Jahres 1887 war der UV-Versicherungsschutz einzelner Kreise der Bauarbeiter in unterschiedlichen Gesetzen geregelt. So fanden sich Regelungen für Bauarbeiter im Unfallversicherungsgesetz 1884[41], im Ausdehnungsgesetz 1885[42], im Gesetz zur Versicherung der landwirtschaftlichen Arbeiter 1886[43] und in den vom Bundesrat nach § 1 Abs. 8 UVG erlassenen Bestimmungen[44]. Trotz der ständigen Ausweitung des Versicherungsschutzes waren immer noch große Personenkreise von Bauarbeitern ohne Versicherungsschutz in der Unfallversicherung. Es handelte sich hier vorwiegend um gewerbsmäßig ausgeführte Eisenbahn-, Kanal-, Wege-, Strom-, Deicharbeiten und die vom Reich, einem Bundesstaat, einem Kommunalverband oder anderen öffentlichen Korporationen für eigene Rechnung ausgeführten Bauten. Die angegebenen Bauarbeiten waren bisher nur teilweise versichert. Nicht versichert waren auch die nicht gewerbsmäßigen Bauarbeiten.

Zur Schließung der Lücken im Unfallversicherungsschutz legte das Reichskanzleramt am 3. März 1887 dem Reichstag einen Gesetzentwurf „betreffend die Unfallversicherung der bei Bauten beschäftigten Personen“ vor[45]. Begründet wurde dies damit, dass von Bauarbeiten insgesamt eine hohe Unfallgefahr ausginge. Aus der Gesetzesbegründung lässt sich auch ein gewisses Eigeninteresse des Reiches herauslesen, möglichst schnell zu einer Regelung zu kommen. So wurde auf den bevorstehenden Bau des Nord-Ostsee-Kanals hingewiesen, der große Erd- und Wasserbauten mit sich bringen würde[46]. Erläuternd wies der Staatssekretär des Inneren, von Boetticher, im Reichstag darauf hin, dass von der Verabschiedung des vorgelegten Gesetzes die Dispositionen des Reiches hinsichtlich der Fürsorge für die beim Kanalbau beschäftigten Arbeiter abhängen würden. Ohne dieses Gesetz wäre es nötig, auf dem Verwal-

41 RGBl. 1884 S. 69.

42 RGBl. 1885 S. 159.

43 RGBl. 1886 S. 132.

44 RGBl. 1885 S. 13; RGBl. 1886 S. 190.

45 SB RT, 7. LP/I. Session 1887, 3. Band, Nr. 11, S. 190.

46 SB RT, 7. LP/I. Session 1887, 3. Band, Nr. 11, S. 197.

tungswege die Unfallfürsorge sicherzustellen[47]. Aus der Gesetzesbegründung lässt sich auch die Sorge um die bei Bauten des Reiches beschäftigten Beamten herauslesen, die ebenfalls bisher keinen Fürsorgeschutz bei Betriebsunfällen hatten[48]. Es gab zwar seit 1886 das Fürsorgegesetz für Beamte bei Betriebsunfällen[49], jedoch war danach der Schutz davon abhängig, ob der Unfall in einem reichsgesetzlich der Unfallversicherung unterliegenden Betrieb eintrat. Solange diese Betriebe nicht der gesetzlichen Unfallversicherung unterlagen, war auch der Fürsorgeschutz der darin beschäftigten Beamten ausgeschlossen.

Eine Ausdehnung der Krankenversicherungspflicht durch das Bau-Unfallversicherungsgesetz war nicht vorgesehen[50]. Während noch in den vorhergehenden Unfallversicherungsgesetzen 1884, 1885 und 1886 auf eine weitgehende Angleichung des versicherten Personenkreises von Unfall- und Krankenversicherung geachtet wurde, spielte dies nun keine Rolle mehr. Hauptgrund hierfür war wohl die Krankenversicherungspflicht aller bei „Bauten" beschäftigten Arbeiter durch das KVG 1883. Ausgenommen waren davon bisher nur die Tagelöhner, die nun in die Unfallversicherung einbezogen wurden, ohne dass es Erwägungen gab, die Krankenversicherungspflicht auf sie zu erweitern. Bei diesem Personenkreis, der nicht in die Krankenversicherung einbezogen war, musste eine Lösung für die Leistungen während der Karenzzeit von dreizehn Wochen gefunden werden.

Bisher gab es hierzu zwei unterschiedliche Regelungen. Nach dem UVG 1884 hatten die Arbeitgeber die Kosten zu tragen, während nach dem Unfallversicherungsgesetz für landwirtschaftliche Arbeiter die Beschäftigungsgemeinde die Kosten zu tragen hatte. Die Auferlegung der Kosten auf den Arbeitgeber

---

47 SB RT, 7. LP/I. Session 1887, 1. Band, S. 166.

48 SB RT, 7. LP/I. Session, 1887, 3. Band, Nr. 11, S. 197.

49 RGBl. 1886 S. 53, „Gesetz, betreffend die Fürsorge für Beamte und Personen des Soldatenstandes in Folge von Betriebsunfällen" vom 15.3.1886.

50 Indirekt führte das Bau-UVG zu einer Ausweitung auch des Krankenversicherungsschutzes. So wurde in Baden mit Hinweis auf das Bau-UVG der Begriff der „Bauarbeiten" neu definiert. Nunmehr wurde auch die „Unterhaltung und Pflege öffentlicher Wege" als Bauarbeiten in diesem Sinne ausgelegt. Damit wurden diese Arbeiter als Bauarbeiter krankenversicherungspflichtig, die bisher als kommunale Arbeiter nicht der KV-Pflicht unterlagen. Siehe hierzu den Erlass d. bad. Min. d. Inneren vom 27.1.1888, in: *Reger*, 8, S. 463 ff.; Die RVA-Entsch. Nr. 609 begrenzte die Versicherungspflicht allerdings auf die Straßenreinigungsarbeiten, die der „Instandhaltung" dienten, vgl. AN 1888, S. 328. Der Braunschweigische VGH stellte in seiner Entscheidung vom 23.3.1904 für die KV fest, dass Straßenfeger „mit dem Kehrbesen in der Hand" nicht bei Bauten beschäftigt sind und deshalb nicht der KV-Pflicht unterlagen, vgl. *Reger* 25, S. 236.

wurde von der eingesetzten Kommission dann als unbillig empfunden, wenn es sich um nicht gewerbsmäßige Bauarbeiten handelte, bei denen die Bauherren einzelne Arbeiter nur tageweise beschäftigten[51]. Hier stände oftmals die Auferlegung der Unfallkosten für dreizehn Wochen in keinem Verhältnis zu dem Umfang der Bauarbeiten. Schließlich wurde in § 7 Bau-UVG festgelegt, dass bei solchen Unfällen die Gemeinde die Kosten zu tragen hat, in dessen Bezirk der verletzte Arbeiter beschäftigt war. Das Gesetz wurde vom Reichstag am 7. Juli 1887 verabschiedet[52].

VI. Die See-Unfallversicherung 1887

Bereits bei der Einbringung des Gesetzentwurfs zur allgemeinen Unfallversicherung 1884 wurde von der Regierung die Absicht bekundet, nach und nach allen Arbeitern den Unfallversicherungsschutz zukommen zu lassen, die einer besonderen Gefahr bei der Arbeit ausgesetzt sind. Die hierfür erforderliche Spezialgesetzgebung sollte auf den mit dem UVG 1884 gesammelten Erfahrungen aufbauen[53]. Diese Absicht wurde erneut bei der Einbringung des Ausdehnungsgesetzes bekräftigt[54]. Als eine Berufsgruppe, die besonderen Gefahren bei der Arbeit ausgesetzt war, wurden die Schiffsbesatzungen auf Seefahrzeugen angesehen. Daher legte die Regierung am 3. März 1887 einen „Entwurf eines Gesetzes, betreffend die Unfallversicherung der Seeleute und anderer bei der Seeschifffahrt beteiligten Personen" vor. Die Unfallversicherung sollte sich erstrecken auf den Schiffer (Kapitän) und die Schiffsmannschaft (Seeleute) deutscher Seefahrzeuge. Hinzu kamen noch solche Personenkreise, die keine Seeleute waren, deren Tätigkeit aber im Zusammenhang mit der Seefahrt stand, wie schwimmende Docks, Lotsendienste, Betriebe zur Rettung und Bergung bei Schiffsbrüchen, Betriebe der Bewachung, Beleuchtung oder Instandhaltung der dem Seeverkehr dienenden Gewässer. Die Besatzungen von Fischereifahrzeugen waren ausdrücklich vom Versicherungsschutz ausgenommen.

In den bisherigen Unfallversicherungsgesetzen war immer versucht worden, den Personenkreis von UV und KV anzugleichen. Hierdurch sollten Versorgungslücken durch die Karenzzeit vermieden werden. In der See-Unfallversicherung war die Problematik eine andere, denn den Seeleuten standen

---

51 SB RT, 7. LP/I. Session 1887, 4. Band, Anlage Nr. 123, S. 993.

52 RGBl. 1887 S. 287, „Gesetz, betreffend die Unfallversicherung der bei Bauten beschäftigten Personen" vom 11.7.1887.

53 SB RT, 5. LP/IV. Session 1884, 3. Band, Anlage Nr. 4, S. 65.

54 SB RT, 6.LP/I. Session 1884/1885, 5. Band, Anlage Nr. 77, S. 253.

bereits durch §§ 48–50 Seemannsordnung für die Schiffsmannschaft und nach Artikel 523 ADHGB für den Kapitän Ansprüche bei Krankheit gegenüber dem Reeder zu. Damit waren die Seeleute für die UV-Karenzzeit abgesichert. Die Frage eines Krankenversicherungszwangs stellte sich deshalb für diesen Personenkreis nicht.

Gleichwohl sah der Gesetzentwurf in § 10 See-Unfallversicherung die Berechtigung des Reeders vor, bei der Lohn- und Gehaltszahlung von den Seeleuten als Entgelt für die obliegende Krankenfürsorge einen Betrag von „zwei Pfennig von jeder vollen Mark einzubehalten". Hierdurch wäre gewissermaßen ein Beitragszwang zur Abdeckung von zukünftigen Krankheitskosten entstanden. Das wäre somit eine besondere Ausgestaltung des Versicherungszwangs gewesen. Ein solcher Beitrag fand in der eingesetzten Kommission keine Mehrheit, da diese Regelung nach ihrer Ansicht gegen das von alters hergebrachte Recht der Seeleute verstieß, wonach der Reeder in Krankheitsfällen für die Verpflegung der Schiffsmannschaft zu sorgen habe[55]. Letztlich wurde das Gesetz ohne eine solche Beteiligung der Seeleute an ihren Krankheitskosten verabschiedet[56]. Der Hinweis auf die Besitzstände der Seeleute scheint allgemeiner Konsens gewesen zu sein. Nur so lässt sich erklären, warum bei vorangegangenen Beratungen zum versicherten Personenkreis in der Krankenversicherung keine Forderung auf Einbeziehung der Seeleute erhoben wurde. Man sah hierfür schlicht keine Notwendigkeit, da die bestehenden Ansprüche an den Reeder denen der Krankenversicherung entsprachen und diese oft sogar übertrafen.

VII. Das Invaliden- und Altersversicherungsgesetz 1889

Die Kranken- und Unfallversicherung war von 1883 bis 1887 für einen großen Teil der Arbeiter eingeführt worden. Es fehlte noch die Absicherung gegen Alter und Invalidität, die ebenfalls in der kaiserlichen Botschaft am 17. November 1881 angekündigt worden war. Hierzu legte die Regierung am 22. November 1888 dem Reichstag den Entwurf eines „Gesetzes, betreffend die Alters- und Invalidenversicherung" vor[57]. Ziel dieses Gesetzes war es, alten und erwerbsunfähigen Arbeitern Renten zu gewähren. Die Zahlung von Witwen- und Waisenrenten war nicht vorgesehen. Man sah zwar die Notwendigkeit entsprechender Renten, konnte sich hierzu aber noch nicht entschließen, da man erst Erfahrungen mit dem neuen Gesetz sammeln wollte. Es galt insbe-

---

55 SB RT, 7. LP/I. Session 1887, 4. Band, Anlage Nr. 163, S.1197.

56 RGBl. 1887 S. 329, „Gesetz betreffend die Unfallversicherung der Seeleute und anderer bei der Seeschifffahrt beteiligten Personen" vom 13.7.1887.

57 SB RT, 7. LP/IV. Session 1888/1889, 4. Band, Anlage Nr. 10, S. 31.

sondere im Hinblick auf die finanziellen Mehrbelastungen der Wirtschaft[58]. Die Mittel für die Alters- und Invalidenrenten sollten durch Beiträge der Arbeiter, ihrer Arbeitgeber und durch einen Reichszuschuss finanziert werden. Das Gesetz wurde schließlich am 22. Juni 1889 als „Gesetz, betreffend die Invaliditäts- und Altersversicherung" (IAVG) verabschiedet[59].

Ebenso wie bisher schon in der Kranken- und Unfallversicherung, sollte die neue Versicherung aufgrund des Versicherungszwangs durchgeführt werden. Dabei verwendete man hierfür erstmals die Bezeichnung „Versicherungspflicht" an Stelle der bisher üblichen Bezeichnung „Versicherungszwang". In der Krankenversicherung sollte dagegen die Bezeichnung „Versicherungszwang" erst im Jahre 1911 durch die „Versicherungspflicht" ersetzt werden. Nach § 1 Abs.1 Nr. 1 IAVG unterlagen der Versicherungspflicht Personen vom vollendeten sechzehnten Lebensjahr an, die als Arbeiter, Gehilfen, Gesellen, Lehrlinge oder Dienstboten gegen Lohn oder Gehalt beschäftigt wurden. Damit war die Versicherungspflicht, in Abweichung zur Kranken- und Unfallversicherung, nicht an eine Tätigkeit in bestimmten Betrieben gebunden. Die Versicherungspflicht trat unabhängig davon ein, ob die Beschäftigung „in der Industrie, im Handel, in der Landwirtschaft, im häuslichen Dienst, in Büros oder Schreibstuben, in Künstlerateliers oder Werkstätten, hinter den Kulissen der Theater oder auf der Straße, im Interesse des Staates oder von Gemeinden, für kirchliche oder für Schulzwecke ausgeübt wurde"[60]. Sie umfasste die Arbeiter der Industrie, des Handwerks, der Land- und Forstwirtschaft einschließlich der Dienstboten. Hinzu kamen aufgrund des § 1 Abs. 1 Nr. 3 IAVG noch die Versicherungspflicht der Schiffsbesatzungen deutscher Seeschiffe und die Binnenschifffahrt. Der Versicherungszwang war auf alle Arbeiter erstreckt worden, da eine Begrenzung des versicherten Personenkreises auf einzelne Arbeiterkategorien zu erheblichen Unzuträglichkeiten geführt hätte[61]. Die Alters- und Invalidenversicherung beruhe

---

58 SB RT, 7. LP/IV. Session, 1888/1889, 4. Band, Anlage Nr. 10, S. 49.

59 RGBl. 1889 S. 97, „Gesetz, betreffend die Invaliditäts- und Altersversicherung" vom 22.6.1889. Abweichend vom Gesetzentwurf wurde nun in der Gesetzesbezeichnung die Invaliditätsversicherung vorangestellt, da diese als Hauptzweck erkannt wurde. Die Altersversicherung war dagegen nachrangig, da die Altersrente erst ab dem 70. Lebensjahr gezahlt wurde und deshalb nur an relativ wenige Personen ausgezahlt wurde. Dies resultierte aus der geringen Lebenserwartung. So betrug die durchschnittliche weitere Lebenserwartung eines 20jährigen Mannes nur 39,52 Jahre (Frauen: 41,62 Jahre), Quelle: Statistik des Deutschen Reiches 1910, Tabelle 5a, 5b für den Zeitraum von 1881–1890, S. 14,16.

60 *Bosse / Woedtke*, IAVG 1889, S. 170, Anm. 3a zu § 1 IAVG.

61 SB RT, 7. LP/IV. Session 1888/1889, 4. Band, Anlage Nr. 10, S. 50.

nicht nur auf dem Prinzip der dauernden Arbeitsleistung, sondern auch auf der dauernden Beitragsleistung[62]. Dies sei dann nicht gewährleistet, wenn nur einzelne Arbeiterkreise versichert seien. In diesen Fällen würde der ständige Austausch von Arbeitskräften zwischen einzelnen Zweigen der Industrie und dem Handwerk sowie zwischen der Land- und Forstwirtschaft und der Industrie zu einer Unterbrechung der Versicherung führen[63]. Erworbene Anwartschaften gingen dabei verloren oder würden zu einer Rentenminderung führen[64].

Das Gesetz führte in § 1 Abs. 1 Nr. 2 IAVG die Versicherungspflicht ein für Betriebsbeamte sowie Handlungsgehilfen und Handlungslehrlinge (ausschließlich der in Apotheken beschäftigten Gehilfen und Lehrlinge), deren Jahresarbeitsverdienst zweitausend Mark nicht überstieg. Die Betriebsbeamten wurden einbezogen, weil es sich hier um einen „untergeordneten, den Arbeitern in ihrer Lebenshaltung etwa gleichstehenden" Personenkreis handelte[65]. Die Einbeziehung der Handlungsgehilfen und Handlungslehrlinge erfolgte, da der Wunsch nach einer solchen Regelung von den beteiligten Kreisen mehrfach geäußert worden war[66]. Dies sei auch durch die Erwägung gerechtfertigt, die wirtschaftliche Lage zahlreicher dieser Personen habe eine gewisse Ähnlichkeit mit derjenigen der Betriebsbeamten. Zudem finde wegen der engen Verbindung zwischen Handel und Gewerbe oftmals ein Wechsel zwischen diesen Gruppen statt[67]. Auch führe die inzwischen große Zahl der Handlungsgehilfen zu einer Konkurrenz, die die Aussicht auf zukünftige Selbständigkeit wenig gesichert erscheinen lasse[68].

Der gesamten Ausrichtung nach handelte es sich um ein Gesetz für Arbeiter, auch wenn die Betriebsbeamten und Handlungsgehilfen einbezogen wurden. Nicht gedacht war dieses Gesetz für die übrigen Angestellten, obwohl es hierzu entsprechende Vorstöße gab. So wurde in der Kommission beantragt, außer den Betriebsbeamten und Handlungsgehilfen auch die „Privatbeamten" einzubeziehen[69]. Eine derartige Regelung fand in der Kommission „von keiner Seite

62 Ebenda.

63 Ebenda.

64 Ebenda.

65 Ebenda.

66 SB RT, 7. LP/IV. Session 1888/1889, 4. Band, Anlage Nr. 10, S. 66.

67 Ebenda.

68 Ebenda.

69 SB RT, 7. LP/IV. Session 1888/1889, 5. Band, Anlage Nr. 141, S. 897.

eine Unterstützung“[70] und wurde auch im Reichstag nicht mehr vorgebracht. Neben der obligatorischen Versicherungspflicht der Arbeiter war in § 2 IAVG vorgesehen, durch Bundesratsbeschluss die Versicherungspflicht auf Betriebsunternehmer ohne eigene Arbeiter und auf selbständige Hausgewerbetreibende zu erweitern[71]. Die ebenfalls im Gesetzentwurf vorgesehene Erweiterung durch den Bundesrat für Personen, die berufsmäßig einzelne persönliche Dienstleistungen bei wechselnden Arbeitgebern übernehmen, wurde in der Kommission abgelehnt.

Zusammenfassend ist zur Versicherungspflicht in der Invaliditäts- und Altersversicherung festzuhalten, dass diese alle Arbeiter erfasste. Sie umfasste somit einen größeren Personenkreis als die Krankenversicherung. Einen grundsätzlichen Widerstand der Parteien im Reichstag gegen die Versicherungspflicht, wie er noch bei dem Ringen um die Unfall- und Krankenversicherung in den Jahren 1881–1884 zu verzeichnen war, gab es nicht mehr. Es wurde lediglich der Versuch unternommen, den Personenkreis der Invaliditäts- und Altersversicherung auf den der Unfallversicherung zu begrenzen, der allerdings erfolglos blieb[72].

Der in der Invaliditäts- und Krankenversicherung voneinander abweichende versicherungspflichtige Personenkreis konnte dauerhaft nicht ohne Auswirkungen auf den Kreis der krankenversicherungspflichtigen Personen bleiben. Dies galt im Hinblick darauf, dass in der Invaliditäts- und Altersversicherung die Einstufung in eine Lohnklasse von der Zugehörigkeit zu einer Krankenkasse abhängig gemacht wurde. So war die Einstufung bei krankenversicherten Personen nach dem für die Krankenkasse maßgebenden durchschnittlichen Tageslohn beziehungsweise nach dem wirklichen Arbeitsverdienst vorzunehmen (§ 22 Abs. 2 Ziffer 4 IAVG). Für Personen, die keiner Krankenkasse angehörten, war nach § 22 Abs. 2 Ziffer 5 IAVG die Lohnklasse maßgebend, die sich aus dem ortsüblichen Tageslohn gewöhnlicher Tagearbeiter ergab. Eine solche (niedrige) Einstufung entsprach nicht den Verhältnissen vieler Berufsgruppen. Im Besonderen entsprach es nicht den Verhältnissen der Handlungsgehilfen. Da diese bisher nicht krankenversicherungspflichtig waren, wurden sie wie Tagelöhner eingestuft. Genau dieses Argument wurde im folgenden Jahr (1890) für die Ausdehnung des Krankenversicherungszwangs auf Hand-

70 SB RT, 7. LP/IV. Session 1888/1889, 5. Band, Anlage Nr. 141, S. 898.

71 Von dieser Möglichkeit machte der Bundesrat Gebrauch. So wurde 1891 die Versicherungspflicht auf die Hausgewerbetreibenden der Zigaretten- und Tabakwarenindustrie und 1894 auf die Hausgewerbetreibenden der Textilindustrie erstreckt (RGBl. 1891 S. 395, RGBl. 1894 S. 324).

72 SB RT, 7. LP/IV. Session 1888/1889, 6. Band, Anlage Nr.157, S. 1193.

lungsgehilfen angeführt, als der Gesetzentwurf zur Abänderung des KVG eingebracht wurde[73]. Daraus ist ersichtlich, dass ein direkter Zusammenhang zwischen der Invaliditäts- und Altersversicherung und der späteren Ausweitung des versicherungspflichtigen Personenkreises in der Krankenversicherung bestand.

VIII. Die Novelle des Krankenversicherungsgesetzes 1892

1. Allgemeines

Die Regierung legte dem Reichstag am 22. November 1890 den Entwurf eines „Gesetzes über die Abänderung des Gesetzes, betreffend die Krankenversicherung der Arbeiter vom 15. Juni 1883“ vor[74]. Die Änderungen wurden vom Reichstag in ein Artikelgesetz gefasst und verabschiedet[75] Aufgrund Art. 32 dieses Gesetzes wurde die Neufassung als „Krankenversicherungsgesetz“ bekannt gemacht[76]. Mit der Weglassung der Bezeichnung „Arbeiter“ im Titel wurde deutlich, dass inzwischen auch Personen dem Versicherungszwang unterworfen waren, die herkömmlich nicht als Arbeiter anzusehen waren.

Als Begründung für das Änderungsgesetz wurde angeführt, dass das Gesetz sich während seiner sechsjährigen Wirksamkeit im Wesentlichen als zweckmäßig erwiesen habe. Bei der Ausführung und der bisherigen Anwendung des Gesetzes habe sich jedoch „eine Reihe von Zweifeln und Unzuträglichkeiten ergeben, deren Beseitigung wünschenswert und auf Grund der bisher gemachten Erfahrungen möglich erscheint“[77]. Diese Aussage bezog sich im Wesentlichen auf das Verhältnis der Zwangskassen zueinander. Einige Vorschriften des KVG 1883 waren nicht eindeutig und hatten zu Zuständigkeitskonflikten geführt, die durch die Novelle bereinigt werden sollten. Dies galt auch für unklare Bestimmungen, die das Verhältnis der Zwangskassen zu den freien Hilfskassen regelten[78]. Die Hilfskassen sollten zudem ihr Privileg verlieren, durch die Zahlung eines erhöhten Krankengeldes die Kosten der ärztlichen Behand-

---

73 SB RT, 8. LP/I. Session 1890/1892, 2. Band, Anlage Nr. 151, S. 897.

74 SB RT, 8. LP/I. Session 1890/1891, 2. Band, Anlage Nr. 151, S. 882.

75 RGBl. 1892, S. 379, „Gesetz über die Abänderung des Gesetzes, betreffend die Krankenversicherung der Arbeiter“ vom 10.4.1892.

76 RGBl. 1892 S. 417, „Bekanntmachung, betreffend die Redaktion des Krankenversicherungsgesetzes“ vom 10.4.1892.

77 SB RT, 8. LP/I. Session 1890/1891, 2. Band, Anlage Nr. 151, S.893.

78 So waren von den Zwangskassen immer wieder die Statuten der freien Hilfskassen angefochten worden, da diese vermeintlich nicht dem § 75 KVG entsprachen und deshalb eine Mitgliedschaft nur bei der Zwangskasse bestehen konnte; vgl. *Stier-Somlo*, S. 67.

lung und der Arzneikosten abzugelten. Für sie sollte zukünftig, ebenso wie bisher schon für die Zwangskassen, das Sachleistungsprinzip gelten. Neben diesen organisatorischen und leistungsmäßigen Veränderungen sah die Novelle auch eine Ausdehnung des Versicherungszwangs auf weitere Personenkreise vor. Außer dem Versicherungszwang durch Gesetz (§ 1 KVG) und Gemeindestatut (§ 2 KVG) sollte dieser auf Reichsebene nunmehr ebenso durch Verfügung des Reichskanzlers beziehungsweise der Zentralbehörde möglich sein. Vorgesehen waren zudem veränderte Regelungen für die Befreiung vom Versicherungszwang.

2. Die Ausdehnung des obligatorischen Versicherungszwangs

a) Handlungsgehilfen und Handlungslehrlinge

Der Gesetzentwurf sah in dem neugefassten § 1 Abs. 1 Nr. 2 KVG 1892 vor, dass nunmehr die im Handelsgewerbe beschäftigten Personen der obligatorischen Versicherungspflicht unterlagen. Bisher waren die im Handelsgewerbe beschäftigten Handlungsgehilfen und Handlungslehrlinge nur aufgrund eines Statuts nach § 2 Abs. 1 Nr. 2 KVG 1883 versicherungspflichtig. Solche Ortsstatute waren nach den Aussagen des Bundesratsbevollmächtigten, von Boetticher, bislang nur vereinzelt erlassen worden[79]. Dies deckte sich mit den Aussagen der Kommission, die entsprechende Statuten für die Ausnahme hielt[80]. Damit hatten nur wenige Handlungsgehilfen einen gesetzlichen Krankenversicherungsschutz. In der Begründung des Gesetzentwurfs wurde darauf hingewiesen, der Wunsch auf Einbeziehung in die obligatorische Versicherungspflicht komme von den Beteiligten selbst[81]. Sie wünschten eine Gleichstellung mit den Betriebsbeamten. Allerdings gäbe es gleichzeitig aus dieser Berufsgruppe auch Widerstände gegen die Versicherungspflicht, so dass es zweifelhaft sei, ob dem Wunsch zu entsprechen sei[82]. Für die Einbeziehung und die Gleichstellung mit den Betriebsbeamten spräche jedoch die Regelung in § 1 Nr. 2 des IAVG 1889, die eine Gleichstellung der Handlungsgehilfen mit den Betriebsbeamten gebracht habe. Zudem ergäbe sich aus § 22 Nr. 5 IAVG ein weiterer Grund für die Einbeziehung. So war als Lohn für die nicht einer Krankenkasse angehörenden

79 SB RT, 8. LP/I. Session 1890/1892, 5. Band, S. 2925.

80 SB RT, 8. LP/I. Session 1890/1891, 3. Band, Anlage Nr. 381, S. 2330.

81 *Lindemann*, S. 260, weist für Berlin darauf hin, dass der Widerstand gegen eine ortsstatutarische Versicherungspflicht der Handlungsgehilfen von der Ärzteschaft kam. So waren die Ärzte gegen ein Statut, weil ihnen dadurch „neue Kreise der Privatpraxis entzogen und so die materiellen Interessen der Ärzte geschädigt würden“.

82 SB RT, 8. LP/I. Session 1890/1891, 2. Band, Anlage Nr. 151, S. 897.

Rentenversicherten der ortsübliche Tageslohn gewöhnlicher Tagearbeiter anzusetzen. Danach richtete sich auch die Bemessung der späteren Renten. Für Handlungsgehilfen bedeutete es, dass sie geringere Invaliden- und Altersrenten zu erwarten hatten als diejenigen Personen, die einer Krankenkasse angehörten. Deren Renten würden aus dem durchschnittlichen Tageslohn beziehungsweise aus dem wirklichen Arbeitsverdienst berechnet. Diese Gründe sprächen für die Einbeziehung der Handlungsgehilfen in die Versicherungspflicht[83].

Die eingesetzte Kommission folgte mehrheitlich diesen Argumenten und änderte insoweit nichts an dem Gesetzentwurf. Wie den Ausführungen des Berichterstatters der Kommission, Merbach, bei der zweiten Beratung im Reichstag zu entnehmen ist, gab es durchaus starke Widerstände in der Kommission gegen die Versicherungspflicht der Handlungsgehilfen[84]. Von den Gegnern wurde dabei auf die Regelung in Art. 60 ADHGB hingewiesen. Diese gewähre den Handlungsgehilfen bereits einen ausreichenden Schutz bei Krankheit, da das Gehalt bis zu sechs Wochen weitergezahlt würde. Dem wurde entgegengehalten, die Prinzipale hätten oftmals diese Regelung vertraglich abbedungen, so dass der Schutz illusorisch sei.

Wie zu erwarten war, setzte sich der Widerstand gegen die Einbeziehung der Handlungsgehilfen im Reichstag fort. Insbesondere die Abgeordneten der Deutschen Freisinnigen Partei, Goldschmidt und Eberty, wollten mit ihrem Antrag die Versicherungspflicht der Handlungsgehilfen wieder aus dem Gesetzentwurf streichen lassen[85]. Ihr Antrag wurde bei der Parlamentsdebatte am 19. November 1891 nur von den eigenen Parteifreunden unterstützt. Dagegen sprachen sich die Redner der Sozialdemokraten, des Zentrums, der Nationalliberalen Partei und der Deutschkonservativen Partei für die Versicherungspflicht der Handlungsgehilfen aus[86]. Die Befürworter einer solchen Versicherungspflicht stellten dabei übereinstimmend nicht die Rentenregelung im IAVG für ihre Zustimmung in den Vordergrund. Sie begründeten dies vielmehr mit der wirtschaftlichen Notlage vieler Handlungsgehilfen, die mit derjenigen der Arbeiterschaft vergleichbar sei. Die Versicherungspflicht der Handlungsgehilfen wurde schließlich in zweiter Lesung mit der Reichstagsmehrheit beschlossen.

Vor der dritten Lesung wurde von den Abgeordneten Buhl (Nationalliberale Partei) und Gutfleisch (Deutsche Freisinnige Partei) ein gemeinsamer Antrag

83 Ebenda.

84 SB RT, 8. LP/I. Session 1890/1892, 5. Band, S. 2916.

85 SB RT, 8. LP/I. Session 1890/1892, 4. Band, Anlage Nr. 515, S. 2855.

86 SB RT, 8. LP/I. Session 1890/1892, 5. Band, S. 2915 ff.

eingebracht, der zumindest partiell die Versicherungspflicht der Handlungsgehilfen ausschließen sollte[87]. Nach diesem Antrag sollte die Versicherungspflicht der Handlungsgehilfen und Handlungslehrlinge nur dann eintreten, sofern durch Vertrag die nach Artikel 60 ADHGB zustehenden Rechte aufgehoben oder beschränkt sind. Der Antrag wurde vom Reichstag mit Mehrheit angenommen[88]. Dies kann als Erfolg der liberalen Reichstagsabgeordneten betrachtet werden, da nun die Mehrzahl der Handlungsgehilfen nicht von der Versicherungspflicht betroffen war. Im Gegenzug verzichtete man darauf, die bisherige Regelung über die statutarische Versicherungspflicht der Handlungsgehilfen in § 2 Abs. 1 Nr. 2 KVG 1883 wegfallen zu lassen. Diese Regelung fand sich nun in § 2 Abs. 1 Nr. 5 KVG 1892 mit der Maßgabe wieder, die Versicherungspflicht durch Statut für solche Handlungsgehilfen und Handlungslehrlinge einzuführen zu können, die nicht bereits nach § 1 KVG 1892 versicherungspflichtig waren. So sicherte man immerhin den Gemeinden weiterhin die Möglichkeit, bei einem örtlich notwendigen Bedarf, die Versicherungspflicht für Handlungsgehilfen einzuführen zu können.

b) Apothekergehilfen und Apothekerlehrlinge

Die Apothekergehilfen und Apothekerlehrlinge gehörten zu den Handlungsgehilfen im Sinne des ADHGB[89]. Es hätte deshalb nahe gelegen, diesen Personenkreis unbenannt zu lassen, so dass für sie die gleiche Regelung gegolten hätte, wie sie für die Handlungsgehilfen beschlossen wurde. Aus der Begründung des KVG-Gesetzentwurfes lässt sich jedoch entnehmen, dass die Apothekergehilfen aus der Versicherungspflicht in der Krankenversicherung herausgenommen werden sollten, da für sie auch im Invaliditäts- und Altersversicherungsgesetz eine Ausnahme gemacht worden war[90]. Die Ausnahmeregelung im IAVG war offensichtlich auf „eine lebhafte Agitation“ der Apotheker zurückzuführen[91]. Sie hatten die Ausnahme damit begründet, dass „die den Apothekergehilfen und Apothekerlehrlingen zumeist innenwohnende Bildungsstufe und ihre ganze wirtschaftliche Lage es überflüssig erscheinen lassen, das Gesetz auf dieselben auszudehnen“[92]. Bei den Beratungen zum IAVG

87 SB RT, 8. LP/I. Session 1890/1892, 5. Band, Anlage Nr. 742, S. 4005.

88 SB RT, 8. LP/I. Session 1890/1892, 7. Band, S. 4738.

89 *Weyl*, S. 101, Fn. 1; *Stier-Somlo*, S. 100, Fn. 31, bemerken hierzu, dass andere Beschäftigte in den Apotheken wie Faktoren, Laufburschen, Ausgeher und Diener nicht dazu gehörten und deshalb versicherungspflichtig waren.

90 SB RT, 8. LP/I. Session 1890/1891, 2. Band, Anlage Nr. 151, S. 897.

91 SB RT, 7. LP/IV Session 1888/1889, 5. Band, Anlage Nr. 141, S. 944.

92 Ebenda.

war durch einen Antrag sozialdemokratischer Abgeordneter versucht worden, die Regelung zu Fall zu bringen[93]. Begründet wurde dieser Antrag durch den Abgeordneten Singer damit, dass der Ausschluss der Apothekergehilfen durch „absolut nichts gerechtfertigt ist" und er sich „vergebens bemüht habe, Gründe für die Ausschließung im Kommissionsbericht zu finden"[94]. Die Ausnahmeregelung, die für diesen Personenkreis im IAVG beschlossen worden war, wurde letztlich auch in das KVG 1892 übernommen.

c) Beschäftigte bei Anwälten, Notaren und in anderen Betrieben

Nach § 1 Abs. 1 Nr. 2a KVG 1892 wurden die in Geschäftsbetrieben der Anwälte, Notare und Gerichtsvollzieher, der Krankenkassen, Berufsgenossenschaften und Versicherungsanstalten gegen Lohn oder Gehalt beschäftigten Personen der Versicherungspflicht unterstellt. Diese Personen waren bisher nicht versicherungspflichtig, da die genannten Betriebe nicht zu den „Gewerbebetrieben" gerechnet wurden[95]. Als Grund für die Einbeziehung des Personenkreises des § 1 Abs. 1 Nr. 2a KVG 1892 in die Krankenversicherungspflicht wurde die bestehende Versicherungspflicht in der Invaliditäts- und Altersversicherung genannt. Ebenso wie bei den Handlungsgehilfen wollte man vermeiden, dass dieser Personenkreis nur deshalb geringere Invaliditäts- oder Altersrenten erhielt, weil er keiner Zwangskasse angehörte. Im Reichstag gab es zu dieser Personengruppe die gleichen Auseinandersetzungen wie zu denen der Handlungsgehilfen. Der Antrag des Abgeordneten Hirsch, die Regelung des § 1 Abs. 1 Nr. 2a KVG 1892 ganz zu streichen[96], wurde von ihm selbst zurückgezogen, nachdem er hierfür keine Mehrheit sah[97]. Die im Gesetz genannten „Krankenkassen, Berufsgenossenschaften und Versicherungsanstalten" waren im Gesetzentwurf noch nicht enthalten. Sie wurden erst durch entsprechende Kommissionsbeschlüsse in zweiter Lesung in den Gesetzentwurf eingefügt[98]. Auch wenn der erweiterte Personenkreis nicht begründet wurde, waren sich die Kommentatoren weitgehend einig darüber, dass hier nur

93 SB RT, 7. LP/IV. Session 1888/1889, 6. Band, Anlage Nr. 149, S. 1184.

94 SB RT, 7. LP/IV. Session 1888/1889, 2. Band, S. 1127.

95 SB RT, 8. LP/I. Session 1890/1891, 2. Band, Anlage Nr. 151, S. 897.

96 SB RT, 8. LP/I. Session 1890/1892, 4. Band, Anlage Nr. 519, S. 2857.

97 SB RT, 8. LP/I. Session 1890/1892, 5. Band, S. 2936.

98 SB RT, 8. LP/I. Session 1890/1891, 3. Band, Anlage Nr. 381, S. 2354.

die Träger der reichsgesetzlichen Arbeiterversicherung gemeint sein konnten[99]. Den Verfassern des Gesetzentwurfs erschien es nicht erforderlich, die in den „Büros der Versicherungs-, Kommissions-, Auktionatoren- und ähnlichen Geschäften“ beschäftigten Personen aufzuführen, da diese Betriebe als „stehende Gewerbebetriebe“ anzusehen seien[100] und somit schon der Versicherungspflicht unterlagen. Die weitergehende Forderung einer Subkommission, auch die Beschäftigten von Ärzten und Gelehrten einzubeziehen, wurde abgelehnt, da es schwierig sein werde, die Abgrenzung zwischen Dienstboten und den im Betrieb Beschäftigten vorzunehmen[101]. Streitig war, ob unter „Versicherungsanstalt“ auch Versicherungen auf Gegenseitigkeit gehörten, da sie weder erwerbsorientierte Gewerbebetriebe waren noch zu den Trägern der Reichsversicherung gehörten. Das Reichsgericht entschied hierzu, den Begriff der „Versicherungsanstalt“ entsprechend dem gewöhnlichen Sprachgebrauch auszulegen und nicht nur auf die Träger der Reichsversicherung zu begrenzen. Eine solche Begrenzung ergäbe sich nicht aus den Gesetzesmaterialien. Vielmehr sei es Tendenz des Gesetzes, diejenigen, die eine soziale und wirtschaftliche gleiche Stellung einnehmen, wie die in anderen Versicherungsanstalten beschäftigten Personen, der Krankenversicherungspflicht zu unterstellen[102]. Bei dem Begriff der „Berufsgenossenschaften“ war umstritten, ob damit nur die Träger der gesetzlichen Unfallversicherungen oder auch andere berufliche Vereinigungen wie beispielsweise die Handwerkskammern, gemeint waren. Eine solche analoge Anwendung wurde von Rechtsprechung und Schrifttum abgelehnt[103].

d) Heimarbeiter

Die Novelle der Krankenversicherung 1892 brachte auch die Ausdehnung der obligatorischen Versicherungspflicht auf die Heimarbeiter, ohne dass dies unmittelbar aus dem Gesetzestext zu entnehmen ist. Dies lässt sich nur feststellen bei einem Vergleich der bisherigen Vorschriften mit der neuen Gesetzes-

---

99 *Hahn*, S. 38, Anm. 4 b zu § 1 KVG; *Schicker*, KVG 1892, Anm. 22 zu § 1 KVG, S. 27; Arb.-Vers. 10, S. 24; Arb-Vers. 11, S. 260; anderer Ansicht *Rosin*, Anm. 7 zu § 67 f., S. 507; Arb.-Vers. 13, S. 667.

100 SB RT, 8. LP/I. Session 1890/1891, 2. Band, Anlage Nr. 151, S. 897.

101 SB RT, 8. LP/I. Session 1890/1891, 3. Band, Anlage Nr. 381, S. 2355.

102 RGZ, 34, S. 20, Entscheidung des Reichsgerichts vom 29.10.1894, Rep VI 180/94, Arb.-Vers. 12, S. 18, *Reger* 15, S. 284.

103 Arb.-Vers. 21, S. 227, Entscheidung des bad. VGH vom 1.3.1904; *Hahn*, Anm. 4 b zu § 1 KVG, S. 39; *Weyl*, Reichsversicherungsrecht, § 23, S. 101; *Rosin*, 1. Band., Anm. 7 zu § 67 f., S. 507; *Schicker*, KVG 1892, Anm. 22 zu § 1 KVG, S. 27; *Rasp / Meinel*, Anm. 12 zu § 1 KVG, S. 46; Arb.-Vers. 10, S. 24; Arb-Vers. 11, S. 260.

fassung. Bisher war in § 2 Abs. 1 Nr. 4 KVG 1883 lediglich eine statutarische Versicherungspflicht von Personen vorgesehen, die von Gewerbetreibenden außerhalb ihrer Betriebsstätten beschäftigt wurden. Damit waren bisher die Heimarbeiter gemeint. Nun fiel diese Regelung ersatzlos weg. Begründet wurde dies damit, dass aufgrund der gemachten Erfahrungen ein „praktisches Bedürfnis" hierfür nicht bestand[104]. Bei voller Anwendung der bisherigen Vorschrift seien „zahlreiche, der Krankenversicherung dringend bedürftige Personen der Wohltat dieser Versicherung beraubt"[105]. Die Streichung empfehle sich umso mehr, als auch das Invalidenversicherungsgesetz 1889 eine solche Ausnahme nicht zulässt[106]. Durch den Wegfall der bisherigen Einschränkungen des § 2 Abs. 1 Nr. 4 KVG 1883 erhielten die Heimarbeiter den Status von versicherungspflichtigen Arbeitern.

3. Die Ausdehnung des statutarischen Versicherungszwangs

a) Beschäftigte in Kommunalbetrieben und Kommunaldiensten

Nach dem KVG 1883 unterlagen Kommunalbeschäftigte nur dann der Versicherungspflicht, wenn sie Beschäftigte der in § 1 Abs. Nr. 1 KVG genannten Betriebe (Bergwerke, Salinen, Aufbereitungsanstalten, Brüchen, Gruben, Fabriken, Hüttenwerke, Eisenbahnen, Binnendampfschifffahrtsbetriebe, Werften und Bauten) waren, die von den Kommunen betrieben wurden. Das Gleiche galt für Beschäftigte in Kommunalbetrieben, in denen Dampfkessel oder durch elementare Kräfte bewegte Triebwerke verwendet wurden und die deshalb nach § 1 Abs. 1 Nr. 3 KVG versicherungspflichtig waren. Durch die Neufassung des § 2 Abs. 1 Nr. 2 KVG 1892 wollte man den Kommunen die Möglichkeit eröffnen, weitere, bisher nicht versicherungspflichtige Kommunalbeschäftigte, der Versicherungspflicht durch Gemeindestatut zu unterstellen. Nach der Gesetzesbegründung war das Bedürfnis einer solchen Regelung mehrfach hervorgetreten[107]. Namentlich benannt wurden dabei die von manchen Behörden betriebenen lithographischen Anstalten, die städtischen Reinigungsanstalten und Berufsfeuerwehren[108], wobei diese Aufzählung nicht abschließend war[109]. Durch die statutarische Versicherungspflicht bot sich den

---

104 SB RT, 8. LP/I. Session 1890/1891, 2. Band, Anlage Nr. 151, S. 898.

105 Ebenda.

106 Ebenda.

107 Ebenda, S. 897.

108 Ebenda, S. 898

109 Nach *Hahn*, Anm. 3 zu § 2 KVG, S. 47, gehörten dazu auch städtische Gasanstalten; Arb.-Vers. 12, 141 (143), In der Entsch. des bad. VGH vom 12.10.1893 ist vermerkt,

Kommunen auch die Möglichkeit, bisherige Zweifelsfälle auszuräumen und ihre Arbeiter gleich zu behandeln[110]. Die Gesetzesbegründung weist darauf hin, dass eine solche Versicherungspflicht auch deshalb empfehlenswert sei, weil solche Personen oftmals von öffentlichen Betrieben zu gleichartigen Gewerbebetrieben wechselten und umgekehrt[111]. Darüber hinaus sei es oft angebracht, nicht nur die Arbeiter mit wirtschaftlicher Tätigkeit, sondern auch andere „untere Bedienstete" wie „Polizeibedienstete" und „unteres Büropersonal" der Versicherungspflicht zu unterstellen[112]. Unter Kommunaldienst wurde auch der Dienst in Kommunalverbänden verstanden, wie aus den Beratungen der Kommission zu entnehmen ist[113]. Nachdem die Kommission diese Erweiterung der statutarischen Versicherungspflicht gebilligt hatte, beschloss die Mehrheit des Reichstages den neuen § 2 Abs. 1 Nr. 2 KVG 1892 in der vorgelegten Fassung. Von der Möglichkeit einer statutarischen Versicherungspflicht für die Kommunalbeschäftigten wurde von den Städten in der Folgezeit nur vereinzelt Gebrauch gemacht[114].

b) Ohne Arbeitsvertrag beschäftigte Familienangehörige

Nach § 2 Abs. 1 Nr. 3 KVG 1892 konnte die statutarische Versicherungspflicht ausgedehnt werden „auf diejenigen Familienangehörigen eines Betriebsunternehmers, deren Beschäftigung in dem Betrieb nicht auf Grund eines Arbeitsvertrages stattfindet". Der Grund für eine solche Regelung ist aus dem Gesetz selbst nicht ersichtlich. Wie sich aus der Gesetzesbegründung ergibt, wurde eine Regelung für erforderlich erachtet, weil die Versicherungspflicht nach § 1 KVG 1883 bei Beschäftigung von Familienangehörigen oftmals

---

dass in Mannheim auch die Waschfrauen und Büglerinnen des städt. Krankenhauses durch Ortsstatut der Versicherungspflicht unterstellt wurden; vgl. *Stier-Somlo*, S. 117 f., Fn. 62.

110 *Lindemann*, S. 412, verweist beispielsweise auf die bisherige unterschiedliche Behandlung von Arbeitern der Berliner Markthallen. So waren die Beschäftigten von zwei Markthallen nach § 1 Abs. 1 Nr. 3 KVG versicherungspflichtig, weil dort hydraulische Aufzüge betrieben wurden. Die Beschäftigten der anderen Markthallen unterlagen dagegen als kommunale Arbeiter nicht der Versicherungspflicht.

111 SB RT, 8. LP/I. Session 1890/1891, 2. Band, Anlage Nr. 151, S. 898.

112 Ebenda; *Stier-Somlo*, S. 117, benennt darüber hinaus zum Personenkreis des § 2 Abs. Nr. 2 KVG 1892 gehörend, die Magistratsbürobeamten und -gehilfen, Registratoren, Schreiber, Kopisten, Stadtkassierer, Sparkassenrendanten, Polizeimannschaften, Kommunalboten und Nachtwächter.

113 SB RT, 8. LP/I. Session 1890/1891, 3. Band, Anlage Nr. 381, S. 2332.

114 *Lindemann*, S. 252 f., 413; Übersicht in: Stat. Jahrbuch deutscher Städte, 4. Jahrgang 1894, S. 226 f., 11. Jahrgang 1903, S. 426 f.

Anlass zu Zweifeln gab[115]. Sie entstanden, weil Familienangehörige statt eines Barlohnes oft nur Naturalbezüge (Kost und Logis) erhielten, und nicht immer eindeutig war, ob es sich um Lohn für geleistete Arbeit handelte oder ob die Bezüge zur Erfüllung familienrechtlicher Ansprüche gewährt wurden[116]. Durch die Neuregelung sollte einerseits klargestellt werden, dass eine Versicherungspflicht von Familienangehörigen nach § 1 KVG 1892 nur eintrat, wenn sie auf Grund eines Arbeitsvertrages beschäftigt wurden, andererseits sollte durch die Neuregelung Vorsorge getroffen werden, dass bei örtlichen Bedürfnissen die ohne Arbeitsvertrag beschäftigten Familienangehörige, durch Statut versichert werden konnten[117]. Während der parlamentarischen Beratungen im Reichstag wurde die Frage aufgeworfen, welche Personen als Familienangehörige anzusehen sind, da der Begriff der „Familienangehörigen" bisher nicht gesetzlich geregelt sei. Dort, wo der Begriff im Krankenversicherungsgesetz bisher verwendet wurde, wie in § 21 KVG 1883, sei er von den Kommentaren[118] nur auf Ehegatten und die noch nicht erwerbstätigen Kinder bezogen worden[119]. Unter Umständen könnte auch das „praktische Bedürfnis bestehen", Schwiegerkinder hierunter zu begreifen, wie der Abgeordnete von Strombeck anmerkte[120]. Hierzu bestätigte der Bundesratsbeauftragte von Boetticher, dass durch § 2 Abs. 2 KVG 1892 den Gemeinden ermöglicht würde, im Statut die „Unterabteilungen der Familienangehörigen" genau zu bezeichnen, die man der Versicherungspflicht unterwerfen will[121]. Beachtlich an der Regelung des § 2 Abs. 1 Nr. 3 KVG 1892 war der Konsens darüber, dass Ehegatten überhaupt zueinander in einem Arbeitsverhältnis stehen konnten. Dies stand im Widerspruch zu der Spruchpraxis des RVA für den Bereich der Unfall- und

115 SB RT, 8. LP/I. Session 1890/1891, 2. Band, Anlage Nr. 151, S. 898.

116 Versicherungspflicht bejaht für Haussöhne: Arb.-Vers. 3, S. 346, OLG Köln vom 26.2.1886; Arb.-Vers. 5, S. 341, OLG Darmstadt vom 24.11.1887; Arb.-Vers. 12, S. 470, LG Schweidnitz vom 29.5.1895; verneint: Arb.-Vers. 5, S. 82, OLG Breslau vom 17.9.1887.

117 SB RT, 8. LP/I. Session 1890/1891, 2. Band, Anlage Nr. 151, S. 898.

118 *Woedtke*, KVG 1883, Anm. 6 zu § 21 KVG; *Schicker*, Reichsgesetze, Anm. 5 zu § 21 KVG, S. 29.

119 SB RT 8. LP/I. Session 1890/1892, 5. Band, S. 2941; Anders in der UV: Nach dem Entwurf zur landwirtschaftlichen Unfallversicherung wurden als Familienangehörige des Betriebsunternehmers die Ehegatten, Aszendenten, Deszendenten sowie die Geschwister der Eheleute angesehen, SB RT, 6. LP/II. Session 1885/1886, 4. Band, Anlage Nr. 75, S. 404.

120 SB RT, 8. LP/I. Session 1890/1892, 5. Band, S. 2941.

121 SB RT, 8. LP/I. Session 1890/1892, 5. Band, S. 2944; *Stier-Somlo*, S. 145, benennt neben Ehegatten und den Kindern die Eltern, Schwiegereltern, Großeltern, Geschwister und Enkel.

Invaliditätsversicherung. Nach Ansicht des RVA vertrug sich „die sittliche Auffassung der Ehe als Verhältnis zweier zu ungeteilter Lebensgemeinschaft berufener Personen“ nicht mit der wirtschaftlichen Abhängigkeit durch einen Arbeitsvertrag[122]. Im Schrifttum gab es hierzu unterschiedliche Ansichten[123]. Der Rechtsprechung des RVA hatte sich auch die Verwaltungsgerichtsbarkeit für den Bereich der Unfallversicherung angeschlossen[124]. In einer späteren Entscheidung im Jahre 1902 zur Krankenversicherung wandte sich das preußische OVG von seiner bisherigen Rechtsprechung ab. Es stellte fest, dass ein Arbeitsverhältnis gegen Lohn oder Gehalt zwischen Ehegatten möglich sei und Versicherungspflicht in der Krankenversicherung eintreten könne[125]. Begründet wurde dies auch mit dem im Jahre 1900 in Kraft getretenen Bürgerlichen Gesetzbuch, welches das Eherecht neu regelte. Bei dessen Beratung sei deutlich geworden, „wenn der Mann seine Frau für außerordentliche Leistungen im Geschäft bezahle, liege kein Grund vor, einen solchen Erwerb anders zu behandeln als einen beliebigen anderen Arbeitserwerb der Frau“[126]. Das RVA hielt für den Bereich der Unfall- und Invaliditätsversicherung dagegen weiterhin an seiner bisherigen Auffassung fest, zwischen Ehegatten sei wegen der „sittlichen Grundlagen“ ein versicherungspflichtiges Beschäftigungsverhältnis nicht möglich[127].

c) Erweiterung des Kreises der selbständigen Hausgewerbetreibenden

Bereits nach § 2 Abs. 1 Nr. 5 KVG 1883 konnten selbständige Gewerbetreibende, die in „eigenen Betriebsstätten im Auftrag und für Rechnung anderer

---

122 AN 1888, S. 314, RVA-Rekursentscheidung Nr. 592; bereits vorher: AN 1885, S. 3, RVA-Bescheid Nr. 10; AN 1885, S. 160, RVA-Anleitung Nr. 6; AN 1887, S. 142, RVA Bescheid Nr. 341; AN 1888, S. 18, RVA-Anleitung Nr. 8.

123 Dem RVA zustimmend: *Woedkte*, LUVG, Anm. 6 zu § 1 LUVG, S. 105; *Bosse / Woedkte*, IAVG, Anm. 3b zu § 1 IAVG, S. 170; *Landmann / Rasp / Graßmann*, IVG, zu § 1 IVG, S. 181; ablehnend dagegen: *Hahn*, Anm. 1d zu § 1 KVG, S. 28; *Rosin*, I. Band, § 26, Nr. 6, S. 169 f., 2. Band, § 12, S. 86 f.; *Lotmar*, S. 256; *Stier-Somlo*, S. 146 f.

124 OVG-Entscheidungen, Band 19, S. 355, Urteil des preuß. OVG vom 23.12.1889 Rep. III C. 61/89.

125 OVG-Entscheidungen, Band 42, S. 297, Urteil des preuß. OVG vom 25.9.1902, Rep. III C. 16/02, Arb.-Vers. 19, S. 751, *Reger*, 23, S. 75.

126 Ebenda

127 AN 1900, S. 277 ff., Anleitung des RVA, betreffend den Kreis der nach dem IVG versicherten Personen, Ziffer 18 b vom 19.12.1899; AN 1903, S. 571, RVA-Entscheidung Nr. 1087; AN 1905, S. 406, RVA-Entscheidung Nr. 2095; Arb.-Vers. 20, S. 814; Arb.-Vers. 22, S. 378; *Weymann*, Arb.-Vers. 20 (1903), S. 217 ff.; *Fuld*, Arb.-Vers. 20 (1903), S. 52 ff.

Gewerbetreibender mit der Herstellung oder Bearbeitung gewerblicher Erzeugnisse beschäftigt werden (Hausindustrie)", durch Gemeindestatut der Versicherungspflicht unterstellt werden. Es entstanden Zweifel darüber, ob die Voraussetzungen der Versicherungspflicht noch gegeben waren, wenn sich die Hausgewerbetreibenden die Roh- und Hilfsstoffe selbst beschafften[128]. Hinzu kamen die in Zweigen der Hausindustrie starken Schwankungen der Aufträge. Dadurch wurden die Hausgewerbetreibenden gezwungen, vorübergehend auf eigene Rechnung zu arbeiten. Dies führte häufig zur Unterbrechung des Versicherungsschutzes. Um diesen Missständen abzuhelfen, sah der neugefasste § 2 Abs. 1 Nr. 4 KVG 1892 vor, auch solche selbständigen Hausgewerbetreibenden der statutarischen Versicherungspflicht zu unterstellen, die sich die Roh- und Hilfsstoffe selbst beschafften. Der Versicherungsschutz sollte dabei auch für die Zeiten gelten, in denen sie vorübergehend für eigene Rechnung arbeiteten. Die Erweiterung für Hausgewerbetreibende entsprach der Regelung, die bereits vorher durch § 2 IVAG in der Invaliditäts- und Altersversicherung eingeführt worden war. Es ist ein weiteres Beispiel dafür, wie sich der Versicherungszwang in einem Versicherungszweig zeitlich verzögert auch in einem anderen Versicherungszweig auswirkte.

d) Betriebsbeamte der Land- und Forstwirtschaft

Nach der bisherigen Regelung des § 2 Abs. 1 Nr. 6 KVG 1883 konnte die Versicherungspflicht durch Gemeindestatut auf die „Arbeiter" der Land- und Forstwirtschaft ausgedehnt werden. Dies galt nicht für die Betriebsbeamten in diesem Bereich. Durch das LUVG vom 5. Mai 1886[129] waren inzwischen auch die Betriebsbeamten in der Land- und Forstwirtschaft in die Unfallversicherung einbezogen geworden. Diese Versicherungspflicht erstreckte sich nicht auf die Krankenversicherung. Das LUVG selbst sah keine Erweiterung der Krankenversicherung vor, sondern verwies auf die statutarische Versicherung des § 2 KVG 1883. Zur Angleichung der Personenkreise von KV und UV war eine Erweiterung in § 2 Abs. 1 Nr. 6 KVG 1883 um die Betriebsbeamten erforderlich, die nun vom Reichstag in § 2 Abs. 1 Nr. 5 KVG 1892 beschlossen wurde[130].

---

128 SB RT, 8. LP/I. Session 1890/1891, 2. Band, Anlage Nr. 151, S. 898.

129 RGBl. 1886 S. 132, „Gesetz, betreffend die Unfall- und Krankenversicherung der in land- und forstwirtschaftlichen Betrieben beschäftigten Personen" vom 5.5.1886.

130 Durch die KVG-Novellierung 1892 erhielt § 2 KVG eine neue Nummerierung, so dass aus der bisherigen Ziffer 6 die Ziffer 5 wurde.

4. Die Ausdehnung des Versicherungszwangs durch Verwaltungsverfügung

Mit dem neuen § 2 Abs. 1 Nr. 2 KVG 1892 war die Möglichkeit eingeführt worden, für Kommunalbedienstete eine statutarische Versicherungspflicht einzuführen. Unberücksichtigt blieben dabei die Beschäftigten der Reichsbetriebe und der Staatsbetriebe der Länder. Hier war die Versicherungspflicht durch Gemeindestatut nicht angebracht, da für einzelne Reichs- oder Staatsbetriebe unter Umständen eine Vielzahl unterschiedlicher Statuten zur Geltung gekommen wäre[131]. Deshalb räumte man durch § 2a KVG dem Reichskanzler bzw. den Zentralbehörden der Länder ein entsprechendes Verfügungsrecht zur Einführung der Versicherungspflicht ein. Mit dieser Regelung war neben die obligatorische Versicherungspflicht nach § 1 KVG und der statutarischen Versicherungspflicht nach § 2 KVG als dritte Variante die Versicherungspflicht durch Verwaltungsverfügung nach § 2a KVG hinzugetreten.

5. Einkommensgrenze für weitere Personenkreise

a) Allgemeines

Aufgrund der bisherigen Regelung in § 1 Abs. 2 KVG 1883 war der Versicherungszwang auf diejenigen Betriebsbeamten beschränkt, deren Lohn oder Gehalt die Grenze von sechszweidrittel Markt je Arbeitstag nicht überschritt. Nun sah die Neuregelung in § 2b KVG 1892 diese Einkommensgrenze nicht nur für Betriebsbeamte, sondern auch für Werkmeister und Techniker sowie für Handlungsgehilfen vor. Sie galt zudem für die in § 1 Abs. 1 Nr. 2a KVG 1892 neu der Versicherungspflicht unterworfenen Personen in Geschäftsbetrieben der Anwälte, Notare, Gerichtsvollzieher, Krankenkassen, Berufsgenossenschaften und Versicherungsanstalten, ebenso für die dem statutarischen Versicherungszwang nach § 2 Abs. 1 Nr. 2 KVG 1892 unterworfenen Kommunalbediensteten sowie für die nach § 2a KVG durch Verwaltungsverfügung versicherungspflichtig gewordenen Personen der Reichs- und Staatsbetriebe. Die Höhe der Einkommensgrenze von arbeitstäglich sechszweidrittel Mark wurde beibehalten. Sofern Lohn oder Gehalt nach größeren Zeitabschnitten bemessen war, sollte eine jährliche Grenze von zweitausend Mark gelten.

Begründet sah man die Einkommensgrenze für diese Personen in der sozialen und wirtschaftlichen Vergleichbarkeit mit der Gruppe der Betriebsbeamten. Deshalb hielt man es für gerechtfertigt, auch bei ihnen die Versicherungspflicht zu begrenzen. Ein Antrag des Abgeordneten Höffel sah eine Einkom-

131 SB RT, 8. LP/I. Session 1890/1891, 2. Band, Anlage Nr. 151, S.898.

mensgrenze für alle Versicherungspflichtigen vor[132], der vom Reichstag abgelehnt wurde[133]. Der Abgeordnete Hirsch wies in diesem Zusammenhang darauf hin, ein Jahreseinkommen von gewerblichen Arbeitern über zweitausend Mark sei eine seltene Ausnahme und betreffe nur wenige dieser Arbeiter[134]. Hierzu entgegnete der Abgeordnete Möller, es gebe sehr wohl eine große Zahl von Arbeitern, deren Jahreseinkommen über zweitausend Mark liege, vor allem im Maschinenbau und in den Glashütten. Doch seien die Einkommen sehr schwankend, so dass er es für unbedingt notwendig halte, den Versicherungszwang zu belassen[135]. Hinsichtlich der neu durch das KVG 1892 versicherungspflichtig gewordenen Personenkreise gab es für die Einkommensgrenze eine breite Zustimmung. So wurde der § 2b KVG 1892 mit Mehrheit vom Reichstag beschlossen.

b) Werkmeister und Techniker

Der vom Reichstag beschlossene § 2b KVG 1892 erstreckte die Einkommensgrenze auch auf Werkmeister und Techniker, die bis dahin weder im Krankenversicherungsgesetz noch in den Unfallversicherungsgesetzen und auch nicht in der Invaliditätsversicherung als besondere Berufsgruppen genannt wurden. Erst durch den Abänderungsantrag der Abgeordneten Gutfleisch, Merbach u.a. wurde die Einfügung der „Werkmeister und Techniker" hinter den Betriebsbeamten in § 2b KVG 1892 gefordert[136]. Der Antrag fand die Mehrheit des Reichstages ohne Begründung und Aussprache. Dies ist deshalb beachtlich, da bei den bisherigen Beratungen jede Erweiterung oder Begrenzung des versicherungspflichtigen Personenkreises debattiert wurden. Vermutlich hatten sich die Abgeordneten bereits vorher mit der Stellung der Werkmeister und Techniker und deren Gleichstellung mit den Betriebsbeamten befasst.

Tatsächlich hatte sich der Reichstag bereits bei der Novellierung des Gewerberechts mit dieser Frage zu befassen. So wurde bei der Änderung der Gewerbeordnung 1891[137] in § 133a GewO die Möglichkeit festgelegt, bei beaufsichtigenden Personen (Betriebsbeamte, Werkmeister und ähnliche Angestellte) und Personen mit höheren technischen Dienstleistungen (Maschinentechniker, Bautechniker, Chemiker, Zeichner und dergleichen) den Arbeitsvertrag nur mit

132 SB RT, 8. LP/I. Session 1890/1892, 6. Band, Anlage Nr. 737, S. 4003.

133 SB RT, 8. LP/I. Session 1890/1892, 7. Band, S. 4737.

134 SB RT, 8. LP/I. Session 1890/1892, 7. Band, S. 4731.

135 SB RT, 8. LP/I. Session 1890/1892, 7. Band, S. 4733.

136 SB RT, 8. LP/I. Session 1890/1892, 6. Band, Anlage Nr.739, S. 4004.

137 RGBl. 1891 S. 261.

einer sechswöchigen Frist zum Ablauf des Kalendervierteljahres aufheben zu können. Zusätzlich wurde in § 133c GewO die Weiterzahlung der Leistungen des Arbeitgebers für sechs Wochen im Fall eines unverschuldeten Unglücks bestimmt. Diese Änderungen sind zurückzuführen auf die Bemühungen der Werkmeister- und Technikerverbände für ihre Berufsstände eine den Handlungsgehilfen entsprechende Rechtsstellung zu erhalten. Der Centralverband des Deutschen Technikerverbandes hatte sich 1886 mit einer Petition an den Reichstag gewandt[138]. Dem folgte 1888 der Deutsche Werkmeisterverband mit einer entsprechenden Petition[139]. Die Werkmeister wiesen dabei auf ihre besondere rechtlose Situation hin. Nach § 126 der Gewerbeordnung von 1869 galten deren Bestimmungen nicht für Kaufleute und Werkmeister. Während die Kaufleute als Handlungsgehilfen nun nach Artikeln 60, 61 ADHGB einen Gehaltsfortzahlungsanspruch und einen sechswöchigen Kündigungsschutz hatten, blieben die Werkmeister ohne diese Rechte. Mit der Novelle der Gewerbeordnung von 1878[140] war sogar der Begriff des Werkmeisters ganz aus dem Gesetz verschwunden. Die Petitionskommission war sich nicht darüber schlüssig, ob Werkmeister deshalb wieder zu den Arbeitern des § 120a GewO 1878 gehörten oder immer noch eine besondere Stellung einnahmen[141]. Hinzu kam auch die widersprüchliche Rechtsprechung[142]. Das Absinken der Stellung von Werkmeistern zu „gehobenen Arbeitern"[143] weist auf die inzwischen fortgeschrittene technische Entwicklung und die in Großbetrieben erfolgte Arbeitsteilung hin. Im taylorisierten Betrieb wurde der Werkmeister zum „bloßen Funktionsmeister"[144]. Im späteren Verlauf der technischen Entwicklung verlor der Werkmeister weitere leitende Funktionen an die „schulmäßig-technisch" vorgebildeten Ingenieure, so dass für ihn als „erstem Arbeiter" auch seine Angestellten-Eigenschaft fraglich wurde[145]. Aus der Begründung zur Novelle der Gewerbeordnung ist zu entnehmen, dass die Regierung die Werkmeister als eine Zwischenstufe zwischen Arbeitgebern und höheren Betriebsbeamten einerseits und Arbeitern anderer-

138 SB RT, 6. LP/II. Session 1885/1886, 5. Band, Anlage Nr. 224, S. 1047.

139 SB RT, 7. LP/II. Session 1887/1888, 4. Band, Anlage Nr. 134, S. 579.

140 RGBl. 1878 S. 199.

141 SB RT, 7. LP/II. Session 1887/1888, 4. Band, Anlage Nr. 134, S. 581.

142 Ebenda.

143 *Hromadka*, NZS 1992, S. 7 (10).

144 *Geck*, S. 54 f.

145 *Geck*, S. 55.

seits ansah[146]. Zu den Technikern wird in dieser Begründung ausgeführt, sie könnten nicht mit den „gewöhnlichen Arbeitern" auf eine Stufe gestellt werden, wenn sie keine leitende Stellung einnehmen. Bei ihnen würde eine wissenschaftlich-technische Ausbildung vorausgesetzt und sie würden nach ihrem Einkommen in der Regel eine höhere soziale Stellung einnehmen[147]. Der Reichstag folgte der Auffassung bei der Novellierung der Gewerbeordnung und verbesserte die rechtliche Stellung der Werkmeister und Techniker und glich sie derjenigen von Handlungsgehilfen an. Durch diese im Vorjahr (1891) erfolgte Anerkennung der gehobenen Stellung bestand während der Beratung des KVG 1892 kein Diskussionsbedarf mehr. Die Werkmeister und Techniker wurden nun ohne weitere Aussprache den Betriebsbeamten gleichgestellt und wie diese nun nur im Rahmen der Einkommensgrenze versicherungspflichtig.

6. Erweiterte Befreiungsregeln

a) Befreiung des öffentlichen Dienstes nach § 3 KVG 1892

Die bisherige Regelung zur Freistellung von Personen des öffentlichen Dienstes ergab sich aus § 3 KVG 1883. Danach waren Beamte von der Versicherungspflicht befreit, wenn sie mit festem Gehalt angestellt waren. Zu dieser Regelung war 1885 der § 15 Abs. 2 des Ausdehnungsgesetzes hinzugetreten, der den Personenkreis ausweitete. In diesem Zusammenhang waren (ausschließlich) für den Personenkreis des Ausdehnungsgesetzes abweichende Befreiungsvoraussetzungen eingeführt worden. Die Befreiung erfolgte nur, wenn im Krankheitsfalle mindestens für dreizehn Wochen Gehalt oder Lohn fortgezahlt wurde oder für diese Zeit entsprechende Krankenunterstützung gewährt wurde. Nunmehr wurden die bisher auf die beiden Gesetze verteilten Personenkreise im KVG 1892 zusammengefasst. Für die Befreiung galt nun einheitlich der neue § 3 KVG 1892, der inhaltlich der bisherigen Regelung des § 15 Abs. 2 Ausdehnungsgesetz entsprach. Von der Befreiung nach § 3 KVG 1892 waren deshalb nicht nur Beamte erfasst, sondern alle beschäftigten „Personen" in Betrieben oder Diensten des Reichs, eines Staates oder Kommunalverbandes, bei denen die Befreiungsmerkmale gegeben waren.

146 SB RT, 8. LP/I. Session 1890/1891, 1. Band, Anlage Nr. 4, S. 20; vgl. *Stier-Somlo*, S. 126.

147 SB RT, 8. LP/I. Session 1890/1891, 1. Band, Anlage Nr. 4, S. 20.

b) Personen des Soldatenstandes

Die Befreiung der „Personen des Soldatenstandes“ in § 3 KVG 1892 entsprach der bisherigen Regelung des § 15 Abs. 2 Ausdehnungsgesetz von 1885. Da der eigentliche Militärdienst nicht auf einem Beschäftigungsverhältnis, d.h. auf einem frei vereinbarten Arbeitsverhältnis beruhte, konnte hier dem Grunde nach auch keine Versicherungspflicht eintreten[148]. Die Befreiung konnte sich deshalb nur auf Beschäftigungsverhältnisse außerhalb der militärischen Tätigkeit beziehen. Es war jedoch nicht eindeutig, ob sich die Befreiung auf alle Tätigkeiten innerhalb und außerhalb der Militärverwaltung bezog. Bisher hatte sich die Befreiung im Kontext des § 15 Abs. 2 Ausdehnungsgesetz nur auf nichtmilitärische Tätigkeiten innerhalb der Heeres- und Marineverwaltung bezogen. Es war fraglich, ob auch Tätigkeiten von Soldaten außerhalb der Militärverwaltung von der Versicherungspflicht befreit waren. Eine klare Formulierung enthielt für diesen Personenkreis der § 4 Abs. 1 IAVG (und ab 1899 der § 5 Abs. 3 IVG) für die Invalidenversicherung. Dort war die Befreiung vorgesehen für Personen des Soldatenstandes, die „dienstlich als Arbeiter“ beschäftigt wurden. Im Umkehrschluss unterlagen damit alle Beschäftigungsverhältnisse außerhalb der Militärverwaltung der Versicherungspflicht[149]. Die gleiche Auffassung hatte seit 1891 auch das RVA im Einvernehmen mit dem preußischen Kriegsministerium vertreten[150]. Das RVA bestätigte seine Auffassung mit einer Revisionsentscheidung im Jahre 1900[151]. Ein Jahr später revidierte es seine Auffassung[152], nachdem das preußische Kriegsministerium in einem Erlass die Tätigkeiten der zur Probearbeit abkommandierten oder beurlaubten Soldaten in Zivilbetrieben als „militärdienstlich“ erklärt hatte[153]. Diese Bewertung wurde beanstandet, da es Aufgabe der Gerichte und Verwaltungsbehörden sei, die wirkliche Sach- und

148 *Hahn*, Arb.-Vers. 21 (1904), S. 689.

149 RVA-Anleitung zum IAVG 1890, Ziffer III 3: Soldaten, die während der Erntezeit zur Hilfe in der Landwirtschaft beurlaubt waren, unterlagen in dieser Beschäftigung der Versicherungspflicht.

150 Für die Invalidenversicherung: RVA-Bescheid Nr. 13, AN-IAV 1891, S. 124; für die Unfallversicherung: RVA-Rekurs-Entscheidung Nr. 1012, AN 1891, S. 237.

151 Versicherungspflicht einer zur Probedienstleistung in einer Stadtverwaltung abkommandierten Militärperson, Rev. Entsch. RVA Nr. 857 vom 4.10.1900, AN 1900, S. 836, Arb.Vers. 18, 1901, S. 75.

152 RdSchr. RVA vom 13.7.1901, Arb.-Vers. 18, 1901, S. 490, *Reger*, 22, 1902, S. 280.

153 Nach dem RdSchr. des RVA vom 13.7.1901 hatten sich dem Erlass des Kgl. Preuß. Kriegsministerium vom 22.10.1900 (Armee-Verordnungs-Blatt 1900, Nr. 308, S. 516) auch das Kgl. württemb. Kriegsministerium und andere Zentralbehörden angeschlossen, Arb.-Vers. 18, 1901, S. 490, *Reger*, 22, 1902, S. 280.

Rechtslage zu prüfen. Die hierzu in Widerspruch stehende Auffassung der Militärbehörden sei ohne Belang[154]. Am 23. März 1908 machte das RVA erneut eine Kehrtwendung[155] und vertrat wieder seine frühere Meinung, nachdem bereits 1907 der Königlich Preußische Kriegsminister seinen Erlass aus dem Jahre 1900 abgeändert hatte[156]. Damit unterlagen wieder alle Beschäftigungen außerhalb der Militärverwaltung der Versicherungspflicht in der Invalidenversicherung. Eine Versicherungspflicht von solchen zivilen Beschäftigungen wurde auch für die Krankenversicherung angenommen[157]. Eine Änderung erfolgte mit dem gemeinsamen Erlass preußischer Minister vom 19. November 1908[158], der klarstellte, dass Personen des Soldatenstandes ohne Einschränkung von der Krankenversicherungspflicht ausgenommen waren.

c) Befreiung auf Antrag nach § 3a KVG 1892

aa) Befreiung bei eingeschränkter Erwerbsfähigkeit

Neu war die durch § 3a Abs. 1 Nr. 1 KVG 1892 eingeführte Befreiung bei eingeschränkter Erwerbsfähigkeit. Danach konnten sich Personen auf Antrag von der Versicherungspflicht befreien lassen, wenn sie in Folge von Verletzungen, Gebrechen, chronischen Krankheiten oder Alter nur eingeschränkt erwerbsfähig waren. Der Sinn der Regelung ist nicht ohne weiteres ersichtlich, insbesondere, weil es sich hier um einen Personenkreis handelte, der eine Krankenversicherung besonders nötig hatte. Nach der Gesetzesbegründung hatten die körperlich oder gesundheitlich eingeschränkten Personen nach dem Inkrafttreten des Krankenversicherungsgesetzes oftmals keine Beschäftigung mehr gefunden. Den Grund hierfür sah man bei den Arbeitgebern, die die Krankenkassen nicht mit der hohen Krankheitsgefahr solcher Personen belasten wollten[159]. Unausgesprochen blieb dabei das Eigeninteresse der Arbeitgeber. Durch eine vermehrt hohe Belastung der Krankenkassen mit den Krankheitskosten bestand permanent die Gefahr einer Beitragserhöhung der Krankenkasse, die auch zu höheren Arbeitgeberbeiträgen geführt hätte. Zudem

---

154 *Hahn*, Anm. b zu § 3 KVG, S. 57; *Hahn*, Arb.-Vers. 21 (1904), S. 689 ff.; *Rosin*, 2. Band, § 16, Anm. 5, S. 123f.

155 RdSchr. des RVA vom 23.3.1908, Arb.-Vers. 25, (1908), S. 373 f.

156 Erlass des preuß. Kriegsministers vom 8.5.1907 (Armee-Verordnungs-Blatt 1907, Nr. 158, S. 199).

157 *Hahn*, Anm. b zu § 3 KVG, S. 56.

158 Ministerialblatt für die Preußische innere Verwaltung 1908, S. 258, „Verfügung, betreffend Krankenversicherung von Personen des Soldatenstandes“ vom 19.11.1908, Arb.-Vers. 26 (1909), S. 10.

159 SB RT 8. LP/I. Session 1890/1891, Anlage Nr. 151, S. 899.

musste für die Arbeit körperlich eingeschränkter Personen meist der gleiche Beitrag gezahlt werden wie für die voll leistungsfähigen Arbeiter, da der Beitrag, zumindest bei der Gemeindekrankenversicherung, nicht nach dem tatsächlichen Arbeitsverdienst oder Lohnklassen, sondern in Prozenten des ortsüblichen Tageslohns (§§ 8, 9 KVG 1883) festgesetzt wurde.

Die Personen, die aufgrund dieser Verhältnisse keine Arbeit fanden, fielen oft der Armenpflege zur Last. Vorher hatten sie zumindest noch teilweise ihren Lebensunterhalt aus dem geringen Arbeitslohn bestreiten können. Die Armenpflege der Kommunen, die dermaßen belastet wurde, hatte ein Interesse daran, die nur teilweise erwerbsfähigen Personen wie bisher einen Teil ihres Lebensunterhalts selbst bestreiten zu lassen. Das Interesse der Armenverwaltung sollte durch die vorgesehene Regelung berücksichtigt werden[160]. Um einen Missbrauch der Befreiungsregelung zu verhindern, sah man als Bedingung in § 3a Abs. 1 Nr. 1 KVG 1892 die Zustimmung des unterstützungspflichtigen Armenverbandes vor.

bb) Befreiung bei Unterstützungsansprüchen gegen den Arbeitgeber

Nach der bisherigen Regelung des § 3 Abs. 2 KVG 1883 konnten Arbeitnehmer selbst die Befreiung von der Versicherungspflicht beantragen, wenn sie im Krankheitsfalle Anspruch für mindestens dreizehn Wochen Verpflegung in der Familie des Arbeitgebers oder auf Fortzahlung des Lohnes hatten. Diese Befreiungsmöglichkeit führte zu zahlreichen Missbräuchen[161]. Beliebt war es, dass Arbeitgeber ihre Lehrlinge und Gesellen dazu veranlassten, einen Befreiungsantrag zu stellen, indem sie ihnen die Fortzahlungsansprüche bescheinigten[162]. Zahlte der Arbeitgeber im Krankheitsfalle nicht, konnten sich die Arbeitnehmer nicht an die Krankenkasse wenden, sondern mussten zur Durchsetzung ihrer Ansprüche Zivilklage gegen den Arbeitgeber erheben. In Kenntnis dieser Missstände war bereits bei der Verabschiedung der landwirtschaftlichen Unfallversicherung im Jahre 1886 für die landwirtschaftlichen Arbeiter Abhilfe geschaffen worden. Nach § 136 LUVG musste eine Befreiung von der Krankenversicherung vom Arbeitgeber beantragt werden. Zahlte der Arbeitgeber im Krankheitsfall nicht, dann musste die Krankenkasse trotz Befreiung die Leistungen zahlen, während ihr gleichzeitig ein Ersatzanspruch gegen den Arbeitgeber zugestanden wurde.

---

160 Ebenda.

161 SB RT 8. LP/I. Session 1890/1891, 2. Band, Anlage Nr. 151, S. 898.

162 *Schirbel*, 2. Band, S. 14.

Diese für landwirtschaftlichen Arbeiter geltende Regelung, sollte nun in einer auf die gewerblichen Arbeiter abgestimmten Fassung eingeführt werden. Nach § 3a Abs. 1 Nr. 2 KVG 1892 hatte, in Abweichung von der landwirtschaftlichen Regelung, weiterhin der Arbeitnehmer den Befreiungsantrag zu stellen. Ein gegenüber dem Arbeitgeber bestehender Rechtsanspruch auf eine dem § 6 KVG 1892 entsprechende oder gleichwertige Unterstützung war nun Befreiungsvoraussetzung[163]. Zur Absicherung der Arbeitnehmer und der Krankenkassen war nun die Aufhebung der Befreiung bei mangelnder Leistungsfähigkeit des Arbeitgebers möglich. Wurden im Krankheitsfalle die Ansprüche des Arbeitnehmers nicht erfüllt, musste die Krankenkasse ihre Leistungen gewähren. Sie erhielt dafür einen Erstattungsanspruch gegen den Arbeitgeber.

d) Befreiung auf Antrag nach § 3b KVG 1892

aa) Lehrlinge

Durch § 3b Satz 1 KVG 1892 wurde eine besondere Befreiungsmöglichkeit für Lehrlinge eingeführt, die bislang im Krankenversicherungsrecht kein Pendant hatte. So konnte der Arbeitgeber nun die Befreiung der Lehrlinge von der Krankenversicherungspflicht beantragen, wenn der Arbeitgeber im Krankheitsfalle freie Kur „oder" Verpflegung in einem Krankenhaus für die Dauer von dreizehn Wochen zusicherte[164]. Begründet wurde diese Besonderheit im Hinblick auf die Verhältnisse der Lehrlinge im Handwerk. Dort würde vielfach kein Lohn gezahlt, sondern nur Unterkunft und Verpflegung geleistet werden. Im Krankheitsfalle würde meist die Unterkunft und Verpflegung vom Arbeitgeber weiter gewährt, während dem Lehrling von der Krankenkasse Krankengeld gezahlt und die Kosten der ärztlichen Behandlung und der Arzneimittel getragen würden. Gleichzeitig müsste der Meister den Krankenversicherungsbeitrag aus eigenen Mitteln weiterzahlen. Um eine solche Unbilligkeit zu vermeiden, sollte dem Meister die Möglichkeit eröffnet werden, eine Befreiung des Lehrlings von der Krankenversicherung zu erwirken. Eine solche Befreiung sollte nur dann erfolgen, wenn er dem Lehrling freie Kur und Ver-

---

163 *Frankenberg*, Arb.-Vers. 14 (1897), S. 587.

164 Die Formulierung Kur „oder" Verpflegung entsprach weder dem Gesetzentwurf noch den Beschlüssen der Kommission und des Reichstages. Wie *Rosenstock*, Arb.-Vers. 25 (1908), S. 161 ff., nachweist, war die Formulierung Kur „und" Verpflegung vom Reichstag beschlossen worden, so dass es sich bei der im Gesetz enthaltenen Formulierung Kur „oder" Verpflegung um einen Druckfehler handelte. Dies ergäbe sich auch daraus, dass ein Krankenhausaufenthalt nur mit Kur ohne Verpflegung ebenso wenig Sinn mache, wie ein solcher, bei der nur Verpflegung gewährt würde.

pflegung im Krankenhaus zusicherte[165]. In der Kommission wurden Bedenken gegen die Unterbringung von Lehrlingen in Krankenhäusern vorgebracht, weil die Pflege in der Familie derjenigen des Krankenhauses in „vieler Beziehung vorzuziehen" sei[166]. Gegen die Unterbringung in Krankenhäusern, namentlich in den großen Städten, bestände „vielfach große Abneigung", weil „die Kranken als Lehrobjekte für junge Mediziner dienen müssten"[167]. Die Kommission stimmte letztlich der Regierungsvorlage zu. Bei den Beratungen im Reichstag wurde auf die Gefahr einer solchen Befreiungsregel für die Gesundheit der Lehrlinge hingewiesen. Der Abgeordnete Molkenbuhr (SAPD) sprach die Befürchtung aus, dass bei einem befreiten Lehrling, der erkrankt ist, erst einmal abgewartet werde, bis die ärztliche Hilfe geholt wird oder die Überführung in eine Heilanstalt erfolge, weil der Arbeitgeber alle Kosten zu tragen hat. Dies könne aus seiner Sicht zu schlimmen Folgen führen[168]. Doch blieb der Einwand unbeachtet, so dass der Reichstag den § 3b Satz 1 KVG 1892 mit seiner Mehrheit beschloss.

bb) Arbeitslose in Wohltätigkeitsanstalten (Arbeiterkolonien)

Unter den gleichen Voraussetzungen wie Lehrlinge konnten Personen von der Versicherungspflicht befreit werden, die als Arbeitslose „in einer die Versicherungspflicht begründenden Art in Wohltätigkeitsanstalten beschäftigt werden" (§ 3b Satz 2 KVG 1892). Voraussetzung war, dass der Zweck der Wohltätigkeitsanstalt darin bestand, arbeitslosen Personen vorübergehend Beschäftigung zu gewähren. Als Wohltätigkeitsanstalten in diesem Sinne wurden im Gesetz ausdrücklich die „Arbeiterkolonien" bezeichnet, die aus dem heutigen öffentlichen Bewusstsein völlig verschwunden sind. Die erste Arbeiterkolonie entstand 1882 in Wilhelmsdorf durch den Leiter der Bethel-Anstalten, Friedrich von Bodelschwingh[169]. In diesen Arbeiterkolonien sollten wandernde (vagabundierende) Arbeiter, die schon länger ohne Wohnung und Arbeit waren, wieder an regelmäßige Arbeiten gewöhnt und somit vom Betteln abgehalten werden. Die Arbeiten in der Kolonie bestanden ursprünglich darin, Moor- und Heideland für die Landwirtschaft urbar zu machen[170]. Der Aufenthalt in diesen

165 SB RT, 8. LP/I. Session 1890/1891, 2. Band, Anlage Nr. 151, S. 899.

166 SB RT, 8. LP/I. Session 1890/1891, 3. Band, Anlage Nr. 381, S. 2333.

167 Ebenda.

168 SB RT, 8. LP/I. Session 1890/1892, 5. Band, S. 2952.

169 *Scheffler*, S. 115 (118 f.).

170 Arb.-Vers. 16, S.358 ff., benennt für die Arbeiterkolonie in Hamburg 1899 noch folgende Tätigkeiten: Zerkleinern von Brennholz, Mattenflechten, Bürstenmacher-, Tischler-, Schuhmacher-, Schneider-, Schlosser-, Klempner und Buchbinderarbeiten. Danach

Kolonien war freiwillig, so dass es sich um freie Beschäftigungsverhältnisse handelte, auch wenn sie einem „gewissen Zwang zur Aufrechterhaltung der Hausordnung“ unterlagen[171]. Diese Arbeiter waren oft durch das Netz der kommunalen Armenunterstützung gefallen[172]. Es gab jedoch die Naturalverpflegungsstationen und die Wanderarbeitsstätten, in denen sie sich kurzfristig entsprechend des Grundsatzes „Arbeit statt Almosen“ durch Arbeit Kost und Logis verdienen konnten[173]. Hiermit war aber noch nicht die mit längerer Arbeits- und Wohnungslosigkeit verbundene äußere Verwahrlosung (zerlumpte Kleidung etc.) behoben. Damit wurde es für die betreffenden Personen immer schwieriger, Arbeit zu finden, je länger die Arbeitslosigkeit andauerte. Die Einrichtungen boten ihnen sofort neue Kleidung sowie Verpflegung und Unterkunft, deren Kosten sie durch ihre Arbeit verdienen mussten. Nach heutigem Sprachgebrauch waren die Arbeiterkolonien somit „vollstationäre Einrichtungen“ für Obdachlose[174]. Da für die Kolonisten das „Gleiche“ galt wie bei der Befreiung von Lehrlingen, musste auch bei Ihnen die Unterbringungen im Krankenhaus für dreizehn Wochen zugesichert sein. Solche Zusicherungen waren in der Regel durch die zwischen der Arbeitskolonie und den Kolonisten getroffenen Vereinbarungen üblich[175].

Die Befreiungsregelung wurde erst in der dritten Lesung durch eine Antrag des Abgeordneten Gutfleisch und anderer Abgeordneter in das Gesetz eingefügt, ohne dass hierzu eine Begründung gegeben wurde[176]. Nach Vermutung Woedtkes wollte man solche Einrichtungen, die aus humanitären Gründen vorübergehend Arbeitslosen eine Beschäftigung gegen Entgelt gaben, nicht

---

wurden Kolonisten auch als Aushilfe an Haushaltungen, Fabriken und Geschäfte abgegeben.

171 *Stier-Somlo*, S. 129, folgert daraus, dass die Arbeitskolonisten grundsätzlich der Versicherungspflicht unterlagen und ihr Verhältnis nicht mit den zwangsweise in Strafanstalten, Gefängnissen oder in Arbeits- und Landarmenhäusern beschäftigten Personen zu vergleichen war; *Rosin*, 1. Band, S. 151, 2. Band., S. 48, merkt an, dass das erzieherische Moment in der Arbeitskolonie als unmaßgebliches Motiv gegenüber dem wirklich beabsichtigten Arbeitsverhältnis zurücktritt; Die RVA-Entsch. Nr. 702 vom 19.12.1888 bestätigt die Arbeitereigenschaft von Kolonisten, Arb.-Vers. 6, S. 233 f.; ebenso RVA-Bescheid. Nr. 25 vom 17.5.1891, AN-IAV 1891, S. 137; RVA-Entsch. Nr. 447 vom 28.11.1894, AN-IAV 1895, S. 239; RVA-Entsch. Nr. 1033 vom 18.2.1902, AN 1903, S. 358.

172 *Scheffler*, S. 115 (121).

173 *Lemmermann*, S. 69; *Ayaß*, S. 90.

174 *Ayaß*, S. 90.

175 *Märker*, S. 1 (18 f.).

176 SB RT, 8. LP/I. Session 1890/1892, 5. Band, Anlage Nr. 666, S. 3774.

auch noch mit Beiträgen belasten[177]. Hintergrund sei offensichtlich die Berliner Arbeiterkolonie gewesen, die sich unmittelbar vor der dritten Lesung mit hohen Krankenkassenforderungen aufgrund der alten KVG-Fassung konfrontiert sah[178]. Die Erfüllung dieser Beitragsforderungen hätte die Kolonie zum Erliegen gebracht und die Armenhilfe hätte einspringen müssen[179].

7. Erweiterung der Versicherungsberechtigung durch Gemeindestatut

Nach der bisherigen Regelung des § 4 Abs. 2 KVG 1883 konnten Dienstboten und andere in §§ 1–3 KVG 1883 genannte Personen, die der Versicherungspflicht nicht unterlagen, der Gemeinde-Krankenversicherung freiwillig beitreten. Kein Beitrittsrecht hatten bislang die selbständigen Gewerbetreibenden. Durch die Änderung des § 4 Abs. 2 KVG 1892 wurde nunmehr den Gemeinden durch Statut ermöglicht, diese Personen in die Krankenversicherung aufzunehmen, wenn ihr jährliches Gesamteinkommen die Grenze von zweitausend Mark nicht überstieg. Mit der Erweiterung der Zutrittsmöglichkeit sollte einem „vielfach hervorgetretenen Bedürfnis" abgeholfen werden[180].

8. Erneute Ablehnung des Versicherungszwangs für Dienstboten

Bei der Novellierung des KVG 1892 gab es erneut Versuche, die Versicherungspflicht der Dienstboten einzuführen. So wurde in der ersten Lesung der Kommission beschlossen, für die Dienstboten und das landwirtschaftliche Gesinde eine statutarische Versicherungspflicht einzuführen[181], die in der zweiten Lesung jedoch nach Bedenken der verbündeten Regierungen wieder herausgenommen wurde. Die Regierungen hatten die Kommission offensichtlich durch eine schriftliche Übersicht überzeugt, die eine Absicherung des Gesindes in den einzelnen Bundesstaaten zeigte und der Kommission offenbar den Eindruck vermittelte, dass eine besondere reichsrechtliche Regelung derzeitig überflüssig erschien[182]. Infolgedessen wurde der entsprechende Beschluss in der zweiten Lesung der Kommission wieder zurückgenommen[183].

177 *Woedtke*, KVG 1896, Anm. 4 zu § 3 b, S. 110.

178 Ebenda.

179 Ebenda.

180 SB RT, 8. LP/I. Session 1890/1891, 2. Band, Anlage Nr. 151, S. 899; vgl. *Stier-Somlo*, S. 167.

181 SB RT, 8. LP/I. Session 1890/1891, 3. Band, Anlage Nr. 381, S. 2331.

182 SB RT, 8. LP/I. Session 1890/1891, 3. Band, Anlage Nr. 381, Anlage, S. 2434.

183 SB RT, 8. LP/I. Session 1890/1891, 3. Band, Anlage Nr. 381, S. 2355.

Ein erneuter Antrag durch den Abgeordneten von Holstein (Deutschkonservative Partei) im Reichstag blieb ohne Erfolg[184], obwohl der Abgeordnete Bruhns (SAPD) darauf hinwies, dass die Absicherungen nicht ausreichend seien und in einzelnen Gebieten, wie beispielsweise in Bremen, überhaupt keine Regelungen vorhanden seien[185]. Damit blieben die Dienstboten auch weiterhin vom Versicherungszwang ausgeschlossen.

IX. Das Invalidenversicherungsgesetz 1899

Wie in der Krankenversicherung hatten sich auch bei der Durchführung des Invaliditäts- und Altersversicherungsgesetzes in den ersten Jahren seiner Geltung Gesetzesmängel herausgestellt, die den Wunsch nach einer Revision hervorbrachten. Ein erster Revisionsentwurf vom 26. Februar 1897 konnte in der 9. Legislaturperiode nicht mehr abschließend beraten werden[186]. Am 19. Januar 1899 legte die Regierung dem Reichstag den erneuten Revisionsentwurf vor[187], der nach parlamentarischer Beratung als „Invaliditätsversicherungsgesetz" (IVG) vom Reichstag beschlossen wurde[188]. Die Umbenennung des „Invaliditäts- und Altersversicherungsgesetzes" in „Invaliditätsversicherungsgesetz" sollte nach der Gesetzesbegründung inhaltlich nicht auf eine einschneidende grundsätzliche Änderung hinweisen[189]. Beabsichtigt war nur ein „Ausbau auf der gegebenen Grundlage"[190]. Dabei sollten Unzuträglichkeiten beseitigt werden, die sich in der Praxis gezeigt hatten. Zudem sollten die Änderungen Vereinfachungen und Erleichterungen in der praktischen Durchführung bringen[191]. Neben versicherungs- und leistungsrechtlichen Änderungen waren auch Änderungen im Umfang der Versicherungspflicht vorgesehen.

In der Invaliditätsversicherung sollten nach § 1 Abs. 1 Nr. 2 nunmehr Werkmeister und Techniker versicherungspflichtig sein, wenn ihr regelmäßiger Jahresarbeitsverdienst zweitausend Mark nicht überschritt. Die Änderung erfolgte mit Hinweis auf die geänderte Gewerbeordnung 1891 und vollzog nur nach, was in

184 SB RT, 8. LP/I. Session 1890/1892, 6. Band, Anlage Nr. 738, S. 4003.

185 SB RT, 8. LP/I. Session 1890/1892, 5. Band, S. 2921.

186 SB RT, 9. LP/IV. Session 1895/1897, 6. Band, Anlage Nr. 696, S. 3462.

187 SB RT, 10. LP/I. Session 1898/1900, 1. Band, Anlage Nr. 93, S. 589.

188 RGBl. 1899 S. 393, „Invalidenversicherungsgesetz" vom 13.7.1899.

189 SB RT, 10. LP/I. Session 1898/1900, 1. Band, Anlage Nr. 93, S. 657.

190 Ebenda.

191 Ebenda.

der Krankenversicherung bereits durch das KVG 1892 eingeführt worden war[192]. Im ersten Entwurf war dabei noch ausdrücklich die Vorbildfunktion der Regelung des KVG 1892 für die besondere Erwähnung dieser Personenkreise angeführt worden[193]. Zusätzlich wurden nach § 1 Abs. 1 Nr. 2 IVG „sonstige Angestellte“ sowie Lehrer und Erzieher versicherungspflichtig in der Invalidenversicherung, wenn ihr regelmäßiger jährlicher Arbeitsverdienst zweitausend Mark nicht überschritt.

Weiterhin wurden die Regelungen zur Versicherungspflicht der Hausgewerbetreibenden neu gefasst. Bereits der bisherige § 2 IVAG sah die Möglichkeit vor, durch Beschluss des Bundesrates die Versicherungspflicht auf bestimmte Berufszweige der Hausindustrie zu erstrecken. Diese Ermächtigung hatte sich als nicht zweckmäßig herausgestellt, weil ein Beschluss des Bundesrates sich immer auf das ganze Reich beziehen musste, ohne örtliche Bedürfnisse berücksichtigen zu können[194]. Nach der neuen Fassung des § 2 Abs. 1 IVG konnte sich deshalb der Bundesratsbeschluss auf „bestimmte Berufszweige allgemein oder mit Beschränkung auf gewisse Bezirke“ erstrecken.

Zusammenfassend lässt sich durch die Revision der Invaliditätsversicherung eine beträchtliche Erweiterung des Versicherungszwangs feststellen. Dies hatte keine unmittelbaren Wirkungen auf den versicherten Personenkreis der Krankenversicherung. Erst als im Jahre 1911 mit der Reichsversicherungsordnung eine weitgehende Angleichung des versicherten Personenkreises von Kranken- und Invalidenversicherung angestrebt wurde, sollten die Ausdehnungen der Invalidenversicherung des Jahres 1899 eine Relevanz für die Krankenversicherung erhalten. Dies galt insbesondere für die Begründung der Versicherungspflicht bestimmter Personenkreise, als man hierfür auf die früheren Begründungen zur Invalidenversicherung des Jahres 1899 zurückgriff.

X. Novelle des Krankenversicherungsgesetzes 1900

Im Jahre 1900 trat ein Gesetz zur Änderung des KVG in Kraft[195], durch das in § 2 KVG ein vierter Absatz eingefügt wurde, der zusätzlich dem Bundesrat die Kompetenz zusprach, durch Beschluss die Versicherungspflicht der selbständigen Hausgewerbetreibenden nach § 2 Abs. 1 Nr. 4 KVG einzuführen. Dies

192 SB RT, 10. LP/I. Session 1898/1900, 1. Band, Anlage Nr. 93, S. 695.

193 SB RT, 9. LP/IV. Session 1895/1897, 6. Band, Anlage Nr. 696, S. 3538.

194 SB RT, 10. LP/I. Session 1898/1900, 1. Band, Anlage Nr. 93, S. 697.

195 RGBl. 1900 S. 332, „Gesetz, betreffend die Abänderung des Krankenversicherungsgesetzes“ vom 30.6.1900.

war ein Eingriff in die Rechtsetzungskompetenz der Gemeinden und Kommunalverbände, die bisher alleinig durch Statut die Versicherungspflicht auf die Hausgewerbetreibenden erstrecken konnten. Die Kompetenzzuweisung für die Versicherungspflichtigen der Hausindustrie an den Bundesrat war das Ergebnis einer Entwicklung, die vor mehr als einem Jahrzehnt eingesetzt hatte.

Im Jahre 1885 beriet der Reichstag über die Erhöhung der Schutzzölle. Dabei sollte auch der Nähfadenzoll erhöht werden. Die beabsichtigte Erhöhung erzeugte bei den Arbeiterinnen der Hausindustrie, insbesondere in der Wäschefabrikation und Konfektionsbranche, Unruhe. Sie wandten sich mit Petitionen gegen die vorgesehene Erhöhung der Zolltarife[196]. Hintergrund hierfür war, dass die Hausgewerbetreibenden das Rohmaterial (Nähfaden) von ihren Auftraggebern zu erhöhten Preisen beziehen mussten, ohne dass sie im Gegenzug die Preise der von ihnen gefertigten Produkte erhöhen durften. Dadurch verringerte sich der schon bisher kümmerliche Lohn noch weiter. Die dargestellten Verhältnisse veranlassten eine Abgeordnetengruppe, dem Reichstag einen Resolutionsentwurf vorzulegen, mit dem der Reichskanzler aufgefordert wurde, die Lohnverhältnisse dieser Branchen untersuchen zu lassen[197]. Dieser Aufforderung folgte der Reichstag[198]. Die Ergebnisse der Ermittlungen wurden dem Reichstag am 29. April 1887 zugeleitet[199]. Als erste Antwort auf die festgestellten Missstände wurde schließlich 1891 in § 115 GewO das Truckverbot verschärft[200]. Infolgedessen durften die Gewerbetreibenden, wenn sie den Arbeiterinnen Werkzeuge und Stoffe überließen, die Kosten hierfür nur noch bis zu den Selbstkosten auf den Lohn anrechnen. Es wurde jedoch weiterhin als Mangel empfunden, dass die Hausgewerbetreibenden bisher nicht der Krankenversicherung unterlagen, weil die dazu befugten Kommunen nur unzureichend tätig geworden waren[201]. Im Jahre 1897 wurde der Entwurf eines Gesetzes zur Abänderung der Gewerbeordnung und des Krankenversicherungsgesetzes vorgelegt. Nach seinem Artikel II sollte der Bundesrat die Kompetenz für die Versicherungspflicht der Hausgewerbetreibenden erhalten. Zudem war vorgesehen, die

196 SB RT, 6. LP/I. Session 1884/1885, 4. Band, S. 2697.

197 SB RT, 6. LP/I. Session 1884/1885, 7. Band, Anlage Nr. 397, S. 1994.

198 SB RT, 6. LP/I. Session 1884/1885, 4. Band, S. 2703 f.

199 SB RT, 7. LP/I. Session 1887, 3. Band, Anlage Nr. 83, S. 698.

200 RGBl. 1891 S. 261, „Gesetz, betreffend die Abänderung der Gewerbeordnung" vom 1. Juni 1891.

201 *Lindemann*, S. 250 ff.; Von den Städten über 50.000 Einwohnern hatten von 1885 bis 1890 nur neun Städte und bis 1900 insgesamt nur neunzehn Städte die statutarische Versicherungspflicht für die Hausindustriellen eingeführt, vgl. Stat. Jahrbuch deutscher Städte, 2. Jahrgang 1892, S. 171 f., 11. Jahrgang 1903, S. 426 ff.

Arbeitgeber zur Beitragszahlung auch dann zu verpflichten, wenn die Hausgewerbetreibenden nur durch Zwischenpersonen beschäftigt wurden[202]. Der Gesetzentwurf blieb in der 9. Legislaturperiode unerledigt und wurde erneut mit abgeändertem Inhalt in der 10. Legislaturperiode eingebracht[203]. In diesem Entwurf waren keine Regelungen mehr zur Krankenversicherung enthalten. Die eingesetzte Kommission beschloss, den ursprünglichen Passus zur Krankenversicherung gegen den Widerstand der Regierungsvertreter wieder einzufügen[204]. Im Reichstag fand die Erweiterung keine Mehrheit. Die Ablehnung erfolgte, nachdem der Bevollmächtigte zum Bundesrat und Stellvertreter des Reichskanzlers, von Posadowsky-Wehner, darauf hingewiesen hatte, bei der Beratung handele es sich ausschließlich um eine Novelle der Gewerbeordnung, die seiner Ansicht nach nicht mit der Materie eines anderen Rechtsgebietes verbunden werden sollte. Gleichzeitig ließ er erkennen, er habe nichts Grundsätzliches gegen die beantragte Änderung des Krankenversicherungsgesetzes. Er legte den Befürwortern nahe, die Änderung durch einen Initiativantrag im Reichsantrag einzubringen, was zwei Tage später durch eine Gruppe um den Abgeordneten Heyl zu Herrnsheim geschah[205]. Der Gesetzesantrag wurde vom Reichstag innerhalb einer Woche in drei Lesungen beraten und am 7. Dezember 1899 beschlossen[206]. Durch die dadurch erfolgte Neufassung des § 2 Abs. 4 KVG erhielt der Bundesrat die Ermächtigung, durch Beschluss den Umfang der Versicherungspflicht der selbständigen Hausgewerbetreibenden zu bestimmen[207]. Aufgrund dieser Ermächtigungsgrundlage wurde im Jahre 1902 der Entwurf eines Bundesratsbeschlusses im Ministerialblatt des königlich-preußischen Ministeriums für Handel und Gewerbe veröffentlicht[208]. Hiernach sollten alle Hausgewerbetreibenden in die Krankenversicherung einbezogen werden. Dieser Entwurf wurde wegen schwerwiegender rechtlicher Bedenken nicht weiter verfolgt[209]. Insbesondere erschien die dem Bundesrat verliehene

202 SB RT, 9. LP/IV. Session 1895/1897, 7. Band, Anlage Nr. 840, S. 4439.

203 SB RT, 10. LP/I. Session 1898/1900, 2. Band, Anlage Nr. 165, S. 1230.

204 SB RT, 10. LP/I. Session 1898/1900, 3. Band, Anlage Nr. 393, S. 2465.

205 SB RT, 10. LP/I. Session 1898/1900, 4. Band, Anlage Nr. 482, S. 2595.

206 SB RT, 10. LP/I. Session 1898/1900, 4, Band, S. 3273.

207 Im Invaliden- und Altersversicherungsgesetz von 1889 war die Rechtsetzungskompetenz des Bundesrates bereits in § 2 IVAG enthalten. Hiervon hatte der Bundesrat 1891 für die Zigaretten- und Tabakindustrie und 1894 für die Textilindustrie Gebrauch gemacht und die Hausgewerbetreibenden in die Versicherungspflicht einbezogen (RGBl. 1891 S. 395, RGBl. 1894 S. 324).

208 Ministerialblatt der Handels- und Gewerbeverwaltung 1902, S. 187–191; Arb.-Vers. 19, S. 345–351.

209 *Hahn*, Einleitung, S. 6 f.; *Hahn*, in Arb.-Vers. 19 (1902), S. 386 ff.

gesetzliche Ermächtigung nicht ausreichend, um einen allgemeinen Versicherungszwang für Hausgewerbetreibende und die dafür erforderlichen Einrichtungen durchzuführen[210]. Der Bundesrat machte in den folgenden Jahren von seiner Ermächtigung keinen Gebrauch, so dass es bei der ausschließlich ortsstatutarisch geregelten Versicherungspflicht der Hausgewerbetreibenden blieb[211]. Eine Änderung hinsichtlich dieser Personengruppe trat erst mit der obligatorischen Versicherungspflicht durch die Reichsversicherungsordnung 1911 ein.

Im zeitlichem und sachlichem Zusammengang hiermit scheinen die Vorgänge in der Stadt Berlin exemplarisch zu sein, die Lindemann beschreibt[212]. Danach gab es in Berlin um die Jahrhundertwende (1900) weit mehr als 100.000 Hausindustrielle. Diese standen außerhalb der Versicherungspflicht, da Berlin bisher keinen statutarischen Versicherungszwang eingeführt hatte. Ein Großteil der Hausindustriellen fiel im Krankheitsfalle der Armenpflege zur Last. Hinzu kam, dass auch die Krankenkassen erhebliche Beitragsausfälle hatten, weil die Hausgewerbetreibenden als Arbeitgeber der Heimarbeiter die Beiträge nicht mehr zahlen konnten. Aus diesem Grunde wurde 1896 vom Magistrat ein Ortsstatut angenommen, das die Versicherungspflicht aller Hausgewerbetreibenden vorsah. Nach dem Ortsstatut hatten die Auftraggeber für die Hausgewerbetreibenden die Meldepflichten zu erfüllen und die Beiträge zu zahlen. Hiergegen regte sich bei den Unternehmen Widerstand. Der Magistrat wurde von den Unternehmerorganisationen aufgefordert, die Regelungen aufzuheben. Die Petitionen der Unternehmer gegen das Ortsstatut hatten teilweise Erfolg. Von der Gewerbedeputation wurde im Auftrag des Magistrats ein neuer Entwurf beraten. Die Gewerbedeputation beschloss, die Beitragspflicht nur für die unmittelbaren Auftraggeber[213] vorzusehen. Die Umsetzung dieser Regelung hätte „Tausende und Abertausende von Jammerexistenzen hohnvoll zu Arbeitgebern gestempelt“[214]. Der Magistrat verzögerte vorerst die Beschlussfassung mit Hinweis auf die bevorstehende reichsgesetzliche Lö-

---

210 Ebenda.

211 Ein zwischenzeitlicher Versuch zur Einführung einer obligatorischen Versicherungspflicht für die Hausindustrie wurde durch die RT-Resolution vom 30.4.1903 unternommen, SB RT, 10. LP/II. Session 1900/1903, 10. Band, S. 9201.

212 *Lindemann*, S. 254 ff.

213 In der Hausindustrie war es üblich, dass die Arbeiten an die Hausgewerbetreibenden oftmals nicht unmittelbar vom Auftraggeber vergeben wurden, sondern durch andere selbständige Personen, wie Ausgeber, Faktoren, Zwischenmeister. Diese hatten nach dem Statut als „unmittelbare Arbeitgeber“ vorrangig die Melde- und Beitragspflichten zu erfüllen.

214 *Lindemann*, S. 257.

sung. Hingewiesen wurde auch auf die Krankenkassen, deren Existenz durch die neue Regelung bedroht sei. Erst am 12. Mai 1899 lehnte der Magistrat das vorgelegte Ortsstatut ab und erwog, die Frage eines Ortsstatuts erst nach Ablauf einer Frist von zwei Jahren wieder zu behandeln[215]. Die Verschleppung nahm die Stadtverordnetenversammlung zum Anlass, ihrerseits einen Prüfungsausschuss einzusetzen, der dem Magistrat die Einsetzung einer gemischten Deputation empfahl, die schließlich die Annahme eines Ortsstatuts in der ursprünglichen, ersten Fassung vorschlug. Das Ortsstatut wurde am 3. Dezember 1900 von der Stadtverordnetenversammlung angenommen[216]. Die Annahme ist auch mit der am 30. Juni 1900 verabschiedeten KVG-Novelle in Verbindung zu bringen. Durch diese Novelle hatte der Bundesrat die Ermächtigung erhalten, die Versicherungspflicht der Hausgewerbetreibenden zu regeln. Daher lag es nahe, der Bundesrat würde alsbald gegenüber Berlin von seiner Ermächtigung Gebrauch machen, wenn die Stadt dies nicht selbst schaffen würde[217]. Das Berliner Ortsstatut trat nach der Genehmigung durch den Oberpräsidenten am 1. Januar 1902 in Kraft. Die Versicherungspflicht galt für alle Hausgewerbetreibenden. Ausgeschlossen hiervon waren Hausgewerbetreibende, die gewerbesteuerpflichtig waren, weil sie einen jährlichen Ertrag von 1.500 Mark hatten oder deren Betriebskapital 3.000 Mark erreichte. Der Ausschluss der Gewerbesteuerpflichtigen aus der Versicherungspflicht hatte in der Folgezeit unerwünschte Auswirkungen. So soll eine größere Anzahl von kleineren Hausgewerbetreibenden die Zahlung der Gewerbesteuer freiwillig übernommen haben[218], um sich vor Fabrikanten zu schützen, die ihnen aufgrund der mit der Versicherungspflicht verbundenen Beitragspflicht keine Aufträge mehr erteilten[219].

XI. Änderung der Unfallversicherungsgesetze 1900

Nach der Revision der Krankenversicherung 1892 und der Invalidenversicherung 1899 sollten auch die bestehenden Unfallversicherungsgesetze geändert

215 Ebenda, S. 258.

216 Arb.-Vers. 18, S. 33 ff., Abdruck der „Satzung der Stadt Berlin (Ortsstatut) betreffend die Krankenversicherung der selbständigen Hausgewerbetreibenden“ vom 20.12.1900.

217 *Lindemann*, S. 258.

218 Ebenda, S. 256.

219 Diese negativen Erfahrungen in Berlin veranlassten das Handelsministerium bei dem Entwurf des Bundesratsbeschlusses zu § 2 Abs. 4 KVG im Jahre 1902 von einer Einkommensgrenze für Hausgewerbetreibende abzusehen, vgl. Ministerialblatt der Handels- und Gewerbeverwaltung 1902, Erläuterung zu Ziffer 1 des Entwurfs, S. 187 (190); ebenso *Hahn*, Arb.-Vers. 19 (1902), S. 386.

werden. Die Regierung legte am 3. Januar 1900 dem Reichstag einen erneuten Gesetzentwurf vor[220], nachdem der erste Entwurf in der 9. Legislaturperiode nicht mehr verabschiedet werden konnte[221]. Wie bei der Kranken- und Invaliditätsversicherung standen auch bei den Unfallversicherungen im Vordergrund der Revision die Abstellung der erkannten Mängel und Lücken sowie die „Vervollkommnung des Ineinandergreifens der historisch entwickelten Organisationen"[222]. Es wurde zwar für wünschenswert gehalten, die einzelnen Zweige der Unfallversicherung zusammenzulegen, jedoch stellte man fest, dass es bisher nicht gelungen sei, „dafür annehmbare Grundlagen aufzufinden"[223]. Gleichwohl fasste man in dem Änderungsgesetz die alle Unfallversicherungen gemeinsam betreffenden Regelungen zusammen. Die bisherigen Unfallversicherungsgesetze wurden dabei als besondere Anlagen des neuen Unfallversicherungsgesetzes deklariert[224]. Das bisherige Unfallversicherungsgesetz wurde nun zur eindeutigen Abgrenzung zu den anderen Unfallversicherungsgesetzen als „Gewerbe-Unfallversicherungsgesetz" bezeichnet. Lediglich das bisherige Ausdehnungsgesetz von 1885[225] fiel weg. Der darin versicherte Personenkreis wurde in das Gewerbe-Unfallversicherungsgesetz übernommen, nachdem bereits der Krankenversicherungsteil in das KVG 1892 überführt worden war. Das Änderungsgesetz wurde vom Reichstag beschlossen und verabschiedet[226].

Es brachte eine Ausdehnung des versicherten Personenkreises, der sich vornehmlich auf das Gewerbe-Unfallversicherungsgesetz bezog. Dadurch wurden Lücken im Versicherungsschutz für die Bereiche geschlossen, für die man inzwischen ebenfalls die Gefährlichkeit und damit Unfallträchtigkeit erkannt hatte. So wurden nun gewerbliche Brauereien dem Unfallversicherungsschutz unterstellt, die bisher nur versichert waren, wenn sie mindestens zehn Arbeiter beschäftigten und damit als Fabrik galten bzw. durch das RVA als solche anerkannt waren. Der Unfallversicherungsschutz wurde zudem auf weitere Handwerke wie Schlosser, Schmiede sowie auf das Fleischergewerbe erwei-

---

220 SB RT, 10. LP/I. Session 1898/1900, 4. Band, Anlage Nr. 523, S. 3048.

221 SB RT, 9. LP//IV. Session 1895/1897, 5. Band, Anlage Nr. 570, S. 2355.

222 SB RT, 10. LP/I. Session 1898/1900, 4. Band, Anlage Nr. 523, S. 3052.

223 Ebenda.

224 Anlagen des UVG 1900 sind: Gewerbeunfallversicherungsgesetz, Unfallversicherungsgesetz für Land- und Forstwirtschaft, Bau-Unfallversicherungsgesetz, See-Unfallversicherungsgesetz.

225 RGBl. 1885 S. 159, „Gesetz über die Ausdehnung der Unfall- und Krankenversicherung" vom 28.5.1885.

226 RGBl. 1900 S. 335, „Gesetz, betreffend die Abänderung der Unfallversicherungsgesetze" vom 30.6.1900.

tert. Hinzu kamen die Fensterputzer, deren Gewerbe insbesondere in den großen Städten neu entstanden waren und die aufgrund der (Unfall-) Erfahrungen eine besondere Berücksichtigung erfahren sollten[227]. Anerkannt wurde nun auch, dass nicht nur von den mit elementarer Kraft bewegten Triebwerken, sondern auch von den durch tierische Kraft bewegten Triebwerken (Göpelwerke) eine besondere Unfallgefahr ausging. Berücksichtigt wurden nun auch in allen Unfallversicherungsbereichen die Mischtätigkeiten, bei denen die Arbeiter nicht nur gewerbliche, sondern auch wechselweise häusliche oder andere Dienste verrichteten. Dem Unfallversicherungsschutz wurde nun die gesamte Tätigkeit unterstellt.

Die Erweiterung des Unfallversicherungsschutzes hatte auf den versicherten Personenkreis der Krankenversicherung keine direkten Auswirkungen. Der größte Teil der neu in der Unfallversicherung versicherten Personen war bereits vorher krankenversichert, da es sich hier um Beschäftigte in Gewerbebetrieben handelte.

XII. Unfallfürsorgegesetz für Gefangene 1900

Die Versicherungspflicht in der Kranken-, Unfall- und Invaliditätsversicherung war von einer „Beschäftigung" des Arbeitnehmers abhängig. Ein Beschäftigungsverhältnis setzte frei vereinbarte vertragliche Bedingungen zwischen Unternehmer und Arbeitnehmer voraus. Dies schloss die Arbeit von Gefangenen als „Beschäftigung" im Sinne der Sozialversicherung aus. Damit unterlagen bezahlte Arbeitsleistungen von den in Zuchthäusern, Strafanstalten, Besserungsanstalten, Arbeitshäusern und ähnlichen Anstalten untergebrachten Personen nicht der Versicherungspflicht in der Arbeiterversicherung[228]. In der Krankenversicherung hatte der Ausschluss der Gefangenen von der Versicherungspflicht nur geringe Auswirkungen, da einerseits die Krankenkassenleistungen auf dreizehn Wochen beschränkt waren und anderseits die erforderlichen medizinischen Maßnahmen von den Trägern der Anstalt getragen wurden. Anders verhielt es sich in Bezug auf die Unfallversicherung. Die Gefangenen verrichteten oft innerhalb oder außerhalb der Anstalten gegen Bezahlung für Unternehmen Arbeitsleistungen, die bei freier Beschäftigung die Versicherungspflicht bedingt hätten. Erlitten diese Arbeiter während der Haft einen Unfall, stand ihnen nach der Haft keine Versorgung zu.

227 SB RT, 10. LP/I. Session, 1898/1900, 4. Band, Anlage Nr. 523, S. 3054.

228 *Hahn*, Anm. 1d zu § 1 KVG, S. 27; *Köhne*, Anm. 2 zu § 1 KVG; *Rosin*, 1. Band, S. 150, 2. Band, S. 47; *Stier-Somlo*, S. 129; Arb.-Vers. 1, S. 324; Arb.-Vers. 3, S. 295, 374; Arb.-Vers. 3, S. 295.

Auch die Angehörigen waren bei tödlichen Unfällen nicht durch Rentenansprüche abgesichert, was besonders dann ungerechtfertigt war, wenn die Erwerbsunfähigkeit oder der Unfalltod während einer nur kurzen Haftdauer eingetreten war. Es wurde als eine unzulässige Strafverschärfung angesehen, da die Gefangenen oder ihre Familien über die Strafdauer hinaus mit den Folgen eines Unfalles belastet wurden. Eine solche Belastung war nicht mit dem Strafzweck zu vereinbaren[229].

Um diesem Übel abzuhelfen, gab es bereits 1891 eine Petition, die die Ausdehnung der Kranken- und Unfallversicherung auf Gefangene forderte[230]. Die Petition wurde vom Reichstag angenommen und an den Reichskanzler weitergeleitet[231]. Erst im Jahre 1900 legte die Regierung schließlich einen Gesetzentwurf vor, der die Unfallfürsorge der Gefangenen regeln sollte[232]. Der Entwurf beschränkte sich auf die Unfallversicherung, ohne gleichzeitig die Rechte der Gefangenen in der Kranken- und Invaliditätsversicherung zu regeln. Die Gesetzesbezeichnung „Unfallfürsorge" für Gefangene war bewusst zur Abgrenzung zur „Unfallversicherung" gewählt, da es sich hier nicht um eine Versicherung, sondern um eine „anders geartete öffentlich-rechtliche Unfallfürsorge" handelte[233]. Das vom Reichstag beschlossene Gesetz[234] brachte schließlich eine Unfallfürsorge für Gefangene, während der Krankenversicherungsschutz für sie ungeregelt blieb.

XIII. Novelle des Krankenversicherungsgesetzes 1903

Am 19. Februar 1903 legte die Regierung dem Reichstag einen Entwurf zur Änderung des Krankenversicherungsgesetzes vor[235]. Dieser Entwurf enthielt hauptsächlich leistungsrechtliche Änderungen. Eine dieser Änderungen war die Ausdehnung der Krankenversicherungsleistungen von bisher 13 Wochen auf 26 Wochen. Die Regierung folgte hiermit einer Resolution, die der Reichstag aufgrund eines Kommissionsbeschlusses im Jahre 1899 anlässlich der

229 *Hilse*, Archiv für Strafrecht, 36. Band, S.275 (279); *Hilse* in Arb.-Vers. 5 (1888), S. 394 ff.

230 SB RT, 8. LP/I. Session 1890/1892, 3. Band, Anlage Nr. 229, S. 1799.

231 SB RT, 8. LP/I. Session 1890/1892, 5. Band, S. 2900.

232 SB RT, 10. LP/I. Session 1898/1900, 4. Band, Anlage Nr. 524, S. 3313.

233 SB RT, 10. LP/I. Session 1898/1900, 4. Band, Anlage Nr. 524, S. 3318.

234 RGBl. 1900 S. 536, „Gesetz, betreffend die Unfallfürsorge für Gefangene" vom 30.6.1900.

235 SB RT, 10. LP/II. Session 1900/1903, 8. Band, Anlage Nr. 870, S. 5823.

Verabschiedung des Invaliditätsversicherungsgesetzes gefasst hatte[236]. Der Grund für die Resolution waren die rentenrechtlichen Änderungen zur Invaliditätsrente. Während bisher eine Rente bei vorübergehender Erwerbsunfähigkeit erst nach Ablauf von zwölf Monaten gewährt wurde, war die Rente nach neuem Recht bereits nach Ablauf von 26 Wochen zu zahlen, womit die Lücke zwischen dem nach 13 Wochen auslaufenden Krankengeld und dem Rentenbeginn verkürzt worden war. Trotzdem hielt man es nicht für angebracht, überhaupt eine Lücke entstehen zu lassen. Die Resolution forderte deshalb die Angleichung der Leistungen beider Versicherungszweige durch die Erweiterung der Leistungen der Krankenversicherung auf 26 Wochen. Der Reichstag folgte dem Gesetzentwurf und beschloss durch eine entsprechende Änderung des § 6 KVG, die Ausweitung der Leistungen auf 26 Wochen[237].

1. Anpassung der Befreiungsregelungen des § 3 KVG 1903

Die Änderung der Leistungsdauer in der Krankenversicherung hatte auch unmittelbare Auswirkungen auf den Umfang des Versicherungszwangs der nach § 3 KVG 1903 befreiten Personen. Bisher waren nach § 3 KVG 1892 solche Personen befreit, die als Beschäftigte des Reichs, eines Staates oder eines Kommunalverbandes bei Erkrankungen einen Anspruch auf Lohnfortzahlung für mindestens dreizehn Wochen hatten. Das Gleiche galt für die Personen, die gegen den Arbeitgeber einen Unterstützungsanspruch hatten, der dem Leistungsanspruch des § 6 KVG 1892 entsprach. Ohne eine Änderung der versicherungsrechtlichen Vorschriften wäre nun der erstgenannte Personenkreis mit 13 Wochen Lohnfortzahlung weiterhin von der Versicherungspflicht befreit geblieben, hätte jedoch eine Leistungslücke hinnehmen müssen. Der zweitgenannte Personenkreis wäre nun versicherungspflichtig geworden, wenn der Unterstützungsanspruch durch den Arbeitgeber nicht auf mindestens 26 Wochen erhöht worden wäre.

Aufgrund der Änderung des § 3 KVG trat nun die Befreiung ein, wenn der Arbeitgeber für mindestens sechsundzwanzig Wochen Leistungen in Höhe der Krankenversicherungsansprüche erbrachte. Für Personen, die bei Krankheit einen Gehaltsfortzahlungsanspruch hatten, war für die Befreiung nun gefordert, dass für die ersten dreizehn Wochen Anspruch auf Gehalt in voller Höhe

236 SB RT, 10. LP/I. Session 1898/1899, 3. Band, Anlage Nr. 270, S. 1794, RT SB 10. LP/I. Session 1898/1899, 3. Band, S. 2443.

237 RGBl. 1903 S. 233, „Gesetz, betreffend weitere Abänderungen des Krankenversicherungsgesetzes“ vom 25.5.1903.

und für weitere dreizehn Wochen eine Geldleistung (Gehalt, Pension, Wartegeld oder ähnliche Bezüge) in Höhe des anderthalbfachen Betrages des Krankengeldes bestand. Da das Krankengeld in Höhe von 50 Prozent des Gehalts gezahlt wurde, musste als Befreiungsvoraussetzung Anspruch auf eine Arbeitgeberleistung in Höhe von 75 Prozent des Gehalts bestehen. Weshalb man diese verwickelte Regelung wählte und nicht einfach als Befreiungsvoraussetzung die Gehaltsfortzahlung von 13 auf 26 Wochen festlegte, ergibt sich aus der Gesetzesbegründung, der „schwerwiegende dienstliche Gründe" gegen eine solche einfache Lösung zu entnehmen sind. So würde bei einem Beamten, der bereits bei Beginn der Erkrankung als dienstunfähig erachtet würde, die Pensionierung und damit die Wiederbesetzung der Stelle vor Ablauf eines halben Jahres unmöglich gemacht werden[238]. Man wollte den Beamten durch eine verlängerte volle Gehaltsfortzahlung keinen Anreiz geben, ihre Pensionierung hinauszuzögern und so in den Genuss der vollen Bezüge zu kommen. Zur Vermeidung dessen wurde die beschriebene Regelung eingeführt.

2. Obligatorischer Versicherungszwang für alle Handlungsgehilfen

Bei der Vorlage des Gesetzentwurfs war es von der Regierung nicht beabsichtigt, den versicherungspflichtigen Personenkreis zu erweitern. Geändert werden sollten nur die leistungsrechtlichen Anpassungen, die man nicht weiter aufschieben wollte. So bekannte Staatsminister von Posadowsky-Wehner in der ersten Lesung des Gesetzes, der versicherungspflichtige Personenkreis der Krankenversicherung sei immer noch enger als der der Invaliditätsversicherung. Es handele sich hier um tiefgreifende Fragen, die mit der Novelle noch nicht erledigt werden konnten, da die Vorarbeiten noch nicht abgeschlossen seien. Die Vorlage sei nur als eine „weitere Etappe auf dem Weg der Fortführung der Sozialreform" anzusehen[239]. In der beratenden Kommission und im Reichstag wurde die Forderung gestellt, die Versicherungspflicht auf weitere Personenkreise auszudehnen. Die Kommission lehnte eine Regelung innerhalb der begonnen Gesetzesberatungen ab und verfasste eine Resolution, die die Regierung zu einer entsprechenden weiteren Gesetzesvorlage aufforderte. Im Reichstag wurden weitergehende Erweiterungswünsche ebenfalls abgelehnt. Dabei war die Grundhaltung nicht die Ablehnung der Erweiterung an sich, sondern das bevorstehende Ende der Legislaturperiode.

238 SB RT, 10. LP/II. Session 1900/1903, 8. Band, Anlage Nr. 870, S. 5828.

239 SB RT, 10. LP/II. Session 1900/1903, 9. Band, S. 8246.

Man hatte befürchtet, die Beratungen durch die erweiterte Materie nicht abschließen zu können und damit insgesamt das Scheitern des Gesetzes zu riskieren.

Lediglich der Antrag des Abgeordneten Raab (Deutschsoziale Reformpartei), fand die Zustimmung des Reichstages[240]. Er hatte beantragt, die obligatorische Versicherungspflicht für alle Handlungsgehilfen einzuführen, weil bisher nur die Handlungsgehilfen dem Versicherungszwang unterworfen seien, deren Ansprüche nach Artikel 60 ADHGB[241] aufgehoben oder beschränkt seien. Man hätte die Regelung 1892 eingeführt, obwohl die Regierung als auch die Kommission die Versicherungspflicht für alle Handlungsgehilfen einzuführen gedachte. Es sei anzunehmen, dass mehr durch einen „unglücklichen Zufall" in der dritten Lesung als durch „gründliche und umfassende Überlegung" der „unheilvolle Beschluss" herbeigeführt worden war[242]. Der nunmehr in § 63 HGB enthaltene Gehaltsfortzahlungsanspruch für sechs Wochen gäbe den nicht versicherten Handlungsgehilfen schon bisher keine ausreichende Sicherheit[243]. Eine Diskrepanz zwischen versicherten und nicht versicherten Handlungsgehilfen verstärke sich noch, da nunmehr der Leistungsanspruch der Versicherten auf 26 Wochen ausgedehnt worden sei. Die Erwartung an die Gemeinden, durch entsprechende Statuten die Versicherungspflicht einzuführen, habe sich nicht erfüllt. So hätten bisher nur 150 Gemeinden von der Möglichkeit der statutarischen Versicherungspflicht für Handlungsgehilfen nach § 2 Abs. 1 Nr. 5 KVG 1892 Gebrauch gemacht. Dabei habe sogar die „größte Handelsstadt" Hamburg kein entsprechendes Statut[244]. Die sozialdemokratischen Abgeordneten unterstützten den Antrag, da sie selbst einen weitergehenden Antrag gestellt hatten[245]. Der Abgeordnete Stadthagen (SPD) warf in diesem Zusammenhang den Konservativen, Nationalliberalen und Zentrumsabgeordneten vor, nun die Neuregelung des § 63 HGB als Vorwand für die Verhinderung der Versicherungspflicht der Handlungsgehilfen zu benutzen. Diese Vorschrift sähe vor,

240 SB RT, 10. LP/II. Session 1900/1903, 8. Band, Anlage Nr. 941, S. 6324.

241 Nach Artikel 3 EGHGB waren seit dem 1.1.1900 an die Stelle des ADHGB die entsprechenden Vorschriften des HGB getreten; RGBl. 1897 S. 437, „Einführungsgesetz zum Handelsgesetzbuche" vom 10.5.1897; RGBl. 1897 S. 219, „Handelsgesetzbuch" vom 10.5.1897.

242 SB RT, 10. LP/II. Session 1900/1903, 10. Band, S. 8964.

243 Die Beratungen zeigen, dass man auch bei § 63 HGB von einer möglichen Abbedingung des Gehaltsfortzahlungsanspruches (wie bisher bei Artikel 60 ADHGB) ausging. Dies war aber umstritten, vgl. *Stier-Somlo*, S. 33, Fn. 8, mit zahleichen Nachweisen.

244 SB RT, 10. LP/II. Session 1900/1903, 10. Band, S. 8964.

245 SB RT, 10. LP/II. Session 1900/1903, 8. Band, Anlage Nr. 954, S. 6379.

dass der Arbeitgeber das Krankengeld aus einer Kranken- und Unfallversicherung nicht auf das Gehalt anrechnen dürfe. Das würde nach Ansicht dieser Abgeordneten bei einer Versicherungspflicht zu einem Doppelbezug führen, obwohl ein Kranker nie mehr als ein Gesunder erhalten dürfe. Eine solche Sicht sei jedoch nicht angebracht, da ein Kranker oft einen höheren Bedarf habe als ein Gesunder[246].

Der Reichstag folgte dem Antrag des Abgeordneten Raab und strich die einschränkende Vorschrift des § 1 Abs. 4 KVG 1892, so dass alle Handlungsgehilfen und Handlungslehrlinge bis zweitausend Mark Jahreseinkommen versicherungspflichtig wurden. Gleichzeitig wurde die nun überflüssig gewordene Möglichkeit einer statutarischen Versicherungspflicht der Handlungsgehilfen nach § 2 Abs. 1 Nr. 5 KVG 1892 gestrichen[247].

3. Resolution des Reichstages vom 30. April 1903

In den bisherigen Beratungen des Reichstages und der beratenden Kommission war immer wieder die Ausweitung des obligatorischen Versicherungszwangs gefordert worden. In den vergangenen Legislaturperioden hatte sich hierfür nie eine Mehrheit gefunden. Das änderte sich in der 10. Legislaturperiode, die von 1898 bis 1903 dauerte. Gegen Ende der Legislaturperiode forderte die XXII. Kommission mehrheitlich den Reichstag auf, eine Resolution an die verbündeten Regierungen zu richten. Danach sollte die Regierung in der nächsten Session einen Gesetzentwurf vorlegen, der eine Ausdehnung der reichsgesetzlichen Krankenversicherungspflicht auf die Hausindustrie, die land- und forstwirtschaftlichen Arbeiter sowie auf die Dienstboten vorsehen sollte[248]. Dieser Aufforderung folgte die Reichstagsmehrheit und fasste in der letzten Sitzung der 10. Legislaturperiode am 30. April 1903 einen entsprechenden Beschluss[249].

---

246 SB RT, 10. LP/II. Session 1900/1903, 10. Band, S. 8967.

247 Arb.-Vers. 20, S. 623 ff., Bei der Generalversammlung des Verbandes der Ortskrankenkassen in Sachsen-Anhalt am 5.7.1903 wurde als Folge der obligatorischen Versicherungspflicht der Handlungsgehilfen folgendes ausgeführt: Die Handlungsgehilfen ließen sich vermehrt nach § 3a Abs. 1 Nr. 2 KVG von der Versicherungspflicht „auf Wunsch" befreien und traten einer freien Hilfskasse bei, nur „um dem Chef nicht zur Last zu fallen".

248 SB RT, 10. LP/II. Session 1900/1903, 8. Band, Anlage Nr. 936, S. 6216.

249 SB RT, 10. LP/II. Session 1900/1903, 10. Band, S. 9201.

XIV. Zusammenfassung der Entwicklung 1884–1910

1. Die Veränderungen des Versicherungszwangs 1884–1910

Der Umfang des Versicherungszwangs durch das KVG 1883 wurde detailliert dargestellt. Das gilt ebenso für die in den Jahren 1884–1910 erfolgten Veränderungen. Die zahlreichen Änderungen erschweren den Überblick darüber, welche Personenkreise am Ende des genannten Zeitraumes tatsächlich dem Versicherungszwang unterlagen. Ebenso ist auf den ersten Blick nicht ersichtlich, auf welche Personenkreise der Versicherungszwang seit dem Inkrafttreten des KVG 1883 erweitert wurde. Die Übersicht wird noch zusätzlich dadurch erschwert, weil einzelne Personenkreise nur fakultativ aufgrund kommunaler Statuten oder Landesgesetzen versicherungspflichtig waren. Diesen Schwierigkeiten soll die nachfolgende Übersicht begegnen. Dabei muss sich die Darstellung auf den Stand und die Veränderungen des obligatorischen Versicherungszwangs beschränken. Nur bei dem reichsweit einheitlichen Versicherungszwang ist eine verlässliche Aussage möglich. Der fakultative statutarische Versicherungszwang ist dagegen nur als vorübergehender, begrenzter Notbehelf zu betrachten, um auf punktuelle örtliche Notwendigkeiten reagieren zu können. Er kann lediglich als temporäre Lösung, bis zu einer für das ganze Reich geltenden Regelung, angesehen werden.

a) Umfang des Versicherungszwangs 1883

Aufgrund des KV 1883 unterlagen dem Versicherungszwang die Arbeiter, Gesellen, Gehilfen, Lehrlinge und Betriebsbeamte:

- in Bergwerken, Salinen, Aufbereitungsanstalten, Brüchen und Gruben, in Fabriken und Hüttenwerken, beim Eisenbahn- und Binnendampfschifffahrtsbetrieb, auf Werften und bei Bauten,
- in Handwerksbetrieben,
- in sonstigen stehenden Gewerbebetrieben (mit Ausnahme der sonstigen Transportbetriebe),
- in Betrieben, in denen Dampfkessel oder durch elementare Kraft (Wind, Wasser, Dampf, Gas, heiße Luft etc.) bewegte Triebwerke zur Verwendung kommen, sofern diese Verwendung nicht ausschließlich in vorübergehender Benutzung einer nicht zur Betriebsanlage gehörenden Kraftmaschine besteht.

b) Ausweitung des Versicherungszwangs 1884–1910

Der Versicherungszwang wurde in den Jahren 1884–1910 auf Arbeiter, Gesellen, Gehilfen, Lehrlinge und Betriebsbeamte ausgeweitet, die in folgenden Bereichen beschäftigten waren:

- beim Binnenschifffahrtsbetrieb (ursprünglich ab 1883 nur beim Binnendampfschifffahrtsbetrieb) ab 1885,
- beim Baggereibetrieb ab 1885,
- im Handelsgewerbe teilweise ab 1892, alle ab 1903,
- im Geschäftsbetrieb der Anwälte, Notare und Gerichtsvollzieher, der Krankenkassen, Berufsgenossenschaften und Versicherungsanstalten ab 1892
- im gesamten Betrieb der Post- und Telegraphenverwaltungen ab 1885,
- in den Betrieben der Marine- und Heeresverwaltungen ab 1885,
- in sonstigen Transportbetrieben (Ausnahme: Seeschifffahrt) ab 1885, Heimarbeiter ab 1892.

Die Quantifizierung der Versicherten, die durch die jeweiligen Veränderungen neu in die Versicherungspflicht einbezogen wurden, ist nicht möglich. Das KVG 1883 hatte in den §§ 9, 41 und 79 KVG eine gesonderte Krankenkassenstatistik vorgesehen. Die vom Bundesrat 1884 hierzu erlassenen Bestimmungen sahen eine getrennte Erfassung der Mitglieder nach den Grundlagen ihrer Versicherungspflicht vor[250]. Während für die Statistik für 1885–1887 noch die getrennte Erfassung der Versicherten erfolgte, verzichtete man ab 1888 auf eine solche Aufteilung[251]. Wie sich herausgestellt hatte, waren die bisherigen Nachweise fehlerhaft und von geringer Aussagekraft, da manche Kassen (insbesondere Hilfskassen) außerstande waren, ihre Versicherten nach den geforderten Kriterien aufzuschlüsseln[252]. Es gibt deshalb nur eine Statistik über die Gesamtzahl der Krankenversicherten. So hatte sich die Zahl der Versicherten[253] von 4,6 Millionen im Jahr 1885 auf 13,9 Millionen im Jahre 1910 verdreifacht[254]. Im gleichen Zeitraum hatte die Bevölkerung um 38 Prozent von 46,7 Millionen im Jahre 1885 auf 64,9 Millionen im Jahre 1910 zuge-

250 SB RT, 7. LP/I. Session 1887, 4. Band, Anlage 176, Formular I, S. 1340.

251 Statistik des Deutschen Reiches: Statistik der Krankenversicherung der Arbeiter 1885, Einleitung, Band 24 und 1886, Einleitung, Band 31.

252 Ebenda.

253 Einschließlich der Versicherten von Knappschaftskassen sowie eingeschriebenen und landesrechtlichen Hilfskassen.

254 Quelle: Statistik des Deutschen Reiches 1885 und 1910.

nommen[255]. Die Versichertenzahlen der Krankenkassen[256] hatten sich somit von 9,8 Prozent auf 21,4 Prozent der Bevölkerung mehr als verdoppelt.

2. Arbeitnehmer ohne obligatorische Krankenversicherung im Jahre 1910

Seit der Einführung des Versicherungszwangs durch das Krankenversicherungsgesetz im Jahre 1883 für bestimmte Gruppen von Arbeitern war dieser Zwang sukzessive auf immer weitere Bereiche ausgedehnt worden. Gleichwohl blieben viele Arbeitnehmer weiterhin von den Wohltaten einer verpflichtenden Krankenversicherung ausgeschlossen, obwohl es seit 1883 immer wieder Versuche gab, einzelne dieser Personengruppen in den Versicherungsschutz einzubeziehen. Im Jahre 1910 waren folgende Gruppen invalidenversicherungspflichtig, ohne aber einen reichsgesetzlichen obligatorischen Krankenversicherungsschutz zu haben:

a) die land- und forstwirtschaftlichen Arbeiter

b) die Dienstboten (Gesinde)

c) die unständigen Arbeiter

Hierbei handelte es sich um solche Arbeiter, deren Arbeitsvertrag auf eine kürzere Zeit als eine Woche geschlossen wurde (Tagelöhner) und die deshalb bisher vom Versicherungsschutz ausgenommen waren.

d) die im Wandergewerbe beschäftigten Personen

Die Beschäftigten des Wandergewerbes waren bisher ausgeschlossen, da Voraussetzung für die Krankenversicherung die Beschäftigung in einem „stehenden Gewerbe" war. Als Wandergewerbe in diesem Sinne wurden dabei die wandernden Karussellbetriebe, Schaubuden, Zirkusse und der Hausierhandel angesehen.

e) Arbeiter, Gehilfen, Gesellen und Lehrlinge, die in nicht ewerbsmäßig ausgeübten Betrieben beschäftigt waren

Das waren die Beschäftigten aller Reichs-, Staats- und Gemeindedienste, (sofern es sich nicht um Betriebe i.S. des § 1 Abs. 1 Nr. 1 oder 3 KVG handelte), Handwerkskammern, Unterrichts- und Erziehungseinrichtungen, Wohlfahrtseinrichtungen, Vereine, Ärzte und Zahnärzte, öffentlichen Krankenhäuser und Universitätskliniken.

f) Angestellte

Das waren alle Personen, die nicht zu den Arbeitern, Gehilfen, Gesellen, Lehrlingen, Betriebsbeamten, Werkmeistern oder Technikern gehörten.

---

255 Quelle: Statistische Jahrbücher für das Deutsche Reich 1912, Tabelle 2 b, S. 2.

256 Gemeindekrankenversicherung, Orts,- Betriebs-, Bau-, und Innungskrankenkassen, Knappschaftskassen, eingeschriebene und landesrechtliche Hilfskassen.

g) Seeleute

h) Hausgewerbetreibende

Wie aus dieser Aufstellung ersichtlich ist, gab es noch viele Personengruppen, bei denen das Erfordernis einer Krankenversicherung unbestritten war, die jedoch bisher ausgeschlossen geblieben waren. Stellt man diesem Personenkreis den von 1884 bis 1910 zusätzlich dem Krankenversicherungszwang unterworfenen Personenkreis gegenüber, dann wird deutlich, wie bescheiden die bisherigen Erweiterungen gewesen waren. Die Einbeziehung der insgesamt zahlenmäßig größeren Personengruppen war bisher nicht erreicht worden. Diesen Zustand zu ändern, war die große Herausforderung, der sich die Politik in den folgenden Jahren zu stellen hatte. Mit dem 1910 eingebrachten Entwurf einer Reichsversicherungsordnung versuchte die Regierung, dieser Aufgabe gerecht zu werden[257].

257 SB RT, 12. LP/II. Session 1910, 274. Band, Anlage Nr. 340.

G) Die Reichsversicherungsordnung (RVO) 1911

I. Allgemeines

Der dem Reichstag am 12. März 1910 zugegangene Entwurf der Reichsversicherungsordnung[1] wurde bereits im Jahre 1909 als Vorentwurf der Öffentlichkeit bekannt gegeben. Hierdurch sollte den betroffenen Gruppen Gelegenheit gegeben werden, „sich im Ganzen und in allen Einzelheiten" damit zu beschäftigten[2]. Den anlässlich des Vorentwurfs geäußerten Ansichten und Wünschen wurde im vorgelegten Entwurf nach den Ausführungen der Reichsregierung „insoweit Rechnung getragen, als es nach Auffassung der verbündeten Regierungen mit dem allgemeinen Wohle und mit den Hauptzielen der Reform vereinbar erschien"[3].

Die Reichsversicherungsordnung hatte das Hauptziel, die bisher in vielen unterschiedlichen Gesetzen geregelte Arbeiterversicherung in einer einzigen Kodifikation zusammenzufassen und so die Übersicht und Anwendung zu erleichtern. Grundlegend war dabei die Frage, ob die bisherigen Zweige der Kranken-, Unfall- und der Invalidenversicherung in dieser Kodifikation völlig miteinander verschmolzen werden sollten. Als Alternative zu einer Verschmelzung wurde der Erhalt der Selbständigkeit der Versicherungszweige erwogen, wobei gleichzeitig eine Vereinheitlichung bei den Gemeinsamkeiten und den vielfältigen Berührungspunkten herbeigeführt werden sollte. Der Verschmelzungsgedanke, insbesondere die Zusammenlegung von Kranken- und Invaliditätsversicherung, war nicht neu und wurde schon beim ersten Entwurf des Invalidenversicherungsgesetzes im Jahre 1897 erwogen[4]. Einer derartigen Verschmelzung standen die verbündeten Regierungen ablehnend gegenüber. Man erkannte einerseits die bisher fehlende Einheitlichkeit des Systems als eine Quelle häufiger Unzuträglichkeiten an. Andererseits gab die Erwägung den Ausschlag, trotz mannigfacher Vorschläge keine Organisationsform gefunden zu haben, die die Vorzüge des bisherigen Systems hatte und gleichzeitig dessen Mängel vermied[5].

---

1 Ebenda.

2 SB RT, 12. LP/II. Session, 274. Band, Anlage Nr. 340, Anlage A, S. 4.

3 Ebenda.

4 SB RT, 9. LP/IV. Session 1895/1897, 6. Band, Anlage Nr. 696, S. 3518.

5 SB RT, 12. LP/II. Session 1910, 274. Band, Anlage Nr. 340, Anlage A, S. 4.

Der Entwurf der Reichsversicherungsordnung ging deshalb auch nicht von einer Verschmelzung aus, sondern unternahm den Versuch einer Annäherung mit Wahrung der Selbständigkeit der Versicherungszweige[6]. Bei der Namensgebung der neuen Kodifikation war neben der Bezeichnung als „Reichsversicherungsordnung" auch noch die Bezeichnung als „Arbeiterversicherungsgesetz" erwogen worden[7]. Letzteres wurde verworfen, da der Kreis der Versicherten inzwischen auch Personen umfasste, die man üblicherweise nicht mehr als Arbeiter bezeichnete[8]. Die Bezeichnung „Reichsversicherungsordnung" wurde gewählt, um darauf hinzuweisen, dass es sich hierbei um eine „umfassende Ordnung des Versicherungswesens" handelte[9]. Dies sollte eine Unterscheidung zum sonstigen Versicherungsrecht, namentlich der privaten Versicherung, ermöglichen[10]. Die Reichsversicherungsordnung und das Einführungsgesetz zur RVO wurden am 19. Juli 1911 verkündet[11], wobei die einzelnen Teile der RVO zu unterschiedlichen Zeiten in Kraft gesetzt wurden[12]. Die Krankenversicherung trat aufgrund der kaiserlichen Verordnung vom 5. Dezember 1912 erst am 1. Januar 1914 in Kraft[13].

II. Die Ziele der Reichsversicherungsordnung

1. Einführung der Hinterbliebenenversicherung

Durch die Reichsversicherungsordnung sollte in erster Linie eine Annäherung der bestehenden Versicherungszweige erreicht werden. Der Ausbau bzw. die Erweiterung der Systeme standen dabei nicht im Vordergrund. Trotzdem verband man die Reichsversicherungsordnung mit der Einführung der Hinterbliebenenversicherung, die im Rahmen der bisherigen Invalidenversicherung durchgeführt werden sollte. Die zeitliche Einführung der Hinterbliebenenversicherung für Witwen und Waisen in Verbindung mit der Reichsversicherungsordnung ergab sich aus dem zeitgeschichtlichen Hintergrund. Zur Einführung einer solchen Hinterbliebenenversicherung hatte sich zuvor der Gesetz-

6 Ebenda.

7 SB RT, 12. LP/II. Session 1910, 274. Band, Anlage Nr. 340, Anlage A, S. 21.

8 Ebenda.

9 Ebenda.

10 Ebenda.

11 RGBl. 1911 S. 509, „Reichsversicherungsordnung" vom 19.7.1911; RGBl. 1911 S. 839, „Einführungsgesetz zur Reichsversicherungsordnung" vom 19.7.1911.

12 Vgl. Artikel 1, 2, 4 EGRVO.

13 RGBl. 1912 S. 439, „Verordnung, betreffend die Inkraftsetzung von Vorschriften der Reichsversicherungsordnung" vom 5.7.1912.

geber selbst gebunden und einen zeitlichen Rahmen für deren Einführung gesetzt. In § 15 des Zolltarifgesetzes vom 25. Dezember 1902[14], den man auch als „Lex Trimborn"[15] bezeichnete, wurde festgelegt, die zukünftigen Nettozollerträge auf Agrarprodukte zur Finanzierung einer Witwen- und Waisenversorgung anzusammeln. Diese Erträge flossen bis zur Verabschiedung eines entsprechenden Gesetzes in einen Fonds[16], wobei das Gesetz bis zum 1. Januar 1910 in Kraft treten sollte. Da die Vorarbeiten bis zu diesem Zeitpunkt nicht abgeschlossen waren, verlängerte man die Frist durch Gesetz bis zum 1. April 1911[17]. Ohne die Verabschiedung einer Hinterbliebenenversicherung hätten die angesammelten Mittel aufgelöst und verteilt werden müssen. In einem derartigen Falle sah man „kaum überwindliche Schwierigkeiten" in der Durchführung der Verteilung[18]. Daher integrierte man die Vorlage einer Hinterbliebenenversicherung in die zur Beratung anstehende Reichsversicherungsordnung. Die Hinterbliebenenversicherung wurde schließlich als 4. Buch mit der Bezeichnung „Invaliden- und Hinterbliebenenversicherung" Bestandteil der Reichsversicherungsordnung.

2. Einführung gemeinsamer Vorschriften

Die für die einzelnen Versicherungszweige geltenden Vorschriften über die Rechtsfähigkeit, die Organe, die Ehrenämter, das Vermögen der Versicherungsträger und die Aufsicht waren bisher in den jeweiligen Einzelgesetzen der Kranken-, Unfall- und Invalidenversicherung festgelegt. Durch eine Kodifikation aller Versicherungszweige in einem einzigen Gesetz bot sich die Möglichkeit, diese Regelungen einheitlich für alle Versicherungsträger zu fassen. Einheitlich zusammengefasst werden sollten auch „wichtige Vorschriften über Behörden, Rechtshilfe, Leistungen, ärztliche Behandlung, Fristen, Zustellungen, Gebühren und Stempel, Verbote und Strafen, Ortslohn, Beschäftigungsort, ausländische Gesetzgebung und gemeinsame Begriffsbestimmungen"[19].

---

14 RGBl. 1902 S. 303, „Zolltarifgesetz" vom 25.12.1902.

15 Die Bezeichnung ist auf den vom Reichstag angenommenen Antrag des Abgeordneten Trimborn (Zentrum) zurückzuführen, der die ursprüngliche Kommissionsfassung des § 15 (§ 11 a des Entwurfs) änderte; vgl. *Weidner*, S. 90 ff.

16 RGBl. 1907 S. 89, „Gesetz, betreffend den Hinterbliebenen-Versicherungsfonds und den Reichsinvalidenfonds" vom 8.4.1907.

17 RGBl. 1909 S .973, „Gesetz, betreffend die Abänderung des Zolltarifgesetzes und des Gesetzes, betreffend den Hinterbliebenen-Versicherungsfonds und den Reichsinvalidenfonds" vom 11.12.1909.

18 SB RT, 12. LP/II. Session 1910, 274. Band, Anlage Nr. 340, Anlage A, S. 3.

19 SB RT, 12. LP/II. Session 1910, 274. Band, Anlage Nr. 340, Anlage B, S. 24.

Mit einer solchen Zusammenfassung vermied man überflüssige Wiederholungen innerhalb des Gesetzes, so dass der Umfang der Kodifikation begrenzt werden konnte. Die Endfassung der Reichsversicherungsordnung enthielt immerhin noch 1805 Paragrafen. Eine Reduzierung des Gesetzesumfangs versuchte man auch zu erreichen, indem man die „in den älteren Versicherungsgesetzen noch häufig überlangen Perioden" möglichst in einzelne Sätze auflöste. Man verminderte zudem die „allzu zahlreichen Passiv- und Partizipialkonstruktionen" und vermied die „im Überfluss angewandten Umschreibungen einfacher Zeitworte"[20]. Die beschriebenen Bemühungen wurden auch im Reichstag anerkannt und wie der Abgeordnete von Gamp-Massaunen (Deutsche Reichspartei) bemerkte, zeichnete sich das Gesetz „durch eine besonders klare, einfache, deutliche, allgemein verständliche Form aus"[21]. Er dankte dabei auch dem „Allgemeinen Deutschen Sprachverein", der an dem Gesetzentwurf mitgewirkt hatte. Die für alle Versicherungszweige einheitlichen Regelungen wurden schließlich in der Reichsversicherungsordnung im 1. Buch „Gemeinsame Vorschriften" zusammengefasst und verabschiedet.

3. Beziehungen der Versicherungsträger zueinander

Die Versicherungsträger der Kranken-, Unfall- und Invalidenversicherung standen bisher schon in vielfältiger Beziehung zueinander. Diese Beziehungen bestanden in erster Linie im Bereich der Leistungen. So war zwischen Kranken- und Unfallversicherung die Leistungspflicht bei Betriebsunfällen gegeneinander eindeutiger als bisher abzugrenzen und etwaige Ersatzansprüche waren zu regeln. Das galt ebenso zwischen der Unfall- und der Invaliden- und Hinterbliebenenversicherung, wenn Renten aufgrund von Betriebsunfällen zu zahlen waren. Das galt auch in den Fällen, in denen das Krankengeld gegen die Ansprüche auf Erwerbsunfähigkeitsrenten der Invalidenversicherung abzugrenzen war. Diese Beziehungen der Versicherungsträger zueinander und zu anderen Verpflichteten wurden im 5. Buch der Reichsversicherungsordnung geregelt.

4. Verfahren bei Streitigkeiten

Als besonders wichtig wurde bei der anstehenden Kodifizierung die Einrichtung einheitlicher, übersichtlicher Instanzen in Konfliktfällen angesehen. Eine solche Einheitlichkeit der Spruchinstanzen existierte bisher nur für die Invalidenversicherung und die Unfallversicherung. Dort waren schon bisher Schiedsgerichte eingerichtet und mit dem Reichsversicherungsamt eine oberste

20 Ebenda.

21 SB RT, 12. LP/II. Session 1910, 261. Band, S. 2493.

Beschluss- und Spruchinstanz vorhanden. In der Krankenversicherung fehlte bisher diese Einheitlichkeit aufgrund der Zersplitterung des Kassensystems und der unterschiedlichen Länderrechte[22]. So konnten allein bei Streitigkeiten über die Höhe der Krankenkassenbeiträge die reichsgesetzlichen Gewerbegerichte, die landesrechtlichen Gewerbegerichte, die Innungsschiedsgerichte, die Innung, die Kaufmannsgerichte, die ordentlichen Gerichte und in Württemberg die Gemeindegerichte zuständig sein[23]. Stritten Arbeitgeber oder Versicherte mit der Krankenkasse, entschied die Aufsichtsbehörde. Gegen deren Entscheidung konnte im ordentlichen Rechtsweg oder im Verwaltungsrechtsweg geklagt werden[24]. Als besonders bedenklich wurde hier angesehen, dass der gleiche Anspruch vor unterschiedlichen Foren verhandelt werden konnte, je nachdem wer den Anspruch geltend machte[25]. Eine einheitliche Rechtsfortbildung durch die Gerichte im Bereich der Krankenversicherung war deshalb nicht möglich.

Diese Rechtszersplitterung sollte durch die Reichsversicherungsordnung mit ihren Regelungen im 6. Buch „Verfahren“ beseitigt werden. Es waren nun einheitliche Instanzen für alle Versicherungszweige vorgesehen. Als untere Instanz wurden die Versicherungsämter installiert (§§ 36, 1636 RVO). Berufungsinstanz waren die Oberversicherungsämter auf der Ebene der höheren Verwaltungsbehörden (§§ 61, 1675). Revisionsinstanz war für die Krankenversicherung sowie die Invaliden- und Hinterbliebenenversicherung das Reichsversicherungsamt, das auch für den Rekurs der Unfallversicherung zuständig war (§§ 83, 1694, 1699 RVO).

III. Die Krankenversicherung als Teil der Reichsversicherungsordnung

1. Die vorgesehenen Änderungen in der Krankenversicherung

Die Zusammenfassung des gesamten bisherigen Sozialversicherungsrechts in der Reichsversicherungsordnung sah für alle Versicherungszweige gemeinsame Regelungen in den Büchern 1, 5 und 6 vor. Daneben wurden die speziellen Regelungen für jeden Versicherungszweig in jeweils gesonderten Büchern zusammengefasst. Die Kodifizierung war verbunden mit materiell-rechtlichen Änderungen in den einzelnen Versicherungszweigen. Die umfangreichsten

22 *Peters*, S. 59 f.

23 SB RT, 12. LP/II. Session 1910, 274. Band, Anlage Nr. 340, Anlage C, S. 144 f.

24 Ebenda.

25 Ebenda.

Änderungen wurden dabei für die Krankenversicherung vorgesehen, weil seit der Novelle im Jahr 1892 nur geringfügige Anpassungen vorgenommen worden waren, während in der Invalidenversicherung 1899 und in der Unfallversicherung 1900 bereits umfangreiche Umgestaltungen erfolgten. Die Gesetzesbegründung listete für die Krankenversicherung die Bereiche auf, die reformiert werden sollten[26]. Von den zahlreichen dort genannten Reformvorhaben sind in diesem Kontext nur zwei von Relevanz. Das ist einmal die Absicht, den Kreis der gegen Krankheit versicherten Personen zu erweitern, und zum Zweiten das Vorhaben, die übermäßige Zersplitterung des Kassenwesens zu beseitigen. Die Umsetzung beider Vorhaben stand hierbei in engem sachlichem Zusammenhang.

2. Die Erweiterung der Versicherungspflicht im Allgemeinen

a) Die Anpassung an den Personenkreis der Invalidenversicherung

Die erklärte Absicht des Gesetzgebers war es, in der Krankenversicherung den versicherten Personenkreis demjenigen der Invalidenversicherung anzugleichen. Als Begründung wurde angeführt, dass insbesondere denjenigen Personen der Mangel einer Absicherung bei Krankheit bewusst geworden sei, die inzwischen der Invalidenversicherung unterlagen, nicht aber der Krankenversicherung[27]. Die Erkenntnis ergäbe sich aus der Wechselbeziehung beider Versicherungszweige zueinander, „weil sich die Invalidität vielfach als der Abschluss längerer oder kürzerer Krankheitszustände darstellt"[28]. Ein Zusammenhang sei bereits bei dem Entwurf des Invalidenversicherungsgesetzes im Jahre 1897 aufgezeigt worden. Dort sei hervorgehoben worden, „dass die Durchführung der Krankenversicherung materiell für die Träger der Invalidenversicherung von größter Bedeutung ist, weil eine umfassende, sorgfältige Krankenfürsorge dem Eintritt der Invalidität vielfach vorbeugt und dadurch die Invalidenversicherung entlastet"[29]. Daraus wurde der Schluss gezogen, die fehlenden und rechtzeitigen Krankenhilfeleistungen einer Krankenkasse würden die Gefahr des vorzeitigen Eintritts der Invalidität verstärken[30]. Deshalb sei es naheliegend, „die Kreise der gegen Invalidität und der gegen Krankheit versicherten Personen möglichst gleich zu gestalten". Unter Berücksichtigung dieses Grundsatzes erfolgte die Vorlage des Entwurfs der Reichsversiche-

26 SB RT, 12. LP/II. Session 1910, 274. Band, Anlage Nr. 340, Anlage C, S. 83.

27 SB RT, 12. LP/II. Session 1910, 274. Band, Anlage Nr. 340, Anlage C, S. 84.

28 Ebenda.

29 Ebenda.

30 Ebenda.

rungsordnung, der für die Krankenversicherung eine erhebliche Ausdehnung des versicherten Personenkreises bedeutete.

b) Die Abkehr vom Betrieb als Tatbestand der Versicherungspflicht

Die Angleichung des versicherten Personenkreises der Krankenversicherung an denjenigen der Invalidenversicherung erforderte eine teilweise Aufgabe bestimmter Tatbestandsmerkmale, die bisher Voraussetzung für die Versicherungspflicht in der Krankenversicherung gewesen waren. Dies galt für das Tatbestandsmerkmal der Beschäftigung im „Betrieb". Bisher trat nach § 1 KVG nur dann eine Versicherungspflicht ein, wenn eine Beschäftigung im „Betrieb" erfolgte. So führte § 1 Abs. 1 Nr. 1 KVG die Betriebe enumerativ mit Bergwerken, Salinen, Aufbereitungsanstalten, Brüchen, Gruben, Fabriken, Hüttenwerken, Eisenbahnbetrieben, Binnenschifffahrtsbetrieben, Baggereibetrieben, Werften und Bauten auf. Nach § 1 Abs. 1 Nr. 2 KVG erstreckte sich die Versicherungspflicht auf „Gewerbebetriebe" des Handelsgewerbes, des Handwerks und auf „sonstige stehende Gewerbebetriebe". Ebenso war nach § 1 Abs. 1 Nr. 2a KVG die Versicherungspflicht für die in den „Geschäftsbetrieben" der Anwälte, Notare, Gerichtsvollzieher, Krankenkassen, Berufsgenossenschaften und Versicherungsanstalten Beschäftigten vorgesehen. Letztlich sah § 1 Abs. 1 Nr. 3 KVG vor, dass sich die Versicherungspflicht auf „Betriebe" erstreckte, in denen bestimmte, durch elementare Kräfte bewegte Maschinen zur Anwendung kamen. Die Abkehr vom Tatbestandsmerkmal des „Betriebes" hatte weitreichende Auswirkungen, da nunmehr auch Beschäftigte in solchen Einrichtungen versicherungspflichtig wurden, die bisher nicht als Betrieb aufgefasst wurden wie beispielsweise Wohltätigkeitseinrichtungen, Vereine, Arzt- und Zahnarztpraxen etc.

3. Die Erweiterung der Versicherungspflicht im Einzelnen

a) Personenkreis des § 165 Abs. 1 Nr. 1 RVO

Nach § 165 Abs. 1 Nr. 1 RVO waren Arbeiter, Gehilfen, Gesellen, Lehrlinge und Dienstboten versichert. Im Verhältnis zum bisherigen KVG war neu, dass keine Bindung mehr an eine bestimmte Betriebsart für die Versicherungspflicht gefordert war. Nunmehr waren alle Tätigkeiten versichert. Damit waren auch die bisher nicht versicherten land- und forstwirtschaftlichen Arbeiter einbezogen. Durch den Fortfall der Betriebsbezogenheit war auch das Merkmal der Beschäftigung in einem „stehenden Gewerbebetrieb" nicht mehr Voraussetzung, so dass auch Wanderarbeiter versicherungspflichtig wurden. Fortgefallen war auch das Kriterium einer mindestens einwöchigen

Beschäftigung als Voraussetzung für die Versicherungspflicht, mit der Folge, dass zukünftig auch die berufsmäßigen Tagelöhner (unständig Beschäftigte) versicherungspflichtig waren. Besonders aufgeführt wurden die Dienstboten, für die nun die Versicherungspflicht galt. Bei den neu in die Versicherungspflicht einbezogenen landwirtschaftlichen Arbeitern, den unständig Beschäftigten, den Dienstboten und den im Wandergewerbe beschäftigten Arbeitern sah man Sonderregelungen vor. Mit diesen Regelungen sollten die Hindernisse ausgeräumt werden, die in der Vergangenheit die Einführung der Versicherungspflicht verhindert hatten. So hatte man geglaubt, eine Versicherungspflicht nur dann durchführen zu können, wenn ein Arbeitgeber vorhanden war, der zu den wichtigsten Pflichten herangezogen werden konnte[31]. Hielt man diesen Grundsatz zukünftig aufrecht, musste man weiterhin von der Unmöglichkeit ausgehen, die Versicherungspflicht „einigermaßen wirksam und vollkommen" durchzuführen[32]. Es wurde nur die Möglichkeit gesehen, entweder wie bisher auf die Versicherungspflicht zu verzichten, oder aber die Versicherten selbst zu den Aufgaben heranzuziehen. Da die Beteiligung der Versicherten an den Pflichten als das kleinere Übel angesehen wurde[33], entschied man sich für die Versicherungspflicht unter Mitwirkung der Versicherten. Begründet wurde dies mit der bisherigen gesellschaftlichen Entwicklung. So sei der Grundgedanke der Versicherung inzwischen „Gemeingut des ganzen Volkes" geworden und die „Kenntnis ihrer wichtigsten Einzelheiten" habe sich in „die breitesten Schichten", selbst der „wenig gebildeten Klassen" eingelebt. Dadurch könne man den „nächstbeteiligten Kreisen ein stärkeres Maß von Selbstbetätigung" zumuten, zumal sie schließlich dem eigenen Nutzen dienten[34]. Die Beteiligung der einzelnen Versichertengruppen an den Pflichten wurde in besonderen Bestimmungen der Reichsversicherungsordnung festgelegt, die zu erläutern sind.

b) Lehrlinge ohne Entgelt

Als Voraussetzung der Versicherungspflicht war wie bisher die Entgeltlichkeit der Beschäftigung gefordert[35]. Neu war der Terminus „Entgelt", der die bishe-

---

31 SB RT, 12. LP/II. Session 1911, 274. Band, Anlage Nr. 340, Anlage C, S. 85 f.

32 Ebenda.

33 Ebenda.

34 Ebenda.

35 Die Zahlung von Entgelt allein hielt die Versicherungspflicht nicht aufrecht, wenn dem Arbeitgeber dauerhaft nicht die Arbeitskraft des Arbeitnehmers zu Verfügung stand, wie z.B. bei der Einberufung zum Kriegsdienst, vgl. AN 1915, S. 371, RVA-

rige Bezeichnung „Lohn oder Gehalt" ablöste. Die Definition des „Entgelts" wurde in § 160 RVO für alle Versicherungszweige einheitlich festgelegt. Von der Voraussetzung der Entgeltlichkeit einer Beschäftigung wurde bei den Lehrlingen eine Ausnahme gemacht. Diese waren nunmehr auch dann versicherungspflichtig, wenn sie kein Entgelt erhielten (§ 165 Abs. 2 RVO). Im Gesetzentwurf der RVO war eine solche Ausnahmeregelung noch nicht vorgesehen. Sie wurde erst durch die Kommission eingefügt, mit dem Hinweis auf die vielen Lehrlinge ohne Entgelt und die große Zahl von „Lehrmädchen im Schneiderinnenberuf und von Lehrlingen im Handelsgewerbe, die häufig noch Lehrgeld bezahlten"[36]. Hingewiesen wurde dabei auf die oft ärmlichen Verhältnisse der Eltern, die bei einer fehlenden Krankenversicherung die Fürsorge der erkrankten Kinder übernehmen müssten[37]. Gegen eine derartige Regelung wurde eingewandt, dass die Einbeziehung der Lehrlinge ohne Entgelt dazu führe, dass sie im Krankheitsfalle Krankengeld erhielten, obwohl sie als Gesunde nichts verdienen würden. Durch eine solche Besserstellung bestände die Gefahr einer häufigeren Erkrankung[38]. Um diese Auswirkungen zu vermeiden wurde durch § 494 RVO das Krankengeld für Lehrlinge ohne Entgelt ausgeschlossen. Als Ausgleich hierfür waren die Beiträge entsprechend zu ermäßigen.

c) Personenkreis des § 165 Abs. 1 Nr. 2 RVO

Der § 165 Abs. 1 Nr. 2 RVO sah die Versicherungspflicht für Betriebsbeamte, Werkmeister und andere Angestellte in ähnlich gehobener Stellung vor, wenn die Beschäftigung ihren Hauptberuf bildete. Dieser Wortlaut stimmte mit den Vorschriften über die Versicherungspflicht in der Invaliden- und Hinterbliebenenversicherung in § 1226 Abs. 1 Nr. 2 RVO überein.

aa) Die Versicherungspflicht „anderer Angestellter"

In der Krankenversicherung waren seit dem KVG 1892 Betriebsbeamte, Werkmeister und Techniker als besondere Personengruppe von Versicherungspflichtigen aufgeführt. Auch in der Invalidenversicherung war diese Personengruppe seit 1899 versicherungspflichtig. Darüber hinaus waren nach § 1 Abs. 1 Nr. 2 IVG seit 1899 „sonstige Angestellte" in der Invalidenversicherung versicherungspflichtig. Dies war die erstmalige Nennung der Ange-

---

Entscheidung Nr. 1969 vom 6.2.1915 – II K 70/15; AN 1917, S. 516, RVA-Entscheidung Nr. 2362 vom 21.4.1917 – II K 27/17 B.

36 SB RT, 12. LP/II. Session 1911, 279. Band, Anlage Nr. 946, S. 4527.

37 Ebenda.

38 Ebenda.

stellten als besondere Beschäftigtengruppe. Mit der Versicherungspflicht „sonstiger Angestellter“ war nicht beabsichtigt, nunmehr alle Angestellten der Invalidenversicherungspflicht zu unterstellen, die nicht bereits anderweitig im Gesetz aufgeführt waren. Wie aus der Gesetzesbegründung zu entnehmen ist, wurde erkannt, dass es in der Hauswirtschaft und der Verwaltung eine Anzahl von Personen gab, die „ihrer sozialen und wirtschaftlichen Stellung nach, den versicherungspflichtigen Betriebsbeamten gleichstehen“[39]. Diese seien bisher nur deshalb nicht unter die „Betriebs-“ Beamten eingeordnet worden, da sie nicht in einem „Betrieb“ im Sinne des Gesetzes arbeiteten[40]. Zudem beständen bei den Hausbeamten, Hausdamen, Privatsekretären und ähnlichen Hilfskräften in hervorragender Stellung oftmals Zweifel, ob sie zu den Dienstboten gehörten oder nicht[41]. Die Aufnahme der „sonstigen Angestellten“ in den invalidenversicherungspflichtigen Personenkreis erfolgte somit, um die bestehenden Ungleichheiten zu beseitigen[42]. Damit war auch klargestellt, dass der Personenkreis der „sonstigen Angestellten“ auf diejenigen Personen beschränkt war, die eine den Betriebsbeamten, Werkmeistern und Technikern vergleichbare herausgehobene Stellung hatten. Hierzu gehörten die „Beamten mittlerer Stufe in öffentlichen oder privaten Verwaltungen und Geschäftsbetrieben jeder Art sowie im Haushalt, also in erster Linie das eigentliche Büropersonal“[43]. Weiterhin nicht der Versicherungspflicht in der Invalidenversicherung unterlagen die Beschäftigten mit einer wissenschaftlichen oder künstlerischen Tätigkeit[44]. Mit der Reichsversicherungsordnung wurden die „sonstigen Angestellten“ nun gleichermaßen der Versicherungspflicht sowohl in der Kranken- als auch der Invaliden- und Hinterbliebenenversicherung unterstellt. Allerdings konkretisierte man die bisherige Bezeichnung von „sonstigen Angestellten“ in „andere Angestellte in ähnlich gehobener Stellung“. Damit wurde deutlicher als bisher, dass nicht jeder Angestellte versicherungspflichtig war, sondern nur derjenige, der eine den Betriebsbeamten vergleichbare gehobene Stellung hatte.

bb) Techniker

In der Krankenversicherung waren die Techniker seit 1892 und in der Invalidenversicherung seit 1899 als besondere Personengruppe der Versicherungs-

39 SB RT, 10. LP/I. Session 1898/1900, 1. Band, Anlage Nr. 93, S. 695.

40 Ebenda.

41 Ebenda:

42 *Petersen*, RVO, 1. Band, Anm. 11 zu § 165 RVO.

43 RVA-Anleitung zum IVG 1905, Ziffer 23.

44 RVA-Anleitung zum IVG 1905, Ziffer 25.

pflichtigen aufgeführt. Die Gründe für die Aufnahme der Techniker in den versicherungspflichtigen Personenkreis wurden oben bei der Erläuterung der KVG-Novelle von 1892 dargelegt[45]. In dem Gesetzentwurf zur RVO waren die Techniker sowohl in der Krankenversicherung als auch in der Invaliden- und Hinterbliebenenversicherung noch als besondere Personengruppe aufgeführt. Dagegen waren in der vom Reichstag verabschiedeten RVO-Fassung die Techniker in beiden Versicherungszweigen nicht mehr enthalten. Hintergrund der Streichung waren die unterschiedlichen Meinungen darüber, ob bei den „Technikern" ein Unterschied zu machen sei zwischen Personen mit oder ohne eine Hochschulbildung. In der Vergangenheit war die Frage für die Kranken- und Invalidenversicherung dahingehend beantwortet worden, dass eine Unterscheidung zwischen Technikern mit oder ohne Hochschulbildung nicht erfolgte[46]. Eine Bestätigung erfolgte durch die Anleitungen des RVA im Jahre 1905[47]. Danach wurden Ingenieure, Architekten, Konstrukteure, Chemiker etc. als Techniker eingeordnet, auch wenn sie eine Diplomprüfung abgelegt hatten oder die Doktorwürde besaßen[48].

Eine solche Einordnung war von Anfang an umstritten, da grundsätzlich davon ausgegangen wurde, dass Personen mit einer „wissenschaftlichen oder sonst höheren Tätigkeit" nicht der Versicherungspflicht unterlagen[49]. Für den technischen Bereich war eine solche Auslegung bisher aber durch die schlechthin als versicherungspflichtig bezeichneten Techniker ausgeschlossen worden[50]. Die Beratungen zur Reichsversicherungsordnung gaben nun den Anlass, diese Frage erneut zu erörtern. Grund hierfür war ein Antrag, der in die Kommissionsberatungen zur Invaliden- und Hinterbliebenenversicherung eingebracht wurde. Danach sollte ein § 1223a RVO eingefügt werden, mit dem Diplomingenieure und Personen mit ähnlicher Hochschulbildung auf Antrag von der Versicherungspflicht befreit werden konnten[51]. Als Begründung für den Antrag wurde dargelegt, er entspreche einem Wunsch der deutschen Diplomingenieure[52]. Der Antrag wurde in der ersten Lesung der Kommission mehrheitlich

---

45 Vgl. oben Abschnitt F), VIII., 5. b).

46 RVA-Bescheid Nr. 603, AN 1897, S. 418; *Isenbart / Spielhagen*, IVG 1899, Anm. 6a zu § 1 IVG, S. 40; SB RT, 10. LP/I. Session 1898/1900, 3. Band, Anlage Nr. 270, S. 1705.

47 RVA-Anleitungen zum IVG 1905, Ziffer 21.

48 Ebenda.

49 SB RT, 12. LP/II. Session 1911, 279. Band, Anlage Nr. 946, S. 4911.

50 Ebenda.

51 SB RT, 12. LP/II. Session 1911, 279. Band, Anlage Nr. 946, S. 4917.

52 Ebenda.

angenommen. In der zweiten Lesung der Kommission wurde als Alternative zu dem früheren Beschluss vorgeschlagen, in § 1226 Abs. 1 Nr. 2 RVO die Techniker zu streichen, da ihre frühere Nennung der Grund für die bisherigen Unzuträglichkeiten gewesen sei. Durch deren Streichung würde man das Ergebnis in „allgemeinerer Weise" als durch einen neuen § 1223a RVO erreichen[53]. In diesem Sinne wurde schließlich für die Invaliden- und Hinterbliebenenversicherung der § 1226 Abs. 1 Nr. 2 RVO und für die Krankenversicherung der § 165 Abs. 1 Nr. 2 RVO ohne die Nennung der Techniker beschlossen. Während Techniker, die „vorwiegend Arbeiten mehr materieller Art" verrichteten, nunmehr als „andere Angestellte in ähnlicher gehobener Stellung" versicherungspflichtig waren, unterlagen Techniker, die eine mehr geistige oder wissenschaftliche Tätigkeit ausübten, zukünftig nach dem „allgemeinen Auslegungsgrundsatz" nicht mehr dem Versicherungszwang[54].

cc) Versicherungspflicht nur im Hauptberuf

Für Betriebsbeamte, Werkmeister und andere Angestellte in ähnlich gehobener Stellung trat die Versicherungspflicht nach den Bestimmungen der RVO nur dann ein, wenn die Beschäftigung ihren Hauptberuf bildete. Die bisherigen Regelungen für die Krankenversicherung im KVG hatten eine solche Einschränkung nicht vorgesehen. In der Invalidenversicherung gab es eine derartige Einschränkung seit 1899, die sich jedoch nur auf die „sonstigen Angestellten" bezog (§ 1 Abs. 1 Nr. 2 IVG). Nach dem Entwurf zur Reichsversicherungsordnung war die Beschränkung ursprünglich ebenfalls nur für die „anderen Angestellten" vorgesehen. Die Kommission beschloss jedoch, die einschränkenden Regelungen einheitlich für die Kranken- und Invalidenversicherung auch auf Betriebsbeamte und Werkmeister zu erstrecken, weil vielfach selbständige Personen mit ausreichenden Berufs- oder Kapitaleinkommen ein Nebenamt bekleideten[55]. Für Personen, die sich auch ohne das Nebenamt in einer gesicherten Lebensstellung befänden, läge kein Bedürfnis vor, sie der Zwangsversicherung zu unterwerfen. Die Beschränkung der Versicherungspflicht auf die „berufsmäßige" Beschäftigung hatte bisher in der Invalidenversicherung zahlreiche Abgrenzungsfragen aufgeworfen, von deren Problematik nun auch die Krankenversicherung erfasst wurde[56].

53 SB RT, 12. LP/II. Session 1911, 279. Band, Anlage Nr. 946, S. 4910 f.

54 Ebenda; RVA-Anleitung zur RVO 1912, Ziffer 45.

55 SB RT, 12. LP/II. Session 1911, 279. Band, Anlage Nr. 946, S. 4528.

56 *Petersen*, RVO, 1. Band, Anm. 12 zu § 165 RVO, S. 240; RVA-Anleitung zur RVO 1912, Ziffer 44; RVA-Entsch. Nr. 933, (Postagenten), AN 1901, S. 630; RVA-Beschluss Nr. 970, AN 1902, S. 394; RVA-Rev. Entsch. Nr. 985, (badische Ratsschrei-

d) Gehilfen und Lehrlinge in Apotheken

Gehilfen und Lehrlinge in Apotheken wurden nun nach § 165 Abs. 1 Nr. 3 RVO der Versicherungspflicht in der Krankenversicherung und nach § 1226 Abs. 1 Nr. 3 RVO der Invaliden- und Hinterbliebenenversicherung unterworfen. In der Vergangenheit hatten die Interessenvertreter der Apotheker erfolgreich den Versicherungszwang verhindert. Sie waren bisher von der Versicherungspflicht ausgenommen worden, „weil die beteiligten Kreise geltend gemacht hatten, dass weder die Bildungsstufe, noch die wirtschaftliche Lage dieser Personen ein dringendes Bedürfnis nach ihrer Einbeziehung erkennen lasse“[57]. Die Einbeziehung sollte nun erfolgen, da bereits seit dem Jahre 1899 das IVG Personenkreise unter Versicherungszwang gestellt hatte, deren Lebensstellung mit derjenigen von Apothekergehilfen und Apothekerlehrlingen vergleichbar war, wie beispielsweise die der Lehrer, Erzieher und der Personen, die zu den „sonstigen“ Angestellten gehörten[58]. Neuerdings sei auch aus den Apothekerkreisen selbst der Wunsch geäußert worden, die Versicherungspflicht auf die Angehörigen ihres Standes auszuweiten[59]. Daraus kann durchaus der Schluss gezogen werden, dass das Standesdenken zurücktrat, um die Wohltaten aus der „Arbeiterversicherung“ in Anspruch nehmen zu können. Die Versicherungspflicht der Gehilfen und Lehrlinge in Apotheken wurde nun einheitlich in der Invaliden- und Hinterbliebenenversicherung sowie in der Krankenversicherung eingeführt.

e) Bühnen- und Orchestermitglieder

In § 165 Abs. 1 Nr. 4 RVO wurden erstmals die Bühnen- und Orchestermitglieder als krankenversicherungspflichtiger Personenkreis aufgeführt, für den die Versicherungspflicht ohne Rücksicht auf den Kunstwert der Leistung bestand. Die erstmalige Nennung als versicherungspflichtige Personen bedeutete nicht, dass unter der Geltung des KVG generell keine Versicherungspflicht bestanden hatte. Bisher war die Versicherungspflicht angenommen worden, wenn die Tätigkeit in einem Betrieb erfolgte, der auf eine rein gewerbliche Berufsausübung ausgerichtet war. Hierbei lehnte man sich an die Bestimmungen in §§ 32, 33a, 33b, 55 GewO des Gewerberechts an[60]. Hier wurde unter-

---

ber), AN 1902, S. 481; RVA-Entsch. Nr. 1007, (Postagent/Sparkassenkassierer), AN 1902, S. 550; RVA-Entsch. Nr. 1207, (Fleischbeschauer), AN 1905, S. 438.

57 SB RT, 12. LP/II. Session 1911, 274. Band, Anlage Nr. 340, Anlage F, S. 387.

58 *Petersen*, RVO, 1. Band, Anm. 14 zu § 165 RVO; *Hahn*, KV 1915, Anm. 15 zu § 165 RVO.

59 SB RT, 12. Session 1911, 274. Band, Anlage Nr. 340, Anlage F, S. 387.

60 RVA-Anleitung zum IVG 1905, Ziffer 25.

schieden zwischen Betrieben, bei denen „ein höheres Interesse der Kunst oder Wissenschaft obwaltet“, und denjenigen, die zur „rein gewerblichen Berufsausübung“ betrieben wurden[61]. Zur Beurteilung der Versicherungspflicht musste somit erst der Kunstwert der Leistung beurteilt werden[62]. Dabei bezog sich der Kunstwert nicht auf die individuelle Leistung des Künstlers, sondern darauf, ob durch das Unternehmen ein „höheres Kunstinteresse“ verkörpert wurde[63]. Die Versicherungspflicht eines Künstlers war somit von seinem Auftrittsort abhängig. So war der Chorsänger einer Oper versicherungsfrei, während der Darsteller in einem „Spezialitätentheater“[64] dagegen versicherungspflichtig sein konnte[65]. Dieselbe Person konnte mit der „gleichartigen und gleichgelohnten Beschäftigung“ einmal versicherungspflichtig sein und ein anderes Mal nicht[66]. Infolge dieser Regelung unterlagen viele geringbezahlte Schauspieler, Sänger, Choristen, Souffleure und Musiker nicht der Versicherungspflicht, wenn sie in einem bekannten Theater auftraten oder in einem bekannten Orchester spielten. Bei letzterem trat auch dann keine Versicherungspflicht ein, wenn „bei einzelnen Darbietungen, wie z.B. bei Tanzmusiken einer Konzertkapelle, ein höheres Kunstinteresse nicht obwaltete“[67]. Aufgrund der unterschiedlichen Behandlung von Bühnen- und Orchestermitgliedern wurde nunmehr die einheitliche Versicherungspflicht ohne Rücksicht auf den Kunstwert der Leistung eingeführt, was man besonders im Hinblick auf die Lage der „mindergelohnten Bühnenangehörigen“ als erforderlich ansah[68].

---

61 *Petersen*, RVO, 1. Band, Anm. 15 zu § 165 RVO, S. 246; *Hahn*, Anm. 3c, zu § 1 KVG, S. 36; *Stier-Somlo*, S. 102 f.; RVA-Anleitung zum IVG 1905, Ziffer 25.

62 OVG-Entsch. Band 37, Nr. 61, S. 378 ff., Rev. Entsch. vom 16.5.1900, (Tanzkapellenmusiker), Arb.-Vers. 23, 1906, S. 309; *Reger* 3. Erg. Band 1905, S. 266, Urteil Kgl. Bay. VGH vom 27.2.1905, (Klavierspielerin im Schanklokal); Arb.-Vers. 24, 1907, Urteil Kgl. Kammergericht vom 8.3.1907, (Musiker in Gastwirtschaft).

63 SB RT, 12. LP/II. Session 1911, 274. Band, Anlage Nr. 340, Anlage F, S. 387.

64 Als „Spezialität“ in diesem Sinne wurde der Auftritt von Artisten, Gymnastikern usw. bezeichnet, vgl. RVA-Anleitung IVG 1905, Anlage 56, letzter Absatz; AN 1903, S. 361, RVA-Entsch. Nr. 1035 vom 8.12.1903.

65 *Hahn*, Anm. 3c zu § 1 KVG, S. 36; *Stier-Somlo*, S. 102 f.; RVA-Anleitung zum IVG 1905, Ziffer 25; Die Versicherungspflicht bejaht: RVA-Rev. Nr. 385, (Schauspieler in einem „Rauchtheater“), AN IAV 1894, S. 155 f.; RVA-Entsch. Nr. 1651, (Mitglieder einer städt. Musikkapelle), AN 1911, S. 496; die Versicherungspflicht verneint dagegen: RVA-Rev. Nr. 249, (Chorsänger an einer Oper), AN IAV 1893, S. 249; RVA-Entsch. Nr. 1153, (Theatersouffleure), AN 1904, S. 509; Entsch. Sächs. OVG vom 1.2.1905, Arb.Vers. 1905, S. 249, (Souffleure des Dresdner Residenzthaters).

66 SB RT, 12. LP/II. Session 1911, 274. Band, Anlage Nr. 340, Anlage F, S. 387.

67 *Hahn*, Anm. 3c zu § 1 KVG, S. 36; Arb.-Vers. 24, 1907, S. 722, Urt. Sächs. OVG vom 9.2.1907.

68 SB RT, 12. LP/II. Session 1911, 274. Band, Anlage Nr. 340, Anlage F, S. 387.

Die Einbeziehung der Bühnen- und Orchestermitglieder bedeutete keine Ausdehnung der Versicherungspflicht auf die selbständigen Künstler. Wie bei den anderen Personenkreisen des § 165 RVO war Voraussetzung der Versicherungspflicht die Ausübung einer Beschäftigung gegen Entgelt. Es musste somit geprüft werden, ob die Entlohnung des Künstlers Arbeitnehmerentgelt oder Künstlergage darstellte[69]. Der Begriff der „Bühne" war im Gesetz selbst nicht definiert. Er wurde aber in den Kommissionsberatungen von dem Regierungsvertreter erläutert. Demnach sollte der Begriff der „Bühne" im weitesten Sinne gelten, so dass auch ein Zirkus darunter falle[70]. Der Antrag in der Kommission, die Artisten besonders im Gesetz aufzuführen, wurde zurückgezogen, nachdem klargestellt war, dass unter „Bühnenmitglieder" jegliche Art von Künstlern einzuordnen sei, somit auch die Artisten[71]. Hinsichtlich des Begriffs des „Orchesters" wurde erörtert, ob hierfür eine bestimmte Mindestzahl an Musikern erforderlich sei, oder ob schon ein Orchester anzunehmen sei, wenn drei oder vier Personen sich zu gemeinsamen musikalischen Veranstaltungen vereinigen. Hierzu wurde festgestellt, eine bestimmte Mindestzahl von Mitwirkenden sei nicht erforderlich, so dass auch bei einem Zusammenschluss von drei oder vier Personen die Annahme eines Orchesters grundsätzlich nicht ausgeschlossen sei[72]. Hierzu hätten die Musiker sich jedoch einem Leiter derart unterzuordnen, dass sie als dessen Gehilfen gelten und nicht als dessen Mitunternehmer[73].

f) Lehrer und Erzieher

Nach dem bisher geltenden Krankenversicherungsrecht des KVG waren Arbeitnehmer mit vorwiegend künstlerischen und wissenschaftlichen Beschäftigungen nicht versicherungspflichtig, da sie nicht zu den Arbeitern, Gehilfen oder Gesellen gerechnet wurden. Zu diesen, nicht der Versicherungspflicht unterliegenden Personen gehörten auch die Lehrer und Erzieher. Hier war die Abgrenzung zu nicht-wissenschaftlichen Tätigkeiten nicht immer eindeutig. Dies ergab sich auch aus den zur Lehrtätigkeit gerechneten „Unterweisungen in mancherlei körperlichen Übungen und Fertigkeiten (Turnen, Schwimmen, Reiten, Zeichnen, Handarbeiten, Kochen etc.)"[74]. Sofern diese Lehrtätigkeiten im Rahmen einer Unterrichtsanstalt erfolgten, trat die Versicherungspflicht

69 RVA-Rev. Nr. 492, (Arbeitgeber einer Gelegenheitskapelle), AN 1896, S. 252 f.; RVA-Entsch. Nr 1588, (Arbeitgeber einer Kaffeehaus-Damenkapelle); AN 1911, S. 584.

70 SB RT, 12. LP/II. Session 1911, 279. Band, Anlage Nr. 946, S. 4529.

71 Ebenda.

72 SB RT, 12. LP/II. Session 1911, 279. Band, Anlage Nr. 946, S. 4915.

73 Ebenda.

74 RVA-Anleitung zum IVG 1905, Ziffer 24.

schon deshalb nicht ein, da es sich hier nicht um Gewerbebetriebe im Sinne des § 1 Abs. 1 Nr. 2 KVG handelte[75]. Das galt auch für die in den „Häusern" mit der Erziehung betrauten Geistlichen, Hauslehrer und der „großen Anzahl der englischen und französischen Gouvernanten"[76], da die Haushalte ebenfalls nicht zu den Gewerbebetrieben rechneten. Eine Versicherungspflicht solcher Erziehungspersonen trat nur dann ein, wenn sie im Rahmen eines Gewerbebetriebes beschäftigt wurden. Die Abgrenzung wurde nach den Vorschriften der §§ 6, 35 GewO vorgenommen[77]. Nach § 6 Abs. 1 GewO fand die Gewerbeordnung keine Anwendung auf die Erziehung von Kindern gegen Entgelt, während die Erteilung von Tanz-, Turn- und Schwimmunterricht nach § 35 GewO der Gewerbeordnung unterlag. Damit fiel der ausschließlich auf Erlangung körperlicher Fertigkeiten gerichtete Unterricht unter die Vorschriften der Gewerbeordnung[78]. So war beispielsweise der Schwimmlehrer an einer Schule oder Lehranstalt nicht versicherungspflichtig, während der Schwimmlehrer einer Badeanstalt der Versicherungspflicht unterlag[79].

In der Invalidenversicherung waren die Lehrer und Erzieher bereits seit 1899 der Versicherungspflicht nach § 1 Abs. 1 Nr. 2 IVG unterstellt worden. Begründet wurde dies durch die „vielfach ungünstige und unsichere wirtschaftliche Lage der Privatlehrer und Privatlehrerinnen"[80], die es ihnen unmöglich mache, aus eigenen Kräften vorzusorgen[81]. Zudem sei aus den betroffenen Kreisen selbst der Wunsch laut geworden, den vielfach in ihrem Beruf beobachteten Notlagen durch den Anschluss an die staatliche Versicherung abzuhelfen[82]. Bei der Einführung der Versicherungspflicht unterschied man nicht zwischen „mehr geistiger" oder „rein technischer" Tätigkeit der Lehrerinnen und Lehrer[83]. Zudem war es häufig schwierig, die Tätigkeit an Privatanstalten und in Haushalten abzugrenzen, so dass es zu einer „für die Beteiligten kaum verständlichen verschiedenen Behandlung sozial gleichstehender Personen"

---

75 Entsch. Preuß. OVG vom 5.1.1898, wonach eine Klosterschule kein Gewerbebetrieb ist, Arb.-Vers. 15, 1891, S. 183, *Reger* Band 18, 1898, S. 329.

76 SB RT, 10. LP/I. Session 1898/1900, 3. Band, Anlage Nr. 270, S. 1705.

77 RGBl. 1883 S. 177, „Bekanntmachung der Redaktion der Gewerbeordnung für das Deutsche Reich" vom 1.7.1883.

78 *Neukamp / Lehmann*, GewO, Anm. 3 zu § 6 GewO, S. 11.

79 RVA-Anleitung zum IVG 1905, Ziffer 24.

80 SB RT, 10. LP/I. Session 1898/1900, 1. Band, Anlage Nr. 93, S.696.

81 Ebenda.

82 Ebenda.

83 Ebenda.

führen konnte[84]. Die Besorgnis, die soziale Stellung der Lehrer und Lehrerinnen würde durch die Einbeziehung in die Versicherungspflicht herabgesetzt, wurde als unzutreffend angesehen[85]. Der Kreis der unter „Lehrer und Lehrerinnen" fallenden Personen war immer wieder Gegenstand gerichtlicher Entscheidungen[86].

Die Versicherungspflicht der Lehrpersonen in der Invalidenversicherung war von der Beschäftigung gegen Lohn oder Gehalt abhängig. Damit unterlagen erst einmal nur solche Personen der Versicherungspflicht, die in Schulen oder Haushalten gegen Entgelt beschäftigt wurden. Nach dieser Sachlage hätten die vielen selbständigen Privatlehrer, die Kindern und Erwachsenen einen nach Stunden berechneten Unterricht erteilten, außerhalb der Versicherungspflicht gestanden. Dieser Personenkreis war allerdings vorrangig gemeint, als man in der Gesetzesbegründung die „vielfach ungünstige und unsichere wirtschaftlichen Lage der Privatlehrer und Privatlehrerinnen" erwähnte. Es bestand die Absicht, diese Lehrer, die aus „der Erteilung einzelner Stunden in den Häusern ihrer Kunden ein Gewerbe machen", versicherungsrechtlich wie Beschäftigte zu behandeln[87]. Das erreichte man, indem man ihre Selbständigkeit ignorierte und sie wie „unständig beschäftigte Personen" behandelte[88]. Damit stellte man sie den Tagelöhnern gleich, die ihre Arbeitsstellen ebenfalls ständig wechselten. Das sollte sogar für die Lehrer gelten, die die Unterrichtsstunden in ihrer eigenen Wohnung abhielten[89].

Mit der Reichsversicherungsordnung wurde in § 165 Abs. 1 Nr. 5 RVO die Versicherungspflicht für Lehrer und Erzieher auch in der Krankenversicherung eingeführt. Die Versicherungspflicht in der Krankenversicherung lehnte sich an diejenige der Invalidenversicherung an. Hierzu verwies man in der Gesetzesbegründung zur Krankenversicherungspflicht auf die entsprechenden Begründungen zu § 5 Abs. 1 IVG[90], mit der Folge, dass der Personenkreis der Lehrer und

84 Ebenda.

85 Ebenda.

86 RVA-Entsch. Nr. 1042, (Aushilfslehrerinnen an städt. Schulen), AN 1903, S. 368; RVA-Entsch. Nr. 1092, (Industrie-/Handarbeitslehrerinnen), AN 1903, S. 574; RVA-Entsch. Nr. 1470, (gewerbliche Fachlehrer an Fortbildungsschulen), AN 1910, S. 471; RVA-Entsch. Nr. 1528, (Privatlehrerin), AN 1910, S. 658; RVA-Entsch. Nr. 1530, (Handarbeitslehrerin), AN 1910, S. 660; RVA-Entsch. Nr. 1534, (franz. Lehramtsassistentin an deutscher Schule), AN 1911, S. 398; RVA-Entsch. Nr. 1574, (Spielschullehrerinnen), AN 1911, S. 519.

87 SB RT, 10. LP/I. Session 1898/1900, 1. Band, Anlage Nr. 93, S. 697.

88 Ebenda.

89 Ebenda.

90 SB RT, 12. LP/II. Session 1911, 274. Band, Anlage Nr. 340, Anlage C, S. 148, 151.

Erzieher gleich zu beurteilen war. Damit waren auch in der Krankenversicherung die selbständigen Lehrer, die in fremden Häusern oder der eigenen Wohnung unterrichteten, formal als Arbeitnehmer versicherungspflichtig. Dies wurde auch durch die RVA-Anleitungen 1912 nochmals ausdrücklich bestätigt[91]. Die nun unterschiedslose Einbeziehung der Lehrer bedeutete erneut eine Durchbrechung des ansonsten weitergeltenden Prinzips, nach dem wissenschaftliche Tätigkeiten nicht der Versicherungspflicht unterlagen.

g) Hausgewerbetreibende

Mit § 165 Abs. 1 Nr. 6 RVO wurden die Hausgewerbetreibenden der obligatorischen Versicherungspflicht unterstellt. Eine für alle Versicherungszweige einheitliche Definition der Hausgewerbetreibenden enthielt nun § 162 RVO. Bereits oben war die Versicherungspflicht der Hausgewerbetreibenden Gegenstand der Ausführungen zum KVG 1883 und zu den KVG-Novellen von 1892 und 1900[92]. Zusammenfassend soll die bisherige Entwicklung der Versicherungspflicht der Hausgewerbetreibenden skizziert werden. Nach § 2 Abs. 1 Nr. 5 KVG 1883 konnte eine Versicherungspflicht nur aufgrund des Statuts einer Gemeinde oder eines Kommunalverbandes eingeführt werden. Dabei wurde dieser Personenkreis noch nicht als Hausgewerbetreibende bezeichnet, sondern als selbständige Gewerbetreibende der „Hausindustrie“ umschrieben. Tatbestandsmerkmale für die Versicherungspflicht dieser Personengruppe waren, dass sie in „eigener Betriebsstätte im Auftrag und für Rechnung anderer Gewerbetreibender mit der Herstellung oder Bearbeitung gewerblicher Erzeugnisse beschäftigt werden“. Ergänzend wurden 1892 auch die Hausgewerbetreibenden einbezogen, die sich die Roh- und Hilfsstoffe selbst beschafften. Zudem wurde die Versicherungspflicht auch auf die Zeit erstreckt, in der die Hausgewerbetreibenden vorübergehend für eigene Rechnung arbeiteten. Diese, durch die bisherige Gesetzgebung entwickelten Tatbestandsmerkmale, wurden nun als Definition der „Hausgewerbetreibenden“ für alle Versicherungszweige in § 162 RVO übernommen.

Der Umfang der durch Statut der Gemeinden und Kommunalverbände seit 1883 eingeführten Versicherungspflicht für selbständige Hausgewerbetreibende war aus Sicht des Gesetzgebers unbefriedigend. Deshalb wurde im Jahre 1900 die Kompetenz zur Einführung der Versicherungspflicht zusätzlich auf den Bundesrat übertragen, der durch Beschluss die Versicherungspflicht der Hausgewerbetreibenden allgemein einführen oder diese auf ein-

91 Anleitung RVA zur RVO 1912, Ziffern 48, 77.

92 Vgl. oben Abschnitte E), IV., 6. f); F), VIII., 3. c); F), X.

zelne Gewerbezweige oder örtliche Bezirke begrenzen konnte. Allerdings hatte auch der Bundesrat von seiner Kompetenz bis zur Vorlage des Gesetzentwurfs zur RVO im Jahre 1910 keinen Gebrauch gemacht[93]. Lediglich im Jahre 1902 war hierzu ein Versuch unternommen worden und ein Entwurf im preußischen Ministerialblatt der Handels- und Gewerbeverwaltung veröffentlicht worden[94], der jedoch „nicht die Zustimmung der sachverständigen Kreise" fand[95], so dass es letztlich zu keiner Regelung kam.

Mit der Vorlage des Entwurfs der Reichsversicherungsordnung wurde nun der Versuch unternommen, für die selbständigen Hausgewerbetreibenden die obligatorische Versicherungspflicht im Gesetz selbst zu regeln. Dieser Entwurf zeigte die Gründe auf, die in der Vergangenheit einer obligatorischen Versicherungspflicht entgegenstanden, obwohl die Notwendigkeit einer Krankenversicherung unbestritten war. Der Entwurf listete die Schwierigkeiten auf, die bei der Umsetzung des Ziels zu überwinden waren. Festgestellt wurde, dass sich bisher die wenigsten Schwierigkeiten der Versicherungspflicht dort ergaben, wo Auftraggeber und Hausgewerbetreibende im gleichen Kassenbezirk wohnten und der Hausgewerbetreibende für längere Zeitabschnitte nur für einen, und zwar den gleichen Auftraggeber arbeitete[96]. Solche klaren Verhältnisse lägen aber dort nicht vor, wo ein Auftraggeber viele, auf verschiedene Gegenden verstreute Hausgewerbetreibende beschäftigt, „die er kaum dem Namen und noch weniger ihren sonstigen Verhältnissen nach kennt"[97]. Hinzu träten die Fälle, wo die Hausgewerbetreibenden bald für diesen, bald für jenen Auftraggeber arbeiteten und oft auch gleichzeitig Arbeiten für mehrere Auftraggeber ausführten[98]. Zudem käme es vor, dass der Hausgewerbetreibende, ebenso wie sein Hilfspersonal, nur zeitweise im Hausgewerbe arbeitete, im Übrigen oder daneben anderweitig selbständig oder unselbständig tätig sei[99]. Der vorgelegte Gesetzentwurf erhob den Anspruch, die Krankenversicherung der Hausgewerbetreibenden so gleichmäßig zu regeln, dass auch „die verwickelten Fälle" mit erfasst wurden[100].

---

93 SB RT, 12. LP/II. Session 1911, 274. Band, Anlage Nr. 340, Anlage C, S. 96.

94 Ministerialblatt der Handels- und Gewerbeverwaltung des preußischen Ministeriums für Handel und Gewerbe 1902, S. 187–194.

95 SB RT, 12. LP/II. Session 1911, 274. Band, Anlage Nr. 340, Anlage C, S. 96.

96 Ebenda.

97 Ebenda.

98 Ebenda.

99 Ebenda.

100 Ebenda.

Die größten versicherungstechnischen Schwierigkeiten in der Umsetzung sah man darin, den Beitragsanteil der Auftraggeber (Fabrikanten, Fabrikkaufleute, Handelsleute usw.) zutreffend festzustellen[101]. Ohne einen solchen Beitrag lasse sich die Krankenversicherung zwar einfacher gestalten, jedoch könne man hierauf wegen der geringen Leistungsfähigkeit der Hausgewerbetreibenden nicht verzichten. Es wurde vorgesehen, dass alle Auftraggeber einheitlich für alle Gewerbezweige und für das ganze Gebiet des Deutschen Reiches einen Zuschuss in Höhe eines Prozentsatzes der an die Hausgewerbetreibenden gezahlten Entgelte (Auftragssumme)[102] zu zahlen hatten. Der Prozentsatz sollte so festgelegt werden, dass die Gesamtsumme des Zuschusses die Hälfte der Gesamtlast der Krankenkassen für die Hausgewerbetreibenden und ihre Hilfskräfte deckte. Die Höhe des Zuschusses wurde vorläufig bis zum 31. Dezember 1914 auf zwei vom Hundert des Entgelts festgesetzt (§ 472 Abs. 1 RVO). Anschließend sollte der Bundesrat den Zuschuss jeweils für vier Jahre festsetzen, wobei er in den ersten zehn Jahren nicht an diese Zeitabschnitte gebunden war (§ 472 Abs. 2 RVO)[103]. Der jeweilige Auftraggeber hatte seinen Gesamtzuschuss nur an die Krankenkasse seines Betriebssitzes abzuführen, wobei er auch eine Liste der beschäftigten Hausgewerbetreibenden beizufügen hatte. Diese Krankenkasse hatte die Beiträge an die jeweils zuständigen Krankenkassen abzuführen, wo sie dem einzelnen Hausgewerbetreibenden gutgeschrieben wurde. Die Versichertenanteile des Hausgewerbetreibenden hatte dieser selbst einzuzahlen.

Mit der Zahlung der Eigenbeiträge durch den selbständigen Hausgewerbetreibenden und die Zuschusszahlung durch seine Auftraggeber war noch nicht das Problem gelöst, wer die Meldepflichten zu erfüllen hatte und ab wann und für welche Zeit die Versicherungspflicht eintreten würde. Bei Arbeitnehmern trat die Versicherungspflicht unabhängig von einer Anmeldung mit Eintritt in die entgeltliche Beschäftigung ein (§§ 165, 306 RVO). Die Versicherungspflicht war somit bei Arbeitnehmern abhängig von der Entgeltlichkeit der Beschäftigung. Das bedeutete, dass grundsätzlich die Versicherungspflicht nur für Zeiten bestand, für die auch Entgelt gezahlt wurde. Beide Kriterien der Versicherungspflicht von Arbeitnehmern, nämlich Beginn der Beschäftigung und die

101 SB RT, 12. LP/II. Session 1911, 274. Band, Anlage Nr. 340, Anlage C, S. 97.

102 Der Wert der von den Hausgewerbetreibenden selbst beschafften Roh- und Hilfsstoffe konnte dabei außer Ansatz bleiben (§ 470 Abs. 2 RVO).

103 Aufgrund § 3 des Notgesetzes vom 4.8.1914 wurden die Vorschriften der RVO über die hausgewerbliche Krankenversicherung für die Dauer des Krieges außer Kraft gesetzt, RGBl. 1914 S. 337, „Gesetz, betreffend Sicherung der Leistungsfähigkeit der Krankenkassen" vom 4.8.1914.

zeitliche Zuordnung des Entgelts waren für selbständige Hausgewerbetreibende nicht eindeutig bestimmbar. Ein Merkmal der Selbständigkeit war, dass der Selbständige selbst entscheiden konnte, ab wann, wie lange und in welchem Umfang er arbeitete. Ebenso konnte das von dem Auftraggeber gezahlte Entgelt nicht eindeutig einer bestimmten Arbeitszeit zugeordnet werden. In der Invalidenversicherung hatte man schon früher entsprechende Versuche unternommen, bei Hausgewerbetreibenden die Zeitdauer, die zur Herstellung eines Werkes benötigt wurde, mit Durchschnittswerten zu bestimmen. Dies war allerdings als zu umständlich und unsicher erkannt worden[104]. Beide Probleme löste man nun, indem die Versicherungspflicht der Hausgewerbetreibenden erst begann, wenn sie in das von der jeweiligen Krankenkasse geführte Mitgliederverzeichnis eingetragen waren (§ 468 i.V.m. § 442 RVO). Die Mitgliedschaft der Hausgewerbetreibenden bestand während der Dauer der Eintragung im Mitgliederverzeichnis, auch wenn sie vorübergehend nicht beschäftigt waren (§ 468 i.V.m. § 446 RVO). Mit dieser Regelung vermied man das Problem, die von den Auftraggebern gezahlten Entgelte zeitlich zuzuordnen und infolge Entgeltlücken die Versicherung beenden zu müssen.

h) Schiffsbesatzungen deutscher Seefahrzeuge

Die Seeleute hatten schon bisher bei Krankheit umfassende Ansprüche gegenüber dem Reeder aufgrund der Seemannsordnung[105]. Aus diesem Grunde war in der Vergangenheit auch keine Notwendigkeit gesehen worden, die Seeleute dem Versicherungszwang in der Krankenversicherung zu unterstellen. Dies wurde auch im bisherigen Krankenversicherungsgesetz durch die Bestimmung des § 1 Abs. 3 KVG deutlich, der ausdrücklich die Besatzungen von Seeschiffen von dem Versicherungszwang ausschloss, sofern sie den §§ 59–61 der Seemannsordnung von 1902 unterstanden[106].

Die Reichsversicherungsordnung sah nun in § 165 Abs. 1 Nr. 7 RVO grundsätzlich die Versicherungspflicht der Seeleute vor. Gleichzeitig wurde bestimmt, dass die Versicherungspflicht nur für diejenigen Besatzungsmitglieder galt, die weder unter die §§ 59–62 der Seemannsordnung noch unter die §§ 553–553b HGB in der Fassung von 1904 fielen[107]. Damit war sichergestellt, dass alle Besatzungsmitglieder einen Krankenschutz entweder nach der

---

104 SB RT, 12. LP/II. Session 1911, 274. Band, Anlage Nr. 340, Anlage C, S. 97.

105 *Olshausen*, Arb.-Vers. 20 (1903), S. 449 ff.

106 RGBl. 1902 S. 175, „Seemannsordnung“ vom 2.6.1902.

107 RGBl. 1904 S. 167, „Gesetz betreffend die Abänderung der Seemannsordnung und des Handelsgesetzbuches“ vom 12.5.1904.

Reichsversicherungsordnung, der Seemannsordnung oder dem Handelsgesetzbuch hatten, vorausgesetzt, es handelte sich um die Besatzungen „deutscher Seefahrzeuge". Die Definition des „deutschen Seefahrzeugs" im Sinne der Reichsversicherungsordnung war in § 163 RVO festgelegt. Es handelte sich um Fahrzeuge, die unter deutscher Flagge fuhren und ausschließlich oder überwiegend zur Seefahrt benutzt wurden[108]. Eine negative Abgrenzung erfolgte gegenüber den Schiffen der „Eingeborenen der Schutzgebiete", die ebenfalls die deutsche Flagge führten. Sie galten nicht als Seefahrzeuge im Sinne der Reichsversicherungsordnung.

Die Versicherungspflicht erstreckte sich nach § 165 Abs. 1 Nr. 7 RVO auch auf die Besatzung von Fahrzeugen der Binnenschifffahrt, die bisher schon nach § 1 Abs. 1 KVG gegen Krankheit versichert gewesen waren. Im Gegensatz zu den Seeschiffen hatte die Flagge, unter der sie fuhren, für die Versicherungspflicht keine Bedeutung. Damit waren auch Besatzungen ausländischer Binnenschiffe versicherungspflichtig, wenn sie im Inland beschäftigt waren[109].

i) Landwirtschaftliche Arbeiter

Mit der Reichsversicherungsordnung wurde die Versicherungspflicht der landwirtschaftlichen Arbeiter in der Krankenversicherung eingeführt. Die jeweils besondere Erwähnung der forstwirtschaftlichen Arbeiter, wie sie in den bisherigen Sozialgesetzen üblich war, wurde fallengelassen. Hierzu wurden für alle Versicherungszweige gleichermaßen in § 161 RVO bestimmt, dass jede Vorschrift der RVO, die Bezug auf die Landwirtschaft nimmt, auch für die Forstwirtschaft gilt. Die Einbeziehung der landwirtschaftlichen Arbeiter in die obligatorische Versicherungspflicht war das Ergebnis eines jahrzehntelangen Ringens. Bereits bei der Verabschiedung des KVG 1883 gab es Forderungen, die landwirtschaftlichen Arbeiter in den Kreis der Versicherungspflichtigen aufzunehmen. Mehrheitsfähig war damals nur eine fakultative Versicherungspflicht durch Gemeindestatut. Bei jeder Novelle wurde die Forderung erneut erhoben, ohne dass sich hierfür eine Mehrheit fand. Erst ab der Jahrhundertwende zeichnete sich ein Umdenken ab, als der Reichstag am 30. April 1903 mit seiner Mehrheit eine Resolution verabschiedete, mit der die verbündeten Regierungen aufgefordert wurden, einen Gesetzentwurf zur Versicherungs-

108 Die Voraussetzungen für die Führung der Reichsflagge durch Kauffahrteischiffe enthielt das „Gesetz, betreffend das Flaggenrecht der Kauffahrteischiffe" vom 22.6.1899, RGBl. 1899 S. 319.

109 *Hahn*, KV 1915, Anm. 19 zu § 165 RVO; *Petersen*, RVO, Anm. 19 zu § 165 RVO.

pflicht u.a. der landwirtschaftlichen Arbeiter vorzulegen[110]. Trotz dieser Resolution vergingen noch einmal sieben Jahre, bis die Regierung im Rahmen des Entwurfs der Reichsversicherungsordnung die Versicherungspflicht für die landwirtschaftlichen Arbeiter vorsah.

Im Gesetzentwurf wurden noch einmal die Gründe aufgelistet, die in der Vergangenheit eine Versicherungspflicht der landwirtschaftlichen Arbeiter verhindert hatten. So sei damals maßgebend gewesen, dass in der Landwirtschaft in bestimmten Jahreszeiten viele Arbeiter bald hier, bald dort vorübergehend beschäftigt wurden, ohne einen bestimmten Arbeitgeber zu haben[111]. Zudem sei damals das Bedürfnis einer Krankenversicherung als nicht als so dringlich betrachtet worden, wie sie es für die gewerblichen Arbeiter war. Den Grund hierfür sah man in der Aufrechterhaltung der gegenseitigen Familienhilfe und der Gewährung nachbarschaftlicher Hilfe, die damals noch die Regel gewesen sei[112]. Hinzu kam noch das in vielen Gegenden „bestehende enge Verhältnis der ländlichen Arbeiter zur Gutsherrschaft“, dessen Ausdruck sich in der unentgeltlichen Gewährung der erforderlichen Hilfe in Krankheitsfällen zeigte[113]. Es sei auch unerwünscht und als undurchführbar angesehen worden, diese überwiegend als Sachleistungen gewährten Hilfen durch ein Krankenkassensystem zu verdrängen, das notwendigerweise auf der Geldwirtschaft aufgebaut sei[114]. Außerdem sei es schwierig gewesen festzustellen, wer als landwirtschaftlicher Arbeiter anzusehen war und wie die Abgrenzung zum landwirtschaftlichen Gesinde erfolgen sollte. Letztlich seien auch die erschwerte Überwachung auf dem Lande sowie der dort vielfach herrschende Mangel an Ärzten und Krankenhäusern ein Grund für die Ablehnung der obligatorischen Versicherungspflicht gewesen[115]. Wegen der genannten Schwierigkeiten sah man 1883 lediglich eine fakultative Versicherungspflicht aufgrund von Gemeindestatuten vor und überließ der Landesgesetzgebung die Regelung. Von dieser Möglichkeit hat man in der Zwischenzeit in vielen Gegenden Gebrauch gemacht. Gleichwohl war ein „bedeutender Teil der landwirtschaftlichen Bevölkerung“ erkennbar immer noch ohne Krankenversicherung[116]. Der in der Vergangenheit eingeschlagenen Wege führe deshalb in absehbarer Zeit nicht zu einem umfassenden Krankenversicherungsschutz der landwirtschaftlichen

110 SB RT, 10. LP/II. Session 1900/1903, 10. Band, S. 9201.

111 SB RT, 12. LP/II. Session 1911, 274. Band, Anlage Nr. 340, Anlage C, S. 86 ff.

112 Ebenda.

113 Ebenda.

114 Ebenda.

115 Ebenda.

116 Ebenda.

Arbeiter[117]. Für die Reichsgesetzgebung sei es an der Zeit, sich mit dem Gegenstand abschließend zu befassen. Voraussetzung seien die Bejahung des Bedürfnisses und die Durchführbarkeit, die man nun annehme[118]. Auf die Bedürfnisfrage sei kaum einzugehen, zumal bereits der Reichstag durch seine Resolution von 1903 hierzu Stellung genommen hatte[119]. Manche Gründe, die bisher der Durchführbarkeit entgegenstanden, seien durch die „fortschreitende Entwicklung der Verkehrsverhältnisse mehr und mehr im Schwinden begriffen“[120]. Andere Gründe, die bisher eine Krankenversicherung verhindert hätten, ließen sich durch geeignete Sonderregelungen beheben. Diese seien allerdings „für eine sachdienliche Durchführung der allgemeinen Krankenversicherung der landwirtschaftlichen Arbeiter nicht zu entbehren. Solche Sonderregelungen für die Landwirtschaft wurden in die §§ 417–434 RVO eingefügt. Sie sind vornehmlich beitrags- und leistungsrechtlicher Art und werden hier nicht erörtert. Bedeutsam ist hier nur, dass nach § 418 RVO eine Befreiung von der Versicherungspflicht auf Antrag des Arbeitgebers möglich war, wenn dieser dem Beschäftigten für den Krankheitsfall einen Rechtsanspruch auf Unterstützung einräumte.

j) Dienstboten

Mit der Reichsversicherungsordnung 1911 wurden erstmalig die Dienstboten der reichsgesetzlichen Krankenversicherungspflicht unterstellt. Sie wurden in § 165 Abs. 1 Nr. 1 RVO neben den Arbeitern, Gehilfen, Gesellen und Lehrlingen als besondere Personengruppe aufgeführt. Bei der Beratung des KVG 1883 war die Einbeziehung der Dienstboten in die Versicherungspflicht nicht als vordringlich erachtet worden. Als Grund hierfür wurden die vielfach vorhandenen landesrechtlichen Gesindeordnungen angesehen, die den Arbeitgeber im Krankheitsfall verpflichteten, die Kurkosten zu tragen und die Verpflegung weiter zu gewähren. Hinzu kam, dass man nicht das fremde Element einer Versicherung, in die durch die häusliche Aufnahme entstandenen familienhaften Beziehungen zwischen Dienstherrn und Dienstboten hineintragen wollte[121]. Auch eine Versicherungspflicht durch Gemeindestatut, wie sie für die landwirtschaftlichen Arbeiter nach § 2 Abs. 1 Nr. 6 KVG 1883 vorgesehen war,

117 Ebenda.

118 Ebenda.

119 Ebenda.

120 Ebenda.

121 SB RT, 12. LP/II. Session 1911, 274. Band, Anlage Nr. 340, Anlage C, S. 92.

wurde in der Vergangenheit abgelehnt. Vorgesehen wurde 1883 lediglich eine Versicherungsberechtigung der Dienstboten nach § 4 Satz 2 KVG.

Bei der Novellierung des KVG im Jahre 1892 wurde in den Kommissionsberatungen die Notwendigkeit anerkannt, „die Krankenfürsorge einheitlich und umfassender als bisher zu regeln“[122]. Die Einführung der obligatorischen Versicherungspflicht wurde jedoch wiederum mit dem Argument abgelehnt, dass in allen deutschen Bundesstaaten in irgendeiner Weise die Krankenfürsorge für Dienstboten geregelt sei[123]. Die unterschiedlichen Verhältnisse in den einzelnen Staaten würden eine einheitliche Regelung unmöglich machen. Es sei deshalb bedenklich, durch eine reichsgesetzliche Bestimmung in diese landesgesetzlichen Regelungen einzugreifen[124]. Auch die erwogene Alternative, die Versicherungspflicht durch Gemeindestatut zu ermöglichen, wurde verworfen. Bei einer solchen fakultativen Versicherungspflicht hätten die unterschiedlichen örtlichen Verhältnisse berücksichtigt werden können. Dieser Vorschlag wurde jedoch verworfen, da durch eine solche reichsgesetzliche Ermächtigungsnorm jede Gemeinde im Stande gewesen wäre, die landesgesetzlichen Bestimmungen umzustoßen[125]. Damit war erneut eine reichsgesetzliche Regelung für die Krankenversicherung der Dienstboten gescheitert. Die Bundesstaaten hatten somit nach 1892 auch weiterhin die Regelungskompetenz. Es blieb bei den vielfältigen Regelungen durch Gesindeordnungen, landesrechtliche Krankenversicherungen und Krankenpflegeversicherungen.

Eine gewisse Vereinheitlichung der länderrechtlichen Regelungen der Krankenfürsorge für Dienstboten hatte bereits das Inkrafttreten des Bürgerlichen Gesetzbuches im Jahre 1900[126] gebracht. So musste nach § 617 BGB der Dienstberechtigte im Krankheitsfalle die Verpflegung und ärztliche Behandlung für sechs Wochen zahlen, wenn der Dienstverpflichtete in die häusliche Gemeinschaft aufgenommen war. Die Verpflegung und ärztliche Behandlung konnte durch eine Krankenhausaufnahme gewährt werden. Vom Dienstberechtigten aufgewendete Kosten konnten von ihm auf die Vergütung angerechnet werden. Nach § 616 BGB bestand der Anspruch auf Vergütung, wenn der Dienstverpflichtete ohne Verschulden an der Dienstleistung verhindert war. Der Betrag, der aus einer aufgrund einer (landes-)gesetzlichen Verpflichtung bestehenden Krankenversicherung zustand, konnte angerechnet werden. Er-

122 SB RT, 8. LP/I. Session 1890/1891, 3. Band, Anlage Nr. 381, S. 2355.

123 SB RT, 8. LP/I. Session 1890/1891, 3. Band, Anlage Nr. 381, S. 2331.

124 Ebenda.

125 Ebenda.

126 RGBl. 1896 S. 237, „Bürgerliches Gesetzbuch“ vom 18.8.1896.

gänzend bestimmte § 619 BGB, dass die dem Dienstberechtigten obliegenden Verpflichtungen des § 617 BGB im Voraus nicht ausgeschlossen oder aufgehoben werden konnten.

Nach Art. 95 Abs. 1 EGBGB[127] blieben die landesrechtlichen Vorschriften des Gesinderechts unberührt. Gleichzeitig bestimmte Art. 95 Abs. 2 EGBGB, dass § 617 BGB Anwendung fand, soweit die Landesgesetze dem Gesinde nicht weitergehende Ansprüche gewährten[128]. Dies bedeutete eine reichsgesetzliche Vereinheitlichung der Mindestansprüche der Dienstboten im Krankheitsfalle für sechs Wochen[129]. Hier ist der Versuch erkennbar, über die Regelungen des BGB eine reichseinheitliche Krankenversicherung der Dienstboten zu erreichen. Deutlich wurde das auch in den Verhandlungen der BGB-Kommission. Dort wurde der Antrag gestellt, das Einführungsgesetz zum BGB mit einem entsprechenden Passus zum KVG zu versehen, der die Versicherungspflicht der Dienstboten eingeführt hätte[130]. Dies wurde allerdings mit dem Hinweis abgelehnt, dass es unzulässig sei, die Materie des BGB mit der Regelung eines anderen Rechtsgebietes zu verbinden[131]. Ebenso wurde der Antrag auf eine entsprechende Resolution zur Gesinde-Krankenversicherung abgelehnt[132]. Nicht einigen konnte man sich auf eine Definition des Gesindes (Dienstboten), so dass in den Ländern weiterhin unterschiedliche Zuordnungen in den Gesindeordnungen möglich waren[133]. Gleichwohl wurde die Fassung des § 617 BGB[134] bei den Beratungen im Reichstag als ein „Kompelle" angesehen, mit der „mindestens landesgesetzliche Krankenversicherungsbestimmungen zu

127 RGBl. 1896 S. 604, „Einführungsgesetz zum Bürgerlichen Gesetzbuche" vom 18.8.1896.

128 *Stier-Somlo*, S. 18 f., Fn. 11, tritt der Ansicht entgegen, dass es ein „entweder oder" bei der Normanwendung gäbe. Vielmehr könne sowohl § 617 BGB als auch die Gesindeordnung nebeneinander Anwendung finden.

129 *Stier-Somlo*, S. 22, bemerkt zum preußischen ALR, dass dessen Vorschriften für Dienstboten günstiger als die des BGB waren und deshalb vorrangig vor dem BGB Anwendung fanden.

130 SB RT, 9. LP/IV. Session 1895/1897, 3. Band, Anlage Nr. 440, S. 1976.

131 Ebenda.

132 Ebenda.

133 Die Abgeordneten Auer und Genossen (SPD) hatten beantragt in Art. 95 Abs. 2 EGBGB folgende Definition einzufügen: „Unter Gesinde (Dienstboten) sind diejenigen Personen zu verstehen, welche sich einem Anderen unter Eintritt in seine Hausgenossenschaft zur fortlaufenden Verrichtung von häuslichen Diensten und Arbeiten gegen Vergütung verpflichtet haben", SB RT, 9. LP/IV. Session 1895/1897, 3. Band, Anlage Nr. 465, Ziffer 27, S. 2253.

134 Bei den Beratungen wurde diese Regelung noch als § 609a BGB-Entwurf in der Fassung der Kommissionsbeschlüsse behandelt.

Gunsten des Gesindes allmählich errichtet würden“[135]. Diese Erwartungen erfüllten sich nur in einem bescheidenen Umfang, wie sich aus der Zusammenstellung der Regierung ein Jahrzehnt später entnehmen lässt[136].

Auf diese Zusammenstellung nimmt der Gesetzentwurf zur RVO Bezug und begründet daraus die Notwendigkeit einer reichseinheitlichen Versicherungspflicht. So wurde darauf verwiesen, die Dienstboten hätten zwar für die erste Zeit einer Erkrankung eine auskömmliche Versorgung und ständen besser da als die Arbeiter, seien jedoch bei längerer Erkrankung unzureichend geschützt[137]. Bei der Betrachtung des Gesamtanspruches böten „alle aufgeführten Arten der landesrechtlichen Versorgung“ den Dienstboten nicht so viel, wie sie bei der reichsgesetzlichen Versicherung erhalten würden[138]. Das Interesse der Dienstboten würde nicht geschädigt werden, wenn man jede landesrechtliche Sondervorschrift aufheben und sie der reichsgesetzlichen Krankenversicherung unterstellen würde[139]. Vorgeschlagen wurde, die reichsgesetzlichen Regelungen an die Spitze zu stellen und die landesrechtlichen Regelungen nur insoweit zu beseitigen als sie den ersten entgegenstehen. Im Übrigen sollte es den Bundesländern überlassen bleiben, die landesrechtlichen Regelungen aufzuheben oder mit dem neuen Recht in Einklang zu bringen[140]. Das Einführungsgesetz zur Reichsversicherungsordnung sah schließlich in Art. 42 EGRVO die Aufhebung der landesrechtlichen Vorschriften vor, die den Dienstberechtigten zur Gewährung von Kur und Verpflegung an das erkrankte Gesinde verpflichteten. Das in der Vergangenheit gegen die Versicherungspflicht angeführte Argument, wonach eine Versicherung das besondere enge häusliche Verhältnis zwischen Dienstboten und Dienstherr stören würde, wurde nicht mehr vorgebracht. Es wurde vielmehr darauf verwiesen, dass viele Dienstherrschaften inzwischen „die Übernahme der Sorge und Pflege für erkrankte Dienstboten als eine schwer erfüllbare Pflicht“ ansahen[141]. Das gelte insbesondere wegen der beengten Wohnverhältnisse in der Stadt. Deshalb würden sich inzwischen die Dienstherrschaften vielfach in örtliche Krankenhäuser einkaufen, damit

---

135 So der Abgeordnete Stadthagen (SPD) in der Reichstagssitzung vom 22.6.1896, SB RT, 9. LP/IV. Session 1895/1897, 4. Band, S. 2806.

136 SB RT, 12. LP/II. Session 1910, 274. Band, Anlage Nr. 340, III. Besondere Anlage D, S. 763 ff.

137 SB RT, 12. LP/II. Session 1910, 274. Band, Anlage Nr. 340, Anlage C, S. 92.

138 Ebenda.

139 Ebenda.

140 Ebenda.

141 SB RT, 12. LP/II. Session 1911, 274. Band, Anlage Nr. 340, Anlage C, S. 93.

ihre Dienstboten im Krankheitsfall dort versorgt werden könnten[142]. Bei der Einführung der Versicherungspflicht der Dienstboten sollten deshalb auch die besonderen Verhältnisse der (städtischen) Dienstboten berücksichtigt werden. Nach der Gesetzesbegründung sollte die Krankenhauspflege in den Vordergrund gerückt werden[143]. Es sollte den Dienstherrschaften das Recht verschafft werden, auf ihr Verlangen den erkrankten Dienstboten in ein Krankenhaus zu bringen[144]. Eine solche Sonderregelung für Dienstboten wurde letztlich auch durch § 437 RVO eingeführt.

Mit der Einführung der Versicherungspflicht für Dienstboten wurde dieser Personenkreis versicherungs- und leistungsrechtlich nicht den sonstigen Versicherten gleichgestellt. Ebenso wie bei den landwirtschaftlichen Arbeitern sah man die Notwendigkeit, für die Dienstboten Sonderregelungen einzuführen. Hierdurch sollte die Möglichkeit geschaffen werden, die unterschiedlichen Verhältnisse in den einzelnen Ländern zu berücksichtigen. So war vorgesehen, dass auf Antrag des Arbeitgebers der Dienstbote von der Versicherungspflicht befreit werden konnte, wenn der Arbeitgeber bei Erkrankungen die volle Unterstützung aus eigenen Mitteln sicherstellte (§ 435 RVO i.V.m. § 418 RVO). Das bedeutete wiederum eine Durchbrechung der allgemeinen Versicherungspflicht der Dienstboten. Ein weiterer Bruch entstand aufgrund der Vorschrift des § 440 RVO. Danach konnte die Landesregierung die Versicherungsfreiheit der Dienstboten bestimmen, wenn bei Verkündung der Reichsversicherungsordnung eine landesrechtliche Fürsorge im Krankheitsfalle bestand. Diese Fürsorge musste nach Dauer und Umfang mindestens den Regelleistungen der Krankenkassen gleichwertig sein. Dabei durften Beiträge nur in Höhe der gesetzlichen Beitragsanteile von dem Dienstboten erhoben werden.

Zusammenfassend ist festzustellen, dass durch die Reichsversicherungsordnung der Versicherungsschutz der Dienstboten umfassend eingeführt wurde. Dabei enthielt die Reichsversicherungsordnung keine Legaldefinition des Gesindes (Dienstboten). Der Begriff des Dienstboten im Sinne der RVO bestimmte sich weiterhin nach Landesrecht[145]. Die in der Vergangenheit schwierige Abgrenzung zwischen landwirtschaftlichem Gesinde und landwirtschaftlichen Arbeitern war nun nicht mehr erforderlich, da die Reichsversicherungsordnung für beide Gruppen identische Sonderregelungen geschaffen hatte. Es

142 Ebenda.

143 Ebenda.

144 Ebenda.

145 AN 1914, S. 770, GE RVA Nr. 1920 vom 19.9.1914 – II K 998/14; AN 1916, S. 593, GE RVA Nr. 2237 vom 27.5.1916 – II K 1293/15.

bedurfte jedoch noch einer Abgrenzung für Mischtätigkeiten, die im Betrieb und im Haushalt verrichtet wurden[146]. Dies regelte nun § 439 RVO. Danach wurde der Tätigkeit im Betrieb bzw. in dem Erwerbsgeschäft der Vorrang gegeben, so dass die allgemeinen Vorschriften galten[147]. Infolgedessen war eine Befreiung aufgrund der Sonderregelung des § 435 RVO i.V.m. § 418 RVO für diese Personen nicht möglich. Durch die fehlende Definition der Dienstboten war unklar, ob Dienstboten auch bei juristischen Personen beschäftigt sein konnten. Dies bejahte das RVA und nahm dabei auch zu der Frage Stellung, was als Betrieb im Sinne des § 439 RVO zu gelten hatte[148]. Sofern die juristische Person nicht als Betrieb angesehen wurde, wie in der Entscheidung vom 5. Juni 1915 (Missionsgesellschaft), bestand ein Befreiungsrecht nach § 435 RVO i.V.m. § 418 RVO[149].

k) Unständig Beschäftigte

Als unständig Beschäftigte im Sinne der Reichsversicherung wurden diejenigen Arbeitnehmer bezeichnet, deren Beschäftigung auf weniger als eine Woche entweder nach der Natur der Sache beschränkt zu sein pflegte oder im Voraus durch den Arbeitsvertrag beschränkt war (§ 441 RVO). Diese Arbeitnehmer waren bisher aufgrund des § 1 Abs. 1 KVG von der Versicherungspflicht ausgeschlossen gewesen. Sie konnten lediglich nach § 2 Abs. 1 Nr. 1 KVG durch Gemeindestatut der Versicherungspflicht unterstellt werden. Der Ausschluss erfolgte bisher, weil man glaubte, die Durchführung der Krankenversicherung nur bei festen Arbeitsverhältnissen sicherstellen zu können. Nur dann hatte man einen greifbaren Arbeitgeber, der zur Anmelde- und Beitrags-

---

146 Ebenso waren Mischtätigkeiten innerhalb des Haushaltes abzugrenzen, vgl. AN 1915, S. 815, GE RVA Nr. 2135 vom 30.10.1915 – II K 888/15, in der ein Kinderfräulein nicht zu den Angestellten, sondern zu den Dienstboten gerechnet wurde.

147 Das galt nicht, wenn die Tätigkeit im Betrieb für sich allein gesehen nach § 168 RVO versicherungsfrei war, vgl. hierzu AN 1915, S. 457, GE RVA Nr. 2010 vom 6.2.1915 – II K 1293/14.

148 AN 1915, S. 594, GE RVA Nr. 2056 vom 5.6.1915 – II K 1338/14; AN 1915, S. 456, GE RVA Nr. 2009 vom 23.1.1915 – II K 1090/14; AN 1919, S. 169, GE RVA Nr. 2502 vom 2.11.1818 – II K 85/17.

149 AN 1915, S. 594, GE RVA Nr. 2056 vom 5.6.1915 – II K 1338/14: Missionsgesellschaft ist kein Betrieb/Erwerbsgeschäft i. S. des § 439 RVO; dagegen AN 1916, S. 379, GE RVA Nr. 2165 vom 18.12.1915 – II E55/15, wonach eine Diakonissen- und Krankenanstalt, die Krankenpflege gegen Entgelt betreibt, als „sonstiges Erwerbsgeschäft i.S. des § 439 RVO gilt; ebenso AN 1926, S. 384, GE RVA Nr. 2982 vom 2.3.1926 – II K 80/26 B, die ein Wöchnerinnenheim als „anderes Erwerbsgeschäft" i.S. des § 439 RVO ansah.

pflicht gezwungen werden konnte[150]. In der Zwischenzeit hatte sich die Erkenntnis durchgesetzt, der überwiegend aus administrativen Gründen erfolgte Ausschluss der Tagelöhner dürfe zukünftig kein Grund mehr dafür sein. Der Mangel der fehlenden Krankenversicherung wurde inzwischen deshalb verstärkt empfunden, weil dieser Personenkreis seit 1899 versicherungspflichtig in der Invalidenversicherung geworden war[151]. Hinzu kam, dass die bisherige Regelung eine Gelegenheit zur Umgehung der Versicherungspflicht bot. So wurde in den Kommissionsberatungen zur Reichsversicherungsordnung die Umgehung der Versicherungspflicht durch Münchener Speditionsbetriebe bekannt. Jahrelang beschäftigten sie Arbeiter immer nur wochenweise, d.h. sie wurden am Sonnabend entlassen und am folgenden Montag wieder eingestellt[152]. Wie der Bundesratskommissar hierzu bemerkte, würde es sich hier tatsächlich nicht um unständige Beschäftigungen handeln. Deshalb hätte schon bisher eine Versicherungspflicht und damit Anmeldepflicht bestanden[153]. Nunmehr sah die Reichsversicherungsordnung in § 165 RVO die Krankenversicherungspflicht ohne Rücksicht auf die Dauer des Beschäftigungsverhältnisses vor. Damit waren auch die bisher nicht versicherten Tagelöhner für den Fall der Krankheit versichert[154].

Bei der Einführung der Versicherungspflicht für die unständig Beschäftigten glaubte man, nicht ohne zusätzliche Regelungen auszukommen. In den §§ 441–458 RVO waren deshalb Bestimmungen vorgesehen, die die besonderen Verhältnisse der unständig Beschäftigten berücksichtigten und die Durchführbarkeit der Krankenversicherung sicherstellen sollten. Unständig Beschäftigte wurden bei der allgemeinen Ortskrankenkasse bzw. bei der Landkrankenkasse versichert. Für sie musste ein eigenes Mitgliederverzeichnis geführt werden. Darin musste die Krankenkasse den Eintrag vornehmen, wenn sie von einem unständig Beschäftigten Kenntnis erhielt (§ 443 RVO). Dabei sollte sich der Versicherungspflichtige selbst zur Eintragung anmelden (§ 444 Abs. 1 RVO). Weiterhin waren das Versicherungsamt, die Gemeinde- und Polizeibehörde, die Ausgabestelle der Quittungskarten und alle Organe und Angestellte der Versicherungsträger gehalten, bisher nicht versicherte unständig Beschäftigte zu melden (§ 444 Abs. 2 RVO). Hiermit wollte man die möglichst voll-

150 SB RT, 12. LP/II. Session 1910, 274. Band, Anlage Nr. 340, Anlage C, S. 84.

151 Ebenda.

152 SB RT, 12. LP/II. Session 1911, 279. Band, Anlage Nr. 946, S. 4732.

153 Ebenda.

154 EuM RVA, 1918, 9. Band, S. 168, Nr. 62, die GE RVA Nr. 2337 vom 3.2.1917 – II K 897/16, hatte eine Waschfrau, die bei mehreren Arbeitgebern alle vier Wochen für zwei Tage die Wäsche wusch, als unständig beschäftigt angesehen.

ständige Erfassung dieses Personenkreises sicherstellen. Von der Eintragung im Verzeichnis hing der Beginn der Mitgliedschaft ab (§ 442 Abs. 3 RVO). Hiervon konnte auch der Beginn des Leistungsanspruches abhängen, wenn die Satzung eine Wartezeit von bis zu sechs Wochen nach § 451 Abs. 1 RVO vorsah. Andererseits blieb der eingetragene unständig Beschäftigte auch dann Mitglied der Krankenkasse, wenn er vorübergehend nicht gegen Entgelt beschäftigt wurde (§ 446 RVO).

Die Beitragszahlung der unständig Beschäftigten hatte man ebenfalls besonders geregelt. Die Beiträge wurden nach dem Ortslohn (§ 149 RVO) und nicht nach dem tatsächlichen (oft höheren) Lohn berechnet. Ihren Arbeitnehmeranteil am Beitrag mussten die Beschäftigten selbst einzahlen. Die Nichtzahlung der Beiträge wurde mit Leistungskürzungen sanktioniert. So erhielt der Versicherte, der in den letzten sechsundzwanzig Wochen für mehr als acht Wochen den Beitrag nicht gezahlt hatte, als Krankenkassenleistung nur die Krankenpflege (§ 452 Abs 1 RVO). Bezüglich der Einziehung des Arbeitgeberbeitrags stand man vor der Schwierigkeit, dass die unständig Beschäftigten nicht nur einen, sondern ständig wechselnde Arbeitgeber hatten. Hier musste eine Lösung gefunden werden, die den Beitragseinzug ohne großen Aufwand ermöglichte. Es wurde erwogen, die Regelung der Invalidenversicherung zu übernehmen[155], wonach der jeweils erste Arbeitgeber in der Woche den vollen Wochenbeitrag zu zahlen hatte[156]. Dies wurde jedoch verworfen, da man annahm, eine solche Regelung würde es dem Arbeiter erschweren, zu Beginn der Woche eine Arbeit zu finden[157]. Man entschied sich dafür, dem Gemeindeverband die Zahlung des Arbeitgeberbeitrags aufzuerlegen (§453 RVO). Dieser konnte die Beiträge auf alle Einwohner umlegen, wobei er die Einwohner, die unständig Beschäftigte in größerer Zahl beschäftigten, besonders belasten konnte (§ 454 RVO).

Aus dieser Darstellung ist ersichtlich, dass die Versicherungspflicht der unständig Beschäftigten nur mit erheblichen Abweichungen gegenüber den allgemeinen Regelungen des Leistungs- und Beitragsrechts eingeführt wurde. Die einzelnen Bestimmungen waren in der Kommission und im Reichstag umstritten. Es wurde darauf hingewiesen, dass die Regelungen zu einer Verschlechterung für diejenigen Beschäftigten führen würden, die bisher schon, trotz unständiger Beschäftigung, als versicherungspflichtig betrachtet wurden. Dabei wurde insbesondere auf die Hamburger Hafenarbeiter verwiesen, die schon

155 SB RT, 12. LP/II. Session 1910, 274. Band, Anlage Nr. 340, Anlage C, S. 94.

156 Ebenda.

157 Ebenda.

bisher aufgrund der hamburgischen Rechtsprechung als versicherungspflichtig angesehen wurden[158]. Der Kommissar des Bundesrates bemerkte in den Kommissionsberatungen dazu, dass die bisherige Rechtsprechung der Hamburger Gerichte zukünftig nicht aufrechterhalten werden könnte, zumal die letztliche Entscheidung nun bei dem Reichsversicherungsamt läge[159]. Es sei aber nicht die Absicht, die Arbeiter nun schlechter zu stellen. Deshalb lasse man den „Regierungen der Einzelstaaten im weitesten Maße freie Hand", die Versicherung der unständig Beschäftigten sogar nach den allgemeinen Vorschriften der Krankenversicherung zu regeln[160]. Das bezog sich auf die Regelung des § 458 RVO, der den Landesregierungen die Regelungskompetenz gab, wenn sie dafür sorgten, dass die Versicherung, namentlich das Meldewesen, ordnungsgemäß durchgeführt wurde und die Beiträge richtig eingingen. Die Bestimmung schien geeignet, die angestrebte einheitliche Regelung für das ganze Reichsgebiet zu durchbrechen. Jedoch ist dieser Schluss hier nicht angebracht. Es ist eher das Gegenteil anzunehmen. Jede Maßnahme, die die Sonderregelungen der §§ 441–458 RVO mit dem Ziel aufhob, eine Anpassung an die allgemeinen Bestimmungen zu erreichen, trug letztlich zu einer einheitlichen Rechtsstellung aller Versicherten bei.

l) Beschäftigte im Wandergewerbe

Bisher unterlagen die Beschäftigten im Wandergewerbe nicht dem Versicherungszwang. Dies ergab sich aus § 1 Abs. 1 Nr. 2 KVG, der nur die Beschäftigten in „stehenden Gewerbebetrieben" in die Krankenversicherung einbezog, da man bisher keine vernünftige Möglichkeit sah, für die Krankenversicherung das Meldeverfahren, die Beitragszahlung, die örtliche Zuständigkeit und die Krankenüberwachung zu regeln. Mit der Reichsversicherungsordnung wurden die Beschäftigten des Wandergewerbes nun versicherungspflichtig. Die Besonderheiten dieses Personenkreises wurden mit den Sonderbestimmungen der §§ 459–465 RVO geregelt. Der Kreis der Versicherungspflichtigen wurde in § 459 RVO festgelegt. So fielen unter die Sonderregelung nur Beschäftigte von solchen Arbeitgebern, die für ihre Tätigkeit einen Wandergewerbeschein nach § 55 GewO benötigten[161]. Das waren Gewerbetreibende, die ohne Begründung einer Niederlassung außerhalb ihres Wohnortes im Umherziehen eine der in § 55 GewO genannten gewerblichen Tätigkeiten ausübten (z.B.

158 SB RT, 12. LP/II. Session 1911, 279. Band, Anlage Nr. 946, S. 4731 f.

159 Ebenda.

160 Ebenda.

161 SB RT, 12. LP/II. Session 1910, 274. Band, Anlage Nr. 340, Anlage C, S. 237.

Waren feilboten, gewerbliche Leistungen anboten oder Musikaufführungen, Schaustellungen und andere Lustbarkeiten darboten, ohne dass dabei ein höheres Interesse der Kunst obwaltete)[162]. Die Sonderregelung war auf die Beschäftigten begrenzt, die der Gewerbetreibende von Ort zu Ort mit sich führte. Für sie bedurfte der Gewerbetreibende einer besonderen Erlaubnis nach § 62 Abs. 1 GewO, die auf dem Wandergewerbeschein unter näherer Bezeichnung dieser Personen vermerkt wurde. Wurden unterwegs für einen bestimmten Ort Personen eingestellt, fielen sie nicht unter die Sonderregelungen für das Wandergewerbe. Hier galten die allgemeinen Vorschriften der Versicherungspflicht und ggfls. die Sonderregelungen für unständig Beschäftigte nach §§ 441 ff RVO[163]. Damit gehörten auch Personen, die für einen Arbeitgeber an ihrem Wohnort hausierten, nicht zu den im Wanderbetrieb Beschäftigten[164].

Das Melde- und Beitragsverfahren für die im Wandergewerbe Beschäftigten wurde in besonderer Weise geregelt. Während für andere Arbeitnehmer eine individuelle namentliche Meldung erforderlich war, genügte es beim Wandergewerbe, wenn nur die Beschäftigtenzahl an die Landkrankenkasse gemeldet wurde. Eine individuelle Meldung war entbehrlich, weil die Personen in dem Wandergewerbeschein vermerkt waren. Der Arbeitgeber musste bereits bei der Anmeldung für alle seine Beschäftigten die Beiträge im Voraus für die Dauer der Gültigkeit des Wandergewerbescheines zahlen (§ 460 RVO). Da der Wandergewerbeschein in der Regel für das Kalenderjahr ausgestellt wurde (§ 60 GewO), mussten die Gesamtbeiträge im Voraus bis zu einem Jahr gezahlt werden. Der Arbeitgeber hatte somit auch die Arbeitnehmerbeiträge vorschießen, die er nur nachträglich monatlich vom Lohn einbehalten konnte (§ 463 RVO). Dem Kassenvorstand war es nach § 460 Abs. 1 RVO vorbehalten, für die Beitragszahlung auch kürzere Zeiträume zu bestimmen. Die Gefahr, dass bei einer solchen Regelung die Beiträge nicht oder verspätet gezahlt wurden, dürfte wegen der damit verbundenen Folgen gering gewesen sein. So durfte der Wandergewerbeschein von der Polizeibehörde nur dann erteilt werden, wenn der Gewerbetreibende eine Bescheinigung der Krankenkasse vorlegte

---

162 Bei einem Wandertheater mit künstlerischem Anspruch war kein Wandergewerbeschein erforderlich. Deshalb war umstritten, ob diese Personen im Hinblick auf die nicht ausgeübte Regelungsbefugnis des Bundesrates nach § 465 Abs. 2 RVO versicherungsfrei waren. Hierzu: *Hahn*, KV 1915, Anm. 2 zu § 465 RVO; Arb-Vers. 31 (1914), S. 291.

163 *Hahn*, KV 1915, Anm. 1 zu § 459 RVO, S. 745.

164 SB RT, 12. LP/II. Session 1911, 279. Band, Anlage Nr. 946, S. 4523.

(§ 461 Abs. 3 RVO)[165]. Die Erlaubnis für die Mitführung anderer Personen von Ort zu Ort wurde zudem nur erteilt, wenn die Krankenkassenbeiträge bezahlt waren (§ 461 Abs. 3, § 62 Abs. 2 GewO).

Mit den Sonderbestimmungen für das Wandergewerbe schuf man ein aufwendiges Regelwerk, das nach der Prognose des Gesetzentwurfs nur für einen kleinen Personenkreis Anwendung finden sollte[166]. Zudem wurde erkannt, dass mit den Regelungen nicht alle im Wandergewerbe Beschäftigten erfasst waren. So war nur das Wandergewerbe versichert, das nach § 55 GewO einen Wandergewerbeschein benötigte. Das Wandergewerbe, das nach § 59 GewO ohne Schein betrieben werden konnte, blieb versicherungsfrei[167] (z.B. Vertrieb im Wandergewerbe von land- und forstwirtschaftlichen Erzeugnissen, Jagd- und Fischereiprodukten, Anbieten von Waren von Wasserfahrzeugen aus, Anbieten von Waren bei öffentlichen Festen und Truppenzusammenziehungen). Hier verzichtete man darauf, für diese Personenkreise ebenfalls Sonderregelungen einzuführen. Man überließ es dem Bundesrat, hierzu Näheres zu bestimmen (§ 465 RVO). Die Umsetzung dieser neuartigen Regelungen stellte die Krankenkassen vor erhebliche praktische Probleme[168].

4. Jahresarbeitsverdienstgrenze

Die Versicherungspflicht bestand nur, wenn der regelmäßige Jahresarbeitsverdienst zweitausendfünfhundert Mark nicht überstieg. Eine Einkommensgrenze galt jedoch nicht für alle Beschäftigten. Sie galt insbesondere nicht für die in § 165 Abs. 1 Nr. 1 RVO genannten Arbeiter, Gehilfen, Gesellen, Lehrlinge und Dienstboten und die in § 165 Abs. 1 Nr. 6 RVO genannten Hausgewerbetreibenden. Diese Personen waren unabhängig von der Höhe ihres Verdienstes immer versicherungspflichtig. Die Einkommensgrenze galt nur für die in § 165 Abs. 1 RVO in den Nummern 2 bis 5 und Nr. 7 bezeichneten Personen, somit für Betriebsbeamte, Werkmeister, andere Angestellte, Handlungsgehilfen, Apothekergehilfen, Bühnen- und Orchestermitglieder sowie Lehrer und Erzieher. Für die Beschäftigten der See- und Binnenschifffahrt galt die Verdienst-

---

165 Das Muster einer solchen Bescheinigung wurde vom Bundesrat festgelegt und veröffentlicht in: RGBl. 1913 S. 762, „Bekanntmachung, betreffend die von der Krankenkasse zu erteilende Bescheinigung für Wandergewerbetreibende" vom 21.11.1913.

166 Nach der Begründung zum Gesetzentwurf rechnete man damit, dass etwa 40.000 Personen des Wandergewerbes zu versichern waren. Zum Vergleich: Die Gesamtzahl der Versicherten sollte nach Einführung der RVO ca. 18 Millionen betragen, SB RT, 12. LP/II. Session 1910, 274. Band, Anlage Nr. 340, Anlage H, S. 648.

167 *Hahn*, KV 1915, Anm. 2 zu § 465 RVO.

168 *Kleeis*, Arb.-Vers. 31 (1913), S. 133 ff.

grenze nur für die Schiffer (Kapitäne), nicht jedoch für die übrigen Angestellten der Schifffahrt wie beispielsweise für die Schiffsoffiziere. Diese waren unabhängig von der Höhe ihres Einkommens versicherungspflichtig.

Das bisherige Krankenversicherungsgesetz hatte schon bisher in § 2b KVG eine Einkommensgrenze für Betriebsbeamte, Werkmeister, Techniker und Handlungsgehilfen enthalten. Dort war die Einkommensgrenze noch differenziert auf die unterschiedlichen Lohn- und Gehaltszahlungszeiträume abgestellt worden. So war bislang eine Einkommensgrenze von sechszweidrittel Mark für den Arbeitstag und bei Zahlung in größeren Zeitabschnitten auf zweitausend Mark im Jahr festgelegt worden. Diese Grenze sollte nun einheitlich auf das „regelmäßige" Jahreseinkommen bezogen werden. Im Gesetzentwurf war vorgesehen, die bisherige Einkommensgrenze, die seit 1883 galt, auch in die RVO zu übernehmen[169]. In den Kommissionsberatungen wurde darauf hingewiesen, dass sich seit 1883 durch die allgemeine Preissteigerung und das Sinken des Geldwertes die Verhältnisse wesentlich verschoben hätten. Ein Einkommen in Höhe von zweitausend Mark im Jahre 1883 entspräche einem heutigen Einkommen (1911) von zweitausendvierhundert Mark[170]. Aus diesem Grunde wurden Einkommensgrenzen von zweitausendfünfhundert bis zu fünftausend Mark beraten[171]. Die Kommission beließ es in zweiter Lesung bei der Jahresverdienstgrenze von zweitausend Mark, nachdem sie zuvor noch eine Grenze von zweitausendfünfhundert Mark beschlossen hatte[172]. Als ein Argument für die niedrigere Grenze wurde auch angeführt, bei einer höheren Einkommensgrenze werde der Ärzteschaft ein großer Teil der Bevölkerung der freien ärztlichen Behandlung entzogen[173]. Der Reichstag stimmte erst in seiner abschließenden dritten Lesung für eine Erhöhung der Jahresarbeitsverdienstgrenze auf zweitausendfünfhundert Mark und entschied sich damit gegen eine gleichlautende Regelung in der Invaliden- und Hinterbliebenenversicherung, für die eine Grenze von zweitausend Mark festgelegt wurde (§ 1226 Abs. 2 RVO).

---

169 SB RT, 12. LP/II. Session 1910, 274. Band, Anlage Nr. 340, S. 32.

170 SB RT, 12. LP/II. Session 1911, 279. Band, Anlage Nr. 946, S. 4524 f.

171 Ebenda.

172 Ebenda, S. 4530 f.

173 Ebenda; ebenso: SB RT, 12. LP/II. Session, 267. Band, S. 7220.

5. Versicherungsfreie Beschäftigungen

a) Allgemeines

Die Reichsversicherungsordnung machte die Versicherungspflicht nicht mehr von der Beschäftigung in einem bestimmten „Betrieb“, sondern hiervon losgelöst, von der Ausübung einer entgeltlichen Beschäftigung abhängig. Der hierdurch erweiterte versicherungspflichtige Personenkreis erforderte auch eine Neuregelung der bisher bestehenden Befreiungsregelungen. Das galt insbesondere für Personengruppen, die bereits eine anderweitige Absicherung für den Krankheitsfall hatten und bei denen eine Notwendigkeit der Versicherungspflicht verneint wurde[174]. Hinzu kam, dass die nach der Kranken- und Invalidenversicherung versicherten Personenkreise aneinander angeglichen werden sollten.

b) Vorübergehende Dienstleistungen

Das bisher geltende KVG hatte alle Beschäftigungen mit einer Dauer von weniger als einer Woche von der Versicherungspflicht ausgeschlossen. Das galt für alle Beschäftigungen, unabhängig davon, ob diese vorrangig zur Bestreitung des Lebensunterhaltes oder nur gelegentlich oder nebenher ausgeübt wurden. Für die „berufsmäßig“ ausgeübten unständigen Beschäftigungen war nun die Versicherungspflicht eingeführt worden. Es bestand deshalb das Erfordernis, die übrigen vorübergehenden Beschäftigungen von denen der unständigen Beschäftigten abzugrenzen[175]. Eine wegen einer gelegentlichen oder vorübergehenden Beschäftigung eintretende Versicherungspflicht sollte vermieden werden. Dies galt insbesondere für solche Personen, für die eine Krankenversicherung nur „Kosten und Umstände, aber keinen entsprechenden Nutzen“ hatte, wie beispielsweise bei den schulpflichtigen Kindern in der Landwirtschaft[176]. Wegen der Vielgestaltigkeit derartiger Beschäftigungsverhältnisse legte man die Abgrenzungskriterien im Gesetz selbst nicht fest, sondern überließ es aus Zweckmäßigkeitsgründen dem Bundesrat, entsprechende Bestimmungen zu erlassen[177], der 1913 erstmalig solche für die Krankenversicherung erließ[178]. Diese enthielten zahlreiche Kriterien für die Versicherungs-

174 SB RT, 12. LP/II. Session 1910, 274. Band, Anlage Nr. 340, Anlage C, S. 150.

175 Ebenda.

176 Ebenda.

177 Ebenda.

178 RGBl. 1913 S. 756, „Bekanntmachung, betreffend die Befreiung vorübergehender Dienstleistungen von der Krankenversicherungspflicht“ vom 17.11.1913. Für die Invaliden- und Altersversicherung waren bereits seit 1891 entsprechende Bestimmungen des Bundesrates erlassen worden, RGBl. 1891 S. 399, „Bekanntmachung, betreffend

freiheit bei vorübergehender Beschäftigung. Neu in diesen Bestimmungen war, dass nicht nur die Versicherungsfreiheit der kurzfristigen Dienstleistungen, sondern auch die Versicherungsfreiheit von nebenher ausgeübten und geringfügig entlohnten Dienstleistungen geregelt wurde. Die Bestimmungen enthielten auch die Kriterien für die Versicherungsfreiheit der kurzfristigen Hilfeleistungen bei Unglücksfällen, Naturereignissen und bei Verkehrs- und Betriebsstörungen. Erstmalig geregelt wurde darin auch die Versicherungsfreiheit von ausländischen Beschäftigungsverhältnissen, die in das Reichsgebiet einstrahlten, wie etwa die von Beschäftigten ausländischer Eisenbahnen und Schifffahrtsbetrieben.

c) Beschäftigte in öffentlichen Betrieben oder Diensten

Beschäftigte des Reiches, eines Staates und der Kommunalverbände waren unter bestimmten Voraussetzungen bisher schon aufgrund des § 3 KVG von der Versicherungspflicht ausgenommen. Diese Regelungen wurden in § 169 RVO übernommen, wobei die Voraussetzungen der Befreiung neu gefasst und der befreite Personenkreis erweitert wurde. So waren nun versicherungsfrei die in Betrieben und Diensten des Reichs, eines Bundesstaats, eines Gemeindeverbandes, einer Gemeinde oder eines Versicherungsträgers Beschäftigten, vorausgesetzt, ihnen standen gegenüber dem Arbeitgeber im Krankheitsfalle bestimmte Ansprüche zu. So mussten ihnen entweder Ansprüche in Höhe und Dauer der Krankenkassenleistung zustehen, oder der Arbeitgeber musste für die gleiche Zeit Gehalt, Ruhegeld, Wartegeld oder ähnliche Bezüge in Höhe des anderthalbfachen Betrages des Krankengeldes gewährleisten[179]. Die Befreiung galt nach § 169 Abs. 2 RVO auch für die Lehrer und Erzieher an öffentlichen Schulen und Anstalten.

Diese Regelung wurde ergänzt durch § 170 RVO, der die Erstreckung der Versicherungsfreiheit auch auf andere öffentliche Verbände und öffentliche Körperschaften ermöglichte. Hier war die Versicherungsfreiheit auf Antrag des Arbeitgebers unter den Voraussetzungen des § 169 RVO möglich. Als Grund für die Erweiterung der Versicherungsfreiheit auf diese Personenkreise führte die Kommission an, viele Verbände würden ihren Angestellten in Krankheitszeiten höhere Unterstützungen gewähren als ihnen gegenüber der Krankenkas-

---

die Durchführung der Invaliditäts- und Altersversicherung vom 24.12.1891 und seither ständig angepasst worden; RGBl. 1893 S. 5; RGBl. 1894 S. 543; RGBl. 1899 S. 725.

179 Die Anstellung eines Beamten auf Lebenszeit gewährleistete damals für sich allein gesehen noch nicht die Zahlung der in § 169 RVO geforderten Leistungen durch den Dienstherrn. Ohne Zusage solcher Leistungen waren Beamte krankenversicherungspflichtig, vgl. AN 1919, S. 358, GE RVA Nr. 2534 vom 10.5.1919 – II K 72/18 B.

se zustünden[180]. Als Beispiele hierfür wurden namentlich genannt die landschaftlichen Kreditorganisationen, die Deichverbände und die öffentlichen Feuerversicherungsanstalten[181].

Gleichgestellt wurden in § 170 Abs. 2 RVO die Beamten und Bediensteten der landesherrlichen Hof-, Domanial-, Kameral-, Forst- und ähnlichen Verwaltungen, der Herzoglich Braunschweigischen Landschaft und der Fürstlich Hohenzollernschen Fideikommißverwaltung. Die Nennung dieser Personenkreise beruhte auf der gleichlautenden Bestimmung in § 1242 Nr. 3 RVO für die Invaliden- und Hinterbliebenenversicherung. Dort war sie aufgrund von Bundesratsbeschlüssen von 1890[182] zu § 4 IVG aufgenommen worden[183]. Hierdurch sollte eine Befreiung von Beschäftigten dieser Verwaltungen auch dann ermöglicht werden, wenn Zweifel daran bestanden, ob der Landesherr als Einzelperson oder die Familien des hohen Adels überhaupt als Verband oder Körperschaft angesehen werden konnten[184]. Der Bundesrat konkretisierte 1912 den von der Versicherungspflicht nach § 1242 Nr. 3 RVO befreiten Personenkreis[185].

d) Beschäftigte in nichtöffentlichen Körperschaften

In § 171 RVO wurde eine weitere Möglichkeit einer Befreiung von der Versicherungspflicht geschaffen. Hiernach konnten Beschäftigte in Betrieben und Diensten nichtöffentlicher Verbände und privater Körperschaften sowie Lehrer und Erzieher an nichtöffentlichen Schulen und Anstalten von der Versicherungspflicht durch einen Arbeitgeberantrag befreit werden. Voraussetzung war auch hier, dass der Arbeitgeber die in § 169 RVO vorgesehenen Leistungen im Krankheitsfalle gewährleistete. Im Gegensatz zu der Befreiung nach § 170 RVO erfolgte in diesen Fällen die Befreiung nicht allein aufgrund eines Antrags, sondern wurde zusätzlich von einer Ermessensentscheidung der Verwaltungsbehörde abhängig gemacht. In der Folgezeit zeigte sich die Sinnhaftigkeit eines solchen Ermessens bei nichtöffentlichen Körperschaften. So wies der Reichstagsabgeordnete Bauer (SPD) kurz nach dem Inkrafttreten der Krankenversicherungsregelungen am 1. Januar 1914 in der Reichstagssitzung am

180 SB RT, 12. LP/II. Session 1911, 279. Band, Anlage Nr. 946, S. 4534.

181 Ebenda.

182 AN-IAV 1891, S. 165

183 SB RT, 12. LP/II. Session 1910, 274. Band, Anlage Nr. 340, Anlage E, S. 394.

184 *Rosin*, 2. Band, Anm. 18 zu § 17, S. 147 f.; *Hahn*, KV 1915, Anm. 4 zu § 170 RVO.

185 AN 1912, S. 818, „Bekanntmachung über die Befreiung der Beamten und Bediensteten von landesherrlichen Hof-, Domanial-, Kameral-, Forst- und ähnlichen Verwaltungen von der Versicherungspflicht nach § 1242 Nr. 3 RVO“ vom 15.6.1912.

11. Februar 1914 darauf hin, dass in Preußen nicht nur 21 gemeinnützige Einrichtungen von der Befreiungsmöglichkeit nach § 171 RVO Gebrauch gemacht hatten, sondern auch 16 Versicherungsgesellschaften und 8 Banken. Er zeigte die Missbrauchsmöglichkeiten dieser Regelung durch Kapitalgesellschaften auf. Dabei verwies er auf die Erfahrungen mit den entsprechenden bisherigen Befreiungsregelungen des KVG und forderte eine Beseitigung des § 171 RVO[186]. Auf eine besondere missbräuchliche Nutzung dieser Befreiungsvorschrift durch Lebensversicherungsgesellschaften und Aktiengesellschaften wies der Abgeordnete Wissell im Reichstag im Mai 1918 hin[187]. So würden zurückkehrende kranke Kriegsteilnehmer bei der Krankenkasse angemeldet werden, während für die Gesunden ein Befreiungsantrag nach § 171 RVO gestellt würde[188].

e) Versicherungsfreiheit der zur Berufsausbildung Beschäftigten

Die Reichsversicherungsordnung sah in mehreren Paragrafen die Versicherungsfreiheit von Personen vor, die für ihren Beruf ausgebildet wurden. Nicht darunter fielen dabei die Lehrlinge, die nach § 165 Abs. 1 Nr. 1 RVO versicherungspflichtig waren. So bestimmte § 172 Nr. 1 RVO, dass Beamte des Reichs, der Bundesstaaten, der Gemeindeverbände, der Gemeinden und der Versicherungsträger sowie Lehrer und Erzieher an öffentlichen Schulen oder Anstalten versicherungsfrei waren, solange sie lediglich für ihren Beruf ausgebildet wurden. Ergänzt wurde dies durch § 172 Nr. 3 RVO, der Personen versicherungsfrei stellte, die während ihrer wissenschaftlichen Ausbildung für ihren zukünftigen Beruf gegen Entgelt unterrichteten.

Weiterhin sahen die §§ 170, 171 RVO vor, dass die Befreiung auf Antrag für alle Personen möglich war, die lediglich für ihren Beruf ausgebildet wurden. Die ansonsten zusätzliche Voraussetzung der Befreiung nach diesen Vorschriften, die Absicherung im Krankheitsfalle, war nicht erforderlich. In der Kommission wurde die Befreiung von Auszubildenden, die keine Krankheitsabsicherung hatten, beanstandet[189]. Hierzu wurde entgegnet, dass diese Ausdehnung der Befreiung aus der Invalidenversicherung übernommen worden sei. Es wurde anerkannt, dass die in der Invalidenversicherung maßgebenden Gründe nicht in gleichem Maße auf die Krankenversicherung zutreffen[190]. Allerdings

186 SB RT, 13. LP/II. Session 1914, 292. Band, S. 7231 ff.

187 SB RT, 13. LP/II. Session 1918, 312. Band, S. 5031 f.

188 Ebenda.

189 Ebenda.

190 Ebenda.

handelte es sich hier meist um junge Leute aus wohlhabenderen Familien, die nur vorübergehend eine untergeordnete Tätigkeit ausübten. Nach vollendeter Ausbildung würden sie sich um höhere Stellen bewerben. Deshalb würde eine Krankenversicherungspflicht meist nicht ihren Verhältnissen entsprechen[191]. Diesen Argumenten folgte die Kommission. Im Reichstag wurde von dem Abgeordneten Albrecht und anderen SPD-Abgeordneten beantragt, den § 171 RVO (§ 184 des RVO-Entwurfs), der die Befreiung von Auszubildenden in nichtöffentlichen Betrieben vorsah, zu streichen[192]. Wie der Abgeordnete Göhre (SPD) diesen Antrag begründete, handelte sich bei dem Personenkreis eben genau um Söhne von Eltern des Mittelstandes, die sich nicht durch besondere Wohlhabenheit auszeichneten. Diese Auszubildenden hätten dann keinen gesicherten Anspruch auf Krankenhilfe und würden in unangenehme Verhältnisse abgleiten[193]. Der Antrag wurde jedoch abgelehnt, so dass die Befreiungsmöglichkeiten der §§ 170, 171 RVO schließlich Gesetz wurden.

f) Soldaten

Nach § 172 Nr. 2 RVO waren Personen des Soldatenstandes versicherungsfrei in der Krankenversicherung. Eine solche Befreiung sah auch schon bisher § 3 KVG vor. Die bisherige Regelung hatte allerdings keine näheren Angaben darüber enthalten, bei welchen Beschäftigungen Soldaten versicherungsfrei waren. Ursprünglich war angenommen worden, die Befreiung beziehe sich nur auf „militärdienstliche Tätigkeiten“. Erst durch einen preußischen Ministererlass[194] war seit 1908 klargestellt, dass Soldaten in allen Beschäftigungen versicherungsfrei waren. Dies änderte sich nun erneut aufgrund des § 172 Nr. 2 RVO. Die Bestimmung begrenzte die Befreiung von Soldaten ausdrücklich auf Tätigkeiten „im (Militär-) Dienste“ und für die Zeiten der Vorbereitung zu einer bürgerlichen Beschäftigung. Sie entsprach damit der gleichlautenden Regelung des § 1235 Nr. 2 RVO für die Invaliden- und Hinterbliebenenversicherung.

g) Mitglieder geistlicher Genossenschaften

Aufgrund des § 172 Nr. 4 RVO waren versicherungsfrei die Mitglieder geistlicher Genossenschaften, Diakonissen, Schulschwestern und ähnliche Personen, wenn sie sich aus religiösen oder sittlichen Beweggründen mit Krankenpflege, Unterricht oder anderen gemeinnützigen Tätigkeiten beschäftigten. Vorausset-

191 Ebenda.

192 SB RT, 12. LP/II. Session 1911, 280. Band, Anlage Nr. 964, S. 5216.

193 SB RT, 12. LP/II. Session 1911, 266. Band, S. 6455.

194 Erlass preuß. Minister vom 19.11.1908, Arb.-Vers. 26, 1909, S. 10.

zung für ihre Befreiung war, dass sie als Entgelt nicht mehr als den freien Unterhalt bezogen. Eine solche Befreiung war im Gesetzentwurf noch nicht vorgesehen. Bei den Kommissionsberatungen zur Versicherungspflicht war ein Antrag gestellt worden, das gesamte Krankenpflegepersonal von der Krankenversicherungspflicht auszunehmen. Die Versicherungsbeiträge für diese Personen würden zu einer allgemeinen Erhöhung der Krankenpflegekosten führen, „die im Interesse der Volkshygiene wenig wünschenswert sei"[195]. Von dem Regierungsvertreter wurde darauf verwiesen, dass ein Ausschluss nicht zu empfehlen sei, da die Verhältnisse in diesem Beruf sehr verschieden seien. Es bestände jedoch die Möglichkeit der Befreiung nach § 186 Nr. 2 RVO-Entwurf[196], wenn die Arbeitgeber die Krankenhilfe der Krankenpflegepersonen übernehmen[197]. Ein genereller Ausschluss des Krankenpflegepersonals von der Versicherungspflicht wurde schließlich von der Kommission abgelehnt, da dieser weder notwendig noch für alle Verhältnisse passend sei[198]. Erst bei den Beratungen zur Versicherungsfreiheit nach § 172 RVO (§ 185 RVO-Entwurf) wurde ein Antrag angenommen, der letztlich zu der Versicherungsfreiheit der in § 172 Nr. 4 RVO genannten Personen führen sollte. Begründet wurde der Antrag mit der Angleichung an die Invalidenversicherung, weil dort die Beschäftigung gegen freien Unterhalt ebenfalls versicherungsfrei war (§1227 RVO)[199].

h) Beschäftigungsverhältnisse zwischen Familienangehörigen

Die versicherungsrechtliche Beurteilung der Beschäftigungsverhältnisse zwischen Familienangehörigen war bisher unter Geltung des KVG immer wieder Gegenstand gerichtlicher Entscheidungen. Streitig waren dabei Beschäftigungsverhältnisse zwischen Ehegatten, die Beschäftigung von Kindern bei den Eltern oder Schwiegereltern, die Beschäftigung der Eltern bei Kindern oder Schwiegerkindern sowie die Beschäftigungsverhältnisse zwischen Geschwistern.

---

195 SB RT, 12. LP/II. Session 1911, 279. Band, Anlage Nr. 946, S. 4529.

196 Der § 186 Nr. 2 RVO-Entwurf, der eine Befreiung von der Versicherungspflicht auf eigenen Antrag vorsah, wurde letztlich nicht Gesetz. Er wurde von der Kommission verworfen, da die entsprechende bisherige Regelung des § 3a Nr. 2 KVG als missbrauchsanfällig gesehen wurde. Vgl. dazu: SB RT, 12. LP/II. Session 1911, 279. Band, Anlage Nr. 946, S. 4539 ff.

197 SB RT, 12. LP/II. Session 1911, 279. Band, Anlage Nr. 946, S. 4529 f.

198 Ebenda.

199 SB RT, 12. LP/II. Session 1911, 279. Band, Anlage Nr. 946, S. 4535.

aa) Beschäftigungen von Ehegatten

Bei der Beurteilung der Versicherungspflicht von Ehegattenbeschäftigungen gab es einen Dissens zwischen der Unfall- und Invalidenversicherung einerseits und der Krankenversicherung andererseits. Das für die Rechtsprechung in der Unfall- und Invalidenversicherung zuständige Reichsversicherungsamt hielt auch nach dem Inkrafttreten des BGB-Eherechts im Jahre 1900 an dem Grundsatz fest, dass ein Beschäftigungsverhältnis zwischen Ehegatten wegen der „sittlichen Grundlagen" nicht möglich sei[200]. Dies war anfangs auch für die Krankenversicherung angenommen worden[201]. Hier hatte sich die Rechtsprechung, auch im Hinblick auf das inzwischen in Kraft getretene Familienrecht des BGB, gewandelt[202]. Nunmehr wurde für die Krankenversicherung angenommen, dass ein versicherungspflichtiges Beschäftigungsverhältnis zwischen Ehegatten grundsätzlich möglich sei.

Mit der Einführung der Reichsversicherungsordnung war die Absicht verbunden, den versicherungspflichtigen Personenkreis, insbesondere zwischen Invaliden- und Krankenversicherung, weitgehend anzugleichen. Deshalb musste die widersprüchliche Beurteilung von Ehegattenbeschäftigungen in den einzelnen Versicherungszweigen aneinander angepasst werden. Die Reichsversicherungsordnung sah nun in § 159 RVO vor, dass die Beschäftigung eines Ehegatten durch den anderen keine Versicherungspflicht begründet. Diese Regelung im Ersten Buch „Gemeinsame Vorschriften" galt für alle Versicherungszweige. In der Gesetzesbegründung wird darauf verwiesen, dass das Reichsversicherungsamt „mit zutreffenden Gründen" an seiner bisherigen Auffassung festgehalten habe[203]. Es wurde so gedeutet, dass die bisherige Regelung nur unter „gesetzgeberischen Gesichtspunkten" gebilligt und nun im Gesetz festgelegt werden sollte[204], was im Widerspruch zum ehelichen Güterrecht stand, das Beschäftigungsverhältnisse und damit Lohnansprüche zwischen Ehegatten zugelassen hatte[205]. In der Kommission gab es hierzu unterschiedliche Ansichten. Der Vertreter des Bundesrates war der Meinung, der Entwurf wolle die Stellung des Ehegatten auf einen „Genossen" beschränken und ihn nicht als

200 RVA-Anleitung zum IVG 1905, Ziffer 18b; RVA-Entsch. Nr. 571, AN 1903, S. 571; RVA-Entsch. Nr. 2095, AN 1905, S. 406; RVA-Entsch. Nr. 1202, AN 1905, S. 434.

201 OVG-Entscheidungen, Band 19, S. 355, Urteil des preuß. OVG vom 23.12.1889 Rep. III C. 61/89.

202 OVG-Entscheidungen, Band 42, S. 297, Urteil des preuß. OVG vom 25.9.1902, Rep. III C. 16/02, Arb.-Vers. 19, S. 751, *Reger*, 23, S. 75.

203 SB RT, 12. LP/II. Session 1910, 274. Band, Anlage Nr. 340, Anlage B, S. 80.

204 *Hahn*, KV 1915, Anm. 2 zu § 159 RVO, S: 173.

205 *Oertmann*, DJZ 1911, Sp. 124 ff.; *Hahn*, KV 1915, Anm. 2 zu § 159 RVO, S. 173.

„Gehilfen" des anderen Ehegatten betrachten[206]. Während ein Kommissionsmitglied leugnete, dass überhaupt ein eigentliches Lohnverhältnis zwischen Ehegatten bestehen könne, forderten andere Mitglieder lebhaft die Anerkennung eines versicherungspflichtigen Beschäftigungsverhältnisses zwischen Ehegatten[207]. Letztlich stimmte aber die Kommissionsmehrheit für den Regierungsentwurf. Im Reichstag wurde von einer Gruppe von SPD-Abgeordneten beantragt, die Regelung in § 159 RVO (§ 171 RVO-Entwurf) zu streichen[208]. Dies wurde mit der Reichstagsmehrheit abgelehnt und der § 159 RVO in der Kommissionsfassung beschlossen[209]. Damit wurde eine Versicherungspflicht von Ehegattenbeschäftigungen generell ausgeschlossen.

bb) Beschäftigungen von sonstigen Familienangehörigen

Die Beschäftigungsverhältnisse zwischen sonstigen Familienangehörigen unterlagen bisher schon den allgemeinen Regeln des Versicherungsrechts, so dass Beschäftigungsverhältnisse zwischen Eltern und Kindern, Kindern und Eltern, Großeltern und Enkeln, Eltern und Schwiegerkindern und zwischen Geschwistern versicherungspflichtig waren. Trotzdem gaben solche Verhältnisse in der Vergangenheit oft einen Anlass, die Versicherungspflicht anzuzweifeln, wie die zahlreichen hierzu ergangenen Entscheidungen belegen[210]. Das galt insbesondere bei Beschäftigungsverhältnissen, in denen als Lohn nur Unterhalt (Kost und Logis) gewährt wurde. Während in der Invalidenversicherung durch § 3 IVG die Versicherungspflicht ausdrücklich ausgeschlossen war, wenn nur Unterhalt gewährt wurde, fehlte es in der Krankenversicherung an einer entsprechenden Einschränkung. Da die Gewährung von solchen Naturalbezügen nach § 1 Abs. 4 KVG als Lohn angesehen wurde, trat grundsätzlich eine Versicherungspflicht in der Krankenversicherung ein. Dabei war oft zwei-

---

206 SB RT, 12. LP/II. Session 1911, 279. Band, Anlage Nr. 946, S. 4483.

207 Ebenda.

208 SB RT, 12. LP/II. Session 1911, 280. Band, Anlage Nr. 951, S. 5147 f.

209 SB RT, 12. LP/II. Session 1911, 266. Band, S. 6440.

210 RVA-Rev. Entsch. Nr. 43, (Beschäftigung der Mutter als Kinderfrau beim Sohn), AN-IAV 1891, S. 156; RVA-Entsch. Nr. 244, (Beschäftigung des Vaters beim Sohn), AN-IAV 1893, S. 91; RVA-Entsch. Nr. 636, (Stiefmutter – Stieftochter), AN 1898, S. 269; RVA-Entsch. Nr. 758, (Mutter – Sohn), AN 1899, S. 624; RVA-Entsch. Nr. 1204, (Tochter – Vater), AN 1905, S. 435; Entsch. Bay. VGH vom 27.2.1905, (Tochter – Eltern), Arb.-Vers. 23, S. 309; RVA-Rev.-Entsch. Nr. 1385, (Schwiegermutter – Schwiegersohn), AN 1909, S. 457; RVA-Rev.-Entsch. Nr. 1398, (Mutter – Tochter/Schwiegersohn), AN 1909, S. 473; Rev.-Entsch. Nr. 1399, (Schwester – Bruder), AN 1909, S. 474; RVA-Rev.-Entsch. Nr. 1475, (Pflegetochter – Pflegeeltern), AN 1910, S. 502; RVA-Entsch. Nr. 1505, (Adoptivvater – Adoptivsohn), AN 1910, S. 582; RVA-Rev.-Entsch. Nr. 1592, (Schwägerin – Schwager), AN 1911, S. 634.

felhaft, ob dieser Unterhalt im Rahmen von familiären Verpflichtungen erfolgte oder als Gegenleistung für geleistete Lohnarbeit gewährt wurde. Bei Zweifeln mussten deshalb die tatsächlichen Verhältnisse geprüft und eine Entscheidung getroffen werden.

Eine solche Einzelfallprüfung war auch dann vorgesehen, wenn zwar ein barer Lohn gezahlt wurde, aber Zweifel darüber bestanden, ob dieser Lohn eine angemessene Gegenleistung für geleistete Arbeit war. Es war zu prüfen, ob die vorgebliche Arbeit nicht Ausdruck des „familienhaften Gemeinschaftslebens" oder „eine unverbindliche Hilfeleistung unter wirtschaftlich und sozial Gleichgestellten aus sittlichen oder Anstandsrücksichten" war[211]. Von der Problematik derartiger Beschäftigungsverhältnisse waren Kranken- und Invalidenversicherung gleichermaßen betroffen. Wie die bisher ergangenen Entscheidungen vermuten lassen, war im Bereich der Invalidenversicherung besonders intensiv geprüft worden. Das lag auch deshalb nahe, weil dort die finanziellen Auswirkungen am größten waren. Schließlich wurde mit der Annahme einer versicherungspflichtigen Beschäftigung eine Anwartschaft auf eine jahrelange Rente der Invalidenversicherung erworben. Hier sah man eine besondere Gefahr des Missbrauchs darin, dass mit einem fingierten Beschäftigungsverhältnis Familienmitglieder durch eine Invalidenrente finanziell abgesichert werden könnten. Ein Kommissar des Bundesrates gebrauchte hierfür den Begriff der „Schwiegermütter-Renten"[212].

Die Regierung sah keinen Anlass, die bisherige Rechtslage und Praxis zu ändern. In der Kommission wurde dies jedoch Gegenstand der Beratungen. Dort wurde beantragt, den § 159 RVO (§ 171 RVO-Entwurf) um einen zweiten Absatz zu erweitern, der klarstellte, dass „andere Verwandtschaftsgrade" als Ehegatten[213] zwischen Arbeitgeber und Arbeitnehmer für die Versicherungspflicht ohne Belang seien. Dieser Antrag wurde in der ersten Lesung angenommen, in der zweiten Lesung jedoch wieder verworfen. Übereinstimmend war man der Meinung, ein Verwandtschaftsverhältnis schließe eine Versicherungspflicht nicht aus, mache jedoch in jedem einzelnen Falle eine „vorsichtige Prüfung" notwendig[214]. Für die Personengruppe der Lehrlinge, die im Betrieb ihrer Eltern beschäftigt waren, sah man in § 174 Nr. 1 RVO eine

211 RVA-Anleitung zum IVG 1905, Ziffer 18c.

212 SB RT, 12. LP/II. Session 1911, 279. Band, Anlage Nr. 946, S. 4484.

213 Der Kommissar des Bundesrates wies in der Kommission zutreffend darauf hin, dass der Ausdruck "andere Verwandtschaftsgrade" nicht richtig sei, da die Ehe keine Verwandtschaft sei. Siehe dazu: SB RT, 12. LP/II. Session 1911, 279. Band, Anlage Nr. 946, S. 4484.

214 SB RT, 12. LP/II. Session 1911, 279. Band, Anlage Nr. 946, S. 4484.

Ausnahme vor. Diese konnten auf Antrag des Arbeitgebers von der Versicherungspflicht befreit werden. Mit dieser Regelung wollte man für diesen Personenkreis die ständige Streitfrage aus der Welt schaffen, ob Kost und Wohnung als Entgelt für die Arbeitsleistung des Lehrlings oder im Rahmen der Unterhaltspflicht gewährt würden[215].

Die unterschiedliche Behandlung der Verwandtenbeschäftigung in der Invaliden- und Krankenversicherung führte 1917 zu einer Grundsatzentscheidung des RVA[216]. Danach galten die Grundsätze, die die Rechtsprechung des RVA über die Versicherungspflicht von Verwandten des Arbeitgebers in der Invalidenversicherung aufgestellt hatte, auch für die Krankenversicherung, „soweit nicht besondere Vorschriften des Zweiten oder Vierten Buches der Reichsversicherungsordnung auf Unterschiede hinwiesen“[217].

cc) Sonderrecht „Meisterkinder“

Die allgemeinen Prüfkriterien für die Versicherungspflicht von Familienangehörigen galten auch für die Beschäftigung von Kindern, die im elterlichen Betrieb arbeiteten. Auch hier musste geprüft werden, ob die gewährte Vergütung eine angemessene Gegenleistung für die geleistete Arbeit darstellte oder ob die Arbeit lediglich im Rahmen einer familienhaften Bindung erbracht wurde. Nach den grundsätzlichen Entscheidungen des RVA von 1924 und 1926 sollten für die Beurteilung der Versicherungspflicht sowohl „wirtschaftliche als auch ethische Gesichtspunkte zu berücksichtigen“ sein[218]. In der Entscheidung von 1926 wird erstmalig auf den „sogenannten Meistersohn“ eingegangen, dessen Ziel die spätere Übernahme des elterlichen Geschäfts war[219]. Mit seiner Entscheidung vom 27. April 1937 wich das RVA von seiner bisherigen Rechtsprechung ab[220] und entwickelte ein weitgehendes Sonderrecht für „Meistersöhne“[221]. Es stellte den Grundsatz auf, dass bei einer Tätigkeit des Handwerkersohnes im väterlichen Betrieb „zu vermuten“ sei, dass ein abhängiges Beschäftigungsverhältnis nicht vorliegt[222]. Dies sollte dann gelten, wenn aus

---

215 SB RT, 12. LP/II. Session 1911, 279. Band, Anlage Nr. 946, S. 4543.

216 AN 1917, S. 649, GE RVA Nr. 2405 vom 20.10.1917 – II K 22/17 B.

217 Ebenda.

218 AN 1924, S. 115, GE RVA Nr. 2795 vom 8.3.1924 – II K 2/24; AN 1926, S. 447, GE RVA Nr. 2998 vom 11.5.1926 – II K 10/26.

219 So die Feststellung im BSG-Urteil vom 5.4.1956 – 3 RK 65/55, Rn 24; Anm.: Die Geschäftsübernahme durch Töchter stand zu dieser Zeit noch nicht im Fokus.

220 AN 1937, S. IV 300, GE RVA Nr. 5134 vom 27.4.1937 – III Ar. 58/36 BS

221 BSGE 3, 30, Rn 25.

222 AN 1937, S. IV 300, GE RVA Nr. 5134 vom 27.4.1937 – III Ar. 58/36 BS.

den Umständen mit hinreichender Wahrscheinlichkeit hervorgeht, dass der Sohn zukünftig das väterliche Geschäft übernehmen wird[223]. Damit genügte allein die Annahme einer vorgesehenen künftigen Geschäftsübernahme, um die Versicherungspflicht zu verneinen. Hierzu bemerkte das BSG 1956:

> „Fast die gesamte spätere Rechtsprechung hat trotz kritischer Stimmen im Schrifttum...die GE Nr. 5134 wie positives Recht hingenommen und der Vermutung eines versicherungsfreien Beschäftigungsverhältnisses bei sogenannten 'Meistersöhnen' immer mehr Gewicht beigelegt."[224]

Das BSG stellte in seinem Urteil vom 5. April 1956 den Leitsatz auf, dass die Versicherungspflicht von „Meistersöhnen" nach den gleichen Grundsätzen beurteilt werden muss, die allgemein für das Bestehen der Versicherungspflicht gelten[225]. Das bedeutete eine Abweichung von der RVA-Entscheidung Nr. 5134 und eine Rückkehr zu Regeln, die vor 1937 für die Beurteilung der Versicherungspflicht galten. Damit war das Sonderrecht für „Meistersöhne" beseitigt. Die Versicherungspflicht der Meisterkinder musste zukünftig wieder wie die anderen familienhaften Beschäftigungen geprüft werden.

6. *Versicherungsfreiheit auf Antrag*

Das bisher geltende KVG hatte in den §§ 3a, 3b KVG mehrere Möglichkeiten der Befreiung von der Versicherungspflicht vorgesehen. So konnten verschiedene Personenkreise befreit werden, wenn sie eine anderweitige Absicherung im Krankheitsfalle hatten und deshalb eine Versicherungspflicht nicht als zwingend angesehen wurde. Die RVO ordnete die Bestimmungen für die Versicherungsfreiheit neu. Nun wurden die Möglichkeiten einer Befreiung auf Antrag des Arbeitnehmers stark eingeschränkt. Der Gesetzentwurf hatte noch die Beibehaltung der bisherigen Befreiungsmöglichkeit des § 3a Abs. 1 Nr. 2 KVG (§ 186 Nr. 2 RVO-Entwurf) vorgesehen. Danach konnten sich Personen auf eigenen Antrag befreien lassen, wenn sie im Krankheitsfalle einen Unterstützungsanspruch gegen ihren Arbeitgeber hatten. Diese Regelung wurde in der Kommission verworfen, da mit ihr „eine missbräuchliche Ausnutzung möglich sei, die zu Schädigungen der Kassen und der Versicherten führen könnte"[226]. Beibehalten wurde dagegen in § 173 RVO die entsprechende bisherige Regelung des § 3a Abs. 1 Nr. 1 KVG. Hier war auf Antrag die Befrei-

---

223 Ebenda.

224 BSGE 3, 30 Rn 25.

225 BSGE 3, 30, Leitsatz 3; hierzu *Dietz*, ArbuSozPol 1957, S. 161 (162); Kritisch zum BSG-Urteil: *Gassert*, ArbuSozPol 1956, S. 293 ff.

226 SB RT, 12. LP/II. Session 1911, 279. Band, Anlage Nr. 946, S. 4539 ff.

ung von solchen Personen möglich, die auf Dauer aus Gesundheitsgründen nur eingeschränkt arbeitsfähig waren. Der Befreiung musste, wie bisher, der unterstützungspflichtige Armenverband zustimmen. Allerdings war auch diese Befreiungsmöglichkeit umstritten, da sie in der Vergangenheit zu Missbräuchen geführt hatte. Solche Missbräuche waren insbesondere im Bereich der Knappschaft aufgezeigt worden[227]. Dort waren zahlreiche „Berginvaliden“, d.h. solche Personen, die keine bergmännischen Arbeiten mehr ausüben konnten, weiterhin in den Übertageanlagen der Bergwerke beschäftigt worden. Als Voraussetzung dieser Beschäftigung wurden von den Bergwerksbesitzern gefordert, dass sich die „Berginvaliden“ von der Krankenversicherungspflicht befreien ließen. Das geschah im Hinblick auf die damit verbundene Einsparung der Arbeitgeberanteile zur Krankenversicherung. Der Antrag sozialdemokratischer Abgeordneter, die Befreiungsmöglichkeit zu streichen, wurde abgelehnt[228]. Mehrheitsfähig war nur ein Kommissionsvorschlag zur Vermeidung von Missbräuchen im Bereich der Knappschaft. Demzufolge wurde in § 497 RVO (§ 522a RVO des Kommissionbeschlusses) eine Bestimmung aufgenommen, nach der sowohl die Mehrheit der Arbeitgeber als auch die Mehrheit der Versicherten im Vorstand der Knappschaftskasse einer Befreiung zustimmen mussten[229].

Auch die bisher möglichen Befreiungen nach § 3b KVG aufgrund eines Arbeitgeberantrages wurden neu geregelt. Bisher konnten nach § 3b Satz 1 KVG auf Antrag des Arbeitgebers alle Lehrlinge befreit werden, wenn ihnen bei Krankheit ein Anspruch auf Kur und Verpflegung im Krankenhaus durch den Arbeitgeber zustand. Nunmehr war nach § 174 Nr. 1 RVO die Befreiung nur noch für Lehrlinge möglich, die im elterlichen Betrieb beschäftigt waren. Mit dieser Befreiungsmöglichkeit konnte man Auseinandersetzungen darüber vermeiden, ob die Vergütung der Lehrlinge als Lohn oder elterliche Unterhaltsleistung anzusehen war. In § 174 Nr. 2 RVO wurde zudem die bisherige Befreiungsmöglichkeit des § 3b Satz 2 KVG für solche Personen übernommen, die bei Arbeitslosigkeit in Arbeiterkolonien oder ähnlichen Wohltätigkeitsanstalten vorübergehend beschäftigt wurden.

227 SB RT, 12. LP/II. Session 1911, 279. Band, Anlage Nr. 946, S. 4745.

228 SB RT, 12. LP/II. Session 1911, 280. Band, Anlage Nr. 964, Nr. 8, S. 5216.

229 Für den Bereich der übrigen Krankenversicherung genügte dagegen nach § 175 RVO eine einfache Mehrheitsentscheidung für die Befreiung.

7. Versicherungsberechtigung

Bisher sah das KVG eine Versicherungspflicht bestimmter Personenkreise durch Gesetz (§ 1 KVG), durch Gemeindestatut (§ 2 KVG), durch Bundesratsbeschluss (§2 Abs. 4 KVG) oder durch Verfügung des Reichskanzlers (§ 2a KVG) vor. Zusätzlich konnte durch Landesgesetze für weitere Personenkreise eine Versicherungspflicht eingeführt werden (§ 133 LUVG). Ergänzt wurde diese Versicherungspflicht durch eine Versicherungsberechtigung nach § 4 KVG, mit der es einem abgegrenzten Personenkreis ermöglicht wurde, der Krankenversicherung freiwillig beizutreten. Als besondere Form der Versicherungsberechtigung bestand das Weiterversicherungsrecht nach §§ 11, 27, 64, 72, 73 KVG, das den Arbeitnehmern den Verbleib in ihrer bisherigen Krankenkasse ermöglichte, wenn sie aus der Beschäftigung ausgeschieden waren.

Mit der Reichsversicherungsordnung wurde der versicherungspflichtige Personenkreis erheblich ausgeweitet. Trotzdem blieben noch weiterhin Personenkreise ohne Versicherungsschutz, obwohl man bei ihnen die Notwendigkeit einer Krankenversicherung sah. Das waren vor allem die vielen kleinen selbständigen Handwerker, andere Gewerbetreibende und Landwirte, die allein oder mit nur wenigen Mitarbeitern ihren Betrieb führten. Die Notwendigkeit einer Krankenversicherung wurde auch gesehen für die Familienangehörigen des Arbeitgebers, die ohne eigentliches Arbeitsverhältnis und ohne Entgelt im Betrieb tätig waren. Es war zu entscheiden, ob diese Personenkreise unmittelbar in die Versicherungspflicht einbezogen werden sollten. Als Alternative hierzu wurde erwogen, entweder dem Bundesrat bzw. den Gemeinden die Möglichkeit zu geben, die Versicherungspflicht auf solche Personenkreise auszuweiten oder eine allgemeine Versicherungsberechtigung vorzusehen. Eine Versicherungsberechtigung sollte auch den Personen eingeräumt werden, die dem Grunde nach versicherungspflichtig waren, aber aufgrund besonderer Tatbestände von der Versicherungspflicht ausgenommen oder befreit waren.

a) Versicherungsberechtigung selbständiger Unternehmer

In § 180 RVO des Gesetzentwurfs war vorgesehen, dass der Bundesrat die Versicherungspflicht für bestimmte Berufszweige auf „Gewerbetreibende und andere Arbeitgeber“ ausweiten konnte, die regelmäßig keine oder höchstens zwei Versicherungspflichtige beschäftigten. Die Möglichkeit, die Versicherungspflicht auch auf selbständige Betriebsunternehmer auszudehnen, hatte das bisherige Krankenversicherungsgesetz nicht enthalten. Begründet wurde die vorgesehene Einbeziehung mit der bereits in der Invalidenversicherung (§ 2 IVG) enthaltenen entsprechenden Regelung. Es sollte hierdurch die Absicht umgesetzt werden, die Versicherungskreise beider Versicherungszweige so gleichmäßig wie möglich zu gestalten[230]. Eine solche Versicherungspflicht für selbständige Unternehmer wäre bei Einführung der Krankenversicherung 1883 unter dem starken Einfluss des Liberalismus nicht denkbar gewesen. Es sei daran erinnert, dass Hauptgrund für die Einführung des Versicherungszwangs die Zurückdrängung der Sozialdemokratie gewesen war. Dieses politische Ziel war nicht erreicht und das Sozialistengesetz 1890 nicht verlängert worden. Von den bisherigen Sozialgesetzen hatte vorwiegend die Arbeiterschaft profitiert, nicht jedoch das Bürgertum und die Landwirtschaft[231]. Die zukünftige Sozialpolitik des „Neuen Kurses“[232] sollte aufgrund der sogenannten kaiserlichen Februarerlasse vom 4. Februar 1890[233], auch diesen „natürlichen Anhängern der Monarchie“ zu Gute kommen[234]. Die nun vorgesehene Einbeziehung selbständiger Unternehmer in die Versicherungspflicht kann durchaus als ein später Ausfluss einer solchen Politik gesehen werden. In der Kommission wurde die vorgesehene Ermächtigung des Bundesrates zur Einführung der Versicherungspflicht für selbständige Unternehmer verworfen. Man einigte sich lediglich darauf, den selbständigen Unternehmern das Recht zum freiwilligen Beitritt zur Krankenversicherung einzuräumen. Diese Versicherungsberechtigung wurde zudem in § 176 RVO (§ 190 RVO-Entwurf) noch mit restriktiven Bedingungen versehen. So war die Versicherungsberechtigung nach § 176 Abs. 1 Nr. 3 RVO auf Gewerbetreibende und andere Betriebsunternehmer begrenzt, die in ihren Betrieben regelmäßig keine oder höchstens zwei Versicherungspflichtige beschäftigten. Dabei war der Personenkreis „Gewerbetreibende und andere Betriebsunternehmer“ abweichend von der vorgeschlagenen Formulierung „Gewerbetreibende und andere Arbeitgeber“

230 SB RT, 12. LP/II. Session 1910, 274. Band, Anlage Nr. 340, Anlage C, S. 149.

231 *Weidner*, S. 51.

232 *Ullmann*, S. 138 ff.; *Spenkuch*, Einleitung S. 3; *Berlepsch*, Konsensfähige Alternativen, S. 72. Nach Berlepsch, Neuer Kurs, S. 13, Anm. 7, wurde der Begriff „Neuer Kurs“ nicht von seinen Leitfiguren, sondern von der Presse als Abgrenzung zum „Alten Kurs“ Bismarcks geprägt.

233 Die Februarerlasse vom 4.2.1890 des Kaisers sahen u.a. einen weiteren Ausbau der Arbeiterversicherungsgesetzgebung und die Einberufung einer internationalen Arbeiterschutzkonferenz vor. Die Pläne des Kaisers veranlassten Bismarck zuerst als preußischer Handelsminister zurückzutreten und am 18.3.1890 alle weiteren Ämter abzulegen. Er wurde von Kaiser Wilhelm II. am 20.3.1890 entlassen; Abdruck der Erlasse: *Henning / Tennstedt*, Quellensammlung 1867–1914, II. Abteilung, 1. Band, Anlagen Nrn. 128, 134, 137, 138. Zur Entstehung der Februarerlasse: Berlepsch, Neuer Kurs, S. 15 ff.

234 *Weidner*, S. 51; *Wenck*, S. 127, bezeichnet die Februarerlasse vom 4.2.1890 als „zweite“ kaiserliche Botschaft der deutschen Sozialpolitik.

beschlossen worden. Hierdurch sollte vermieden werden, dass auch Dienstherrschaften, die bis zu zwei Dienstboten beschäftigten, die Versicherungsberechtigung erhielten[235]. Hier war die Befürchtung erkennbar, dass durch eine zu weit gefasste Versicherungsberechtigung die Krankenkassen und ihre Versicherungspflichtigen geschädigt würden[236]. Zur Vermeidung solch missbräuchlicher Nutzung der Versicherungsberechtigung sah man vor, dass die Satzung das Beitrittsrecht von einer Altersgrenze und der Vorlage eines Gesundheitszeugnisses abhängig machen konnte (§ 176 Abs. 3 RVO). Ergänzt wurde dies noch durch § 310 Abs. 2 RVO, der die Leistungen für Krankheiten ausschloss, die bereits beim Beitritt bestanden. Die Krankenkasse konnte nach § 310 Abs. 3 RVO den Beitritt Erkrankter zurückweisen. Zudem konnte aufgrund der Satzung eine Leistungsbeschränkung (§ 215 Abs. 2 RVO) und eine Wartezeit von höchstens sechs Wochen vorgesehen werden (§ 207 RVO). Das Beitrittsrecht selbständiger Unternehmer war somit mit hohen Hürden verbunden. Die Beitrittsberechtigung war verknüpft mit einer jährlichen Einkommensgrenze von zweitausendfünfhundert Mark, die beim Beitritt nicht überschritten sein durfte. Bei einer späteren Überschreitung erlosch die Versicherungsberechtigung dann, wenn das jährliche Einkommen mehr als viertausend Mark betrug (§178 RVO). Diese Regelung führte dazu, dass wohlerworbene Rechte des Versicherungsberechtigten verloren gingen. Der § 178 RVO (§ 192a RVO Kommissionsbeschluss) war in der Kommission mit den von Seiten der Ärzte erhobenen Bedenken gegen eine grenzenlose Versicherungsberechtigung begründet worden. Für die Ärzte sei die Einführung einer Grenze für die Versicherungsberechtigung noch wichtiger als die Einführung der freien Arztwahl[237]. Der Regierungsvertreter in der Kommission erklärte, dass „dieser Wunsch der Ärzte, wohlhabende Leute nicht als Kassenpatienten zu behandeln, durchaus berechtigt sei“[238]. Im Reichstag wurden Bedenken gegen diese Regelung erhoben. So verwies der Abgeordnete Mugdan (Freisinnige Volkspartei) in seiner Eigenschaft als Arzt darauf hin, dass die Regelung für die Ärzte nicht von großer Bedeutung sei. Hierauf hätte er schon in der Kommission hingewiesen. Er habe große Bedenken, den Versicherten durch die vorgesehene Regelung wohlerworbene Rechte wegzunehmen[239]. Von sozialdemokratischer Seite wurde lediglich beantragt, die Grenze von viertausend

235 SB RT, 12. LP/II. Session 1911, 279. Band, Anlage Nr. 946, S. 4544.

236 Ebenda.

237 SB RT, 12. LP/II. Session 1911, 279. Band, Anlage Nr. 946, S. 4547.

238 Ebenda.

239 SB RT, 12. LP/II. Session 1911, 266. Band, S. 6467.

auf fünftausend Mark anzuheben. Von der Reichstagsmehrheit wurde die Grenze letztlich auf viertausend Mark in § 178 RVO festgelegt.

b) Versicherungsberechtigung von Familienangehörigen

Das bisher geltende KVG hatte in § 2 Abs. 1 Nr. 3 KVG eine Versicherungspflicht durch Gemeindestatut für Familienangehörige ermöglicht, die ohne Arbeitsvertrag im Betrieb eines Betriebsunternehmers beschäftigt waren. In der RVO sollte in § 181 RVO-Entwurf dem Gemeindeverband weiterhin ein solches statutarisches Recht für Familienangehörige zugebilligt werden, die ohne Entgelt und Arbeitsvertrag im Betrieb des Arbeitgebers tätig waren. Gegen die Regierungsvorlage wurde in der Kommission geltend gemacht, dass es fraglich sei, ob ein Bedürfnis für eine solch weitgehende Befugnis des Gemeindeverbandes vorhanden sei[240]. Die Kommission beschloss die Streichung der dem Gemeindeverband zugestandenen Befugnis. Einigkeit bestand aber darin, dass man den Familienangehörigen wenigstens eine Versicherungsberechtigung einräumen sollte, was auch schließlich erfolgte (§ 176 Abs. 1 Nr. 2 RVO)[241]. Das Beitrittsrecht war auch hier durch die jährliche Einkommensgrenze von zweitausendfünfhundert Mark begrenzt und erlosch bei einem jährlichen Einkommen über viertausend Mark. (§ 178 RVO).

c) Versicherungsberechtigung der versicherungsfreien Beschäftigten

Aufgrund des § 176 Abs. 1 Nr. 1 RVO wurde den versicherungsfreien Beschäftigten der nach § 165 Abs. 1 RVO bezeichneten Art eine Versicherungsberechtigung zugestanden. Eine entsprechende Vorgängerregelung enthielt bereits § 4 Abs. 2 KVG. Als versicherungsfreie Beschäftigte in diesem Sinne galten sowohl die Personen, die nicht versicherungspflichtig im Sinne der §§ 165 Abs. 2, 169, 172 RVO waren, als auch diejenigen, die erst durch besondere Bestimmungen oder Entscheidungen nach §§ 170, 171, 173–175 RVO befreit waren[242]. Auch hier war das Beitrittsrecht durch die jährliche Einkommensgrenze von zweitausendfünfhundert Mark begrenzt und erlosch bei einem jährlichen Einkommen über viertausend Mark.

---

240 SB RT, 12. LP/II. Session, 279. Band, Anlage Nr. 946, S. 4532.

241 SB RT, 12. LP/II. Session, 279. Band, Anlage Nr. 946, S. 4543, 4545.

242 *Hahn*, KV 1915, Anm. 2 zu § 176 RVO, S. 233; *Petersen*, RVO, I. Band, Anm. 1 zu § 176 RVO, S. 283.

d) Das Weiterversicherungsrecht nach § 313 RVO

Das bisherige Recht des KVG sah bereits das Recht der Weiterführung der Krankenversicherung vor. So konnten Arbeitnehmer die Versicherung durch eigene Beitragszahlung fortführen, wenn sie aus dem versicherungspflichtigen Beschäftigungsverhältnis ausgeschieden waren (§§ 11, 27, KVG). Dieses Weiterversicherungsrecht wurde in § 313 RVO mit Einschränkungen übernommen. So wurde nun die Erfüllung einer Vorversicherungszeit von sechsundzwanzig Wochen in den letzten zwölf Monaten vor dem Ausscheiden oder eine Vorversicherungszeit von sechs Wochen unmittelbar vor dem Ausscheiden gefordert. Diese Beschränkung war im Gesetzentwurf mit einem möglichen Missbrauch begründet worden[243]. Ohne eine Vorversicherungszeit wäre es möglich, durch eine „vorübergehende Beschäftigung dauernd das Recht der Mitgliedschaft zu erwerben"[244]. Hierdurch könnten Personen Mitglied werden, die „sonst dem Kreis der Versicherten fernstehen"[245]. Da es sich häufig um Personen mit hohem Krankheitsrisiko handelt, würden die Volksklassen geschädigt, für die die Versicherung eigentlich bestimmt sei[246].

Eine weitere Einschränkung ergab sich aus § 314 Abs. 2 RVO. Danach erlosch die Versicherungsberechtigung bei einem jährlichen Gesamteinkommen über viertausend Mark. Im Gesetzentwurf war eine solche Grenze noch nicht enthalten. Sie wurde erst durch die Kommission im Zusammenhang mit den Einkommensgrenzen zur Versicherungsberechtigung nach §§ 176, 178 RVO eingefügt[247]. Die Kommission hielt eine entsprechende Einkommensgrenze auch für das Weiterversicherungsrecht nach § 313 RVO für erforderlich, da hierdurch ebenfalls der Umfang der freien ärztlichen Praxis geschützt werden sollte[248].

e) Zusammenfassende Wertung der Versicherungsberechtigung

Die Reichsversicherungsordnung hatte eine erhebliche Ausweitung des versicherungspflichtigen Personenkreises gebracht. Trotzdem blieben auch weiterhin solche Personenkreise ohne obligatorischen Versicherungsschutz, bei denen die Notwendigkeit einer Krankenversicherung angenommen werden konnte. Für diese Personen sah das Gesetz die Versicherungsberechtigung

243 SB RT, 12. LP/II. Session 1910, 274. Band, Anlage Nr. 340, Anlage C, S. 197.

244 Ebenda.

245 Ebenda.

246 Ebenda.

247 SB RT, 12. LP/II. Session 1911, 279. Band, Anlage Nr. 946, S. 4620.

248 SB RT, 12. LP/II. Session 1911, 279. Band, Anlage Nr. 946, 4547, 4621.

nach § 176 RVO vor. Allerdings war auch dieser Schutz nur für einen abgegrenzten Personenkreis vorgesehen. Dabei werden die vorgesehene Einkommens- und Altersgrenze, Gesundheitszeugnis, Wartezeit und Leistungsbegrenzung oftmals einen wirksamen Krankenversicherungsschutz verhindert haben.

8. Das Krankenkassensystem der Reichsversicherungsordnung

Das bisherige Krankenkassensystem des KVG war geprägt durch viele kleine dezentrale Krankenkassen. So konnte für jeden Gewerbezweig oder jede Betriebsart eine Ortskrankenkasse errichtet werden, wenn sie mindestens einhundert Versicherte hatte (§ 16 KVG). Für Betriebs- und Baukrankenkassen genügte sogar eine Versichertenzahl von nur fünfzig Versicherten (§§ 60, 69 KVG)[249]. Für Innungskrankenkassen war überhaupt keine Mindestzahl vorgesehen (§ 73 KVG). Die Versicherungspflichtigen in seltenen Berufen, denen die Möglichkeit einer eigenen berufsbezogenen Krankenkasse verwehrt war, musste die Kommune mit einer Gemeinde-Krankenversicherung auffangen. Neben diesen Kassenarten bestanden noch die landesrechtlich organisierten Knappschaftskassen und die meist überregionalen eingeschriebenen Hilfskassen.

Das dezentrale Kassensystem hatte dazu geführt, dass es im Jahre 1908 viele Klein- und Kleinstkrankenkassen gab[250]. Das bisherige Kassensystem aus vielen Krankenkassen schien für die Zukunft wenig geeignet zu sein, eine leistungsfähige Krankenversorgung sicherzustellen. Als Ziel der RVO wurde deshalb auch ausdrücklich die Beseitigung der „Übelstände, die durch die übermäßige Zersplitterung des Kassenwesens geschaffen sind", genannt[251]. Eine Reform des Kassenwesens wurde erforderlich, weil durch die RVO die Zahl der insgesamt Versicherungspflichtigen um mehr als fünfzig Prozent erhöht werden sollte[252]. Hinzu kamen die für einen Teil der neu in die Versicherungspflicht einbezogenen Personengruppen vorgesehenen Sonderregelungen. Die schwierige Handhabung der Sonderregelungen legte die Zusammenfassung dieser Personengruppen in neuen, besonderen Krankenkassen nahe. Zudem war zukünftig die Versicherungspflicht nicht mehr von der Tätigkeit in

249 Für die Errichtung von Baukrankenkassen schrieb § 69 KVG keine konkrete Zahl vor, sondern nur „eine größere Zahl von beschäftigten Arbeitern". Diese wurde mit der Anzahl von fünfzig Arbeitern angenommen, so *Hahn*, Anm. c zu § 69 KVG, S. 364.

250 Im Jahre 1908 gab es insgesamt 23.241 Krankenkassen. Hiervon hatten 44 Prozent der Krankenkassen weniger als 100 Mitglieder, vgl. SB RT, 12. LP/II. Session 1910, 274. Band, Anlage Nr. 340, Anlage C, S. 107.

251 SB RT, 12. LP/II. Session 1910, 274. Band, Anlage Nr. 340, Anlage C, S. 83.

252 SB RT, 12. LP/II. Session 1910, 274. Band, Anlage Nr. 340, Anlage C, S. 118.

bestimmten Betrieben oder Gewerbezweigen abhängig, sondern allgemein von der Ausübung einer entgeltlichen Beschäftigung. Damit erschien auch nicht mehr die Bindung der Versicherungspflichtigen an eine berufsgenossenschaftliche Krankenkasse erforderlich.

Es musste entschieden werden, ob man sich von der bisherigen extremen dezentralen Zersplitterung abwenden sollte. Hierfür wurden im Gesetzentwurf noch einmal die Gründe dargelegt, die früher für zu einer dezentralen Lösung geführt hatten. Es wurde darauf hingewiesen, dass die Leistungen der Krankenversicherung sofort zu erbringen waren, wenn sie ihren Zweck erfüllen sollten. Das konnte nur von Einrichtungen geleistet werden, die die örtlichen Verhältnisse kannten und imstande waren, die Voraussetzungen an Ort und Stelle zu prüfen[253]. Für die Organisation der Krankenversicherung auf beruflicher Grundlage hatte dabei gesprochen, dass die Krankheitsgefahr gleichmäßig verteilt war. Zudem ließ sich in einer beruflich basierten Krankenkasse die Selbstverwaltung einfacher durchführen. Die „unentbehrliche Kontrolle" gegen Täuschung und Übertreibung in solchen Kassen erschien leichter durchführbar[254]. Diese Grundgedanken hielt man weiterhin für richtig, hatte jedoch erkannt, bei der Durchführung ein richtiges Prinzip überspannt zu haben[255]. Die übermäßige Zersplitterung hatte zur Entstehung vieler kleiner Krankenkassen geführt, deren Leistungsfähigkeit nicht gesichert war. Sie lebten nur von der Hand in den Mund und waren auf ungünstige Verhältnisse, wie beispielsweise auftretende Epidemien, nicht vorbereitet[256]. Von solchen Kassen konnte keine Vorsorge erwartet werden. Es war ihnen auch nicht möglich, rechtzeitig neue und kostspielige Heilmethoden anzubieten, wie es größeren Krankenkassen finanziell möglich war[257]. Die Lösung dieser Probleme sah der Gesetzentwurf in der Schaffung größerer und leistungsfähigerer Träger der Krankenversicherung[258]. Es wurde bestätigt, dass der Gedanke einer Einheitskrankenkasse auf den ersten Blick etwas Bestechendes habe[259]. Zugleich wurde festgestellt:

> „An die Stelle einer übertriebenen Dezentralisation darf nicht aus theoretisierenden Erwägungen ein schablonenhaftes Zusammenwerfen von Organisationen, eine

253 SB RT, 12. LP/II. Session 1910, 274. Band, Anlage Nr. 340, Anlage C, S. 106.

254 Ebenda.

255 Ebenda.

256 SB RT, 12. LP/II. Session 1910, 274. Band, Anlage Nr. 340, Anlage C, S. 107.

257 Ebenda.

258 SB RT, 12. LP/II. Session 1910, 274. Band, Anlage Nr. 340, Anlage C, S. 108.

259 Ebenda.

Zentralisation lediglich um der Zentralisation willen und ohne Rücksicht auf besondere Bedürfnisse treten."[260]

Die verbündeten Regierungen waren nicht überzeugt davon, dass die Vorzüge einer Einheitskasse groß genug waren, um „einen vollen Bruch mit dem geschichtlich Gegebenen zu rechtfertigen"[261]. Der Gesetzentwurf sah deshalb auch keine radikale Zusammenlegung aller Krankenkassen vor, sondern eine differenzierte Neustrukturierung des Krankenkassensystems.

a) Die RVO-Krankenkassen

aa) Die Ortskrankenkassen – Wegfall der Gemeinde-KV

In dem neuen System sollten die Ortskrankenkassen zukünftig flächendeckend für den Bezirk eines Versicherungsamtes errichtet werden. Dabei sollte die bisherige Beschränkung auf bestimmte Gewerbezweige und Berufe wegfallen. Das bedeutete, dass an einem Ort nur noch eine „Allgemeine" Ortskrankenkasse vorhanden war. Damit übernahmen die Allgemeinen Ortskrankenkassen gewissermaßen die Funktion einer Basiskrankenversicherung, die im bisher geltenden System die Gemeinde-Krankenversicherung gehabt hatte. Diese war mit der Neuregelung überflüssig geworden, so dass sie wegfallen konnte. Erklärtes Ziel des neuen Krankenkassensystems war es, die bisherigen 23.241 Krankenkassen um die Hälfte zu reduzieren[262]. Dies wurde allerdings wieder dadurch durchbrochen, weil man neben den Allgemeinen Ortskrankenkassen bereits bestehende Kassen, die für besondere Gewerbezweige, Betriebsarten oder für ein bestimmtes Geschlecht errichtet waren, als „Besondere Ortskrankenkassen" weiter bestehen ließ (§ 239 RVO). Als Voraussetzung hierfür war eine Mindestzahl von zweihundertfünfzig Mitgliedern gefordert. Auch durfte eine solche besondere Ortskrankenkasse nicht den Bestand und die Leistungsfähigkeit der Allgemeinen Ortskrankenkasse gefährden (§ 240 RVO).

bb) Die Landkrankenkassen

Für die neu der Versicherungspflicht unterstellten landwirtschaftlichen Arbeiter, Dienstboten, unständig Beschäftigten, Beschäftigten im Wandergewerbe und die Hausgewerbetreibenden schuf man eine neue Kassenart, die Landkrankenkassen (LKK). Diese Landkrankenkassen sah man als notwendig an, da die neu geschaffenen Sonderregelungen für diese Personenkreise nur durch eine speziali-

260 Ebenda.

261 Ebenda.

262 SB RT, 12. LP/II. Session 1910, 274. Band, Anlage Nr. 340, Anlage C, S. 118.

sierte Krankenkasse umgesetzt werden konnten. Die Allgemeinen Orts- und Landkrankenkassen bestanden dabei grundsätzlich im gleichen örtlichen Bereich nebeneinander. Hierdurch bestand die Gefahr von zwei nebeneinander existierenden mitglieder- und leistungsschwachen Krankenkassen. Deshalb konnte die Landesregierung bestimmen, neben der Allgemeinen Ortskrankenkasse keine Landkrankenkasse zu errichten. Zudem wurde ein solches Nebeneinander dadurch vermieden, indem eine Kassenart nicht errichtet wurde, wenn sie nicht mindestens zweihundertfünfzig Pflichtmitglieder hatte (§§ 228, 230 RVO). Im Gesetzentwurf war noch eine Mindestgröße von fünfhundert Pflichtmitgliedern vorgesehen worden (§§ 238, 240 RVO-Entwurf).

cc) Die Betriebs- und Innungskrankenkassen

Die Absicht zur Schaffung größerer Krankenkassen wurde durchbrochen, weil man weiterhin kleine Betriebs- und Innungskrankenkassen zuließ. Bei Betriebskrankenkassen war allgemein eine Mitgliederzahl von einhundertfünfzig vorgesehen. Diese Zahl wurde für Betriebskrankenkassen der Binnenschifffahrt und von landwirtschaftlichen Betrieben sogar auf fünfzig Mitglieder herabgesetzt. Eine Zulassung solcher Betriebskrankenkassen wurde mit den oftmals mit ihnen verbundenen humanitären Einrichtungen begründet[263]. Innungskrankenkassen wurden auch weiterhin ohne eine Mindestzahl an Mitgliedern zugelassen, da sie ein wichtiges Mittel waren, das Innungsleben zu heben und zu festigten[264]. Auf die bisherige Nennung der Fabrikkrankenkassen wurde verzichtet, da sie unter den Betriebskrankenkassen eingeordnet wurden. Dies galt auch für die bisherigen Baukrankenkassen, die nunmehr als vorübergehende Betriebskrankenkassen errichtet werden konnten (§ 249 RVO).

b) Die knappschaftlichen Krankenkassen

Die knappschaftlichen Krankenkassen hatten schon bisher außerhalb des Kassensystems des KVG gestanden. Dies galt nun auch für die Reichsversicherungsordnung. In § 225 RVO wurden die knappschaftlichen Krankenkassen nicht aufgeführt. Es erfolgte dort nur eine negative Abgrenzung dahingehend, dass Mitglieder der knappschaftlichen Krankenkassen nicht Mitglied einer RVO-Krankenkasse sein konnten. Die Knappschaftskassen unterlagen weiterhin der landesrechtlichen Gesetzgebung (§ 502 RVO). Eingeschränkt wurde dies nur durch die in den §§ 495–502 RVO angeführten Vorschriften, die auch von den knappschaftlichen Krankenkassen zu beachten waren.

---

263 SB RT, 12. LP/II. Session 1910, 274. Band, Anlage Nr. 340, Anlage C, S. 108 f.

264 Ebenda.

c) Umwandlung der Hilfskassen in Ersatzkassen

Durch die Reichsversicherungsordnung wurden als neue Kassenart die Ersatzkassen vorgesehen. Versicherungsvereine auf Gegenseitigkeit, die bisher als eingeschriebene Hilfskassen zugelassen waren, konnten nun als Ersatzkassen zugelassen werden, wenn sie mindestens eintausend Mitglieder hatten (§ 503 RVO). Zugelassen werden konnten nur solche eingeschriebene Hilfskassen, denen vor dem 1. April 1909 eine Bescheinigung nach § 75a KVG erteilt worden war. Damit konnten nach diesem Termin keine neuen Hilfskassen mehr im Sinne des KVG errichtet werden. Festgeschrieben wurde dabei auch der bisherige Mitgliederkreis. Die Zulassung als Ersatzkasse nach der RVO war somit nur mit dem am 1. April 1909 durch die Satzung bestimmten Bezirk und Kreis der versicherungspflichtigen Mitglieder möglich. Sie erfolgte mit dem Namenszusatz „Ersatzkasse". Hierdurch sollte die Eigenschaft des Versicherungsvereins als „Ersatzkasse" deutlich erkennbar hervortreten[265]. Mit der Reichsversicherungsordnung erfolgte auch eine Neuregelung der Verhältnisse der Mitglieder von Ersatzkassen zu den RVO-Kassen. Nach bisherigem Recht des KVG war ein Mitglied einer eingeschriebenen Hilfskasse von der Verpflichtung befreit, einer KVG-Krankenkasse anzugehören (§ 75 KVG). Der Arbeitgeber brauchte in diesem Falle seinen Beitragsanteil nicht zu zahlen. Für den Versicherten selbst bestand keine Verpflichtung, die Befreiung geltend zu machen, wenn er gleichzeitig einer Hilfskasse angehörte[266]. Damit waren Doppelmitgliedschaften möglich. In diesen Fällen hatte der Arbeitgeber seinen Beitragsanteil an die Pflichtkasse zu zahlen. Diese freie Entscheidung der Versicherten wurde auch in § 517 RVO übernommen. Danach konnte das Ersatzkassenmitglied auf Antrag seine Mitgliedschaft bei der Pflichtkasse ruhen lassen. Verpflichtet war er hierzu nicht, so dass bei unterlassenem Antrag eine Doppelmitgliedschaft entstand und die Ersatzkasse die Funktion einer Zuschusskasse erhielt[267]. Eine entscheidende Änderung trat jedoch für die Beitragspflicht des Arbeitgebers ein. Unter der Geltung des KVG hatte er seinen Beitragsanteil nicht zu zahlen, wenn der Arbeitnehmer sich von der Pflichtkasse befreien ließ. Nunmehr hatte der Arbeitgeber in jedem Falle seinen Beitragsanteil an die Pflichtkasse auch dann zu zahlen, wenn der Versicherte seine Pflichtmitgliedschaft ruhen ließ (§ 517 Abs. 2 RVO). Während der Kommissionsberatungen wurde die Befürchtung ausgesprochen, eine solche Regelung sei geeignet, die freien Hilfskassen zu vernichten[268]. Bisher hätte

265 SB RT, 12. LP/II. Session 1910, 274. Band, Anlage Nr. 340, Anlage C, S. 250.

266 *Hahn*, Anm. 1g zu § 75 KVG, S. 382.

267 SB RT, 12. LP/II. Session 1910, 274. Band, Anlage Nr. 340, Anlage C, S. 251.

268 SB RT, 12. LP/II. Session 1911, 279. Band, Anlage Nr. 946, S. 4759.

wegen der Beitragsersparnis ein Interesse des Arbeitgebers an der Mitgliedschaft seiner Arbeitnehmer in der Hilfskasse bestanden. Durch die Beitragspflicht und den erhöhten Verwaltungsaufwand würde er versuchen, seine Arbeitnehmer von den Hilfskassen abzuhalten[269]. Auch hätten viele Arbeitgeber bisher schon freiwillig einen Beitragszuschuss an die Hilfskassenmitglieder gezahlt. Die weitere Zahlung des Zuschusses würde nun für die Arbeitgeber eine Doppelbelastung bedeuten. Sie würden daher ihre freiwillige Zahlung einstellen, so dass die Arbeitnehmer veranlasst würden, die Hilfskassen zu verlassen oder gar nicht erst beizutreten[270]. Es wurde schließlich ein § 518 RVO (§ 541a RVO Kommissionsbeschluss) eingefügt, der eine Umleitung der Arbeitgeberbeiträge an die Ersatzkasse vorsah. So konnte eine Ersatzkasse beantragen, dass vier Fünftel der Arbeitgeberbeiträge, die für ihre Mitglieder an die Pflichtkasse gezahlt wurden, an sie (Ersatzkasse) abgeführt werden mussten. Dieses Recht galt für Ersatzkassen, deren Mitgliederkreis überwiegend aus Versicherten nach § 165 Abs. 1 Nr. 3 bis 5 RVO oder aus Büroangestellten bestand. Es galt auch für Ersatzkassen, deren Mitgliederkreis aus Zieglern[271] oder anderen Versicherten mit einem häufigen Beschäftigungs- und Ortswechsel bestand. Die besondere Regelung für Ziegler war auf Betreiben des Vertreters des Fürstentums Lippe in der Kommission beschlossen worden, weil es in Lippe viele Wanderarbeitnehmer in der Ziegelherstellung gab, die im Sommer in ganz Deutschland arbeiteten und im Winter in ihre Heimatorte zurückkehrten und dann oftmals ohne Beschäftigung waren. Ziegler waren bisher in speziellen lippischen Zieglerkassen versichert, die nun als Ersatzkassen erhalten blieben, so dass es den Arbeitern ermöglicht wurde, sich das ganze Jahr in ihrer Heimat zu versichern[272].

d) Die Aufhebung des Hilfskassengesetzes

Das Recht der eingeschriebenen Hilfskassen war bisher im Hilfskassengesetz von 1876 festgelegt[273]. Unter das Hilfskassengesetz fielen dabei sowohl Hilfskassen, die die Voraussetzungen für eine Befreiung von der Pflichtkasse nach § 75 KVG erfüllten, als auch reine Zuschuss-Kassen. Diese Kassen waren bisher privilegiert gewesen, da sie aufgrund der Ausnahmebestimmung des

269 Ebenda.

270 Ebenda.

271 Arbeiter bei der Ziegelherstellung.

272 SB RT, 12. LP/II. Session 1911, 279. Band, Anlage Nr. 946, S. 4600 f, 4766.

273 RGBl. 1876 S. 125, „Gesetz über die eingeschriebenen Hilfskassen“ vom 7.4.1876; RGBl. 1884 S. 54, „Gesetz, betreffend die Abänderung des Gesetzes über die eingeschriebenen Hilfskassen“ vom 1.6.1884.

§ 122 Versicherungsaufsichtsgesetz[274] nicht wie andere private Versicherungen der Aufsicht unterlagen. Dies hatte zu Missständen geführt. Es waren Hilfskassen zur Spekulation und in betrügerischer Absicht gegründet worden, die zu einer finanziellen Schädigung ihrer Versicherten geführt hatten. Die Errichtung solcher „Schwindelkassen" sollte zukünftig verhindert werden[275]. Aus diesem Grunde wurde das Hilfskassengesetz aufgehoben und das bisherige Privileg der Hilfskassen abgeschafft[276]. Sie unterlagen nunmehr der Versicherungsaufsicht nach dem Versicherungsaufsichtsgesetz mit der Einschränkung, dass die nach § 503 RVO zugelassenen Ersatzkassen keiner erneuten Erlaubnis bedurften (§ 9 Hilfskassen-Aufhebungsgesetz).

IV. Das Versicherungsgesetz für Angestellte 1911

Bei der Kodifizierung der Sozialversicherungsgesetze in einer Reichsversicherungsordnung hätte es nahe gelegen, auch das bereits in der Beratung befindliche Angestelltenversicherungsgesetz (VGfA) einzubeziehen. Hierbei handelte es sich um eine besondere Altersversorgung für Angestellte, die auf den Forderungen der Angestelltenverbände beruhte[277]. Die Angestelltenverbände waren seit dem Beginn des 20. Jahrhunderts zu einer politischen Kraft geworden, so dass ihre Forderungen von den Parteien nicht ignoriert werden konnten[278]. Eine solche Angestelltenversicherung sollte in Abweichung von der Invalidenversicherung einen erweiterten Kreis von Angestellten versichern und höhere Leistungen erbringen[279]. Für die Angestelltenversicherung stellte sich die Frage, ob diese im Rahmen der Invaliden- und Hinterbliebenenversicherung oder durch eine besondere Einrichtung durchgeführt werden sollte. Der Ge-

---

274 RGBl. 1901 S. 189, „Gesetz über die privaten Versicherungsunternehmungen" vom 12.5.1901.

275 SB RT, 12. LP/II. Session 1911, 278. Band, Anlage Nr. 683, S. 3841.

276 RGBl. 1911 S. 985, „Gesetz, betreffend die Aufhebung des Hilfskassengesetzes" vom 20.12.1911.

277 *Bichler*, S. 86 ff.

278 *Bichler*, S. 127 f., 231; *Hentschel*, AfS 18, S. 316, beschreibt es folgendermaßen: „…hatten die Angestellten …ein nur noch als Ideologie perpetuiertes betriebliches Standesbewusstsein (Privatbeamte) entwickelt…Deshalb verlangten sie in einem langen Agitationsfeldzug…nicht mit den Arbeitern zusammen…, sondern separiert von ihnen als Angestellte versichert zu werden."

279 In Abweichung von der Invalidenversicherung sollte statt bei Erwerbsunfähigkeit bereits bei Berufsunfähigkeit eine Rente (Ruhegeld) gezahlt werden. Eine Altersrente (Ruhegeld) sollte bereits ab dem 65. Lebensjahr, statt dem 70. Lebensjahr gewährt werden. Die Witwenrente sollte an alle Witwen und nicht nur wie in der Invalidenversicherung, an „invalide" Witwen gezahlt werden.

setzentwurf verwarf die Möglichkeit eines Ausbaus der bestehenden Invaliden- und Hinterbliebenenversicherung[280]. Man entschied sich dafür, die Angestelltenversicherung durch eine besondere Reichsversicherungsanstalt durchzuführen, da es zu einer solchen Lösung breite Zustimmung gäbe[281]. Das Versicherungsgesetz für Angestellte beruhte ebenfalls auf dem Prinzip des Versicherungszwangs. Es galt nominell für die Angestellten, enthielt jedoch keine Definition, wer als „Angestellter" in Abgrenzung zum „Arbeiter" galt. Als Begründung hierfür verwies der Gesetzentwurf auf die bisherige Rechtsprechung des RVA zur Invalidenversicherung, die die Abgrenzungsfragen schon weitgehend geklärt hatte[282]. In § 1 VGfA wurden die Gruppen der versicherungspflichtigen Angestellten einzeln aufgeführt. Dazu gehörten auch die Angestellten in leitender Stellung und „Angestellte in höherer Stellung, ohne Rücksicht auf ihre Vorbildung". Damit waren im Gegensatz zur Invalidenversicherung auch alle Angestellten mit Hochschulbildung versicherungspflichtig[283]. Von der Eigenschaft als Angestellte wurden ausgenommen die Büroangestellten, soweit sie nur mit „niedrigen" oder „lediglich mechanischen Dienstleistungen" beschäftigt waren. Bis zu einem Jahressarbeitsverdienst von fünftausend Mark galt die Versicherungspflicht der Angestellten (§ 1 Abs. 3 VGfA). Die Versicherungspflicht in der Angestelltenversicherung bestand neben der Versicherungspflicht in der Invaliden- und Hinterbliebenenversicherung[284]. Dadurch waren Angestellte mit einem Jahresverdienst bis zweitausend Mark in beiden Versicherungssystemen versichert[285]. Es konnten somit gleichzeitige Leistungsansprüche nebeneinander aus beiden Systemen entstehen[286]. Das Angestelltenversicherungsgesetz wurde am 20. Dezember 1911 verabschiedet[287]. Das geschah außerhalb der bereits am 19. Juli 1911 verabschiedeten Reichsversicherungsordnung[288].

---

280 SB RT, 12. LP/II. Session 1911, Anlage Nr. 1035, S. 71 ff.

281 Ebenda, S. 88.

282 Ebenda, S. 92 f.

283 Ebenda, S. 93.

284 *Mentzel / Schulz / Sitzler*, VGfA, Anm. 9 zu § 1 VGfA, S. 31.

285 Angestellte mit einem Jahreseinkommen über 2000 Mark waren nach § 1226 Abs. 2 RVO von der Versicherungspflicht in der Invaliden- und Hinterbliebenenversicherung ausgeschlossen und nur in der Angestelltenversicherung bis zu einem Jahreseinkommen von 5000 Mark versicherungspflichtig (§ 1 Abs. 3 VGfA).

286 Ein Ruhen des Ruhegeldes war nur vorgesehen, wenn alle Bezüge zusammen den Jahresarbeitsverdienst überschritten (§ 73 VGfA).

287 RGBl. 1911 S. 989, „Versicherungsgesetz für Angestellte" vom 20.12.1911.

288 RGBl. 1911 S. 509, „Reichsversicherungsordnung" vom 19.7.1911.

H) Die Kriegsgesetzgebung 1914–1918

I. Allgemeines

Am 28. Juli 1914 erklärte Österreich-Ungarn Serbien den Krieg. Durch Kriegserklärungen an Russland am 1. August 1914 und an Frankreich am 3. August 1914 wurde das deutsche Kaiserreich Kriegspartei in diesem Konflikt. Es folgte am 4. August 1914 die Kriegserklärung Großbritanniens gegenüber Deutschland. Der Reichstag war vor dem Krieg letztmalig am 20. Mai 1914 zusammengetreten. Wegen des Kriegsausbruchs wurde der Reichstag durch eine kaiserliche Verordnung vom 2. August 1914 für den 4. August 1914 einberufen und die neue Session eröffnet. Naturgemäß war der Kriegsausbruch Hauptthema des Reichstags in seinen beiden Sitzungen am 4. August 1914. Bereits vorher, am 2. August 1914 wurden von der Regierung zahlreiche Gesetzesvorlagen eingebracht, die eine Umstellung von der Friedenswirtschaft auf eine Kriegswirtschaft vorsahen. In den Reichstagssitzungen vom 4. August 1914 wurden siebzehn Gesetzesvorlagen in erster, zweiter und dritter Lesung beraten und einstimmig verabschiedet[1]. Hierzu gehörten auch Regelungen, die die Sozialversicherung betrafen und noch zu erörtern sind. Nach der Verabschiedung der Gesetze verlas Reichskanzler Bethmann Hollweg eine „Allerhöchste Verordnung“ des Kaisers, nach der dieser aufgrund der Artikel 12 und 26 der Reichsverfassung den Reichstag auf den 24. November 1914 vertagte[2].

Für die Dauer des Krieges hatte der Reichstag dem Bundesrat ein „Ermächtigungsgesetz“ in die Hand gegeben, mit dem dieser alle Maßnahmen anordnen konnte, die zur „Abhilfe wirtschaftlicher Schädigungen“ notwendig waren. Diese Ermächtigung war als Änderung in den ursprünglichen Gesetzentwurf über die „Verlängerung der Fristen des Wechsel- und Scheckrechts im Falle kriegerischer Ereignisse“ aufgenommen worden[3]. Das umbenannte und beschlossene Gesetz[4] enthielt nun in § 3 die umfassende Ermächtigung für den

---

1 SB RT, 13. LP/II. Session 1914, 306. Band, S. 8 ff.

2 Tatsächlich fand die erste Sitzung des Reichstages nach der Vertagung erst am 2.12.2014 statt.

3 SB RT, 13. LP/II. Session 1914, 315. Band, Anlage Nr. 3, S. 5

4 RGBl. 1914 S. 327, „Gesetz über die Ermächtigung des Bundesrates zu wirtschaftlichen Maßnahmen und über die Verlängerung der Fristen des Wechsel- und Scheckrechts im Falle kriegerischer Ereignisse“ vom 4.8.1914.

Bundesrat. Eingeschränkt war die Ermächtigung dadurch, dass die vom Bundesrat getroffenen Maßnahmen dem Reichstag bei seinem nächsten Zusammentritt zur Kenntnis zu bringen und auf sein Verlangen aufzuheben waren. Der Bundesrat machte von seiner Ermächtigung zur Regelung wirtschaftlicher Maßnahmen während des Krieges ausgiebig Gebrauch und erstattete dem Reichstag hierüber regelmäßig Bericht (Denkschriften)[5]. Die Ermächtigungsnorm war nach der Gesetzesbegründung nur vorgesehen, um „wirtschaftliche Schädigungen“ durch Regelungen des Bundesrates abzuwenden. Wörtlich stand zusätzlich in der Gesetzesbegründung:

> „Änderungen der sozialpolitischen und der Arbeiterschutzgesetze kommen dabei nicht in Betracht.“[6]

Damit war das „Ermächtigungsgesetz“ keine Grundlage für eine Änderung von Gesetzen der Sozialversicherung. Diese Auffassung wurde von der Regierung auch noch in der Denkschrift vom 23. November 1914 vertreten[7]. Entgegen dieser Vorgaben wurde in der Folgezeit die Ermächtigungsgrundlage auch zur Regelung sozialversicherungsrechtlicher Sachverhalte genutzt[8]. Da es sich hierbei durchweg um positive Leistungsverbesserungen für die Versicherten handelte, ist ein Widerstand gegen die Regelungen nicht zu erkennen und war auch nicht zu erwarten.

II. Die Aussetzung der hausgewerblichen Krankenversicherung

Mit der RVO 1911 war die generelle Versicherungspflicht der Hausgewerbetreibenden zur Krankenversicherung eingeführt worden. Die entsprechenden Regelungen der Krankenversicherung sollten ab 1. Januar 1914 in Kraft treten. Schon kurz nach der Verabschiedung der RVO im Jahre 1911 zeigten sich die Schwierigkeiten zur Einführung der Hausgewerbeversicherung. Insbesondere die praktische Umsetzung der umfangreichen und komplizierten Regelungen

5 Aus der letzten (28.) Zusammenstellung vom 31.5.1918 über die Anordnungen des Bundesrates aufgrund des Ermächtigungsgesetzes ergeben sich insgesamt 776 Bundesrats-Anordnungen während des Krieges, vgl. SB RT, 13. LP/II. Session 1918, 324. Band, Anlage Nr. 1612, S. 2309.

6 SB RT, 13. LP/II. Session 1914, 315. Band, Anlage Nr. 3, S. 5

7 SB RT, 13. LP/II. Session 1914, 315. Band, Anlage Nr. 26, S. 58.

8 RGBl. 1914 S. 485, „Bekanntmachung, betreffend Erhaltung von Anwartschaften aus der Krankenversicherung“ vom 26.11.1914; RGBl. 1914 S. 485, „Bekanntmachung über die Anrechnung militärischer Dienstleistungen in der Arbeiterversicherung“ vom 26.11.1914; RGBl. 1915 S. 49, „Bekanntmachung über Krankenversicherung und Wochenhilfe während des Krieges“ vom 28.1.1915.

des Melde- und Beitragsverfahrens war am 1. Januar 1914 noch nicht abgeschlossen. Zweifel gab es auch darüber, welche Personen überhaupt zu dem versicherungspflichtigen Personenkreis der Hausgewerbetreiben gehörten. Dies veranlasste die Reichstagsabgeordneten Pfeiffer und Quarck, am 18. Mai 1914 im Reichstag eine Resolution einzubringen[9]. Mit dieser wurde der Reichskanzler aufgefordert, einen Gesetzentwurf vorzulegen, in dem zweifelsfreie Feststellungen zu den versicherungspflichtigen Hausgewerbetreibenden getroffen werden sollten[10]. Diese Resolution wurde vom Reichstag in seiner Sitzung vom 19. Mai 1914 angenommen[11]. Der geforderte Gesetzentwurf wurde bis zum Beginn des Krieges nicht vorgelegt. Statt einer konkretisierenden Regelung für Hausgewerbetreibende wurde im Rahmen der Kriegsgesetzgebung am 4. August 1914 ein Gesetz verabschiedet, das die Krankenversicherung dieser Personen für die Dauer des „gegenwärtigen" Krieges aussetzte[12]. Als Begründung wurde angeführt, dass die Versicherungspflicht erst wenige Monate galt und bisher in großen Gebieten, wie z.B. in Groß-Berlin nicht umgesetzt war[13]. Durch den Einzug vieler Angestellter der Krankenkassen zum Kriegsdienst sah man sich nun außerstande, die hausgewerbliche Krankenversicherung administrativ umzusetzen[14]. Außerdem wurde für die Aussetzung der Krankenversicherung auch die erwartete „starke Inanspruchnahme der Kassenmittel" geltend gemacht[15]. Man ging von einer erhöhten Belastung der Krankenkassen aus, da die Hausgewerbetreibenden einerseits als ungünstige Risiken galten und andererseits durch die Einberufung vieler junger, gesunder Männer zum Kriegsdienst, die als Beitragszahler ausfielen, der Risikoausgleich nicht mehr gewährleistet war[16].

Eine Ausnahme von der Aussetzung wurde für die Gebiete gemacht, in denen bisher schon aufgrund übernommener alter Ortsstatute (§ 488 RVO) oder aufgrund der neuen RVO-Regelungen die Hausgewerbeversicherung reibungslos funktionierte[17]. Hier konnte auf übereinstimmende Anträge der Gemeinde

---

9 SB RT, 13. LP/I. Session 1914, 305. Band, Anlage Nr. 1691, S. 3823.

10 Ebenda.

11 SB RT, 13. LP/I. Session 1914, 295. Band, S. 9098.

12 RGBl. 1914 S. 337, „Gesetz, betreffend Sicherung der Leistungsfähigkeit der Krankenkassen" vom 4.8.1914.

13 SB RT, 13. LP/II. Session 1914, 315. Band, Anlage Nr. 15, S. 20.

14 Ebenda.

15 SB RT, 13. LP/II. Session 1914, 315. Band, Anlage Nr. 26, S.59.

16 Auf diesen Zusammenhang wies die Abgeordnete Behm im Reichstag bei der Beratung zur Wiedereinführung der Hausgewerbeversicherung im Jahre 1922 hin, vgl. SB RT, 1. WP 1920, 354. Band, S. 6983.

17 *Preller*, S. 59, mit Hinweis auf die in Berlin bestehende Regelung.

und des Krankenkassenvorstandes das Oberversicherungsamt die Versicherungspflicht durch Ortsstatut genehmigen. Damit entfernte man sich für die Zeit des Krieges wieder von einer einheitlichen Versicherung aller Hausgewerbetreibenden und fiel stattdessen auf den Stand vor Geltung der RVO zurück, bei dem das KVG 1883 eine ortsstatutarische Versicherungspflicht vorgesehen hatte. Nach § 4 des Gesetzes wurde der Bundesrat ermächtigt, den Zeitpunkt zu bestimmen, zu dem das Gesetz wieder außer Kraft trat. Das Gesetz selbst wurde am 13. Januar 1919 durch eine Verordnung[18] der „Reichsregierung"[19] aufgehoben, wobei sich die Aufhebung nicht auf den § 3 des Gesetzes erstreckte. Damit blieb diese Kriegsgesetzgebung zur Hausgewerbeversicherung bis zur Neuregelung im Jahre 1922 in Kraft[20].

Während des Krieges erließ der Bundesrat am 28. Januar 1915 aufgrund des „Ermächtigungsgesetzes" zusätzlich eine kriegsbedingte Änderung der hausgewerblichen Krankenversicherung[21]. Diese Verordnung galt für die Bereiche, in denen die hausgewerbliche Versicherungspflicht durch Ortsstatute eingeführt war. Sie sah eine Erweiterung des Begriffs des „Hausgewerbetreibenden" und damit auch des versicherungspflichtigen Personenkreises vor. Die in § 162 RVO enthaltene Definition, nach der Hausgewerbetreibende solche selbständige Gewerbetreibende sind, die in eigener Betriebsstätte im Auftrag „anderer Gewerbetreibender" gewerbliche Erzeugnisse herstellen, sollte für die Dauer des Krieges nicht gelten. Nun wurden nach § 2 der Verordnung vom 25. Januar 1915 als Hausgewerbetreibende auch solche Gewerbetreibende angesehen, die im Auftrag und für Rechnung des Reichs, von Bundesstaaten, Gemeinden, Wohltätigkeitseinrichtungen und dergleichen arbeiteten. Die Regelung erfolgte hier aufgrund der praktischen Erfordernisse, die die Kriegswirtschaft mit sich brachte und in der der öffentliche Bereich als Auftraggeber verstärkt in Erscheinung trat[22]. Diese als kriegsbedingt vorgesehene Erweiterung des Personenkreises wurde nach dem Kriege in § 162 Abs. 2 RVO übernommen[23].

---

18 RGBl. 1919, S. 41, „Verordnung zur Sicherung der Leistungsfähigkeit der Krankenkassen" vom 13.1.1919.

19 Es handelte sich hier um eine Verordnung mit Gesetzeskraft, die vom Rat der Volksbeauftragten erlassen wurde. Dieser bezeichnete sich nach dem Auszug der USPD-Mitglieder aus dem Rat am Ende des Jahres 1918 selbst als Reichsregierung.

20 RGBl. 1922 I S. 465, „Gesetz über Versicherung der Hausgewerbetreibenden" vom 30.4.1922.

21 RGBl. 1915 S. 49, „Bekanntmachung über Krankenversicherung und Wochenhilfe während des Krieges" vom 28.1.1915.

22 SB RT, 13. LP/II. Session 1915, 315. Band, Anlage Nr. 44, S. 36.

23 RGBl. 1922 S. 465, „Gesetz über Versicherung der Hausgewerbetreibenden" vom 30.4.1922.

III. Kriegsbedingte Anpassungen der Versicherungspflicht

Voraussetzung der Krankenversicherungspflicht war das Vorliegen eines Beschäftigungsverhältnisses. Diese Beschäftigung musste auf einem frei vereinbarten Arbeitsverhältnis beruhen, gegen Entgelt verrichtet werden und innerhalb der territorialen Grenzen des Deutschen Reiches ausgeübt werden. Es zeigte sich, dass diese Erfordernisse nur während der Friedenszeit in reiner Form zutrafen, in Kriegszeiten jedoch zu Härtefällen und Ungereimtheiten führten. Die Kriegsgesetzgebung versuchte, diese Missstände zu beheben.

1. Beschäftigung von Deutschen im Ausland

Die Kriegshandlungen während des 1. Weltkrieges fanden überwiegend auf ausländischen Territorien statt. Zur Erfüllung der Bedürfnisse der deutschen Heeres- und kaiserlichen Marineverwaltungen im Kriegsgebiet zogen viele Firmen mit deutschen Arbeitern in die feindlichen Gebiete. Dort waren sie vornehmlich mit Bau- und Erdarbeiten beschäftigt[24]. Diese umfangreichen Unternehmungen waren nicht mehr nur Ausstrahlungen inländischer Betriebe, für die üblicherweise die inländischen Sozialversicherungsvorschriften galten. Die beschäftigten Arbeiter unterlagen deshalb nicht mehr der deutschen Krankenversicherung[25]. Der Versuch, mit deutschen Krankenkassen für diese Auslandsarbeiter Regelungen zu treffen, ließ sich nicht durchführen, da es an einer ausreichenden gesetzlichen Grundlage fehlte[26]. Daher erließ der Bundesrat aufgrund des „Ermächtigungsgesetzes" am 14. Dezember 1916 eine Verordnung, die diesen Missstand beseitigen sollte[27]. Danach unterlagen Deutsche der Krankenversicherungspflicht, wenn sie im Ausland für Zwecke der deutschen Heeres- oder der kaiserlichen Marineverwaltung beschäftigt wurden (§ 1). Der Versicherungspflicht unterlagen auch die Angehörigen der mit dem Deutschen Reich verbündeten Staaten sowie der neutralen Staaten, wenn die Beschäftigung außerhalb ihres Heimatstaates erfolgte (§ 1). Die Versicherungspflicht konnte von den obersten Militär-Verwaltungsbehörden auch auf Personen ausgedehnt werden, die unmittelbar von Heer oder Marine beschäftigt wurden (§ 8). Das gleiche galt für Personen, die von Unternehmern für Zwecke von Heer und Marine im „nicht von deutschen Truppen besetzten Ausland" beschäftigt wurden (§ 8). Als zuständige Krankenversicherung wurde dabei die inländi-

24 SB RT, 13. LP/II. Session 1917, 320. Band, Anlage Nr. 650, S. 186.

25 Ebenda.

26 Ebenda.

27 RGBl. 1916 S. 1383, „Bekanntmachung, betreffend Krankenversicherung von Arbeitern im Ausland" vom 14.12.1916.

sche Betriebskrankenkasse des Arbeitgebers bestimmt. Sofern eine solche nicht bestand, wurde die Versicherung von der grenznächsten Ortskrankenkasse durchgeführt (§ 2). Es wurde auch die Möglichkeit eröffnet, eine Auslands-Betriebskrankenkasse einzurichten (§ 3). Die Sicherstellung der Krankenhilfe im Ausland erfolgte durch die Heeres- oder Marineverwaltung (§ 5).

2. Beschäftigung von Ausländern in Deutschland

Die Versicherungspflicht in der Krankenversicherung trat unabhängig von der Staatsangehörigkeit der Beschäftigten ein. Voraussetzung hierfür war ein frei vereinbartes Beschäftigungsverhältnis. Bei Kriegsbeginn 1914 waren im Osten Deutschlands viele russisch-polnische Arbeiter in der Landwirtschaft beschäftigt. Diesen Personen wurde nach Ausbruch des Krieges die Rückkehr in ihre Heimat verwehrt und ihre Bewegungsfreiheit eingeschränkt[28]. Solche Beschäftige wurden als unfreie Personen angesehen, so dass die Krankenversicherungspflicht ausgeschlossen war[29]. Das RVA selbst bemerkte in seinem Bescheid vom 18. Januar 1915, dass diese Auslegung „nicht die einzig mögliche" ist. Es bestehe aber „kein Anlass, das Gesetz zu Gunsten der Angehörigen der mit dem Deutschen Reich im Krieg liegenden Staaten…wohlwollend anzuwenden". Dies würde dem „allgemeinen Rechtsempfinden zu widerlaufen". Der Ausschluss aus der Krankenversicherung wurde somit an die Zugehörigkeit zu einem Feindstaat geknüpft[30]. Noch in der ersten Jahreshälfte 1916 bestätigte das RVA in grundsätzlichen Entscheidungen seine Haltung zum Ausschluss ausländischer Arbeiter aus der Sozialversicherung[31]. Dem RVA war durchaus bewusst, dass „praktische Rücksichten" eine Einbeziehung in die Krankenversicherung „erwünscht erscheinen lassen können", wenn der Arbeitgeber oder die Armenverbände bei erkrankten ausländischen Arbeitern belastet würden. Einem solchen Bedürfnis könnte aber weder durch eine Einbeziehung in die Versicherungspflicht noch in die Versicherungsberechtigung genügt werden[32]. Damit war auch eine freiwillige Versicherung nach § 176 RVO für diesen Personenkreis ausgeschlossen[33]. Die aufgrund des Ausschlus-

28 SB RT, 13. LP/II. Session 1917, 320. Band, Anlage Nr. 650, S. 183 f.; *Herbert*, Ausländerpolitik, S. 86.

29 AN 1915, S. 460, RVA-Bescheid vom 18.1.1915 – II 6746/14.

30 *Stegner*, S. 150.

31 AN 1916, S. 443, GE RVA Nr. 2189 vom 19.2.1916 -II 2830/16; AN 1916, S. 443, GE RVA Nr. 2183 vom 4.3.1916 – II K 51a/16; AN 1916, S. 489, GE RVA Nr. 2198 vom 19.2.1916 – II 3101/16.

32 AN 1916, S. 433, GE RVA Nr. 2183 vom 4.3.1916 – II K 51a/16.

33 Ebenda.

ses aus der Krankenversicherung erwachsenden Belastungen für die Arbeitgeber und Armenverbände hielt man bei der langen Dauer des Krieges letztlich nicht mehr für tragbar. Hinzu kam, dass man aus wirtschaftlichen Gründen auf den Einsatz der Arbeiter nicht verzichten konnte, so dass eine Aufnahme in die Sozialversicherung geboten war[34]. Die Bundesratsverordnung vom 2. November 1916 unterstellte deshalb auch solche unfreien Personen der Krankenversicherungspflicht[35]. Unter die Verordnung fielen nicht nur die russisch-polnischen Arbeiter im Osten, sondern alle „unter gleichen Verhältnissen in Deutschland zurückgehaltenen und beschäftigten Personen anderer feindlicher Staaten“[36]. Mit seiner Auskunft vom 2. Dezember 1916 erklärte das RVA, dass russisch-polnische Arbeiter seit der Errichtung des Königreichs Polen am 5. November 1916 nicht mehr als Angehörige eines feindlichen Staates galten und deshalb als freie Arbeiter der Versicherungspflicht unterlagen[37].

Neben den bereits vor dem Krieg in Deutschland beschäftigten Ausländern kam während des Krieges noch eine weitere Gruppe ausländischer Staatsangehöriger hinzu und zwar die der im Ausland angeworbenen und zur Beschäftigung nach Deutschland gekommenen Arbeiter. Für diesen Personenkreis aus Russisch-Polen hatte das RVA bereits zuvor festgestellt, dass es sich bei ihnen um „freie Arbeiter“ handelte, die der Versicherungspflicht unterlagen[38]. Durch den verstärkten Arbeitskräftemangel während des Krieges beschränkte man sich nicht mehr nur auf die Anwerbung von Arbeitskräften, sondern ging dazu über, auch zwangsweise Arbeiter zu rekrutieren[39]. In der Denkschrift der Regierung wird die Rekrutierung von „arbeitslosen und arbeitsscheuen Ausländern“ beschrieben, „die auf Grund von Maßnahmen der deutschen Heeresverwaltung zum Zwecke ihrer Beschäftigung ins Inland gekommen oder überführt worden sind“[40]. Dies betraf in erster Linie belgische Staatsangehörige[41]. Die Art der „Anwerbung“ der belgischen Arbeiter ließ wie zuvor bei den Arbeitern aus Russisch-Polen Zweifel darüber aufkommen, ob es sich im Einzelfall um freie Arbeitsverhältnisse handelte und damit eine Krankenversicherungspflicht

34 *Stegner*, S. 150.

35 RGBl. 1916 S. 1247 „Bekanntmachung, betreffend Krankenversicherung von Ausländern während des Krieges“ vom 2.11.1916.

36 SB RT, 13. LP/II. Session 1917, 320. Band, Anlage Nr. 650, S. 184.

37 EuM RVA 1918, S. 431.

38 AN 1916, S. 497, GE RVA Nr. 2877 vom 3.5.1916 – Ia 867/16.

39 *Herbert*, Ausländerpolitik, S. 95 f., zur „Anwerbung“ in den besetzten Ostgebieten in den Jahren 1915–1918.

40 SB RT, 13. LP/II. Session 1917, 320. Band, Anlage Nr. 650, S. 188.

41 Ebenda.

eintrat[42]. Zur Beseitigung dieser Zweifel wurden mit der Bundesratsverordnung vom 25. Januar 1917[43] diese Beschäftigten[44] der Versicherungspflicht in der Kranken- und Unfallversicherung unterstellt.

3. *Vaterländischer Hilfsdienst*

In den ersten Kriegsjahren konnte jeder, der nicht zum bewaffneten Dienst einberufen wurde, frei darüber verfügen, ob und in welchem Umfang er seine Arbeitskraft einsetzte[45]. Dieses Recht, das auch den Müßiggang einschloss, wurde nun bestritten. Nach der Begründung des Gesetzentwurfs für den vaterländischen Hilfsdienst vom 24. November 1916 hatte keiner mehr in Kriegszeiten das Recht auf Müßiggang[46]. Jeder männliche Deutsche vom vollendeten 17. Lebensjahr bis zum vollendeten 60. Lebensjahr war nun zum vaterländischen Hilfsdienst verpflichtet. Das Gesetz wurde von der Reichstagsmehrheit am 2. Dezember 1916 beschlossen[47]. Als vaterländischer Hilfsdienst galten die Tätigkeiten bei Behörden, in der Kriegsindustrie, in der Land- und Forstwirtschaft, in der Krankenpflege, in kriegswirtschaftlichen Organisationen und in sonstigen Berufen oder Betrieben, die für Zwecke der Kriegsführung oder Volksversorgung Bedeutung hatten (§ 2).

Nach der zu dem vaterländischen Hilfsdienstgesetz ergangenen Bundesratsverordnung vom 24. Februar 1917[48] unterlagen die Beschäftigungen den Vorschriften der reichsgesetzlichen Arbeiter- und Angestelltenversicherung (§ 1 Satz 2 der Verordnung)[49]. Dies sollte auch dann gelten, wenn die Beschäftigung nicht aufgrund freiwilliger Meldung erfolgte[50]. Damit war auch in diesem

---

42 *Herbert*, Ausländerpolitik, S. 103 ff. zur Deportation belgischer Arbeiter ins Reichsagebiet.

43 RGBl. 1917 S. 79, „Bekanntmachung über Kranken-, Unfall- und Invalidenversicherung von Angehörigen feindlicher Staaten“ vom 25.1.1917.

44 Die Versicherungspflicht galt ausdrücklich nicht für Kriegsgefangene, die zu Arbeiten herangezogen wurden.

45 SB RT, 13. LP/II. Session 1916, 320. Band, Anlage Nr. 509, Begründung, S. 2.

46 Ebenda.

47 RGBl. 1916 S. 1333, „Gesetz über den vaterländischen Hilfsdienst“ vom 5.12.1916.

48 RGBl. 1917 S. 171, „Verordnung über Versicherung der im vaterländischen Hilfsdienst Beschäftigten“ vom 24.2.1917.

49 Die Versicherungspflicht war nicht davon abhängig, ob überhaupt eine Dienstpflicht vorlag, so dass auch Schüler als freiwillige Erntehelfer der Versicherung unterlagen, vgl. AN 1917, S. 375, RVA-Entscheidung Nr. 2946 vom 24.3.1917 – I 1741/17 zur (Unfall)-Versicherung von Schülern und Schülerinnen höherer Lehranstalten.

50 Das Gesetz über den vaterländischen Hilfsdienst sah in § 7 vor, dass zuerst eine Aufforderung ergehen sollte, sich freiwillig zu melden. Wurde dem nicht Folge geleistet,

Bereich die Versicherungspflicht nicht mehr von einem frei vereinbarten Beschäftigungsverhältnis abhängig. Auch das Erfordernis der Entgeltlichkeit der Beschäftigung für die Versicherungspflicht wurde für den vaterländischen Hilfsdienst ausgesetzt. Hier wurde jedwede Art der Vergütung als (fiktives) Entgelt angesehen. Die im vaterländischen Hilfsdienst bei Arbeitgebern des öffentlichen Dienstes im Sinne des § 169 RVO beschäftigten Personen waren versicherungsfrei. Voraussetzung war, dass ihnen ein gleichwertiger Leistungsanspruch im Krankheitsfalle zustand. Über die Gleichwertigkeit der Leistung entschied dabei das Kriegsamt (§ 9).

IV. Kriegsbedingte Anpassungen der Versicherungsberechtigung

1. Kriegsbedingter Auslandsaufenthalt

Das Weiterversicherungsrecht nach § 313 RVO war von der Erfüllung einer Vorversicherungszeit abhängig[51]. Die Anzeige zur Weiterversicherung musste innerhalb von drei Wochen nach dem Ausscheiden der Krankenkasse erfolgen. Zudem hing das Weiterversicherungsrecht von dem regelmäßigen Inlandsaufenthalt ab. Bereits bei Kriegsbeginn sah man aus diesen Regelungen Nachteile auf die zu Kriegs-, Sanitäts- oder ähnlichen Diensten einberufenen Versicherten zukommen. Die Regierung legte am 2. August 1914 einen Gesetzentwurf vor, der solche Nachteile vermeiden sollte[52]. Der Entwurf wurde in der Reichstagsitzung vom 4. August 1914 unverändert und einstimmig als Gesetz verabschiedet[53] und veröffentlicht[54]. Nach § 1 dieses Gesetzes wurde ein Auslandsaufenthalt der Einberufenen dem „regelmäßigen Aufenthalt im Inland“ gleichgestellt.

2. Erlöschen der Mitgliedschaft wegen Zahlungsverzug

Nach § 314 RVO erlosch die Mitgliedschaft Versicherungsberechtigter, wenn sie zweimal nacheinander ihre Beiträge zur Krankenkasse nicht gezahlt hatten. Für Kriegsteilnehmer sah man hier die Schwierigkeiten der regelmäßigen

---

erging eine schriftliche Aufforderung, sich eine entsprechende Arbeit zu suchen. Nach erfolgloser Aufforderung wurde eine bestimmte Arbeit zugewiesen. Die Nichtaufnahme einer zugewiesenen Beschäftigung war mit einer Strafandrohung bis zu einem Jahr Gefängnis verbunden (§ 18).

51 Vorversicherungszeit nach § 313 RVO: In den letzten zwölf Monaten vor dem Ausscheiden mindestens 26 Wochen oder unmittelbar vorher 6 Wochen Versicherungszeit.

52 SB RT, 13. LP/II. Session 1914, 315. Band, Anlage Nr. 13, S. 17.

53 SB RT, 13. LP/II. Session 1914, 306. Band, S. 10 f.

54 RGBl. 1914 S. 334, “Gesetz, betreffend Erhaltung von Anwartschaften aus der Krankenversicherung“ vom 4.8.1914.

Beitragszahlung voraus. Deshalb räumte ihnen § 3 des Gesetzes vom 4. August 1914 ein Wiedereintrittsrecht innerhalb von sechs Wochen nach ihrer Rückkehr in die Heimat ein.

3. Verlängerung der Weiterversicherungsfrist

Im Gesetz vom 4. August 1914 hatte man in § 3 zwar die Möglichkeit des Zahlungsverzugs durch eine Kriegsteilnahme berücksichtigt und ein Wiedereintrittsrecht vorgesehen. Nicht berücksichtigt hatte man dagegen, dass durch die Kriegsteilnahme die Frist zur Weiterversicherung versäumt werden konnte. Diese Lücke wurde durch § 1 der Bundesratsverordnung vom 28. Januar 1915 geschlossen[55]. Nunmehr konnte das Weiterversicherungsrecht innerhalb von sechs Wochen nach der Rückkehr in die Heimat geltend gemacht werden. Die Verordnung sah in § 1 Abs. 2 allerdings eine entscheidende Einschränkung vor. So konnte die Krankenkasse eine ärztliche Untersuchung veranlassen und bestehende Erkrankungen von den Leistungen ausschließen. Im Hinblick darauf, dass der Gesundheitszustand vieler Kriegsteilnehmer nicht der Beste gewesen sein dürfte, war dies eine Schlechterstellung dieser Personen. Das widersprach der Begründung des Gesetzentwurfes vom 2. August 1914, wonach als Zweck des Gesetzes ausdrücklich die Vermeidung von Nachteilen aus der Kriegsteilnahme angeführt wurde[56]. Die Beschwerden von Betroffenen[57] führten dazu, dass die Gesundheitsprüfung aufgrund des § 1 der Bundesratsverordnung vom 16. November 1916 wieder aufgehoben wurde[58].

4. Beschränkung der Anwartschaftsrechte auf Reichsangehörige

Der § 4 des Gesetzes zur Erhaltung von Anwartschaften aus der Krankenversicherung vom 4. August 1914 beschränkte die Rechte auf Reichsangehörige. Nach der Gesetzesbegründung sah man keine Veranlassung, die Vergünstigungen auch Ausländern zugutekommen zu lassen[59]. Hierbei hatte man anfangs nicht bedacht, dass auch viele Staatsangehörige der mit dem Deutschen Reich verbündeten österreichisch-ungarischen Monarchie in Deutschland

55 RGBl. 1915, S. 49, „Bekanntmachung über Krankenversicherung und Wochenhilfe während des Krieges“ vom 28.1.1915.

56 SB RT, 13. LP/II. Session 1914, 315. Band, Anlage Nr. 13, S. 18.

57 SB RT, 13. LP/II. Session 1917, 320. Band, Anlage Nr. 650, S. 184.

58 RGBl. 1916 S. 1279, „Bekanntmachung über Erhaltung von Anwartschaften aus der Krankenversicherung“ vom 16.11.1916.

59 SB RT, 13. LP/II. Session 1914, 315. Band, Anlage Nr. 13, S. 18.

arbeiteten und bei deutschen Krankenkassen versichert waren. Diesen Personen wurden durch die Bundesratsverordnung vom 26. November 1914[60], rückwirkend zum 4. August 1914, die gleichen Rechte wie deutschen Staatsangehörigen eingeräumt, wenn sie in der österreichisch-ungarischen Monarchie einen Kriegs-, Sanitäts- oder ähnlichen Dienst leisteten. Auch in der Invaliden- und Hinterbliebenenversicherung wurden durch die Bundesratsverordnung vom 26. November 1914[61] die militärischen Dienstleistungen angerechnet. Wie aus der Denkschrift der Regierung vom 30. November 1914[62] zu entnehmen ist, erfolgte die Ausdehnung auf die österreichischen und ungarischen Staatsangehörigen[63] lediglich aus Gründen der „Billigkeit", da es nach dem Stand der österreichisch-ungarischen Gesetzgebung an einer entsprechenden Gegenseitigkeit fehlte[64]. Diesen „Wohltaten" für die Angehörigen der österreichisch-ungarischen Monarchie stand seit 1917 die Verpflichtung dieser Personen zur Leistung des „deutschen" vaterländischen Hilfsdienstes gegenüber[65].

60 RGBl. 1914 S. 485, „Bekanntmachung, betreffend Erhaltung von Anwartschaften aus der Krankenversicherung" vom 26.11.1914.

61 RGBl. 1914 S. 485, „Bekanntmachung über die Anrechnung militärischer Dienstleistungen in der Arbeiterversicherung vom 26.11.1914.

62 SB RT, 13. LP/II. Session 1914, 315. Band, Anlage Nr. 29, S. 13.

63 Ebenda; Die Regelung sollte dabei auch für Angehörige von Bosnien und der Herzegowina gelten.

64 Ebenda.

65 RGBl. 1917 S. 317, „Bekanntmachung, betreffend Ausdehnung des Gesetzes über den vaterländischen Hilfsdienst auf Angehörige der österreichisch-ungarischen Monarchie" vom 4.4.1917.

I) Der Versicherungszwang in der Gesetzgebung der Jahre 1918–1933

Es wäre naheliegend gewesen, diesen Abschnitt als „Gesetzgebung der Weimarer Republik“ zu betiteln. Dies hätte eine deutliche Abgrenzung zum bisherigen deutschen Kaiserreich einerseits und andererseits zum nachfolgenden „Dritten Reich“ bedeutet. Wegen der damit verbundenen Unschärfe wurde darauf verzichtet. Ein solcher Titel hätte nicht berücksichtigt, dass in der Zeit von 1918 bis 1933 unterschiedliche Organe an der Rechtsetzung beteiligt waren, die nicht unter der „Weimarer Republik“ zu subsumieren sind. So waren an der sozialversicherungsrechtlichen Rechtsetzung der „Rat der Volksbeauftragten“, die verfassungsgebende Nationalversammlung mit dem Staatenausschuss und letztlich der Weimarer Reichstag mit dem Reichsrat beteiligt. Es ist deshalb angebracht, vor der Erläuterung der jeweiligen Gesetzgebung, einen Abriss der geschichtlichen Entwicklung voranzustellen.

I. Die geschichtliche Entwicklung der Jahre 1918–1920

Am Morgen des 9. November 1918 verkündete Reichskanzler Max von Baden die Abdankung des Kaisers. Gleichzeitig „übergab“ er das Amt des Reichskanzlers an Friedrich Ebert, als dem Führer der größten Reichstagspartei[1]. Am gleichen Tag trat der MSPD-Führer Philipp Scheidemann an ein Fenster des Reichstages und proklamierte die „Deutsche Republik“. Damit war er Liebknecht zuvorgekommen, der erst im späteren Tagesverlauf die „freie sozialistische Republik“ ausrief[2]. Noch am gleichen Tag kamen unter dem Vorsitz von Ebert die Staatssekretäre als Leiter der obersten Reichsbehörden zusammen. Ebert war daran gelegen, die „Revolution“ ohne große Umwälzungen in geordnete Bahnen zu lenken. Er stützte sich dabei auf die bisherigen Staatssekretäre und die Beamten, die er in ihren Ämtern beließ[3].

Am 10. November 1918 bildeten die Mehrheitssozialisten (MSPD) gemeinsam mit den Unabhängigen Sozialisten (USPD) eine provisorische Regierung, die paritätisch von beiden Parteien besetzt wurde und insgesamt aus sechs gleichberechtigten Mitgliedern bestand. Die Regierung bezeichnete sich als „Rat der

1 *Mommsen*, S. 32; *Vogt*, S. 614; *Büttner*, S. 268; *Wildt*, S. 65; *Mühlhausen*, S. 37 ff.

2 *Mommsen*, S. 33, 63; *Schulze*, S. 162; *Büttner*, S. 268.

3 *Huber*, S. 708 f.; *Mommsen*, S. 39, 41; *Büttner*, S. 270; *Mühlhausen*, S. 39.

Volksbeauftragten"[4]. Diese „revolutionäre Regierung" nahm die Kompetenzen wahr, die nach der bisherigen Reichsverfassung Kaiser, Reichskanzler, Bundesrat und Reichstag besaßen, ohne dass dies durch die Verfassung gedeckt gewesen wäre. Die Legitimität ihrer Tätigkeit leitete der „Rat der Volksbeauftragten" aus dem Votum der Delegiertenversammlung der Arbeiter- und Soldatenräte" ab, die am 10. November 1918 in Berlin tagte. Diese Delegierten bestätigten den Rat der Volksbeauftragten. Die Delegierten bildeten einen „Vollzugsrat" aus 14 Arbeiter- und 14 Soldatenvertretern, der den Rat der Volksbeauftragten kontrollieren sollte[5]. Am 11. November 1918 wurde der Waffenstillstand mit den Westmächten geschlossen[6]. Der Rat der Volksbeauftragten erließ am 30. November 1918 ein Reichswahlgesetz für die Wahlen zu einer verfassungsgebenden deutschen Nationalversammlung[7].

Die Wahlen zur Nationalversammlung fanden am 19. Januar 1919 statt. Erstmalig trat am 6. Februar 1919 die neugewählte Nationalversammlung in Weimar zusammen. Am 10. Februar 1919 erließ die Nationalversammlung das „Gesetz über die vorläufige Reichsgewalt"[8]. Darin war das Gesetzgebungsrecht der Nationalversammlung, unter Beteiligung der Länder durch einen „Staatenausschuss", vorgesehen (§ 4). Am gleichen Tag trat der „Rat der Volksbeauftragten" zurück. Friedrich Ebert wurde am 11. Februar 1919 von der Nationalversammlung zum Reichspräsidenten gewählt. Am 13. Februar 1919 bildete der von Ebert zum Präsidenten des Reichsministeriums (Reichsministerpräsident) berufene Scheidemann die Reichsregierung. Durch das „Übergangsgesetz" der Nationalversammlung vom 4. März 1919[9] wurde die Weitergeltung der bisherigen (kaiserlichen) Gesetze und Verordnungen beschlossen. Gleichzeitig wurde durch dieses Gesetz auch die weitere Gültigkeit der vom „Rat der Volksbeauftragten" und der „Reichsregierung"[10] erlassenen Verordnungen bestätigt. Für die weiter bestehende Notwendigkeit, die bisherige Kriegswirtschaft in eine Friedenwirtschaft umzuwandeln, wurde der Reichsregierung durch Gesetz vom 17. April 1919 ein besonderes Ermäch-

---

4 *Huber*, S. 712 f..; *Mommsen*, S. 40; *Schulze*, S. 162; *Büttner*, S. 270.

5 *Huber*, S. 714 ff.; *Schulze*, S. 166; *Büttner*, S. 271; *Wildt*, S. 58.

6 *Büttner*, S. 275; *Wildt*, S. 62.

7 RGBl. 1918 S. 1345, „Verordnung über die Wahlen zur verfassungsgebenden deutschen Nationalversammlung (Reichswahlgesetz)" vom 30.11.1918.

8 RGBl. 1919 S. 169, „Gesetz über die vorläufige Reichsgewalt" vom 10.2.1919.

9 RGBl. 1919 S. 285, „Übergangsgesetz" vom 4.3.1919.

10 Nachdem die Vertreter der USPD am 29.12.1918 den „Rat der Volksbeauftragen" verlassen hatten und durch MSPD-Vertreter ersetzt wurden, bezeichnete sich der Rat fortan selbst als „Reichsregierung".

tigungsrecht zum Erlass von Verordnungen zugebilligt[11]. Solche Verordnungen waren nur unter Zustimmung des Staatenausschusses als Vertretung der Länder und eines von der Nationalversammlung gewählten Ausschusses möglich.

Die Nationalversammlung beschloss am 31. Juli 1919[12] die Verfassung des Deutschen Reiches (WRV)[13], die am 11. August 1919 verkündet wurde und in Kraft trat[14]. Mit dem Inkrafttreten der Verfassung wurden die Reichsverfassung vom 16. April 1871 und das Gesetz über die vorläufige Reichsgewalt vom 10. Februar 1919 durch Artikel 178 WRV aufgehoben. Bis zum Zusammentreten des ersten Reichstages galt die Nationalversammlung als Reichstag (Art. 180 WRV). Der erste Reichstag der Weimarer Republik wurde am 6. Juni 1920 gewählt und trat erstmalig am 24. Juni 1920 zusammen.

II. Die Gesetzgebung des Rates der Volksbeauftragten 1918–1919

1. Aufruf an das deutsche Volk vom 12. November 1918

Nach der Konstituierung des Rates der Volksbeauftragten und der Übernahme der legislativen Gewalt am 9. November 1918 wandte sich der Rat am 12. November 1918 mit einem Aufruf an das deutsche Volk[15]. In diesem Aufruf kündigte er die Verwirklichung eines sozialistischen Programms an. Gleichzeitig verkündete er neun Punkte mit sofortiger Gesetzeskraft. Unter Punkt sieben war dabei die sofortige Aufhebung des „Gesetzes über den vaterländischen Hilfsdienst" angeordnet. Weiterhin wurde in diesem Aufruf die Ausdehnung der Versicherungspflicht in der Krankenversicherung über die bisherige Grenze von 2.500 Mark hinaus angekündigt.

2. Aufhebung des Hilfsdienstgesetzes

Mit dem Aufruf des Rates der Volksbeauftragten am 12. November 1918 war das Hilfsdienstgesetz aufgehoben worden. Damit wären auch die besonderen Vorschriften des Hilfsdienstgesetzes über die Krankenversicherung weggefallen.

---

11 RGBl. 1919 S. 394, „Gesetz über eine vereinfachte Form der Gesetzgebung für die Zwecke der Übergangswirtschaft" vom 17.4.1919.

12 SB, Verh. der Nationalversammlung 1919, 329. Band, S. 2137.

13 Die Verfassung vom 11.8.1919 wird nachfolgend als Weimarer Reichsverfassung (WRV) bezeichnet.

14 RGBl. 1919 S. 1383, „Die Verfassung des Deutschen Reiches" vom 11.8.1919.

15 RGBl. 1918 S. 1303, „Aufruf des Rates der Volksbeauftragten an das deutsche Volk" vom 12.11.1918.

Die Versicherungspflicht hätte geendet, wenn diese nur aufgrund einer Beschäftigung nach dem Hilfsdienstgesetz begründet war. Es wurde erkannt, dass es zu Härtefällen kommen konnte, wenn Personen das „bisher als Hilfsdienst geltende Beschäftigungsverhältnis" fortsetzten[16]. Aus diesem Grund erließ der Rat der Volksbeauftragten am 14. Dezember 1918 eine Übergangsvorschrift mit versicherungsrechtlichen Regelungen[17]. Darin war vorgesehen, weiter-geführte Beschäftigungsverhältnisse versicherungsrechtlich bis zum 31. Dezember 1918 auch weiterhin als Hilfsdiensttätigkeit anzuerkennen. Ohne eine solche Regelung wären gewerbliche Arbeiter, die zum Hilfsdienst in der Landwirtschaft verpflichtet worden waren, auf die geringeren Barleistungen der Krankenkasse für landwirtschaftliche Arbeiter herabgesetzt worden. Hinzu kam, dass durch die Übergangsvorschriften auch die „nachteiligen Wirkungen eines weiteren Aufenthalts im Ausland" beseitigt wurden[18]. Zudem wurden hierdurch die günstigen Vorschriften über die Wahrung von Wartezeiten aufrechterhalten[19].

3. Ausdehnung der Versicherungspflicht

Bei seinem Aufruf am 12. November 1918 hatte der Rat der Volksbeauftragten angekündigt, die Versicherungspflichtgrenze über die bisherige Grenze von 2.500 Mark anzuheben. Mit der Verordnung vom 22. November 1918 wurde dieses Vorhaben umgesetzt[20]. Nach § 1 dieser Verordnung wurde die Jahresarbeitsverdienstgrenze von bisher 2.500 Mark auf 5.000 Mark festgelegt. Dies betraf den Personenkreis des § 165 Abs. 1 Nr. 2–5 und 7 RVO, somit die Betriebsbeamten, Werkmeister, anderen Angestellten, Handlungsgehilfen, Gehilfen in Apotheken, Bühnen- und Orchestermitglieder, Lehrer und Erzieher sowie die Schiffer (Schiffskapitäne). Begründet wurde diese erhöhte Grenze damit, dass während des Krieges die Löhne und Gehälter wegen der „Verteuerung aller Lebensverhältnisse" wesentlich erhöht worden waren[21]. Trotzdem sei die wirtschaftliche Lage nicht besser, sondern eher schlechter geworden[22]. Durch die Erhöhung der Löhne und Gehälter seien viele Beschäftigte aus der

---

16 SB, Verh. der Nationalversammlung 1919, 335. Band, Anlage Nr. 215, S. 48.

17 RGBl. 1918 S. 1434, „Verordnung über versicherungsrechtliche Wirkungen der Aufhebung des Hilfsdienstgesetzes" vom 14.12.1918.

18 SB, Verh. der Nationalversammlung 1919, 335. Band, Anlage Nr. 215, S. 48.

19 Ebenda.

20 RGBl. 1918 S. 1321, „Verordnung über Ausdehnung der Versicherungspflicht und Versicherungsberechtigung in der Krankenversicherung" vom 22.11.1918.

21 SB, Verh. der Nationalversammlung 1919, 335. Band, Anlage Nr. 215, S. 38.

22 Ebenda.

Versicherungspflicht herausgefallen und müssten nun allein den Versicherungsbeitrag aufbringen. Andere Versicherten würden wegen der geringen Grenze überhaupt nicht erst versicherungspflichtig werden und müssten selbst die Kosten für ärztliche Hilfe und Arzneiversorgung tragen[23]. Hierzu wären sie wegen der „verminderten Kaufwerte" kaum noch imstande[24]. Der Rat der Volksbeauftragten folgte mit der Erhöhung der Jahresarbeitsverdienstgrenze den früheren Anträgen von Zentrum, MSPD und USPD, die diese bereits im Frühjahr 1918 im Reichstag anlässlich der Haushaltsberatungen gestellt hatten[25]. In den Haushaltsberatungen hatte der Regierungsvertreter die Forderung noch abgelehnt, da durch eine solche Erhöhung die Interessen der Ärzte keine Berücksichtigung fänden[26]. Die Ärzte hätten einer Erhöhung nur von 2.500 auf 3.000 Mark zugestimmt, die die Krankenkassen als unzureichend abgelehnt hätten[27]. Die Regierung sah sich zu dem damaligen Zeitpunkt außerstande, durch eine kriegsbedingte Bundesratsverordnung die Einkommensgrenze zu erhöhen, weil es nach dem Friedenschluss schwierig sein würde, wieder auf die frühere Grenze zurückzugehen[28].

4. Ausdehnung der Versicherungsberechtigung

Für den in § 176 Abs. 1 RVO genannten Personenkreis bestand ein Beitrittsrecht zur Krankenversicherung, wenn ihr jährliches Gesamteinkommen 2.500 Mark nicht überstieg. Hatten diese Personen von ihrem Beitrittsrecht Gebrauch gemacht, bedeutete das nicht, dass sie für die Zukunft ohne Einschränkung versichert waren. Erhöhte sich ihr jährliches Gesamteinkommen auf über 4.000 Mark jährlich, dann erlosch ihre Versicherungsberechtigung nach § 178 RVO. Das gleiche galt nach § 314 Abs. 2 RVO für die Personen, die von ihrem Weiterversicherungsrecht nach § 313 RVO Gebrauch gemacht hatten. Durch § 2 der Verordnung des Rates der Volksbeauftragten vom 22. November 1918[29] fielen die Einkommensgrenzen von 4.000 Mark ersatzlos

23 Ebenda.

24 Ebenda.

25 SB RT, 13. LP/II. Session 1918, 323. Band, Anlage Nr. 1387 (Antrag des Zentrums), S. 2137; SB RT, 13. LP/II. Session 1918, 324. Band, Anlage Nr. 1404 (Antrag der MSPD), S. 2147; SB RT, 13. LP/II. Session 1918, 324. Band, Anlage Nr. 1478 (Antrag der USPD), S. 2183.

26 SB RT, 13. LP/II. Session 1918, 312. Band, S. 5026.

27 Ebenda.

28 Ebenda.

29 RGBl. 1918 S. 1321, „Verordnung über die Ausdehnung der Versicherungspflicht und Versicherungsberechtigung in der Krankenversicherung" vom 22.11.1918.

weg. Das bedeutete, dass kein Versicherungsberechtigter mehr seinen Versicherungsschutz verlor, wenn sein zukünftiges Einkommen über der Grenze lag. „Die seltenen Fälle, in denen Personen mit stark gestiegenem Einkommen in unberechtigter Weise die Kassenmitgliedschaft ausnützten, rechtfertigten nicht die Härten, die mit dem Ausscheiden aus einer langjährigen Versicherung verbunden sind“[30]. Beibehalten wurde die Einkommensgrenze für das Beitrittsrecht nach § 176 RVO in Höhe von 2.500 Mark. Hier sah man für eine Änderung kein dringendes Bedürfnis[31]. Eine spätere Erhöhung dieser Einkommensgrenze sollte einer zukünftigen Prüfung vorbehalten bleiben[32]. Durch den Wegfall der Einkommensgrenzen in §§ 178, 314 Abs. 2 RVO erweiterte sich der Kreis der krankenversicherungsberechtigten Personen und freiwillig Versicherte erhielten die Sicherheit eines dauerhaften Versicherungsschutzes.

Die Verordnung vom 22. November 1918 hatte das Ziel, soziale Härten in der Krankenversicherung auszugleichen, die durch eine kriegsbedingte Teuerung entstanden waren. Hierzu gehörte auch die Berücksichtigung derjenigen Personen, die nach den bisherigen Vorschriften während des Krieges wegen ihrer Einkommenserhöhungen aus der Krankenversicherung ausgeschieden waren. Für sie sah § 3 der Verordnung ein einmaliges Weiterversicherungsrecht vor, das innerhalb von sechs Wochen nach dem Inkrafttreten der Verordnung ausgeübt werden konnte. Eine Einschränkung des Beitrittsrechts ergab sich, weil eine ärztliche Untersuchung veranlasst werden konnte. Für Erkrankungen, die beim Beitritt bereits bestanden, war der Leistungsanspruch ausgeschlossen.

5. Weitere Aussetzung der hausgewerblichen Krankenversicherung

Mit der Verordnung der Reichsregierung[33] vom 13. Januar 1919[34] wurden die kriegsbedingten Änderungen der RVO, die mit dem Gesetz vom 4. August 1914[35] eingeführt worden waren, aufgehoben. Es galten wieder die ursprünglichen Regelungen der RVO. Diese Aufhebung bezog sich nur auf die

30 SB, Verh. der Nationalversammlung 1919, 335. Band, Anlage Nr. 215, S. 39.

31 Ebenda.

32 Ebenda.

33 Der Rat der Volksbeauftragten, der seit dem 29.12.1918 ausschließlich von Mitgliedern der MSPD gebildet wurde, bezeichnete sich unter Führung von Ebert und Scheidemann selbst als Reichsregierung.

34 RGBl. 1919 S. 41, „Verordnung zur Sicherung der Leistungsfähigkeit der Krankenkassen“ vom 13.11.1919.

35 RGBl. 1914 S. 337, „Gesetz, betreffend Sicherung der Leistungsfähigkeit der Krankenkassen“ vom 4.8.1914.

§§ 1, 2 des Gesetzes vom 4. August 1914, nicht jedoch auf § 3, der die Außerkraftsetzung der hausgewerblichen Krankenversicherung enthielt. Somit galt die kriegsbedingte Außerkraftsetzung der hausgewerblichen Krankenversicherung auch weiterhin.

6. Einschränkung der Befreiungen von der Versicherungspflicht

Die bisherigen Regelungen der RVO sahen eine Reihe von Befreiungsmöglichkeiten von der Versicherungspflicht vor. Diese waren teilweise schon bei ihrer Einführung umstritten gewesen, da sie von Betrieben missbräuchlich zur Umgehung der Versicherungspflicht und damit zur Schädigung von Arbeitnehmern und den Krankenkassen genutzt werden konnten. Der Widerstand gegen Befreiungsregelungen war in der Vergangenheit vornehmlich von Seiten sozialdemokratischer Reichstagsabgeordneter gekommen. Deren Änderungswünsche war jedoch stets an der Reichstagsmehrheit gescheitert[36]. Der ausschließlich aus Sozialdemokraten bestehende Rat der Volksbeauftragten sah nun die Möglichkeit, die aus ihrer Sicht unangemessenen Befreiungsmöglichkeiten auf dem Verordnungsweg zu korrigieren. Mit der Verordnung vom 3. Februar 1919[37] beabsichtigte er deshalb, eine Reihe von Befreiungsmöglichkeiten zu beseitigen bzw. zu ändern. Als wesentliche Begründung hierfür wurde angeführt, dass die bisherigen Regelungen den Krankenkassen eine große Anzahl günstiger Risiken entzogen hätten und dadurch deren Finanzlage ungünstig beeinflusst würde[38]. Die Finanzlage der Krankenkasse wäre aber nach dem Kriege allgemein so unbefriedigend, dass „mit allen Mitteln auf Abhilfe gesonnen werden muss“[39]. Dabei sollten weitgehend die bisherigen Ausnahmen von der Versicherungspflicht beseitigt werden[40]. Die Verordnung sah die unterschiedlichsten Änderungen vor, die zu erläutern sind.

---

36 Anträge zur RVO: § 171 (§ 184 Kommissionsbeschluss), § 173 (§ 186-Entwurf), § 447 (§ 447-Entwurf), vgl. SB RT, 12. LP/II. Session 1911, 280. Band, Anlage Nr. 964, S. 5216, Anlage Nr. 972, S.5220; Verhandlungen im Reichstag vgl. SB RT, 12. LP/II. Session 1911, 266. Band, S. 6456, 6456 ff., 267. Band, S. 6717 f.

37 RGBl. 1919 S. 191, „Verordnung über Krankenversicherung“ vom 3.2.1919.

38 SB, Verh. der Nationalversammlung 1919, 335. Band, Anlage Nr. 215, S. 42 ff.

39 Ebenda.

40 Ebenda.

a) Einschränkung der Befreiung nach § 169 RVO

Die bisherige Befreiungsregel des § 169 RVO sah eine Befreiung aller „Beschäftigten" des Reichs, der Bundesstaaten, der Gemeindeverbände, der Gemeinden und der Sozialversicherungsträger von der Versicherungspflicht vor, wenn ihnen im Krankheitsfalle ein Anspruch auf eine Mindestleistung an Krankenhilfe oder auf Barbezüge gegenüber ihrem Arbeitgeber zustand. Diese Befreiung sollte zukünftig nur noch für Beamte gelten sowie für die Beschäftigten, die zwar keine Beamten waren, die aber unwiderruflich auf Lebenszeit angestellt waren oder die ein Anrecht auf Ruhegehalt hatten. Die Befreiung galt auch weiterhin für Lehrer und Erzieher an öffentlichen Schulen oder Anstalten.

b) Einschränkung der Befreiung nach § 170 RVO

Die Einschränkung des § 169 RVO wurde von der Verordnung auch auf den Personenkreis des § 170 Abs. 1 RVO übertragen. Nunmehr konnten die Beamten und Beschäftigten der öffentlichen Verbände und der öffentlichen Körperschaften nur noch unter den gleichen Voraussetzungen wie der Personenkreis des § 169 befreit werden. Das galt auch für den Personenkreis des § 170 Abs. 2 RVO, d.h. der „bisher" landesherrlichen Hof-, Dominal-, Kameral-, Forst- und ähnlichen Verwaltungen, der „bisher" Herzoglich Braunschweigischen Landschaft und der Fürstlich Hohenzollernschen Fideikommißverwaltung. Die neue ergänzende Bezeichnung dieser Einrichtungen im Gesetz als „bisherig" lässt erkennen, dass es in der Republik keine „Landesherrschaft" im früheren Sinne mehr geben konnte und neue Befreiungen nicht mehr möglich waren[41]. Die bisher befreiten Personen, die die neuen Befreiungsvoraussetzungen des § 170 RVO nicht erfüllten, wurden mit dem Inkrafttreten der Verordnung versicherungspflichtig (§§ 4, 16 der Verordnung).

c) Einschränkung der Befreiung nach § 171 RVO

Nach der bisher geltenden Fassung des § 171 RVO konnten auf Antrag des Arbeitgebers die in Betrieben oder im Dienst nichtöffentlicher Körperschaften Beschäftigten von der Versicherungspflicht befreit werden. Diese Regelung hatte in der Vergangenheit dazu geführt, dass u.a. Banken und Versicherungsgesellschaften in großem Umfang ihre Beschäftigten von der Versicherungspflicht befreien ließen. Diese Befreiung geschah häufig zum Schaden der Krankenkassen[42], da sie meist nur beantragt wurde, wenn sie für die Arbeitgeber vorteil-

41 *Bültmann*, Versicherungsfreiheit, S. 26 f.

42 SB, Verh. der Nationalversammlung 1919, 335. Band, Anlage 215, S. 42 ff.

haft war. So wurden meist nur gesunde Mitarbeiter befreit, während man die Kranken bei den Krankenkassen beließ. Aus diesem Grund strich die Reichsregierung diese Befreiungsregelung durch § 3 der Verordnung vom 3. Februar 1919 ersatzlos. Die Versicherungspflicht der bisher befreiten Personen trat sofort mit dem Inkrafttreten der Verordnung ein. Mit der Beseitigung der bisherigen Befreiungsmöglichkeit war die Absicht verbunden, die nach dem Krieg ungünstige Finanzlage der Krankenkassen zu stärken. Dieses Ziel konnte nicht erreicht werden, wenn man den Arbeitgebern die Möglichkeit ließ, für ihre Mitarbeiter Betriebskrankenkassen zu gründen. Um dies zu verhindern, sah § 10 der Verordnung eine Sperrklausel vor. Danach war es den Betrieben verwehrt, eine Betriebskrankenkasse zu errichten, deren Beschäftigte bisher „sämtlich oder zum größeren Teil" aufgrund des § 171 RVO von der Versicherungspflicht befreit waren[43]. Es handelte sich hier um eine vorläufige „Notmaßregel"[44]. Eine abschließende Regelung sollte der zukünftigen Gesetzgebung vorbehalten bleiben[45]. Die in § 171 RVO enthaltene Befreiungsmöglichkeit für Lehrer und Erzieher an „nicht öffentlichen" Schulen oder Anstalten blieb durch die Verordnung unberührt.

d) Einschränkung der Befreiung nach § 173 RVO

Bisher konnte der Versicherte nach § 173 RVO auf eigenen Antrag von der Versicherungspflicht befreit werden, wenn „er auf Dauer nur zu einem geringen Teil arbeitsfähig ist". Dem Antrag musste der unterstützungspflichtige Armenverband zustimmen. Über den Antrag entschied nach § 175 RVO der Kassenvorstand. Diese Befreiungsregel war schon bei den Beratungen zur RVO umstritten gewesen[46]. Die Regelung wurde vielfach missbraucht, indem namentlich die Knappschafts- und Betriebskrankenkassen (und unausgesprochen die dahinter stehenden Arbeitgeber) oftmals Versicherte zu einem Befreiungsantrag gedrängt hatten, „deren Gesundheitszustand nur unwesentlich beeinträchtigt war"[47]. Ziel sei es gewesen, sich von ungünstigen Versicherungsrisiken zu trennen[48]. Das Einspruchsrecht des Armenverbandes hätte sich erfahrungsgemäß nicht immer als ausreichendes Mittel bewährt[49]. Um diesen

43 Ebenda.

44 Ebenda.

45 Ebenda.

46 SB RT, 12. LP/II. Session 1911, 279. Band, Anlage Nr. 946, S. 4537, 4745.

47 SB, Verh. der Nationalversammlung 1919, 335. Band, Anlage Nr. 215, S. 44.

48 Ebenda.

49 Ebenda.

Missbrauch zukünftig zu verhindern, sah § 6 der Verordnung vom 3. Februar 1919 geänderte Voraussetzungen für eine Befreiung vor. Nunmehr wurde als Voraussetzung der Befreiung der Bezug einer Invalidenrente oder eine Dauerinvalidität im Sinne des § 1255 Abs. 2 RVO gefordert. Dem Kassenvorstand wurde das Entscheidungsrecht entzogen. Über die Befreiung entschied nun das Versicherungsamt (Beschlussausschuss), da man dieses Amt als unabhängige Stelle ansah[50]. Durch die in der Vergangenheit bekannt gewordenen Missbräuche sah sich die Reichsregierung veranlasst, alle bisherigen Befreiungen aufgrund des § 173 RVO nachzuprüfen[51]. Aus diesem Grund sah die Verordnung in § 8 vor, dass alle Befreiungen zum 29. Juni 1919 erloschen, wenn sie bis dahin nicht neu beantragt und bewilligt worden waren.

e) Wegfall der Befreiung landwirtschaftlicher Arbeiter nach § 418 RVO

Nach der bisher geltenden Regelung des § 418 RVO konnten landwirtschaftliche Arbeitgeber ihre Arbeiter von der Versicherungspflicht befreien lassen, vorausgesetzt dem Arbeiter stand gegenüber dem Arbeitgeber ein Rechtsanspruch auf Leistungen in Höhe der Krankenkassenleistungen zu. In der Vergangenheit war von diesem Befreiungsrecht in umfangreicher Weise Gebrauch gemacht worden, wodurch in manchen Bezirken die Zahl der Befreiten derjenigen der Versicherten gleichkam oder sie sogar übertraf[52]. Davon waren die Landkrankenkassen betroffen, die insbesondere errichtet worden waren, um den besonderen Bedürfnissen der landwirtschaftlichen Bevölkerung entgegenzukommen[53]. Die Reichsregierung sah es als inneren Widerspruch an, wenn „die landwirtschaftliche Bevölkerung ihre Landkrankenkassen durch die Entziehung zahlreicher Mitglieder ernstlich gefährdet“[54]. Zudem wurde über mangelhafte Leistungen der Arbeitgeber gegenüber den Befreiten geklagt[55]. Die Verordnung vom 3. Februar 1919 sah deshalb in § 9 vor, dass keine Befreiungen mehr nach § 418 RVO möglich waren. Gleichzeitig wurde bestimmt, dass die bisherigen Befreiungen nach einer Übergangszeit mit dem 31. Dezember 1919 erloschen.

50 Ebenda.

51 Ebenda.

52 Ebenda.

53 Ebenda.

54 Ebenda.

55 Ebenda.

f) Wegfall der Befreiung von Dienstboten nach § 435 RVO

Nach § 435 RVO konnten auf Antrag des Arbeitgebers die Dienstboten von der Versicherungspflicht befreit werden. Dabei galten die gleichen Voraussetzungen, wie sie § 418 RVO für die Befreiung der landwirtschaftlichen Arbeiter vorsah. Bei den Dienstboten handelte es sich für die Krankenkassen um günstige Versicherungsrisiken. Deshalb war die Befreiung dieser Personen für die Krankenkassen besonders nachteilig[56]. Zur Stärkung der finanziellen Grundlagen der Krankenkassen schloss § 11 der Verordnung vom 3. Februar 1919 zukünftige Befreiungen von Dienstboten aus. Die bisherigen Befreiungen erloschen mit dem Inkrafttreten der Verordnung. Zur Vermeidung von Härtefällen wurde die Frist des Erlöschens der Befreiung in zwei Fällen hinausgeschoben. Dies galt einmal für die landwirtschaftlichen Betriebe, die ihre landwirtschaftlichen Arbeiter ursprünglich zusammen mit ihren Dienstboten hatten befreien lassen. Für diese Personen wurde das Ende der Frist einheitlich auf den 31. Dezember 1919 festgelegt (§§ 9 Abs. 2, 11 Abs. 2 der Verordnung). Im anderen Fall ging es um vorhandene Einrichtungen, die bisher für die Arbeitgeber die Krankenversorgung der Dienstboten übernommen hatten. Sofern solche Einrichtungen bestanden, erlosch die Befreiung mit dem 29. Juni 1919 (§ 12 Abs. 1 der Verordnung).

III. Die Gesetzgebung der Nationalversammlung 1919–1920

Für die Dauer der verfassungsgebenden Nationalversammlung hatte diese der Reichsregierung durch Gesetz das Recht eingeräumt, durch Verordnungen Maßnahmen anzuordnen, die zum Übergang von der Kriegswirtschaft zur Friedenswirtschaft notwendig waren[57]. Diese Verordnungen konnten nur mit Zustimmung des Staatenausschusses und einem von der Nationalversammlung gewählten Ausschusses von 28 Mitgliedern erlassen werden. Die Verordnungen mussten der Nationalversammlung alsbald zur Kenntnis gebracht und auf ihr Verlangen aufgehoben werden.

1. Deutsche Seeschiffe unter fremder Flagge

Infolge der mit den Kriegsgegnern des Deutschen Reiches vereinbarten Waffenstillstandsbedingungen durften die deutschen Seeschiffe nicht mehr unter

56 SB, Verh. der Nationalversammlung 1919, 335. Band, Anlage Nr. 215, S. 45.

57 RGBl. 1919 S. 394, „Gesetz über eine vereinfachte Form der Gesetzgebung für die Zwecke der Übergangswirtschaft" vom 17.4.1919.

deutscher Flagge fahren. Stattdessen wurden sie der Kontrolle und Flagge fremder Staaten unterstellt. Fraglich war deshalb, ob die auf diesen Schiffen beschäftigten deutschen Schiffsbesatzungen der Krankenversicherungspflicht nach § 165 Abs. 1 Nr. 7 RVO unterstanden. Die Verordnung vom 31. Mai 1919 stellte hierzu klar, dass die Anwendung reichsgesetzlicher Vorschriften durch ein Fahren unter der Flagge „feindlicher" Staaten nicht ausgeschlossen war[58]. Damit waren die deutschen Seeleute, deren Schiffe den feindlichen Mächten übergeben worden waren und die nun unter der Flagge des charternden Landes oder unter alliierter Flagge fuhren, der deutschen Sozialversicherung unterstellt[59].

2. Ausdehnung der Versicherungspflicht durch die VO vom 1. April 1920

Mit der Verordnung vom 1. April 1920[60] wurde die Versicherungspflicht der Angestellten durch Erhöhung der Jahresarbeitsverdienstgrenze von bisher 5.000 Mark auf nunmehr 20.000 Mark ausgedehnt (§ 5). Der Reicharbeitsminister hatte in seinem Verordnungsentwurf noch eine Grenze von 12.000 Mark vorgesehen[61]. Die Heraufsetzung auf 20.000 Mark erfolgte am 31. März 1920 in dem von der Nationalversammlung gewählten „Ausschuss für Volkswirtschaft"[62]. Die Regierung hatte ihre Erhöhung mit den außerordentlich gestiegenen Gehältern begründet, durch die viele Angestellte aus der Versicherungspflicht herausgefallen waren. Man sehe in einer solchen Erhöhung „kaum eine unbillige Einschränkung" der freien ärztliche Praxis, zumal die meisten der durch die Erhöhung in Betracht kommenden Personen bereits früher versicherungspflichtig gewesen waren[63]. In dem Ausschuss wurde darauf hingewiesen, dass die Vorlage den Verhältnissen vor einem halben Jahr entspräche und mit weiteren Preissteigerungen zu rechnen sei. Die Mehrheit des Ausschusses folgte dem Antrag, die Versicherungspflichtgrenze auf 20.000 Mark heraufzusetzen[64]. Der Regierungsvertreter hatte zuvor noch auf ein mögliches Scheitern der Erhöhung im Reichsrat hingewiesen. Dort sei der Wunsch ausgesprochen

58 RGBl. 1919 S. 509, „Verordnung über Versicherung der Besatzung von Seefahrzeugen" vom 31.5.1919.

59 *Schulz*, RVO 1925, Anhang Nr. 30, S. 553.

60 RGBl. 1920 S. 433, „Verordnung über Heraufsetzung des Grundlohnes und Ausdehnung der Versicherungspflicht in der Krankenversicherung" vom 1.4.1920.

61 SB, Verh. der Nationalversammlung 1920, 343. Band, Anlage Nr. 2688, S. 2923.

62 Ebenda, S. 2922.

63 Ebenda, S. 2925.

64 Ebenda, S. 2922.

worden, nicht über die Verdienstgrenze des Entwurfs hinauszugehen[65]. Eine Ablehnung durch den Reichsrat würde bedeuten, dass trotz der Dringlichkeit der Angelegenheit, die Sache nicht mehr im Wege der „Notverordnung" geregelt werden könne. Dann bedürfe es dazu eines Gesetzes[66]. Der Reichsrat stimmte jedoch der im Ausschuss beschlossenen Änderungen zu, so dass die Verordnung nach der Verkündung am 7. April 1920 gemäß § 10 am 26. April 1920 in Kraft trat.

3. Aufhebung der VO vom 1. April 1920 – Neue VO vom 30. April 1920

Am 21. April 1920 stellte der Abgeordnete Bartschat (DDP) mit Unterstützung weiterer Abgeordneter der Deutschen Demokratischen Partei (DDP) und des Zentrums einen Antrag an die Nationalversammlung, mit dem diese zur Aufhebung der Verordnung vom 1. April 1920 aufgefordert wurde[67]. Gleichzeitig sollte an die Reichsregierung die Aufforderung ergehen, alsbald den Entwurf einer neuen Verordnung vorzulegen. In der Nationalversammlung wurde der Antrag damit begründet, dass durch die Heraufsetzung der Einkommensgrenze die Ärzte einen Teil ihrer bisherigen Privatpatienten verlieren würden[68]. Es läge nicht im Interesse der Volksgesundheit, „dass der Ärztebestand noch mehr proletarisiert wird, als es schon jetzt der Fall sei"[69]. Der Antrag Bartschats wurde in der Nationalversammlung am 23. April 1920 mit Mehrheit angenommen. Die Verordnung vom 1. April 1920 wurde aufgehoben und die Regierung aufgefordert, eine neue Verordnung vorzulegen[70]. Der Reichsarbeitsminister legte dem „Ausschuss für Volkswirtschaft" einen neuen Verordnungsentwurf vor[71]. Dieser neue Entwurf sah ebenso wie der frühere Entwurf eine Verdienstgrenze von 12.000 Mark vor. Der Ausschuss änderte die Regierungsvorlage erneut ab, dieses Mal jedoch nur auf einen Betrag von

65 Ebenda.

66 Ebenda.

67 SB, Verh. der Nationalversammlung 1920, 343. Band, Anlage Nr. 2719, S. 2996.

68 SB, Verh. der Nationalversammlung 1920, 333. Band, S. 5377; Die Einkommenseinbußen der Ärzte durch die ständige Ausdehnung der Versicherungspflicht war letztlich auch einer der Ursachen, die in die Ärztestreiks von 1920, 1923/1924 mündeten, vgl. *Teppe*, AfS 1977, S. 195 (200); *Prange*, S. 219 f.; *Preller*, S. 234, 284.

69 SB, Verh. der Nationalversammlung 1920, 333. Band, S. 5377.

70 SB, Verh. der Nationalversammlung 1920, 333. Band, S.5385.

71 SB, Verh. der Nationalversammlung 1920, 343. Band, Anlage Nr. 2959, S. 3352.

15.000 Mark. Die Verordnung wurde mit diesem Betrag beschlossen und trat am 10. Mai 1920 in Kraft[72].

IV. Die Gesetzgebung der Weimarer Republik 1920–1933

1. Die Sozialversicherung als Verfassungsauftrag

In der von der Nationalversammlung verabschiedeten Reichsverfassung (WRV) war nun in Artikel 161 WRV die Schaffung einer Sozialversicherung als Verfassungsauftrag vorgesehen:

> „Zur Erhaltung der Gesundheit und Arbeitsfähigkeit, zum Schutz der Mutterschaft und zur Vorsorge gegen die wirtschaftlichen Folgen von Alter, Schwäche und Wechselfällen des Lebens schafft das Reich ein umfassendes Versicherungswesen unter maßgebender Mitwirkung der Versicherten."

Dies entsprach im Wesentlichen dem Erfurter Programm der SPD von 1892[73]. Die katastrophalen ökonomischen Bedingungen als Folge des verlorenen Krieges verhinderten vorerst die Verwirklichung dieses Auftrages. Statt eines Ausbaus der bestehenden Sozialversicherung gab es sogar Erwägungen, diese durch ein Fürsorgesystem zu ersetzen[74]. Diesen Schritt ging man jedoch nicht, sondern bemühte sich, das bestehende System Schritt für Schritt weiter auszubauen[75].

2. Die Neuregelung der hausgewerblichen Krankenversicherung 1922

Die Versicherungspflicht der selbständigen Hausgewerbetreibenden war durch die RVO eingeführt und durch die Kriegsgesetzgebung 1914 weitgehend wieder ausgesetzt worden[76]. Im Jahr 1921 legte der Reicharbeitsminister einen Gesetzentwurf über die Neuregelung der hausgewerblichen Krankenversicherung vor[77]. Vorgesehen war ein vereinfachtes Melde- und Beitragsverfahren. Die Einzelheiten der Versicherung sollten durch Ortsstatut der Gemeinden oder kommunalen Verbände geregelt werden (§ 466 RVO). Alternativ wurden solche Regelungen durch die Satzungen der Ortskrankenkassen ermöglicht

72 RGBl. 1920 S. 769, „Verordnung über Aufhebung der Verordnung vom 1.4.1920 (RGBl. 1920 S. 433) und über die Heraufsetzung des Grundlohns und Ausdehnung der Versicherungspflicht in der Krankenversicherung" vom 30.4.1920.

73 *Tennstedt*, Sozialmedizin, S. 397.

74 *Preller*, S. 282; *Tennstedt*, Sozialmedizin, S. 397.

75 *Tennstedt*, Sozialmedizin, S. 397.

76 Vgl. oben Abschnitt H), II.

77 SB RT, 1. WP 1920, 367. Band, Anlage Nr. 2137, S. 1806.

(§ 467 RVO), die nun statt der Landkrankenkassen für die Durchführung der Hausgewerbeversicherung zuständig waren. Für die Versicherungspflicht der selbständigen Hausgewerbetreibenden sah § 165 Abs. 1 Nr. 6 RVO eine jährliche Einkommensgrenze von 40.000 Reichsmark vor[78]. Der Reichstag beschloss diese Neuregelung in seiner Sitzung vom 7. April 1922[79].

3. Die Veränderungen des Versicherungsumfangs im Jahre 1923

Das Gesetz vom 19. Juli 1923[80] brachte zahlreiche Änderungen im Umfang der Versicherungspflicht und der Versicherungsfreiheit. Der Hauptgrund vieler dieser Änderungen lag in der Neuregelung der Invaliden- und Angestelltenversicherung. Mit dem Gesetz vom 10. November 1922[81] war die Doppelversicherung in beiden Versicherungszweigen beseitigt worden. Bisher waren Angestellte mit einem niedrigen Einkommen sowohl in der Invaliden- als auch in der Angestelltenversicherung versichert. Nunmehr wurde die Versicherungspflicht der Angestellten für den Fall der Berufsunfähigkeit und des Alters ausschließlich im Angestelltenversicherungsgesetz (AVG)[82] geregelt. In der Invalidenversicherung wurden die Vorschriften über die Versicherungspflicht der Angestellten entfernt. Das bedeutete, dass die bisherige Anlehnung des versicherungspflichtigen Personenkreises der Krankenversicherung an die Invalidenversicherung aufgegeben wurde. Die Beurteilung der Angestellteneigenschaft in der Krankenversicherung erfolgte nun nach den Regelungen des Angestelltenversicherungsgesetzes. Für die Angestelltenversicherung sah § 1 Abs. 5 AVG eine Ermächtigung des RAM vor, die Berufsgruppen der Angestellten näher zu bezeichnen. Ein solcher Berufsgruppenkatalog wurde am

---

78 RGBl. 1922 S. 5, „Gesetz über Versicherungspflicht, Versicherungsberechtigung und Grundlöhne in der Krankenversicherung" vom 28.12.1921. Diese Regelung erfolgte bereits im Vorgriff auf die zukünftige Einführung der Versicherungspflicht der selbständigen Hausgewerbetreibenden. Der § 11 des Gesetzes sah insoweit einen Vorbehalt für diese Regelung vor.

79 SB RT, 1. WP 1920, 354. Band, S.6985; RGBl. 1922 I S. 465, „Gesetz über Versicherung der Hausgewerbetreibenden" vom 30.4.1922.

80 RGBl. 1923 I S. 686, „Gesetz über Änderungen der Reichsversicherungsordnung" vom 19.7.1923.

81 RGBl. 1922 I S. 849, „Gesetz über Änderung des Versicherungsgesetzes für Angestellte und der Reichsversicherungsordnung" vom 10.11.1922

82 Das Gesetz vom 10.11.1922 ermächtigte in Art. XX die Reichsregierung, das „Versicherungsgesetz für Angestellte" als „Angestelltenversicherungsgesetz" bekanntzumachen. Hiervon wurde mit Gesetz vom 28.5.1924 Gebrauch gemacht (RGBl. 1924 I S. 563). Deshalb wird ab 1924 nur noch die neue Bezeichnung „Angestelltenversicherungsgesetz" (AVG) verwendet.

8. März 1924 veröffentlicht[83]. Der Katalog enthielt eine detaillierte Auflistung der Angestellten gegliedert nach Branchen, die Büroangestellten nach Tätigkeitsbereichen, die Angestellten in Berufen der Erziehung und Wohlfahrt sowie die Angestellten in der Schifffahrt. Er war nun auch für die Beurteilung der Versicherungspflicht in der Krankenversicherung heranzuziehen. Das betraf insbesondere die Zugehörigkeit zum Personenkreis der „leitenden Angestellten“ und solche in einer „höheren“ Stellung, d.h. der Angestellten, die eine wissenschaftliche Ausbildung hatten und entsprechend dieser Ausbildung beschäftigt wurden. Diese blieben weiterhin von der Krankenversicherungspflicht ausgeschlossen. Darüber hinaus erfolgte unmittelbar im AVG für verschiedene Personengruppen eine Änderung bzw. Konkretisierung des versicherungspflichtigen bzw. versicherungsfreien Personenkreises, die sich auch in der Krankenversicherung auswirkten.

a) Bühnenmitglieder und Musiker

Nach der bisherigen Regelung in § 165 Abs. 1 Nr. 4 RVO waren „Bühnen- und Orchestermitglieder“ versicherungspflichtig, die gegen Entgelt beschäftigt waren. In der Angestelltenversicherung (§ 1 Abs. 1 Nr. 5 AVG) waren dagegen alle Musiker versicherungspflichtig, unabhängig davon, ob sie Solisten waren oder einem Orchester angehörten. Hiermit vermied man das in der Vergangenheit aufgetretene Problem, die Eigenschaft einer Musikgruppe als „Orchester“ feststellen zu müssen. Diese Änderung im AVG wurde nun auch für die Krankenversicherung vollzogen.

b) Angestellte in Erziehungs-, Wohlfahrts- und verwandten Berufen

Versicherungspflichtig wurden nun die Angestellten in Berufen der Erziehung, des Unterrichts, der Fürsorge, der Kranken- und Wohlfahrtspflege. Voraussetzung hierfür war, dass diese Beschäftigung ihren Hauptberuf und die Hauptquelle ihrer Einnahmen darstellte. Bisher unterlagen in allen Versicherungszweigen nur die Lehrer und Erzieher aus diesem Personenkreis der Versicherungspflicht (§ 165 Abs. 1 Nr. 5 RVO, § 1226 Abs. 1 Nr. 5 RVO, § 1 Abs. 1 Nr. 5 VGfA)). In der Krankenversicherung wurde der neu hinzugekommene Versichertenkreis in einem neuen § 165 Abs. 1 Nr. 5a RVO aufgenommen, während die Lehrer und Erzieher weiterhin nach § 165 Abs. 1 Nr. 5 RVO besonders versichert blieben, weil nach dieser Vorschrift auch „selbständige“

83 RGBl. 1924 I S. 274, „Bestimmung von Berufsgruppen der Angestelltenversicherung“ vom 8.3.1924.

Lehrer als versicherungspflichtig angesehen wurden[84]. Für die neu hinzugekommenen Personenkreise war eine derartige Ausdehnung auf Selbständige nicht vorgesehen, da die Versicherungspflicht ausdrücklich auf „Beschäftigte" begrenzt war, was sich auch aus den Beratungen des Reichstages ergab. Dort wurde im Zusammenhang mit der Versicherungspflicht der „Krankenpflegepersonen" angenommen, dass hierzu nur Personen gehörten, die im Hauptberuf „angestellt" waren[85]. Hierzu wurden auch die angestellten Hebammen gerechnet, wobei ungeklärt blieb, welche Hebammen als angestellt anzusehen waren. Die Abgrenzung wurde dem Arbeitsministerium überlassen[86]. In der Angestelltenversicherung wurden die selbständigen Lehrer nach § 4 Nr. 2 AVG i.V.m. § 1 Abs. 1 Nr. 6 AVG ebenfalls in die Versicherungspflicht einbezogen, wobei sie dort auf Lehrer und Erzieher beschränkt war, die in ihrem Betrieb keine Angestellten beschäftigten. Diese Einschränkung wurde nicht in die Krankenversicherung übernommen, sondern dort erst im Jahre 1938 eingeführt[87].

c) Versicherungsfreiheit für Ärzte und Zahnärzte

Der Rat der Volksbeauftragten hatte mit der Verordnung vom 3. Februar 1919[88] die Versicherungsfreiheit nach § 169 RVO stark eingeschränkt. Die Befreiung galt für „Beamte", die Ansprüche auf Krankenhilfe oder Entgeltfortzahlung im Krankheitsfalle hatten. Das galt auch für sonstige Beschäftigte der in § 169 RVO genannten öffentlichen Dienste, die zusätzlich entweder auf Lebenszeit angestellt waren oder ein Anrecht auf Ruhegehalt hatten. Die Befreiung war 1922 noch auf die Angehörigen der Schutzpolizei erweitert worden[89]. Vor 1919 waren alle „Beschäftigten" des öffentlichen Dienstes im Sinne des § 169 RVO befreit gewesen. Nunmehr sollte die stark einschränkende Regelung des Jahres 1919 durch einen parteiübergreifenden Antrag aufgeweicht werden[90], der eine Versicherungsfreiheit für beschäftigte (nichtbeamtete) Ärzte und Zahnärzte in den in § 169 RVO genannten öffentlichen Diensten vorsah. Voraussetzung hierfür sollte ein Anspruch auf Krankenhilfe oder ein Entgeltfortzahlungsanspruch sein. Der Reichstag folgte diesem Antrag und beschloss mit Mehrheit die Befreiung der Ärzte und Zahnärzte[91]. Gleichzeitig

84 Vgl. hierzu Abschnitt G), III., 3., f).

85 SB RT, 1. WP 1920, 360. Band, S. 11714.

86 Ebenda.

87 RGBl. 1938 I S. 33, „Gesetz über die Versicherung der Artisten" vom 13.1.1938.

88 RGBl. 1919 S. 191, „Verordnung über Krankenversicherung" vom 3.2.1919.

89 RGBl. 1922 I S. 597, „Reichsgesetz über die Schutzpolizei der Länder" vom 17.7.1922.

90 SB RT, 1. WP 1920, 379. Band, Anlage Nr. 6094, S. 7393.

91 SB RT, 1. WP 1920, 360. Band, S. 11717.

wurde auch das Befreiungsrecht nach § 171 RVO auf alle Ärzte und Zahnärzte außerhalb des öffentlichen Dienstes erweitert, vorausgesetzt ihnen waren die Ansprüche im Sinne des § 169 RVO gegen ihren Arbeitgeber gewährleistet[92].

d) Beschäftigungen zur wissenschaftlichen Ausbildung

Die Versicherungsfreiheit der in Ausbildung befindlichen Wissenschaftler wurde durch § 172 Nr. 3 RVO neu geregelt. Hier folgte man der entsprechenden Anpassung in § 12 Nr. 4 AVG. Bisher waren Personen „während" ihrer wissenschaftlichen Ausbildung befreit, wenn sie „für" ihren zukünftigen Beruf gegen Entgelt „unterrichteten". Diese Beschränkung der Befreiung auf den „Unterricht" wurde als lückenhaft angesehen. Insbesondere war zweifelhaft, ob Assistenzärzte, Volkswirte und Juristen, die während der wissenschaftlichen Ausbildung „für" ihren Beruf in irgendeinem Betrieb arbeiteten, von der Versicherungspflicht befreit waren[93]. Es bestand Übereinstimmung darüber, dass solche vorübergehenden Tätigkeiten einen Teil der Ausbildung darstellten und nicht der Versicherungspflicht unterstehen sollten[94]. Aus diesem Grunde erfolgte eine Neuformulierung der Befreiungsregel. Nun waren solche Personen versicherungsfrei, die „zu" ihrer wissenschaftlichen Ausbildung für den zukünftigen Beruf gegen Entgelt tätig waren. Es wurde darauf Wert gelegt, dass die Formulierung „Ausbildung" bewusst gewählt worden sei, um deutlich zu machen, dass eine Fortbildung nicht unter die Befreiungsregelung fiel[95]. Die Formulierung „zur" wissenschaftlichen Ausbildung ließ Zweifel daran aufkommen, ob Beschäftigungen, die „während" des Studiums zur Bestreitung des Lebensunterhalts ausgeübt wurden und nicht mit dem Studienfach im

---

92 Die im Arbeitsverhältnis ausgeübte ärztliche und zahnärztliche Tätigkeit unterlag als wissenschaftliche Tätigkeit grundsätzlich nicht der Versicherungspflicht. Die Befreiungsregeln für Ärzte und Zahnärzte in §§ 169, 171 RVO konnten sich deshalb nur auf Ärzte und Zahnärzte beziehen, die eine nichtärztliche (z.B. verwaltungsunterstützende) Tätigkeit ausübten; *Bültmann*, Versicherungsfreiheit, S. 21, vgl. AN 1930, S. IV 303, GE RVA Nr. 3792 vom 21.5.1930 – III Ar. 32/29B; AN 1940, S. II 109, GE RVA Nr. 5341 vom 15.12.1939; mit der letztgenannten GE RVA Nr. 5341 wurde die zwischenzeitliche abweichende Rechtsprechung der GE RVA Nr. 5237 wieder aufgegeben, vgl. EuM 43. Band (1939), Nr. 78, S. 319, GE RVA Nr. 5237 vom 8.3.1938 – III Ar. 13.37 BS.

93 SB RT, 1. WP 1920, 375. Band, Anlage Nr. 5093, S. 5524.

94 Ebenda.

95 SB RT, 1. WP 1920, 360. Band, S. 11714.

Zusammenhang standen, ebenfalls befreit waren. Eine solche Befreiung wurde schließlich durch die Rechtsprechung bestätigt[96].

e) Befreiung von Krankenschwestern

Die bisherige Befreiung nach § 173 Nr. 4 RVO wurde erweitert und konkretisiert. Bisher waren Mitglieder geistlicher Genossenschaften, Diakonissen, Schulschwestern und ähnliche Personen von der Versicherungspflicht befreit, wenn sie sich aus religiösen oder sittlichen Beweggründen mit Krankenpflege, Unterricht oder anderen gemeinnützigen Tätigkeiten beschäftigten. Voraussetzung für die Befreiung war, dass sie als Entgelt nicht mehr als den freien Unterhalt bezogen. Dieser Personenkreis wurde um die „Schwestern vom Roten Kreuz" erweitert. Für die Befreiung reichte nicht mehr jede Beschäftigung aus. Die Beschäftigung musste nun aus „überwiegend" religiösen oder sittlichen Beweggründen erfolgen. Ein Entgelt durfte bisher nur in Höhe des freien Unterhalts bezogen werden. Dies hatte bislang zu Abgrenzungsschwierigkeiten geführt, wenn Barlohn statt Sachbezügen gewährt wurden. Jetzt galt die Befreiung bei Zahlung von Barlohn dann, wenn das Entgelt „nur zur Beschaffung der unmittelbaren Lebensbedürfnisse an Wohnung, Verpflegung, Kleidung und dergleichen ausreichte". Bei der mündlichen Begründung im Reichstag wurde vorgetragen:

> „Die Beschlüsse des Ausschusses tragen auch einem Wunsche der Krankenschwestern, für die anderweitig ausreichend gesorgt wird, dadurch Rechnung, dass ihnen eine weitere Befreiung von der Versicherung ermöglicht wird."[97]

f) Befreiung nach dem Leistungsablauf

Nach § 173 RVO war bisher eine Befreiung beim Bezug einer Invalidenrente oder dauernder Invalidität vorgesehen. Hierdurch wurde es diesen Personen ermöglicht, einen Teil ihres Lebensunterhalts durch eigene Erwerbsarbeit zu bestreiten. Die Regelung beruhte auf der Annahme, dass invaliden Personen oftmals keine Arbeitsmöglichkeit mehr geboten würde, wenn die Arbeitgeber mit Krankenkassenbeiträgen belastet wären. Durch die Regelung war auch eine Entlastung der Armenfürsorge beabsichtigt. Diese Befreiungsmöglichkeit wurde nun auf Personen ausgedehnt, die von der Krankenkasse für die Höchstdauer Leistungen bezogen hatten und noch weiterhin arbeitsunfähig

---

96 RVA-Entscheidung vom 12.11.1930 – II K 25/30 B, DOK 1931, Sp. 279ff; AN 1934, S. IV 343, GE RVA Nr. 4807 vom 6.6.1934 – III Ar. 27/33 BS; EuM 42. Band (1938), Nr. 80, S. 453, Schreiben des RVA vom 12.8.1937 – II K 2110.37 – 904 und I 1105 a.37 – 602 -, als Antwort auf eine Anfrage des Reichsstudentenführers.

97 SB RT, 1. WP 1920, 360. Band, S. 11714.

oder behandlungsbedürftig waren. Hintergrund dieser Regelung war, dass der Anspruch auf Krankenhilfe (Krankenpflege und Krankengeld nach § 182 RVO) für höchstens sechsundzwanzig Wochen vom Beginn der Krankheit an bestand (§ 183 RVO). Hatten diese Personen nach Ablauf des Anspruches trotz ihres Krankheitszustandes eine Arbeit aufgenommen, waren sie versicherungspflichtig geworden. Sie hatten Beiträge zu zahlen, ohne dass ihnen dafür entsprechende Leistungen zugestanden hätten. Mit der Befreiungsmöglichkeit ermöglichte man es solchen kranken Personen, im Rahmen ihrer verbliebenen Arbeitskraft, eine versicherungsfreie Arbeit aufzunehmen.

4. Die Veränderungen der Versicherungspflichtgrenze 1922–1923

a) Allgemeine Änderungen

Die Jahresarbeitsverdienstgrenze nach § 165 Abs. 2 RVO entschied darüber, ob eine Versicherungspflicht der Angestellten bestand. Deshalb zwang jede Veränderung der Entgeltgrenze in der Höhe, Berechnungsweise und dem Zeitpunkt ihrer Wirkung, zu einer neuen Beurteilung der Versicherungspflicht. In den Jahren 1922–1923 wurden zwei Veränderungen vorgenommen, die neben den Veränderungen der Einkommensgrenzen entscheidend für die Versicherungspflicht wurden. So war es als unbillig angesehen worden, dass bei der Berechnung der Jahresarbeitsverdienstgrenze auch die „Frauen- und Kinderzuschläge" einbezogen wurden[98]. Deshalb wurde durch Gesetz vom 19. Juli 1923 in § 165 Abs. 2 Satz 2 RVO ein Zusatz aufgenommen, wonach Zuschläge, die mit Rücksicht auf den Familienstand gezahlt wurden, weder auf die Jahresarbeitsverdienstgrenze noch auf die Einkommensgrenze (Hausgewerbetreibende) angerechnet wurden[99].

Die zweite Änderung betraf den Zeitpunkt, an dem der Versicherte wegen der Überschreitung aus der Versicherungspflicht ausschied. Bisher endete die Versicherungspflicht sofort mit dem Zeitpunkt der Überschreitung der Einkommensgrenze. Dies wurde geändert mit § 6 der Verordnung vom 1. Dezember 1922[100]. Danach schied der Angestellte erst mit dem Beginn des vierten Monats nach der Überschreitung der Verdienstgrenze aus der Versicherungspflicht aus. Die Gründe hierfür lagen in der Inflation, bei der sich zuerst die Gehälter erhöhten und der Gesetzgeber nur verzögert mit einer Erhöhung der

98 Ebenda.

99 RGBl. 1923 I S. 686, „Gesetz über Änderungen der Reichsversicherungsordnung" vom 19.7.1923.

100 RGBl. 1922 I S. 891, „Verordnung über Versicherungspflicht, Versicherungsberechtigung und Grundlöhne in der Krankenversicherung" vom 1.12.1922.

Entgeltgrenzen reagieren konnte. Es sollte zukünftig vermieden werden, dass Angestellte ständig ausschieden und nach kurzer Zeit wieder der Versicherungspflicht unterlagen. Die ursprünglich nur in der Verordnung enthaltene Frist wurde in § 4 des Gesetzes vom 27. März 1923 festgelegt[101]. Bei der Bekanntmachung der neuen Fassung der RVO im Jahre 1924[102] wurde diese Regelung in § 165b RVO übernommen.

b) *Inflationsbedingte Änderungen*

Bereits während des Krieges war der Geldwert der Mark stark gesunken. In der Folge hatten sich die Preise übermäßig erhöht. Dem folgten die Löhne, die zum Ende des Krieges ein Mehrfaches als zu Beginn des Krieges betrugen. Diese inflationäre Entwicklung setzte sich nach dem Kriege durch die Kriegsschulden und die zu leistenden Reparationen fort. Den Höhepunkt der Geldentwertung erlebte das Deutsche Reich mit der Hyperinflation der Jahre 1922 und 1923. Von dieser Inflation war unmittelbar auch der versicherungspflichtige und versicherungsberechtigte Personenkreis betroffen. Die RVO sah für die Versicherungspflicht der Angestellten und die Versicherungsberechtigung nur feste Geldbeträge vor, die sich nicht dem Gehaltsniveau anpassten. Diese konnten nur durch eine gesetzliche Änderung angeglichen werden. Eine solche Anpassung war letztmalig am 30. April 1920 durch eine Verordnung der Reichsregierung erfolgt[103]. Seitdem waren die Gehälter stark angestiegen und der größte Teil der Angestellten aus der Versicherungspflicht ausgeschieden.

Um dies zu ändern wurde nun eine fraktionsübergreifende Einigung darüber erzielt, die bisherigen Grenzen der Versicherungspflicht und der Versicherungsberechtigung zu erhöhen. Durch eine gemeinsame Gesetzesinitiative von SPD, Zentrum, DVP, DNVP, USPD, DDP, KPD und BVP am 13. Dezember 1921 wurde eine Erhöhung der Jahresarbeitsverdienstgrenze von bisher 15.000 Mark auf 40.000 Mark gefordert. Die Einkommensgrenze für die Versicherungsberechtigung nach § 176 RVO sollte nach diesem Antrag von bisher jährlich 2.500 Mark auf ebenfalls 40.000 Mark erhöht werden[104]. Der Reichs-

---

101 RGBl. 1923 I S. 225, „Gesetz zur Erhaltung leistungsfähiger Krankenkassen" vom 27.3.1923.

102 RGBl. 1924 I S. 779, „Bekanntmachung der neuen Fassung der Reichsversicherungsordnung" vom 15.12.1924.

103 RGBl. 1920 S. 769, „Verordnung über Aufhebung der Verordnung vom 1.4.1920 (RGBl. 1920 S. 433) und über die Heraufsetzung des Grundlohns und Ausdehnung der Versicherungspflicht in der Krankenversicherung" vom 30.4.1920.

104 SB RT, 1. WP 1920, 370. Band, Anlage Nr. 3163, S. 3053.

tag folgte dem Antrag und beschloss am 14. Dezember 1921 eine Änderung der RVO mit den geforderten, erhöhten Grenzbeträgen[105].

Da die Inflation immer weiter fortschritt, wurde im Mai 1922 ein interfraktioneller Gesetzesantrag eingebracht, mit dem die Regierung ermächtigt werden sollte, die Einkommensgrenzen in der Krankenversicherung nach Bedarf anzupassen[106]. Die Regierung selbst legte am 26. Mai 1922 einen Gesetzentwurf vor, der eine Heraufsetzung der jährlichen Versicherungspflichtgrenze von 40.000 Mark auf 60.000 Mark vorsah. Der sozialpolitische Ausschuss empfahl am 30. Mai 1922 eine weitere Erhöhung auf 72.000 Mark[107]. Zuvor hatte der Ausschuss in erster Lesung sogar noch eine Erhöhung auf 84.000 Mark beschlossen, diese Grenze aber in der zweiten Lesung mit Rücksicht auf den Ärztestand reduziert[108]. Der Reichstag folgte in seiner Sitzung am 31. Mai 1922 der Empfehlung des Ausschusses und setzte in § 165 RVO die jährliche Versicherungspflichtgrenze auf 72.000 Mark fest[109]. In derselben Sitzung wurde beschlossen, die Reichsregierung zu zukünftigen Änderungen der Entgeltgrenzen zu ermächtigen. Dabei sollte eine Erhöhung nur mit Zustimmung des Reichsrats und des Reichstagsausschusses für soziale Fragen möglich sein. Beide Gesetze wurde am 23. Juni 1922 verkündet[110]. Die Einkommensgrenze für die Versicherungsberechtigung nach § 176 RVO wurde nicht verändert und blieb weiterhin bei 40.000 Mark jährlich.

Im weiteren Verlauf des Jahres 1922 verstärkte sich die Inflation, so dass sich die Reichsregierung gezwungen sah, weitere Angleichungen vorzunehmen. So wurde am 14. September 1922[111] die Jahresarbeitsverdienstgrenze auf 240.000 Mark und am 1. Dezember 1922[112] auf 720.000 Mark erhöht. Mit der Änderung der RVO am 27. März 1923 wurde ein neuer § 165a RVO eingefügt, der das bisherige Recht der Reichsregierung zur Festsetzung der

105 SB RT, 1. WP 1920, 351. Band, S. 5206 ff.; RGBl. 1922 S. 5, „Gesetz über Versicherungspflicht, Versicherungsberechtigung und Grundlöhne in der Krankenversicherung“ vom 28.12.1921.

106 SB RT, 1. WP 1920, 373. Band, Anlage Nr. 4392, S. 4847.

107 SB RT, 1. WP 1920, 374. Band, Anlage Nr. 4412, S. 4873.

108 SB RT, 1. WP 1920, 355. Band, S. 7755.

109 SB RT, 1. WP 1920, 355. Band, S. 7757.

110 RGBl. 1922 I S. 497, „Gesetz über Versicherungspflicht in der Krankenversicherung“ vom 9.6.1922; RGBl. 1922 I S. 504, „Gesetz über Änderung von Geldbeträgen in der Sozialversicherung“ vom 9.6.1922.

111 RGBl. I 1922 S. 737, „Verordnung über Versicherungspflicht in der Krankenversicherung“ vom 14.9.1922.

112 RGBl. I 1922 S. 891, „Verordnung über Versicherungspflicht, Versicherungsberechtigung und Grundlöhne in der Krankenversicherung“ vom 1.12.1922.

Einkommensgrenzen auf den Reichsarbeitsminister (RAM) übertrug[113]. Hintergrund hierfür war, dass die bisherige Regelung nicht geeignet war, eine zeitnahe Anpassung der Verdienstgrenzen vorzunehmen. Insbesondere die erforderliche Zustimmung des Reichsrates hatte durch dessen wiederholte Stellungnahmen zu Verzögerungen geführt und der Krankenversicherung Schaden zugefügt[114]. In der Folgezeit sah sich der RAM durch die galoppierende Inflation gezwungen, fast im Monatstakt die Einkommensgrenzen zu verändern. So wurde die Einkommensgrenze für Angestellte und Hausgewerbetreibende erhöht:

am 1. April 1923 auf	4,8 Millionen Mark jährlich[115]
am 9. Juni 1923 auf	9,72 Millionen Mark jährlich[116]
am 22. Juni 1923 auf	21 Millionen Mark jährlich[117]
am 24. Juli 1923 auf	48 Millionen Mark jährlich[118]
am 24. August 1923 auf	1.500 Millionen Mark jährlich[119]
am 20. Oktober 1923 auf	1.200 Milliarden Mark jährlich[120]
am 6. November1923 auf	180 Billionen Mark jährlich[121]

Mit der Währungsreform 1923, die durch die Errichtung der Deutschen Rentenbank[122] eingeleitet wurde, konnte schließlich die Inflation eingedämmt werden. Die eingeführte grundschuldbasierte Rentenmark wurde in Goldmark angegeben. Mit der Verordnung vom 1. Dezember 1923[123] galt nun die Goldmark als Maßstab für die Verdienstgrenzen in der Krankenversicherung. Für die Jahresarbeitsverdienstgrenze für Angestellte, die jährliche Einkommensgrenze für Hausgewerbetreibende und das jährliche Gesamteinkommen für die

113 RGBl. I 1923 S. 225, „Gesetz zur Erhaltung leistungsfähiger Krankenkassen“ vom 7.3.1923.

114 SB RT, 1. WP 1920, 359. Band, S. 10332.

115 RGBl. I 1923 S. 234.

116 RGBl. I 1923 S. 375.

117 RGBl. I 1923 S. 421.

118 RGBl. I 1923 S. 741.

119 RGBl. I 1923 S. 832.

120 RGBl. I 1923 S. 986.

121 RGBl. I 1923 S. 1083; Anm.: Die VO nennt nur die „monatliche“ Grenze von 15 Billionen Mark.

122 RGBl. I 1923 S. 963, „Verordnung über die Errichtung der Deutschen Rentenbank“ vom 15.10.1923.

123 RGBl. I 1923 S. 1165, „Verordnung über die Verdienst- und Einkommensgrenze in der Krankenversicherung“ vom 1.12.1923.

Versicherungsberechtigung galt ein einheitlicher Betrag von 150 Goldmark monatlich (1.800 Goldmark jährlich). Schon wenige Monate später, im Februar 1924, wurde die Jahresarbeitsverdienstgrenze für Angestellte und die Einkommensgrenze für Hausgewerbetreibende auf 2.400 Goldmark jährlich angehoben[124]. Im Januar 1925 erfolgte die Erhöhung aller drei Einkommensgrenzen auf 2.700 Reichsmark (RM)[125] jährlich[126]. Das in der Inflationszeit 1923 durch § 165a RVO eingeräumte Verordnungsrecht des RAM zur Festsetzung der Entgeltgrenzen wurde durch Gesetz vom 15. Juli 1927 gestrichen[127]. Mit diesem Gesetz erfolgte gleichzeitig die Festlegung einer neuen Grenze von 3.600 RM jährlich[128]. Eine zukünftige Änderung der Entgeltgrenzen war nun nur noch durch eine Gesetzesänderung möglich.

5. Krankenkassenleistungen für Sozial- und Kleinrentner 1923

Der Versicherungszwang in der Krankenversicherung war seit 1883 sukzessive ausgeweitet worden. Dabei handelte es sich in erster Linie um eine Versicherung für die erwerbstätigen Arbeitnehmer. Selbständige konnten begrenzt einer gesetzlichen Krankenkasse beitreten. Von der gesetzlichen Krankenversicherung ausgeschlossen waren Personen ohne Erwerbstätigkeit, wie Rentner, Arbeitslose ohne Erwerbslosenunterstützung und Fürsorgeempfänger. Sofern diese in einer früheren Erwerbstätigkeit versicherungspflichtig gewesen waren, konnten sie freiwilliges Mitglied der Krankenkasse bleiben, mussten jedoch allein für den Beitrag aufkommen. Die Fortsetzung der Versicherung war nicht zwingend, so dass viele ausgeschieden waren und keinen Schutz mehr hatten. Dieser Personenkreis musste bei Erkrankungen für die Kosten der Krankenpflege selbst aufkommen. Die oft geringen Renten reichten hierfür nicht aus. Das galt insbesondere in der Inflationszeit, als die Renten nicht mehr Schritt hielten mit den steigenden Arzt- und Arzneikosten. Dadurch waren diese Personenkreise oftmals auf die Armenunterstützung angewiesen und wurden an den Armenarzt verwiesen. Um dieser Notlage abzuhelfen, beantragte der Ab-

124 RGBl. 1924 I S. 157, „Verordnung über die Verdienst- und Einkommensgrenze, Grundlöhne und Sterbegeld in der Krankenversicherung" vom 29.2.1924.

125 Mit dem Münzgesetz von 1924 wurde die Goldwährung mit der Rechnungseinheit „Reichsmark" eingeführt, vgl. RGBl. 1924 II S. 254, „Münzgesetz" vom 30.8.1924.

126 RGBl. 1925 I S. 2, „Verordnung über die Verdienst- und Einkommensgrenze in der Krankenversicherung" vom 10.1.1925.

127 RGBl. 1927 I S. 219, „Drittes Gesetz über Änderung des Zweiten Buches der Reichsversicherungsordnung" vom 15.7.1927.

128 Arb.-Vers. 1929, S. 189, enthält eine Übersicht aller KV-Einkommensgrenzen von 1914–1927.

geordnete Malzahn (KPD) die Versicherungspflicht für „Kriegsbeschädigte, Sozial- und Kleinrentner[129], Erwerbslose und Unterstützungsempfänger der Wohlfahrtsfürsorge" einzuführen, wobei das Reich die Kosten einer solchen Versicherung übernehmen sollte[130]. Eine solche Versicherungspflicht wurde von der Mehrheit des Reichstags am 23. März 1923 abgelehnt[131]. Gleichwohl beschäftigte sich der soziale Ausschuss des Reichstages weiterhin mit dieser Problematik. Statt einer Erweiterung des versicherungspflichtigen Personenkreises beschloss der Ausschuss, den Krankenkassen die Möglichkeit zu geben, durch eine Satzungsregelung die Krankenpflege zu übernehmen. Eine Regelung sollte daran geknüpft werden, dass den Krankenkassen der volle Ersatz ihrer Aufwendungen und der Ersatz angemessener Verwaltungskosten gewährleistet wurde[132]. Hierzu sollten Verträge zwischen den Gemeinden und den Krankenkassen geschlossen werden. Den Vorteil sah man darin, dass diese Personen nun in die von den Krankenkassen geschaffenen Gesundheitsstrukturen einbezogen wurden. So konnten Kasseneinrichtungen wie beispielsweise die kasseneigenen Heilstätten benutzt werden und die Behandlung zu Kassensätzen durch Kassenärzte und Apotheken erfolgen. Im Reichstag wurde vom Abgeordneten Karsten (SPD) die Erwartung ausgesprochen, dass durch diese Regelung das „unwürdige System des Armenarztes" beseitigt werden könnte[133]. Die Mehrheit des Reichstages folgte am 7. Juli 1923[134] dem Vorschlag des Ausschusses und legte dies in dem neu geschaffenen § 363a RVO fest[135]. Danach konnten die Krankenkassen durch eine Satzungsregelung für Sozialrentner und Kleinrentner sowie für Erwerbslose, die nicht der Erwerbslosenfürsorge unterstanden oder aus der Erwerbslosenfürsorge ausgeschieden waren und andere Fürsorgeempfänger die Krankenpflege übernehmen.

---

129 Der Begriff der Sozial- und Kleinrentner war gesetzlich nicht definiert. Der Personenkreis ergab sich aus dem Gesetzeszweck, der darin lag, bestimmte Personenkreise aus dem System des Armenarztes herauszuholen. Sozialrentner waren dabei Bezieher von Renten der GRV und GUV, während Kleinrentner Bezieher von sonstigen (privaten) Kleinrenten waren.

130 SB RT, 1. WP 1920, 377. Band, Anlage Nr. 5696, S. 6545.

131 SB RT, 1. WP 1920, 359. Band, S.10354.

132 SB RT, 1. WP 1920, 378. Band, Anlage Nr. 6058, S. 7366.

133 SB RT, 1. WP 1920, 360. Band, S. 11716.

134 SB RT, 1. WP 1920, 360. Band, S. 11718.

135 RGBl. 1923 I S. 686, „Gesetz über Änderungen der Reichsversicherungsordnung" vom 19.7.1923.

6. Aus Dienstboten werden Hausgehilfen 1924

Am 15. Dezember 1924 machte der RAM die neue Fassung der Reichsversicherungsordnung bekannt[136]. Die Ermächtigung hierzu war ihm aufgrund des Artikel LXIII des Gesetzes vom 19. Juli 1923 erteilt worden[137]. Dies erstreckte sich auch darauf, die seit dem Inkrafttreten der RVO eingetretenen gesetzlichen Veränderungen, die einen Bezug zur RVO hatten, zusammenzufassen und bekannt zu machen. Diese Ermächtigung wurde nun auch für die redaktionelle Anpassung des versicherungspflichtigen Personenkreises genutzt. So waren in § 165 Abs. 1 Nr. 1 RVO die bisherigen „Dienstboten" in „Hausgehilfen" umbenannt worden, weil es keine Dienstboten mehr im Sinne der bisherigen landesrechtlichen Gesindeordnungen gab. Die Gesindeordnungen waren durch Ziffer 8 des Aufrufes des Rates der Volksbeauftragten vom 12. November 1918 außer Kraft gesetzt worden[138]. Eine Abänderung der Begriffe folgte dabei dem neueren Sprachgebrauch[139], wobei inhaltlich hiermit keine Änderung verbunden war. Für die Auslegung des Begriffs der Hausgehilfen musste weiterhin auf den Begriff der Dienstboten in den früheren Gesindeordnungen und die Rechtsprechung zur Versicherungspflicht der Dienstboten zurückgegriffen werden[140].

7. Versicherungspflichtige Reparationsarbeiten im Ausland

Die Reparationen aufgrund des Versailler Friedensvertrages erfolgten in erster Linie durch die Zahlungen in Gold und Devisen. Daneben wurden auch Arbeitsleistungen deutscher Arbeitnehmer im Ausland erbracht. Die Krankenversicherung dieser Arbeiter war bisher nicht ausreichend geregelt. Eine Versicherungspflicht deutscher Arbeiter, die von deutschen Arbeitgebern im Ausland beschäftigt wurden, bestand nur im engen Rahmen der Ausstrahlung. Der Reichstagsabgeordnete Silberschmidt (SPD) und andere Abgeordnete reichten hierzu am 16. Dezember 1926 einen Gesetzesentwurf ein, der eine Ermächtigung des RAM zur Regelung der Sozialversicherung auch außerhalb der all-

136 RGBl. 1924 I S. 779, „Bekanntmachung der neuen Fassung der Reichsversicherungsordnung" vom 15.12.1924.

137 RGBl. 1923 I S. 686, „Gesetz über Änderungen der Reichsversicherungsordnung" vom 19.7.1923.

138 RGBl. 1918, S. 1303, „Aufruf des Rates der Volksbeauftragten an das deutsche Volk" vom 12.11.1918.

139 *Schulz*, RVO 1925, Anm. 12 zu § 165 RVO, S. 125.

140 *Hoffmann*, RVO 1929, Anm. 7 zu § 165 RVO, S. 20; *Schulz*, RVO 1925, Vorbemerkung zu § 435 RVO, S. 225; AN 1927, S. 406, RVA-Entsch. Nr. 3086.

gemeinen Vorschriften vorsah[141]. Der Reichstag beschloss ein entsprechendes Gesetz und ermächtigte den RAM, hierzu Regelungen zu erlassen[142]. Das Gesetz war befristet bis zum 31. Dezember 1927, wurde jedoch durch Gesetz vom 22. Dezember 1927 bis zum 31. Dezember 1929 verlängert[143]. Am 10. Juli 1929 erging eine Verordnung aufgrund dieses Gesetzes[144]. Offensichtlich wurden noch mehr als ein Jahrzehnt nach Kriegsende Reparationsarbeiten von deutschen Arbeitnehmern im Ausland geleistet, die die Notwendigkeit einer sozialen Absicherung erforderten. In der Verordnung war festgelegt, dass die Vorschriften der deutschen Sozialversicherung für Reparationsarbeiten deutscher Arbeitnehmer im Ausland galten. Die deutschen Arbeitgeber konnten ihre Arbeitnehmer entweder bei einer deutschen Krankenkasse oder einer (privaten) Versicherungsgesellschaft anmelden. Letztere musste mindestens die Regelleistungen der gesetzlichen Krankenkasse gewähren. Die private Versicherungsgesellschaft wurde einer Betriebskrankenkasse gleichgestellt, was eine Durchbrechung des Grundsatzes bedeutete, nach dem der Versicherungszwang nur von den gesetzlichen Krankenkassen durchgeführt werden konnte.

8. Die Krankenversicherung der Arbeitslosen 1927

Voraussetzung der Versicherungspflicht aufgrund der RVO war ein entgeltliches Beschäftigungsverhältnis. Schieden Arbeitnehmer aus einem Arbeitsverhältnis aus und wurden arbeitslos, dann endete auch die Krankenversicherung. Die Arbeitslosigkeit hatte somit eine doppelte Wirkung, indem nicht nur das Erwerbseinkommen wegfiel, sondern gleichzeitig auch der Krankenversicherungsschutz. Es bestand jedoch die Möglichkeit, die bisherige Krankenversicherung nach § 313 RVO mit eigener Beitragszahlung weiterzuführen. Dies war problematisch, da wegen des fehlenden laufenden Arbeitseinkommens die Beiträge aus Ersparnissen zu bestreiten waren. Solche waren oft nicht vorhanden oder wurden vorrangig für den täglichen Lebensunterhalt aufgebraucht. Waren alle Vermögenswerte aufgebracht, sprang bei Bedürftigkeit die gemeindliche Armenfürsorge mit ihren Leistungen ein.

Bis zum 1. Weltkrieg gab es keine staatliche Arbeitslosenversicherung, die bei Arbeitslosigkeit Leistungen gewährte, sondern lediglich einzelne Regelungen

---

141 SB RT, 3. WP 1924, 412. Band, Anlage Nr. 2876.

142 RGBl. 1926 I S. 531, „Gesetz zur Regelung der Sozialversicherung und der Erwerbslosenfürsorge der bei Reparationsarbeiten im Ausland beschäftigten Arbeitnehmer" vom 24.12.1926.

143 RGBl. 1927 I S. 508.

144 RGBl. 1929 I S. 136, „Verordnung zur Regelung der sozialen Versicherung der bei Reparationsarbeiten im Ausland beschäftigten Arbeitnehmer" vom 10.7.1929.

von Gewerkschaften, anderen Berufsverbänden und Städten, die bei Erwerbslosigkeit eine besondere Unterstützung gewährten[145]. Während des Krieges wurde aus Mitteln der Kriegswohlfahrtspflege zuerst eine Erwerbslosenfürsorge für die von Arbeitslosigkeit besonders betroffenen Arbeiter der Textil-, Konfektions- und Filzindustrie sowie später für die Arbeiter der Schuh- und Tabakindustrie gezahlt[146]. Der Kriegswohlfahrtspflege haftete, im Gegensatz zur Armenpflege, nicht mehr die Anrüchigkeit der „selbstverschuldeten Armut" an[147]. Nach dem Krieg nahm durch die aus dem Heeresdienst entlassenen Arbeiter und Angestellten die Arbeitslosigkeit stark zu. Das durch die Verordnung vom 12. November 1918 errichtete Demobilisierungsamt[148] erließ bereits am 13. November 1918 eine Verordnung über die Erwerbslosenfürsorge[149]. Dadurch wurden die Gemeinden verpflichtet, eine besondere Fürsorge für Erwerbslose einzurichten, die nicht den Rechtscharakter der Armenpflege haben durfte (§ 2 der VO)[150]. Hierfür wurden Reichsmittel bereitgestellt. Die Weiterzahlung der Krankenkassenbeiträge wurde dem Ermessen der Gemeinde überlassen (§ 9 der VO). Bereits mit der VO vom 21. Dezember 1918[151] wurde das Ermessen der Gemeinde zur Zahlung der Krankenkassenbeiträge eingeschränkt. Nunmehr „hatte" die Gemeinde die weitere Versicherung „herbeizuführen", wenn der Erwerbslose zur Fortsetzung oder Aufrechterhaltung der Krankenversicherung berechtigt war. Sie hatte die Meldungen vorzunehmen und die vollen Beiträge zu zahlen (§ 12a der VO). Versäumte sie dies, musste sie dem Erwerbslosen eine gleichwertige Krankenhilfe gewähren. Für Erwerbslose, die nicht krankenversichert waren, musste die Gemeinde im Krankheitsfalle die volle Erwerbslosenunterstützung weiter gewähren (§ 12b der VO). Durch die Neufassung des § 12b aufgrund der Änderung vom 15. April 1919[152], „konnte" die

145 *Syrup*, S. 23 f.; *Bogs*, S. 96 f.; Eine Übersicht solcher Unterstützungseinrichtungen vor dem 1. Weltkrieg enthält der allgemeine Teil der Gesetzesbegründung zum AVAVG, vgl. SB RT, 3. WP 1924, 413. Band, Anlage Nr. 2885, S. 22 ff.

146 Die Arbeiter in der Textil- und Konfektionsindustrie waren durch Beschlagnahmungen der Heeresverwaltungen arbeitslos geworden, da hierdurch ein Mangel an Textilrohstoffen entstand; vgl. SB RT, 13. LP/II. Session 1916, 319. Band, Anlage Nr. 403, S. 233 ff.; *Bogs*, S. 105.

147 *Klatt*, S. 149.

148 RGBl. 1918 S. 1304, „Erlass über die Errichtung des Reichsamts für die wirtschaftliche Demobilmachung (Demobilmachungsamt)" vom 12.11.1918.

149 RGBl. 1918 S. 1305, „Verordnung über Erwerbslosenfürsorge" vom 13.11.1918.

150 *Bogs*, S. 104.

151 RGBl. 1918 S. 1445, „Verordnung, betreffend Änderung der Verordnung über Erwerbslosenfürsorge vom 13.11.1918 (RGBl. 1918 S. 1305)" vom 21.12.1918.

152 RGBl. 1919 S. 399, „Verordnung, betreffend Änderung der Verordnung über Erwerbslosenfürsorge vom 13.11.1918 (RGBl. 1918 S. 1305)" vom 15.4.1919.

Gemeinde mit der Krankenkasse eine Vereinbarung schließen, mit der auch bisher nicht versicherte Erwerbslose krankenversichert wurden. Das sollte auch gelten, wenn der Erwerbslose nicht zum versicherungsberechtigten Personenkreis gehörte. Mit der Verordnung vom 15. Oktober 1923[153], die aufgrund des Ermächtigungsgesetzes vom 13. Oktober 1923[154] erging, wurden die krankenversicherungspflichtigen Arbeitnehmer und ihre Arbeitgeber zur Finanzierung der Erwerbslosenfürsorge herangezogen. Damit war der Weg von der steuerbasierten Erwerbslosenfürsorge zur beitragsfinanzierten Arbeitslosenversicherung vorgezeichnet. Die nächste Änderung erfolgte durch die VO vom 13. Februar 1924[155] und die darauf beruhende Neufassung vom 16. Februar 1924[156]. Dort wurde in § 20 festgelegt, dass die Gemeinde „alle" unterstützten Erwerbslosen bei der AOK ihres Bezirks versichern „soll". Die Weiterversicherung bei der bisherigen Krankenkasse war nur noch auf fakultativen Antrag des Erwerbslosen möglich. Hatte die Gemeinde eine Anmeldung zur Krankenkasse nicht vorgenommen, dann musste sie die dem Erwerbslosen entstandenen Ausfälle zahlen. Zusätzlich musste sie ihm auch die Kosten der Krankenpflege aus ihren eigenen Mitteln gewähren (§ 26).

Die Erwerbslosenfürsorge war im November 1918 als Demobilmachungsmaßnahme eingeführt worden. Sie sollte nur solange gelten, bis eine endgültige Regelung getroffen wurde. Ursprünglich war sie deshalb nur auf ein Jahr befristet (§18), wurde aber durch nachfolgende Änderungen mit unbefristeter Geltung in Kraft gelassen. Die Verordnung wurde bis zum Jahre 1926 achtzehnmal geändert und viermal neu verkündet[157]. Am 16. Dezember 1926 legte die Reichsregierung einen Gesetzentwurf über eine Arbeitslosenversicherung vor[158]. Zukünftig sollte zum Schutz der Arbeitslosen eine staatliche Arbeitslosenversicherung an die Stelle der als Notmaßnahme eingeführten Erwerbslosenfürsorge treten[159]. Dieses Gesetz wurde am 16. Juli 1927 als „Gesetz über Arbeitsvermittlung und Arbeitslosenversicherung (AVAVG)"

153 RGBl. 1923 I S. 984; „Verordnung über die Aufbringung der Mittel für die Erwerbslosenfürsorge" vom 15.10.1923.

154 RGBl. 1923 I S. 943, „Ermächtigungsgesetz" vom 13.10.1923.

155 RGBl. 1924 I S. 121, „Verordnung zur Änderung der Verordnungen über Erwerbslosenfürsorge und über die Aufbringung der Mittel für die Erwerbslosenfürsorge und des Arbeitsnachweisgesetzes" vom 13.2.1924.

156 RGBl. I 1924 S.127, „Bekanntmachung der neuen Fassung der Verordnungen über Erwerbslosenfürsorge und über die Aufbringung der Mittel für die Erwerbslosenfürsorge" vom 16.2.1924.

157 SB RT, 3. WP 1924, 413. Band, Anlage Nr. 2885, S. 27.

158 Ebenda, S. 1 ff.

159 Ebenda, S. 28.

in Kraft gesetzt[160]. Die Arbeitslosenversicherung beruhte auf dem Versicherungszwang. Die Versicherungspflicht lehnte sich an den versicherungspflichtigen Personenkreis der Krankenversicherung an (§ 69 AVAVG). Bezieher von Arbeitslosengeld (Hauptunterstützung) waren aufgrund des § 117 AVAVG nach den Vorschriften der RVO krankenversichert. An die Stelle der versicherungspflichtigen Beschäftigung als Voraussetzung für die Versicherungspflicht trat nun der Bezug der Hauptunterstützung (§118 AVAVG). Damit war ein weiterer Personenkreis in die Versicherungspflicht zur gesetzlichen Krankenversicherung einbezogen worden.

9. Die Krankenversicherung der Seeleute 1927

Nach dem bisherigen § 165 Abs. 1 Nr. 7 RVO waren die Schiffsbesatzungen deutscher Seefahrzeuge versicherungspflichtig, wenn ihnen keine Ansprüche auf Krankenhilfe nach der Seemannsordnung oder dem HGB zustanden. Diese Formulierung bedeutete, dass die Ausnahme von der Versicherungspflicht faktisch der Regelfall war. Die meisten Seeleute auf den unter deutscher Flagge fahrenden Seefahrzeugen hatten einen arbeitsrechtlichen Anspruch auf Krankenhilfe gegen den Reeder nach der Seemannsordnung oder dem HGB. Das waren die Beschäftigten auf Kauffahrteischiffen, den Lotsen-, Hochseefischerei-, Bergungs- und Schleppfahrzeugen[161]. Hinzu kamen noch die „Lustyachten" und Schulschiffe[162]. Unter die Versicherungspflicht nach § 165 Abs. 1 Nr. 7 RVO fielen nur noch die Beschäftigten der Vermessungsschiffe, Zollkreuzer, Postschiffe und Kriegsschiffe, sofern sie nicht als Beamte oder Soldaten versicherungsfrei waren[163]. Damit war der größte Teil der Seeleute auf die arbeitsrechtliche Krankenhilfe angewiesen. Das war vor dem Inkrafttreten der Reichsversicherungsordnung nicht als Problem betrachtet worden, da die Leistungen nach der Seemannsordnung und dem HGB denen der gesetzlichen Krankenversicherung entsprachen oder diese sogar übertrafen. Erst als im Lauf der Zeit die RVO-Leistungsansprüche ausgeweitet wurden und ein flächendeckendes Versorgungsnetz an Gesundheitsdienstleistungen für die Versicherten entstand, wurde der lückenhafte Schutz der Seeleute als Mangel empfunden. Insbesondere die von vielen Krankenkassen als freiwillige Mehr-

160 RGBl. 1927 I S. 187, „Gesetz über Arbeitsvermittlung und Arbeitslosenversicherung" vom 16.7.1927.

161 RGBl. 1899 S. 319, „Gesetz, betreffend das Flaggenrecht der Kauffahrteischiffe" vom 22.6.1899.

162 RGBl. 1901 S. 184, „Gesetz zur Abänderung des Gesetzes, betreffend das Flaggenrecht der Kauffahrteischiffe" vom 29.5.1901.

163 SB RT, 3. WP 1924, 420. Band, Anlage Nr. 3713, S. 8.

leistung gewährte Krankenhilfe für Familienangehörige war im arbeitsrechtlichen Schutz der Seeleute nicht enthalten. Am 8. Januar 1925 forderte der Abgeordnete Hermann Müller (SPD) den Reichstag auf, die Reichsregierung zu ersuchen, einen Gesetzentwurf zur Versicherungspflicht aller Seeleute vorzulegen. Dieser Antrag wurde vom Reichstag an den Ausschuss für soziale Angelegenheiten weitergeleitet[164]. Nachdem er dort nicht bearbeitet wurde, brachte Müller mit anderen SPD-Abgeordneten am 30. April 1926 eine eigene Gesetzesvorlage im Reichstag ein, der eine Krankenversicherungspflicht aller Seeleute vorsah[165]. Am 24. November 1927 legte die Reichsregierung ihren eigenen Gesetzentwurf vor[166].

Der Regierungsentwurf sah eine Krankenversicherungspflicht für alle Seeleute vor. Gleichzeitig wurden die Ansprüche an den Reeder aufgrund der Seemannsordnung und des HGB aufrechterhalten. Um doppelte Leistungen zu vermeiden, wurden arbeitsrechtliche und sozialrechtliche Ansprüche gegeneinander abgegrenzt. Der Reeder sollte die Krankenhilfe für die Zeit leisten, in der sich der Seemann an Bord des Schiffes, auf der Reise oder im Ausland befand. Für diese Zeit ruhten die Leistungen der Krankenkassen, wobei die Leistungen des Reeders nicht auf die Höchstbezugsdauer der Krankenversicherung angerechnet wurden. Die Leistungsansprüche an die See-Krankenkasse umfassten, in Abweichung zur allgemeinen Krankenversicherung, als Regelleistung auch die Familienhilfe. In der allgemeinen Krankenversicherung war die Familienhilfe dagegen nur eine freiwillige, auf Satzungsrecht beruhende Mehrleistung.

Die Versicherungspflicht war im Gesetzentwurf für alle Seeleute ohne Einkommensbeschränkung vorgesehen. Das galt auch für den Schiffer (Kapitän) und andere Angestellte der Schifffahrt, wie beispielsweise die Schiffsoffiziere, was eine Abweichung von der bisherigen Regelung des § 165 Abs. 2 RVO bedeutete, der eine Versicherungspflicht für Schiffer nur bis zur Jahresarbeitsverdienstgrenze vorgesehen hatte. Ein Änderungsantrag[167], die Versicherungspflicht durch eine Einkommensgrenze für Schiffer und Schiffsoffiziere zu begrenzen, wurde im Reichstag abgelehnt[168]. Angenommen wurde dagegen der Antrag[169], für Kapitäne in der Satzung die Möglichkeit der Versicherungsfreiheit und ein gleichzeitiges

164 SB RT, 3. WP 1924, 324. Band, S. 78.

165 SB RT, 3. WP 1924, 408. Band, Anlage Nr. 2239.

166 SB RT, 3. WP 1924, 420. Band, Anlage Nr. 3713.

167 SB RT, 3. WP 1924, 420. Band, Anlage Nr. 3744.

168 SB RT, 3. WP 1924, 394. Band, S. 11888.

169 SB RT, 3. WP 1924, 420. Band, Anlage Nr. 3746.

freiwilliges Beitrittsrecht vorzusehen (§ 477 Abs. 3 RVO)[170]. Mit dieser Regelung wurde das Gesetz verabschiedet[171]. Gleichzeitig wurde die bisherige Regelung für die Schiffer auf Fahrzeugen der Binnenschifffahrt beibehalten. Sie waren nach wie vor nur bis zu einem Höchsteinkommen versicherungspflichtig. Mit der Durchführung der Krankenversicherung wurde die See-Krankenkasse beauftragt. Diese war eine besondere Abteilung der Seekasse, die wiederum eine Sonderanstalt der See-Berufsgenossenschaft war (§§ 476f. RVO). Die Krankenhilfeleistungen an Seeleute wurden von den Ortskrankenkassen im Auftrag der See-Krankenkasse gewährt.

In der allgemeinen Krankenversicherung trat die Versicherungspflicht unabhängig von der Nationalität der Beschäftigten ein. Aufgrund des Territorialprinzips unterlag jede Beschäftigung auf dem Gebiet des Deutschen Reiches der Versicherungspflicht. Bei Seeschiffen, die weltweit unterwegs waren, galt dieses Prinzip ebenfalls. Es wurde daran geknüpft, dass die Versicherungspflicht nur für die Beschäftigten der Schiffe galt, die unter deutscher Flagge fuhren. Folglich waren die auf solchen Schiffen beschäftigten Seeleute aller Nationalitäten nach der Neuregelung der Krankenversicherung bei der See-Krankenkasse zu versichern. Hierbei bestand das Problem, dass manche unter deutscher Flagge fahrenden Seeschiffe nur in fernen Gewässern verkehrten und ihre Schiffsmannschaften aus angeheuerten einheimischen Seeleuten bestanden. Es stellte sich die Frage, ob solche Seeleute der deutschen Krankenversicherungspflicht zu unterstellen waren. Dies wurde für die Krankenversicherung bisher nicht als Problem gesehen, da die Seeleute nur arbeitsrechtliche Krankenhilfeansprüche gegenüber dem Reeder hatten und die deutschen Krankenkassen nicht belastet wurden. Nun führte jedes Verlassen des Schiffes in einem deutschen Hafen zu Krankenhilfeansprüchen gegenüber der Krankenkasse. Es war deshalb zu entscheiden, ob und in welchem Umfang eine Versicherungspflicht bestehen sollte. Hier folgte man den Regelungen in der Invalidenversicherung. Dort bestanden die gleichen Probleme schon seit 1889, als die Seeleute in der Invalidenversicherung versicherungspflichtig wurden. Für diesen Bereich waren durch den Bundesrat Regelungen zur Versicherungspflicht von Seeleuten getroffen worden[172]. Der Bundesrat bestimmte nun mit der Verordnung vom 16. Dezember 1927 für die Krankenversicherung

170 SB RT, 3. WP 1924, 394. Band, S. 11888.

171 RGBl. 1927 I S. 337, „Gesetz über die Krankenversicherung der Seeleute“ vom 16.12.1927.

172 RGBl. 1899 S. 725, „Bekanntmachung, betreffend die Befreiung vorübergehender Dienstleistungen von der Versicherungspflicht gemäß § 4 Abs. 1 des Invalidenversicherungsgesetzes“ vom 27.12.1899.

aufgrund des § 168 RVO den Umfang der Versicherungspflicht der Seeleute[173]. Danach waren Dienstleistungen „farbiger Seeleute“[174] auf deutschen Seeschiffen bei der Küstenschifffahrt in asiatischen, australischen, ost- oder westafrikanischen Gewässern sowie dem Verkehr zwischen Häfen in diesen Gewässern versicherungsfrei. Versicherungspflichtig waren „farbige Seeleute“ dagegen bei Fahrten zwischen diesen Gewässern und europäischen Häfen. Ausgenommen hiervon war der Dienst in Kohlen- und Kesselräumen der Dampfschiffe, wenn bei der Anmusterung im Ausland zugleich die Rückfahrt ausbedungen war. Ausgerechnet den Seeleuten, deren Arbeit ein erhöhtes Maß an Gesundheitsgefährdung aufwies und die der Krankenhilfe in erster Linie bedurft hätten, verweigerte man den Zugang zur deutschen Krankenversicherung. Vermutlich suchte man durch diese Regelung, eine erhöhte finanzielle Belastung der deutschen Krankenversicherung zu vermeiden. Ein Unrechtsbewusstsein für diese Diskriminierung ethnischer Gruppen durch die Gesetzgebung ist bei den Parteien des Reichstages in jener Zeit nicht auszumachen. Sogar die SPD hatte in ihrem eigenen Gesetzesantrag (Antrag Müller) vom 30. April 1926 den Ausschluss „farbiger“ Seeleute vorgesehen[175]. Lediglich der Abgeordnete Neddermeyer (KPD) beanstandete im Reichstag den Ausschluss dieser Seeleute aus der Krankenversicherung[176].

10. Die Notverordnung der Regierung Brüning vom 26. Juli 1930

Die Notverordnung der Regierung Brüning vom 26. Juli 1930 änderte den Umfang des Versicherungszwangs und erweiterte den Versicherungsschutz auf die Familienangehörigen[177].

a) Die Vorgeschichte der Notverordnung

Mit dem Börsenkrach im Oktober 1929 begann die Weltwirtschaftskrise, die in Deutschland zu einer Massenarbeitslosigkeit führte. Hierdurch wurden die Mittel

---

173 RGBl. 1927 I S. 343, „Verordnung über versicherungsfreie Dienstleistungen in der Seeschifffahrt“ vom 16.12.1927.

174 In der Regelung für die Invalidenversicherung im Jahre 1899 hatte man „farbig“ noch spezifiziert mit: „Indiern, Japanern, Chinesen, Malayen, Zanzibariten, Negern und anderen farbigen Seeleuten“, vgl. RGBl. 1899 S. 725.

175 SB RT, 3. WP 1924, 408. Band, Anlage Nr. 2239.

176 SB RT, 3. WP 1924, 394. Band, S. 11737.

177 RGBl. 1930 I S. 311, „Verordnung des Reichspräsidenten zur Behebung finanzieller, wirtschaftlicher und sozialer Notstände“ vom 26.7.1930.

der seit 1927 in Deutschland bestehenden Arbeitslosenversicherung übermäßig beansprucht. Der Streit über die Finanzierung der Arbeitslosigkeit durch die Arbeitslosenversicherung führte im März 1930 zu einem Bruch der Koalitionsregierung des Reichskanzlers Hermann Müller (SPD). Reichspräsident Hindenburg ernannte Heinrich Brüning (Zentrum) zum neuen Reichskanzler. Dessen Kabinett aus Mitgliedern von Zentrum, DVP, DDP, BVP, WP, DNVP und KVP konnte sich im Reichstag auf keine Mehrheit stützen. Damit war die Durchsetzung von Gesetzesvorhaben der Regierung erschwert. Nachdem am 16. Juli 1930 eine Gesetzesvorlage[178] im Reichstag gescheitert war, setzte Hindenburg dieses Gesetz durch eine Notverordnung aufgrund des Artikels 48 Abs. 2 WRV in Kraft[179]. Der Reichstag hob mit seiner Mehrheit in der Sitzung vom 18. Juli 1930 diese Notverordnung auf. Am gleichen Tage löste Hindenburg den Reichstag gemäß Art. 25 WRV auf[180]. Am 26. Juli 1930 wurde der Inhalt der Notverordnung vom 16. Juli 1930 durch eine neue Notverordnung wieder in Kraft gesetzt[181]. Nunmehr umfasste sie auch andere Gesetzesvorhaben der Regierung Brüning. Dies galt auch für Bestimmungen der RVO, mit der der Umfang des Versicherungszwangs in der Krankenversicherung geändert wurde.

b) Die Änderungen der Krankenversicherung

Mit der Notverordnung vom 26. Juli 1930 wurden einzelne Bestimmungen der Krankenversicherung geändert. Im Vordergrund stand die Absicht, die finanziellen Grundlagen der Krankenkassen zu sichern und den Kostenanstieg zu bremsen. Die in der Notverordnung enthaltenen Änderungen waren bereits vorher im regulären parlamentarischen Prozess beraten worden. Die Regierung hatte einen Gesetzentwurf am 28. Juni 1930 im Reichstag eingebracht[182]. Der Reichstag hatte den Entwurf an den Ausschuss für soziale Angelegenheiten verwiesen, der am 14. Juli 1930 seinen mündlichen Bericht abgegeben hatte[183]. Die Notverordnung übernahm die Regelungen in der Fassung der Ausschussbeschlüsse. Sie spiegeln somit den Konsens der Ausschussmehrheit wider. Fraglich ist jedoch,

178 SB RT, 4. WP 1928, 443. Band, Anlage Nr. 2247.

179 RGBl. 1930 I S. 207, „Verordnung des Reichspräsidenten auf Grund des Artikel 48 der Reichsverfassung über Deckungsmaßnahmen für den Reichshaushalt 1930" vom 16.7.1930.

180 RGBl. 1930 I S. 299, „Verordnung des Reichspräsidenten über die Auflösung des Reichstages" vom 18.7.1930

181 RGBl. 1930 I S. 311, „Verordnung des Reichspräsidenten zur Behebung finanzieller, wirtschaftlicher und sozialer Notstände" vom 26.7.1930.

182 SB RT, 4. WP 1928, 443. Band, Anlage Nr. 2221.

183 SB RT, 4. WP 1928, 443. Band, Anlage Nr. 2369.

ob einzelne Regelungen auch im Reichstag mehrheitsfähig gewesen wären. Diese Frage stellt sich bei der Betrachtung der einzelnen Änderungen.

aa) Überschreitung der Versicherungspflichtgrenze

Zur Zeit der Hyperinflation 1922 und 1923 war in § 165b RVO der Passus eingefügt worden, dass bei Überschreiten der Jahresarbeitsverdienstgrenze die Versicherungspflicht nicht sofort, sondern erst nach Ablauf von drei Monaten endete. Dies wurde nun rückgängig gemacht. Nun wurde das Ausscheiden aus der Versicherungspflicht auf den Tag der Überschreitung festgelegt, mit der Begründung, dass die Regelung durch die „Festigung der Währung" ihren Zweck verloren hätte. Dieser hätte in Inflationszeiten darin bestanden, das Ausscheiden zu vermeiden, wenn die Anpassung der Entgeltgrenze nicht Schritt halten konnte mit der schnellen Erhöhung der Löhne.

bb) Höchsteinkommen für die Versicherungsberechtigung

Die Höchstgrenze für den Verbleib in der freiwilligen Versicherung (§§ 176, 313 RVO) war 1918 vom Rat der Volksbeauftragten beseitigt worden. Die Notverordnung revidierte nun diese Entscheidung und führte eine jährliche Einkommensgrenze in Höhe von 8.400 RM ein[184]. Damit wurden auch langjährige freiwillige Versicherte aus der gesetzlichen Krankenversicherung ausgeschlossen. Hiervon waren vorwiegend ältere Versicherte betroffen, die für die Krankenkassen ein schlechtes Versicherungsrisiko bedeuteten[185]. In den Ausschussberatungen wurde die Regelung durch eine Besitzstandsklausel abgemildert. Danach erfolgte kein Ausschluss, wenn bei Inkrafttreten der Notverordnung bereits fünf Jahre eine freiwillige Mitgliedschaft bestanden hatte (Titel 2, Art. 5 der Notverordnung). Es ist zweifelhaft, ob diese Regelung der Notverordnung im parlamentarischen Gesetzgebungsverfahren eine Mehrheit gefunden hätte. Insbesondere die SPD war bisher immer gegen eine solche Regelung gewesen. Noch in den Haushaltsberatungen des Reichstages am 28. Juni 1930 hatte der Abgeordnete Litke (SPD) mit Hinweis auf den Gesetzentwurf erklärt, die SPD könne sich mit einer solchen Maßnahme „unter keinen Umständen" einverstanden erklären[186].

---

184 Die Verdienstgrenze von 8.400 RM wurde durch § 11 Abs. 3 des Gesetzes vom 7.12.1933 wieder auf 7.200 RM gesenkt, vgl. RGBl. 1933 I, S. 1039, „Gesetz zur Erhaltung der Leistungsfähigkeit der Invaliden-, der Angestellten- und knappschaftlichen Versicherung" vom 7.12.1933.

185 *Scheur*, S. 24.

186 SB RT, 4. WP 1928, 428. Band, S. 6015.

cc) Einführung der obligatorischen Familienversicherung

Durch die neue Gesetzgebung wurden die Ehegatten und Kinder verpflichtend in den Krankenversicherungsschutz einbezogen. Bisher war der Familienhilfeanspruch dieser Personen nur freiwillig als Mehrleistung durch Satzungsbestimmung möglich. Eine solche freiwillige Satzungsleistung war bisher schon durch fast alle Krankenkassen eingeführt worden[187], so dass faktisch eine Ausdehnung des Versicherungsschutzes nicht eintrat.

11. Die Versicherungspflicht im freiwilligen Arbeitsdienst 1932

Die Massenarbeitslosigkeit in der Weimarer Republik und die damit einhergehende hohe Jugendarbeitslosigkeit stellte ein besonderes Problem dar[188]. Vielfach fanden Schulabgänger keine Lehrstelle bzw. keinen Arbeitsplatz[189]. Es wurde die Möglichkeit erörtert, durch eine Verlängerung der Schulzeit die Jugendarbeitslosigkeit zu verringern. Die Einführung eines 9. Pflichtschuljahres scheiterte aus finanzpolitischen Gründen[190]. Als Alternative erwog man die Einführung eines freiwilligen Arbeitsdienstes. Die Notverordnung der Regierung Brüning vom 5. Juni 1931[191] sah eine Förderung des freiwilligen Arbeitsdienstes (FAD) durch die Reichsanstalt für Arbeitsvermittlung und Arbeitslosenversicherung (RAfAuA) nach § 139a AVAVG vor. Hiermit wurde ein Hindernis ausgeräumt, das einer Arbeit von erwerbslosen Beziehern von Arbeitslosen- und Krisenunterstützung entgegenstand. Das hatte darin bestanden, dass der Anspruch auf Unterstützung bisher erlosch, wenn der Arbeitslose irgendeine (gemeinnützige) Arbeit aufnahm[192]. Die Verordnung zu § 139a AVAG vom 23. Juli 1931 bestimmte die Einzelheiten der Förderung und des Personenkreises des FAD und legte fest, dass nur zusätzliche und gemeinnützige Arbeiten gefördert wurden[193]. Eine Altersgrenze war nicht vorgesehen, so dass die ursprüngliche Intention eines freiwilligen Arbeitsdienstes, nämlich

---

187 SB RT, 4. WP 1928, 443. Band, Anlage Nr. 2221, S. 14, Nr. 14.

188 *Syrup*, S. 71 f.; *Köhler*, Arbeitsdienst, S. 81.

189 *Syrup*, S. 71 f., verweist auf die Schätzungen der Reichsanstalt, wonach 1932 annähernd eine Million männliche Jugendliche unter 21 Jahren arbeitslos waren. Damit war jeder sechste Arbeitslose ein junger Mann.

190 *Bühler*, S. 43; *Niehuis*, S. 25; *Köhler*, Arbeitsdienst, S. 85.

191 RGBl. 1931 I S. 279, „Zweite Verordnung des Reichspräsidenten zur Sicherung von Wirtschaft und Finanzen" vom 5.6.1931.

192 *Zschucke*, Soziale Praxis 1931, Heft 32, Sp. 1063.

193 RGBl. 1931 I S. 398, „Verordnung über die Förderung des freiwilligen Arbeitsdienstes" vom 23.7.1931.

arbeitslose Jugendliche zu unterstützen, nicht erfüllt wurde[194]. Hinzu kam, dass eine Förderung nur für Bezieher von Arbeitslosenunterstützung und der sich daran anschließenden Krisenunterstützung vorgesehen war, deren Voraussetzungen Jugendliche nicht erfüllen konnten[195]. Bereits ein Jahr später wurde durch Notverordnung der Regierung von Papen vom 14. Juni 1932 eine neue Rechtsgrundlage für den FAD geschaffen[196]. Nun war dem RAM die Ermächtigung erteilt worden, Maßnahmen für die Einrichtung eines freiwilligen Arbeitsdienstes zu treffen (Vierter Teil, Kapitel I Abs. 2 der Verordnung). Mit der Verordnung vom 16. Juli 1932 wurden die Einzelheiten des FAD festgelegt[197]. Der freiwillige Arbeitsdienst sollte „jungen Menschen" Gelegenheit geben, „zum Nutzen der Gesamtheit im gemeinsamen Dienst freiwillig ernste Arbeit zu leisten und zugleich sich körperlich und geistig-sittlich zu ertüchtigen" (Art. 1). Nunmehr war bestimmt, die Förderung hauptsächlich Personen unter 25 Jahren zukommen zu lassen (Art. 6 Abs. 2), vorausgesetzt, die Arbeiten waren gemeinnützig und wurden „zusätzlich" geleistet (Art. 2). Damit sollte die Gefährdung bestehender Arbeitsplätze vermieden werden[198]. Der Eintritt in den freiwilligen Arbeitsdienst begründete kein Arbeits- oder Dienstverhältnis (Art. 4). Somit war eine Versicherungspflicht nach den allgemeinen Sozialversicherungsvorschriften ausgeschlossen. Die Arbeitsdienstfreiwilligen sollten aber in den Genuss der Sozialversicherung kommen, „soweit die Natur der Arbeit es erforderte" (Art. 4). Hierzu bestimmte § 19 der Ausführungsvorschriften vom 2. August 1932[199], dass die Arbeitsdienstwilligen bei der Ortskrankenkasse des Dienstortes bzw. der Landkrankenkasse gegen Krankheit versichert waren und die Vorschriften der RVO entsprechend galten[200]. Die Leistungen waren auf die Krankenpflege beschränkt. Im Gegensatz zu kranken Arbeitslosengeldbeziehern hatten die kranken Arbeitsdienstleistenden keinen Anspruch auf Krankengeld[201]. Die Beiträge

194 *Bühler*, S. 70.

195 *Bühler*, S. 67 f.; *Benz*, VfZ 16, S. 317 (323).

196 RGBl. 1932 I S. 273, „Verordnung des Reichspräsidenten über Maßnahmen zur Erhaltung der Arbeitslosenhilfe und der Sozialversicherung sowie zur Erleichterung der Wohlfahrtslasten der Gemeinden" vom 14.6.1932.

197 RGBl. 1932 I S. 352, „Verordnung über den freiwilligen Arbeitsdienst" vom 16.7.1932.

198 *Niehuis*, S. 26.

199 RGBl. 1932 I S. 392, „Ausführungsvorschriften zur Verordnung über den freiwilligen Arbeitsdienst vom 16.7.1932" vom 2.8.1932.

200 Obwohl die Krankenversicherung des FAD nicht unmittelbar in der RVO geregelt war, wurde die FAD-Zeit als RVO-Krankenversicherungszeit gewertet, vgl. RVA-Stellungnahme und RAM-Schreiben vom 30.8.1934, AZ: - IIa 7481/34 -, in RABl. 1934, S. IV, 363.

201 *Schieckel*, Soziale Praxis 1932, S. 1569.

wurden aus den Mitteln des freiwilligen Arbeitsdienstes bestritten, die vom Reich zur Verfügung gestellt wurden[202].

Eine Förderung des FAD stand nach Artikel 2 Abs. 2 der VO vom 16. Juli 1932 unter dem Vorbehalt, dass dieser „nicht für politische oder staatsfeindliche Zwecke missbraucht werden“ durfte. Allerdings war die Realität eine andere, weil als Träger des Arbeitsdienstes nicht nur kirchliche Organisationen, freie und christliche Gewerkschaften, Sportverbände, Volksbildungswerke sondern auch nationale Wehrverbände wie der „Stahlhelm“ den FAD durchführten[203]. Die Durchführung durch diesen antidemokratischen Verband entsprach inhaltlich und personell dem späteren nationalsozialistischen Arbeitsdienst[204]. So wurde nach der Machtübernahme 1933 der Stahlhelmführer Seldte im ersten Kabinett Hitlers Reichsarbeitsminister und zugleich Reichskommissar des FAD. Der FAD wurde unter seiner Leitung gleichgeschaltet und die bisherige Dienstträgerpluralität sofort aufgehoben, so dass nur noch nationalsozialistische Dienstträger den Arbeitsdienst durchführten[205]. Hierdurch sollte nach dem Wortlaut des Erlasses vom 28. April 1933 im freiwilligen Arbeitsdienst nur noch „eine geistige Haltung“ vorhanden sein, die der neuen Regierung entsprach[206]. Der Dienstträger musste im Reichsverband Deutscher Arbeitsdienstvereine bzw. ab 1934 bei dessen Rechtsnachfolger, dem Nationalsozialistischen Arbeitsdienst e.V. (NSAD), organisiert sein. Beide Organisationen waren eng mit der NSDAP verbunden[207]. Die neuen Machthaber betrachteten den gleichgeschalteten freiwilligen Arbeitsdienst von Beginn an als „eine Vorschule und Vorbereitung“ für die Arbeitsdienstpflicht, wie der spätere Reichsarbeitsführer Hierl schon 1933 bekannte[208]. Der freiwillige Arbeitsdienst wurde schließlich 1935 in den staatlich organisierten verpflichtenden Arbeitsdienst überführt[209].

---

202 Die Finanzierung des freiwilligen Arbeitsdienstes erfolgte aus Reichsmitteln. Die Reichsanstalt für Arbeitsvermittlung und Arbeitslosenversicherung war verpflichtet insoweit Mittel beizutragen, als sie durch den Arbeitsdienst Unterstützungsleistungen einsparte (Artikel 5 der VO vom 16.7.1932)

203 *Bühler*, S. 146; *Niehuis*, S. 26 f., 362; *Benz*, VfZ 16, S. 317 (323f); *Köhler*, Arbeitsdienst, S.149 ff.; *Vogelsang*, S. 143 f.

204 *Bühler*, S. 200, *Niehuis*, S. 27; *Benz*, VfZ 16, S. 317(332f); *Vogelsang*, S. 144.

205 *Bühler*, S. 200; *Benz*, VfZ 16, S. 317 (343); *Morgan*, S. 94; *Kuhn*, S. 42, *Vogelsang* S. 144 f.

206 RABl. 1933 S. I 125, Reichskommissar für den Arbeitsdienst – AZ: IV/9110/8.

207 *Morgan*, S. 123.

208 *Hierl*, Schriften, Band 2, S. 124.

209 *Bühler*, S. 200; *Benz* VfZ 16, S. 317 (343).

J) Die Gesetzgebung des „Dritten Reiches“ 1933–1945

I. Die veränderte Rechtsetzung im Nationalsozialismus

Die Rechtsetzung im Dritten Reich erfolgte durch unterschiedliche Akteure. Das waren der Reichstag, die Reichsregierung, einzelne Ministerien, der Führer und Reichskanzler Adolf Hitler, der Ministerrat für die Reichsverteidigung, das „Dreierkollegium“ des Reichsverteidigungsgesetzes sowie der Beauftragte für den Vierjahresplan. Alle diese genannten Institutionen nahmen für sich das Recht der Rechtsetzung in Anspruch. So wurden auch im Bereich der Sozialversicherung die unterschiedlichsten Rechtsnormen gesetzt. Hierbei ist die Rechtsgrundlage und ihre Einordnung in die Normenhierarchie nicht immer eindeutig. Es erscheint deshalb angebracht, vorausgehend die Normsetzung des Dritten Reiches zu skizzieren.

Am 30. Januar 1933 ernannte Reichspräsident Hindenburg den Führer der NSDAP, Adolf Hitler, zum Reichskanzler. Nach der Machtübernahme wurde anfangs die Gesetzgebung durch Notverordnungen des Reichspräsidenten nach Artikel 48 Abs. 2 WRV fortgesetzt. Im Bereich der Krankenversicherung war dies zuletzt noch die Verordnung vom 1. März 1933[1] Darin wurde die Reichsregierung ermächtigt, „zur Verbilligung und Vereinfachung und zur Sicherstellung der Wirtschaftlichkeit in der Krankenversicherung Vorschriften zu erlassen“. Das Gesetzgebungsverfahren änderte sich grundlegend mit dem „Ermächtigungsgesetz“ vom 24. März 1933[2]. Die Reichsregierung erhielt nun das eigenständige Recht, außerhalb des parlamentarischen Gesetzgebungsverfahrens Gesetze zu beschließen und von der Reichsverfassung abzuweichen (Art. 1, 2). Die Ausfertigung und Verkündung solcher Gesetze erfolgten nicht mehr durch den Reichspräsidenten, sondern durch den Reichskanzler (Art. 3)[3]. Damit war der Reichstag als Legislative weitgehend ausgeschaltet und spielte

---

1 RGBl. 1933 I S. 97, „Verordnung des Reichspräsidenten über Krankenversicherung“ vom 1.3.1933.

2 RGBl. 1933 I S. 141, „Gesetz zur Behebung der Not von Volk und Reich“ vom 24.3.1933.

3 Ab 1.8.1934 war dies ohne Bedeutung, da die beiden Ämter Reichspräsident und Reichskanzler in der Person Adolf Hitlers vereinigt waren. Die Bezeichnung Reichspräsident wurde nicht mehr verwendet, sondern nur noch die Bezeichnung „Führer und Reichskanzler“; vgl. RGBl. 1934 I S. 748, 751.

bis zum Ende des Dritten Reiches keine entscheidende Rolle mehr[4]. Für die Genese von Gesetzen des Dritten Reiches kann deshalb nicht mehr auf parlamentarische Beratungen und Kommissionsverhandlungen zurückgegriffen werden. Zudem wurden Geheimgesetze und geheime Führererlasse überhaupt nicht publiziert[5]. Vorrangig stehen für die historische Auslegung nur die Gesetzesbegründungen zur Verfügung. Die neue Reichsregierung hatte im Juli 1933 die bestehende „Gemeinsame Geschäftsordnung der Reichsministerien (GGO)" geändert und einen neuen Abschnitt „Vereinfachte Gesetzgebung" eingefügt[6]. Danach war ein Gesetzentwurf mit einer Begründung von dem federführenden Reichsminister an die Staatskanzlei zu leiten[7]. Es war vorgesehen, den Inhalt und die Absichten des Gesetzes in einer erläuternden Darlegung an die Presse zu geben und die Begründung im Deutschen Reichsanzeiger zu veröffentlichen[8]. Die Veröffentlichung war aber nicht zwingend[9]. In einigen Gesetzen erlebten die Gesetzesvorsprüche (Präambeln) eine Renaissance an Stelle von veröffentlichten Gesetzesbegründungen[10].

Hinsichtlich der Verordnungen hielt man von 1933 bis 1935 an den „traditionellen Rechtsetzungskategorien" fest, so dass die Verordnungen meist noch ausdrücklich eine gesetzliche Ermächtigungsnorm hatten[11]. Mit der Verordnung zur Durchführung des Vierjahresplanes vom 18. Oktober 1936[12] nahm Hitler erstmalig das Recht der „Führerverordnung" für sich in Anspruch, ohne dass diese Verordnung von einer gesetzlichen Ermächtigung gedeckt war[13]. Ab 1938 wurde aus der „Einheit der Führergewalt" eine „unbeschränkte selbständige Rechtsetzungsbefugnis Hitlers" abgeleitet[14]. Daraus wurde eine „Ranggleichheit von Führerverordnungen und Führererlassen mit Reichstags- und Regierungsgesetzen gefolgert, wobei man Letztere nun ebenfalls als Er-

4 Nach *Mertens*, S. 11 f., hatte der Reichstag nach Inkrafttreten des Ermächtigungsgesetzes bis zum Kriegsbeginn am 1.9.1939 nur noch sieben Gesetze erlassen.

5 *Mertens*, S. 67.

6 Reichsministerialblatt 1933, S. 386 f., „Erste Änderung der Gemeinsamen Geschäftsordnung der Reichsministerien, Besonderer Teil (GGO II).

7 *Dernedde*, RVerwBl. 1937 S. 509 (511).

8 Ebenda.

9 *Mertens*, S. 116.

10 *Mertens*, S. 111 ff.

11 *Mertens*, S. 17.

12 RGBl. 1936 I S. 887, „Verordnung zur Durchführung des Vierjahresplanes" vom 18.10.1936.

13 *Mertens*, S. 17.

14 *Mertens*, S. 18.

scheinungsformen der Führerrechtsetzung ansah"[15]. Kurz vor Beginn des Krieges schuf Hitler das „Ministerium für die Reichsverteidigung"[16], das mit weitreichenden Rechtsetzungsbefugnissen ausgestattet wurde[17]. Diese Rechtsetzungskompetenz stand in Konkurrenz zu dem für den Kriegsfall durch das (nicht veröffentlichte) Reichsverteidigungsgesetz von 1938 geschaffene „Dreierkollegium"[18], das ebenfalls mit Rechtsetzungskompetenz ausgestattet war und sich personell mit dem Ministerrat überschnitt[19]. Bereits 1936 hatte der „Beauftragte für den Vierjahresplan", Göring, umfangreiche Kompetenzen für die Erfüllung seiner Aufgaben erhalten. Er wurde ermächtigt, für die „erforderlichen Maßnahmen" Rechtsverordnungen und allgemeine Verwaltungsvorschriften zu erlassen[20]. Sogar dem Reichsschatzmeister der NSDAP war eine Rechtsetzungskompetenz erteilt worden, mit der er den Umfang der Krankenversicherungspflicht für Parteibeschäftigte abweichend regeln konnte[21], die allerdings nicht mehr zum Tragen kam[22]. Eine weitere Verlagerung der Legislativgewalt auf die Ebene der Ministerien erfolgte durch die von Mertens als „Blankett-Ermächtigungen" bezeichnete Kompetenz einzelner Ministerien. Diese Praxis ging zunehmend so weit, „nicht nur zur Aus- und Durchführung, sondern auch zur Abänderung bestehender formeller Gesetze (einschließlich des ermächtigenden Gesetzes selbst) zu ermächtigen"[23]. Hierdurch geriet die Normenhierarchie zusätzlich durcheinander[24]. Mertens weist darauf hin, dass seit 1936 selbständige Verordnungen und Erlasse sich häufig auf die Vorgabe bloß programmatischer Rahmenbedingungen beschränkten. Die Ausgestaltung

---

15 Ebenda.

16 RGBl. 1939 I S. 1539, „Erlass des Führers über die Bildung eines Ministerrats für die Reichsverteidigung" vom 30.8.1939.

17 *Mertens*, S. 20.

18 Das Dreiergremium bestand aus dem Generalbevollmächtigten für die Reichsverwaltung, dem Generalbevollmächtigten für die Wirtschaft und dem Chef des Oberkommandos der Wehrmacht (OKW).

19 *Mertens*, S. 24.

20 RGBl. 1936 I S. 887, „Verordnung zur Durchführung des Vierjahresplanes" vom 18.10.1936.

21 RGBl. 1943 I S. 131, „Gesetz über die versicherungsrechtliche Stellung der im Dienst der Nationalsozialistischen Deutschen Arbeiterpartei Beschäftigten" vom 4.3.1943.

22 Das Gesetz vom 4.3.1943 sah die Errichtung einer „Krankenversicherungsanstalt der NSDAP" vor, die offenbar nicht mehr realisiert wurde, vgl. BArch. NS 1/481.

23 *Mertens*, S. 31.

24 *Mertens*, S. 32.

wurde den nachgeordneten Stellen oder Beauftragten überlassen, wobei ihre rechtsetzende Tätigkeit nur an „politische Zielvorgaben" gebunden war[25].

Daher kann bei den Rechtsnormen des „Dritten Reiches" davon ausgegangen werden, dass sich in ihnen nationalsozialistisches Gedankengut widerspiegelt. Dies gilt insbesondere auch für den Bereich der hier untersuchten Sozialgesetzgebung, was bei der Erforschung der Motivation einer Rechtsnorm stets zu berücksichtigen ist. So fanden das „Ausnahmerecht gegenüber Minderheiten, Andersgläubigen, politischen Gegnern" ebenso wie die „Rassengesetzgebung" und die „Einschränkung der politischen Freiheit" Eingang in das Sozialversicherungsrecht[26].

II. Das Aufbaugesetz für die Sozialversicherung 1934

Das ursprüngliche parteipolitische Ziel der Nationalsozialisten bestand in der Neuordnung der gesamten Sozialversicherung durch Schaffung einer „Einheitsversicherung und Einheitsverwaltung"[27]. Eine solche Verschmelzung der Versicherungszweige fand letztlich nicht statt. Die „phantastischen Pläne von Zwangsspareinrichtungen, Einheitsversicherung usw. erwiesen sich...bei der Prüfung auf ihre praktische Durchführbarkeit als unbrauchbar", wie 1936 der Reichs- und Preußische Arbeitsminister Seldte feststellte[28]. Er spielte offensichtlich auf die Deutsche Arbeitsfront (DAF) unter ihrem Führer Robert Ley an, der entsprechende Pläne verfolgt[29], aber den internen Machtkampf um die zukünftige Gestaltung der Sozialversicherung verloren hatte[30]. Man entschied sich für die Beibehaltung der eigenständigen Zweige der Sozialversicherung. Für den Bereich der Krankenversicherung wurde auch das Ziel einer Einheitskasse nicht weiterverfolgt[31]. Es blieb das Ziel, das nationalsozialistische „Führerprinzip" in diesem Bereich zu verwirklichen[32]. Hierzu wurde am 5. Juli 1934 das Aufbaugesetz[33] beschlossen, das den Rahmen für den Umbau

---

25 *Mertens*, S. 28 ff.

26 *Peters*, S. 105.

27 *Peters*, S. 106; *Eckert*, S. 51; *Wischer*, S. 9.

28 *Seldte*, S. 46.

29 *Schlegel-Voß*, S. 57.

30 Zu den Plänen der DAF und dem Machtkampf zwischen Reichsarbeitsministerium und Ley, vgl. *Teppe*, AfS 1977, S. 195 (217 ff., 223 f., 237 ff., 249); *Recker*, S. 109 ff.; *Schlegel-Voß*, S. 62 f.; *Eckert*, S. 54.

31 *Zschimmer*, RArbBl. 1934 S. II 249; *Wischer*, S. 9.

32 *Wischer*, S. 10.

33 RGBl. 1934 I S. 577, „Gesetz über den Aufbau der Sozialversicherung" vom 5.7.1934.

der gesamten Sozialversicherung vorgab. Es war somit „ein typisches Produkt der nationalsozialistischen Gesetzestechnik", bei der nur die Grundlinien festlegt waren und dem RAM die Generalvollmacht zur Ausgestaltung übertragen wurde[34]. In dem Vorspruch dieses Gesetzes wird als Ziel die Beseitigung der Zersplitterung und Unübersichtlichkeit in der Sozialversicherung angegeben. Die Gesamtheit der Versicherungszweige wurde nun einheitlich unter dem Begriff der „Reichsversicherung" zusammengefasst[35]. Erstmalig wurde unter dem Sammelbegriff „Rentenversicherung" die bisherige Invaliden-, Angestellten- und Knappschaftsversicherung zusammengefasst[36]. Mit Abschnitt II, Artikel 7, § 1 des Aufbaugesetzes wurde die Durchsetzung des „Führerprinzips" verfolgt[37]. Es wurde angeordnet, dass jeder Träger der Sozialversicherung einen „Leiter" hatte. Dieser Leiter übernahm die Aufgaben der bisher vorgesehenen Organe. Damit war die bisherige ehrenamtliche Selbstverwaltung ausgeschaltet. Es war lediglich ein beratender Beirat vorgesehen (Abschnitt II, Artikel 7, § 3 Aufbaugesetz), der von der Aufsichtsbehörde nach Anhörung der DAF und bei den Landkrankenkassen nach Anhörung des Reichsbauernführers berufen wurde. Mit dem Abschnitt V § 1 des Aufbaugesetzes wurde dem RAM die Ermächtigung erteilt, Rechts- und Verwaltungsvorschriften zur Durchführung und Ergänzung zu erlassen. Aufgrund dieser Ermächtigung wurden bis zum Jahre 1942 insgesamt 17 Verordnungen zum Aufbau der Sozialversicherung (AVO) erlassen. Soweit diese Verordnungen den Umfang der Versicherungspflicht verändern, werden sie nachfolgend Gegenstand dieser Arbeit sein.

III. Ausdehnung des Personenkreises nach § 363a RVO

Mit der Verordnung vom 13. Juli 1935[38] wurde die Möglichkeit geschaffen, durch die Satzung weiteren Personen die Krankenhilfeleistungen nach § 363a RVO zukommen zu lassen. Dies sollte nun zusätzlich auch für solche Personenkreise gelten, die der RAM besonders bezeichnet hatte. Die Übernahme der Krankenhilfe durch die Krankenkassen konnte für besondere Personenkreise auch ohne Satzungsbestimmung angeordnet werden. Mit seinem Erlass

34 *Teppe*, AfS 1977, S. 195 (217).

35 *Zschimmer*, RArbBl. 1934 S. II 249 (250); *Scheur*, S. 83; *Teppe*, AfS 1977, S. 195 (221).

36 *Peters*, S. 109.

37 *Scheur*, S. 96; *Eckert*, S. 51.

38 RGBl. 1935 I S. 1024, „Neunte Verordnung zur Neuordnung der Krankenversicherung" vom 13.7.1935.

vom 24. Januar 1940 legte der RAM fest, dass die nach § 363a RVO einbezogenen Versicherten „vollwertige Mitglieder" der Krankenkasse waren, wenn sich aus seinen Bescheiden keine „Besonderheiten" ergeben würden[39]. Dies entsprach nicht mehr der ursprünglichen Funktion des § 363a RVO, die darin bestanden hatte, für bestimmte bedürftige Personenkreise, die ohne Krankenversicherungsschutz waren, die Krankenhilfe auftragsweise sicherzustellen. Nunmehr konnten die bezeichneten Personen zu Krankenkassenmitgliedern gemacht werden. Faktisch war dies eine Erweiterung des versicherungspflichtigen Personenkreises durch Anordnung des RAM. Hiervon wurde in der Folgezeit ausgiebig Gebrauch gemacht. So in den folgenden Erlassen:

- RAM-Erlass vom 6. August 1935 – II a 8063/35 – für: 1. die wechselnde Belegschaft der SA-Hilfswerklager, 2. die Teilnehmerinnen im Deutschen Frauenarbeitsdienst, 3. die Lehrgangsteilnehmer der SA-Motorsportschulen des NS-Kraftfahrerkorps[40],
- RAM-Erlass vom 16. April 1936 – II a 3638/36 – für die am Landjahr teilnehmenden Jugendlichen (Landjahrpflichtigen)[41],
- RAM-Erlass vom 24. April 1936 – II a 3745/36 – für die Wachstandarte der Obersten SA-Führung[42],
- RAM-Erlass vom 17. Mai 1938 – II a 6560/38 – für die Teilnehmer am studentischen Ausgleichdienst[43],
- RAM-Erlass vom 29. September 1938 – II a 13420/38 – für die Teilnehmerinnen am Frauenhilfsdienst für Wohlfahrts- und Krankenpflege[44],
- RAM-Erlass vom 21. Oktober 1938 – II a 12142/38 – für Lernschwestern (Krankenpflegeschüler)[45],
- RAM-Erlass vom 15. Dezember 1938 – II a 18247/38 – für die ausgleichdienstpflichtigen Abiturientinnen[46],

39 RArbBl. 1940 S. II 52, Erlass des RAM vom 24.1.1940 – II a 666/40.

40 RArbBl. 1935 S. IV 306. Für die unter Nrn. 2 und 3 genannten Personenkreise wurde die Zuordnung nach § 363a RVO durch den Erlass vom 28.11.1936 – II a 10156/36 widerrufen, da die Krankenversicherung nun anderweitig geregelt war, vgl. RArbBl. 1936 S. IV 352.

41 RArbBl. 1936 S. IV 107.

42 RArbBl. 1936 S. IV 165.

43 RArbBl. 1938 S. IV 203.

44 RArbBl. 1938 S. IV 408; vgl. hierzu die Änderungen in RArbBl. 1939 S. IV 274 f., RArbBl. 1940 S. II 52.

45 RArbBl. 1938 S. IV 433.

46 RArbBl. 1938 S. IV 516.

- RAM-Erlass vom 22. Dezember 1939 – II a 16588/39 – für Lernschwestern in der Säuglings- und Kinderpflege[47],
- RAM-Erlass vom 10. Juni 1940 – II a 7133/40 – für die im Werkehrendienst eingesetzten Frauen[48],
- RAM-Erlass vom 9. Februar 1942 – II a 1600/42 – für versehrte Beschädigte während der Ein- und Umschulung[49],
- RAM-Erlass vom 1. April 1942 – II a 3438/42 – für Hebammenschülerinnen[50],
- RAM-Erlass vom 23. August 1944 – II 8781/44 – für Schülerinnen der 7. Klasse der Oberschulen beim Einsatz in NSV-Einrichtungen und kinderreichen Familien[51].

Diese Entwicklung des § 363a RVO lässt erkennen, wie das Versicherungsprinzip immer mehr zurücktrat und der Versorgungsgedanke leitend wurde. Zu Beginn der nationalsozialistischen Herrschaft waren solche Bestrebungen noch vermieden worden, so dass der ursprüngliche Versicherungsgedanke in der Sozialversicherung erhalten blieb. Das Endziel eines „nationalsozialistischen Systems der sozialen Sicherheit" blieb aber die Versorgung, statt der Versicherung[52]. Dies zeichnete sich auch bereits in anderen Bereichen der Sozialversicherung ab. Am deutlichsten trat dies bei der Arbeitslosenversicherung hervor. Hier waren die Befugnisse der Reichsanstalt für Arbeitsvermittlung und Arbeitslosenversicherung" 1938 durch Führererlass auf den RAM übergegangen[53]. Die Bezeichnung der „Arbeitslosenversicherung" wurde 1939 ganz gestrichen. Sie erhielt nun die Bezeichnung „Reichsstock für Arbeitseinsatz"[54]. Mit der Loslösung vom Versicherungsgedanken fiel eine zweckgebundene „versicherungsmäßige" Verwendung weg. Die Beitragseinnahmen wurden wie Steuern behandelt und zur Finanzierung öffentlicher Aufgaben verwendet[55].

---

47 RArbBl. 1940 S. II 10.

48 RArbBl. 1940 S. II 195.

49 RArbBl. 1942 S. II 107.

50 RArbBl. 1942 S. II 248

51 RArbBl. 1944 S. II 232.

52 *Scheur*, S. 156 f.

53 RGBl. 1938 I S. 1892, „Erlass des Führers und Reichskanzlers über die Reichsanstalt für Arbeitsvermittlung und Arbeitslosenversicherung" vom 21.12.1938.

54 RGBl. 1939 I S. 575, „Verordnung über den Arbeitseinsatz" vom 25.3.1939.

55 *Scheur*, S. 113.

IV. Die Ausdehnung der Versicherungspflicht 1938

1. Versicherungspflicht der selbständigen Artisten

Mit Gesetz vom 13. Januar 1938[56] wurde ein § 165a RVO eingefügt, der die Krankenversicherungspflicht der selbständigen Artisten vorsah. Gleichzeitig wurden in dieser neuen Norm auch die anderen versicherungspflichtigen Selbständigen zusammengefasst. Es handelte sich um die bisher schon nach § 165 Abs. 1 Nrn. 5, 6 RVO versicherungspflichtigen Lehrer und Erzieher sowie die Hausgewerbetreibenden. Eine besondere Regelung der Versicherungspflicht der Artisten hielt man für erforderlich, da sich die bisherige Regelung als unzureichend erwiesen hatte. Bisher war man davon ausgegangen, dass die Versicherung der Artisten über die Versicherungspflicht der Bühnenmitglieder nach § 165 Abs. 1 Nr. 4 RVO sichergestellt war[57]. Aufgrund der Rechtsprechung lag die Eigenschaft als „Bühnenmitglied“ nur dann vor, „wenn eine Person sich in den festen Stamm des Personals der Bühne für voraussichtlich längere Zeit derartig einordnet, dass sie von dem Bühnenleiter oder seinen Vertretern zu wechselnder Verwendung in den Fächern herangezogen werden kann, für die sie ausgebildet und angenommen worden ist“[58]. Diese Voraussetzung waren bei Artisten in der Regel nicht gegeben, da sie meist nur kurzfristig engagiert wurden, um ihre individuelle Aufführung darzubieten, und deshalb auch nicht anderweitig eingesetzt werden konnten[59]. Ihr Vertragsverhältnis hatte somit überwiegend die Merkmale eines Werkvertrages, nicht jedoch die eines Dienstvertrages[60]. Infolge dieser Wertung betrachtete die Rechtsprechung des RVA im Bereich der Reichsversicherung die Artisten „grundsätzlich als selbständige Unternehmer“, während die Rechtsprechung des Reichsgerichts im Bereich des bürgerlichen Rechts die Artisten als Arbeitnehmer ansah[61]. Zur zukünftigen Vermeidung einer solchen unterschiedlichen Bewertung hielt man es für erforderlich, alle Artisten, unselbständige und selbständige, der Versicherungspflicht zu unterstellen. Weil die selbständigen Artisten immer nur kurze Engagements hatten und an wechselnden Ort tätig wurden,

---

56 RGBl. 1938 I S. 33, „Gesetz über die Versicherung der Artisten“ vom 13.1.1938.

57 SB RT, 12. LP/II. Session 1911, 279. Band, Anlage Nr. 946, S. 4529.

58 AN-RfA 1918, S. 90, Entsch. Nr. 278 des OSchG. für die Angestelltenversicherung vom 9.11.1917 – P. 127/17; vgl. auch AN 1914, S. 557, GE RVA Nr. 1863; AN 1924, S. 187, GE RVA Nr. 2807.

59 BArch. R 89/4755, Entwurf eines Gesetzes über die Versicherung der Artisten, Begründung, S. 2.

60 Ebenda, S. 2.

61 *Treitel*, Arb.-Vers. 1930, S. 225.

waren sie genau dadurch wirtschaftlich ungünstiger gestellt als die Bühnenmitglieder, die regelmäßig durch einen längeren Vertrag verpflichtet waren[62]. Die Artisten waren den „Wechselfällen des Lebens“ besonders unterworfen, so dass der versicherungsrechtliche Schutz besonders notwendig erschien[63].

Aus dem Wortlaut des § 165a Abs. 1 Nr. 3 RVO ergab sich keine Beschränkung der Versicherungspflicht auf die selbständigen Artisten. Dies hielt man offenbar nicht für erforderlich, obwohl das RVA in seiner Stellungnahme zum Gesetzentwurf die Einfügung „selbständig“ für angezeigt hielt[64]. Zu diesem Zeitpunkt hatte der Entwurf des § 165a RVO noch folgenden Wortlaut:

> „3. Personen, die zur Schaustellung oder Vorführung artistischer Leistungen vertraglich verpflichtet sind.“

Im weiteren Verfahren entschied man sich für die Verkürzung auf „Artisten“. Einen besonderen Hinweis auf die Selbständigkeit hielt man nicht für geboten, da im Kontext des § 165a RVO nur selbständige Personen gemeint sein konnten. Der Versicherungspflicht unterlag nur derjenige, dessen regelmäßiges Jahreseinkommen 3.600 Reichsmark nicht überstieg. Eine weitere Voraussetzung für die Versicherungspflicht der Artisten war die Mitgliedschaft in der Reichstheaterkammer, Fachschaft Artistik (§ 165a Abs. 2 RVO). Dies ist ein Beispiel für die Kontrolle des nationalsozialistischen Staates über die Kulturschaffenden.

2. Versicherungspflicht der selbständigen Lehrer und Erzieher

Die Krankenversicherungspflicht von Lehrern und Erziehern war bisher in § 165 Abs. 1 Nr. 5 RVO festgelegt. Nach dem reinen Wortlaut dieser Norm bezog sich die Versicherungspflicht nur auf Arbeitnehmer, da die dort geforderte Voraussetzung „gegen Entgelt beschäftigt“ bei selbständigen Lehrern und Erziehern nicht gegeben war. Dessen ungeachtet hatte man bisher auch die selbständigen Lehrer und Erzieher fiktiv als Arbeitnehmer betrachtet und sie nach § 165 Abs. 1 Nr. 5 RVO dem Versicherungszwang unterworfen[65]. Diese Auffassung war noch einmal vom Reichsversicherungsamt im Jahre 1915 durch eine grundsätzliche Entscheidung bestätigt worden[66]. Um zukünftig eindeutiger als bisher die Versicherungspflicht der selbständigen Lehrer und

---

62 Ebenda, S. 3

63 *Fuisting*, DOK 1938, S. 101; *Becker*, DOK 1949, S. 38 f.

64 BArch. R 89/4755, Schreiben des RVA vom 18.5.1937.

65 Vgl. hierzu oben Abschnitt G), III., 3., f).

66 AN 1915, S. 579, GE RVA vom 21.5.1915 – II K 1305/14.

Erzieher darzustellen, wurden diese in § 165a Abs. 1 Nr. 2 RVO gesondert aufgeführt[67]. Als weitere Voraussetzung für die Versicherungspflicht durfte dieser Personenkreis nun keine Angestellten in seinen Betrieben beschäftigten. Hierdurch begrenzte man die Versicherungspflicht auf die alleintätigen Lehrer, die man als besonders bedürftig hielt. Man vermied gleichzeitig, dass selbständige Lehrer, die selbst Arbeitgeber von anderen Lehrern oder gar Inhaber von Lehranstalten waren, versicherungspflichtig wurden[68]. Hiermit vollzog man eine Klarstellung, die gleichlautend bereits seit 1924 für die selbständigen Lehrer und Erzieher in § 4 Nr. 2 AVG enthalten war[69]. Die Versicherungspflicht wurde zudem auf die Personen beschränkt, deren regelmäßiges Jahreseinkommen den Betrag von 3.600 Reichsmark nicht überstieg. Zweifel gab es immer noch darüber, ob der Begriff des Lehrers sich auf die Vermittlung geistiger Inhalte beschränkte oder sich auch auf körperliche und mechanische Tätigkeiten bezog. Hierzu stellte das RVA in seinem Bescheid vom 13. Juli 1939 unmissverständlich fest, dass „in einer Zeit, in der Körper, Geist und Seele als untrennbare Einheit" angesehen werden, auch die körperlichen Tätigkeiten zu fördern sind. Im Hinblick auf die „Gesunderhaltung und Ertüchtigung der Volksgemeinschaft" muss auch der Unterricht im „Tanzen, Turnen, Schwimmen, Reiten, Fechten, Radfahren u.a.m. als Lehrtätigkeit im Sinne des §§ 165 Abs. 1 Nr. 5 und § 165a Abs. 1 Nr. 2 RVO angesehen werden"[70].

3. Versicherungspflicht der Hebammen mit Niederlassungserlaubnis

Aufgrund § 22 des Hebammengesetzes vom 21. Dezember 1938[71] wurde in § 165a RVO eine Nr. 4 eingefügt, durch die die selbständigen Hebammen der Krankenversicherungspflicht unterstellt wurden. Bis dahin war umstritten, ob und in welchem Umfang die Hebammen der Krankenversicherungspflicht unterlagen. Bei den Beratungen im Reichstag zur Änderung der RVO im Jahre 1923 hatte man die Abgrenzungskriterien zwischen angestellten und selbständigen Hebammen offengelassen und die Klärung dem Arbeitsministerium überlassen. Die Versicherungspflicht von Hebammen nach § 165 Abs. 1 Nr. 5a RVO[72]

---

67 RGBl. 1938 I S. 33.

68 BArch. R 89/4755, Gesetzentwurf, Begründung, S. 4.

69 RGBl. 1924 I S. 563, „Angestelltenversicherungsgesetz" vom 28.5.1924.

70 RArbBl. 1939 S. IV 411 f., RVA-Bescheid vom 13.7.1939 (II K 2110/39-809) zur Versicherungspflicht eines selbständigen Lehrers des Gesellschaftstanzes.

71 RGBl. 1938 I S. 1893, „Hebammengesetz" vom 21.12.1938.

72 Der § 165 Abs. 1 Nr. 5a RVO erhielt durch das Gesetz vom 13.1.1938 (RGBl. 1938 I S. 33) eine neue Nummerierung und wurde zu § 165 Abs. 1 Nr. 6 RVO.

wurde bisher nur in einem abhängigen Beschäftigungsverhältnis in einer Entbindungs- oder Krankenanstalt bejaht[73]. Umstritten war dagegen, ob Hebammen, die als Gemeindehebammen tätig waren, als Angestellte galten oder eine selbständige Tätigkeit ausübten. Das galt insbesondere in den Fällen, in denen sie eine Vergütung für die Tätigkeit in einem zugewiesenen Gebiet erhielten, der Diziplinargewalt der Gemeinde unterlagen und eine Residenzpflicht hatten. Hierzu war bereits in Nr. 55 der Anleitung zur Invalidenversicherung[74] festgestellt worden, dass Hebammen durch eine solche Vertragsgestaltung nicht die Eigenschaft des selbständigen Unternehmers verlieren. Abweichend hiervon wurden die preußischen Bezirkshebammen, die aufgrund des Preußischen Hebammengesetzes beschäftigt wurden, als versicherungspflichtige Arbeitnehmerinnen angesehen, während die sächsischen Bezirkshebammen und die hessischen Gemeindehebammen als selbständige Gewerbetreibende nicht versicherungspflichtig waren[75]. Mit dem Hebammengesetz wurde die Versicherungspflicht der Hebammen nun eindeutig geregelt. Es kann sicher auch als Beleg der nationalsozialistischen Familien- und Bevölkerungspolitik angesehen werden, da hierdurch die Erhöhung der Geburtenrate durch eine flächendecke Versorgung mit Hebammenleistungen erreicht werden sollte. Hierzu gehörte auch die Gewährleistung eines Mindesteinkommens für die Hebammen (§ 14 Hebammengesetz). Parallel wurde die Versicherungsfreiheit von nur vorübergehend tätigen Hebammen durch die VO vom 23. März 1939[76] ausgeschlossen, damit die Hebammen in Zeiten geringer Geburtenzahlen wegen Unterbeschäftigung nicht aus der Versicherungspflicht herausfielen. Nach der Gesetzesbegründung sollten Hebammen mit Niederlassungserlaubnis „dauernd unter dem Schutz der Krankenversicherung“ stehen[77]. Die Versicherungspflicht bestand nur bis zu einem regelmäßigen Jahreseinkommen von 3.600 Reichsmark. Durch das Hebammengesetz wurden die Schwangeren nun verpflichtet, rechtzeitig eine Hebamme zur Entbindung hinzuzuziehen (§ 2 Abs. 1 Hebammengesetz). Der Hebammenberuf wurde jetzt ausdrücklich nicht mehr als Gewerbe angesehen (§ 2 Abs. 2 Hebammengesetz). Die Versicherungspflicht der selbständigen Hebammen war begrenzt auf diejenigen Hebammen, die eine Niederlassungserlaubnis besaßen. Hiermit erreichten die

---

73 *Peters*, Arb.-Vers. 1939, S. 81 (83).

74 AN 1905, S. 613, RVA-Anleitung zum IVG 1905.

75 AN 1913, S. 561, GE RVA Nr. 1731 vom 31.5.1913 – II 3548/13; AN 1926, S. 492, GE RVA Nr. 3005 vom 1.11.1926 – II A V 18/26; DOK 1938, S. 510.

76 RGBl. 1939 I S. 635, „Verordnung über die Versicherung der Hebammen“ vom 23.3.1939.

77 RArbBl. 1939 S. IV 162 f.

Machthaber eine Kontrolle über die Personen, die diesen Beruf freiberuflich ausübten. Dies korrespondierte mit § 11 des Hebammengesetzes, der vorschrieb, dass einer Jüdin die Niederlassungserlaubnis nicht erteilt werden durfte.

V. Die Krankenversicherung der Kriegshinterbliebenen 1939

Die Hinterbliebenen von früheren Angehörigen der deutschen Wehrmacht erhielten eine Hinterbliebenenversorgung, wenn der Tod des Wehrmachtsangehörigen Folge einer Dienstbeschädigung war. Diese Hinterbliebenenversorgung beschränkte sich seit der Verabschiedung des Reichsversorgungsgesetzes (RVG) durch die Nationalversammlung im Jahre 1920 nach § 36 RVG auf die Gewährung von Hinterbliebenenrenten (Witwenrenten, Waisenrenten, Elternrenten)[78]. Eine Absicherung für den Fall der Krankheit war für Hinterbliebene nicht vorgesehen. Sie mussten bisher allein die Kosten einer Krankenversicherung tragen. Auch für die Kriegsbeschädigten selbst war der Krankenschutz nur auf die Heilbehandlung der Dienstbeschädigungen begrenzt. Mit der Änderung des Reichsversorgungsgesetzes vom 31. März 1939 wurde in § 23 RVG die Möglichkeit einer Krankenversicherung für Kriegshinterbliebene eröffnet[79]. Hierdurch wurde der RAM ermächtigt, die Krankenversicherung der Kriegshinterbliebenen durch Rechts- und Verwaltungsvorschriften zu regeln. Eine solche Verordnung erging am 20. April 1939[80]. Darin wurde eine Krankenversicherungspflicht für die Bezieher von Hinterbliebenenrente nach dem Reichsversorgungsgesetz vorgesehen.

Die Verordnung erstreckte die Versicherungspflicht auch auf Hinterbliebene der „Kämpfer für die nationale Erhebung“, denen eine Hinterbliebenenrente nach dem Gesetz vom 27 . Februar 1934 gewährt wurde[81]. Bei diesen „Kämpfern“ handelte es sich um Angehörige von NSDAP, Stahlhelm, Bund der Frontkämpfer und deren Gliederungen. Die Versorgungsberechtigung bestand dann, wenn der Tod durch eine Schädigung eingetreten war, die vor dem 13. März 1933 „im Zusammenhang mit dem politischen Kampf für die

---

78 RGBl. 1920 S. 989, „Gesetz über die Versorgung der Militärpersonen und ihrer Hinterbliebenen bei Dienstbeschädigung (Reichsversorgungsgesetz)“ vom 12.5.1920.

79 RGBl. 1939 I S. 661, „Gesetz zur Änderung des Reichsversorgungsgesetzes“ vom 31.3.1939.

80 RGBl. 1939 I S. 791, „Verordnung über die Krankenversicherung für Kriegshinterbliebene“ vom 20.4.1939.

81 RGBl. 1934 I S. 133, „Gesetz über die Versorgung der Kämpfer für die nationale Erhebung“ vom 27.2.1933 (Druckfehler im RGBl, richtigerweise muss es heißen: 27.2.1934)

nationale Erhebung durch politische Gegner" verursacht worden war (§ 1 Gesetz vom 27. Februar 1934). Diese einseitige Besserstellung der Anhänger des Nationalsozialismus, die gleichartige Leistungen an die politischen Gegner ausschloss, ist ein weiterer Ausdruck der autoritären Staatsführung des Dritten Reiches.

Die Krankenversicherung der Kriegshinterbliebenen durch die Verordnung vom 20. April 1939 war aus Anlass des 50. Geburtstags des Führers als „Sondervergünstigung" für die Hinterbliebenen des 1. Weltkrieges und die Hinterbliebenen „nationalsozialistischen Kämpfer" eingeführt worden[82]. Die Regelung galt nicht für zukünftige Kriege, so dass die Hinterbliebenen des 2. Weltkrieges von dieser Regelung nicht erfasst worden wären. Erst während des 2. Weltkrieges wurde durch einen gemeinsamen Erlass des RAM, des RMdI und des OKW vom 18. August 1941[83] bestimmt, dass die Krankenversicherungspflicht auch für Hinterbliebene der „neuen" Wehrmacht, der Waffen-SS und des Reichsarbeitsdienstes galt. Erweitert wurde dies auf Hinterbliebene, die nach der Personenschädenverordnung[84] Fürsorge und Versorgung erhielten, sowie auf solche Hinterbliebene, die aufgrund anderer Vorschriften nach Maßgabe des RVG versorgt wurden.

VI. Die Versicherungsfreiheit der Bezieher von Altersbezügen 1939

Nach § 169 RVO waren bisher nur aktive Beamte des Reiches, der Länder und der anderen in dieser Vorschrift aufgeführten Körperschaften von der Versicherungspflicht befreit. Aktive Beamte anderer öffentlicher Verbände und Körperschaften konnten nach § 170 RVO auf Antrag des Arbeitgebers befreit werden. In der Regel schieden die in §§ 169, 170 RVO genannten Personen nach Erreichen der Altersgrenze aus dem aktiven Dienst aus. Nur ausnahmsweise wurden sie danach im Angestelltenverhältnis wieder- oder weiterbeschäftigt. In dieser Beschäftigung unterlagen sie bisher der Versicherungspflicht in der Krankenversicherung ohne eine Befreiungsmöglichkeit. Infolge des Arbeitskräftemangels wurden vermehrt Ruhestandsbeamte sowie Bezieher von Ruhegeldern nach ihrem Eintritt in den Ruhestand als Ange-

82 *Boberski*, RArbBl. 1941 S. V 430.

83 RArbBl. 1941 S. II 348, Gemeinsamer Erlass des RAM – II b 5600/41 –, des RMdI, – IV W I 60/41-7410 –, des OKW – 30p 22 In F V/W Vers. (Ib2) vom 1818.1941, betreffend „Erweiterung der Krankenversicherung für Kriegshinterbliebene".

84 RGBl. I 1940 S. 1482, „Verordnung über die Entschädigung von Personenschäden (Personenschädenverordnung)" vom 10.11.1940.

stellte eingestellt[85]. Von dieser Möglichkeit zur Deckung des gesteigerten Personalbedarfes machten zunehmend sowohl öffentliche Verwaltungen und Betriebe als auch die Privatwirtschaft Gebrauch[86]. Hinderlich war hier die Versicherungspflicht in der Krankenversicherung mit der Verpflichtung zur Beitragszahlung. Hierzu bestand für die meisten Beamten kein Bedürfnis, da sie während ihres aktiven Dienstes versicherungsfrei waren und eine private Krankenversicherung abgeschlossen hatten.

Der RAM hatte dies zum Anlass genommen, die im Angestelltenverhältnis weiterbeschäftigten Ruhestandsbeamten, die zum Personenkreis des § 169 RVO gehörten (Reichsbeamte etc.), durch einen Erlass vom 10. Januar 1939 von der Versicherungspflicht freizustellen[87]. Er stützte sich hier auf die Zweite Arbeitskräfteverordnung vom 30. Juni 1938[88]. Da sich in der Folgezeit durch den Ausbruch des Krieges der Arbeitskräftebedarf weiter erhöhte, wurde eine längerfristige Lösung für die Beschäftigung von Personen jenseits der Altersgrenze erforderlich[89]. Mit dem Gesetz vom 12. Dezember 1939[90] wurden die §§ 169, 170 und 173 RVO geändert. Als Grund hierfür wurde die versicherungsmäßige Gleichstellung der aus dem Arbeitsleben Ausgeschiedenen mit den aktiven Beschäftigten genannt[91]. Nunmehr wurden für den öffentlichen Dienst im Sinne des § 169 RVO die Bezieher von Ruhe- und Wartegeldern versicherungsfrei gestellt. Die übrigen Beschäftigten des öffentlichen Dienstes im Sinne des § 170 RVO, die Ruhe- oder Wartegelder bezogen, konnten durch einen Antrag des Arbeitgebers von der Versicherungspflicht befreit werden. Beschäftigte in der Privatwirtschaft, die Altersbezüge erhielten, konnten sich nach § 173 RVO auf ihren eigenen Antrag hin von der Versicherungspflicht befreien lassen. Diese neue Befreiungsmöglichkeit betraf die Personen, die Ruhe- oder Wartegeld, ähnliche Versorgungsbezüge, Ruhegeld aus der Angestelltenversicherung oder eine Invalidenpension aus der knappschaftlichen Pensionsversicherung bezogen.

85 *Cremer*, Arb.-Vers. 1940, S. 3 (4).

86 Ebenda.

87 RArbBl. 1939 S IV 40, RAM-Erlass vom 10.1.1939 – II a 38/39 „Krankenversicherung der wieder- und weiterbeschäftigten Ruhestandsbeamten"; RArbBl. 1939 S. IV 111 f., Erläuterung des RAM vom 24.2.1939 – II a 629/39.

88 RGBl. 1938 I S. 710, „Zweite Verordnung zur Sicherstellung des Kräftebedarfs für Aufgaben von besonderer staatspolitischer Bedeutung" vom 30.6.1938.

89 *Cremer*, Arb.-Vers. 1940, S. 3 (4).

90 RGBl. 1939 I S. 2414, „Verordnung über Änderungen in der gesetzlichen Krankenversicherung und in der Arbeitslosenhilfe" vom 12.12.1939.

91 Siehe hierzu die Gesetzesbegründung zum Gesetz vom 12.12.1939, abgedruckt in: RArbBl. 1939 S. IV 550 f.

VII. Die Krankenversicherung der Rentner 1941

Mit der Verordnung vom 19. Mai 1941 wurde für Rentenbezieher der knappschaftlichen Pensionsversicherung die Krankenversicherungspflicht eingeführt[92]. Für die Rentner der Invalidenversicherung und der Angestelltenversicherung erfolgte dies kurze Zeit später durch das Gesetz vom 24. Juli 1941, wobei auch die Bezieher von Hinterbliebenenrenten einbezogen wurden[93]. Die beitragsgünstige Krankenversicherung für Rentner (KVdR) wurde eingeführt, weil das Fehlen einer Krankenversicherung im Alter als Defizit erkannt worden war, wie die Begründung im Gesetzentwurf des RAM vom Februar 1941 erkennen ließ[94]. Viele Rentner, besonders solche mit geringen Renten, konnten sich beim Ausscheiden aus dem Arbeitsleben finanziell eine Krankenversicherung nicht mehr leisten[95]. Zudem waren die Rentenkürzungen aufgrund der Notverordnung von 1932 immer noch nicht beseitigt worden, was unter den Rentenempfängern Enttäuschung hervorrief[96]. Es galt insbesondere deshalb, da das NSDAP-Parteiprogramm, mit dem geforderten großzügigen Ausbau der Altersversorgung, Erwartungen geweckt hatte[97]. Die Einführung der KVdR folgte der Notwendigkeit, in der „gegenwärtigen Kriegssituation Massenloyalität zu erzeugen"[98]. Überschwänglich wurde dann auch die Einführung der Krankenversicherung der Rentner durch die Mitarbeiter des RAM mit dem Hinweis versehen, dass es „mitten im Krieg" möglich gewesen war, besonders schutzbedürftige Personen mit einem „billigen Krankenversicherungsschutz" auszustatten[99]. Dies sei ein Beweis dafür, dass man nicht mit „billigen sozialpolitischen Versprechungen für die Nachkriegszeit" abwarte, sondern bereits während des Krieges aktiv geworden sei[100]. Da durfte auch der Hinweis nicht fehlen, dass dies durch die „feierliche Form eines Regierungsgesetzes" erfolgt sei[101]. Es war offensichtlich auch an die Adresse des DAF-Führers Ley gerich-

---

92 RGBl. 1941 I S. 287, „Verordnung über den weiteren Ausbau der knappschaftlichen Versicherung" vom 19.5.1941.

93 RGBl. 1941 I S. 443, „Gesetz über die Verbesserung der Leistungen in der Rentenversicherung" vom 24.7.1941.

94 BArch. R 2/18541.

95 *Roedenbeck*, ZRR 1942, S. 85; *Bogs*, ArbuSozPol 1967, S. 74; *Scheur*, S. 140; *Schlegel-Voß*, S. 87.

96 *Schlegel-Voß*, S. 87.

97 Ebenda, S. 85.

98 Ebenda, S. 86.

99 *Grünewald*, RArbBl. 1941, S. II 448.

100 *Engel*, RArbBl. 1942 S. V 333 (336).

101 So der namentlich nicht gekennzeichnete Artikel in: Soziale Praxis 1941, Sp. 649.

tet, da er gegen solche Leistungsverbesserungen gewesen war, weil sie seinen eigenen Plänen zur Neugestaltung der Sozialversicherung durch ein „Versorgungswerk des Deutschen Volkes"[102] zuwiderliefen bzw. sie erschwerten[103]. Die Realisierung seiner Pläne waren vom Reichsfinanzminister zuvor auf die Nachkriegszeit verschoben worden[104].

Die Krankenversicherung der Rentner (KVdR) wurde von den Ortskrankenkassen bzw. Landkrankenkassen durchgeführt. Näheres hierzu enthielt die Verordnung vom 4. November 1941[105]. Die Finanzierung der Krankenversicherung der Rentner erfolgte durch eine pauschalierte Beitragszahlung der Rentenversicherungsträger in Höhe von monatlich 3,30 RM für jeden Rentner. Als Beitragsanteil des Versicherten wurde bei der Invalidenrente (Ruhegeld) ein monatlicher Betrag in Höhe von einer Reichsmark einbehalten[106]. Mit der Einführung der Krankenversicherung der Rentner wurde eine weitere (große) Lücke im Krankenversicherungsschutz der Gesamtbevölkerung geschlossen.

VIII. Die Versicherungspflicht der selbständigen Wochenpflegerinnen 1943

Durch das Krankenpflegesetz 1938 war der Rahmen für die Ausübung von Berufen der Kranken- und Gesundheitspflege neu gesetzt worden[107]. Ziel war es, für die gesundheitliche Betreuung des gesamten Volkes einen ausreichenden Nachwuchs an Krankenpflegepersonen zu gewinnen (§ 2 Abs. 2 Krankenpflegegesetz). Es konnten Bestimmungen über die Ausbildung, Berufsbezeichnung und die Erlaubnis zur Ausübung solcher Berufe getroffen werden. Hier entwickelte sich in der Wöchnerinnen- und Säuglingspflege das besondere Berufsbild der Wochenpflegerinnen, das zwischen dem Beruf der Hebamme und dem Beruf der Säuglings- und Kinderschwester angesiedelt war. Zur Regelung dieses Berufes wurde am 7. Februar 1943 die Verordnung über

---

102 Zu den Plänen eines DAF-Versorgungswerkes, vgl. *Scheur*, S. 159 ff.; *Schlegel-Voß*, S. 158 ff.; *Eckert*, S. 51, mit dem Hinweis auf die als Einheitsorganisation geplanten Gauversicherungsanstalten; *Schubert*, Ausschussprotokolle der AkDR, Band X, S. 513, enthält den Abdruck des Entwurfs eines Versorgungswerks von 1940.

103 *Recker*, S. 209 f.; *Schlegel-Voß*, S. 87.

104 *Recker*, S. 208; *Schlegel-Voß*, S. 87.

105 RGBl. 1941 I S. 689, „Verordnung über die Krankenversicherung der Rentner" vom 4.11.1941.

106 Den Beziehern von Hinterbliebenenrente wurde kein KVdR-Beitragsanteil einbehalten. Hier zahlten die Rentenversicherungsträger die Beiträge allein.

107 RGBl. 1938 I S. 1309, „Gesetz zur Ordnung der Krankenpflege" vom 28.9.1938.

Wochenpflege (WochPflVO) erlassen[108]. Die Aufgaben einer Wochenpflegerin beschrieb § 1 Abs. 3 WochPflVO. Danach war Aufgabe der Wochenpflegerin die Pflege von Wöchnerinnen, Neugeborenen (einschließlich der Frühgeborenen) und Säuglingen sowohl in einer Anstalt als auch in der Wohnung. Verrichtungen, die Hebammen, Krankenschwestern sowie Säuglings- und Krankenschwestern vorbehalten waren, durften nicht ausgeführt werden. Die vergleichbare soziale Stellung der selbständigen Wochenpflegerinnen zu der von selbständigen Hebammen legte es nahe, dieser Berufsgruppe dieselbe soziale Absicherung zukommen zu lassen[109]. Deshalb sah § 9 WochPflVO die Krankenversicherungspflicht für die selbständigen (staatlich anerkannten) Wochenpflegerinnen vor. Hierzu wurde der für versicherungspflichtige Selbständige vorgesehene § 165a RVO um die Ziffer 5 erweitert. Danach waren selbständige Wochenpflegerinnen versicherungspflichtig, wenn sie in ihrem Betrieb keine Angestellten beschäftigten und ihr regelmäßiges Jahreseinkommen 3.600 Reichsmark nicht überstieg. Für die in einem Arbeitsverhältnis stehenden Wochenpflegerinnen war eine besondere Regelung nicht erforderlich, da sie bereits nach § 165 Abs. 1 Nr. 6 RVO der Versicherungspflicht unterlagen. Für Wochenpflegeschülerinnen sah das WochPflVO eine besondere Regelung zur Krankenversicherung vor. Nach § 3 Abs. 2 WochPflVO hatte der Schulträger die Wochenpflegeschülerinnen bei der vom RAM nach § 363a Abs. 3 RVO bezeichneten Krankenkasse zu versichern. Von dieser Verpflichtung waren die Schulträger dann befreit, wenn sie den Schülerinnen einen Anspruch auf Krankenpflege in Höhe und Dauer der Regelleistungen der Krankenkassen gewährleisteten.

IX. Die Vereinfachungs-Verordnung vom 17. März 1945

Im März 1945 waren viele Mitarbeiter der Sozialversicherung und der Lohnbüros zum Kriegsdienst einberufen. Die Bewältigung der anfallenden Verwaltungstätigkeit musste deshalb auf ein Mindestmaß reduziert werden. Hierzu sollte die Verordnung zur Vereinfachung des Leistungs- und Beitragsrechts vom 17. März 1945 (VereinfV) beitragen[110]. Sie brachte nicht nur eine redaktionelle Neufassung, sondern auch eine Anzahl von wesentlichen Änderungen im Umfang der Versicherungspflicht und Versicherungsfreiheit. Die VereinfV

108 RGBl. 1943 I S. 87, „Verordnung über Wochenpflegerinnen (WochPflVO)" vom 7.2.1943.

109 *Peters*, KV 1954, S. 42, Anm. Nr. 7 zu § 166 n. F. RVO.

110 RGBl. 1945, S. 41, „Erste Verordnung zur Vereinfachung des Leistungs- und Beitragsrechts in der Sozialversicherung" vom 17.3.1945.

vom 17. März 1945 wurde im Reichsgesetzblatt vom 11. April 1945 bekanntgegeben und sollte am 1. Juni 1945 (teilweise zum 1. Mai 1945) in Kraft treten.

1. Redaktionelle Neufassung des versicherungspflichtigen Personenkreises

Die bisher in § 165 Abs. 1 RVO enthaltene enumerative Aufzählung der versicherungspflichtigen Beschäftigten in sieben Personenkreisen wurde aufgegeben. Als Versicherungspflichtige wurden nur noch Arbeiter und Angestellte aufgeführt. Wer Arbeiter oder Angestellter war, wurde nun in den neugefassten § 165a RVO (Arbeiter) und 165b RVO (Angestellte) festgelegt. Eine Aufteilung der Angestellten in § 165b RVO entsprach derjenigen des § 1 AVG in der Angestelltenversicherung. Die Versicherungspflicht der Selbständigen war nun in § 166 RVO (vorher § 165a RVO) festgelegt.

2. Erweiterung des versicherungspflichtigen Personenkreises

Neben der redaktionellen Neufassung sah die VereinfV vom 17. März 1945 auch materiell eine Ausweitung der Versicherungspflicht vor.

a) Angestellte in „höherer und leitender“ Stellung

Nach § 165b Abs. 1 Nr. 1 RVO wurden nun die Angestellten in leitender Stellung krankenversicherungspflichtig. Diese waren bisher nicht von der Krankenversicherungspflicht erfasst worden. Zusätzlich wurden nach § 165b Abs. 1 Nr. 2 RVO jetzt auch Angestellte in einer „höheren Stellung“ versicherungspflichtig. Bisher waren lediglich Angestellte, die in einer den Betriebsbeamten und Werkmeistern „ähnlich gehobenen Stellung“ beschäftigt wurden, versicherungspflichtig gewesen. Die Zuordnung der einzelnen Berufe zu dem jeweiligen Personenkreis ergab sich aus dem für die Angestelltenversicherung erlassenen „Berufsgruppenkatalog“[111]. Mit der Neuregelung waren alle Angestellten, unabhängig von der Art ihrer Ausbildung und Tätigkeit, versicherungspflichtig. Bislang ausgeschlossene wissenschaftliche und künstlerische Berufe von Ingenieuren, Technikern, Architekten, Chemikern etc. unterlagen nun ausnahmslos der Versicherungspflicht. Eine Zuordnung zu der Gruppe der Arbeiter oder Angestellten war in der Krankenversicherung jetzt nicht mehr für den Eintritt der Versicherungspflicht entscheidend. Sie spielte nur noch dann eine Rolle, wenn die Jahresarbeitsverdienstgrenze überschritten wurde.

---

111 RGBl. 1924, S. 274, „Bestimmung von Berufsgruppen der Angestelltenversicherung“ vom 8.3.1924.

Nur Angestellte, deren Jahresarbeitsverdienst die Grenze von 3.600 RM überschritt, schieden aus der Versicherungspflicht aus (§ 165 RVO). Arbeiter blieben unabhängig von der Höhe ihres Einkommens immer versicherungspflichtig. Der Zeitpunkt des Ausscheidens aus der Versicherungspflicht wurde nun in § 165 Abs. 2 RVO auf den Ablauf des Monats der Überschreitung festgelegt. Bisher war dieser Zeitpunkt auf den Tag der Überschreitung festgelegt gewesen (§ 165b RVO a.F.).

b) Selbständige Musiker

Musiker waren bisher nach § 165 Abs. 1 Nr. 4 RVO krankenversicherungspflichtig, wenn sie in einem Beschäftigungsverhältnis standen. Die Feststellung, ob Musiker im Einzelfall in einem Beschäftigungsverhältnis standen, war nicht immer eindeutig zu treffen. Insbesondere bei ständig wechselnden Örtlichkeiten und kurzen Auftritten in unterschiedlichen Etablissements war die Grenze zwischen Selbständigkeit und abhängigem Beschäftigungsverhältnis meist fließend. Viele Musiker lebten bekanntermaßen oftmals in prekären finanziellen Verhältnissen. Daraus leitete man die Notwendigkeit ab, sie für den Krankheitsfall unabhängig von ihrem Vertragsstatus zu versichern. Mit der Versicherungspflicht der selbständigen Musiker in § 166 Abs. 1 Nr. 2 RVO beseitigte man den Mangel der fehlenden Krankenversicherung. Hintergrund der Einbeziehung der Musiker war auch die angestrebte Angleichung der Personenkreise von Renten- und Krankenversicherung[112]. Fortan waren alle Musiker entweder als Angestellte nach § 165b Abs. 1 Nr. 5 RVO oder als Selbständige nach § 166 Abs. 1 Nr. 2 RVO versicherungspflichtig, wenn ihr Jahreseinkommen 3.600 RM nicht überstieg und selbständige Musiker zudem keine Angestellten beschäftigten.

c) Selbständige Pflegepersonen

Von den selbständigen Pflegepersonen waren bisher nur die Wochenpflegerinnen seit 1943 der Krankenversicherungspflicht unterstellt. Es wurden nun zusätzlich die in der Kranken-, Säuglings- und Kinderpflege selbständig tätigen Personen nach § 166 Abs. 1 Nr. 5 RVO krankenversicherungspflichtig. Dazu gehörten beispielsweise auch die selbständigen Nachtschwestern, Masseure und Heilgymnasten[113]. Die Versicherungspflicht bestand nur, wenn sie in ihrem Betrieb keine Angestellten beschäftigten und ihr regelmäßiges Jahreseinkommen den Betrag von 3.600 Reichsmark nicht überschritt. Die Einbezie-

---

112 *Peters*, KV 1954, S. 41, Anm. 4 zu § 166 RVO.

113 *Peters*, MBSV 1947, S. 29 (30).

hung in den versicherungspflichtigen Personenkreis dürfte seinen Grund in dem zunehmenden Anteil der Selbständigen in diesem Bereich gehabt haben. Es deutet daraufhin, dass die Pflege nicht mehr nur traditionell durch geistliche Genossenschaften und andere Träger der Krankenpflege erfolgte, sondern zunehmend durch selbständige Pflegekräfte. Das dürfte ein Ergebnis der verstärkten Gewinnung von Pflegekräften aufgrund des Krankenpflegegesetzes von 1938 gewesen sein[114]. Da dieser Personenkreis inzwischen eine gleichwertige Ausbildung wie zuvor die Hebammen und Wochenpflegerinnen absolviert hatte, lag eine Gleichstellung mit ihnen nahe. Es handelt sich somit bei der Einbeziehung lediglich um eine „gesetzesangleichende Fortentwicklung“[115].

3. Versicherungsfreiheit kurzfristiger und gering entlohnter Dienstleistungen

Die VereinfV vom 17. März 1945 brachte eine Neufassung der Tatbestände, die eine Versicherungsfreiheit bei kurzfristigen und gering entlohnten Dienstleistungen vorsahen. Diese Regeln waren bisher in den Bestimmungen des Bundesrates vom 17. November 1913 enthalten, die aufgrund des § 168 RVO erlassen und mehrmals ergänzt worden waren[116]. Jetzt wurden diese Befreiungsregeln unmittelbar in das Gesetz geschrieben (§ 168 RVO), wobei die bisher für die Versicherungsfreiheit geltende Zeitgrenze von nicht berufsmäßig gelegentlich ausgeübten Dienstleistungen ausgedehnt wurde. Statt der bisherigen Grenze von einer Woche wurde nun eine Dienstleistung bis zur Zeitdauer von drei Monaten als versicherungsfreie gelegentliche Beschäftigung angesehen. Mit dieser Heraufsetzung der Zeitgrenze sollte die Ausnutzung der Krankenversicherung vermieden werden, während gleichzeitig die Personen versichert werden sollten, die den Versicherungsschutz tatsächlich benötigten[117]. Neu geregelt wurde auch die Versicherungsfreiheit von nicht berufsmäßig ausgeübten Dauerbeschäftigungen, die gering entlohnt wurden. Während bisher die Geringfügigkeit angenommen wurde, wenn das Entgelt für den Lebensunterhalt unwesentlich war, wurde nun hierfür ein fester Betrag von 15 RM wöchentlich (65 RM monatlich) als Grenze festgelegt[118].

---

114 RGBl. 1938 I S. 1309, „Gesetz zur Ordnung der Krankenpflege“ vom 28.9.1938.

115 *Peters*, KV 1954, S. 571, Anm. 2 zu § 475d RVO.

116 RGBl. 1913 S. 756, „Bekanntmachung, betreffend die Befreiung vorübergehender Dienstleistungen von der Krankenversicherungspflicht“ vom 17.11.1913.

117 *Peters*, MBSV 1947, S. 29 (31).

118 Zu den aufgrund der VereinfV von 1945 bis 1965 geltenden Entgelt- und Zeitgrenzen, vgl. *Albrecht*, DOK 1961, S. 341 ff.

4. Neuordnung der Tatbestände für die Versicherungsfreiheit

Die VereinfV brachte auch eine Neuordnung der Tatbestände, die zur Versicherungsfreiheit in der Krankenversicherung führten. Hierzu wurden die §§ 169–175 RVO umgestaltet.

a) Beschäftigte des öffentlichen Dienstes

Der nach § 169 RVO versicherungsfreie Personenkreis wurde neu gefasst. Versicherungsfrei waren jetzt die in Betrieben oder im Dienst des Reichs, eines Landes, eines Reichsgaues, eines sonstigen Gemeindeverbandes, einer Gemeinde oder eines Trägers der Reichsversicherung tätigen Beamten und sonstigen Beschäftigten. Die Gewährleistung der Krankenhilfe oder von Bezügen in Höhe des anderthalbfachen des Krankengeldes war nicht mehr gefordert. Nun war für die Versicherungsfreiheit allein maßgebend die Gewährleistung eines Anspruchs auf Ruhegehalt und Hinterbliebenenversorgung.

Neu aufgenommen in den Kreis der versicherungsfreien Beschäftigten nach § 169 RVO wurden die Geistlichen der als öffentlich-rechtliche Körperschaften anerkannten Religionsgesellschaften. Der Grund hierfür lag in der Absicht, eine weitgehende Angleichung des versicherten Personenkreises von Kranken-, Invaliden- und Angestelltenversicherung herbeizuführen[119]. Damit wurde für die Geistlichen die Versicherungsfreiheit in der Krankenversicherung so eingeführt, wie sie bereits seit 1911 in der Angestelltenversicherung gegolten hatte[120]. Bis zur Verordnung vom 17. März 1945 hatten die Geistlichen in der Krankenversicherung überhaupt keine Erwähnung gefunden, weil sie für ihre religiöse Tätigkeit ein Hochschulstudium absolvieren mussten[121]. Sie gehörten deshalb bisher nicht zum versicherungspflichtigen Personenkreis des § 165 RVO. Dies hatte bis dahin eine besondere Regelung überflüssig gemacht. Erst als durch die VereinfV vom 17. März 1945 nach § 165b RVO auch die Versicherungspflicht von Angestellten in „leitender und höherer Stellung" eingeführt wurde und damit auch die

---

119 *Peters*, MBSV 1947, S. 29 (97).

120 Vgl. § 9 Abs. 2 VGfA, § 10 Abs. 1 Nr. 1 VGfA und die Nachfolgeregelung in § 11 Abs. 2 AVG, § 12 Abs. 1 Nr. 1 AVG.

121 Seit der Kulturkampfgesetzgebung 1873 durften Geistliche in Preußen nur mit einem Studium und einem wissenschaftlichen Staatexamen ihre Tätigkeit ausüben (sog. Kulturexamen), vgl. G.S. 1873 S. 191, Nr. 8124, „Gesetz über die Vorbildung und Anstellung von Geistlichen" vom 11.5.1873. Die Voraussetzung eines abgeschlossenen Studiums für katholische Geistliche wurde für das Reichsgebiet in Artikel 14 des Konkordats vom 20.7.1933 festgelegt, vgl. RGBl. 1933 II S. 679, RGBl. I 1933, S.625. Den Nachweis einer entsprechenden Ausbildung mussten auch evangelische Geistliche und jüdische Rabbiner erbringen, vgl. *Kiewel*, DOK 1933, Sp. 367 (369).

Geistlichen versicherungspflichtig wurden, ergab sich die Notwendigkeit einer entsprechenden Befreiungsregelung[122]. Nach dem Wortlaut des § 169 Abs. 1 Satz 2 RVO waren nur „Geistliche" befreit. Es war deshalb zweifelhaft, ob auch „nichtgeistliche Angestellte" der öffentlich-rechtlichen Religionsgemeinschaften, denen eine Anwartschaft auf Ruhegehalt und Hinterbliebenenversorgung gewährleistet war, von der Krankenversicherungspflicht befreit waren. Erst das BSG stellte in seiner Entscheidung vom 27. November 1984 fest, dass § 169 Abs. 1 Satz 2 RVO hinsichtlich der „Nichtgeistlichen" eine „planwidrige unbeabsichtigte Lücke" enthält[123]. Dies ergebe sich daraus, dass „Normzweck und Interessenlage bei Geistlichen und Nichtgeistlichen übereinstimmen und für eine unterschiedliche Behandlung kein Grund erkennbar sei". Deshalb sei die Lücke durch eine entsprechende Anwendung des § 169 Abs. 1 Satz 2 RVO auf Nichtgeistliche zu schließen.

b) Befreiung während der Berufsausbildung

Entsprechend der neu eingeführten Befreiung von Geistlichen der öffentlich-rechtlichen Religionsgesellschaften in § 169 Abs. 1 Satz 2 RVO wurden nun in § 172 Abs. 1 Nr. 1 RVO auch die Geistlichen befreit, die für ihren Beruf ausgebildet oder vorläufig beschäftigt wurden. Erweitert wurde die Befreiung von Personen, die eine wissenschaftliche Ausbildung absolvierten. Während bis jetzt die Befreiung lediglich für entgeltliche Beschäftigungsverhältnisse „zur" wissenschaftlichen Ausbildung bestand, trat sie nun auch für entgeltliche Tätigkeiten „während" der wissenschaftlichen Ausbildung ein. Damit waren generell Werkstudenten befreit, die zur Bestreitung ihres Lebensunterhaltes Tätigkeiten außerhalb ihres Studienfaches ausübten. Diese Änderung diente lediglich der Klarstellung, da die Rechtsprechung bisher schon die Befreiung auf die „während" der wissenschaftlichen Ausbildung ausgeübten Beschäftigungen erweitert hatte[124]. Neu war die Befreiung der „Verwaltungslehrlinge" in § 172 Abs. 1 Nr. 4 RVO. Es handelte sich hier um eine Ausnahmeregel zu §§ 165a Nr. 2, 165b Abs. 2 RVO, die grundsätzlich alle Lehrlinge der Versicherungspflicht unterstellten. Der Grund lag darin, solche Personen zu befreien, die ein Lehrverhältnis ausdrücklich mit dem Ziel abgeschlossen hatten,

---

122 *Busch*, DOK 1951, S. 3 (5).

123 BSG, Urteil vom 27.11.1984 – 12 RK 10/84, SozR 2200 § 169 Nr. 12.

124 AN 1934, S. IV 343, GE RVA Nr. 4807 vom 6.6.1934 – III Ar. 27/33 BS; EuM, Band 42, Nr. 80, S. 453, Schreiben des RVA vom 12.8.1937 – II K 2110.37 – 904 – und I 1105a.37 – 602-, auf eine Anfrage des Reichsstudentenführers; DOK 1931 Sp. 279, RVA-Entsch. vom 12.11.1930 – II K 25/30 B; *Peters*, KV 1954, S. 61, Anm. Nr. 4 zu § 172 RVO.

später in eine mit Anwartschaft auf Ruhegehalt ausgestattete Stelle einzutreten[125]. Da ein solches späteres Beschäftigungsverhältnis nach § 169 RVO von der Krankenversicherungspflicht befreit war, sollte eine Versicherungspflicht auch nicht während der Ausbildungszeit eintreten.

c) Wegfall bisheriger Befreiungsmöglichkeiten

Das in § 170 Abs. 2 RVO enthaltene Befreiungsrecht von Beamten der bisherigen landesherrlichen Verwaltungen fiel als standesrechtliches Relikt der Kaiserzeit fort[126]. Ebenso wurde die Befreiungsmöglichkeit nach § 171 RVO von Lehrern und Erziehern an nicht öffentlichen Schulen und Anstalten sowie die Befreiung von Ärzten und Zahnärzten beseitigt. Das galt auch für die bisher mögliche Befreiung nach § 174 Nr. 1 RVO der im elterlichen Betrieb arbeitenden Lehrlinge sowie das Befreiungsrecht nach § 174 Nr. 2 RVO für die in Arbeiterkolonien oder ähnlichen Wohltätigkeitsanstalten beschäftigten Arbeitslosen.

5. Der Geltungsbereich der Vereinfachungs-Verordnung vom 17. März 1945

Die Verordnung vom 17. März 1945 wurde am 11. April 1945 in dem in der Reichshauptstadt erschienenen Reichsgesetzblatt veröffentlicht. Sie sollte zum 1. Juni 1945 (teilweise zum 1. Mai 1945) in Kraft treten. Zum Zeitpunkt der Veröffentlichung waren große Teile des Deutschen Reiches bereits von alliierten Truppen besetzt. Es war deshalb zweifelhaft, ob das Reichsgesetzblatt im Sinne des Art. 71 WRV in den besetzten Gebieten als „ausgegeben" galt[127], insbesondere, weil die Beförderung und Verteilung durch das Postzeitungsamt in diesen Gebieten nicht mehr möglich waren[128]. Nach dem Zusammenbruch des Dritten Reiches bestanden deshalb Zweifel daran, ob die Vereinfachungsverordnung vom 17. März 1945 rechtswirksam war und die erweiterte Versicherungspflicht galt.

In der sowjetisch besetzten Zone und der unter dem Viermächtestatus stehenden Stadt Berlin wurde die Ausweitung der Versicherungspflicht durch die

---

125 *Peters*, KV 1954, S. 61, Anm. Nr. 3 zu § 172 RVO.

126 Hinzu kam, dass die Fideikommisse auf die sich das bisherige Befreiungsrecht ebenfalls erstreckte hatte, durch Artikel 155 WRV aufzulösen waren und zum 1.9.1939 erloschen, vgl. RGBl. 1939 S. 825, „Gesetz über das Erlöschen der Familienfideikommisse und sonstiger gebundener Vermögen" vom 6.7.1938.

127 *Peters*, KV 1954, S. 3, Vorbemerkung zu § 165 RV O.

128 Ebenda.

VereinfV vom 17. März 1945 nicht thematisiert. Das ergab sich aus der Tatsache, dass dort in den Jahren 1945/1947 eine Einheitssozialversicherung mit einer weitergehenden umfassenden Versicherungspflicht der ganzen Bevölkerung eingeführt wurde. Die ersten Zweifel der Rechtswirksamkeit der VereinfV entstanden in der britischen Zone. Während die VereinfV in der früheren Provinz Nordrhein nicht angewendet wurde, galt sie in den anderen Teilen der britischen Zone als geltendes Recht[129]. Zur einheitlichen Rechtsanwendung bestimmte die britische Kontrollkommission (Manpower Division) mit Erlass vom 18. November 1946, die VereinfV in der gesamten britischen Zone anzuwenden[130]. In der französischen und amerikanischen Zone wurde die Verordnung vom 17. März 1945 nicht angewendet[131] und stieß „auf schweigende Ablehnung"[132], so dass dort der alte Rechtszustand weiter galt. Diese unterschiedliche Rechtsanwendung in den Gebieten der westlichen Besatzungszonen setzte sich auch nach der Gründung der Bundesrepublik Deutschland im Jahre 1949 fort. Von zwei unterschiedlichen Rechten ging auch der Bundesgesetzgeber noch im Gesetz vom 13. August 1952 aus, als er den § 165 RVO sowohl in der Fassung vom 7. Februar 1943 als auch in der Fassung vom 17. März 1945 als geltendes Recht anführte[133]. Für den Freistaat Bayern, der zur ehemaligen amerikanischen Zone gehörte, stellte das Landesversicherungsamt Bayern in seinen grundsätzlichen Entscheidungen Nr. 107 vom 30. November 1953[134] und Nr. 110 vom 17. Dezember 1953[135] fest, die Verordnung vom 17. März 1945 sei für Bayern rechtswirksam verkündet worden und deshalb rechtsverbindlich. Zur Begründung hierfür wird in der Entscheidung Nr. 107 ausgeführt, einige bayerische Landratsämter hätten die Nr. 10 des Reichsgesetzblattes (vom 11. April 1945) mit der Post erhalten und dies genüge nach der Rechtsprechung des Reichsgerichts für eine ord-

129 *Altrock von*, WzS 1954, S. 205 (207).

130 ArbBlBZ 1947, S. 144, mit Hinweis auf den Erlass der Control Commission for Germany – Manpower Division vom 18.11.1946 – MP, SI, 42011.

131 *Lohmüller*, ZfS 1948, S. 20 (24); *Kühne / Peters*, Krankenversicherung 1950, S. 3, Vorbem. Nr. 2 zu § 165 RVO, *Peters*, S. 135.

132 *Altrock von*, WzS 1954, S. 205 (207).

133 BGBl. I 1952 S. 437, "Gesetz über die Erhöhung der Einkommensgrenzen in der Sozialversicherung und Arbeitslosenversicherung und zur Änderung der Zwölften Verordnung zum Aufbau der Sozialversicherung" vom 13.8.1952.

134 AMBl. 1954, S. B 45, GE Nr. 107 des Großen Senats des Bayer. Landesversicherungsamtes vom 30.11.1953 – Ja 23333/52; DOK 1954, S. 147.

135 AMBl. 1954, S. B 51, GE Nr. 110 des Bayer. Landesversicherungsamtes vom 17.12.1953 – B 102/53.

nungsgemäße Verkündung[136]. Weiterhin wird in den Entscheidungsgründen ausgeführt, dass es sich bei der Anweisung des Bayerischen Staatsministeriums vom 10. September 1945 an die Sozialversicherungsträger, die VereinfV vom 17. März 1945 nicht anzuwenden, um eine nicht veröffentlichte, innerdienstliche Entschließung handelt. Diese sei nicht in der Lage, eine bindende Rechtsverordnung zu beseitigen, weil das nur durch ein neues Gesetz (im materiellen Sinne) möglich sei[137].

Da die Entscheidung nur für Bayern galt, wurde die VereinfV vom 17. März 1945 im Jahre 1953 in der Bundesrepublik weiterhin nur in der vormaligen britischen Zone und nun in Bayern als einem Teil der vormaligen amerikanischen Zone als geltendes Recht angewandt[138]. In den übrigen Teilen der früheren westlichen Besatzungszonen wurde die Versicherungspflicht nach der Rechtlage vor dem 17. März 1945 beurteilt. Ein einheitliches Recht für die gesamte Bundesrepublik konnte nur der Bundesgesetzgeber herbeiführen, der 1949 durch Artikel 74 Nr. 12 GG für die Sozialversicherung die Kompetenz im Rahmen der konkurrierenden Gesetzgebung erhalten hatte. Da dieser seine Gesetzgebungskompetenz nicht wahrnahm, blieb es weiterhin bei der Rechtzersplitterung.

Die Feststellung eines einheitlichen geltenden Rechts ab 1949 erfolgte durch die Rechtsprechung. Mit dem 1. Januar 1954 wurde der Rechtsschutz in der Sozialversicherung durch das Sozialgerichtsgesetz (SGG) vom 3. September 1953 neu geregelt[139]. Die bisher übliche Rechtsprechung durch Verwaltungsbehörden wurde nun mittels einer von den Verwaltungsbehörden getrennten dreistufigen Sozialgerichtsbarkeit mit dem Bundessozialgericht (BSG) als oberster Instanz abgelöst[140]. Dadurch war eine einheitliche Rechtsentwicklung für das gesamte Bundesgebiet möglich. Mit seinen Entscheidungen vom 11. Juli 1956[141] und 28. August 1961[142] stellte das BSG fest, dass die Vereinfachungs-Verordnung vom 17. März 1945 im gesamten Reichsgebiet am 11. April 1945 als verkündet galt, auch soweit dieses zu dem Zeitpunkt

---

136 In der Entscheidung Nr. 107 des Bayer. LVA werden dabei die Landratsämter Hilpoltstein, Burglengenfeld, Ingolstadt, Neu-Ulm, Dillingen und Füssen angegeben.

137 *Altrock von*, WzS 1954, S. 205 (209 ff.) würdigt die Urteile kritisch, insbesondere im Hinblick auf die langfristigen Auswirkungen in der Rentenversicherung.

138 Das Reichsversicherungsamt als oberste Spruchbehörde war 1945 aufgelöst worden, so dass es an einer für alle Bundesländer geltenden obersten Rechtsprechungsinstanz fehlte.

139 BGBl. 1953 I S. 1239, „Sozialgerichtsgesetz“ vom 3.9.1953.

140 *Peters*, S. 153 f.

141 BSGE 3, 161, Leitsatz 1.

142 BSGE 15, 65, Leitsatz 3.

bereits besetzt war. Die Vereinfachungs-Verordnung sei auch, infolge des Zurücktretens der Besatzungsgewalt, spätestens mit dem erstmaligen Zusammentritt des Deutschen Bundestages am 7. September 1949 für das gesamte Bundesgebiet wirksam geworden. Damit war eine zukünftige einheitliche Beurteilung der Versicherungspflicht nach der Vereinfachungs-Verordnung im gesamten Bundesgebiet gewährleistet. Die BSG-Rechtsprechung überschnitt sich mit der Gesetzesänderung durch den Bundesgesetzgeber, der anlässlich der Neuregelung der Krankenversicherung der Rentner am 12. Juni 1956 die Geltung der §§ 165–167 RVO in der Fassung der Vereinfachungs-Verordnung vom 17. März 1945 festgelegt hatte[143].

X. Die Krankenversicherung der Arbeitsdienstleistenden

Im „Dritten Reich“ gab es eine Vielzahl von Arbeitsdiensten. Es erscheint sinnvoll, diese Dienste und ihre krankenversicherungsrechtliche Einordnung in einem besonderen Abschnitt zusammenzufassen und hierfür die ansonsten stringente chronologische Darstellung zu durchbrechen. Die Auseinanderhaltung der einzelnen Dienste ist nicht einfach und führte bereits zur Zeit des Nationalsozialismus zu Verwechslungen[144]. So gab es die Landhilfe, das Werkhalbjahr, das Landjahr, den Landdienst, das hauswirtschaftliche Jahr, den Frauenarbeitsdienst, den Reichsarbeitsdienst, das Pflichtjahr, den Erntehelferdienst der Schüler und den Ausgleichsdienst der Studenten. Hinzu kamen noch die kriegsvorbereitenden und kriegsunterstützenden (Not-)Dienste, die besonders zu betrachten sind. Die Ausgestaltung und Zielrichtung dieser Arbeitsdienste waren meist unterschiedlicher Natur, wiesen aber auch große Schnittmengen auf, so dass die Dienste auch untereinander in Konkurrenz standen[145]. Im Kontext dieser Arbeit ist vorrangig von Interesse, wie die sozialversicherungsrechtlichen, insbesondere die krankenversicherungsrechtlichen Regelungen gestaltet waren.

---

143 BGBl. I 1956 S. 500, „Drittes Gesetz über Änderungen und Ergänzungen von Vorschriften des Zweiten Buches der Reichsversicherungsordnung (Gesetz über Krankenversicherung der Rentner – KVdR)“ vom 12.6.1956.

144 *Niehuis*, S. 5.

145 *Morgan*, S. 265, bezeichnet die Unzahl paralleler Organisationen, die in Konkurrenz zueinanderstanden, als „typisches Phänomen“ des Dritten Reiches.

1. Die Landhilfe 1933

Im Frühjahr 1933 beschloss die Reichsregierung Notmaßnahmen gegen die vorhandene Jugendarbeitslosigkeit[146]. Der Präsident der Reichsanstalt für Arbeitsvermittlung und Arbeitslosenversicherung wurde beauftragt, die Landhilfe einzuführen[147]. Dieser bestimmte mit seinen Erlassen das Nähere über die Ausgestaltung der Landhilfe[148]. Sie war hauptsächlich für den Personenkreis der 14- bis 25-Jährigen vorgesehen[149]. Neben der Bekämpfung der Jugendarbeitslosigkeit verfolgte man hiermit noch andere Ziele. Schon aus der Bezeichnung „Landhilfe“ war ersichtlich, dass hiermit die Landwirtschaft unterstützt werden sollte, die unter einem zunehmenden Arbeitskräftemangel litt. Die Landwirtschaft war durch die vorhergehende Wirtschaftskrise aufgrund sinkender Agrarpreise und hoher Verschuldung geschädigt, so dass sie nicht in der Lage war, die hohen Industrielöhne zu zahlen[150]. Mit der Landhilfe sollten junge Menschen dauerhaft für die Tätigkeit in der Landwirtschaft gewonnen werden. Ziel war dabei die berufliche Umschichtung der Bevölkerung und ihre Rückführung von der Stadt auf das Land[151]. Nach den nationalsozialistischen Vorstellungen sollte hierdurch die „Nahrungsfreiheit“, d.h. die Unabhängigkeit des deutschen Volkes von Agrarimporten gesichert werden. Als Maßnahme der Arbeitsverwaltung war die Landhilfe auf freiwilliger Basis konzipiert. In der Regel wurden die Landhelfer nach den ortsüblichen Lohnsätzen entlohnt[152]. Da es sich hier ansonsten um ein normales Beschäftigungsverhältnis handelte, galten auch die üblichen sozialversicherungsrechtlichen Vorschriften. Das bedeutete, dass die Versicherungspflicht zur Krankenversicherung unabhängig davon bestand, ob und in welcher Höhe eine Beihilfe an den Betrieb gezahlt wurde[153].

---

146 *Seldte*, S. 12.

147 *Wolf*, Landhilfe, S. 21; Evangelischer Dienst, S. 18.

148 RArbBl. 1933 S. I 77, Erlass vom 3.3.1933 – II 5590/1; RABl. 1933 S. I 87, Erlass vom 11.3.1933 – II/5590/7; RArbBl. 1933 S. I 282, Erlass vom 9.11.1933 – II 5590/392.

149 *Wolf*, Landhilfe, S. 34; Nach dem Erlass vom 3.3.1933 war die Altersgrenze noch auf das 21. Lebensjahr begrenzt. Die Erweiterung auf das 25. Lebensjahr erfolgte mit dem Erlass vom 7.5.1934, vgl. RArbBl. 1934 S. I 120 – II 5590/647 und Erlass vom 28.5.1934 – II5590/677 -, RArbBl. 1934 S. I 143.

150 *Wolf*, Landhilfe, S. 9 f.; *Syrup*, S. 103 f.

151 *Wolf*, Landhilfe, S. 14 ff.; *Syrup*, S. 104.

152 *Meyer*, Landwirtschaft, S. 332.

153 *Wolf*, Landhilfe, S. 56.

Die Landhilfe war zu Beginn des Jahres 1933 als Einzellandhilfe für arbeitslose Jugendliche vorgesehen gewesen. Bereits im November 1933 wurde durch einen Erlass des Präsidenten der RAfAuA auch die kollektive Landhilfe ermöglicht[154]. Dieser sah vor, dass zur „Förderung des Siedlungsgedankens" der Einsatz von geschlossenen Gruppen von Landhelfern auf Siedlungsgütern zugelassen und gefördert wurden. Ziel war es, durch Maßnahmen die „Heranziehung und Ausbildung eines geeigneten Siedlernachwuchses" zu fördern. Als Betriebe waren gemeinnützige Siedlungsgesellschaften vorgesehen. Die Beschäftigung erfolgte aufgrund individueller Beschäftigungsverhältnisse. Da es sich somit ebenfalls um „normale" Beschäftigungsverhältnisse handelte, unterlagen auch die Beschäftigten der kollektiven Landhilfe der Versicherungspflicht in der Krankenversicherung.

2. Das Werkhalbjahr 1933

Am 2. Februar 1933 erging durch den „Reichskommissar für den freiwilligen Arbeitsdienst" ein Erlass, mit dem ein freiwilliges Werkhalbjahr für Abiturienten eingeführt wurde[155]. Man verwirklichte damit Vorstellungen, die bereits seit 1931 in der Weimarer Republik vom Deutschen Studentenwerk und der Regierung von Papen entwickelt worden waren[156]. Mit diesem Werkhalbjahr wollte man nun auch die akademische Jugend in den Arbeitsdienst einbeziehen, da die Weltwirtschaftskrise zu einer Arbeitslosigkeit auch unter Akademikern geführt hatte[157]. Die Einfügung eines Werkjahres zwischen Abitur und Studium sollte zu einer einmaligen Entlastung der Hochschulen bzw. des akademischen Arbeitsmarktes führen[158]. In dem vom Reichsminister des Inneren und dem Reichskommissar für den freiwilligen Arbeitsdienst herausgegebenen Merkblatt für Abiturienten wurden die Ziele des Arbeitsdienstes erläutert[159]. Die körperliche Arbeit mit „Hacke und Schaufel" sollte durch Rodungen, Entwässerungen und Bodenverbesserungen den „Ernährungsraum" vergrößern. Mithilfe der Ansiedlung von Bauern sollte neuer Lebensraum geschaffen werden und so zur Sicherung des deutschen Bodens beigetragen werden. Unverhüllt wurde durch dieses Merkblatt vom Februar 1933 auch das Ziel vorgegeben, die Abiturienten „durch praktische Übung zum wehrhaften Mann" zu

154 RArbBl. 1933 S. I 295, Erlass vom 16.11.1933 – II 5590/430.

155 RArbBl. 1933 S. I 36.

156 *Köhler*, Arbeitsdienst, S. 235 f.; *Wolff*, Werkjahr, S. 7 ff.

157 *Morgan*, S. 54.

158 *Morgan*, S. 54; *Wolff*, Werkjahr, S. 8.

159 RArbBl. 1933 S. I 48, „Freiwillige Meldung zum Werkhalbjahr, Merkblatt für Abiturienten" vom 28.1.1933

erziehen, wozu auch die Schulung im „Kleinkaliberschießen" gehörte[160]. Obwohl das 1933 eingeführte Werkhalbjahr auf Freiwilligkeit beruhte, wurde es ab dem Sommersemester 1935 faktisch zu einem Pflichtarbeitsdienst[161], da ab diesem Zeitpunkt eine Erstimmatrikulation nur noch bei Nachweis der Ableistung des Arbeitsdienstes möglich war[162]. Aufgrund der Eingliederung des Werkhalbjahres in den FAD galten auch dessen Regeln zum Krankenversicherungsschutz. Somit war auch hier der ausschließlich auf die Krankenpflege beschränkte Schutz von der Ortskrankenkasse sicherzustellen[163].

3. Das Landjahr 1934

Die Bezeichnung „Landjahr" suggeriert eine inhaltliche Nähe zu der „Landhilfe", obwohl beide nur wenige Gemeinsamkeiten hatten. Die Landhilfe war eine Maßnahme der Arbeitsverwaltung zur Verringerung der Jugendarbeitslosigkeit, während das Landjahr keine arbeitspolitische Maßnahme, sondern eine Einrichtung zur kollektiven Erziehung war. Dies ist auch daran erkennbar, dass das Reichs- und Preußische Ministerium für Wissenschaft, Erziehung und Volksbildung für das Landjahr zuständig war. Auch wenn im Landjahr landwirtschaftliche Arbeiten verrichtet wurden, standen diese Arbeiten nicht im Vordergrund, sondern waren nur ein Teil des verfolgten Erziehungskonzepts. Erstmalig wurde das Landjahr durch das Gesetz vom 29. März 1934[164] in Preußen für Schulentlassene eingeführt und später in anderen deutschen Ländern übernommen[165]. Als Zielrichtung nannte das preußische Gesetz „die seelische Verbundenheit der schulentlassenen Stadtjugend mit Heimat und Volkstum und das Verständnis für den völkischen Wert gesunden Bauerntums"[166]. Das Landjahr wurde für die 14- bis 15-jährigen Mädchen und Jungen in Lagern auf dem Land für den Zeitraum von April bis Dezember durchgeführt. Es wurden nicht alle Schulentlassenen einberufen, sondern entsprechend der „völkischen Ausrichtung" nur ausgewählte Jugendliche, die „rassisch

---

160 Ebenda.

161 DWEV 1935, S. 51, Nr. 62 „Durchführungsbestimmungen über die studentische Arbeitsdienstpflicht", Erlass des Reichs- und Preußischen Ministers für Wissenschaft, Erziehung und Volksbildung vom 19.1.1935.

162 DWEV 1935, S. 69, Nr. 96 „Hochschulstudium", Erlass des Reichs- und Preußischen Ministers für Wissenschaft, Erziehung und Volksbildung vom 9.2.1935.

163 Vgl. hierzu oben Abschnitt I), IV., 1., 1) die Ausführungen zum freiwilligen Arbeitsdienst.

164 Preuß. Gesetzessammlung 1934, S. 234, „Gesetz über das Landjahr" vom 29.3.1934.

165 *Niehuis*, S. 66; *Morgan*, S. 269.

166 *Niehuis*, S. 39; Evangelischer Dienst, S. 24.

geeignet" waren und in einer „gefährdenden Umwelt" heranwuchsen[167]. Gemeint waren damit Kinder aus der Großstadt und aus „nationalpolitisch und sittlich gefährdeten" Gebieten[168]. Die Teilnahme am Landjahr war für die Einberufenen verpflichtend (§ 1 preuß. Landjahrgesetz). Im Landjahr erfolgte die Erziehung an mehreren Stellen und zwar im Lager mit Leibeserziehung und nationalpolitscher Erziehung, beim Bauern und im Dorf[169]. Der Bauerndienst mit landwirtschaftlichen Arbeiten fand nicht im Rahmen eines Arbeitsverhältnisses statt, sondern nur als Teil der außerschulischen Erziehungsmaßnahme. Ebenso wurde hierfür kein Entgelt gezahlt. Damit fehlten die Voraussetzungen für ein versicherungspflichtiges Beschäftigungsverhältnis in der Krankenversicherung. Da es sich bei den Landjahrpflichtigen ausnahmslos um unterhaltsberechtigte Jugendliche handelte, dürften die Krankheitskosten in der Regel durch die Familienversicherung in der Krankenversicherung der Eltern abgesichert gewesen sein[170]. Die Notwendigkeit einer besonderen Krankenversicherung sah man deshalb anfangs nicht. Erst durch den RAM-Erlass vom 16. April 1936 wurde der Teilnehmerkreis des Landjahres dem nach § 363a RVO versicherungsfähigen Personenkreis zugeordnet[171].

4. Der Landdienst 1934

Der Landdienst war ein „Sonderdienst" der Hitlerjugend (HJ) für Jungen und Mädchen auf freiwilliger Grundlage[172]. Er war 1934 aus dem „Bund der Artamanen" hervorgegangen[173]. Das Ziel des Landdienstes war es, vermehrt junge Leute für die Berufe in der Landwirtschaft zu gewinnen. Diese sollten später als Siedler im Osten auf eigenen Höfen den Bauernstand bilden[174]. Der Landdienst sollte die Nachwuchsorganisation der SS bilden und eine Vorschule für den „SS-Wehrbauern" werden[175]. Hiermit sollte die nationalsozialistische Ideologie verwirklicht werden, wonach der Bauernstand „das Fundament der gesamten Nation" war. Das Hitler-Zitat:

---

167 *Niehuis*, S. 39.

168 Ebenda, S. 39.

169 Ebenda, S. 232.

170 *Kleeis*, Arb.-Vers. 1936, S. 344 (346).

171 RArbBl. 1936 S. IV 107, RAM-Erlass II a 3638/36 vom 16.4.1936.

172 Der Landdienst für Mädchen war dem Bund Deutscher Mädel (BDM) innerhalb der HJ übertragen.

173 *Schmitz*, Artamanen, S. 105; *Klose*, S. 116 f.; *Hildebrandt*, WZ, 155. Band, S. 199 (200); *Rüdiger*, S. 240 f.; *Blohm*, S. 226; *Hoffmann*, Landdienst, S. 4.

174 *Broszat*, S. 136 (137).

175 *Klönne*, S. 62; *Rüdiger*, S. 244; *Danzer*, RArbBl. 1940 S. V 235 (236).

> „Das Deutschland der Zukunft wird ein Bauernreich sein oder es wird untergehen wie die Reiche der Hohenstaufen und Hohenzollern"[176],

beschreibt die Zielsetzung des Landdienstes[177]. Der Landdienst war für Mädchen und Jungen ab dem Alter von 14 Jahren vorgesehen, die sich freiwillig für mindestens ein Jahr verpflichteten[178]. In Abweichung zum Landjahr und der Landhilfe stand nicht die kurzfristige und vorübergehende Arbeit im Vordergrund, sondern die geregelte Ausbildung und der spätere Verbleib in der Landwirtschaft. Das erste Jahr im Landdienst wurde als erstes Jahr auf die Landarbeitslehre (Jungen) und als erstes Jahr auf die ländliche Hausarbeitslehre (Mädchen) angerechnet[179]. Der Landdienst wurde durch Vereinbarungen zwischen dem HJ-Landdienst und dem Reichsnährstand besonders gefördert[180]. Darin waren u.a. auch die tägliche Arbeitszeit, die Lohnhöhe und die Einhaltung des Jugendschutzes besonders vereinbart[181]. Die Ausbildung erfolgte in Bauerndörfern, Gutshöfen und später auf Landdienstlehrhöfen[182]. Für jede Landschargruppe wurden die Arbeitsverhältnisse (Lehrverhältnisse) zwischen der NSDAP und den beteiligten „landwirtschaftlichen Betriebsführern" geschlossen[183]. Es war vereinbart, dass die Landdienstleistenden im ersten Jahr als Lohn freie Verpflegung und ein Taschengeld erhielten und ab dem zweiten Jahr der Tariflohn gezahlt wurde. Auch wenn es sich um kollektive geschlossene Arbeitsverträge handelte und die Landdienstleistenden ansonsten im übrigen Tagesablauf der Kontrolle des HJ-Landdienstes unterstanden, bestehen keine Zweifel daran, dass es sich hier um sozialversicherungspflichtige Beschäftigungsverhältnisse handelte, die nach § 165 Abs. 1 Nr. 1 RVO krankenversicherungspflichtig waren.

5. Das hauswirtschaftliche Jahr für Mädchen 1934

Das hauswirtschaftliche Jahr für Mädchen wurde 1934 initiiert durch die NS-Frauenschaft, das Deutsche Frauenwerk und die Reichsjugendführung in

176 Hitler-Zitat nach *Haase*, Bäuerliche Revolution, S. 4.

177 *Hildebrandt*, WZ, 155. Band, S. 199 (200); *Hoffmann*, Landdienst, S. 5.

178 *Rüdiger*, S. 241; *Blohm*, S. 226.

179 *Hoffmann*, Landdienst, S. 27; Landdienstausgabe 1938.

180 *Schmitz*, Artamanen, S. 107.

181 Ebenda.

182 *Hildebrandt*, WZ, 155. Band, S. 199 (214 ff.).

183 *Hoffmann*, Landdienst, S. 26.

Zusammenarbeit mit der RAfAuA[184]. In dem hauswirtschaftlichen Jahr sollten schulentlassene Mädchen in privaten Familienaushalten, vornehmlich mit Kindern, unter der Anleitung der Hausfrau in hauswirtschaftliche und kinderpflegerische Arbeiten eingeführt werden. Hintergrund für die Einführung des hauswirtschaftlichen Jahres war, dass zu Ostern 1934 ein doppelt so starker Jahrgang die Schule verließ, als in den Jahren zuvor[185]. Da die zur Verfügung stehenden Ausbildungsmöglichkeiten nicht ausreichten, befürchtete man eine steigende Jugendarbeitslosigkeit. Zur Vermeidung einer solchen Arbeitslosigkeit erschien die „hauswirtschaftliche und mütterliche Arbeit“ besonders geeignet, da „hauswirtschaftliche Arbeit reichlich vorhanden“ war[186]. Das hauswirtschaftliche Jahr sollte ein ganzes Jahr in einem Anlernverhältnis erfolgen, wobei dieses Verhältnis ausdrücklich kein Arbeitsverhältnis sein sollte[187]. Hinsichtlich der Sozialversicherung wird in den Richtlinien des RAfAuA die Zahlungspflicht der Hausfrau für die Krankenkassenbeiträge angeführt und für andere Sozialversicherungsbeiträge ausgeschlossen. Damit wird die Krankenversicherungspflicht des Anlernverhältnisses im hauswirtschaftlichen Jahr bestätigt. Dies ist schlüssig, da die gewährte Kost und Unterkunft als Entgelt anzusehen waren, auch wenn ansonsten keine Barvergütung oder nur ein Taschengeld gezahlt wurden[188].

6. Der Frauenarbeitsdienst 1934–1936

Der seit 1932 in der Endphase der Weimarer Republik installierte freiwillige Arbeitsdienst war nicht nur ein Arbeitsdienst für die männliche, sondern auch für die weibliche Jugend. Der weibliche Arbeitsdienst war bisher unterrepräsentiert gewesen, obwohl bei den weiblichen Jugendlichen die Erwerbslosenquote mit 40 Prozent höher war als bei den männlichen Jugendlichen mit 25 Prozent[189]. Der Grund für diese geringe Förderung lag offenbar darin, dass die Erwerbslosigkeit der Frauen nicht so augenfällig wie die der Männer war

---

184 RArbBl. 1934 S. I 130, Schreiben des RAfAuA – II 5043/17, „Hauswirtschaftliches Jahr“ vom 5.5.1934 mit der Anlage „Richtlinien für das Hauswirtschaftliche Jahr für Mädchen“.

185 Ebenda.

186 Ebenda.

187 Ebenda.

188 Arb.-Vers. 1935, S. 95, RVA-Entsch. vom 23.5.1934 – II K 2110/34; RArbBl. 1939 S. IV 111, Bekanntgabe der Stellungnahme des RVA durch den RAM – II a 1766/39 vom 21.2.1939; *Kühne / Peters*, Anm. Nr. 3 zu § 165a (a.F.) RVO, S. 20.

189 *Morgan*, S. 29.

und die Dringlichkeit der Problematik unterschätzt wurde[190]. Außerdem konzentrierten sich die Arbeitsdienstmaßnahmen der Träger überwiegend auf Bodenverbesserungsarbeiten, Herrichtung von Siedlungsland und Verkehrsverbesserungen und waren somit auf männliche Jugendliche zugeschnitten. Der Gegenstand des weiblichen Dienstes war dagegen „bescheidener" und umfasste im Wesentlichen das „Erhalten und Pflegen von Sachgütern" und das „Umwandeln alter Gegenstände zu neuem Gebrauch"[191]. Der Reichskommissar für den FAD, Syrup, hatte bereits am 10. November 1932 in seinem Schreiben an die FAD-Bezirkskommissare auf weitere Einsatzmöglichkeiten der weiblichen Jugend hingewiesen. Als Beispiele für den Arbeitseinsatz nannte er:

> „Wäsche- und Kleiderpflege für männliche Arbeitslager, Küchendienst für offene Lager, Bewirtschaftung ungenutzter Ländereien und gemeinnützige Verwertung der Erträge, Schaffung von Kleingartenland und Werkstattarbeit für die Winterhilfe."[192]

Tatsächlich waren aber nur insgesamt 4,4 Prozent der Arbeitsdienstmaßnahmen auf weibliche Teilnehmerinnen ausgerichtet, was sich auch nach der Machtübernahme erst einmal nicht änderte[193]. Hintergrund war, dass Hierl als neuernannter Staatssekretär für den FAD, die bereitgestellten finanziellen Mittel für den männlichen FAD benötigte. Er war nicht bereit, hiervon auch noch einen weiblichen Dienst mitzufinanzieren[194]. Mit dem RAM-Erlass vom 11. Dezember 1933[195] wurde bestimmt, dass ab 1. Januar 1934 die RAfAuA die Finanzierung des gesamten Deutschen Frauenarbeitsdienstes übernahm. Die Organisation wurde nun dem „Deutschen Frauenarbeitsdienst", einem Teil des Nationalsozialistischen Arbeitsdienstes e.V. (NSAD), übertragen[196]. Nach den vom RAfAuA und der Leitung des Frauenarbeitsdienstes gemeinsam herausgegebenen Richtlinien vom 27. Januar 1934[197] hatte der Frauenarbeitsdienst die Aufgabe, „die weibliche deutsche Jugend für die Aufgaben der künftigen Hausfrau und Mutter zu erziehen"[198]. Die Teilnehmer am

---

190 Ebenda.

191 *Ehlert*, RArbBl. 1932 S. II 480.

192 RArbBl. 1932 S. I 256, Schreiben Des FAD-Reichskommissars vom 10.11.1932 – III 3 8400/449.

193 *Morgan*, S. 30 f.

194 *Morgan*, S. 120.

195 RArbBl. 1933 S. I 320, RAM-Erlass – IV a 22801/33 – vom 11.12.1933.

196 *Morgan* S. 122 f.

197 RArbBl. 1934 S. I 34, „Richtlinien für die Anerkennung der Arbeitsvorhaben im Deutschen Frauenarbeitsdienst" vom 27.1.1930.

198 Noch deutlicher beschreibt es *Seldte*, S. 13: „Auch der Frauendienst will, getragen von dem Gedankengut der nationalsozialistischen Weltanschauung, die weibliche deutsche

Frauenarbeitsdienst waren ebenso wie der übrige freiwillige Arbeitsdienst bei der Ortskrankenkasse nach den Vorschriften der RVO zu versichern. Die Rechtsgrundlage für die Krankenversicherung des Frauenarbeitsdienstes änderte sich durch den RAM-Erlass vom 6. August 1935[199], als die Teilnehmer des Deutschen Frauenarbeitsdienstes dem versicherten Personenkreis des § 363a RVO zugewiesen wurden. Mit der Eingliederung in den RAD 1936 änderte sich die krankenversicherungsrechtliche Zuordnung, die noch zu beschreiben ist.

7. Der Reichsarbeitsdienst 1935

Mit dem Gesetz vom 26. Juni 1935[200] wurde für alle jungen Deutschen beiderlei Geschlechts ein verpflichtender Arbeitsdienst eingeführt. Dieser Reichsarbeitsdienst (RAD) war zur Durchführung gemeinnütziger Arbeiten bestimmt (§ 1 Abs. 4 RADG). Die Dienstzeit im RAD betrug ein halbes Jahr[201]. Nach § 14 RADG begründete die Zugehörigkeit zum Reichsarbeitsdienst kein Arbeits- oder Dienstverhältnis im Sinne des Arbeitsrechts. Gleichzeitig bestimmte § 11 RADG, dass das Stammpersonal im Reichsarbeitsdienst berufsmäßig tätig war. Allen Angehörigen[202] des RAD stand nach § 21 RADG bei Krankheiten und Unfällen ein Anspruch auf freie ärztliche Behandlung und Krankenpflege zu. Eine Regelung zur Versicherungspflicht enthielt weder das RADG noch die RVO. Damit war zweifelhaft, ob das Stammpersonal und die Arbeitsdienstpflichtigen der Krankenversicherungspflicht unterlagen[203]. Da sie einen Anspruch auf freie Heilfürsorge hatten, hielt man die Krankenversicherung für entbehrlich[204]. Es erfolgte eine Klarstellung durch die Verordnung vom 24. März 1936[205], die in Artikel 1 festlegte, dass die Angehörigen des Reichsarbeitsdienstes während der Ausübung ihres Dienstes versicherungsfrei waren. Diese Regelung über die Versicherungsfreiheit wurde mit Gesetz

---

Jugend mit der bäuerlichen Lebensführung vertraut machen und sie auf die Aufgaben der künftigen Hausfrau und Mutter vorbereiten.".

199 RArbBl. 1935 S. IV 306, RAM-Erlass – II a 8063/35 -, „Bezeichnung von Personenkreisen gemäß § 363a RVO" vom 6.8.1935.

200 RGBl. 1935 I S. 769, „Reichsarbeitsdienstgesetz" vom 26.6.1935.

201 RGBl. 1936 I S. 772, „Erlass des Führers und Reichskanzlers über die Dauer der Dienstzeit und die Stärke des Reichsarbeitsdienstes" vom 27.6.1935.

202 Die Angehörigen des RAD bestanden nach § 10 RADG aus dem Stammpersonal, den einberufenen Arbeitsdienstpflichtigen und den Arbeitsdienstfreiwilligen.

203 *Kreil*, Arb.-Vers. 1938, S. 49 (51).

204 Ebenda.

205 RGBl. 1937 I S. 200, „Sechste Verordnung zur Durchführung und Ergänzung des Reichsarbeitsdienstgesetzes (Soziale Versicherung)" vom 24.3.1936.

vom 21. Dezember 1937[206] durch eine Ergänzung des § 172 Nr. 2 RVO in die Reichsversicherungsordnung übernommen.

Die RAD-Pflicht galt nach § 1 RADG auch für Frauen. Die Ausgestaltung des weiblichen Arbeitsdienstes war nach § 9 RADG einer besonderen gesetzlichen Regelung vorbehalten. Bis zur Einführung einer weiblichen RAD-Pflicht für Frauen war lediglich der freiwillige Frauenarbeitsdienst vorgesehen. Die hierfür erforderlichen Maßnahmen wurden aufgrund des § 5 der Verordnung vom 27. Juni 1935 dem Reichsarbeitsführer übertragen[207]. Der bisherige freiwillige Frauenarbeitsdienst wurde aus der Trägerschaft des NSAD gelöst und Teil des RAD, wobei dieser weiterhin „freiwillige Arbeitsdienst" nun als „Arbeitsdienst für die weibliche Jugend" (RADwJ) bezeichnet wurde[208]. Mit der Eingliederung des RADwJ in den RAD bestand ein Heilfürsorgeanspruch nach § 21 RADG, der ab dem 1. April 1936 zur Krankenversicherungsfreiheit führte und die bisherige Zuordnung des freiwilligen Arbeitsdienstes nach § 363a RVO überflüssig machte[209]. Die Einführung der „Arbeitsdienstpflicht" für die weibliche Jugend erfolgte erst durch Gesetz vom 4. September 1939 für die 17- bis 25-jährigen ledigen Mädchen[210]. Diese volle Einbeziehung in den RAD änderte an der krankenversicherungsrechtlichen Zuordnung nichts, so dass aufgrund des Heilfürsorgeanspruchs die Krankenversicherungsfreiheit nach § 172 Nr. 2 RVO bestand, wie der RAM in seinem Erlass vom 28. November 1939 klarstellte[211].

---

206 RGBl. 1937 I S. 1393, „Gesetz über den Ausbau der Rentenversicherung" vom 21.12.1937.

207 RGBl. 1935 I S. 772, „Erste Verordnung zur Durchführung und Ergänzung des Reichsarbeitsdienstgesetzes" vom 27.6.1935.

208 RGBl. 1936 I S. 633, „Siebente Verordnung zur Durchführung und Ergänzung des Reichsarbeitsdienstgesetzes (Arbeitsdienst für die weibliche Jugend)" vom 15.8.1936.

209 Art. 17 der 8. VO zur Durchführung und Ergänzung des RAD vom 11.6.1937 (RGBl. I S. 623, i.V.m. der 6. VO vom 24.3.1936 (RGBl. 1936 I. S. 200); RArbBl. 1936 S. IV 352, RAM-Erlass – II a 10156/36 – vom 28.11.1936; *Kreil*, Arb.-Vers. 1938, S. 49 (51).

210 RGBl. 1939 I S. 1693, „Verordnung über die Durchführung der Reichsarbeitsdienstpflicht für die weibliche Jugend" vom 4.9.1939.

211 RArbBl. 1939 IV 530, RAM-Schreiben II a 14572/39 vom 28.11.1939, „Kranken- und Arbeitslosenversicherung der weiblichen Angehörigen des Reichsarbeitsdienstes".

8. Der Ausgleichdienst der Studenten (Abiturienten) 1935

Ab dem Sommersemester 1935 wurde durch den ministeriellen Erlass vom 19. Januar 1935 der Arbeitsdienst für Studenten eingeführt[212]. Abiturienten wurden zum Hochschulstudium nur noch zugelassen, wenn sie das Arbeitsdiensthalbjahr abgeleistet hatten[213]. Für Abiturienten, die aus gesundheitlichen Gründen für den Arbeitsdienst nicht geeignet waren, bestand seit 1935 die Möglichkeit, einen Ausgleichsdienst abzuleisten[214]. Trägerin des studentischen Ausgleichdienstes war die Reichsstudentenführung. Träger der Arbeit war ab 1938 der Reichsluftschutzbund. Aufgrund einer Vereinbarung zwischen der Reichsstudentenführung und dem Reichsverband der Ortskrankenkassen vom 11. Mai 1938 versicherten die Ortskrankenkassen, unter Vorbehalt der Zustimmung des RAM, die Teilnehmer an diesem studentischen Ausgleichsdienst gegen Krankheit[215]. Diese Vereinbarung wurde am 17. Mai 1938 durch den RAM bestätigt, als er diesen Personenkreis dem § 363a RVO unterstellte[216]. Über den Luftschutzdienst hinaus wurde am 15. April 1941 die Vereinbarung auf „alle Einsätze des studentischen Ausgleichsdienstes im Sinne der Landesverteidigung" ausgedehnt[217].

Für die ausgleichsdienstpflichtigen Abiturientinnen wurde ab 1938 eine abweichende Regelung getroffen. Aufgrund einer Vereinbarung zwischen der NSDAP und den Ortskrankenkassen vom 2. Dezember 1938 wurden diese Abiturientinnen in die Krankenversicherung einbezogen[218]. Vorgesehen war dabei, dass sie für die Dauer von 26 Wochen innerhalb der NS-Volkswohlfahrt (NSV) eingesetzt werden sollten. Trägerin des Dienstes war die Reichsstudentenführung, während Trägerin der Arbeit die NS-Volkswohlfahrt war. Der Einsatz sollte vorwiegend im Hilfswerk „Mutter und Kind" erfolgen. Vorgesehen war auch ein Einsatz im NSV-Erntedienst, in Dauerkindergärten, in NSV-Mütter- und Kindererholungsheimen sowie in Ortsgruppen und Kreisleitungen

212 DWEV 1935, S. 51, Nr. 62 „Durchführungsbestimmungen über die studentische Arbeitsdienstpflicht", Erlass des Reichs- und Preußischen Ministers für Wissenschaft, Erziehung und Volksbildung vom 19.1.1935.

213 DWEV 1935, S. 69, Nr. 96 „Hochschulstudium", Erlass des Reichs- und Preußischen Ministers für Wissenschaft, Erziehung und Volksbildung vom 9.2.1935.

214 DWEV 1935, S. 165, Nr. 212. „Arbeitsdienst der Abiturienten", Schreiben des Reichs- und Preußischen Ministers für Wissenschaft, Erziehung und Volksbildung vom 8.4.1935.

215 RArbBl. 1938 S. IV 203.

216 Ebenda.

217 RArbBl. 1941 S. II 213, Schreiben des RAM - II a 7074/41 vom 21.5.1941.

218 RArbBl. 1938 S. IV 516.

der NSV[219]. Die Vereinbarung über die Einbeziehung erfolgte unter dem Vorbehalt der Zustimmung durch den RAM, der mit Erlass vom 15. Dezember 1938 die Einbeziehung dieses Personenkreises in die Krankenversicherung nach § 363a RVO bestätigte[220].

9. Das Pflichtjahr für Mädchen 1938

Die ständige Landflucht hatte zu einem Arbeitskräftemangel in der Landwirtschaft geführt. Einer der Gründe für die Abwanderung von landwirtschaftlichen Arbeitskräften in die Industrie bestand darin, dass die Industrielöhne über den Arbeitslöhnen der Landwirtschaft lagen. Dies galt insbesondere auch für weibliche Arbeitskräfte, die verstärkt Arbeit in der gewerblichen Wirtschaft suchten und Tätigkeiten in der Land- und Hauswirtschaft ablehnten[221]. Insbesondere ab 1936, als Vollbeschäftigung herrschte und die Rüstungsproduktion angekurbelt wurde, zogen die städtischen Industriebetriebe immer mehr Landarbeiter ab. Diese Entwicklung gefährdete das Ziel, Deutschland in der Ernährung der eigenen Bevölkerung unabhängig vom Ausland zu machen. In Erfüllung des Vierjahresplanes 1936 versuchte man, diese Entwicklung umzukehren. Eine der hierzu getroffenen Maßnahmen war die Einführung des Pflichtjahres für Mädchen durch die Anordnung des Beauftragten für den Vierjahresplan, Göring, vom 15. Februar 1938[222] und die hierzu ergangenen Durchführungsverordnungen des Präsidenten der RAfAuA, Syrup, vom 16. Februar 1938[223] und 23. Dezember 1938[224]. Erklärtes Ziel dieses Pflichtjahres war es, den Mangel an Arbeitskräften in der Land- und Hauswirtschaft zu mindern. Mit der Beseitigung des Arbeitskräftemangels in der Hauswirtschaft verfolgte man auch bevölkerungspolitische Ziele. Da die Geburt weiterer Kinder im NS-Staat gewünscht war, stieß dieses Ziel dort an seine Grenze, wo weitere Geburten wegen fehlender Haushaltskräfte in Frage gestellt wurden[225]. Das

---

219 Ebenda.

220 RArbBl. 1938 S. IV 516.

221 *Grohmann*, S. 87.

222 RArbBl. 1938 S. I 46, „Anordnung zur Durchführung des Vierjahresplanes über den verstärkten Einsatz von weiblichen Arbeitskräften in der Land- und Hauswirtschaft" vom 15.2.1938.

223 RArbBl. 1938 S. I 46, „Durchführungsverordnung zur Anordnung über den verstärkten Einsatz von weiblichen Arbeitskräften in der Land- und Hauswirtschaft" vom 16.2.1938.

224 RArbBl. 1939 S. I 48, „Durchführungsanordnung zur Anordnung über den verstärkten Einsatz von weiblichen Arbeitskräften in der Land- und Hauswirtschaft" vom 23.12.1938.

225 *Vogel*, Pflichtjahr, S. 75 f.

Pflichtjahr beruhte nicht auf einem Arbeitszwang, auch wenn die Bezeichnung es vermuten ließ. Der Zwang war nur mittelbarer Natur, weil ledige weibliche Arbeitskräfte unter 25 Jahren von privaten und öffentlichen Arbeitgebern nur dann eingestellt werden durften, wenn sie den Nachweis einer mindestens einjährigen Tätigkeit in der Land- oder Hauswirtschaft durch ihr Arbeitsbuch nachweisen konnten[226]. Frauen, die nicht beabsichtigten, vor dem 25. Lebensjahr eine Arbeit aufzunehmen, waren nicht betroffen, da es sich bei dem Pflichtjahr nicht um eine allgemeine Arbeitspflicht handelte. Es war den Frauen freigestellt, bei welchem landwirtschaftlichen Arbeitgeber oder in welchem Haushalt sie das Pflichtjahr ableisteten. Ab 1939 war jedoch die Zustimmung des Arbeitsamtes für die ausgewählte Arbeitsstelle erforderlich. Zur Bekämpfung der Landflucht wurde bestimmt, dass Mädchen vom Land das Pflichtjahr auf dem Land ableisten mussten[227]. Damit war es ihnen verwehrt, sich eine Arbeitsstelle in städtischen Haushalten zu suchen. Das Pflichtjahr konnte sowohl im freien Arbeitsverhältnis als auch im Rahmen besonderer Maßnahmen ganz oder teilweise abgeleistet werden[228]. So wurden die Zeiten des Arbeitsdienstes, des Landdienstes, der Landhilfe, der ländlichen Hausarbeitslehre und des hauswirtschaftlichen Jahres auf das Pflichtjahr angerechnet (§ 1 der DVO vom 23. Dezember 1938). Dem Pflichtjahr gleichgestellt wurde auch eine zweijährige Tätigkeit im Gesundheitsdienst und der Wohlfahrtspflege (§ 3 der DVO vom 23. Dezember 1938) Die Beschäftigung im Pflichtjahr erfolgte aufgrund eines Arbeitsvertrages für den die Deutsche Arbeitsfront (DAF) einen Mustervertrag entworfen hatte[229]. Die Höhe des Lohnes war nicht verbindlich festgelegt[230]. Üblicherweise sollte die Arbeit durch die Gewährung von Unterkunft, Reinigung der Wäsche, Kost und ein ortsübliches Entgelt vergütet werden[231]. Bei dem Pflichtjahr handelte es sich somit um ein „normales“ entgeltliches Beschäftigungsverhältnis. Damit war auch die Versicherungspflicht in der Krankenversicherung gegeben[232]. Da in der Praxis Zweifel an der Sozialversicherungspflicht der Pflichtjahrmädchen bestanden, stellte der RAM mit seinem Schreiben vom 4. Dezember 1940 noch einmal ausdrücklich

---

226 Soziale Praxis 1938, Sp. 283 f., beschreibt das Pflichtjahr als Berufslenkung, mit der von der Modeneigung junger Menschen zu kaufmännischen Berufen weg- und zu land- und hauswirtschaftlichen sowie pflegerischen Mangelberufen hingeleitet werden sollte.

227 *Timm*, RArbBl. 1938 S. II 73 (75).

228 *Timm*, RArbBl. 1938 S. II 73 (74).

229 *Albrecht*, Pflichtjahr, S. 27 ff.; *Vogel*, Pflichtjahr, S. 229, Fn 98.

230 *Vogel*, S. 227.

231 Ebenda.

232 Arb.-Vers. 1939, S. 22.

die Versicherungspflicht klar[233]. Die Beitragsanteile mussten wie bei anderen Arbeitnehmern auch vom Arbeitgeber zu 1/3 und vom Arbeitnehmer zu 2/3 getragen werden. Der Mustervertrag sah vor, dass der Arbeitgeber vertraglich die Beiträge auch alleine tragen konnte[234].

10. Die Versicherungspflicht der Erntehelfer 1938

Bei der Einbringung der Ernte, der sogenannten „Erzeugungs- oder Ernährungsschlacht"[235], stand die deutsche Landwirtschaft jedes Jahr erneut vor der Herausforderung, rechtzeitig genügend Arbeitskräfte zu mobilisieren. Der Arbeitskräftemangel in der Landwirtschaft verstärkte sich von Jahr zu Jahr, da seit 1936 Vollbeschäftigung bestand und die (Rüstungs-)Industrie immer mehr ländliche Arbeitskräfte abwarb. Es bestand die Notwendigkeit, für den Ernteeinsatz bisher ungenutztes Arbeitskräftepotential auszuschöpfen. Durch die Verordnung des Beauftragten für den Vierjahresplan vom 10. August 1938 wurde der RAM ermächtigt, alle Maßnahmen auf dem Gebiet der Sozialversicherung zu treffen, die für die Durchführung des Ernteeinsatzes erforderlich waren[236]. Hiervon machte der RAM mit seinem Erlass vom 29. August 1938 Gebrauch, der die soziale Absicherung der Schuljugend bei ihrem Ernteeinsatz vorsah[237]. Der Ernteeinsatz der Schuljugend war zu diesem Zeitpunkt keine Neuigkeit mehr. Bereits im Jahre 1937 rief der Reichsjugendführer, von Schirach, erstmalig die Hitler-Jugend zum Ernteeinsatz auf[238]. Daraus entwickelte sich der ständige Ernte-Einsatz der Hitlerjugend, der bereits im Jahre 1939 rund eine Million Jugendliche umfasste[239]. Diese Hilfe war nicht ausschließlich auf die eigentliche Ernte ausgerichtet, sondern umfasste auch die Frühjahrsbestellung, Pflegearbeiten und Schädlingsbekämpfung wie das Einsammeln von Kartoffelkäfern, Faltern und Larven[240]. Die Erntehelfer waren meist schulpflichtige Jugendliche, die vorübergehend vom Schulbesuch befreit

233 RArbBl. 1940 S. I 430, Schreiben des RAM – II a 16206/40 vom 4.12.1940; ebenso RArbBl. 1941 S. I 361, Schreiben des RAM – II a 10603/41 – vom 6.9.1941.

234 *Albrecht*, S. 28; *Vogel*, S. 229.

235 *Klose*, S. 118; *Naasner*, S. 25.

236 RGBl. 1938 S. 999, „Verordnung zur Sicherstellung der sozialen Versicherung der Erntehelfer" vom 10.8.1938.

237 RArbBl. 1938 S. IV 376, RAM-Erlass „Soziale Versicherungen der als Erntehelfer eingesetzten Schuljugend" vom 29.8.1938 – II a 11253/38; Arb.-Vers. 1938, S. 517.

238 *Rüdiger*, S. 239.

239 Ebenda.

240 Ebenda.

waren oder im Wochenendeinsatz oder in den Ferien tätig wurden[241]. Der Krankenversicherungsschutz dieser Jugendlichen beim Ernteeinsatz war anfangs ungeklärt, da es Zweifel am Vorliegen eines entgeltlichen Beschäftigungsverhältnisses gab. Dies resultierte daraus, dass die Erntehilfe in erster Linie als HJ-Ehrendienst betrachtet wurde[242]. Andererseits wurde jedoch zur Förderung der Arbeitsfreudigkeit und als Ausgleich für die Abnutzung der Kleidung und Arbeitsausrüstung eine Entschädigung nach den landwirtschaftlichen Tariflöhnen gezahlt[243]. Die bestehenden Zweifel räumte der RAM-Erlass vom 29. August 1938 aus, indem er die Krankenversicherungspflicht der als Erntehelfer eingesetzten Schüler festlegte. Ihnen standen im Krankheitsfalle nur Ansprüche auf Krankenpflege und Krankenhauspflege zu. Der einheitliche Beitrag von 0,10 RM kalendertäglich war von dem Bauern allein zu tragen. Diese Regelung wurde durch die RAM-Erlasse vom 26. Juli 1939 und 2. Juli 1940 auf die Studenten der Hoch- und Fachschulen erweitert[244]. Der Ferieneinsatz von Studenten in der Landwirtschaft unterlag nach dem Erlass vom 3. Juli 1942 dagegen nicht der Krankenversicherungspflicht[245]. Allerdings hatte das Arbeitsamt für diese Personen einen Beitrag an das Reichsstudentenwerk zu zahlen, mit dem die Leistungen der studentischen Krankenversorgung erhöht wurden.

Während vor dem Kriege der Ernteeinsatz der Schuljugend noch als Ehrendienst angesehen wurde, wandelte er sich nach Kriegsbeginn unter dem Diktat des Generalbevollmächtigten für den Arbeitseinsatz (GBA) zu einem „Kriegseinsatz der Jugend zur Sicherung der Ernährung des Deutschen Volkes", wie sich aus seiner Anordnung vom 23. April 1942 entnehmen lässt[246]. Nunmehr wurde die Schuljugend verstärkt zu landwirtschaftlichen Arbeiten herangezogen. Hier war auch der klassenweise Arbeitseinsatz während der Schulzeit als

241 Ebenda.

242 Erst ab 1939 wurde der HJ-Ehrendienst zu einem verpflichtenden Jugenddienst, vgl. RGBl. 1939 I S. 710, „Zweite Durchführungsverordnung zum Gesetz über die Hitler-Jugend (Jugenddienstverordnung)" vom 25.3.1939.

243 Vgl. hierzu die Ausführungen in der Anordnung A 23/41 der Partei-Kanzlei vom 29.4.1941 „Richtlinien für den Einsatz der Jugend für landwirtschaftliche Bestell-, Pflege- und Erntearbeiten im Jahre 1941, abgedruckt in RArbBl. 1941 S. I 256.

244 RArbBl. 1939 S. IV 393, RAM-Erlass vom 26.7.1939 – II a 10051/39; RArbBl. 1940 S. II 213, RAM-Erlass vom 2.7.1940 – II a 7605/40.

245 RArbBl. 1942 S. I 355, Runderlass des Beauftragten für den Vierjahresplan und dem Generalbevollmächtigten für den Arbeitseinsatz vom 3.7.1942 – V a 5204/45.

246 RArbBl. 1942 S. II 280, RAM-Schreiben – Va 5204/19 vom 23.4.1942 mit Hinweis auf die Anordnung des Generalbevollmächtigten für den Arbeitseinsatz vom 2.4.1942.

Erfüllung der Schulpflicht vorgesehen. Die bisherige Regelung über die Krankenversicherungspflicht der Schüler wurde dabei unverändert beibehalten.

11. Die Notdienstpflichtigen 1938

Im Jahre 1936 war der Vierjahresplan verkündet worden. In der hierzu ergangenen Durchführungsverordnung wurde erläutert, dass die Verwirklichung „eine einheitliche Lenkung aller Kräfte des Deutschen Volkes und die straffe Zusammenfassung aller Zuständigkeiten in Partei und Staat" erforderte[247]. Die Durchführung wurde dem Preußischen Ministerpräsidenten Hermann Göring übertragen. Ihm wurde die Befugnis erteilt, alle Maßnahmen für die Erfüllung des Plans zu treffen sowie Rechtsverordnungen und allgemeine Verwaltungsvorschriften zu erlassen. Er erhielt die Berechtigung, allen Behörden Weisungen zu erteilen. Aufgrund dessen ergingen in den Jahren 1938 und 1939 mehrere Verordnungen, die eine Dienstverpflichtung von Arbeitskräften für besondere Maßnahmen sowie für Notdienste vorsahen, wobei die Krankenversicherungspflicht unterschiedlich geregelt wurde[248].

a) Dienstpflicht aufgrund der Arbeitskräfteverordnung

Am 22. Juni 1938 erging zur Erfüllung des Vierjahresplanes eine Verordnung zur Rekrutierung von Arbeitskräften[249]. Damit wurde die Möglichkeit geschaffen, für besonders bedeutsame Aufgaben, deren Durchführung aus staatspolitischen Gründen keinen Aufschub duldete, Arbeitskräfte zu verpflichten. Der Präsident der Reichsanstalt für Arbeitsvermittlung und Arbeitslosenversicherung konnte deutsche Staatsangehörige „für eine begrenzte Zeit" verpflichten, auf einem zugewiesenen Arbeitsplatz Dienste zu leisten oder sich einer bestimmten beruflichen Ausbildung zu unterziehen (§ 1 VO). Sofern bei Einberufung ein Beschäftigungsverhältnis bestand, erfolgte eine Beurlaubung für die Dauer der Verpflichtung, wobei ein Kündigungsschutz bestand (§ 3 VO). Für das neue Dienst- oder Ausbildungsverhältnis galten die allgemeinen sozialversicherungsrechtlichen Vorschriften (§ 2 VO). Durch die 2. VO vom 30. Juni 1938[250] wurde der RAM ermächtigt, alle Maßnahmen zu treffen, die auf

247 RGBl. 1936 I S. 887, „Verordnung zur Durchführung des Vierjahresplanes" vom 18.10.1936.

248 *Dersch*, ZRR 1940, S. 101 f.

249 RGBl. 1938 I S. 652, „Verordnung zur Sicherstellung des Kräftebedarfs für Aufgaben von besonderer staatspolitischer Bedeutung" vom 22.6.1938.

250 RGBl. 1938 I S. 710, „Zweite Verordnung zur Sicherstellung des Kräftebedarfs für Aufgaben von besonderer staatspolitischer Bedeutung" vom 30.6.1938.

dem Gebiet der Reichsversicherung notwendig waren. Es wurde im Übrigen davon ausgegangen, dass das Dienstpflichtverhältnis ein normales Beschäftigungsverhältnis war und eine Krankenversicherungspflicht bestand[251]. Die beiden Verordnungen wurden ersetzt durch die Verordnung vom 13. Februar 1939[252] und die Durchführungsverordnung vom 2. März 1939[253]. Von nun an konnte das Arbeitsamt die Bewohner des Reichsgebietes zur Dienstleistung verpflichten. Dabei konnte privaten und öffentlichen Betrieben die Abgabe von Arbeitskräften auferlegt werden. Es war nun auch eine Verpflichtung zu Dienstleistungen „von unbeschränkter Dauer“ möglich. In diesen Fällen erlosch das bisherige Beschäftigungsverhältnis (§ 2 Abs. 2 der VO vom 13. Februar 1939). Das Dienstpflichtverhältnis wurde als „normales Beschäftigungsverhältnis“ angesehen, so dass eine Versicherungspflicht in der Krankenversicherung bestand[254]. Erstmalig wurde die „Arbeitskräfteverordnung“ 1938 bei der Durchführung der „Befestigungsarbeiten an der Westgrenze“ (Westwallbau) angewendet[255]. Die ursprünglich auf Rüstungsprojekte beschränkte Verordnung wurde ab 1939 auch für die Dienstverpflichtung zu Arbeiten zur Umgestaltung Berlins unter der Regie des „Generalbauinspektors für die Reichshauptstadt“ (GBI), Albert Speer, herangezogen[256]. Während des Krieges erfolgte eine umfangreiche Dienstverpflichtung zur Organisation Todt (OT) für deren vielfältigen Rüstungs- und Instandsetzungsbauten im Reich und in den besetzten Gebieten[257]. Die Arbeitskräfteverordnung vom 13. Februar 1939 wurde ab 1942 „sinngemäß“ für die Zwangsverpflichtung in der Landwirtschaft angewandt[258]. Danach konnten zur Beseitigung des Arbeitskräftemangels in der Landwirtschaft bisher nicht oder nicht voll beschäftigte „Volksgenossen“ zwangsweise zur Arbeit herangezogen werden. Auch bei diesen Zwangsverpflichtungen wurde ein Arbeitsverhältnis begründet (§ 1 Abs. 2 der VO vom 7. März 1942). Damit galten auch hier die allgemeinen Vorschriften, so dass eine Krankenversicherungspflicht bestand.

---

251 *Grünewald*, Arb.-Vers. 1939, S. 513.

252 RGBl. 1939 I S. 206, „Verordnung zur Sicherstellung des Kräftebedarfs für Aufgaben von besonderer staatspolitischer Bedeutung“ vom 13.2.1939.

253 RGBl. 1939 I S. 403, „Erste Durchführungsverordnung zur Verordnung zur Sicherstellung des Kräftebedarfs für Aufgaben von besonderer staatspolitischer Bedeutung (Dienstpflicht-Durchführungs-Verordnung)“ vom 2.3.1939.

254 *Grünewald*, Arb.-Vers. 1939, S. 513.

255 *Grünewald*, Arb.-Vers. 1939, S. 513; *Seidler*, S. 128.

256 *Bräutigam*, Arbeitseinsatz beim GBI, S. 112.

257 *Seidler*, S. 129 ff.

258 RGBl. 1942 I S. 105, „Verordnung über den Einsatz zusätzlicher Arbeitskräfte für die Ernährungssicherung des Deutschen Volkes“ vom 7.3.1942.

b) Dienstpflicht aufgrund der Notdienstverordnung

Am 15. Oktober 1938 erging eine 3. Verordnung[259], die ihre Grundlage ebenfalls in der Erfüllung des Vierjahresplanes hatte. Diese wurde wie die beiden vorhergehenden Verordnungen vom 22. Juni 1938 und 30. Juni 1938 wortgleich als „Verordnung zur Sicherstellung des Kräftebedarfs für Aufgaben von besonderer staatspolitischer Bedeutung" bezeichnet. Lediglich der Klammerzusatz „Notdienstverordnung" in der Verordnungsbezeichnung weist auf ihre abweichende Funktion im Verhältnis zu den beiden vorhergehenden Verordnungen hin. Die beiden erstgenannten Verordnungen sollten Dienstverpflichtungen ermöglichen, wenn ein Arbeitskräftemangel für staatspolitische Vorhaben (z.B. Westwallbau) bestand[260]. Die letztgenannte Verordnung diente der Dienstverpflichtung „zur Bekämpfung öffentlicher Notstände" wie § 1 dieser VO ihren Zweck umschrieb[261]. In Abweichung zu den Verordnungen zum Arbeitskräfteeinsatz war die Dienstverpflichtung nach der Notdienstverordnung nicht dem Arbeitsamt, sondern den staatlichen Polizeiverwaltungen, den unteren Verwaltungsbehörden und sonstigen Behörden übertragen[262]. Es wurde unterschieden zwischen kurzfristigen und langfristigen Notdiensten. Ein langfristiger Notdienst wurde bei einer Dauer von mehr als drei Tagen angenommen[263]. Nach § 1 der 2. DVO vom 10. Oktober 1939[264] wurde durch einen kurzfristigen Notdienst ein bestehendes Sozialversicherungsverhältnis nicht berührt. Er begründete auch keine Sozialversicherungspflicht. Bei den langfristigen Notdiensten wurde für die Sozialversicherungspflicht danach differenziert, ob die Bezüge des bisherigen Arbeitsverhältnisses weitergezahlt wurden, ob durch den Notdienst ein neues Beschäftigungsverhältnis begründet wurde oder der Notdienst außerhalb eines Beschäftigungsverhältnisses erfolgte. Wenn die Bezüge aus dem bisherigen Arbeitsverhältnis weitergezahlt wurden,

259 RGBl. 1938 I S. 1441, „Dritte Verordnung zur Sicherstellung des Kräftebedarfs für Aufgaben von besonderer staatspolitischer Bedeutung (Notdienstverordnung)" vom 15.10.1938.

260 *Grünewald*, Arb.-Vers. 1939, S. 513.

261 Ebenda.

262 RGBl. 1939 I S. 1204, „Bekanntmachung der Behörden, die Notdienstleistungen fordern können" vom 8.7.1939.

263 Mit der Dauer des Krieges verschwammen die Grenzen von kurzfristigem und langfristigem Notdienst, so dass auch Notdienstzeiten bis zu einer Woche als kurzfristig angesehen wurden, vgl. RArbBl. 1944 S. II 280, Erlass des RAM vom 17.10.1944 – II 10420/44 – „Sozialversicherung der im Notdienstverhältnis zu Schanzarbeiten und ähnlichen Aufgaben Herangezogenen".

264 RGBl. 1939 I S. 2018, „Zweite Durchführungsverordnung zur Notdienstverordnung (Sozialversicherung der Notdienstpflichtigen)" vom 10.10.1939.

blieb das bisherige Sozialversicherungsverhältnis unberührt (§ 2 der 2. DVO). Wurde durch den Notdienst zwischen dem Dienstleistungsempfänger und dem Notdienstpflichtigen ein (entgeltliches) Beschäftigungsverhältnis begründet, dann trat eine Krankenversicherungspflicht nach den allgemeinen Vorschriften ein (§ 3 der 2. DVO). Bei den Notdiensten, in denen ein Beschäftigungsverhältnis nicht begründet wurde, konnte nach den allgemeinen Vorschriften keine Krankenversicherungspflicht eintreten. Für diese Gruppe musste eine Krankenversicherungspflicht ausdrücklich normiert werden, da für den Krankenschutz ein dringendes Bedürfnis bestand[265]. Dies galt auch im Hinblick darauf, dass es sich hierbei um die größte Gruppe der zum langfristen Notdienst Herangezogenen gehandelt haben dürfte[266]. Die Krankenversicherungspflicht für diesen Personenkreis wurde durch § 4 Nr. 2 der 2. DVO eingeführt.

12. Die Luftschutzdienstpflichtigen 1939

Bereits im Jahre 1935 war das Luftschutzgesetz beschlossen worden, das in § 2 allgemein eine Luftschutzdienstpflicht für alle Deutschen vorsah[267]. Für die Durchführung des Luftschutzgesetzes war dem Reichsminister der Luftfahrt die Ermächtigung zum Erlass von Rechtsverordnungen und allgemeinen Verwaltungsvorschriften erteilt worden (§ 12 LuftSchG). Vor dem Beginn des 2. Weltkrieges (1. September 1939) war im Bereich des Luftschutzes lediglich in § 109 des Gesetzes vom 21. Dezember 1937 die Aufrechterhaltung der Krankenversicherungspflicht bei Ausbildungsveranstaltungen und Übungen des Luftschutzes festgelegt worden[268]. Zu Beginn des Krieges wurde am 1. September 1939 die Neufassung der ersten Durchführungsverordnung zum Luftschutzgesetz bekannt gegeben. Darin wurden die Aufgaben des Luftschutzes und der Kreis der Luftschutzdienstpflichtigen konkretisiert[269]. Die Luftschutztätigkeiten wurden differenziert nach Luftschutzwarndienst, Sicherheits- und Hilfsdienst, Werkschutz, Selbstschutz und Flugmeldedienst[270]. Eine Regelung der Krankenversicherungspflicht war nur für die Angehörigen des Luftschutzwarndienstes, des Sicherheits- und Hilfsdienstes sowie des Flugmeldedienstes

265 *Grünewald*, Arb.-Vers. 1939, S. 513 (514).

266 Ebenda.

267 RGBl. 1935 I S. 827, „Luftschutzgesetz" vom 26.6.1935.

268 RGBl. 1937 I S. 1393, „Gesetz über den Ausbau der Rentenversicherung" vom 21.12.1937.

269 RGBl. 1939 I S. 1630, „Bekanntmachung der neuen Fassung der Ersten Durchführungsverordnung zum Luftschutzgesetz" vom 1.9.1939.

270 Hiermit war nach § 23 der Durchführungsverordnung nur der Teil des Flugmeldedienstes gemeint, dessen Einberufung nicht durch die Wehrmacht erfolgte.

erforderlich, denen die Durchführung des hoheitlichen Luftschutzes oblag[271]. Hinzu kamen noch die Teilnehmer an Ausbildungsmaßnahmen und Übungen des Luftschutzes. Für den Bereich des Werk- und Selbstschutzes (Betriebsangehörige, Hausbewohner etc.) war eine besondere Regelung nicht erforderlich, da ihr Krankenversicherungsschutz durch den Luftschutzdienst nicht berührt wurde[272]. Die Krankenversicherungspflicht wurde für die übrigen Angehörigen des Luftschutzes in der Verordnung vom 11. November 1939 geregelt[273].

Hier wurde bei Teilnehmern an Ausbildungsveranstaltungen oder Übungen nach kurzfristiger und langfristiger Heranziehung unterschieden (§ 1 der VO). Erstere berührte ein bestehendes Sozialversicherungsverhältnis nicht, ging letztere über zwei Arbeitstage hinaus, galt sie als langfristig. Hierbei wurde die Krankenversicherung ebenfalls aufrechterhalten, jedoch musste der Arbeitgeber alleine die Beiträge zahlen (§ 1 Abs. 2 der VO). Sofern Dienstpflichtige vor einer kurz- oder langfristigen Heranziehung überhaupt keine Krankenversicherung hatten, konnten sie durch eine Anordnung des RAM nach § 363a RVO einen Krankenschutz erhalten (§ 1 Abs. 3 der VO). Für die zum Luftschutz aufgerufenen Luftschutzangehörigen des Luftschutzwarndienstes, des Sicherheits- und Hilfsdienstes sowie des Flugmeldedienstes sah § 2 Nr. 1 der VO einheitlich die Versicherungspflicht in der Krankenversicherung vor. Die Durchführung der Krankenversicherung erfolgte für diese Dienstpflichtigen durch die Betriebskrankenkasse des Reichs in Berlin oder die vom RAM bestimmte Krankenkasse.

13. Der Kriegshilfsdienst der weiblichen Jugend 1941

Die reguläre Reichsarbeitsdienstpflicht betrug sechs Monate. Durch den Führererlass vom 29. Juli 1941[274] wurde die Reichsarbeitsdienstpflicht für Frauen um weitere sechs Monate verlängert. Diese zusätzliche Dienstzeit wurde nun als „Kriegshilfsdienst" (KHD) bezeichnet. Der Grund dieser Dienstpflichtverlängerung lag offenbar in dem begonnenen Russlandfeldzug, der einen zusätzlichen Bedarf an Soldaten hervorrief. Solche zusätzlichen Männer sollten auch

271 *Cremer*, Arb.-Vers. 1939, S. 545.

272 Ebenda.

273 RGBl. 1939 I S. 2181, „Verordnung über die Sozialversicherung der einberufenen Luftschutzdienstpflichtigen" vom 11.11.1939.

274 RGBl. 1941 I S. 463, „Erlass des Führers und Reichskanzlers über den weiteren Kriegseinsatz des Reichsarbeitsdienstes für die weibliche Jugend" vom 29.7.1941.

aus den „Geschäftszimmern der Wehrmacht“ gewonnen werden[275]. Die dadurch entstehende personelle Lücke sollte durch die weiblichen Kriegshilfsdienstleistenden geschlossen werden. Doch sollte der Einsatzbereich noch darüber hinausgehen. Der Führererlass vom 29. Juli 1941 nennt dabei drei Bereiche, in denen der Kriegshilfsdienst zu leisten war:

> „1. Durch Hilfsdienst im Bürobetrieb bei Dienststellen der Wehrmacht und bei Behörden, 2. Durch Hilfsdienst in Krankenhäusern und bei sozialen Einrichtungen und 3. Durch Hilfsdienst bei hilfsbedürftigen, insbesondere kinderreichen Familien.“

Die im Kriegshilfsdienst eingesetzten „Arbeitsmaiden“ schieden aus dem aktiven RAD aus, konnten aber vom Reichsarbeitsführer jederzeit wieder zum Dienst in den RAD-Lagern einberufen werden. Sie blieben während des Kriegshilfsdienstes unter der Aufsicht, Betreuung und Dienststrafgewalt des Reichsarbeitsführers. Das Ausscheiden aus dem aktiven RAD bedeutete, dass ihnen keine freie Heilfürsorge zustand und die Versicherungsfreiheit nach § 172 Nr. 2 RVO endete. Der Krankenversicherungsschutz der Arbeitsmaiden war deshalb besonders zu regeln, was mit der Verordnung vom 13. August 1941 geschah[276]. Nach Artikel 4 dieser Verordnung galt für die Sozialversicherung der Kriegshilfsdienstverpflichteten die für Notdienstpflichtige erlassenen Vorschriften sinngemäß. Das bedeutete, dass eine Krankenversicherungspflicht aufgrund des § 4 der Durchführungsverordnung vom 10. Oktober 1939 bestand[277]. Abweichend von den im Führererlass vom 29. Juli 1941 genannten Beschränkungen wurden im weiteren Verlauf des Krieges die Einsatzbereiche der KHD-Maiden ausgedehnt. So wurden sie in öffentlichen Verkehrsbetrieben z.B. als Schaffnerinnen eingesetzt[278] und vermehrt zu Arbeiten in der Rüstungsindustrie herangezogen[279], ab Herbst 1942 auch zum Nachrichtendienst der Luftwaffe „abkommandiert“[280]. Mit dem Führererlass vom 8. April 1944[281] wurde die Dienstzeit der in der Luftverteidigung eingesetzten weiblichen Dienstpflichtigen um sechs Monate, somit auf insgesamt 18 Monate verlängert. Aufgrund dieser besonderen Tätigkeit

---

275 *Morgan*, S. 336 f.

276 RGBl. 1941 I S. 491, „Verordnung zur Durchführung des Erlasses des Führers und Reichskanzlers über den weiteren Kriegseinsatz des Reichsarbeitsdienstes für die weibliche Jugend“ vom 13.8.1941.

277 RGBl. I S. 2018, „Zweite Durchführungsverordnung zur Notdienstverordnung (Sozialversicherung der Notdienstpflichtigen)“ vom 10.10.1939.

278 *Morgan*, S. 355 f.

279 *Morgan*, S. 363 ff.

280 *Morgan*, S. 374.

281 RGBl. 1944 I S. 97, „Erlass des Führers über die Dauer der Dienstzeit im Reichsarbeitsdienst der weiblichen Jugend“ vom 8.4.1944.

änderte sich ihr Status und sie gehörten wieder dem aktiven RADwJ an[282]. Das bedeutete, dass sie Heilfürsorgeansprüche hatten und nach § 172 Nr. 2 RVO versicherungsfrei waren[283].

14. Die Aufrechterhaltung der Krankenversicherung nach § 209b RVO

Es gab eine Vielzahl von Arbeitsdiensten, deren Ableistung zu einer faktischen Unterbrechung der Beschäftigungsverhältnisse führte. Solche unbezahlten längeren Unterbrechungen hätten ohne besondere Regelung ein Ende der Versicherungspflicht in der Krankenversicherung bedeutet, da die Versicherungspflicht von der „Entgeltlichkeit" der Beschäftigung abhing[284]. Zur Vermeidung dieser Folgen wurden für die einzelnen Bereiche Sonderregelungen geschaffen, die eine Aufrechterhaltung des versicherungspflichtigen Beschäftigungsverhältnisses vorsahen.

So wurde bei einer Beurlaubung für Lehrgänge zum Zwecke der Leibeserziehung durch § 5 der VO vom 19. März 1935[285] die Krankenversicherung aufrechterhalten, ohne dass Beiträge für diese Zeit zu zahlen waren. Dieses Privileg wurde ab 1941 allen Wehrertüchtigungslehrgängen der HJ durch einen RAM-Erlass zuerkannt[286]. Bei solchen HJ-Lehrgängen entfielen sogar die sonst von den Lehrgangsträgern zu tragenden Kosten der Familienkrankenhilfe, die während der Lehrgangszeit angefallen waren. Auch bei Teilnahme an Lehrgängen des Deutschen Roten Kreuzes wurde durch § 13 des Rote-Kreuz-Gesetzes vom 9. Dezember 1937 die Krankenversicherung aufrechterhalten[287]. Allerdings musste hier das Deutsche Rote Kreuz die Beiträge an die zuständige Krankenkasse zahlen. Für Ausbildungslehrgänge und Übungen des Luftschutzes sah das Gesetz vom 21. Dezember 1937 in § 109 ein Weiterbestehen des versicherungspflichtigen Beschäftigungsverhältnisses vor[288]. Der Arbeitgeber

---

282 Ebenda.

283 Vgl. RGBl. 1944 I S. 332, „Verordnung über den Luftwaffeneinsatz des Reichsarbeitsdienstes der weiblichen Jugend" vom 28.11.1944.

284 AN 1924, S. 84, GE RVA Nr. 2789 vom 26.1.1924 – II K 113/1923 B; *Schubert*, Ausschussprotokolle der AkDR, Band X, S. 505, Gutachten vom 31.3.1941 zur sozialversicherungsrechtlichen Behandlung von entgeltlosen Zeiten.

285 RGBl. 1935 I S. 382, „Verordnung zum Gesetz über die Beurlaubung von Angestellten und Arbeitern für Zwecke der Leibeserziehung" vom 19.3.1935.

286 RArbBl. 1941 S. II 45, RAM-Erlass – II a 5019/41 vom 3.4.1941.

287 RGBl. 1937 I S. 1330, „Gesetz über das Deutsche Rote Kreuz" vom 9.12.1937.

288 RGBl. 1939 I S. 1393, „Gesetz über den Ausbau der Rentenversicherung" vom 21.12.1937.

hatte für diese Zeit die Beitragspflicht zu erfüllen. Diese Regelung wurde mit Kriegsbeginn durch § 1 der Verordnung vom 11. November 1939 ersetzt[289].

Kurzfristige Ausbildungen und Übungen der Wehrmacht berührten nach § 5 der VO vom 25. November 1935[290] die Versicherungspflicht ebenfalls nicht. Diese Regelung wurde mit Gesetz vom 21. Dezember 1937 durch den neu eingefügten § 209b RVO ersetzt[291]. Mit der Einführung des § 209b RVO sollte die Krankenversicherung ursprünglich nur während kurzfristiger Ausbildungen und Übungen der Wehrmacht aufrechterhalten werden[292]. Das schloss die Krankenversicherung während des langfristigen Dienstes aus. Mit Beginn des Krieges wurde die Wirkung des § 209b RVO auf alle Versicherten ausgeweitet, die als Soldaten zur Wehrmacht einberufen wurden[293]. Erweitert wurde § 209b RVO im Jahre 1941 auf Wehrmachtsangehörige und männliche RAD-Pflichtige, die bereits vor dem 26. August 1939 wegen ihres Dienstantritts zur Wehrmacht oder zum RAD aus der Krankenversicherung ausgeschieden waren[294]. Hierdurch sollte die (beitragsfreie) Krankenversicherung aufrechterhalten werden, um die Krankenhilfe für die anspruchsberechtigten Familienangehörigen abzusichern[295]. Infolge dieses Weiterbestehens war auch beim Tod von (gefallenen) Soldaten ein Sterbegeld von den Krankenkassen zu zahlen[296]. Während des Krieges wurde der § 209b RVO auf weitere Personenkreise erweitert. Als Ermächtigungsgrundlage für die ersten Erweiterungen des § 209b RVO stützte sich der RAM noch auf den kriegsvorbereitenden Führererlass vom 28. August 1939[297], während die Erweiterungen ab 1941 auf dem

289 RGBl. 1939 I S. 2181, „Verordnung über die Sozialversicherung der einberufenen Luftdienstpflichtigen" vom 11.11.1939.

290 RGBl. 1935 I S. 1359, „Verordnung über die Einberufung zu Übungen der Wehrmacht" vom 25.11.1935.

291 RGBl. 1937 I S. 1393, „Gesetz über den Ausbau der Rentenversicherung" vom 21.12.1937.

292 Das Privileg des § 209 b RVO wurde ab 1939 auch den zu Übungen der SS-Totenkopfverbände (Polizeiverstärkung) einberufenen SS-Männern eingeräumt, vgl. RArbBl. 1939 S. IV 394, RAM-Erlass – II a 8056/39 – vom 26.7.1939.

293 RArbBl. 1939 S. IV 452, RAM-Erlass – II a 12154/39 vom 4.9.1939; RArbBl. 1939 S. IV 532, RAM-Erlass – II a 16014/39 vom 27.11.1939. RArbBl. 1941 S. II 106, RAM-Erlass – II a 2115/41 – vom 17.2.1941.

294 RArbBl. 1941 S. II 106, RAM-Erlass – II a 2115/41 vom 17.2.1941.

295 Die Kosten der Familienhilfe wurden nach § 209b Abs. 3 RVO den Krankenkassen zu achtzig Prozent vom Reich ersetzt.

296 *Bültmann*, ZRR 1942, S. 75 (76).

297 RGBl. 1939 I S. 1535, „Erlass des Führers und Reichskanzlers über die Vereinfachung der Verwaltung" vom 28.8.1939.

Gesetz vom 15. Januar 1941[298] beruhten. Im Einzelnen wurde der § 209b RVO auf folgende Personengruppen erweitert:

- Besatzungsmitglieder deutscher Handelsschiffe, denen wegen feindlicher Handlungen eine Rückkehr nach Deutschland verwehrt war[299],
- im Ausland internierte Gefolgschaftsmitglieder inländischer Betriebe[300],
- für die im Generalgouvernement eingesetzten Forstschutzkorps[301],
- die von den Hauptzollämtern einberufenen Hilfsgrenzangestellten[302],
- die Angehörigen der NSKK-Transport-Standarte Speer, solange sie bei der Luftwaffe eingesetzt wurden[303],
- ab 1944 fand der § 209b RVO auf alle Personen Anwendung, denen der RAM einen entsprechenden Ausweis ausgestellt hatte[304].

15. Die Arbeitspflicht von Juden und Zigeunern 1941–1942[305]

Die nationalsozialistische Politik hatte die Juden seit 1933 systematisch aus dem deutschen Wirtschaftsleben ausgeschlossen. Fast jede auf Erwerb gerichtete Arbeit war ihnen untersagt worden[306]. Bei der dadurch eintretenden Hilfsbedürftigkeit wurden sie auf die vorrangigen Unterstützungsleistungen der jüdischen freien Wohlfahrtspflege verwiesen[307], deren Leistungsfähigkeit durch staatliche Maßnahmen allerdings eingeschränkt war[308]. Letztlich führte es dazu, dass die einkommens- und vermögenslosen Juden bei Bedürftigkeit aus öffentlichen Mitteln unterstützt werden mussten[309]. Daraus entstand der

---

298 RGBl. 1941 I S. 34, „Gesetz über weitere Maßnahmen in der Reichsversicherung aus Anlass des Krieges" vom 15.1.1941.

299 RArbBl. 1939 S. IV 479, RAM-Erlass – II a 13360/39 – vom 7.10.1939.

300 RArbBl. 1940 S. II 129, RAM-Erlass – II a 4659/40 vom 11.4.1940

301 RArbBl. 1940 S. I 121, RAM-Erlass – II a 976/40 – vom 13.4.1940.

302 RArbBl. 1940 S. II 403.

303 RArbBl. 1941 S. II 493, RAM-Erlass – I a 16323/41 – vom 9.12.1941.

304 RArbBl. 1944 S. II 20, RAM-Erlass – II 585/44 – vom 22.1.1944.

305 Lediglich aus rechtshistorischen Gründen wird hier die in früheren Gesetzen enthaltene Bezeichnung „Zigeuner" übernommen. Dem Verfasser ist dabei bewusst, dass es sich hier um eine diskriminierende, ausgrenzende Bezeichnung für das Volk der Roma und Sinti handelt.

306 *Adler*, S. 207.

307 RGBl. 1938 I S. 1649, „Verordnung über die öffentliche Fürsorge für Juden".

308 *Adler*, S. 207.

309 *Küppers*, Beschäftigte Juden, RArbBl. 1941, S. V 569 (570).

Widerspruch, dass man einerseits die arbeitsfähige jüdische Bevölkerung mit einem Arbeitsverbot belegte und sie deshalb unterstützen musste, während man andererseits wegen des Arbeitskräftemangels die nichtjüdische Bevölkerung zu den unterschiedlichsten Arbeitsdienstpflichten heranzog. Es wuchs die Erkenntnis, dass die vom Arbeitsleben ausgeschlossenen Juden sinnvollerweise wieder in den Arbeitsprozess eingegliedert werden sollten. Auch wenn man die Juden nicht als lebenswürdig betrachtete, ging man dazu über, sie „doch noch leben zu lassen, wenn die Ausbeutung ihrer Arbeitskraft einträglich schien"[310]. Der Beauftragte für den Vierjahresplan erließ deshalb am 3. Oktober 1941 eine Verordnung über die Beschäftigung von Juden[311]. Aufgrund dessen standen Juden, die in Arbeit eingesetzt wurden, in einem „Beschäftigungsverhältnis eigener Art". Der RAM wurde ermächtigt, den Inhalt des Beschäftigungsverhältnisses von Juden zu regeln. Mit der Durchführungsverordnung vom 31. Oktober 1941 machte der RAM von der Ermächtigung Gebrauch[312]. Demnach hatten Juden die ihnen von den Arbeitsämtern zugewiesenen Beschäftigungen anzunehmen. Ihr Arbeitseinsatz durfte nur gruppenweise erfolgen. Sie waren von der übrigen Gefolgschaft „getrennt zu halten". Eine Vergütung erhielten sie nur für die tatsächlich geleistete Arbeit. Nach der DVO galten für Juden die Vorschriften der RVO vorerst weiter, so dass sie krankenversicherungspflichtig waren. Diese für Juden erlassenen Sonderbestimmungen wurden durch die RAM-Anordnung vom 13. März 1942 auch auf Zigeuner[313] „entsprechend" angewendet[314]. Damit standen die Zigeuner ebenfalls in einem „Beschäftigungsverhältnis eigener Art" und unterlagen der Versicherungspflicht in der gesetzlichen Krankenversicherung.

Die sozialversicherungsrechtlichen Vorschriften für Juden und Zigeuner sollten „vorerst" bis zum Erlass besonderer Bestimmungen weiter gelten (§ 20 DVO vom 31. Oktober 1941)[315]. Solche Bestimmungen sind bis Kriegsende nicht ergangen, obwohl bereits seit 1942 entsprechende Verordnungsentwürfe im RAM erstellt wurden[316]. Die für die Verzögerung der Verordnung vorge-

---

310 *Adler*, S. 207.

311 RGBl. 1941 I S. 675, „Verordnung über die Beschäftigung von Juden" vom 3.10.1941.

312 RGBl. 1941 I S. 681, „Verordnung zur Durchführung der Verordnung über die Beschäftigung von Juden" vom 31.10.1941.

313 Zur Definition „Zigeuner" im Sinne dieser Rechtsnormen, vgl. *Küppers*, Beschäftigte Zigeuner, RArbBl. 1942 S. V 176 (177).

314 RGBl. 1942 I S. 138, „Anordnung über die Beschäftigung von Zigeunern" vom 13.3.1942.

315 *Küppers*, Beschäftigte Juden, RArbBl. 1941, S. V 569 (573).

316 *Bonz*, ZSR 1992, S. 148 (155 ff.); *Schlegel-Voß*, S. 100 ff.; *Stegner*, S. 302.

brachten Erklärungen sind widersprüchlich. So wurde nach dem Krieg als Grund für die Verzögerung der „stille Kampf" gegen die Regelung von den daran Beteiligten zur Darstellung der eigenen positiven Rolle angeführt[317]. Ein weiterer Grund soll gewesen sein, dass mit der Verwirklichung der Verordnung ein Einstieg in die abgelehnten Pläne der DAF zur Neuordnung der Sozialversicherung gesehen wurde, denen das RAM ablehnend gegenüberstand[318]. Die tatsächlichen Gründe sind bis heute ungeklärt[319]. Wahrscheinlich wurden die Bestimmungen nicht realisiert, weil bei Erstellung des Verordnungsentwurfs im August 1942 die „Endlösung" und Deportation der Juden beschlossene Sache war und schon begonnen hatte[320]. Es dürfte auch innerhalb des RAM nicht verborgen geblieben sein, wie sich der Entwurf auf eine andere, schreckliche Weise „erledigte"[321]. Weil neue Bestimmungen nicht ergingen, waren beschäftigte Juden und Zigeuner weiterhin versicherungspflichtig in der Krankenversicherung und hatten hieraus Leistungsansprüche[322].

16. Der Volkssturm 1944

Der Gedanke an den Volkssturm assoziiert meist die Vorstellung von Halbwüchsigen und alten Männern, die als letztes Aufgebot mit der Panzerfaust im Chaos der Endphase des 2. Weltkrieges kämpften. Die Vorstellung, dass explizit für diesen Personenkreis die Krankenversicherung geregelt wurde, scheint absurd. Der Volkssturm wurde im September 1944 durch einen Führererlass eingeführt[323]. Dieser Erlass sah vor, den Volkssturm aus allen wehrfähigen Männern vom 16. bis zum 60. Lebensjahr zu bilden. Nach der Nr. 6 der hierzu am 1. Dezember 1944 ergangenen Verordnung, sollte der „Volkssturmsoldat" Heilfürsorge nach näherer Bestimmung erhalten[324]. Die Durchführungsbestimmungen ergingen am 17. Januar 1945[325] und wurden

317 *Bosse / Leibfried*, ZSR 1982, S. 451 (456 f.).

318 *Bonz*, ZSR 1992, S. 148 (162).

319 *Bonz*, ZSR 1992, S. 148 (163).

320 *Schlegel-Voß*, S. 102; *Stegner*, S. 305.

321 *Bonz*, ZSR 1992, S. 148 (163).

322 *Bonz*, ZSR 1992, S. 148 (151, 161).

323 RGBl. 1944 I S. 253, „Erlass des Führers über die Bildung des Deutschen Volkssturms" vom 25.9.1944.

324 RGBl. 1944 I S. 343, „Verordnung über die Stellung der Angehörigen des Deutschen Volkssturms" vom 1.12.1944

325 RGBl. 1945 I S. 15, „Erste Durchführungsbestimmungen zur Verordnung über die Stellung der Angehörigen des Deutschen Volkssturms (Arbeitsrechtliche Vorschriften)" vom 17.1.1945.

am 6. Februar 1945[326] mit der Vorgabe ergänzt, den Personen in einem Arbeits- oder Berufserziehungsverhältnis für die Dauer von sechs Wochen einer Heranziehung zum Volkssturm, das Arbeitsentgelt weiterzuzahlen. Das bedeutete ein Weiterbestehen der Versicherungspflicht in der Krankenversicherung für diese Zeit. Nach Wegfall der Entgeltfortzahlung bestand ein Heilfürsorgeanspruch wie für Wehrmachtssoldaten. Volkssturmangehörige, die bisher nicht krankenversichert waren, erhielten vom Kompanieführer einen „Heilfürsorgeausweis“, dessen Gestaltung in der Anlage der 2. Durchführungsbestimmungen genau vorgeschrieben war[327]. Daraus ist ersichtlich, dass auch für das „letzte Aufgebot“ noch im Februar 1945 penibel der Krankenversicherungsschutz geregelt wurde, obwohl der Zusammenbruch erkennbar bevorstand. Ob und in welchem Umfang diese Regelungen in den letzten Kriegswochen noch umgesetzt wurden, ist nicht bekannt. Die Umsetzung dürfte sich aber auf wenige Einzelfälle beschränkt haben.

XI. Die territoriale Ausdehnung der Krankenversicherung 1938–1945

Die deutschen Sozialgesetze galten nur für das Gebiet des Deutschen Reiches. Von 1938 bis 1945 wurde der Geltungsbereich der Reichsversicherungsordnung und damit der Versicherungszwang auf weitere Gebiete erweitert. Die Gründe hierfür waren unterschiedlich und bedürfen einer differenzierten Betrachtung. Hier erfolgt eine Einteilung der Gebiete in folgende Kategorien:

- Die Ausweitung des Reichsgebietes durch völkerrechtliche Verträge. Hierzu gehörten das Sudetenland, Memelland und der „Anschluss“ Österreichs zum „Großdeutschen Reich“.
- Die vorgesehene Eingliederung eroberter Gebiete in das Reichsgebiet, die als deutsches Siedlungsgebiet galten und von den Nationalsozialisten als Revision des Versailler Vertrages von 1919 betrachtet wurden. Hierzu gehörten die eingegliederten (polnischen) Ostgebiete, das belgische Gebiet um Eupen, Malmedy und Moresnet sowie die französischen Gebiete Elsass und Lothringen. Hinzu kam noch das Großherzogtum Luxemburg. Zusätzlich sollten die jugoslawischen (slowenischen) Gebiete Untersteiermark, Kärnten und Krain als „befreite“ ehemalige österreichische Gebiete eingegliedert werden.

326 RGBl. 1945 I S. 24, „Zweite Durchführungsbestimmungen zur Verordnung über die Stellung der Angehörigen des Deutschen Volkssturms (Sozialversicherungs- sowie fürsorge- und versorgungsrechtliche Vorschriften)“ vom 6.2.1945.

327 Der Heilfürsorgeausweis wurde nach den Durchführungsbestimmungen dreifach ausgefertigt, für den Volkssturmsoldaten, die zuständige Krankenkasse und die Akten der Volkssturmeinheit.

- Die besetzten Ostgebiete, in denen eine partielle Geltung der Reichsversicherung für deutsche Volksangehörige eingeführt wurde. Hierzu gehörten das Generalgouvernement (Polen) und das Protektorat Böhmen und Mähren.
- Die sonstigen von der Wehrmacht besetzten Gebiete. Hier wurden für die im Schlepptau der Wehrmacht nachfolgenden deutschen Firmen und ihren Beschäftigten Sonderregelungen geschaffen. Diese führten zu einem Versicherungszwang auf fremden Territorien, der die Grenzen der Versicherungspflicht im Rahmen der Ausstrahlung überschritt. Hierzu gehörten beispielsweise Frankreich, Belgien, die Niederlande, Norwegen und Dänemark.

1. Die Krankenversicherung in den „wiedervereinigten Reichsgebieten“

a) Sudetendeutsche Gebiete 1938

Durch das Münchener Abkommen[328] vom 29. September 1938 erhielt das Deutsche Reich die Herrschaft über das bisherige tschechoslowakische Sudetenland. Am 1. Oktober 1938 marschierte die Wehrmacht in die sudetendeutschen Gebiete ein. Mit dem Führererlass vom 1. Oktober 1938 übernahm das Deutsche Reich die Verwaltung des Sudetenlandes[329]. Im Bereich der Sozialversicherung verlor man keine Zeit und erließ bereits am 12. Oktober 1938 eine Verordnung zur Durchführung der Reichsversicherung in diesen Gebieten[330]. Damit galt rückwirkend ab dem 1. Oktober 1938 im Sudetenland die Versicherungspflicht nach den Vorschriften der RVO. Die Durchführung der Krankenversicherung wurde dabei vorerst den dort bereits vorhandenen Versicherungsträgern übertragen.

b) Österreich 1939

Mit dem Bundesverfassungsgesetz vom 13. März 1938 hatte der Bundesstaat Österreich den „Anschluss“ bzw. die „Wiedervereinigung“ beschlossen und sich als Land des Deutschen Reiches erklärt[331]. Auf deutscher Seite wurde diese

328 RGBl. 1938 II S. 853, „Bekanntmachung über das Münchener Abkommen“ vom 31.10.1938

329 RGBl. 1938 I S. 1331, „Erlass des Führers und Reichskanzlers über die Verwaltung der sudetendeutschen Gebiete“ vom 1.10.1938.

330 RGBl. 1938 I S. 1437, „Verordnung über die vorläufige Durchführung der Reichsversicherung in den sudetendeutschen Gebieten“ vom 12.10.1938.

331 Bundesgesetzblatt für den Bundesstaat Österreich 1938 S. 259, „75. Bundesverfassungsgesetz über die Wiedervereinigung Österreichs mit dem Deutschen Reich“ vom 13.3.1938.

„Wiedervereinigung" durch ein Gesetz am gleichen Tage beschlossen[332]. Das geltende Recht Österreichs blieb vorerst in Kraft. Vorgesehen war die Einführung des Reichsrechts (Art. 2 des deutschen Gesetzes vom 13. März 1938). Für den Bereich der Sozialversicherung wurde die Geltung der Reichsversicherungsordnung in Österreich durch die Verordnung vom 22. Dezember 1938, mit Wirkung ab 1. Januar 1939 beschlossen[333].

c) Memelland 1939

Das Memelland war im Versailler Vertrag dem Völkerbund unterstellt worden. Der Status der Besetzung durch Litauen im Jahre 1923 war 1924 durch die Memelkonvention festgeschrieben worden[334]. Nachdem die nationalsozialistische deutsche Regierung 1938 das Sudetenland annektiert hatte, verlangte sie auch die Rückgabe des Memellandes von Litauen. Unter dem politischen Druck schloss Litauen am 22. Februar 1939 einen Staatsvertrag mit dem Deutschen Reich zur Rückgabe des Memelgebietes[335]. Bereits am 23. März 1939 erging das Gesetz über die Wiedervereinigung[336]. Der § 4 dieses Gesetzes sah vor, dass im Memelland ab 1. Mai 1939 das gesamte Reichsrecht galt, wobei die Reichsminister in ihrem Zuständigkeitsbereich das Nähere regeln konnten. Für den Bereich der Krankenversicherung bestimmte der RAM mit Verordnung vom 9. Mai 1939 rückwirkend ab 1. Mai 1939, dass die Krankenversicherung einstweilen von der im Memelland bestehenden Allgemeinen Ortskrankenkasse und der Landkrankenkasse durchgeführt werden sollte. Besondere Regelungen zum Umfang der Versicherungspflicht ergingen nicht, so dass ab dem 1. Mai 1939 im Memelgebiet der Versicherungszwang in vollem Umfang wirksam wurde.

---

332 RGBl. 1938 I S. 237, „Gesetz über die Wiedervereinigung Österreichs mit dem Deutschen Reich" vom 13.3.1938.

333 RGBl. 1938 I S. 1912, „Verordnung über die Einführung der Sozialversicherung im Lande Österreich" vom 22.12.1938.

334 *Pferr*, S. 26 ff.; *Taddey*, Lexikon der deutschen Geschichte, S. 833, „Memelland".

335 RGBl. 1939 II S. 608, „Vertrag über die Wiedervereinigung des Memelgebietes mit dem Deutschen Reich" vom 22.3.1939 zwischen dem Deutschen Reich und der Republik Litauen.

336 RGBl. 1939 I S. 559, „Gesetz über die Wiedervereinigung des Memellandes mit dem Deutschen Reich" vom 23.3.1939.

2. Die Krankenversicherung der zur „Eingliederung" vorgesehenen Gebiete

a) Luxemburg

Das neutrale Großherzogtum Luxemburg war am 10. Mai 1940 von der Wehrmacht im Zuge des Krieges mit Frankreich besetzt und unter Militärverwaltung gestellt worden. Bereits am 2. August 1940 wurde ein „Chef der Zivilverwaltung in Luxemburg" (CdZ) eingesetzt. Offenbar war es Absicht, das Großherzogtum Luxemburg dauerhaft als Reichsgau in das Deutsche Reich einzugliedern. Noch in der zweiten Augusthälfte 1940 wurde vom RAM ein Reichskommissar für das Sozialversicherungswesen eingesetzt, der den Auftrag hatte, das deutsche Sozialversicherungssystem in Luxemburg einzuführen[337]. Mit der Verordnung des CdZ in Luxemburg vom 30. September 1940[338] wurde die Reichsversicherungsordnung zum 1. Oktober 1940 eingeführt. Damit galt ab diesem Zeitpunkt der Versicherungszwang in der Krankenversicherung in vollem Umfang auch in Luxemburg.

b) Lothringen

Ebenso wie in Luxemburg wurde nach der Besetzung durch die Wehrmacht ein „Chef der Zivilverwaltung in Lothringen" eingesetzt. Dieser erließ am 19. Oktober 1940 eine Verordnung, nach der die Reichsversicherungsordnung zum 1. Januar 1941 in Lothringen eingeführt wurde[339], ergänzend hierzu am 5. Dezember 1940 eine Verordnung zur Durchführung der Sozialversicherung[340]. Damit galt der Versicherungszwang in der Krankenversicherung im Umfang der RVO in Lothringen ab dem 1. Januar 1941.

---

337 *Hofmann*, RArbBl. 1942 S. II 375.

338 Verordnungsblatt für Luxemburg 1940, Nr. 5, S. 22 (Druckfehler/doppelte Seitenvergabe: richtige Seitenzahl = S. 34), „Verordnung über die Durchführung der Sozialversicherung in Luxemburg" vom 30.9.1940, abgedruckt auch in: RArbBl. 1941 S. II 54.

339 Verordnungsblatt für Lothringen 1940, Nr. 234, S. 378, „Verordnung über die Durchführung der Sozialversicherung in Lothringen" vom 19.10.1940, abgedruckt auch in: RArbBl. 1941 S. II 57.

340 Verordnungsblatt für Lothringen 1940, Nr. 239, S. 388, „Erste Verordnung zur Ergänzung der Verordnung über die Durchführung der Sozialversicherung in Lothringen" vom 5.12.1940, abgedruckt auch in: RArbBl. 1941 S. II 58.

c) Elsass

Im Elsass wurde wie zuvor in Luxemburg und Lothringen nach der Besetzung durch die Wehrmacht ein „Chef der Zivilverwaltung im Elsass“ eingesetzt. Auch hier wurde die Geltung der Reichsversicherungsordnung durch eine Verordnung vom 28. Dezember 1940 eingeführt[341]. Ergänzt wurde diese durch eine weitere Verordnung vom 9. Januar 1941[342]. Danach wurde die Krankenversicherungspflicht nach den Bestimmungen der RVO im Elsass ab dem 1. Januar 1941 eingeführt.

d) Die belgischen Gebiete Eupen, Malmedy und Moresnet

Nach dem Einmarsch der Wehrmacht am 10. Mai 1940 in Belgien wurde bereits am 18. Mai 1940 durch Führererlass bestimmt, dass die durch das „Versailler Diktat“ an Belgien gefallenen Gebiete von Eupen, Malmedy und Moresnet wieder Bestandteil des Deutschen Reiches seien[343]. Mit dem Durchführungserlass vom 23. Mai 1940 wurde bestimmt, dass das gesamte deutsche Reichsrecht und preußische Landesrecht ab 1. September 1940 in diesen Gebieten in Kraft tritt[344]. Die Reichsminister konnten für ihren Zuständigkeitsbereich bestimmen, ob das Reichsrecht früher oder später in Kraft trat. Nach der Verordnung des RAM vom 11. November 1940 trat die RVO mit dem 1. Oktober 1940 in Kraft[345]. Ausgenommen war ausdrücklich noch die Krankenversicherung. Erst mit der Verordnung vom 9. Mai 1941 wurde auch die Krankenversicherung eingeführt, wobei dies rückwirkend zum 1. September 1940 geschah[346].

341 Verordnungsblatt des Chefs der Zivilverwaltung im Elsass 1940, S. 29, „Verordnung über die Durchführung der Sozialversicherung im Elsass“ vom 28.12.1940, auch abgedruckt in: RArbBl. 1941 S. II 59.

342 Verordnungsblatt des Chefs der Zivilverwaltung im Elsass 1940, S. 31, „Erste Verordnung zur Ergänzung der Verordnung über die Durchführung der Sozialversicherung im Elsass“ vom 9.1.1941, auch abgedruckt in: RArbBl. 1941 S. II 61.

343 RGBl. 1940 I S. 777, „Erlass des Führers und Reichskanzlers über die Wiedervereinigung der Gebiete von Eupen, Malmedy und Moresnet mit dem Deutschen Reich“ vom 18.5.1940.

344 RGBl. 1940 I S. 803, „Erlass des Führers und Reichskanzlers zur Durchführung der Wiedervereinigung der Gebiete von Eupen, Malmedy und Moresnet mit dem Deutschen Reich“ vom 23.5.1940.

345 RGBl. 1940 I S. 1519, „Verordnung über die Geltung von sozialem Reichsrecht in den Gebieten von Eupen, Malmedy und Moresnet“ vom 11.11.1940.

346 RGBl. 1941 I S. 271 „Verordnung über die Einführung der Reichsversicherung in den Gebieten von Eupen, Malmedy und Moresnet“ vom 9.5.1941.

e) Die Freie Stadt Danzig

Nach der Besetzung der bisherigen Freien Stadt Danzig durch deutsche Truppen am 1. September 1939 wurde noch am selben Tag das „Gesetz über die Wiedervereinigung der Freien Stadt Danzig mit dem Deutschen Reich" vom „Reichstag" beschlossen[347]. Nach § 4 dieses Gesetzes traten am 1. Januar 1940 das gesamte Reichsrecht und das preußische Landesrecht in Kraft. Die Reichsminister konnten in ihrem Zuständigkeitsbereich bestimmen, ob das Reichsrecht überhaupt, zu einem späteren Zeitpunkt oder mit besonderen Maßgaben in Kraft treten sollte. Aufgrund des § 6 der Verordnung des RAM vom 29. Dezember 1939 galten die Vorschriften der Reichsversicherung vorerst nicht, da sie einer besonderen Verordnung vorbehalten waren[348]. Mit der Verordnung vom 22. Januar 1940 wurde die Reichsversicherungsordnung rückwirkend zum 1. Januar 1940 für die „bisherige" Freie Stadt Danzig in Kraft gesetzt[349]. Damit galt in diesem Gebiet ab diesem Zeitpunkt die Krankenversicherungspflicht nach den Bestimmungen der Reichsversicherungsordnung.

f) Die „befreiten Gebiete" der Untersteiermark, Kärnten und Krain

Nach dem Zerfall des Königreichs Jugoslawien als Folge des Balkankrieges 1941 wurden in den ehemaligen jugoslawischen Landesteilen der Untersteiermark sowie in Kärnten und Krain (Slowenien) von Hitler Chefs der Zivilverwaltung (CdZ) eingesetzt[350]. Die vorgesehene „Eingliederung" dieser Gebiete ins Reich wurde bis zum Kriegsende nicht mehr verwirklicht. Allerdings erfolgte hinsichtlich der Sozialversicherung bis Kriegsende eine weitgehende Angleichung an die Reichsversicherung. Das bedeutete auch eine Übertragung der Krankenversicherungspflicht auf die Beschäftigten der besetzten Gebiete[351]. Abweichend von den Organisationsstrukturen im Reichsgebiet wurde die Sozialversicherung in der Untersteiermark sowie in Kärnten und Krain von einem einheitlichen Träger für sämtliche Versicherungszweige durchge-

---

347 RGBl. 1939 I S. 1547, „Gesetz über die Wiedervereinigung der Freien Stadt Danzig mit dem Deutschen Reich" vom 1.9.1939.

348 RGBl. 1940 I S. 5, „Verordnung über die Geltung von Sozialrecht im Gebiet der bisherigen Freien Stadt Danzig" vom 29.12.1939.

349 RGBl. 1940 I S. 260 „Verordnung über die Einführung der Reichsversicherung in der bisherigen Freien Stadt Danzig" vom 22.1.1940.

350 Die ehemaligen jugoslawischen Gebiete der Untersteiermark, Kärntens und Krains wurden in offizieller Lesart des nationalsozialistischen Regimes im Hinblick auf die frühere Zugehörigkeit zu Österreich als „befreite Gebiete" bezeichnet, vgl. beispielsweise die Regelung der Staatsangehörigkeit in diesen Gebieten, RGBl. 1941 I S. 648.

351 *Tropper*, RArbBl. 1944, S. II 52 (54).

führt[352]. Dementsprechend war für die Untersteiermark die Sozialversicherungsanstalt in Marburg an der Drau (Maribor) und für Kärnten und Krain die Sozialversicherungskasse in Krainburg (Kranj) zuständig[353].

g) Die „eingegliederten" Ostgebiete

Nach der Besetzung Polens im September 1939 wurden bereits mit dem Führererlass vom 8. Oktober 1939 große Teile des polnischen Gebietes annektiert und als neue Reichsgaue in das Reich eingegliedert[354]. Als neue Reichsgaue entstanden der Reichsgau Westpreußen mit den Regierungsbezirken Danzig, Marienwerder und Bromberg sowie der Reichsgau Posen (Wartheland) mit den Regierungsbezirken Hohensalza, Posen und Kalisch. Nach § 7 des Erlasses blieb das bisher in diesen Gebieten geltende Recht bis auf weiteres in Kraft. Erst durch die Verordnung vom 22. Dezember 1941[355] wurde mit Wirkung zum 1. Januar 1942 das RVO-Recht eingeführt. Es löste damit das bisher noch geltende polnische Sozialversicherungsrecht ab[356]. Dieses war allerdings schon vorher durch zahlreiche Verordnungen und Verwaltungsanordnungen des RAM zur Vorbereitung der Angleichung an das Reichsrecht durchbrochen worden[357]. Für die in die Provinz Schlesien eingegliederten ehemaligen polnischen Gebiete war bereits zum 1. Januar 1940 die Reichsversicherungsordnung eingeführt worden[358]. Die Versicherungspflicht in den eingegliederten Ostgebieten galt nicht allgemein, da sie für „Schutzangehörige und Staatenlose polnischen Volkstums" ausgeschlossen wurde[359]. Der Status des „Schutzangehörigen" war 1941 durch die Verordnung über die Einrichtung einer „Deutschen Volksliste" geschaffen worden[360]. Hierbei handelte es sich um die in den eingegliederten Ostgebieten lebenden ehemaligen polnischen und Danziger

352 Verordnungs- und Amtsblatt des CdZ in der Untersteiermark 1942, S. 635; Verordnungs- und Amtsblatt des CdZ für Kärnten und Krain 1942, S. 233; *Tropper*, RArbBl. 1944, S. II 52 (57).

353 Ebenda; RArbBl. 1943 S. II 328; RArbBl. 1944 S. II 125

354 RGBl. 1939 I S. 2042, „Erlass des Führers und Reichskanzlers über die Gliederung und Verwaltung der Ostgebiete" vom 8.10.1939.

355 RGBl. 1941 I S. 777, „Verordnung über die Einführung der Reichsversicherung in den eingegliederten Ostgebieten" vom 22.12.1941.

356 *Dobbernack*, RArbBl. 1942 S. II 50.

357 Ebenda.

358 RGBl. 1940 I S. 196, „Verordnung über die Einführung der Reichsversicherung in den der Provinz Schlesien eingegliederten, ehemals polnischen Gebieten" vom 16.1.1940.

359 *Dobbernack*, RArbBl. 1942, S. II 50 f.

360 RGBl. 1941 I S. 118, „Verordnung über die Deutsche Volksliste und die deutsche Staatsangehörigkeit in den eingegliederten Ostgebieten" vom 4.3.1941.

Staatsangehörigen, die nicht in die „Deutsche Volksliste" eingetragen waren[361]. Für diese sollten die bisherigen (polnischen) Vorschriften weiter gelten, bis sie in einem Sonderrecht geregelt wurden[362]. Erst mit dem Erlass vom 26. August 1942 wurden für die „Schutzangehörigen und Staatenlosen polnischen Volkstums" die Vorschriften der RVO mit Wirkung ab 1. Oktober 1942 eingeführt[363]. Diese Verordnung enthielt zahlreiche, die Polen diskriminierende, Vorschriften. So wurde den Polen trotz voller Beitragsleistung nur noch Krankenkassenleistungen in Höhe der Regelleistungen gewährt, das Sterbegeld für sie fiel weg und das Krankengeld wurde nur zur Hälfte sowie ab dem achten Tag der Arbeitsunfähigkeit gezahlt. Solche einschränkenden Regelungen galten auch für die Renten- und Unfallversicherung[364]. Die Leistungen waren somit mit denen der öffentlichen Fürsorge zu vergleichen und lagen teilweise noch darunter[365]. Faktisch führten diese Regelungen dazu, „dass Polen nicht nur aus der Sozialversicherung damaliger (vorheriger) Prägung, sondern auch aus der Fürsorge verdrängt wurden"[366].

3. Die Krankenversicherung im Protektorat und Generalgouvernement

a) Protektorat Böhmen und Mähren 1939

Am 15. März 1939 besetzte die Wehrmacht die restlichen Gebietsteile Tschechiens, die mit Führererlass vom 16. März 1939 als zum Gebiet des Deutschen Reiches gehörend erklärt und als „Protektorat Böhmen und Mähren" unter dessen „Schutz" gestellt wurden[367]. Die volksdeutschen Bewohner wurden deutsche Staatsangehörige und Reichsbürger und unterstanden der deutschen Gerichtsbarkeit (Art. 2 Abs. 1 des Erlasses). Die übrigen Bewohner erhielten die Staatsangehörigkeit des Protektorates Böhmen und Mähren (Art. 2 Abs. 2 des Erlasses). Für die in diesem Gebiet bei den Behörden und Dienststellen des Reiches „beschäftigten deutschen Staatsangehörigen" wurde mit der Verordnung vom 30. August 1939 die

361 Vgl. § 7 der VO vom 4.3.1941.

362 *Dobbernack*, RArbBl. 1942, S. II 50 f.

363 RArbBl. 1942 S. II 469, RAM-Erlass – I a 12246/42 vom 26.8.1942.

364 *Stegner*, S. 277 f.

365 *Szurgacz*, Polenstatut, S. 882 (894).

366 Ebenda.

367 RGBl. 1939 I S. 485, „Erlass des Führers und Reichskanzlers über das Protektorat Böhmen und Mähren" vom 16.3.1939.

Versicherungspflicht aufgrund der RVO eingeführt[368], die mit der Verordnung vom 25. Juni 1941[369] auf „alle Beschäftigten" ausgeweitet wurde, somit auch auf Personen mit fremder Staatsangehörigkeit, sofern sie bei den genannten Behörden und Dienststellen beschäftigt waren. Für andere deutsche Beschäftigte blieb das bisher im Böhmen und Mähren geltende Recht in Kraft (Art. 12 des Erlasses vom 16. März 1939).

b) Generalgouvernement für die besetzten polnischen Gebiete

Nach der Besetzung Polens wurde ein Teil des polnischen Staatsgebietes als neue Reichsgaue in das Deutsche Reich aufgenommen und als „eingegliederte Ostgebiete" bezeichnet. Die übrigen besetzten Gebiete Polens wurden durch den Führererlass vom 12. Oktober 1939 als „Generalgouvernement für die besetzten polnischen Gebiete" zusammengefasst[370], das von dem durch Hitler neuernannten Generalgouverneur, Hans Frank, verwaltet wurde. Er unterstand unmittelbar dem Führer und Reichskanzler. Nach § 4 des Erlasses sollte das bisher geltende (polnische) Recht in Kraft bleiben, soweit es nicht der Übernahme der Verwaltung durch das Deutsche Reich entgegenstand. Dem Ministerrat für die Reichsverteidigung, dem Beauftragten für den Vierjahresplan und dem Generalgouverneur wurde das Recht auf Erlass von Verordnungen im Generalgouvernement eingeräumt (§ 5 des Erlasses). Mit der Verordnung vom 17. Oktober 1939 legte Frank als Oberverwaltungschef[371] fest, dass die Sozialversicherung nach den bisherigen polnischen Vorschriften weitergeführt wurde[372]. Durch die Verordnung vom 7. März 1940 bestimmte er als Generalgouverneur, dass die Ansprüche aus der polnischen Sozialversicherung erlo-

368 RGBl. 1939 I S. 1737, „Verordnung über die Sozialversicherung der Bediensteten der Behörden und Dienststellen des Reichs im Protektorat Böhmen und Mähren" vom 30.8.1939.

369 RGBl. 1941 I S. 375, „Verordnung zur Durchführung und Ergänzung der Verordnung über die Sozialversicherung der Bediensteten der Behörden und Dienststellen des Reichs im Protektorat Böhmen und Mähren" vom 25.6.1941.

370 RGBl. 1939 I S. 2077, „Erlass des Führers und Reichskanzlers über die Verwaltung der besetzten polnischen Gebiete" vom 12.10.1939.

371 Am Verordnungstag, dem 17.10.1939, standen die besetzten Gebiete noch unter Militärverwaltung. Für den zivilen Bereich war Reichsminister Frank als Oberverwaltungschef eingesetzt worden. Das Verordnungsrecht war ihm erst am 16.10.1939 durch den Oberbefehlshaber Ost erteilt worden. Erst am 26.10.1939 erhielt er dieses Recht als Generalgouverneur, vgl. *Weh*, S. 153.

372 *Lenke*, ZRR 1940, S. 67 f.; *Grünewald*, Arb.-Vers. 1940, S. 253; *Weh*, S. 153; *Stamm*, ZAkDR 1942, S. 37.

schen waren[373]. An deren Stelle traten ab dem 1. März 1940 Unterstützungsleistungen, auf die ein Rechtsanspruch nicht (mehr) bestand[374]. Von dieser Einschränkung waren auch deutsche Staatsangehörige betroffen, sofern sie den polnischen Sozialversicherungsvorschriften unterlagen. Sie waren jedoch privilegiert, wenn sie sich als deutsche Volkszugehörige ausweisen konnten. In diesem Falle erhielten sie die Leistungen nach den früheren (polnischen) Gesetzen[375]. Dabei sollten sie „möglichst durch deutsche Ärzte und deutsche Krankenanstalten behandelt werden"[376].

Für deutsche Staatsangehörige im Generalgouvernement gab es unterschiedliche sozialversicherungsrechtliche Regelungen. Bei den Beschäftigten, die durch deutsche Betriebe im Interesse des Deutschen Reiches im Generalgouvernement beschäftigt wurden, galt die Verordnung zur Auslands-Krankenversicherung vom 26. Oktober 1939[377], so dass für sie die RVO galt. Andere Beschäftigte, die von ihrem Betrieb zur vorübergehenden Tätigkeit für höchstens ein Jahr in das besetzte Gebiet entsandt wurden, waren ebenfalls aufgrund der RVO-Vorschriften versichert. Beschäftigte, die für einen über diesen Zeitraum hinausgehende Zeit entsandt wurden, unterlagen dagegen den polnischen Sozialversicherungsgesetzen und verloren somit ihren Rechtsanspruch auf die Krankenkassenleistungen[378]. Um die nachteiligen Wirkungen einer Beschäftigung von deutschen Staatsangehörigen im Generalgouvernement zu beseitigen, wurde mit der Verordnung vom 17. Juni 1940 des Ministerrates für die Reichsverteidigung eine Sonderregelung für das Generalgouvernement geschaffen[379]. Demnach galten für die Beschäftigung von deutschen Staatsangehörigen im Generalgouvernement die Vorschriften der Reichsversicherung. Eigens für die Durchführung der Krankenversicherung im Generalgouvernement wurde in Krakau eine Sektion der AOK Kattowitz errichtet. Die ursprünglich nur für Beschäftigte mit deutscher Staatsangehörigkeit vorgesehene Geltung der Reichsversicherungsordnung wurde durch den RAM-Erlass

373 Verordnungsblatt GGP 1940 I S. 92, „Zweite Verordnung über die Sozialversicherung im Generalgouvernement (Unterstützungen und Verfahren)" vom 7.3.1940, abgedruckt in: RArbBl. 1940 S II 124.

374 *Stamm*, ZAkDR 1942, S. 37.

375 Vgl. § 7 der VO vom 7.3.1940.

376 Ebenda.

377 RGBl. 1939 I S. 2175, „Verordnung über die Krankenversicherung im Ausland" vom 26.10.1939.

378 *Grünewald*, Arb.-Vers. 1940, S. 253.

379 RGBl. 1940 I S. 908, „Verordnung über die Sozialversicherung der deutschen Staatsangehörigen im Generalgouvernement für die besetzten polnischen Gebiete" vom 17.6.1940.

vom 20. August 1941[380] auf Protektoratsangehörige und Ausländer (Italiener, Slowaken, Niederländer, Belgier, Franzosen usw.) erweitert, wenn sie im Generalgouvernement auf Veranlassung deutscher Stelle beschäftigt wurden. Ausländische Arbeitnehmer wurden in die Reichsversicherung einbezogen, weil vielfach bei ihrer Anwerbung zwischenstaatliche Verpflichtungen eingegangen worden waren, die dieses vorsahen[381]. Erst mit der Verordnung vom 9. Juli 1942 wurden die im Generalgouvernement beschäftigten deutschen Volkszugehörigen den deutschen Staatsangehörigen gleichgestellt[382]. Für sie galten ab dem 1. August 1942 die Vorschriften der Reichsversicherungsordnung. Im Generalgouvernement war nun für alle deutschen Staatsangehörigen und die deutschen Volkszugehörigen die in Krakau errichtete „Deutsche Krankenkasse für das Generalgouvernement" als Allgemeine Ortskrankenkasse zuständig, sofern nicht eine Betriebskrankenkasse, Bezirksknappschaft oder Ersatzkasse im Reichsgebiet zuständig war. Mit der Anordnung der „Regierung des Generalgouvernements" vom 22. Oktober 1942 wurden die deutschen Volkszugehörigen zum Stichtag 1. November 1942 in die „Deutsche Krankenkasse für das Generalgouvernement" überführt[383]. Am 1. Mai 1944 wurde der versicherte Personenkreis um die im Generalgouvernement beschäftigten „Deutschstämmigen" erweitert[384].

4. Die Krankenversicherung in den sonstigen besetzten Gebieten

Im Verlauf des 2. Weltkrieges hatten deutsche Streitkräfte nach der Besetzung Polens auch Frankreich, Belgien, die Niederlande, Norwegen, Dänemark und andere Länder besetzt. Den Streitkräften folgten regelmäßig zivile deutsche Firmen, die im besetzten Gebiet Arbeiten im Interesse des Deutschen Reiches ausführten[385]. Da es sich hier um Auslandsbeschäftigungen handelte, galten aufgrund des Territorialprinzips die Vorschriften der Reichsversicherungsord-

380 RArbBl. 1941 S. II 346, RAM II b 1813/41 A „Sozialversicherung von Protektoratsangehörigen und ausländischen Arbeitskräften im Generalgouvernement" vom 20.8.1941.

381 *Bogs*, Generalgouvernement, RArbBl. 1942 S. II 499 (500).

382 RGBl. 1942 I S. 459, „Verordnung über die Krankenversicherung der deutschen Volkszugehörigen im Generalgouvernement und die Errichtung der deutschen Krankenkasse für das Generalgouvernement" vom 9.7.1942.

383 RArbBl. 1943 S. II 15, „Anordnung über die Überführung der deutschen Volkszugehörigen in die Deutsche Krankenkasse für das Generalgouvernement" vom 22.10.1942.

384 RArbBl. 1944 S. II 80, RAM-Erlass vom 27.3.1944 – II c 130/44.

385 Es wird sich dabei überwiegend um Arbeiten gehandelt haben, die von der „Organisation Todt" (OT) als Generalbauunternehmer für die Rüstungsbauten und Wiederaufbauten an deutsche Firmen vergeben wurden.

nung nicht. Lediglich im Rahmen der sogenannten „Ausstrahlung" bestand eine Krankenversicherungspflicht. Dies betraf gelegentliche oder geringfügige grenzüberschreitendende Beschäftigungen deutscher Unternehmen, wenn die Tätigkeit im Ausland keine eigenständige wirtschaftliche Bedeutung hatte[386]. Die Tätigkeiten von deutschen Firmen im Gefolge der Wehrmacht waren meist längerfristig angelegt, so dass eine Krankenversicherungspflicht aufgrund der Ausstrahlung nicht in Frage kam. Andererseits war es auch nicht opportun und für die Arbeitnehmer „unzumutbar", dass sie nach den Sozialversicherungsvorschriften des jeweils besetzten Staates versichert wurden[387]. Dies galt nicht nur im Hinblick auf den in den einzelnen Staaten unterschiedlich geregelten versicherungspflichtigen Personenkreis und die im Krankheitsfall zu gewährenden Leistungen. Zu berücksichtigen waren auch die in Deutschland verbliebenen Angehörigen, für die die Krankenhilfeleistungen sicherzustellen waren. Deshalb wurde mit dem Erlass des Ministerrates für die Reichsverteidigung vom 26. Oktober 1939[388] die Möglichkeit eröffnet, die in den besetzten Gebieten Beschäftigten deutscher Firmen bei einer deutschen Krankenkasse zu versichern. Diese Verordnung sah vor, dass die von deutschen Betriebsführern beschäftigten Arbeiter in dem von deutschen Truppen besetzten Ausland der Krankenversicherungspflicht nach der RVO unterlagen, wenn die Arbeiten „im Interesse des Deutschen Reiches" erfolgten. Der Versicherungspflicht unterlagen nicht nur deutsche Beschäftigte, sondern auch die Angehörigen der mit dem Deutschen Reich verbündeten und neutralen Staaten. Als zuständige Krankenversicherung wurde anfangs die dem ausländischen Beschäftigungsort am nächsten liegende inländische AOK bzw. Landkrankenkasse bestimmt, sofern für den Betrieb im Reich keine Betriebskrankenkasse zuständig war. Im Laufe des Krieges wurde die Zuständigkeit einer einzigen Krankenkasse für jedes besetzte Land festgelegt, um den Verwaltungsaufwand gering zu halten. So wurde für Belgien die AOK Düren, für die Niederlande die AOK Jülich[389], für Norwegen und Dänemark die AOK Berlin[390], für Frankreich die AOK Saarbrücken-Land[391] als zuständig erklärt. In den besetzten Ländern selbst wurden Zweigstellen dieser Krankenkassen in Paris, Den Haag, Brüssel, Kopenhagen und Oslo mit Zweigstellen in Narvik und Bergen eingerichtet, die

386 *Bogs*, Besetzte Gebiete I, RArbBl. 1941 S. II 47.

387 Ebenda.

388 RGBl. 1939 I S. 2175, „Verordnung über die Krankenversicherung im Ausland" vom 26.10.1939.

389 RArbBl. 1940 S. II 216, RAM-Erlass vom 3.7.1940 – II a 8960/40.

390 RArbBl. 1940 S. II 249, RAM-Erlass vom 10.7.1940 – II a 9309/40.

391 RArbBl. 1940 S. II 311, RAM-Erlass vom 22.8.1940 – II a 10182/40.

die Betreuung der Versicherten gewährleisten sollten[392]. Eine Zuständigkeit dieser Krankenkassen wurde nur dann angenommen, wenn die Abordnung in das besetzte Gebiet mehr als drei Monate betrug[393], ansonsten blieb die bisherige Krankenkasse zuständig. Im Reichskommissariat Ostland[394] wurde die „Deutsche Krankenkasse Ostland" in Riga als Zweigstelle der AOK Memel-Heydekrug und im Reichskommissariat Ukraine die „Deutsche Krankenversicherungsanstalt für die Ukraine" in Kiew als Sektion der AOK Kattowitz zuständig[395]. Für Serbien wurde 1942 die Zuständigkeit der „Deutschen Krankenkasse Belgrad" als Zweigstelle der AOK Niederdonau in St. Pölten festgelegt[396]. Hinzu kam ab 1944 die „Deutsche Krankenkasse in Italien" in Verona als Zweigstelle der AOK Innsbruck[397]. Diese Infrastruktur der deutschen Krankenkassen in den besetzten Gebieten wurde auch dazu genutzt, Krankenhilfeleistungen an Familienangehörige der in Deutschland arbeitenden Ausländer in ihrem jeweiligen Heimatland zu gewähren[398]. Die Kassenzuständigkeit für den Bereich der besetzten Westgebiete sowie für Norwegen und Dänemark wurde durch den Erlass vom 15. Mai 1941[399] aus Gründen der Vereinfachung und Vereinheitlichung neu geregelt. Sofern die Dauer der Abordnung in die besetzten Gebiete mehr als drei Monate betrug, blieb nun die deutsche Krankenkasse weiterhin zuständig.

Die Verordnung vom 26. Oktober 1939 wurde durch die neue Verordnung des Ministerrates für die Reichsverteidigung vom 4. August 1941 ersetzt[400]. In dieser Verordnung wurden die Regeln für die Versicherungspflicht der Beschäftigung in den besetzten Gebieten aufgrund der bisherigen Erfahrungen konkretisiert. Nunmehr galten für die Beschäftigung deutscher Staatsangehöriger in den besetzten Gebieten generell die Vorschriften der Reichsversiche-

---

392 RArbBl. 1941 S. II 20, RAM-Erlass vom 24.12.1940 – II b 2778/40A; RArbBl. 1941 S. II 178, RAM-Erlass vom 30.4.1941 II b 1082/41A; RArbBl. 1943 S. II 314, RAM-Mitteilung vom 30.6.1943 – II a 7037/43.

393 RArbBl. 1941 S. II 20, RAM-Erlass vom 24.12.1940 – II b 2778/40A, Ziffer I 2 des Erlasses.

394 „Ostland" war eine Bezeichnung für die besetzten Gebiete von Litauen, Estland, Lettland und Weissruthenien.

395 RArbBl. 1941 S. II 439, RAM-Erlass vom 13.9.1941 – II b 308/41A; hierzu auch *Bogs*, Besetzte Gebiete II, RArbBl. 1943 S. II 110 (113 f.).

396 RArbBl. 1942 S. II 606, RAM-Erlass vom 12.12.1942 – II b 3209/42A.

397 RArbBl. 1944 S. II 212 RAM-Erlass vom 14.8.1944 – II c 1478/44.

398 *Bogs*, Besetzte Gebiete I, RArbBl. 1941 S. II 47 (49).

399 RArbBl. 1941 S. II 194, RAM-Erlass vom 15.5.1941 – II b 1232/41A.

400 RGBl. 1941 I S. 486, „Verordnung über die Sozialversicherung in den besetzten Gebieten" vom 4.8.1941.

rungsordnung. Eine Einschränkung auf deutsche Arbeitgeber oder „Arbeiten im Interesse des Deutschen Reiches" war nicht mehr vorgesehen. Die Versicherungspflicht galt jedoch nicht für deutsche Staatsangehörige, die bereits vor der Besetzung in diesen Gebieten gewohnt hatten, es sei denn, sie wurden von einem deutschen Unternehmer beschäftigt. Aufgrund der Durchführungsverordnung vom 10. Februar 1943[401] wurde die Versicherungspflicht ausgedehnt auf die in den „besetzten Gebieten"[402] beschäftigten „deutschen Volkszugehörigen"[403] sowie auf Protektoratsangehörige und Ausländer, die auf Veranlassung deutscher Stellen in den besetzten Gebieten beschäftigt wurden. Nicht nach den Vorschriften der Reichsversicherungsordnung versichert waren nach dieser Verordnung einheimische Arbeitskräfte, Ostarbeiter, polnische Arbeitskräfte sowie Juden und Zigeuner.

5. Zusammenfassung der territorialen Ausdehnungen

Bei den mit dem Deutschen Reich „wiedervereinigten" Gebieten, den „eingegliederten" und zur „Eingliederung" vorgesehenen Gebieten war es aus nationalsozialistischer Sicht konsequent, dass in diesen Gebieten die Reichsversicherungsordnung eingeführt wurde, da sie als Teil des Deutschen Reiches betrachtet wurden. Die Einführung der Reichsversicherung im Protektorat Böhmen und Mähren für Beschäftigte deutscher Behörden und Dienststellen und im Generalgouvernement für deutsche Staats- und Volkszugehörige beruhte dabei auf anderen Erwägungen. Die dort eingeführte Rechtsspaltung war Teil einer dauerhaft vorgesehenen Okkupation, bei der der deutschen Bevölkerung eine „herrschende Rolle" mit Sonderrechten zugedacht war. Für die Beschäftigten deutscher Unternehmen in den sonstigen besetzten Gebieten wählte man einen anderen Weg. Hier umging man das in der Reichsversicherungsordnung geltende Territorialprinzip einfach durch eine Fiktion in § 1 Abs. 3 der Verordnung vom 4. August 1941. Dort legte man fest, dass die besetzten Gebiete für die Anwendung der Reichsversicherung „nicht als Ausland galten". Damit

---

401 RGBl. 1943 I S. 90, „Verordnung zur Durchführung und Ergänzung der Verordnung über die Sozialversicherung in den besetzten Gebieten" vom 10.2.1943.

402 Als besetzte Gebiete in diesem Sinne galten nach § 8 Abs. 1 der DVO vom 10.2.1943 nicht die besetzten Ostgebiete und die „befreiten Gebiete" der Untersteiermark, Kärntens und Krains. Die „sinngemäße" Anwendung der VO vom 10.2.1943 auf die besetzten Ostgebiete erfolgte erst 1944, vgl. RArbBl. 1944 S. II 77, RAM-Erlass vom 29.3.1944 – II c 2125/43.

403 *Bogs*, Besetzte Gebiete II, RArbBl. 1943 S. II 110 (111) verweist darauf, dass die „deutschen Volkszugehörigen" nicht aus allen besetzten Gebieten einbezogen wurden, da „dieser Kreis nicht immer mit der erforderlichen Sicherheit abzugrenzen" war.

verschaffte man der Reichsversicherungsordnung in den besetzten Gebieten Geltung, ohne dass dort eine parallele Rechtsordnung eingeführt werden musste.

XII. Die Krankenversicherung der „Fremdarbeiter“ 1939–1945

1. Vorbemerkung

Die Arbeitsleistung von Ausländern in Deutschland in den Jahren von 1939 bis1945 wird meist mit Zwangsarbeitern oder KZ-Häftlingen gleichgesetzt. Dies beschreibt aber nicht ausreichend die Vielfältigkeit der Ausländerbeschäftigung, die im Hinblick auf die sozialversicherungsrechtlichen Regelungen eine Differenzierung erfordert. Der Personenkreis in der Überschrift dieses Abschnittes hätte einfach auch als „ausländische Arbeitskräfte“ bezeichnet werden können. Die Bezeichnung als „Fremdarbeiter“ wurde hier bewusst gewählt. Sie wurde als zeitgenössischer Begriff schon vor 1914 verwendet und war in der maßgeblichen Zeit von 1939–1945 für zivile ausländische Arbeiter gebräuchlich[404].

2. Die Chronologie des „Arbeitseinsatzes“ von Ausländern im Reichsgebiet

Vor Beginn des Krieges 1939 gab es eine nicht unerhebliche Zahl von ausländischen Arbeitnehmern in Deutschland[405]. Diese Beschäftigung erstreckte sich überwiegend auf die Landwirtschaft. Hier wurde der Bedarf an Arbeitskräften traditionell seit dem 19. Jhd. durch Saison- bzw. Wanderarbeiter aus dem Osten und Südosten Europas gedeckt. Mit der Vollbeschäftigung ab 1936 verstärkte sich der Mangel an Arbeitskräften nicht nur in der Landwirtschaft, sondern auch in anderen Bereichen wie der Industrie, dem Bergbau und dem Baugewerbe. Ein Teil der Ursachen dürfte dabei in der Einführung der Wehrpflicht und des Reichsarbeitsdienstes im Jahre 1935 gelegen haben, die dem Arbeitsmarkt wichtige Fachkräfte entzog. Verstärkt wurde dies durch die ausgeweitete Rüstungsproduktion. Den Arbeitskräftemangel versuchte man, durch ausländische Arbeitskräfte zu decken, die aufgrund zwischenstaatlicher

404 *Herbert*, Fremdarbeiter, S. 11, Endnote 1 zu Kapitel 1; *Bohn*, Zwangsarbeit, S. 11; *Herbert*, Ausländerpolitik, S. 122 f.

405 *Timm*, Ausländische Arbeitskräfte, RArbBl. 1941 S. V 609, gibt die Zahl der vor dem Krieg beschäftigten unselbständigen ausländischen Arbeitskräfte mit einer halben Million an; *Naasner*, S. 28, geht von 375.000 ausländischen Arbeitskräften im Jahre 1938 aus.

Abkommen in bestimmten Bereichen für eine befristete Zeit beschäftigt wurden und danach Deutschland wieder verlassen mussten. Solche Abkommen gab es mit Italien, Jugoslawien, Ungarn, Bulgarien und den Niederlanden[406]. So wurden aufgrund von Vereinbarungen mit Italien ab 1937 italienische Saisonarbeiter für die Landwirtschaft, die Industrie und das Baugewerbe angeworben. Im Jahre 1939 waren bereits 36.000 Italiener in der Landwirtschaft sowie 9.500 als Bauarbeiter beschäftigt, davon allein 3.000 für den Bau des Volkswagenwerks in Fallersleben[407]. Sogar mit Polen war vor Kriegsbeginn für das Jahr 1939 noch ein Kontingent von 90.000 landwirtschaftlichen Saisonarbeitern vereinbart worden[408]. Es bestehen kaum Zweifel daran, dass diese ausländischen Arbeiter noch freiwillig in Deutschland arbeiteten. Diese formale Freiwilligkeit war schon fraglich für die Tschechen, die als Arbeitslose bzw. aus den Reihen der demobilisierten tschechischen Armee im Protektorat Böhmen und Mähren im Frühjahr 1939 für Arbeiten im Reichsgebiet angeworben wurden[409].

Das Merkmal der freiwilligen Arbeit trat in den Hintergrund, als nach Kriegsausbruch im September 1939 immer mehr ausländische Arbeitskräfte für die Arbeit im Reichsgebiet „angeworben“ wurden[410]. Die Arbeit beruhte nun vorwiegend auf einer Arbeitspflicht, die im deutschen Machtbereich entweder durch deutsche Organe oder unter dem Druck der deutschen Besatzungsmacht von den nationalen Regierungen oder Behörden eingeführt worden war[411]. Über die Gesamtzahl der im Reichsgebiet zwischen 1939 und 1945 beschäftigten ausländischen Arbeitskräfte gibt es keine verlässlichen Zahlen, sondern nur Annäherungswerte[412]. Spoerer kam 2001 bei seinen Berechnungen auf eine Zahl von 13,5 Millionen ausländischer Arbeitskräfte. Davon waren 4,6 Millionen Kriegsgefangene und 1,1 Millionen KZ-Häftlinge[413]. Die Tätigkeit ausländischer Arbeitskräfte im Reich wurde in nationalsozialistischer Terminologie

406 *Klatt*, S. 343; *Vergin*, S. 261.

407 *Cajani / Mantelli*, AfS 32 (1992), S. 231 (233).

408 *Mehnert*, S. 13.

409 *Timm*, Ausländische Arbeitskräfte, RArbBl. 1941 S. V 609; *Bräutigam*, Arbeitseinsatz beim GBI, S. 111 ff.; *Vergin*, S. 262.

410 *Vergin*, S. 220 ff. beschreibt zusammenfassend die unterschiedlichen Phasen und Vorgehensweisen bei der „Anwerbung“ von Arbeitskräften.

411 *Naasner*, S. 113 ff.

412 *Vergin*, S. 282 ff., weist auf die unterschiedlichen Zahlen der Ausländerbeschäftigung hin und die Schwierigkeit, eine verlässliche Basis hierfür zu finden.

413 *Spoerer*, Zwangsarbeit, S. 221 ff.

als „Arbeitseinsatz“ bezeichnet[414], dessen Entwicklung hier chronologisch skizziert werden soll.

Der Arbeitskräftemangel im Reich verstärkte sich, da durch den Krieg im Jahre 1939 Millionen von Arbeitskräften zur Wehrmacht eingezogen wurden. Nach dem Sieg über Polen ersetzte man fehlende Arbeitskräfte in der Landwirtschaft durch polnische Kriegsgefangene. Parallel dazu wurden im besetzten Polen zivile Arbeitskräfte für Arbeiten im Reich angeworben. Setzte man anfangs noch auf Freiwilligkeit, so wurde in den folgenden Jahren immer mehr die zwangsweise Rekrutierung und Verschleppung zur Regel[415]. Für die Polen wurden durch die sogenannten „Polenerlasse“ ein diskriminierendes Sonderrecht geschaffen.

Im Jahre 1940 gerieten durch die Kriegserfolge im Westen zahlreiche Franzosen, Engländer, Belgier, Niederländer und Norweger in Kriegsgefangenschaft, die in den besetzten Gebieten und im Reich Zwangsarbeit verrichten mussten. Nach dem Waffenstillstand im Westen wurden in den besetzten Gebieten wie zuvor in Polen zivile Arbeiter erst auf freiwilliger Basis angeworben. Auch hier entwickelte sich die Anwerbung immer mehr zur zwangsweisen Rekrutierung[416].

Im Jahre 1941 wurden infolge des Balkankrieges auch Arbeitskräfte aus dem ehemaligen Jugoslawien und aus Griechenland für die Arbeit im Reich „angeworben“[417]. Ein Staatsvertrag mit dem neu gegründeten Kroatien sah zudem den Arbeitseinsatz von Kroaten im Reichsgebiet vor[418]. Nach dem Balkankrieg begann der Russlandfeldzug. Durch die anfänglichen Kriegsgewinne im Osten gerieten bei Kriegsbeginn mehr als drei Millionen sowjetrussische Soldaten in deutsche Kriegsgefangenschaft. Im Gegensatz zu der bisherigen Handhabung wurden diese Kriegsgefangenen anfangs nicht zur Arbeitsleistung herangezogen. Auch zivile Arbeiter aus den besetzten Gebieten der Sowjetunion durften aus „sicherheitspolitischen und abwehrmäßigen Gründen“ nicht ins Reich vermittelt werden[419]. Man glaubte, durch die bisher verpflichteten polnischen und westlichen Kriegsgefangen und die angeworbenen Zivilarbeiter ausreichend mit Arbeitskräften versorgt zu sein. Hinzu kam, dass man annahm,

414 *Naasner*, S.25, 29, 52; *Vergin*, S. 76, zur Genese des nationalsozialistischen Begriffs des „Arbeitseinsatzes“.

415 *Pfahlmann*, S. 23 f.; *Herbert*, Fremdarbeiter, S.184 ff.; *Majer*, S. 257; *Grossmann*, AfS 24 (1984), S.355 (358)

416 *Pfahlmann*, S. 31 ff.; *Herbert*, Fremdarbeiter, S. 180 ff.

417 *Pfahlmann*, S. 65; *Spoerer*, Zwangsarbeit, S. 67, 69.

418 *Timm*, Ausländische Arbeitskräfte, RArbBl. 1941, S. V. 609 (610); *Spoerer*, Zwangsarbeit, S. 67.

419 *Pfahlmann*, S. 45.

wie zuvor durch einen „Blitzkrieg" den Sieg schnell herbeiführen zu können und der größte Teil der einberufenen Soldaten deshalb bald an seine früheren Arbeitsplätze zurückkehren würde[420]. Diese Hoffnung erfüllte sich nicht. Im Herbst 1941 zeichnete sich ab, dass statt eines „Blitzkrieges" ein langer Abnutzungskrieg bevorstand. Dies bedingte neue umfangreiche Einberufungen, die wiederum den Arbeitskräftemangel verstärkten[421]. Außerdem entstand durch die Fortsetzung des Krieges ein immer höherer Arbeitskräftebedarf in der Rüstungsindustrie. In dieser Phase fand ein Umdenken in der nationalsozialistischen Führung hinsichtlich des Arbeitseinsatzes der sowjetischen Arbeiter und Kriegsgefangenen statt[422]. Hatte man sich anfangs aus rassenideologischen Gründen noch geweigert, russische Kriegsgefangene und zivile Arbeiter überhaupt ins Reichsgebiet zu bringen, sollten nun Kriegsgefangene und angeworbene russische Zivilarbeiter zur Arbeit in der deutschen Wirtschaft verpflichtet werden. Vorgesehen war dabei eine organisatorische Koppelung des Arbeitseinsatzes von Kriegsgefangenen und angeworbenen Arbeitern[423].

Als die Grundsatzentscheidungen Hitlers und Görings zum Arbeitseinsatz russischer Kriegsgefangener in deutschen Betrieben im Herbst 1941 fielen[424] und Anfang 1942 umgesetzt wurden, war bereits mehr als die Hälfte der russischen Kriegsgefangenen an Hunger und Seuchen in den Lagern gestorben oder umgebracht worden[425]. Die Überlebenden waren meist so entkräftet, dass sie nicht für den sofortigen Arbeitseinsatz zur Verfügung standen, sondern erst in einer umfassenden „Aufpäppelungsaktion" arbeitsfähig gemacht werden mussten[426]. Parallel dazu wurden nun in den besetzten Gebieten der Ukraine und Weissruthenien seit Anfang 1942 zivile Arbeitskräfte für die Arbeit im Reich, die sogenannten „Ostarbeiter", angeworben. Die anfänglich noch vorhandene Bereitschaft zu einer solchen Tätigkeit im Reichsgebiet wich einer zunehmenden Ablehnung, als die Berichte über die rassenideologisch bedingte Einstufung als „Ostarbeiter" bekannt wurde. Hinzu kam, dass die Umstände der Transporte, die lagermäßige Unterbringung, die Art der Arbeiten und die Verpflegungssituation der Arbeiter und Arbeiterinnen in ihrer Heimat nicht verborgen blieben[427]. Folglich waren die vom GBA angeforderten Kontingente

420 *Streit*, S. 145.

421 *Binner*, S. 99 f.

422 *Herbert*, Fremdarbeiter, S. 137 ff.; *Streit*, S. 15, 191.

423 *Pfahlmann*, S. 45.

424 *Herbert*, Fremdarbeiter, S. 140 f.

425 *Herbert*, Fremdarbeiter, S. 147 f.; *Streit*, S. 128 ff., 207 f.

426 *Streit*, S. 146 f.; *Vergin*, S. 318 f.

427 *Pfahlmann*, S. 62 ff.; *Herbert*, Fremdarbeiter, S. 164 f.; *Bohn*, Zwangsarbeit, S. 20.

nicht mehr mit „Freiwilligen“ zu erfüllen. Daher erfolgte zunehmend eine Zwangsrekrutierung[428].

In diesem Zusammenhang ist festzustellen, dass bis Anfang 1942 die unterschiedlichsten Dienststellen im Reich ihre Zuständigkeit für die Rekrutierung von Arbeitskräften in den besetzten Gebieten beanspruchten. Infolgedessen kam es zu Überschneidungen und Kompetenzstreitigkeiten[429]. Dieses Problem wurde durch den Führererlass vom 21. März 1942[430] gelöst, indem die Stelle eines „Generalbevollmächtigen für den Arbeitseinsatz“ (GBA) geschaffen wurde, der dem Beauftragten für den Vierjahresplan, Göring, unterstellt war[431]. Zum GBA wurde der thüringische Gauleiter Fritz Sauckel ernannt, der eine umfangreiche Kompetenz für die Rekrutierung von Arbeitskräften erhielt. Die von ihm veranlassten Kampagnen zur „Anwerbung“ von Arbeitskräften in den besetzten Gebieten sind als „Sauckel-Aktionen“ bekannt geworden[432].

Im September 1943 kam eine weitere Personengruppe ausländischer Arbeitskräfte zum Arbeitseinsatz ins Reichsgebiet. Es handelte sich um italienische Soldaten, die zwar von der Wehrmacht gefangen genommen wurden, jedoch nicht als Kriegsgefangene behandelt wurden. Sie erhielten den besonderen Status der „italienischen Militärinternierten (IMI). Da man ab Herbst 1943 keine weitergehenden Rücksichten mehr auf den italienischen Verbündeten zu nehmen hatte, begann man auch in Italien, Arbeitskräfte für die Arbeit in Deutschland auszuheben. Auch hier wurde erst versucht, die Arbeitskräfte auf freiwilliger Basis zu gewinnen. Als dies nur geringen Erfolg hatte, wurde mit der zwangsweisen Rekrutierung von italienischen Arbeitskräften begonnen[433].

Zur Vollständigkeit der Zwangsarbeit leistenden Personenkreise muss noch auf eine weitere Gruppe ausländischer Arbeitskräfte hingewiesen werden. Es sind die in den Konzentrationslagern inhaftierten rechtlosen Gefangenen, bei denen die Bezeichnung Sklavenarbeit wohl noch am ehesten gerechtfertigt erscheint. Zu Recht wird diese Bezeichnung hier mit dem Hinweis abgelehnt, weil bei

---

428 *Pfahlmann*, S. 49 f.

429 *Pfahlmann*, S. 149 f.; *Naasner*, S. 33.

430 RGBl. 1942 I S. 179, „Erlass des Führers über einen Generalbevollmächtigten für den Arbeitseinsatz“ vom 21.3.1942.

431 Die Stelle des GBA war bereits im Januar 1942 geschaffen worden. Erster GBA war der Ministerialdirektor im RAM, Werner Mansfeld, der allerdings noch geringere Kompetenzen hatte, vgl. *Vergin* S. 183 f.. Zu den Hintergründen der Ernennung Sauckels zum neuen GBA vgl. die Ausführungen bei *Naasner*, S.33 ff. u. *Vergin*, S. 185 ff.

432 *Pfahlmann*, S. 33; *Herbert*, Fremdarbeiter, S. 251 f.; *Binner*, S. 74.

433 *Pfahlmann*, S. 70 ff.; *Cajani / Mantelli*, AfS 32 (1992), S. 231 (243); *Klinkhammer*, S. 148 ff.

Sklaven der Sklavenhalter ein ökonomisches Interesse an der Erhaltung der Arbeitskraft hatte. Für KZ-Häftlingen galt aber meist noch nicht einmal das, da Ziel oftmals die physische „Vernichtung durch Arbeit" gewesen ist. Diese Häftlinge bleiben bei den weiteren Erörterungen unerwähnt, da ihre völlige Rechtlosigkeit sie außerhalb aller sozialversicherungsrechtlichen Regelungen stellte.

Zusammenfassend lassen sich die ausländischen Arbeitskräfte, die in den Jahren 1939–1945 in Deutschland arbeiteten, in folgende Gruppen einteilen:

- Ausländer, die schon vor dem Krieg in Deutschland wohnten und hier arbeiteten sowie solche aus befreundeten, verbündeten und neutralen Staaten, die aufgrund von zwischenstaatlichen Verträgen zeitlich befristet in Deutschland arbeiteten,
- Ausländer, die nach Kriegsbeginn in den besetzten Gebieten angeworben oder durch Zwang zur Arbeit verpflichtet wurden und aus rassenideologischen Gründen in eine Hierarchie gestellt wurden, wobei die als „Polen" und „Ostarbeiter" markierten Arbeiter ganz unten einer solchen Hierarchie standen,
- Kriegsgefangene,
- Entlassene Kriegsgefangene, die in den Zivilarbeiterstatus überführt wurden,
- italienische Militärinternierte,
- Häftlinge der Konzentrationslager.

Dies ist nur eine grobe Einteilung der Personengruppen, die noch nicht berücksichtigt, mit welchen abgestuften Repressionen die „Anwerbung" in den besetzten Gebieten erfolgte. Sie sagt auch noch nichts darüber aus, wer als „Pole" oder „Ostarbeiter" eingestuft wurde und damit in der rassenideologischen Hierarchie weiter unten stand. Die Zuordnung zu einem bestimmten Personenkreis wirkte sich auch in der Sozialversicherung aus. So war die Krankenversorgung der „normalen ausländischen Zivilarbeiter" und der „Ostarbeiter" unterschiedlich ausgestaltet. Diese Differenzierung der einzelnen Personengruppen soll nachfolgend dargestellt werden.

3. Die einzelnen Gruppen ausländischer Arbeitskräfte im „Arbeitseinsatz"

a) Ausländische Zivilarbeiter

Der Begriff des Zivilarbeiters wird hier als Sammelbezeichnung für alle ausländischen Arbeitskräfte verwendet, für die hinsichtlich der Sozialversicherung die gleichen Regelungen galten. Er dient zugleich als Abgrenzung zu ausländischen Arbeitskräften, für die abweichende Regelungen galten, wie für „Polen" und „Ostarbeiter"[434]. Gleichzeitig kennzeichnet er auch die Abgrenzung zu den Kriegsgefangenen, den italienischen Militärinternierten und den Häftlingen von Konzentrationslagern, die als Arbeitskräfte einen anderen Rechtsstatus hatten.

Die ausländischen Zivilarbeiter waren sozialversicherungsrechtlich den deutschen Arbeitern gleichgestellt[435]. Es spielte keine Rolle, ob sie aufgrund zwischenstaatlicher Vereinbarungen, freiwilliger Einzelentscheidung oder durch Repression unterschiedlicher Art und Intensität in ihren Heimatländern „angeworben" worden waren. Für alle galten die deutschen Sozialversicherungsvorschriften, so dass sie krankenversicherungspflichtig waren. Ihnen wurden, wie bei den deutschen Arbeitern auch, die Krankenversicherungsbeiträge vom Lohn einbehalten und an die zuständige Krankenkasse abgeführt. Sie hatten volle Leistungsansprüche gegenüber der Krankenkasse, die sich auch auf die in den Heimatländern zurückgebliebenen Familienangehörigen erstreckten. Die Leistungsgewährung an die Familienangehörigen in den Heimatländern war unterschiedlich geregelt. So erhielten Familienangehörige in Italien, Ungarn, Kroatien, Rumänien, Bulgarien, der Slowakei, Dänemark, Norwegen und den „unbesetzten" Gebieten Frankreichs die Leistungen von den einheimischen Krankenkassen[436]. In den Niederlanden, Belgien und den besetzten Gebieten Frankreichs wurden die Familienhilfeleistungen durch die in diesen Gebieten bestehende Sektion der deutschen Krankenkasse gewährt. Hierzu stellten die dortigen Bürgermeister die Krankenscheine aus[437]. Erkrankte ausländische Arbeiter, die mit Zustimmung der deutschen Krankenkassen in ihre Heimatländer zurückkehrten, erhielten dort die Leistungen auf Kosten ihrer deutschen Krankenkasse. Das Gleiche galt, wenn sie während eines Urlaubs in ihrem Heimatland erkrankten[438].

b) Polnische Arbeitskräfte

Obwohl die polnischen Arbeitskräfte zu den ausländischen Arbeitskräften gehörten, wird der Personenkreis hier in einem besonderen Abschnitt bespro-

434 Die gelegentlich in der Literatur anzutreffende Bezeichnung „Westarbeiter" als Abgrenzung zu Polen und Ostarbeitern wird hier abgelehnt, da eine solche geographische Bezeichnung zu unbestimmt ist. Schließlich gehörten hierzu (den Westarbeitern) auch Norweger, Griechen, Spanier, Finnen, Esten, Litauer, Letten etc.

435 *Hertel*, S. 39 f.

436 Vgl. „Merkblatt für gewerbliche Arbeitskräfte", abgedruckt in RArbBl. 1942 S. I 258; *Hertel*, S. 40.

437 Ebenda.

438 Ebenda.

chen. Der Grund dafür liegt darin, dass die von den Nationalsozialisten verfolgte besondere Segregation polnischer Arbeitskräfte einige Besonderheiten aufwies, die hier abgebildet werden sollen.

Nachdem Polen im Jahre 1939 besiegt worden war, erfolgte seine Aufteilung. Während die westlichen Teile als neue „eingegliederte Ostgebiete“ in das Deutsche Reich aufgenommen wurden, fielen die östlichen Teile aufgrund des Hitler-Stalin-Paktes an die Sowjetunion[439]. Das restliche Polen wurde als Generalgouvernement von einem deutschen Generalgouverneur verwaltet. Das NS-Regime betrachtete in seiner Rassenideologie die Polen als „slawische Untermenschen“, die als „zukünftige Sklavenschicht Europas“ vorgesehen waren[440]. Zur Abgrenzung wurde die deutsche Bevölkerung angehalten, zu polnischen Menschen Distanz zu wahren. Mit den „Polenerlassen“ vom 8. März 1940 wurden die Rechte der Polen eingeschränkt und ihre sichtbare Stigmatisierung im täglichen Leben eingeführt[441]. So sah die Polizeiverordnung vom 9. März 1940[442] vor, dass Arbeiter und Arbeiterinnen „polnischen Volkstums“, die im Reichsgebiet im zivilen Arbeitseinsatz eingesetzt waren, auf der rechten Brustseite jedes Kleidungsstücks das Kennzeichen „P“ für Pole „stets“ sichtbar zu tragen hatten[443]. Damit wurden die in Deutschland arbeitenden Polen als erste Gruppe gekennzeichnet, somit schon achtzehn Monate vor den Juden[444].

Der Einsatz polnischer Arbeitskräfte war anfangs in erster Linie in der Landwirtschaft vorgesehen[445]. Dabei wurde den polnischen Arbeitern der Lohn aufgrund einer besonderen Reichstarifordnung für nichtdeutsche landwirt-

---

439 *Taddey*, Lexikon der deutschen Geschichte, S. 269 f., „Deutsch-sowjetischer Nichtangriffspakt“ vom 23.8.1939 und die geheimen Zusatzprotokolle des „Grenz- und Freundschaftsabkommens“ vom 28.9.1939.

440 *Herbert*, Fremdarbeiter, S.74; *Majer*, Fremdvölkische, S. 128; *Spoerer*, GWU 51 (2000), S. 508 (510).

441 *Herbert*, Fremdarbeiter, S. 76: „Die sogenannten Polenerlasse bestanden aus zehn Dokumenten, die an verschiedene Dienststellen und Personenkreise gerichtet waren“.

442 RGBl. 1940 I S. 555, „Polizeiverordnung über die Kenntlichmachung im Reich eingesetzter Zivilarbeiter und -Arbeiterinnen polnischen Volkstums“ vom 8.3.1940.

443 Die Verordnung schrieb dabei Form, Größe und Farbe des Polenkennzeichens genau vor: „Das Kennzeichen besteht aus einem auf der Spitze stehenden Quadrat mit 5 cm langen Seiten und zeigt bei 0,5 cm breiter Umrandung auf gelbem Grunde ein 2,5 cm hohes violettes P“.

444 Das Tragen des sogenannten „Judensterns“ wurde erst durch die „Polizeiverordnung über die Kennzeichnung der Juden“ vom 1.9.1941 angeordnet, vgl. RGBl. 1941 I S. 547.

445 *Herbert*, Fremdarbeiter, S. 88; *Schminck-Gustavus*, KJ 13 (1980), S. 20.

schaftliche Arbeiter gezahlt[446], so dass die Polen nur zwischen 50 und 85 Prozent der Einkünfte von deutschen Arbeitern hatten[447]. Eine Überschreitung dieser Löhne war unzulässig, was den deutschen Bauern und Gutsbesitzern entgegenkam, da die polnischen Arbeiter billiger waren als deutsche Arbeiter und kaum teurer als Kriegsgefangene[448]. Es gab Berichte des Sicherheitsdienstes (SD), wonach hierdurch deutsche Arbeiter freigesetzt und durch billige polnische Zivilarbeiter ersetzt wurden[449]. Als man ab 1940 den verstärkten Einsatz polnischer Arbeitskräfte im Reichsgebiet für den gewerblichen Bereich vorsah, gab es Überlegungen, auch in der gewerblichen Wirtschaft für Polen geringere Löhne zu zahlen. Davon wurde abgesehen, in der Befürchtung, durch billige polnische Arbeitskräfte würden deutsche Arbeitskräfte verdrängt werden[450]. Die Polen sollten allerdings auch kein höheres Nettoeinkommen als deutsche Arbeiter haben. Ein solch höheres verfügbares Einkommen wurde aber angenommen, da Polen keine Wehrsteuer, keine Parteibeiträge, keine Winterhilfe oder sonstige Spenden zahlen würden[451]. Zum Ausgleich hatten die Reichstreuhänder der Arbeit bereits seit Frühjahr 1940 auf Weisung des RAM von Polen eine zusätzliche fünfzehnprozentige Abgabe erhoben[452]. An deren Stelle trat die Verordnung des Ministerrats für die Reichsverteidigung vom 5. August 1940[453], die für Polen eine einheitliche Sozialausgleichabgabe in Höhe von 15 vom Hundert des Einkommens vorsah[454]. Die Bezeichnung lässt vermuten, dass es sich hier um eine zusätzliche Abgabe im Zusammenhang mit der Sozialversicherung handelt. Dies war aber nicht der Fall. Es handelte sich vielmehr um eine zusätzliche Einkommensteuer. Die im Reichsgebiet arbeitenden Polen unterlagen der Sozialversicherungspflicht wie deutsche Arbeiter auch und mussten wie diese ihre Beiträge zahlen. Die

446 RArbBl. 1940 S. IV 38, „Reichstarifordnung für landwirtschaftliche Arbeitskräfte, die nicht im Besitz der deutschen Staatsangehörigkeit sind, mit Ausnahme derjenigen, deren Arbeitsbedingungen Gegenstand von Staatsverträgen sind" vom 8.1.1940.

447 *Herbert*, Fremdarbeiter, S. 92.

448 *Schminck-Gustavus*, KJ 13 (1980), S. 20.

449 Ebenda.

450 *Knolle*, RArbBl. 1940 S. V 407.

451 *Knolle*, RArbBl. 1940 S. V 407; *Küppers*, Polen, RArbBl. 1941 S. V 532 (533); *Oermann*, Sozialausgleichabgabe, S. 38.

452 *Herbert*, Fremdarbeiter, S. 93; *Küppers*, Polen, RArbBl. 1941 S. V 532 (533).

453 RGBl. 1940 I S. 1077, „Verordnung über die Erhebung einer Sozialausgleichabgabe" vom 5.8.1940.

454 Die Sozialausgleichabgabe von 15% des Einkommens wurde später auch von Juden (RGBl. 1940 I S. 1666) und Zigeunern (RGBl. 1942 I S. 149) erhoben.

Sozialversicherungspflicht richtete sich somit grundsätzlich nach den allgemeinen Bestimmungen[455].

Mit der RAM-Anordnung vom 5. Oktober 1941[456] wurden die Ansprüche aus dem Arbeitsverhältnis eingeschränkt. So erhielten Polen für gesetzliche Feiertage keinen Lohn mehr. Kinder- und Familienzulagen, Geburts- und Heiratsbeihilfen, Sterbegelder, Weihnachtsgelder, Abschlussgratifikationen, Jubiläumsgaben und eine zusätzliche Altersversorgung durften von den Betrieben nicht mehr gezahlt werden. Hinzu kam, dass polnische Beschäftigte grundsätzlich Anspruch auf Vergütung nur für die tatsächlich geleistete Arbeit hatten. Damit war eine Lohnfortzahlung bei Krankheit und die Zahlung von Krankengeldzuschüssen durch die Betriebe ausgeschlossen[457]. Hier drückte man den Lohn der polnischen Arbeiter so weit herunter, dass keine gleichen Lohnverhältnisse mehr bestanden. Die Begründung für diese Einschränkungen ist dem Vorspruch der Verordnung vom 4. Oktober 1941 zu entnehmen:

> „Es wäre überdies mit dem gesunden Volksempfinden nicht vereinbar, würden sie (die polnischen Arbeitskräfte) ebenfalls an dem sozialen Fortschritt des neuen Deutschlands unbeschränkt teilnehmen."

Das Kalkül war, dass „den Polen gerade so viel bleiben sollte, wie sie zur Reproduktion ihrer Arbeitskraft benötigten"[458]. Die diskriminierenden Maßnahmen zeigen insgesamt, dass die polnischen Arbeitskräfte von dem NS-Regime in der Hierarchie hinter den Zivilarbeitern aus anderen Ländern eingestuft wurden.

c) Zivile russische Arbeitskräfte (Ostarbeiter)

Als Ostarbeiter wurden diejenigen Arbeitskräfte bezeichnet, die aus den besetzten Ostgebieten stammten und sich zur Arbeitsleistung im Reichsgebiet aufhielten. Die Zugehörigkeit zum Personenkreis der „Ostarbeiter" war in § 1 der Verordnung vom 30. Juni 1942[459] definiert:

> „Ostarbeiter sind diejenigen Arbeitskräfte nichtdeutscher Volkszugehörigkeit, die im Reichskommissariat Ukraine, im Generalkommissariat Weissruthenien oder in Gebieten, die östlich an diese Gebiete und an die früheren Freistaaten Lettland und Estland angrenzen, erfasst und nach der Besetzung durch die deutsche Wehrmacht

---

455 *Küppers / Bannier*, Polen, S. 84.

456 RArbBl. 1941 S. I 448, RAM-Anordnung – III b 18385/41 vom 5.10.1941, „Anordnung über die arbeitsrechtliche Behandlung der polnischen Beschäftigten".

457 Eine Ausnahme hiervon bestand nur bei unverschuldeten Betriebsunfällen (§ 2 Abs. 5 der VO vom 5.10.1941).

458 *Herbert*, Fremdarbeiter, S. 93.

459 RGBl. 1942 I S. 419, „Verordnung über die Einsatzbedingungen der Ostarbeiter" vom 30.6.1942

in das Deutsche Reich einschließlich des Protektorats Böhmen und Mähren gebracht und hier eingesetzt werden."[460]

Die Ostarbeiter mussten während ihres Aufenthaltes im Reichsgebiet auf der rechten Brustseite ein sichtbares Kennzeichen „Ost" tragen[461].

Die Anwerbung der ersten Ostarbeiter erfolgte noch auf einer freiwilligen Verpflichtung. In zunehmender Erkenntnis hinsichtlich der tatsächlichen Arbeitsbedingungen von Ostarbeitern ließen sich die vom GBA angeforderten Kontingente nach kurzer Zeit nicht mehr durch Freiwillige erfüllen. Man ging dazu über, durch repressive Maßnahmen unterschiedlichster Art den Bedarf an Arbeitskräften zu decken[462]. Die Arbeitsverhältnisse der Ostarbeiter im Reichsgebiet waren abweichend von denen anderer ausländischer Zivilarbeiter geregelt. Die Verordnung des Ministerrates für die Reichsverteidigung vom 20. Januar 1942[463] vermied noch die Bezeichnung „Ostarbeiter" und umschrieb den Personenkreis mit „Arbeitskräfte aus den neu besetzten Ostgebieten"[464]. Diese Verordnung regelte lediglich den Umfang der Steuerpflicht der Ostarbeiter aufgrund einer besonderen Steuertabelle. Der § 7 Abs. 1 dieser VO bestimmte, dass die Ostarbeiter in einem „Beschäftigungsverhältnis eigener Art" standen. In § 7 Abs. 2 der VO wurde der RAM ermächtigt, den Inhalt der Beschäftigungsverhältnisse und die Versorgung im Krankheitsfalle besonders zu regeln. Die Verordnung vom 20. Januar 1942 wurde abgelöst durch die Verordnung vom 30. Juni 1942[465]. Darin wurde der Personenkreis nun als „Ostarbeiter" bezeichnet[466]. Diese Verordnung konkretisierte die Beschäftigungsbe-

460 Für die Arbeitskräfte aus den baltischen Staaten, Litauen, Lettland und Estland, die im Reichsgebiet arbeiteten, war schon vorher durch den RAM-Erlass vom 24.4.1942 – II b 919/42 festgelegt worden, dass sie in vollem Umfang den reichsgesetzlichen Vorschriften unterlagen, vgl. ZRR 1942, S. 189.

461 Erlass des Reichsführers SS und Chefs der Deutschen Polizei vom 20.2.1942, „Allgemeine Bestimmungen über die Anwerbung und Einsatz von Arbeitskräften aus dem Osten", Teil A Ziffer VIII, abgedruckt in: *Küppers / Bannier*, Ostarbeiter, S. 105 ff.

462 *Herbert*, Fremdarbeiter, S. 157 ff.

463 RGBl. 1942 I S. 41, „Verordnung über die Besteuerung und die arbeitsrechtliche Behandlung der Arbeitskräfte aus den neu besetzten Ostgebieten (StVAOst)" vom 20.1.1942.

464 Der Erlass des RAM vom 4.3.1942, der aufgrund einer Ermächtigung dieser VO erging, bezeichnet den Personenkreis noch konkreter als „zivile russische Arbeitskräfte, vgl. RArbBl. 1942 S. II 167.

465 RGBl. 1942 I S. 419, „Verordnung über die Einsatzbedingungen der Ostarbeiter" vom 30.6.1942.

466 *Herbert*, Fremdarbeiter, S. 155, Anm. Nr. 132, weist darauf hin, dass die Bezeichnung „Ostarbeiter" auf die umgangssprachliche Bezeichnung der russisch-polnischen Arbeitskräfte zurückgreift, die während des 1. Weltkrieges in Deutschland gearbeitet hatten.

dingungen der Ostarbeiter. Danach waren Sozialzulagen und Sozialleistungen aller Art sowie „vorerst" Urlaub und Familienheimfahrten nicht zu gewähren (§§ 2, 7 der VO). Das Arbeitsentgelt wurde nur für die tatsächlich geleistete Arbeit gewährt. Es wurde ein verringerter Lohn gezahlt, der aufgrund einer Tabelle nach dem Vergleichslohn deutscher Arbeiter errechnet wurde. Damit der Unternehmer nicht von den niedrigen Ostarbeiterlöhnen profitierte, musste er an die Reichskasse eine Ostarbeitergabe abführen. Während ihrer Tätigkeit im Reichsgebiet hatten Ostarbeiter keine Lohnsteuer und keine Bürgersteuer zu zahlen (§ 12 der VO)[467]. Nach § 8 der VO vom 30. Juni 1942 erhielten sie keine Entgeltabrechnung. Dies wurde erst durch § 2 der VO vom 5. April 1943 geändert[468].

Die Verordnung vom 20. Januar 1942 überließ es dem RAM, die Krankenversorgung der Ostarbeiter zu regeln. Mit dem RAM-Erlass vom 4. März 1942[469] wurde festgelegt, dass die „zivilen russischen Arbeitskräfte" nicht der Reichsversicherung unterlagen. Sie erhielten aber im Krankheitsfall ärztliche Behandlung, Versorgung mit Arznei- und Heilmitteln sowie Krankenhauspflege. Die ambulanten Behandlungskosten waren dabei von der Kassenärztlichen Vereinigung Deutschlands zu gewähren, während die Krankenhauspflege von der zuständigen Krankenkasse zu erbringen war. Zur Deckung der Krankheitskosten hatte der Unternehmer monatlich 4 RM für jeden beschäftigten Ostarbeiter an die zuständige Krankenkasse zu zahlen. Die Kassenärztliche Vereinigung erhielt davon für jeden betreuten Ostarbeiter monatlich 2 RM. Der Erlass vom 4. März 1942 über die Krankenversorgung der „zivilen russischen Arbeitskräfte" hatte nur ein halbes Jahr Bestand und wurde durch den RAM-Erlass vom 1. August 1942 abgelöst, mit dem die Krankenversorgung der Ostarbeiter auf eine neue Grundlage gestellt wurde[470]. Ein Grund für eine solche Änderung war, dass sich die früheren Annahmen zu den Arbeitsverhältnissen der Ostarbeiter teilweise als unzutreffend erwiesen. Ursprünglich war von der Arbeitseinsatzverwaltung der gruppenweise Einsatz der Ostarbeiter vorgesehen. Gedacht war vornehmlich an den Einsatz in der Industrie und im Bergbau[471]. Die Unterbringung sollte in Lagern erfolgen, von denen aus die

467 Vor der Einführung der Ostarbeiterabgabe hatte vom 1.12.1941 bis 15.6.1942 eine Steuerpflicht aufgrund der Verordnung vom 20.1.1942 bestanden, vgl. RGBl. 1942 I S. 41.

468 RGBl. 1943 I S. 181, „Verordnung zur Durchführung und Änderung der Verordnung über die Einsatzbedingungen der Ostarbeiter" vom 5.4.1943.

469 RArbBl. 1942 S. II 167, RAM-Erlass II a 3316/42 vom 4.3.1942, „Krankenversorgung von zivilen russischen Arbeitskräften beim Einsatz im Reichsgebiet".

470 RArbBl. 1942 S. II 453, RAM-Erlass II a 11193/42 vom 1.8.1942, „Bestimmungen über die Krankenversorgung der Ostarbeiter".

471 *Bogs*, Ostarbeiter, RArbBl. 1943 S. II 165 (166).

Ostarbeiter auf ihre Einsatzstellen verteilt werden sollten[472]. Zunehmend wurden aber auch Arbeitskräfte in der Landwirtschaft und in Haushaltungen[473] eingesetzt, bei denen eine Einzelunterbringung erfolgte[474]. Dies machte es notwendig, die Krankenversorgung der Ostarbeiter grundlegend zu regeln, weil unter anderem die pauschale Beitragsregelung nicht mehr zu den tatsächlichen Verhältnissen passte[475].

Während in dem Erlass vom 4. März 1942 noch ausdrücklich festgestellt wurde, dass Ostarbeiter nicht der Reichsversicherung unterlagen, fehlt dieser Hinweis im Erlass vom 1. August 1942. Nunmehr wurden als Träger der Krankenversorgung die gesetzlichen Krankenkassen bestimmt, wobei jeweils die Krankenkasse zuständig war, bei der auch die pflichtversicherten „Gefolgschaftsmitglieder" versichert wurden. Diese Zuständigkeit der gesetzlichen Krankenkassen führte nicht dazu, dass es sich um eine Krankenversicherung im üblichen Sinne handelte. Zur Abgrenzung wurde deshalb bewusst die Bezeichnung „Krankenversorgung" beibehalten[476]. Die Krankenversorgung war im „Übrigen so durchzuführen, als handelte es sich um eine Krankenversicherung im Sinne der Reichsversicherung"[477]. Im Gegensatz zu Versicherten hatten Ostarbeiter keinen Rechtsanspruch auf die Leistungen der Krankenkasse. So bestimmte der Erlass in Ziffer I wörtlich:

> „Den im Reichsgebiet gegen Entgelt beschäftigten Ostarbeitern 'darf' Krankenversorgung gewährt werden."

Die mögliche Leistungsgewährung erstreckte sich auf Krankenpflege, Krankenhauspflege, Sachleistungen der Wochenhilfe und Familienhilfe (Letztere nur für die sich im Reichsgebiet aufhaltenden Familienangehörigen). Abweichend zu der bisherigen Regelung war nicht mehr die Kassenärztliche Vereinigung Deutschlands (KVD) für die Gewährung der Arzneiversorgung zuständig, sondern die Krankenkasse[478]. Die KVD hatte nur noch die ärztliche (zahnärztliche) Behandlung sicherzustellen. Es wurde nun kein gesonderter Beitrag

---

472 *Plöger*, Arb.-Vers. 1942, S. 225.

473 Durch einen Erlass des GBA vom 8.9.1942 wurden in einer Sonderaktion Ostarbeiterinnen als Haushaltshilfen angeworben. Voraussetzung für die Anwerbung war, dass deren „allgemeines Erscheinungsbild dem deutschen möglichst nahekommt. Mädchen, deren Äußeres auf fremde bzw. jüdische Abstimmung schließen lässt, sind auf jeden Fall abzulehnen", vgl. RArbBl. 1942 S. I 411; *Herbert*, Fremdarbeiter, S. 175 f.

474 *Plöger*, Arb.-Vers. 1942, S. 225; *Bogs*, Ostarbeiter, RArbBl. 1943 S II 165 (166).

475 Ebenda.

476 *Plöger*, Arb.-Vers. 1942, S. 225.

477 *Bogs*, Ostarbeiter, RArbBl. 1943 S. II 165 (166).

478 *Plöger*, Arb.-Vers. 1942, S. 225 (227).

mehr an die KVD gezahlt. Die Bezahlung für die Behandlung der Ostarbeiter erfolgte durch die Krankenkassen, die eine Gesamtvergütung an die Reichsverbände der Ärzte, Zahnärzte und Dentisten zu entrichten hatten[479].

Die Krankenversorgung der Krankenkasse umfasste keine Krankengeldzahlung an die Ostarbeiter bei deren krankheitsbedingter Arbeitsunfähigkeit. Dagegen erhielt der Unternehmer für seine arbeitsunfähigen Ostarbeiter von den Krankenkassen ein Krankengeld als Ausgleich für die Verpflichtung des Unternehmers, während der Arbeitsunfähigkeit Verpflegung und Unterkunft weiterzuzahlen, obwohl dem keine Arbeitsleistung gegenüberstand[480]. Das an den Unternehmer gezahlte Krankengeld betrug einheitlich 1,50 RM für jeden Kalendertag der Arbeitsunfähigkeit.

Auch die Beitragszahlung wurde mit dem Erlass vom 1. August 1942 neu geregelt. Statt des bisherigen pauschalen monatlichen Beitrags von 4 RM wurde nun ein individueller Krankenversicherungsbeitrag erhoben, der sich aus dem Entgelt des Ostarbeiters zuzüglich der Ostarbeiterabgabe berechnete. Eine Ausnahme bestand für die als Hausgehilfen beschäftigten Ostarbeiter, für die weiterhin ein monatlicher Beitrag von 4 RM zu zahlen war. Für die in der Land- und Forstwirtschaft beschäftigten Ostarbeiter war ein kalendertäglicher Beitrag von 0,13 RM zu entrichten. Die Beiträge waren allein von dem Unternehmer zu tragen, mit der Begründung, dass für die Ostarbeiter keine Beiträge zur Arbeitslosenversicherung und zur Rentenversicherung zu zahlen waren und die Unternehmer infolgedessen eine Ersparnis hatten[481]. Die Umstellung von pauschaler Beitragszahlung auf den individuellen Beitrag erforderte auch eine Anpassung des Meldeverfahrens. Jeder Ostarbeiter war nun bei der zuständigen Krankenkasse an- und abzumelden[482].

Eine grundlegende Wendung der Beschäftigungsbedingungen erbrachte die Verordnung des Ministerrates für die Reichsverteidigung vom 25. März 1944[483]. Nunmehr galten für Ostarbeiter die gleichen Lohn- und Gehaltsbedingungen wie für sonstige ausländische Arbeitskräfte. Die Ostarbeiterabgabe fiel zwar weg, jedoch waren die Ostarbeiter nun lohnsteuerpflichtig. Sie hatten

---

479 Ebenda.

480 Nach § 6 Satz 1 der VO vom 30.6.1942 war der Arbeitgeber verpflichtet worden, auch bei Arbeitsunfähigkeit Verpflegung und Unterkunft an die Ostarbeiter weiter zu gewähren, vgl. RGBl. 1942 I S. 419.

481 *Plöger*, Arb.-Vers. 1942, S. 225 (228).

482 Ebenda.

483 RGBl. 1944 I S. 68, „Verordnung über die Einsatzbedingungen der Ostarbeiter" vom 25.3.1944.

zusätzlich eine fünfzehnprozentige Sozialausgleichabgabe wie zuvor schon Polen, Juden und Zigeuner zu zahlen. Bei den Ostarbeitern wurde die Abgabe u.a. mit dem Zweck der Unterstützung von hilfsbedürftigen Ostarbeitern und deren Familienangehörigen begründet (§ 10 der VO). Wie bisher wurde Arbeitsentgelt weiterhin nur für die tatsächlich geleistete Arbeit gezahlt. Es galten nun die deutschen Feiertagsregeln ebenso für die Ostarbeiter, so dass sie Feiertagszuschläge zum Arbeitsentgelt erhielten. Ihnen wurden nun auch Urlaub und Familienheimfahrten zugestanden. Die Ostarbeiter blieben dabei weiterhin in einem „Beschäftigungsverhältnis eigener Art"[484]. In der Sozialversicherung hatten sie die üblichen Beiträge zu entrichten. Die VO vom 25. März 1944 hob die VO vom 30. Juni 1942 auf, so dass auch der aufgrund dieser VO ergangene RAM-Erlass vom 1. August 1942 zur Regelung der Krankenversorgung der Ostarbeiter aufgehoben war. Als Übergangsregelung bestimmte der RAM, dass vorerst die Regeln des Erlasses vom 1. August 1942 weitergalten, bis die Leistungen der Krankenversicherung in einem neuen Erlass geregelt würden[485]. Damit änderte sich erst einmal an dem Status der Krankenkassenleistungen als ermessensbedingte „Krankenversorgung" nichts, so dass sie weiterhin keine Versicherungsleistungen waren. Lediglich die Zahlungsweise des Krankengeldes wurde sofort geändert. Das Krankengeld wurde nun an die Ostarbeiter selbst, statt an die Unternehmer gezahlt. Es dauerte nochmal fast ein ganzes Jahr, bis die bestehenden Sonderregelungen für Ostarbeiter aufgehoben wurden. Mit der VO vom 13. März 1945 wurden alle arbeitsrechtlichen, steuerrechtlichen und sozialversicherungsrechtlichen Sondervorschriften für Ostarbeiter aufgehoben[486]. Der (zynische) Vorspruch dieser Verordnung begründet diese Gleichstellung der Ostarbeiter mit der „Anerkennung der guten Arbeitsleistungen und der Haltung und Bewährung der im Reich eingesetzten Ostarbeiter". In Anbetracht dessen, dass der Zusammenbruch und das Kriegsende erkennbar bevorstanden und große Teile des Deutschen Reiches schon durch fremde Streitkräfte besetzt waren, dürften die Ostarbeiter von dieser Gleichstellung in der Krankenversicherung kaum etwas gehabt haben. „Sie irrten zu diesem Zeitpunkt wie viele Deutsche und andere Ausländer durch die ausgebombten Städte"[487].

---

484 RGBl. 1944 I S. 70, „Verordnung zur Durchführung und Ergänzung der Verordnung über die Einsatzbedingungen der Ostarbeiter" vom 26.3.1944.

485 RArbBl. 1944 S. II 96, RAM-Erlass – II 4027/44 vom 22.4.1944.

486 RGBl. 1945 I S. 39, „Verordnung über die Aufhebung der arbeitsrechtlichen, steuerrechtlichen und sozialversicherungsrechtlichen Sondervorschriften für Ostarbeiter" vom 13.3.1945.

487 *Spoerer*, Zwangsarbeit, S. 161.

Zusammenfassend lässt sich für die Krankenversicherung der Ostarbeiter feststellen, dass ihnen bis kurz vor Kriegsende lediglich eine Krankenversorgung zugestanden wurde, auf die kein Rechtsanspruch bestand. Erst in den letzten Kriegstagen wurden sie krankenversicherungspflichtig mit vollen Leistungsansprüchen, die angesichts der Kriegswirren kaum verwirklicht werden konnten.

d) Kriegsgefangene – Militärinternierte

Eine weitere große Gruppe ausländischer Arbeitskräfte in den Jahren 1939–1945 waren die Kriegsgefangenen. Es erscheint im Kontext dieses Kapitels angebracht, auch sie in die Betrachtung einzubeziehen, da sie sich durch den zwangsweisen Arbeitseinsatz und die lagermäßige Unterbringung in einer vergleichbaren Situation wie die anderen ausländischen Arbeitskräfte befanden. Es soll dabei untersucht werden, wie sich der Status der Kriegsgefangenen hinsichtlich der Krankenversorgung von dem der anderen Zwangsarbeiter unterschieden hat.

Die Kriegsgefangenen standen während ihrer Gefangenschaft unter dem Schutz des allgemeinen Völkerrechts und völkerrechtlicher Verträge. Es galten die Haager Landkriegsordnung (HLKO) von 1907 und das Genfer Abkommen über die Behandlung von Kriegsgefangenen von 1929. Beide Abkommen waren von Deutschland ratifiziert worden[488]. Nach Artikel 6 HLKO konnten Kriegsgefangene, mit Ausnahme der Offiziere, als Arbeiter „verwendet“ werden. Sie durften nicht zu Arbeiten herangezogen werden, die mit den „Kriegsunternehmungen“ in Beziehung standen[489]. Damit wäre eine Beschäftigung in der Rüstungsindustrie ausgeschlossen gewesen, was jedoch nicht eingehalten wurde, da Sauckel den Einsatz der Kriegsgefangenen auch in der Rüstungsindustrie veranlasste[490]. Für die geleistete Arbeit war derselbe Lohn zu entrichten wie für die Militärpersonen des eigenen Heeres. Der Verdienst der Kriegsgefangenen sollte zur Verbesserung ihrer Lage verwendet und nach Abzug der Unterhaltskosten bei der Freilassung ausgezahlt werden. Im Übrigen hatte die gefangennehmende Kriegspartei für den Unterhalt der Kriegsgefangenen zu

---

488 RGBl. 1910 S. 107, „Abkommen, betreffend die Gesetze und Gebräuche des Landkrieges vom 18.10.1907; RGBl. 1934 II S. 207, „Bekanntmachung über das Genfer Abkommen zur Verbesserung des Loses der Verwundeten und Kranken der Heere im Felde und das Abkommen über die Behandlung der Kriegsgefangenen vom 29.3.1934.

489 Im Hinblick auf den „totalen Krieg“ ist zu fragen, ob es überhaupt noch Bereiche gab, die nicht zu den „Kriegsunternehmen“ zählten. Jede Arbeit im sogenannten „zivilen“ Bereich setzte Kräfte für den Kriegseinsatz frei, so dass sie letztlich kriegsunterstützend war.

490 *Pfahlmann*, S. 83.

sorgen und sie mit Nahrung, Unterkunft und Kleidung im gleichen Umfang wie ihre eigene Truppe zu versorgen (Artikel 7 HLKO). Zum Einsatz der Kriegsgefangenen in Arbeitsstellen hatte der RAM seit Kriegsbeginn zahlreiche Einzel- und Runderlasse herausgegeben, deren Inhalte zusammenfassend im Reichsarbeitsblatt bekannt gegeben wurden[491].

Die Kriegsgefangenen arbeiteten aufgrund eines zwischen dem Mannschafts-Stammlager (Stalag) und dem Unternehmer abgeschlossenen „Überlassungsvertrages", der anfangs förmlich, später formlos begründet wurde[492]. Zwischen Unternehmer und dem Kriegsgefangenen selbst bestanden keine vertraglichen Beziehungen[493]. Die Vergütung für die Arbeit der Kriegsgefangenen war an das Stalag zu zahlen. Bei dem Vertrag handelte es sich nicht um ein bürgerlich-rechtliches Arbeitsverhältnis, sondern um ein „Vertragsverhältnis besonderer Art", wie der RAM 1940 feststellte[494]. Diese Klarstellung des RAM erfolgte im Hinblick darauf, dass das Stalag jederzeit aus „wehrmachtsdienstlichen Gründen" berechtigt war, Kriegsgefangene aus den Betrieben abzuberufen, ohne dass den Unternehmern hieraus Ansprüche erwuchsen[495]. Daraus wurde gefolgert, dass es sich um ein „öffentliches Rechtsverhältnis eigener Art handelte"[496]. Da kein frei vereinbartes Beschäftigungsverhältnis im Sinne der Reichsversicherungsordnung vorlag, bestand in der Krankenversicherung keine Versicherungspflicht. Die Krankenversorgung musste deshalb anderweitig sichergestellt werden. Das Genfer Abkommen von 1929 sah in seinem Artikel 1 vor, dass kranke und verwundete Kriegsgefangene ohne Unterschied der Staatsangehörigkeit von dem Kriegsgegner zu versorgen waren. Damit hatte der gegnerische Staat die Krankenversorgung sicherzustellen. In Deutschland war diese Aufgabe der Wehrmacht übertragen. Gesundheitsdienst und ärztliche Versorgung waren deshalb vom Gefangenenlager zu regeln[497]. Erkrankte Kriegsgefangene waren dem Stalag oder dem Kriegsgefangenenlazarett zuzuführen[498]. Für die Fälle, in denen eine solche Behandlung nicht

491 RArbBl. 1940 S. I 384, RAM-Zusammenstellung: „Einsatz von Kriegsgefangenen in Arbeitsstellen".

492 *Bories-Sawala*, Reichseinsatz, Band 2, S. 242.

493 *Hölk*, RArbBl. 1940 S. V 352 (353).

494 RArbBl. 1940, S. I 532, Schreiben des RAM vom 9.10.1940 – V a 58135/861, „Arbeitseinsatz der Kriegsgefangenen", hier: Zurückziehung von Kriegsgefangenen aus Arbeitsstellen.

495 Ebenda.

496 *Pfahlmann*, S. 83; *Kranig*, S. 146.

497 *Hölk*, RArbBl. 1940 S. V 352 (353).

498 Vgl. Ziffer IV 4. der RAM-Zusammenstellung, RArbBl. 1940 S. I 384.

vorhanden oder zu erreichen war, hatte die Kassenärztliche Vereinigung Deutschlands aufgrund des mit dem OKW abgeschlossenen Abkommens die Behandlung sicherzustellen[499]. Abweichend hiervon waren die Kriegsgefangenen bei Arbeitsunfällen versichert und erhielten Leistungen durch die gesetzliche Unfallversicherung[500].

Im Verlauf des Krieges trat bei Kriegsgefangenen verschiedener Nationalitäten eine Statusänderung ein, in deren Folge sie nicht mehr als Kriegsgefangene, sondern als Zivilarbeiter behandelt wurden. So wurden im Mai 1940 die meisten polnischen Soldaten aus der Kriegsgefangenschaft entlassen[501]. Ihr Status wurde in den eines polnischen Zivilarbeiters umgewandelt[502]. Hiermit verbunden war die Verpflichtung zum Arbeitseinsatz im Reichsgebiet[503]. Dies bedeutete gleichzeitig auch den Verlust der Schutzrechte der HLKO von 1907 und des Genfer Abkommens von 1929. Als polnische Zivilarbeiter unterlagen sie nun der Krankenversicherungspflicht in der deutschen Krankenversicherung.

Die Kriegsgefangenen aus dem Westfeldzug wurden ebenfalls zur Arbeit im Reich verpflichtet, wobei die niederländischen und norwegischen Kriegsgefangenen schon nach kurzer Zeit in ihre Heimatländer entlassen wurden[504]. Belgische Kriegsgefangene hatte man aus rassenideologischen Gründen in Flamen und Wallonen getrennt. Während die „rasseverwandten" Flamen entlassen werden sollten, waren die wallonischen Kriegsgefangenen für den Arbeitseinsatz im Reichsgebiet vorgesehen. Um den Arbeitskräftemangel in der Landwirtschaft auszugleichen, wurden auch die flämischen Kriegsgefangenen nicht sofort entlassen, sondern sollten auf Weisung Görings noch zur Hackfruchternte 1940 zum Arbeitseinsatz herangezogen werden[505]. Auf Weisung Hitlers sollte die Entlassung der Flamen bis zum 31. März 1941 endgültig durchgeführt werden[506].

Französische Kriegsgefangene waren ebenfalls zum Arbeitseinsatz im Reichsgebiet verpflichtet worden. Ein Teil war bereits seit 1941 „beurlaubt" worden, um in der Wirtschaft des besetzten Teils von Frankreich zu arbeiten. Die fran-

499 ZRR 1940, S. 32.

500 RGBl. 1940 I S. 1201, „Gesetz über die Unfallversicherung der Kriegsgefangenen" vom 3.9.1940.

501 *Pfahlmann*, S. 87; *Bohn*, Zwangsarbeit, S. 15.

502 *Pfahlmann*, S. 87; *Bohn*, Zwangsarbeit, S. 15.

503 *Pfahlmann*, S. 87; *Pfahlmann*, Zwangsarbeit, S. 15.

504 *Pfahlmann*, S. 86.

505 Ebenda, S. 86 f.

506 Ebenda, S. 87.

zösische Regierung bemühte sich um die weitere Freilassung französischer Kriegsgefangener und bot dafür im Gegenzug die Bereitstellung ziviler Arbeiter für den Arbeitseinsatz im Reichsgebiet an. Diese sogenannte „Relève" führte dazu, dass für drei französische Facharbeiter ein französischer Kriegsgefangener in die Heimat entlassen wurde[507]. Letztlich wurde damit den meisten noch verbliebenen französischen Gefangenen ein erleichterter Aufenthalt ermöglicht. Sie wurden beurlaubt, mussten aber zum Arbeitseinsatz im Reichsgebiet bleiben und unterlagen den gleichen Bedingungen wie die französischen Zivilarbeiter[508]. Damit waren sie nun auch versicherungspflichtig in der Krankenversicherung.

Bei den russischen Kriegsgefangenen lag die besondere Situation daran, dass die Sowjetunion dem Genfer Abkommen von 1929 nicht beigetreten war. Die noch vom zaristischen Russland ratifizierte Haager Landkriegsordnung von 1907 wurde dagegen von der Sowjetunion nicht anerkannt, da sie sich nicht als Rechtsnachfolgerin des Zarenreiches betrachtete[509]. Sowohl die politische als auch die militärische Führung des Dritten Reiches zeigte nach Kriegsausbruch kein Interesse daran zu klären, welche völkerrechtlichen Bindungen in Bezug auf sowjetische Kriegsgefangene bestanden[510]. Man versagte den sowjetischen Kriegsgefangenen den Schutz dieser Konventionen. Sie wurden deshalb ohne Beschränkung und ohne Kontrolle internationaler Organisationen in den deutschen Rüstungsbetrieben als Zwangsarbeiter eingesetzt.

Eine besondere Gruppe von „Kriegsgefangenen" bildeten die Italiener. Im Jahre 1943 wurde die italienische Regierung des faschistischen „Duce" Benito Mussolini gestürzt. Das bisher an der Seite Deutschlands kriegführende Italien schloss mit den Alliierten am 8. September 1943 einen Waffenstillstand. Als Folge dessen entwaffnete die Wehrmacht die Soldaten der italienischen Armee und nahm sie gefangen. Formal wurden diese Gefangenen nicht als Kriegsgefangene angesehen. Man schaffte für die italienischen Soldaten den besonderen Status der „italienischen Militärinternierten" (IMI), denen als solchen der Schutz der HLKO von 1907 und dem Genfer Abkommen von 1929 verwehrt wurde[511]. Diese Internierten wurden nun ebenfalls zur Zwangsarbeit in der

---

507 *Pfahlmann*, S. 90; *Herbert*, Fremdarbeiter, S. 183 f.; *Bories-Sawala*, Reichseinsatz, 1. Band, S. 234 ff.; *Spoerer*, Kriegsgefangene, S. 293; *Bohn*, Zwangsarbeiter, S. 17; *Vergin*, S. 324 f.

508 *Pfahlmann*, S. 90; *Spoerer*, Kriegsgefangene, S. 293 f.

509 *Streit*, S. 224; *Uhlig*, S. 331.

510 *Streit*, S. 224.

511 *Cajani / Mantelli*, AfS 32 (1992), S. 231 (241).

deutschen Wirtschaft eingesetzt, wobei ein großer Teil davon in der Kriegsindustrie arbeiten musste[512]. Italienische Militärinternierte unterstanden wie Kriegsgefangene ebenso der Befehlsgewalt der Wehrmacht. Die Wehrmacht war folglich gleichfalls für die Krankenversorgung zuständig. Damit waren die Militärinternierten auch nicht in die Krankenversicherung einbezogen. Bei einem Treffen von Hitler und Mussolini am 20. Juli 1944 stimmte Hitler dem Vorschlag Mussolinis zu, die italienischen Militärinternierten in einen zivilen Status zu überführen und sie im Reichsgebiet als Zivilarbeiter arbeiten zu lassen[513]. Als solche Zivilarbeiter unterlagen sie nun der Versicherungspflicht in der Krankenversicherung.

4. Zusammenfassung des „Fremdarbeitereinsatzes"

Seit dem Kriegsbeginn im Jahre 1939 arbeiteten immer mehr ausländische Arbeitskräfte im Reichsgebiet, deren Zahl bis zum Kriegsende 1945 auf etwa 13,5 Millionen anschwoll. Die Ursache hierfür lag in dem Arbeitskräftemangel, der schon vor Kriegsbeginn bestand und nun durch die Einberufungen zum Kriegsdienst verstärkt wurde. Der Arbeitskräftebedarf wurde anfangs mit Arbeitskräften aus den besetzten polnischen Gebieten gedeckt, die vornehmlich in der Landwirtschaft eingesetzt wurden. Mit jedem neuen Kriegsschauplatz verstärkte sich der Arbeitskräftemangel durch weitere Einberufungen und eine immer höhere Rüstungsproduktion. Es wurden immer neue Gruppen von ausländischen Zivilarbeitern und Kriegsgefangenen aus den jeweils neu besetzten Gebieten für die Arbeit im Reichsgebiet verpflichtet. Dieser „Arbeitseinsatz", der nun verstärkt auch im Bergbau, dem Bauwesen und der (Rüstungs-)Industrie erfolgte, erforderte auch eine Regelung der Krankenversorgung für ausländische Arbeitskräfte, die abhängig vom Status der einzelnen Gruppen erfolgte. Dabei waren ausländische Zivilarbeiter wie die deutschen Arbeiter versicherungspflichtig in der Krankenversicherung. Eine Ausnahme hiervon bestand bis kurz vor Kriegsende für die „Ostarbeiter". Obwohl Krankenkassenbeiträge zu zahlen waren, hatten sie keine Leistungsansprüche. Ihnen „durfte" lediglich „Krankenversorgung" von den Krankenkassen gewährt werden. Die Krankenversorgung der Kriegsgefangenen und italienischen Militärinternierten war nicht Gegenstand des Krankenkassensystems. Bei ihnen wurden die Versorgung durch die Wehrmacht sichergestellt. Formal hatten die krankenversicherungspflichtigen Zivilarbeiter die vollen Ansprüche aus der gesetzlichen Krankenversicherung. Ob und in wel-

---

512 *Pfahlmann*, S. 69; *Cajani / Mantelli*, AfS 32 (1992), S. 231 (241).

513 *Schreiber*, Italienische Militärinternierte, S. 421 f.

chem Umfang die medizinische Versorgung sichergestellt und die bestehenden Krankenversicherungsansprüche tatsächlich erfüllt wurden, wird im Rahmen der vorliegenden Arbeit nicht untersucht. Es wird hier auf die inzwischen umfangreiche Literatur zu dieser Thematik verwiesen[514].

514 Beispielsweise: *Danker / Grewe / Köhler / Lehmann*, zur Zwangsarbeit und Krankheit in Schleswig-Holstein; *Stürzbecher*, zu den Berliner Krankengeschichten von Ausländern; *Schäfer*, zu den Krankensammellagern in Württemberg; *Sparing*, zur medizinischen Behandlung der Zwangsarbeiter in Düsseldorf; *Reiche*, zur medizinischen Betreuung von Zwangsarbeitern, Kriegsgefangenen und KZ-Häftlingen im Raum Leipzig; *Decker*, zur medizinischen Versorgung polnischer Zwangsarbeiter; *Frewer / Siedbürger*, zur medizinischen Versorgung von Zwangsarbeitern.

K) Das Krankenversicherungsrecht der Besatzungszeit 1945–1949

I. Der geschichtliche Hintergrund

Am 8. Mai 1945 hatte die deutsche Militärführung bedingungslos kapituliert. Infolge der vollständigen Besetzung Deutschlands durch die Alliierten war die bestehende Staatsgewalt zusammengebrochen[1]. Mit der Berliner Deklaration vom 5. Juni 1945 übernahmen die Alliierten die Regierungsgewalt in Deutschland[2]. Deutschland wurde in vier Besatzungszonen aufgeteilt, in denen die jeweiligen militärischen Oberbefehlshaber die Regierungsgewalt im Namen ihrer Regierung ausübten. Die Verwaltung Berlins erfolgte gemeinsam durch eine alliierte Kommandantur. Als oberste Besatzungsbehörde wurde in Berlin durch die vier Oberbefehlshaber ein Alliierter Kontrollrat gebildet, der die oberste Macht in Angelegenheiten wahrnehmen sollte, die Deutschland als Ganzes betrafen[3]. Die Errichtung des Kontrollrats wurde der deutschen Öffentlichkeit erst durch die Proklamation Nr. 1 vom 30. August 1945 bekannt[4]. Für seine Beschlüsse war Einstimmigkeit vorgesehen. Er konnte Gesetze erlassen, die von den Zonenregierungen umzusetzen waren. Da die konkrete Durchführung in den einzelnen Zonen den Zonenbefehlshabern überlassen war, wurde die Tür für eine Rechtszersplitterung im Nachkriegsdeutschland geöffnet[5]. In den Bereichen, in den sich der Kontrollrat nicht mit einem Thema befasste oder sich nicht einigen konnte, entwickelte sich in den einzelnen Besatzungszonen abweichendes Recht. Dies galt auch für das Sozialversicherungsrecht und insbesondere das hier im Fokus stehende Krankenversicherungsrecht.

---

1 *Faust*, S. 83.

2 Berlin, Quellen und Dokumente Nrn. 48–50, S. 59–70.

3 ABl. des Kontrollrats in Deutschland 1945, Nr. 1 vom 29.10.1945, S. 4 f., Proklamation Nr. 1, Abschnitt II vom 30.8.1945.

4 *Balfour*, S. 144.

5 Zur Organisationsstruktur des Besatzungsregimes, vgl. *Faust*, S. 100 ff., *Stammen*, S. 64 ff.

Aufgrund des Potsdamer Abkommens (PA)[6] sollte Deutschland während der Besatzungszeit als wirtschaftliche Einheit erhalten bleiben[7]. Wegen der hohen ökonomischen Bedeutung der gesamten Sozialversicherung (Renten-, Kranken- und Unfallversicherung) mit ihren Transferleistungen, insbesondere der Rentenzahlungen, hätte eine zentrale Regelung dieses Komplexes im Rahmen der wirtschaftlichen Entwicklung nahe gelegen. Die Sozialversicherung war im Potsdamer Abkommen jedoch nicht als Bereich aufgeführt, für den gemeinsame Richtlinien vorgesehen waren[8]. Erst im Jahre 1946 befasste sich der Alliierte Kontrollrat mit einem einheitlichen Sozialversicherungsgesetz für ganz Deutschland, das letztlich aber scheiterte, was noch auszuführen sein wird. Es war deshalb den Militärregierungen in den einzelnen Zonen überlassen, für ihre Zone praktikable Lösungen zu finden.

Nach dem Potsdamer Abkommen sollten alle nationalsozialistischen Gesetze abgeschafft werden, die Diskriminierungen aufgrund der Rasse, Religion oder politischer Überzeugung enthielten oder die eine Grundlage für das Hitlerregime geliefert hatten[9]. Der Weg zur Dekontamination des deutschen Rechts von nationalsozialistischem Unrecht war umstritten[10]. In einer ersten Phase wurden durch das Kontrollratsgesetz Nr. 1 vom 20. September 1945 die Gesetze ex nunc aufgehoben, die den Kern nationalsozialistischen Unrechts bildeten[11]. Gleichzeitig wurde in Abschnitt II dieses Kontrollratsgesetzes angeordnet, dass keine deutsche Gesetzesverfügung gerichtlich oder verwaltungsmäßig angewendet werden durfte, die Ungerechtigkeit oder ungleiche Behandlung verursachte. Das übrige, bisher nicht aufgehobene Recht, sollte gesondert auf nationalsozialistisches Unrecht durchforstet werden. Hierfür bildete das mit Rechtsfragen befasste Legal Directorate (DLEG) des Alliierten Kontrollrats die Untereinheit Law Reform Committee (LARE). Dort wurde ein Katalog für die Überprüfung deutscher Gesetze aufgestellt, der zehn Punkte umfasste, die beschrieben, welche Bestimmungen als nationalsozialistisch anzusehen waren[12]. So waren unter anderem Vorteile, die sich aus der Zugehörigkeit in NS-Organisationen ergaben, Bestimmungen, die den Militärgeist förderten oder

6 Als Potsdamer Abkommen (PA) wird die Vereinbarung bezeichnet, die das Ergebnis der Dreimächte-Konferenz vom 17.7.1945 bis 2.8.1945 in Potsdam war, abgedruckt in: ABl. des Kontrollrats in Deutschland, Ergänzungsblatt Nr. 1, 1946, S. 13 ff.

7 PA Abschnitt III B. Wirtschaftliche Grundsätze, Nr. 14.

8 *Hockerts*, S. 21.

9 PA Abschnitt III A. Politische Grundsätze, Nr. 4.

10 *Etzel*, S. 49 ff.

11 ABl. des Kontrollrats in Deutschland 1945, Nr. 1 vom 29.10.1945, S. 6.

12 *Etzel*, S. 56.

in Zusammenhang mit Organisation und Tätigkeit der Wehrmacht standen, als nationalsozialistisch anzusehen.

Die Bereinigung des Sozialversicherungsrechts unter Zugrundelegung dieser Kriterien führte dazu, dass in den Besatzungszonen alle Sonderversorgungssysteme beseitigt wurden, da bei ihnen ein Zusammenhang mit der Wehrmacht und NS-Organisationen gesehen wurde. Das bedeutete anfangs den Wegfall aller Kriegsopferrenten an Beschädigte und Kriegshinterbliebene. Damit entfiel der mit dem Rentenbezug verknüpfte Krankenversicherungsschutz. Als Vorteil aus dem Militärdienst wurden außerdem die bisher durch Reichszuschüsse finanzierte beitragsfreie Aufrechterhaltung der Krankenversicherung während des Militärdienstes und die damit verbundenen Familienhilfeleistungen nach § 209b RVO gesehen[13]. Deswegen wurde die Vorschrift des § 209b RVO in den einzelnen Besatzungszonen aufgehoben[14]. Damit verloren die Familienangehörigen der noch als Militärpersonen geltenden deutschen Kriegsgefangenen, Internierten und Vermissten ihren Krankenversicherungsschutz, abgemildert durch ein Weiterversicherungsrecht, bei dem die Familienangehörigen eigene Beiträge zu zahlen hatten.

Gelöst werden musste auch die Durchsetzung der weiterhin gültigen Sozialgesetzgebung, die eine funktionierende Organisation der Kranken-, Renten- und Unfallversicherung voraussetzte. Diese Organisation war durch die Aufteilung in Besatzungszonen teilweise zerstört, da überregionale Träger der Sozialversicherung nicht in anderen Zonen Beiträge erheben und Leistungen gewähren konnten. Hinzu kam, dass die finanziellen Grundlagen zerrüttet waren. So war das Geldvermögen der Rentenversicherung weitgehend nicht mehr vorhanden, da es der Kriegsfinanzierung gedient hatte[15]. Damit war die Gewährung laufender Renten anfangs nicht gesichert. Am besten waren noch die regionalen Krankenversicherungen gestellt, die schon nach kurzer Unterbrechung wieder Beiträge erheben und Leistungen gewähren konnten. Aber auch für die Krankenversicherung gab es erhebliche Probleme, die aus der Tatsache entstanden, dass Millionen Vertriebene keinen Krankenversicherungsschutz mehr durch die bisherigen Krankenkassen hatten. Hier beschränkte sich in einer Übergangsphase die Lösung meist auf die Einräumung eines erleichterten Beitritts-

---

13 *Lohmüller*, ZfS 1948, S. 20 (21).

14 *Schuhmacher*, DOK 1950, S. 2, enthält eine Übersicht über die Aufhebung bzw. Weitergeltung der §§ 209a, 209b RVO in den einzelnen Ländern der (westlichen) Besatzungszonen und ihre Anwendung auf Heimkehrer und internierte Zivilarbeiter.

15 *Dobbernack*, ArbBlBZ 1947, S. 58 (62); *Preller*, ArbBlBZ 1947, S. 75 (76).

rechts zur Krankenversicherung[16]. Hinzu kamen die vielen in Sammellagern untergebrachten und bisher noch nicht in ihre Heimatländer zurückgeführten Verschleppten (displaced persons – DP). Sie wurden durch Kontrollratsbefehl Nr. 3 in die Registrierung der Arbeitslosen einbezogen und unterlagen deshalb der deutschen Sozialversicherung[17].

Es fehlten die früheren zentralen Stellen wie das RAM und das RVA, die bislang die Einheitlichkeit der Sozialversicherung sichergestellt hatten. Nun waren „Zonen- und Länderbehörden, ja sogar Stadtverwaltungen an ihre Stelle getreten, die die Gesetze nach eigenem Ermessen geändert hatten“[18]. „Die Folge war ein Durcheinander und Gegeneinander in der sozialen Betreuung“[19]. Eine Institution, die geeignet schien, die Einheitlichkeit der Sozialversicherung wieder herzustellen, sah man zum damaligen Zeitpunkt in dem Alliierten Kontrollrat.

II. Der Alliierte Kontrollrat und die Sozialversicherung

Der Alliierte Kontrollrat hatte die Aufgabe, die Bereiche zu regeln, die Deutschland insgesamt betrafen. Hierdurch sollte die im Potsdamer Abkommen vereinbarte wirtschaftliche Einheit Deutschlands während der Besatzungszeit erhalten bleiben. Im Katalog des PA, der die Rechtsmaterien für eine Erarbeitung gemeinsamer Richtlinien vorsah, war die Sozialversicherung nicht enthalten[20]. Aus diesem Grunde ging vom Alliierten Kontrollrat anfänglich keine Initiative für eine koordinierte Sozialversicherungspolitik aus[21]. Es blieb den einzelnen Besatzungszonen überlassen, die Anordnungen über Beiträge, Leistungen und den organisatorischen Aufbau zu regeln[22], was zu unterschiedlichem Recht in den einzelnen Zonen führte. Schon früh wurde erkannt, dass die Sozialversicherung eng mit der Wirtschaft zusammenhing und einen bedeutenden Einfluss auf Konsum, Produktion, Kapitalbildung und Länderfinan-

16 Für die britische Zone: ArbBlBZ 1947, S. 116, Anordnung der Kontrollkommission (BE) – Manpower Division vom 30.12.1946 – MP/SI 42030, die eine freiwillige Versicherung nach §§ 176, 313 RVO für Flüchtlinge einräumte.

17 Für die britische Zone: ArbBlBZ 1947, S. 117, SVD Nr. 26 vom 21.2.1947; für die amerikanische Zone: ZfS 1948, S. 80, zur Sozialversicherungspflicht polnischer Wachen und DP's in Sammellagern.

18 *Dobbernack*, ArbBlBZ 1947, S. 58; ebenso *Hergt*, BB 1946, S. 20.

19 *Dobbernack*, ArbBlBZ 1947, S. 58.

20 ABl. des Kontrollrats in Deutschland, Ergänzungsblatt Nr. 1, 1946, S. 13 ff.

21 *Hockerts*, S. 21.

22 Ebenda.

zen hatte[23]. Es führte dazu, dass das Manpower Direktorat (DMAN) des Kontrollrats die Sozialversicherung in seinen Kompetenzbereich zog[24]. Am 17. August 1945 wurde beim DMAN ein Unterausschuss als „Komitee für Sozialversicherung einschließlich Arbeitslosenversicherung" gebildet[25]. Im Oktober 1945 brachten die Sowjets im Komitee die „Grundsätze für eine Reform der Sozialversicherung in Deutschland" ein[26]. Diese Grundsätze entsprachen weitgehend den bereits seit dem 1. Juli 1945 durch die Versicherungsanstalt Berlin (VAB) verwirklichten Prinzipien und den in der sowjetischen Zone seit Juli 1945 eingeleiteten Reformen[27]. Das Manpower Direktorat billigte im März 1946 ohne wesentliche Modifikationen dieses 12-Punkte-Programm und überwies es an die nächsthöhere Instanz, den Koordinierungsausschuss des Kontrollrats[28], der den Grundsätzen noch im gleichen Monat zustimmte[29].

Nach den Grundsätzen des Kontrollrates wurden alle Arbeiter und Angestellten sozialversicherungspflichtig. Die Sozialversicherung sollte einheitlich durch eine für jedes Land zu errichtende Versicherungsanstalt durchgeführt werden. Eine solche Einheitsversicherung hätte einen mehrfachen Bruch mit der Sozialversicherung bismarckscher Prägung bedeutet. So war die Versicherungspflicht für alle Arbeiter und Angestellten unterschiedslos ohne eine Einkommensgrenze beabsichtigt. Die bisherige Trennung nach den Versicherungszweigen Kranken-, Renten- und Unfallversicherung sollte wegfallen. Das bedeutete, dass nicht nur die traditionelle Aufteilung der Rentenversicherung in Arbeiter- und Angestelltenversicherung wegfiel, sondern in der Krankenversicherung jegliche Gliederung in Orts-, Land-, Betriebs-, Innungs- und Ersatzkassen beseitigt werden sollte. Eine Ausnahme sollte lediglich durch Sonderabteilungen für einzelne Berufsgruppen, insbesondere für die Bergleute (Knappschaft), zulässig sein. Der alliierte Koordinierungsausschuss beließ es

23 Ebenda.

24 *Hockerts*, S. 22.

25 *Hockerts*, S. 22; *Reidegeld*, S. 327.

26 *Hockerts*, S. 22, *Reidegeld*, S. 328; *Hudemann*, S. 172.

27 *Hudemann*, S. 172; *Reidegeld*, S. 328.

28 Der Koordinierungsausschuss (Coordination Committee (CORC)) stand in der Hierarchie direkt unter dem Kontrollrat und bestand aus den vier stellvertretenden Militärgouverneuren. Unter dem Koordinierungsausschuss stand die Kontrollkommission, die in zwölf Direktorate aufgeteilt war, vgl. *Balfour*, S. 144 ff.; *Hockerts*, S. 22, Anm. 4; *Etzel*, S. 54; *Faust*, S. 104 ff.

29 *Hockerts*, S. 22 f.; *Reidegeld*, S. 328 f.; Nach *Tennstedt*, Selbstverwaltung, 2. Band, S. 234, Anm. 21, ist der genaue Text nicht mehr zu ermitteln. Er verweist dabei auf die Ausführungen von *Dobbernack*, ArbBlBZ 1947, S. 97 (100), der die Veröffentlichung der Grundsätze im „Handelsblatt" vom 11.7.1946 als „zutreffend" bezeichnet.

aber nicht bei den Grundsätzen, sondern beauftragte die zuständigen Direktorate mit dem Entwurf eines für ganz Deutschland geltenden Sozialversicherungsgesetzes. Hierzu sollte jede Zone ihre Vorstellungen zu dem Sozialversicherungsgesetz unter Hinzuziehung deutscher Sachverständiger einbringen[30].

Im Juli 1946 lagen dem Sozialversicherungskomitee des Manpower Direktorats verschiedene Entwürfe vor[31]. Es handelte sich dabei um den sowjetischen Entwurf, der auf Helmut Lehmann zurückging, den für die britische Zone von Wilhelm Dobbernack verfassten Entwurf, den süddeutschen Entwurf für die amerikanische Zone[32] und einen französischen Entwurf[33]. In den Ausschussberatungen diente der sowjetische Entwurf als Beratungsgrundlage, da zum Zeitpunkt der Entscheidung die Sowjetunion den Vorsitz im Alliierten Kontrollrat hatte[34]. Dieser Entwurf sah eine erhebliche Ausweitung des Versicherungszwangs vor. Es sollten danach nicht nur Arbeiter und Angestellte versicherungspflichtig werden, sondern alle Erwerbstätigen. Das bedeutete auch eine Einbeziehung der Beamten und Selbständigen in die Versicherungspflicht. Arbeitgeber sollten ebenfalls einbezogen werden, sofern sie nicht mehr als fünf Arbeitnehmer beschäftigten. Dies entsprach weitgehend der Regelung, die bereits für Groß-Berlin umgesetzt worden war.

Der Entwurf der amerikanischen Zone stimmte weitgehend mit dem sowjetischen Entwurf und der für die Stadt Berlin eingeführten Regelung überein[35]. Hinsichtlich des Umfangs der Versicherungspflicht ging er sogar noch über die sowjetische Regelung hinaus. So sollten die Selbständigen und Unternehmer ohne Rücksicht auf die Zahl ihrer Beschäftigten versicherungspflichtig werden[36].

---

30 *Tennstedt*, Selbstverwaltung, S. 235; *Hockerts*, S. 23; *Reidegeld*, S. 329; *Hudemann*, S. 178.

31 *Hockerts*, S. 23.

32 Nach *Hockerts*, S. 24, geht der amerikanische Entwurf auf einen „Entwurf für eine neue Sozialversicherungsordnung" zurück, der schon vorher im Unterausschuss Sozialversicherung des sozialpolitischen Ausschusses des süddeutschen Länderrates ausgearbeitet worden war.

33 *Tennstedt*, Selbstverwaltung, S. 235, Anm. 23, gibt an, dass der französische Entwurf beim Kontrollrat vorlag, bemerkt aber gleichzeitig, dass ein solcher nicht ermittelt werden konnte. Er bezweifelt deshalb die Existenz eines solchen Entwurfes. Dies dürfte zutreffend sein, da nach Hudemann die französische Kontrollratsgruppe auf einen eigenen Entwurf verzichtete und sich dem Plan der amerikanischen Zone anschloss, vgl. *Hudemann*, S. 179.

34 *Tennstedt*, Selbstverwaltung, S. 235.

35 *Dobbernack*, ArbBlBZ 1947, S. 97 (98).

36 *Dobbernack*, ArbBlBZ 1947, S. 97 (98).

Dobbernack, der mit der Ausarbeitung für den Entwurf der britischen Zone beauftragt war, bemühte sich, „eine möglichst große Einheitlichkeit“ mit den anderen Vorschlägen“ zu erreichen[37]. Der Entwurf der britischen Zone wurde nach den Grundsätzen des Kontrollrats aufgestellt, so dass auch in diesem Entwurf eine umfassende Versicherungspflicht für Arbeiter und Angestellten und die Einheitsversicherung vorgesehen war[38].

Das Sozialversicherungskomitee erarbeitete aufgrund der aus den Zonen eingegangenen Entwürfe seinen ersten Entwurf und legte ihn am 20. September 1946 vor[39]. Die leicht überarbeitete Fassung des Entwurfs verabschiedete das Manpower Direktorat am 14. Dezember 1946[40]. Dieser gemeinsame Entwurf des Alliierten Kontrollratsentwurfs war ein Bruch mit der tradierten deutschen Sozialversicherung. Für die bisherige Entwicklung der deutschen Sozialversicherung war kennzeichnend gewesen, den Kreis der Versicherten jeweils nach langem politischen Ringen nach und nach zu erweitern und auf einkommensschwache, als schutzbedürftig anerkannte, Personenkreise zu beschränken. Nunmehr sollten auf einmal weite Bevölkerungskreise dem Versicherungszwang unterworfen werden. Gleichzeitig sollte das historisch gewachsene System der gegliederten Sozialversicherung zugunsten einer einzigen Sozialversicherungsanstalt für jedes Land aufgelöst werden. Nicht nur die Vielzahl der Krankenkassen sollte wegfallen, sondern auch die Selbständigkeit der Kranken-, Renten- und Unfallversicherung. Eine solche Umgestaltung des Sozialsystems war in der Vergangenheit auch schon von deutscher Seite gefordert worden, insbesondere von den Gewerkschaften und den ihnen nahestehenden politischen Kräften. Weder bei der Kodifizierung der Sozialversicherung (RVO) zu Beginn des 20. Jahrhunderts noch in der revolutionären Phase nach dem 1. Weltkrieg war dies politisch durchsetzbar gewesen. Sogar das diktatorische System des Nationalsozialismus hatte es nicht vermocht, die traditionellen Strukturen der deutschen Sozialversicherung aufzubrechen, obwohl es seitens der nationalsozialistischen DAF diesbezügliche Versuche gab[41]. Ausgerechnet durch das Einvernehmen der Alliierten sollte nun dieser Bruch herbeigeführt werden.

Es ist zu fragen, weshalb es zu einem solchen Kontinuitätsbruch kommen konnte, der sowohl von allen Besatzungsmächten als auch ihren deutschen

---

37 *Hockerts*, S. 24.

38 *Dobbernack*, ArbBlBZ 1947, S. 97 (100).

39 *Hockerts*, S. 25 f.

40 *Hockerts*, S. 26.

41 *Tennstedt*, Selbstverwaltung, S. 219 ff.

Beratern getragen wurde. Nicht überraschend war die Haltung der sowjetischen Besatzungsmacht, die die Einheitsversicherung forderte. Sie erfüllte damit nur eine Forderung, die von ihnen politisch nahestehenden Kreisen wie den Gewerkschaften und den Parteien des linken Spektrums in der Vergangenheit immer wieder vorgebracht worden war.

Um die Haltung der britischen Besatzungsmacht zu verstehen, die ebenfalls den Plan der Einheitsversicherung unterstützte, ist ein Blick nach Großbritannien erforderlich. Dort war 1942 ein umfassendes Programm zur Reform der britischen Sozialversicherung beschlossen worden, das unter dem Vorsitz von Sir William Beveridge erstellt und als „Beveridge-Plan“ bekannt wurde, der ebenfalls eine Vereinheitlichung der Sozialversicherung vorsah[42]. Da die britische Manpower Division fast ausschließlich aus Beamten des Londoner Arbeitsministeriums bestand[43], dürfte ein Teil von ihnen an der Umsetzung der britischen Reformen beteiligt gewesen sein. Insoweit kann eine Affinität für die Einheitsversicherung angenommen werden. Zudem erfolgte die Auswahl der Mitarbeiter der britischen Manpower Division unter Einflussnahme von gewerkschaftsnahen Labour-Politikern[44]. Auf dieser Seite war deshalb eine positive Einstellung für die Einheitsversicherung nicht überraschend. Hinzu kam, dass bei der Besetzung der Spitzenpositionen des Zentralamts für Arbeit mit deutschen Mitarbeitern, die Manpower Division den Vorschlägen der deutschen Gewerkschaften folgte[45]. Zudem war der mit dem britischen Kontrollratsentwurf beauftragte Wilhelm Dobbernack ein Befürworter der Einheitsversicherung, der „Wert auf enge Verbindung zu den Gewerkschaften legte“[46]. Dieses Zusammenwirken war wohl entscheidend für die britische Zustimmung zu der Einheitsversicherung.

Auf den ersten Blick überrascht, dass auch der Entwurf aus der amerikanischen Besatzungszone die Einheitsversicherung vorsah und punktuell sogar weitergehende sozialistische Elemente enthielt als der Entwurf der sowjetischen Seite. Hierzu ist festzustellen, dass es in der amerikanischen Zone weitgehend den deutschen Länderregierungen überlassen wurde, die Sozialversicherung zu regeln[47]. Im Länderrat der amerikanischen Zone wurde versucht, eine möglichst einheitliche Sozialversicherungsgesetzgebung für die gesamte

42 *Schieckel*, S. 30 ff.

43 *Hockerts*, S. 30.

44 *Hockerts*, S. 30.

45 *Hockerts*, S. 31.

46 *Hockerts*, S. 24.

47 *Dobbernack*, ArbBlBZ 1947, S. 58 (63).

amerikanische Zone abzustimmen. Bereits im Frühjahr 1946 hatte der Unterausschuss Sozialversicherung des sozialpolitischen Ausschusses des Länderrates den Entwurf für eine neue Sozialversicherungsordnung mit 475 Paragrafen für das gesamte Sozialversicherungsrecht ausgearbeitet[48]. Der Unterausschuss war zu dieser Zeit „eine Hochburg sozialistisch-gewerkschaftlicher Reformbestrebungen“[49]. Dies beruhte darauf, dass von den Landesarbeitsministerien in den Ausschuss entsandten drei Vertretern, zwei einen kommunistischen (Hessen, Württemberg-Baden) und einer einen sozialdemokratischen Ressortchef (Bayern) hatten[50]. Außerdem war auf amerikanischer Seite die Gruppe der Zivilisten, die 1945 den Kern der amerikanischen Manpower Division bildete, weit links orientiert[51]. Aus diesen Gründen konnte es nicht überraschen, dass der süddeutsche Entwurf der amerikanischen Zone „in vieler Hinsicht mit dem späteren Resultat der Kontrollratsverhandlungen übereinstimmte“[52].

Die Franzosen trugen für ihre Zone das Konzept der Einheitsversicherung durch den Kontrollrat mit. Auch wenn sie keinen eigenen Entwurf eingereicht hatten, schlossen sie sich inhaltlich dem süddeutschen Entwurf der amerikanischen Zone an[53]. Wie sehr die Einheitsversicherung ihren Vorstellungen entsprach, lässt sich schon daraus ersehen, dass sie entsprechende Ziele hatten und in ihrer Besatzungszone im Bereich der Krankenversicherung eine Einheitsversicherung einführten[54]. Die französischen Vorstellungen trafen dabei mit den zeitgleichen Reformbestrebungen einer Einheitsversicherung in Frankreich selbst zusammen[55].

Die Entwürfe der Besatzungszonen unter Beteiligung deutscher Sachverständiger vermitteln den Eindruck, auf deutscher Seite habe eine breite Zustimmung für die Abkehr vom traditionellen System der Sozialversicherung bestanden. Jedoch zeigen die bisherigen Ausführungen, dass sowohl in der briti-

---

48 *Dobbernack*, ArbBlBZ 1947, S. 97 (98).

49 *Hockerts*, S. 53.

50 *Hockerts*, S. 53; Bremen war noch nicht vertreten, da es erst ab 1947 dem Länderrat angehörte.

51 *Hockerts*, S. 29.

52 *Hockerts*, S. 53 f.

53 *Hudemann*, S. 179.

54 Nach Artikel 8 der Verordnung Nr. 39 über die provisorische Errichtung von Versicherungsanstalten im französischen Besatzungsgebiet vom 27.4.1946 durften Pflichtversicherte nur noch bei der AOK versichert werden. Nach Artikel 9 wurden die bisher zugelassenen Kassen, mit Ausnahme der knappschaftlichen Krankenversicherung aufgelöst, vgl. Amtsblatt des französischen Oberkommandos in Deutschland vom 8.5.1946, S. 169.

55 *Dobbernack*, ArbBlBZ 1948, S. 340 ff.; *Hudemann*, S. 255.

schen Zone als auch in der amerikanischen Zone einseitig gewerkschaftsnahe Personenkreise an den Entwürfen beteiligt waren. In der britischen Zone war der Zonenbeirat zur Frage der Sozialversicherungsreform nicht gehört worden. Der CDU-Vorsitzende der britischen Zone, Konrad Adenauer, hatte im Mai 1946 versucht, dieses Thema auf die Tagesordnung des Zonenbeirats zu setzen, was von den Briten untersagt wurde[56]. Auch die Gewerkschaften forderten vorerst erfolglos, dass die von der Reform Betroffenen gehört werden sollten[57]. Hier zeigte sich, dass auch die Gewerkschaftsbewegung nicht ausreichend über die beabsichtigten Reformen informiert war. Die Gewerkschaftsvertreter konnten Lord Beveridge, der im August 1946 Deutschland besuchte, für ihr Anliegen gewinnen. Offensichtlich auf dessen Intervention legte die britische Militärregierung den Kontrollratsentwurf vom 20. September 1946 dem Zonenbeirat zur Begutachtung vor[58]. Der vom Zonenbeirat mit der Erstellung eines Gutachtens beauftragte Sozialpolitische Ausschuss kam zu dem Schluss, dass „eine grundlegende Sozialversicherungsreform erst dann... durchgeführt werden kann, wenn die äußere und innere Gestaltung Deutschlands feststeht und die Währungsfrage und die Finanzreform...geklärt sind“[59]. In diesem Gutachten wird auch festgehalten, dass die weite Ausdehnung des versicherungspflichtigen Personenkreises „nicht nur einem sozialen Bedürfnis, sondern auch einem Gebot der Gerechtigkeit“ entspricht. Das Gutachten plädiert für eine Aufrechterhaltung der verschiedenen Sozialversicherungszweige, sieht aber die Notwendigkeit, „die Organisation der Sozialversicherung zu vereinheitlichen und zu vereinfachen“. Daraus ist die Unterstützung des Sozialpolitischen Ausschusses der britischen Zone für die Ausdehnung der Krankenversicherungspflicht ersichtlich. In den Sitzungen des Zonenbeirats vom 27. September bis 29. September 1946 wurde das Gutachten beraten[60]. Dort wurde von einzelnen Ratsmitgliedern beanstandet, dass es die Kontrollratsbeschlüsse schon als vollendete Tatsachen behandelte[61]. Es wurde beschlossen, das Gutachten nur mit einem Anschreiben an die Kontrollkommission zu übermitteln. Daraus sollte hervorgehen, dass die Vorlage des Gutachtens keine Zustimmung zu den grundsätzlichen Entscheidungen des

56 *Hockerts*, S. 34.

57 *Hockerts*, S. 34

58 *Hockerts*, S. 35.

59 *Stüber*, Zonenbeirat, 2. Halbband, Anlage 262, S. 1169.

60 *Stüber*, Zonenbeirat, 2. Halbband, Wortprotokoll IX.3 der Zonenbeiratssitzung vom 27.9. bis 29.9.1946, S. 1343–1363.

61 *Tennstedt*, Selbstverwaltung, S. 238.

Kontrollrates bedeutete[62]. Hierzu antwortete die Kontrollkommission, der im Gutachten und von dem Zonenbeirat vertretene Standpunkt fände Berücksichtigung[63].

In der amerikanischen Zone wurde Ende Juni 1946 zur Entlastung der Ministerpräsidenten das Direktorium des Länderrates konstituiert, in dem die Meinung vertreten wurde, dass der süddeutsche Entwurf „keineswegs der Auffassung des Länderrats entspreche" und ein „dringendes Bedürfnis für eine Reform nicht vorliege"[64]. In dem bisherigen Unterausschuss Sozialversicherung des Sozialpolitischen Ausschusses sei zudem bisher nur „ein gewisser Kreis von Interessenten" vertreten gewesen[65]. Aus diesem Grunde wurde eine „Arbeitsgemeinschaft Sozialversicherung" gebildet, die ein neues Gutachten erstellen sollte. Diese Arbeitsgemeinschaft bestand aus Regierungsvertretern, dem bisherigen Unterausschuss Sozialversicherung, aus „etwa einem Dutzend Vertretern interessierter Kreise" und fünf „unabhängigen Sachverständigen"[66]. Hinsichtlich der fünf Sachverständigen war bemerkenswert, dass sie allesamt der „traditionalistischen Richtung" angehörten und der Gewerkschaftsbewegung fernstanden[67]. Die Zusammenarbeit innerhalb der Arbeitsgemeinschaft war von Animositäten geprägt, da die Mitglieder des Unterausschusses Sozialversicherung die Arbeitsgemeinschaft als Herabwürdigung ihrer bisherigen Arbeit betrachteten[68]. Es überwog bei diesen die Meinung, dass das Direktorium bewusst den Kreisen die Tür geöffnet habe, die „alle Gegner einer Reform der Sozialversicherung" seien. Die Arbeitsgemeinschaft sei nur gegründet worden, um den Ministerpräsidenten das Material für den Beweis zu liefern, dass die Reform letzten Endes nicht notwendig sei[69]. Bei dem in der Arbeitsgemeinschaft herrschenden Klima, war es nicht verwunderlich, dass sie schon nach kurzer Zeit scheiterte[70]. Nun beauftragten die Ministerpräsidenten alleine die fünf Sachverständigen zur Anfertigung eines Gutachtens. Diese legten ihr

---

62 *Stüber*, Zonenbeirat, 2. Halbband, Wortprotokoll IX.3 der Zonenbeiratssitzungen vom 27.9. bis 29.9.1946, S. 1357, 1363; *Tennstedt*, Selbstverwaltung, S. 238.

63 *Tennstedt*, Selbstverwaltung, S. 238.

64 *Hockerts*, S. 57.

65 *Tennstedt*, Selbstverwaltung, S. 235.

66 *Hockerts*, S. 58.

67 *Hockerts*, S. 58; *Tennstedt*, Selbstverwaltung, S. 235.

68 *Hockerts*, S. 58.

69 *Hockerts*, S. 58.

70 *Hockerts*, S. 59, *Tennstedt*, Selbstverwaltung, S. 236.

Gutachten im Oktober 1946 vor[71]. Nach ihrer Ansicht sollte sich die Sozialversicherung nur auf solche Bevölkerungskreise beschränken, die auf eine Gefahrengemeinschaft angewiesen sind. Die Einbeziehung der Beamten wurde abgelehnt, ebenso die Vereinigung von Versicherungszweigen. Eine Aufrechterhaltung der Betriebskrankenkassen wurde befürwortet, während die Beibehaltung der Ersatzkassen nicht empfohlen wurde. Man hielt eine Zusammenlegung der Invalidenversicherung mit der Angestelltenversicherung für unbedenklich. In vielen Punkten wich das Sachverständigengutachten von dem Gutachten des Unterausschusses Sozialversicherung ab, wie dieser in seiner Stellungnahme feststellte[72].

Inzwischen lag auch der Kontrollratsentwurf vom 20. September 1946 in der amerikanischen Zone vor. Die Gewerkschaftsvertreter und Arbeitgebervertreter im Sozialpolitischen Ausschuss wurden vom Direktorium aufgefordert, ihre getrennten Stellungnahmen zu dem Kontrollratsentwurf abzugeben. In ihrer Stellungnahme vom 21. November 1946 bemerkten die Vertreter der Gewerkschaften hierzu, dass der Entwurf des Unterausschusses Sozialversicherung des Sozialpolitischen Ausschusses grundsätzlich umgesetzt werden sollte, während das von „sogenannten Sachverständigen“ für das Direktorium erstellte Gutachten abgelehnt wurde[73]. Der Kontrollratsentwurf könne dagegen nur in bestimmten Bereichen als Grundlage angewandt werden. Keinesfalls könnten aber der im Kontrollratsentwurf vorgesehene verschlechterte Leistungsumfang akzeptiert werden. Daraus ist ersichtlich, dass die Gewerkschaften keine Einwände gegen die Einheitsversicherung mit einem umfassenden Versicherungszwang hatten. Sie wollten lediglich eine Herabsetzung des bisherigen Leistungsumfangs nicht akzeptieren.

Die Arbeitgebervertreter im Sozialpolitischen Ausschuss des Länderrates sprachen sich in ihrer Stellungnahme vom 22. November 1946[74] weitgehend gegen die geplante Sozialversicherungsreform aus. Sie lehnten die Ausweitung des Versicherungszwanges ab, da diese „die Erziehung des Volkes zu Selbstverantwortung hemmen“ würde. Auch wandten sie sich gegen die „Zusam-

---

71 Das mit dem 21.10.1946 datierte Gutachten ist abgedruckt bei: *Schieckel*, Gegenwartsprobleme, S. 101–112.

72 Die Stellungnahme des Unterausschusses Sozialversicherung im Sozialpolitischen Ausschuss des Länderrates ist abgedruckt bei: *Schieckel*, Gegenwartsprobleme, S. 112–120.

73 Die Stellungnahme der Gewerkschaftsvertreter im Sozialpolitischen Ausschuss vom 21.11.1946 ist abgedruckt bei: *Schieckel*, Gegenwartsprobleme, S. 120–122.

74 Die Stellungnahme der Arbeitgebervertreter im Sozialpolitischen Ausschuss vom 22.11.1946 ist abgedruckt bei: *Schieckel*, Gegenwartsprobleme, S. 122–127.

menballung des ganzen Finanzapparates der Sozialversicherung". Im Übrigen hielten sie den Zeitpunkt nicht für richtig, eine völlige Neugestaltung der Sozialversicherung vorzunehmen, da hierfür die nötigen Voraussetzungen fehlten.

Der Rat der Ministerpräsidenten in der amerikanischen Zone befasste sich erstmals mit dem Kontrollratsentwurf am 3. Dezember 1946[75]. Das Gremium ersuchte einstimmig die amerikanische Militärregierung um Aussetzung der Entscheidung über das Sozialversicherungsgesetz[76]. Zur Begründung verwies man auf die neu gewählten Landtage, die man bei der Meinungsbildung einbeziehen wollte[77]. Gleichzeitig wurden der Militärregierung das Sachverständigengutachten und die vom Sozialpolitischen Ausschuss zum Kontrollratsentwurf abgegebenen Stellungnahmen übermittelt[78]. Die Antwort der Militärregierung erfolgte im Januar 1947 mit dem Hinweis, dass die Beratungen noch nicht abgeschlossen seien. Vor einer Entscheidung erhalte der Länderrat Gelegenheit zur abschließenden Stellungnahme[79].

Obwohl dem Kontrollrat die negativen Stellungnahmen aus der britischen und amerikanischen Zone vorlagen, beschloss das Manpower Direktorat des Kontrollrats am 14. Dezember 1946 einen überarbeiteten Entwurf, ohne Berücksichtigung der Zonen-Gutachten[80]. Eine überarbeitete Fassung des Rechtsdirektorats unter Zustimmung des Sozialversicherungsausschusses und des Direktorats für Arbeit wurde am 6. August 1947 fertiggestellt[81]. Uneinig war man sich weiterhin über die Einbeziehung der Beamten in die Sozialversicherung. Während die britische und amerikanische Seite dagegen waren, beharrte die sowjetische Seite darauf[82]. In der sowjetischen Zone war zu diesem Zeitpunkt das „Berufsbeamtentum ohnehin schon restlos beseitigt worden"[83]. Die strittige Beamtenfrage wurde dem Koordinierungsausschuss vorgelegt, der sich im September 1947 schließlich darauf einigte, die Beamten aus dem Ge-

---

75 *Hockerts*, S. 62.

76 Ebenda.

77 Ebenda.

78 Ebenda.

79 Ebenda.

80 *Tennstedt*, Selbstverwaltung, S. 239.

81 Ebenda.

82 *Hockerts*, S. 70 f.; *Tennstedt*, Selbstverwaltung, S. 239; *Hudemann*, S. 193 f.

83 *Hockerts*, S. 71; *Fijalkowski* u.a., S. 179 f.; Mit SMAD-Befehl Nr. 66 vom 17.9.1945 waren das Gesetz zur Wiederherstellung des Berufsbeamtentums (RGBl. 1933 I S. 175) und das Deutsche Beamtengesetz (RGBl. 1937 I S. 39) aufgehoben worden; Abdruck des SMAD-Befehls Nr. 66 in: Um ein antifaschistisch-demokratisches Deutschland, Dokument Nr. 55, S. 156.

setz herauszunehmen[84]. Nach der Ausräumung dieses letzten Konfliktpunktes sollte die Endfassung des Entwurfs dem Koordinierungsausschuss vorgelegt werden, der die Entscheidung des Kontrollrates vorzubereiten hatte[85].

Nun sah der amerikanische Militärgouverneur Lucius D. Clay den geeigneten Zeitpunkt für gekommen, seine wiederholte Zusage gegenüber den Ministerpräsidenten zu erfüllen, nämlich ihre Stellungnahme vor der Kontrollratsentscheidung einzuholen[86]. Er erwartete ihr Votum für Anfang Oktober 1947. Ihre Stellungnahme sollte sich nicht in „Einzelfragen“ verlieren. Sie sollten sich nur dazu äußern, ob sie dem Gesetzentwurf zustimmen oder nicht[87]. Clay wünschte hierzu eine formelle Beschlussfassung im Länderrat. Zur Vorbereitung der Länderratsentscheidung wurde das Votum der Landesgruppen im Parlamentarischen Rat eingeholt. Dort wurde der Entwurf von der Landesgruppe Bayern und Württemberg-Baden mehrheitlich abgelehnt, während Hessen und Bremen zustimmten[88]. Die Abgabe der Stellungnahmen der Parteifraktionen ergab folgendes Ergebnis: CDU, CSU, DVP und FDP lehnten den Gesetzentwurf ab, die SPD stimmte trotz „grundlegender Bedenken“ zu, während die KPD uneingeschränkt zustimmte[89]. Die Abstimmung im Länderrat ergab, dass Hessen und Bremen dem Kontrollratsentwurf zustimmten, während Bayern ihn ablehnte, da es die bewährte Reichsversicherungsordnung einstweilen aufrechterhalten wollte. Württemberg-Baden votierte dagegen, da man sich an die Stellungnahme des Landtags gebunden fühlte, bei der zuvor CDU- und DVP-Mehrheit gegen SPD und KPD den Entwurf abgelehnt hatten[90].

Die Voten gegen den Kontrollratsentwurf bedeuteten eine weitgehende Abkehr von dem im Unterausschuss Sozialversicherung des Länderrates im Jahre 1946 erstellten süddeutschen Reformentwurf mit seiner eindeutigen Bejahung der Einheitsversicherung. Für den Versuch einer Erklärung des vermeintlichen Meinungswandels muss man die parallele Entwicklung der Zivilgesellschaft seit 1946 einbeziehen. Seitdem die Grundzüge der Sozialversicherungsreform des Kontrollrates mit ihrem umfassenden Versicherungszwang für weite Bevölkerungskreise und der Zusammenfassung der Versicherungszweige zu einer Einheitsversicherung bekannt geworden waren, regte sich der Widerstand der

84 *Hockerts*, S. 71.

85 *Tennstedt*, Selbstverwaltung, S. 239.

86 *Hockerts*, S. 72.

87 *Hockerts*, S. 72.

88 *Tennstedt*, Selbstverwaltung, S. 241.

89 *Tennstedt*, Selbstverwaltung, S. 241.

90 *Tennstedt*, Selbstverwaltung, S. 241.

Betroffenen. Das waren einmal die vielen Mitarbeiter der Betriebs-, Innungs- und Ersatzkassen, der Angestelltenversicherung und der Berufsgenossenschaften, denen durch die Auflösung der Verlust ihres Arbeitsplatzes drohte. Unterstützt wurden sie von den Handwerksorganisationen, Unternehmerverbänden und Angestelltenverbänden. Hinzu kamen die Ärzte und Zahnärzte, denen im weiten Umfang die ökonomische Basis ihrer Praxen durch den Verlust der Privatpatienten entzogen werden sollte. Den neu in die Versicherungspflicht einbezogenen Personenkreise drohte der Verlust ihres „Privilegs", sich privat versichern zu können. Das galt gleichermaßen für ihre Krankenversicherung wie für ihre Alters- bzw. Invaliditätsvorsorge. Dadurch war auch das Geschäftsmodell der privaten Assekuranz gefährdet. Ihr würde bei der Verwirklichung der Sozialversicherungsreform ein erheblicher Teil der Einnahmen aus Lebensversicherungen und privaten Krankenversicherungen wegbrechen. So war es auch die private Assekuranz, die die Speerspitze der Gegner einer Reform bildete. Die von ihr 1947 gegründete „Gesellschaft für Versicherungswissenschaft und -gestaltung" agitierte durch Kampagnen in Zeitungen, Zeitschriften, auf Ärztekongressen, wissenschaftlichen Arbeitstagungen und bei den Verbänden gegen die Einheitsversicherung[91].

Es kann angenommen werden, dass die intensive Einflussnahme dieser Personenkreise gegen die Einheitsversicherung nicht ohne Wirkung auf die Entscheidungsträger in den Ländern gewesen ist. Hinzu kam, dass die politischen Veränderungen den Gegnern der Reform Auftrieb gaben. Als Beispiel kann Bayern angeführt werden. Dort war ab dem 20. September 1947 die SPD nicht mehr an der Regierung beteiligt. Das bisherige SPD-geführte Arbeitsministerium wurde von der CSU besetzt, in dem nun die Gegner der Einheitsversicherung das Sagen hatten[92].

Die Aufforderung des amerikanischen Militärgouverneurs Clay an den Länderrat, ein einheitliches Votum für oder gegen den Kontrollratsentwurf abzugeben war wegen der Uneinigkeit der Länder nicht möglich. Deshalb teilte man der amerikanischen Militärregierung die unterschiedlichen Voten mit[93], In der Sitzung des Alliierten Kontrollrats am 4. Februar 1948 sollte der endgültige Entwurf besprochen und verabschiedet werden. Die sowjetische Seite bestand auf der Annahme des Entwurfs. Der amerikanische Militärgouverneur Clay erklärte dagegen, dass er nicht daran denke, ein Gesetz in Kraft zu setzen,

91 *Tennstedt*, Selbstverwaltung, S. 240; *Reidegeld*, S. 361 ff.

92 *Tennstedt*, Selbstverwaltung, S. 239 f.; *Reidegeld*, S. 360.

93 *Hockerts*, S. 75.

wenn die Deutschen selbst nicht darüber einig sind[94]. Die beschlossene Zurückverweisung des Gesetzentwurfs zur Überprüfung an das Finanzdirektorat bedeutete letztlich das endgültige Scheitern des Alliierten Sozialversicherungsgesetzes. Es zeichnete sich zu diesem Zeitpunkt schon der zukünftige Ost-West-Konflikt ab. Die letzte Sitzung des Alliierten Kontrollrats fand am 20. März 1948 statt und endete mit einem Abbruch, da die sowjetische Delegation den Konferenzsaal verließ. Es war das Ende des Alliierten Kontrollrats[95]. Damit waren auch die Bemühungen einer einheitlichen Sozialversicherungsgesetzgebung für ganz Deutschland gescheitert.

III. Die Krankenversicherung in den Besatzungszonen

1. Groß-Berlin

Anfang Mai 1945 wurde Groß-Berlin von der sowjetischen Armee eingenommen. Der sowjetische Stadtkommandant übernahm aufgrund des Befehls Nr. 1[96] die gesamte „administrative und politische Macht" in Berlin[97]. Zur planmäßigen Umgestaltung der gesellschaftlichen Verhältnisse im Sinne kommunistischer Vorstellungen wurden die aus dem Moskauer Exil kommenden KPD-Mitglieder der Gruppe Ulbricht zur Unterstützung herangezogen[98]. Unter Beteiligung prominenter KPD-Funktionäre wurden „sorgfältig" die Mitglieder des neuen Groß-Berliner Magistrats bestimmt[99]. Am 14. Mai 1945 wurde die Zusammensetzung des Magistrats von der sowjetischen Zentralkommandantur bestätigt und am 17. Mai 1945 von dem eingesetzten parteilosen Berliner Oberbürgermeister Arthur Werner bekanntgegeben[100]. Der Magistrat nahm am 19. Mai 1945 seine Arbeit auf.

Unmittelbar nach Aufnahme seiner Tätigkeit befasste sich der Magistrat mit der Sozialversicherungsreform. In seiner Sitzung vom 18. Juni 1945 beschloss er die einheitliche Sozialversicherung, obwohl es innerhalb dieses Gremiums

---

94 *Tennstedt*, Selbstverwaltung, S. 242.

95 *Clay*, S. 394 f., schildert die Geschehnisse, die zum Scheitern des Alliierten Kontrollrats führten aus amerikanischer Sicht; *Wyssozki*, S. 78 f., stellt die gleichen Geschehnisse aus sowjetischer Sicht dar; vgl. Dokumente zur Berlin-Frage Nr. 36, S. 71.

96 VOBl. der Stadt Berlin 1945, S. 2; Dokumente zur Berlin-Frage Nr. 6, S. 34.

97 *Rottmann*, S. 11; *Reidegeld*, S. 63.

98 *Reidegeld*, S. 63 f.; Dokumente zur Berlin-Frage Nr. 8, S. 35.

99 *Rottmann*, S. 18; *Reidegeld*, S. 64; *Leonhard*, S. 355 ff., 378 ff., beschreibt anschaulich die Rekrutierung von Bürgermeistern, Bezirksverwaltungen und Magistrat durch die Gruppe Ulbricht.

100 *Reidegeld*, S. 64; Berlin, Quellen und Dokumente Nr. 128, S. 214 ff.

Warnungen gab, keine Festlegungen zu beschließen, bevor man nicht die anglo-amerikanische Meinung hierzu kannte[101]. Die bisherigen Berliner Versicherungsträger wurden stillgelegt und für diese Treuhänder eingesetzt, die vorhandene Vermögenswerte zu sichern hatten. Am 14. Juli 1945 ordnete der Magistrat die Wiederingangsetzung der Sozialversicherung an[102] und erließ am gleichen Tage die Durchführungsbestimmungen hierzu[103], die eine rückwirkende Aufnahme der Tätigkeit der Versicherungsanstalt Berlin (VAB) zum 1. Juli 1945 als alleiniger einheitlicher Versicherungsträger für die gesamte Sozialversicherung Berlins vorsahen. Federführend an dem Aufbau der VAB war Ernst Schellenberg, der das Vertrauen nicht nur der sowjetischen Seite genoss, sondern auch das der anderen Alliierten[104]. Als Teilabschnitt wurde die Krankenversicherung ab dem 1. Juli 1945 in Gang gesetzt, während hinsichtlich der Unfall-, Invaliden- und Altersversicherung noch weitere Anordnungen ergehen sollten. Die VAB trat an die Stelle von 122 verschiedenen Krankenkassen, die am Kriegsende in Berlin tätig waren. Das waren 4 Ortskrankenkassen, 82 Betriebskrankenkassen, 13 Zweigstellen auswärtiger Betriebskrankenkassen, 11 Innungskrankenkassen, 8 Angestellten-Ersatzkassen und 4 Arbeiter-Ersatzkassen[105].

Ab dem 11. Juli 1945 wurde Berlin durch die Interalliierte Kommandantur regiert, die sich aus den Stadtkommandanten zusammensetzte und dem Alliierten Kontrollrat unterstand[106]. Die Amerikaner, Briten und Franzosen stützten die VAB, auch wenn sie noch „unter sowjetischer Förderung und kommunistischer Leitung zustande gekommen" war[107]. Mit der Anordnung des Magistrats über den Wiederaufbau der Sozialversicherung vom 14. Juli 1945[108] war auch der Umfang der Versicherungspflicht bestimmt worden. Nach Nr. 2 dieser Anordnung wurden alle in Berliner Betrieben beschäftigten Arbeiter und Angestellten sowie Gewerbetreibende, die nicht mehr als fünf fremde Personen beschäftigten, bei der VAB versichert. Die Versicherungspflicht erstreckte sich

101 *Reidegeld*, S. 83; Berlin, Quellen und Dokumente Nr. 384, S. 619.

102 VOBl. der Stadt Berlin 1945, S. 64, „Anordnung des Magistrats über den Wiederaufbau der Sozialversicherung" vom 14.7.1945; Berlin Quellen und Dokumente, Nr. 386, S. 622.

103 VOBl. der Stadt Berlin 1945, S. 65, „Durchführungsbestimmungen zum Wiederaufbau der Sozialversicherung" vom 14.7.1945; Berlin Quellen und Dokumente, Nr. 387, S. 623.

104 *Foggon*, S. 34 f.; *Reidegeld*, S. 76; *Fijalkowski* u.a., S. 180.

105 *Fijalkowski* u.a., S. 181; *Reidegeld*, S. 87.

106 *Rottmann*, S. 18; *Virally*, S. 60 ff.

107 *Reidegeld*, S. 90.

108 Berlin Quellen und Dokumente, Nr. 386, S. 622; VOBl. der Stadt Berlin 1945, S. 64.

einheitlich auf die Kranken-, Unfall-, Invaliditäts- und Altersversicherung. Vorgesehen war, dass die Abteilung für Sozialwesen des Magistrats der Stadt Berlin Durchführungsbestimmungen (DB) erlassen sollte, die noch am 14. Juli 1945 ergingen[109]. In der Nr. 4b der DB wurde die Versicherungspflicht der „Gewerbetreibenden und Selbständigen" festgelegt. Damit wich die DB von der Anordnung des Magistrats ab, die bisher nur die selbständigen „Gewerbetreibenden" als versicherungspflichtig genannt hatte. Mit der erweiterten Versicherungspflicht wurden nun Ärzte, Anwälte, Architekten, Künstler und andere freiberuflich Tätige der Versicherungspflicht unterworfen. Es wurden in der Folgezeit Zweifel daran geäußert, ob die Anordnung und die Durchführungsbestimmung des Magistrats rechtswirksam waren und ob nicht die Vorschriften der Reichsversicherungsordnung weitergalten. Die Zweifel führten dazu, dass die vorläufigen Geschäftsanweisungen die Versicherungspflicht für „manche Berufsgruppen" offenließen[110].

Die Anordnung des Magistrats vom 14. Juli 1945 und die Durchführungsbestimmungen vom gleichen Tag enthielten weitere Differenzen hinsichtlich des versicherungspflichtigen Personenkreises. So waren in der Anordnung „alle in Berliner Betrieben beschäftigten Arbeiter und Angestellten" versicherungspflichtig, während die Durchführungsbestimmungen die Versicherungspflicht „ohne Ausnahme" auf alle in Berliner Betrieben gegen Entgelt beschäftigten „Personen einschließlich der Lehrlinge" erstreckten. Hierdurch wurde deutlich, dass auch die Beamten der Krankenversicherungspflicht unterlagen. Befreiungsmöglichkeiten, wie sie die RVO für bestimmte Personenkreise vorgesehen hatte, gab es dabei nicht. Ebenso trat die Versicherungspflicht unabhängig von der Höhe des Einkommens ein. Arbeitslose wurden in den Versicherungsschutz bei der VAB einbezogen[111]. Das galt auch für Studenten, denen aufgrund einer Vereinbarung zwischen Magistrat und VAB seit 1946 ein Versicherungsschutz durch die VAB gewährt wurde[112].

Allen übrigen Berlinern wurde ein Beitrittsrecht zur VAB eingeräumt, wenn sie beim Beitritt eine ärztliche Bescheinigung vorlegten, nach der eine Krankheit nicht bestand. Mitglieder stillgelegter Krankenkassen oder privater Krankenversicherungen konnten ohne Vorlage eines ärztlichen Gesundheitszeugnisses und ohne Wartezeit bis zum 31. August 1945 übertreten. Rentenempfänger der VAB galten ohne besondere Beitragsleistung als versichert.

---

109 Berlin Quellen und Dokumente, Nr. 387, S. 623; VOBl. der Stadt Berlin 1945, S. 65.

110 *Reidegeld*, S. 136.

111 *Sabel*, DOK 1949, S. 372 (373); *Becken*, S. 223.

112 *Becken*, S. 224.

Die Anordnung und die Durchführungsbestimmungen vom 14. Juli 1945 wurden durch die Satzung der VAB vom 20. September 1946 ersetzt, die rückwirkend zum 1. Juli 1945 in Kraft gesetzt wurde[113]. Damit wurde das „inzwischen aufgebaute System in die entsprechende Rechtsform“ gebracht[114]. Diese Satzung umschrieb den versicherten Personenkreis neu. Aus den „beschäftigten Personen“ wurden nun vereinfacht „Beschäftigte“, aus den „Gewerbetreibenden und Selbständigen“ nun präziser „Gewerbetreibende und sonstige Selbständige“. Eine Versicherungspflicht dieser Personenkreise war ausgeschlossen, wenn sie in Ihren Betrieben mehr als fünf Versicherungspflichtige beschäftigten. Nun enthielt die Satzung auch erstmalig Befreiungsregelungen. So waren die Geistlichen der Religionsgemeinschaften von der Versicherungspflicht befreit. Mitglieder geistlicher Genossenschaften, Diakonissen und ähnliche Personen waren von der Versicherungspflicht befreit, wenn sie sich überwiegend aus religiösen oder sittlichen Beweggründen mit Krankenpflege oder anderen gemeinnützigen Tätigkeiten beschäftigten und nur freien Unterhalt erhielten bzw. ein Entgelt, das lediglich den Unterhalt deckte.

Auch wenn die Satzung nun eindeutig die Versicherungspflicht der Gewerbetreibenden und sonstiger Selbständiger festlegte, bedeutete das noch nicht, dass der Widerstand der davon Betroffenen nachließ. Nach wie vor wurde angezweifelt, dass es eine Rechtsgrundlage für eine solche Versicherungspflicht gab[115]. Die Rechtsgültigkeit der von der Alliierten Kommandantur genehmigten Verordnung vom 14. Juli 1945 wurde schließlich durch die Berliner Rechtsprechung bestätigt[116]. Dies galt auch für die Versicherungspflicht der Selbständigen[117].

Die weitere Entwicklung der VAB als Einheitsversicherung muss im Kontext der politischen Entwicklung betrachtet werden. Im Jahre 1948 verstärkten sich die Spannungen zwischen der Sowjetunion und den alliierten Westmächten. Es war der Beginn des Kalten Krieges. Am 20. März 1948 hatten die Sowjets die Sitzung des Alliierten Kontrollrats verlassen und kehrten nicht mehr zurück[118].

---

113 *Reidegeld*, Quellenanhang Nr. 4 zur VAB, S. 410, Abdruck der VAB-Satzung vom 20.9.1946.

114 *Fijalkowski* u.a., S. 18.

115 *Sabel*, BlStSozArbR 1947, S. 35; *Guzatis*, BlStSozArb 1947, S. 37.

116 Berlin, Ringen um Einheit (23.7.1949, Nr. 80), S. 341; Entscheidung des Sozialversicherungsamts Groß-Berlin AZ. SP 3/46, in: ZfS 1947, S. 54; Beschluss des LG Berlins Berlin vom 29.9.1948 AZ. 24 T 1434/47, in: Die Sozialversicherung 1949, S. 61 f.

117 Entscheidungen des Bezirksberufungsausschusses des Sozialversicherungsamtes Berlin zur Versicherungspflicht selbständiger Steuerberater, Wirtschaftsprüfer, Rechtsanwälte und anderer freier Berufe vgl. ZfS 1947, S. 69 AZ. B 46/46; ZfS 1948, S. 10, AZ. A 151/46; ZfS 1948, S. 229, AZ. A 1237/47.

118 *Clay*, S. 394 f.; *Rottmann*, S. 30; Dokumente zur Berlin-Frage Nr. 36, S. 71.

Die sowjetischen Vertreter verließen am 16. Juni 1948 auch die Kommandantur und teilten am 1. Juli 1948 mit, dass sie zukünftig nicht mehr an den Sitzungen teilnehmen würden[119]. Am 20. Juni 1948 wurde in den Westzonen die Währung umgestellt und die DM eingeführt. In ganz Berlin und in der sowjetischen Zone wurde am 23. Juni 1948 die Ost-Mark und am 24. Juni 1948 in den Westsektoren Berlins als zweite Währung die DM eingeführt. Die sowjetische Blockade West-Berlins begann am 24. Juni 1948 und dauerte bis zum 12. Mai 1949. Im Zuge dieses Ost-West-Konflikts waren auch die bisher einheitlich verwaltete Stadt und ihre gemeinsamen Institutionen in Frage gestellt. Es kam im Verlauf des Jahres 1948 zu einer Spaltung der Stadt und ihrer Institutionen[120]. Die Institution der VAB als einheitliche Sozialversicherung für ganz Berlin wurde vorerst aufrechterhalten.

Am 21. Januar 1949 wurde vom Magistrat des sowjetischen Sektors eine Verordnung verabschiedet und am 29. Januar 1949 veröffentlicht, die eine Neubildung der VAB-Organe ab 1. Februar 1949 vorsah und die im Ergebnis dazu führte, dass die VAB vollends unter die Kontrolle der SED und des FDGB geriet[121]. Der Westberliner Magistrat und die Stadtverordnetenversammlung beschlossen mit Genehmigung der Alliierten Kommandantur im Gegenzug am 1. Februar 1949 ein „Gesetz über die vorläufige Verwaltung der Versicherungsanstalt (VAB)“[122], das am gleichen Tag in Kraft trat. Noch während der Beratungen zog Schellenberg mit der Hälfte der VAB-Angestellten in die Westsektoren[123]. Damit war die Spaltung der VAB, die offensichtlich auch im Westen schon länger vorbereitet worden war, vollendet[124].

Die Spaltung führte zwangsläufig auch zu einer Trennung der Versichertenkreise. Sie hatte auch Auswirkungen bei der Beitragserhebung und Leistungsgewährung. Dies beruhte darauf, dass es auch nach der Spaltung in den Westsektoren Berlins immer noch zwei gültige Währungen, nämlich DM und Ost-Mark, gab. Erst mit der Erklärung der westlichen Militärgouverneure vom 20. März 1949 wurde die Ost-Mark als gesetzliches Zahlungsmittel in den

119 *Rottmann*, S. 30; *Zivier*, S. 19; Dokumente zur Berlin-Frage Nr. 41, S. 74.

120 *Gablenz v. d.*, S. 11 f., schildert wie 1948 nach und nach die städtischen Einrichtungen Zuflucht in den Westsektoren suchten.

121 *Reidegeld*, S. 163 f.; *Baker*, S. 26; *Sabel*, DOK 1950, S. 67; Berlin, Ringen um Einheit, (29.1.1949, Nr. 120 a), S. 104.

122 VOBl. für Groß-Berlin (West) 1949, S. 58.

123 *Reidegeld*, S. 165; *Sabel*, DOK 1950, S. 67 gibt die Anzahl mit „zwei Drittel des bisherigen Personals“ an, die mit der VAB in die Westsektoren ziehen.

124 *Reidegeld*, S. 163; DOK 1949, S. 96.

Westsektoren abgeschafft[125]. Bereits vorher wurden ab dem 1. März 1949 von der VAB West bei Neuerkrankungen nur noch Leistungen für Versicherte gewährt, die in den Westsektoren beschäftigt waren[126]. Zur Sicherstellung dieser Maßnahme gab die VAB West nummerierte Krankenscheine aus[127]. Hintergrund dieser Maßnahme war, dass die VAB Ost einen Zahlungsausgleich für Personen, die im sowjetischen Sektor arbeiteten und sich im Westen behandeln ließen, abgelehnt hatte[128]. In der Folge mussten sich 75.000 Versicherte, die im Westen wohnten und im sowjetischen Sektor arbeiteten, im Osten behandeln lassen[129]. Umgekehrt konnten sich Versicherte, die im Sowjetsektor wohnten und im Westen arbeiteten, in allen Sektoren ärztlich behandeln lassen, da die Ärzte im Ostsektor die Krankenscheine der VAB-West annahmen[130]. Allerdings galt diese Freizügigkeit nicht für den stationären Bereich, da die alliierte Kommandantur bereits am 24. Februar 1949 angeordnet hatte, dass Kranke aus dem Ostsektor oder der SBZ nicht mehr in Krankenhäusern der Westsektoren (mit Ausnahme von Notfällen) aufgenommen werden durften[131].

In den nachfolgenden Ausführungen wird die weitere Entwicklung der VAB-West nach der Spaltung dargestellt. Diese wird dabei als VAB ohne Zusatz (West) bezeichnet. Die weitere Entwicklung der VAB-Ost wird Gegenstand der Ausführungen über die Sozialversicherung der sowjetischen Besatzungszone (SBZ) bzw. der Deutschen Demokratischen Republik (DDR) sein.

Die am 1. Februar 1949 vom Westberliner Magistrat mit Genehmigung der Alliierten gegründete VAB hatte den Status einer Einheitsversicherung. Das bedeutete, dass die (neue) VAB weiterhin die Kranken-, Unfall- und Rentenversicherung in einer Anstalt vereinigte und gleichzeitig die einzige Krankenkasse in Berlin war. Der Konsens zwischen Magistrat und Alliierten, die VAB als Einheitsversicherung einzurichten, ist aus der seinerzeitigen politischen Lage Berlins verständlich. Während der Berlin-Blockade erfolgte die Gründung der VAB. Die SPD hatte durch die während der Blockade am 5. Dezember 1948 durchgeführten Wahlen zur Stadtverordnetenversammlung die absolute Mehrheit (65,4%) errungen. Da die Verwirklichung der Einheitsversiche-

---

125 Dokumente zur Berlin-Frage Nr. 72, 114; Berlin, Ringen um Einheit, (20.3.1949, Nr. 87), S. 166.

126 Berlin, Ringen um Einheit, (25.2.1949, Nr. 115), S. 138; *Baker*, S. 26 f.; *Reidegeld*, S. 169.

127 Berlin, Ringen um Einheit, (25.2.1949, Nr. 115), S. 138; *Reidegeld*, S. 169.

128 Ebenda.

129 Ebenda.

130 Ebenda.

131 Berlin, Ringen um Einheit, (24.2.1949, Nr. 110 a), S. 137.

rung eine alte Forderung der Sozialdemokratie und der ihnen nahestehenden Arbeiterbewegung war, lag es nahe, die VAB als Einheitsversicherung mit einem umfassenden Versicherungszwang auch für Selbständige weiterzuführen. Die Zustimmung der Alliierten hierzu ist daraus erklärlich, dass sie während der Blockade auf die Loyalität der größten politischen Partei als antikommunistische Kraft angewiesen waren[132]. Zudem hätte die Einführung der klassischen Sozialversicherung mit vielen Krankenkassen, Berufsgenossenschaften und einer nach Arbeiter und Angestellten aufgeteilten Rentenversicherung erhebliche Kräfte gebunden. Hinzu wäre gekommen, dass insbesondere in der Krankenversicherung der Risikoausgleich nicht mehr gewährleistet gewesen wäre. Durch die Abwanderung guter Risiken aus der VAB und dem Verbleib eines hohen Anteils an Rentnern und Arbeitslosen wäre eine solche Reform nicht ohne Finanzausgleich zu machen gewesen.

In der Folgezeit schwand zunehmend der Konsens zur VAB als Einheitsversicherung. Die VAB sah sich vielfältigen Angriffen ausgesetzt, die ihr die Daseinsberechtigung absprachen und die Wiederherstellung der alten Sozialversicherung und die Geltung der Reichsversicherungsordnung verlangten[133]. Als Speerspitze der VAB-Gegner zeichnete sich der „Schutzverband der Berliner Zwangsversicherten“ aus, der die VAB als „kommunistische Einheitsversicherung“ bezeichnete[134]. Ärztevertreter verstiegen sich dazu, die VAB als „illegales Machtinstrument kommunistischen Ursprungs“ zu bezeichnen, das nach der Spaltung als „Trojanisches Pferd“ in den westlichen Sektoren geblieben sei“[135]. Hinzu kam, dass zeitgleich in den westlichen Besatzungszonen die Gründung der Bundesrepublik Deutschland vorbereitet wurde. Dort arbeiteten bereits starke konservative und liberale Kräfte auf die Restauration der alten Sozialversicherung hin. Diese Kräfte wirkten nun auch auf Berlin ein. Man stand vor der Entscheidung, das Berliner Sozialversicherungsrecht an das in der neuen Bundesrepublik geltende Recht anzupassen[136]. Dabei war politisch umstritten, ob und in welchem Umfang eine Anpassung erfolgen sollte[137].

132 *Reidegeld*, S. 171.

133 Berlin, Ringen um Einheit, (26.1.1949, Nr. 109), S. 102.

134 *Reidegeld*, S. 172; Berlin, Ringen um Einheit, (2.2.1949, Nr. 13b), S. 122, (18.8.1949, Nr. 67), S. 376.

135 Berlin, Ringen um Einheit, (2.4.1949, Nr. 11), S. 189 f.

136 Aufgrund alliierter Vorbehalte durfte Berlin nicht von der Bundesrepublik aus regiert werden, so dass die Bundesgesetzgebung nicht unmittelbar galt. Zu den alliierten Vorbehalten, vgl. *Rottmann*, S. 49 f.; Dokumente zur Berlin-Frage Nrn. 86-98, S. 85–146. Die Geltung der Bundesgesetze in Berlin wurde dabei durch die sogenannte Berlinklausel erreicht; vgl. hierzu *Kleefisch*, S. 93 ff.

137 *Reidegeld*, S. 191 ff.; *Krieger*, DOK 1950, S. 292 ff.

Das am 3. Dezember 1950 mit den Stimmen der SPD und gegen die Stimmen der CDU und FDP beschlossene Anpassungsgesetz[138] sah nur eine beschränkte Anpassung an das Sozialversicherungsrecht der Bundesrepublik vor. So bestand die VAB als Einheitsversicherung weiter, auch wenn die Mittel der Kranken-, Renten- und Unfallversicherung getrennt zu verwalten waren[139]. Bedeutsam ist hier, dass die bisher bestehende Krankenversicherungspflicht der Berliner Selbständigen ab 1. Januar 1951 wegfiel[140]. Über siebzig Prozent der bisher pflichtversicherten Selbständigen entschieden sich anschließend dafür, freiwillig in der VAB zu verbleiben[141]. Eine weitere Anpassung erfolgte im Zuge des vom Bundestag verabschiedeten Rentenzulagengesetzes (RZG) 1951[142]. Um die durch dieses Gesetz vorgesehenen bundesfinanzierten Rentenzuschüsse auch den Berliner Rentnern zukommen zu lassen und am Gemeinlastverfahren der Rentenversicherung teilzunehmen, war Berlin gezwungen, nach Artikel 87 Abs. 2 seiner Verfassung[143] die Geltung des RZG in Berlin zu beschließen[144]. Zudem wurde durch § 5 RZG gefordert, dass Berlin ein Überleitungsgesetz beschloss, das ab dem 1. April 1952 die Durchführung der (getrennten) Rentenversicherung der Arbeiter und der Angestellten nach bundesdeutschen Gesetzen vorsah. Dies bedeutete faktisch, dass die bisherige Berliner Rentenversicherung aus der VAB herausgelöst werden musste und eine Trennung in Arbeiterrenten- -und Angestelltenversicherung vorzunehmen war[145]. Die Arbeiterrentenversicherung wurde von der neuen LVA Berlin (LVAB) übernommen, während die Aufgaben der Angestelltenversicherung treuhänderisch von der LVAB übernommen wurden, bis sie auf die neue Bundesversicherungsanstalt für Angestellte (BfA) mit Sitz in Berlin übergingen. Für diese Versicherungszweige galten mit der Überleitung wieder die RVO und das

---

138 VOBl. Berlin 1950 S. 542, „Gesetz zur Anpassung des Rechts der Sozialversicherung in Berlin an das in der Bundesrepublik Deutschland geltende Recht“ vom 3.12.1950; Berlin, Ringen um Einheit, (2.11.1950, Nr. 6d), S. 812 f.

139 *Noetzel*, S. 40; *Dormann*, DOK 1950, S. 421.

140 Versicherungspflichtig blieben dagegen weiterhin folgende Selbständige: Hausgewerbetreibende, Artisten, Lehrer, Erzieher und Musiker, Hebammen und die in der Kranken-, Wochen-, Säuglings- und Kinderpflege selbständig tätigen Personen. Das entsprach weitgehend dem Personenkreis der Selbständigen, der auch im Bundesgebiet nach § 166 n.F. bzw. § 165a a.F. versicherungspflichtig war.

141 *Schulz*, DOK 1951, S. 105.

142 BGBl. 1951 I S. 505, „Gesetz über die Gewährung von Zulagen in den gesetzlichen Rentenversicherungen und über Änderungen des Gemeinlastverfahrens (Rentenzulagengesetz – RZG –)“ vom 10.8.1951.

143 VOBl. für Groß-Berlin 1950 I S. 434, „Verfassung von Berlin“ vom 1.9.1950.

144 *Peters*, S. 141.

145 *Schulz*, DOK 1952, S. 169.

AVG. Durch das Berliner Gesetz vom 24. August 1951 erfolgte die Überleitung[146]. Die Herauslösung der Unfallversicherung aus der VAB erfolgte zum 1. April 1952 durch das UV-Zulagengesetz[147], mit dem die Unfallversicherung auf die in der Bundesrepublik bestehenden Berufsgenossenschaften übertragen wurden, deren Tätigkeitsbereich sich nun auf Berlin erstreckte. Damit hatte die Bundesregierung „ihre zukünftigen finanziellen Leistungen...als Druckmittel zur Restauration der klassischen Sozialversicherung eingesetzt“[148]. Mit dem Berliner Überleitungsgesetz wurde ab dem 1. April 1952 die VAB mit der bei ihr noch verbliebenen Krankenversicherung in „Krankenversicherungsanstalt Berlin (KVAB)“ umbenannt[149]. Vorerst bestand die einheitliche Krankenversicherung in Berlin mit ihren Sonderregelungen weiter. Der Anpassungsprozess an das Bundesrecht erfolgte schrittweise[150]. So wurde mit dem Gesetz vom 26. Februar 1953 eine Versicherungspflichtgrenze für Angestellte und Beamte in Höhe von 9.000 DM jährlich eingeführt[151], was lediglich eine teilweise Angleichung an die Einkommensgrenzen in der Bundesrepublik bedeutete. Dort war die Versicherungspflichtgrenze für Angestellte bereits ab dem 1. September 1952 auf lediglich 6.000 DM angehoben worden[152].

Die politische Entwicklung in Berlin ebnete schließlich den Weg zur Beendigung des Berliner Sonderwegs in der Krankenversicherung. Nach dem Tod des Regierenden Bürgermeisters Ernst Reuter (SPD) 1953 zerbrach die Große Koalition. Es kam im Oktober 1953 zu einer rein bürgerlichen Koalition unter dem Regierenden Bürgermeister Walther Schreiber (CDU). Dieser forderte in seiner Regierungserklärung vom 3. Dezember 1953, die Beamten aus der Versicherungspflicht zu entlassen[153]. Gleichzeitig erklärte er, dass die völlige Angleichung der Krankenversicherung an die bundesrepublikanischen Rege-

146 GVBl. für Berlin 1951 S. 605.

147 BGBl. 1952 I S. 253, Gesetz über Zulagen und Mindestleistungen in der gesetzlichen Unfallversicherung und zur Überleitung des Unfallversicherungsrechtes im Lande Berlin“ vom 29.4.1952; GVBl. für Berlin 1952 S. 583.

148 *Reidegeld*, S. 245.

149 GVBl. für Berlin 1952 S. 588, „Gesetz zur Überleitung der Berliner Rentenversicherung auf das in der Bundesrepublik Deutschland geltende Recht und über Änderungen in der Organisation der gesetzlichen Krankenversicherung (Rentenversicherungsüberleitungsgesetz)“ vom 10.7.1952.

150 *Noetzel*, S. 40 ff.

151 GVBl. für Berlin 1953 S. 150, „Gesetz zur Einführung einer Einkommensgrenze in der gesetzlichen Krankenversicherung des Landes Berlin“ vom 26.2.1953.

152 BGBl. 1952 I S. 437, „Gesetz über die Erhöhung der Einkommensgrenzen in der Sozialversicherung und der Arbeitslosenversicherung und zur Änderung der Zwölften Verordnung zum Aufbau der Sozialversicherung“ vom 13.8.1952.

153 *Reidegeld*, S. 286.

lungen unvermeidlich sei[154]. Anfang Februar 1954 schienen sich alle Fraktionen über die Notwendigkeit einer Angleichung des Krankenversicherungsrechts einig zu sein[155]. Lediglich über den Zeitpunkt und das Tempo der Anpassung gab es unterschiedliche Ansichten[156]. Mit Gesetz vom 10. Juni 1954 wurde die Krankenversicherungsfreiheit der Beamten zum 1. Oktober 1954 in Berlin eingeführt[157]. Ein Ausschuss sollte die weiteren Fragen der Angleichung klären und die davon ausgehenden wirtschaftlichen Auswirkungen auf die KVAB prüfen. Dieser Ausschuss kam aufgrund eines Gutachtens zu dem grundsätzlichen Schluss, dass alle Zweige der Sozialversicherung dem Bundesrecht angepasst werden müssten. Eine Sonderstellung sei mit der „de facto-Anerkennung Berlins als zehntem Bundesland" nicht vereinbar[158]. Bei der Wahl am 5. Dezember 1954 errang die SPD die absolute Mehrheit der Mandate. Trotzdem kam es zu einer SPD/CDU-Koalition unter dem Regierenden Bürgermeister Otto Suhr, die sich darauf einigte, dass auf dem Gebiet der Krankenversicherung die Erhaltung des Leistungsstands der KVAB Vorrang habe vor allen Maßnahmen einer weiteren Anpassung an das Krankenversicherungsrecht im Bundesgebiet[159]. Diese Haltung wurde am 17. Oktober 1957 von Willy Brandt in seiner Regierungserklärung bestätigt, als er für den verstorbenen Otto Suhr neuer Regierender Bürgermeister von Berlin wurde[160].

Bereits vorher hatte die Bundesregierung am 23. Januar 1957 einen Gesetzentwurf zur Selbstverwaltung und zur Angleichung des Krankenversicherungsrechts in Berlin (SKAG Berlin) vorgelegt[161], der vor der Bundestagswahl am 15. September 1957 nicht mehr abschließend beraten werden konnte. Ein neuer abgeänderter Entwurf wurde nach den Wahlen als Fraktionsantrag der CDU/CSU im Bundestag eingebracht[162]. Das SKAG wurde am 12. Dezember 1957 im Bundestag beschlossen[163] und am 24. Januar 1958 durch das

---

154 Ebenda.

155 Ebenda.

156 Ebenda.

157 GVBl. für Berlin 1954 S. 305, „Gesetz über die Erweiterung der Versicherungsfreiheit in der gesetzlichen Krankenversicherung" vom 10.6.1954.

158 DOK 1954, S. 505; *Reidegeld*, S. 290.

159 *Reidegeld*, S. 296.

160 *Reidegeld*, S. 309.

161 BT-DS 2/2137 vom 23.1.1957.

162 BT-DS 3/14 vom 6.11.1957.

163 BGBl. 1957 I S. 1883, „Gesetz zur Einführung der Selbstverwaltung auf dem Gebiet der Sozialversicherung und Angleichung des Rechts der Krankenversicherung im Land Berlin (Selbstverwaltungs- und Krankenversicherungsangleichungsgesetz Berlin – SKAG Berlin –)" vom 26.12.1957.

Berliner Abgeordnetenhaus übernommen[164]. Damit wurden ab dem 1. Januar 1958 die seit 1945 in Berlin bestehenden sozialversicherungsrechtlichen Sonderregelungen aufgehoben. Es erfolgte eine weitgehende Angleichung an die Gesetzeslage der Bundesrepublik. Nach § 3 SKAG galten nun die Vorschriften der Krankenversicherung in der Fassung der „Ersten Verordnung zur Vereinfachung des Leistungs- und Beitragsrechts in der Sozialversicherung" vom 17. März 1945[165]. Es wurden in Berlin Innungs- und Betriebskrankenkassen zugelassen, während die bisherige KVAB zur AOK Berlin wurde. Damit endete der sozialversicherungsrechtliche Berliner Sonderweg als Folge von Krieg und Besatzung mehr als ein Jahrzehnt nach Kriegsende.

2. Sowjetische Besatzungszone

In Groß-Berlin wurde auf Veranlassung der sowjetischen Militärführung im Juli 1945 die VAB eingerichtet. Das gleiche Ziel einer Einheitsversicherung mit einer einzigen Sozialversicherungsanstalt in jedem Land verfolgte die sowjetische Besatzungsmacht auch für die sowjetische Besatzungszone[166]. Im Sommer 1945 erfolgte als Erstes die Inbetriebnahme der Krankenversicherung durch die Allgemeinen Ortskrankenkassen. Die „Deutsche Verwaltung für Arbeit und Sozialfürsorge" (DVAS)[167] der sowjetischen Besatzungszone ernannte Bevollmächtigte, die mit dem Neuaufbau der einheitlichen Sozialversicherung in den Ländern beauftragt wurden[168]. Dieser Aufbau erfolgte in mehreren Schritten[169]. Dabei wurden die Träger der Krankenversicherung mit der AOK vereinigt, während die übrigen Träger der Sozialversicherung mit den Landesversicherungsanstalten vereinigt wurden. Anschließend wurde die AOK an die inzwischen in „Sozialversicherungsanstalten" (SVA) umbenannten Landesversicherungsanstalten angegliedert[170]. Damit war nach den Angaben Lehmanns der Aufbau der Sozialversicherung vollendet, der von den Landesverwaltungen als Gesetzgeber legalisiert wurde[171]. Die Darstellung Lehmanns

164 GVBl. für Berlin 1958 S. 65.

165 RGBl. 1945 I S. 41.

166 *Krieger*, ZfS 1947, S. 25.

167 Die DVAS firmierte zuvor bis zum 19.6.1946 als ZVAS = Zentralverwaltung für Arbeit und Sozialfürsorge. Am 12.2.1948 wurde aus der DVAS die HVAS = Hauptverwaltung für Arbeit und Sozialfürsorge, vgl. *Hoffmann*, Neuordnung in der SBZ/DDR, S. 27.

168 *Lehmann*, S. 32, Anm. 1 zu § 11 VSV.

169 *Bohlmann / Fischer*, Jahrbuch A.u.S. 1945–1947, S. 206 ff., geben einen Überblick über die Errichtungsphase der SVA in den einzelnen Ländern und Provinzen der SBZ.

170 *Lehmann*, S. 32 f., Anm. 1 zu § 11 VSV.

171 *Lehmann*, S. 32, Anm. 1 zu § 11 VSV.

aus Sicht eines DVAS/HVAS-Mitarbeiters vermittelt einen problemlosen Aufbau der SVA, der so auch in den Publikationen der DVAS/HVAS wiedergegeben wird[172]. So problemlos wie der Aufbau der Sozialversicherung dort geschildert wird, scheint er nicht abgelaufen zu sein. So soll es Vorbehalte der noch bestehenden Versicherungsträger gegen die Vereinigung gegeben haben[173].

Die DVAS erarbeitete unter der Leitung von Helmut Lehmann den Entwurf einer Sozialversicherungsordnung[174], der mit Rücksicht auf die parallel verlaufenden Verhandlungen des Kontrollrates über ein für ganz Deutschland geltendes Sozialversicherungsgesetz vorerst noch nicht umgesetzt wurde[175]. Lediglich Teile des DVAS-Entwurfs wurden durch die Landesverwaltungen auf dem Verordnungswege in Kraft gesetzt, so dass das bisherige Recht (der RVO) nicht mehr oder nur teilweise Anwendung fand[176]. Die im DVAS-Entwurf aufgestellten Grundsätze gaben die „Richtung für die Arbeit der neuen Sozialversicherung" vor[177]. Mit dem SMAD-Befehl Nr. 28 vom 28. Januar 1947 wurden Fakten geschaffen und die Einheitsversicherung in der SBZ eingeführt[178]. Dies geschah durch die Inkraftsetzung der durch die DVAS erstellten Entwürfe der „Verordnung über Sozialpflichtversicherung" (VSV), der „Verordnung über die freiwillige und zusätzliche Versicherung in der Sozialversicherung" (VfzV) und der „Verordnung über die Pflichtversicherung bei Arbeitslosigkeit" (VPA)[179]. Die Ministerpräsidenten wurden gleichzeitig durch den SMAD-Befehl Nr. 28 aufgefordert, die von ihnen vor diesem Zeitpunkt erlassenen Verordnungen in volle Übereinstimmung mit den (neuen) Verordnungen zu bringen. Die Gesamtaufsicht über die Sozialversicherung wurde der DVAS übertragen, die kontrolliert wurde von dem Chef der Abteilung „Die Arbeitskraft" der sowjetischen Militärverwaltung in Deutschland[180]. Als Versicherungsträger wurden für jede Provinz und jedes Land je eine Sozialversicherungsanstalt (SVA) und als Untergliederungen in Stadt- und Landkreisen Sozialversicherungskassen (SVK) errichtet (§ 10 VSV). Die DVAS konnte im Einverständnis mit der sowjetischen Militärverwaltung für das Eisenbahn-

172 *Fischer*, Jahrbuch A.u.S. 1947/1948, S. 240 ff.

173 Vgl. hierzu die Ausführungen von *Hoffmann*, Neuordnung in der SBZ/DDR, S. 45 ff.

174 *Tennstedt*, Selbstverwaltung, S. 239; *Hockerts*, S. 25; *Hudemann*, S. 190.

175 *Lehmann*, S. 5, Anm. 1 zum SMAD-Befehl Nr. 28.

176 *Lehmann*, S. 5, Anm. 1 zum SMAD-Befehl Nr. 28.

177 *Krieger*, ZfS 1947, S. 25 (26).

178 Abdruck des SMAD-Befehls Nr. 28 vom 28.1.1947, vgl. *Lehmann*, S. 1 ff.

179 Diese drei Verordnungen sind die Anlagen Nr. 1–3 des SMAD-Befehls Nr. 28 und sind zusammen mit diesem abgedruckt bei *Lehmann*, S. 1 ff.

180 Ziffer 4 des SMAD-Befehls Nr. 28 vom 28.1.1947.

transportwesen für den Post- und Fernmeldedienst und den Bergbau die Errichtung von Sonderversicherungskassen genehmigen.

Die Versicherungspflicht in der SBZ aufgrund der VSV war ebenso umfassend, wie sie bereits zuvor für Groß-Berlin durch den Magistrat und die Satzung der VAB vorgesehen war. Ein Vergleich der beiden Gesetzeswerke zeigt dabei im Ergebnis eine weitgehende Übereinstimmung des versicherungspflichtigen Personenkreises. So waren auch nach der VSV alle in „unselbständiger Arbeit stehenden ständig und unständig Beschäftigten" unabhängig von der Höhe ihres Einkommens versicherungspflichtig. Ebenso waren Selbständige versicherungspflichtig, wenn sie nicht mehr als fünf Personen beschäftigten. Rentner und Arbeitslose waren krankenversichert, solange sie Anspruch auf Rente bzw. Arbeitslosenunterstützung hatten[181]. Nach § 4 Buchstabe c VSV waren in der SBZ die Geistlichen der Religionsgemeinschaften und Mitglieder religiöser Orden, ebenso wie in Groß-Berlin, versicherungsfrei. Die Befreiung von Geistlichen wurde jedoch in der SBZ enger ausgelegt, denn hier wurde sie nur von solchen Geistlichen angenommen, die überwiegend seelsorgerisch tätig waren. Geistliche, die überwiegend in der kirchlichen Verwaltung, in kirchlichen Hilfsorganisationen oder als Religionslehrer tätig waren, galten dagegen als versicherungspflichtig[182]. Die Einbeziehung der Geistlichen war schon bei den Beratungen zum Verordnungsentwurf zwischen den SVA und der DVAS umstritten gewesen. Während die SVA für eine Einbeziehung war, lehnte dies die DVAS mit dem Hinweis ab, dass die Kirchenverwaltungen beim Alliierten Kontrollrat gegen solche Pläne protestiert hätten[183]. Eine Versicherungsfreiheit der Geistlichen hätte somit „im Hinblick auf die westlichen Zonen" ihre Berechtigung[184]. In die Sozialversicherung einbezogen waren die Kriegsbeschädigten und Kriegshinterbliebenen. Für sie wurden die gewährten Leistungen nicht aus Beiträgen, sondern aus Mitteln der Länderhaushalte finanziert[185]. Dasselbe galt auch für ehemalige Beamte und deren Hinterbliebene[186].

---

181 A.u.S. 1947, S. 195, 1. DV vom 9.4.1947, Art. 2 zu § 23 VSV; *Lehmann*, S. 80, Anm. 1 zu § 27 VSV.

182 A.u.S. 1947, S. 195, 1. DV vom 9.4.1947, Art. 2 zu § 4c VSV; *Lehmann*, S. 18, Anm. 7 zu § 4c VSV; *Kipf*, A.u.S., 1947/1948, S. 247 (251).

183 *Hoffmann*, Neuordnung in der SBZ/DDR, S. 67.

184 *Hoffmann*, Neuordnung in der SBZ/DDR, S. 68.

185 ZVOBl. 1948 S. 363, „Verordnung über die Zahlung von Renten an Kriegsinvaliden und Kriegshinterbliebene" vom 21.7.1948.

186 ZVOBl. 1948 S. 467, „Anordnung der Deutschen Wirtschaftskommission über Zahlung von Renten an ehemalige Beamte und deren Hinterbliebene aus Mitteln der Sozialversicherung" vom 15.9.1948.

Zusammenfassend lässt sich feststellen, dass zum 1. Juli 1947 die Einheitsversicherung in der sowjetischen Besatzungszone in Kraft trat. Die bisherige deutsche Gesetzgebung (RVO) und die nach dem 8. Mai 1945 erlassenen Bestimmungen, die in Widerspruch zur VSV standen, wurden außer Kraft gesetzt (§ 78 Abs. 2 VSV). Im Gegensatz zu Berlin und den Westzonen gab es in der SBZ keine offenen Widerstände gegen diese Einheitsversicherung, die auch aufgrund der inzwischen gefestigten Stellung der SED und des mit ihr verbundenen FDGB nicht zu erwarten waren. Hinzu kam, dass die sowjetische Militärverwaltung von Anfang an den Aufbau von Organisationen stark kontrollierte, die Widerstand hätten leisten können[187].

3. Amerikanische Besatzungszone

In der amerikanischen Besatzungszone bestimmte die Proklamation Nr. 2 der amerikanischen Militärregierung vom 19. September 1945, dass das bisherige deutsche Recht anwendbar blieb, sofern es nicht durch die Militärregierung oder den Alliierten Kontrollrat aufgehoben, außer Kraft gesetzt oder abgeändert wurde[188]. Die durch diese Proklamation in der amerikanischen Zone gebildeten Länder Großhessen, Württemberg-Baden, Bayern (ohne Lindau) und Bremen[189] erhielten die volle gesetzgebende, richterliche und vollziehende Gewalt, deren Ausübung unter dem Vorbehalt der Militärregierung stand. Bis zur Schaffung demokratischer Einrichtungen genügte für die Gültigkeit staatlicher Gesetzgebung die Genehmigung und Verkündung durch den Ministerpräsidenten. Mit dieser Regelung war die Schaffung unterschiedlichen Rechts in den einzelnen Ländern der amerikanischen Besatzungszone möglich. Zur Vermeidung einer abweichenden Rechtsentwicklung wurde für die amerikanische Zone ein Länderrat gebildet[190]. Auch wenn man sich im Länderrat bemühte, die Gesetzgebung möglichst einheitlich fortzuentwickeln, entstand „eine Reihe von Verschiedenheiten des Rechts“[191]. Im Bereich der Sozialversicherung wurden ab 1945 durch die Länderregierungen Verordnungen erlassen,

187 *Hoffmann*, Neuordnung in der SBZ/DDR, S. 43.

188 Proklamation Nr. 2 der amerikanischen Militärregierung vom 19.9.1945, abgedruckt in: *Hemken*, Alliierte Gesetzessammlung, Teilband 2, Proklamationen.

189 Bremen als Land der amerikanischen Zone bestand aus Bremen, Wesermünde und Bremerhaven. Es wurde erst Anfang 1947 gebildet, vgl. Proklamation Nr. 3 der amerikanischen Militärregierung. vom 21.1.1947. Diese Gebiete gehörten zwar schon seit 1945 zur amerikanischen Besatzungszone, wurden aber aufgrund britisch-amerikanischer Vereinbarung von den Briten verwaltet, vgl. *Clay*, S. 106, 115.

190 *Preller*, ArbBlBZ 1947, S. 75 (76).

191 *Dobbernack*, ArbBlBZ 1947, S. 58 (63).

die das geltende Recht änderten. Die Änderungen waren jedoch nicht grundsätzlicher Art. Sie beschränkten sich darauf, die Leistungsfähigkeit der Sozialversicherung zu erhalten, die aufgrund des Zusammenbruchs der bisherigen staatlichen Ordnung gefährdet war. Es zeigten sich auch in der amerikanischen Zone Tendenzen zu einer Einheitsversicherung. So wurden bereits 1945 in der zur amerikanischen Zone gehörenden Enklave Bremerhaven-Wesermünde die Sonderkassen von der Militärregierung aufgelöst und die AOK als einzige Krankenkasse zugelassen[192]. Die Tendenz zu einer Einheitsversicherung wurde ebenso in den anderen Ländern des amerikanischen Besatzungsgebietes erkennbar. Vom Unterausschuss Sozialversicherung des sozialpolitischen Ausschusses des Länderrates war Anfang 1946 der süddeutsche Entwurf eines Sozialversicherungsgesetzes vorgelegt worden, der eine Einheitsversicherung unter Einbeziehung der Selbständigen vorsah. Dem Entwurf sollen „gewisse Wünsche" der Militärregierung zugrunde gelegen haben, die sich auf die „Vereinheitlichung der Sozialversicherung und die Vermeidung von Staatszuschüssen durch die Erweiterung des Versichertenkreises bezogen"[193]. Zwar war der Entwurf als eigenständige Regelung für die amerikanische Zone gedacht, wurde jedoch nicht mehr weiterverfolgt, als im Alliierten Kontrollrat ein Beschluss gefasst wurde, die Sozialversicherung einheitlich für ganz Deutschland einzuführen[194]. Der süddeutsche Entwurf wurde als einer der vier Zonenentwürfe im Kontrollrat eingebracht[195]. Wegen der Uneinigkeit der Alliierten kam es letztlich nicht zu einem Sozialversicherungsgesetz des Kontrollrates. In der amerikanischen Besatzungszone ist es deshalb seit 1945 nicht zu einer Ausweitung der Versicherungspflicht auf weitere Personenkreise gekommen. Erst im Jahre 1949 wurde gemeinsam für die amerikanische und britische Besatzungszone (Bizone)[196] durch das

192 *Gunkel*, DOK 1949 S. 403 ff.; *Buchardt*, Die Quelle 1950, S. 429; Die Beschränkung auf die AOK als allein zuständige Krankenkasse für Bremerhaven-Wesermünde wurde 1951 durch § 18 Abs. 4 Nr. 3 des Selbstverwaltungsgesetzes aufgehoben (BGBl. 1951 I S. 124.) Dort war allgemein die Aufhebung der Beschränkungen in den Ländern Bremen und Niedersachsen festgelegt, zielte aber allein auf die AOK Bremerhaven-Wesermünde, vgl. *Dobbernack*, Selbstverwaltung, S. 221; *Hockerts*, S. 148 f.

193 *Preller*, ArbBlBZ 1947, S. 75 (77).

194 *Preller*, ArbBlBZ 1947, S. 75 (77).

195 *Hockerts*, S. 23 f.

196 Bizone war die Bezeichnung für die seit 1947 zum „Vereinigten Wirtschaftsgebiet" zusammengeschlossenen britischen und amerikanischen Besatzungszonen. Der von den Landtagen gewählte Wirtschaftsrat (Economic Council) der Bizone erhielt das Legislativrecht durch die amerikanische Proklamation Nr. 5 und die britische Verordnung Nr. 88, vgl. WiGBl. 1947, Beilage 1; Zum Gesetzgebungsverfahren des Wirtschaftsrates und seine Gesetzgebungstätigkeit von 1947 bis 1949, vgl. *Pünder*, S. 192 ff.

SVAG[197] die Erhöhung der jährlichen Versicherungspflichtgrenze von bisher 3.600 DM auf 4.500 DM eingeführt und so der Kreis der versicherungspflichtigen Angestellten erweitert.

4. Britische Besatzungszone

Die britische Besatzungszone erstreckte sich über die Länder Schleswig-Holstein, Hamburg, Niedersachsen und Nordrhein-Westfalen. Im Unterschied zur amerikanischen Besatzungszone hatte sich in der britischen Besatzungszone die britische Kontrollkommission das Legislativrecht auf dem Gebiet der Sozialversicherung vorbehalten und es nicht auf die Länder übertragen[198], die lediglich über den Zonenbeirat, ein „ausschließlich beratendes Hilfsorgan der Militärregierung", beteiligt waren[199]. Die beschriebene Konstellation ermöglichte eine für alle Länder der britischen Besatzungszone einheitliche Sozialgesetzgebung. Das Gesetzgebungsrecht wurde von der Kontrollkommission (Control Commission for Germany, British Element – CCG/BE) durch zahlreiche Sozialversicherungsdirektiven (SVD) ausgeübt. Ergänzend hierzu erließ das für die Zone gebildete Zentralamt für Arbeit (Lemgo) ebenso zahlreiche Sozialversicherungsanordnungen (SVA)[200]. Wie in der amerikanischen Zone wurde „bewusst" auf eine Änderung im Umfang des versicherungspflichtigen Personenkreises verzichtet[201]. Eine bedeutsame Abweichung zwischen beiden Zonen ergab sich daraus, dass in der britischen Zone die Vereinfachungs-Verordnung vom 17. März 1945 einheitlich für die ganze britische Zone Geltung erhielt[202], während sie in der amerikanischen Zone nicht angewendet wurde. Damit war der Kreis der Versicherungspflichtigen in der britischen Zone weitergehend als in der amerikanischen und französischen Zone[203]. Ebenso wie in der amerikanischen Zone führte die Erhöhung der Jahresar-

197 WiGBl 1949, S. 99, „Gesetz über die Anpassung von Leistungen der Sozialversicherung an das veränderte Lohn- und Preisgefüge und über ihre finanzielle Sicherstellung (Sozialversicherungs-Anpassungsgesetz)" (SVAG) vom 17.6.1949.

198 *Dobbernack*, ArbBlBZ 1947, S. 58 (63).

199 *Vogel*, Westdeutschland, S. 19.

200 *Richter / Zappe*, listen für den Zeitraum 1945–1948 insgesamt 27 Sozialversicherungsdirektiven und 35 Sozialversicherungsanordnungen auf, die in der britischen Zone erlassen wurden.

201 *Dobbernack*, ArbBlBZ 1947, S. 58 (63).

202 ArbBlBZ 1947, S. 144, Erlass der CCG – Manpower-Division vom 18.11.1946 – MP, SI, 42011.

203 Zum Geltungsbereich der Vereinfachungsverordnung vom 17.3.1945 vgl. die Ausführungen oben im Abschnitt J), IX., 5.

beitsverdienstgrenze von 3.600 DM auf 4.500 DM im Jahr 1949 durch das SVAG zu einer Ausweitung der Versicherungspflicht bei den Angestellten.

5. Französische Besatzungszone

In der französischen Besatzungszone wurde von Beginn an das Ziel einer Einheitssozialversicherung verfolgt. Damit befand man sich auf der Linie, die zeitgleich auch innerhalb Frankreichs als politisches Ziel verfolgt wurde. Dort war 1946 die Einbeziehung der Selbständigen in die Krankenversicherung beschlossen, aber nicht in Kraft gesetzt worden, da sie am Widerstand der Betroffenen gescheitert war[204]. Das Ziel in der französischen Besatzungszone war, die verschiedenen Kranken-, Renten- und Unfallversicherungen sowie die Beamtenversorgung auf regionaler Ebene zusammenzufassen[205]. Die Krankenversicherung sollte dabei ihre Eigenständigkeit behalten. Der Realisierung eines solchen Vorhabens standen erhebliche Probleme entgegen. Im Gegensatz zu den anderen Besatzungszonen konnte man bei der Verwirklichung einer solchen Einheitsversicherung nicht auf eine vorhandene administrative Infrastruktur zurückgreifen, da die Sitze der Renten-, der Unfall- und der überörtlichen Krankenversicherungen, mit Ausnahme der LVA Westmark in Speyer, außerhalb der Besatzungszone lagen. Der Grund hierfür lag darin, dass man bei der Bildung der französischen Zone keine Rücksicht auf die alten Verwaltungsstrukturen genommen hatte[206]. Hinzu kam, dass sich die französische Militärregierung die Regelungen selbst vorbehalten hatte, ohne deutsche Stellen an der Organisation ausreichend zu beteiligen[207]. Somit waren der Bildung einer Einheitsversicherung Grenzen gesetzt. Ihre Umsetzung beschränkte sich während der Besatzungszeit vornehmlich auf die Krankenversicherung und hier auf regional begrenzte Gebiete. So wurden Ende 1945 im Regierungsbezirk Trier unter Federführung christlicher Gewerkschaften die Ortskrankenkassen zusammengelegt und die AOK Trier, Daun und Wittlich gebildet. Die AOK Trier nahm die Versicherten der Betriebs- und Innungskrankenkassen auf[208]. Eine ebenfalls regional begrenzte Lösung zeichnete sich im Herbst 1945

204 *Dobbernack*, ArbBlBZ 1948, S. 340 (342); *Schieckel*, DOK 1952, S. 477.

205 *Hudemann*, S. 219.

206 Die frz. Besatzungszone bestand im nördlichen Bereich aus preußischen Teilen (Saarland, Regierungsbezirke Trier und Koblenz), aus einem hessischen Teil und der bayerischen Pfalz. Im südlichen Bereich bestand sie aus einem Teilgebiet Badens, dem südlichen Teil Württembergs, dem preußischen Hohenzollern und dem bayerischen Landkreis Lindau.

207 *Vogel*, Westdeutschland, S. 20.

208 ABl. Regierung Trier 1945, S. 58, ABl. Regierung Trier 1946, S. 2, 31; *Hudemann*, S. 227.

für Hessen-Pfalz ab. Dort war ein Einheitsversicherungsgesetz vorgelegt worden, dass die LVA Speyer als Träger der Invaliden-, Angestellten- und Unfallversicherung sowie der Kriegsopferversorgung vorsah, jedoch die Krankenversicherung davon ausnahm. Die Letztere sollte mit ihren Sonderkassen bestehen bleiben, wobei die überörtlichen Ersatzkassen aufzulösen waren[209]. Der Umfang der Versicherungspflicht sollte durch die Erhöhung der Versicherungspflichtgrenze auf 7.200 RM ausgeweitet werden[210]. Diese Änderungen wurden zum 1. Oktober 1945 begrenzt auf Hessen-Pfalz in Kraft gesetzt[211]. Mit der Verordnung des französischen Oberkommandos Nr. 39 vom 27. April 1946 wurde schließlich für die gesamte französische Zone ab 1. Juni 1946 eine einheitliche Regelung herbeigeführt[212]. Aufgrund dieser Verordnung war in der Krankenversicherung für Pflichtversicherte ausschließlich die AOK zuständig[213]. Die bisher zugelassenen Kassen wurden aufgelöst. Lediglich die Kassen der knappschaftlichen Krankenversicherung blieben neben der AOK weiter bestehen. Die jährliche Versicherungspflichtgrenze wurde nun für die gesamte Besatzungszone auf 7.200 RM erhöht[214].

Die Veränderungen im Umfang der Versicherungspflicht beschränkten sich somit lediglich auf die Heraufsetzung der Versicherungspflichtgrenze. Durch die Erhöhung auf den zweifachen Betrag der bisherigen Grenze wurden nun alle Angestellten mit einem Jahreseinkommen zwischen 3.601 und 7.200 RM zusätzlich krankenversicherungspflichtig. Eine Ausweitung der Versicherungspflicht auf andere Personenkreise, wie z.B. Selbständige war nicht vorgesehen. Es widersprach der ursprünglichen Zielsetzung einer umfassenden Einheitssozialversicherung. Hier scheint ein Zusammenhang mit der innenpolitischen Situation in Frankreich bestanden zu haben. Dort war gegen Ende 1945 der Widerstand gegen die „Einheitsversicherungsbewegung" mit ihrer umfassenden Versicherungspflicht gewachsen[215]. Dies scheint sich auch auf die Umsetzung der Sozialversicherungsreform in der französischen Besatzungs-

209 *Zapp*, DOK 1949, S. 57 ff.; *Hudemann*, S. 222.

210 Bis dahin galt noch die alte Versicherungspflichtgrenze (Jahresarbeitsverdienstgrenze) nach § 165 RVO in Höhe von 3.600 RM.

211 Verkündungsblatt, Ausgabe A, Nr. 4 vom 4.12.1945, Amtl. Mitteilungen des Oberregierungs-Präsidiums Hessen-Pfalz, S. 22, „Rundverfügung zur vorläufigen Ordnung der Sozialversicherung im Gebiet Hessen-Pfalz" vom 15.11.1945; *Peters*, S. 134; *Hudemann*, S. 225 f.

212 J.O. CCF 1946, S. 169, „Verordnung Nr. 39 über die Errichtung von Versicherungsanstalten im französischen Besatzungsgebiet" vom 27.4.1946.

213 *Zapp*, DOK 1949, S. 13 f.

214 *Peters*, S. 134.

215 *Hudemann*, S. 255.

zone ausgewirkt zu haben. Die beschränkte Reform erklärt sich offenbar auch daraus, dass man die laufenden Kontrollratsverhandlungen abwarten wollte, die zu diesem Zeitpunkt noch eine umfassende Versicherungspflicht möglich erscheinen ließen. Hudemann vermutet, dass man zur Vermeidung eines Affronts gegenüber dem Kontrollrat die Verordnung Nr. 39 als „provisorisch" deklarierte[216]. Damit wäre es einfacher gewesen, die Regelung an die durch den Kontrollrat erwartete Ausdehnung anzupassen[217]. Anfang 1948 scheiterten die Kontrollratspläne zur einheitlichen Sozialversicherung endgültig, so dass die Reform der französischen Besatzungszone weiterhin Bestand hatte. Die mit dieser Reform verfügte Schließung der Sonderkassen traf von Anfang an auf den Widerstand der davon Betroffenen. In der Folgezeit wurde die Bewegung zur Wiederzulassung der Sonderkassen immer stärker. Sie gipfelte darin, dass die Landesparlamente in Württemberg-Hohenzollern und Rheinland-Pfalz Anfang 1949 mehrheitlich die Zulassung von Sonderkassen beschlossen[218]. Eine Umsetzung scheiterte aber zu diesem Zeitpunkt noch an dem französischen Veto[219]. Erst mit der Verordnung der französischen Militärregierung vom 9. August 1949 wurde die Reform von 1946 hinsichtlich des Krankenversicherungsteils aufgehoben[220]. Hier konnte die französische Besatzungsmacht von deutscher Seite davon überzeugt werden, dass durch § 23 des Dritten Währungsgesetzes vom 20. Juni 1948[221], das aufgrund der Verordnung Nr. 160[222] auch für die französische Zone galt, die Neuordnung der Sozialversicherung in der Kompetenz der deutschen gesetzgebenden Körperschaften lag[223]. Damit war der Weg frei für die in Württemberg-Hohenzollern und Rheinland-Pfalz bereits beschlossene Zulassung von Sonderkassen[224]. Baden

216 *Hudemann*, S. 260.

217 *Hudemann*, S. 260.

218 *Hudemann*, S. 308 ff.

219 *Hudemann*, S. 339.

220 J.O. CCF 1949, S. 2103, „Verordnung Nr. 227 betreffend Aufhebung der Verordnung Nr. 39 des Commandant en Chef Français en Allemagne über die provisorische Errichtung von Versicherungsanstalten im französischen Besatzungsgebiet" vom 9.8.1949.

221 WiGBl. 1948, Beilage Nr. 5, S. 13, „3. Gesetz zur Neuordnung des Geldwesens (Umstellungsgesetz)" vom 20.6.1948.

222 J.O. CCF 1948, S. 1537, „Verordnung Nr. 160 über die Geldreform" vom 26.6.1948.

223 *Hudemann*, S. 340.

224 Reg.Bl. Württemberg-Hohenzollern 1949, S. 299, „Gesetz über die Träger der gesetzlichen Krankenversicherung" vom 3.6.1949; Reg.Bl. Württemberg-Hohenzollern, S. 319, „Gesetz über Änderungen in der Sozialversicherung (Sozialversicherungs-Anpassungsgesetz)" vom 6.7.1949; GVBl. Rheinland-Pfalz 1949, S. 349, „Landesge-

folgte mit einem entsprechenden Gesetz[225]. Neben der Wiederzulassung von Sonderkassen wurde in dieser Gesetzgebung auch die in der französischen Besatzungszone geltende jährliche Versicherungspflichtgrenze von 7.200 RM (DM) auf 4.500 DM herabgesetzt[226]. Mit der Verordnung des Bundesgesetzgebers vom 12. Mai 1950[227] wurde der Geltungsbereich des Sozialversicherungs-Anpassungsgesetzes (SVAG) der Bizone vom 17. Juni 1949[228], rückwirkend zum 1. November 1949, auf das Gebiet der (nunmehr früheren) französischen Besatzungszone erweitert. Damit galt in den drei Westzonen, die nun die Bundesrepublik Deutschland bildeten, zwar noch kein einheitliches Sozialversicherungsrecht, jedoch zumindest wieder eine einheitliche Versicherungspflichtgrenze[229].

IV. Zusammenfassende Betrachtung der Besatzungszeit

Zu Beginn der Besatzungszeit ist noch das Bestreben des Alliierten Kontrollrates erkennbar, ein für ganz Deutschland geltendes Sozialversicherungsrecht zu erhalten bzw. ein einheitliches neues Recht zu schaffen. Hier zeichnete sich bei allen Alliierten eine Tendenz zu einer Einheitsversicherung ab. Die bereits im Juli 1945 von den Sowjets installierte Einheitsversicherung für Groß-Berlin sollte Vorbild für ganz Deutschland sein. Dieses Vorhaben scheiterte nicht zuletzt auch an den Widerständen von gesellschaftlichen Gruppen aus den westlichen Besatzungszonen. Die Sowjets errichteten ab 1947 in ihrer Zone eine Einheitsversicherung. In den westlichen Zonen galt dagegen das bisherige

---

setz über Wiederzulassung von Ersatz-, Betriebs- und sonstigen Krankenkassen" vom 19.8.1949; GVBl. Rheinland-Pfalz 1949, S. 513 und die DVO vom 17.9.1949, GVBl. Rheinland-Pfalz 1949, S. 513.

225 Badisches GVBl. 1949, S. 312, „Landesgesetz über die Änderungen der Sozialversicherung (Sozialversicherungsanpassungsgesetz)" vom 12.7.1949; Badisches GVBl. 1949, S. 394, „Landesgesetz über die Wiederzulassung von Ersatz-, Betriebs- und sonstigen Krankenkassen" vom 21.9.1949.

226 Die frz. VO von 1946 hatte noch die Wertangabe in RM enthalten. Durch § 23 des Währungsumstellungsgesetzes 1949 wurden die RM-Nennbeträge in gleiche DM-Nennbeträge umgestellt. Daher ist der bisherige RM-Wert mit dem neuen DM-Wert identisch.

227 BGBl. I 1950 S. 179, „Verordnung über die Erstreckung von Sozialversicherungsrecht der Verwaltung des Vereinigten Wirtschaftsgebietes auf die Länder, Baden, Rheinland-Pfalz, Württemberg-Hohenzollern und den bayerischen Landkreis Lindau.

228 WiGBl. 1949 S. 99, „Gesetz über die Anpassung von Leistungen der Sozialversicherung an das veränderte Lohn- und Preisgefüge und über ihre finanzielle Sicherstellung (Sozialversicherungs-Anpassungsgesetz)" vom 17.6.1949.

229 Zur weiterhin unterschiedlichen Geltung der Vereinfachungs-Verordnung vom 17.3.1945 in den einzelnen Westzonen, s. oben unter Abschnitt J), IX., 5.

gegliederte Krankenversicherungssystem weitgehend unverändert weiter. Lediglich in der französischen Zone gab es Ansätze zur Schaffung einer Einheitsversicherung. Mit der Gründung der Bundesrepublik 1949 wurde das Krankenversicherungsrecht, das sich in den einzelnen Zonen seit 1945 unterschiedlich fortentwickelt hatte, wieder angeglichen. Ausgenommen hiervon blieben das Sozialversicherungsrecht Berlins, das des Saarlandes und der neugegründeten Deutschen Demokratischen Republik.

L) Die Krankenversicherung des Saarlandes 1945–1963

Das Saarland gehörte seit Juli 1945 zur französischen Besatzungszone[1]. Es nahm jedoch von Anfang an innerhalb der französischen Zone eine Sonderstellung ein[2]. Schon mit dem Erlass des Regierungspräsidenten vom 31. Juli 1945 wurde den staatlichen Dienststellen bekanntgegeben, dass das „Saargebiet hinfort eine eigene, von anderen administrativen Bindungen unabhängige verwaltungsmäßige Einheit" darstellte[3]. Die Franzosen bestanden darauf, das Saarland zu annektieren und an Frankreich anzubinden[4]. Lediglich der Einbeziehung des Saarlandes in das französische Wirtschaftsgebiet stimmten die westlichen Besatzungsmächte zu, während sie eine Annexion ablehnten[5]. In der Folgezeit wurde das Saargebiet verwaltungsmäßig aus der französischen Besatzungszone herausgelöst. Am 15. Dezember 1947 erhielt das Saargebiet eine Verfassung, dessen Präambel den wirtschaftlichen Anschluss an die französische Republik einschließlich einer Währungs- und Zolleinheit vorsah[6]. Dies führte zur Einführung des französischen Franken im Saarland (20. November 1947) und der Vorverlegung der deutsch-französischen Zollgrenze an die deutsch-saarländische Grenze (28. Juni 1948)[7]. Diese stärkere Anbindung an Frankreich führte auch im Bereich der Sozialversicherung zu einer Sonderentwicklung[8]. Die Krankenversicherungspflicht der Rentner wurde mit der Verordnung vom 29. Oktober 1946 und diejenige für Kriegshinterbliebene mit der Verordnung vom gleichen Tage für das Saarland neu geregelt[9]. Am 8. Dezem-

---

1 Nach *Schmidt*, Saarpolitik, Band 2, S. 20, war das Saarland am 21.3.1945 von amerikanischen Truppen besetzt worden. Am 10.7.1945 erfolgte die Ablösung durch französische Truppen.

2 *Schlick*, S. 1.

3 ABl. des Regierungspräsidiums Saar 1945, S. 5; *Schlick*, S. 1.

4 *Schmidt*, Saarpolitik, Band 2, S. 2; *Faust*, S. 217 f.

5 *Faust*, S. 217 f.

6 ABl. des Saarlandes 1947, S. 1077, „Verfassung des Saarlandes" vom 15.7.1947.

7 *Schmidt*, Saarpolitik, Band 2, S. 22 f.

8 *Hudemann*, S. 271.

9 ABl. des Saarlandes 1946, S. 241, „Verordnung über die Durchführung der Krankenversicherung der Rentner" vom 29.10.1946; ABl. des Saarlandes 1947, S. 243, „Verordnung über die Krankenversicherung für Kriegshinterbliebene im Saargebiet" vom 29.10.1946.

ber 1946 erging die Verordnung Nr. 74 der französischen Militärregierung[10]. Artikel 1 dieser Verordnung bestimmte:

> „Für das gesamte Saargebiet wird eine eigens für dieses Land bestimmte Einrichtung für soziale Sicherheit ins Leben gerufen.“

Durch die Verfügung des „Gouverneur de la Sarre“ vom 20. Dezember 1946 wurde diese Verordnung konkretisiert[11]. Darin wurde die Landesversicherungsanstalt mit der Ausführung des Planes über die Sozialversicherung des Saarlandes beauftragt. Die LVA wurde gleichzeitig als Rechtsnachfolgerin aller bisheriger Versicherungsträger, mit Ausnahme derjenigen der Bergbaubetriebe und der Eisenbahnverwaltungen, bestimmt. In jedem Kreis sollte die Bildung einer Kreisversicherungsanstalt erfolgen, die der LVA untergeordnet war. Die Versicherungspflicht sollte auf alle „Berufstätigen“ im Saarland, unabhängig von ihrem jährlichen Einkommen, ausgedehnt werden, während für die „freiberuflich Tätigen“ die Anwendung des Sozialversicherungsplans in einer späteren Regelung erfolgen sollte. Diese Formulierung lässt die Annahme zu, dass alle Berufstätigen, einschließlich der Selbständigen, mit Ausnahme der Freiberufler, versicherungspflichtig wurden. Es war aber faktisch nicht der Fall, da mit „freiberuflich Tätige“ in dem hier verwendeten Sinne offenbar alle Selbständigen gemeint waren[12]. Damit war die Versicherungspflicht für alle Selbständigen vorerst zurückgestellt[13]. Die im Jahre 1946 zurückgestellte Versicherungspflicht für Selbständige wurde im Saarland nie umgesetzt.

Mit der Verfügung vom 20. Dezember 1946 waren die Weichen für eine „zentralistisch ausgerichtete Einheitsversicherung“ französischer Prägung im Saarland gestellt[14]. Durch Verordnung Nr. 1 der Verwaltungskommission des Saarlandes vom 26. Juni 1947[15] wurden mit Wirkung zum 1. Juli 1947 die bisherigen Sozialversicherungsträger aufgelöst und ihre Aufgaben von der LVA übernommen. Gemäß Art. 3 dieser Verordnung sollte die Sozialversicherung nach den Vorschriften der RVO bis zu einer endgültigen Neuregelung

10 J.O. CCF 1946, S. 509, „Verordnung Nr. 74 über Schaffung einer Einrichtung für soziale Sicherheit für das gesamte Gebiet des Saarlandes“ vom 8.12.1946.

11 ABl. des Saarlandes 1947, S. 19, „Verfügung des Gouverneurs de la Sarre über die Neuordnung der Sozialversicherung im Saarland“ vom 20.12.1946.

12 Der französische Text bezeichnet diesen Personenkreis als „travailleurs indépendants“.

13 Eine Ausnahme hiervon bildeten die bisher schon nach § 165 a RVO versicherungspflichtigen Selbständigen, wie Hausgewerbetreibende, Lehrer, Artisten, Hebammen und Wochenpflegerinnen.

14 *Schlick*, S. 6.

15 ABl. des Saarlandes 1947, S. 232, „Verordnung Nr. 1 über die Umwandlung der Träger der Sozialversicherung“ vom 26.6.1947.

weitergeführt werden. Die Ausdehnung der Versicherungspflicht durch Wegfall der Einkommensgrenzen erfolgte durch die Verordnung vom 4. November 1947 mit Wirkung zum 15. November 1947[16], nachdem sie vorher vorübergehend ab dem 1. Januar 1947 durch Verdoppelung der Jahresarbeitsverdienstgrenze ausgedehnt worden war[17]. Mit der Verordnung vom 2. März 1948 wurde der Kreis der Versicherungspflichtigen nach §§ 165, 165a RVO für das Saarland neu gefasst[18]. Nicht damit verbunden war eine Ausweitung der Versicherungspflicht, da es sich nur um eine redaktionelle Anpassung an bereits vorher vorgenommene Änderungen handelte. Eine Ausnahme hiervon bedeutete der mit dieser Verordnung verfügte Wegfall des § 172 Nr. 3 RVO, der bisher Personen, die zu ihrer wissenschaftlichen Ausbildung für den zukünftigen Beruf gegen Entgelt beschäftigt waren, versicherungsfrei gestellt hatte. Sie wurden nun krankenversicherungspflichtig. Mit Gesetz vom 31. Januar 1950[19] wurde zum 1. März 1950 die Versicherungspflicht der Studenten eingeführt[20]. Die Versicherungspflicht wurde nicht durch eine Änderung der RVO, sondern durch eine Zuweisung als Versicherte an die LVA nach § 363a Abs. 3 RVO durchgeführt[21]. Das Saarland trug hauptsächlich die Kosten dieser Krankenversicherung, an denen sich die Studenten nur mit einem Eigenanteil von 300 FF je Semester zu beteiligen hatten[22]. Zum 1. Januar 1954 wurde der

16 ABl. des Saarlandes 1947, S. 582, „Verordnung über die Ausdehnung der Versicherungspflicht und Versicherungsberechtigung in der Kranken-, Renten- und knappschaftlichen Versicherung“ vom 4.11.1947.

17 ABl. des Saarlandes 1947, S. 16, „Verordnung über Änderungen der Reichsversicherung“ vom 13.12.1946. Nach § 1 dieser Verordnung war ab dem 1.1.947 die JAV-Grenze (§§ 165 Abs. 2, 165 a Abs. 1, 176 Abs. 1 RVO) für Angestellte und Versicherungsberechtigte von 3.600 RM auf 7.200 RM erhöht worden. Gleichzeitig war auch die Einkommensgrenze nach § 178 RVO von 7.200 RM auf 10.800 RM erhöht worden.

18 ABl. des Saarlandes 1948, S. 318, „Verordnung über Änderungen der Versicherungspflicht in der Krankenversicherung“ vom 2.3.1948.

19 ABl. des Saarlandes 1950, S. 159, „Gesetz über die Krankenversicherung der Studenten“ vom 31.1.1950.

20 Der Erlass vom 20.4.1950 konkretisierte die Versicherungspflicht und erweiterte den Personenkreis auf immatrikulierte Doktoranden und Schüler höherer Lehranstalten des Saarlandes, vgl. ABl. des Saarlandes 1950, S. 343, „Erlass über die Krankenversicherung der Studenten der Universität des Saarlandes und der Schüler anderer Lehranstalten“ vom 20.4.1950.

21 ABl. des Saarlandes 1950, S. 159, „Erlass über die Krankenversicherung der Studenten“ vom 31.1.1950.

22 ABl. des Saarlandes 1950, S. 853, „Gesetz über die Krankenversicherung der Studenten der Universität des Saarlandes und der Schüler anderer Lehranstalten“ vom 30.6.1950. Im Jahre 1953 wurde der Eigenanteil auf 500 FF und 1959 auf 588 FF erhöht, vgl. ABl. des Saarlandes 1953, S. 341 und 1959, S. 1073. Dies entsprach nach der Währungsum-

versicherungspflichtige Personenkreis des § 363a Abs. 3 RVO auf die Diätschülerinnen an staatlich anerkannten Diätschulen erweitert[23].

Am 23. Oktober 1954 wurde zwischen Frankreich und der Bundesrepublik Deutschland ein Abkommen geschlossen, das für das Saarland ein europäisches Statut vorsah[24], jedoch am 23. Oktober 1955 in einer Volksabstimmung mit 67,2 Prozent von der saarländischen Bevölkerung abgelehnt wurde. Es machte Neuverhandlungen über den zukünftigen Status des Saarlandes erforderlich. Am 27. Oktober 1956 verständigten sich Frankreich und Deutschland vertraglich in der Saarfrage[25]. Der Saarvertrag wurde ratifiziert und am 22. Dezember 1956 verkündet[26]. Nach der Vereinbarung erstreckte sich ab dem 1. Januar 1957 das Grundgesetz auf das Saarland (Art. 1). Damit war der Weg einer Rechtsangleichung im Bereich der Sozialversicherung frei. Für die Einführung bundesdeutscher Rechtsvorschriften im Saarland war eine Übergangszeit vereinbart, die nach Art. 3 des Saarvertrages am 31. Dezember 1959 endete. Aufgrund des Gesetzes vom 30. Juni 1959 trat mit dem Ende der Übergangszeit das im gesamten übrigen Bundesgebiet geltende Bundesrecht im Saarland in Kraft[27]. Der § 2 dieses Gesetzes enthielt eine umfangreiche Negativliste von Vorschriften, die von der Geltung im Saarland ausgenommen wurden. Hierzu gehörten nach § 2 IV B auch zahlreiche Vorschriften aus dem Bereich der Reichsversicherungsordnung, die seit 1949 im Bundesgebiet in Kraft gesetzt worden waren. Das bedeutete, dass vorerst im Bereich der Krankenversicherung keine völlige Rechtsangleichung eintrat und weiteren Regelungen vorbehalten blieb. In einem ersten Schritt wurden die Vorschriften über die Krankenversicherungspflicht im Saarland an die Regelungen im übrigen Bundesgebiet durch Gesetz vom 30. Juni 1959 angepasst und zum Ende der Übergangszeit in Kraft gesetzt[28]. Durch die damit verbundene Einführung einer Jahresarbeitsver-

---

stellung auf DM einem Eigenanteil von 5 DM je Semester, vgl. BT-DS Nr. 4/474 vom 13.6.1962, Begründung zu § 16, S. 20.

23 ABl. des Saarlandes 1953, S. 704, „Erlass über die Krankenversicherung der Krankenpflegepersonen und Hilfskräfte in der Gesundheitspflege während der Ausbildung“ vom 1.10.1953.

24 *Schmidt*, Saarpolitik, 3. Band, Anhang S. 685, Text des deutsch-französischen Saarabkommens vom 23.10.1954.

25 *Schmidt*, Saarpolitik, 3. Band, S. 516 ff.

26 BGBl. 1956 II S. 1587, „Gesetz über den Vertrag zwischen der Bundesrepublik Deutschland und der Französischen Republik zur Regelung der Saarfrage“ vom 22.12.1956.

27 BGBl. 1959 I S. 313, „Gesetz zur Einführung von Bundesrecht im Saarland“ vom 30.6.1959.

28 BGBl. 1959 I S. 365, „Gesetz zur Änderung krankenversicherungsrechtlicher Vorschriften im Saarland“ vom 30.6.1959.

dienstgrenze im Saarland, die dort im Jahre 1947 abgeschafft worden war, trat eine Einschränkung der Versicherungspflicht ein. Auch diese Regelung führte noch nicht zu einer vollständigen Anpassung an das Bundesrecht. Abweichend war im Saarland weiterhin die Versicherungspflicht der Studenten und der Diätschülerinnen geregelt. Abweichungen bestanden ebenso im Bereich der Krankenversicherung der Rentner, da das Saarland keine Vorversicherungszeit für die Versicherungspflicht vorsah. Mit dem Sozialversicherungs-Organisationsgesetz Saar vom 28. März 1960 wurde die Krankenversicherung aus der LVA herausgelöst und der neuen AOK des Saarlandes übertragen[29]. Gleichzeitig wurden wieder Sonderkassen zugelassen.

Eine völlige Anpassung an das Bundesrecht brachte erst das Sozialversicherungs-Angleichungsgesetz Saar vom 15. Juni 1963[30]. Darin war eine Besitzstandsregelung für die Rentner vorgesehen, die bereits eine Rente bezogen. Sie blieben weiterhin versicherungspflichtig, auch wenn sie nicht die Vorversicherungszeiten erfüllten (§ 5). Die bisher versicherungspflichtigen Diätschülerinnen fielen aus der Versicherungspflicht heraus, konnten sich aber freiwillig weiterversichern (§ 14 Abs. 2). Eine Übergangsregelung war auch für bereits immatrikulierte versicherungspflichtige Studenten der Universität des Saarlandes und der Schüler anderer Lehranstalten vorgesehen. Sie unterlagen weiterhin der Versicherungspflicht (§ 16). Die neu immatrikulierten Studenten wurden nicht mehr krankenversicherungspflichtig. Zuvor hatte die SPD beantragt, die für Studenten günstige Regelung beizubehalten. Der BT-Abgeordnete Hussong (SPD) verwies darauf, dass ein erheblicher Anteil der saarländischen Studenten aus Frankreich komme. Dort würden Regelungen gelten, die denen der bisherigen saarländischen entsprächen. Im Hinblick auf die vorgesehene europäische Harmonisierung der sozialen Gesetzgebung sollte man sich nicht nach unten orientieren. Vielmehr wäre es wahrscheinlicher, dass sich das zukünftige Krankenversicherungsrecht der Studenten „dem besseren französischen Recht“ anpassen würde[31]. Letztlich scheiterte die SPD mit ihrem Antrag. Mit der Verabschiedung des Anpassungsgesetzes endete ab 1. September 1963 der krankenversicherungsrechtliche Sonderweg des Saarlandes.

---

29 BGBl. 1960 I S. 194, „Gesetz zur Neuordnung der Sozialversicherungsträger im Saarland (Sozialversicherungs-Organisationsgesetz Saar)“ vom 28.3.1960.

30 BGBl. 1963 I S. 402, „Gesetz zur Angleichung des Sozialversicherungsrechts im Saarland an das im übrigen Bundesgebiet geltende Recht (Sozialversicherungs-Angleichungsgesetz Saar)“ vom 15.6.1963.

31 PP 4/76 der BT-Sitzung vom 15.5.1963, S. 3720 ff.

M) Die Krankenversicherung der DDR 1949–1990

Am 7. Oktober 1949 wurde auf dem Gebiet der sowjetischen Besatzungszone die Deutsche Demokratische Republik (DDR) gegründet. Das bisher aufgrund des SMAD-Befehls Nr. 28 vom 28. Januar 1947 für die sowjetische Besatzungszone in der VSV geregelte Sozialversicherungsrecht bestand weiterhin. Der SMAD-Befehl hatte die Einheitsversicherung mit einer umfassenden Versicherungspflicht eingeführt. Die Sozialversicherung wurde durch fünf Sozialversicherungsanstalten (SVA) in den Ländern und Provinzen der sowjetischen Besatzungszone getragen. Diese Anstalten bestanden auch nach Gründung der DDR weiter. Die neue Verfassung der DDR sah in Artikel 16 Abs. 3 ein „einheitliches, umfassendes Sozialversicherungswesen auf der Grundlage der Selbstverwaltung der Versicherten" vor[1]. Damit wurde die Einheitsversicherung zum Verfassungsauftrag. Zugleich wurde hierdurch die Möglichkeit einer weitergehenden Zentralisierung, abweichend von der bisherigen regionalen Gliederung, eröffnet[2]. Bereits im Dezember 1949 wurde durch Verordnung eine Zentralstelle der Sozialversicherung in Berlin gebildet[3]. Geleitet wurde die Zentralstelle von einem Zentralvorstand als oberstem Organ der Selbstverwaltung. Dessen Mitglieder wurden vom FDGB vorgeschlagen. Zudem stand der Zentralvorstand unter Kontrolle und der Aufsicht des FDGB-Bundesvorstandes[4]. Der Zentralvorstand hatte die Aufgabe, die Arbeit der fünf Sozialversicherungsanstalten zu koordinieren, sie anzuleiten und für eine einheitliche Rechtsanwendung zu sorgen[5]. Als neue Aufgabe war die Durchführung eines Finanzausgleichs zwischen den Sozialversicherungsträgern geplant. Ein solcher Finanzausgleich, insbesondere um die finanzschwachen SVA in Mecklenburg und Brandenburg zu unterstützen, war bisher am Widerstand der Länder gescheitert[6]. Mit der Konstituierung von Zentralstelle und Zentralvorstand verloren die fünf Sozialversicherungsanstalten weitge-

1 DDR-GBl. 1949 S. 5, Verfassung der Deutschen Demokratischen Republik" vom 7.10.1949.

2 *Ruß*, S. 80.

3 DDR-GBl.1949 S. 129, „Durchführungsverordnung zur Verordnung über die Sozialpflichtversicherung (Zentralstelle der Sozialversicherung der Länder der Deutschen Demokratischen Republik)" vom 19.12.1949.

4 *Frerich / Frey*, Geschichte der Sozialpolitik, Band 2, S. 266.

5 *Mitzscherling*, Soziale Sicherung DDR, S. 25; *Ruß*, S. 80.

6 *Hoffmann*, Neuordnung in der SBZ/DDR, S. 177.

hend ihre Autonomie[7]. Im Jahre 1951 forderte der FDGB einen weitergehenden Einfluss auf die Sozialversicherung[8]. Am 26. April 1951 erging eine Verordnung, mit der die bisherigen fünf Sozialversicherungsanstalten zu einer einzigen Sozialversicherung als Anstalt des öffentlichen Rechts (AdöR), mit Sitz in Berlin, vereinigt wurden[9]. Die in Berlin vorhandene VAB (Ost) bestand daneben mit Rücksicht auf den seinerzeit besonderen Status Berlins weiter[10]. Ob für die SVA zu diesem Zeitpunkt noch die Bezeichnung „Versicherung" zutraf, ist fraglich, da an die Stelle des Versicherungsprinzips weitgehend das Versorgungsprinzip getreten war[11]. Solche Zweifel bestanden deshalb, weil der SVA viele versicherungsfremde Aufgaben wie die Versorgung der ehemaligen Beamten und Wehrmachtsangehörigen übertragen worden waren[12]. Hinzu kam, dass das für eine Versicherung ausschlaggebende Prinzip von Leistung und Gegenleistung nicht gegeben war, da die Mittel der SVA Teil des Staatshaushaltes der DDR waren[13]. Dadurch wurden diese Mittel auch in die zentrale Wirtschaftsplanung einbezogen[14].

Durch die Verordnung vom 26. April 1951 wurde die Leitung und Kontrolle der Sozialversicherung dem FDGB-Bundesvorstand „in aller Form übertragen"[15]. Damit „riss der FDGB endgültig die Sozialversicherung an sich"[16]. Es war aber noch nicht der Abschluss der zentralistischen Entwicklung, sondern lediglich der „Beginn einer neuen weiterführenden Etappe der Umorganisation", die letztlich in der Übernahme der Sozialversicherung durch den FDGB münden sollte[17]. Die Weichen zur Übernahme wurden auf dem 4. FDGB-Kongress 1955 gestellt[18].

Vor der Übernahme war zu klären, ob sich diese auch auf die pflichtversicherten Selbständigen erstrecken sollte. Übereinstimmend sahen SED-Führung,

---

7 *Frerich / Frey*, Geschichte der Sozialpolitik, Band 2, S. 266.

8 *Mitzscherling*, Soziale Sicherung DDR, S. 258 f.; *Hoffmann*, Neuordnung in der SBZ/DDR, S. 197 f., 248 f.

9 DDR-GBl. 1951 S. 325, „Verordnung über die Sozialversicherung" vom 26.4.1951.

10 *Ruß*, S. 84; *Frerich / Frey*, Geschichte der Sozialpolitik, Band 2, S. 268.

11 *Haas / Leutwein*, S. 116.

12 *Haas / Leutwein*, S. 116.

13 *Haas / Leutwein*, S. 115; *Münke*, S. 219 f.; *Mrotzeck*, S. 39 f.

14 *Hoffmann*, Neuordnung in der SBZ/DDR, S. 119 f.

15 *Mampel*, Band 1, S. 17; *Frerich / Frey*, Geschichte der Sozialpolitik, Band 2, S. 268.

16 *Mampel*, Band 1, S. 17.

17 *Münke*, S. 220 f.

18 *Liebscher / Thude*, S. 90 ff.; *Peschke*, S. 474 f.; *Frerich / Frey*, Geschichte der Sozialpolitik, Band 2, S. 275.

Arbeitsministerium und FDGB es als Aufgabe der Gewerkschaft an, die Sozialversicherung langfristig zu einer Pflichtversicherung für Arbeiter und Angestellte umzugestalten[19]. Deshalb könnten die Selbständigen „aufgrund ihrer ökonomischen Stellung nicht von den Gewerkschaften vertreten werden“[20]. Man entschied sich dafür, die Selbständigen aus der Sozialversicherung auszugliedern, was durch die Verordnung vom 2. März 1956 geschah, mit der die Selbständigen rückwirkend zum 1. Januar 1956 aus der Sozialversicherung ausgegliedert und ihre Versicherungen auf die Deutsche Versicherungs-Anstalt (DVA) übertragen wurden[21]. Bis dahin war die DVA nur als Monopolunternehmen für die Individualversicherung der DDR zuständig gewesen[22]. Parallel dazu wurden die Berliner Selbständigen aus der VAB ausgegliedert und an die Groß-Berliner Versicherungsanstalt überwiesen[23]. Begründet wurde die Ausgliederung damit, dass die ausgegliederten Selbständigen ein schlechtes Risiko darstellten und die Sozialversicherung übermäßig belasteten[24]. Der FDGB sah in dem Ausschluss der Selbständigen ein Mittel, das „anhaltende Defizit“ der Sozialversicherung abzubauen[25]. Nach der Ausgliederung wurden die Beiträge der Selbständigen erheblich erhöht[26]. Eine Ausgliederung stand im Widerspruch zur Intention einer Einheitsversicherung, deren Ziel der weitgehende Risikoausgleich zwischen den Versichertengruppen sein sollte. Hier wurde bewusst eine gezielte Spaltung zwischen Versichertengruppen herbeigeführt. Dies widersprach einem „sozialistischen System“, in dem die Solidarität erklärtermaßen ganz oben stand. Die Trennung war auch nicht verfassungsgemäß, da Art. 16 Abs. 3 der DDR-Verfassung ein „einheitliches Sozialversicherungswesen“ forderte[27]. Bemerkenswert ist hier, wie die Ausgliederung der Selbständigen in der Präambel der Verordnung vom 2. März 1956 begründet wurde. In dieser wurde festgestellt, dass die Selbständigen nach der „Zerschlagung des faschistischen Regimes“ nicht in der Lage waren, bei Krankheit für sich selbst zu sorgen. Deshalb wären sie 1947 „zunächst“ in die Sozialversicherung der Arbeiter und Angestellten einbezogen worden. Durch die Hilfe des „Arbeiter-und-

---

19 *Hoffmann*, Neuordnung in der SBZ/DDR, S. 296; *Münke*, S. 234 f.

20 *Rühl*, AuS 1956, S. 254; *Ruß*, S. 88.

21 DDR-GBl. 1956 I S. 257, „Verordnung zur Übertragung der Sozialversicherung für Bauern, Handwerker, selbständig Erwerbstätige und Unternehmer sowie freiberuflich Tätige auf die Deutsche Versicherungs-Anstalt“ vom 2.3.1956.

22 *Frerich / Frey*, Geschichte der Sozialpolitik, Band 2, S. 276.

23 VOBl. für Groß-Berlin 1956 S. 481.

24 *Mitzscherling*, Soziale Sicherung DDR, S. 27; *Mampel*, Band 1, S. 17; *Ruß*, S. 89.

25 *Pretzlik*, S. 88.

26 *Rühl*, A.u.S. 1956, S. 254 (255); *Pretzlik*, S. 88.

27 *Mampel*, Band 1, S. 18; *Frerich / Frey*, Geschichte der Sozialpolitik Band 2, S. 279.

Bauern-Staates“ hätten sich ihre ökonomischen Verhältnisse inzwischen stark verbessert und sie in die Lage versetzt, den Schutz bei Krankheit durch einen eigenen Versicherungsfonds selbst zu sichern.

Von der Ausgliederung betroffen waren nach § 1 der Verordnung vom 2. März 1956 selbständige Land- und Forstwirte, Handwerker, Gewerbetreibende und Unternehmer, sonstige selbständig Erwerbstätige, freiberuflich Tätige und Mitglieder der Kollegien der Rechtsanwälte. Hingegen nicht von der Ausgliederung betroffen waren die freiberuflich tätigen Ärzte, Zahnärzte und Tierärzte. Offenbar fühlte sich der FDGB bei diesen Berufen weiterhin zur Interessenvertretung berufen[28]. Durch die Ausgliederung war der Weg frei für die vollständige Übernahme der Sozialversicherung durch den FDGB, was durch die Verordnung vom 23. August 1956 erfolgte[29]. Nach dem vom FDGB aufgrund der Ermächtigung des § 8 der Verordnung erlassenen Statut erhielt die Sozialversicherung der Arbeiter und Angestellten die Bezeichnung „Verwaltung der Sozialversicherung des FDGB“ und den Status einer juristischen Person[30]. Für Berlin erfolgten die entsprechenden Änderungen durch die Verordnung vom 23. Januar 1957[31] und dem Statut vom 14. Mai 1957[32]. Dort nannte sich die VAB nun „Verwaltung der Sozialversicherung“ und war eine Abteilung des FDGB mit der Bezeichnung „FDGB, Bezirksvorstand Groß-Berlin, Verwaltung der Sozialversicherung (VAB)“.

Im Jahre 1959 erfolgte eine weitere Abgrenzung der Personenkreise zwischen der „Verwaltung der Sozialversicherung“ und der DVA. Mit der Verordnung vom 19. Februar 1959[33] wurden die Mitglieder landwirtschaftlicher Produktionsgenossenschaften (LPG) und mit der Verordnung vom 30. April 1959[34] die der Produktionsgenossenschaften des Handwerks (PGH) und der Produktionsge-

28 *Mampel*, Band 1, S. 17.

29 DDR-GBl. 1956 I S. 68, „Verordnung über die Sozialversicherung der Arbeiter und Angestellten“ vom 23.8.1956.

30 Statut der Verwaltung der Sozialversicherung des Freien Deutschen Gewerkschaftsbundes vom 13.12.1956, abgedruckt in: Mampel, Band 2, Anlage 2 a, S. 9.

31 VOBl. Gross-Berlin 1957 I S. 49, „Verordnung über die Sozialversicherung der Arbeiter und Angestellten“ vom 23.1.1957.

32 Statut der Verwaltung der Sozialversicherung (VAB) vom 14.5.1957, abgedruckt in: *Mampel*, Band 2, Anlage 2 b, S. 11.

33 DDR-GBl. 1959 I. S. 137, „Verordnung über die Sozialpflichtversicherung für Mitglieder Landwirtschaftlicher Produktionsgenossenschaften“ vom 19.2.1959.

34 DDR-GBl. 1959 I S. 513, „Verordnung über die Sozialpflichtversicherung für Mitglieder der Produktionsgenossenschaften des Handwerks und der Produktionsgenossenschaften werktätiger Fischer“ vom 30.4.1959.

nossenschaften werktätiger Fischer (PGF)[35] aus der Sozialversicherung ausgegliedert und der DVA zugewiesen. Hierdurch sollte die „Rückkehr der durch Kollektivierungsmaßnahmen unselbständig gewordenen Bauern und Handwerker in die Sozialversicherung der Arbeiter und Angestellten verhindert werden“[36].

Die in den 1950er Jahren entstandenen organisatorischen Veränderungen und Aufgabenverteilungen wurden durch das Gesetzbuch der Arbeit (GBA) vom 12. April 1961[37] bestätigt[38]. Das GBA enthielt grundsätzliche Bestimmungen über die Sozialversicherung der Arbeiter und Angestellten (SVAA). In Umsetzung dieser Grundsätze erging am 21. Dezember 1961 die Verordnung über die Sozialversicherung der Arbeiter und Angestellten (SVO)[39]. Mit der SVO wurde das Organisationsrecht ab dem 1. Januar 1962 neugestaltet und die bisher in Verordnungen verstreuten sozialversicherungsrechtlichen Regelungen zusammengefasst. Für Arbeiter und Angestellte wurden die bisher geltenden Regelungen der VSV aus dem Jahre 1947 aufgehoben (§ 81 SVO)[40], während sie für die Selbständigen in der DVA vorerst unverändert weiter bestanden. Erst ab dem 1. Januar 1969 wurde auch das Organisationsrecht der DVA durch die Verordnung vom 19. November 1968 neu gefasst[41]. Es erfolgte die Umbenennung der DVA als Träger der Sozialversicherung in „Staatliche Versicherung der Deutschen Demokratischen Republik“ (SV-StV). Zeitgleich erfolgte eine Fusion mit der Vereinigten Großberliner Versicherungsanstalt, die bisher die versicherungspflichtigen Selbständigen Berlins versichert hatte[42].

Bisher dargestellte Änderungen im Sozialversicherungsrecht bis 1970 betrafen die Organisation der Sozialversicherung. Für den Umfang der Versicherungspflicht galten dagegen die Vorschriften der VSV von 1947 „weitgehend“ unverändert. Insoweit kann für den versicherungspflichtigen Personenkreis auf die Ausführungen zur VSV in der sowjetischen Besatzungszone verwiesen

35 Ab 1978 wurde die Bezeichnung Fischereiproduktionsgenossenschaften der See- und Küstenfischer (FPG) verwendet, vgl. VO vom 9.12.1977, DDR-GBl. 1978 I S. 3, § 1 b.

36 *Mitzscherling*, S. 28; *Ruß*, S. 91; *Frerich / Frey*, Geschichte der Sozialpolitik, Band 2, S. 279.

37 DDR-GBl. 1961 I S. 27, „Gesetzbuch der Arbeit der Deutschen Demokratischen Republik vom 12.4.1961.

38 *Frerich / Frey*, Geschichte der Sozialpolitik, Band 2, S. 281.

39 DDR-GBl. 1961 II S. 533, „Verordnung über die Sozialversicherung der Arbeiter und Angestellten“ (SVO) vom 21.12.1961; Zur Übernahme der DDR-Gesetzgebung in Groß-Berlin vgl. VOBl. für Groß-Berlin 1962 S. 327 ff.

40 *Ruß*, S. 92 f.; *Frerich / Frey*, Geschichte der Sozialpolitik, Band 2, S. 281.

41 DDR-GBl. 1968 II S. 941, „Verordnung über das Statut der Staatlichen Versicherung der DDR“ vom 19.11.1968.

42 *Pretzlik*, S. 97.

werden[43]. Allerdings blieb auch der Umfang des versicherungspflichtigen Personenkreises nicht völlig unberührt. Bereits 1950 wurden die Studenten, Hoch- und Fachschüler in den Kreis der Versicherungspflichtigen einbezogen[44].

Das „Gesetz zur Förderung des Handwerks" vom 9. August 1950[45] sah in § 8 die Versicherungspflicht aller selbständigen Handwerker vor, somit auch derjenigen, die mehr als fünf Arbeitskräfte beschäftigten. Diese Erweiterung wurde nicht umgesetzt, da sich Finanz- und Arbeitsministerium nicht darüber einigen konnten, welcher Beitrag für Handwerker mit mehr als fünf Beschäftigten zu erheben war[46]. Im Jahre 1953 wurden die Seeleute versicherungspflichtig, die unter der Handelsflagge der DDR fuhren[47]. Es folgten 1954 die Mitglieder von Kollegien der Rechtsanwälte[48]. Nebenamtliche und nebenberufliche Lehrkräfte, die kein Einkommen aus einem Hauptberuf hatten, wurden 1954 versicherungspflichtig, wenn sie monatlich ein Einkommen von mehr als 40 Mark hatten[49]. Die Jugendlichen, die in Produktionswerkstätten oder Wirtschaftseinrichtungen der Jugendwerkhöfe[50] arbeiteten, unterlagen der Versicherungspflicht ab dem 1. Dezember 1956[51]. Im Jahre 1957 wurden die persönlich haftenden Gesellschafter (Komplementäre) als Selbständige von solchen Betrieben versicherungspflichtig, an denen der Staat beteiligt war und in denen nicht mehr als fünf versicherungspflichtige Arbeitskräfte beschäftigt wurden[52]. Die Versicherung erfolgte dabei durch die DVA. Zugleich wurden die Ehegatten der Komplementäre sowie die anderen Gesellschafter (Kom-

43 Vgl. oben Abschnitt K), III., 2.

44 DDR-GBl. 1950 S. 71, „Verordnung über die Sozialpflichtversicherung der Studenten, Hoch- und Fachschüler" vom 2.2.1950.

45 DDR-GBl. 1950 S. 827, „Gesetz zur Förderung des Handwerks" vom 9.8.1950.

46 *Hoffmann*, Neuordnung in der SBZ/DDR, S. 220 f.

47 DDR-GBl. 1953 S. 583, „Verordnung über die Arbeit und das Verhalten an Bord von Seeschiffen (Seemannsordnung)" vom 16.4.1953.

48 DDR-GBl. 1954 S. 311, „Verordnung zur Änderung der Verordnung über die Bildung von Kollegien der Rechtsanwälte" vom 18.3.1954.

49 DDR-GBl. 1954 S 341, „Dritte Durchführungsbestimmung zur Verordnung über die Vergütung der Tätigkeit der Lehrkräfte und der Pionierleiter an allgemeinbildenden Schulen sowie der Lehrkräfte für die Lehrer- und Erzieherbildung" vom 20.3.1954.

50 Jugendwerkhöfe waren Erziehungseinrichtungen, in denen „erziehungsschwierige Jugendliche entsprechend dem Erziehungsziel der deutschen demokratischen Schule zu vollwertigen Mitgliedern der Gesellschaft und zu bewussteren Bürgern der DDR erzogen" wurden; vgl. § 1 der Anordnung vom 11.12.1956, DDR-GBl. 1956 I S. 1336.

51 DDR-GBl. 1956 I S. 1336, „Anordnung über die Durchführung der Aufgaben in den Jugendwerkhöfen" vom 11.12.1956.

52 DDR-GBl. 1957 I S. 318, „Anordnung über die Sozialversicherung der Gesellschafter und deren Ehegatten in Betrieben mit staatlicher Beteiligung" vom 6.5.1957.

manditisten) und deren Ehegatten in Betrieben mit staatlicher Beteiligung bei der SVAA versicherungspflichtig. Voraussetzung hierfür war, dass sie mit Zustimmung aller Gesellschafter im Betrieb arbeiteten und durch ihre Tätigkeit eine andere Arbeitskraft ersetzten. Selbständige Handwerker mit mehr als fünf Arbeitskräften, deren Einbeziehung in die Versicherungspflicht 1950 noch gescheitert war, wurden 1958 versicherungspflichtig[53].

Die DDR hatte sich von Beginn an mit der sozialversicherungsrechtlichen Behandlung der Mitglieder von Produktionsgenossenschaften schwergetan. „Offensichtlich sollten diese Personengruppen weder als Arbeiter und Angestellte noch als selbständige Erwerbstätige behandelt werden“[54]. Erstmalig erfolgte im Jahre 1955 eine umfassende Regelung zur Versicherungspflicht der Mitglieder landwirtschaftlicher Produktionsgenossenschaften (LPG)[55]. Es wurde festgelegt, dass LPG-Mitglieder, die vor ihrem Beitritt zur LPG Einzelbauern gewesen waren, den vorherigen versicherungsrechtlichen Status beibehielten. Das bedeutete, dass bisherige Bauern mit bis zu fünf beschäftigten Arbeitskräften weiterhin versicherungspflichtig blieben. Das Gleiche galt für die bisherigen unselbständigen Landarbeiter, wenn sie LPG-Mitglieder geworden waren. Die Bauern, die vorher mehr als fünf Arbeitskräfte beschäftigten und deshalb aufgrund der VSV nicht versicherungspflichtig gewesen waren, wurden auch nach ihrem LPG-Beitritt nicht versicherungspflichtig. Eine Änderung dieser unterschiedlichen Behandlung von LPG-Mitgliedern erfolgte durch die Verordnung vom 19. Februar 1959[56], mit der alle LPG-Mitglieder unterschiedslos der Versicherungspflicht unterlagen. Mit der Verordnung vom 30. April 1959 wurde nun auch die Versicherungspflicht der Mitglieder von Produktionsgenossenschaften des Handwerks (PGH) und werktätiger Fischer (PGF) geregelt[57]. Verbunden war die Neuregelung für die Mitglieder der LPG, PGH und PGF mit der Ausgliederung aus der SVAA und der Zuweisung zur DVA.

---

53 DDR-GBl. 1958 I S. 565, „Zehnte Durchführungsbestimmung zum Gesetz zur Förderung des Handwerks“ vom 30.6.1958.

54 *Frerich / Frey*, Geschichte der Sozialpolitik, Band 2, S. 279.

55 DDR-GBl. 1955 I S. 96, „Verordnung über die Sozialpflichtversicherung für Mitglieder Landwirtschaftlicher Produktionsgenossenschaften“ vom 20.1.1955.

56 DDR-GBl. 1959 I S. 137, „Verordnung über die Sozialpflichtversicherung für Mitglieder landwirtschaftlicher Produktionsgenossenschaften“ vom 19.2.1959.

57 DDR-GBl. 1959 I S. 513, „Verordnung über die Sozialpflichtversicherung für Mitglieder der Produktionsgenossenschaften des Handwerks und der Produktionsgenossenschaften werktätiger Fischer“ vom 30.4.1959.

Erweitert wurde die Sozialpflichtversicherung mit der Verordnung vom 15. Dezember 1970[58] über den Kreis der LPG-Mitglieder hinaus auf Mitglieder weiterer „sozialistischer Produktionsgenossenschaften der Landwirtschaft“ wie die gärtnerischen Produktionsgenossenschaften (GPG), die Produktionsgenossenschaften werktätiger Binnenfischer (PwF), werktätiger Zierfischzüchter (PwZ), werktätiger Pelztierzüchter (PwP) sowie auf Personen, die in zwischengenossenschaftlichen Einrichtungen (ZGE) dieser Genossenschaften tätig waren (§ 1 der VO vom 15. Dezember 1970).

Für Selbständige galt im Jahre 1970 im Gegensatz zu Arbeitern und Angestellten immer noch die VSV des Jahres 1947. Das bedeutete, dass die Versicherungspflicht weiterhin auf Selbständige mit höchstens fünf Arbeitskräften begrenzt war. Für Handwerker war diese Beschränkung bereits 1958 aufgehoben worden, während sie für alle anderen Selbständigen erst durch die Verordnung vom 15. Dezember 1970 aufgehoben wurde[59]. Ziel dieser Verordnung war die Angleichung der Sozialpflichtversicherung „der anderen Werktätigen“ an die Versicherung der Arbeiter und Angestellten. Damit zusammenhängend wurde zeitgleich ab dem 1. Januar 1971 die Sozialpflichtversicherung der in eigener Praxis tätigen Ärzte, Zahnärzte und Tierärzte sowie der freiberuflich tätigen Kultur- und Kunstschaffenden neu gefasst[60]. Letzterer Personenkreis wurde nur versicherungspflichtig, wenn er ein Einkommen von mindestens 900 Mark im Kalenderjahr hatte. Die Versicherung dieser Personen wurde weiterhin von der SVAA durchgeführt. Zum gleichen Zeitpunkt wurde auch die Sozialpflichtversicherung der Inhaber privater Betriebe, der freiberuflich Tätigen und anderer Selbständiger neu gefasst[61], wobei deren Versicherung von der SV-StV durchgeführt wurde.

Seit 1947 war in der SBZ und der DDR die Versicherungspflicht immer umfassender geregelt worden. Fast unbemerkt davon blieb, dass es auch eine gegenläufige Entwicklung gab, bei der Personenkreise aus dem versicherungspflichtigen Personenkreis herausgenommen wurden. So waren die Geistlichen

58 DDR-GBl. 1970 II S. 767, „Verordnung über die Sozialpflichtversicherung für Mitglieder sozialistischer Produktionsgenossenschaften der Landwirtschaft“ vom 15.12.1970.

59 DDR-GBl. 1970 II S. 773, „Verordnung über die Aufhebung bzw. Änderung von Rechtsvorschriften auf dem Gebiet der Sozialversicherung“ vom 15.12.1970.

60 DDR-GBl. 1970 II S. 770, „Verordnung über die Sozialpflichtversicherung der in eigener Praxis tätigen Ärzte, Zahnärzte, Tierärzte und der freiberuflich tätigen Kultur- und Kunstschaffenden“ vom 15.12.1970.

61 DDR-GBl. II 1970 S. 771, „Verordnung über die Sozialpflichtversicherung der Inhaber privater Betriebe, der freiberuflich Tätigen und anderer selbständig Tätigen“ vom 15.12.1970.

und Mitglieder religiöser Orden ursprünglich nach der VSV 1947 nur dann versicherungsfrei, wenn sie seelsorgerisch tätig waren. Dies änderte sich 1958, als alle in kirchlichen Einrichtungen beschäftigten Arbeiter und Angestellten versicherungsfrei gestellt wurden, auch wenn sie nicht seelsorgerisch tätig waren[62]. Voraussetzung für deren Versicherungsfreiheit war, dass sie zur Kirche in einem Arbeitsverhältnis auf Lebenszeit standen und ihnen daraus von der Kirche eine Altersversorgung gewährt wurde (z.B. Präsidenten, Kirchenräte, Konsistorialräte und sonstige Mitglieder der Kirchenbehörden, Inspektoren, Obersekretäre und Sekretäre)[63].

Im Jahre 1978 wurde durch die Verordnung vom 9. Dezember 1977 für Selbständige und ihre ständig mitarbeitenden Ehegatten ein jährliches Mindesteinkommen in Höhe von 900 Mark als Voraussetzung für die Versicherungspflicht eingeführt[64]. Dies galt auch für die in eigener Praxis tätigen Ärzte, Zahnärzte, Tierärzte und ihre Ehegatten[65]. Bisher hatte diese Einkommensgrenze nur für die freiberuflichen Kunst- und Kulturschaffenden seit 1971 gegolten.

Darzustellen sind noch die Veränderungen der Sozialversicherung, die im Zusammenhang mit der Wiedervereinigung stehen und die in einer vollen Übernahme des bundesdeutschen Rechts mündeten. Nach den Volkskammerwahlen am 18. März 1990 bildete sich unter Lothar de Maiziére eine Koalitionsregierung. Die Koalitionsvereinbarung vom 12. April 1990 sah für die mit der BRD abzuschließende Sozialunion hinsichtlich der Sozialversicherung eine „Krankenpflichtversicherung für alle Erwerbstätigen“ vor[66]. Dabei sollte die Krankenversicherung durch einen „kassenneutralen Träger“ mit einheitlichem Beitrag durchgeführt werden. Ein „später mögliches gegliedertes Krankenversicherungssystem“ sollte „Wahlfreiheit und Kontrahierungszwang“ vorsehen. Offenbar ging man zu diesem Zeitpunkt noch davon aus, die in der DDR be-

62 DDR-GBl. 1958 I S. 84, „Zehnte Durchführungsverordnung zur Verordnung über Sozialpflichtversicherung“ vom 18.1.1958 und DDR-GBl. 1958 I S. 84, „Anordnung über die arbeitsrechtliche Stellung der in kirchlichen Einrichtungen beschäftigten Arbeiter und Angestellten“ vom 18.1.1958.

63 *Mampel*, Band 1, S. 13.

64 DDR-GBl. 1978 I S. 1, „Verordnung über die Sozialversicherung bei der Staatlichen Versicherung der Deutschen Demokratischen Republik“ vom 9.12.1977.

65 DDR-GBl. 1977, Sonderdruck Nr. 942, S. 1, „Verordnung über die Sozialpflichtversicherung der in eigener Praxis tätigen Ärzte, Zahnärzte, Tierarzte und der freiberuflich tätigen Kultur- und Kunstschaffenden“ vom 9.12.1977.

66 *Mrotzeck / Püschel*, Krankenversicherung und Alterssicherung, S. 124 ff., Abdruck der auszugsweisen Koalitionsvereinbarung zwischen den Fraktionen der CDU, DSU, dem DA, den Liberalen (DFP, BFD, F.D.P.) und der SPD vom 12.4.1990, Abschnitt II 2. Sozialversicherung.

stehende umfassende Versicherungspflicht (auch für Selbständige) nach einer Wiedervereinigung aufrechterhalten und vorerst längere Zeit mit einer einzigen neutralen Basis-Krankenversicherung arbeiten zu können. Noch vor Abschluss der Koalitionsvereinbarung der DDR-Parteien hatten die Spitzenverbände der BRD-Krankenkassen, mit Ausnahme des AOK-Bundesverbandes, am 28. März 1990 ihre Grundsatzpositionen zur Einführung einer gegliederten Krankenversicherung bekannt gegeben[67]. Sie forderten darin eine schnelle Umstellung auf die gegliederte Krankenversicherung mit einheitlichem Krankenversicherungsrecht spätestens zum 1. Januar 1991. Dahinter stand die Befürchtung der Sonderkassen (Betriebs-, Innungs- und Ersatzkassen), bei Einrichtung einer neutralen Basis-Krankenversicherung auf lange Zeit vom Markt ausgeschlossen zu werden. Genährt wurde dies durch einen Ressortentwurf des Bundearbeitsministeriums, das beim Staatsvertrag auf einen „längeren Übergangszeitraum votierten" würde[68]. Die Krankenkassen hatten hier noch das Beispiel der „Wiedervereinigung mit dem Saarland" im Jahre 1957 vor Augen, bei der die Sonderkassen lange Zeit am Marktzugang behindert und benachteiligt worden waren[69].

Der Staatsvertrag zwischen BRD und DDR zur Schaffung einer Währungs-, Wirtschafts- und Sozialunion vom 18. Mai 1990[70], der zum 1. Juli 1990 in Kraft trat, enthielt in Kapitel IV die Bestimmungen zur Sozialunion. Artikel 18 sah vor, dass die Aufgaben der Renten-, Kranken- und Unfallversicherung „zunächst" von einem „gemeinsamen Träger" durchgeführt werden sollten. Dabei sollten „möglichst" bis zum 1. Januar 1991 eigenständige Träger dieser Sozialversicherungszweige gebildet werden. Ziel war eine Organisationsstruktur, die derjenigen der BRD entsprach. Für eine „Übergangszeit" konnte nach dem Vertrag die „bestehende umfassende Sozialversicherungspflicht" beibehalten werden. Allerdings sollte bei Selbständigen und freiberuflich Tätigen die Befreiung von der Versicherungspflicht vorgesehen werden, wenn sie eine „ausreichende anderweitige Sicherung" nachweisen konnten. Damit war der Weg für das Ausscheiden dieser Personengruppe aus der Sozialpflichtversicherung durch den Abschluss privater Krankenversicherungen vorgezeichnet.

---

67 Schreiben der KV-Spitzenverbände vom 28.3.1990, Angebot an die DDR: Einführung einer gegliederten sozialen Krankenversicherung mit Selbstverwaltung, abgedruckt bei: *Mrotzeck / Püschel*, Anlage 2, S. 122.

68 *Manow*, Gesundheitspolitik, S. 76.

69 *Manow*, Gesundheitspolitik, S. 79 ff.

70 BGBl. 1990 II S. 518, „Gesetz zu dem Vertrag vom 18.5.1990 über die Schaffung einer Währungs-, Wirtschafts- und Sozialunion zwischen der Bundesrepublik Deutschland und der Deutschen Demokratischen Republik" vom 25.6.1990.

Die DDR verpflichtete sich, alle Maßnahmen zur Angleichung an das Krankenversicherungsrecht der BRD einzuleiten (Art. 21). Durch das Gesetz über die Sozialversicherung (SVG) vom 28. Juni 1990, das am 1. Juli 1990 in Kraft trat, trug die DDR dieser Verpflichtung Rechnung[71]. Mit diesem Gesetz erfolgte eine erste Angleichung an die Vorschriften der BRD zur Versicherungspflicht und Versicherungsfreiheit. Den selbständig Tätigen wurde ein Antragsrecht auf Befreiung von der Versicherungspflicht eingeräumt (§ 16 SVG). Kranken-, Renten- und Unfallversicherung wurden weiterhin unter dem Dach eines gemeinsamen Sozialversicherungsträgers geführt. Jedoch wurden ab dem 1. Juli 1990 Einnahmen und Ausgaben der Versicherungszweige getrennt verwaltet. Zusammengeführt wurden die bisher in der DDR getrennte Sozialversicherung der Arbeiter und Angestellten und die bisherige Sozialversicherung bei der Staatlichen Versicherung[72]. Mit dem Kassenerrichtungsgesetz vom 13. September 1990[73] wurde es den Kassenarten ermöglicht, noch im Jahre 1990 Krankenkassen zu errichten, wobei die Errichtung nach § 46 frühestens zum 1. Januar 1991 wirksam werden sollte.

Eine weitere Phase der Angleichung wurde durch den Einigungsvertrag vom 31. August 1990 eingeleitet[74], der vorsah, dass der zum 1. Juli 1990 neu installierte gemeinsame Träger der Sozialversicherung zum 1. Januar 1991 in eine rechtsfähige Anstalt des öffentlichen Rechts mit der Bezeichnung „Überleitungsanstalt Sozialversicherung“ umgewandelt wurde[75]. Diese Überleitungsanstalt sollte nur die Aufgaben der Renten- und Unfallversicherung wahrnehmen, während der Versicherungszweig der Krankenversicherung aufgelöst wurde[76]. Für die Krankenversicherung galten ab dem 1. Januar 1991 die in der BRD geltenden Regelungen, somit auch das gegliederte Krankenkassensystem (§ 308 SGB V)[77]. Abweichend davon wurde bestimmt, dass für jeden Bezirk eine Ortskrankenkasse ab dem 1. Januar 1991 zu errichten war (§ 312 Abs. 2 SGB V). Den Ortskrankenkassen wurden dabei die Aufgaben der bisherigen Sozialversicherung übertragen, sofern nicht andere (inzwischen gegründete)

---

71 DDR-GBl. 1990 I S. 486, „Gesetz über die Sozialversicherung (SVG)“ vom 28.6.1990.

72 *Mrotzeck / Püschel*, S. 77 f.

73 DDR-GBl. 1990 I S. 1538, „Gesetz zur Errichtung von Krankenkassen (Kassenerrichtungsgesetz)“ vom 13.9.1990.

74 BGBl. 1990 II S. 885, Gesetz zum Vertrag vom 31.8.1990 zwischen der Bundesrepublik Deutschland und der Deutschen Demokratischen Republik über die Herstellung der Einheit Deutschlands – Einigungsvertragsgesetz und der Vereinbarung vom 18.9.1990“ vom 23.9.1990; für die DDR-Seite, vgl. DDR-GBl. 1990 I S. 1627.

75 Einigungsvertrag, Anlage I, Kapitel VIII, Sachgebiet F, Abschnitt II, § 1.

76 Einigungsvertrag, Anlage I, Kapitel VIII, Sachgebiet F, Abschnitt II, § 2.

77 Einigungsvertrag, Anlage I, Kapitel VIII, Sachgebiet G, Abschnitt II, Nr. 1.

Krankenkassen zuständig waren. Zum 1. Januar 1991 traten die bundesdeutschen Regelungen zur Versicherungspflicht in dem Beitrittsgebiet in Kraft. Die Selbständigen, die bisher in der DDR versicherungspflichtig gewesen waren und nun aus der Versicherungspflicht ausschieden, blieben ohne Antrag freiwillig versichert. Damit galt 45 Jahre nach Kriegsende in Deutschland wieder eine einheitliche Krankenversicherungspflicht. Allerdings muss auch diese Aussage wieder relativiert werden, da die Teilung Deutschlands und die damit verbundene unterschiedliche Entwicklung zwischen Ost und West auch in der Folgezeit Auswirkungen auf den Umfang der Versicherungspflicht hatte. So galt aufgrund des unterschiedlichen Lohnniveaus bis zum Jahr 2000 für die Krankenversicherung im Osten eine geringere Jahresarbeitsentgeltgrenze als im Westen[78].

78 Vgl. hierzu § 309 SGB V in der Fassung des Einigungsvertrages 1990 und die Änderung durch Gesetz vom 22.12.1999, BGBl. 1999 I S. 2657.

N) Das Krankenversicherungsrecht der Bundesrepublik Deutschland ab 1949

I. Die Fortgeltung früheren Rechts

Am 8. Mai 1949 hatte der Parlamentarische Rat das „Grundgesetz für die Bundesrepublik Deutschland" (GG) beschlossen. Dieses wurde von der Mehrheit der Länder angenommen und am 23. Mai 1949 im Bundesgesetzblatt veröffentlicht[1]. Nach Art. 123 GG galt das frühere Recht fort, soweit es dem Grundgesetz nicht widersprach. Früheres Recht, das Gegenstände der konkurrierenden Gesetzgebung des Bundes betraf, wie das Sozialversicherungsrecht (Art. 74 Ziff. 12 GG), wurde nach Art. 125 GG Bundesrecht, wenn es innerhalb einer oder mehrerer Besatzungszonen einheitlich galt oder es sich um Recht handelte, durch das nach dem 8. Mai 1945 früheres Reichsrecht abgeändert worden war. Damit wurden die seit dem 8. Mai 1945 in den Besatzungszonen vorgenommenen sozialversicherungsrechtlichen Änderungen zum Bundesrecht. Durch Art. 127 GG konnte die Bundesregierung mit Zustimmung der Länder das „Recht der Verwaltung des Vereinigten Wirtschaftsgebietes", das in obiger Weise als Bundesrecht galt, innerhalb eines Jahres in den Ländern Baden, Groß-Berlin, Rheinland-Pfalz und Württemberg-Hohenzollern in Kraft setzen. Dies erfolgte durch Gesetz vom 12. Mai 1950[2], mit dem das Sozialversicherungs-Anpassungsgesetz der Bizone vom 17. Juni 1949 in dem Gebiet der früheren französischen Zone Geltung erhielt. Es war nur ein erster Schritt zu einem einheitlichen Sozialversicherungsrecht im Bundesgebiet, da hiermit die in den Besatzungszonen seit 1945 im Sozialversicherungsrecht entstandene Rechtszersplitterung nur teilweise aufgehoben wurde. Eine Rechtsangleichung erfolgte in den folgenden Jahren schrittweise durch weitere Bundesgesetze.

---

1 BGBl. 1949 I S. 1 „Grundgesetz für die Bundesrepublik Deutschland" vom 23.5.1949.

2 BGBl. 1950 I S. 179, „Verordnung über die Erstreckung von Sozialversicherungsrecht der Verwaltung des Vereinigten Wirtschaftsgebietes auf die Länder, Baden, Rheinland-Pfalz, Württemberg-Hohenzollern und den bayerischen Landkreis Lindau" vom 12.5.1950.

II. Beschränkung der Krankenversicherung durch Einkommensgrenzen

1. Die Jahresarbeitsverdienstgrenze[3]

Bei der Einführung des Versicherungszwangs 1883 bestand weitgehend Einvernehmen darüber, dass nur Schutzbedürftige der Versicherungspflicht zu unterstellen waren. Als schutzbedürftig wurde angesehen, wer ein Jahreseinkommen bis 2.000 Mark hatte, wobei sich diese Grenze 1883 nur auf Betriebsbeamte und ab 1892 auf weitere Angestellte bezog[4]. Mit der RVO wurde 1911 eine Versicherungspflichtgrenze in Höhe von 2.500 Mark für alle Angestellten eingeführt. Bis 1945 erfolgten mehrfach Anpassungen dieser Grenze[5]. Die Einkommensgrenze für die Versicherungspflicht galt auch nach Inkrafttreten des Grundgesetzes weiterhin nur für Angestellte, nicht aber für Arbeiter. Durch Gesetz vom 13. August 1952[6] wurden die bisherigen jährlichen Einkommensgrenzen in §§ 165, 166 RVO von bisher 3.600 RM auf 6.000 DM angehoben[7]. Begründet wurde dies damit, dass sich seit der letzten Erhöhung im Jahre 1949 die Industriearbeiterlöhne um 32 Prozent und die Angestelltengehälter um 20 Prozent erhöht hatten. In den Jahren 1957, 1965 und 1969 wurde die im Gesetz festgelegte starre Verdienstgrenze jeweils wegen der gestiegenen Gehälter angepasst[8]. Die Veränderung der Grenze erforderte immer ein Gesetzgebungsverfahren, in dem um die „richtige Verdienstgrenze“ gerungen wurde[9]. Dabei war umstritten, ob die Höhe des Verdienstes über-

---

3 Die Bezeichnung „Jahresarbeitsverdienstgrenze“ nach § 165 RVO wird hier synonym mit der „Jahreseinkommensgrenze“ nach § 166 RVO und mit der im SGB heute enthaltenen Bezeichnung „Jahresarbeitsentgeltgrenze“ sowie mit der in anderen Gesetzen gelegentlich anzutreffenden Bezeichnung „Versicherungspflichtgrenze“ (z.B. BGBl. 1952 I S. 437; GVBl. für Berlin 1952 S. 150) verwendet.

4 Das KVG 1883 gibt in § 1 Abs. 2 eine Verdienstgrenze von 6 2/3 Mark für den Arbeitstag an, die umgerechnet einem Jahresverdienst von 2.000 Mark entspricht.

5 *Köhler*, Zeitreihen zur Krankenversicherung, S. 153, Tabelle 11, gibt einen Überblick über die JAV-Grenzen 1912–1970.

6 BGBl. 1952 I S. 437, „Gesetz über die Erhöhung der Einkommensgrenzen in der Sozialversicherung und der Arbeitslosenversicherung und zur Änderung der Zwölften Verordnung zum Aufbau der Sozialversicherung“ vom 13.8.1952.

7 Die Höchstgrenze war außerhalb der RVO bereits 1949 durch das SVAG auf 4.500 DM festgesetzt worden. Nun wurde die Grenze wieder innerhalb der RVO aktualisiert.

8 BGBl. 1957 I S. 1070, Erhöhung der JAV-Grenze ab 1.10.1957 auf 7.920 DM; BGBl. 1965 I S. 912, Erhöhung der JAV-Grenze ab 1.9.1965 auf 10.800 DM; BGBl. 1969 I S. 946, Erhöhung der JAV-Grenze vom 1.8.1969 bis 31.12.1969 auf 11.800 DM und ab 1.1.1970 auf 14.400 DM.

9 *Köhler*, Zeitreihen zur Krankenversicherung, S. 151.

haupt ein geeigneter Maßstab war, die Grenze zur Schutzbedürftigkeit abzubilden, da sie den Lebenshaltungskostenindex und andere Parameter unberücksichtigt ließ[10]. Bei jeder Erhöhung der Verdienstgrenzen waren die Interessen der Ärzteschaft betroffen, da hierdurch die Basis der privatärztlichen Praxen eingeschränkt wurde. Zudem wurde den privaten Krankenversicherungen die Geschäftstätigkeit beschnitten. Die Arbeitgeber waren betroffen, da sich ihre Soziallasten erhöhten[11]. Im Jahre 1970 beschloss die sozial-liberale Regierung aus SPD/FDP die starre JAV-Grenze durch die Anbindung an die Lohnentwicklung zu dynamisieren[12]. Nun betrug die Jahresarbeitsverdienstgrenze 75 Prozent der jeweiligen jährlichen Beitragsbemessungsgrenze der Rentenversicherung der Arbeiter (BBG-RV), die nach § 1385 Abs. 2 RVO an die Entwicklung des durchschnittlichen Bruttojahresentgelts aller Arbeitnehmer (§ 1255 Abs. 2 RVO) gekoppelt war.

Erst im Jahre 1989 wurden die Arbeiter den Angestellten gleichgestellt, als mit dem Gesundheits-Reformgesetz (GRG)[13] auch für Arbeiter die Begrenzung der Versicherungspflicht durch eine Jahresarbeitsentgeltgrenze (JAE-Grenze) eingeführt wurde[14]. Nach der Wiedervereinigung galten in den Jahren von 1991 bis 2000 für Westdeutschland und die „neuen Bundesländer" wegen der Einkommensunterschiede abweichende Entgeltgrenzen, die erst ab dem Jahr 2001 angeglichen wurden[15].

Im Jahre 2002 ergab sich ein konjunktureller Einbruch, der die Finanzierungsgrundlagen der Kranken- und Rentenversicherung gefährdete. Zur Lösung des Problems beschloss die Koalition aus SPD und Bündnis 90/Die Grünen das

---

10 *Köhler*, Zeitreihen zur Krankenversicherung, S. 164 ff., Tabelle 13, versucht die „richtige Versicherungspflichtgrenze" im Hinblick auf die „Schutzbedürftigkeit" zu ermitteln, indem er das Verhältnis der jeweiligen Versicherungspflichtgrenze zum Lebenshaltungskostenindex darstellt.

11 Der Arbeitgeberbeitrag fiel beim Überschreiten der JAV-Grenze fort. Erst ab 1971 war er auch bei höheren Einkommen zu zahlen, vgl. § 405 RVO i.d.F. des Gesetzes vom 21.12.1970 (BGBl. 1970 I. S. 1770).

12 BGBl. 1970 I S. 1770, „Gesetz zur Weiterentwicklung des Rechts der gesetzlichen Krankenversicherung (Zweites Krankenversicherungsänderungsgesetz – 2. KVÄG)" vom 21.12.1970.

13 BGBl. 1988 I S. 2477, „Gesetz zur Strukturreform im Gesundheitswesen (Gesundheits-Reformgesetz GRG)" vom 20.12.1988. Das GRG transformierte die KV vom 2. Buch der RVO in das SGB V.

14 Eine Einkommensgrenze für Arbeiter war bereits in den zwei gescheiterten KVNG-Entwürfen von 1960 und 1962 vorgesehen gewesen, vgl. § 166 RVO-Entwurf in BT-DS Nr. 3/1540 vom 14.1.1960 und BT-DS Nr. 4/816 vom 7.12.1962.

15 Vgl. hierzu § 309 SGB V in der Fassung des Einigungsvertrages 1990 und die Änderung durch Gesetz vom 22.12.1999, BGBl. 1999 I S. 2657.

Beitragssicherungsgesetz (BSSichG)[16]. Hierdurch wurde die Berechnungsgrundlage der BBG-RV von 1,8 auf 2,0 des aktuellen Durchschnittsverdienstes heraufgesetzt. Da die JAE-Grenze der Krankenversicherung an die BBG-RV gekoppelt war, führte

dies zu einer überdurchschnittlichen Ausweitung der Krankenversicherungspflicht. Wie aus der Gesetzesbegründung ersichtlich ist, war das so beabsichtigt, um die weitere Abwanderung junger, gesunder Risiken in die PKV zu stoppen[17]. Die Erhöhung hätte aber auch dazu geführt, dass übermäßig viele Arbeitnehmer, deren Einkommen bisher schon über der Einkommensgrenze lag, versicherungspflichtig geworden wären. Um diese Auswirkungen abzumildern, wurde für Arbeitnehmer, deren Verdienst bereits am 31. Dezember 2002 über der bisherigen Grenze lag, eine Besitzstandsregelung mit einer abweichenden (niedrigeren) Entgeltgrenze eingeführt. Daraus resultiert, dass es bis heute in § 6 Abs. 6 und 7 SGB V zwei unterschiedliche Versicherungspflichtgrenzen gibt, die jährlich fortgeschrieben werden.

Die Versicherungspflichtgrenze weist noch eine andere Besonderheit auf, die den Zeitpunkt des Ausscheidens aus der Versicherungspflicht betrifft, der mehrfach geändert wurde. Der § 165b RVO in der Fassung vom 7. Februar 1943 sah das sofortige Ausscheiden „mit dem Tag der Überschreitung“ vor, während nach der RVO-Fassung vom 17. März 1945 das Ausscheiden erst nach „Ablauf des Monats der Überschreitung“ erfolgte. Durch das 2. KVÄG 1970 wurde das Ausscheiden auf den „Ablauf des Kalenderjahres der Überschreitung“ verlegt. Das GKV-WSG 2007[18] sah ein Ausscheiden erst zum „Ablauf des 3. Kalenderjahres“ vor, wenn nacheinander drei Jahre die Entgeltgrenze überschritten wurde. Die Streichung der Dreijahresfrist und damit die Rückkehr zur vorhergehenden Regelung erfolgte ab 2011 durch das GKV-Finanzierungsgesetz[19].

---

16 BGBl. 2002 I S. 4637, „Gesetz zur Sicherung der Beitragssätze in der gesetzlichen Krankenversicherung und in der gesetzlichen Rentenversicherung (Beitragssicherungsgesetz – BSSichG)“ vom 23.12.2002.

17 BT-DS 15/28 vom 5.11.2002.

18 BGBl. 2007 I S. 378, „Gesetz zur Stärkung des Wettbewerbs in der gesetzlichen Krankenversicherung (GKV-Wettbewerbsstärkungsgesetz – GKV-WSG)“ vom 26.3.2007.

19 BGBl. 2010 I S. 2309, „Gesetz zur nachhaltigen und sozial ausgewogenen Finanzierung der Gesetzlichen Krankenversicherung (GKV-Finanzierungsgesetz – GKV-FinG)“ vom 22.12.2010.

2. Die Ausschlussregelung des § 178 RVO

Die RVO hatte seit 1914 für freiwillig Weiterversicherte in § 314 Abs. 2 RVO und für freiwillig beigetretene Versicherte in § 178 RVO einen Ausschluss von der Versicherung vorgesehen, wenn das jährliche Einkommen die Grenze von 4.000 Mark überstieg. Das führte dazu, dass selbst langjährige Mitglieder ausschieden und ihre Ansprüche verloren. Die Bestimmungen waren 1911 eingefügt worden, weil „der Wunsch der Ärzte, wohlhabende Leute nicht als Kassenpatienten behandeln zu müssen, durchaus berechtigt sei"[20]. Die Ausschlüsse wurden vom „Rat der Volksbeauftragten" am 22. November 1918[21] gestrichen und durch die Notverordnung der Regierung Brüning vom 26. Juli 1930[22] mit einer Einkommensgrenze von 8.400 RM für alle freiwilligen Versicherten in einem neugefassten § 178 RVO wieder eingeführt. Am 7. Dezember 1933 wurde die Grenze auf 7.200 RM herabgesetzt[23]. Mit dem RAM-Erlass vom 4. Februar 1941[24] war erklärt worden, dass die Aufhebung des § 178 RVO „bei nächster Gelegenheit" beabsichtigt sei. Es beständen keine Bedenken, wenn freiwillige Mitglieder, die die Einkommensgrenze überschritten, weiterhin Mitglieder ihrer Krankenkasse blieben. Damit war faktisch die Einkommensgrenze des § 178 RVO seit 1941 aufgehoben. Ein Erlass zur Aufhebung des § 178 RVO ist bis 1945 tatsächlich nicht mehr erfolgt.

Nach dem Krieg vertrat das Bayerische Landesversicherungsamt 1951 die Ansicht, dass der Erlass von 1941 wegen Zeitablaufs nicht mehr angewandt werden könne, da auch nach zehn Jahren die in Aussicht gestellte Aufhebung nicht erfolgt sei[25]. Damit sei der § 178 RVO weiterhin gültig. Der Gesetzentwurf der Bundesregierung vom 8. Mai 1952 befasste sich erstmalig mit dem § 178 RVO in Zusammenhang mit der Anpassung der sonstigen Einkommensgrenzen[26]. Es war vorgesehen, den Erlass vom 4. Februar 1941 aufzuheben und dem § 178 RVO mit einer Einkommensgrenze in Höhe von 8.400 DM Geltung zu verschaffen[27]. Die Wiedereinführung wurde von der Bundesregierung im Parlament auch damit begründet, dass die Ärzteschaft

---

20 SB RT, 12. LP/II. Session 1911, 279. Band, Anlage Nr. 946, S. 4547.

21 RGBl. 1918 S. 1321.

22 RGBl. 1930 I S. 311.

23 RGBl. 1933 I S. 1039, § 11 Abs. 3 des „Gesetzes zur Erhaltung der Leistungsfähigkeit der Invaliden-, Angestellten- und der knappschaftlichen Versicherung" vom 7.12.1933.

24 RArbBl. 1941 II S. 85, RAM-Erlass II a 370/41 vom 4.2.1941.

25 BKK 1951, Sp. 201; *Prange*, ArbuSozPol 1954, S.65 (66); *Peters*, WzS 1957, S. 368.

26 BT-DS 1/3350 vom 8.5.1952.

27 *Prange*, ArbuSozPol 1954, S. 65.

dies schon länger gefordert hatte[28]. Da eine Einigung nicht möglich war, wurde der Passus zu § 178 RVO durch Mehrheitsbeschluss des Bundestages aus dem Gesetzentwurf gestrichen[29]. Damit verblieb es vorerst bei dem Rechtszustand des Jahres 1941. Mit dem Gesetzentwurf vom 5. Juni 1953 versuchte die Bundesregierung erneut, die Einführung des § 178 RVO zu erreichen[30]. Wegen Ablaufs der Legislaturperiode wurde der Entwurf am 16. November 1953 im 2. Bundestag erneut eingebracht[31], jedoch auch dort nicht mehr behandelt. In der 3. Legislaturperiode brachte die CDU/CSU/DP-Regierung am 14. Januar 1960 einen Gesetzentwurf zur Neuregelung der Krankenversicherung (KVNG) im Bundestag ein, der eine Ausschlussgrenze von 15.000 DM (§174 RVO-Entwurf) vorsah[32]. Dieser KV-Neuregelungsversuch scheiterte. Ein erneuter KVNG-Entwurf in der 4. Legislaturperiode vom 7. Dezember 1962 durch die CDU/CSU/FDP-Regierung, der ebenfalls die Ausschlussgrenze von 15.000 DM enthielt, scheiterte ebenfalls[33]. Der § 178 RVO bzw. eine entsprechende Folgeregelung war danach nicht mehr Gegenstand der Gesetzgebung. Peters weist darauf hin, dass der § 178 RVO, auch wenn er nicht aufgehoben worden war und er deshalb eine rechtliche Wirkung hatte, spätestens mit der Erhöhung der sonstigen Einkommensgrenzen im Jahre 1957 gegenstandslos geworden war[34]. Es ergebe sich daraus, dass die Einkommensgrenzen in den §§ 165, 166 und 176 RVO vom Bundesgesetzgeber auf 7.920 DM jährlich festgelegt worden waren, während die Einkommensgrenze des § 178 RVO lediglich 7.200 DM betrage. Der § 178 RVO habe somit keinen Anwendungsbereich mehr, da es erklärter Wille des Gesetzgebers gewesen sei, auch oberhalb der Einkommensgrenze des § 178 RVO ein Versicherungsrecht einzuräumen. Dem ist zuzustimmen. Es ist zudem fraglich, ob eine Regelung, die wie § 178 RVO entschädigungslos in erworbene Besitzstände eingegriffen hat, unter Geltung des Grundgesetzes einer verfassungsrechtlichen Nachprüfung standgehalten hätte.

---

28 PP 1/225. BT-Sitzung vom 17.7.1952, S. 10136; hierzu auch *Peters*, WzS 1957, S. 368 (370).

29 PP 1/225. BT-Sitzung vom 17.7.1952, S. 10145.

30 BT-DS Nr. 1/4431 vom 5.6.1953.

31 BT-DS Nr. 2/67 vom 16.11.1953.

32 BT-DS Nr. 3/1540 vom 14.1.1960.

33 BT-DS Nr. 4/816 vom 7.12.1962; Zu den Gründen des Scheiterns der KVNG-Entwürfe 1959 und 1962, vgl. *Bluth*, S. 175 ff.

34 *Peters*, WzS 1957, S. 368 (369).

III. Die Neuordnung der Krankenversicherung der Rentner (KVdR) 1956

1. Die Mängel der bisherigen KVdR seit 1941

Die Einführung der KVdR während des Krieges im Jahre 1941 war als großer sozialer Fortschritt herausgestellt worden[35]. Allerdings zeigte sich nach Einführung der KVdR, dass ihr „manche Mängel einer Kriegsmaßnahme anhafteten“[36]. So trat eine Unterbrechung des Versicherungsschutzes ein, wenn sich nach dem Ausscheiden aus dem Erwerbsleben die Rentenbewilligung verzögerte. Rentner erhielten zudem nur eingeschränkte Leistungen, da sie keinen Anspruch auf Zuschüsse zu Zahnersatz und größeren Heilmitteln hatten. Die KVdR wurde ohne Mitgliederverzeichnis geführt, so dass eine „missbräuchliche Inanspruchnahme“ erleichtert wurde[37]. So wurden allein durch „das Vorzeigen eines geliehenen roten Postausweises“ Versicherungsleistungen durch Unberechtigte ermöglicht[38]. Da die KVdR nur von den Orts- und Landkrankenkassen durchgeführt wurde, mussten viele Rentner ihre bisherige langjährige Mitgliedschaft in den Betriebs-, Innungs- oder Ersatzkrankenkassen aufgeben. Unter Weiterzahlung der Beiträge war die Aufrechterhaltung der bisherigen Versicherung als Doppelversicherung zwar möglich, jedoch machte dies keinen Sinn, da eine Sachleistung (z.B. ärztliche Behandlung, Krankenhausbehandlung) nicht doppelt bezogen werden konnte.

Die bisherige KVdR 1941 war außerhalb der RVO geregelt. Es war deshalb umstritten, ob die KVdR ein Teil der Rentenversicherung war und lediglich als Auftragsleistung von den Krankenkassen durchgeführt wurde oder ob sie ein besonderer Teil der Krankenversicherung war[39]. Finanziert wurde die KVdR seit ihrer Einführung aus Mitteln der Rentenversicherung. Anfänglich war je ausgezahlter Rente ein monatlicher Pauschbetrag von 3,30 RM für die KVdR zu zahlen. Dieser musste aufgrund steigender Leistungsausgaben mehrmals erhöht werden, zuletzt durch die Verordnung vom 27. August 1953 auf 5,85 DM[40]. Eine

---

35 *Grünewald*, RArbBl. 1941 S. II 448; *Kopf*, BKK 1951, Sp. 173; *Prange*, ArbuSozPol 1955, S. 1.

36 So die Wertung in der Begründung des Gesetzentwurfs der Bundesregierung vom 28.2.1955, vgl. BT-DS Nr. 2/1234; Kopf, BKK 1951, Sp. 173; *Bogs*, ArbuSozPol 1967, S. 74 f.

37 *Kopf*, BKK 1951, Sp. 173.

38 *Kopf*, BKK 1951, Sp. 173.

39 BT-DS zu Nr. 2/2256, Abschnitt II des schriftlichen Ausschussberichts vom 7.4.1956.

40 BGBl. 1953 I S. 1082, „Verordnung über die Festsetzung und Verteilung des Pauschbetrages in der Krankenversicherung der Rentner“ vom 27.8.1953.

ursprüngliche finanzielle Beteiligung der Rentner in Höhe von 1 Reichsmark war durch § 1 Abs. 6 SVAG 1949 abgeschafft worden[41]. Somit mussten die Rentenversicherungsträger die Lasten der KVdR allein tragen, ohne Einfluss auf die Entwicklung der Ausgaben zu haben[42]. Allerdings deckten nicht bei allen Ortskrankenkassen die Beiträge der RV die Leistungsausgaben, so dass einzelne Kassen versuchten, die Fehlbeträge einzuklagen[43].

2. Die Reformbestrebungen zur Neuordnung der KVdR ab 1952

Die Unzulänglichkeiten der bisherigen KVdR führten zu einem Reformdruck, der durch die Interessenvertreter der betroffenen Rentner, Sonderkrankenkassen und die Träger der Rentenversicherungen verstärkt wurde. Mit einem Antrag vom 28. Januar 1952 forderte die Deutsche Partei (DP) den Bundestag zu einer Entschließung auf, mit der die Bundesregierung zur Vorlage eines Gesetzentwurfs zur Novellierung der KVdR aufgefordert werden sollte[44]. Der Ausschuss für Sozialpolitik vertrat in seinem Bericht vom 26. Februar 1953 die Auffassung, dass bei einer Neuregelung der KVdR nur „schutzbedürftige Rentner“ versichert sein sollten[45]. Weiterhin sollte die Aufrechterhaltung der Mitgliedschaft bei der bisherigen Krankenkasse ermöglicht werden, wobei der Beitrag von den RV-Trägern an die Rentner zu zahlen war. Doppelversicherungen sollten zukünftig ausgeschlossen sein. Die bisher außerhalb der RVO geregelten KVdR-Bestimmungen sollten in das 2. Buch der RVO aufgenommen werden. Diesen Auffassungen folgte der Bundestag in seiner Sitzung vom 20. März 1953 und beauftragte die Bundesregierung mit der Vorlage eines entsprechenden Gesetzentwurfs[46]. In der laufenden 1. Legislaturperiode wurde ein Gesetzentwurf nicht mehr vorgelegt.

---

41 WiGBl. 1949 S. 99.

42 *Jantz*, WzS 1956, S. 161 (162) weist darauf hin, dass die gesetzliche Regelung von 1941 nicht eindeutig auf eine Alleinfinanzierung der KVdR durch die RV hinweist, sondern auch die Interpretation einer Begrenzung zulasse.

43 *Heyn*, S. 10; *Schneider*, DOK 1951, S. 438; *Sancken*, DOK 1952, S. 29; NJW 1957, S. 1235, BGH-Urteil vom 27.5.1957 – III ZR 7/56. Aus dieser Entscheidung geht hervor, dass eine AOK wegen der KVdR-Unterdeckung für Zeiten vor dem 31.12.1952 die BRD zum Schadensersatz verklagt hatte. Die Klage wurde wegen des unzulässigen Rechtsweges an das Sozialgericht verwiesen und dort offenbar wegen der ab 1956 erfolgten KVdR-Neuregelung nicht mehr weiterverfolgt, vgl. *Heyn*, S. 10.

44 BT-DS Nr. 1/3039 vom 28.1.1952.

45 BT-DS Nr. 1/4144 vom 26.2.1953.

46 PP 1/226 BT-Sitzung vom 20.3.1953, S. 12385 ff.

3. Die Neuordnung der KVdR 1956

In der 2. Legislaturperiode legte die Bundesregierung am 28. Februar 1955 den Gesetzentwurf zur Änderung der KVdR vor[47]. Im Gesetzentwurf wurden weitgehend die Vorgaben des Bundestagsbeschlusses vom 20. März 1953 berücksichtigt. Der Ausschuss für Sozialpolitik folgte in seinem Bericht in wesentlichen Punkten den Vorschlägen des Entwurfs[48]. Auf Grundlage des Ausschussberichts beschloss der Bundestag am 19. April 1956[49] die Neuregelung der KVdR[50]. Eine Regelung der KVdR erfolgte nun innerhalb der RVO und die Rentner und Hinterbliebenen wurden als besondere versicherungspflichtige Personengruppen in § 165 Abs. 1 Nr. 3 und Nr. 4 RVO aufgeführt. Neu geregelt wurde die Kassenzuständigkeit, so dass die Rentner Mitglied bei ihrer bisherigen Krankenkasse bleiben konnten. Die Mitgliedschaft als Rentner begann nun bereits mit dem Rentenantrag und nicht erst mit der späteren Rentenbewilligung. Weiterhin wurden die Beiträge allein von der Rentenversicherung getragen und nicht mehr pauschal, sondern nach einem besonderen grundlohnbezogenen Verfahren berechnet[51]. Sie waren nicht kostendeckend, da den Krankenkassen bewusst eine sogenannte „Interessenquote“, d.h. ein verbleibender Finanzierungsanteil an den KVdR-Leistungsausgaben, in Höhe von 8–10 v.H. auferlegt wurde[52]. Im Laufe der folgenden Jahre erhöhte sich dieser Anteil, da die Leistungsausgaben stärker als die Beiträge stiegen[53].

4. Vorversicherungszeiten als Voraussetzung der KVdR

a) Die Regelung vom 1. August 1956 bis 31. Dezember 1967

Seit 1941 waren alle Rentenbezieher der Arbeiterrenten- und Angestelltenversicherung in der KVdR krankenversichert. Damit wurden auch Personen einbezogen, die vor dem Rentenbezug überhaupt nicht oder nur für kurze Zeit

47 BT-DS Nr. 2/1234 vom 28.2.1955.

48 BT-DS Nr. 2/2256 vom 22.3.1956.

49 PP 2/141 BT-Sitzung vom 19.4.1956, S. 7268 ff.

50 BGBl. 1956 I S. 500, „Drittes Gesetz über Änderungen und Ergänzungen von Vorschriften des Zweiten Buches der Reichsversicherungsordnung (Gesetz über Krankenversicherung der Rentner KVdR)“ vom 12.6.1956.

51 *Paulus*, KVdR, S. 105 ff., befasst sich detailliert mit der Finanzierung der KVdR.

52 BT-DS zu 2/2256, Abschnitt IV 3 des schriftlichen Ausschussberichts vom 7.4.1956; *Heyn*, S. 18; *Fischwasser*, KrV 1968, S. 91.

53 Der ungedeckte Anteil der Leistungsausgaben stieg bis 1966 auf 23–25%, vgl. *Bogs*, ArbuSozPol 1967, S. 74 (75); *Fischwasser*, KrV 1968, S. 91; *Paulus*, KVdR, S. 106; *Hungenberg / Steffens*, KVdR, S. 18; Im Jahre 1961 war das BVerfG noch von einer „Interessenquote“ von 10–15% ausgegangen, vgl. BVerfGE 13, 21, Rn. 6.

einer gesetzlichen Krankenkasse angehört hatten. Diese unterschiedslose Einbeziehung wollte man bei der KVdR-Neuregelung vermeiden. Nach der Entschließung des Bundestages vom 20. März 1953 sollten nur noch „schutzbedürftige Rentner“ in der gesetzlichen Krankenversicherung versichert werden. Dieses Ziel glaubte man dadurch zu erreichen, dass alle Rentner von der RV einen Pauschbetrag erhielten, mit dem sie eine den „individuellen Bedürfnissen angepasste freiwillige Versicherung“ wählen konnten. Soweit dabei die Versicherung durch eine gesetzliche Krankenkasse durchgeführt wurde, sollten die Vorschriften der RVO gelten. Eine solche Regelung hätte die Abkehr von der bisherigen Pflichtversicherung bedeutet und die KVdR zu einer freiwilligen Krankenversicherung umgewandelt. Dieser Entschließung folgte die Bundesregierung nicht, sondern legte ihren Entwurf auf der Basis einer Pflichtversicherung vor. Da nur schutzbedürftige Rentner einbezogen werden sollten, begrenzte man die Versicherungspflicht auf die Rentner, die auch schon vorher in ihrem Erwerbsleben der gesetzlichen Krankenversicherung angehört hatten. Hierzu sah man in § 165 Abs. 1 Nr. 3 RVO eine Vorversicherungszeit vor. Es sollten zukünftig Rentner nur versicherungspflichtig werden, wenn sie „während der letzten fünf Jahre vor Stellung des Rentenantrages mindestens zweiundfünfzig Wochen bei einem Träger der gesetzlichen Krankenversicherung versichert waren“. Dabei spielte es keine Rolle, ob die Vorversicherungszeit auf einer Pflichtmitgliedschaft oder einer freiwilligen Mitgliedschaft beruhte[54]. Für die nach § 165 Abs. 1 Nr. 4 RVO versicherten Hinterbliebenenrentner trat die Versicherungspflicht auch ohne Erfüllung einer Vorversicherungszeit ein[55]. Das galt nicht für die Hinterbliebenen von Angestellten. Bei ihnen trat die Versicherungspflicht nur ein, wenn der Angestellte vor seinem Tod die Vorversicherungszeit erfüllt hatte. Die Personen, die beim Inkrafttreten der Neuregelung am 1. August 1956 pflichtversicherte Rentner waren, aber die Vorversicherungszeit nicht erfüllten, schieden aus der Pflichtversicherung aus. Ihnen wurde nach Art. 2 § 8 des KVdR-Gesetzes vom 12. Juni 1956 die Möglichkeit eröffnet, innerhalb einer Ausschlussfrist von sechs Monaten die Versicherung freiwillig fortzusetzen. Für zukünftige Rentner, die die Vorversicherungszeit nicht erfüllten, wurde die Möglichkeit des freiwilligen

54 *Prange*, ArbuSozPol 1955, S. 1 (3); *Wieglow*, Soziale Sicherheit 1956, S. 175; *Heyn*, S. 18, verweist darauf, dass im BT-Ausschuss für Sozialpolitik die Begrenzung der Vorversicherungszeit auf Pflichtversicherungszeiten gefordert worden war. Eine solche Begrenzung sei zuvor auch im (Referenten-) Entwurf des BMA enthalten gewesen, jedoch nicht in den Gesetzentwurf übernommen worden.

55 *Heyn*, S. 51; *Paulus*, KVdR, S. 16; *Hungenberg / Steffens*, KVdR, S. 18.

Beitritts nach § 176 RVO eröffnet[56]. Der Ausschluss aus der KVdR wurde finanziell dadurch abgemildert, dass sowohl die in der gesetzlichen Krankenversicherung freiwillig versicherten Rentner als auch die privat versicherten Rentner von der Rentenversicherung einen Beitragszuschuss erhielten (§ 381 Abs. 4 RVO).

b) Die Regelung vom 1. Januar 1968 bis 30. Juni 1977

Die durch das KVdR-Neuregelungsgesetz 1956 eingeführte Vorversicherungszeit als Voraussetzung für die Krankenversicherungspflicht der Rentner wurde durch das Finanzänderungsgesetz 1967 zum 1. Januar 1968 wieder abgeschafft[57]. Gleichzeitig mussten die Rentner nun zwei Prozent ihrer Rente als Krankenversicherungsbeitrag zahlen. Dieses Gesetz wurde von der seit 1966 bestehenden Großen Koalition aus CDU/CSU/SPD verabschiedet. Die Große Koalition unter Bundeskanzler Kurt-Georg Kiesinger war unter dem Druck der Rezession 1966 gebildet worden, die eine Sanierung des Bundeshaushaltes unumgänglich machte. Zur Entlastung des Bundeshaushaltes wurde der Bundeszuschuss an die Rentenversicherung gekürzt. Als teilweiser Ausgleich hierfür sollte die Rentenversicherung im Gegenzug von den KVdR-Beiträgen entlastet werden, indem die Rentner nun einen eigenen Beitrag zahlen sollten[58]. Im Gesetzentwurf war noch ein Beitrag von vier Prozent der Rente vorgesehen[59], der jedoch im Haushaltsausschuss auf zwei Prozent herabgesetzt wurde[60]. Wie der Abgeordnete Schellenberg (SPD) in der Bundestagssitzung vom 8. Dezember 1967 bekannte, handelte es sich hier um einen Kompromiss, dem die SPD widerwillig zustimmte, nachdem sie sich vorher gegen jeglichen Rentnerbeitrag ausgesprochen hatte[61].

Der Wegfall der Vorversicherungszeit als Voraussetzung der Versicherungspflicht war im Gesetzentwurf noch nicht enthalten, sondern erschien erst im Bericht des Haushaltsausschusses und wurde dort mit der Erfüllung einer Forderung der Sozialenquete-Kommission begründet[62]. Den tatsächlich ent-

---

56 Der Gesetzentwurf sah einen freiwilligen Beitritt noch nicht vor. Er wurde erst durch den Ausschuss für Sozialpolitik eingefügt, vgl. BT-DS Nr. 2256, Zusammenstellung vom 22.3.1956.

57 BGBl. 1967 I S. 1259, „Gesetz zur Verwirklichung der mehrjährigen Finanzplanung des Bundes, II. Teil – Finanzänderungsgesetz 1967“ vom 21.12.1967.

58 *Fischwasser*, KrV 1968, S. 91 (92).

59 BT-DS 5/2149 vom 20.10.1967.

60 BT-DS 5/2341, Schriftlicher Bericht des Haushaltsausschusses vom 1.12.1967.

61 PP 5/142 BT-Sitzung vom 8.12.1967, S. 7281.

62 BT-DS zu 5/2341, Schriftlicher Bericht des Haushaltsausschusses vom 5.12.1967.

scheidenden Grund hierfür legte Schellenberg in der BT-Sitzung vom 8. Dezember 1967 offen[63]. Er verwies darauf, dass bei der Einführung des Rentnerbeitrags dieser von allen Rentnern bei der Rentenzahlung einbehalten wird, da nicht bekannt sei, welche Rentner letztlich der Versicherungspflicht unterliegen. Damit müssten Hunderttausende Rentner, die nicht der Versicherungspflicht unterliegen, einen Antrag stellen, um die zu Unrecht einbehaltenen Beiträge zurückzuerhalten. Zur Vermeidung dieses Veraltungsaufwandes habe man sich entschlossen, alle Rentner unterschiedslos versicherungspflichtig zu machen. Der dadurch eintretende Mehraufwand in der Krankenversicherung würde zum größten Teil durch die nun wegfallenden Verwaltungskosten für die Rückerstattungen gedeckt werden. Somit hatte die wegfallende Vorversicherungszeit ihren Hauptgrund in verwaltungstechnischen Erwägungen[64]. Fischwasser vertritt die Ansicht, dass die allgemeine Versicherungspflicht der Rentner nicht mehr als ungerechtfertigt angesehen werden konnte, da die Rentner nun einen eigenen Beitrag leisten[65]. Da die KV-Beiträge im Umlageverfahren aufgebracht werden, wäre nun der Personenkreis der Leistungsberechtigten und Beitragspflichtigen identisch. Eine solche Sicht lässt unberücksichtigt, dass die Beiträge nicht kostendeckend waren. Zudem stieg der Anteil der nicht gedeckten KVdR-Leistungsausgaben durch die auf 20 Prozent erhöhte Interessenquote (§393a RVO)[66]. Alle anderen Versicherten mussten nun mit einem höheren Teil ihres Beitrages auch solche Rentner finanzieren, die sich in ihrem vorherigen Erwerbsleben bewusst gegen eine GKV-Solidargemeinschaft entschieden hatten. Nach dem neu eingefügten § 173a RVO konnten sich Rentner befreien lassen, die schon vorher in einer privaten Krankenversicherung versichert waren. Dieses Befreiungsrecht bestand nur, wenn vor der Rentenantragstellung keine gesetzliche Krankenversicherung von mindestens 52 Wochen innerhalb der letzten 5 Jahre bestanden hatte. Das Finanzänderungsgesetz 1967 führte ein besonderes Ausgleichverfahren ein, mit dem die unterschiedlichen Belastungen, die aufgrund der verschiedenen Rentnerquoten bei den einzelnen Krankenkassen entstanden, ausgeglichen wurden[67].

Der ab dem 1. Januar 1968 eingeführte KVdR-Beitrag hatte nicht lange Bestand. Schon ab dem 1. Januar 1970 wurde er durch die seit Oktober 1969 bestehende sozialliberale Koalition aus SPD/FDP unter Bundeskanzler Willy Brandt wieder

63 PP 5/142 BT-Sitzung vom 8.12.1967, S. 7282.

64 *Pöhler*, BKK 1968, Sp. 3 (4); *Fischwasser*, KrV 1968, S. 91 (92); *Paulus*, KVdR, S. 25.

65 *Fischwasser*, KrV 1968, S. 91 (92).

66 Zur Interessenquote nach § 393a RVO ab 1968, vgl. *Schmatz / Pöhler*, S. 89 ff.

67 *Hungenberg / Steffens*, KVdR, S. 20.

abgeschafft[68]. Die Regierung ging sogar noch einen Schritt darüber hinaus und erstattete den Rentnern die in den Jahren 1968 und 1969 einbehaltenen KVdR-Beiträge[69]. Eine allgemeine KVdR-Versicherungspflicht (ohne Vorversicherungszeit), die 1968 lediglich komplementär zum Eigenbeitrag der Rentner eingeführt worden war, bestand dagegen trotz Fortfall dieses Beitrags weiter.

Mit dem Rentenreformgesetz 1972 (RRG) wurde die Rentenversicherung für bisher nicht rentenversicherte Selbständige geöffnet[70]. Ihnen wurde die Möglichkeit der Einzahlung von freiwilligen Rentenversicherungsbeiträgen für die Zeit der selbständigen Erwerbstätigkeit rückwirkend ab dem 1. Januar 1956 gegeben. Hiermit wäre solchen Selbständigen der „Einkauf" in die KVdR ermöglicht worden, die in ihrem Erwerbsleben der GKV nicht angehört hatten[71]. Dies wurde durch das RRG verhindert, indem diejenigen Renten, die ohne die nachentrichteten Beiträge die Wartezeiten der Rente nicht erfüllten, nicht als Renten im Sinne der KVdR galten (§ 51a Abs. 4 ArVNG, § 49a Abs. 4 AnVNG)[72].

c) Die Regelung vom 1. Juli 1977 bis 31. Dezember 1988

Die Tatsache, dass seit 1968 wieder Rentner versicherungspflichtig waren, die in ihrem Erwerbsleben nicht zum Solidarausgleich der Krankenversicherung beigetragen hatten, trat verstärkt in den Vordergrund, als sich das Defizit in der Krankenversicherung ständig erhöhte. Am 11. März 1977 legte die sozialliberale Regierung unter Bundeskanzler Helmut Schmidt den Entwurf eines Krankenversicherungs-Kostendämpfungsgesetzes (KVKG) vor[73]. Als Kostendämpfungsmaßnahme wurde unter anderem die „sozial gerechtere Gestaltung" der KVdR vorgesehen[74]. Nach der Gesetzesbegründung sollten nur noch Personen versichert werden, „die eine angemessene Zeit in der gesetzlichen Krankenversicherung versichert und damit am Solidarausgleich für die Krankenver-

68 BGBl. 1970 I S. 337, „Gesetz über den Wegfall des von Rentnern für ihre Krankenversicherung zu tragenden Beitrags" vom 14.4.1970.

69 BGBl. 1972 I S. 433, „Gesetz über die Rückzahlung der einbehaltenen Beiträge zur Krankenversicherung der Rentner (Beiträge-Rückzahlungsgesetz)" vom 15.3.1972.

70 BGBl. 1972 I S. 1965, „Gesetz zur weiteren Reform der gesetzlichen Rentenversicherungen und über die Fünfzehnte Anpassung der Renten aus den gesetzlichen Rentenversicherungen sowie über die Anpassung der Geldleistungen aus der gesetzlichen Unfallversicherung (Rentenreformgesetz – RRG)" vom 16.10.1972.

71 *Rauschenbach / Laufer*, S. 11.

72 *Rauschenbach / Laufer*, S. 14; *Hungenberg / Steffens*, S. 22.

73 BT-DS 8/166 vom 11.3.1977.

74 BT-DS 8/166, Gesetzentwurf Teil B – Lösungen Ziffer 1, S. 2.

sicherung der Rentner ausreichend beteiligt waren"[75]. Aufgrund des Gesetzentwurfs sollte eine Versicherungspflicht nur noch dann eintreten, wenn seit dem 1. Januar 1950 für mindestens 20 Jahre eine Mitgliedschaft bei einer gesetzlichen Krankenversicherung bestanden hatte. Dem Bundesrat war diese Einschränkung zu weitgehend, da hierdurch „zahlreiche Härtefälle" erwartet wurden[76]. Seiner Stellungnahme zufolge sollte die Regelung „sozial angemessen ausgestaltet werden". Es würde deshalb ausreichen, wenn während der Hälfte des Erwerbslebens eine gesetzliche Krankenversicherung bestanden hatte. Die Beschlussempfehlung des Ausschusses für Arbeit und Sozialordnung kombinierte beide Vorschläge, so dass Personen, „seit der erstmaligen Aufnahme einer Erwerbstätigkeit, jedoch frühestens seit dem 1. Januar 1950 bis zur Stellung des Rentenantrages mindestens die Hälfte der Zeit Mitglied eines Trägers der gesetzlichen Krankenversicherung waren". In dieser Fassung wurde die Vorversicherungszeit schließlich in § 165 Abs. 1 Nr. 3 Buchstabe a RVO durch das KVKG mit Wirkung zum 1. Juli 1977 festgelegt[77]. Für Hinterbliebenenrentner war nun gefordert, dass sie selbst oder die Person, von der sie die Rente ableiteten, ebenfalls die Vorversicherungszeit erfüllten. Nach § 165 Abs. 1 Nr. 3 Buchstabe b RVO war für Rentner, die zu den in § 1 oder 17 Abs. 1 des Fremdrentengesetzes Genannten gehörten, ein erleichterter Zugang zur KVdR möglich.

Das Recht der Rentner auf freiwillige Versicherung nach § 176 RVO, das ab dem 1. Januar 1968 weggefallen war, wurde nun wieder eingeführt. Es wurde für die Personen ausgeschlossen, die nach dem 30. Juni 1977 ein Beitrittsrecht hatten, jedoch nicht ausübten oder die nach diesem Zeitpunkt aus der freiwilligen Versicherung ausgetreten waren. Das KVKG führte auch einen kassenartenübergreifenden Finanzausgleich in der KVdR ein, bei dem nun nicht mehr die Rentnerquote der einzelnen Krankenkasse, sondern die Leistungsaufwendungen für Rentner zugrunde gelegt wurden. Die Einzelheiten dieses Ausgleichverfahren müssen hier unberücksichtigt bleiben, da sie den Rahmen dieser Arbeit überschreiten würden.

Die bisherige Beitragszahlung zur Krankenversicherung durch die Träger der Rentenversicherung wurde mit dem Rentenanpassungsgesetz 1982 (RAG)[78] durch eine individuelle Beitragspflicht der Rentner abgelöst. Nun mussten die

---

75 BT-DS 8/166, Gesetzentwurf, Begründung, Allgemeiner Teil, S. 22.

76 BT-DS 8/173, Stellungnahme des Bundesrates vom 14.3.1977.

77 BGBl. 1977 I S. 1069, „Gesetz zur Dämpfung der Ausgabenentwicklung und zur Strukturverbesserung in der gesetzlichen Krankenversicherung (Krankenversicherungs-Kostendämpfungsgesetz – KVKG)" vom 27.6.1977.

78 BGBl. 1981 I S. 1205, „Gesetz über die Anpassung der Renten der gesetzlichen Rentenversicherung im Jahre 1982" vom 1.12.1981.

Rentner den vollen KV-Beitrag aus den Renteneinnahmen selbst zahlen, erhielten jedoch zu ihrer Rente einen KV-Zuschuss. Neu war, dass sie nun auch KV-Beiträge aus den mit der Rente vergleichbaren Einnahmen (Versorgungsbezügen) und Arbeitseinkommen[79] zahlen mussten.

d) Die Regelung vom 1. Januar 1989 bis 31. Dezember 1992

Ab 1989 wurden die bisher im 2. Buch der Reichsversicherungsordnung enthaltenen Vorschriften der Krankenversicherung durch das Gesundheitsreformgesetz (GRG) neu kodifiziert und in das 5. Buch des Sozialgesetzbuches (SGB V) übernommen[80]. Dieses Gesetz erschwerte zusätzlich den Zugang zur Krankenversicherungspflicht der Rentner. In § 5 Abs. 1 Nr. 11 SGB V war nun vorgesehen, dass die bisher übliche Halbbelegung als Vorversicherungszeit nicht mehr ausreichte. Eine Versicherungspflicht trat ab dem 1. Januar 1989 nur noch ein, wenn seit der erstmaligen Aufnahme einer Erwerbstätigkeit bis zur Stellung des Rentenantrages „mindestens neun Zehntel der zweiten Hälfte des Zeitraums" eine Mitgliedschaft oder eine Familienversicherung nach § 10 SGB V bestanden hatte. Nach der Begründung im gemeinsamen Gesetzentwurf der Fraktionen von CDU/CSU und FDP vom 3. Mai 1988 sollte diese Verschärfung „den Gedanken der Solidarität stärker als das bisherige Recht" betonen[81]. Es sollte vermieden werden, dass die Versichertengemeinschaft mit Krankheitskosten von Personen belastet wird, die während der zweiten Hälfte ihres Erwerbslebens der GKV nicht längere Zeit angehört haben[82]. Bisher versicherungspflichtige Rentner, die ab 1. Januar 1989 nicht die neu geforderte Vorversicherungszeit erfüllten, blieben aufgrund der Übergangsregelung des Art. 56 Abs. 2 GRG weiterhin versicherungspflichtig. Zudem wurde allen Rentnern, die am 31. Dezember 1988 versicherungspflichtig waren, ein unwiderrufliches Befreiungsrecht nach Art. 56 Abs. 4 GRG bis zum 30. Juni 1989 eingeräumt. Weiterhin enthielt Art. 56 Abs. 1 GRG eine Übergangsregelung, wonach alle Personen, die in der Zeit vom 1. Januar 1989 bis 31. Dezember 1993 einen Rentenantrag stellten, versicherungspflichtig wurden, wenn sie lediglich die alte Vorversicherungszeit nach § 165 Abs. 1 Nr. 3 RVO, jedoch nicht die

79 Arbeitseinkommen ist nach § 15 SGB IV der nach den allgemeinen Gewinnermittlungsvorschriften des Einkommenssteuerrechts ermittelte Gewinn aus einer selbständigen Tätigkeit.

80 BGBl. 1988 I S. 2477, „Gesetz zur Strukturreform im Gesundheitswesen (Gesundheits-Reformgesetz – GRG)" vom 20.12.1988.

81 BT-DS 11/2237 vom 3.5.1988, GRG-Gesetzentwurf, Begründung zu § 5 SGB V, S. 159.

82 Ebenda.

neue Vorversicherungszeit nach § 5 Abs. 1 Nr. 11 SGB V erfüllten. Der bisher in § 165 Abs. 1 Nr. 3 Buchstabe b RVO vorgesehene erleichterte Zugang zur KVdR für Personen nach §§ 1, 17a FRG wurde in § 5 Abs. 1 Nr. 12 SGB V übernommen und durch das RÜG[83] ab dem 1. Januar 1992 auf Personen nach § 20 WGSVG erweitert.

Mit dem GRG wurde auch die bisher nach § 176 RVO bestehende Möglichkeit des freiwilligen Beitritts für Rentner ersatzlos gestrichen. Bei Weiterbestehen der bisherigen Beitrittsmöglichkeit „würden die einschränkenden Regelungen der Versicherungspflicht für diesen Personenkreis wirkungslos", so die Begründung hierzu im Gesetzentwurf[84]. Eine freiwillige Weiterversicherung wurde nach § 9 SGB V nur noch zugestanden, wenn in den letzten fünf Jahren vor dem Ausscheiden mindestens zwölf Monate oder unmittelbar vorher sechs Monate eine Krankenversicherung bestanden hatte. Gleichzeitig wurde auch die bisherige Möglichkeit ausgeschlossen, Mitgliedszeiten als Vorversicherungszeiten anrechnen zu lassen, die man aufgrund eines unberechtigten Rentenantrags als formales Mitglied nach § 315a RVO (neu: § 189 SGB V) erworben hatte. Hierdurch sollten Missbräuche weitgehend ausgeschlossen werden[85]. Ab dem 1. Januar 1991 galten die Vorschriften über die Versicherungspflicht der Rentner aufgrund des durch den Einigungsvertrages eingefügten § 308 SGB V auch in den „neuen Bundesländern".

e) Die Regelung vom 1. Januar 1993 bis 31. März 2002

Das Gesundheitsstrukturgesetz (GSG), das als Reaktion auf die „dramatische Kostenentwicklung in allen Bereichen der Krankenversicherung"[86] verabschiedet wurde, führte ab dem 1. Januar 1993 eine weitere Einschränkung der KVdR ein[87]. Konnten bisher die Vorversicherungszeiten des § 5 Abs. 1 Nr. 11 SGB V sowohl durch Zeiten der freiwilligen Mitgliedschaft als auch durch Zeiten der Pflichtmitgliedschaft nachgewiesen werden, so sollte dies zukünftig nur noch für Zeiten der Pflichtmitgliedschaft gelten. In dem gemeinsamen Gesetzentwurf von CDU/CSU, SPD und FDP wurde diese Einschränkung damit begründet, dass dadurch überwiegend Personen belastet werden, die

83 BGBl. 1991 I S. 1606, „Gesetz zur Herstellung der Rechtseinheit in der gesetzlichen Renten- und Unfallversicherung (Renten-Überleitungsgesetz – RÜG)" vom 25.7.1991.

84 BT-DS 11/2237 vom 3.5.1988, GRG Gesetzentwurf, Begründung zu § 9 SGB V, S. 160 f.

85 Ebenda.

86 So die Problembeschreibung im Gesetzentwurf vom 5.11.1992, vgl. BT-DS 12/3608.

87 BGBl. 1992 I S. 2266, „Gesetz zur Sicherung und Strukturverbesserung der gesetzlichen Krankenversicherung (Gesundheitsstrukturgesetz)" vom 21.12.1992.

wegen ihrer Einkommenshöhe vor Rentenbeginn nicht zu den Pflichtversicherten gehörten. Nach Rentenbeginn sollten diese Personen versicherungsrechtlich wie während ihrer Erwerbstätigkeit gestellt und ihre finanzielle Leistungsfähigkeit berücksichtigt werden[88]. Den Gesetzesinitiatoren war dabei offenbar bewusst, dass eine solche Regelung die Frage nach der Verfassungskonformität aufwarf. Das kann daraus geschlossen werden, weil sie selbst in der Begründung des Gesetzentwurfs die Frage der Verfassungsmäßigkeit thematisierten und zu dem Schluss kamen, dass die Regelung verfassungskonform sei[89]. Dem folgte das Bundesverfassungsgericht nicht. In seinem Beschluss vom 15. März 2000 stellte es fest, dass die Regelung mit Art. 3 Abs. 1 GG unvereinbar ist[90]. Es verwies darauf, dass der Verfassungsverstoß nicht nur durch eine Neuregelung des Zugangs zur Krankenversicherung der Rentner, sondern auch durch Änderungen im Beitragsrecht behoben werden kann[91]. Sofern bis zum 31. März 2002 eine Gesetzesänderung nicht erfolgte, sollte zum 1. April 2002 wieder die alte Rechtslage eintreten, die vor dem 1. Januar 1993 bestanden hatte[92]. Der Gesetzgeber verzichtete bewusst auf eine sofortige Gesetzesänderung, da „keine Präjudizierung der Frage der zukünftigen Gestaltung des Beitragsrechts" vorgenommen werden sollte[93]. Erst im Jahre 2007 erfolgte durch das GKV-WSG wieder eine redaktionelle Anpassung des § 5 Abs. 1 Nr. 11 SGB V an die frühere Fassung[94]. Den Rentnern, die aufgrund der BVerfG-Entscheidung ab dem 1. April 2002 versicherungspflichtig wurden und die bisher freiwillig versichert waren, wurde ein befristetes Wahlrecht zur Weiterführung dieser freiwilligen Versicherung eingeräumt[95]. Diese Ausnahmeregelung sollte eine mögliche Beitragsmehrbelastung verhindern, zu der es in Einzelfällen einer Versicherungspflicht kommen konnte[96].

88 BT-DS 12/3608, Gesetzentwurf von CDU/CSU, SPD und F.D.P. vom 5.11.1992, Begründung, B. Besonderer Teil, zu Art. 1, S. 75.

89 Ebenda.

90 BVerfGE 102, 68, Leitsatz 1; *Peters*, NZS 2002, S. 393 ff.

91 BVerfGE 102, 68, Leitsatz 2.

92 BVerfGE 102, 68, Tenor Nr. 2.

93 BT-DS 14/8099, Entwurf 10. SGB V-Änderungsgesetz vom 29.1.2002, Begründung, S. 3.

94 BGBl. 2007 I S. 378; BT-DS 16/3100, Begründung, S. 93 f.

95 BGBl. 2002 I S. 1169, „Zehntes Gesetz zur Änderung des Fünften Buches Sozialgesetzbuch (10. SGB V-Änderungsgesetz)" vom 23.3.2002.

96 Vgl. BT-DS 14/8099, Entwurf 10. SGB V-Änderungsgesetz, Begründung, S. 3.

f) Weitere Änderungen der KVdR-Vorversicherungszeit

aa) Erleichterter Zugang für selbständige Künstler ab 1. Juli 2001

Wie bei anderen Versicherten war auch bei selbständigen Künstlern die Versicherungspflicht in der KVdR davon abhängig, ob sie seit der erstmaligen Aufnahme einer Erwerbstätigkeit bis zur Stellung des Rentenantrages mindestens neun Zehntel der zweiten Hälfte dieses Zeitraums Mitglied einer Krankenkasse waren. Hier bestand das Problem, dass die selbständigen Künstler erst seit dem 1. Januar 1983 durch das Künstlersozialversicherungsgesetz (KSVG) in der Krankenversicherung versicherungspflichtig geworden waren[97]. Oftmals konnten Künstler deshalb beim Rentenantrag für Zeiten vor 1983 keine Krankenversicherung nachweisen und fielen aus der KVdR-Versicherungspflicht heraus. Um diese „Lücke in der sozialen Absicherung"[98] zu schließen, wurde ab dem 1. Juli 2001 mit § 5 Abs. 1 Nr. 11a SGB V für diejenigen Personen eine Sonderregelung geschaffen, die bereits vor dem 1. Januar 1983 eine selbständige künstlerische oder publizistische Tätigkeit aufgenommen hatten[99]. Für diese Künstler reicht es nun aus, den Nachweis der neun Zehntel Vorversicherungszeit zwischen dem 1. Januar 1985 und dem Rentenantrag zu erbringen.

bb) Wegfall der Vorversicherungszeit für Waisenrentner ab 1. Januar 2017

Mit Art. 1a des Gesetzes vom 21. Dezember 2015[100] wurde mit Wirkung ab 1. Januar 2017 eine neue Nr. 11b in § 5 Abs. 1 SGB V eingefügt. Darin ist eine Versicherungspflicht für Waisenrentner enthalten, ohne dass die bisher erforderliche Vorversicherungszeit zu erfüllen ist. Die Versicherungspflicht erstreckt sich nicht nur auf den Bezug einer Waisenrente nach SGB VI, sondern auch auf den Bezug von entsprechenden Leistungen aus berufsständischen Versorgungseinrichtungen. Ein Ausschluss gilt für Waisenrentner, die vor Stellung des Rentenantrages zuletzt privat krankenversichert waren, es sei denn, es besteht ein Familienhilfeanspruch nach § 10 SGB V. Die KVdR ist nun für Waisenrentner beitragsfrei bis zum Erreichen der Altersgrenze in der

97 BGBl. 1981 I S. 705, „Gesetz über die Sozialversicherung der selbständigen Künstler und Publizisten (Künstlersozialversicherungsgesetz – KSVG)" vom 27.7.1981.

98 Vgl. Begründung im Gesetzentwurf vom 12.1.2001, S. 11, BT-DS Nr. 14/5066.

99 BGBl. 2001 I S. 1027, „Zweites Gesetz zur Änderung des Künstlersozialversicherungsgesetzes und anderer Gesetze" vom 13.6.2001.

100 BGBl. 2015 I S. 2408, „Gesetz für sichere digitale Kommunikation und Anwendungen im Gesundheitswesen sowie zur Änderung weiterer Gesetze" vom 21.12.2015.

Familienversicherung. Im Gesetzentwurf[101] war eine solche Änderung des § 5 SGB V noch nicht enthalten. Sie wurde erst aufgrund einer Beschlussempfehlung des Ausschusses für Gesundheit eingefügt[102]. Hintergrund war eine Petition, bei der eine Petentin die beitragsfreie Familienversicherung für Halbwaisen in der gesetzlichen Krankenversicherung gefordert hatte. Mit einer Beschlussempfehlung hatte der Petitionsausschuss die Petition an die Bundesregierung zur Berücksichtigung überwiesen[103]. Mit der in das Gesetz eingefügten Änderungen sah die Bundesregierung die Petition als erfüllt an[104].

cc) Vorversicherungszeit mit Kinderbonus ab 1. August 2017

Durch das Heil- und Hilfsmittelversorgungsgesetz (HHVG) vom 4. April 2017[105] wurde § 5 Abs. 2 SGB V erweitert. Danach sollte ab dem 1. August 2017 auf die KVdR-Vorversicherungszeit für jedes Kind, Stiefkind oder Pflegekind eine Zeit von drei Jahren angerechnet werden. Im Gesetzentwurf war eine Erweiterung noch nicht vorgesehen. In der Pressemitteilung des BMG vom 16. Februar 2017 wird die Änderung lediglich folgendermaßen begründet:

> „Eine Benachteiligung von Kinder erziehenden Ehegatten und Lebenspartnern bei der Berücksichtigung von Vorversicherungszeiten für die Krankenversicherung der Rentner wird beseitigt.“[106]

Gedacht war offenbar an eine Anrechnung von Zeiten, in denen der Versicherte an der Erziehung der (minderjährigen) Kinder beteiligt war. Diese Einschränkung fand sich nicht im Gesetz wieder. So war nun die Anrechnung nach dem Gesetzestext auch möglich, wenn durch eine Heirat der Ehepartner mehrere (erwachsene) Stiefkinder bekam[107]. Es führte dazu, dass Personen, die bereits Rente bezogen, jedoch in der Vergangenheit die Vorversicherungszeit nicht erfüllten, durch die neue Anrechnung plötzlich die Voraussetzungen der KVdR erfüllten und versicherungspflichtig wurden. Eine derartige Wirkung

---

101 BT-DS 18/5293 vom 22.6.2015.

102 BT-DS 18/6905 vom 2.12.2015.

103 BT-DS 18/2511, Beschlussempfehlung des Petitionsausschusses Nr. 1 – Pet. 2-17-15-827-040383 vom 10.9.2014.

104 Vgl. die Antwort vom 22.12.2016 der Parlamentarischen Staatssekretärin Widmann-Mauz auf eine Anfrage des Abgeordneten Weinberg (Die Linke), BT-DS 18/10773 vom 23.12.2016.

105 BGBl. 2017 I S. 778, „Gesetz zur Stärkung der Heil- und Hilfsmittelversorgung (Heil- und Hilfsmittelversorgungsgesetz – HHVG)“ vom 4.4.2017.

106 Presseerklärung des BMG vom 16.2.2017; SozSich 2017, S. 301.

107 SozSich 2017, S. 301.

war offenbar nicht bedacht und nicht gewollt worden. Mit dem Terminservice- und Versorgungsgesetz (TSVG) vom 6. Mai 2019 wurden die Anrechnungszeiten für Kinder wieder eingeschränkt[108]. Nun sah § 5 Abs. 2 SGB V keine Anrechnung mehr vor, wenn ein Adoptivkind bei der Adoption bereits die Altersgrenze für die Familienversicherung erreicht hatte. Für Stiefkinder erfolgte keine Anrechnung mehr, wenn sie bei der Eheschließung bereits die vorgenannte Altersgrenze erreicht hatten oder nicht im gemeinsamen Haushalt aufgenommen waren.

IV. Krankenversicherung bei Wehr-, Zivil- und anderen Diensten ab 1957

Bis 1945 wurden Ansprüche von Wehrdienstleistenden im Zusammenhang mit der Krankenversicherung in den §§ 209a, 209b RVO geregelt[109]. Der § 209b RVO hatte die Aufrechterhaltung der Krankenversicherung bei Wehrdienst vorgesehen, wobei die Krankenhilfeansprüche ruhten, jedoch der Anspruch auf Familienhilfe und Sterbegeld weiterbestanden. Alle Regelungen, die in Zusammenhang mit der früheren Wehrmacht standen, wurden in den alliierten Besatzungszonen nicht mehr angewandt. Das galt auch für den § 209b RVO[110]. In der Bundesrepublik wurden die §§ 209a, 209b RVO zum 1. April 1950 durch § 29 Abs. 2 Heimkehrergesetz außer Kraft gesetzt[111]. Aufgrund der Gründung der Bundeswehr und der Einführung der Wehrpflicht 1956 waren wieder Vorschriften für die Krankenversicherung der Wehrpflichtigen erforderlich[112]. Im Rahmen des Arbeitsplatzschutzgesetzes 1957 wurde wieder ein § 209a RVO eingefügt[113]. Dieser sah vor, dass die Krankenversicherung bei Grundwehrdienst und Wehrübungen aufrechterhalten wurde und der Leistungsanspruch für die Zeit des Dienstes ruhte[114]. Dieselben Regelungen galten auch für den zivilen Ersatzdienst (Zivildienst) seit seiner Einführung

108 BGBl. 2019 I S. 646, „Gesetz für schnellere Termine und bessere Versorgung (Terminservice- und Versorgungsgesetz – TSVG)“ vom 6.5.2019.

109 Vgl. oben Abschnitt J), X., 14.

110 Vgl. oben Abschnitt K), I.; *Schumacher*, DOK 1950, S. 2.

111 BGBl. 1950 I S. 221, „Gesetz über Hilfsmaßnahmen für Heimkehrer (Heimkehrergesetz)“ vom 19.6.1950.

112 BGBl. 1956 I. S. 651, „Wehrpflichtgesetz“ vom 21.7.1956.

113 BGBl. 1957 I. S. 293, „Gesetz über den Schutz des Arbeitsplatzes bei Einberufung zum Wehrdienst (Arbeitsplatzschutzgesetz)“ vom 30.3.1957.

114 Ab 1989 wurde die Aufrechterhaltung der KV während des Wehr- und Zivildienstes in § 193 SGB V festgelegt, während das Ruhen der Krankenhilfe in § 16 Abs. 1 Nr. 2 SGB V enthalten ist.

im Jahre 1960[115]. Im Jahre 2011 wurden Wehrpflicht und Zivildienstpflicht außerhalb eines Spannungs- und Verteidigungsfalles ausgesetzt (§ 2 WPflG, § 1a ZDG). Der nun nur noch mögliche freiwillige Wehrdienst ist nach § 4 Abs. 3 WPflG dem Wehrdienst aufgrund der Wehrpflicht gleichgestellt. Das bedeutet, dass aufgrund des § 193 SGB V bei einem solchen freiwilligen Wehrdienst die Krankenversicherung ebenfalls aufrechterhalten wird.

Im Jahre 1964 wurde die Möglichkeit der Ableistung eines freiwilligen sozialen Jahres (FSJ) eingeführt[116]. Dieses wird als versicherungspflichtiges Beschäftigungsverhältnis angesehen, sofern Unterkunft, Verpflegung oder ein Taschengeld gewährt wird. Die Geringfügigkeitsgrenze der §§ 8, 8a SGB IV gilt nicht (§ 7 SGB V). Das Gleiche gilt auch für die Teilnehmer des 1993 eingeführten freiwilligen ökologischen Jahres (FÖJ)[117]. Das FSJ und FÖJ wurden 2008 im Jugendfreiwilligendienstegesetz (JFDG) zusammengefasst, wobei beide Dienste bis zum 27. Lebensjahr abgeleistet werden können[118]. Die krankenversicherungsrechtlichen Regelungen des bisherigen FSJ und des FÖJ wurden beibehalten. Seit 2011 werden freiwillige Dienste aufgrund des Bundesfreiwilligendienstgesetzes (BFDG) auch für Teilnehmer ermöglicht, die das 27. Lebensjahr vollendet haben[119]. Für die Teilnehmer besteht eine Krankenversicherungspflicht unter den gleichen Voraussetzungen wie nach dem JFDG.

V. Die Versicherungspflicht von Ehegattenbeschäftigungen 1971

Der Ausschluss der Ehegattenbeschäftigungen von der Versicherungspflicht für alle Versicherungszweige der RVO war im Jahre 1911 in § 159 RVO festgelegt worden und war schon bei seiner Einführung umstritten[120]. Durch die Vereinfachungs-Verordnung vom 17. März 1945 war er für die Krankenversicherung in § 175 RVO fortgeschrieben worden. Für die Arbeiterrenten- und Angestelltenversicherung galt er ebenfalls durch entsprechende Verweise in § 1226 Abs. 1

115 BGBl. 1961 I S. 10, „Gesetz über den zivilen Ersatzdienst" vom 13.1.1960.

116 BGBl. 1964 I S. 640, „Gesetz zur Förderung eines freiwilligen sozialen Jahres" vom 17.8.1964.

117 BGBl. 1993 I S. 2118, „Gesetz zur Förderung eines freiwilligen ökologischen Jahres (FÖJ-Förderungsgesetz- FÖJG)" vom 17.12.1993.

118 BGBl. 2008 I S. 842, „Gesetz zur Förderung von Jugendfreiwilligendiensten" vom 16.5.2008.

119 BGBl. 2011 I S. 687, „Gesetz zur Einführung eines Bundesfreiwilligendienstes" vom 28.4.2011.

120 Vgl. oben Abschnitt G), III., 5., h), Buchstabe aa).

Nr. 1 RVO und § 1 Abs. 2 Nr. 1 AVG. Nachdem diese Regelung lange Zeit als geltendes Recht unwidersprochen hingenommen worden war, wurde durch den Entwurf eines Krankenversicherungs-Neuregelungsgesetzes (KVNG) 1962[121] der Versuch unternommen, einen solchen Ausschluss auch für Verwandte 1. Grades, d.h. für Kinder und Eltern herbeizuführen (§ 167 Abs. 1 Nr. 4 KVNG-Entwurf). Begründet wurde dies damit, dass die Arbeit von Tochter, Sohn, Mutter oder Vater im Betrieb „häufig weniger dem Erwerbsstreben als vielmehr familienhaften Bindungen" entspringt[122]. Bekanntlich ist das KVNG insgesamt gescheitert, so dass nur der bisherige Ausschluss der Ehegatten weiter bestand.

Im Blickpunkt stand ab 1964 erneut der Ehegattenausschluss, dessen Verfassungsmäßigkeit das BVerfG zu prüfen hatte. Die Prüfung erfolgte aufgrund eines Normenkontrollantrages des BSG, das die Ansicht vertrat, dass der Ausschluss überholt sei und darin einen Verstoß gegen Art. 3 Abs. 1 GG in Verbindung mit der besonderen Wertentscheidung des Art. 6 Abs. 1 GG sah. Das BVerfG stellte in seiner Entscheidung vom 26. November 1964 fest, dass die Regelung für die Krankenversicherung mit dem GG vereinbar ist, da dort der Ehegatte die Möglichkeit erhalte, sich nach § 176 RVO freiwillig zu versichern[123]. Dagegen verstoße der Ausschluss in der Rentenversicherung gegen Art 3 Abs. 1 GG in Verbindung mit Art. 6 Abs. 1 GG, weil die Ehegatten von einer freiwilligen Rentenversicherung ausgeschlossen seien[124]. Für die Krankenversicherung galt somit weiterhin der Ausschluss nach § 175 RVO. Erst mit dem 2. KVÄG 1970 wurde § 175 RVO gestrichen[125], was in der Öffentlichkeit kaum wahrgenommen wurde, da sich das Augenmerk vornehmlich auf die mit dem KVÄG verbundenen anderen bedeutenden Änderungen wie die Dynamisierung der Versicherungspflichtgrenze, den Arbeitgeberzuschuss für nicht versicherungspflichtige Angestellte und insbesondere die Einführung von Maßnahmen zur Früherkennung von Krankheiten richtete. Im Gesetzentwurf war der Wegfall des § 175 RVO noch nicht enthalten. Erst in den Ausschussberatungen erfolgte die Streichung mit der Begründung, hier werde einer Empfehlung des Bundesrates nachgekommen[126]. Damit wurden Personen, die in einem Beschäftigungsverhältnis zu ihrem Ehegatten standen, erstmalig ab dem 1. Januar 1971 krankenversicherungspflichtig.

---

121 BT-DS 4/816 vom 7.12.1962.

122 BT-DS 4/816, Begründung des KVNG-Entwurfs zu § 167 Abs. 1 Nr. 4 RVO, S. 74.

123 BVerfGE 18, 257, Rn. 23–26.

124 BVerfGE 18, 257, Rn. 30–39.

125 BGBl. 1970 I S. 1770.

126 BT-DS zu 6/1297, Schriftlicher Bericht des Ausschusses für Arbeit und Sozialordnung, Abschnitt II, Art. 1 Nr. 2, S. 3, vom 27.10.1970.

VI. Die Krankenversicherung der Landwirte 1972

1. Historie der landwirtschaftlichen Krankenversicherung

Im Jahre 1883 hatten die Vertreter der selbständigen Landwirte den Versicherungszwang ihrer Arbeiter noch erfolgreich verhindert. Bis zum Inkrafttreten der RVO 1914 war für die landwirtschaftlichen Arbeiter nur eine Versicherungspflicht durch Gemeindestatut oder Landesgesetz vorgesehen. Die Versicherungspflicht für die selbständigen Landwirte selbst lag zu dieser Zeit außerhalb ihrer Vorstellungskraft[127]. Auch nach 1945 änderte sich dies erst einmal nicht, weil der Deutsche Bauernverband (DBV) noch die Ansicht vertrat, ein Bedürfnis für eine gesetzliche Krankenversicherung bestehe selbst für die Inhaber kleinerer Betriebe nicht[128]. Im Laufe der Jahre trat ein Wandel in den sozialpolitischen Anschauungen innerhalb der Landwirtschaft ein[129]. Eine Umfrage des DBV bei seinen Mitgliedern führte im Jahre 1965 zu der Erkenntnis, dass diese inzwischen mehrheitlich für eine Krankenversicherungspflicht waren[130]. Dies dürfte damit zusammenhängen, dass insbesondere Selbständige in kleineren Betrieben bei Krankheit wirtschaftlich bedroht waren, da ihre Arbeitskraft schwerer durch andere ersetzt werden konnte, wie der Bericht der Sozialenquete-Kommission 1966 feststellte[131]. Auch der Bericht der Bundesregierung im Jahre 1968 bemerkte, dass das Bedürfnis nach sozialer Sicherheit „auch unter der selbständig erwerbstätigen landwirtschaftlichen Bevölkerung ständig gewachsen war“[132]. Demnach lagen die Gründe hierfür sowohl in der veränderten Sozialstruktur als auch in der zunehmenden Mechanisierung und Rationalisierung, die die Existenz der bäuerlichen Familienbetriebe gefährdete. Der Bericht verwies auch darauf, dass nur ein Teil der selbständigen Landwirte und ihrer mitarbeitenden Familienangehörigen einen Krankenversicherungsschutz hatten[133]. Besonders unter den Altersgeldempfängern war der Anteil der Unversicherten besonders hoch. Hinzu kam, dass der freiwillige Zugang zur gesetzlichen Krankenversicherung mit Hürden

---

127 *Wangler*, S. 154 ff., zeigt anschaulich die Wandlung der Auffassungen innerhalb der landwirtschaftlichen Interessenverbände auf.

128 *Aribas*, S. 259.

129 *Harms*, ArbuSozPol 1967, S. 2.

130 *Deenen / Harms*, S. 25 ff.; *Aribas*, S. 261.

131 *Bogs*, u.a., Sozialenquete 1966, Nr. 573, S. 202.

132 BT-DS 5/2540 – Bericht der Bundesregierung über die Lage der Landwirtschaft vom 8.2.1968, S. 52.

133 Vgl. hierzu *Deenen / Harms*, S. 18 ff.

verbunden war, die vielfach einen Schutz verhinderten[134]. Um dem abzuhelfen, legte am 19. Juni 1970 die BT-Fraktion der CDU/CSU einen Gesetzentwurf vor[135], der eine Krankenversicherungspflicht der Bezieher von Altersgeld nach dem Gesetz über eine Altershilfe für Landwirte (GAL)[136] ohne Vorversicherungszeit vorsah. Gleichzeitig sollte für die noch berufstätigen Landwirte und ihre mitarbeitenden Familienangehörigen der freiwillige Beitritt nach § 176 RVO erleichtert werden. Am 23. September 1970 richteten die Regierungsfraktionen der SPD und FDP ihrerseits eine große Anfrage an die Bundesregierung, mit der sie Auskunft über die geplanten Maßnahmen im Bereich der landwirtschaftlichen Sozialpolitik forderten[137]. Auf diese Vorlage bezugnehmend wies die SPD/FDP-Regierung darauf hin, dass sie in Kürze einen eigenen Gesetzentwurf zur Krankenversicherung der Landwirte vorlegen werde[138], was jedoch erst am 30. Dezember 1971 erfolgte[139].

Abweichend vom Entwurf der CDU/CSU ging der Regierungsentwurf davon aus, dass in der landwirtschaftlichen Krankenversicherung (LKV) nicht nur die Altersgeldempfänger, sondern auch die selbständigen Landwirte und ihre mitarbeitenden Familienangehörigen versicherungspflichtig sein sollten. Diese Versicherungspflicht sollte dabei nicht im Rahmen der RVO, sondern in einem besonderen „Gesetz über die Krankenversicherung der Landwirte“ (KVLG) geregelt werden. Der Grund hierfür liege darin, dass eine Pflichtversicherung für Landwirte auf solidarischer Grundlage eine besondere Beitragsgestaltung erfordert, die „eine Vermischung mit den Beiträgen anderer Versicherungsgruppen nicht zulässt“[140]. Ebenso gelte dies auch für die Einbeziehung der Krankenversicherung der Altenteiler[141], deren Finanzierung vollständig durch den Bund erfolge. Hinzu kämen die Besonderheiten des Leistungsrechts. So sei für die Landwirtschaft als Leistung die Betriebshilfe vorgesehen, die es in der allgemeinen Krankenversicherung nicht gebe. Eine Integration in die bestehenden Krankenversicherungsträger ließen diese Abweichungen nicht zu, so

134 Für den freiwilligen Beitritt sah § 176 RVO eine Einkommensgrenze vor. Die Satzung konnte zudem die Aufnahme von einer Altersgrenze und der Vorlage eines Gesundheitszeugnisses abhängig machen. Nach § 310 Abs. 2 RVO waren Leistungen für die beim Beitritt bestehenden Erkrankungen ausgeschlossen.

135 BT-DS 6/970 vom 19.6.1970.

136 BGBl. 1957 I S. 1063, „Gesetz über eine Altershilfe für Landwirte“ vom 27.7.1957.

137 BT-DS 6/1187 vom 23.9.1970.

138 BT-DS 6/1302 vom 20.10.1970.

139 BT-DS 6/3012 vom 30.12.1971.

140 BT-DS 6/3012 – Begründung des Gesetzentwurfs, S. 25.

141 Zur Definition „Altenteiler“ vgl. unten Abschnitt N), VI., 2., c).

dass besondere landwirtschaftliche Krankenkassen (LKK) zu bilden seien[142]. Ohne Gegenstimme beschloss der Bundestag am 21. Juni 1972[143] das KVLG, das am 1. Oktober 1972 in Kraft trat[144]. Das KVLG brachte die Versicherungspflicht von selbständigen Landwirten, den mitarbeitenden Familienangehörigen (Mifa) und den landwirtschaftlichen Altenteilern. Seither erfolgte ein weiterer Ausbau des sozialen Sicherheitssystems der Landwirtschaft, der auch eine ständige Veränderung und Anpassung der LKV erforderte. Das galt insbesondere für das 2. ASEG 1980[145], das KVLG 1989[146] und das ASRG 1995[147].

2. Der versicherte Personenkreis

a) Landwirtschaftliche Unternehmer

Nach § 2 Abs. 1 Nr. 1 KVLG waren versicherungspflichtig die Unternehmer der Land- und Forstwirtschaft einschließlich des Wein-, Obst-, Gemüse- und Gartenbaus, der Teichwirtschaft und der Fischzucht, deren Unternehmen eine auf Bodenbewirtschaftung beruhende Existenzgrundlage bildete. Nach § 2 Abs. 1 Nr. 2 KVLG bestand eine Versicherungspflicht auch für sogenannte Kleinlandwirte. Das waren solche landwirtschaftlichen Unternehmer, die ihren Lebensunterhalt, abgesehen von geringfügigen Nebeneinnahmen, aus selbständiger Tätigkeit als landwirtschaftlicher Unternehmer bestritten, ohne dass das Unternehmen eine Existenzgrundlage bildete. Die Versicherungspflicht der Unternehmer nach dem KVLG war nachrangig gegenüber einer Versicherungspflicht nach anderen Vorschriften (§ 3 KVLG). Eine Erweiterung des versicherungspflichtigen Personenkreises erfolgte zum 1. Juli 1980 durch

---

142 Nach§ 97 KVLG wurden die Landkrankenkassen mit den neuen Landwirtschaftlichen Krankenkassen vereinigt. Die Mitglieder wurden der örtlichen AOK zugeführt, sofern nicht die neue Landwirtschaftliche KK zuständig war.

143 PP, 6. LP, 194. BT-Sitzung vom 21.6.1972, S. 11338.

144 BGBl. 1972 I S. 1433, „Gesetz zur Weiterentwicklung des Rechts der gesetzlichen Krankenversicherung (Gesetz über die Krankenversicherung der Landwirte – KVLG)"vom 10.8.1972.

145 BGBl. 1980 I S. 905, „Zweites Gesetz zur Verbesserung und Ergänzung sozialer Maßnahmen in der Landwirtschaft (Zweites Agrarsoziales Ergänzungsgesetz – 2. ASEG)" vom 9.7.1980.

146 BGBl. 1988 I S. 2477, 2557, Art. 8 GRG, „Zweites Gesetz über die Krankenversicherung der Landwirte (KVLG 1989)" vom 20.12.1888. Da das bisherige KVLG 1972 rudimentär mit einigen Vorschriften im Leistungsbereich bestehen blieb, wurde zur Abgrenzung das 2. KVLG als KVLG 1989 bezeichnet. Das ursprüngliche KVLG 1972 wurde 2012 aufgehoben (BGBl. 2012 I S. 2246).

147 BGBl. 1994 I S. 1890, „Gesetz zur Reform der agrarsozialen Sicherung (Agrarsozialreformgesetz 1995 – ASRG 1995)" vom 29.7.1994.

das 2. ASEG. Nun galten nach § 2 Abs. 1a KVLG auch Unternehmer der Seen- und Flussfischerei (Binnenfischerei) und der Imkerei als landwirtschaftliche Unternehmer, wenn ihr Unternehmen eine Existenzgrundlage bildete. Der Grund hierfür war, dass dieser Personenkreis schon längere Zeit zwar in der landwirtschaftlichen Unfallversicherung, aber nicht in der Altershilfe für Landwirte versichert war. Die Aufnahme in das agrarsoziale System sollte hierdurch einheitlich gestaltet werden[148]. Das ASRG 1995 erweiterte die Versicherungspflicht auf Unternehmer der Wanderschäferei. Nach § 5 KVLG 1989 konnten sich die nach § 2 Abs. 2 KVLG 1989 pflichtversicherten Unternehmer der Binnenfischerei, der Imkerei und Wanderschäferei von der Versicherungspflicht in der LKV befristet befreien lassen, solange sie freiwillig bei einer anderen Krankenkasse mit Anspruch auf Krankengeld versichert waren[149].

Während bei den versicherungspflichtigen Selbständigen der allgemeinen Krankenversicherung (§ 166 RVO) die Versicherungspflicht durch eine Einkommensgrenze begrenzt war, sah das KVLG für landwirtschaftliche Unternehmer eine Einkommensgrenze nicht vor. Sie waren unabhängig von der Einkommenshöhe immer versicherungspflichtig. Allerdings konnten sie sich nach § 4 Abs. 1 KVLG befreien lassen, wenn der Einheitswert (Wirtschaftswert)[150] des Betriebes die in § 4 Abs. 1 KVLG genannte Grenze überstieg und sie eine private Krankenversicherung nachwiesen. Durch das Krankenversicherungs-Weiterentwicklungsgesetz (KVWG) wurde ab 1977 eine weitere Befreiungsmöglichkeit eröffnet[151]. Aufgrund des neu eingefügten § 4a KVLG (§ 5 Abs. 1 KVLG 1989) konnten sich Unternehmer befristet befreien lassen, „solange“ sie außerhalb der Landwirtschaft als Angestellte (Arbeiter)[152] beschäftigt waren und nur wegen Überschreitens der JAV-Grenze nicht versicherungspflichtig und freiwillig in der GKV versichert waren. Hiermit wollte man dem betroffenen Personenkreis ermöglichen, den Krankengeldanspruch in der allgemeinen KV aufrechtzuerhalten, den es in der LKV für selbständige Landwirte nicht gab[153]. Mit dieser Regelung vermied man die bisher für die Aufrechterhaltung dieses Anspruchs erforderliche Doppelversicherung. Ein

148 BT-DS 8/2844, Gesetzentwurf zum 2. ASEG, Begründung, S. 15, 22.

149 *Volbers / Müller*, S. 65.

150 Durch das 2. ASEG wurde ab dem 1.7.1980 der Einheitswert durch den Wirtschaftswert abgelöst.

151 BGBl. 1976 I S. 3871, „Gesetz zur Weiterentwicklung des Kassenarztrechts (Krankenversicherungs-Weiterentwicklungsgesetz – KVWG)“ vom 28.12.1976.

152 Da ab dem 1.1.1989 die Versicherungspflichtgrenze für Arbeiter in der allgemeinen KV wegfiel, galt die Befreiung nach § 5 KVLG 1989 (alt § 4a KVLG) nun auch für selbständige Landwirte, wenn sie als Arbeiter beschäftigt wurden.

153 *Reiff*, SdL 1977, S. 35 (43 f.).

Befreiungsantrag entfiel ab dem 1. Januar 1995 durch die mit dem ASRG eingeführten Änderungen[154]. Landwirtschaftliche Unternehmer wurden nun ohne Antrag versicherungsfrei, da man sie ab diesem Zeitpunkt nicht mehr für schutzbedürftig hielt[155]. Die Versicherungsfreiheit in der LKV galt nun auch für solche Landwirte, die bereits in der allgemeinen Krankenversicherung versicherungsfrei waren, z.B. als Beamte oder hauptberufliche Selbständige außerhalb der Landwirtschaft (§ 2 Abs. 4a, § 3a Nr. 1 KVLG 1989).

Bei der Einführung der Versicherungspflicht 1972 wurde den landwirtschaftlichen Unternehmern als Übergangsregelung in § 94 KVLG ein unwiderrufliches Befreiungsrecht eingeräumt, wenn sie bei Inkrafttreten des KVLG privat versichert waren. Landwirte, die freiwillig bei einer gesetzlichen Krankenkasse versichert waren, wurde ein solches Befreiungsrecht nicht zugestanden. Hierzu stellte das BVerfG in seinem Urteil vom 2. Februar 1977 fest, dass eine solche unterschiedliche Behandlung nicht gegen Art. 3 Abs. 1 GG verstößt und bemerkt:

> „Bei der Einführung einer berufsständischen Pflichtversicherung kann der Gesetzgeber den Mitgliederkreis grundsätzlich so abgrenzen, wie es für die Begründung einer leistungsfähigen Solidargemeinschaft erforderlich ist."[156]

Gleichzeitig stellte das BVerfG fest, dass selbständige landwirtschaftliche Unternehmer, die als Beamte einen Beihilfeanspruch haben, sich von der Versicherungspflicht nach dem KVLG nicht befreien lassen können. Den Nachteil, den der Beamte aufgrund der Versicherungspflicht durch den Verlust der subsidiären Beihilfe erleidet, sei „nicht sehr intensiv und hinnehmbar"[157].

b) Mitarbeitende Familienangehörige

Versicherungspflichtig in der LKV wurden nach § 2 Abs. 1 Nr. 3 KVLG die mitarbeitenden Familienangehörigen, wenn sie das 18. Lebensjahr vollendet hatten oder als Auszubildende beschäftigt wurden. Als mitarbeitende Familienangehörige in diesem Sinne galten die Verwandten bis zum dritten Grad und die Verschwägerten bis zum zweiten Grad sowie die im Haushalt aufgenommenen Pflegekinder. In den Ausschussberatungen war noch erörtert worden, alle Familienangehörigen, unabhängig vom Grad der Verwandtschaft

---

154 Einfügung durch Art. 11 ASRG 1995, BGBl. 1995 I S. 1890 (1929).

155 *Volbers / Müller*, S. 28.

156 BVerfGE 44, 70, Leitsatz 1.

157 BVerfGE 44, 70, Leitsatz 3 und Rn. 100; Dies war ab dem 1.1.1995 aufgrund des durch das ASRG neu eingefügten § 3a KVLG überholt, da nun Landwirte, die gleichzeitig Beamte waren, versicherungsfrei wurden.

einzubeziehen[158]. Für die Versicherungspflicht der mitarbeitenden Familienangehörigen spielte es keine Rolle, ob sie aufgrund eines Arbeitsvertrages oder aufgrund sittlicher Verpflichtung im landwirtschaftlichen Unternehmen arbeiteten[159]. Es sollte lediglich entscheidend sein, dass die Tätigkeit hauptberuflich ausgeübt wurde[160].

Da die Ehegatten weder zu den Verwandten noch zu den Verschwägerten gehörten, fielen sie nicht unter die Regelung der mitarbeitenden Familienangehörigen. Ihre Versicherungspflicht richtete sich deshalb nach den allgemeinen Vorschriften der RVO und sie waren außerhalb der LKV zu versichern[161]. Das KVLG nahm eine Abgrenzung für die Fälle vor, in denen beide Ehegatten[162] die Landwirtschaft betrieben (§ 2 Abs. 2 KVLG). In diesen Fällen sollte derjenige Ehegatte als Unternehmer gelten, der das Unternehmen überwiegend leitete. Sofern dies nicht festzustellen war, sollte die Krankenkasse bestimmen, wer Unternehmer ist. Das bedeutete, dass einer der Ehegatten aus der Versicherungspflicht nach dem KVLG herausfiel. Von Anfang hatten die landwirtschaftlichen Krankenkassen gefordert, diese unverständliche Regelung abzuschaffen und die Ehegatten in der LKV zu versichern[163]. Dem folgte der Gesetzgeber erst mit dem ASRG zum 1. Januar 1995[164]. Nun „gilt" der Ehegatte nach § 2 Abs. 4 Satz 3 KVLG 1989 als mitarbeitender Familienangehöriger.

Für die mitarbeitenden Familienangehörigen, die als Angestellte im landwirtschaftlichen Betrieb beschäftigt waren, wurde die Versicherungspflicht nicht durch eine Einkommensgrenze eingeschränkt. Das unterschied sie von den Angestellten der allgemeinen Krankenversicherung, die nach § 165 Abs. 1 Nr. 2 RVO nur bis zur Jahresarbeitsverdienstgrenze der Versicherungspflicht unterlagen. Vom Bundessozialgericht wurde die unterschiedliche Behandlung im Urteil vom 5. Februar 1976 als zulässig angesehen und die Verletzung des Gleichheitssatzes nach Art. 3 Abs. 1 GG verneint[165]. Wenn mitarbeitende

---

158 *Aribas*, S. 289.

159 *Aribas*, S. 289; *Volbers / Müller*, S. 46.

160 *Aribas*, S. 289; Zur Beurteilung der Hauptberuflichkeit mitarbeitender Familienangehöriger vgl. die von der LKV aufgestellten „Mifa-Hauptberuflichkeits-Grundsätze LKV" vom 16.10.2003, abgedruckt bei *Volbers / Müller*, S. 47.

161 *Hungenberg*, WzS 1992, S. 289 (291).

162 Vom 1.8.2001 bis 30.9.2017 auch Lebenspartner im Sinne des Lebenspartnerschaftsgesetzes (LPartG), BGBl. 2001 I. S. 266.

163 *Noell / Deisler*, S. 120 f.

164 BGBl. 1994 I S. 1890, „Gesetz zur Reform der agrarsozialen Sicherung (Agrarsozialreformgesetz 1995 – ASRG 1995)" vom 29.7.1994.

165 BSGE 41, 157, Leitsatz 1.

Familienangehörige gleichzeitig auch eine versicherungspflichtige Beschäftigung außerhalb der Landwirtschaft ausübten, wurde die Krankenversicherung vorrangig von der LKV durchgeführt[166]. Das 2. ASEG erweiterte 1980 den Kreis der mitarbeitenden Familienangehörigen. Während bisher jugendliche Familienangehörige nur als Auszubildende in der LKV versicherungspflichtig waren, wurde die Versicherungspflicht nun auf alle mitarbeitenden Familienangehörige ab dem 15. Lebensjahr ausgedehnt. Mit der Erweiterung wollte man einen durchgehenden Versicherungsschutz in der LKV sicherstellen[167]. Bisher waren mitarbeitende Jugendliche ohne Ausbildungsverhältnis bis zur Volljährigkeit in der allgemeinen KV versichert und mussten ab dem 18. Lebensjahr in die LKV wechseln.

c) Altenteiler

Durch das KVLG wurden die Altenteiler der Landwirtschaft versicherungspflichtig. Das waren nach § 2 Abs. 1 Nr. 4 KVLG Personen, die die Voraussetzungen für den Bezug von Altersgeld, vorzeitigem Altersgeld oder Landabgabenrente erfüllten und diese Leistungen beantragt hatten. Weiterhin unterlagen der Versicherungspflicht nach § 2 Abs. 1 Nr. 5 KVLG Personen, die das 65. Lebensjahr vollendet hatten und während der letzten fünfzehn Jahre vor dem 65. Lebensjahr mindestens sechzig Kalendermonate als landwirtschaftlicher Unternehmer oder als mitarbeitender Familienangehöriger tätig waren. Das galt auch für überlebende Ehegatten dieser Personen. Der Grund für ihre Einbeziehung lag darin, dass diese Personen „eine nicht unbeträchtliche Zeit ihren Lebensunterhalt aus einer Tätigkeit in der Landwirtschaft bestritten haben, aber keine Rentenleistungen aus der GAL erhielten“[168]. Mit dem Ausbau des landwirtschaftlichen Sozialleistungssystems und der Einbeziehung der Hinterbliebenen erweiterte sich auch der versicherungspflichtige Personenkreis in der LKV. Heute (2022) sieht § 2 Abs. 1 Nr. 4 KVLG 1989 allgemein die Versicherungspflicht von Personen vor, die die Voraussetzungen einer Rente nach dem Gesetz über die Alterssicherung der Landwirte (ALG)[169] erfüllen und diese Rente beantragt haben.

---

166 *Hungenberg*, WzS 1972, S. 289.

167 BT-DS 8/2844, Gesetzentwurf zum 2. ASEG, Begründung, S. 22.

168 BT-DS IV/3012, Gesetzentwurf KVLG, Begründung zu § 2 Abs. 1 Nr. 5 KVLG, S. 27.

169 BGBl. 1994 I S. 1890, Art. 1 des ASRG 1995, „Gesetz über die Alterssicherung der Landwirte“ vom 29.7.1994.

VII. Die Krankenversicherung der Rehabilitanden 1974

Das bis 1970 entwickelte Sozialleistungssystem sah Leistungen zur Eingliederung oder Wiedereingliederung von behinderten Menschen in Arbeit und Beruf vor. Diese Leistungen wurden von unterschiedlichen Trägern gewährt, deren Zuständigkeit von dem Grund der Behinderung abhängig war. So waren Leistungen bei Behinderungen durch Kriegsverletzungen, Arbeitsunfälle, Erkrankungen oder angeborene Behinderungen durch unterschiedliche Sozialleistungsträger zu erbringen. Die Leistungsgewährung erfolgte jeweils aufgrund besonderer Vorschriften und oft in unterschiedlichem Umfang. Solche Zustände, die den Leistungsumfang von der Ursache der Behinderung abhängig machten, sollten durch ein Reha-Angleichungsgesetz beseitigt werden. Ein am 28. August 1972 von der SPD/FDP-Regierung eingebrachter Gesetzentwurf[170] konnte wegen der vorzeitig endenden 6. Legislaturperiode nicht mehr beraten werden. Am 9. November 1973 wurde der Entwurf erneut im Bundestag eingebracht[171] und am 20. Juni 1974[172] als Gesetz einstimmig beschlossen[173]. Neben der Anpassung der Leistungen sah dieses Gesetz auch eine bessere Verzahnung von medizinischen und berufsfördernden Reha-Maßnahmen vor. Hierzu wurden die Krankenkassen in den Kreis der Reha-Träger aufgenommen. Ziel des Gesetzes war zugleich die einheitliche soziale Sicherung der Behinderten während der Maßnahmen zur Rehabilitation. Aus diesem Grunde wurden nach § 165 Abs. 1 Nr. 4 RVO die Personen krankenversicherungspflichtig, die wegen „berufsfördernder Maßnahmen" zur Rehabilitation Übergangsgeld bezogen[174]. Eine Ausnahme hiervon bildeten diejenigen Rehabilitanden, deren Übergangsgeld nach den Vorschriften des Bundesversorgungsgesetzes berechnet wurde. Bei diesem Personenkreis ging man von einer ausreichenden Absicherung während der Rehabilitation aus[175]. Es wurde davon abgesehen, auch während „medizinischer Rehabilitationsmaßnahmen" eine Krankenversicherungspflicht einzuführen. Als Grund hierfür wurde genannt,

---

170 BT-DS 6/3742 vom 28.8.1972.

171 BT-DS 7/1237 vom 9.11.1973.

172 PP 7/110 BT-Sitzung vom 20.6.1974, S. 7556.

173 BGBl. 1974 I S. 1881, „Gesetz über die Angleichung der Leistungen zur Rehabilitation" vom 7.8.1974.

174 Die Vorschrift des § 165 Abs. 1 Nr. 4 RVO wurde ab dem 1.1.1989 zu § 5 Abs. 1 Nr. 6 SGB V, vgl. BGBl. 1988 I S. 2477; Durch das SGB IX erfolgte ab dem 1.7.2001 eine sprachliche Anpassung. Aus „berufsfördernden Maßnahmen zur Rehabilitation" wurde „Leistungen zur Teilhabe am Arbeitsleben" und aus „Berufsfindung" wurde „Abklärung der beruflichen Eignung", vgl. BGBl. 2001 I S. 1046.

175 BT-DS 7/1237 – Begründung des Gesetzentwurfs zu § 21 zu Nr. 1 a, S. 62.

dass „es nicht verständlich wäre, wenn z.B. bislang mitversicherte Familienangehörige für die Dauer kurzfristiger medizinischer Rehabilitationsmaßnahmen versicherungspflichtig würden"[176]. Bei Pflichtmitgliedern würde der Übergangsgeldbezug zudem die Mitgliedschaft nach § 311 RVO aufrechterhalten, während sie bei freiwillig Versicherten überhaupt nicht berührt würde. Auch wenn eine medizinische Rehabilitation nicht zur Versicherungspflicht führte, mussten die Reha-Träger, die Übergangsgeld gewährten, Krankenversicherungsbeiträge zahlen (§ 381 RVO). Mit dem Reha-Angleichungsgesetz wurde auch der Kreis der Versicherungsberechtigten erweitert. Nach dem neu eingefügten § 176b Abs. 1 Nr. 2 RVO wurde behinderten Kindern, deren Familienhilfeanspruch erlosch, ein Beitrittsrecht eingeräumt[177], weil man behinderten Kindern, die keine Erwerbstätigkeit aufnehmen konnten, einen Versicherungsschutz geben wollte, wenn sie ansonsten wegen einer satzungsmäßigen Altersgrenze ausgeschieden wären.

VIII. Die Sozialversicherung Behinderter 1975

1. Die Krankenversicherung der Behinderten nach dem SVBG

Das Gesetz über die Sozialversicherung Behinderter (SVBG) vom 7. Mai 1975 brachte ab dem 1. Juli 1975 die Krankenversicherungspflicht der Behinderten[178]. Die Versicherungspflicht erfasste nicht alle Behinderten, sondern nur solche, die einer Beschäftigung nachgingen. Es wurde differenziert nach denjenigen Behinderten, die in geschützten Werkstätten arbeiteten, und solchen, die in Heimen, Anstalten und gleichartigen Einrichtungen beschäftigt waren.

Mit dem SVBG wurde das Ziel verfolgt, die soziale Sicherung derjenigen Behinderten zu verbessern, die im Rahmen ihrer körperlichen Möglichkeiten arbeiteten. Die Einbeziehung in die Sozialversicherung sollte ihnen größere persönliche und wirtschaftliche Unabhängigkeit bringen und ihre Eingliederung in die Gesellschaft erleichtern[179]. Der Grund für die Einbeziehung lag darin, dass in Blindenwerkstätten und in Werkstätten für Behinderte immer mehr Behinderte arbeiteten, deren sozialversicherungsrechtlicher Status ungeklärt war bzw. unterschiedlich bewertet wurde[180]. So gingen die Krankenkas-

176 Ebenda.

177 BT-DS 7/1237 – Begründung des Gesetzentwurfs zu § 21 zu Nr. 2, S. 63.

178 BGBl. 1975 I S. 1061, „Gesetz über die Sozialversicherung Behinderter" vom 7.5.1975.

179 BT-DS 7/1992, Gesetzentwurf, A. Zielsetzung, S. 1, vom 16.4.1972.

180 BT-DS 7/1992, Gesetzentwurf, Begründung B. zu § 1 Buchstabe b, S. 12.

sen davon aus, dass ein versicherungspflichtiges Beschäftigungsverhältnis nur dann vorlag, wenn eine Arbeit „von einigem wirtschaftlichen Wert" geleistet wurde, der sich in der Höhe des gezahlten Entgelts niederschlug und mindestens die Hälfte des Ortslohnes betrug[181]. Die Berücksichtigung der Arbeitszeit als Kriterium „scheide wegen der besonderen Verhältnisse der in Betracht kommenden Personen" aus[182]. Damit fielen die Behinderten aus der Versicherungspflicht heraus, die keine oder nur eine geringe Entlohnung erhielten. Im Gegensatz hierzu stand die Auffassung der Arbeitsminister der Länder, die eine Versicherungspflicht auch bei geringerem Entgelt annahmen, wenn die wöchentliche Arbeitszeit mindestens 20 Stunden betrug[183]. Durch das SVBG sollten nun alle arbeitenden Behinderten, unabhängig von der Arbeitszeit und der Höhe der Entlohnung, in die Krankenversicherungspflicht einbezogen werden.

a) Beschäftigte in Werkstätten

Nach § 1 SVBG wurden körperlich, geistig und seelisch Behinderte versicherungspflichtig, die in Werkstätten für Behinderte oder Blindenwerkstätten beschäftigt wurden. Hierzu zählten auch die Behinderten, die als Heimarbeiter von diesen Einrichtungen beschäftigt wurden. Als Werkstätten in diesem Sinne galten nur solche, die nach dem Schwerbehindertengesetz (SchwbG)[184] oder Blindenwarenvertriebsgesetz (BliwaG)[185] anerkannt waren. Die Versicherungspflicht trat unabhängig davon ein, ob Arbeiten „von einigem wirtschaftlichen Wert" geleistet wurden und ob überhaupt ein Entgelt gezahlt wurde[186]. Für die Beitragszahlung wurde bei keinem oder geringem Entgelt ein fiktiver Mindestbetrag in Höhe von 20 Prozent des Durchschnittsentgelts aller rentenversicherten Personen (§ 4 SVBG), bei höheren Entgelten das tatsächliche Entgelt zugrunde gelegt. Für diejenigen Behinderten, die aufgrund eines höheren Entgelts auch der Versicherungspflicht nach der RVO unterlagen, war vorrangig die Krankenversicherung nach dem SVBG durchzuführen[187].

---

181 *Buschmann*, WzS 1975, S. 257 (258).

182 *Buschmann*, WzS 1975, S. 257 (258).

183 *Buschmann*, WzS 1975, S. 257 (258).

184 BGBl. 1974 I S. 1005.

185 BGBl. 1965 I S. 311.

186 *Buschmann*, WzS 1975, S. 257 (259).

187 *Buschmann*, WzS 1975, S. 257 (262).

b) Beschäftigte in Anstalten, Heimen oder gleichartigen Einrichtungen

Nach § 2 SVBG wurden zusätzlich Behinderte versicherungspflichtig, die in Anstalten, Heimen oder gleichartigen Einrichtungen beschäftigt wurden. Hierbei handelte es sich um solche Behinderte, die nicht in den Werkstätten, sondern im eigentlichen Anstalts- oder Heimbereich wie z.B. Küche, Schreinerei, Gärtnerei, Bäckerei, Pflegestation, Reinigungsdienst oder Verwaltung arbeiteten und „weder leistungsgerecht entlohnt noch sozialversichert" wurden[188]. Der Gesetzentwurf hatte eine Versicherungspflicht dieses Personenkreises noch nicht vorgesehen. Er sollte erst später aufgrund einer Rechtsverordnung (§ 2 SVBG-Entwurf) einbezogen werden. Die den Gesetzentwurf beratenden Ausschüsse[189] vertraten in Übereinstimmung mit dem Bundesrat die Ansicht, dass eine sofortige Einbeziehung dieses Personenkreises erforderlich sei. Sie befürchteten ansonsten, dass eine solch unterschiedliche Behandlung zu „Unruhe in den Anstalten und Heimen führen und von den Behinderten nicht verstanden werde"[190]. Schließlich erfolgte die Einbeziehung in die Versicherungspflicht mit Einschränkungen. So „gelten" Behinderte nach § 2 Abs. 2 SVBG nur dann als beschäftigt, wenn sie ohne oder gegen Entgelt in gewisser Regelmäßigkeit[191] eine Leistung erbringen, die einem Fünftel der Leistung eines voll Erwerbsfähigen in gleicher Beschäftigung entspricht. Eine Versicherungspflicht soll nach § 2 Abs. 3 SVBG auch dann bestehen, wenn die Tätigkeit tatsächlich nicht als Beschäftigung bezeichnet wird. Damit sind auch Tätigkeiten z.B. im Rahmen einer therapeutischen Behandlung versicherungspflichtig[192].

2. Erweiterte Versicherungspflicht nach § 165 Abs. 1 Nr. 2a RVO

a) Personen in Einrichtungen der Jugendhilfe

Nach dem neu eingefügten § 165 Abs. 1 Nr. 2a Buchstabe a RVO wurden solche Personen versicherungspflichtig, die in Einrichtungen der Jugendhilfe durch Beschäftigung für eine Erwerbstätigkeit befähigt werden sollen. Der Grund für die Einbeziehung lag in der bisher unbefriedigenden sozialen Siche-

---

188 BT-DS 7/1992, Gesetzentwurf, Begründung, A. I zu 1 b, S. 10; BT-DS 7/3237, Bericht und Antrag des Ausschusses für Arbeit und Sozialordnung, A. I 2, S. 4, vom 19.2.1975.

189 Ausschuss für Jugend, Familie und Gesundheit und der Ausschuss für Arbeit und Sozialordnung.

190 BT-DS 7/3237, S. 4.

191 Als Regelmäßigkeit in diesem Sinne wurde bei den Gesetzesberatungen eine wöchentliche Zeit von 15 Stunden angenommen, aber nicht im Gesetz festgeschrieben, vgl. BT-DS 7/3237, S. 5.

192 BT-DS 7/3237, S. 5; *Buschmann*, WzS 1975, S. 257 (261).

rung von „einigen tausend Jugendlichen“, wie in der Zielsetzung des Gesetzentwurfs festgestellt wird[193]. Es handelte sich hier um Jugendliche, deren „Verhaltensstörungen, Lernschwächen oder Milieuschäden“ Sonderformen der Beschäftigung und Ausbildung erfordern und die deshalb in Einrichtungen (Heimen) der Jugendhilfe aufgrund der §§ 5, 6 des Jugendwohlfahrtsgesetzes (JWG)[194] untergebracht sind[195]. Eine Beschäftigung soll auch dann Versicherungspflicht auslösen, wenn kein Entgelt gezahlt wird.

b) Berufsfördernde Maßnahmen in Einrichtungen für Behinderte

Durch das SVBG wurde § 165 Abs. 1 Nr. 2a Buchstabe b RVO neu eingefügt. Danach unterliegen der Versicherungspflicht Personen, die in Einrichtungen für Behinderte, insbesondere in Berufsbildungswerken, an einer berufsfördernden Maßnahme teilnehmen. Der Grund dafür, dass die Versicherungspflicht dieser Behinderten in der RVO und nicht in den §§ 1, 2 SVBG geregelt wurde, liegt darin, dass die Berufsförderungswerke eine von den Werkstätten für Behinderte abweichende Zielrichtung haben[196]. Während die Werkstätten für Behinderte solche Personen aufnehmen, denen der allgemeine Arbeitsmarkt nicht offensteht und die in der Regel nicht ausgebildet sind, vermitteln die Berufsförderungswerke eine Berufsausbildung nach dem Berufsbildungsgesetz. Ziel der Ausbildung ist deshalb die spätere Eingliederung in den allgemeinen Arbeitsmarkt[197]. Mit der Aufnahme in den versicherungspflichtigen Personenkreis war auch eine Klarstellung beabsichtigt, da in der Vergangenheit für diese Ausbildungsverhältnisse Zweifel an der Versicherungspflicht bestanden. Dies beruhte darauf, dass den Teilnehmern nicht nur kein Entgelt gezahlt wurde, sondern ihnen von einigen Berufsförderungswerken sogar Kostenersatz abverlangt worden war[198]. Der versicherungspflichtige Personenkreis nach § 165 Abs. 1 Nr. 2a Buchstabe b RVO enthält keine Altersbegrenzung. In der Gesetzesbegründung war der Personenkreis noch auf „behinderte Jugendliche“ begrenzt worden, die an einer Berufs- „Ausbildungsmaßnahme“ teilnahmen. Der beratende BT-Ausschuss hatte die Versicherungspflicht gleich zweifach erweitert, indem er erstens das Wort „Jugendliche“ gestrichen hatte

193 BT-DS 7/1992, Gesetzentwurf, A. Zielsetzung Nr. 2, S. 2.

194 BGBl. 1970 I S. 1197, „Gesetz für Jugendwohlfahrt (JWG)“ vom 6.8.1970.

195 BT-DS 7/1992, Gesetzentwurf, Begründung, A. 2. Abschnitt, S. 11 und B. zu § 1 Nr. 1 a, S. 14.

196 *Buschmann*, WzS 1975, S. 257 (268f).

197 BT-DS 7/1992, Gesetzentwurf, Begründung, A. 1. I zu 1 c, S. 10.

198 BT-DS 7/1992, Gesetzentwurf, Begründung, A. 1. I zu 1 c, S. 10.

und damit die Altersbegrenzung beseitigte. Er entschloss sich dazu, da die Zahl der Betroffenen als klein angesehen wurde, aber gleichzeitig junge Erwachsene in ihrer Vorbereitung auf eine Erwerbstätigkeit einbezogen werden sollten[199]. Als zweite Erweiterung sollte die Versicherungspflicht nicht nur aufgrund von Ausbildungsmaßnahmen eintreten, sondern bei allen Berufsförderungsmaßnahmen, insbesondere auch bei berufsvorbereitenden Maßnahmen[200].

3. Versicherungsberechtigung Schwerbehinderter

Durch das SVBG wurde mit § 176c RVO ein freiwilliger Versicherungsbeitritt für Schwerbehinderte ermöglicht, ohne dass die Leistungen wegen einer Vorerkrankung ausgeschlossen werden konnten. Damit wurde vornehmlich die Krankenversicherung für Schwerbehinderte eröffnet, die aufgrund angeborener oder früh erworbener Behinderungen keinen Krankenversicherungsschutz erhalten konnten. Die Personen, bei denen die Behinderung erst im späteren Lebensalter auftrat, hatten in der Regel vorher die Möglichkeit, einen entsprechenden Schutz zu erwerben. Deshalb sah man es als zulässig an, dass die Satzung den Beitritt von einer Altersgrenze abhängig machen konnte. Damit wären viele ältere Schwerbehinderte von der Neuregelung ausgeschlossen worden. In den Ausschussberatungen wurde aus diesem Grunde mit Art. 3 § 1 SVBG eine Übergangsregelung eingefügt, nach der die Krankenkassen frühestens zwölf Monate nach Inkrafttreten des Gesetzes für Schwerbehinderte eine Altersgrenze einführen konnten[201]. Damit erhielten ältere Schwerbehinderte eine einmalige befristete Beitrittsmöglichkeit.

4. Die weitere Entwicklung der Krankenversicherung Behinderter

Mit dem Gesundheitsreformgesetz wurde ab dem 1. Januar 1989 die Krankenversicherungspflicht aus dem SVBG herausgenommen und in § 5 Abs. 1 Nr. 7 und 8 SGB V eingefügt[202]. Das Schwerbehindertenrecht wurde 2001 durch SGB IX (Rehabilitation und Teilhabe behinderter Menschen) neu kodifiziert[203]. Hiermit war eine sprachliche Anpassung der Vorschriften, nicht jedoch eine Ausweitung der Versicherungspflicht behinderter Menschen verbunden.

---

199 BT-DS 7/3237, A. I 3, S. 4.

200 Ebenda.

201 BT-DS 7/3237, Bericht zu Art. 3 SVBG, S. 10.

202 BGBl. 1988 I S. 2477, Art. 1 und Art. 10.

203 BGBl. 2001 I S. 1046, „Sozialgesetzbuch – Neuntes Buch (SGB IX) Rehabilitation und Teilhabe behinderter Menschen“ vom 19.6.2001.

IX. Die Krankenversicherung der Studenten (KVdS) 1975

1. Historie der studentischen Krankenversorgung

Als die gesetzliche Krankenversicherung im Jahre 1883 eingeführt wurde, waren die Studenten noch nicht als eine besonders schutzwürdige Personengruppe betrachtet worden. Während im Mittelalter noch ein großer Teil der Studentenschaft arm war, hatte sich dies bis zum 19. Jahrhundert gewandelt[204]. Nun überwogen die Studenten, deren Eltern oft selbst Akademiker waren und die als Beamte oder Selbständige selbst nicht dem Versicherungszwang unterlagen und daher Eigenvorsorge zu treffen hatten[205]. Gleichwohl gab es wie bisher an den deutschen Hochschulen immer noch mittellose Studenten, die ihren Lebensunterhalt aus „Nebenerwerb und Bettel" bestritten[206]. Daher war es ihnen selbst kaum möglich, eine Krankenvorsorge zu treffen. Zur Unterstützung kranker, bedürftiger Studenten entstanden auf Initiative der Studentenschaften und mit Unterstützung der Hochschulen im 19. Jhd. vielfach „Akademische Krankenkassen" (AKK)[207]. Die medizinische Behandlung erfolgte kostenfrei oder gegen geringes Honorar durch Professoren und Assistenten der medizinischen Fakultät[208]. Dadurch konnte der von allen Studierenden erhobene obligatorische Beitrag niedrig gehalten werden[209].

Nach dem 1. Weltkrieg bestanden die AKK weiter[210]. Ihre Leistungen waren aber oft nicht mehr ausreichend[211]. Dies galt vor dem Hintergrund, dass der Gesundheitszustand der Studenten sich durch Kriegsdienst und Mangelernährung (Hungerblockade) insgesamt verschlechtert hatte und die Leistungen für die nun vermehrt auftretenden chronischen bzw. langwierigen Erkrankungen

204 *Menzel*, S. 14 ff., verweist darauf, dass ein großer Prozentsatz der „Scholaren" aus den untersten Klassen kam und mit dem Matrikel-Vermerk „p" (pauper) oder „nihil dedit" eingetragen waren.

205 *Rienhardt*, S. 173 ff., gibt eine detaillierte statistische Übersicht über die soziale Herkunft der württembergischen Studentenschaft 1871–1911; *Menzel*, S. 17 ff.

206 *Spreter*, S. 5; *Thieme*; S. 19.

207 *Menzel*, S. 63 ff.; *Lehnert*, S. 104 ff.; *Emmelius*, S. 171 f.; *Nutz*, S. 168 (170); *Kiehm*, S. 15.

208 *Lehnert*, S. 107; *Nutz*, S. 168 (170); *Kiehm*, S. 15; *Lehnert*, S. 108, weist zutreffend darauf hin, dass dies nur für Universitäten mit einer medizinischen Fakultät galt. Er lässt offen, ob es an technischen Hochschulen durch Sondervereinbarungen mit Krankenanstalten entsprechende Regelungen gab.

209 *Lehnert*, S. 107; *Nutz*, S. 168 (170); *Kiehm*, S. 15.

210 *Loeffler*, S. 36 f., mit einem Hinweis auf den Umfang der vorhandenen AKK nach dem 1. Weltkrieg.

211 *Streit*, Studentenwerk, S. 140.

(z.B. Tuberkulose) von der AKK-Leistung ausgeschlossen waren[212]. Hinzu kam, dass viele AKK in der Zeit der Hyperinflation mit finanziellen Schwierigkeiten zu kämpfen hatten[213]. Die Studentenschaften versuchten, diese Lücke zu schließen[214]. Im Programm des Erlanger Studententages 1921 stand:

> „Es ist Ehrenpflicht der deutschen Studentenschaft für ihre mittellosen, kranken Kommilitonen zu sorgen."[215]

Um dieses Anliegen zu unterstützen, hatten inzwischen die Landesgesetzgebungen die Studentenschaften mit der Wahrnehmung der „sozialen Fürsorge" beauftragt, die auch die Krankenversorgung für bedürftige Kommilitonen einschloss[216]. Als Dachverband übernahmen die Wirtschaftshilfe der Deutschen Studentenschaft e.V.[217] diese Aufgabe sowie örtlich die hierfür besonders gegründeten Wirtschaftskörper der Studentenschaften an den Hochschulen[218]. Die Finanzierung erfolgte durch Spenden und obligatorische Beiträge aller Studenten. Im Jahre 1934 wurden durch Verordnung die bisherigen Einrichtungen der studentischen Selbsthilfe in das Reichsstudentenwerk AdöR (RSW) überführt[219]. Im Jahre 1938 erfolgte die Festlegung durch Gesetz und die regionalen Studentenwerke wurden eingegliedert[220]. Die akademischen Krankenkassen und die Wirtschaftskörper wurden aufgelöst und ihre Aufgaben vom RSW übernommen[221].

Durch den allliierten Kontrollrat wurden die Reichsstudentenführung sowie die Deutsche Studentenschaft und damit das Reichsstudentenwerk als NS-

---

212 *Loeffler*, S. 7 ff. und Anlage 1 mit Auszug eines ärztl. Gutachtens; Streit, Studentenwerk, S. 140 f.; *Lehnert*, S. 120.

213 *Loeffler*, S. 36 f., 51 f.; *Lehnert*, S. 124 f.; *Nutz*, S. 168 (171).

214 *Gehrig*, S. 42 ff.; *Menzel*, S. 36 ff.; *Lehnert*, S. 124 f.; *Thieme*, S. 23 f.

215 *Loeffler*, Geleitwort; *Spreter*, S. 122; *Schölzel*, S. 12.

216 *Menzel*, S. 33; *Lehnert*, S. 111; *Nutz*, S. 168 (171); *Kiehm*, S. 15.

217 Im Jahre 1929 erfolgte die Umbenennung der Wirtschaftshilfe in Deutsches Studentenwerk e.V.; vgl. *Schölzel*, S. 10.

218 *Schlink / Schairer*, S. 458 ff.; *Kiehm*, S. 15; *Emmelius*, S. 171; Die Wirtschaftshilfe schloss die Verträge mit überörtlichen und ausländischen Sanatorien bzw. Kurheimen, z.B. in Davos oder Arosa ab, oder führte solche Einrichtungen in eigener Regie, vgl. *Streit*, Studentenwerk, S. 144 f.; *Spreter*, S. 129; *Schölzel*, S. 57 ff., gibt eine Organisationsübersicht über Wirtschaftshilfe und Wirtschaftskörper.

219 ZBlUV 1934, Nr. 381, S. 355, „Reichsverordnung über die Bildung eines Reichs-Studentenwerks"; *Thieme*, S. 26 f.; *Schölzel*, S. 15 ff., beschreibt detailliert den Gleichschaltungsprozess im Studentenwerk seit der Machtübernahme durch die Nationalsozialisten.

220 RGBl. 1938 I S. 802, „Gesetz über das Reichsstudentenwerk" vom 6.6.1938.

221 *Lehnert*, S. 129; *Emmelius*, S. 171 (172).

Organisation 1945 aufgelöst[222]. Eine anschließend von den Alliierten wieder genehmigte Gründung von regionalen Studentenwerken führte auch wieder zur Einrichtung einer studentischen Krankenfürsorge[223]. Die Ausgestaltung der Krankenfürsorge für Studenten entwickelte sich nicht einheitlich, sondern in vielfältiger Weise. In Berlin wurden die Studenten im Auftrag des Magistrats seit 1945 von der VAB aufgrund des § 363a RVO betreut[224]. Nach der Kündigung durch die Stadt Berlin 1953 erfolgte für Studenten die Gründung der Studentischen Krankenversicherung Berlin VVaG (SKVB)[225]. Die Studenten im Saarland wurden ab 1950 ebenfalls nach § 363a RVO der gesetzlichen Krankenversicherung zugewiesen[226]. Im übrigen Bundesgebiet gab es Hochschulen, die Krankenversicherungseinrichtungen in eigener Regie betrieben, während andere Hochschulen die Studenten über Gruppenverträge bei der privaten Assekuranz versicherten[227]. Eine der größten Einrichtungen der Studentischen Krankenversorgung war die in der Rechtsform eines Versicherungsvereins auf Gegenseitigkeit (VVaG) 1960 gegründete Deutsche Studenten-Krankenversorgung (DSKV), die aus der bisherigen SKVB hervorgegangen war[228]. Mit der DSKV hatten sowohl Studentenwerke als auch einzelne Hochschulen Versicherungsverträge für ihre Studenten abgeschlossen. Bei der DSKV waren die meisten Hochschulen in Nordrhein-Westfalen sowie die Universitäten Berlin, Hamburg, Saarbrücken und Kiel versichert[229]. Die Einrichtungen waren als Pflichtversicherung ausgelegt, für die jeder immatrikulierte Student einen Zwangsbeitrag zu leisten hatte, auch wenn er selbst anderweitig versichert war. Eine Befreiung beim Bestehen eines anderweitigen Krankenversicherungsschutzes war nicht vorgesehen. Es war deshalb umstritten, ob ein Zwangsbeitrag für alle Studenten verfassungsgemäß war und ob hierfür überhaupt gültige Ermächtigungsnormen in den Ländern bestanden[230]. Diese Unsicherheit veranlassten die DSKV 1966 zur Änderung ihrer Versicherungsbedingungen[231]. Nun war eine Befreiung der Studenten möglich, die

222 ABl. des Kontrollrats in Deutschland vom 29.10.1945, Kontrollratsgesetz Nr. 2, Anhang Nr. 35–37; *Lehnert*, S. 137.

223 *Thieme*, S. 27 f.

224 *Nutz*, S. 168 (174).

225 *Lehnert*, S. 152 f.; *Nutz*, S. 168 (174); *Kiehm*, S. 4.

226 Vgl. hierzu oben Kapitel L).

227 *Lehnert*, S. 138 ff.; BT-DS 7/2116, Bericht der Bundesregierung über die wirtschaftliche und soziale Sicherung des Studiums, S. 41 f. vom 16.5.1974.

228 Zur Chronologie der DSKV-Gründung, vgl. *Kiehm*, S. 10 ff.

229 BT-DS 7/2116, S. 41.

230 *Thieme*, S. 50 ff.; *Emmelius*, S. 171 (174, 177 ff.); *Nutz*, S. 168 (175 ff.); *Kiehm*, S. 30.

231 *Kiehm*, S. 30 f.

bereits anderweitig einen „gesetzlichen" Krankenversicherungsschutz hatten[232], was dazu führte, dass bis 1970 die Hälfte der bisherigen Zwangsversicherten die DSKV verließen[233]. Damit war der bisherige Solidarausgleich gestört, der nur über eine Beitragserhöhung für die verbliebenen Studenten wieder hergestellt werden konnte. In den folgenden Jahren mussten die Beiträge der DSKV auch mehrfach erhöht werden, weil die Leistungen hin zu einer Vollkosten-Krankenversicherung ausgeweitet worden waren. Hiermit war eine Beitragsbelastung der Studenten verbunden, die nicht mehr als sozial verträglich angesehen wurde. Die Situation ausnutzend, versuchten verschiedene Ersatzkassen seit 1971 mit Dumpingpreisen und vielfach ungeachtet des geltenden Rechts, die Studenten als neue Versicherte zu gewinnen[234]. Schließlich forderte die DSKV eine staatliche Subventionierung der Studentenversicherung und lehnte weitere Beitragserhöhungen ab. In der DSKV-Hauptversammlung im April 1973 wurde eine Resolution angenommen, mit der eine weitere Belastung der Studenten abgelehnt und die Liquidation der DSKV zum 31. März 1974 angekündigt wurde. Das hätte bedeutet, dass mit der Auflösung rd. 40.000 vollversicherte Studenten ohne Krankenversicherungsschutz gewesen wären. Mit ihrem Beschluss griff die DSKV in die politische Diskussion zur sozialen Sicherung der Studenten ein, die zu dieser Zeit bereits im parlamentarischen Bereich geführt wurde. Sie erhöhte damit den Druck auf die Politik, bezüglich der gesetzlichen Studenten-Krankenversicherung eine baldige Lösung herbeizuführen. Dem von der Regierung geäußerten Ansinnen, die Liquidation der DSKV bis zum Inkrafttreten des KVSG zu verschieben, wurde schließlich nachgekommen[235]. Die Hauptversammlung beschloss am 26. November 1974 die Auflösung des DSKV zum 30. September 1975[236]. Damit war ein nahtloser Übergang in die gesetzliche Studenten-Krankenversicherung gewährleistet, die zum 1. Oktober 1975 in Kraft trat.

---

232 Das BVerwG stellte in seinem Urteil vom 4.7.1969 – VII C 29.67 – fest, dass die Pflichtmitgliedschaft von Studenten in der studentischen Krankenversorgung mit Bundesrecht vereinbar ist. Die Pflichtmitgliedschaft gelte auch für Studenten, die bereits einen anderweitigen (privaten) Versicherungsschutz haben. Die dadurch verschlechterte Rechtsstellung des Studenten sei zumutbar, vgl. BVerwGE 32, 308, Leitsatz 3, Rn. 20; s.a. kritische Urteilsanmerkung von *Gallwas*, in: JZ 1970, S. 25.

233 *Kiehm*, S. 31.

234 *Uleer*, ArbuSozPol 1972, S. 215; *Scholz / Isensee*, S. 23 ff., 34; *Kiehm*, S. 32 ff.

235 *Kiehm*, S. 84 ff.

236 *Kiehm*, S. 88.

2. Das Gesetz über die Krankenversicherung der Studenten (KVSG) 1975

Die Zahl der Studierenden nahm seit 1960 ständig zu[237]. Somit vergrößerte sich auch die Zahl der Studenten, bei denen die Krankenversorgung mangelhaft war bzw. sogar völlig fehlte. Bereits 1970 hatte die Forschungsgruppe Ellwein den Bericht über die vom BMA und DSW in Auftrag gegebene Studie über die Probleme der studentischen Krankenversicherung vorgelegt[238]. Das Ergebnis zeigte, dass 97 Prozent der Studenten eine Krankenversicherung für notwendig hielten und sich 80 Prozent für eine gesetzliche Krankenversicherung aussprachen[239]. Der Verband Deutscher Studentenschaften (VDS) forderte deshalb eine einheitliche gesetzliche Krankenversicherung für alle Studenten. Unterstützt wurde diese Forderung vom Deutschen Studentenwerk e.V. (DSW), der DSKV und der Westdeutschen Rektorenkonferenz (WRK)[240]. Im Jahre 1970 legten DSW und DSKV einen gemeinsamen Gesetzentwurf vor, der eine allgemeine Versicherungspflicht der Studenten in einer besonderen bundesunmittelbaren Studenten-Krankenkasse vorsah[241]. Zu dieser Zeit war noch umstritten, ob die KVdS durch einen besonderen Träger oder durch die bestehenden Krankenkassen durchgeführt werden sollte. Der vom VDS 1973 vorgelegte Entwurf forderte bereits eine RVO-Lösung innerhalb der bestehenden Krankenversicherung[242].

Parallel zu der Diskussion in studentischen Organisationen verlief die Meinungsbildung zu einer Studenten-Krankenversicherung im politischen Bereich. Die Sachverständigenkommission für die Weiterentwicklung der Krankenversicherung hatte 1972 eine Empfehlung verabschiedet, nach der alle in einer Ausbildung stehenden Personen, einschließlich der Studenten, in die Krankenversicherung einbezogen werden sollten[243]. Das sollte entweder durch eine Versicherungspflicht oder alternativ durch die Möglichkeit des freiwilligen

237 Die Studentenzahl hatte sich von 1960 bis 1975 von 291.000 auf 841.000 erhöht, Quelle: Grund- und Strukturdaten des BMBW 1976, S. 87.

238 VDS, Sozialpolitische Materialien 6, Studentische Krankenversicherung, Ellwein-Studie, S. 24–55.

239 Ellwein-Studie, Teil V, S. 46.

240 *Kiehm*, S. 72; Erklärung der 94. WRK vom 25.1.1972 zur Sicherung und Neuordnung der studentischen Krankenversorgung, in: Stellungnahmen, Empfehlungen, Beschlüsse der WRK 1960–1989, Band V, S. 67 f.

241 *Kiehm*, S. 72, Anlage, Dokument Nr. 6, S. 134 ff.

242 VDS, KVdS-Gesetzentwurf 1973.

243 BT-DS 7/1167, Sozialbericht 1973, Nr. 89, S. 16 vom 25.10.1973.

Beitritts geschehen[244]. Der Bundesrat legte einen von Rheinland-Pfalz initiierten Gesetzesantrag zur Studenten-Krankenversicherung am 4. September 1974 im Bundestag vor[245]. Eine Vorlage des SPD/FDP-Regierungsentwurfs folgte am 16. Dezember 1974[246]. Beide Entwürfe stimmten in ihren wesentlichen Punkten überein. So sollten eingeschriebene Studenten und Praktikanten an staatlichen und staatlich anerkannten Hochschulen in der gesetzlichen Krankenversicherung versichert werden. Anderen Personen, die ebenfalls in der Ausbildung zum Beruf standen, sollte ein Beitrittsrecht zur GKV eingeräumt werden. Der Beitrag war von den Studenten grundsätzlich selbst zu tragen, jedoch sollte er sozial verträglich sein und deshalb durch einen Bundeszuschuss subventioniert werden. Schließlich fanden sich diese Kernpunkte auch in dem vom Bundestag am 22. Mai 1975[247] einstimmig verabschiedeten KVSG wieder[248].

3. Die versicherungspflichtigen Studenten

a) Eingeschriebene Studenten

Die Versicherungspflicht erstreckte sich nach § 165 Abs. 1 Nr. 5 RVO auf eingeschriebene Studenten der staatlichen und staatlich anerkannten Hochschulen. Sie war nachrangig gegenüber einer anderweitigen Versicherungspflicht z.B. der als Arbeitnehmer (§ 165 Abs. 6 RVO). Hatte ein Student einen Familienanspruch, trat ebenfalls keine Versicherungspflicht ein. Dies galt nicht, wenn er selbst einen unterhaltsberechtigten Ehepartner oder Kinder hatte, die keine Krankenversicherung besaßen. Dann trat die Versicherungspflicht trotz (eigenen) Familienhilfeanspruchs ein.

b) Werkstudenten

Als Werkstudenten werden die eingeschriebenen Studenten bezeichnet, die „neben" ihrem Studium zur Finanzierung ihres Lebensunterhalts noch als Arbeitnehmer arbeiten. Solche Studenten waren vor dem 1. Oktober 1975 nach § 172 Abs. 1 Nr. 5 RVO versicherungsfrei, wenn sie „zu oder während ihrer wissenschaftlichen Ausbildung für den zukünftigen Beruf gegen Entgelt tätig" waren. Im Gesetzentwurf war vorgesehen, diese Regelung zu streichen, da

---

244 Ebenda.

245 BT-DS 7/2519, Gesetzentwurf des BR vom 4.9.1974; vgl. die vorherige Behandlung im BR, PP 406. BR-Sitzung vom 31.5.1974.

246 BT-DS 7/2993 vom 16.12.1974.

247 PP 7/173 BT-Sitzung vom 22.5.1975, S. 12085.

248 BGBl. 1975 I S. 1536, „Gesetz über die Krankenversicherung der Studenten (KVSG)" vom 24.6.1975.

man sie nun angesichts der studentischen Pflichtversicherung für überflüssig hielt[249]. Der BT-Ausschuss hielt es jedoch für erforderlich, den § 172 Abs. 1 Nr. 5 RVO in geänderter Fassung beizubehalten. Hierdurch sollte sichergestellt werden, dass Studenten, die „neben" dem Studium arbeiten, als Studenten und nicht als Arbeitnehmer versichert werden[250]. Offengelassen wurde weiterhin, wann eine Beschäftigung als nebenher ausgeübt galt. Als nebenher ausgeübt konnte eine Beschäftigung nur dann gelten, wenn der Student „überwiegend durch seine wissenschaftliche Ausbildung in Anspruch genommen wird"[251]. Ungeklärt blieb, mit welchen Kriterien diese Abgrenzung erfolgen sollte. Diese Lücke füllte die Rechtsprechung aus, indem sie die Grundsätze für die Versicherungsfreiheit der Studenten als Arbeitnehmer, das sogenannte „Werkstudenten-Privileg", herausbildete[252]. Als Hauptkriterium wird die wöchentliche Arbeitszeit angesehen. Übersteigt die wöchentliche Arbeitszeit die Grenze von 20 Stunden nicht, dann wird die Beschäftigung „neben" dem Studium ausgeübt und ist somit versicherungsfrei[253]. Beschäftigungen außerhalb der Vorlesungszeit sowie geringfügig entlohnte und kurzzeitige Beschäftigungen werden nicht berücksichtigt[254]. Das Werkstudenten-Privileg des § 172 Abs. 1 Nr. 5 RVO gilt weiterhin über § 6 Abs. 1 Nr. 3 SGB V[255]. Es werden Zweifel daran geäußert, ob diese Besserstellung von Studierenden heute noch einen Sinn macht[256]. Es wird darauf hingewiesen, dass das Werkstudenten-Privileg für „normal verdienende Studierende" zu einer „beitrags- und leistungsrechtlichen Schlechterstellung" führt[257].

249 BT-DS 7/2993, Gesetzentwurf zum KVSG, Begründung zu Nr. 3 (§ 172 RVO), S. 9.

250 BT-DS 7/3640, Ausschussbericht, zu § 1 Nr. 3, S. 5, vom 15.5.1975.

251 *Kostorz*, NZS 2012, S. 161 (162).

252 BSGE 40, 93–96; BSG-Urteil vom 10.9.1975 – 3 RK 42/75 –, juris; BSG-Urteil vom 10.12.1998 – B 12 KR22/97 R, SozR 3-2500 § 6 Nr. 16; BSG-Urteil vom 11.11.2003 – B 12 KR 5/03 R, SGb 2004, S. 440–445.

253 Abweichend hiervon: BSG-Urteil vom 10.12.1998 – B 12 KR 22/97 R, SozR 3–2500 § 6 Nr. 16, wonach das Werkstudentenprivileg nicht gilt, wenn das vor dem Studium bestehende Arbeitsverhältnis mit einer wöchentlichen Stundenzahl unter 20 Std. fortgesetzt wird.

254 GR der Spitzenverbände der Krankenkassen, des VDR, der BfA und der BA, Ziffer 1.2.4. vom 27.7.2004; Zur Versicherungsfreiheit bei Überschreitung der 20-Stunden-Grenze durch Arbeit in den Abend- und Nachtstunden und an Wochenenden, vgl. *Kostorz*, NZS 2012, S. 161 (163); *Bress*, S. 138.

255 *Felix*, GesR 2021, S. 149.

256 *Felix*, GesR 2021, S. 149 (154).

257 *Felix*, GesR 2021, S. 149 (154).

c) Promotionsstudenten

Das Gesetz sieht seit 1975 in § 165 Abs. 1 Nr. 5 RVO (ab 1989: § 5 Abs. 1 Nr. 9 SGB V) vor, dass „eingeschriebene“ Studenten der Krankenversicherungspflicht unterliegen. Dieses Tatbestandsmerkmal trifft formal auch auf Doktoranden zu, die als Promotionsstudenten eingeschrieben sind. Eine Einschreibung erfolgt in der Regel verpflichtend aufgrund der entsprechenden Promotionsordnung. Fraglich ist, ob dies für die Versicherungspflicht ausreichend ist. Der Gesetzentwurf zum KVSG nennt die Studenten im Kontext mit „anderen in Ausbildung zum Beruf befindliche Personen“[258]. Die Krankenkassen gingen davon aus, dass Promotionsstudenten sich nicht in einer solchen Ausbildung befinden, da das Promotionsstudium „nicht mehr zur wissenschaftlichen Ausbildung gehört“[259]. Sie beriefen sich auf eine BSG-Entscheidung, die bereits vor dem KVSG im Jahre 1974 zu der früheren Befreiungsregel des § 172 Abs. 1 Nr. 5 RVO ergangen war[260]. Dort war festgestellt worden, dass wissenschaftliche Assistenten sich nicht in wissenschaftlicher „Ausbildung“ befanden. Von der nachfolgenden BSG-Rechtsprechung wurde diese Ansicht für Promotionsstudenten bestätigt[261]. In der Entscheidung vom 23. März 1993 wird als Begründung außerdem auf die seit 1989 eingeführten Tatbestandsmerkmale „Fachsemester“ und „Fachstudienzeit“ hingewiesen, die nicht auf Doktoranden zutreffen. In dem Urteil des BSG vom 7. Juni 2018 wurde entschieden, dass unter „Berücksichtigung der Gesetzeshistorie und der systematischen Zusammenhänge sie (Promotionsstudenten) nicht zum schützenswerten versicherten Personenkreis zählen. Weder der Bologna-Prozess noch das Ziel der Förderung wissenschaftlichen Nachwuchses rechtfertigen ein anderes Ergebnis“[262]. Weiterhin wird festgestellt:

> „Eine nach Art. 3 Abs. 1 GG verfassungswidrige Ungleichbehandlung liegt nicht vor.“[263]

Damit dürften die bisher noch vorhandenen Zweifel an dem Ausschluss der Promotionsstudenten von der KV-Versicherungspflicht ausgeräumt sein[264]. Auch der Wegfall des Tatbestandsmerkmals „Fachsemester“ ab dem 1. Janu-

---

258 BT-DS 7/2993, Gesetzentwurf des KVSG, B. Lösung, S. 1.

259 GR der KV-Spitzenverbände, Ziffer 1.1.2c vom 27.9.1989.

260 BSGE 39, 41, Leitsatz 1.

261 BSG-Urteil vom 23.3.1993 – 12 RK 45/92 –, SozR 3–2500 § 5 Nr. 10; BSGE 126, 52–56; GKV-Spitzenverband, Grundsätzliche Hinweise vom 20.3.2020, Ziffer 1.1.3.2.

262 BSGE 126, 52, Rn. 14.

263 BSGE 126, 52, Rn. 21.

264 *Reinert*, NZS 2015, S.609 (612).

ar 2020 durch das MDK-Reformgesetz[265] ändert das nicht, da nach der Gesetzesbegründung die Promotionsstudenten weiterhin von der Versicherungspflicht ausgeschlossen bleiben sollen[266]. Eine Versicherungspflicht ist dann nicht ausgeschlossen, wenn die Promotion Bestandteil der regulären Hochschulausbildung ist und die „Dissertation noch vor Abschluss des Master- oder Diplomstudiengangs oder des Staatsexamens“ angefertigt wird[267].

d) Alters- und Zeitgrenzen

Die Versicherungspflicht der Studenten wurde 1975 eingeführt, ohne dass sie auf eine bestimmte Zeit oder durch eine Altersgrenze eingeschränkt wurde. Man hatte offenbar nur das Wohl der bisher unzureichend gegen Krankheit abgesicherten Studenten im Blick, ohne die nun geschaffene Missbrauchsmöglichkeit zu erkennen. Mit der eingeführten Regelung war es nun immatrikulierten Studenten möglich, unabhängig vom Alter in den Genuss einer beitragsgünstigen Krankenversicherung zu kommen. So konnte auch nach einem Hochschulabschluss die KVdS durch erneute Einschreibung unbegrenzt aufrechterhalten werden. Man glaubte, diese Möglichkeit ausreichend durch die Nachrangigkeit der KVdS für solche Personen ausgeschlossen zu haben, die als Arbeitnehmer anderweitig versicherungspflichtig waren oder nur wegen Überschreitung der JAV-Grenze nicht versicherungspflichtig wurden oder bereits versicherungsfrei waren (z.B. Beamte). Genutzt werden konnte diese Lücke jedoch von Personen, die als Selbständige erwerbstätig waren, und von Personen ohne jegliche Berufstätigkeit, wie durch die Rechtsprechung in zwei Fällen belegt ist[268]. In welchem Umfang die KVdS letztlich von Selbständigen genutzt worden ist, ist nicht bekannt. Es dürften jedoch mehr als die bekannt gewordenen Fälle gewesen sein, da auch die Rechtsprechung nicht grundsätzlich die Versicherungspflicht dieser Personen anzweifelte. Erst mit der Neukodifizierung der Krankenversicherung durch das SGB V schloss man ab 1989 diese Lücke[269]. Aus der Begründung des Gesetzentwurfs ist zu entnehmen,

265 BGBl. 2019 I S. 2789, „Gesetz für bessere und unabhängigere Prüfungen (MDK-Reformgesetz)“ vom 14.12.2019.

266 BT-DS 19/13397, Gesetzentwurf MDK-Reformgesetz, Begründung, B. Besonderer Teil, zu Art. 1, Buchstabe a, 3. Absatz, S. 53.

267 GKV-Spitzenverband, Grundsätzliche Hinweise vom 20.3.2020, Ziffer 1.1.3.2.

268 Das BSG-Urteil vom 17.10.1986 – 12 RK 36/85 –, SozR 2200 § 306 Nr. 16, betrifft den Fall eines bei der Einschreibung 68-jährigen US-Staatsbürgers, der als selbständiger Jurist in Deutschland tätig war; Das BSG-Urteil vom 10.5.1990 – 12 RK 52/88 –, SozR 3–2200 § 165 Nr. 2, betrifft einen 36-jährigen selbständigen Rechtsanwalt, der als Student der Wirtschaftswissenschaft eingeschrieben war.

269 BGBl. 1988 I S. 2477.

dass die Änderung erfolgte, um Missbräuche zu vermeiden und der Tendenz zur Verlängerung des Studiums entgegenzuwirken[270]. Der ausdrückliche Hinweis auf den Missbrauch im Gesetzentwurf dürfte ein Indiz dafür sein, dass es sich in der Vergangenheit nicht nur um Einzelfälle gehandelt hatte. Für hauptberufliche Selbständige wurde nun die Versicherungspflicht generell (nicht nur als Studenten) nach § 5 Abs. 5 SGB V ausgeschlossen.

Eine Versicherungspflicht der Studenten bestand nach § 5 Abs. 1 Nr. 9 SGB V nun nur noch bis zum Abschluss des 14. Fachsemesters, längstens bis zur Vollendung des 30. Lebensjahres. Hier war eine Verlängerung für Ausnahmefälle vorgesehen, wenn dies durch die Art der Ausbildung oder durch familiäre bzw. persönliche Gründe, insbesondere bei Erwerb der Zugangsvoraussetzungen über den Zweiten Bildungsweg, gerechtfertigt war[271]. Nach dem Leitsatz der BSG-Entscheidung vom 15. Oktober 2014 markierte die Vollendung des 37. Lebensjahres die absolute Höchstgrenze für die Versicherungspflicht eines Studenten[272]. Eine Änderung erfolgte im Jahr 2020, als die Begrenzung auf 14 Fachsemester gestrichen wurde und nur noch das 30. Lebensjahr als Endpunkt der Versicherungspflicht weiter bestand[273]. Die Zählung der Fachsemester war in der Vergangenheit umstritten gewesen, insbesondere wenn es sich um verschiedene Studiengänge handelte[274].Die Gesetzesbegründung führt an, dass es „zunehmend Schwierigkeiten" bereite, die Fachsemester zu zählen. Bedingt sei dies durch die europäische Harmonisierung aufgrund des Bologna-Prozesses, der zu Veränderungen in der Struktur der Studiengänge und Studienabschlüsse geführt habe. Besonders beim Wechsel des Studienfachs und beim Aufbaustudium sei eine einheitliche Rechtsanwendung nicht gewährleistet, da die Semesterzählung in den Ländern vielfach unterschiedlich erfolge[275]. Der Wegfall der Begrenzung auf 14 Fachsemester bedeutet auch den Wegfall der vom BSG gesetzten absoluten Altersgrenze von 37 Jahren, da diese in Zusammenhang mit der bisherigen Regelung (30. Lebensjahr zuzüglich

---

270 BT-DS 11/2237, Entwurf des GRG, Begründung zu § 5 SGB V, S. 159, vom 3.5.1988.

271 BSGE 71, 150, Leitsatz 2, zum Überschreiten der Altersgrenze wegen Berufstätigkeit zwischen Abitur und Studienbeginn; BSG-Urteil vom 30.9.1992 – 12 RK 50/91 –, SozR 3–2500 § 5 Nr. 6, zur Überschreitung der Altersgrenze wegen der Nichtzulassung zum Studium; BSG-Beschluss vom 30.7.2019 – B 12 KR 35/19 B –, juris, zu den rechtfertigenden Hinderungsgründen bei einem Studium nach dem 30. Lebensjahr.

272 BSGE 117, 117, Leitsatz 2.

273 BGBl. 2019 I S. 2789; hierzu auch: *Felix*, KrV 2020, S. 45 (47).

274 *Bress*, S. 70 f.

275 BT-DS 19/13397, Gesetzentwurf MDK-Reformgesetz, Begründung zu § 5 SGB V, S. 53.

14 Fachsemester = 7 Jahre) stand. Deshalb wird diese absolute Grenze von den Krankenkassen nicht mehr angewandt[276].

e) Aufhebung des Territorialprinzips für Studenten

In der gesetzlichen Krankenversicherung gilt nach § 30 SGB I, § 3 SGB IV das Territorialprinzip. Danach ist die Krankenversicherung auf Personen beschränkt, die ihren Wohnsitz oder gewöhnlichen Aufenthalt im Geltungsbereich des SGB haben. Durch das GRG wurde dieses Territorialprinzip 1989 für die Studenten aufgehoben, die weder ihren Wohnsitz noch ihren gewöhnlichen Aufenthalt im Inland haben. Voraussetzung der Versicherungspflicht in der KVdS ist, dass sie keinen Anspruch auf Sachleistungen aufgrund über- oder zwischenstaatlichen Rechts haben. Eine Einschränkung dieser Regelung auf Studenten an Präsenzuniversitäten ergibt sich aus der gesetzlichen Regelung nicht. Das bedeutet, Fernstudenten, die vom Ausland aus studieren, sind in der studentischen Krankenversicherung pflichtversichert, sofern sie keinen vorrangigen Anspruch haben. Die Krankenkassen gehen dagegen davon aus, dass solche Studenten von der Versicherungspflicht nicht erfasst werden[277]. Für eine derartige Handhabung findet sich weder im Gesetz noch in den Gesetzesmaterialien eine Rechtfertigung. Lediglich in der Bundesrats-Drucksache 475/89 vom 7. September 1989 findet sich im Entwurf der Meldeverordnung (SKV-MV) eine Anmerkung im Hinblick auf die FernUniversität in Hagen, wonach nur Studenten mit inländischem Wohnsitz zu melden sind[278]. Eine solche Einschränkung wurde weder in die SKV-MV noch in die Nachfolgeregelung in § 199a SGB V übernommen. Trotzdem werden seither Fernstudenten mit Auslandswohnsitz ohne eine Prüfung der Versicherungspflicht immatrikuliert. Nach der Rechtslage könnte ein solcher Student auf der Versicherungspflicht bestehen. Die Annahme, dass dies wahrscheinlich nicht geschehen wird, weil damit eine Beitragspflichtpflicht ohne gleichzeitigen Leistungsanspruch im Ausland verbunden ist, kann nicht getroffen werden. So ist es durchaus denkbar, dass bei planbaren medizinischen Eingriffen in Deutschland, die mit hohen Kosten verbunden sind, es für die Betroffenen finanziell sinnvoll erscheint, auf der Versicherungspflicht mit Beitragszahlung zu bestehen. Der Gesetzgeber sollte vorausschauend diese Lücke schließen. Die Gleichartigkeit

276 GKV-Spitzenverband, Grundsätzliche Hinweise vom 20.3.2020, Einleitung und Ziffer 1.1.6.1.

277 GKV-Spitzenverband, Grundsätzliche Hinweise vom 20.3.2020, Ziffer 1.1.1.

278 BR-DS 475/89, S. 16 vom 7.9.1989.

dieses Problems, das für die auf deutschen Seeschiffen fahrenden ausländischen Seeleute gelöst wurde, ist offensichtlich[279].

4. Die versicherungspflichtigen Praktikanten

a) Praktikanten im engeren Sinne

Nach § 165 Abs. 1 Nr. 6 RVO wurden durch das KVSG Personen versicherungspflichtig, die eine in Studien- oder Prüfungsordnungen vorgeschriebene berufspraktische Tätigkeit verrichteten. Vor 1975 waren die Praktikanten aufgrund des § 172 Abs. 1 Nr. 5 RVO versicherungsfrei, wenn sie „zu" ihrer wissenschaftlichen Ausbildung für den zukünftigen Beruf gegen Entgelt tätig waren. Die Versicherungspflicht als Praktikant nach § 165 Abs. 1 Nr. 6 RVO trat für die Personen ein, die (noch) nicht oder nicht mehr immatrikuliert waren (Vor- und Nachpraktika). Bei Praktika (Zwischenpraktika) während der Immatrikulation trat die vorrangige Versicherungspflicht als Student nach § 165 Abs. 1 Nr. 5 RVO ein (§ 165 Abs. 6 Satz 3 RVO). Die Versicherungspflicht der Praktikanten wurde 1989 durch das GRG in § 5 Abs. 1 Nr. 10 SGB V übernommen. Mit dem GRG wurden Auszubildende ohne Arbeitsentgelt den Praktikanten gleichgestellt und ihre Versicherungspflicht von § 5 Abs. 1 Nr. 1 SGB V nach § 5 Abs. 1 Nr. 10 verlagert. Mit dieser Zuordnung sollte klargestellt werden, dass „Auszubildende die weder Arbeitsentgelt noch Ausbildungsvergütung erhielten, der Versicherungspflicht unterliegen und wie Praktikanten behandelt werden"[280].

Umstritten war seit der Einführung der Versicherungspflicht von Praktikanten durch das KVSG 1975, ob die nicht immatrikulierten Praktikanten bei Beschäftigung gegen Entgelt vorrangig als Arbeitnehmer versicherungspflichtig waren. Während die Krankenkassen von einer Vorrangigkeit der Arbeitnehmerversicherung ausgingen[281], räumte die BSG-Rechtsprechung jedoch der Versicherungspflicht als Praktikant den Vorrang ein[282]. Der Gesetzgeber korrigierte diese Zuordnung, indem er durch eine Änderung des § 5 Abs. 1 Nr. 10

279 Vgl. unten Abschnitt N), XVI.

280 BT-DS 11/2237, GRG-Gesetzentwurf vom 3.5.1988, Begründung zu § 5, S. 159.

281 GR-Spitzenverbände vom 27.9.1989, Ziffer 1.2.2.

282 BSGE 66, 211, Leitsatz 1 b, Urteil vom 21.2.1990 zur Versicherungspflicht der Rechtspraktikanten der einstufigen Juristenausbildung in NRW; BSG-Urteil vom 3.2.1994 – 12 RK 78/92 –, SozR 3–2500 § 5 Nr. 15, SozR 3–2500 § 6 Nr. 7, zur Versicherungspflicht entgeltlicher Vorpraktika.

SGB V die Versicherungspflicht auf Praktikanten ohne Entgelt beschränkte[283]. Praktikanten mit einer entgeltlichen Beschäftigung sind seither wieder als Arbeitnehmer versicherungspflichtig. Wie bei den Studenten war bei Praktikanten die Versicherungspflicht seit 1975 nicht durch eine Zeit- oder Altersgrenze eingeschränkt. Die Einführung solcher Beschränkungen im Jahr 1989 für Studenten galt nicht für Praktikanten. Erst im Jahr 2000 wurde die Versicherungspflicht der Praktikanten in Angleichung an die Studenten auf das 30. Lebensjahr begrenzt[284].

b) Praktikanten im weiteren Sinne

In den letzten Jahrzehnten haben sich die Formen der beruflichen Ausbildung gewandelt. Neben die klassische Ausbildung im Betrieb in einem Lehr- oder Ausbildungsverhältnis traten Formen der Ausbildung in außerbetrieblichen Einrichtungen. Die Studiengänge wurden erweitert um duale Studiengänge mit wechselnden Studien- und Praxissemestern. Hinzu kamen Ausbildungsgänge mit Abschnitten schulischen Unterrichts und praktischer Ausbildung in sogenannten praxisintegrierten Ausbildungen. Vielfach war bei diesen Formen der Ausbildung unklar, ob eine Krankenversicherungspflicht als Arbeitnehmer, Student oder Praktikant bestand. Zunehmend war die Rechtsprechung mit diesen Abgrenzungsfragen befasst und sorgte für Klarstellungen, die anschließend mehrfach von der Gesetzgebung korrigiert wurden. So stellte das BSG mit Urteil vom 12. Oktober 2000 fest, dass eine Umschulung, die in einer nicht einem Betrieb eingegliederten Bildungseinrichtung gegen Vergütung durchgeführt wird, keine Versicherungspflicht begründet[285]. Sozialpolitisch war dieses Ergebnis nicht gewollt und wurde im Rahmen des Job-AQTIV-Gesetzes ab 2002 geändert[286]. Die Änderung erfolgte in § 5 Abs. 4a SGB V mit dem die Auszubildenden in außerbetrieblichen Einrichtungen den zur Berufsausbildung Beschäftigten nach § 5 Abs. 1 Nr. 1 SGB V gleichgestellt und damit versicherungspflichtig wurden.

Hinsichtlich eines dualen Studiums stellte das BSG mit seiner Entscheidung vom 1. Dezember 2009 fest, dass „die berufspraktische Phase infolge organisa-

---

283 BGBl. 1999 I S. 2626, vom 22.12.1999, zur Begründung s. BT-DS 14/1245, zu Art. 1, Nr. 1 a, S. 59.

284 BGBl. 2019 I S. 2789; Zu den Gründen vgl. BT-DS 19/13397, zu § 5 Buchstabe b, S. 53.

285 BSG-Urteil vom 12.10.2000 – B 12 KR 7/00 R, SozR 3-2600 § 1 Nr. 7.

286 BGBl. 2001 I S. 3443, „Gesetz zur Reform der arbeitsmarktpolitischen Instrumente (Job-AQTIV-Gesetz)“ vom 10.12.2001; Zur Begründung vgl. BT-DS 14/6944, zu § 5 Buchst. b, S. 52.

torischer oder curricularer Verzahnung mit der theoretischen Hochschulausbildung" ein Bestandteil des Studiums ist. Es lehnte deshalb die Versicherungspflicht aufgrund einer Beschäftigung nach § 5 Abs. 1 Nr. 1 SGB V ab[287]. Auch hier korrigierte der Gesetzgeber die sich aus der Rechtsprechung ergebenden Folgen mit einer Gesetzesänderung im Jahre 2012 und stellte die Teilnehmer von dualen Studiengängen generell den zur Berufsausbildung Beschäftigten nach § 5 Abs. 1 Nr. 1 SGB gleich (§ 5 Abs. 4a SGB V)[288].

Eine weitere Gleichstellung mit den zur Berufsausbildung Beschäftigten im Sinne des § 5 Abs. 1 Nr. 1 SGB V erfolgte ab dem 1. Juli 2020[289]. Nun sind auch „Teilnehmer an Ausbildungen mit Abschnitten des schulischen Unterrichts und der praktischen Ausbildung, für die ein Ausbildungsvertrag und Anspruch auf Ausbildungsvergütung besteht (praxisorientierte Ausbildungen)" versicherungspflichtig (§ 5 Abs. 4a Nr. 3 SGB V). Der Gedanke für die Einbeziehung war, dass diese Ausbildungsform oftmals im Gesundheits-, Erziehungs- und Sozialbereich zu finden ist und durch den demographischen Wandel zukünftig eine verstärkte Nachfrage nach qualifizierten Fachkräften zu erwarten ist. Die Regelung soll die Berufsausbildung in diesem Bereich attraktiver machen, indem der soziale Schutz während der Ausbildung verbessert wird[290].

5. Auszubildende des Zweiten Bildungsweges

Den versicherungspflichtigen Praktikanten wurden 1989 auch die Auszubildenden des Zweiten Bildungsweges gleichgestellt, die sich in einem förderungsfähigen Teil eines Ausbildungsabschnitts nach dem Bundesausbildungsförderungsgesetz (BAföG) befanden. Sie waren nun versicherungspflichtig nach § 5 Abs. 1 Nr. 10 SGB V. Im GRG-Gesetzentwurf war die Versicherungspflicht dieser Personen noch nicht vorgesehen. Sie wurde erst als Ergebnis der Ausschussberatungen eingefügt, in denen der erfasste Personenkreis beispielhaft mit Schülern von Abendhauptschulen, Abendrealschulen, Abendgymnasien und Kollegien umschrieben wurde[291]. Eine solche enumerative

287 BSGE 105, 56, Leitsatz.

288 BGBl. 2011 I S. 3057; Zur Begründung vgl. BT-DS 17/6754, zu Art. 3, S. 20.

289 BGBl. 2020 I S. 1248, „Siebtes Gesetz zur Änderung des Vierten Buches Sozialgesetzbuch und anderer Gesetze" vom 12.6.2020.

290 BT-DS 19/19037, Beschlussempfehlung des Ausschusses für Arbeit und Soziales, Begründung zu Art. 5 Buchstabe b, S. 51.

291 BT-DS 11/3480, Ausschussbericht vom 24.11.1988, zu § 5, S. 49.

Aufzählung wurde jedoch nicht ins Gesetz übernommen, so dass Zweifel über den Personenkreis bleiben[292].

6. Befreiung von der Versicherungspflicht

Mit der Einführung der Versicherungspflicht der Studenten wurde gleichzeitig ein Befreiungsrecht für solche Studenten und Praktikanten eingeführt, die bereits bei der Einschreibung eine gleichwertige private Krankenversicherung hatten (§ 173d RVO). Eine Befreiung konnte innerhalb einer Ausschlussfrist von drei Monaten beantragt werden und galt unwiderruflich für die gesamte Studienzeit. Auch bei Wechsel der Hochschule wirkte die Befreiung weiter[293]. Bei der Neukodifizierung der KV 1989 wurde in § 8 SGB V die Befreiungsregelung beibehalten. Nicht übernommen wurde jedoch das Erfordernis des Bestehens einer privaten Krankenversicherung. Damit war eine Befreiung auch ohne Absicherung möglich. Eine fehlende Absicherung ist seit 2007 durch den Auffangtatbestand des § 5 Abs. 1 Nr. 13 SGB V jedoch nicht mehr zulässig, da nun in jedem Falle eine gesetzliche oder private Krankenversicherung erforderlich ist.

7. Versicherungsberechtigung der Auszubildenden

Nach dem Gesetzentwurf zum KVSG 1975 sollte sonstigen Auszubildenden, für die eine Versicherungspflicht nicht vorgesehen war, ein freiwilliger Beitritt nach § 176 RVO ohne Gesundheitszeugnis ermöglicht werden. Dies sollte für Personen an berufsbildenden Schulen, sonstigen Berufsbildungseinrichtungen, Abendrealschulen, Abendgymnasien und Kollegs gelten. Im verabschiedeten Gesetz waren schließlich über diesen Personenkreis hinaus auch Besucher von Abendhauptschulen, Berufsaufbauschulen sowie Teilnehmer an studienvorbereitenden Sprachkursen und Studienkollegs beitrittsberechtigt. Ein Beitrittsrecht erhielten auch diejenigen, die noch keinen Studienplatz hatten, sich aber bei der „Zentralstelle für die Vergabe von Studienplätzen“ (ZVS)[294] um einen Studienplatz beworben hatten. Das mit dem KVSG 1975 eingeführte Beitrittsrecht wurde 1989 durch das GRG ersatzlos gestrichen. Ein Teil des Personen-

292 Das BSG-Urteil vom 7.11.1995 – 12 RK 38/94 –, SozR 3–2500 § 5 Nr. 23, stellte fest, dass Berufsfachschüler keine Auszubildenden des Zweiten Bildungsweges sind und daher Versicherungspflicht nach § 5 Abs. 1 Nr. 10 SGB V nicht besteht.

293 *Bress*, S. 125; GR der KV-Spitzenverbände vom 27.9.1989, Ziffer 4.3.

294 Heute: Stiftung für Hochschulzulassung (SfH).

kreises, die Auszubildenden des Zweiten Bildungsweges, wurden der Versicherungspflicht nach § 5 Abs. 1 Nr. 10 SGB unterstellt[295].

X. Die Krankenversicherung der Gefangenen 1976

Es war erkannt worden, dass hinsichtlich des Strafvollzugs eine Lücke in der Strafrechtspflege bestand, die zu schließen war[296]. Durch das Strafvollzugsgesetz (StVollzG) vom 18. August 1976 war dies vorgesehen[297]. Der Strafvollzug sollte darauf ausgerichtet werden, den Gefangenen nach ihrer Entlassung eine straffreie Lebensführung zu ermöglichen. Deshalb sollte eine „möglichst weitgehende Annäherung an die Lebensverhältnisse im Vollzuge an die diejenigen außerhalb der Anstalt“ erfolgen[298]. Zur Verbesserung der sozialen Situation der Gefangenen und ihrer Familien war vorgesehen, dass die Gefangenen, die während ihrer Haft arbeiteten und hierfür Arbeitsentgelt, Ausbildungsbeihilfen oder Ausfallentschädigung erhielten, der Krankenversicherungspflicht unterlagen. Die Versicherungspflicht sollte innerhalb der Reichsversicherungsordnung geregelt werden. Aus diesem Grund wurde durch § 190 StVollzG die neue Vorschrift des § 165c RVO eingefügt. Das für die jeweilige Vollzugsanstalt zuständige Land galt als Arbeitgeber und hatte den Krankenversicherungsbeitrag allein zu zahlen.

Das StVollzG trat aufgrund des § 198 StVollzG am 1. Januar 1977 in Kraft. Hiervon wurden die Vorschriften über die Krankenversicherungspflicht durch § 198 Abs. 3 StVollzG ausgenommen. Erst aufgrund eines besonderen Bundesgesetzes sollten sie in Kraft gesetzt werden. In der 8. Legislaturperiode brachte die Bundesregierung am 8. November 1979 einen Gesetzentwurf ein, der die Krankenversicherungspflicht der Gefangenen einführen sollte[299]. Das Gesetz wurde am 13. Mai 1980 im Bundestag verabschiedet[300]. Dem Gesetz stimmte der Bundesrat vornehmlich deshalb nicht zu, da die finanziellen Belastungen von den Ländern alleine zu tragen waren[301]. Der von der Bundes-

---

295 Vgl. oben Abschnitt, N), IX., 5.

296 BT-DS 7/918, Begründung des Gesetzentwurfs zum StVollzG vom 23.7.1973, S. 38.

297 BGBl. 1976 I S. 581, „Gesetz über den Vollzug der Freiheitsstrafe und der freiheitsentziehenden Maßregeln der Besserung und Sicherung – Strafvollzugsgesetz (StVollzG) vom 16.3.1976.

298 BT-DS 7/918, Begründung des Gesetzentwurfs zum StVollzG vom 23.7.1973, S. 41.

299 BT-DS 8/3335, Entwurf eines Gesetzes zur Fortentwicklung des Strafvollzuges – Erstes Strafvollzugs-Fortentwicklungsgesetz (1. StVollzFG) vom 8.11.1979.

300 PP 8/216 BT-Sitzung vom 13.5.1980, S. 17383.

301 SB der 490. Bundesratssitzung vom 4.7.1980, Punkt 37 der Tagesordnung, S. 322–324.

regierung daraufhin am 9. Juli 1980 angerufene Vermittlungsausschuss[302] wurde bis zum Ende der Wahlperiode am 4. November 1980 nicht mehr tätig, so dass das Gesetz gescheitert war. In der 9. Legislaturperiode wurde am 11. Juni 1981 erneut ein entsprechender Gesetzentwurf eingebracht[303]. Die Beratungen hierzu, in die der Regierungswechsel von Helmut Schmidt zu Helmut Kohl am 4. Oktober 1982 fiel, konnten bis zum Ende der Wahlperiode am 29. März 1983 nicht abgeschlossen werden. Letztlich scheiterte die Einbeziehung an der Kostenfrage[304]. Damit war der erneute Versuch, die Krankenversicherung der Gefangenen im Rahmen der RVO (SGB V) zu regeln, gescheitert. In den Jahren 2013 und 2014 stellte die Fraktion DIE LINKE im Bundestag den Antrag auf eine Einbeziehung der Strafgefangenen[305], der von den beratenden Ausschüssen abgelehnt wurde. Die SPD wies darauf hin, die Initiative müsse von den Ländern kommen, die auch die Kosten zu tragen hätten[306]. Bis heute ist die Krankenversicherungspflicht der Gefangenen ungeregelt[307].

XI. Die Sozialversicherung der Künstler und Publizisten (KSVG) 1983

1. Historie der Künstlersozialversicherung

Sofern Künstler und Publizisten in einem Arbeitsverhältnis standen, waren sie bisher schon nach den allgemeinen Vorschriften der RVO krankenversicherungspflichtig. Bei den selbständigen Künstlern hatte man vor 1983 nur die Personengruppen der Krankenversicherungspflicht unterstellt, die man als schutzbedürftig angesehen hatte. So waren selbständige (Kunst-)Lehrer und Erzieher seit 1914, Artisten seit 1938 und selbständige Musiker seit 1945 versicherungspflichtig[308]. Selbständige Publizisten (z.B. Schriftsteller) waren bisher nicht als schutzbedürftige Personengruppe wahrgenommen worden. Das traf auch für viele Selbständige im originären Musikbereich (z.B. Komponisten, Textdichter), in der darstellenden Kunst (z.B. Schauspieler, Regisseure) und der bildenden Kunst (z.B. Maler, Bildhauer, Designer) zu. Es lag sicher auch daran, dass Künstler und Publizisten bisher als Individualisten unzu-

302 BT-DS 8/4396 vom 9.7.1980.

303 BT-DS 9/566 vom 11.6.1981.

304 *Schirmer*, S. 50.

305 BT-DS 17/13103, BT-DS 18/2606.

306 BT-DS 18/2784 Beschlussempfehlung und Bericht des Ausschusses vom 9.10.2014.

307 Zum derzeitigen Sachstand vgl. *Ruland*, SGb 2020, S. 530 (531 f.).

308 Vgl. oben G), III., f) und J), IV., 2. zu Lehrern und Erziehern, J), IV., 1. zu Artisten und J), IX., 2. b) zu Musikern.

reichend organisiert waren und ihre schlechte soziale Lage nicht ausreichend in die Öffentlichkeit getragen und gegenüber der Politik vertreten hatten. Für den Autorenbereich änderte sich das 1969 mit der Gründung des „Verbandes deutscher Schriftsteller“ (VS)[309]. Bei der Gründung des VS wurde als oberster Punkt des Zwölf-Punkte-Programms die Durchführung einer Sozialenquete zur Situation der Schriftsteller beschlossen[310]. Der als VS-Vorsitzender gewählte Dieter Lattmann forderte eine soziale Absicherung der Künstler und Publizisten in der Kranken- und Rentenversicherung. Als SPD-Bundestagsabgeordneter wurde Lattmann ab 1972 zum maßgeblichen Initiator des Künstlersozialversicherungsgesetzes. Aufgrund der politischen Initiative des VS forderte bereits am 2. März 1970 die CDU/CSU-Fraktion die Bundesregierung auf, einen Bericht über die soziale Lage der Schriftsteller, Komponisten und bildenden Künstler im Bundestag vorzulegen[311]. Der mit der Bearbeitung des Antrags beauftragte federführende Ausschuss für Bildung und Wissenschaft wies am 31. März 1971 darauf hin, dass der VS bereits einen Enqueteauftrag hinsichtlich der sozialen Lage der Schriftsteller, Komponisten und bildenden Künstler vergeben hatte[312]. Eine weitere Enquete zu dieser Personengruppe wurde für unzweckmäßig gehalten. Der Ausschuss forderte deshalb einen Bericht der Bundesregierung, der sich nur auf die Untersuchung der sozialen Lage der freien Bühnendarsteller, Musikerzieher, Musikinterpreten, Journalisten, Bildjournalisten und der ständigen freien Mitarbeiter der Rundfunk- und Fernsehanstalten beschränkte[313]. Ein in der folgenden Legislaturperiode am 13. Januar 1975 vorgelegter „Künstlersozialbericht“[314], der über den der Bundesregierung erteilten Auftrag hinausging, umfasste aus dem Bereich Musik auch die Komponisten, aus dem Bereich der darstellenden Kunst die Regisseure und Unterhaltungskünstler und den gesamten Bereich der bildenden Kunst (z.B. Maler und Bildhauer)[315]. Dieser Bericht legte offen, dass der größte Teil der Künstler zwar eine Krankenversicherung hatte, jedoch der Anteil der unversicherten Personen mit zwei Prozent doppelt so hoch war, wie bei der übrigen erwerbstätigen Bevölkerung.

---

309 Seit 2015 Verband deutscher Schriftstellerinnen und Schriftsteller.

310 *Lattmann*, S. 7.

311 BT-DS 6/467, Antrag der CDU-CSU-Fraktion vom 2.3.1970.

312 *Fohrbeck / Wiesand*, Autorenreport.

313 BT-DS 6/2081, Schriftlicher Bericht des Ausschusses für Bildung und Wissenschaft vom 31.3.1971.

314 BT-DS 7/3071, Bericht der Bundesregierung über die wirtschaftliche und soziale Lage der künstlerischen Berufe (Künstlersozialbericht) vom 13.1.1975; Die an der Erstellung der Künstler-Enquete Beteiligten legten 1974/1975 eine überarbeitete Fassung vor, vgl. *Fohrbeck / Wiesand*, Künstler-Report.

315 BT-DS 7/3071, Einleitung, S. 5.

Im Bereich der bildenden Kunst lag der Anteil der Unversicherten mit sieben Prozent um ein Mehrfaches höher[316]. Die differenzierte Betrachtung zeigt, dass zudem ein Drittel der Künstler, die eine Krankenversicherung hatten, unterversichert war[317]. Der im Jahre 1972 herausgegebene Autorenreport war bereits zu ähnlichen Ergebnissen gekommen[318]. Bezugnehmend auf den Künstlersozialbericht forderte die CDU/CSU-Fraktion mit ihrem Antrag vom 7. April 1976 für Künstler und Publizisten eine Krankenversicherungspflicht[319]. Fast zeitgleich hatte die SPD/FDP-Bundesregierung dem Bundesrat einen Gesetzentwurf zur Künstlersozialversicherung zur Stellungnahme zugeleitet[320]. Mit dem Ende der 7. Legislaturperiode am 2. Oktober 1976 kamen die bisherigen Initiativen nicht mehr zum Tragen. Erst drei Jahre später, am 13. September 1979, wurde im 8. Bundestag von der Regierung ein erneuter Gesetzentwurf eingebracht[321]. Der Grund der Verzögerung soll darin gelegen haben, dass Unternehmen wegen der beabsichtigten Künstlersozialabgabe ein Verfassungsgutachten vorlegten und das Justizministerium diese Frage durch ein weiteres Gutachten abklären wollte[322]. Das Gesetz wurde schließlich am 22. Mai 1980 von der Bundestagsmehrheit beschlossen. Am 16. Juni 1980 rief der Bundesrat nach Art. 77 Abs. 2 GG den Vermittlungsausschuss an[323]. Der Bundesrat war der Ansicht, dass das Gesetz mit der Einrichtung der Künstlersozialkasse und dem vorgesehenen Verwaltungsverfahren eine Materie regelte, für die den Ländern nach Art. 84 Abs. 1 GG die Kompetenz zustand und deshalb der Zustimmung bedurfte. In der 491. BR-Sitzung am 18. Juli 1980 lehnte der Bundesrat seine Zustimmung zum KSVG ab, zugleich erklärte er seinen Einspruch nach Art. 77 Abs. 3 GG für den Fall, dass das Gesetz nicht zustimmungspflichtig sein sollte[324]. Der Bundestag hätte nun nach Art. 77 Abs. 4 GG den Einspruch zurückweisen können, trat jedoch vor dem Ende der 8. Legislaturperiode am 4. Oktober 1980 nicht mehr zusammen, so dass das Gesetz erneut gescheitert war. Bemerkenswert ist, dass innerhalb des Bundesrates noch nach Ablauf der BT-Legislaturperiode ein Versuch unternommen wurde,

316 BT-DS 7/3071, Tabelle 39, S. 57.

317 BT-DS 7/3071, Tabelle 40, S. 72 f.

318 *Fohrbeck / Wiesand*, Autorenreport, Tabelle 30, S. 290.

319 BT-DS 7/4997, Antrag der CDU/CSU-Fraktion vom 7.4.1976.

320 BR-DS 410/6 vom 2.6.1976.

321 Zur politischen Diskussion und zum langen Gesetzgebungsverfahren, vgl. die Darstellung von *Bader*, Künstlersozialabgabe, S. 23 ff.

322 So *Lattmann*, im sozialdemokratischen Pressedienst vom 21.3.1979, S. 1–2.

323 BT-DS 8/4217 vom 16.6.1980.

324 BT-DS 8/4412 vom 21.7.1980.

das Gesetz nachträglich zu retten. So stellte das Land Bremen in der 492. BR-Sitzung am 24. Oktober 1980 den Antrag, den Einspruch gegen das KSVG zurückzuziehen, scheiterte damit aber an der Bundesratsmehrheit. Ein erneuter Gesetzentwurf zum Künstlersozialversicherungsgesetz wurde im 9. Bundestag am 27. November 1980 eingebracht[325]. Das KSVG wurde am 26. Mai 1981 vom Bundestag beschlossen und trat am 1. Januar 1983 in Kraft[326], obwohl auch diesmal der Bundesrat mit Hinweis auf Art. 84 Abs. 1 GG die Zustimmung verweigert, jedoch keinen Einspruch erhoben hatte[327]. Im Zusammenhang mit Unternehmerklagen gegen die Künstlersozialabgabe stellte das BVerfG Jahre später mit seinem Beschluss vom 8. April 1987 fest, dass das KSVG weder die Errichtung einer Behörde noch ein Verwaltungsverfahren im Sinne des Art 84 Abs. 1 GG regelte, so dass eine Zustimmung nicht erforderlich gewesen war[328].

2. Der versicherungspflichtige Personenkreis

Nicht in der RVO, sondern in § 1 KSVG wurde die Versicherungspflicht der selbständigen Künstler und Publizisten geregelt. Die Definition der Künstler und Publizisten enthielt § 2 KSVG. Aufgrund der „Vielfalt, Komplexität und Dynamik der Erscheinungsformen künstlerischer und publizistischer Berufstätigkeit" vermied man eine Aufzählung und wählte einen weitgefassten Begriff[329]. Danach war Künstler und Publizist, wer „nicht nur vorübergehend selbständig Musik, darstellende oder bildende Kunst schafft, ausübt oder lehrt oder als Schriftsteller, Journalist oder in anderer Weise publizistisch tätig ist" (§ 2 Abs. 1 KSVG). Als Künstler im Sinne des KSVG galt aufgrund des § 2 Abs. 2 Nr. 1 KSVG nicht, wer einen künstlerisch oder publizistisch tätigen Arbeitnehmer ständig beschäftigte. Hiermit wollte man sicherstellen, dass nur solche Künstler und Publizisten versichert werden, die die künstlerische oder publizistische Leistung persönlich erbringen[330]. Ausgeschlossen waren auch Handwerker, die in der Handwerksrolle eingetragen waren (§ 2 Abs. 2. Nr. 2 KSVG). Hierdurch berücksichtigte man, dass die Übergänge von Kunst und

325 BT-DS 9/26 vom 27.11.1980.

326 BGBl. 1981 I S. 705, „Gesetz über die Sozialversicherung der selbständigen Künstler und Publizisten (Künstlersozialversicherungsgesetz – KSVG)" vom 27.7.1981.

327 BT-DS 9/926 vom 29.6.1981.

328 BVerfGE 75, 108, Rn. 104–113.

329 BT-DS 9/26, Gesetzentwurf, Begründung zu § 2 KSVG, S. 18; Bader, S. 28 f.

330 *Beyer*, WzS 1982, S. 321 (322 f.); BT-DS 9/26, Gesetzentwurf, Begründung, S. 18.

Handwerk oft fließend sind und eingetragene Handwerker bereits eine ausreichende Absicherung haben[331].

Eine Versicherungspflicht von Künstlern und Publizisten sollte dann nicht eintreten, wenn bereits ein anderweitiger gesetzlicher Krankenversicherungsschutz vorhanden war oder sie aufgrund allgemeiner Regeln von der Versicherungspflicht (z.B. als Beamte) ausgenommen waren und sie deshalb eines besonderen Schutzes nicht mehr bedurften[332]. Die Abgrenzungsregelungen enthielt § 5 KSVG, der auch die Vorrangigkeit einer freiwilligen Versicherung bei einem Träger der gesetzlichen Krankenversicherung vorsah. Dieser „systemwidrige Vorrang der freiwilligen Versicherung vor der Pflichtversicherung"[333] wurde 1989 geändert[334]. Künstler und Publizisten konnten sich auf Antrag befreien lassen, wenn sie in drei aufeinanderfolgenden Kalenderjahren ein Einkommen über der JAV-Grenze hatten. Eine solche Befreiung war erst nach Ablauf einer Fünfjahresfrist möglich. Sie konnte von der Künstlersozialkasse widerrufen werden, wenn das Einkommen über einen Zeitraum von drei Jahren unter einen Grenzbetrag absank (§ 7 Abs. 5 KSVG). Fünfjahresfrist und Widerrufsregelung wurden ab 1989 gestrichen. Ein Befreiungsantrag und die Entscheidung für eine PKV wurden nun unwiderruflich[335].

Wie in der allgemeinen Krankenversicherung wurde auch in der Künstlersozialversicherung die Versicherungspflicht bei Geringverdienern ausgeschlossen (§ 3 KSVG). Das waren Personen, die nicht mehr als ein Sechstel der jährlichen Bezugsgröße nach § 18 SGB IV an Arbeitseinkommen aus ihrer künstlerischen oder publizistischen Tätigkeit erzielten. Ein Ausschluss galt nicht für Berufsanfänger in den ersten fünf Jahren ihrer Berufstätigkeit. Sie waren auch bei geringerem oder ohne Einkommen versicherungspflichtig. In den ersten fünf Jahren ihrer Berufstätigkeit konnten diese Berufsanfänger nach § 6 KSVG zwischen einer gesetzlichen Krankenversicherung und einem privaten Krankenversicherungsunternehmen wählen. Hierdurch berücksichtigte man die Unsicherheit bei der Aufnahme einer künstlerischen oder publizistischen Tätigkeit, die oft nach einiger Zeit aus wirtschaftlichen Gründen aufgegeben werden musste. Es erschien deshalb „nicht zweckmäßig, den krankenversiche-

331 *Beyer*, WzS 1982, S. 321 (322 f.); BT-DS 9/26, Gesetzentwurf, Begründung, S. 18.

332 BT-DS 9/26, Gesetzentwurf, Begründung zu § 5 KSVG, S. 18 f.

333 BT-DS 11/2964, Gesetzentwurf zur Änderung des KSVG, Begründung, Allgemeiner Teil, Nr. 4, S. 12 vom 26.9.1988.

334 BGBl. 1988 I S. 2606, „Gesetz zur Änderung des Künstlersozialversicherungsgesetzes" vom 20.12.1988.

335 BGBl. 1988 I S. 2606, vgl. Neufassung des § 7 KSVG.

rungsrechtlichen Status für Berufsanfänger festzulegen"[336]. Wegen der aus dieser Regelung für die Künstlersozialkasse entstandenen finanziellen Belastungen sollte die Frist nach dem Gesetzentwurf von 1988 auf drei Jahre verkürzt werden[337]. Die Verkürzung auf drei Jahre erfolgte jedoch erst mit einer späteren Gesetzesänderung zum 1. Juli 2001[338]. Begründet wurde die Verkürzung der „Schonfrist für Berufsanfänger" damit, dass nun früher als bisher eine einkommensgerechte Beitragszahlung dieser Personen geprüft werden konnte[339]. Hinzu kam die finanzielle Entwicklung durch die stetige Zunahme der Versicherten, die zur Erhöhung der Künstlersozialabgabe und des Bundeszuschusses geführt hatten und nunmehr Einschnitte erforderlich machte. Eine weitere Einschränkung erfolgte 2001 mit der Abgrenzung der KSVG zur KVdS. Bisher war die Versicherungspflicht der Studenten gegenüber derjenigen der Künstler-Pflichtversicherung nachrangig. Das hatte offenbar dazu geführt, dass sich „hauptberufliche" Studenten als Künstler oder Publizisten zu der beitragsmäßig „noch günstigeren" Künstlersozialkasse angemeldet hatten[340], was nun ausgeschlossen wurde. Aus dem gleichen Grund hatten nun auch über 65-Jährige nicht mehr die Möglichkeit, durch die erstmalige Aufnahme einer künstlerischen oder publizistischen Tätigkeit in den Genuss einer beitragsgünstigen (subventionierten) Krankenversicherung zu kommen[341].

3. Die Künstlersozialkasse

Mit der Einführung der Versicherungspflicht für selbständige Künstler und Publizisten wurde nach § 37 KSVG eine bundesunmittelbare Künstlersozialkasse als AdöR mit Sitz in Wilhelmshaven eingerichtet. Hierbei handelte es sich nicht um eine besondere Krankenkasse für die versicherungspflichtigen Künstler und Publizisten, die bei der Ortskrankenkasse oder wahlweise bei einer Ersatzkasse pflichtversichert waren. Die Aufgabe der Künstlersozialkasse bestand vielmehr darin, die Versicherungspflichtigen zu erfassen und das Meldeverfahren durchzuführen. Darüber hinaus hatte sie die Beiträge von den versicherungspflichtigen Künstlern sowie die Künstlersozialabgabe von den

336 BT-DS 9/26, Gesetzentwurf, Begründung zu § 6 KSVG, S. 19 vom 27.11.1980.

337 BT-DS 11/2964, Gesetzentwurf zur KSVG-Änderung, Begründung, Allgemeiner Teil, Nr. 4, S. 12 f., vom 26.9.1988.

338 BGBl. 2001 I S. 1027, „Zweites Gesetz zur Änderung des KSVG und anderer Gesetze" vom 13.6.2001.

339 BT-DS 11/5066, Entwurf des 2. KSVG-Änderungsgesetzes, Begründung, Allgemeiner Teil, Nr. 1, S. 11, vom 12.1.2001.

340 Ebenda.

341 Ebenda.

abgabepflichtigen Unternehmen einzuziehen. Eingezogene Beiträge, Künstlersozialabgaben und den Bundeszuschuss hatte die Künstlersozialkasse an die zuständigen Krankenkassen abzuführen. Somit war sie keine Krankenkasse, sondern in erster Linie eine Inkassostelle. Dieses Verfahren über eine spezielle Künstlersozialkasse hatte man gewählt, um den „Besonderheiten der künstlerischen und publizistischen Tätigkeit Rechnung zu tragen“[342]. Insbesondere wegen der erwarteten praktischen und organisatorischen Schwierigkeiten bei der Erfassung der versicherten Personen, der Einziehung der Beitragsanteile sowie wegen der erforderlichen Sachkunde bei der Einziehung der Künstlersozialabgabe entschied man sich für dieses besondere Verfahren[343]. Es zeigte sich, dass die praktischen Schwierigkeiten größer als erwartet waren und die Künstlersozialkasse mit der Durchführung überfordert war[344]. Aus diesem Grunde wurde auf Anordnung des Bundesversicherungsamtes (BVA) der LVA Oldenburg-Bremen ab dem 1. April 1987 die kommissarische Leitung der Künstlersozialkasse übertragen[345]. Schließlich wurde diese vorübergehende Maßnahme gesetzlich festgelegt, um eine dauerhafte Konsolidierung zu erreichen[346]. Die LVA Oldenburg-Bremen führte ab dem 1. Januar 1988 die „Künstlersozialkasse“ weiter, wobei gleichzeitig die bisherige Anstalt „Künstlersozialkasse“ aufgelöst wurde. Mit der Grundgesetzänderung zum 15. November 1994 wurde die bisherige bundesunmittelbare LVA Oldenburg-Bremen durch Art. 87 Abs. 2 Satz 2 GG zum landesunmittelbaren Sozialversicherungsträger, die dem Bund nicht mehr unterstellt war[347]. Man behalf sich hier mit einer „Organleihe“, so dass die LVA weiterhin die (Bundes-)Aufgaben der Künstlersozialkasse weiterführen konnte[348]. Diese vorübergehende Lösung wurde schließlich durch die gesetzliche Neuregelung zum 1. Juli 2001

---

342 BT-DS 9/26, Gesetzentwurf des KSVG, Begründung zu § 37 KSVG, S. 22.

343 Ebenda.

344 BT-DS 11/862, Entwurf eines Gesetzes zur finanziellen Sicherung der Künstlersozialversicherung vom 28.9.1987, Begründung, S. 7.

345 Ebenda.

346 BGBl. 1987 I S. 2794, „Gesetz zur finanziellen Sicherung der Künstlersozialversicherung“ vom 18.12.1987.

347 BGBl. 1994 I S. 3146, „Gesetz zur Änderung des Grundgesetzes (Art. 3, 20 a, 28, 29, 72, 74, 75, 76, 77, 80, 87, 93, 118 a und125 a)“ vom 27.10.1994; Mit der Einfügung von Art. 87 Abs. 2 Satz 2 GG wurden soziale Versicherungsträger, die sich über ein Land, aber nicht mehr als drei Länder erstreckten, nicht mehr in jedem Fall bundesunmittelbar. Hiermit wollte man den Automatismus bei länderübergreifenden Fusionen verhindern und eine selbstverwaltete bürgernahe Sozialversicherung erhalten, vgl. BT-DS 12/6000 vom 5.11.1993, S. 41 f.

348 BT-DS 14/5066, Entwurf zum 2 KSVG-Änderungsgesetz vom 12.12001, Begründung, A. 4, S. 11.

abgelöst[349]. Die Aufgaben der Künstlersozialkasse wurden nun der Bundesausführungsbehörde für Unfallversicherung in Wilhelmshaven übertragen.

4. Die Finanzierung der Künstlersozialversicherung

Nach § 10 KSVG werden die Mittel für die Künstlersozialversicherung zur Hälfte durch eigene Beiträge der selbständigen Künstler und Publizisten aufgebracht. Die andere Hälfte wird ca. zu zwei Dritteln durch eine Künstlersozialabgabe und einem Drittel durch den Bundeszuschuss abgedeckt[350]. Der Bundeszuschuss soll die Beiträge von den Künstlern und Publizisten abdecken, die ihre Werke selbst vermarkten[351]. Zudem soll er einen Teil der Verwaltungskosten der Künstlersozialkasse decken (§ 34 Abs. 3 KSVG). Insbesondere die von Unternehmen aufzubringende Künstlersozialabgabe war politisch äußerst umstritten und wurde als „systemsprengender Zündstoff" betrachtet[352] und sogar als Vorläufer einer „Maschinensteuer" bezeichnet[353]. Ihre Verfassungsmäßigkeit wurde von Anfang an kontrovers in zahlreichen Publikationen erörtert[354], vor allem, weil die Abgabepflicht auch für Werke und Leistungen von solchen Künstlern und Publizisten galt, die bereits anderweitig versichert oder nur vorübergehend oder nicht erwerbsmäßig tätig waren. Aufgrund der Verfassungsbeschwerden von Musikverlagen, Schulbuchverlagen, Tonträgerhersteller, Zeitschriftenverlagen, Bühnenverlagen, Werbeagenturen, Theater- und Konzertdirektionen u.a. Betroffenen stellte das BVerfG in seinem Beschluss vom 8. April 1987 fest:

> „Die Belastung der Vermarkter mit der Künstlersozialabgabe...findet ihre Rechtfertigung in dem besonderen kulturgeschichtlich gewachsenen Verhältnis zwischen Künstlern und Publizisten auf der einen sowie den Vermarktern auf der anderen Seite[355]. Die Schutzbedürftigkeit kann auch nicht dadurch verneint werden, dass zwischen Künstlern und Vermarktern rechtsförmlich kein Arbeitgeber-Arbeitnehmer-Verhältnis vorliegt."[356]

---

349 BGBl. 2001 I S. 1027.

350 *Hase*, SF 1987, S. 136 (137).

351 *Hase*, SF 1987, S. 136 (137).

352 *Hase*, SF 1987, S. 136.

353 *Bahner*, ArbuSozPol 1981, S 236.

354 *Finke / Brachmann / Nordhausen*, KSVG, Einführung, Rn. 26 f.; *Schulte*, ZRP 1980, S. 11 (14); *Bahner*, ArbuSozPol 1981, S. 236 ff.; *Bunge*, JZ 1981, S. 119 (122 ff.); *Osterloh*, NJW 1982, S. 1617 ff.; *Hase*, SF 1987, S. 136 (138 ff.).

355 BVerfGE 75, 108, Rn. 130.

356 BVerfGE 75, 108, Rn. 131.

Die Erhebung der Künstlersozialabgabe von allen Entgelten für künstlerische oder publizistische Werke hält das BVerfG für erforderlich um „Wettbewerbsverzerrungen zu vermeiden und den Abgabesatz möglichst gering zu halten“[357].

Der Begriff der Künstler und Publizisten in § 2 KSVG war weit gefasst. In § 24 KSVG war dagegen der Kreis der abgabepflichtigen Unternehmer enumerativ aufgeführt. Im Bestreben, die finanzielle Basis der Künstlersozialkasse zu sichern und auszuweiten, wurde 1989 der enumerative Katalog des § 24 KSVG erweitert und gleichzeitig um eine Generalklausel ergänzt[358]. Dadurch sollte zukünftig jeder Unternehmer, der nicht nur gelegentlich Aufträge an Künstler und Publizisten erteilte, abgabenpflichtig werden. Hierdurch sollte „der Schritt von der Vermarktung im engeren Sinne zur Verwertung“ gegangen werden[359]. Verbunden war hiermit eine extensive Auslegung des Kunstbegriffes, so dass im Hinblick auf den Schutzzweck des KSVG bereits ein „relativ niedriges Niveau an schöpferischer Gestaltung genügte“[360] und keine Niveaukontrolle erfolgte[361]. Die Erweiterung führte auch dazu, dass Chöre, Musikvereine, Laienorchester und Karnevalsvereine eine Künstlersozialabgabe zu zahlen hatten[362]. Hier griff die Politik erst „nach jahrelangen juristischen Auseinandersetzungen“ ein, da durch die weite Auslegung das Interesse der Vereine beeinträchtigt wurde, die das „heimische Brauchtum pflegten“[363]. Die Gesetzesänderung von 1997[364] war ein erster Schritt, brachte aber noch keine „trennscharfen Kriterien“, die die Abgabepflicht solcher Vereine ausgeschlos-

357 BVerfGE 75, 108, Rn. 123; Zur Wertung der BVerfG-Entscheidung, siehe: *Bader*, Künstlersozialabgabe, S. 49 ff.; *Henseler*, NJW 1987, S. 3103 ff.; Einem von, DVBl. 1988, S. 12 ff.

358 BGBl. 1988 I S. 2606.

359 BT-DS 11/2964, Gesetzentwurf zur Änderung des KSVG vom 26.9.1988, Begründung, Allgemeiner Teil Nr. 5, S. 13.

360 BSGE 77, 21, Rn. 26, wonach eine Damenwäschevorführung als künstlerische Leistung angesehen wird; dagegen BSGE 98, 152, Rn. 17, wonach Tätowierer keine Künstler i.S. des KSVG sind.

361 BSGE 104, 265, Rn. 18 ff., wonach die Juroren einer Castingshow als darstellende Künstler eine künstlerische Leistung erbringen.

362 BSG-Urteil vom 20.11.2008 – B 3 KS 5/07 R, SozR 4-5425 § 24 Nr. 9, zur Künstlersozialabgabe für einen gemeinnützigen Musikverein mit Betrieb eines Laienorchesters und einer Musikschule; BSGE 80, 141, Rn. 13, zur Abgabepflicht einer Karnevalsgesellschaft für ihre Büttenredner.

363 Wien, VersR 2001, S. 1209 (1211); BT-DS 13/5108, Ausschussbericht vom 26.6.1996, Begründung zu Art. 9 c, S. 17.

364 BGBl. 1996 I S. 1461, Art. 11 des Wachstums- und Beschäftigungsförderungsgesetzes (WFG) vom 25.9.1996.

sen hätte[365]. Heute ist § 24 Abs. 2 KSVG so gefasst, dass nur noch Vereine mit mehr als drei Veranstaltungen im Kalenderjahr der Abgabepflicht unterliegen. Ebenso besteht keine Abgabepflicht für Dirigenten und Chorleiter von Musikvereinen, die für diese Vereine regelmäßig tätig sind (§ 24 Abs. 2 Satz 3 KSVG). Zusammenfassend lässt sich feststellen, dass mit der weiten Auslegung des Kunstbegriffes zur Erschließung neuer Finanzierungsquellen gleichzeitig auch eine Ausweitung des (grundsätzlich) versicherungspflichtigen Personenkreises verbunden ist. Im Hinblick auf die Digitalisierung ist dieser Prozess nicht als abgeschlossen anzusehen[366].

XII. Einschränkungen der Versicherungspflicht durch das GRG 1989

Als Ziel des Gesundheitsreformgesetzes (GRG) vom 20. Dezember 1988[367] wurde von der CDU/CSU/FDP-Regierung vorrangig die Beitragsstabilität genannt[368]. Durch die Reform sollte die Solidarität in der Krankenversicherung neu bestimmt werden. Hierzu sollten die Leistungen auf das medizinisch notwendige Maß beschränkt, die Eigenverantwortung der Versicherten gestärkt, die Wirtschaftlichkeit der Leistungserbringung erhöht, die Strukturen der Krankenversicherung modernisiert und das Recht der Krankenversicherung im 5. Buch des Sozialgesetzbuches neu kodifiziert werden. Hierbei wurden auch die Versicherungspflicht, die Versicherungsfreiheit und Versicherungsberechtigung durch die Einführung neuer Tatbestandsmerkmale beschränkt bzw. der Zugang erschwert. Die bisher versicherungspflichtigen Selbständigen wurden von der Versicherungspflicht ausgeschlossen. Dies war das erste Mal seit dem Krankenversicherungsgesetz 1883, dass der versicherte Personenkreis nicht erweitert, sondern um eine ganze Personengruppe eingeschränkt wurde.

1. Ausschluss der bisher versicherungspflichtigen Selbständigen

Die Selbständigen, die bisher nach § 166 RVO versicherungspflichtig waren, wurden ab dem 1. Januar 1989 von der Versicherungspflicht ausgeschlossen. Hierbei handelte es sich um die Hausgewerbetreibenden, Lehrer und Erzieher,

---

365 Wien, VersR 2001, S. 1209 (1211).

366 Vgl. *Fahl*, NZS 2009, S. 84 ff.; *Müller*, NZS 2014, S. 325 ff.

367 BGBl. 1988 I S. 2477.

368 BT-DS 11/2237, Gesetzentwurf vom 3.5.1988.

Hebammen/Entbindungspfleger[369] sowie die in der Kranken-, Wochen-, Säuglings- und Kinderpflege selbständig tätigen Personen. Diesen Personen wurde die Möglichkeit eingeräumt, sich innerhalb einer Ausschlussfrist von drei Monaten freiwillig zu versichern (Art. 59 Abs. 2 GRG). Die über den Personenkreis des § 166 RVO hinaus nach Sondervorschriften versicherten selbständigen Landwirte sowie Künstler und Publizisten blieben weiterhin versicherungspflichtig. Gleichzeitig schloss man nun generell die Versicherungspflicht hauptberuflicher Selbständiger aus, die ansonsten (z.B. als Arbeitnehmer oder als Student) versicherungspflichtig gewesen wären (§ 5 Abs. 5 SGB V).

2. Weitere Einschränkungen der Versicherungspflicht

Die bisherige Begrenzung der Versicherungspflicht von Angestellten durch eine Jahresarbeitsverdienstgrenze wurde nun auch auf Arbeiter ausgedehnt. Es bedeutete eine weitere Angleichung der Rechtsstellung von Arbeitern und Angestellten. Die Gewerkschaften lehnten das jedoch ab, da hierdurch der Entsolidarisierungsprozess gefördert wurde und gutverdienende Arbeitnehmer sich der GKV-Solidargemeinschaft entziehen konnten[370]. Sie plädierten dagegen für eine generelle Abschaffung der JAV-Grenze. Durch das GRG wurde auch die Versicherungspflicht von Studenten und Rentnern durch enger gefasste Tatbestandsmerkmale eingeschränkt. Da diese Begrenzungen bereits oben bei den entsprechenden Personengruppen erläutert wurden, werden sie hier nicht wiederholt[371].

3. Neufassung des versicherungsfreien Personenkreises

Der nach §§ 169–173 RVO versicherungsfreie Personenkreis wurde in § 6 SGB V zusammengefasst und die Voraussetzungen der Versicherungsfreiheit neu bestimmt. So war nun für die Versicherungsfreiheit von Beamten, Soldaten und anderen öffentlich Bediensteten nicht mehr erforderlich, dass ihnen Ruhegehalt und Hinterbliebenenversorgung gewährleistet wurde. Es reichte jetzt aus, wenn sie nach beamtenrechtlichen Vorschriften oder Grundsätzen bei Krankheit Anspruch auf Fortzahlung der Bezüge und auf Beihilfe oder Heilfürsorge hatten (§ 6 Abs. 1 Nr. 2 SGB V). Man hielt dies für „sachgerechter“ als die bisherige Regelung[372]. In § 6 Abs. 1 Nr. 8 SGB V wurde die Versiche-

369 Seit 1985 waren auch die selbständigen Entbindungspfleger nach § 166 RVO versicherungspflichtig, vgl. BGBl. 1985 I S. Hebammengesetz (HebG) vom 4.6.1985.

370 BT-DS 11/2237, Gesetzentwurf, Grundsatzpositionen der Sozialpartner, S. 153.

371 Vgl. Abschnitte N), III., 4., d) und N), IX., 3., d).

372 BT-DS 11/2237, Gesetzentwurf, Begründung zu § 6 SGB V, S. 160.

rungsfreiheit solcher Personen festgelegt, die nach dem Krankenfürsorgesystem der EG bei Krankheit geschützt waren[373]. Die gleichen Voraussetzungen wie für Beamte waren nunmehr auch für die Versicherungsfreiheit der Geistlichen erforderlich (§ 6 Abs. 1 Nr. 4 SGB V). Im Gesetzentwurf war die Versicherungsfreiheit für sie noch ohne das Erfordernis der Fortzahlung der Bezüge und ohne Beihilfeanspruch vorgesehen.

Bisher waren nach § 172 Abs. 1 Nr. 6 RVO versicherungsfrei die Mitglieder geistlicher Genossenschaften, die sich überwiegend aus religiösen oder sittlichen Beweggründen mit Krankenpflege, Unterricht oder anderen gemeinnützigen Tätigkeiten[374] beschäftigten und nicht mehr als freien Unterhalt oder ein geringes Entgelt bezogen. Nun waren die gleichen Personen nach 6 Abs. 1 Nr. 7 SGB V nur noch dann versicherungsfrei, wenn sie „satzungsmäßige" Mitglieder dieser Genossenschaften waren. Hierdurch sollte gewährleistet werden, dass Postulanten und Novizen[375], die noch nicht endgültig in den Orden aufgenommen waren, versicherungspflichtig wurden und ihr Versicherungsschutz gesichert war[376]. Mit der Entscheidung vom 17. Dezember 1996 verwarf das BSG die Versicherungspflicht von Postulanten und Novizen kontemplativer Orden, da auch die sonstigen Mitglieder solcher Orden, die sich nicht mit gemeinnützigen Tätigkeit beschäftigten, grundsätzlich nicht versicherungspflichtig sind[377]. Damit war die Versicherungspflicht von Postulanten und Novizen abhängig von der Art des Ordens, dem sie beigetreten waren. Zur Aufhebung der durch diese Entscheidung verursachten „uneinheitlichen versicherungsrechtlichen Beurteilung"[378] wurde im Jahre 2000 der § 5 SGB V durch einen Absatz 4a ergänzt[379]. Dadurch „gelten" Novizen und Postulanten nun als „zur Berufsausbildung Beschäftigte" im Sinne des § 5 Abs. 1 Nr. 1 SGB V und sind als solche unterschiedslos versicherungspflichtig.

373 Die Versicherungsfreiheit dieser Personen war kurz zuvor noch in § 165 Abs. Abs. 9 RVO durch Gesetz vom 27.1.1987 eingefügt worden, vgl. BGBl. 1987 I S. 481.

374 *Sailer*, S. 220, bemerkt zutreffend, dass es bei ausschließlich kontemplativ lebenden Ordensangehörigen an einer gemeinnützigen Tätigkeit fehlt.

375 Zu den Begriffen Noviziat und Postulat (Kandidatur) in Ordensgemeinschaften, vgl. *Sailer*, S. 67 ff.; *Tillmanns*, SGb 1999, S. 450.

376 BT-DS 12/2237, Gesetzentwurf, Begründung zu § 6 SGB V, S. 160.

377 BSGE 79, 307, Leitsatz 1 und Rn. 19.

378 BT-DS 14/1425, Entwurf des GKV-Gesundheitsreformgesetzes 2000 vom 23.5.1999, Begründung, zu § 5 SGB V, Nr. 1 Buchstabe b, S. 59.

379 BGBl. 1999 I S. 2626.

4. Einschränkung der Versicherungsberechtigung

Die bisherigen Vorschriften des freiwilligen Beitritts nach § 176 RVO und der Weiterversicherung nach § 313 RVO wurden in § 9 SGB V unter der Bezeichnung „Freiwillige Versicherung“ zusammengefasst. Bislang war eine freiwillige Weiterversicherung möglich, wenn in den vorangegangenen 12 Monaten für mindestens 26 Wochen oder unmittelbar vorher für 6 Wochen eine Versicherung bestanden hatte. „Zum Schutz der Versichertengemeinschaft“ wurde dies verschärft[380]. Nun war eine Weiterversicherung erst möglich, wenn in den letzten fünf Jahren für 12 Monate oder unmittelbar vorher 6 Monate eine Versicherung bestanden hatte (§ 9 Abs. 1 Nr. 1 SGB V). Diese Hürde zur freiwilligen Versicherung durch das GRG 1989 wurde durch das GSG 1993 nochmals erhöht[381]. Jetzt war eine Vorversicherungszeit von 24 statt 12 Monaten in den letzten fünf Jahren oder unmittelbar vor dem Ausscheiden eine Vorversicherungszeit von 12 Monaten statt bisher 6 Monaten erforderlich.

Der bisher mögliche freiwillige Beitritt von Gewerbetreibenden und anderen Betriebsunternehmern sowie versicherungsfreien Beschäftigten (z.B. Beamten) wurde ersatzlos gestrichen. „Im Hinblick auf das Solidaritätsprinzip sei ein solches Beitrittsrecht nicht gerechtfertigt“, ebenso wenig, den „von der Versicherungspflicht nicht erfassten Personen, den Beitritt zu einem Zeitpunkt zu ermöglichen, der ihnen günstig erscheint, um in die Solidargemeinschaft einzutreten“[382]. Ein Beitrittsrecht ohne Erfordernis einer Vorversicherungszeit wurde Personen eingeräumt, die bei der erstmaligen Aufnahme einer Beschäftigung wegen Überschreitung der JAV-Grenze versicherungsfrei waren (§ 9 Abs. 1 Nr. 3 SGB V).

XIII. Ausschluss der über 55-Jährigen durch das GKV-GRG 2000

Das GRG 1989 hatte eine Begrenzung des versicherungspflichtigen und versicherungsberechtigten Personenkreises gebracht. Durch diese Maßnahmen sollten Personenkreise, die nicht als schutzbedürftig angesehen wurden, von der Solidargemeinschaft der GKV abgehalten werden. Es zeigte sich, dass dieses Ziel nur teilweise erreicht wurde. Es verblieben immer noch Schlupflöcher, die es den eigentlich ausgeschlossenen Personenkreisen ermöglichten, der GKV beizutreten. Vermehrt Selbständige und höherverdienende Arbeit-

380 BT-DS 12/2237, Gesetzentwurf, Begründung zu § 9 SGB V, S. 161.

381 BGBl. 1992 I S. 2266.

382 BT-DS 12/2237, Gesetzentwurf, Begründung zu § 9 SGB V, S. 160.

nehmer, die sich in jungen Jahren in der preisgünstigen PKV versichert hatten, nutzten die Lücken aus. Sie versuchten, die im höheren Lebensalter steigenden PKV-Prämien zu vermeiden und in die für sie nun beitragsgünstige GKV zu gelangen. Ein solcher Beitritt war möglich z.B. durch Veränderung der Höhe des Arbeitsentgelts (Wechsel von Vollzeitarbeit in Teilzeitarbeit) oder Wechsel von einer selbständigen Tätigkeit in eine abhängige Beschäftigung. Auf diese Weise wechselten im Zeitraum von 1992–1997 rund 943.000 Personen von der privaten zur gesetzlichen Krankenversicherung[383]. Verbunden hiermit war eine erhöhte Belastung der GKV, da die Wechselnden vornehmlich älter waren und durchschnittlich höhere Leistungsausgaben verursachten. Das bedeutete im Regelfall, dass die Leistungsausgaben dieser Personen nicht von den zu zahlenden Beiträgen gedeckt waren und die übrigen Beitragszahler belastetet wurden[384]. Derartige Belastungen durch die von der PKV in die GKV wechselnden Versicherten versuchte man durch das GKV-Gesundheitsreformgesetz 2000 abzuwehren[385]. Durch die Einfügung eines § 6 Abs. 3a SGB V schloss man Personen von der Versicherungspflicht aus, die nach der Vollendung des 55. Lebensjahr versicherungspflichtig wurden und die in den letzten fünf Jahre nicht gesetzlich versichert waren. Dies galt nur für Personen, die die Hälfte dieser Zeit versicherungsfrei, von der Versicherungspflicht befreit oder wegen einer hauptberuflichen selbständigen Tätigkeit nicht versicherungspflichtig gewesen waren.

XIV. Abgrenzung der versicherungspflichtigen Beschäftigungen

1. Abgrenzung zu geringfügigen Beschäftigungen

Der Versicherungszwang war seit seiner Einführung im Jahr 1883 vornehmlich für Beschäftigte eingeführt worden, die als schutzbedürftig angesehen wurden. Das erforderte immer auch eine Abgrenzung zu den Beschäftigten, die eines solchen Schutzes nicht bedurften, wobei sowohl nach oben als auch nach unten eine Abgrenzung vorzunehmen war. Als obere Grenze wurde eine Jahresarbeitsverdienstgrenze eingeführt, die hier nicht näher zu erläutern ist, da sie bereits oben Gegenstand der Untersuchung war[386]. Eine untere Grenze wurde bereits durch das KVG 1883 ausschließlich für kurzfristige Beschäftigungen

383 BT-DS 14/1215, Entwurf zum GKV-Reformgesetz 2000, Begründung zu § 6 Abs. 3 a SGB V, S. 59.

384 Ebenda.

385 BGBl. 1999 I S. 2626, „Gesetz zur Reform der gesetzlichen Krankenversicherung ab dem Jahr 2000 (GKV-Gesundheitsreformgesetz 2000)“ vom 22.12.1999.

386 Vgl. oben Abschnitt N), II., 1.

gezogen. So waren nach § 1 KVG Beschäftigungen vom Versicherungszwang ausgenommen, die „durch die Natur ihres Gegenstandes“ oder Arbeitsvertrag auf einen Zeitraum von weniger als einer Woche beschränkt waren. Die gering entlohnten Dauerbeschäftigungen waren zu dieser Zeit noch kein Ausschlussgrund. Das ist in Zusammenhang damit zu sehen, dass der Kreis der versicherungspflichtigen Lohnarbeiter noch eng gezogen war und eine Schutzbedürftigkeit auch bei geringem Lohn angenommen wurde[387].

Mit der Neukodifizierung durch die RVO 1911 war der zuvor im KVG enthaltene Ausschluss kurzfristiger Beschäftigungen nicht mehr haltbar, da nun die Versicherungspflicht „unständig Beschäftigter“ eingeführt wurde (§§ 166, 441 ff. RVO), die üblicherweise in täglich wechselnder Beschäftigung standen[388]. Man vermied es, im Gesetz selbst Bestimmungen über die Versicherungsfreiheit kurzfristiger oder gering entlohnter Dienstleistungen aufzunehmen. Stattdessen überließ man es dem Bundesrat, nach § 168 RVO hierüber Bestimmungen zu treffen, die am 17. November 1913 erlassen wurden[389]. Sie enthielten einen differenzierten Katalog versicherungsfreier Dienstleistungen. Danach waren wie bisher vorübergehende Dienstleistungen bis zu einer Woche von der Versicherungspflicht ausgeschlossen, wenn sie nicht berufsmäßig ausgeübt wurden. Erstmalig wurden nun auch „nebenher“ ausgeübte geringfügig entlohnte Dauerbeschäftigungen versicherungsfrei[390]. Als geringfügig sah man dabei ein Entgelt an, das „für den Lebensunterhalt nicht wesentlich ist“. Die Rechtsprechung konkretisierte den Begriff „geringfügig“ auf ein Drittel des Ortslohns (§ 149 RVO)[391].

Durch die Vereinfachungs-Verordnung vom 17. März 1945 wurden die Bestimmungen neu gefasst und direkt im Gesetz festgelegt (§168 RVO). Nun wurden als gelegentliche (versicherungsfreie) Dienstleistungen solche angesehen, die auf weniger als drei Monate beschränkt waren. Nebenher ausgeübte Dauerbeschäftigungen galten als geringfügig, wenn das Entgelt durchschnittlich 15 RM in der Woche (65 RM im Monat) nicht überstieg[392]. Als nebenher ausgeübt galt eine Beschäftigung dann nicht mehr, wenn daneben für eine andere (Haupt-)Beschäftigung, von mehr als 20 Stunden wöchentlich, keine

387 Vgl. oben zu KVG 1883 Abschnitt E), IV., 6., a).

388 SB RT, 12. LP/II. Session 1910, 274. Band, Anlage Nr. 340, Anlage C, S. 150.

389 RGBl. 1913 S. 756; Arb.-Vers. 1913, S. 848.

390 Vgl. oben zu RVO 1911 Abschnitt G), III., 5., b).

391 GE-RVA Nr. 1917, AN 1914, S. 766.

392 Vgl. oben Abschnitt J), IX., 3.

ausreichende Zeit mehr bestand[393]. Die versicherungsfreien Beschäftigungen nach § 168 RVO wurden 1965 neu geregelt[394] und an die bereits seit 1957 in der GRV geltenden Bestimmungen (§ 1228 RVO) angepasst[395]. Der ab dem Zeitpunkt der Neuregelung für derartige Beschäftigungen verwendete Terminus war einheitlich „Nebenbeschäftigung". Wie bisher wurde unterschieden zwischen gelegentlichen und laufenden Nebenbeschäftigungen. Gelegentlich war eine Nebenbeschäftigung dann, wenn sie auf nicht mehr als drei Monate oder insgesamt 75 Arbeitstage im Jahr beschränkt war. Eine laufende Nebenbeschäftigung lag vor, wenn das Entgelt ein Achtel der monatlichen Beitragsbemessungsgrenze der RV (BBG-RV) oder ein Fünftel des Gesamteinkommens nicht überstieg[396]. Im Jahre 1977 wurden die Bestimmungen über Nebenbeschäftigungen in § 8 SGB IV für alle Versicherungszweige neu geregelt[397]. Der neue einheitliche Terminus der Nebenbeschäftigung lautete nun „geringfügige Beschäftigung". Die Bestimmungen über die versicherungsfreien geringfügigen Beschäftigungen wurden durch § 8 SGB IV i.V.m. § 7 SGB V in den nachfolgenden Jahren so oft geändert, dass eine detaillierte Darstellung den Rahmen dieser Arbeit sprengen würde. Deshalb wird hier nur der Verlauf der Änderungen skizziert. Die Entgeltgrenzen betrugen nacheinander: 1/5 der Bezugsgröße, Festbetrag von 390 DM und 15 Wochenstunden, 1/7 der Bezugsgröße und 15 Wochenstunden, Festbetrag von 630 DM und 15 Wochenstunden, Festbetrag von 325 Euro und 15 Wochenstunden und ein Festbetrag von 400 €. Derzeitig (2022) gilt ein Festbetrag von 450 €. Bei den kurzfristigen Beschäftigungen änderten sich zwischenzeitlich lediglich die Zeitgrenzen von 3 Monaten / 75 Arbeitstagen auf 2 Monate / 50 Arbeitstage und auf derzeitig 2 Monate / 70 Arbeitstage.

Die Versicherungsfreiheit geringfügiger Beschäftigung war in der Vergangenheit immer auch damit verbunden, dass keine Beiträge zu zahlen waren. Dieses Privileg beruhte in der Vergangenheit auch darauf, dass man diesen Bereich

---

393 BSGE 14, 29; Zu den aufgrund der VereinfV von 1945 bis 1965 geltenden Entgelt- und Zeitgrenzen bei geringfügigen Dienstleistungen, vgl. *Albrecht*, DOK 1961, S. 341 ff.

394 BGBl. 1965 I S. 476, Gesetz zur Beseitigung von Härten in der gesetzlichen Rentenversicherung und zur Änderung sozialrechtlicher Vorschriften (Rentenversicherungs-Änderungsgesetz – RVÄnG)" vom 9.6.1965.

395 BGBl. 1957 I S. 45, Gesetz zur Neuregelung des Rechts der Rentenversicherung der Arbeiter (Arbeiterrentenversicherungs-Neuregelungsgesetz – ArVNG)" vom 23.2.1957.

396 Vgl. hierzu die Gemeinsamen Richtlinien der Sozialversicherungs-Spitzenverbände für die versicherungsrechtliche Beurteilung von Nebenbeschäftigungen und Nebentätigkeiten vom 23.11.1966, abgedruckt in DOK 1966, S. 624.

397 BGBl. 1976 I S. 3845, „Sozialgesetzbuch (SGB) Viertes Buch (IV) – Gemeinsame Vorschriften für die Sozialversicherung" vom 23.12.1976.

als Arbeitsmarktreserve in Zeiten der Vollbeschäftigung ausschöpfen und ihn daher nicht durch Sozialabgaben einschränken wollte[398]. Das änderte sich zum 1. April 1999. Mit der Einfügung eines § 249b SGB V wurden die Arbeitgeber zur Zahlung eines zehnprozentigen Beitrages[399] für diejenigen geringfügigen Beschäftigten verpflichtet, die bereits bei einer gesetzlichen Krankenkasse versichert waren[400]. Begründet wurde die Beitragspflicht damit, dass die Möglichkeit geringfügiger Beschäftigungsverhältnisse zunehmend missbraucht werde und es dadurch zu einer Erosion der Bemessungsgrundlagen der Sozialversicherung komme[401]. Als Ziel wurde dabei angestrebt, „mittelfristig die Ausweitung dieser Beschäftigungsverhältnisse einzudämmen" und „Ausweichreaktionen in den Bereich der Schwarzarbeit oder ein weiteres Aufsplitten der Arbeitsverhältnisse zu verhindern"[402].

Eine weitere Änderung erfolgte 2003, als die Vorschläge der Hartz-Kommission[403] zum Abbau der Arbeitslosigkeit umgesetzt wurden[404]. Es war die Geburtsstunde der „Minijobs"[405]. Mit besonderen Regelungen für die in privaten Haushalten Beschäftigten schaffte man Anreize, diese Beschäftigungsverhältnisse zu legalisieren. So wurde der Arbeitgeberbeitrag abweichend von sonstigen geringfügigen Beschäftigungen auf lediglich fünf Prozent des Entgelts festgesetzt (§ 249b Satz 2 SGB V). Hinzu kam, dass das Melde- und Beitragsverfahren für Minijobs vereinfacht wurde, indem hierfür nun ausschließlich die bei der Bundesknappschaft angesiedelte Minijobzentrale zuständig war[406]. Zusätzlich wurde für sogenannte „Midijobs"[407], d.h. Beschäf-

398 *Fertig / Kluve / Scheuer*, S. 22.

399 2021 = 13%.

400 BGBl. 1999 I S. 388, „Gesetz zur Neuregelung der geringfügigen Beschäftigungsverhältnisse" vom 24.3.1999.

401 BT-DS 14/280, Gesetzentwurf von SPD und Bündnis 90/Die Grünen, S. 1, 10, vom 19.1.1999.

402 Ebenda.

403 *Hartz* u.a., Moderne Dienstleistungen, S. 163 ff.

404 BGBl. 2002 I S. 4621, „Zweites Gesetz für moderne Dienstleistungen am Arbeitsmarkt" vom 23.12.2002.

405 Der Begriff „Minijob" geht auf die Hartz-Kommission zurück, vgl. *Hartz* u.a., Moderne Dienstleistungen, S. 169 f. Der Begriff ist keine offizielle Bezeichnung und wurde nicht ins Gesetz übernommen.

406 Heute wird die Minijobzentrale getragen von der Deutschen Rentenversicherung Knappschaft-Bahn-See.

407 „Midijob" ist keine gesetzliche Bezeichnung, sondern dient im Sprachgebrauch lediglich als unteres Abgrenzungsmerkmal zu Minijobs und als oberes Abgrenzungsmerkmal zu Entgelten über der Gleitzone.

tigungen mit monatlichen Entgelten zwischen 400,01 Euro und 800 Euro[408], eine Gleitzone[409] eingeführt, in der die Arbeitnehmer trotz der Versicherungspflicht nicht die vollen Beiträge zu zahlen haben[410]. Diese Förderung geringfügiger Beschäftigungen stand im Gegensatz zu dem Ziel einer Eindämmung derartiger Beschäftigungsverhältnisse, das man noch 1999 verfolgt hatte[411]. Nun wurden geringfügige Beschäftigungen als Instrument zum Abbau der Arbeitslosigkeit angesehen[412].

2. Abgrenzung zur selbständigen Tätigkeit

Die gesetzliche Krankenversicherung war seit dem KVG 1883 vornehmlich eine Pflichtversicherung für den schutzbedürftigen Personenkreis der Arbeitnehmer. Diese Zielrichtung hat die GKV auch heute noch[413]. Auch die Öffnung der GKV für bestimmte Gruppen von Selbständigen änderte daran nichts. So waren anfangs die selbständigen Gewerbetreibenden der Hausindustrie fakultativ versicherungspflichtig (§ 2 Abs. 1 Nr. 5 KVG). Hinzu kamen später die selbständigen Lehrer, Erzieher, Musiker, Artisten, Hebammen und die in der Kranken-, Wochen-, Säuglings- und Kinderpflege selbständig tätigen Personen sowie die Landwirte, Künstler und Publizisten. Nach dem Ausschluss der meisten Selbständigen durch das GRG 1989 sind heute nur die selbständigen Landwirte, Künstler und Publizisten versicherungspflichtig.

Die Beschränkung der Versicherungspflicht auf die „gegen Entgelt Beschäftigten" erforderte von Anfang an eine Abgrenzung zu den nicht versicherungspflichtigen Selbständigen. Der Begriff der Beschäftigung wurde erstmals 1977 durch § 7 Abs. 1 SGB IV wie folgt definiert:

> „Beschäftigung ist die nichtselbständige Arbeit, insbesondere in einem Arbeitsverhältnis".

Damit wird deutlich, wie sich das Beschäftigungsverhältnis an das arbeitsrechtliche Arbeitsverhältnis anlehnt, ohne deckungsgleich zu sein. In der Praxis werden Beschäftigungsverhältnis und Arbeitsverhältnis zumeist identisch

---

408 Ab 2021 gilt eine Gleitzone (Übergangsbereich) von 450,01 Euro – 1.300,- Euro.

409 Durch Art. 4 des RV-Leistungsverbesserungs- und -Stabilisierungsgesetz vom 28.11.2018 wurde zum 1.7.2019 die „Gleitzone" in „Übergangsbereich" umbenannt (BGBl. 2018 I S. 2016).

410 *Koch / Bäcker*, SF 2003, S. 94 (96 f.), zur Berechnung der Beiträge in der Gleitzone.

411 *Koch / Bäcker*, SF 2003, S. 94 (95 f.); *Fertig / Kluve / Scheuer*, S. 20.

412 *Koch / Bäcker*, SF 2003, S. 94 (95 f.); *Fertig / Kluve / Scheuer*, S. 25; *Beckmann*, S. 68.

413 *Schlegel*, NZS 2000, S. 421.

und gleich zu bewerten sein[414]. Bereits das RVA versuchte 1912, Abgrenzungsmerkmale festzulegen, da „das Gesetz weder für die Lohnarbeit noch für die selbständige Erwerbstätigkeit Begriffsbestimmungen gegeben hat“[415]. Als Hauptmerkmale einer Abgrenzung wurden damals noch die „wirtschaftliche und persönliche Abhängigkeit“ genannt. Gleichzeitig wurde ausgeführt:

> „Für diese Feststellung kommt eine große Anzahl von Einzelumständen in Betracht, so dass die Entscheidung oft nur durch sorgfältiges Abwägen der verschiedenen Tatbestandsmerkmale gewonnen werden kann.“[416]

Tatbestandsmerkmale für den Arbeitnehmerbegriff wurden in der Folgezeit von der Rechtsprechung herausgebildet[417]. Das ursprüngliche Merkmal der wirtschaftlichen Abhängigkeit wurde als ungeeignet abgelehnt und das Merkmal der persönlichen Abhängigkeit tragend[418]. Persönliche Abhängigkeit wird „als Weisungsgebundenheit hinsichtlich des Ortes, der Zeit, der Art der Arbeit und der organisatorischen Eingliederung“ verstanden[419]. Die Zuordnung der meisten Erwerbstätigen zur Gruppe der Arbeitnehmer oder zur Gruppe der Selbständigen aufgrund der von BAG und BSG herausgebildeten Merkmale war bis in die 1980er Jahre weitgehend unproblematisch[420]. Zu dieser Zeit begann eine Erosion des Normalarbeitsverhältnisses, das bis dahin „als dauerhaftes, kontinuierliches, qualifiziertes Vollarbeitsverhältnis“" mit einer vollen Integration in die sozialen Sicherungssysteme gekennzeichnet war[421]. Gefördert wurde die Flexibilisierung der Arbeitsverhältnisse auch durch das Beschäftigungsförderungsgesetz 1985 (BeschFG)[422] der CDU/CSU/FDP-Regierung unter Helmut Kohl, das auf den erbitterten Widerstand der Gewerkschaften stieß[423]. Durch dieses Gesetz wurden die Möglichkeiten zur „atypi-

---

414 *KassKomm / Zieglmeier*, SGB IV § 7 Rn. 4, Werkstand: 113. EL März 2021; BeckOK SozR / Rittweger SGB IV § 7 Rn. 4, 61. Edition, Stand: 1.6.2021; *Schlegel*, NZS 2000, S. 421 (422).

415 RVA-Anleitung zur RVO 1912, Ziffer 10, AN 1912, S. 729 f.

416 Ebenda.

417 *Wank*, S. 10.

418 *Wank*, S. 18; *Schlegel*, NZS 2000, S. 421 (423).

419 *Wank*, S. 13.

420 Einem von, BB 1994, S. 60; *Wank*, S. 235 ff., gibt einen Überblick einzelner Berufsgruppen von wirtschaftlich Abhängigen und deren Einordnung als Selbständige / Arbeitnehmer, wie Gastwirte, Handelsvertreter, Tankstelleninhaber, Vertragshändler, Franchisenehmer etc.; Zur Problematik der Scheinselbständigkeit beim Franchising vgl. den Praktiker-Seminarbericht von *Elsner*, Soziale Sicherheit 1996, S. 99 ff.

421 *Mückenberger*, S. 158 f.; *Lessenich*, S.34; *Beckmann*, S. 41 f.; *Apitzsch* u.a., S. 13 f.

422 BGBl. 1985 I S. 710, „Beschäftigungsförderungsgesetz 1985 (BeschFG 1985)“ vom 26.4.1985.

423 *Mayer*, Scheinselbständigkeit, S. 77.

schen Beschäftigung“[424] wie Teilzeitbeschäftigung und befristeter Beschäftigung erweitert sowie eine Arbeitsplatzteilung auf mehrere Arbeitnehmer ermöglicht (§ 5 BeschFG 1985). In einer parallelen Entwicklung wurden nun vermehrt bisherige Arbeitnehmer in die Selbständigkeit abgedrängt, verbunden mit einer „starken Abhängigkeit von den Auftraggebern“, die oftmals „personengleich mit den alten Arbeitgebern waren“[425]. Es entstand der „Kampfbegriff“ des „Scheinselbständigen“ zur Kennzeichnung der außerhalb der Sozialversicherung stehenden „Leistungsflüchtlinge“[426]. Bereits Anfang der 1980er Jahre hatte die Abdrängung in die Selbständigkeit im Baubereich aufgrund des Leiharbeitsverbots eingesetzt[427]. Es folgte ein Trend zur Verschlankung der Produktion, um Kosten einzusparen „mit den Schlagworten Lean-Production, Lean Management“[428]. Als dessen Folge wurden erst Sekundärbereiche, dann ganze Abteilungen ausgelagert und auf Subunternehmer oder Solo-Selbständige übertragen, die die Arbeiten aufgrund von Dienst- oder Werkverträgen erledigten[429]. Die „Breite des Einsatzes von Selbständigen in der Grauzone abhängiger Beschäftigung“ nahm immer mehr zu[430]. Aufgrund dieser Entwicklung waren nun Personen aus der Versicherungspflicht ausgeschlossen, die nach ihren tatsächlichen Verhältnissen als Arbeitnehmer anzusehen waren. Im Jahr 1999 versuchte der Gesetzgeber, dieser Entwicklung durch gesetzlich normierte Abgrenzkriterien zu begegnen. So wurde § 7 Abs. 1 SGB IV um einen Satz 2 mit folgendem Wortlaut erweitert:

> „Anhaltspunkte für eine Beschäftigung sind eine Tätigkeit nach Weisungen und eine Eingliederung in die Arbeitsorganisation des Weisungsgebers.“[431]

Gleichzeitig wurden in § 7 Abs. 4 SGB IV erst vier, dann fünf Merkmale festgeschrieben, bei denen eine Arbeitnehmereigenschaft „vermutet“ wurde,

---

424 *Beckmann*, S. 43, zur Definition „atypische Beschäftigung“; *Apitzsch* u.a., S. 41 ff.

425 *Mayer*, Scheinselbständigkeit, S. 77 f.

426 *Schlegel*, NZS 2000, S. 421 (424); *Mayer*, Scheinselbständigkeit, S. 78.

427 *Mayer*, Scheinselbständigkeit, S. 78.

428 *Mayer*, Scheinselbständigkeit, S. 79.

429 *Reiserer / Bölz*, S. 1 ff.; *Schüren*, S. 90 ff., zur Abgrenzung erlaubter Werkverträge zu illegalem Einsatz von Fremdpersonal; *Brenke / Beznoska*, S. 18 ff., zum Umfang der Soloselbständigkeit und deren Entwicklung in Deutschland.

430 *Mayer*, Scheinselbständigkeit, S. 78 f., führt zahlreiche Beispiele aus den unterschiedlichsten Bereichen an, z.B. wie die bisherigen Verkaufsfahrer zu selbständigen Frachtführern wurden, die Fleischindustrie in der Ausbeiner, Zerleger und Transporteure von Tierhälften als Selbständige gelten, in der Gastronomie als Kellner zu selbständigen Vermittlern gastronomischer Dienstleistungen wurden, der Hotelbereich, in dem freie Mitarbeiter Zimmer herzurichten haben etc.

431 BGBl. 2000 I S. 2, „Gesetz zur Förderung der Selbständigkeit“ vom 20.12.1999.

wenn die Mitwirkungspflichten nach § 206 SGB V oder § 196 Abs. 1 SGB VI nicht erfüllt wurden und drei dieser Merkmale vorhanden waren[432]. Diese Merkmale waren:

- Im Zusammenhang mit der Tätigkeit werden regelmäßig, mit Ausnahme von geringfügig Beschäftigten, keine versicherungspflichtigen Arbeitnehmer beschäftigt.
- Es wird auf Dauer und im Wesentlichen nur für einen Auftraggeber gearbeitet.
- Der Auftraggeber oder ein vergleichbarer Auftraggeber lässt entsprechende Arbeiten regelmäßig durch von ihm beschäftigte Arbeitnehmer verrichten.
- Die Tätigkeit läßt typische Merkmale unternehmerischen Handelns nicht erkennen.
- Die Tätigkeit entspricht dem äußeren Erscheinungsbild nach der Tätigkeit, die für denselben Auftraggeber zuvor aufgrund eines Beschäftigungsverhältnisses ausgeübt wurde.

Hierdurch „sollte die Flucht aus der Sozialversicherung gestoppt oder zumindest regulierbar werden"[433]. In Wirtschaftskreisen wurde diese Regelung als „starke Beschränkung der Wege in die Selbständigkeit angesehen"[434]. Ein Antrag der CDU/CSU-Fraktion im BT-Ausschuss für Wirtschaft und Arbeit, anlässlich der Beratung der Hartz-Gesetze, die Vermutungsregelung abzuschaffen, weil sie für die Arbeitgeber eine unzumutbare Belastung bedeuteten, wurde noch abgelehnt[435]. Im Vermittlungsausschuss konnte eine Einigung über die Abschaffung des Kriterienkataloges erzielt werden. Der § 7 Abs. 4 SGB IV wurde 2003 so geändert, dass nun nur noch eine widerlegbare Vermutung der Selbständigkeit für die Personen besteht, die einen Zuschuss nach § 421 l SGB III (Existenzgründerzuschuss) erhalten[436]. Zu der Abschaffung der Kriterien wird im Schrifttum bemerkt, dass diese, genauso wie ihre vorherige Einführung, keine größeren Auswirkungen gehabt hatten, weil sie weitgehend den durch die bisherige BSG- und BAG-Rechtsprechung aufgestellten Kriterien entsprachen, die bei der Abgrenzungsfrage zugrunde gelegt wurden[437]. Die Änderung ist auch in Zusammenhang damit zu sehen, dass mit den Arbeitsmarktreformen aufgrund von Vorschlägen der Hartz-Kommission eine

---

432 BGBl. 1998 I S. 3843; BGBl. 2000 I S. 2.

433 *Boss*, NZS 2010, S. 483 (484).

434 *Brand*, Scheinselbständigkeit, S. 441 (443).

435 BT-DS 15/91 Ausschussbericht vom 14.11.2002, S. 5.

436 BGBl. 2002 I S. 4621.

437 *Schlegel*, NZS 2000, S. 421 (424); *Schlegel*, NZA 2016, Beilage, S. 13 (15); *Brand*, Scheinselbständigkeit, S. 441 (449).

Verringerung der Arbeitslosigkeit durch Erhöhung der Erwerbsquote u.a. mittels der Förderung von Arbeitslosen als Solo-Selbständige (Ich-AG, Familien-AG) erreicht werden sollte[438].

Da es weiterhin an einer Legaldefinition des Arbeitsverhältnisses fehlte und das Beschäftigungsverhältnis in § 7 Abs. 1 Satz 2 SGB IV lediglich rudimentär mit einer Tätigkeit nach Weisungen und der Eingliederung in die Arbeitsorganisation beschrieben wurde, musste weiterhin auf die von BSG und BAG aufgestellten Abgrenzungsgrundsätze zurückgegriffen werden. Für die Beteiligten besteht nach § 7a SGB IV die Möglichkeit, ihren sozialversicherungsrechtlichen Status durch die Deutsche Rentenversicherung (DRV) feststellen zu lassen. Bisherige Kriterien wie das Weisungsrecht des Arbeitgebers über Ort und Zeit sowie die Eingliederung in die Arbeitsorganisation traten mit der Digitalisierung zunehmend in den Hintergrund, da der Betrieb oftmals „entmaterialisiert" ist und „die Arbeit zu jeder Zeit und an jedem Ort der Welt verrichtet werden kann" und in besonderen Formen (Homeoffice, Telearbeit) stattfindet[439]. Im Sozialrecht „kristallisierten sich Beurteilungskriterien heraus, die von den arbeitsrechtlichen Bewertungsmaßnahmen teilweise abweichen"[440]. So wurde ein Pilot als selbständiger „Freelancer" angesehen, auch wenn er für ein Charterunternehmen tätig wurde und bei Annahme eines Auftrages bestimmte Start- und Landezeiten, Flugrouten und Weisungen der Geschäftsleitung einzuhalten hatte[441]. Die über einen privaten Pflegedienst vermittelte „hauswirtschaftliche Familienbetreuerin" wurde als selbständig anerkannt, da sie keinem Weisungsrecht unterlag[442]. Ebenso wurde die Tätigkeit als (erotische) Gesprächspartnerin für ein Telekommunikationsunternehmen als selbständig betrachtet, da sie nicht in den Betrieb dieses Unternehmens eingegliedert war[443]. Bei Honorarärzten im Krankenhaus erfolgt im Regelfall eine Eingliederung in die Organisations- und Weisungsstruktur, so dass nur ausnahmsweise eine selbständige Tätigkeit angenommen werden kann, wenn hierfür gewichtige Indizien sprechen[444]. Gleiches gilt ist auch für Notärzte im

438 *Hartz* u.a., Moderne Dienstleistungen, S. 163 ff.

439 *Schlegel*, NZS 2000, S. 421 (425); *Mette*, NZS 2015, S. 721(724).

440 *Greiner*, SGb 2016, S. 301.

441 BSG-Urteil vom 28.5.2008 – B 12 KR 13/07 R -, juris.

442 BSG-Urteil vom 28.9.2011 – B 12 R 17/09 R -, juris.

443 BSG-Urteil vom 30.10.2013 – B 12 KR 17/11 R -, juris.

444 BSGE 128, 191, Leitsatz 2.

Rettungsdienst[445]. Diese Beispiele zeigen, dass „stets noch neue branchenspezifische Problemfelder“ in einer „Grauzone“ zwischen Selbständigkeit und Beschäftigungsverhältnis entstehen[446].

Mit der Einfügung des § 611a BGB im Jahr 2017[447], der erstmalig eine Legaldefinition des Arbeitsvertrages enthält, „hat der Gesetzgeber die Grundsätze der BAG-Rechtsprechung konzentriert und akzentuiert“[448]. Mit dieser „Wertung des Gesetzgebers sind der Arbeitnehmer- und Beschäftigtenbegriff austauschbar“[449]. Für die Entscheidung, ob eine unselbständige Beschäftigung oder eine selbständige Tätigkeit vorliegt, ist auch weiterhin eine Gesamtbetrachtung aller Umstände vorzunehmen (§ 611a Satz 4 BGB). Das Anbieten von Dienstleistungen durch Solo-Selbständige (Freelancer) erfolgt heute in vielen Bereichen über Vermittlungspools, wobei die Sozialversicherungspflicht von der jeweiligen Vertragsgestaltung abhängig ist[450]. Abzugrenzen hiervon ist die Plattformökonomie (On-Demand-Economy, Share- oder Gig-Economy)[451]. Diese Art der Tätigkeit zeichnet sich dadurch aus, dass registrierte Personen „Dienstleistungen beim oder für den Kunden“ anbieten. Ungeklärt ist bisher, ob die Anbieter selbständig sind oder als Arbeitnehmer der Plattformbetreiber zu gelten haben, wenn haushaltsnahe Dienstleistungen (z.B. helping.de, putzfee.de), Fahrdienstleistungen (z.B. uber.com) oder Handwerkerleistungen (z.B. my-hammer.de) angeboten werden[452]. Eine besondere Form der Auslagerung von betrieblicher Arbeit ist das Crowdwork / Crowdsourcing[453] über digitale Plattformen[454]. Hier werden Arbeiten, die „bislang üblicherweise von eigenen Arbeitnehmern erbracht wurden“, als

---

445 Vgl. LSG Baden-Württemberg, Urteil vom 20.7.2020 – L 4 BA 3646/18 –, juris; Zur bisherigen Rechtsprechung bei Honorar- und Notärzten, vgl. *Porten*, NZS 2017, S. 495 ff.; *Stindt*, NZS 2018, S. 481 ff.; *Ruland*, NZS 2019, S. 681 (688).

446 *Lanzinner*, S. 39 f.

447 BGBl. 2017 I S. 258, „Gesetz zur Änderung des Arbeitnehmerüberlassungsgesetzes (AÜG) und anderer Gesetze“ vom 21.2.2017.

448 *Stindt*, NZS 2018, S. 481 (484); vgl. hierzu auch BT-DS 18/9232, Gesetzentwurf, Begründung zu § 611a BGB, S. 31 f. vom 20.7.2016.

449 *Stindt*, NZS 2018, S. 481 (484).

450 *Ruland*, NZS 2019, S. 681 (682).

451 *Ruland*, NZS 2019, S. 681 (682); *Kocher / Hensel*, NZA 2016, S. 984 (985); vgl. Hierzu auch den Forschungsbricht 2017 von *Greef / Schroeder*, Plattformökonomie.

452 *Ruland*, NZS 2019, S. 681 (690); *Kocher / Hensel*, NZA 2016, S. 984 (985) mit Nachweis weiterer Plattformen.

453 Abgeleitet von Crowd: Die (Menschen-)Menge.

454 Vgl. *Leimeister / Zogaj*, S. 17 ff. zu Definition und Ausprägungsformen des Crowdsourcing.

Auftrag über Plattformen vergeben, so dass sich eine unbestimmte Anzahl von Personen an der Erledigung beteiligen kann[455]. Damit wird es Unternehmen ermöglicht, „preisgünstig die kollektive Intelligenz und Arbeitskraft einer beinahe unbegrenzten Zahl von Internetnutzern zu erschließen“[456]. Aufgrund der vielfältigen Erscheinungsformen von Crowdwork kann es für die Beurteilung der Sozialversicherungspflicht keine einheitliche Antwort geben[457]. Ob ein Crowdworker als Arbeitnehmer oder Selbständiger einzuordnen ist, muss daher im Einzelfall geprüft werden. Allerdings kann nicht ausgeschlossen werden, dass durch diese oder andere Formen der Arbeit eine weitere Gruppe von Schutzbedürftigen entsteht, die eine besondere Einbeziehung in die Sozialversicherung insgesamt erfordert[458]. Es gilt hierauf ein besonderes Augenmerk zu richten, da diese Form der Erwerbsarbeit nach einer Studie von 2018 schon von etwa 5 Prozent der erwachsenen Bevölkerung in Deutschland ausgeübt wird[459]. Auch die Politik hat dieses Phänomen im Blick. Im November 2020 legte der BMAS die Eckpunkte für „Faire Arbeit in der Plattformökonomie“ vor, mit dem der soziale Schutz dieses Personenkreises gestärkt werden soll[460]. Für den Bereich der Krankenversicherung besteht seit der Einführung der „Einwohner-Krankenversicherung“ im Jahr 2007 das Problem der Einbeziehung nicht mehr, da unabhängig von der Zuordnung zu Selbständigen oder Arbeitnehmern eine Versicherungspflicht besteht[461]. Hier ist allenfalls für die Betroffenen eine solche Zuordnung relevant, da sie darüber entscheidet, ob der Beitrag allein aufzubringen ist oder ob sich ein Arbeitgeber daran zu beteiligen hat.

XV. Zuweisung der Hilfeempfänger zur GKV 2004

Für die Bezieher von Sozialhilfeleistungen hatte in der Vergangenheit der Sozialhilfeträger auch die Krankheitskosten zu tragen, sofern die Hilfsbedürf-

455 Zur Problematik von Crowdwork vgl. *Kocher / Hensel*, NZA 2016, S. 984 ff.; *Brose*, NZS 2017, S. 7 ff.; *Ruland*, NZS 2019, S. 681 (682 f.).

456 *Ruland*, NZS 2019, S. 681 (683).

457 *Ruland*, NZS 2019, S. 681 (691).

458 *Brose*, NZS 2017, S. 7 (14).

459 *Serfling*, S. 2.

460 https://www.denkfabrik-bmas.de/fileadmin/Downloads/eckpunkte-faire-plattformarbeit_1_pdf; siehe hierzu auch die Ergebnisse des virtuellen Plattformgipfels des BMAS vom 19.4.2021 unter: https://www.denkfabrik-bmas.de/diskurs/ veranstaltungen/gig-crowd-und-cloud-sichere-arbeit-fairer-wettbewerb; Beide Seiten zuletzt aufgerufen am 22.5.2022.

461 Vgl. unten Abschnitt N), XVIII.

tigen nicht krankenversichert waren. Es bestand seit 1923 aufgrund des § 363a RVO (seit 1980: § 367a RVO)[462] für die Krankenkassen die Möglichkeit, durch Satzungsbestimmung die Kosten solcher Personen zu übernehmen, wenn sie vollen Aufwendungsersatz und angemessene Verwaltungskosten erhielten. Zudem konnte der RAM (BMA) anordnen, dass Krankenkassen für die von ihm bezeichneten Personenkreise die Krankenpflege zu übernehmen hatten[463]. Mit der Neukodifizierung durch das GRG 1989 wurde mit § 264 SGB V eine entsprechende Nachfolgebestimmung eingefügt. In Art. 28 des GSG 1993 war vorgesehen, dass die Hilfeempfänger ab dem 1. Januar 1997 aufgrund eines besonderen Gesetzes in den versicherungspflichtigen Personenkreis des SGB V einbezogen werden sollten[464]. Weil jedoch über die von den Sozialhilfeträgern zu zahlenden Beiträge keine Einigung erzielt werden konnte, scheitere die Einbeziehung[465]. In ihrem Koalitionsvertrag vom 16. Oktober 2002 bekräftigten SPD und Bündnis 90/Die Grünen ihre Absicht, die Hilfeempfänger in die Versicherungspflicht einzubeziehen[466]. Durch das GKV-Modernisierungs-gesetz (GMG) 2004 wurde § 264 SGB V erweitert und die Hilfeempfänger in die GKV einbezogen[467], wobei die gesetzlichen Krankenkassen die Krankenhilfeleistungen gegen Aufwendungs- und Verwaltungskostenersatz zu erbringen haben. Die Hilfeempfänger wurden somit „keine Mitglieder der Krankenkassen im körperschaftsrechtlichen Sinn"[468], sondern erhielten einen „versichertenähnlichen Status"[469]. Damit wurde der ursprüngliche Plan einer Versicherungspflicht der Hilfeempfänger endgültig aufgegeben[470]. Aufgrund der derzeitigen Fassung des § 264 Abs. 2 SGB V betrifft die Zuweisung zur GKV die Empfänger von Leistungen nach dem 3.–9. Kapitel SGB XII (Sozialhilfe), Empfänger laufender Leistungen nach § 2 des Asylbewerberleistungsgesetzes und Empfänger von Krankenhilfeleistungen nach dem SGB VIII (Kinder- und Jugendhilfe)[471]. Die Gründe für die Einbeziehung der Hilfeempfänger wurden unterschiedlich gedeutet. So wurde einerseits die

462 BGBl. 1979 I. S. 2241, „Gesetz über die Verwaltung der Mittel der Krankenversicherung (KVMG)" vom 15.12.1979.

463 Vgl. oben die Abschnitte I), IV., 4. und J), III.

464 BGBl. 1992 I S. 2266.

465 *Zipperer*, NZS 1993, S. 53 (101); *Wagner*, GKV der Sozialhilfeempfänger, S. 22.

466 Koalitionsvertrag vom 16.10.2002 zwischen SPD und Bündnis90/Die Grünen, S. 44.

467 BGBl. 2003 I S. 2190, „Gesetz zur Modernisierung der gesetzlichen Krankenversicherung (GKV-Modernisierungsgesetz (GMG)" vom 14.11.2003.

468 *Gamperl*, S. 42 f.

469 *KassKomm / Peters* SGB V § 264 Rn. 4, 22.

470 *Gamperl*, S. 45 f.

471 SGB V in der Fassung vom 28.5.2021, BGBl. 2021 I S. 1174.

Beseitigung der „Stigmatisierung der Hilfeempfänger" genannt, die bisher beim Arztbesuch ihre Hilfsbedürftigkeit durch Vorlage eines Anspruchsscheins des Sozialamtes offenbaren mussten[472]. Andererseits wurde kolportiert, dass Sozialhilfeempfänger bisher aufgrund einer besseren ärztlichen Vergütung durch das Sozialamt quasi den Status eines Privatpatienten bekamen und gegenüber Kassenpatienten Vorteile hatten und dies abgestellt werden sollte[473].

XVI. Ausschluss nicht-deutscher Besatzungsmitglieder auf Seeschiffen 2004

Aufgrund des Gesetzes vom 23. Dezember 2003 wurden nach dem neuen § 6 Abs. 1 Nr. 1a SGB V die nicht-deutschen Besatzungsmitglieder deutscher Seeschiffe, die ihren Wohnsitz oder gewöhnlichen Aufenthalt nicht im Geltungsbereich des SGB hatten, ab 1. Januar 2004 versicherungsfrei[474]. Im Gesetzentwurf war der Ausschluss noch nicht vorgesehen, sondern wurde erst bei den Ausschussberatungen eingefügt. Nach der Begründung des Ausschusses für Wirtschaft und Arbeit war der Ausschluss der nicht-deutschen Seeleute ein Teil eines „Maßnahmepakets im Steuer- und Sozialversicherungsrecht, mit dem das Ziel verfolgt wird, durch substanzielle Senkung der Lohnnebenkosten den Trend zur Ausflaggung zu stoppen"[475]. Hierdurch sollten die deutschen Reeder veranlasst werden, „ihre Schiffe wieder verstärkt unter deutscher Flagge fahren zu lassen"[476]. Es wurde darauf hingewiesen, dass die Ansprüche der Seeleute hierdurch nicht wesentlich geschmälert werden. Bisher hätten Ansprüche an die See-Krankenkasse nur bestanden, wenn sie im Geltungsbereich des SGB das Schiff verlassen hatten. Die bislang schon bestehenden Ansprüche an den Reeder bei Aufenthalt an Bord und außerhalb des SGB-Geltungsbereichs blieben ihnen weiterhin erhalten. Unberührt von der Änderung blieben die bestehenden Vorschriften über- und zwischenstaatlichen Rechts sowie die mit anderen Staaten bestehenden Sozialversicherungsabkommen[477]. Im Rahmen der Koordinierung der europäischen Sozialsysteme

---

472 *Hohmann*, SGb 2003, S. 498 (499); *Wagner*, GKV der Sozialhilfeempfänger, S. 24.

473 *Hohmann*, SGb 2003, S. 498 (499f); *Wagner*, GKV der Sozialhilfeempfänger, S. 24, Fn. 44, mit Hinweis auf das Protokoll der 64. BT-Plenarsitzung vom 26.9.2003, S. 5520.

474 BGBl. 2003 I S. 2848, „Drittes Gesetz für moderne Dienstleistungen am Arbeitsmarkt" vom 23.12.2003.

475 BT-DS 15/1749, Ausschussbericht vom 16.10.2003, Begründung zu Art. 4 Nr. 01, S. 26.

476 Ebenda.

477 Ebenda.

wurde auch § 6 Abs. 1 Nr. 1a SGB V im Jahr 2011 neu gefasst[478]. Danach besteht eine Versicherungsfreiheit von nicht-deutschen Besatzungsmitgliedern deutscher Seeschiffe nicht, wenn sie ihren Wohnsitz oder gewöhnlichen Aufenthalt in einem Mitgliedstaat der Europäischen Union, einem Vertragsstaat des Abkommens über den Europäischen Wirtschaftsraum oder der Schweiz haben.

XVII. Neuregelung der Krankenversicherung bei Erwerbslosigkeit 2004

Wer Leistungen aus der Arbeitslosenversicherung bezog, war seit 1927 krankenversicherungspflichtig[479]. Die Versicherungspflicht war dabei außerhalb der RVO in § 117 AVAVG (ab 1957: § 107 AVAVG) festgelegt. Auch nach der Neuregelung der Arbeitslosenversicherung 1969 durch das Arbeitsförderungsgesetz (AFG) wurde die Krankenversicherungspflicht der Bezieher von Arbeitslosengeld, Arbeitslosenhilfe und Unterhaltsgeld außerhalb der RVO in § 155 AFG geregelt[480]. Erst mit der Neukodifizierung der Arbeitsförderung 1998 durch das SGB III wurden die Vorschriften zur Krankenversicherungspflicht der Leistungsempfänger in § 5 Abs. 1 Nr. 2 SGB V übernommen[481].

Im Jahre 2004 wurde von der Regierungskoalition aus SPD und Bündnis 90/Die Grünen unter Bundeskanzler Gerhard Schröder in Umsetzung der Agenda 2010 und nach den Vorschlägen der sogenannten Hartz-Kommission[482] der Leistungsumfang bei Arbeitslosigkeit im SGB II neu bestimmt[483]. Für Arbeitssuchende wurde eine Grundsicherung eingeführt. Hierzu wurde für hilfsbedürftige Erwerbsfähige die bisherige Arbeitslosenhilfe mit der Sozialhilfe zusammengelegt und als Arbeitslosengeld II (ALG II)[484] unter restriktiven Voraussetzungen gewährt. Die Bezieher des Arbeitslosengeldes II sind nach § 5 Abs. 1 Nr. 2a SGB V krankenversicherungspflichtig. Damit war eine Ausweitung der Versicherungspflicht auf solche Personen verbunden, die

---

478 BGBl. 2011 I S. 1202, „Gesetz zur Koordinierung der Systeme der sozialen Sicherheit in Europa und zur Änderung anderer Gesetze" vom 22.6.2011.

479 Vgl. oben Abschnitt I), IV., 8.

480 BGBl. 1969 I S. 582, „Arbeitsförderungsgesetz (AFG)" vom 25.6.1969.

481 BGBl. 1997 I S. 594, „Gesetz zur Reform der Arbeitsförderung (Arbeitsförderungs-Reformgesetz – AFRG)" vom 24.3.1997.

482 *Hartz* u.a., Moderne Dienstleistungen.

483 BGBl. 2003 I S. 2954, „Viertes Gesetz für moderne Dienstleistungen am Arbeitsmarkt" vom 24.12.2003.

484 Das Arbeitslosengeld II wird häufig auch als Hartz IV bezeichnet, da es auf entsprechende Vorschläge der Hartz-Kommission zurückgeführt wird, vgl. hierzu *Hartz* u.a., Moderne Dienstleistungen, S. 125 ff.

bisher nur Sozialhilfe bezogen hatten und wegen dieses Bezugs nicht versichert waren.

XVIII. Krankenversicherungspflicht für (fast) alle durch das GKV-WSG 2007

1. Einführung der „Einwohner-Krankenversicherung"[485]

Mit dem GKV-Wettbewerbsstärkungsgesetz (GKV-WSG) vom 26. März 2007[486] erweiterte die große Koalition aus CDU/CSU und SPD unter Bundeskanzlerin Angela Merkel die Versicherungspflicht auf alle Einwohner ohne Krankenversorgung. Mit dem neu in § 5 Abs. 1 Nr. 13 Buchstaben a und b SGB V eingefügten Auffangtatbestand werden nun alle Personen versicherungspflichtig, die keinen anderweitigen Anspruch auf Absicherung im Krankheitsfall haben und die zuletzt entweder gesetzlich krankenversichert oder bisher überhaupt nicht gesetzlich oder privat krankenversichert waren. Zur Begründung der Einbeziehung bisher unversicherter Personen wurde darauf hingewiesen, dass es „in einem modernen Sozialstaat nicht hinnehmbar sei, wenn eine größere Anzahl von Menschen ohne Absicherung im Krankheitsfall ist"[487]. Es wird auf die Zahl Unversicherter hingewiesen, die von 155.000 im Jahr 1995 auf 188.000 im Jahr 2003 angestiegen sei[488]. Vor Inkrafttreten des GKV-WSG lag die geschätzte Zahl der Nichtversicherten bei 211.000[489].

2. Neuabgrenzung von GKV und PKV

Mit der Neuregelung führte man eine umfassende Versicherungspflicht ein, ohne die Dualität von GKV und PKV aufzugeben. Jeder muss nun entweder privat oder gesetzlich krankenversichert sein. Hierfür wurde für die PKV ein Kontrahierungszwang eingeführt. Die PKV muss nun alle Personen, die nicht in der GKV versicherungspflichtig sind, aufnehmen, wobei eine Aufnahmepflicht in den neu geschaffenen Basistarif (§ 152 VAG) besteht. Dieser Basis-

485 Die Bezeichnung „Einwohnerkrankenversicherung" wird hier gewählt in Anlehnung an das im Gesetzentwurf formulierte Ziel „Versicherungsschutz für alle Einwohner", vgl. BT-DS 16/3100, S. 1; Die Einführung des Auffangtatbestandes des § 5 Abs. 1 Nr. 13 SGB V wird auch als „Übergang zu einer Volksversicherung" bezeichnet, vgl. *Kass-Komm / Peters*, 113. EL März 2021, SGB V Rn. 162.

486 BGBl. 2007 I S. 378, „Gesetz zur Stärkung des Wettbewerbs in der gesetzlichen Krankenversicherung (GKV-Wettbewerbsstärkungsgesetz)" vom 26.3.2007.

487 BT-DS 16/3100, Gesetzentwurf GKV-WSG, Begründung, S. 94.

488 Ebenda.

489 BT-DS 16/10991, S. 4.

tarif muss in seinen Leistungen dem Leistungsumfang der GKV entsprechen und die Prämie hierfür darf den durchschnittlichen Höchstbeitrag der GKV nicht übersteigen. Der neu geschaffene Auffangtatbestand in § 5 Abs. 1 Nr. 13 SGB V bedeutet kein Wahlrecht zwischen GKV und PKV. So werden nach § 5 Abs. 1 Nr. 13 SGB V in der GKV nur jene Personen versicherungspflichtig, die „zu dem Personenkreis gehören, der nach der in den §§ 5 und 6 SGB V zum Ausdruck kommenden Wertentscheidung der gesetzlichen Krankenversicherung zuzuordnen ist“[490]. Das bedeutet, dass hauptberuflich selbständig Erwerbstätige und versicherungsfreie Personen nach § 6 Abs. 1 SGB V (z.B. Beamte) nicht aufgrund des Auffangtatbestandes Mitglied der GKV werden können. Sofern diese Personen allerdings vorher zuletzt gesetzlich krankenversichert waren, sind sie in der GKV versicherungspflichtig. Die Bezieher von Arbeitslosengeld II, die zuletzt privat versichert oder z.B. als Selbständige überhaupt nicht versichert waren, werden nun der PKV zugeordnet. Durch die Einführung des Basistarifes hält man es für zumutbar, dass diese Personen in der PKV versichert werden[491]. Nach der Gesetzesbegründung dient diese Zuordnung „einer gleichmäßigeren Lastenverteilung zwischen gesetzlicher und privater Krankenversicherung“[492].

3. Ausschluss der Versicherungspflicht bei anderweitiger Absicherung

Trotz der eingeführten umfassenden Versicherungspflicht gibt es weiterhin noch Personenkreise, die von einer Krankenversicherungspflicht nicht erfasst werden, was für die Personen gilt, die bereits eine anderweitige Absicherung im Krankheitsfall im Sinne des § 5 Abs. 1 Nr. 13 SGB V haben. Eine derartige Absicherung ist der Anspruch auf Heilfürsorge (Soldaten, Polizisten), Ansprüche nach dem BVG, BEG oder vergleichbaren gesetzlichen Regelungen sowie Ansprüche auf Gesundheitsfürsorge nach dem StVollzG[493]. Beamte haben zwar einen Beihilfeanspruch, doch da dieser nur einen Teil der Krankheitskosten abdeckt, sind sie versicherungspflichtig für den von der Beihilfe nicht gedeckten Teil dieser Kosten. (§ 193 Abs. 3 VVG). Ausdrücklich von der Versicherungspflicht ausgeschlossen sind aufgrund des § 5 Abs. 8a Satz 2 SGB V die Empfänger von Leistungen nach dem 3., 4. und 7. Kapitel des SGB XII (Sozialhilfe), des 2. Teils des SGB IX (Eingliederungshilfe für be-

490 Ebenda.

491 *Gerner*, NZS 2014, S. 49 (50).

492 BT-DS 16/3100, Gesetzentwurf GKV-WSG, Begründung, S. 95.

493 BT-DS 16/3100, Gesetzentwurf GKV-WSG, Begründung, S. 94.

hinderte Menschen) und Empfänger von laufenden Leistungen nach § 2 des Asylbewerberleistungsgesetzes. Die Abgrenzung bzw. Nachrangigkeit beruht darauf, dass bei diesen Personenkreisen die Krankenkassen bereits die Leistungen gegen Aufwandsersatz durch die Sozialhilfeträger zu übernehmen haben (§ 264 Abs. 2 und 7 SGB V) und somit ein anderweitiger Anspruch besteht. Eine derartige Nachrangigkeit soll auch für die in § 264 Abs. 2 SGB V genannten Empfänger von Krankenhilfeleistungen nach dem SGB VIII (Kinder- und Jugendhilfe) gelten, auch wenn sie in § 5 Abs. 8a SGB V nicht aufgeführt sind[494]. Nichterwerbstätige Staatsangehörige von Mitgliedstaaten der EU, eines Vertragsstaates des EWR oder der Schweiz werden von der Versicherungspflicht nach § 5 Abs. 1 Nr. 13 SGB V i.V.m. § 5 Abs. 11 Satz 2 SGB V nicht erfasst, wenn der Wohnort in Deutschland aufgrund des § 4 des Freizügigkeitsgesetzes/EU genommen wird, weil diese Personen bereits einen KV-Schutz haben müssen[495].

4. Die Probleme der „Einwohner-Krankenversicherung"

Mit der umfassenden Einführung der Versicherungspflicht nach § 5 Abs. 1 Nr. 13 SGB V verließ man die bisherige traditionelle Bindung der Versicherungspflicht an besonders bezeichnete Personenkreise. Es ist nicht eindeutig, weshalb ein solcher umfassender Systemeingriff für eine geschätzte Zahl von 211.000 Personen bei einer Einwohnerzahl von mehr als 80 Millionen erforderlich gewesen sein soll. Dies gilt im Hinblick darauf, dass die Motive für die bisherige Nichtversicherung dieser Personen im Dunkeln liegen. Nicht klar ist, in welchem Umfang darunter Personen waren, die früher aus finanziellen Gründen ihre gesetzliche oder private Krankenversicherung aufgeben mussten bzw. wegen Nichtzahlung der Beiträge/Prämien ausgeschlossen worden waren. Bei einem Teil der Nichtversicherten wird es sich auch um Personen handeln, die aufgrund ihrer Lebensumstände (z.B. Wohnsitzlose) keine Krankenversicherung hatten oder einfach aus eigenem Entschluss auf eine Krankenversicherung verzichtet hatten.

In der fehlenden Transparenz der Gründe über die bisherige Nichtversicherung dürfte eine der Ursachen liegen, die zu Problemen bei der praktischen Umsetzung des § 5 Abs. 1 Nr. 13 SGB V führten. Für bisher Unversicherte bestand

---

494 *Wagner*, GKV der Sozialhilfeempfänger, S. 35 f., mit Hinweis auf die Gesetzesbegründung in BT-DS 16/3100, S. 94.

495 *KassKomm / Peters*, SGB V § 5 Rn.180; Zur Problematik der Versicherungspflicht nach § 5 Abs. 1 Nr. 13 SGB V bei Auslandsbezug im Kontext mit EU-Gemeinschaftsrecht, vgl. *Heinert / Wendtland*, ZESAR 2015, S. 414 ff.

die Versicherungspflicht in der GKV ab dem 1. April 2007, so dass ab diesem Tag die Beiträge zu zahlen waren. Die Gesetzesinitiatoren hatten dabei vorhergesehen, dass nicht jeder Versicherungspflichtige sich sofort bei der Krankenkasse melden würde bzw. die Krankenkassen erst verspätet die Versicherungspflicht feststellen konnten. Daher war in § 186 Abs. 11 SGB V vorgesehen, dass die Krankenkasse die entstehenden Beitragsrückstände stunden, angemessen ermäßigen oder von ihrer Erhebung absehen konnte, wenn der Versicherte die verspätete Meldung nicht zu vertreten hatte. Die Krankenkassen machte von diesem Ermessensrecht nur zurückhaltend Gebrauch[496]. Es führte dazu, dass sich in der Zeit vom 1. April 2007 bis 30. April 2008 die Beitragsrückstände dieser Personen auf 97 Millionen Euro summierten[497]. In den Folgejahren setzte sich das fort, weil sich bis 2013 immer noch viele Versicherungspflichtige nicht bei den Krankenkassen gemeldet hatten und weiterhin erhebliche Beitragsrückstände aufliefen[498].

Der Gesetzgeber reagierte darauf mit dem „Überforderungsgesetz" vom 15. Juli 2013[499]. Nun sah § 256a SGB V statt der bisherigen Kann-Regelung in § 186 Abs. 11 SGB V eine Soll-Regelung für den Erlass rückständiger Beitragsschulden vor. Nach § 256a Abs. 4 SGB V soll Voraussetzung für den Beitragserlass insbesondere ein Verzicht auf die Inanspruchnahme von Leistungen sein. Das Nähere sollte der Spitzenverband der Krankenkassen festlegen, der hierzu einheitliche Grundsätze aufstellte[500]. Ergänzend wurde § 188 SGB V um einen Absatz 4 erweitert, der eine automatische Fortsetzung der Versicherung beim Ausscheiden aus der Versicherungspflicht vorsah. Hierdurch sollten Lücken und rückwirkende Beitragsforderungen zukünftig ausgeschlossen werden. Diese Regelung bedeutete faktisch eine Ablösung der Versicherungspflicht nach § 5 Abs. 1 Nr. 13 Buchstabe a SGB V[501]. Trotz dieser Regelungen konnten im Jahr 2016 von den nach § 5 Abs. 1 Nr. 13 SGB V Versicherungspflichtigen lediglich 64 Prozent der Bei-

496 *Leopold*, SuP 2008, S. 435 (436).

497 Auskunft der Bundesregierung vom 20.11.2008 auf eine Anfrage der Fraktion DIE LINKE, vgl. BT-DS 16/10991, S. 4; *Felix*, SGb 2019, S. 709 (710).

498 BT-DS 17/13947, S. 28.

499 BGBl. 2013 I S. 2423, „Gesetz zur Beseitigung sozialer Überforderung bei Beitragsschulden in der Krankenversicherung" vom 15.7.2013.

500 GKV-Spitzenverband, Einheitliche Grundsätze zur Beseitigung finanzieller Überforderung bei Beitragsschulden vom 4.9.2013.

501 *Felix*, SGb 2019, S. 709 (710); Die obligatorische Anschlussversicherung nach § 188 SGB V wird als anderweitige Absicherung i. S. des § 5 Abs. 1 Nr. 13 SGB angesehen, vgl. GKV-Spitzenverband, Ergebnisniederschrift der Fachkonferenz Beiträge vom 24.3.2015, S. 5.

träge eingezogen werden[502], was darauf hindeutet, dass das eigentliche Problem nicht in der bisherigen verspäteten Feststellung der Versicherungspflicht lag, sondern an der oftmals prekären finanziellen Situation dieses Personenkreises.

Besondere Probleme bereiteten offenbar solche Personen, die nach dem Ausscheiden aus einer versicherungspflichtigen Beschäftigung weiterhin der Krankenversicherung unterlagen, jedoch keinen Kontakt mehr zur Krankenkasse hatten. Das betraf auch Saisonarbeiter, die nach der Saison in ihre Heimatländer zurückkehrten, ohne sich bei ihrer Krankenkasse zu melden. Für sie wurde zum 1. Januar 2018 in § 188 SGB V eine Sonderregelung getroffen, nach der die Versicherung nicht fortgesetzt wurde, wenn sie nicht innerhalb von drei Monaten nach Ende der Versicherungspflicht eine Erklärung zum freiwilligen Beitritt abgaben[503]. Da damit jedoch nur ein Teil des Problems gelöst wurde, führte das dazu, dass noch im Jahre 2018 eine weitere Anpassung durch das GKV-VEG erfolgte[504]. Nun wird nach § 188 Abs. 4 Satz 4 SGB V allgemein eine Versicherung nicht mehr fortgeführt, wenn die Krankenkasse nach Ausschöpfung ihrer Ermittlungsmöglichkeiten weder den Wohnsitz noch den gewöhnlichen Aufenthalt im Geltungsbereich des SGB ermitteln kann. Somit fällt genau wieder ein Teil des Personenkreises aus der Versicherungspflicht heraus, für den die Einwohner-Krankenversicherung eingeführt wurde und betrifft die Personen, die sich schon früher einer Krankenversicherung entzogen hatten.

---

502 *Schumann*, NZS 2018, S. 721 (722).

503 BGBl. 2017 I. S. 2757, „Gesetz zur Fortschreibung der Vorschriften für Blut- und Gewebezubereitungen und zur Änderung anderer Vorschriften" vom 18.7.2017.

504 BGBl. 2018 I S. 2387, „Gesetz zur Beitragsentlastung der Versicherten in der gesetzlichen Krankenversicherung (GKV-Versichertenentlastungsgesetz – GKV-VEG)" vom 11.12.2018.

O) Zusammenfassung

Die Untersuchungen zeigen, dass die Einführung des Versicherungszwangs zur Krankenversicherung im Jahre 1883 von Anfang an umstritten war. Während liberale Kreise jeglichen Zwang ablehnten und auf die Eigenvorsorge setzten, ging den Anhängern einer staatlichen Vorsorge der Versicherungszwang nicht weit genug. Dieser Konflikt zwischen den beiden Positionen begleitete seither erkennbar jede Ausweitung des Versicherungszwanges. Dabei war von Anfang an ersichtlich, dass eine ausschließliche Eigenvorsorge nicht ausreichte. Nicht jeder war in der Lage und bereit, Vorsorge für den Krankheitsfall zu treffen, so dass letztlich doch die Gemeinschaft mit ihrer Armenhilfe eingreifen musste. Die Entlastung der Armenfürsorge war deshalb auch einer der Gründe, die 1883 zum Versicherungszwang der oftmals in prekären Verhältnissen lebenden Industriearbeiter führte, auch wenn dies nicht offen gesagt wurde. Vielmehr wurden politische Gründe in den Vordergrund gestellt. So sollten die Arbeiter, die vornehmlich als Anhänger sozialdemokratischer Vorstellungen ausgemacht waren, befriedigt werden. Durch die soziale Wohltat einer gesetzlichen Sozialversicherung wurde erwartet, dass sich die Arbeiter von der Sozialdemokratie abwendeten und in deren Folge die bestehende Ordnung erhalten blieb.

Die Forderung nach einer Ausweitung des Versicherungszwangs auf andere Personengruppen als die der Industriearbeiter und der Handwerker war zu dieser Zeit nicht mehrheitsfähig. Für Seeleute, Handlungsgehilfen und Dienstboten wurde eine Einbeziehung mit dem Hinweis abgelehnt, dass diese bereits aufgrund besonderer Gesetze Ansprüche bei Krankheit gegenüber ihrem Arbeitgeber hatten. Die Einbeziehung der landwirtschaftlichen Arbeiter scheiterte zum damaligen Zeitpunkt noch an dem Widerstand der politisch starken Landwirtschaftsvertreter. Erreicht wurde für landwirtschaftliche Arbeiter nur eine fakultative Versicherungspflicht durch Ortsstatute der Gemeinden und ab 1886 durch Landesgesetze.

In der Zeit von 1884 bis 1910 wurde der Versicherungszwang nach und nach um weitere Personengruppen erweitert. Oftmals standen die Erweiterungen in Zusammenhang mit der Einführung bzw. Ausdehnung des Versicherungszwangs in der Unfall- und Invalidenversicherung. Die Abstimmung des Leistungsumfangs dieser Versicherungszweige mit dem der Krankenversicherung bedingte dabei auch eine Ausweitung der Krankenversicherungspflicht. Im Jahr 1903 wurden die Handlungsgehilfen versicherungspflichtig. Eine große Ausweitung der Versicherungspflicht erfolgte mit der Reichsversicherungsordnung 1911. Nun wurden auch landwirtschaftliche Arbeiter, Dienstboten, unständig Beschäftigte, Hausgewerbetreibende sowie ein Teil der Angestellten in die Versicherungspflicht einbezogen.

Der 1. Weltkrieg brachte kriegsbedingte Anpassungen der Krankenversicherung, zu der auch die Aussetzung der Versicherungspflicht der Hausgewerbetreibenden gehörte. Die Nachkriegszeit ab 1918 wurde geprägt durch die Gesetzgebung des Rates der Volksbeauftragten, der verfassungsgebenden Nationalversammlung und des Weimarer Reichstages, ohne dass es in der Krankenversicherung zu einem Systemwechsel kam. Besondere Auswirkungen auf die Krankenversicherung hatten die Inflationsjahre 1922–1923. Im Jahre 1927 wurden Arbeitslose in die Krankenversicherung einbezogen. Die Machtübernahme 1933 durch die Nationalsozialisten brachte organisatorische Veränderungen, führte aber nicht zu dem vorgesehenen Systemwechsel im Sinne einer Einheitsversicherung. In der Zeit von 1933 bis 1945 wurde die Krankenversicherungspflicht auf Rentner, weitere Gruppen von Selbständigen und alle Angestellten erweitert. Besonderheiten für die Krankenversicherung ergaben sich durch die zahlreichen staatlich gelenkten Arbeitsdienste. Eine territoriale Ausdehnung ab 1938 und die Beschäftigung von Fremdarbeitern während des Krieges ab 1939 berührten auch den Versicherungsumfang in der Krankenversicherung. Die Nachkriegszeit von 1945–1945 war geprägt durch die Besatzungszeit. In den Besatzungszonen entwickelte sich das Krankenversicherungsrecht in unterschiedlicher Weise weiter und stand kurz davor, in eine Einheitsversicherung zu münden. Hier war es Aufgabe der neu gegründeten Bundesrepublik ab 1949, das Krankenversicherungsrecht wieder einheitlich zu gestalten. Sonderentwicklungen gab es auch im Saarland und in der Deutschen Demokratischen Republik. Das abweichende Recht wurde hier wieder 1963 und 1990 im Rahmen der Wiedervereinigungen vereinheitlicht.

Für die Entwicklung der Bundesrepublik war kennzeichnend der weitere Ausbau des Sozialstaates, in dessen Folge auch der krankenversicherungspflichtige Personenkreis weiter ausgedehnt wurde. So wurden 1972 die selbständigen Landwirte, 1974 die Rehabilitanden, 1975 die Behinderten und Studenten und 1983 die Künstler und Publizisten versicherungspflichtig. Hier verlief die Entwicklung nicht gradlinig, sondern verzeichnete auch gegenläufige Entwicklungen, wie z.B. die Herausnahme von Selbständigen aus der Versicherungspflicht im Jahr 1989.

Seit 2007 sind (fast) alle Einwohner entweder in der GKV oder der PKV versicherungspflichtig. Für eine zukünftige Ausweitung der Versicherungspflicht bleibt deshalb kaum mehr Raum. Sie könnte sich nur noch zusätzlich auf die Personen erstrecken, die bisher Krankenhilfeansprüche nach den Sondersystemen der Heilfürsorge und Beihilfe haben. Die Versicherungspflicht dieser Personen innerhalb des bestehenden Krankenversicherungssystems wäre nicht zwingend als Systembruch anzusehen, sondern stände in der Kontinuität der bisherigen Entwicklung. Dies gilt auch im Hinblick darauf, dass schon heute Beamte für die nicht von der Beihilfe abgedeckten Krankheitskosten der Versicherungspflicht unterliegen. Eine Einbeziehung der Personengruppen, für die Sondersysteme existieren, in das bestehende Krankenversicherungssystem, ist nicht zwingend identisch mit den Forderungen nach einer Bürgerversicherung. Eine Bürgerversicherung wird oftmals mit dem Hinweis darauf gefordert, dass bei dem jetzigen System der nebeneinander bestehenden gesetzlichen und privaten Krankenversicherung eine „Zwei-Klassen-Medizin" besteht, bei der kein gleichberechtigter Zugang zu Gesundheitsdienstleistungen gewährleistet ist. Folglich wird eine Aufhebung der Systeme angestrebt, die verbunden wird mit dem Ruf nach einer solidarischen Finanzierung, bei der nicht nur Erwerbseinkommen, sondern auch sonstige Einkünfte wie Kapitalerträge herangezogen werden. Ob sich durch eine Bürgerversicherung oder gar durch einen steuerfinanzierten staatlichen Gesundheitsdienst die Probleme zufriedenstellend lösen lassen, muss hier unbeantwortet bleiben. Allerdings lassen sich ein gleichberechtigter Zugang zu medizinischen Leistungen und die Verbreiterung der Gesundheitsfinanzierung sicher auch durch andere als die mit einer Bürgerversicherung verbundenen, tiefeingreifenden, systemüberwindenden Maßnahmen, erreichen. Es scheint ausreichend, die vorhandenen Schwachstellen des insgesamt bewährten Sozialversicherungssystems, wie bisher, kontinuierlich durch Reformschritte zu korrigieren.

ANHANG

Abkürzungsverzeichnis

ABl.	Amtsblatt
ADHGB	Allgemeines Deutsches Handelsgesetzbuch von 1869
AdöR	Anstalt des öffentlichen Rechts
a.F.	alte Fassung
AFG	Arbeitsförderungsgesetz
AFRG	Arbeitsförderungs-Reformgesetz
AfS	Archiv für Sozialgeschichte
AkDR	Akademie für Deutsches Recht
AKK	Akademische Krankenkasse
ALG	Gesetz über die Alterssicherung der Landwirte, Arbeitslosengeld
ALR	Allgemeines Landrecht für die Preußischen Staaten
AMBl.	Amtsblatt des Bayer. Staatsministeriums für Arbeit und soziale Fürsorge
AN	Amtliche Nachrichten des Reichsversicherungsamtes
AN IAV	Amtliche Nachrichten des RVA zur Invaliden- und Altersversicherung
Anm.	Anmerkung
AN-RfA	Die Angestelltenversicherung, Amtliche Nachrichten der Reichsversicherungsanstalt für Angestellte
AnVNG	Angestelltenversicherungs-Neuregelungsgesetz
AOK	Allgemeine Ortskrankenkasse
ArbBlBZ	Arbeitsblatt für die britische Zone
ArbuSozPol	Arbeit und Sozialpolitik
Arb.-Vers.	Zeitschrift: Die Arbeiter-Versorgung
ArbVNG	Arbeiterrentenversicherungs-Neuregelungsgesetz

Art.	Artikel
ASEG	Agrarsoziales Ergänzungsgesetz
ASRG	Agrarsozialreformgesetz
AÜG	Gesetz zur Regelung der Arbeitnehmerüberlassung
A.u.S.	Arbeit und Sozialfürsorge (SBZ, DDR)
AVG	Angestelltenversicherungsgesetz 1924
AVO	Aufbauverordnung
AVAVG	Gesetz über Arbeitsvermittlung und Arbeitslosenversicherung
Az.	Aktenzeichen
BA	Bundesanstalt für Arbeit
bad.	badisch
BAföG	Bundesgesetz über individuelle Förderung der Ausbildung
BArch	Bundesarchiv
bay.	bayerisch
BB	Der Betriebs-Berater, Zeitschrift
BBG	Beitragsbemessungsgrenze
BBG-RV	Beitragsbemessungsgrenze Rentenversicherung
Bd.	Band
BDM	Bund Deutscher Mädel
BE	British Element (brit. Kontrollrat)
BeckOK	Beck'scher Online-Kommentar
BEG	Bundesentschädigungsgesetz
BeschFG	Beschäftigungsförderungsgesetz
BfA	Bundesversicherungsanstalt für Angestellte
BFD	Bund Freier Demokraten
BFDG	Bundesfreiwilligendienstgesetz
BGB	Bürgerliches Gesetzbuch
BGBl.	Bundesgesetzblatt
BGH	Bundesgerichtshof

BKK	Betriebskrankenkasse, Zeitschrift: Die Betriebskrankenkasse
BliwaG	Blindenwarenvertriebsgesetz
BlStSozArbR	Blätter für Steuerrecht, Sozialversicherung und Arbeitsrecht
BMA/BMAS	Bundesministerium/Bundesminister für Arbeit und Soziales
BMG	Bundesministerium/Bundesminister für Gesundheit
BMBW	Bundesminister für Bildung und Wissenschaft (1969–1994)
BR	Bundesrat
BRD	Bundesrepublik Deutschland
BSG	Bundessozialgericht
BSGE	Entscheidungssammlung des Bundessozialgerichts
BSSichG	Beitragssicherungsgesetz
BT	Bundestag
BT-DS	Bundestagsdrucksache
BVA	Bundesversicherungsamt
BVerfG	Bundesverfassungsgericht
BVerfGE	Entscheidungssammlung des Bundesverfassungsgerichts
BVerwG	Bundesverwaltungsgericht
BVerwGE	Entscheidungssammlung des Bundesverwaltungsgerichts
BVG	Bundesversorgungsgesetz
BVP	Bayerische Volkspartei
CCG/BE	Control Commission for Germany – British Element
CDU	Christlich Demokratische Union Deutschlands
CdZ	Chef der Zivilverwaltung
CORC	Coordinations Commitee (Alliierter Kontrollrat)
CSU	Christlich-Soziale Union in Bayern
DA	Demokratischer Aufbruch
DAF	Deutsche Arbeitsfront
DB	Durchführungsbestimmungen
DBV	Deutscher Bauernverband

d.h.	das heißt
DDP	Deutsche Demokratische Partei
DDR	Deutsche Demokratische Republik
DFP	Deutsche Forumspartei
DJZ	Deutsche Juristen-Zeitung
DLEG	Legal Directorate (Allliierter Kontrollrat)
DM	Deutsche Mark
DMAN	Manpower Directorate (Alliierter Kontrollrat)
DMW	Deutsche Medizinische Wochenschrift
DNVP	Deutschnationale Volkspartei
DOK	Zeitschrift: Die Deutsche Krankenkasse, ab Nr. 16/1933: Die Deutsche Ortskrankenkasse, ab Nr. 11/1934: Die Ortskrankenkasse
DP	Displaced Person, Deutsche Partei
DRV	Deutsche Rentenversicherung
DS	Drucksache
DSKV	Deutsche Studenten-Krankenversorgung
DSU	Deutsche Soziale Union
DSW	Deutsches Studentenwerk
Dt.	Deutsch
DV	Durchführungsverordnung
DVA	Deutsche Versicherungs-Anstalt (DDR)
DVAS	Deutsche Verwaltung für Arbeit und Sozialfürsorge (SBZ)
DVBl.	Deutsches Verwaltungsblatt
DVO	Durchführungsverordnung
DVP	Deutsche Volkspartei
DWEV	Deutsche Wissenschaft Erziehung und Volksbildung
DWK	Deutsche Wirtschaftskommission (SBZ)
EGBGB	Einführungsgesetz zum Bürgerlichen Gesetzbuch

EGHGB	Einführungsgesetz zum Handelsgesetzbuch
EGRVO	Einführungsgesetz zur Reichsversicherungsordnung
Entsch.	Entscheidung
Erg.	Ergänzung
EU	Europäische Union
EuM RVA	Entscheidungen und Mitteilungen des Reichsversicherungsamtes
EWR	Europäischer Wirtschaftsraum
f.	folgend
FAD	Freiwilliger Arbeitsdienst
FDGB	Freier Deutscher Gewerkschaftsbund
FDP	Freie Demokratische Partei
FF	Französische Franken
Fn.	Fußnote
FPG	Produktionsgenossenschaft der See- und Küstenfischer
FRG	Fremdrentengesetz
frz.	französisch
FSJ	Freiwilliges soziales Jahr
FÖJ	Freiwilliges ökologisches Jahr
FÖJG	Gesetz zur Förderung eines freiwilligen ökologischen Jahres
FVP	Freie Volkspartei
GAL	Gesetz über eine Altershilfe für Landwirte
GBA	Generalbevollmächtigter für den Arbeitseinsatz, Gesetzbuch der Arbeit (DDR)
GBI	Generalbauinspektor für die Reichshauptstadt
GBl.	Gesetzblatt
GE	Grundsätzliche Entscheidung
GesR	Gesundheitsrecht, Zeitschrift
GewO	Gewerbeordnung

GG	Grundgesetz
GGO	Gemeinsame Geschäftsordnung der Reichsministerien
GGP	Generalgouvernement für die besetzten polnischen Gebiete
GKV	Gesetzliche Krankenversicherung
GKV-FinG	GKV-Finanzierungsgesetz
GKV-VEG	GKV-Versichertenentlastungsgesetz
GKV-WSG	Gesetz zur Stärkung des Wettbewerbs in der gesetzlichen Krankenversicherung
GMG	GKV-Modernisierungsgesetz
GPG	Gärtnerische Produktionsgenossenschaft
GR	Gemeinsames Rundschreiben
GRG	Gesundheits-Reformgesetz
GRV	Gesetzliche Rentenversicherung
G.S.	Gesetzessammlung für die Königlichen Preußischen Staaten
GSG	Gesundheitsstrukturgesetz
GUV	Gesetzliche Unfallversicherung
GVBl.	Gesetz- und Verordnungsblatt
GWU	Geschichte in Wissenschaft und Unterricht
HAG	Heimarbeitsgesetz
Hdb.	Handbuch
HebG	Hebammengesetz
HGB	Handelsgesetzbuch
HHVG	Heil- und Hilfsmittelversorgungsgesetz
HJ	Hitlerjugend
HKG	Hilfskassengesetz
HLKO	Haager Landkriegsordnung
HVAS	Hauptverwaltung für Arbeit und Sozialfürsorge (SBZ), vormals DVAS
HZ	Historische Zeitschrift

IAVG	Invaliden- und Altersversicherungsgesetz 1889
IKK	Innungskrankenkasse
IKRK	Internationales Komitee des Roten Kreuzes
IMI	Italienische Militärinternierte
IVG	Invalidenversicherungsgesetz 1899
i.V.m.	in Verbindung mit
JAE	Jahresarbeitsentgelt
JAV	Jahresarbeitsverdienst
JFDG	Jugendfreiwilligendienstegesetz
Jhd.	Jahrhundert
J.O. CCF	Journal Officiel du Commandement en Chef Francais en Allemagne, Amtsblatt des französischen Oberkommandos in Deutschland
JWG	Jugendwohlfahrtsgesetz
JZ	Juristen-Zeitung
KassKomm	Kasseler Kommentar
Kgl.	Königlich
KHD	Kriegshilfsdienst
KJ	Kritische Justiz, Vierteljahresschrift
KKVK	Krankenhausversicherungskasse
KPD	Kommunistische Partei Deutschlands
KrV	Die Krankenversicherung, Zeitschrift
KSVG	Künstlersozialversicherungsgesetz
KV	Krankenversicherung
KVAB	Krankenversicherungsanstalt Berlin
KVÄG	Krankenversicherungsänderungsgesetz
KVD	Kassenärztliche Vereinigung Deutschlands
KVdR	Krankenversicherung der Rentner
KVdS	Krankenversicherung der Studenten

KVG	Krankenversicherungsgesetz von 1883
KVKG	Krankenversicherungs-Kostendämpfungsgesetz
KVLG	Gesetz über die Krankenversicherung der Landwirte
KVMG	Gesetz über die Verwaltung der Mittel der Träger der Kranken-Versicherung
KVNG	Krankenversicherungs-Neuregelungsgesetz
KVP	Konservative Volkspartei
KVSG	Gesetz über die Krankenversicherung der Studenten
KVWG	Krankenversicherungs-Weiterentwicklungsgesetz
KZ	Konzentrationslager
LAG	Landesarbeitsgericht
LARE	Law Reform Committee (Alliierter Kontrollrat)
LG	Landgericht
LKK	Landkrankenkasse, Landwirtschaftliche Krankenkasse
LKV	Landwirtschaftliche Krankenversicherung
LP	Legislaturperiode
LPartG	Lebenspartnerschaftsgesetz
LPG	Landwirtschaftliche Produktionsgenossenschaft
LSG	Landessozialgericht
LuftSchG	Luftschutzgesetz
LUVG	Gesetz, betreffend die Unfall- und Krankenversicherung der inland- und forstwirtschaftlichen Betrieben beschäftigten Personen
LVA	Landesversicherungsanstalt, Landesversicherungsamt
LVAB	Landesversicherungsanstalt Berlin
MBSV	Mitteilungsblatt für die Sozialversicherung
MDK	Medizinischer Dienst der Krankenversicherung
Mifa	Mitarbeitende Familienangehörige (Landwirtschaft)
Min.	Minister(in), Ministerium

MSPD	Mehrheitssozialisten der Sozialdemokratischen Partei
n.F.	neue Fassung
NJW	Neue Juristische Wochenschrift
NRW	Nordrhein-Westfalen
NS	nationalsozialistisch
NSAD	Nationalsozialistischer Arbeitsdienst e.V.
NSDAP	Nationalsozialistische Deutsche Arbeiterpartei
NSKK	Nationalsozialistisches Kraftfahrerkorps
NSV	Nationalsozialistische Volkswohlfahrt
NZA	Neue Zeitschrift für Arbeitsrecht
NZS	Neue Zeitschrift für Sozialrecht
OKW	Oberkommando der Wehrmacht
OLG	Oberlandesgericht
OSchG	Oberschiedsgericht
OT	Organisation Todt
OVG	Oberverwaltungsgericht
PA	Potsdamer Abkommen
PGF	Produktionsgenossenschaft werktätiger Fischer
PGH	Produktionsgenossenschaft des Handwerks
PKV	Private Krankenversicherung
PP	Plenarprotokoll des Deutschen Bundestages/Bundesrates
preuß.	preußisch
Pr.GewO	Preußische Gewerbeordnung
PwF	Produktionsgenossenschaft werktätiger Binnenfischer
PwP	Produktionsgenossenschaft werktätiger Pelztierzüchter
PwZ	Produktionsgenossenschaft werktätiger Zierfischzüchter
RAfAuA	Reichsanstalt für Arbeitsvermittlung und Arbeitslosenversicherung
RAD	Reichsarbeitsdienst

RADG	Reichsarbeitsdienstgesetz
RADwJ	Reichsarbeitsdienst der weiblichen Jugend
RAfAuA	Reichsanstalt für Arbeitsvermittlung und Arbeitslosenversicherung
RAG	Rentenanpassungsgesetz
RAM	Reichsarbeitsminister, Reichsarbeitsministerium
RArbBl.	Reichsarbeitsblatt
RBG	Reichsbeamtengesetz
RdSchr.	Rundschreiben
Reg.Bl.	Regierungsblatt
Reha	Rehabilitation
Rev.	Revision
RfA	Reichsversicherungsanstalt für Angestellte
RG	Reichsgericht
RGZ	Entscheidungen des Reichsgerichts in Zivilsachen
RGBl.	Reichsgesetzblatt
RHG	Reichshaftpflichtgesetz
RHOG	Reichshandelsobergericht
RM	Reichsmark
RMdI	Reichsminister des Inneren
Rn.	Randnummer
RPO	Reichspolizeiordnung
RRG	Rentenreformgesetz
RSW	Reichsstudentenwerk
RT	Reichstag
RÜG	Renten-Überleitungsgesetz
RV	Reichsverfassung, Rentenversicherung
RVG	Reichsversorgungsgesetz
RVA	Reichsversicherungsamt

RVÄndG	Rentenversicherungs-Änderungsgesetz
RVerwBl.	Reichsverwaltungsblatt
RVO	Reichsversicherungsordnung
RZG	Rentenzulagengesetz
S.	Seite
SA	Sturmabteilung
sächs.	sächsisch
SAPD	Sozialistische Arbeiterpartei Deutschlands 1875–1890
SB	Stenographische Berichte
SBZ	Sowjetische Besatzungszone
SchwbG	Schwerbehindertengesetz
SD	Sicherheitsdienst
SDAP	Sozialdemokratische Arbeiterpartei 1869–1875
SdL	Zeitschrift Soziale Sicherheit in der Landwirtschaft
SED	Sozialistische Einheitspartei Deutschlands
SF	Sozialer Fortschrift, Zeitschrift
SfH	Stiftung für Hochschulzulassung
SGb	Die Sozialgerichtsbarkeit, Zeitschrift
SGB I	Sozialgesetzbuch Erstes Buch- Allgemeiner Teil
SGB II	Sozialgesetzbuch Zweites Buch – Grundsicherung für Arbeitssuchende
SGB III	Sozialgesetzbuch Drittes Buch – Arbeitsförderung
SGB IV	Sozialgesetzbuch Viertes Buch – Gemeinsame Vorschriften
SGB V	Sozialgesetzbuch Fünftes Buch – Gesetzliche Krankenversicherung
SGB VI	Sozialgesetzbuch Sechstes Buch – Gesetzliche Rentenversicherung
SGB VIII	Sozialgesetzbuch Achtes Buch – Kinder- und Jugendhilfe

SGB IX	Sozialgesetzbuch Neuntes Buch – Rehabilitation und Teilhabe behinderter Menschen
SGB XII	Sozialgesetzbuch Zwölftes Buch – Sozialhilfe
SGG	Sozialgerichtsgesetz
SKAG	Selbstverwaltungs- und Krankenversicherungsangleichungsgesetz
SKVB	Studentische Krankenversicherung Berlin
SKV-MV	Studentenkrankenversicherungs-Meldeverordnung
SMAD	Sowjetische Militäradministration in Deutschland
SozR.	Sozialrecht, Rechtsprechung und Schrifttum, bearb. von den Richtern des BSG
SozSich	Soziale Sicherheit, Zeitschrift für Arbeit und Soziales
SPD	Sozialdemokratische Partei Deutschlands
SPS	Sozialdemokratische Partei des Saarlandes
SS	Schutzstaffel
städt.	städtisch
Stalag	Stammlager
S.u.	Siehe unten
SuP	Sozialrecht und Praxis, Zeitschrift
StVAOst	Verordnung über die Besteuerung und die arbeitsrechtliche Behandlung der Arbeitskräfte aus den neu besetzten Ostgebieten
StVollzG	Strafvollzugsgesetz
StVollzFG	Strafvollzugs-Fortentwicklungsgesetz
SV	Sozialversicherung
SVA	Sozialversicherungsanordnung (britische Besatzungszone), Sozialversicherungsanstalt (SBZ)
SVAG	Sozialversicherungs-Anpassungsgesetz
SVAA	Sozialversicherung der Arbeiter und Angestellten (DDR)

SVBG	Gesetz über die Sozialversicherung Behinderter
SVD	Sozialversicherungsdirektive (britische Besatzungszone)
SVG	Gesetz über die Sozialversicherung (DDR)
SVK	Sozialversicherungskasse (SBZ)
SVO	Verordnung über die Sozialversicherung der Arbeiter und Angestellten
SV-StV	Sozialversicherung bei der Staatlichen Versicherung der DDR
TSVG	Terminservice- und Versorgungsgesetz
USA	United States of America
USPD	Unabhängige Sozialdemokratische Partei
UV	Unfallversicherung
UVG	Unfallversicherungsgesetz
VAB	Versicherungsanstalt Berlin
VAG	Versicherungsaufsichtsgesetz
VDR	Verband deutscher Rentenversicherungsträger
VDS	Verband Deutscher Studentenschaften
VereinfV	Vereinfachungsverordnung
Verh.	Verhandlungen
VersR	Versicherungsrecht, Zeitschrift
VfZ	Vierteljahreshefte für Zeitgeschichte
VfzV	Verordnung über die freiwillige und zusätzliche Versicherung in der Sozialversicherung (SBZ)
VGfA	Versicherungsgesetz für Angestellte von 1911
VGH	Verwaltungsgerichtshof
Vgl.	Vergleiche
VO	Verordnung
VOBl.	Verordnungsblatt
Vorbem.	Vorbemerkung

VPA	Verordnung über die Pflichtversicherung gegen Arbeitslosigkeit (SBZ)
VS	Verband deutscher Schriftstellerinnen und Schriftsteller
VSV	Verordnung über Sozialpflichtversicherung
VVaG	Versicherungsverein auf Gegenseitigkeit
VVG	Versicherungsvertragsgesetz
WFG	Wachstums- und Beschäftigungsförderungsgesetz
WGSVG	Gesetz zur Regelung der Wiedergutmachung nationalsozialistischen Unrechts in der Sozialversicherung
WiGBl.	Gesetzblatt der Verwaltung des Vereinigten Wirtschaftsgebietes, vorher: Gesetz- und Verordnungsblatt des Wirtschaftsrates des Vereinigten Wirtschaftsgebietes
WP	Wirtschaftspartei – Reichspartei des deutschen Mittelstandes; Wahlperiode
WPflG	Wehrpflichtgesetz
WochPflVO	Verordnung über Wochenpflegerinnen
WRK	Westdeutsche Rektorenkonferenz
WRV	Weimarer Reichsverfassung
Württ.	württembergisch
WZ	Westfälische Zeitschrift
WzS	Wege zur Sozialversicherung, Zeitschrift
ZAkDR	Zeitschrift der Akademie für Deutsches Recht
ZBlUV	Zentralblatt für die gesamte Unterrichtsverwaltung in Preußen
ZDG	Zivildienstgesetz
ZESAR	Zeitschrift für Europäisches Sozial- und Arbeitsrecht
ZfS	Zentralblatt für Sozialversicherung
ZFSH/SGB	Zeitschrift für die sozialrechtliche Praxis
ZGE	Zwischengenossenschaftliche Einrichtung (DDR)
ZRG Germ.	Zeitschrift für Rechtsgeschichte, Germanistische Abteilung

ZRP	Zeitschrift für Rechtspolitik
ZRR	Zentralblatt für die Reichsversicherung und Reichsversorgung
ZSR	Zeitschrift für Sozialreform
ZVAS	Zentralverwaltung für Arbeit und Sozialfürsorge (SBZ), ab 1946 DVAS
ZBlUV	Zentralblatt für die gesamte Unterrichtsverwaltung in Preußen
ZVOBl.	Zentralverordnungsblatt (amtliches Organ der DWK 1947–1949)
ZVS	Zentralstelle für die Vergabe von Studienplätzen

Quellenverzeichnis

Archivarische Quellen

Bundesarchiv

R 2/18541 Reichsfinanzministerium

R 89/4755 Reichsversicherungsamt

NS 1/481 Reichsschatzmeister der NSDAP

Plenarprotokolle des Deutschen Bundestages (zitiert: PP, LP, Nr. der Sitzung, Tag, Seite)

Stenographische Berichte über die Verhandlungen des Reichstages des Norddeutschen Bundes (zitiert: SB RT Norddeutscher Bund, LP/Session, Jahr, Band).

Stenographische Berichte über die Verhandlungen des Reichstages (zitiert: SB RT, LP/Session, Jahr, Band).

Stenographische Berichte über die Verhandlungen der verfassungsgebenden Deutschen Nationalversammlung (zitiert: SB Verh. der Nationalversammlung, Jahr, Band).

Stenographische Berichte über die Verhandlungen des Reichstages in der Weimarer Republik (zitiert: SB RT, WP, Jahr, Band).

Literaturverzeichnis

Adelmann, Georg: Krankheiten der Künstler und Handwerker, Würzburg 1803.

Adler, Hans Günther: Der verwaltete Mensch, Studien zur Deportation der Juden aus Deutschland, Tübingen 1974.

Ahlheim, Christine: Pharmazie im Spiegel ihrer Presse. Die Apothekenreform von 1871 bis 1894.

Albrecht, Gerhard: Die Versicherungsfreiheit geringfügiger Dienstleistungen, in: Die Ortskrankenkasse 1961, S. 341–346, (zitiert: *Albrecht*, DOK 1961, S. 341).

Albrecht, Gertrud: Das Pflichtjahr, Berlin 1942, (zitiert: *Albrecht*, Pflichtjahr).

Altrock, Albrecht von: Erdrutsch des Rechts, in: Wege zur Sozialversicherung 1954, S. 205–212, (zitiert: *Altrock von*, WzS 1954, S. 205).

Amtliche Nachrichten des Reichsversicherungsamtes: (zitiert: *AN*, Jahr).

Amtliche Nachrichten des Reichsversicherungsamtes: Sonderausgabe für die Invaliditäts- und Altersversicherung für die Jahre 1891–1895, (zitiert: *AN IAV*, Jahr).

Anleitung des Reichsversicherungsamtes: betreffend den Kreis der nach dem Invaliditäts- und Altersversicherungsgesetz versicherten Personen vom 31. Oktober 1890, in: Amtliche Nachrichten 1891, S. 4, Sonderausgabe für die Invaliditäts- und Altersversicherung, (zitiert: *RVA-Anleitung* zum IAVG 1890).

Anleitung des Reichsversicherungsamtes: betreffend den Kreis der nach dem Invalidenversicherungsgesetz vom 13. Dezember 1899 versicherten Personen in der Fassung vom 6. Dezember 1905, in: Amtliche Nachrichten 1905, S. 613 ff., (zitiert: *RVA-Anleitung* zum IVG 1905).

Anleitung des Reichsversicherungsamtes über den Kreis der nach der Reichsversicherungsordnung gegen Invalidität und gegen Krankheit versicherten Personen vom 26. April 1912, in: Amtliche Nachrichten 1912, S. 721, (zitiert: *RVA-Anleitung zur RVO 1912*).

APITZSCH, Birgit / SHIRE, Karen / HEINRICH, Steffen / MOTTWEILER, Hannlore / TÜNTE, Markus: Flexibilität und Beschäftigungswandel, Weinheim und Basel 2015, (zitiert: *Apitzsch* u.a.).

ARIBAS, Nazif: Die Entwicklung der landwirtschaftlichen Krankenversicherung in Deutschland, Bonn 1981.

ASMUTH, Margaret: Gewerbliche Unterstützungskassen in Düsseldorf. Die Entwicklung der Krankenversicherung der Arbeitnehmer 1841 bis 1884/85, Köln 1984.

AXER, Peter: Verfassungsrechtliche Fragen einer Bürgerversicherung, in: Söllner, Alfred (Hrsg.), Gedächtnisschrift für Meinhard Heinze, S. 1–16, München 2005.

AYAß, Wolfgang: „Vagabunden, Wanderer, Obdachlose und Nichtsesshafte." Eine kleine Begriffsgeschichte der Hilfe für Wohnungslose, in: Archiv für Wissenschaft und Praxis der sozialen Arbeit, Nr. 1, 2013, S. 90–102.

BADER, Markus: Die Rechtmäßigkeit der Künstlersozialabgabe unter besonderer Berücksichtigung der Auslandshonorare, Frankfurt am Main 2004, (zitiert: *Bader*, Künstlersozialabgabe).

BAHNER, Dietrich: Gang nach Karlsruhe vorprogrammiert, in: Arbeit und Sozialpolitik 1981, S. 236–238, (zitiert: *Bahner*, ArbuSozPol 1981, S. 236).

BAKER, W. Herbert: Beginn der deutschen Sozial- und Arbeitspolitik unter der Militärregierung, in: Bartholomäi, Reinhart / Bodenbender, Wolfgang / Henkel, Hardo / Hüttel, Renate (Hrsg.), Sozialpolitik nach 1945, S. 23–31, Bonn-Bad Godesberg 1977.

BALFOUR, Michael: Vier-Mächte-Kontrolle in Deutschland 1945–1946, Düsseldorf 1959.

BAUMANN, Angelika: „Armuth ist hier wahrhaft zu Haus…". Vorindustrieller Pauperismus und Einrichtungen der Armenpflege in Bayern um 1800, München 1984.

BEBEL, August: Wie verhalten sich die Arbeiter gegenüber dem neuen Kranken-Versicherungsgesetz, Nürnberg 1883, (zitiert: *Bebel*, KVG 1883).

BECKEN, Jörg: AOK Berlin, Von der Ortskrankenkasse zur Gesundheitskasse, Berlin 2008.

BECKER, Ernst: Wann unterliegen Artisten der Versicherungspflicht? in: Die Ortskrankenkasse 1949, S. 38–40, (zitiert. *Becker*, DOK 1949, S. 38).

BECKMANN, Fabian: Minijobs in Deutschland, Bochum 2018.

Benöhr, Hans-Peter: Soziale Frage, Sozialversicherung und Sozialdemokratische Reichstagsfraktion (1881–1889), in: Zeitschrift für Rechtsgeschichte, Germanistische Abteilung, 1981, S. 95–156, (zitiert: *Benöhr*, ZRG Germ. 1981, S. 95).

Benöhr, Hans-Peter: Verfassungsfragen der Sozialversicherung nach den Reichstagsverhandlungen von 1881–1889, in: Zeitschrift für Rechtsgeschichte, Germanistische Abteilung 1980, S. 94–163, (zitiert: *Benöhr*, ZRG Germ. 1980, S. 94).

Benz, Wolfgang: Vom freiwilligen Arbeitsdienst zur Arbeitsdienstpflicht, in: Vierteljahreshefte für Zeitgeschichte, 16. Jahrgang 1968, S. 317–346, (zitiert: *Benz*, VfZ 16, S. 317).

Berger, Eva: Frühmodernes Krankenhaus und „Pflegeversicherung" in der ersten Hälfte des 19. Jahrhunderts, in: Labisch, Alfons / Spree, Reinhard (Hrsg.), Einem jeden Kranken in einem Hospitale sein eigenes Bett, S. 208–235, Frankfurt 1996.

Berlepsch, Hans-Jörg von: Konsensfähige Alternativen zu Bismarcks Modell sozialpolitischer Gestaltung, in: Machtan, Lothar (Hrsg.), Bismarcks Sozialstaat. Beiträge zur Geschichte der Sozialpolitik und zur sozialpolitischen Geschichtsschreibung, S. 61–82, Frankfurt am Main und New York 1994, (zitiert: *Berlepsch*, Konsensfähige Alternativen).

Berlepsch, Hans-Jörg von: „Neuer Kurs" im Kaiserreich? Die Arbeiterpolitik des Freiherrn von Berlepsch 1890–1896, Bonn 1987, (zitiert: *Berlepsch*, Neuer Kurs).

Berlin: Ringen um Einheit und Wiederaufbau 1948–1951, Senat von Berlin (Hrsg.), Berlin 1962, (zitiert: *Berlin*, Ringen um Einheit).

Berlin: Quellen und Dokumente 1945–1951, Senat von Berlin (Hrsg.), Berlin 1964, (zitiert: *Berlin*, Quellen und Dokumente).

Beyer, Hans-Peter: Künstlersozialversicherung, in: Wege zur Sozialversicherung 1982, S. 321–325, (zitiert: *Beyer*, WzS 1982, S. 321).

Bichler, Barbara: Die Formierung der Angestelltenbewegung im Kaiserreich und die Entstehung des Angestelltenversicherungsgesetzes von 1911, Frankfurt 1997.

Binner, Jens: „Ostarbeiter" und Deutsche im Zweiten Weltkrieg, München 2008.

Bittmann, Karl: Hausindustrie und Heimarbeit im Großherzogtum Baden, Karlsruhe 1907.

BLEY, Helmar: Lexikon der Grundbegriffe des Sozialrechts, Baden-Baden 1988.

BLOHM, Erich: Hitler-Jugend, soziale Tatgemeinschaft, 2. Auflage, Vlotho 1979.

BLUTH, Siegfried: Die Reform der gesetzlichen Krankenversicherung in der Bundesrepublik Deutschland, Tübingen 1967.

BOBERSKI, Günther: Krankenversicherung für Hinterbliebene des jetzigen Krieges, in: Reichsarbeitsblatt 1941 S. V 430–432, (zitiert: *Boberski*, RArbBl. 1941 S. V 430).

BOESE, Franz: Geschichte des Vereins für Sozialpolitik 1872–1932, Berlin 1939.

BOGS, Walter / ACHINGER, Hans / MEINHOLD, Helmut / NEUNDÖRFER, Ludwig / SCHREIBER, Wilfrid: Bericht der Sozialenquete-Kommission 1966, (zitiert: *Bogs* u.a., Sozialenquete 1966).

BOGS, Walter: Die deutsche Krankenversicherung in den besetzten Gebieten, in: Reichsarbeitsblatt 1941 S. II 47–52, (zitiert: *Bogs*, Besetzte Gebiete I, RArbBl. 1942 S. II 47).

BOGS, Walter: Die Durchführungsbestimmungen zur Verordnung über die Sozialversicherung in den besetzten Gebieten, in: Reichsarbeitsblatt 1943 S. II 110–118, (zitiert: *Bogs*, Besetzte Gebiete II, RArbBl. 1943 S. II 110).

BOGS, Walter: Die deutsche Krankenversicherung im Generalgouvernement, in: Reichsarbeitsblatt 1942 S. II 499–502, (zitiert: *Bogs*, Generalgouvernement, RArbBl. 1942 S II 499).

BOGS, Walter: Die Kranken- und Unfallversorgung der Ostarbeiter, in: Reichsarbeitsblatt 1943 S. II 165–170, (zitiert. *Bogs*, Ostarbeiter).

BOGS, Walter: Die Krankenversicherung der Rentner, in: Arbeit und Sozialpolitik 1967, S. 74–79, (zitiert: *Bogs*, ArbuSozPol 1967, S. 74)

BOGS, Walter: Die Sozialversicherung in der Weimarer Demokratie, München 1981, (zitiert: *Bogs*).

BOHLMANN, F. / FISCHER, E.: Entwicklung und Stand der Sozialversicherung in der sowjetischen Besatzungszone Deutschlands, in: Jahrbuch Arbeit und Sozialfürsorge von 1945 bis 31. März 1947, S. 206–213, Berlin (Ost) 1947, (zitiert: *Bohlmann / Fischer*, Jahrbuch A.u.S. 1945–1947).

BOHN, Robert: Ausländische Zwangsarbeitende in der NS-Kriegswirtschaft, in: Danker / Bohn / Köhler / Lehmann (Hrsg.), „Ausländereinsatz in der Nordmark“, S. 9–31, Bielefeld 2001, (zitiert: *Bohn*, Zwangsarbeit).

BOLDT, Gerhard: Das Recht des Bergmanns, 3. Auflage, Tübingen 1960.

BONZ, Hans-Jörg: Geplant, aber nicht in Kraft gesetzt: Das Sonderrecht für Juden und Zigeuner in der Sozialversicherung des nationalsozialistischen Deutschlands, in: Zeitschrift für Sozialreform 1992, S. 148–164, (zitiert: *Bonz*, ZSR 1992, S. 148).

BORIES-SAWALA, Helga: Franzosen im „Reichseinsatz", Band 1 und 2, Frankfurt am Main 1996, (zitiert: *Bories-Sawala*, Reichseinsatz, Band).

BORN, Karl Erich / HENNING, Hansjoachim / TENNSTEDT, Florian, (Hrsg.): Quellensammlung zur Geschichte der Deutschen Sozialpolitik 1867–1914, I. Abteilung, 1. Band, Grundfragen staatlicher Sozialpolitik, bearbeitet von Florian Tennstedt, Heidi Winter, Wolfgang Ayass und Karl-Heinz Nickel, Mainz 1994, (zitiert: *Born / Henning / Tennstedt*, Quellensammlung 1867–1914, I. Abt., 1. Band).

BORN, Karl Erich / HENNING, Hansjoachim / TENNSTEDT, Florian, (Hrsg.): Quellensammlung zur Geschichte der Deutschen Sozialpolitik 1867–1914, I. Abteilung, 3. Band, Arbeiterschutz, bearbeitet von Wolfgang Ayass, Mainz 1996, (zitiert: *Born / Henning / Tennstedt*, Quellensammlung 1867–1914, I. Abt., 3. Band).

BORN, Karl Erich / HENNING, Hansjoachim / TENNSTEDT, Florian, (Hrsg.): Quellensammlung zur Geschichte der Deutschen Sozialpolitik 1867–1914, I. Abteilung, 5. Band, Gewerbliche Unterstützungskassen, bearbeitet von Florian Tennstedt, Heidi Winter, Elmar Roeder und Christian Schmitz, Mainz 1999, (zitiert: *Born / Henning / Tennstedt*, Quellensammlung 1867–1914, I. Abt., 5. Band).

BORN, Karl Erich / HENNING, Hansjoachim / TENNSTEDT, Florian, (Hrsg.): Quellensammlung zur Geschichte der Deutschen Sozialpolitik 1867–1914, I. Abteilung, 2. Band, 1. Teilband, Von der zweiten Unfallversicherungsvorlage bis zum Unfallversicherungsgesetz vom 6. Juli 1884, bearbeitet von Florian Tennstedt, Heidi Winter, Heinz Domeinski und Elmar Roeder, (zitiert: *Born / Henning / Tennstedt*, Quellensammlung 1867–1914, I. Abt., 2. Band, 1. Teilband).

BOSS, Sonja: Medienberufe aus arbeits- und sozialversicherungsrechtlicher Sicht. Freie Mitarbeiter, Freelancer, Honorarkräfte und die ewige Gretchenfrage: selbständig, „scheinselbständig" oder abhängig beschäftigt, in: Neue Zeitschrift für Sozialrecht 2010, S. 483–488, (zitiert: *Boss*, NZS 2010, S. 483).

Bosse, Robert / Woedtke, Erich von: Das Reichsgesetz, betreffend die Invaliditäts- und Altersversicherung vom 22. Juni 1889, Leipzig 1891, (zitiert: *Bosse / Woedtke*, IAVG 1889).

Bosse, Sabine / Leibfried Stephan, (Bearbeiter): Dr. Wilhelm Dobbernack zum 80. Geburtstag, in: Zeitschrift für Sozialreform 1992, S. 451–479, (zitiert: *Bosse / Leibfried*, ZSR 1992, S. 451).

Brand, Jürgen: Das Problem der Scheinselbständigkeit im Sozialrecht nach den Hartz-Gesetzen. Die Geschichte eines jahrelangen Irrtums und ein Nebenweg aus der Problematik, in: Bundesnotarkammer (Hrsg.), Festschrift 50 Jahre Deutsches Anwaltsinstitut e.V., S. 441–452, Bonn 2003, (zitiert: *Brand*, Scheinselbständigkeit).

Brand, Jürgen: Die arbeitsrechtlichen Regelungen des ALR und ihre Auswirkungen auf das Arbeitsleben und die Gewerbegesetzgebung im 19. Jahrhundert, in: Wolff, Jörg (Hrsg.), Das Preußische Allgemeine Landrecht. Politische, rechtliche und soziale Wechsel- und Fortwirkungen, S. 149–162, Heidelberg 1995, (zitiert: *Brand*, ALR).

Brand, Jürgen: Untersuchungen zur Entstehung der Arbeitsgerichtsbarkeit in Deutschland, Band 1, Zwischen genossenschaftlicher Standesgerichtsbarkeit und kapitalistischer Fertigungskontrolle, Pfaffenweiler 1990, (zitiert: *Brand*, Arbeitsgerichtsbarkeit I).

Brand, Jürgen: Untersuchungen zur Entstehung der Arbeitsgerichtsbarkeit in Deutschland, Band 2, Von der Ehre zum Anspruch, Frankfurt 2002, (zitiert: *Brand*, Arbeitsgerichtsbarkeit II).

Brand, Jürgen: Die Herausbildung des Arbeitnehmerbegriffs im 19. Jahrhundert, in: Saar, Stefan Chr. (Hrsg.), Recht als Erbe und Aufgabe, Heinz Holzhauer zum 21. April 2005, S. 244–255, Berlin 2005, (zitiert: *Brand*, Arbeitnehmerbegriff)

Bräutigam, Helmut: Der Arbeitseinsatz beim Generalinspektor für die Reichshauptstadt 1938–1942, in: Bräutigam, Helmut / Fürstenberg, Doris / Roder, Bernt (Hrsg.), Zwangsarbeit in Berlin 1938–1945, S. 105–127, Berlin 2003, (zitiert: *Bräutigam*, Arbeitseinsatz beim GBI, S. 105).

Brauer, Eduard: Zur Frage: Ob die Apotheker als Kaufleute zu behandeln sind, namentlich hinsichtlich der Pflicht zur Eintragung ihrer Firmen usw. in die Handelsregister, in: Archiv für deutsches Handelsrecht, Band 4, S. 251–261, Nachtrag in Band 7, S. 1–21, Leipzig 1864, (zitiert: *Brauer*, Archiv für deutsches Handelsrecht 1864, Bd. 4, S. 251).

Breger, Monika: Der Anteil der deutschen Großindustrie an der Konzeptualisierung der Bismarckschen Sozialgesetzgebung, in: Machtan, Lothar (Hrsg.), Bismarcks Sozialstaat. Beiträge zur Geschichte der Sozialpolitik und zur sozialpolitischen Geschichtsschreibung, S. 25–60, Frankfurt am Main und New York 1994.

Brenke, Karl / Beznoska, Martin: Soloselbständige in Deutschland – Strukturen und Erwerbsverläufe, Berlin 2016.

Bress, Dieter: Versicherung der Studenten und Praktikanten, 4. Auflage, St. Augustin 2006.

Brinkschulte, Eva: Die Institutionalisierung des modernen Krankenhauses im Rahmen aufgeklärter Sozialpolitik. Die Beispiele Würzburg und Bamberg, in: Labisch, Alfons / Spree, Reinhard (Hrsg.), Einem jeden Kranken in einem Hospitale sein eigenes Bett, S. 187–207, Frankfurt 1996.

Brose, Wiebke: Von Bismarck zu Crowdwork. Über die Reichweite der Sozialversicherungspflicht in der digitalen Arbeitswelt, in: Neue Zeitschrift für Sozialrecht 2017, S. 7–14, (zitiert: *Brose*, NZS 2017, S. 7).

Broszat, Martin: Landdienst der Hitlerjugend im Osten, in: Gutachten des Instituts für Zeitgeschichte, Band II, S. 136–138, Stuttgart 1966.

Bruch, Rüdiger vom: Bürgerliche Sozialreform im deutschen Kaiserreich, in: Bruch, Rüdiger vom (Hrsg.), Weder Kommunismus noch Kapitalismus. Bürgerliche Sozialreform in Deutschland vom Vormärz bis zur Ära Adenauer, München 1985.

Buchardt, Valentin: Die Ortskrankenkasse Bremerhaven und Wesermünde als Einheitskasse, in: Die Quelle 1950, S. 429–432, (zitiert: *Buchardt*, Die Quelle 1950, S. 429).

Bühler, Karl: Die Pädagogische Problematik des Freiwilligen Arbeitsdienstes, Aachen 1978.

Bültmann, Dietrich: Die weitere Gestaltung der Rechtslage der Wehrmachtsangehörigen (§ 209 b RVO), in: Zentralblatt für Reichsversicherung und Reichsversorgung 1942, S. 75–81, (zitiert: *Bültmann*, ZRR 1942, S. 75).

Bültmann, Dietrich: Die Versicherungsfreiheit in der Krankenversicherung, Berlin 1937, (zitiert: *Bültmann*, Versicherungsfreiheit).

Bunge, Thomas: Künstlersozialversicherung – ein Streit ohne Ende, in: Juristen-Zeitung 1981, S. 119–126, (zitiert: *Bunge*, JZ 1981, S. 119).

Busch, Friedrich: Die Stellung der Geistlichen in der deutschen Sozialversicherung, in: Die Ortskrankenkasse 1951, S. 3–8, (zitiert: *Busch*, DOK 1951, S. 3).

Buschmann, Werner: Das Gesetz über die Sozialversicherung Behinderter, in: Wege zur Sozialversicherung 1975, S. 257–272, (zitiert. *Buschmann*, WzS 1975, S. 257).

Büttner, Ursula: Weimar – die überforderte Republik 1918–1933, in: Gebhardt, Handbuch der deutschen Geschichte, Band 18, Benz, Wolfgang (Hrsg.), Der Aufbruch in die Moderne – Das 20. Jahrhundert, S. 173–712, 10. Auflage, Stuttgart 2010.

Cajani, Luigi / Mantelli, Brunello: In Deutschland arbeiten. Die Italiener – von der „Achse“ bis zur Europäischen Gemeinschaft, in: Archiv für Sozialgeschichte 32 (1992), S. 231–246, (zitiert: *Cajan / Mantelli*, AfS 32 [1992] S. 231).

Camerer, Wilhelm: Statistik der Fürsorge für Arme und Nothleidende im Königreich Württemberg, Stuttgart 1876.

Clay, D. Lucius: Entscheidung in Deutschland, Frankfurt am Main 1950.

Collinet, Michaela: Frohe Botschaft für die Armen? Armut und Armenfürsorge in der katholischen Verkündigung des späten 18. und frühen 19. Jahrhunderts, Stuttgart 2015.

Cremer, Ludwig: Die Sozialversicherung der einberufenen Luftschutzdienstpflichtigen, in: Die Arbeiter-Versorgung 1939, S. 545–546, (zitiert: *Cremer*, Arb.-Vers. 1939, S. 545).

Cremer, Ludwig: Neues Recht in der gesetzlichen Krankenversicherung und der Arbeitslosenhilfe, in: Die Arbeiter-Versorgung 1940, S. 3–6, (zitiert: *Cremer*, Arb.-Vers. 1940, S. 3).

Danker, Uwe / Grewe, Annette / Köhler, Nils / Lehmann, Sebastian (Hrsg.): „Wir empfehlen Rückverschickung, da sich der Arbeitseinsatz nicht lohnt“, Zwangsarbeit und Krankheit in Schleswig-Holstein 1939–1945, Bielefeld 2001, (zitiert: *Danker / Grewe / Köhler / Lehmann*).

Danzer, Klaus: Landdienst der HJ – Idee und Gestalt, in: Reichsarbeitsblatt 1940 S. V 235–237, (zitiert: *Danzer*, RArbBl. 1940 S. V 235).

Decken, Jutta von der: Das Seearbeitsrecht im Hamburger Stadtrecht von 1301 bis 1603, Frankfurt 1995.

DECKER, Natalija: Zur medizinischen Versorgung polnischer Zwangsarbeiter in Deutschland, in: Fahrenbach, Sabine / Thom, Achim (Hrsg.), Der Arzt als „Gesundheitsführer“, S. 99–107, Frankfurt am Main 1991.

DEENEN, Bernd van / HARMS, Albert: Zur Frage der sozialen Sicherung landwirtschaftlicher Familien in der Bundesrepublik Deutschland, Bonn 1966.

DEMMER, Franz: Das Gesinderecht im Allgemeinen Landrecht für die Preußischen Staaten von 1794 und in der Gesindeordnung für sämtliche Provinzen der Preußischen Monarchie von 1810, Köln 1968.

DENKSCHRIFT DES DEUTSCHEN LANDWIRTSCHAFTSRATES VOM 1. APRIL 1883: in: Müller, Traugott (Hrsg.), Archiv des Deutschen Landwirtschaftsrates, Heft 10, S. 543–578, Berlin 1883, (zitiert: *Archiv Dt. Landwirtschaftsrat 1883*, Denkschrift).

DERNEDDE, Carl: Die Bedeutung der Gesetzesbegründungen für die Rechtsanwendung, in: Reichsverwaltungsblatt 1937, S. 509–511, (zitiert: *Dernedde*, RVerwBl. 1937, S. 509).

DERSCH, Hermann: Notdienst und Dienstpflicht, betrachtet unter dem Gesichtspunkt der Sozialversicherung, in: Zentralblatt für die Reichsversicherung und Reichsversorgung 1940, S. 101–108, (zitiert. *Dersch*, ZRR 1940, S. 101).

DEUTSCHE WISSENSCHAFT ERZIEHUNG UND VOLKSBILDUNG: Amtsblatt des Reichsministeriums für Wissenschaft, Erziehung und Volksbildung und der Unterrichtung der Länder, (zitiert: *DWEV*, Jahrgang).

DIE ANGESTELLTENVERSICHERUNG: Amtliche Nachrichten der Reichsversicherungsanstalt für Angestellte und der Spruchbehörden der Angestelltenversicherung, (zitiert: *AN-RfA*).

DIETZ, Rolf: Zum Problem der „Meistersöhne“, in: Arbeit und Sozialpolitik 1957, S. 161–165, (zitiert: *Dietz*, ArbuSozPol 1957, S. 161).

DOBBERNACK, Wilhelm: Die Einführung der Reichsversicherung in den eingegliederten Ostgebieten, in: Reichsarbeitsblatt 1942 S. II 50–56, 78–88, (zitiert: *Dobbernack*, RArbBl. 1942 S. II 50).

DOBBERNACK, Wilhelm: Betrachtungen über die Neuordnung der deutschen Sozialversicherung und ihre Problematik, in: Arbeitsblatt für die britische Zone 1947, S. 58–64, (zitiert: *Dobbernack*, ArbBlBZ 1947, S. 58).

DOBBERNACK, Wilhelm: Zur Neuordnung der deutschen Sozialversicherung – Reformen und Reformpläne, in: Arbeitsblatt für die britische Zone 1947, S. 97–100, (zitiert: *Dobbernack*, ArbBlBZ 1947, S. 97).

Dobbernack, Wilhelm: Frankreich auf dem Wege zur sozialen Sicherheit, in: Arbeitsblatt für die britische Zone 1948, S. 340–344, (zitiert: *Dobbernack*, ArbBlBZ 1948, S. 340).

Dobbernack, Wilhelm: Die Selbstverwaltung in der Sozialversicherung, Essen 1951, (zitiert: *Dobbernack*, Selbstverwaltung).

Dokumente zur Berlin-Frage 1944–1959: Gablenz, Otto Martin von der / Kuhn, Hans W. / Mettenheim C.F. von, (Bearb.), München 1959, (zitiert: *Dokumente zur Berlin-Frage*).

Dormann, Hans: Das neue Berliner Sozialversicherungsrecht, in: Die Ortskrankenkasse 1950, S. 421–424, (zitiert: *Dormann*, DOK 1950, S. 421).

Ebel, Wilhelm: Hansisches Seerecht um 1700, in: Hansische Geschichtsblätter, 70. Jahrgang, Marburg 1951, S. 84–102.

Eckert, Josef: Zur Neugestaltung der deutschen Sozialversicherung, München 1946.

Eger, Georg: Das Reichshaftpflichtgesetz, 3. Auflage, Breslau 1886.

Ehlert, Margarete: Der freiwillige Arbeitsdienst der weiblichen Jugend, in: Reichsarbeitsblatt 1932 S. II 480–483, (zitiert: *Ehlert*, RArbBl. 1932 S. II 480).

Einem, Hans-Jörg von: „Abhängige Selbständigkeit" Handlungsbedarf für den Gesetzgeber, in: Betriebs-Berater 1994, S. 60–64, (zitiert: *Einem von*, BB 1994, S. 60).

Einem, Hans-Jörg von: Die Künstlersozialabgabe Steuer, Sozialversicherungsbeitrag oder Sonderabgabe, in: Deutsches Verwaltungsblatt 1988, S. 12–16, (zitiert: *Einem von*, DVBl. 1988, S. 12).

Elsner, Susanne: Franchising – Scheinselbständigkeit – Sozialdumping, in: Soziale Sicherheit 1996, S. 99–103, (zitiert: *Elsner*, Soziale Sicherheit, S. 99).

Emmelius, Hans Hermann: Die studentische Krankenversicherung in Hessen als Sozialversicherung, in: Peter von Oertzen (Hrsg.), Festschrift für Otto Brenner zum 60. Geburtstag, S. 171–196, Frankfurt am Main 1967.

Emminghaus, Arwed (Hrsg.): Das Armenwesen und die Armengesetzgebung in Europäischen Staaten, Berlin 1870, (zitiert: *Emminghaus / Bearbeiter*).

Endemann, W. (Hrsg.): Handbuch des deutschen Handels-, See- und Wechselrechts, Leipzig 1885, (zitiert: *Endemann / Bearbeiter*, Handelsrecht).

Engel, Hans: Die deutsche Sozialversicherung im Kriege, in: Reichsarbeitsblatt 1942 S. V 333–336, (zitiert: *Engel*, RArbBl. 1942 S. V 333).

ENGELMANN, Julius: Das Reichsgesetz, betreffend die Krankenversicherung der Arbeiter vom 15. Juli 1883 nebst den Ergänzungsgesetzen, in: Meves, Oscar (Hrsg.), Die Gesetzgebung des Deutschen Reiches mit Erläuterungen, 2. Teil, Staats- und Verwaltungsrecht, Band II, Erlangen 1886.

ENGELSING, Rolf: Zur Sozialgeschichte deutscher Mittel- und Unterschichten, Göttingen 1973.

ERLI, Peter: „Nachtwächterstaat“ oder „Praktisches Christentum“. Religiöse Kommunikation innerhalb der parlamentarischen Diskussion im deutschen Reichstag um die Einführung der Sozialversicherung 1881–1889, Gütersloh 2008.

ETZEL, Matthias: Die Aufhebung von nationalsozialistischen Gesetzen durch den Alliierten Kontrollrat (1945–1948), Tübingen 1992.

EVANGELISCHER DIENST: Neue Aufgaben der Seelsorge: Arbeitsdienst, Landhilfe, Landjahr, Heft 1, Breslau 1935, (zitiert: *Evangelischer Dienst*).

FAHL, Holger: Reichweite der Künstlersozialversicherung – Das Internet und die Künstlersozialabgabe, in: Neue Zeitschrift für Sozialrecht 2009, S. 84–88, (zitiert: *Fahl*, NZS 2009, S. 84).

FALK, Beatrice / MATERNA, Ingo (Bearbeiter): Die gemeingefährlichen Bestrebungen der Sozialdemokratie, Teil 2, Die Berichte des Berliner Polizeipräsidenten über die sozialdemokratische Bewegung in Berlin während des Sozialistengesetzes 1878–1890, Berlin 2009, (zitiert: *Falk / Materna*, Berliner Polizeiberichte).

FAUST, Fritz: Das Potsdamer Abkommen und seine völkerrechtliche Bedeutung, 4. Auflage, Frankfurt am Main 1969.

FELIX, Dagmar: Das sogenannte Werkstudentenprivileg – eine Belastung für Studierende? Plädoyer für die Abschaffung von § 6 Abs. 1 Nr. 3 SGB V, in: Zeitschrift für Gesundheitsrecht 2021, S. 149–154, (zitiert: *Felix*, GesR 2021, S. 149).

FELIX, Dagmar: Die Krankenversicherung der Studenten (KVdS) in der Diskussion – Reformen und Reformbedarf, in: Die Krankenversicherung 2020, S. 45–51, (zitiert: *Felix*, KrV 2020, S. 45).

FELIX, Dagmar: Krankenversicherung für alle – Idee und Wirklichkeit, in: Die Sozialgerichtsbarkeit 2019, S. 709–717, (zitiert: *Felix*, SGb 2019, S. 709).

FERTIG, Michael / KLUVE, Jochen / SCHEUER, Markus: Was hat die Reform der Minijobs bewirkt?, Berlin 2005.

Fessler, Othmar: Die Entwicklung des sächsischen Staatsdienerrechts im 19.Jahrhundert, Berlin und Leipzig 1910.

Fijalkowski, Jürgen / Hauck, Peter / Holst, Axel / Kemper, Gerd-Heinrich / Mintzel, Axel: Berlin – Hauptstadtanspruch und Westintegration, Köln und Opladen 1967.

Finke, Hugo / Brachmann, Wolfgang / Nordhausen, Willy: Künstlersozialversicherungsgesetz, Kommentar, 5. Auflage, München 2019, (zitiert: *Finke / Brachmann / Nordhausen*, KSVG).

Fischer, E.: Ein Jahr Befehl Nr. 28, in: Jahrbuch Arbeit und Sozialfürsorge 1947/1948, S. 240–246, Berlin (Ost) 1947, (zitiert: *Fischer*, Jahrbuch A.u.S. 1947/1948).

Fischwasser, Gerd: Die Neuregelung der Krankenversicherung der Rentner, in: Die Krankenversicherung 1968, S. 91–103, (zitiert: *Fischwasser*, KrV 1968, S. 91).

Florschütz, Albert: Die politischen und socialen Zustände der Provinz Westphalen während der Jahre 1848–1858, Elberfeld 1861.

Foggon, George: Alliierte Sozialpolitik in Berlin, in: Batholomäi, Reinhart / Bodenbender, Wolfgang / Henkel, Hardo / Hüttel, Renate (Hrsg.), Sozialpolitik nach 1945, S. 33–36, Bonn-Bad Godesberg 1977.

Fohrbeck, Karla / Wiesand, Andreas: Der Autorenreport, Hamburg 1972, (zitiert: *Fohrbeck / Wiesand*, Autorenreport).

Fohrbeck, Karla / Wiesand, Andreas: Der Künstler-Report, München und Wien 1975, (zitiert: *Fohrbeck / Wiesand*, Künstler-Report).

Frankenberg, Hermann von: Die Befreiung von der Krankenversicherungspflicht, in: Die Arbeiterversorgung Nr. 14 (1897), S. 587–591, (zitiert: *Frankenberg*, Arb.-Vers., 14 (1897), S. 587).

Frerich Johannes / Frey, Martin: Handbuch der Geschichte der Sozialpolitik in Deutschland, Band 2, Sozialpolitik in der Deutschen Demokratischen Republik, 2. Auflage München und Wien 1996, (zitiert: *Frerich / Frey*, Geschichte der Sozialpolitik, Band 2).

Frevert, Ute: Arbeiterkrankheit und Arbeiterkrankenkassen im Industrialisierungsprozess Preußens (1840–1870), in: Conze, Werner/Engelhard, Ulrich (Hrsg.), Arbeiterexistenz im 19. Jahrhundert, S. 293–319, Stuttgart 1981, (zitiert: *Frevert*, Arbeiterkrankenkassen).

Frevert, Ute: Krankheit als politisches Problem 1770–1880. Soziale Unterschichten in Preußen zwischen medizinischer Polizei und staatlicher Sozialversicherung, Göttingen 1984, (zitiert: *Frevert*).

Frewer, Andreas / Siedbürger, Günther (Hrsg.): Medizin und Zwangsarbeit im Nationalsozialismus, Frankfurt am Main und New York 2004.

Friedel, Georg: Zum Begriff „Dampfkessel" im Sinne des § 1 Abs. 1 Ziffer 3 KVG, in: Die Arbeiter-Versorgung, Nr. 24 (1907), S. 48–49, (zitiert: *Friedel*, Arb.-Vers. 24 [1907], S. 48).

Fröhlich, Sigrid: Die Soziale Sicherung bei Zünften und Gesellenverbänden, Köln 1974.

Fuisting, Friedrich: Das Gesetz über die Versicherung der Artisten, in: Die Ortskrankenkasse 1938, S. 101–102, (zitiert: *Fuisting*, DOK 1938, S. 101).

Fuld, Ludwig: Die Ehefrau als Arbeiterin des Ehemannes, in: Die Arbeiter-Versorgung, Nr. 20 (1903), S. 52–54, (zitiert: *Fuld*, Arb.-Vers. 20 [1903], S. 52).

Gablenz, Otto Martin von der: Die Berlin-Frage in ihrer weltpolitischen Verflechtung 1944–1963, München 1963.

Gamperl, Vitus: Die Absicherung gegen Krankheitskosten durch Sozialhilfe und Gesetzliche Krankenversicherung als Mittel zur Lebensstandardsicherung, Hamburg 2010.

Gassert, G.: Die „Meistersöhne" in der Sozialversicherung, in: Arbeit und Sozialpolitik 1956, S. 293–296, (zitiert: *Gassert*, ArbuSozPol 1956, S. 293).

Geck, L. H. Adolph: Die sozialen Arbeitsverhältnisse im Wandel der Zeit, Berlin 1931.

Gehrig, Hans: Wirtschaftsnot und Selbsthilfe der deutschen Studentenschaft, Berlin und Leipzig 1924.

Gerner, Thomas: Der Kranken- und Pflegeversicherungsschutz für Beziehende von Arbeitslosengeld II und Sozialgeld, in: Neue Zeitschrift für Sozialrecht 2014, S. 49–55), (zitiert: *Gerner*, NZS 2014, S. 49).

Gladen, Albin: Geschichte der Sozialpolitik in Deutschland, Wiesbaden 1974.

Greef, Samuel / Schroeder, Wolfgang: Plattformökonomie und Crowdworking. Eine Analyse der Strategien und Positionen zentraler Akteure, Kassel 2017, (zitiert: *Greef / Schroeder*, Plattformökonomie).

Greiner, Stefan: Die Vielfalt moderner Arbeitsformen im Sozialrecht, in: Die Sozialgerichtsbarkeit 2016, S. 301–309, (zitiert: *Greiner*, SGb 2016, S. 301).

Grohmann, Viktor: Der Arbeitseinsatz nach den arbeitseinsatzpolitischen Maßnahmen des Beauftragten für den Vierjahresplan. Die Mittel und Formen der staatlichen Einflussnahme auf das deutsche Arbeitsleben bei dem Arbeitseinsatz, Dresden, 1939.

Groß, Dominik: Die Aufhebung des Wundarztberufes, Stuttgart 1999.

Grossmann, Anton: Polen und Sowjetrussen als Arbeiter in Bayern 1939–1945, in: Archiv für Sozialgeschichte 24 (1984), S. 355–397, (zitiert: *Grossmann*, AfS 24 [1984] S. 355).

Grünewald, Alexander: Die Krankenversicherung der Rentner, in: Reichsarbeitsblatt 1941 S. II 448–454, (zitiert: *Grünewald*, RArbBl. 1941 S. II 448).

Grünewald, Alexander: Die Sozialversicherung der Notdienstpflichtigen, in: Die Arbeiter-Versorgung 1939, S. 513–515, (zitiert: *Grünewald*, Arb.-Vers. 1939, S. 513).

Grünewald, Alexander: Die Sozialversicherung der deutschen Staatsangehörigen im Generalgouvernement, in: Die Arbeiter-Versorgung 1940, S. 253–256, (zitiert: *Grünewald*, Arb.-Vers. 1940, S. 253).

Gunkel: Die Ortskrankenkasse Bremerhaven und Wesermünde, in: Die Ortskrankenkasse 1949, S. 403–405, (zitiert: *Gunkel*, DOK 1949, S. 403).

Guzatis, Heinz: Sind die freien Berufe versicherungspflichtig?, in: Blätter für Steuerrecht, Sozialversicherung und Arbeitsrecht 1947, S. 37–40, (zitiert: *Guzatis*, BlStSozArbR 1947, S. 37).

Guzatis, Heinz: Probleme der Berliner Sozialversicherung, in: Blätter für Steuerrecht, Sozialversicherung und Arbeitsrecht 1947, S. 181–182, (zitiert: *Guzatis*, BlStSozArbR 1947, S. 181).

Haas, Gerhard / Leutwein, Alfred: Die rechtliche und soziale Lage der Arbeitnehmer in der sowjetischen Besatzungszone, in: Bonner Berichte aus Mittel- und Ostdeutschland, 3. Auflage, Bonn 1954.

Haase, Ludolf: Die bäuerliche Revolution des Nationalsozialismus, Königsberg 1943, (zitiert. *Haase*, Bäuerliche Revolution).

Hahn, Julius: Das Krankenversicherungsgesetz mit den Änderungsgesetzen, Kommentar, 6. Auflage, Groß-Lichterfelde 1909, (zitiert: *Hahn*).

Hahn, Julius: Handbuch der Krankenversicherung, 1. Band, 9. Auflage, Berlin 1915, (zitiert: *Hahn*, KV 1915).

HAHN, Julius: Zum Entwurf eines Bundesratsbeschlusses über die Krankenversicherung der Hausgewerbetreibenden, in: Die Arbeiter-Versorgung Nr. 19 (1902), S. 386–392, (zitiert: *Hahn*, Arb.-Vers. 19 [1902] S. 386).

HAHN, Julius: Zur Frage der Versicherungspflicht von Personen des Soldatenstandes, in: Die Arbeiter-Versorgung Nr. 21 [1904], S. 689–693, (zitiert: *Hahn*, Arb.-Vers. 21 (1904), S. 689).

HAKE, Christian Heinrich Gottlieb: Commentar über das Bergrecht, Sulzbach 1823.

HANDBUCH DER UNFALLVERSICHERUNG: Die Reichs-Unfallversicherungsgesetze, dargestellt von Mitgliedern des Reichsversicherungsamtes nach den Akten dieser Behörde, Leipzig 1901, (zitiert: *Hdb. der UV*).

HARMS, Albert: Die Krankenversicherung der Bauern – ein Notstand?, in: Arbeit und Sozialpolitik 1967, S. 2–5, (zitiert: *Harms*, ArbuSozPol 1967, S. 2).

HARTZ, Peter u.a. (Hrsg.): Moderne Dienstleistungen am Arbeitsmarkt. Vorschläge der Kommission zum Abbau der Arbeitslosigkeit und zur Umstrukturierung der Bundesanstalt für Arbeit, Berlin 2002, (zitiert: *Hartz* u.a., Moderne Dienstleistungen).

HASE, Friedhelm: Die Künstlersozialabgabe – ein neues Konzept zur Finanzierung der Sozialversicherung, in: Sozialer Fortschritt 1987, S. 136–144, (zitiert: *Hase*, SF 1987, S. 136.

HATTENHAUER, Hans: Allgemeines Landrecht für die Preußischen Staaten von 1794, 3. Auflage, Neuwied und Berlin 1996.

HEIDEMANN, Karl: Bismarcks Sozialpolitik und die Zentrumspartei 1881–1884, Herford 1930.

HEINERT, Brigitte / WENDTLAND, Carsten: Die Pflichtversicherung in der GKV nach § 5 Abs. 1 Nr. 13 SGB V im gemeinschaftsrechtlichen Kontext, in: Zeitschrift für europäisches Sozial- und Arbeitsrecht 2015, S. 414–421, (zitiert: *Heinert / Wendtland*, ZESAR 2015, S. 414).

HEISCHKEL-ARTELT, Edith: Die Welt des praktischen Arztes, in: Artelt, Walter / Ruegg, Walter (Hrsg.), Der Arzt und der Kranke in der Gesellschaft des 19. Jahrhunderts, S. 1–16, Stuttgart 1967.

HEMKEN, Ruth: Sammlung der vom Alliierten Kontrollrat und der amerikanischen Militärregierung erlassenen Proklamationen, Gesetze, Verordnungen und Befehle, auf dem Stand des 43. Nachtrags, Stuttgart im Dezember 1955, (zitiert: *Hemken*, Alliierte Gesetzessammlung).

Henning, Hansjoachim / Tennstedt, Florian, (Hrsg.): Quellensammlung zur Geschichte der Deutschen Sozialpolitik 1867–1914, I. Abteilung, 8. Band, Grundfragen der Sozialpolitik in der öffentlichen Diskussion: Kirchen, Parteien, Vereine und Verbände, bearbeitet von Ralf Stremmel, Florian Tennstedt und Gisela Fleckenstein, Mainz 2006, (zitiert: *Henning / Tennstedt*, Quellensammlung 1867–1914, I. Abt., 8. Band).

Henning, Hansjoachim / Tennstedt, Florian, (Hrsg.): Quellensammlung zur Geschichte der Deutschen Sozialpolitik 1867–1914, II. Abteilung, 1. Band, Grundfragen der Sozialpolitik, bearbeitet von Wolfgang Ayass, Florian Tennstedt und Heidi Winter, Mainz 2003, (zitiert: *Henning / Tennstedt*, Quellensammlung 1867–1914, II. Abt., 1. Band).

Henning, Hansjoachim / Tennstedt, Florian, (Hrsg.): Quellensammlung zur Geschichte der Deutschen Sozialpolitik 1867–1914, II. Abteilung, 5. Band, Die Gesetzliche Krankenversicherung und die eingeschriebenen Hilfskassen, bearbeitet von Andreas Hänlein, Florian Tennstedt und Heidi Winter, Mainz 2009, (zitiert: *Henning / Tennstedt*, Quellensammlung 1867–1914, II. Abt., 5. Band).

Henseler, Paul: Die Künstlersozialabgabe im System der öffentlichen Abgaben, in: Neue Juristische Wochenschrift 1987, S. 3103–3107, (zitiert: *Henseler*, NJW 1987, S. 3103).

Hentschel, Volker: Das System der sozialen Sicherung in historischer Sicht von 1880–1975, in: Archiv für Sozialgeschichte 18 (1978), S. 307–352, (zitiert: *Hentschel*, AfS 1978, S. 307).

Herbert, Ulrich: Fremdarbeiter, Politik und Praxis des „Ausländer-Einsatzes“ in der Kriegswirtschaft des Dritten Reiches, Berlin und Bonn 1985, (zitiert: *Herbert*, Fremdarbeiter).

Herbert, Ulrich: Geschichte der Ausländerpolitik in Deutschland, München 2001, (zitiert: *Herbert*, Ausländerpolitik).

Hergt, Wilhelm: Sozialversicherung und Zonen, in: Der Betriebs-Berater 1946, S. 20–21, (zitiert: *Hergt*, BB 1946, S. 20).

Hertel, Philipp: Arbeitseinsatz ausländischer Zivilarbeiter, Stuttgart 1942.

Heyn, Walther: Die Rentnerkrankenversicherung, Essen 1963.

Hierl, Konstantin: Ausgewählte Schriften und Reden, 2. Band, München 1941, (zitiert: *Hierl*, Schriften, 2. Band).

HILDEBRANDT, Christopherus: Landwirtschaftliche Berufsbildung und ideologische Schulung für die Ostsiedlung, in: Westfälische Zeitschrift, 155. Band, Paderborn 2005, S. 199–235, (zitiert: *Hildebrandt*, WZ, 155. Band, S. 199).

HILSE, Benno: Die Unfallversicherung der Strafgefangenen, in: Arbeiterversorgung Nr. 5 (1888), S. 394–398, (zitiert: *Hilse*, Arb.-Vers. 5 (1888), S. 394).

HILSE, Benno: Einfluss der öffentlich-rechtlichen Kranken- und Unfallversicherung auf die Beschäftigungsart der Strafgefangenen, in: Archiv für Strafrecht, 36. Band, S. 275–280, Berlin 1888, (zitiert: *Hilse*, Archiv für Strafrecht, 36. Band, S. 275).

HIRSCH, Max: Die Arbeiterfrage und die Deutschen Gewerkvereine, Festschrift zum fünfundzwanzigsten Jubiläum der Deutschen Gewerkvereine (Hirsch-Duncker), Leipzig 1893, (zitiert: *Hirsch*, Arbeiterfrage und Gewerkvereine).

HOCKERTS, Hans Günther: Sozialpolitische Entscheidungen im Nachkriegsdeutschland, Alliierte und deutsche Sozialversicherungspolitik 1945–1957, Stuttgart 1980, (zitiert: *Hockerts*).

HOCKERTS, Hans Günter: Neue historische Literatur. Hundert Jahre Sozialversicherung in Deutschland, in: Historische Zeitschrift, Band 237 (1983), S. 361–384, (zitiert: *Hockerts*, HZ, Band 237, S. 361).

HOHMANN, Roger: Einbeziehung von Sozialhilfeempfängern in die gesetzliche Krankenversicherung? – Verfassungsproblematik und Lösungsansatz im Entwurf eines Gesundheitsmodernisierungsgesetzes, in: Die Sozialgerichtsbarkeit 2003, S. 498–507, (zitiert: *Hohmann*, SGb 2003, S. 498).

HÖLK: Der Einsatz von Kriegsgefangenen in Arbeitsstellen, in: Reichsarbeitsblatt 1940 S. V 352–355, (zitiert: *Hölk*, RArbBl. 1940 S. V 352).

HOFMANN: Aufbau der Sozialversicherung in Luxemburg, in: Reichsarbeitsblatt 1942 S. II 375–380, (zitiert: *Hofmann*, RArbBl. 1942 S. II 375).

HOFFMANN, Dierk: Sozialpolitische Neuordnung in der SBZ/DDR – Der Umbau der Sozialversicherung 1945–1956, München 1996, (zitiert: *Hoffmann*, Neuordnung in der SBZ/DDR).

HOFFMANN, Franz: Kommentar zur Reichsversicherungsordnung, Zweites Buch, Krankenversicherung, 8. Auflage, Berlin 1929, (zitiert: *Hoffmann*, RVO 1929).

HOFFMANN, Leo: Das württembergische Zunftwesen und die Politik der herzoglichen Regierung gegenüber den Zünften im 18. Jahrhundert, Krefeld 1906, (zitiert: *Hoffmann*).

HOFFMANN, W. M.: Landdienst der Hitler-Jugend, Berlin-Charlottenburg 1942, (zitiert: *Hoffmann*, Landdienst).

HROMADKA, Wolfgang: Arbeiter und Angestellte im Arbeits- und Sozialversicherungsrecht, in: Neue Zeitschrift für Sozialrecht 1992, S. 7–14, (zitiert: *Hromadka*, NZS 1992, S. 7).

HUBER, Ernst Rudolf: Deutsche Verfassungsgeschichte seit 1789, Band 5, Weltkrieg, Revolution und Reichserneuerung, Stuttgart 1978.

HUDEMANN, Rainer: Sozialpolitik im deutschen Südwesten zwischen Tradition und Neuordnung 1945–1953, Mainz 1988.

HUERKAMP, Claudia: Der Aufstieg der Ärzte im 19. Jahrhundert. Vom gelehrten Stand zum professionellen Experten. Das Beispiel Preußen, Göttingen 1985.

HUNGENBERG, Hans: Das Gesetz über die Krankenversicherung der Landwirte, in: Wege zur Sozialversicherung 1972, S. 289–303, (zitiert: *Hungenberg*, WzS 1972, S. 289).

HUNGENBERG, Hans / STEFFENS, Jürgen: Krankenversicherung der Rentner, 5. Auflage, St. Augustin 1993, (zitiert. *Hungenberg / Steffens*, KVdR).

HUYSSEN, August: Die Knappschaftsvereine im Preußischen Staate, Berlin 1852, Besonders abgedruckt aus der Zeitschrift für das Berg- Hütten und Salinenwesen im Preußischen Staate.

ISENBART, Wilhelm / SPIELHAGEN, Walther: Das Invalidenversicherungsgesetz vom 13. Juli 1899, 2. Auflage, Berlin 1903, (zitiert: *Isenbart / Spielhagen*, IVG 1899).

JANTZ, Kurt: Zum Gesetz über die Krankenversicherung der Rentner, in: Wege zur Sozialversicherung 1956, S. 161–166, (zitiert: *Jantz*, WzS 1956, S. 161).

JÜTTE, Robert: Vom Hospital zum Krankenhaus: 16.–19. Jahrhundert, in: Labisch, Alfons / Spree, Reinhard (Hrsg.), „Einem jeden Kranken in einem Hospitale sein eigenes Bett“, S. 31–50, Frankfurt 1996.

KAH, K: Das Haftpflichtgesetz, Mannheim 1874.

KÄHLER, Wilhelm: Gesindewesen und Gesinderecht in Deutschland, in: Conrad, Johann (Hrsg.), Sammlung nationalökonomischer und statistischer Abhandlungen, Jena 1896.

KASSELER KOMMENTAR SOZIALVERSICHERUNGSRECHT: SGB V, Werkstand: 113. Ersatzblatt-Lieferung März 2021, (zitiert: *KassKomm / Bearbeiter*).

KIEHM, Gerhard: Deutsche Studenten-Krankenversorgung: Gründung, Entwicklung, Auflösung, Tübingen 1977.

KIENEL, Erich: Sind Geistliche freier Religionsgemeinschaften krankenversicherungspflichtig?, in: Die Deutsche Krankenkasse 1933, Sp. 367–371, (zitiert: *Kienel*, DOK 1933, Sp. 367).

KIESERITZKY, Wolther von: Liberalismus und Sozialstaat, Liberale Politik in Deutschland zwischen Machtstaat und Arbeiterbewegung (1878–1893), Köln 2002.

KIPF, O.: Der Umfang der Pflicht- und freiwilligen Versicherung in der vereinheitlichten Sozialversicherung, in: Jahrbuch Arbeit und Sozialfürsorge 1947/1948, S. 247–252, Berlin (Ost) 1948, (zitiert: *Kipf*, A.u.S. 1947/1948).

KIRCHHOF, Ferdinand: Verfassungsrechtliche Probleme einer umfassenden Kranken- und Renten- „Bürgerversicherung“, in: Neue Zeitschrift für Sozialrecht 2004, S. 1–7, (zitiert: *Kirchhof*, NZS 2004, S. 1).

KLATT, Ingaburgh: Arbeit statt Almosen. Studien zur Geschichte der Arbeitsverwaltung im Deutschen Reich von den Anfängen bis 1933 unter besonderer Berücksichtigung Kiels, Kiel 1991.

KLEEFISCH, Karl: Die rechtliche Bedeutung der Berlin-Klausel in Bundesgesetzen, Düsseldorf 1954.

KLEEIS, Friedrich: Das neue Recht des § 363 a RVO, in: Arbeiter-Versorgung 1936, S. 344–346, (zitiert: *Kleeis*, Arb.-Vers. 1936, S. 344).

KLEEIS, Friedrich: Die Anmeldung der im Wandergewerbe Beschäftigten zur Krankenversicherung, in: Arbeiter-Versorgung Nr. 31 (1913), S. 133–135, (zitiert: *Kleeis*, Arb.-Vers. 31 [1913], S. 133 ff.).

KLENK, Nicole: Zum Alltag der Apothekergehilfen vom 18. bis Anfang des 20. Jahrhunderts, Stuttgart 2009.

KLINKHAMMER, Lutz: Deportation aus Italien nach Deutschland 1943–1945, in: Gestrich / Hirschfeld / Sonnabend (Hrsg.), Ausweisung und Deportation, Formen der Zwangsmigration in der Geschichte, S. 141–166, Stuttgart 1995.

KLÖNNE, Arno: Jugend im Dritten Reich, Die Hitler-Jugend und ihre Gegner, Köln 1999.

KLOSE, Werner: Generation im Gleichschritt, Stuttgart und Hamburg 1964.

KNOLLE: Die Sozialausgleichabgabe, in: Reichsarbeitsblatt 1940 S. V 407–409, (zitiert: *Knolle*, RArbBl. 1940 S. V 407).

Koch Angelika / **Bäcker**, Gerhard: Mit Mini- und Midi-Jobs aus der Arbeitslosigkeit? in: Sozialer Fortschritt 2003, S. 94–102, (zitiert: *Koch / Bäcker*, SF 2003, S. 94).

Kocher, Eva / **Hensel**, Isabell: Herausforderungen des Arbeitsrechts durch digitale Plattformen – neuer Koordinationsmodus von Erwerbsarbeit, in: Neue Zeitschrift für Arbeitsrecht 2016, S. 984–990, (zitiert: *Kocher / Hensel*, NZA 2016, S. 984.

Kocka, Jürgen: Unternehmensverwaltung und Angestelltenschaft am Beispiel Siemens 1847–1914, Stuttgart 1969, (zitiert: *Kocka*, Unternehmensverwaltung).

Kocka, Jürgen: Die Angestellten in der deutschen Geschichte 1850–1980, Vom Privatbeamten zum angestellten Arbeitnehmer, Göttingen 1981, (zitiert: *Kocka*, Angestellte).

Köhler, Henning: Arbeitsdienst in Deutschland – Pläne und Verwirklichungsformen bis zur Einführung der Arbeitsdienstpflicht im Jahre 1935, Berlin 1967, (zitiert: *Köhler*, Arbeitsdienst).

Köhler, Hermann: Einige langfristige Zeitreihen zur geschichtlichen Entwicklung der gesetzlichen Krankenversicherung, Köln 1969, (zitiert: *Köhler*, Zeitreihen zur Krankenversicherung).

Köhne, Paul: Das Reichsgesetz betreffend die Krankenversicherung der Arbeiter vom 15. Juni 1883, Stuttgart 1886.

Könnecke, Otto: Rechtsgeschichte des Gesindes in West- und Süddeutschland, Marburg 1912.

Korge, Marcel: Kollektive Sicherung bei Krankheit und Tod. Fallstudien zum frühneuzeitlichen Zunfthandwerk in städtischen Zentren Sachsens (Chemnitz, Dresden, Leipzig, Zwickau), Stuttgart 2013.

Kostorz, Peter: Krankenversicherung im Studium – zur versicherungsrechtlichen Einordnung von beschäftigten Studierenden und studierenden Beschäftigten, in: Neue Zeitschrift für Sozialrecht 2012, S. 161–165, (zitiert: *Kostorz*, NZS 2012, S. 161).

Kranig, Andreas: Lockung und Zwang. Zur Arbeitsverfassung im Dritten Reich, Stuttgart 1983.

Kreil, Joseph: Die Änderungen in der Krankenversicherung nach dem Gesetz vom 21. Dezember 1937 (RGBl. I S. 1393), in: Die Arbeiter-Versorgung, S. 49–54, (zitiert: *Kreil*, Arb.-Vers. 1938, S. 49).

KRIEGER, Eva: Die Sozialversicherungsgrundsätze in der sowjetischen Besatzungszone Deutschlands, in: Zentralblatt für Sozialversicherung 1947, S. 25–27, (zitiert: *Krieger*, ZfS 1947, S. 25).

KRIEGER, Eva: Stimmen zum Gesetzentwurf über das West-Berliner Anpassungsgesetz, in: Die Ortskrankenkasse 1950, S. 292, (zitiert: *Krieger*, DOK 1950, S. 292).

KROKER, Evelyn / KROKER, Werner: Solidarität aus Tradition. Die Knappenvereine im Ruhrgebiet, München 1988.

KÜHNE, Bruno / PETERS, Horst: Handbuch der Krankenversicherung, Teil 2, Stuttgart und Köln 1950.

KÜPPERS, Hans: Das Beschäftigungsverhältnis der Juden, in: Reichsarbeitsblatt 1941 S. V 569–574, (zitiert: *Küppers*, Beschäftigte Juden, RArbBl. 1941 S. V 569).

KÜPPERS, Hans: Die Beschäftigung von Zigeunern, in: Reichsarbeitsblatt 1941 S. V 176–178, (zitiert: *Küppers*, Beschäftigte Zigeuner, RArbBl. 1941 S. V 176).

KÜPPERS, Hans: Die Stellung des Polen im Arbeitsleben, in: Reichsarbeitsblatt 1941 S. V 532–537, (zitiert: *Küppers*, Polen, RArbBl. 1941 S. 532).

KÜPPERS, Hans / BANNIER Rudolf: Arbeitsrecht der Polen im Deutschen Reich, Berlin 1942, (zitiert: *Küppers / Bannier*, Polen).

KÜPPERS, Hans / BANNIER, Rudolf: Einsatzbedingungen der Ostarbeiter sowie der sowjetrussischen Kriegsgefangenen, Berlin 1943, (zitiert: *Küppers / Bannier*, Ostarbeiter).

KÜSTER, Thomas: Alte Armut und neues Bürgertum. Öffentliche und private Vorsorge von der Ära Fürstenberg bis zum Ersten Weltkrieg (1756–1914), Münster 1995.

LABISCH, Alfons: Stadt und Krankenhaus. Das Allgemeine Krankenhaus in der kommunalen Sozial- und Gesundheitspolitik des 19. Jahrhunderts, in: Labisch, Alfons / Spree, Reinhard (Hrsg.), Einem jeden Kranken in einem Hospitale sein eigenes Bett", S. 253–296, Frankfurt 1996, (zitiert: *Labisch*).

LABISCH, Alfons / SPREE, Reinhard: Entwicklung, Stand und Perspektive einer Sozialgeschichte des Allgemeinen Krankenhauses in Deutschland, in: Labisch, Alfons / Spree, Reinhard (Hrsg.), „Einem jeden Kranken in einem Hospitale sein eigenes Bett", S. 13–28, Frankfurt 1996, (zitiert: *Labisch / Spree*).

Landdienstausgabe 1938 „Unsere Fahne": Gebiet-Hessen-Nassau „Dich ruft der Boden, komm zum Landdienst der HJ", Hrsg. von der Reichsjugendführung der NSDAP, (zitiert: *Landdienstausgabe 1938*).

Landmann, Robert von / Rasp, Karl von / Graßmann, Josef: Kommentar zum Invalidenversicherungsgesetz vom 13. Juli 1899, München 1901, (zitiert: *Landmann / Rasp / Graßmann*, IVG).

Langefeld, Willi: Wie kann ein Krankenhaus Gewinn machen? Finanzierung und Betriebsergebnis des Allgemeinen Krankenhauses der Stadt Augsburg 1811–1914, in: Labisch, Alfons / Spree, Reinhard (Hrsg.), Krankenhausreport 19. Jahrhundert, S. 141–177, Frankfurt 2001.

Lanzinner, Denis: Scheinselbständigkeit als Straftat, Berlin 2014.

Lass, Ludwig: Haftpflichtrecht und Reichsversicherungsgesetzgebung, Marburg1890.

Lattmann, Dieter: Der Poet auf dem Supermarkt, in: Verband Deutscher Schriftsteller (Hrsg.), Ende der Bescheidenheit, S. 3–10, München 1969.

Lehmann, Helmut: Die Sozialversicherung in der sowjetischen Besatzungszone Deutschlands, Berlin 1949.

Lehnert, Hubertus: Untersuchungen über die Struktur und Leistungsfähigkeit der studentischen Krankenversorgungen im europäischen Ausland und der Bundesrepublik Deutschland und Vorschläge zu ihrer Neugestaltung in der Bundesrepublik, Bonn 1962.

Leidinger, Barbara: Die Krankenhaus-Versicherung – ein süddeutsches Modell? Die Allgemeine Krankenkasse der Krankenanstalt Bremen 1858–1895, in: Labisch, Alfons / Spree, Reinhard (Hrsg.), Krankenhaus-Report 19. Jahrhundert, S. 273–292, Frankfurt 2001.

Leimeister, Marco / Zogaj, Shkodran: Neue Arbeitsorganisation durch Crowdsourcing, Düsseldorf 2013.

Lemmermann, Karl: Kirchliche Wanderfürsorge, Berlin 1925.

Lenke: Die Weiterführung und Neuordnung der polnischen Sozialversicherung im Generalgouvernement, in: Zentralblatt für die Reichsversicherung und Reichsversorgung 1940, S. 67–71, (zitiert: *Lenke*, ZRR 1940, S. 67).

Leonhard, Wolfgang: Die Revolution entlässt ihre Kinder, Köln und Berlin 1955.

LEOPOLD, Dieter: Die allgemeine Versicherungspflicht – nicht nur ein „Segen", in: Sozialrecht und Praxis 2008, S. 435–437, (zitiert: *Leopold*, SuP 2008, S. 435).

LESSENICH, Stephan: Theorien des Sozialstaats, Hamburg, 2012.

LIEBSCHER, Gerhard / THUDE, Günther: Die Prinzipien und Aufgaben der Sozialversicherung in der Deutschen Demokratischen Republik, Berlin (Ost) 1960.

LINDEMANN, Hugo: Arbeiterpolitik und Wirtschaftspflege in der deutschen Städteverwaltung, 1. Band, Arbeiterpolitik, Stuttgart 1904.

LOEFFLER, Lothar: Über den Gesundheitszustand der Deutschen Studentenschaft und die Fürsorgemaßnahmen der „Wirtschaftshilfe der Deutschen Studentenschaft" bis zum Frühjahr 1924, Göttingen 1926.

LOHMÜLLER, Wolfgang: Die Korrektur der Kriegsvorschriften der Sozialversicherung in der britischen Zone, in: Zentralblatt für Sozialversicherung 1948, S. 20–25, (zitiert: *Lohmüller*, ZfS 1948, S. 20).

LOTMAR, Philipp: Der Arbeitsvertrag nach dem Privatrecht des Deutschen Reiches, 1. Band, Leipzig 1902.

MÄRKER, Otto: Vagabundennoth, Arbeitercolonien und Verpflegstationen, in: Zeitfragen des christlichen Volkslebens, Band XII, Heft Nr. 4, S. 1–46, Heilbronn 1887.

MAKOWER, Hermann: Das Allgemeine Deutsche Handelsgesetzbuch, nebst den dazu in Preußen erlassenen ergänzenden Bestimmungen, insbesondere dem Einführungsgesetz und der Instruktion, 2. Auflage, Berlin 1865.

MAJER, Dietmut: „Fremdvölkische" im Dritten Reich, Boppard 1981, (zitiert: *Majer*, Fremdvölkische).

MAMPEL, Siegfried: Das System der sozialen Leistungen in Mitteldeutschland und in Ost-Berlin, Band 1, Textteil, Band 2, Anlagenteil, Bonn und Berlin 1961.

MANOW, Philip: Gesundheitspolitik im Einigungsprozess, Frankfurt am Main und New York 1994, (zitiert: *Manow*, Gesundheitspolitik).

MAURENBRECHER, Romeo: Lehrbuch des heutigen gemeinen deutschen Rechts, Bonn 1834.

MAYER, Udo: Aktuelles zur Scheinselbständigkeit, in: Kleber, Thomas / Wedde, Peter / Wolmerath, Martin (Hrsg.), Recht und soziale Arbeitswelt, Festschrift für Wolfgang Däubler zum 60. Geburtstag, S. 77–89, Frankfurt am Main 1999, (zitiert: *Mayer*, Scheinselbständigkeit).

Mehnert, Wolfgang: Stadt Holzminden, in: Creydt, Detlef, Zwangsarbeit für Rüstung, Landwirtschaft und Forsten im Oberwesergebiet 1939–1945, Band 3, S. 9–72, Holzminden 1995.

Mehring, Franz: Gesammelte Schriften, Band 2, Geschichte der deutschen Sozialdemokratie, Berlin 1960, (zitiert: *Mehring*, Sozialdemokratie).

Menzel, Hans: Wirtschaftliche Grundlagen des Studiums vor und nach dem Kriege unter besonderer Berücksichtigung des Deutschen Studentenhilfswerks, Berlin 1931.

Menztel, Paul / Schulz, Hermann / Sitzler, Fritz: Kommentar zum Versicherungsgesetz für Angestellte, Berlin 1913, (zitiert: *Mentzel / Schulz / Sitzler*, VGfA).

Mertens, Bernd: Rechtsetzung im Nationalsozialismus, Tübingen 2009.

Mette, Elisabeth: Brennpunkt Scheinselbständigkeit, in: Neue Zeitschrift für Sozialrecht 2015, S. 721–727, (zitiert: *Mette*, NZS 2015, S. 721).

Meyer, Konrad: Gefüge und Ordnung der deutschen Landwirtschaft, Berlin 1939, (zitiert: *Meyer*, Landwirtschaft).

Meyer, Moritz: Geschichte der Preußischen Handwerkspolitik, Bd. II, Die Handwerkerpolitik König Friedrich Wilhelm I., Minden 1888, (zitiert: *Meyer*, preußische Handwerkspolitik).

Mitzscherling, Peter: Soziale Sicherung in der DDR, Berlin 1968, (zitiert: *Mitzscherling*, Soziale Sicherung DDR).

Mommsen, Hans: Die verspielte Freiheit – Der Weg der Republik von Weimar in den Untergang 1918 bis 1933, in: Groh, Dieter u.a. (Hrsg.), Geschichte Deutschlands, 8. Band, Frankfurt am Main und Berlin 1989.

Morgan, G. Dagmar: Weiblicher Arbeitsdienst in Deutschland, Darmstadt 1978.

Mrotzeck, Herbert / Püschel, Herbert: Kranken- und Alterssicherung, Opladen 1997.

Mückenberger, Ulrich: Normalarbeitsverhältnis: Lohnarbeit als normativer Horizont sozialer Sicherheit, in: Sachße, Christoph / Engelhardt, Tristan (Hrsg.), Sicherheit und Freiheit, S. 158–178, Frankfurt am Main 1990.

Mühlhausen, Walter: Friedrich Ebert, Sozialdemokrat und Staatsmann, Leinfelden-Echterdingen 2008.

MÜLLER, Henning: Künstlersozialversicherung – Was muss beim Webdesign beachtet werden, wann müssen Abgaben entrichtet werden?, in: Neue Zeitschrift für Sozialrecht 2014, S. 325–331, (zitiert: *Müller*, NZS 2014, S. 325).

MÜLLER, Rudi: Die Stellung der liberalen Parteien im Deutschen Reichstag zu den Fragen der Arbeiterversicherung und des Arbeitsschutzes bis zum Ausgang des 19. Jahrhunderts, Jena 1952, (zitiert: *Müller*, Liberale Parteien).

MÜLLER-ERZBACH, Rudolf: Das Bergrecht Preußens und des weiteren Deutschlands, Stuttgart 1917.

MÜNKE, Stephanie: Die Soziale Sicherung in Mitteldeutschland (Ein Vergleich von Ost und West), in: Jantz, Kurt / Neumann-Duesberg, Horst / Schewe, Dieter (Hrsg.), Sozialreform und Sozialrecht, Festschrift für Walter Bogs, S. 215–245, Berlin 1959.

MURKEN, Axel Hinrich: Das kommunale und konfessionelle Krankenhaus in Deutschland von der Biedermeierzeit bis zur Weimarer Republik, in: Blotevogel Hans Heinrich (Hrsg.), Kommunale Leistungsverwaltung und Stadtentwicklung vom Vormärz bis zur Weimarer Republik, S. 81–116, Köln und Wien 1990.

MYLIUS, Christian Otto (Hrsg.): Corpus Constitutionum Marchicarum, oder Königlich Preußische und Churfürstliche Brandenburgische in der Chur- und Marck Brandenburg, auch incorporirten Landenpublicirte und ergangene Ordnungen, Edicta, Mandata, Rescripta etc. ad annum 1736, (zitiert: *Mylius*, CCM).

NAASNER, Walter: Neue Machtzentren in der deutschen Kriegswirtschaft 1942–1945, Boppard 1994.

NEUKAMP, Ernst / LEHMANN, Helmuth: Die Gewerbeordnung für das Deutsche Reich, 8. Auflage, Tübingen 1910, (zitiert: *Neukamp / Lehmann*, GewO).

NEUNDÖRFER, Ludwig: Die Angestellten. Neuer Versuch einer Standortbestimmung, Stuttgart 1961.

NIEHUIS, Edith: Das Landjahr, Eine Jugenderziehungseinrichtung in der Zeit des Nationalsozialismus, Nörten-Hardenberg 1984.

NOELL, Kurt / DEISLER, Harald: Die Krankenversicherung der Landwirte, 16. Auflage, Kassel 2001.

NOETZEL, Michael: Die Berliner Sozialversicherung der Nachkriegszeit, in: Bartholomäi, Reinhart / Bodenbender, Wolfgang / Henke, Hardo / Hüttel Renate (Hrsg.), Sozialpolitik nach 1945, S. 37–44, Bonn-Bad Godesberg 1977.

NUTZ, Emil: Die studentische Krankenversorgung, in: Gerber, Hans (Hrsg.), Beiträge zur Hochschulverwaltung, S. 168–237, Tübingen 1969.

OERMANN, Josef: Die Sozialausgleichabgabe, 2. Auflage, Berlin 1944, (zitiert: *Oermann*, Sozialausgleichabgabe).

OERTMANN, Paul: Gehaltsansprüche der Ehefrau?, in: Deutsche Juristen-Zeitung 1911, Sp. 124–130, (zitiert: *Oertmann*, DJZ 1911, Sp. 124).

OLSHAUSEN, Alfred: Die Ansprüche des erkrankten Schiffsmanns auf Verpflegung und Heilbehandlung (§§ 59 und 62 der Seemannsordnung vom 2. Juni 1902), in: Arbeiter-Versorgung Nr. 20 (1903), S. 449–464, (zitiert: *Olshausen*, Arb.-Vers. Nr. 20 [1903], S. 449).

OPPENHEIM, Heinrich Bernhard: Die Hülfs- und Versicherungskassen der arbeitenden Klassen, Berlin 1875, (zitiert: *Oppenheim*).

OPPENHEIM, Heinrich Bernhard: Der Katheder-Sozialismus, Berlin 1872, (zitiert: *Oppenheim*, Katheder-Sozialismus).

OSTERLOH, Lerke: Verfassungsfragen der Künstlersozialabgabe, in: Neue Juristische Wochenschrift 1982, S. 1617–1625, (zitiert: *Osterloh*, NJW 1982, S. 1617).

PAUL, Norbert: Arztinitiativen bei der Gestaltung des Krankenhauses in der Zeit des aufgeklärten Absolutismus, in: Labisch, Alfons/Spree, Reinhard (Hrsg.), „Einem jeden Kranken in einem Hospitale sein eigenes Bett“, S. 91–122, Frankfurt 1996.

PAULUS, Karl Heinz: Die Krankenversicherung der Rentner (KVdR) – Entwicklungen und Reformen unter besonderer Berücksichtigung der Finanzierung, Köln 1972, (zitiert: *Paulus*, KVdR).

PESCHKE, Paul: Geschichte der deutschen Sozialversicherung. Der Kampf der unterdrückten Klassen um soziale Sicherung, Berlin (Ost) 1962.

PETERS, Horst: Die Kranken- und Rentenversicherung nach der 1. VO zur Vereinfachung des Leistungs- und Beitragsrechts vom 17. März 1945, in: Mitteilungsblatt für die Sozialversicherung 1947, S. 29–36, 97–101, (zitiert: *Peters*, MBSV 1947, S. 29).

PETERS, Horst: Hebammen und Sozialversicherung, in: Arbeiter-Versorgung 1939, S. 81–84, (zitiert: *Peters*, Arb.-Vers. 1939, S. 81).

PETERS, Horst: Die Geschichte der sozialen Versicherung, 3. Auflage, St. Augustin 1978, (zitiert: *Peters*).

Peters, Horst: Zum Wegfall des § 178 RVO, in: Wege zur Sozialversicherung 1957, S. 368–370, (zitiert: *Peters*, WzS 1957, S. 368)

Peters, Karl: Die Krankenversicherung der Rentner nach der Entscheidung des Bundesverfassungsgerichts, in: Neue Zeitschrift für Sozialrecht 2002, S. 393–399, (zitiert: *Peters*, NZS 2000, S. 393).

Petersen, Thies: Die Krankenversicherung nach der Reichsversicherungsordnung vom 19. Juli 1911, 2 Bände, 7. Auflage, Hamburg 1913, (zitiert: *Petersen*, RVO).

Pfahlmann, Hans: Fremdarbeiter und Kriegsgefangene in der deutschen Kriegswirtschaft 1939–1945, Würzburg 1964.

Pferr, Ulrich: Die Verfassungskrise im Memelgebiet 1931/1932, Würzburg 2005.

Philippovich, Eugen von: Das Eindringen der sozialpolitischen Ideen in die Literatur, in: Altmann / Ashley / Ballod (Hrsg.), Die Entwicklung der deutschen Volkswirtschaftslehre im neunzehnten Jahrhundert, Gustav Schmoller zur siebenzigsten Wiederkehr seines Geburtstages am 24. Juni 1908, 2. Band, Kapitel XXXI, S. 1–51, Leipzig 1908.

Plöger, Heinz: Die Krankenversorgung der Ostarbeiter, in: Arbeiter-Versorgung 1942, S. 225–229, (zitiert: *Plöger*, Arb.-Vers. 1942, S. 225).

Pöhler, Werner: Zur Neuregelung der Rentnerkrankenversicherung durch das Finanzänderungsgesetz 1967, in: Die Betriebskrankenkasse 1968, Sp. 3–16, (zitiert: *Pöhler*, BKK 1968, Sp. 3).

Pölzl, Konrad: Katholisch-Soziale Bewegung und staatliche Sozialpolitik. Ansätze zur Sozialpolitik, insbesondere zur Sozialversicherung im Programm der katholisch-sozialen Bewegung in Deutschland in der zweiten Hälfte des 19. Jahrhunderts, Freiburg 1968.

Porten, Stephan: Sozialversicherungsfreiheit für Notärzte – Bestandsaufnahme einer Neujustierung, in: Neue Zeitschrift für Sozialrecht 2017, S. 495–500, (zitiert: *Porten*, NZS 2017, S. 495)

Poschinger, Heinrich von: Fürst Bismarck und der Bundesrat, 4. Band, Der Bundesrat des Deutschen Reiches (1878–1881), Stuttgart 1898.

Prange, Paul: Die gesetzliche Krankenversicherung in der Zeit der Weimarer Republik (1919–1932), in: Rohrbeck, Walter (Hrsg.), Beiträge zur Sozialversicherung, Festgabe für Johannes Krohn zum 70. Geburtstag, S. 209–230, Berlin 1954.

Prange, Paul: Die gesetzliche Neuordnung der Krankenversicherung der Rentner, in: Arbeit und Sozialpolitik 1955, S. 1–5, (zitiert: *Prange*, ArbuSozPol 1955, S. 1).

Prange, Paul: Warum Einkommensgrenzen für das Erlöschen der Versicherungsberechtigung in der gesetzlichen Krankenversicherung?, in: Arbeit und Sozialpolitik 1954, S. 65–69, (zitiert: *Prange*, ArbuSozPol 1954, S. 65).

Preller, Ludwig: Sozialpolitik in der Weimarer Republik, Stuttgart 1949, (zitiert: *Preller*).

Preller, Ludwig: Sozialpolitik in der US-Zone, in: Arbeitsblatt für die britische Zone 1947, S. 75–78, (zitiert: *Preller*, ArbBlBZ 1947, S. 75).

Pretzlik, Stefan: 1952–1989: Deutsche Versicherungs-Anstalt und staatliche Versicherung der DDR, in: Eggenkämper, Barbara / Modert, Gerd / Pretzlik, Stefan, Staatliche Versicherung der DDR, S. 59–111, München 2010.

Preußisches Handelsministerium 1876: Die unter staatlicher Aufsicht stehenden Hülfskassen für Arbeitnehmer, (mit Ausnahme der sog. Knappschaftskassen) und die Versicherung gewerblicher Arbeitnehmer gegen Unfälle im preußischen Staate, bearbeitet im Auftrage des Ministers für Handel, Gewerbe und öffentliche Arbeiten, Berlin 1876, (zitiert: *Preuß. Handelsministerium 1876*, Hülfskassen).

Proesler, Hans: Das gesamtdeutsche Handwerk im Spiegel der Reichsgesetzgebung von 1530–1806, Berlin 1954.

Pünder, Tilman: Das Bizonale Interregnum. Die Geschichte des Vereinigten Wirtschaftsgebietes 1946–1949, Waiblingen 1966.

Quandt, Otto: Die Anfänge der Bismarckschen Sozialgesetzgebung und die Haltung der Parteien, Berlin 1938, Nachdruck Vaduz 1965.

Rasp, Karl von / Meinel, Karl: Kommentar zum Krankenversicherungsgesetz, 2. Auflage, München 1904.

Rauschenbach, Fritz / Laufer, Hans: Der Rentner und seine Krankenversicherung, 6. Auflage, Berlin 1976.

Recker, Marie-Luise: Nationalsozialistische Sozialpolitik im Zweiten Weltkrieg, München 1985.

Reger, Anton (Hrsg.): Entscheidungen der Gerichte und Verwaltungsbehörden auf dem Gebiet des auf reichsgesetzlichen und gemeinrechtlichen Bestimmungen beruhenden Verwaltungs- und Polizeistrafrechts, einschließlich des gesamten Arbeiterversicherungsrechts, München, (zitiert: *Reger*, Band).

REICHE, Brigitte: Zur medizinischen Betreuung und sozialen Lage der im Raum Leipzig während des Zweiten Weltkrieges eingesetzten ausländischen Zwangsarbeiter, Kriegsgefangenen und KZ-Häftlinge, Leipzig 1990.

REIDEGELD, Eckart: Die Sozialversicherung zwischen Neuordnung und Restauration, Soziale Kräfte, Reformen und Reformpläne unter besonderer Berücksichtigung der Versicherungsanstalt Berlin (VAB), Berlin, 1981, (zitiert: *Reidegeld*).

REIDEGELD, Eckart: Schöpfermythen des Wilhelmismus: Kaiser und Kanzler an der „Wiege des deutschen Sozialstaats“, in: Machtan, Lothar (Hrsg.), Bismarcks Sozialstaat. Beiträge zur Geschichte der Sozialpolitik und zur geschichtlichen Geschichtsschreibung, S. 261–279, Frankfurt am Main und New York 1994, (zitiert: *Reidegeld*, Schöpfermythen).

REIFF, Günter: Änderungen der landwirtschaftlichen Krankenversicherung im Jahre 1976, in: Soziale Sicherheit in der Landwirtschaft 1977, S. 35–47, (zitiert: *Reiff*, SdL 1977, S. 35).

REINDL, Max: Reichshaftpflichtgesetz vom 7. Juli 1871, München 1901.

REINERT, Maria: Die Grenzen der studentischen Pflichtversicherung – Zur ungeklärten Versicherungslage der Promotionsstudenten, in: Neue Zeitschrift für Sozialrecht 2015, S. 609–613, (zitiert: *Reinert*, NZS 2015, S. 609).

REININGHAUS, Wilfried: Zur Entstehung der Gesellengilden im Spätmittelalter, Münster 1980, (zitiert: *Reininghaus*, Gesellengilden).

REISERER, Kerstin / BÖLZ, Verena: Werkvertrag und Selbständigkeit, Berlin / Boston 2014.

REULECKE, Jürgen: Die Armenfürsorge als Teil der Kommunalen Leistungsverwaltung und Daseinsvorsorge im 19. Jahrhundert, in: Blotevogel, Hans Heinrich (Hrsg.), Kommunale Leistungsverwaltung und Stadtentwicklung vom Vormärz bis zur Weimarer Republik, S. 71–80, Köln und Wien 1990, (zitiert: *Reulecke*).

REULECKE, Jürgen: Die Anfänge der organisierten Sozialreform in Deutschland, in: Bruch, Rüdiger von (Hrsg.), Weder Kommunismus noch Kapitalismus. Bürgerliche Sozialreform in Deutschland vom Vormärz bis zur Ära Adenauer, München 1985, (zitiert: *Reulecke*, Sozialreform).

RICHTER, Max / ZAPPE, Fritz: Die Direktiven und Anordnungen zur Sozialversicherung, Lübeck 1948.

RIEBER, Christof: Das Sozialistengesetz und die Sozialdemokratie in Württemberg 1878–1890, Stuttgart 1984.

Riecke, Victor Adolf: Das Medizinalwesen des Königreichs Württemberg unter systematischer Zusammenstellung der dasselbe betreffenden Gesetze, Verordnungen, Verfügungen, Normalerlasse etc., Stuttgart 1856.

Rienhardt, Albert: Das Universitätsstudium der Württemberger seit der Reichsgründung, Tübingen 1918.

Ritter, A. Gerhard: Bismarck und die Grundlagen des deutschen Sozialstaates, in: Verfassung, Theorie und Praxis des Sozialstaates, Festschrift für Hans F. Zacher zum 70. Geburtstag, S. 789–820, Heidelberg 1998, (zitiert: *Ritter*, Bismarck).

Ritter, A. Gerhard: Sozialversicherung in Deutschland und England, München 1983, (zitiert: *Ritter*, Sozialversicherung).

Roedenbeck, Hans-Christoph: Die Krankenversicherung der Rentner, in: Zentralblatt für Reichsversicherung und Reichsversorgung 1942, S. 85–96, 114–125, 129–136, 233–248, (zitiert: *Roedenbeck*, ZRR 1942, S. 85).

Roehl, Hugo: Beiträge zur Preußischen Handwerkerpolitik vom Allgemeinen Landrecht bis zur Allgemeinen Gewerbeordnung von 1845, in: Schmoller, Gustav (Hrsg.), Staats- und sozialwissenschaftliche Forschungen, 17. Band, 4. Heft, Leipzig 1900, Neudruck Bad Feilnbach 1990.

Rönne, Ludwig von: Gewerbepolizei des Preußischen Staates, Band I und II, Breslau 1851.

Rohrscheidt, Kurt von: Vom Zunftzwange zur Gewerbefreiheit, Berlin 1898.

Rosenstock: Zum § 3b KVG, in: Die Arbeiter-Versorgung Nr. 25 (1908), S. 161–163, (zitiert: *Rosenstock*, Arb.-Vers. 25 (1908), S. 161).

Rosin, Heinrich: Das Recht der Arbeiterversicherung, 1. Band, Die reichsgesetzlichen Grundlagen der Arbeiterversicherung, Berlin 1893, (zitiert: *Rosin*, 1. Band).

Rosin, Heinrich: Das Recht der Arbeiterversicherung, 2. Band, Das Recht der Invaliden- und Altersversicherung, Berlin 1905, (zitiert: *Rosin*, 2. Band).

Roth, Miriam: „Obamacare", Die Gesundheitsreform im föderalen Mehrebenensystem der USA, Baden-Baden 2018, (zitiert: *Roth*, Obamacare).

Rothfels, Hans: Theodor Lohmann und die Kampfjahre der staatlichen Sozialpolitik (1871–1905), Berlin 1927.

Rottmann, Joachim: Der Viermächte-Status Berlin, Bonn / Berlin 1959.

Rüdiger, Jutta: Die Hitler-Jugend und ihr Selbstverständnis im Spiegel ihrer Aufgabengebiete, Lindhorst 1983.

Rühl, Hans: Ein neuer Versicherungsträger für die Sozialversicherung der Selbständigen, in: Arbeit und Sozialfürsorge 1956, S. 254–255, 286–287 (zitiert: *Rühl*, A.u.S. 1956, S. 254).

Ruland, Franz: Beschäftigungsverhältnis oder „Neue Selbständigkeit"?, in: Neue Zeitschrift für Sozialrecht 2019, S. 681–720, (zitiert: *Ruland*, NZS 2019, S. 681).

Ruland, Franz: Unfreiwillige Beschäftigungsverhältnisse, in: Die Sozialgerichtsbarkeit 2020, S. 530–535, (zitiert: *Ruland*, SGb 2020, S. 530).

Ruß, Werner: Die Sozialversicherung in der DDR, Frankfurt/Main 1979.

Sabel, Ludwig: Sozialversicherungspflicht der Selbständigen in Berlin, in: Blätter für Steuerrecht, Sozialversicherung und Arbeitsrecht 1947, S. 35–37, (zitiert: *Sabel*, BlStSozArbR 1947, S. 35).

Sabel, Ludwig: Die Versicherungspflicht der freien Berufe, in: Blätter für Steuerrecht, Sozialversicherung und Arbeitsrecht 1947, S. 180–181, (zitiert: *Sabel*, BlStSozArbR 1947, S. 180).

Sabel, Ludwig: Die neuesten Satzungsänderungen bei der Versicherungsanstalt Berlin (VAB), in: Die Ortskrankenkasse 1949, S. 372–374, (zitiert: *Sabel*, DOK 1949, S. 372).

Sabel, Ludwig: Ein Jahr Versicherungsanstalt Berlin-West, in: Die Ortskrankenkasse 1950, S. 67–68, (zitiert: *Sabel*, DOK 1950, S. 67).

Sachße, Christoph / **Tennstedt**, Florian: Geschichte der Armenfürsorge in Deutschland. Vom Spätmittelalter bis zum Ersten Weltkrieg, Stuttgart 1980, (zitiert: *Sachße / Tennstedt*, Armenfürsorge).

Sailer, Andreas: Die Stellung der Ordensangehörigen im staatlichen Sozialversicherungs- und Vermögensrecht, Berlin 1996.

Sancken, Hermann: Die Fehlbeträge in der Rentnerkrankenversicherung, in: Die Ortskrankenkasse 1952, S. 29–30, (zitiert: *Sancken*, DOK 1952, S. 29).

Scarpa, Ludovica: Gemeinwohl und Lokale Macht. Honoratioren und Armenwesen in der Berliner Luisenstadt im 19. Jahrhundert, München 1995.

Schädler, Wolfram: Veränderung der Armenpflege in Deutschland durch die Aufklärung unter besonderer Berücksichtigung der Entwicklung in der Landgrafschaft Hessen-Kassel, Marburg 1980.

Schaefer, Hans: Der Krankheitsbegriff, in: Blohmke / von Ferber / Kisker / Schaefer (Hrsg.), Handbuch der Sozialmedizin, 3 Band, Sozialmedizin in der Praxis, S. 15–31, Stuttgart 1976, (zitiert: *Schaefer*, Sozialmedizin).

Schäfer, Annette: Zur Funktion von Durchgangslagern und Krankensammellagern beim Zwangsarbeitereinsatz im Zweiten Weltkrieg am Beispiel Württembergs, in: Kopke, Christoph (Hrsg.), Medizin und Verbrechen, Festschrift zum 60. Geburtstag von Walter Wuttke, Ulm 2001, (zitiert: *Schäfer*, Krankensammellager).

Schäffle, Albert: Der korporative Hilfskassenzwang, Tübingen 1882.

Schaffer, Wolfgang: Staatliche Neuordnung der Armenpflege seit der Aufklärung und Säkularisation in: Gatz, Erwin (Hrsg.), Caritas und soziale Dienste, S. 39–56, Freiburg 1997.

Schanz, Georg: Zur Geschichte der deutschen Gesellen-Verbände, Leipzig 1877.

Scheffler, Jürgen: Die Arbeiterkolonie Wilhelmsdorf (1882–1970), in: Benad, Matthias / Schmuhl, Hans-Walter (Hrsg.), Bethel-Eckardtsheim. Von der Gründung der ersten deutschen Arbeiterkolonie bis zur Auflösung als Teilanstalt (1882–2001), S. 115–140, Stuttgart 2005.

Scheur, Wolfgang: Einrichtungen und Maßnahmen der sozialen Sicherheit in der Zeit des Nationalsozialismus, Köln 1967.

Schicker, Karl: Das Krankenversicherungsgesetz und das Hilfskassengesetz, 1. Band, Stuttgart 1893, (zitiert: *Schicker*, KVG 1892).

Schicker, Karl: Die Reichsgesetze über die Krankenversicherung der Arbeiter und über die eingeschriebenen Hilfskassen, Stuttgart 1884, (zitiert: *Schicker*, Reichsgesetze).

Schieckel, Horst: Das französische System der sozialen Sicherheit in der Praxis, in: Die Ortskrankenkasse 1952, S. 477–482, (zitiert: *Schieckel*, DOK 1952, S. 477).

Schieckel, Horst: Gegenwartsprobleme der Sozialversicherung, München 1947, (zitiert: *Schieckel*, Gegenwartsprobleme).

Schieckel, Horst: Die Sozialversicherung der Arbeitsdienstwilligen, in: Soziale Praxis 1932, S. 1569–1570, (zitiert: *Schieckel*, Soziale Praxis 1932, S. 1569).

Schirbel, Eugen: Geschichte der sozialen Krankenversorgung vom Altertum bis zur Gegenwart, 2. Bände, Berlin 1929.

Schirmer, Katrin: Soziale Sicherung von Strafgefangenen, Berlin 2008.

Schlegel, Rainer: Beschäftigte versus Selbständige – Deutsches Sozialrecht, in: Neue Zeitschrift für Arbeitsrecht 2016, Beilage, S. 13–19, (zitiert: *Schlegel*, NZA 2016, Beilage, S. 13).

Schlegel, Rainer: Wen soll das Sozialrecht schützen? – Zur Zukunft des Arbeitnehmer- und Beschäftigtenbegriffs im Sozialrecht, in: Neue Zeitschrift für Sozialrecht 2000, S. 421–429, (zitiert: *Schlegel*, NZS 2000, S. 421).

Schlegel-Voß, Lil-Christine: Alter in der „Volksgemeinschaft", Zur Lebenslage der älteren Generation im Nationalsozialismus, Berlin 2003.

Schlick, Jakob: Die Entwicklung der Sozialversicherung im Saarland nach dem Zusammenbruch, Völklingen 1948.

Schlink, Wilhelm / Schairer, Reinhold: Die studentische Wirtschaftshilfe, in: Das akademische Deutschland, Band III, Die deutschen Hochschulen in ihren Beziehungen zur Gegenwartskultur, S. 451–484, Berlin 1930.

Schmatz, Hans / Pöhler, Werner: Die Rentnerkrankenversicherung nach dem Finanzänderungsgesetz 1967, 2. Auflage, Berlin 1968.

Schmauß, Johann Jacob / Senckenberg, Heinrich Christian von (Hrsg.): Neue und vollständigere Sammlung der Reichsabschiede, 2 Bände, Neudruck der Ausgabe von 1747, Osnabrück 1967, (zitiert: *Schmauß / Senckenberg*, Reichsabschiede).

Schminck-Gustavus, Christoph: Zwangsarbeitsrecht und Faschismus, Zur „Polenpolitik" im „Dritten Reich", in: Kritische Justiz, 13 (1980), S. 1–27, 184–206, (zitiert: *Schminck-Gustavus*, KJ 13 [1980], S. 1).

Schmidt, H. Robert: Saarpolitik 1945–1957, 3. Bände, Berlin 1959–1962, (zitiert: *Schmidt*, Saarpolitik, Band).

Schmitz, Peter: Die Artamanen, Landarbeit und Siedlung bündischer Jugend in Deutschland 1924–1935, Bad Neustadt an der Saale 1985, (zitiert: *Schmitz*, Artamanen).

Schneider, Hermann: Kosten und Organisationsform der Krankenversicherung der Rentner, in: Die Ortskrankenkasse 1951, S. 438–439, (zitiert: *Schneider*, DOK 1951, S. 438).

Schneider, Heinz Richard: Bürgerliche Vereinsbestrebungen für das „Wohl der arbeitenden Klassen" in der preußischen Rheinprovinz im 19. Jahrhundert, Bonn 1967, (zitiert: *Schneider*).

Schölzel, Christian: Das Reichsstudentenwerk, Sozialbetreuung von Studierenden im Nationalsozialismus, Berlin 2021.

SCHOLZ, Rupert / **ISENSEE**, Josef: Zur Krankenversicherung der Studenten, Köln 1973.

SCHREIBER, Gerhard: Die italienischen Militärinternierten im deutschen Machtbereich 1943–1945, München 1990, (zitiert: *Schreiber*, Italienische Militärinternierte).

SCHRÖDER, Rainer: Das Gesinde war immer frech und unverschämt. Gesinde und Gesinderecht vornehmlich im 18. Jahrhundert, Frankfurt 1992, (zitiert: *Schröder*, Gesinderecht).

SCHRÖDER, Wolfgang: Subjekt oder Objekt der Sozialpolitik? Zur Wirkung der Sozialgesetzgebung auf die Adressaten, in: Machtan, Lothar (Hrsg.), Bismarcks Sozialstaat. Beiträge zur Geschichte der Sozialpolitik und zur sozialpolitischen Geschichtsschreibung, S. 126–162, Frankfurt am Main und New York 1994, (zitiert: *Schröder*, Sozialpolitik).

SCHUBERT, Werner (Hrsg.): Akademie für Deutsches Recht 1933–1945, Protokolle der Ausschüsse, Band X, Frankfurt am Main 2000, (zitiert: *Schubert*, AkDR-Ausschussprotokolle).

SCHULTE, Bernd: Künstlersozialversicherungsgesetz – ein zweiter Anlauf, in: Zeitschrift für Rechtspolitik 1980, S. 11–14, (zitiert: *Schulte*, ZRP 1980, S. 11).

SCHULZ, Erich: Selbständige entscheiden über ihre Sozialversicherung, in: Die Ortskrankenkasse 1951, S. 105–106, (zitiert: *Schulz*, DOK 1951, S. 105).

SCHULZ, Erich: Welche Folgen hat die Angleichung der Sozialversicherung in Berlin?, in: Die Ortskrankenkasse 1952, S. 169–173, (zitiert: *Schulz*, DOK 1952, S. 169).

SCHULZ, Günther: „Der konnte freilich ganz anders sparen als ich“, Untersuchungen zum Sparverhalten industrieller Arbeiter im 19. Jahrhundert, in: Conze, Werner / Engelhardt, Ulrich (Hrsg.), Arbeiterexistenz im 19. Jahrhundert, S. 487–515, Stuttgart 1981, (zitiert: *Schulz*, Arbeitersparen).

SCHULZ, H.: Die Reichsversicherungsordnung, 6. Auflage, Berlin 1925, (zitiert: *Schulz*, RVO 1925).

SCHULZ, Rüdiger: Die Entstehung des Seerechts des Allgemeinen Deutschen Handelsgesetzbuches unter besonderer Berücksichtigung der Bestimmungen über die Reederei, den Schiffer und die Schiffsmannschaft, Frankfurt 1987, (zitiert: *Schulz*).

SCHULZE, Hagen: Weimar – Deutschland 1917–1933, Berlin 1982.

SCHUMACHER, G.: Die Krankenversicherung der Heimkehrer, in: Die Ortskrankenkasse 1950, S. 2–4, (zitiert: *Schumacher*, DOK 1950, S. 2).

SCHUMANN, Nico: Selbstzahler als Nichtzahler – aktuelle Situation in der GKV, in: Neue Zeitschrift für Sozialrecht 2018, S. 721–723, (zitiert: *Schumann*, NZS 2018, S. 721).

SCHÜREN, Peter: Abgrenzung und Identifikation von (Schein-) Werkverträgen – Eine Skizze, in: Klebe, Thomas / Wedde, Peter / Wolmerath, Martin (Hrsg.), Recht und soziale Arbeitswelt, Festschrift für Wolfgang Däubler zum 60. Geburtstag, S. 90–99, Frankfurt am Main 1999.

SEEBER, Gustav / FESSER, Gerd: Linksliberale und sozialdemokratische Kritik an Bismarcks Sozialreform, in: Machtan, Lothar (Hrsg.), Bismarcks Sozialstaat. Beiträge zur Geschichte der Sozialpolitik und zur sozialpolitischen Geschichtsschreibung, S. 83–125, Frankfurt am Main und New York 1994.

SEIDLER, W. Franz: Die Organisation Todt, Bauen für Staat und Wehrmacht 1938–1945, Koblenz 1987.

SELDTE, Franz: Sozialpolitik im Dritten Reich, Beilage zum Reichsarbeitsblatt 1936, Nr. 36.

SELLIER, Ulrich: Die Arbeiterschutzgesetzgebung im 19. Jahrhundert, Paderborn 1998.

SERFLING, Oliver: Crowdworking Monitor Nr. 1, Kleve 2018.

SODAN, Helge (Hrsg.): Handbuch des Krankenversicherungsrechts, 3. Auflage, München 2018, (zitiert: *Bearbeiter*, in: Sodan, KV, §, Rn).

SPARING, Frank: Die medizinische Behandlung von Zwangsarbeitern und Zwangsarbeiterinnen in Düsseldorf und die städtischen Krankenanstalten, in: Esch / Griese / Sparing / Woelk (Hrsg.), Die Medizinische Akademie Düsseldorf im Nationalsozialismus, S. 266–294, Essen 1997.

SPENKUCH, Hartwin (Bearbeiter): Die Protokolle des Preußischen Staatsministeriums 1817–1934/38, Band 8/I, vom 21. März 1890 bis 9. Oktober 1900, in: Acta Borussica, Neue Folge, 1. Reihe, hrsg. von der Berlin-Brandenburgischen Akademie der Wissenschaften, Hildesheim, Zürich, New York 2003.

SPOERER, Mark: Kriegsgefangene, in: Pohl, Hans (Hrsg.) Zeitschrift für Unternehmensgeschichte, Beiheft 78, Zwangsarbeit bei Daimler-Benz, S. 285–344, Stuttgart 1994, (zitiert: *Spoerer*, Kriegsgefangene).

Spoerer, Mark: Zwangsarbeit im Dritten Reich, Verantwortung und Entschädigung, in: Geschichte in Wissenschaft und Unterricht, 51. Jahrgang. (2000), S. 508–527, (zitiert: *Spoerer*, GWU 51, (2000), S. 508).

Spoerer, Mark: Zwangsarbeit unterm Hakenkreuz, München 2001, (zitiert: *Spoerer*, Zwangsarbeit).

Spree, Reinhard: Krankenhausentwicklung und Sozialpolitik in Deutschland während des 19. Jahrhunderts, in: Historische Zeitschrift, Band 260 (1995), S. 75–105, (zitiert: *Spree*, HZ, Band 260, S. 75).

Spree, Reinhard: Quantitative Aspekte der Entwicklung des Krankenhauswesens im 19. Und 20. Jahrhundert, in: Labisch, Alfons / Spree, Reinhard (Hrsg.), „Einem jeden Kranken in einem Hospitale sein eigenes Bett", S. 51–88, Frankfurt 1996, (zitiert: *Spree*).

Spreter, Hans: Die studentische Wirtschaftsarbeit von ihren Anfängen bis 1930, Tübingen 1932.

Stamm: Sozialversicherung im Generalgouvernement und ihre Einordnung in die Arbeits- und Gesundheitsverwaltung, in: Zeitschrift der Akademie für Deutsches Recht 1942, S. 37–38, (zitiert: *Stamm*, ZAkDR, 1942, S. 37).

Stammen, Theo: Das alliierte Besatzungsregime in Deutschland, in: Becker, Josef / Stammen, Theo / Waldmann, Peter (Hrsg.), Vorgeschichte der Bundesrepublik Deutschland, München 1979.

Stegner, Stefan: Zwischen Souveränität und Ökonomie, Zugehörigkeitskonstruktionen durch die Sozialversicherung im deutsch-polnischen Verhältnis 1918–1945, München 2017.

Steiner, Kilian: Grenzen und Potential einer frühen Krankenversicherung am Beispiel der ersten Münchener Krankenhausversicherung 1813–1832, in: Labisch, Alfons / Spree, Reinhard (Hrsg.), Krankenhausreport 19. Jahrhundert, S. 69–94, Frankfurt 2001.

Stier-Somlo, Fritz: Deutsche Sozialgesetzgebung. Geschichtliche Grundlagen und Krankenversicherungsrecht, Jena 1906.

Stindt, Heinrich: Neues Recht und Rechtsprechung zur Statusbestimmung bei Solo-Selbständigen – Beispiel Honorarärzte, in: Neue Zeitschrift für Sozialrecht 2018, S. 481–488, (zitiert: *Stindt*, NZS 2018, S. 481).

Stock, Erich: Wirtschafts- und sozialpolitische Bestrebungen der deutschkonservativen Partei unter Bismarck 1876–1890, Breslau 1928.

Stollberg, Gunnar: Zur Geschichte der Pflegeklassen in deutschen Krankenhäusern, in: Labisch, Alfons / Spree, Reinhard (Hrsg.), „Einem jeden Kranken in einem Hospitale sein eigenes Bett", S. 374–398, Frankfurt 1996.

Streit, Christian: Keine Kameraden, Die Wehrmacht und die sowjetischen Kriegsgefangenen 1941–1945, Stuttgart 1978, (zitiert: *Streit*).

Streit Hanns: Das Deutsche Studentenwerk, Wirtschaftshilfe der Deutschen Studentenschaft 1921–1931, Dresden 1931, (zitiert: *Streit*, Studentenwerk).

Strohm, Theodor: Armut und Fürsorge in der frühen Neuzeit – Aufbrüche und Entwicklungen in den Regionen Europas, in: Krimm, Konrad / Mussgnug, Dorothee / Strohm, Theodor (Hrsg.), Armut und Fürsorge in der frühen Neuzeit, S. 17–39, Ostfildern 2011.

Stüber, Gabriele (Bearb.): Zonenbeirat, Protokolle und Anlagen 1.–11. Sitzung 1946/1947, 2. Halbband, 7.–11. Sitzung 1946/1947, (zitiert: *Stüber*, Zonenbeirat).

Stürzbecher, Manfred: Krankengeschichten von Ausländern, Ein Bestand im Landesarchiv Berlin, in: Bräutigam, Helmut / Fürstenberg, Doris / Roder, Bernt (Hrsg.), Zwangsarbeit in Berlin 1938–1945, S. 96–103, Berlin 2003.

Summer, Rudolf: Dokumente zur Geschichte des Beamtenrechts, Bonn 1986.

Syrup, Friedrich: Arbeitseinsatz und Arbeitslosenhilfe in Deutschland, Berlin 1936.

Szurgacz, Herbert: Das Polenstatut in der Sozialversicherung in den in das III. Reich eingegliederten Ostgebieten (1939–1945), in: Verfassung, Theorie und Praxis des Sozialstaats, Festschrift für Hans F. Zacher zum 70. Geburtstag, S. 883–894, Heidelberg 1998, (zitiert; *Szurgacz*, Polenstatut).

Taddey, Gerhard, (Hrsg.): Lexikon der deutschen Geschichte, Von den Anfängen bis zur Kapitulation 1945, 3. Auflage, Stuttgart 1998, (zitiert: *Taddey*, Lexikon der deutschen Geschichte).

Tampke, Jürgen: Bismarcks Sozialgesetzgebung. Ein wirklicher Durchbruch?, in: Mommsen, J. Wolfgang / Mock, Wolfgang (Hrsg.), Die Entstehung des Wohlfahrtsstaates in Großbritannien und Deutschland 1850–1950, S. 79–91, Stuttgart, 1982.

Tenfelde, Klaus: Sozialgeschichte der Bergarbeiterschaft an der Ruhr im 19. Jahrhundert, Bonn-Bad Godesberg 1977.

TENNSTEDT, Florian: Soziale Selbstverwaltung, Geschichte der Selbstverwaltung in der Krankenversicherung, 2. Band, Bonn 1977, (zitiert: *Tennstedt*, Selbstverwaltung).

TENNSTEDT, Florian: Sozialgeschichte der Sozialversicherung, in: Blohmke / von Ferber / Kisker / Schaefer (Hrsg.), Handbuch der Sozialmedizin, 3. Band, Sozialmedizin in der Praxis, S. 385–492, Stuttgart 1976, (zitiert: *Tennstedt*, Sozialmedizin).

TENNSTEDT, Florian: Vorgeschichte und Entstehung der Kaiserlichen Botschaft vom 17. November 1881, in: Zeitschrift für Sozialreform 1981, S. 663–710, (zitiert: *Tennstedt*, ZSR 1981, S 663).

TENNSTEDT, Florian: Die Errichtung von Krankenkassen in deutschen Städten nach dem Gesetz betreffend die Krankenversicherung der Arbeiter vom 15. Juni 1883. Ein Beitrag zur Frühgeschichte der gesetzlichen Krankenversicherung in Deutschland, in: Zeitschrift für Sozialreform 1983, S. 297–339, (zitiert: *Tennstedt*, ZSR 1983, S. 297).

TENNSTEDT, Florian / WINTER, Heidi (Bearbeiter): Quellensammlung zur Geschichte Deutscher Sozialpolitik 1867–1914, I. Abteilung, 5. Band: Gewerbliche Unterstützungskassen. Die Krankenversicherung für gewerbliche Arbeitnehmer zwischen Selbsthilfe und Staatshilfe, Mainz 1999, (zitiert: *Tennstedt / Winter*, Quellensammlung, 1867–1914, I. Abt, 5. Band).

TEPPE, Karl: Zur Sozialpolitik des Dritten Reiches am Beispiel der Sozialversicherung, in: Archiv für Sozialgeschichte 1977, S. 195–250, (zitiert: *Teppe*, AfS 1977, S. 195).

THIELMANN, Hans: Die Geschichte der Knappschaftsversicherung, Bad Godesberg 1960.

THIEME, Werner: Recht und Pflicht der wissenschaftlichen Hochschule zur sozialen Fürsorge für ihre Studenten, Bonn und Berlin 1963.

TILLMANNS, R.: Die Krankenversicherungspflicht der Mitglieder von geistlichen Genossenschaften, in: Die Sozialgerichtsbarkeit 1999, S. 450–456, (zitiert: *Tillmanns*, SGb 1999, S. 450).

TIMM, Max: Das Pflichtjahr für Mädchen, in: Reichsarbeitsblatt 1938 S. II 73–75, (zitiert: *Timm*, RArbBl. 1938 S. II 73).

TIMM, Max: Der Einsatz ausländischer Arbeitskräfte in Deutschland, in: RArbBl. 1941 S. V 609–617, S V 636–642 (zitiert: *Timm*, Ausländische Arbeitskräfte, RArbBl. 1941 S. V 609).

TOBER, Holger J.: Deutscher Liberalismus und Sozialpolitik in der Ära des Wilhelmismus, Husum 1999.

TREITEL, Richard: Die Krankenversicherungspflicht der Artisten, in: Arbeiter-Versorgung 1930, S. 225–230, (zitiert: *Treitel*, Arb.-Vers. 1930, S. 225).

UHLIG, Heinrich: Der verbrecherische Befehl, in: Europäische Publikation e.V. (Hrsg.), Vollmacht des Gewissens, S. 287–410, Frankfurt am Main und Berlin 1965.

ULEER, Christoph: Kampfbeiträge für Studenten, in: Arbeit und Sozialpolitik 1972, S. 215–216, (zitiert: *Uleer*, ArbuSozPol 1972, S. 215).

ULLMANN, Hans-Peter: Das Deutsche Kaiserreich 1871–1918, Frankfurt 1995, (zitiert: *Ullmann*).

ULLMANN, Hans-Peter: Deutsche Unternehmer und Bismarcks Sozialversicherungssystem, in: Mommsen, J. Wolfgang / Mock, Wolfgang (Hrsg.), Die Entstehung des Wohlfahrtsstaates in Großbritannien und Deutschland 1850–1950, S. 142–158, Stuttgart 1982, (zitiert: *Ullmann*, Deutsche Unternehmer).

ULLMANN, Hans-Peter: Industrielle Interessen und die Entstehung der Deutschen Sozialversicherung 1880–1889, in: Historische Zeitschrift, Band 229, S. 574–610, München 1979, (zitiert: *Ullmann*, HZ, Band 229, S. 574).

UM EIN ANTIFASCHISTISCH-DEMOKRATISCHES DEUTSCHLAND: Ministerium für Auswärtige Angelegenheiten der DDR (Hrsg.), Dokumente aus den Jahren 1945–1949, Berlin (Ost) 1968, (zitiert: *Um ein antifaschistisch-demokratisches Deutschland*).

VERBAND DEUTSCHER STUDENTENSCHAFTEN: Entwurf eines Gesetzes über die Krankenversicherung der Studenten, Bonn 1973, (zitiert: *VDS*, KVdS-Gesetzentwurf).

VERGIN, Ute: Die nationalsozialistische Arbeitseinsatzverwaltung und ihre Funktionen beim Fremdarbeiter(innen)-einsatz während des Zweiten Weltkrieges, Osnabrück 2008.

VIRALLY, Michel: Die internationale Verwaltung Deutschlands, Baden-Baden 1948.

VOGEL, Angela: Das Pflichtjahr für Mädchen, Frankfurt 1997, (zitiert: *Vogel*, Pflichtjahr).

VOGEL, Walter: Bismarcks Arbeiterversicherung. Ihre Entstehung im Kräftespiel der Zeit, Braunschweig 1951, (zitiert: *Vogel*).

Vogel, Walter: Westdeutschland 1945–1950, Der Aufbau von Verfassungs- und Verwaltungseinrichtungen über den Ländern der drei westlichen Besatzungszonen, Teil I, Koblenz 1956, (zitiert: *Vogel*, Westdeutschland).

Vogelsang, Thilo: Entwicklung des Arbeitsdienstes, in: Gutachten des Instituts für Zeitgeschichte, Band II, S. 142–145, Stuttgart 1966.

Vogt, Martin: Die Weimarer Republik (1918–1933), in: Vogt, Martin (Hrsg.), Deutsche Geschichte, S. 616–693, 2. Auflage, Frankfurt am Main 2003.

Volbers, Wilfried / Müller, Bernhard: Krankenversicherung der Landwirte, 6. Auflage, Sankt Augustin 2005.

Volkmann, Heinrich: Die Arbeiterfrage im preußischen Abgeordnetenhaus 1848–1869, Berlin 1968.

Vorwärts: Central-Organ der Sozialdemokratie Deutschlands (zitiert: *Vorwärts*, Ausgabe, Jahr).

Wagner, Adolph: Schlussworte einer akademischen Vorlesung über Sozialpolitik, in: Preußische Jahrbücher 1897, 38. Band, S. 1–11, Berlin 1897, (zitiert: *Wagner*, Preuß. Jahrbücher 1897, 38. Band, S. 1).

Wagner-Braun, Margarete: Zur Bedeutung berufsständischer Krankenkassen innerhalb der privaten Krankenversicherung in Deutschland bis zum Zweiten Weltkrieg. Die Selbsthilfeeinrichtungen der katholischen Geistlichen, Stuttgart 2002.

Wagner, Torsten: Die Einbeziehung der Empfänger von Sozial- und Jugendhilfe in die gesetzliche Krankenversicherung, Baden-Baden 2008, (zitiert: *Wagner*, GKV der Sozialhilfeempfänger).

Wangler, Walter: Landwirtschaftliche Sozialpolitik und soziale Sicherheit in der Landwirtschaft, Göttingen 1969.

Wank, Rolf: Arbeitnehmer und Selbständige, München 1988.

Wattler, Theo: Sozialpolitik der Zentrumsfraktion zwischen 1877 und 1889 unter besonderer Berücksichtigung interner Auseinandersetzungen und Entwicklungsprozesse, Köln 1978.

Weber, Matthias: Die Reichspolizeiordnungen von 1530, 1548 und 1577, Frankfurt 2002.

Weh, Albert: Gesetzgebung, in: du Prel, Max, (Hrsg.), Das Generalgouvernement, S. 152–156, Würzburg 1942.

WEIDNER, Frank: Der lange Kampf um die Einführung von Witwen- und Witwerrenten, Göttingen 2016.

WENCK, Martin: Die Geschichte und Ziele der deutschen Sozialpolitik, Leipzig 1908.

WEYL, Richard: Lehrbuch des Reichsversicherungsrechts, Leipzig 1894.

WEYMANN, Konrat: Arbeitsverhältnis zwischen Eheleuten?, in: Arbeiter-Versorgung Nr. 20 (1903), S. 217–223, (zitiert: *Weymann*, Arb.-Vers. 20 [1903], S. 217).

WIEGLOW, Erich: Krankenversicherung der Rentner neu geordnet, in: Soziale Sicherheit 1956, S. 175–177, 211–212, 239–240, (zitiert: *Wieglow*, Soziale Sicherheit 1956, S. 175).

WIEN, Andreas: Künstlersozialversicherung – quo vadis?, in: Versicherungsrecht 2001, S. 1209–1215, (zitiert: *Wien*, VersR 2001, S. 1209).

WILDT, Michael: Zerborstene Zeit – Deutsche Geschichte 1918 bis 1945, München 2022.

WILLECKE, Raimund: Die Deutsche Berggesetzgebung von den Anfängen bis zur Gegenwart, Essen 1977.

WISCHER, Franz: Die Sozialversicherung im neuen Staat, Berlin 1937.

WITOWSKI, Karl: Die Arbeiterversicherung in den Kulturstaaten, Kempten und München 1910.

WOEDTKE, Erich von: Das Reichsgesetz, betreffend die Krankenversicherung der Arbeiter, Berlin und Leipzig 1883, (zitiert: *Woedtke* KVG 1883).

WOEDTKE, Erich von: Krankenversicherungsgesetz, 4. Auflage, Berlin 1893, (zitiert: *Woedtke*, KVG 1893).

WOEDTKE, Erich von: Krankenversicherungsgesetz in der Fassung der Novelle vom 10. April 1892, 5. Auflage, Berlin 1896, (zitiert: *Woedtke*, KVG 1896).

WOEDTKE, Erich von: Krankenversicherungsgesetz, 3. Auflage, Berlin und Leipzig 1886, (zitiert: *Woedtke*, KVG 1886).

WOEDTKE, Erich von: Unfallversicherung der in den land- und forstwirtschaftlichen Betrieben beschäftigten Personen, 2. Auflage, Berlin 1888, (zitiert: *Woedtke*, LUVG).

WOLF, Karl: Die Landhilfe, Dresden 1935, (zitiert: *Wolf*, Landhilfe).

WOLFF, Eberhard: Das Werkjahr, Breslau 1933, (zitiert: *Wolff*, Werkjahr).

Wolff, Hertha: Die Stellung der Sozialdemokratie zur deutschen Arbeiterversicherungsgesetzgebung von ihrer Entstehung an bis zur Reichsversicherungsordnung, Berlin 1933, (zitiert: *Wolff*).

Wyssozki, V.: Westberlin, Moskau 1974.

Zahn, Friedrich: Die Wissenschaftlichen Ansichten über das soziale Versicherungswesen, in: Altmann / Ashley / Ballod (Hrsg.), Die Entwicklung der deutschen Volkswirtschaftslehre im neunzehnten Jahrhundert, Gustav Schmoller zur siebzigsten Wiederkehr seines Geburtstages am 24. Juni 1908, 2. Band, Kapitel XXXV, S. 1–36, Leipzig 1908.

Zapp, Karl: Die Organisationsform der Krankenversicherung in der französischen Besatzungszone, in: Die Ortskrankenkasse 1949, S. 57–61, (zitiert: *Zapp*, DOK 1949, S. 57).

Zapp, Karl: Die Ortskrankenkassen in der französischen Zone, in: Die Ortskrankenkasse 1949, S. 13–14, (zitiert. *Zapp*, DOK 1949, S. 13).

Zipperer, Manfred: Wichtige strukturelle Änderungen für Ärzte, Zahnärzte und Versicherte im Gesundheitsstrukurgesetz, in: Neue Zeitschrift für Sozialrecht 1993, S. 53–57, 95–102, (zitiert: *Zipperer*, NZS 1993, S. 53).

Zitt, Renate: Zwischen Innerer Mission und staatlicher Sozialpolitik. Der protestantische Sozialreformer Theodor Lohmann (1831–1905), Heidelberg 1997.

Zivier, Ernst R.: Der Rechtsstatus des Landes Berlin, 4. Auflage, Berlin 1987.

Zschimmer, Gerhard: Das Gesetz über den Aufbau der Sozialversicherung vom 5. Juli 1934, in: Reichsarbeitsblatt 1934 S. II 249–252, (zitiert: *Zschimmer*, RArbBl. 1934 S. II 249).

Zschuke, Martin: Idee und Durchführung des freiwilligen Arbeitsdienstes, in: Soziale Praxis 1931, Heft 32, Sp. 1063–1069, (zitiert: *Zschucke*, Soziale Praxis 1931, Heft 32, Sp. 1063).

Personenregister

ACHENBACH, Heinrich Karl Julius von, (1829–1899), Jurist, Preußischer Minister für Handel und Gewerbe 1873–1878, Reichstagsabgeordneter im Jahre 1874, fraktionslos und Hospitant der Deutschen Reichspartei, ab 1874 Bevollmächtigter des Bundesrates.

ADENAUER, Konrad, (1876–1967), Jurist, 1948–1949 Präsident des Parlamentarischen Rates, 1949–1963 erster Bundeskanzler der Bundesrepublik Deutschland, Mitbegründer der CDU und von 1950 bis 1966 deren Vorsitzender.

ALBRECHT, Karl Leopold Adolf, (1855–1930), Schneidermeister, Reichstagsabgeordneter 1898–1903 und 1905–1918 für die SPD/USPD.

AUER, Ignaz, Sattler, (1846–1907), Reichstagsabgeordneter 1877–1878, 1880–1881, 1884–1887, 1890–1906 für die SAPD/SPD.

BAARE, Louis, (1821–1897), 1872–1897 Präsident der Handelskammer Bochum, beeinflusste mit seinen Vorschlägen die Gesetzgebung zur gesetzlichen Unfallversicherung 1881–1884.

BAMBERGER, Ludwig, (1823–1899), Schriftsteller, Reichstagsabgeordneter 1871–1890, davon 1871–1884 für die Nationalliberale Partei, 1884–1890 für die Freisinnige Partei.

BARTSCHAT, Franz, (1872–1952), selbständiger Handwerksmeister, Reichstagsabgeordneter 1912–1918 für die Fortschrittliche Volkspartei, 1919–1920 Mitglied der Nationalversammlung, 1920–1928 Reichstagsabgeordneter für die Deutsche Demokratische Partei, ab 1930 für die Deutsche Staatspartei.

BAUER, Georg, (1870–1944), Reichstagsabgeordneter 1912–1918 für die SPD, Mitglied der Weimarer Nationalversammlung, Reichstagsabgeordneter 1920–1925, 1919–1920 Reichskanzler der Weimarer Republik.

BEBEL, August, (1840–1913), führender Sozialdemokrat, Reichstagsabgeordneter 1871–1881 und 1883–1913 für die SAPD, ab 1891 für die SPD.

BEHM, Margarete, (1860–1929), Mitglied der Nationalversammlung 1919–1920, Reichstagsabgeordnete 1920–1928 für die DNVP.

BETHMANN Hollweg, Theobald von, (1856–1921), Reichskanzler 1909–1917.

BIEDERMANN, Friedrich Karl, (1812–1901), Philosoph, Reichstagsabgeordneter 1871–1874 für die Nationalliberale Partei.

Bismarck, Otto von, (1815–1898), ab 1865 Graf von Bismarck-Schönhausen, ab 1871 Fürst von Bismarck, Preußischer Ministerpräsident 1862–1890, Bundeskanzler des Norddeutschen Bundes 1867–1871, Reichskanzler des Deutschen Reiches 1871–1890.

Bodelschwingh, Friedrich von, (1831–1910), Begründer der nach ihm benannten „v. Bodelschwinghsche Stiftungen Bethel" und der Arbeiterkolonie Wilhelmsdorf.

Boetticher, Karl Heinrich von, (1833–1907), Staatssekretär im Reichsamt des Inneren 1880–1897, Stellvertreter des Reichskanzlers ab 1881, Vizepräsident des Staatsministeriums 1888–1897, Reichstagsabgeordneter 1878–1879 für die Deutsche Reichspartei.

Brandt, Willy, (1913–1992), SPD-Politiker, 1957–1967 Regierender Bürgermeister Berlins, 1969–1974 Bundeskanzler der Bundesrepublik Deutschland.

Brentano, Lujo, (Ludwig Joseph), (1844–1931), Nationalökonom und Sozialreformer, als Mitbegründer des Vereins für Sozialpolitik 1872 gehörte er zu den „Kathedersozialisten" und galt als Sozialliberaler.

Brüning, Heinrich, (1885–1970), Jurist, 1924–1933 Reichstagsabgeordneter für das Zentrum, 1930–1932 Reichskanzler.

Bruhns, Julius, (1860–1927), Zigarrenhändler, Reichstagsabgeordneter 1890–1893 für die SAPD/SPD.

Buhl, Franz Armand, (1837–1896), Gutsbesitzer, Reichstagsabgeordneter 1881–1893 für die Nationalliberale Partei.

Clay, D. Lucius, (1898–1958), General der US-Army, 1945–1947, stellvertretender Mlitärgouverneur und 1947–1949 Militärgouverneur der amerikanischen Besatzungszone in Deutschland und Oberbefehlshaber der US-Landstreitkräfte für Europa, Initiator der Berlinger Luftbrücke 1948–1949.

Delbrück, Martin Friedrich Rudolph von, (1817–1903), Präsident des Reichskanzleramtes 1871–1876, Reichstagsabgeordneter 1878–1881, fraktionslos, liberal.

Dirichlet, Walter Lejeune, (1833–1887), Gutsbesitzer, Reichstagsabgeordneter 1881–1887 für die Deutsche Fortschrittspartei, ab 1884 für die Freisinnige Partei.

Dobbernack, Wilhelm, (1902–1965), Versicherungsmathematiker, 1926–1945 Mitarbeiter im Reichsarbeitsministerium, Abteilung Sozialversicherung,

1945–1949 Leiter der Abteilung Sozialversicherung des Zentralamtes für Arbeit in der britischen Zone.

DUNCKER, Franz, (1822–1888), Verleger, Reichstagsabgeordneter 1871–1877 für die Fortschrittspartei.

EBERT, Friedrich, (1871–1925), Sattler, Reichstagsabgeordneter 1912–1918 für die SPD/MSPD, Mitglied im Rat der Volksbeauftragten 1918–1919, Reichspräsident 1919–1925.

EBERTY Eduard Gustav, (1840–1894), Jurist, Reichstagsabgeordneter 1881–1884 für die Liberale Vereinigung, ab 1890–1893 für die Deutsche Freisinnige Partei.

ERDMANN, IV. Graf von Pückler auf Schedlau, (1832–1888), Rittergutsbesitzer, Mitglied des preußischen Landesökonomiekollegiums, seit 1870 Mitglied des preußischen Herrenhauses.

FRANCKENSTEIN, Georg Arbogast, Freiherr von und zu, (1825–1890), Reichstagsabgeordneter 1872–1890 für die Zentrumspartei.

FRANK, Hans, (1900–1946), Jurist, NSDAP-Politiker, Reichsrechtsführer im Dritten Reich, 1939–1945 Gouverneur des Generalgouvernements für die besetzten polnischen Gebiete, 1946 als Kriegsverbrecher hingerichtet.

GALEN, Ferdinand Herbert, Graf von, (1831–1906), Reichstagsabgeordneter 1874–1903 für die Zentrumspartei.

GAMP-MASSAUNEN, Karl von, (1846–1918), Gutsbesitzer, Reichstagsabgeordneter 1884–1918 für die Deutsche Reichspartei.

GÖHRE, Paul, (1864–1928), Theologe, Reichstagsabgeordneter 1903–1907 und 1910–1918 für die SPD, 1919–1923 Staatssekretär im preußischen Staatsministerium.

GÖRING, Hermann, (1893–1946), nationalsozialistischer Politiker, Reichsminister, Reichskommissar für das preußische Innenministerium, Preußischer Ministerpräsident, Beauftragter für den Vierjahresplan, Reichsmarschall.

GOLDSCHMIDT, Friedrich, (1837–1902), Industrieller, Reichstagsabgeordneter 1881–1884 für die Liberale Vereinigung, 1887–1893 für die Deutsche Freisinnige Partei.

GRILLENBERGER, Karl, (1848–1897), Korrektor, Reichstagsabgeordneter 1881–1897 für die SAPD, ab 1891 für die SPD.

GUTFLEISCH, Egidius, (1844–1914), Jurist, Reichstagsabgeordneter 1881–1884 für die Liberale Vereinigung, 1890–1893 für die Deutsche Freisinnige Partei.

HAMMACHER, Friedrich, (1824–1904), Jurist, Reichstagsabgeordneter 1871–1874 und 1877–1898 für die Nationalliberale Partei.

HARDENBERG, Karl August von, Fürst von Hardenberg, (1750–1822), preußischer Außenminister 1804–1806, preußischer Staatskanzler 1810–1822.

HENNING, Julius von, (1822–1877), Jurist und Rittergutsbesitzer, Reichstagsabgeordneter 1867–1871 (Norddeutscher Bund) und 1871–1874 für die Nationalliberale Partei.

HERTLING, Georg Friedrich Karl Freiherr von, ab 1914 Graf von Hertling (1843–1919), Reichstagsabgeordneter 1875–1890 und 1896–1912 für das Zentrum, 1912–1917 bayrischer Ministerpräsident, 1917–1918 Reichskanzler und preußischer Ministerpräsident.

HEYL ZU HERRNSHEIM, Cornelius Wilhelm, Freiherr von, (1843–1923), Lederindustrieller, Reichstagsabgeordneter 1874–1912 für die Nationalliberale Partei.

HINDENBURG, Paul von, (1847–1934), Generalfeldmarschall mit Führung der Obersten Heeresleitung im 1. Weltkrieg, 1925–1934 Reichspräsident, ernannte 1933 Adolf Hitler zum Reichskanzler.

HIERL, Konstantin, (1875–1955), 1930–1945 Reichstagsabgeordneter der NSDAP, Leiter des freiwilligen nationalsozialistischen Arbeitsdienstes, Staatssekretär im Reichsarbeitsministerium, Reichskommissar für den freiwilligen Arbeitsdienst, Leiter des Reichsarbeitsdienstes als Reichsarbeitsführer.

HIRSCH, Max, (1832–1905), Schriftsteller, Reichstagsabgeordneter 1877–1878 und 1881–1884 für die Deutsche Fortschrittspartei, 1890–1893 für die Deutsche Freisinnige Partei.

HITLER, Adolf, (1889–1945), 1933–1945 Reichskanzler, 1934 zusätzlich Übernahme des Amtes des Reichspräsidenten in Personalunion unter der Bezeichnung Führer und Reichskanzler, Vorsitzender der NSDAP.

HITZE, Franz, (1851–1921), kath. Geistlicher, Reichstagsabgeordneter 1884–1918 für das Zentrum, 1919/1920 Mitglied der verfassungsgebenden Weimarer Nationalversammlung.

HÖFFEL, Johannes, (1850–1939), Arzt, Reichstagsabgeordneter für das Reichsland Elsass-Lothringen 1890–1918 für die Deutsche Reichspartei.

HOLSTEIN, Conrad, Graf von Holstein-Holsteinborg, Rittergutsbesitzer, (1825–1897), Reichstagsabgeordneter 1877–1897 für die Deutschkonservative Partei.

HORN, Max, (1863–1943), Jurist, Reichstagsabgeordneter 1907–1912 für die Nationalliberale Partei.

HUSSONG, Rudolf, (1903–1967), Bergmann, 1956–1960 Mitglied des saarländischen Landtags für die SPS, 1961–1967 Bundestagsabgeordneter der SPD.

ITZENPLITZ, Heinrich Friedrich August, Graf von, (1799–1883), Preußischer Staatsminister für Handel, Gewerbe und öffentliche Arbeiten 1862–1873.

KAISER JOSEPH II., (1741–1790) aus dem Hause Habsburg-Lothringen, Kaiser des Heiligen Römischen Reiches 1765–1790.

KAISER WILHELM I., (1797–1888), Wilhelm Friedrich von Preußen aus dem Hause Hohenzollern, Deutscher Kaiser 1871–1888.

KAISER WILHELM II., (1859–1941), Friedrich Wilhelm Viktor Albert von Preußen aus dem Hause Hohenzollern, Deutscher Kaiser 1888–1918.

KARSTEN, August, Arbeiter, (1888–1981), Reichstagsabgeordneter 1920–1922 für die USPD, 1922–1933 für die SPD).

KETTELER, Wilhelm Emmanuel von, (1811–1877), katholischer Bischof von Mainz, Reichstagsabgeordneter 1871–1872, Mitbegründer der Zentrumspartei, gilt als Mitbegründer der katholischen Soziallehre.

KIESINGER, Kurt Georg, (1904–1988), Jurist, CDU-Politiker, 1958–1966 Ministerpräsident von Baden-Württemberg, 1966–1969 Bundeskanzler der Bundesrepublik Deutschland.

KOHL, Helmut, (1930–2017), CDU-Politiker, 1969–1976 Ministerpräsident von Rheinland-Pfalz, 1982–1996 Bundeskanzler der Bundesrepublik Deutschland.

KOLPING, Adolf, (1813–1865), katholischer Priester, versuchte durch die katholischen Gesellenvereine die sozialen Lebensbedingungen der Handwerksgesellen zu verbessern, Begründer des Kolpingwerkes.

KRÄCKER, Julius, (1839–1888), Sattler, Reichstagsabgeordneter 1881–1888 für die SAPD.

KULERSKI, Wiktor, (1865–1935), Journalist, 1903–1912 Reichstagsabgeordneter der Polnischen Fraktion.

LASKER, Eduard, (1829–1884), Rechtsanwalt, Reichstagsabgeordneter 1871–1884, da von 1871–1881 für die Nationalliberale Partei, 1881–1884 für die Liberale Vereinigung.

Lattmann, Dieter, (1926–2018), Schriftsteller, 1969–1974 Mitbegründer und Vorsitzender des Verbandes deutscher Schriftsteller (VS), 1972–1980 SPD-Bundestagsabgeordneter.

Lehmann, Helmut, (1882–1959), 1914–1933 Vorsitzender des Hauptverbandes deutscher Krankenkassen, seit 1903 SPD–Mitglied, ab 1945 SED-Mitglied, 1949–1950 Mitglied des Politbüros des Parteivorstandes der SED, 1950–1959 Leiter der DDR-Sozialversicherung.

Lesse, Theodor Wilhelm, (1827–1904), Jurist, Reichstagsabgeordneter 1871–1874 für die Nationalliberale Partei.

Ley, Robert, (1890–1945), NSDAP-Politiker, Leiter der Deutschen Arbeitsfront (DAF).

Liebknecht, Karl, (1871–1919), Jurist, Reichstagsabgeordneter 1912–1916 für die SPD, gehörte zum linken marxistischen Flügel der SPD, 1916 Ausschluss aus der SPD, 1918 Mitbegründer des Spartakusbundes und der Kommunistischen Partei Deutschlands.

Litke, Carl, (1893–1962), Steindruckergehilfe, 1928–1933 Reichstagsabgeordneter für die SPD.

Lohmann, Theodor, (1831–1905), Jurist. Als Referent im Reichsamt des Inneren war er ab 1881 entscheidend an dem Aufbau der deutschen Sozialversicherung, insbesondere an dem Entwurf zur Krankenversicherung beteiligt.

Lohren, Arnold, (1836–1901), Fabrikant, Reichstagsabgeordneter 1881–1890 für die Deutsche Reichspartei.

Maiziére, Lothar de, (*1940), 1990 letzter Ministerpräsident der Deutschen Demokratischen Republik.

Maltzahn-Gültz, Helmut von, (1840–1923), Rittergutsbesitzer, Reichstagsabgeordneter 1871–1888 für die Konservative/Deutschkonservative Partei, Staatssekretär im Reichsschatzamt 1888–1893.

Malzahn, Heinrich, (1884–1957), Schlosser, Reichstagsabgeordneter 1920–1924 für die USPD/KPD.

Merbach, Kurt, (1839–1912), Hüttenmeister, Reichstagsabgeordneter 1884–1898 für die Deutsche Reichspartei.

Merkel, Angela geb. Kasner, (*1954), Physikerin, 2005–2021 Bundeskanzlerin der Bundesrepublik Deutschland.

MICHAELIS, Otto, (1826–1890), Jurist, 1862–1867 Abgeordneter des preußischen Abgeordnetenhauses für die Fortschrittspartei, 1867 Abgeordneter des Reichstages des Norddeutschen Bundes für die Nationalliberale Partei, 1867–1876 Vortragender Rat im Bundeskanzleramt.

MÖLLER, Julius Otto Ludwig, (1819–1887), Arzt, Reichstagsabgeordneter 1881–1884 für die Deutsche Fortschrittspartei, 1884–1887 für die Deutsche Freisinnige Partei.

MOLKENBUHR, Hermann, (1851–1927), Zigarrenmacher, Reichstagsabgeordneter 1890–1924 für die SAPD/SPD.

MÜLLER, Hermann (1876–1931), Handlungsgehilfe, Reichstagsabgeordneter der SPD 1916–1918 und 1920–1931, Mitglied der Nationalversammlung 1919–1920, 1919–1920 Reichsaußenminister, 1920 und 1928–1930 Reichskanzler.

MUGDAN, Otto, (1862–1925), Arzt, Reichstagsabgeordneter 1903–1912 für die Freisinnige Volkspartei.

MUSSOLINI, Benito, (1883–1945), faschistischer Führer (Duce del Fascismo), 1922–1943 italienischer Ministerpräsident.

NEDDERMEYER, Robert, (1887–1965), Bauarbeiter, Reichstagsabgeordneter 1924–1928 für die KPD.

NIEBERDING, Rudolf Arnold, (1838–1912), Jurist, 1872–1878 im Reichskanzleramt, zuletzt als Geheimer Oberregierungsrat, 1879–1892 im Reichsamt des Inneren, 1893–1909 Staatssekretär des Reichsjustizamtes und zugleich preußischer Bundesratsbevollmächtigter.

OPPENHEIM, Heinrich Bernhard, (1819–1880), Jurist, Reichstagsabgeordneter 1874–1877 für Nationalliberale Partei.

OW, Hans von, Freiherr von Ow-Wachendorf, (1843–1921), Reichstagsabgeordneter 1878–1890 für die Deutsche Reichspartei.

OBAMA, Barack, (*1961), 44. Präsident der Vereinigten Staaten von Amerika 2009 bis 2017.

PAPEN, Franz von, (1879–1969), 1921–1932 Reichstagsabgeordneter des Zentrums,1932 Reichskanzler, ab 1938 Mitglied der NSDAP, 1938–1944 deutscher Botschafter in der Türkei.

PFEIFFER, Maximilian Josef, (1875–1926), Reichstagsabgeordneter 1907–1918 und 1920–1924 für das Zentrum, 1919–1920 Mitglied der Weimarer Nationalversammlung.

Posadowsky-Wehner, Arthur von, Graf von Posadowsky, Freiherr von Postelwitz, (1845–1932), 1897–1907 Staatssekretär im Reichsamt des Innern und Reichs-Vizekanzler.

Prinz Max von Baden, (1867–1929), vom 3. Oktober 1918 bis 9. November 1918 letzter Reichskanzler des Deutschen Kaiserreichs.

Quarck, Hermann, (1873–1932), Reichstagsabgeordneter 1912–1914 für die Nationalliberale Partei.

Raab, Friedrich Wilhelm Carl Ernst, (1859–1917), Porzellanmaler, Reichstagsabgeordneter 1898–1903 für die Deutschsoziale Reformpartei.

Reichensperger, August, (1808–1895), Jurist, Abgeordneter des Reichstages 1871–1884 für die Zentrumspartei.

Reuter, Ernst, (1889–1953), SPD-Politiker, 1948–1953 erst Oberbürgermeister ab 1950 Regierender Bürgermeister von Berlin.

Richter, Eugen (Hagen), (1838–1906), Schriftsteller, Reichstagsabgeordneter 1871–1884 für die Deutsche Fortschrittspartei, 1884–1893 für die Deutsche Freisinnige Vereinigung.

Sauckel, Fritz, (1894–1946), seit 1927 NSDAP-Gauleiter in Thüringen, 1942–1945 Generalbevollmächtigter für den Arbeitseinsatz, als Hauptverantwortlicher für die Zwangsarbeit im Dritten Reich in Nürnberg zum Tode verurteilt.

Scheidemann, Philipp, (1865–1939), Schriftsetzer, Redakteur, Reichstagsabgeordneter 1903–1918 für die SPD, 1918 Mitglied des Rates der Volksbeauftragten, 1919–1920 Mitglied der Weimarer Nationalversammlung, 1919 Reichsministerpräsident, 1920–1933 Reichstagsabgeordneter für die SPD.

Schellenberg, Ernst, (1907–1984), Versicherungsfachmann, 1929–1933 KPD-Mitglied, ab 1948 SPD-Mitglied, 1945–1949 Direktor der VAB für Groß-Berlin, 1949–1957 Direktor der VAB (West), 1952–1976 Berliner Bundestagsabgeordneter der SPD.

Schirach, Baldur von, (1907–1974), Reichsjugendführer der NSDAP, Jugendführer des Deutschen Reiches.

Schmidt, Helmut, (1918–2015), SPD-Politiker, 1974–1982 Bundeskanzler der Bundesrepublik Deutschland.

Schmoller, Gustav Friedrich von, (1838–1917), Ökonom und Sozialwissenschaftler, Vertreter der jüngeren historischen Schule der Nationalökonomie.

Als Mitbegründer des Vereins für Sozialpolitik 1872 gehörte er zu den „Kathedersozialisten" und zu den gemäßigten konservativen Sozialreformern.

Scholz, Adolf Heinrich Wilhelm von, (1833–1924), 1879–1882 Leiter des Reichsschatzamtes, 1882–1890 preußischer Finanzminister.

Schrader, Karl, (1834–1913), Jurist, Reichstagsabgeordneter 1881–1884 für die Liberale Vereinigung, 1884–1893 für die Deutsche Freisinnige Partei, 1893–1910 für die Freisinnige Vereinigung, 1910–1912 für die Fortschrittliche Volkspartei.

Schreiber, Walther, (1884–1958), als DDP-Mitglied 1925–1932 preußischer Handelsminister, ab 1945 CDU-Mitglied, 1953–1955 Regierender Bürgermeister von Berlin.

Schröder, Gerhard, (*1944), SPD-Politiker, 1990–1998 Ministerpräsident von Niedersachsen, 1998–2005 Bundeskanzler der Bundesrepublik Deutschland.

Schulze (-Delitzsch), Hermann, (1808–1883), Jurist, Reichstagsabgeordneter 1871–1883 für die Deutsche Fortschrittspartei.

Seldte, Franz, (1882–1947), Unternehmer, NSDAP-Politiker, Mitbegründer des „Stahlhelm", 1933–1945 Reichsarbeitsminister.

Silberschmidt, Hermann, (1866–1927), Maurer, SPD-Reichstagsabgeordneter 1912–1918 und 1920–1927, 1919–1920 Mitglied der Nationalversammlung.

Singer, Paul, (1844–1911), Kaufmann, Reichstagsabgeordneter 1884–1911 für die SAPD/SPD, seit 1890 Fraktionsvorsitzender dieser Partei.

Spahn, Peter, (1846–1925), Jurist, Reichstagsabgeordneter 1884–1917 für das Zentrum.

Speer, Albert, (1905–1981), Architekt, Nationalsozialist, ab 1937 Generalbauinspektor für die Reichshauptstadt, 1942–1945 Reichsminister für Bewaffnung und Munition, Leiter der Organisation Todt, Generalinspektor für Festungsbau und Generalinspektor für Wasser und Energie.

Stadthagen, Arthur, (1857–1917), Schriftsteller, Reichstagsabgeordneter 1890–1917 für die SPD.

Stoecker, Adolf, (1835–1909), evangelischer Hofprediger, 1878 Gründer der Christlich-Sozialen Arbeiterpartei.

Strombeck, Josef von, (1830–1915), Jurist, Reichstagsabgeordneter 1884–1912 für die Zentrumspartei.

Stumm, Carl Ferdinand, Freiherr von Stumm-Halberg, (1836–1901) saarländischer Industrieller, Reichstagsabgeordneter 1871–1881 und 1889–1901 für die Deutsche Reichspartei.

Suhr, Otto, (1894–1957), SPD-Politiker, Mitglied des Parlamentarischen Rates, 1955–1957 Regierender Bürgermeister von Berlin.

Syrup, Friedrich, (1881–1945), Jurist, 1927–1938 Präsident der Reichsanstalt für Arbeitsvermittlung und Arbeitslosenversicherung, 1932–1933 Reichsarbeitsminister, 1942–1945 Generalbevollmächtigter für den Arbeitseinsatz.

Trimborn, Karl, (1854–1921), Jurist, Reichstagsabgeordneter 1896–1918 für das Zentrum, 1920–1921 Reichstagsabgeordneter der Weimarer Republik für das Zentrum.

Uhden, Otto, (1827–1908), Reichstagsabgeordneter 1871–1898 für die Konservative Partei.

Völk, Franz Joseph, (1819–1882), Rechtsanwalt, Reichstagsabgeordneter 1871–1881, davon 1871–1874 Liberale Reichspartei, 1874–1881 Nationalliberale Partei.

Wagner, Adolph, (1835–1917), Wirtschafts- und Finanzwissenschaftler, als Mitglied des Vereins für Sozialpolitik war er ein „Kathedersozialist" und galt als Vertreter des Staatssozialismus.

Wedell-Malchow, Friedrich von, (1823–1890), Rittergutsbesitzer, Reichstagsmitglied 1871–1874 und 1877–1890 für die Konservative / Deutschkonservative Partei.

Weinberg, Harald, (*1957), 2009–2021 Bundestagsabgeordneter der Partei Die Linke.

Werner Arthur, (1877–1967), Bauingenieur, 1945–1946 parteiloser erster Bürgermeister von Groß-Berlin.

Wichern, Johann Hinrich, (1808–1881), evangelischer Theologe, Gründer der Inneren Mission der evangelischen Kirche.

Widmann-Mauz, Annette, (*1966), seit 1998 CDU-Bundestagsabgeordnete, 2009–2018 Parlamentarische Staatssekretärin im Gesundheitsministerium, 2018–2021 Beauftragte der Bundesregierung für Migration, Flüchtlinge und Integration.

Windthorst, Ludwig Johann Ferdinand Gustav, (1812–1891), Reichstagsabgeordneter 1871–1891, führendes Mitglied der Zentrumspartei.

Wissell, Rudolf, (1869–1962), Reichstagsabgeordneter 1918 für die SPD, Mitglied im Rate der Volksbeauftragten 1918–1919, Mitglied der Weimarer Nationalversammlung 1919–1920, Reichstagsabgeordneter 1920–1933, Reichsarbeitsminister 1928–1930.

Juristische Zeitgeschichte

Herausgeber: Prof. Dr. Dr. Dr. h.c. Thomas Vormbaum, FernUniversität in Hagen

Abteilung 1: Allgemeine Reihe

1 *Thomas Vormbaum (Hrsg.):* Die Sozialdemokratie und die Entstehung des Bürgerlichen Gesetzbuchs. Quellen aus der sozialdemokratischen Partei und Presse (1997)
2 *Heiko Ahlbrecht:* Geschichte der völkerrechtlichen Strafgerichtsbarkeit im 20. Jahrhundert (1999)
3 *Dominik Westerkamp:* Pressefreiheit und Zensur im Sachsen des Vormärz (1999)
4 *Wolfgang Naucke:* Über die Zerbrechlichkeit des rechtsstaatlichen Strafrechts. Gesammelte Aufsätze zur Strafrechtsgeschichte (2000)
5 *Jörg Ernst August Waldow:* Der strafrechtliche Ehrenschutz in der NS-Zeit (2000)
6 *Bernhard Diestelkamp:* Rechtsgeschichte als Zeitgeschichte. Beiträge zur Rechtsgeschichte des 20. Jahrhunderts (2001)
7 *Michael Damnitz:* Bürgerliches Recht zwischen Staat und Kirche. Mitwirkung der Zentrumspartei am Bürgerlichen Gesetzbuch (2001)
8 *Massimo Nobili:* Die freie richterliche Überzeugungsbildung. Reformdiskussion und Gesetzgebung in Italien, Frankreich und Deutschland seit dem Ausgang des 18. Jahrhunderts (2001)
9 *Diemut Majer:* Nationalsozialismus im Lichte der Juristischen Zeitgeschichte (2002)
10 *Bianca Vieregge:* Die Gerichtsbarkeit einer „Elite“. Nationalsozialistische Rechtsprechung am Beispiel der SS- und Polizeigerichtsbarkeit (2002)
11 *Norbert Berthold Wagner:* Die deutschen Schutzgebiete (2002)
12 *Miloš Vec:* Die Spur des Täters. Methoden der Identifikation in der Kriminalistik (1879–1933), (2002)
13 *Christian Amann:* Ordentliche Jugendgerichtsbarkeit und Justizalltag im OLG-Bezirk Hamm von 1939 bis 1945 (2003)
14 *Günter Gribbohm:* Das Reichskriegsgericht (2004)
15 *Martin M. Arnold:* Pressefreiheit und Zensur im Baden des Vormärz. Im Spannungsfeld zwischen Bundestreue und Liberalismus (2003)
16 *Ettore Dezza:* Beiträge zur Geschichte des modernen italienischen Strafrechts (2004)
17 *Thomas Vormbaum (Hrsg.):* „Euthanasie“ vor Gericht. Die Anklageschrift des Generalstaatsanwalts beim OLG Frankfurt/M. gegen Werner Heyde u. a. vom 22. Mai 1962 (2005)
18 *Kai Cornelius:* Vom spurlosen Verschwindenlassen zur Benachrichtigungspflicht bei Festnahmen (2006)
19 *Kristina Brümmer-Pauly:* Desertion im Recht des Nationalsozialismus (2006)
20 *Hanns-Jürgen Wiegand:* Direktdemokratische Elemente in der deutschen Verfassungsgeschichte (2006)
21 *Hans-Peter Marutschke (Hrsg.):* Beiträge zur modernen japanischen Rechtsgeschichte (2006)
22 *Katrin Stoll:* Die Herstellung der Wahrheit (2011)

23 *Thorsten Kurtz:* Das Oberste Rückerstattungsgericht in Herford (2014)
24 *Sebastian Schermaul:* Die Umsetzung der Karlsbader Beschlüsse an der Universität Leipzig 1819–1848 (2013)
25 *Minoru Honda:* Beiträge zur Geschichte des japanischen Strafrechts (2020)
26 *Michael Seiters:* Das strafrechtliche Schuldprinzip. Im Spannungsfeld zwischen philosophischem, theologischem und juridischem Verständnis von Schuld (2020)
27 *Hannes Ludyga*: Rechtsgeschichte Saarbrückens im 20. Jahrhundert (2022)
28 *Wolfgang Naucke*: Strafrecht als Teil politischer Macht. Beiträge zur juristischen Zeitgeschichte (2023)

Abteilung 2: Forum Juristische Zeitgeschichte

1 *Franz-Josef Düwell / Thomas Vormbaum (Hrsg.):* Themen juristischer Zeitgeschichte (1) – Schwerpunktthema: Recht und Nationalsozialismus (1998)
2 *Karl-Heinz Keldungs:* Das Sondergericht Duisburg 1943–1945 (1998)
3 *Franz-Josef Düwell / Thomas Vormbaum (Hrsg.):* Themen juristischer Zeitgeschichte (2) – Schwerpunktthema: Recht und Juristen in der Revolution von 1848/49 (1998)
4 *Thomas Vormbaum:* Beiträge zur juristischen Zeitgeschichte (1999)
5 *Franz-Josef Düwell / Thomas Vormbaum:* Themen juristischer Zeitgeschichte (3), (1999)
6 *Thomas Vormbaum (Hrsg.):* Themen juristischer Zeitgeschichte (4), (2000)
7 *Frank Roeser:* Das Sondergericht Essen 1942–1945 (2000)
8 *Heinz Müller-Dietz:* Recht und Nationalsozialismus – Gesammelte Beiträge (2000)
9 *Franz-Josef Düwell (Hrsg.):* Licht und Schatten. Der 9. November in der deutschen Geschichte und Rechtsgeschichte – Symposium der Arnold-Freymuth-Gesellschaft, Hamm (2000)
10 *Bernd-Rüdiger Kern / Klaus-Peter Schroeder (Hrsg.):* Eduard von Simson (1810–1899). „Chorführer der Deutschen“ und erster Präsident des Reichsgerichts (2001)
11 *Norbert Haase / Bert Pampel (Hrsg.):* Die Waldheimer „Prozesse“ – fünfzig Jahre danach. Dokumentation der Tagung der Stiftung Sächsische Gedenkstätten am 28. und 29. September in Waldheim (2001)
12 *Wolfgang Form (Hrsg.):* Literatur- und Urteilsverzeichnis zum politischen NS-Strafrecht (2001)
13 *Sabine Hain:* Die Individualverfassungsbeschwerde nach Bundesrecht (2002)
14 *Gerhard Pauli / Thomas Vormbaum (Hrsg.):* Justiz und Nationalsozialismus – Kontinuität und Diskontinuität. Fachtagung in der Justizakademie des Landes NRW, Recklinghausen, am 19. und 20. November 2001 (2003)
15 *Mario Da Passano (Hrsg.):* Europäische Strafkolonien im 19. Jahrhundert. Internationaler Kongreß des Dipartimento di Storia der Universität Sassari und des Parco nazionale di Asinara, Porto Torres, 25. Mai 2001 (2006)
16 *Sylvia Kesper-Biermann / Petra Overath (Hrsg.):* Die Internationalisierung von Strafrechtswissenschaft und Kriminalpolitik (1870–1930). Deutschland im Vergleich (2007)
17 *Hermann Weber (Hrsg.):* Literatur, Recht und Musik. Tagung im Nordkolleg Rendsburg vom 16. bis 18. September 2005 (2007)

18 *Hermann Weber (Hrsg.):* Literatur, Recht und (bildende) Kunst. Tagung im Nordkolleg Rendsburg vom 21. bis 23. September 2007 (2008)
19 *Francisco Muñoz Conde / Thomas Vormbaum (Hrsg.):* Transformation von Diktaturen in Demokratien und Aufarbeitung der Vergangenheit (2010)
20 *Kirsten Scheiwe / Johanna Krawietz* (Hrsg.): (K)Eine Arbeit wie jede andere? Die Regulierung von Arbeit im Privathaushalt (2014)
21 *Helmut Irmen:* Das Sondergericht Aachen 1941–1945 (2018)

Abteilung 3: Beiträge zur modernen deutschen Strafgesetzgebung. Materialien zu einem historischen Kommentar

1 *Thomas Vormbaum / Jürgen Welp (Hrsg.):* Das Strafgesetzbuch seit 1870. Sammlung der Änderungen und Neubekanntmachungen; fünf Textbände (1999–2017) und drei Supplementbände (2005, 2006)
2 *Christian Müller:* Das Gewohnheitsverbrechergesetz vom 24. November 1933. Kriminalpolitik als Rassenpolitik (1998)
3 *Maria Meyer-Höger:* Der Jugendarrest. Entstehung und Weiterentwicklung einer Sanktion (1998)
4 *Kirsten Gieseler:* Unterlassene Hilfeleistung – § 323c StGB. Reformdiskussion und Gesetzgebung seit 1870. (1999)
5 *Robert Weber:* Die Entwicklung des Nebenstrafrechts 1871–1914 (1999)
6 *Frank Nobis:* Die Strafprozeßgesetzgebung der späten Weimarer Republik (2000)
7 *Karsten Felske:* Kriminelle und terroristische Vereinigungen – §§ 129, 129a StGB (2002)
8 *Ralf Baumgarten:* Zweikampf – §§ 201–210 a.F. StGB (2003)
9 *Felix Prinz:* Diebstahl – §§ 242 ff. StGB (2003)
10 *Werner Schubert / Thomas Vormbaum (Hrsg.):* Entstehung des Strafgesetzbuchs. Kommissionsprotokolle und Entwürfe. Band 1: 1869 (2002); Band 2: 1870 (2004)
11 *Lars Bernhard:* Falsche Verdächtigung (§§ 164, 165 StGB) und Vortäuschen einer Straftat (§ 145d StGB), (2003)
12 *Frank Korn:* Körperverletzungsdelikte – §§ 223 ff., 340 StGB. Reformdiskussion und Gesetzgebung von 1870 bis 1933 (2003)
13 *Christian Gröning:* Körperverletzungsdelikte – §§ 223 ff., 340 StGB. Reformdiskussion und Gesetzgebung seit 1933 (2004)
14 *Sabine Putzke:* Die Strafbarkeit der Abtreibung in der Kaiserzeit und in der Weimarer Zeit. Eine Analyse der Reformdiskussion und der Straftatbestände in den Reformentwürfen (1908–1931), (2003)
15 *Eckard Voßiek:* Strafbare Veröffentlichung amtlicher Schriftstücke (§ 353d Nr. 3 StGB). Gesetzgebung und Rechtsanwendung seit 1851 (2004)
16 *Stefan Lindenberg:* Brandstiftungsdelikte – §§ 306 ff. StGB. Reformdiskussion und Gesetzgebung seit 1870 (2004)
17 *Ninette Barreneche†:* Materialien zu einer Strafrechtsgeschichte der Münchener Räterepublik 1918/1919 (2004)
18 *Carsten Thiel:* Rechtsbeugung – § 339 StGB. Reformdiskussion und Gesetzgebung seit 1870 (2005)

19 *Vera Große-Vehne:* Tötung auf Verlangen (§ 216 StGB), „Euthanasie“ und Sterbehilfe. Reformdiskussion und Gesetzgebung seit 1870 (2005)
20 *Thomas Vormbaum / Kathrin Rentrop (Hrsg.):* Reform des Strafgesetzbuchs. Sammlung der Reformentwürfe. Band 1: 1909 bis 1919. Band 2: 1922 bis 1939. Band 3: 1959 bis 1996 (2008)
21 *Dietmar Prechtel:* Urkundendelikte (§§ 267 ff. StGB). Reformdiskussion und Gesetzgebung seit 1870 (2005)
22 *Ilya Hartmann:* Prostitution, Kuppelei, Zuhälterei. Reformdiskussion und Gesetzgebung seit 1870 (2006)
23 *Ralf Seemann:* Strafbare Vereitelung von Gläubigerrechten (§§ 283 ff., 288 StGB). Reformdiskussion und Gesetzgebung seit 1870 (2006)
24 *Andrea Hartmann:* Majestätsbeleidigung (§§ 94 ff. StGB a.F.) und Verunglimpfung des Staatsoberhauptes (§ 90 StGB). Reformdiskussion und Gesetzgebung seit dem 19. Jahrhundert (2006)
25 *Christina Rampf:* Hausfriedensbruch (§ 123 StGB). Reformdiskussion und Gesetzgebung seit 1870 (2006)
26 *Christian Schäfer:* „Widernatürliche Unzucht“ (§§ 175, 175a, 175b, 182, a.F. StGB). Reformdiskussion und Gesetzgebung seit 1945 (2006)
27 *Kathrin Rentrop:* Untreue und Unterschlagung (§§ 266 und 246 StGB). Reformdiskussion und Gesetzgebung seit dem 19. Jahrhundert (2007)
28 *Martin Asholt:* Straßenverkehrsstrafrecht. Reformdiskussion und Gesetzgebung seit dem Ausgang des 19. Jahrhunderts (2007)
29 *Katharina Linka:* Mord und Totschlag (§§ 211–213 StGB). Reformdiskussion und Gesetzgebung seit 1870 (2008)
30 *Juliane Sophia Dettmar:* Legalität und Opportunität im Strafprozess. Reformdiskussion und Gesetzgebung von 1877 bis 1933 (2008)
31 *Jürgen Durynek:* Korruptionsdelikte (§§ 331 ff. StGB). Reformdiskussion und Gesetzgebung seit dem 19. Jahrhundert (2008)
32 *Judith Weber:* Das sächsische Strafrecht im 19. Jahrhundert bis zum Reichsstrafgesetzbuch (2009)
33 *Denis Matthies:* Exemplifikationen und Regelbeispiele. Eine Untersuchung zum 100-jährigen Beitrag von Adolf Wach zur „Legislativen Technik“ (2009)
34 *Benedikt Rohrßen:* Von der „Anreizung zum Klassenkampf“ zur „Volksverhetzung“ (§ 130 StGB). Reformdiskussion und Gesetzgebung seit dem 19. Jahrhundert (2009)
35 *Friederike Goltsche:* Der Entwurf eines Allgemeinen Deutschen Strafgesetzbuches von 1922 (Entwurf Radbruch) (2010)
36 *Tarig Elobied:* Die Entwicklung des Strafbefehlsverfahrens von 1846 bis in die Gegenwart (2010)
37 *Christina Müting:* Sexuelle Nötigung; Vergewaltigung (§ 177 StGB) (2010)
38 *Nadeschda Wilkitzki:* Entstehung des Gesetzes über Internationale Rechtshilfe in Strafsachen (IRG) (2010)
39 *André Brambring:* Kindestötung (§ 217 a.F. StGB). Reformdiskussion und Gesetzgebung seit 1870 (2010)
40 *Wilhelm Rettler:* Der strafrechtliche Schutz des sozialistischen Eigentums in der DDR (2010)
41 *Yvonne Hötzel:* Debatten um die Todesstrafe in der Bundesrepublik Deutschland von 1949 bis 1990 (2010)

42 *Dagmar Kolbe:* Strafbarkeit im Vorfeld und im Umfeld der Teilnahme (§§ 88a, 110, 111, 130a und 140 StGB). Reformdiskussion und Gesetzgebung seit dem 19. Jahrhundert (2011)
43 *Sami Bdeiwi:* Beischlaf zwischen Verwandten (§ 173 StGB). Reform und Gesetzgebung seit 1870 (2014)
44 *Michaela Arnold:* Verfall, Einziehung und Unbrauchbarmachung (§§ 73 bis 76a StGB). Reformdiskussion und Gesetzgebung seit dem 19. Jahrhundert (2015)
45 *Andrea Schurig:* „Republikflucht" (§§ 213, 214 StGB/DDR). Gesetzgeberische Entwicklung, Einfluss des MfS und Gerichtspraxis am Beispiel von Sachsen (2016)
46 *Sandra Knaudt:* Das Strafrecht im Großherzogtum Hessen im 19. Jahrhundert bis zum Reichsstrafgesetzbuch (2017)
47 *Michael Rudlof:* Das Gesetz zur Strafbarkeit der geschäftsmäßigen Förderung der Selbsttötung (§ 217 StGB nF.) (2018)
48 *Karl Müller:* Steuerhinterziehung (§§ 370, 371 AO). Gesetzgebung und Reformdiskussion seit dem 19. Jahrhundert (2018)
49 *Katharina Kühne:* Die Entwicklung des Internetstrafrechts unter besonderer Berücksichtigung der §§ 202a–202c StGB sowie § 303a und § 303b StGB (2018)
50 *Benedikt Beßmann:* Das Strafrecht des Herzogtums Braunschweig im 19. Jahrhundert bis zum Reichsstrafgesetzbuch (2019)
51 *Josef Roth:* Die Entwicklung des Weinstrafrechts seit 1871 (2020)
52 *Arne Fischer*: Die Legitimität des Sportwettbetrugs (§ 265c StGB). Unter besonderer Berücksichtigung des „Rechtsguts" Integrität des Sports (2020)
53 *Julius Hagen:* Die Nebenklage im Gefüge strafprozessualer Verletztenbeteiligung. Der Weg in die viktimäre Gesellschaft. Gesetzgebung und Reformdiskurs seit 1870 (2021)
54 *Teresa Frank:* Die Wiederaufnahme zuungunsten des Angeklagten im Strafverfahren. Reformdiskussion und Gesetzgebung seit dem Neunzehnten Jahrhundert (2022)

Abteilung 4: Leben und Werk. Biographien und Werkanalysen

1 *Mario A. Cattaneo:* Karl Grolmans strafrechtlicher Humanismus (1998)
2 *Gerit Thulfaut:* Kriminalpolitik und Strafrechtstheorie bei Edmund Mezger (2000)
3 *Adolf Laufs:* Persönlichkeit und Recht. Gesammelte Aufsätze (2001)
4 *Hanno Durth:* Der Kampf gegen das Unrecht. Gustav Radbruchs Theorie eines Kulturverfassungsrechts (2001)
5 *Volker Tausch:* Max Güde (1902–1984). Generalbundesanwalt und Rechtspolitiker (2002)
6 *Bernd Schmalhausen:* Josef Neuberger (1902–1977). Ein Leben für eine menschliche Justiz (2002)
7 *Wolf Christian von Arnswald:* Savigny als Strafrechtspraktiker. Ministerium für die Gesetzesrevision (1842–1848), (2003)
8 *Thilo Ramm:* Ferdinand Lassalle. Der Revolutionär und das Recht (2004)
9 *Martin D. Klein:* Demokratisches Denken bei Gustav Radbruch (2007)
10 *Francisco Muñoz Conde:* Edmund Mezger – Beiträge zu einem Juristenleben (2007)

11 *Whitney R. Harris:* Tyrannen vor Gericht. Das Verfahren gegen die deutschen Hauptkriegsverbrecher nach dem Zweiten Weltkrieg in Nürnberg 1945–1946 (2008)
12 *Eric Hilgendorf (Hrsg.):* Die deutschsprachige Strafrechtswissenschaft in Selbstdarstellungen (2010)
13 *Tamara Cipolla:* Friedrich Karl von Strombeck. Leben und Werk – Unter besonderer Berücksichtigung des Entwurfes eines Strafgesetzbuches für ein Norddeutsches Staatsgebiet (2010)
14 *Karoline Peters:* J.D.H. Temme und das preußische Strafverfahren in der Mitte des 19. Jahrhunderts (2010)
15 *Eric Hilgendorf (Hrsg.):* Die ausländische Strafrechtswissenschaft in Selbstdarstellungen. Die internationale Rezeption des deutschen Strafrechts (2019)
16 *Hannes Ludyga:* Otto Kahn-Freund (1900–1979). Ein Arbeitsrechtler in der Weimarer Zeit (2016)
17 *Rudolf Bastuck:* Rudolf Wassermann. Vision und Umsetzung einer inneren Justizreform (2020)
18 *Eric Hilgendorf (Hrsg.):* Die deutschsprachige Strafrechtswissenschaft in Selbstdarstellungen II (2021)
19 *Hannes Ludyga*: Franz Mestitz (1904–1994) (2024)

Abteilung 5: Juristisches Zeitgeschehen. Rechtspolitik und Justiz aus zeitgenössischer Perspektive

Mitherausgegeben von Gisela Friedrichsen („Der Spiegel“) und RA Prof. Dr. Franz Salditt

1 *Diether Posser:* Anwalt im Kalten Krieg. Ein Stück deutscher Geschichte in politischen Prozessen 1951–1968. 3. Auflage (1999)
2 *Jörg Arnold (Hrsg.):* Strafrechtliche Auseinandersetzung mit Systemvergangenheit am Beispiel der DDR (2000)
3 *Thomas Vormbaum (Hrsg.):* Vichy vor Gericht: Der Papon-Prozeß (2000)
4 *Heiko Ahlbrecht / Kai Ambos (Hrsg.):* Der Fall Pinochet(s). Auslieferung wegen staatsverstärkter Kriminalität? (1999)
5 *Oliver Franz:* Ausgehverbot für Jugendliche („Juvenile Curfew“) in den USA. Reformdiskussion und Gesetzgebung seit dem 19. Jahrhundert (2000)
6 *Gabriele Zwiehoff (Hrsg.):* „Großer Lauschangriff“. Die Entstehung des Gesetzes zur Änderung des Grundgesetzes vom 26. März 1998 und des Gesetzes zur Änderung der Strafprozeßordnung vom 4. Mai 1998 in der Presseberichterstattung 1997/98 (2000)
7 *Mario A. Cattaneo:* Strafrechtstotalitarismus. Terrorismus und Willkür (2001)
8 *Gisela Friedrichsen / Gerhard Mauz:* Er oder sie? Der Strafprozeß Böttcher/Weimar. Prozeßberichte 1987 bis 1999 (2001)
9 *Heribert Prantl / Thomas Vormbaum (Hrsg.):* Juristisches Zeitgeschehen 2000 in der Süddeutschen Zeitung (2001)
10 *Helmut Kreicker:* Art. 7 EMRK und die Gewalttaten an der deutsch-deutschen Grenze (2002)

11 *Heribert Prantl / Thomas Vormbaum (Hrsg.):* Juristisches Zeitgeschehen 2001 in der Süddeutschen Zeitung (2002)
12 *Henning Floto:* Der Rechtsstatus des Johanniterordens. Eine rechtsgeschichtliche und rechtsdogmatische Untersuchung zum Rechtsstatus der Balley Brandenburg des ritterlichen Ordens St. Johannis vom Spital zu Jerusalem (2003)
13 *Heribert Prantl / Thomas Vormbaum (Hrsg.):* Juristisches Zeitgeschehen 2002 in der Süddeutschen Zeitung (2003)
14 *Kai Ambos / Jörg Arnold (Hrsg.):* Der Irak-Krieg und das Völkerrecht (2004)
15 *Heribert Prantl / Thomas Vormbaum (Hrsg.)*: Juristisches Zeitgeschehen 2003 in der Süddeutschen Zeitung (2004)
16 *Sascha Rolf Lüder:* Völkerrechtliche Verantwortlichkeit bei Teilnahme an „Peace-keeping"-Missionen der Vereinten Nationen (2004)
17 *Heribert Prantl / Thomas Vormbaum (Hrsg.)*: Juristisches Zeitgeschehen 2004 in der Süddeutschen Zeitung (2005)
18 *Christian Haumann:* Die „gewichtende Arbeitsweise" der Finanzverwaltung. Eine Untersuchung über die Aufgabenerfüllung der Finanzverwaltung bei der Festsetzung der Veranlagungssteuern (2008)
19 *Asmerom Ogbamichael:* Das neue deutsche Geldwäscherecht (2011)
20 *Lars Chr. Barnewitz:* Die Entschädigung der Freimaurerlogen nach 1945 und nach 1989 (2011)
21 *Ralf Gnüchtel:* Jugendschutztatbestände im 13. Abschnitt des StGB (2013)
22 *Helmut Irmen:* Stasi und DDR-Militärjustiz. Der Einfluss des MfS auf Militärjustiz und Militärstrafvollzug in der DDR (2014)
23 *Pascal Johann:* Möglichkeiten und Grenzen des neuen Vermögenschabschöpfungsrechts. Eine Untersuchung zur vorläufigen Sicherstellung und der Einziehung von Vermögen unklarer Herkunft (2019)
24 *Zekai Dağaşan:* Das Ansehen des Staates im türkischen und deutschen Strafrecht (2015)
25 *Camilla Bertheau:* Politisch unwürdig? Entschädigung von Kommunisten für nationalsozialistische Gewaltmaßnahmen. Bundesdeutsche Gesetzgebung und Rechtsprechung der 50er Jahre (2016)
26 *Anja J. Weissbrodt:* Etwas Besseres als den Tod – Aktuelle Regelung der Suizidbeihilfe und ihre Auswirkungen auf die Ärzteschaft (2021)

Abteilung 6: Recht in der Kunst – Kunst im Recht

Mitherausgegeben von Prof. Dr. Gunter Reiß
und Prof. Dr. Anja Schiemann

1 *Heinz Müller-Dietz:* Recht und Kriminalität im literarischen Widerschein. Gesammelte Aufsätze (1999)
2 *Klaus Lüderssen (Hrsg.):* »Die wahre Liberalität ist Anerkennung«. Goethe und die Juris prudenz (1999)
3 *Bertolt Brecht:* Die Dreigroschenoper (1928) / Dreigroschenroman (1934). Mit Kommentaren von Iring Fetscher und Bodo Plachta (2001)
4 *Annette von Droste-Hülshoff:* Die Judenbuche (1842) / Die Vergeltung (1841). Mit Kommentaren von Heinz Holzhauer und Winfried Woesler (2000)

5 *Theodor Fontane:* Unterm Birnbaum (1885). Mit Kommentaren von Hugo Aust und Klaus Lüderssen (2001)
6 *Heinrich von Kleist:* Michael Kohlhaas (1810). Mit Kommentaren von Wolfgang Naucke und Joachim Linder (2000)
7 *Anja Sya:* Literatur und juristisches Erkenntnisinteresse. Joachim Maass' Roman „Der Fall Gouffé" und sein Verhältnis zu der historischen Vorlage (2001)
8 *Heiner Mückenberger:* Theodor Storm – Dichter und Richter. Eine rechtsgeschichtliche Lebensbeschreibung (2001)
9 *Hermann Weber (Hrsg.):* Annäherung an das Thema „Recht und Literatur". Recht, Literatur und Kunst in der NJW (1), (2002)
10 *Hermann Weber (Hrsg.):* Juristen als Dichter. Recht, Literatur und Kunst in der NJW (2), (2002)
11 *Hermann Weber (Hrsg.):* Prozesse und Rechtsstreitigkeiten um Recht, Literatur und Kunst. Recht, Literatur und Kunst in der NJW (3), (2002)
12 *Klaus Lüderssen:* Produktive Spiegelungen. 2., erweiterte Auflage (2002)
13 *Lion Feuchtwanger:* Erfolg. Drei Jahre Geschichte einer Provinz. Roman (1929). Mit Kommentaren von Theo Rasehorn und Ernst Ribbat (2002)
14 *Jakob Wassermann:* Der Fall Maurizius. Roman (1928). Mit Kommentaren von Thomas Vormbaum und Regina Schäfer (2003)
15 *Hermann Weber (Hrsg.):* Recht, Staat und Politik im Bild der Dichtung. Recht, Literatur und Kunst in der Neuen Juristischen Wochenschrift (4), (2003)
16 *Hermann Weber (Hrsg.):* Reale und fiktive Kriminalfälle als Gegenstand der Literatur. Recht, Literatur und Kunst in der Neuen Juristischen Wochenschrift (5), (2003)
17 *Karl Kraus:* Sittlichkeit und Kriminalität. (1908). Mit Kommentaren von Helmut Arntzen und Heinz Müller-Dietz (2004)
18 *Hermann Weber (Hrsg.):* Dichter als Juristen. Recht, Literatur und Kunst in der Neuen Juristischen Wochenschrift (6), (2004)
19 *Hermann Weber (Hrsg.):* Recht und Juristen im Bild der Literatur. Recht, Literatur und Kunst in der Neuen Juristischen Wochenschrift (7), (2005)
20 *Heinrich von Kleist:* Der zerbrochne Krug. Ein Lustspiel (1811). Mit Kommentaren von Michael Walter und Regina Schäfer (2005)
21 *Francisco Muñoz Conde / Marta Muñoz Aunión:* „Das Urteil von Nürnberg". Juristischer und filmwissenschaftlicher Kommentar zum Film von Stanley Kramer (1961), (2006)
22 *Fjodor Dostojewski:* Aufzeichnungen aus einem Totenhaus (1860). Mit Kommentaren von Heinz Müller-Dietz und Dunja Brötz (2005)
23 *Thomas Vormbaum (Hrsg.):* Anton Matthias Sprickmann. Dichter und Jurist. Mit Kommentaren von Walter Gödden, Jörg Löffler und Thomas Vormbaum (2006)
24 *Friedrich Schiller:* Verbrecher aus Infamie (1786). Mit Kommentaren von Heinz Müller-Dietz und Martin Huber (2006)
25 *Franz Kafka:* Der Proceß. Roman (1925). Mit Kommentaren von Detlef Kremer und Jörg Tenckhoff (2006)
26 *Heinrich Heine:* Deutschland. Ein Wintermährchen. Geschrieben im Januar 1844. Mit Kommentaren von Winfried Woesler und Thomas Vormbaum (2006)

27 *Thomas Vormbaum (Hrsg.):* Recht, Rechtswissenschaft und Juristen im Werk Heinrich Heines (2006)
28 *Heinz Müller-Dietz:* Recht und Kriminalität in literarischen Spiegelungen (2007)
29 *Alexander Puschkin:* Pique Dame (1834). Mit Kommentaren von Barbara Aufschnaiter/Dunja Brötz und Friedrich-Christian Schroeder (2007)
30 *Georg Büchner:* Danton's Tod. Dramatische Bilder aus Frankreichs Schreckensherrschaft. Mit Kommentaren von Sven Kramer und Bodo Pieroth (2007)
31 *Daniel Halft:* Die Szene wird zum Tribunal! Eine Studie zu den Beziehungen von Recht und Literatur am Beispiel des Schauspiels „Cyankali" von Friedrich Wolf (2007)
32 *Erich Wulffen:* Kriminalpsychologie und Psychopathologie in Schillers Räubern (1907). Herausgegeben von Jürgen Seul (2007)
33 *Klaus Lüderssen:* Produktive Spiegelungen: Recht in Literatur, Theater und Film. Band II (2007)
34 *Albert Camus:* Der Fall. Roman (1956). Mit Kommentaren von Brigitte Sändig und Sven Grotendiek (2008)
35 *Thomas Vormbaum (Hrsg.):* Pest, Folter und Schandsäule. Der Mailänder Prozess wegen „Pestschmierereien" in Rechtskritik und Literatur. Mit Kommentaren von Ezequiel Malarino und Helmut C. Jacobs (2008)
36 *E.T.A. Hoffmann:* Das Fräulein von Scuderi – Erzählung aus dem Zeitalter Ludwigs des Vierzehnten (1819). Mit Kommentaren von Heinz Müller-Dietz und Marion Bönnighausen (2010)
37 *Leonardo Sciascia:* Der Tag der Eule. Mit Kommentaren von Gisela Schlüter und Daniele Negri (2010)
38 *Franz Werfel:* Eine blaßblaue Frauenschrift. Novelle (1941). Mit Kommentaren von Matthias Pape und Wilhelm Brauneder (2011)
39 *Thomas Mann:* Das Gesetz. Novelle (1944). Mit Kommentaren von Volker Ladenthin und Thomas Vormbaum (2013)
40 *Theodor Storm:* Ein Doppelgänger. Novelle (1886) (2013)
41 *Dorothea Peters:* Der Kriminalrechtsfall ‚Kaspar Hauser' und seine Rezeption in Jakob Wassermanns Caspar-Hauser-Roman (2014)
42 *Jörg Schönert:* Kriminalität erzählen (2015)
43 *Klaus Lüderssen:* Produktive Spiegelungen. Recht im künstlerischen Kontext. Band 3 (2014)
44 *Franz Kafka:* In der Strafkolonie. Erzählung (1919) (2015)
45 *Heinz Müller-Dietz:* Recht und Kriminalität in literarischen Brechungen (2016)
46 *Hermann Weber (Hrsg.):* Das Recht als Rahmen für Literatur und Kunst. Tagung im Nordkolleg Rendsburg vom 4. bis 6. September 2015 (2017)
47 *Walter Müller-Seidel:* Rechtsdenken im literarischen Text. Deutsche Literatur von der Weimarer Klassik zur Weimarer Republik (2017)
48 *Honoré de Balzac:* Eine dunkle Geschichte. Roman (1841). Mit Kommentaren von Luigi Lacchè und Christian von Tschilschke (2018)
49 *Anja Schiemann:* Der Kriminalfall Woyzeck. Der historische Fall und Büchners Drama (2018)
50 *E.T.A. Hoffmann:* Meister Floh. Ein Mährchen in sieben Abentheuern zweier Freunde (1822). Mit Kommentaren von Michael Niehaus und Thomas Vormbaum (2018)
51 *Bodo Pieroth:* Deutsche Schriftsteller als angehende Juristen (2018)

52 *Theodor Fontane:* Grete Minde. Nach einer altmärkischen Chronik (1880). Mit Kommentaren von Anja Schiemann und Walter Zimorski (2018)

53 *Britta Lange / Martin Roeber / Christoph Schmitz-Scholemann (Hrsg.):* Grenzüberschreitungen: Recht, Normen, Literatur und Musik. Tagung im Nordkolleg Rendsburg vom 8. bis 10. September 2017 (2019)

54 *Wolfgang Schild*: Richard Wagner *recht* betrachtet (2020)

55 *Uwe Scheffler u.a. (Hrsg.)*: Musik und Strafrecht. Ein Streifzug durch eine tönende Welt (2021)

56 *Britta Lange / Martin Roeber / Christoph Schmitz-Scholemann (Hrsg.)*: Verbrechen und Sprache. Tagung im Nordkolleg Rendsburg vom 13. bis 15. September 2019 (2021)

57 *Dirk Falkner*: Straftheorie von Leo Tolstoi (2021)

58 *Dela-Madeleine Halecker u.a. (Hrsg.)*: Kunst und Strafrecht. Eine Reise durch eine schillernde Welt (2022)

59 *Robert Louis Stevenson*: Der seltsame Fall von Dr. Jekyll und Mr. Hyde. 1886. Mit Kommentaren von Anja Schiemann und Burkhard Niederhoff (2022)

60 *Conrad Ferdinand Meyer*: Die Richterin. Novelle. 1885. Mit Kommentaren von Thomas Sprecher und Walter Zimorski (2022)

61 *Britta Lange, Martin Roeber (†), Christoph Schmitz-Scholemann (Hrsg.)*: Literatur, Recht und Kunst. Tagung im Nordkolleg Rendsburg vom 17. bis 19. September 2021 (2023)

Abteilung 7: Beiträge zur Anwaltsgeschichte

Mitherausgegeben von RA Dr. Dieter Finzel (†), RA Dr. Tilman Krach; RA Dr. Thomas Röth; RA Dr. Ulrich Wessels; Prof. Dr. Gabriele Zwiehoff

1 *Babette Tondorf:* Strafverteidigung in der Frühphase des reformierten Strafprozesses. Das Hochverratsverfahren gegen die badischen Aufständischen Gustav Struve und Karl Blind (1848/49), (2006)

2 *Hinrich Rüping:* Rechtsanwälte im Bezirk Celle während des Nationalsozialismus (2007)

3 *Dieter Finzel:* Geschichte der Rechtsanwaltskammer Hamm (2018)

Abteilung 8: Judaica

1 *Hannes Ludyga:* Philipp Auerbach (1906–1952). „Staatskommissar für rassisch, religiös und politisch Verfolgte" (2005)

2 *Thomas Vormbaum:* Der Judeneid im 19. Jahrhundert, vornehmlich in Preußen. Ein Beitrag zur juristischen Zeitgeschichte (2006)

3 *Hannes Ludyga:* Die Rechtsstellung der Juden in Bayern von 1819 bis 1918. Studie im Spiegel der Verhandlungen der Kammer der Abgeordneten des bayerischen Landtags (2007)

4 *Michele Sarfatti:* Die Juden im faschistischen Italien. Geschichte, Identität, Verfolgung (2014)

Abteilung 9: Beiträge zur modernen Verfassungsgeschichte

Mitherausgegeben von Prof. Dr. Andreas Haratsch

1 *Olaf Kroon*: Die Verfassung von Cádiz (1812). Spaniens Sprung in die Moderne, gespiegelt an der Verfassung Kurhessens von 1831 (2019)

2 *Wolfgang Kozielski*: Der Versicherungszwang zur Krankenversicherung seit 1883. Die Vorgeschichte und die Gründe für seine sukzessive Ausweitung (2024)

www.ingramcontent.com/pod-product-compliance
Lightning Source LLC
LaVergne TN
LVHW091040021026
849161LV00002BA/209